Jürgen Werbick

Den Glauben verantworten

Jürgen Werbick

Den Glauben verantworten

Eine Fundamentaltheologie

Herder

Freiburg · Basel · Wien

Die Deutsche Bibliothek – CIP-Einheitsaufnahme

Werbick, Jürgen :
Den Glauben verantworten : eine Fundamentaltheologie /
Jürgen Werbick. –
Freiburg im Breisgau ; Basel ; Wien : Herder, 2000
ISBN 3-451-26259-2

Zweite Auflage

Alle Rechte vorbehalten – Printed in Germany
© Verlag Herder Freiburg im Breisgau 2000
Einbandgestaltung: Finken & Bumiller, Stuttgart
Satzherstellung: SatzWeise, Föhren
Gesetzt in der Aldus und Gill Sans
Druck und Bindung: Freiburger Graphische Betriebe 2000
Gedruckt auf umweltfreundlichem, chlorfrei gebleichtem Papier
ISBN 3-451-26259-2

Inhalt

Zur Einführung XIII

Streitfall Religion

1. »Was heißt es, einen Gott zu haben?« – »Was heißt es, keinen Gott zu haben?« 3

1.1 Der fundamentaltheologische Religionstraktat und die Gottesfrage 3
1.2 Was heißt es, einen Gott zu haben? 5
1.3 Gott: die Zuflucht der Bedrängten 7
1.4 Wofür man Gott und die Religion braucht 9
1.5 Reduktion der Religion auf Sittlichkeit? 13
1.6 Gott: der Trost in sittlicher Verzweiflung 17
1.7 Was es heißt, keinen Gott zu haben 21
1.8 Wenn es keinen Gott mehr gibt 28
1.9 Was ist Wahrheit? – Die Radikalität der Religionskritik Nietzsches 31
1.10 Evolution und Religion 40
1.11 Die Funktion von Religion 42
1.12 Religion und System 45
1.13 Religion als Kontingenzbewältigungspraxis? 51
1.14 Die Spannung zwischen Funktion und Intention religiösen Sich-Verhaltens 54
1.15 Argumente gegen die »Nichts-als-Vermutung«? 58
1.16 Kriteriologie der Religion 70
1.17 Wahrheit in Beziehung 76

2. Religion: die Beziehung zum identitätsstiftenden Anderen . . . 81

2.1 Tremendum et fascinosum 81
2.2 Religion als Arrangement mit der göttlichen Macht 84
2.3 Erwählung und Forderung 90
2.4 Die Unbedingtheit der Zuwendung zum Anderen 95
2.5 Verinnerlichung des Anderen? 97

3. Die Wahrheit im »Nicht-Anderen« 100

3.1 Das Wahre ist das Einssein 100
3.2 Das Wahre ist das Eigene 106
3.3 Die Dialektik der Aneignung 114
3.4 Dialektik der Selbstbehauptung – Dialektik der Moderne 116

4. Die Wahrheit der Anerkennung 120

4.1 Die Idealstruktur »wechselseitige Anerkennung« 120
4.2 Die Herausforderung des Anderen 124
4.3 Anerkennung und Widerstand 131
4.4 Gott: Macht in Beziehung oder Bedingung der Möglichkeit gerechter Beziehungen? 134
4.5 Gott: Eine transzendentale Bedingung? 137

5. Wahrheit in der Beziehung zum Absoluten? 142

5.1 Die Würde des Menschen und die Gleichgültigkeit der Welt 142
5.2 Absolutheit und Verabsolutierung 146
5.3 Kriteriologie des Absoluten 149
5.4 Die mißlungene Abschaffung des unbedingt Bejahbaren 153
5.5 Absolutheits-Wissen? 154
5.6 Kritische Theorie des Absoluten 160
5.7 Das Wahre ist das Ganze? Was ist das Ganze? 165
5.8 Absolute Wahrheit? 171
5.9 Glaubenshoffnung: nur eine religiöse Option? 174
5.10 Teilhabe an Gottes Wahrheit oder Mittelpunktsillusion? 178

Zwischenreflexion: Glaube und Vernunft

1. Glaube als Option? 185
2. Auf der Suche nach guten Gründen 188
3. Rationalität? 195
4. Letztbegründung? 203
5. Wahrheits-Ansprüche 208
6. Das Gegebene würdigen: Option und Wahrheit 215
7. Freiheit und Wahrheit 218
8. Zwischen Gewißheit und wissenschaftlicher Hypothesenprüfung 221

Streitfall Offenbarung

1. Offenbarung: Gottes Handeln oder Menschenwerk? 227

1.1 Religion ja – Offenbarung nein? 227
1.2 Der Streit um die Notwendigkeit geschichtlicher Offenbarungen . . 230
1.3 Gottes Selbst-Expression? 235
1.4 Vernunft statt Offenbarung oder vernünftige Einsicht ins Geoffenbarte? 239
1.5 Offenbarungswahrheiten und Vernunftwahrheit 244
1.6 Offenbarungstatsachen? 253
1.7 Offenbarung und historische Kritik 257
1.8 Wer redet? Wer handelt? 261
1.9 Natürliche Vernunft und übernatürliche Offenbarung 264
1.10 Offenbarung in der Spannung von Immanenz und Transzendenz . . 272
1.11 Religiöse Erfahrung als Offenbarung? 277
1.12 Offenbarung spekulativ 282
1.13 »Worüber schlechterdings nichts Größeres geschehen kann« 286
1.14 Offenbarung: Gottes Selbst-Auslegung 288
1.15 Das »Sakrament des guten Gotteswillens«: 2. Vatikanum 292

2. Offenbarung: Was der Mensch sich nicht selbst sagen kann . . 295

2.1 Die Autorität des Gottesworts und die Selbstproblematisierung der Vernunft 295
2.2 Offenbarungs-Fundamentalismus 296
2.3 Ein juridisches Offenbarungsmodell 301
2.4 Die Autorität des Anderen 304
2.5 Vernunft und Autorität 308

3. Offenbarung: das Wort, das Gott in mir spricht 311

3.1 Gottes »Immanenz« 311
3.2 Gottesoffenbarung in der Sprache der menschlichen Seele 315
3.3 Das »innere« und das »äußere« Wort 318

4. Gottes Wort: Herausforderung und Versprechen 324

4.1 Gottes Transzendenz und die Abgründigkeit menschlicher Subjektivität 324
4.2 Was kann in der Geschichte geschehen? 330
4.3 Menschliche Selbsttranszendenz und Gottes Offenbarung 332
4.4 Gottes Offenbarungswort: Versprechen und Widerspruch 336

4.5 Gottes Handeln in Geschichte 342
4.6 Gott als Subjekt der Geschichte? 349
4.7 Gottes Selbst-Mitteilung in Geschichte 352
4.8 Endgültigkeit und Unüberbietbarkeit der Christusoffenbarung? . . 356

5. Selbstoffenbarung und Geheimnis 361

5.1 Selbstoffenbarung des Absoluten? 361
5.2 Die Offenbarung als Geheimnis 368
5.3 Absolutheit Gottes und Absolutheit der biblischen Offenbarung . . 373
5.4 Absolutismus oder Relativismus? 379
5.5 Absolutheit im Dialog? 385
5.6 Die je größere Wahrheit Gottes – und die Unbedingtheit, mit der sie
    Menschen in Anspruch nimmt 391
5.7 Unbedingtheit der Forderung – Unbedingtheit der Zusage 394

Zwischenreflexion: Die Sprache des Glaubens

1. Offenbarung als Übersetzung 405
2. Bilderverbot – Vermischungsverbot 409
3. Umkehr der Einbildungskraft? 411
4. Die Macht der Bilder 417
5. Metaphern geben zu denken 420

Streitfall Erlösung

1. »Ich erlöste sie von ihren Erlösern«: Christentumskritik als
   Entlarvung des christlichen Erlösungsglaubens 427
1.1 Soteriologie fundamentaltheologisch? 427
1.2. Die Differenzierung zwischen »Letztem und Vorletztem« – ihre
    Problematik, ihre Unausweichlichkeit 430
1.3 Was bedarf der Erlösung: Leid oder Sünde? 432
1.4 Die Last einer unverstandenen Tradition 436
1.5 Die Kritik am Rache-Gott 443
1.6 Das Heil des Menschen in sittlicher Selbstbestimmung 448
1.7 »Entchristologisierung« und »Enttheologisierung« der Soteriologie 452
1.8 Erlösung als Verneinung des Willens 455
1.9 »Dionysos gegen den Gekreuzigten« 460
1.10 Was hat Jesus eigentlich gewollt? Die Erlösung des Menschen-
    geschlechts am Kreuz? 468

2.   Sühne-Soteriologie: Gereinigt durch das Blut des Gekreuzigten   472

2.1   Logik des Bezahlenmüssens?   472
2.2   Die Vieldeutigkeit des neutestamentlichen Befunds   476
2.3   »Ohne Blutvergießen gibt es keine Sündenvergebung«   477
2.4   Das Opfer, das Gott gefällt: »ein reines Herz«   483
2.5   »Das Blut seines Sohnes Jesus reinigt uns von aller Sünde«   488
2.6   Sühne und Stellvertretung   490
2.7   Gottes erlösende Gegenwart »im Blut« des Gekreuzigten   492
2.8   Das neue Pessach – der neue Exodus   495
2.9   Der Dienst des Menschensohns, Lösegeld zu sein   498
2.10 Der leidende Gerechte   501
2.11 Bloße Deutung?   504
2.12 Erlösung durch Leiden?   507

3.   Die Sünde, die Opfer fordert   513

3.1   Die Zeit-Perspektive des Opfers   513
3.2   Das Opfer des »Helden«: Vorbild und Ansporn   514
3.3   Zwischen Opfersein und Sich Opfern   519
3.4   Das Opfer eröffnet Zukunft. Für wen?   524
3.5   Die Sünde der Entwürdigung   526
3.6. Die Opfer der Sünde   531
3.7   Die Perspektive der Opfer   534
3.8   Erlösung: das Geschenk der Würdigung   537
3.9   Jesu Tod: ein Opfer?   541
3.10 Der Mensch: Gottes Opfer?   546

4.   Sieg oder Versöhnung? Wie Gottes Herrschaft anfängt   549

4.1   Der freie und der unfreie Wille   549
4.2   Die Herrschaft der Mächte ist gebrochen – Grundlinien einer neu-
      testamentlichen Befreiungssoteriologie   552
4.3   Bloß innerliche Befreiung?   555
4.4   »Er ist unser Friede«   560
4.5   Streit mit Gott?   563
4.6   Versöhnung?   567
4.7   Versöhnung: das Ende der Beschuldigung   569
4.8   Versöhnung als Herausforderung   575
4.9   Gottes Herrschaft und die Herrschaft der Zeit   581
4.10 Gottes Zukunft: die Rettung der Opfer   586
4.11 Zeit als Geschenk   592

5.   Erlösung im Absoluten?   595
5.1   Heil in Beziehung   595
5.2   Gottes Nähe und Gottverlassenheit   599
5.3   Horror externi   601
5.4   Der Horror des Absoluten   606
5.5   Präsenz oder Absenz der Versöhnung?   613
5.6   Das Absolute als Inbegriff der Versöhnung?   616
5.7   Absolute Freiheit – versöhnende Freiheit   618

Zwischenreflexion: Glaube und Sinn

1.   Selbst-Bejahung   631
2.   Radikale Sinn-Anthropozentrik?   634
3.   Sinn-Transzendenz?   639
4.   Sinn und Wahrheit   645
5.   Sinn und Verheißung   648

Streitfall Kirche

1.   Kirchenkritik   657
1.1   Um die Glaubwürdigkeit der Kirchen   657
1.2   Kirchenkritik als Romkritik   660
1.3   Der Antichrist und die sichtbare Kirche – Christus und die unsicht-
      bare Kirche   663
1.4   Die Unmöglichkeit von Kirche   666
1.5   Kirche: das Gegenteil des von Jesus Christus Gewollten?   673
1.6   Die Kirchen: zwischen Verrat und Paradoxie   680
1.7   Fundamentaltheologische Zwischenbilanz   686

2.   Gottes Volk: das Volk seiner Königsherrschaft   688
2.1   Gott und sein Eigentumsvolk   688
2.2   Das Volk aus den Völkern   694
2.3   Zum Zeugnis erwählt   696
2.4   Wie Gott an seinem Volk und durch es handelt   701
2.5   Der Prozeß der Institutionalisierung   703
2.6   Kirchen-Gründung?   707
2.7   Societas perfecta?   711
2.8   Die hierokratische Versuchung im Volk Gottes   717

2.9   Erwählung zu Diakonie und Stellvertretung   723
2.10 Der Herr des Volkes Gottes und die Verführung zur Herrschaft . .   725

3.   Der andere Christus: Gemeinde als Christuswirklichkeit   729

3.1   Leib Christi im Corpus Paulinum   729
3.2   Metaphern der innigen Verbundenheit   731
3.3   Kirche als ausgeweitete Inkarnation?   737
3.4   Kirche als Körperschaft   743
3.5   Das unsichtbare und das sichtbare Haupt   749
3.6   Die Kirche: ein vollkommener übernatürlicher Organismus?   751
3.7   Der Heilsorganismus Kirche und das Subjektsein der Gläubigen . .   756
3.8   Handeln in persona Christi capitis   759
3.9   Repräsentation?   763
3.10 Ist die katholische Kirche identisch mit dem Leib Christi?   765
3.11 Der andere Christus, die Fülle Christi?   767

4.   Kirche: Communio und Kommunikation   770

4.1   Gleichheit und Andersheit   770
4.2   Koinonia: Gemeinschaft durch Teilhabe   778
4.3   Communio Sanctorum   780
4.4   Communio und Hierarchie   785
4.5   Communio und Partizipation   792
4.6   Kommunikation als »Grundvorgang« von Kirche   797
4.7   Communio durch Kommunikation: das Wort aufnehmen   799
4.8   Die Kirche und der Paraklet   804
4.9   Martyria, Leiturgia, Diakonia: Grunddimensionen kirchlicher Kom-
      munikation   810
4.10 Berufen, die Brüder und Schwestern im Glauben zu stärken   812
4.11 Communio und Infallibilitas   817
4.12 Tradition als Überlieferungsprozeß   819
4.13 Der Dienst des Erinnerns   823

5.   Kirche als Sakrament   831

5.1   Die Relativität der Kirche   831
5.2   Darstellung oder Stellvertretung?   834
5.3   Kirche: Institutionalisierung der Beziehung zum Unbedingten . . .   838
5.4   Kirche als Realsymbol der Gottesherrschaft   840
5.5. Heilsvermittlung durch die Kirche?   842

Schlußreflexion: Endgültigkeit und Vorläufigkeit

1. Theologische Erkenntnis und kirchliches Zeugnis 847
2. Ordentliches und außerordentliches Lehramt 851
3. Was heißt »definitive Lehre«? 856
4. Identifikationsorte des Katholischen 863
5. Wahrheit und »Wahrheiten« 866

Literaturverzeichnis 868
Personenverzeichnis 884

Zur Einführung

Wenn man sich gegenüber Zeitgenossen, die nicht am theologischen Sprach-spiel teilnehmen, als Fundamentaltheologe »outet«, so tut man gut daran, die Erläuterung nachzuschieben, mit Fundamentalismus habe das rein gar nichts zu tun. Ein naheliegendes oder nur ein uninformiertes Mißverständnis? Die Rückbesinnung auf die »Fundamente« begegnet als konservative Attitüde oder Forderung: So vieles stürze zusammen, weil die Fundamente untergraben oder nicht mehr tief genug gegründet würden. Zukunft werde verspielt, wenn man sich nicht gegen unverantwortliche Fundament-Zerstörer schütze und die Gel-tung fundamentaler »Werte« gegen sie verteidige. Solche Warnungen mögen nicht völlig unberechtigt sein. Aber sie sind offenkundig einseitig, im ur-sprünglichen Wortsinn *reaktionär*. Sie wollen auf Zersetzungs- und Zerstö-rungsprozesse reagieren, die deshalb als solche identifiziert werden müssen.

Die Fundamentaltheologie wäre nicht gut beraten, würde sie ihre Arbeit am »Fundamentalen« selbst in diese Perspektive rücken. Aber sie ist zweifellos mit einem tiefreichenden Zwiespältigwerden jener Voraussetzungen konfrontiert, die es noch vor der europäischen Aufklärung erlaubten, von Gott, Offenbarung, Erlösung, Kirche als Wirklichkeiten zu sprechen, auf die man sich vernünftiger-weise einlassen durfte. Dem theologisch-wissenschaftlichen »Durcharbeiten« dieser Zwiespältigkeiten hat sich die Fundamentaltheologie zu widmen. Ob sie sich selbst dabei auf die Erarbeitung einer Fundamental- oder Erstphilosophie gründen kann, die erst einmal den Anspruch der Vernunft auch in der Theologie zu legitimieren und damit den Vernunftanspruch der Theologie zu begründen hätte, ist gegenwärtig ebenso umstritten wie die Frage, was man unter solcher »Letztbegründung« zu verstehen hätte. Ich werde mich zu dieser Diskussion in der ersten Zwischenreflexion äußern und deshalb hier nicht genauer auf sie eingehen. Nur soviel: Wer »Letztbegründung« für angezeigt und möglich hält, der wird auch die Fundament-Metapher im Namen Fundamentaltheologie für aufschlußreich halten.

Wer Begründungsansprüche für die Theologie relativiert und die fun-damentaltheologischen Diskurse als kritisch-argumentative »Vernetzung« von Behauptungen mit Wahrheitsanspruch verstanden sehen will, der wird die Fun-dament-Metapher eher meiden. Möglicherweise wird er den alten Namen *Apo-logetik* wieder zu Ehren bringen und wörtlich nehmen wollen[1]: als Rechen-schaftsablage angesichts konkreter Bestreitungen religiös-theologischer

---

[1] Die Geschichte der Disziplin, die heute Fundamentaltheologie heißt, wird in diesem Band nicht

Geltungsansprüche; als Antwortversuch auf kritische Anfragen; als die argumentative Verteidigung bestrittener Voraussetzungen, auf die theologisch nicht verzichtet werden kann. Auch der Name *Apologetik* hat freilich keinen guten Klang. Er scheint auf bloße Verteidigung festgelegt, auf interessegeleitete Verteidigung des Status quo. Man traut den Apologeten mehr Rettenwollen als Wahrheitsliebe zu, mehr taktisches Kalkül im Interesse des »Besitzstandes« als argumentative Fairness.

Die Namensfrage ist gewiß nicht letztlich ausschlaggebend für Stil, Anspruch und Vorgehen der Disziplin, die in diesem Buch bearbeitet wird. Ich gestehe im Vorhinein, daß ich mich mit keiner der hier sehr schematisch angesprochenen Optionen vollständig identifizieren kann. Das wird man diesem Buch anmerken; hoffentlich auch dies, daß es keine bloße Kompromiß-Position dazwischen einnehmen will. Der apologetische Akzent ist vor allem wissenschaftsdidaktisch ausgeprägt: Die Traktate beginnen jeweils mit einer ausführlichen Darstellung und Diskussion der *Kritik-Geschichten.* Zuerst soll zur Kenntnis genommen werden, wie – vor allem seit der Aufklärung – die fundamentalen Gegebenheiten christlichen bzw. katholischen Selbstverständnisses in Frage gestellt und mit welchen Argumenten sie abgelehnt wurden. Und in den folgenden Kapiteln soll ernstgenommen werden, was hier zur Kenntnis genommen wurde. Das erste Teilkapitel gibt die zentrale Problematik vor, an der sich die vier Kapitel der *systematischen Vergewisserung* abarbeiten werden. Die für alle Traktate relevanten Gliederungsgesichtspunkte dieser systematischen Vergewisserung sind in Teilkapitel 1.16 des Religionstraktats im Zusammenhang entwickelt und brauchen deshalb hier nicht vorgestellt zu werden. Für die systematischen Vergewisserungen insgesamt aber gilt, daß sie sich der theologischen *Begründungs*-Pflicht nicht entziehen wollen und deshalb Mitverantwortung für die Kriteriologie einer theologisch-rationalen Begründung übernehmen müssen; daß sie in diesem Sinne fundamentaltheologische Verbindlichkeit beanspruchen.

Zwischen die Traktate sind *Zwischenüberlegungen* eingeschoben, die nicht nur überleitenden Charakter haben, sondern zentrale theologisch-wissenschaftstheoretische Probleme behandeln, auf die der jeweils folgende Traktat Bezug nehmen muß. Die *Schlußreflexion* diskutiert Probleme der theologischen Erkenntnistheorie, die im Kirchentraktat noch nicht aufgegriffen wurden, aber – im Interesse einer übersichtlichen Aufgabenteilung zwischen Fundamentaltheologie und Dogmatik und wegen ihrer prinzipiellen Bedeutung – doch in der Fundamentaltheologie behandelt werden sollten.

Beim ersten Überblick über die Gliederung dieses Bandes wird auffallen, daß sie die klassische Abfolge der Traktate – demonstratio religiosa, demonstratio christiana, demonstratio catholica – zwar aufgreift, aber dahingehend modifiziert, daß der mittlere Traktat in einen Offenbarungs- und einen Soteriologie-

---

eigens zum Thema. Einen knappen und instruktiven Überblick bietet H. Wagner, Einführung in die Fundamentaltheologie, Darmstadt ²1996, 1–42.

traktat aufgeteilt wird. Die Aufteilung selbst ist nicht außergewöhnlich; die im engeren Sinn offenbarungstheologische und die eher christologische Fragestellung wurden vielfach gesondert abgehandelt. Die soteriologische Akzentuierung der christologischen Fragestellung verdankt sich der »apologetischen« Einschätzung, das Christentums sei durch den Zerfall des herkömmlichen Verständnisses von Erlösung in seine dramatischste Glaubwürdigkeitskrise geraten, aber auch dem fundamentaltheologischen Urteil, das christliche Verständnis von Offenbarung könne nur hinreichend expliziert werden, wenn man Gottes Selbstoffenbarung als Heilsmitteilung versteht.

Daß die Traktate den Namen »Streitfall« und nicht »demonstratio« tragen, mag man als Zurücknahme des Beweisanspruchs werten. Es zeigt sich darin jedenfalls die veränderte Diskurssituation, in der sich die Fundamentaltheologie vorfindet. Streitfall meint die vor Gericht verhandelte »causa«. Christlicher Glaube ist vielfach angeklagt: der Unbegründetheit seiner Versprechungen, der Unvernünftigkeit seiner Voraussetzungen und Deutungen, der Unmenschlichkeit seines Lebensentwurfs und seiner Forderungen. Diese Anklagen zwingen zu einer Rechenschaft, die sich ihnen ehrlich stellt und doch zu zeigen versucht, daß man ihnen im Entscheidenden und Letzten nicht Recht geben muß; zu einer Rechenschaft, die sich von den Anklagen herausfordern, aber nicht den Rahmen vorgeben läßt, in dem sie die Glaubwürdigkeit des Christlichen mit guten Gründen zu erweisen sucht. So ist diese Rechenschaft gewiß mehr als bloße Verteidigung. Aber sie bleibt von den Anklagen in Pflicht genommen, so zu argumentieren, daß die Anklagenden verstehen können müßten, was gegen das Recht ihrer Anklagen im Entscheidenden spricht. Und das heißt: sie ist auf vernünftiges Argumentieren verpflichtet. Daß der Streit, der in den einzelnen Streitfällen ausgetragen wird, aber letztlich darum gehen muß, was vernünftig genannt zu werden verdient und schließlich darum, wie es als solches ausgewiesen werden kann, das versteht sich bei alldem eigentlich von selbst. Darauf haben letztbegründungsorientierte fundamentaltheologische Entwürfe zu Recht hingewiesen. Aber sie haben vielleicht die Möglichkeiten überschätzt, diesen Streit erstphilosophisch gegenstandslos zu machen.

Angeklagt wird der Glaube, der sich theologisch Rechenschaft zu geben versucht über sein Herausgefordertsein durch das Denken und die lebensweltlichen Selbstverständlichkeiten der Gegenwart, aber nicht nur von denen, die Religion und Offenbarungsglauben für überholt halten, sondern – durch die gegenwärtige kirchliche Situation begünstigt – auch von einem Glaubens-Fundamentalismus, der die Theologie wegen dieses Versuchs schon auf der falschen Seite sieht: als Komplizin eines Zeitgeistes, dem sie faktisch eher zustimme als widerspreche. Fundamentaltheologie muß – nicht zum ersten Mal in der Geschichte dieser Diszipin – ihr Dialogprojekt innerkirchlich verteidigen; sie steht wie schon in der Modernismuskrise zu Beginn des 20. Jahrhunderts einem Traditions-Bewußtsein gegenüber, das sich nur noch »intern« legitimieren will und den Marsch ins gesellschaftlich-geistige Ghetto für die einzige Rettung hält. Diese innerkirchliche Verantwortung verlangt von der Fundamentaltheologie einen weit größeren theologie- und geistesgeschichtlichen Aufwand, als er in der Vergangenheit nötig gewesen sein mag. Dem Rückzug auf Traditionalismus und Fundamentalismus kann man nur so begegnen, daß man deren Selbstlegitimation durch Tradition und undifferenzierte »Heiligsprechung« kirchlicher Traditionen als hilflose Problemverdrängung durchschaut. Die Leser und Leserinnen dieses Buches mögen die mitunter anstrengenden problemgeschichtlichen Vergewisserungen als den Versuch verstehen, das von allen Anfragen unbeirrte Bewußtsein eines unangefochtenen Traditionsbesitzes als das erscheinen zu lassen, was es tatsächlich ist: als die Kapitulation vor den Aufgaben einer kritischen theologischen Zeitgenossenschaft und als die Anbiederung an den Zeitgeist des religiösen Fundamentalismus.

Legt man ein Buch dieses Umfangs vor, so muß man realistischerweise damit rechnen, daß es nur ausschnittweise studiert wird. Die Ausarbeitung der Traktate sucht dem so weit wie möglich Rechnung zu tragen. Jeder Traktat sollte für sich gelesen werden können; deshalb sind einige Wiederholungen stehengeblieben, die bei einer Gesamtlektüre überflüssig erscheinen mögen. Unverzichtbar für das Verständnis der »Architektur« des hier zur Diskussion gestellten Entwurfs erscheinen mir die Begründung seiner Binnengliederung in Kapitel 1.16 des Religionstraktats sowie die Zwischenüberlegungen zwischen dem 1. und 2. sowie dem 2. und 3. Traktat. Sie sollten auch bei selektiver Lektüre mitgelesen werden.

Viele haben das Entstehen dieses Buches mit Rat und Tat begleitet und gefördert; viel verdankt es der inspirierenden Atmosphäre, die die Zusammenarbeit in der Katholisch-Theologischen Fakultät der Universität Münster so erfreulich macht. Ausdrücklich nennen möchte ich den kollegialen Austausch über die Fächergrenzen hinweg mit Karl Löning, Klaus Müller, Thomas Pröpper und Erich Zenger. Er hat mir auch da, wo kein Konsens erreicht wurde, neue Horizonte eröffnet. Ähnliches gilt für die Zusammenarbeit und das Gespräch mit dem wissenschaftlichen Assistenten am Seminar für Fundamentaltheologie Dr. Jürgen Manemann und anderen Assistentinnen und Assistenten unserer Fakultät und nicht zuletzt für die engagierten Rückfragen der Studierenden in den Kolloquien zu den fundamentaltheologischen Traktaten. Monika Aumüller bin ich für die treue Zuverlässigkeit und Kompetenz, mit der sie die Manuskripte erfaßt hat und die Fahnenkorrekturen mit übernahm, zu großem Dank verpflichtet. Katrin Hüwe hat nicht nur die Last der redaktionellen Bearbeitung getragen, sondern darüber hinaus als engagierte und sensible Anwältin der Leserinnen und Leser viel zur Lesbarkeit des Buches beigetragen. Ihr gilt mein besonderer Dank. Bedanken möchte ich mich auch bei Erik Müller, der in den Monaten der Druckvorbereitung zu unserem Team stieß und die wenig dankbaren Aufgaben der Registererarbeitung wie der formalen Vereinheitlichung mit Sorgfalt bearbeitete. Mein Dank gilt schließlich Vera Krause, die in den stressigen Zeiten der letzten Wochen beim Korrekturlesen wie der Registerarbeit mitgeholfen und viele Verbesserungsvorschläge eingebracht hat. Viele haben also an diesem Buch »mitgeschrieben«. Aber ohne die Ermutigung durch Herrn Dr. Peter Suchla vom Herder Verlag wäre es nicht geschrieben worden. Ich danke ihm für die vertrauensvolle und kompetente Begleitung.

Streitfall Religion

1. »Was heißt es, einen Gott zu haben?« – »Was heißt es, keinen Gott zu haben?«

1.1 Der fundamentaltheologische Religionstraktat und die Gottesfrage

Es ist schon bemerkenswert, wenn im Gespräch zweier Liebender – ehe es wirklich ernst wird – die Frage auftaucht: »Wie hast Du's mit der Religion?« Das ist die sprichwörtliche Gretchenfrage (Faust I, In Marthens Garten, V. 3415) an den stürmischen Liebhaber Faust, der auf Gretchen mit seinem Begehren offensichtlich einen – im Blick auf die Religion – zwiespältigen Eindruck gemacht hat; zweifellos zu Recht, wie sich dem weiteren Verlauf des Dramas entnehmen läßt. Für Gretchen wäre es sicher beruhigend gewesen, hätte sie damit rechnen dürfen, daß Faust es mit der Religion ernst nimmt und daß er ihr deshalb – wie man so sagte – gewiß nichts antun werde. Ein Mensch, der es mit der Religion ernst meint, hat seine Prinzipien. Er weiß sich im Zaum zu halten, denn er weiß ja, daß er alles, was er tut, vor Gott zu verantworten hat.

Religiös sein, das heißt doch, sich nicht einfach »gehen lassen«, vor Pflichtverletzungen auf der Hut sein, weil sie einen vor Gott zum Sünder machen. Gretchen wird so gedacht haben; deshalb stellt sie die Gretchenfrage. Wenn heute zwischen Liebenden diese Frage gestellt würde, so wären wohl ganz andere Erwartungen oder Befürchtungen mit ihr verbunden: vielleicht die leise Befürchtung, doch an einen letztlich etwas verklemmten Typen zu geraten, der sich vieles nicht traut, nicht recht genußfähig ist, weil er mit einem aufgeblähten Überich herumläuft – bestimmt nicht an einen Mann/an eine Frau, die »nicht lange fragen, was sie dürfen«.[1] Wer religiös ist, der ist vielleicht ein wenig starr und eng, weshalb man in Partnerschaftsanzeigen – wenn man sich als »religiös interessiert« oder gar als katholisch bekennt – gut daran tut, gleich hinzuzufügen: »aber tolerant«. Wer noch einen Gott braucht, der hat offenbar nicht genug Eigeninitiative, Selbständigkeit, Selbstbewußtsein, kurz: Power; und man wird ihn gleich fragen: Wie hältst Du's mit dem Papst, seinen Vorurteilen gegenüber Frauen, seiner Fixierung in Empfängnisverhütungsfragen usf.?[2] Wenn der Gefragte aber einen eher coolen, lockeren Eindruck macht und einfach nur antwortet: »Ich bin religiös interessiert«, so wird man mit einem

---

[1] Die Trend-Zeitschrift Ego hat solche Männer im Blick, »die nicht lange fragen, was sie dürfen«, Männer offenkundig, die bei Frauen ankommen, denen – bei solchen Männern – gar nicht mehr die Frage kommt, was sie ihnen und sich selbst erlauben sollen.

[2] Aufschlußreich hierzu ist das in der von H. Barz herausgegebenen Jugendumfrage zur Wahrnehmung von religiösen Menschen durch eher Nichtreligiöse Dokumentierte: Jugend und Religion.

selbsterfahrungs- und erlebnisorientierten »Ausprobierer« rechnen dürfen –
ohne Macho-Attitüden, eher etwas softig, darauf aus, seine Ganzheit zu entdek-
ken, mit der Schöpfung geschwisterlich umzugehen und ganz angstfrei in den
Rhythmus des Seins einzuschwingen.

Wie hältst Du's mit der Religion, warum hältst Du – noch – etwas davon,
was macht sie mit Dir? Vielfach ist das heute eine geradezu erstaunte Frage, in
der viel Skepsis mitklingt, Überraschung vielleicht: Ich hätte Dir das gar nicht
zugetraut, daß Du mit Gott, Religion, Kirche etwas anfangen kannst. Sonst bist
Du doch eigentlich ganz vernünftig und o. k. Was bringt Dir das eigentlich? Die
Kritik an der Religion und speziell am Christentum – seit dem 17. Jahrhundert
immer lauter vorgebracht – und manch bittere Erfahrungen mit der Kirche
haben hier ihr Werk getan. Dabei wird weniger theoretisch-spekulativ gefragt,
ob man denn und woher man wissen könne, daß Religion mit ihren Behauptungen über Gott Recht hat. Es geht vielmehr darum, ob man von der Religion
etwas hat, was sie denn »bringt«, was man als gläubiger Mensch an Gott hat.
Als religiös und kirchlich engagierte Menschen, als Theolog(-inn)en, Seelsorger
(-innen), Lehrer(-innen) sind wir schnell dabei, geradezu händeringend nachzuweisen, daß es eine ganze Menge bringt, religiös oder christlich zu sein, daß es
das Leben bereichert, die Ich-Identität stärkt, politisch-ökologisch bewußter und
beziehungsfähiger macht, »einen Gott zu haben« und an den Gott Jesu Christi
zu glauben. Psychologen wie Viktor Frankl und – auf seine Weise – Eugen Drewermann machen ihrem großen Publikum klar, daß die Menschen in der modernen Welt ohne ein Sinnangebot, wie es etwa die »authentische«, christliche
Religion für uns bereithält, seelisch verkümmern oder gar an ihrer Psyche erkranken. Wir sind gewohnt, zu argumentieren mit dem, was man von der Religion – von Gott – hat, für sie zu werben mit der Herausstellung des Gebrauchs-
werts, wie es in jeder Werbung mehr oder weniger verantwortlich und ehrlich
geschieht. Tut denn die Fundamentaltheologie – auf wissenschaftlich anspruchs-
vollerer Argumentationsebene – etwas anderes? Geht es ihr nicht auch darum
zu zeigen, daß man mit Religion, mit Gott, in den Herausforderungen und
Krisen menschlichen Daseins, politisch-gesellschaftlicher Praxis, in den Über-
lebenskrisen unserer Zivilisation, ja der Menschheit überhaupt »etwas anfangen« kann? Will sie nicht Argumente dafür sammeln, daß es ohne Gott »praktisch doch nicht geht«, weil uns sonst die Sinnressourcen abhandenkommen,
ohne die Menschen nicht motivationskräftig genug handeln und ihren Egoismus zügeln können? Es ist offenbar unvermeidlich, wenn man »gut« – wer-
bend-affirmativ, verteidigend – über Religion und über Gott sprechen will, auf
die guten Effekte zu sprechen zu kommen, die von Religion und von einer
lebendigen Gottesbeziehung ausgehen, zumindest ausgehen können, etwas wissenschaftlicher gesprochen: von den Leistungen des Subsystems Religion für die
anderen Subsysteme der menschlichen Gesellschaft. Aber hat man damit schon

---

Postmoderne Religion – Die junge Generation in den Alten Bundesländern, Opladen 1992, 154–156
bzw. 216–222.

einigermaßen verstanden, was Religion und christlicher Gottesglaube »von sich her« sind? Oder darf man das einfach voraussetzen, wenn man von ihren Vorteilen und Leistungen spricht?

Es ist offenkundig eine typisch neuzeitliche Entwicklung, die die Menschen – auch die professionell mit Religion Beschäftigten – danach fragen läßt, was man von Religion hat und nicht mehr eigentlich oder kaum noch danach, was sie ist. Es ist eine *apologetische Situation*, die danach verlangt, die angegriffene und in Mißkredit gebrachte Religion doch in gutem Licht erscheinen zu lassen. Die Fundamentaltheologie sollte wissen, was sie tut, wenn sie sich auf diese apologetische Situation einläßt; sie sollte vermeiden, von dieser Situation gefangengenommen und womöglich auf einem Auge blind gemacht zu werden. Sie sollte sensibel dafür bleiben, wie sie von Gott spricht, wenn sie sich auf diese apologetische Situation einläßt – und sie wird gar nicht anders können, als sich immer wieder neu auf sie einzulassen. Dazu möge ein theologie- und philosophiegeschichtlicher Rückblick auf die Genese der apologetischen Situation der Moderne helfen. Zuerst aber der Blick auf zwei prominente Artikulationen unserer Themenfrage, denen es noch nicht darum ging zu zeigen, was man von Gott *hat*, sondern darum, was es *bedeutet*, einen Gott zu »haben«.

1.2 Was heißt es, einen Gott zu haben?

Meister Eckhart setzt sich in seiner Predigt 16 ausdrücklich mit Menschen auseinander, die von ihrer religiösen Praxis – von Gott und an ihm – etwas haben wollen. Sie klagen, »daß sie nicht Innerlichkeit noch Andacht noch Süßigkeit noch besonderen Trost von Gott haben«. Sie wollen »Gott mit den Augen ansehen, mit denen sie eine Kuh ansehen und wollen Gott lieben, wie sie eine Kuh lieben. Die liebst du wegen der Milch und des Käses und deines eigenen Nutzens. So halten's alle jene Leute, die Gott um äußeren Reichtums oder inneren Trostes willen lieben; die aber lieben Gott nicht recht, sondern sie lieben ihren Eigennutz.« Gott zu lieben und dabei etwas anderes lieben als Gott, das höchste Gut, ihn zu lieben wegen noch so hoher »geistlicher Güter«, das ist für Meister Eckhart widersinnig. Der Glaubende muß »Gott nehmen, wie er in sich ist« – um seiner selbst willen, nicht um dessentwillen, was ihm in Gott und von Gott her an Gütern zuteil wird.[3]

Aber was bedeutet es, Gott zu nehmen, wie er in sich ist? Befragen wir – als etwas »volkstümlichere Erläuterung« – die in der Tradition der Eckhartschen Mystik stehende Frankfurter *Theologia deutsch*, die Martin Luther – von dem

---

[3] Meister Eckhart, Deutsche Predigten und Traktate, hg. und übersetzt von J. Quint, München 1963, 227 f. Wie ein weit entferntes Echo auf Meister Eckharts Predigt klingt K. Barths Feststellung, was den Glaubenden interessiere, das sei »nicht ich selber mit meinem Glauben, sondern der, an den ich glaube«; Dogmatik im Grundriß, Zürich ⁷1987, 17.

gleich zu reden sein wird – mehrfach herausgegeben hat. Die Theologia deutsch versucht in ihrem 32. Kapitel, den von *Ps. Dionysius Areopagita* her überlieferten Begriff Gottes als sich verströmendes »höchstes Gut« – als »bonum diffusivum sui«[4] – ernstzunehmen. Gott, der in sich Gute, »ist gut schlechthin, nicht aber dieses oder jenes Gute«. So kann sich der Gottgläubige, insofern er glaubt und Gott zu lieben sucht, eben auch nicht auf dieses oder jenes Gute richten und Gott deshalb lieben wollen, weil es ihm durch ihn erreichbar scheint. Im Glauben und Gott-Lieben wird »nichts anderes gewollt und geliebt denn das Gute um des Guten willen und um nichts andres als darum, daß es gut ist, nicht weil es dies oder das sei, diesem oder jenem lieb oder leid, wohl oder weh, süß oder sauer und dergleichen. All dessen wird nicht gefragt und geachtet und auch nicht um sich selber oder als eigenes Ich.« Gott lieben heißt, nicht um meiner selbst willen Gott lieben, sondern ihn allein lieben um des Guten willen, das er auf selbstlose Weise – eben als der sich Verströmende – selbst ist: »… hier ist alle Selbstheit und Ichheit und Ich und Mir und Mein und Wir und dergleichen entlassen und abgefallen.«[5] Nur so gleicht sich der Mensch dem selbstlosen Gott an, der ja »sich nicht lieb (hat) als sich selber, sondern als das Gute«.[6] Das Gute ist wesentlich selbstlos, sich mitteilend; es ist »Licht und Erkenntnis, und dessen Eigenschaft ist, daß es leuchte und scheine und sich kundmache, und darum, weil Gott Licht und Erkenntnis ist, so muß er leuchten und erleuchten und sich kundmachen«. Wer sich erleuchten läßt, der hat teil an der Selbstlosigkeit des sich mitteilenden Gottes; und deshalb ist seine Erkenntnis selbst das selbstlose Erkennen des Guten, das sich mitteilt; das *ist*, weil es aus Gott »quillt«. Das Aus-Gott-Quellen des Guten ist – so der Frankfurter – noch kein Wirken; es wird Wirken und Handeln Gottes in der »Kreatur«, die Gott »an sich nimmt« und derer er »mächtig wird, und die sich ihm fügt«.[7] So bedeutet einen Gott zu haben, ihn zu nehmen, wie er »in sich« ist, so in Gott zu sein, daß das Gute, das er in sich ist, das aus ihm »quillt«, im Gott Liebenden zur Wirkung kommt, daß der Gott Liebende von der Liebe, in der Gott sich mitteilt, in Besitz genommen wird.

Dieses Einbezogensein in das Kraftfeld der sich selbst verströmenden Liebe, die Gott ist, könnte aus heutiger Perspektive mit gutem Grund ein wesentliches Merkmal authentischer Religion genannt werden. Der mittelalterliche Sprachgebrauch geht jedoch in eine andere Richtung. Sieht man von dem mit den

---

[4] Vgl. Ps. Dionysius Areopagita, Die Namen Gottes 4,4, hg. von B. R. Suchla, Berlin – New York 1990, 148; zur Motivgeschichte: J. Péghaire, L'axiome »Bonum est diffusivum sui« dans le néoplatonisme et le thomisme, in: Revue de l'université d'Ottawa, Sect. sept. 1 (1932), 5–30.

[5] Der Frankfurter, Eine Deutsche Theologie, übertragen und eingeleitet von J. Bernhart, Leipzig 1922, 144–146.

[6] Ebd., 146. Das ist ein Gedanke, der auch schon für Meister Eckhart zentral war; vgl. seine Predigt 1: »Seht der Mensch, der weder sich noch irgend etwas außer Gott allein und Gottes Ehre im Auge hat, der ist wahrhaft frei und ledig aller Kaufmannschaft (allen ›Krämergeistes‹; J. W.) in allen seinen Werken und sucht das Seine nicht, so wie Gott ledig und frei ist in allen seinen Werken und das Seine nicht sucht«; Deutsche Predigten und Traktate, 155.

[7] Eine Deutsche Theologie, 145.

»Religiosen« – den Ordensangehörigen – verbundenen Wortgebrauch ab, so meint Religion hier das natürlich-kreatürliche Hingeordnetsein des Geschöpfes auf seinen Schöpfer, das sich in konkreten Handlungen der Gottesverehrung auszuprägen hat. Religio ist eine der Gerechtigkeit zugeordnete »Tugend, in der wir Gott zu Dienst und Ehre etwas darbringen«.[8] Sie ist hier ein Name für die Gott geschuldete Verehrung und die in ihr geforderten Akte, »weil sich der Mensch durch derartige Akte gewissermaßen bindet, um nicht von ihm (von Gott; J. W.) abzuschweifen, und weil man sich auch durch einen natürlichen Antrieb Gott verbunden fühlt und auf seine Weise dem Verehrung zollt, von dem das eigene Sein und der Beginn alles Guten ausgeht.«[9]

Vorausgesetzt ist in diesen Definitionen die Ableitung von religio aus religare: Das Rückgebundensein des Geschöpfes an seinen Schöpfer begründet die Verpflichtung, diese Schöpfungsrelation in Akten der Gottesverehrung konkret zum Ausdruck zu bringen, den Schöpfer als Urgrund des eigenen Seins und als Beginn alles Guten zu ehren. Die oben zitierten, von der Mystik geprägten Texte lesen sich geradezu als vertiefender theologischer Kommentar zu diesen eher »tugendethisch« argumentierenden Passagen: Es ist das aller Verpflichtung zuvorkommende Sich-Beziehen Gottes, das Sich-Verströmen des göttlich-personalen bonum diffusivum sui, dessen der Gottgläubige sich als seines Grundes vergewissert, so daß er aus dem ihm Mitgeteilten leben und zur Wirkung des »quellenden« Grundes werden kann. Dieser Beziehungsaspekt von Religion prägte den Sprachgebrauch allerdings kaum; er begegnet – wie gesagt – allenfalls als Forderung der natürlichen Gerechtigkeit, Gott, dem Schöpfer, das Geschuldete nicht zu verweigern. Im Anschluß an die mystischen Überlieferungen des Hochmittelalters hat der Beziehungsaspekt des religiösen Gottesverhältnisses dann aber in der Frömmigkeit des späten Mittelalters und der beginnenden Neuzeit eine bedeutsame Vertiefung erfahren. Dafür steht etwa *Martin Luther*, auf dessen Großen Katechismus die Titelformulierung dieses ersten Kapitels anspielt.

1.3 Gott: die Zuflucht der Bedrängten

Im Anschluß an das erste Gebot – »Du sollst keine anderen Götter haben« – wirft *Luther* die Frage auf, was es heißt, den einen wahren Gott zu haben. Und er definiert geradezu:

> »Ein ›Gott‹ heißt etwas, von dem man alles Gute erhoffen und zu dem man in allen Nöten seine Zuflucht nehmen soll. ›Einen Gott haben‹ heißt also nichts anderes, als

---

[8] Thomas von Aquin, Summa theologiae II–II, q. 186, a.1 resp.
[9] Ders., Summa contra gentiles III, 119. Zum Sprachgebrauch bis zur Reformationszeit vgl. E. Feil, Religio. Die Geschichte eines neuzeitlichen Grundbegriffs vom Frühchristentum bis zur Reformation, Göttingen, 1986.

ihm von Herzen vertrauen und glauben; wie ich oft gesagt habe, daß allein das Vertrauen und Glauben des Herzens etwas sowohl zu Gott als zu einem Abgott macht. Ist der Glaube und das Vertrauen recht, so ist auch dein Gott recht, und umgekehrt, wo das Vertrauen falsch und unrecht ist, da ist auch der rechte Gott nicht. Denn die zwei gehören zuhauf (zusammen), Glaube und Gott. Woran du nun, sage ich, dein Herz hängst und (worauf du dich) verlässest, das ist eigentlich dein Gott.«[10]

So fordert das Gebot von den Gläubigen: »Laß nur dein Herz an keinem anderen hängen noch ruhen«, als an dem allein wahren Gott Israels und Jesu Christi. Es gründet sich auf die Glaubenszuversicht – und fordert sie ein –, welche dem wahren Gott verläßliche Hilfe in aller Not zutraut. Gott selbst spricht in diesem Gebot: »Sieh zu und lasse mich allein dein Gott sein (ego solus Deus) und suche ja keinen andern«; »was dir mangelt an Gutem, das erhoffe von mir und suche bei mir, und wenn du Unglück und Not zu leiden hast, so kriech und halt dich zu mir. Ich, ich will dir genug geben und aus aller Not helfen«.[11]

Wer sich in seiner Not, wer sich im Letzten auf anderes und andere verläßt, der bindet sich an falsche Götter, der bringt sie geradezu hervor, indem er sich an sie bindet und sich von ihnen erhofft, was nur der lebendige und wahre Gott ihm geben kann. Falscher Glaube bindet den Menschen zuinnerst – im »Herzen« und seinem Zutrauen – an falsche, Verderben bringende Götter. Wer etwa darauf vertraut, »daß er großes Wissen, Klugheit, Gewalt, Beliebtheit, Freundschaft und Ehre hat«, der hat nicht den »rechten, alleinigen Gott«. Und das kann man deutlich daran sehen, »wie vermessen, sicher und stolz man auf Grund solcher Güter ist, und wie verzagt, wenn sie nicht vorhanden sind oder einem entzogen werden.«[12]

Aus dem Kontrast zu den falschen Göttern und dem vermessenen Zutrauen zu ihnen gewinnt Luther sein Verständnis von »einen Gott haben«. Einen Gott haben, das bedeutet, sich in vorbehaltlosem Zutrauen an den *binden*, dem man das Lebensentscheidende zutraut, bei dem man seine Zuflucht, die Erfüllung geschöpflicher Bedürftigkeit, der Sehnsucht nach Vergebung suchen darf. Luther argumentiert ebenso wenig wie die zitierten Mystiker und Theologen des Mittelalters »apologetisch« im späteren neuzeitlichen Sinne: Er stellt nicht heraus, wofür es gut ist, einen Gott zu haben. Er erläutert vielmehr, was es bedeutet, an den einzigen und wahren Gott zu glauben. Im Dienste solcher Erläuterung stehen dann gewiß auch Hinweise auf die Haltlosigkeit und Trostlosigkeit anderen Glaubens, auf die Hilflosigkeit derer, die an falsche Götter ihr Herz hängen. Die Verschärfung der apologetischen Herausforderung seit dem 17. Jahrhundert – vergleichbar allenfalls mit der von den frühchristlichen Theologen bis hin zu Augustinus aufgenommenen Nötigung, das »neue« Christen-

---

[10] Zitiert nach: Unser Glaube. Die Bekenntnisschriften der evangelisch-lutherischen Kirche, Gütersloh 1986, Ziffer 587.
[11] Ebd., Ziffer 588.
[12] Ebd. Ziffer 590.

tum als »vera religio« und »vera philosophia« zu erweisen – brachte es mit sich, daß Prediger und Theologen immer ausführlicher und nachdrücklicher davon sprachen, was es bringt, einen Gott – und zwar den allein wahren Gott der Christen – zu haben und welche verhängnisvollen Konsequenzen es haben muß, wenn man sich von diesem Gott abwendet. Die Philosophie der Aufklärung argumentiert – wo sie für die Unerläßlichkeit einer religiösen Bindung argumentiert – durchweg mit dem für unverzichtbar gehaltenen moralischen Effekt gelebter und institutionalisierter Christlichkeit. Sie provoziert damit geradezu eine schon in ihren Anfängen – etwa in Frankreich – greifbare Gegenargumentation, die das Unmoralische christlicher Glaubenshaltungen in den Vordergrund rückt und entweder eine vernünftig gereinigte Religion zum Moralfundament machen oder die Überflüssigkeit einer religiösen Begründung sittlichen Verhaltens aufzeigen will. *Friedrich Nietzsche* wird schließlich mit der Religion auch die überkommene Moral als Nihilismus – als Verneinung der sinnlich-leibhaften Realität eines machtvollen, seiner Stärke bewußten Lebens – denunzieren und es als seine Sendung erkennen, die Konsequenzen aus dem Zusammenbruch des so lange geschichtsbestimmend gewesenen religiös-moralischen Komplexes einzuklagen: Oberflächliche Atheisten gibt es viele; aber die wenigsten – so seine These – halten es aus, bewußt wahrzunehmen, was es heißt, keinen Gott mehr zu haben. Werfen wir einen Blick auf diese Zuspitzung der apologetischen Situation.

1.4 Wofür man Gott und die Religion braucht

Die Philosophie der Aufklärung ist nicht zuletzt eine Reaktion auf den Zerfall eines im wesentlichen fraglosen und von religiös-politischen Institutionen gesicherten Konsenses in den entscheidenden Fragen des individuellen und gemeinschaftlichen Lebens. In endlosen kriegerischen Auseinandersetzungen zerfallen die überlieferten, gemeinschaftssichernden Plausibilitäten. Immer weniger Bestände an »Gewißheitsvorrat« erweisen sich als wirklich unumstritten und unbestritten. Immer mehr kann zur Streitfrage werden, um die nicht selten mit Waffengewalt gerungen wird. Ist nicht endlich »an allem zu zweifeln«[13], damit sich herausstelle, was als »fundamentum inconcussum« dem Zweifel standhält und deshalb als Basis für wirklich begründete, wissenschaftliche oder religiöse Überzeugungen dienen kann? Die Sehnsucht nach dem unerschütterten und unerschütterlichen Fundament ist angetrieben vom Zerfall dessen, worauf gemeinschaftliches Zusammenleben bisher gegründet war. Waren nicht gerade die religiösen Überlieferungen und die auf sie gegründeten Institutionen und Gewißheiten diesem Zerfall ausgeliefert? Mußte es nicht vor allem darum gehen, im Bereich des Religiösen eine gemeinsame Basis zu finden und religiöse Über-

---

[13] Vgl. R. Descartes, Principia philosophiae I, 1.

zeugungen da zu neutralisieren, wo sie sich als nicht allgemein zustimmungsfähig erwiesen? Die politisch-konfessionellen Auseinandersetzungen des 16.
und 17. Jahrhunderts schienen nur *eine* erfolgversprechende Möglichkeit der
Neuorientierung übrigzulassen: die Suche nach einer neuen Fundierung der
»zentralen Wahrheiten und Ideen, die gegenüber speziellen religiösen Bindungen neutral und von ihnen unabhängig war.«[14]

Kriterien der Vergewisserung – der »Haltbarkeit« des Fundaments – konnten nun nicht länger an den überlieferten religiös-politisch-wissenschaftlichen
Selbstverständigungsmechanismen festgemacht werden; sie waren als Vernunftkriterien zu formulieren. Aber was war – nach den verschärften Gewißheits-
anforderungen einer Philosophie, die nur annehmen wollte, was nachvollziehbaren Baugesetzen folgend auf ein unerschütterliches Fundament gegründet war
– am überlieferten Kirchenglauben vernünftig? Was gehörte vielleicht gar zur
Basis, auf die man sich und das gemeinschaftliche Zusammenleben künftig zu
gründen hatte? Offenkundig konnten die äußeren Riten der Gottesverehrung –
der religio im mittelalterlichen Sinne – nicht dazugehören; denn gerade sie waren ja heftig umstritten, ohne daß sich mit vernünftigen Argumenten eine Entscheidung hätte herbeiführen lassen. Die wahre, vernunftgemäße Religion exi-
stierte offenkundig – wie etwa *Hugo Grotius* feststellt – »non in ritibus, sed in
animo«.[15] Aber was ist sie »in animo« bzw. was soll sie vernünftigerweise sein?
Der »general sense of religion« ist – so der englische Moralphilosoph *Francis
Hutcheson* zu Beginn des 18. Jahrhunderts – Pflichterfüllung; »the very Soul of
Religion« besteht in »social Virtue« und »harmonious Love« – so *P. Annett*, ein
Zeitgenosse Hutchesons, in einem Buch, das der Titelformulierung entsprechend
von »the great duty of Religion« handelt.[16] Vernünftig ist Religion, wo sie in den
»Seelen« die Bereitschaft zur Tugendhaftigkeit und zur Gerechtigkeit verankert.
Was diesem vernünftig nachvollziehbaren »Sinn von Religion« nicht entspricht,
das fällt der Kritik an den überlieferten Religionsformen und Religionslehren
anheim. *Voltaire* verbindet seine scharfe Kritik an christlichen Überlieferungen
mit dem Eingeständnis, daß die Menschen der Religion als Zügel (»frein«)
bedürfen, ihre Leidenschaften zu beherrschen und sie den Forderungen der Gerechtigkeit zu unterwerfen.[17] So sei es immer noch besser, eine schlechte als gar
keine Religion zu haben, solange sie nicht zum Fanatismus verführt.[18] Die
vernünftige Substanz aller Religion ist in dem einfachen Satz zu fassen: »Il y a

---

[14] Vgl. S. Toulmin, Kosmopolis. Die unerkannten Aufgaben der Moderne, dt. Frankfurt a. M. 1991,
121.
[15] H. Grotius, De veritate religionis Christianae, Opera 3, Amsterdam 1679, Neudruck 1972, 69 f.
[16] F. Hutcheson, A short introduction to moral philosophy, collected works, hg. von B. Fabian (1969–
71), Bd. 4,7 und P. Annett, Judging for ourselves; or free-thinking – the great duty of Religion,
London 1739, 23.
[17] Vgl. sein Dictionaire Philosophique, Genf 1764, Art. »Caractère«, 27, 450 bzw. »Enfer«, 29, 114.
Gegen Ende des Ancien Régime hatte schon J. Necker von der Bedeutung der Religion als Mittel zur
Zügelung der »penchans dérégles« (der ungezügelten Neigungen) gesprochen; vgl. von ihm De
L'importance des opinions religieuses, London – Paris 1799, 519.
[18] Vgl. Voltaire, Dictionaire Philosophique, Art. »Athéisme«, 27, 186.

un Dieu, et il faut être juste«.[19] Alle darüber hinausgehenden religiösen Lehren verführen zu sektiererischem Aberglauben, der sich gegen andere religiöse Überzeugungen polemisch zu behaupten versucht. Die beste Religion lehrt »beaucoup de morale et très-peu de dogmes«.[20]

Eine zur Moral erziehende Vernunftreligion hat unmittelbar humanisierende und damit auch politisch-gesellschaftliche Bedeutung. *Jean-Jacques Rousseau* unterstrich diese politisch-soziale Funktion von Religion: »La Religion la plus vraye est aussi la plus sociale et la plus humaine.« Gesellschaft und Staat sind auf Religion – auf die »religion nationale« bzw. »civile« – als einigendes Band angewiesen.[21] Rousseaus »Schüler« *Robespierre* institutionalisierte den Kult des »höchsten Wesens« als zentrale Legitimationsinstanz seines Tugendterrors, ehe er diesem Terror selbst zum Opfer fiel.

Die Tugend- und Moralreligion der französischen Aufklärung hatte nur wenig zu tun mit den überlieferten Christentümern. Auch Rousseau macht hier keine Ausnahme, wenn er erklärt: »Pour moi j'ai bien résolu ... de professer jusqu's'à la mort la religion de J.(ésus) C.(hrist)«. Die Religion Jesu Christi ist ihm keineswegs gleichbedeutend mit christlicher Religion oder dem Christentum seiner Zeit; sie ist diesem vielmehr völlig entgegengesetzt[22], da sie – im Gegensatz zu ihm – die moralisch-vernünftige Substanz wahrer Religion rein zur Darstellung bringt. Aber bedarf denn die Tugend überhaupt der Religion, womöglich gar einer christlich geprägten Religion? *Denis Diderot* hält dafür, daß die Religion niemals einen günstigen Einfluß auf die Sitten gehabt hat oder haben wird.[23] Die moralische Unglaubwürdigkeit speziell des christlichen Erlösungsglaubens hatte schon das als geheimes Dokument unter den Häuptern der Aufklärungsphilosophie zirkulierende und von Voltaire in Auszügen veröffentlichte »Testament des Abbé Meslier« gegeißelt. Der christliche Glaube dramatisiert zuerst geringste Verfehlungen oder auch nur als Sünde stigmatisierte Verhaltensweisen als ewige Verdammnis nach sich ziehende Beleidigungen Gottes, um sie dann durch Gottes Barmherzigkeit und in Jesu stellvertretender Sühneleistung am Kreuz als aufgehoben darzustellen:

> Nachdem die christlichen Prediger »uns ihren Gott als ein schreckliches, wütendes und grimmiges Ungeheuer gegenüber den sündigen Menschen dargestellt haben, das sie für ihre Laster und Sünden unbarmherzig durch die Strafe der Hölle züchtigt und sie auch schon für die geringsten läßlichen Sünden mehrere Jahre lang durch züngelnde Flammen des Fegefeuers schwer bestraft, stellen sie ihn als einen bewun-

---

[19] Vgl. ebd., Art. »Secte«, 32, 209.
[20] Vgl. ebd., Art. »Religion«, 32, 95.
[21] So im Contrat social IV, 8; vgl. Chr. Elsas, Stichwort »Religion«, in: J. Ritter – K. Gründer (Hg.), Historisches Wörterbuch der Philosophie, Bd. 8, Darmstadt 1992, Sp. 632–713, hier 658 f.
[22] Brief an Marcet de Mézières vom 16. 9. 1762, Correspondence génerale, hg. von Th. Dufour, Paris 1924–34, 8, 302. In ähnlicher Weise beruft sich dann auch G. E. Lessing auf die Religion Christi gegen das Christentum: Die Religion Christi, in: Werke, hg. von H. G. Göpfert, Bd. 7, Darmstadt 1976, 711 f.
[23] Vgl. die Nachweise im Artikel »Religion« des Historischen Wörterbuchs der Philosophie, Bd. 8, 657.

dernswürdigen Spender von Güte, Milde, Gnade und Barmherzigkeit hin, der unschwer auch die größten und verabscheuungswürdigsten Verbrechen vergibt.«[24]

Hinter dieser moralischen Korrumpierung durch Religion sind für *Jean Meslier* handfeste Priesterinteressen auszumachen: Wer über die nötigen Gnadenmittel zu verfügen vorgibt, der hat die in der Hand, die sich wegen vermeintlich abgrundtiefer Sündhaftigkeit nur noch von diesen Gnadenmitteln ihre Rettung erhoffen dürfen. *Claude-Adrien Helvétius* führt diese Kritik an der manifesten Unmoral der christlichen Religion weiter: Der Klerus – so seine Analyse – befestige seine Macht über die Seelen, indem er die Menschen in Furcht und Hoffnung versetze: Den Sündern wird zugleich mit der Furcht vor ewiger Vergeltung für ihre Vergehen die Hoffnung auf die sündenvergebende Wirkung der Reue verkauft. Weil aber die wirklich gemeinschaftsschädlichen Vergehen für die Priesterherrschaft nur eine allzu schmale Basis des Sündenbewußtseins abgäben, deshalb

> »... mußten Sünden geschaffen werden, die ehrbare Leute begehen können. Die Priester wollten daher, daß die geringste Freizügigkeit zwischen Mädchen und Knaben, ja allein die Begierde nach Lust eine Sünde sein sollte. Darüberhinaus führten sie eine große Anzahl von Riten und abergläubischen Zeremonien ein. Sie wollten, daß alle Bürger diesen unterworfen seien, daß die Nichtbeachtung dieser Riten als das größte Verbrechen gefürchtet würde ...«.[25]

Die Menschen ließen sich diese Verschärfung und Ritualisierung der Moral gefallen, weil mit der Verschärfung der Anforderungen die ersehnte pauschale Erleichterung unmittelbar verbunden war: die Ersetzung der »Tugend durch Opfergaben und Sühne«, die Vergebbarkeit auch schwerster, in hohem Maße gemeinschaftsschädlicher Vergehen bei Unterwerfung unter die von den Priestern auferlegten Riten und die zu ihnen gehörenden Glaubensvorstellungen.[26] Damit war aber alles Gewicht von der moralischen Besserung auf rituelle Observanz verschoben; die Teilnahme an »abergläubischen« Riten schien moralische Besserung wenn nicht zu ersetzen, so doch zweitrangig zu machen. Weil nun die Vertreter der überlieferten Religion von ihren Machtinteressen offenkundig davon abgehalten werden, der wahren Moral zu dienen, deshalb sind deren Fundamente doch »nur durch die Zerstörung der meisten Religionen« und der Gründung einer wahrhaft vernünftigen, allumfassenden Religion zu legen. Diese neue Weltreligion wird nichts anderes sein als Moral: »Die auf wahre Grundsätze gegründete Moral ist die einzig wahre Religion.«[27]

---

[24] Nach der deutschen Ausgabe von G. Mensching, Frankfurt a. M. 1976, 226.
[25] Helvétius, Vom Menschen, seinen geistigen Fähigkeiten und seiner Erziehung, dt. hg. von G. Mensching, Frankfurt a. M. 1972, 159 f.
[26] Vgl. ebd., 161 f.
[27] Ebd., 77 f.

1.5 Reduktion der Religion auf Sittlichkeit?

Es ist wohl deutlich geworden, wie die moralische Indienstnahme von Religion in der englischen wie in der französischen Aufklärung das Festhalten an einer vernünftigen und natürlichen, von allen dogmatischen »Absonderlichkeiten« gereinigten Religion ebenso legitimieren konnte wie die Aufhebung von Religion in Moral bzw. die Kritik aller Religion am Maßstab vernunftbestimmter Sittlichkeit. Die zeitgenössische deutsche Philosophie argumentierte vorsichtiger. Sie blieb auch da noch einer gewissen Eigenbedeutung von Religion verpflichtet, wo sie – wie bei *Hermann Samuel Reimarus*, dem Verfasser der von Lessing herausgegebenen »Fragmente eines Ungenannten« – Argumente des englischen Deismus aufnahm und verarbeitete. Reimarus favorisiert die natürliche Religion und distanziert sich vehement von den »positiven« Religionen und ihren vorgeblichen Zeugnissen einer göttlichen Offenbarung.[28] »Natürliche Religion« ist für ihn die lebendige Erkenntnis Gottes »durch die natürliche Kraft der Vernunft«. Nach der natürlichen Religion ist Gott »das erste, selbständige, nothwendige und ewige Wesen, welches die Welt, nebst allem, was darinn ist, durch seine Weisheit, Güte und Macht geschaffen hat, und beständig erhält und regiert«. Die Menschen hat er »besonders, in gewisser Ordnung, nicht nur in diesem Leben, sondern auch vornehmlich in einem darauf folgenden, zu einer höheren und unaufhörlich wachsenden Vollkommenheit und Glückseligkeit bestimmt«. Dieser von der Vernunft hervorgebrachte Glaube an einen selbst von Vernunft und Güte beseelten göttlichen Welturheber und Weltvollender wird – so Reimarus – »eine vergnügliche Einsicht in den Zusammenhang der Dinge, einen willigen Trieb zur Tugend und Pflicht, und eine ungestörte Zufriedenheit des Gemüths zu Wege bringen.«[29] Auf diese Glückseligkeit – die »Zufriedenheit des Gemüths« – durch Religion kommt es Reimarus an. Sie stellt er heraus, wo es ihm ausdrücklich um die »Vorteile der Religion« geht. Hier formuliert er programmatisch:

> »Wir wollen alle glückselig und zufrieden seyn. In den Zustand setzt uns aber die Religion ausnehmend, theils, weil sie unsere Begierden in Ordnung und Uebereinstimmung bringet, welche unserer Natur gemäß ist: theils, weil sie uns so edle und angenehme Empfindungen gewähret, als wir vernünftig verlangen können, und alle widrige Empfindungen überwiegt und versüßet.«[30]

Die Ordnung der so unterschiedlichen und miteinander konkurrierenden Begierden durch Hinordnung des Menschen auf das Urbild und die Urwirklichkeit wahrer Vollkommenheit, denen der Mensch sich »ähnlich und einstimmig« zu

---

[28] Vgl. Die vornehmsten Wahrheiten der natürlichen Religion, hg. von G. Gawlick, Göttingen 1985, sowie Apologie oder Schutzschrift für die vernünftigen Verehrer Gottes, hg. von G. Alexander, Frankfurt a. M. 1972; aus dem letztgenannten Manuskript hatte Lessing die »Fragmente« ausgewählt.
[29] Die vornehmsten Wahrheiten der natürlichen Religion, § 1, 69 f.
[30] Ebd., § 23, 822 f.

machen berufen ist, ist die Substanz einer natürlich-vernünftigen Religion. Das urbildlich-vollkommenste Wesen hat ein »selbständiges, ewiges Leben«, einen »Verstand, der alles Mögliche, und alles Möglichen mögliche Übereinstimmung, das ist, alle Wahrheit und Vollkommenheit aufs deutlichste einsieht«; er hat einen Willen, »der aus der unendlichen Fülle seiner eigenen Zufriedenheit und Glückseligkeit, allen möglichen Lebendigen außer sich so viel Vollkommenheit und Lust mitzuteilen geneigt ist, als eines jeden Wesen in der Verknüpfung der Dinge leidet«; er hat eine Macht inne, »durch welche die unermeßliche Welt, in der herrlichsten Ordnung und Uebereinstimmung, zu Wohnhäusern aller Lebendigen, hervorgebracht ist und beständig erhalten wird.«[31] Gottes durch Vernunft erkennbare Absicht ist es, die Menschen seiner eigenen Vollkommenheit immer ähnlicher zu machen. Die Intentionen der von ihm begründeten Schöpfungsordnung gehen auf »unsere Glückseligkeit, und deren in die Ewigkeit reichenden Wachstum«. Je deutlicher die Menschen dies in der religiösen Betrachtung Gottes einsehen,

> »desto williger werden wir in solche Ordnung treten, die alle unsere Begierden zur Erfüllung bringet; wir werden uns darinn, selbst durch die Erfahrung der dabey gespürten Gemüthsruhe und Zufriedenheit befestigen, und uns einer gnädigen Obhut des Schöpfers, dessen Vorschrift wir aufrichtig gefolgt sind, zuversichtlich getrösten. In solcher Gemüthsverfassung brauchet uns auch keine fürchterliche Vorstellung seiner Macht und Strafgerechtigkeit zu einem Gehorsame zu zwingen, noch von Ausschweifungen abzuschrecken, weil wir die göttliche Absicht von selbst zu unserer eigenen gemachet haben.«[32]

Es ist also keineswegs so, daß man sich die natürliche Religion, wie Reimarus sie im Blick hat, als etwas »Gezwungenes, Trauriges, und von aller Lust Entfernetes« vorzustellen hätte; vielmehr »geniessen wir darinn (im gegenwärtigen Leben; J. W.) so viele und so angenehme Empfindungen, damit keine falsche und ausschweifende Lust zu vergleichen ist.« Sie untersagt weder den Genuß beim Essen und Trinken und in der ehelichen Verbindung, noch ist sie den gesellschaftlichen Vergnügungen oder dem Streben nach Ehre feind.[33] Es ist vielmehr so, daß »die Religion uns keine Art des sinnlichen Vergnügens benimmt, sondern dasselbe unschädlich machet, und dennoch vermehret, schärfet und erhöhet: So thut sie diesem Theile unser natürlichen Begierden weit bessere Genüge, als irgend ein Laster thun kann.«[34] Was der Mensch bei seinem Wirken und Genießen als in Übereinstimmung mit der ihm von Gott zugedachten Glückseligkeit erkennt, das steigert seine Zufriedenheit und sein Wohlempfinden. So wird ihm auch noch das als Pflicht Abgeforderte zur Freude; er tut es ja in Übereinstimmung mit dem, der auch durch dieses pflichtgemäße Werk des Menschen Glückseligkeit wirken will:

---

[31] Vgl. ebd., 823 f.
[32] Ebd., 826.
[33] Vgl. ebd., § 24, 826–828.
[34] Vgl. ebd., § 25, 829.

»Was auch ein Mensch, nach seinen Umständen in der Welt, für Geschäffte, Amt und Pflichten hat, die wird er, vermöge der Religion, getrost und freudig verrichten, weil er versichert ist, daß dieses sein Beruf und Stand sey, welches ihm sein Schöpfer angewiesen; und weil er von seinem Gewissen das gute Zeugniß hat, daß er das Seinige nach Vermögen aufrichtig thue. Andern, welche unordentliche Begierden haben, wird Pflicht und Tugend zur Last … Hingegen ist es eine innere Belohnung der Frömmigkeit, daß ein Mensch willig, gerne, und mit Lust thut, was ihm obliegt; daß er die Süßigkeit eines ordentlichen Wandels empfindet, und, indem er dadurch sein eigen Bestes bewirket, zugleich die Freude hat, daß er auf solche Art, dem vollkommensten Wesen zu gefallen, versichert ist. Dieses ist eine Gesinnung, wie der wohlgearteten Kinder, die nicht allein an ihrem Lernen selbst Lust haben, und dadurch verständiger und weiser werden, sondern auch darüber fröhlich sind, daß sie hierdurch ihrer Aeltern Liebe gewinnen.«[35]

Auch wenn hier nicht einer im postmodernen Sinn »lustbetonten« Religion das Wort geredet wird, bemerkenswert ist es schon, wie Reimarus – wohl im bewußten Kontrast zur calvinistischen Strenge seiner Umgebung – auf die »angenehmen« Seiten der Religion abhebt. Seine Religion ist die Religion des Bürgers, der sich nicht nur in den Erfolgen seiner beruflichen Anstrengung[36], sondern gerade auch in den »geordneten« und auf die ewige Glückseligkeit hingeordneten Genüssen, die das Leben – und damit Gott – für ihn bereithält, als auf dem rechten Weg voranschreitend bestätigt fühlen kann. Das im Blick auf die hier zu skizzierende Problemgeschichte wirklich Bemerkenswerte an Reimarus' Verständnis der natürlichen Religion und ihres Gottesverhältnisses liegt aber bei ihrem geradezu kontemplativen Zug: Mit der Vertiefung in das von der Vernunft entworfene Bild Gottes, des aus Güte die Schöpfung ins Dasein rufenden und sie auf die größtmögliche Glückseligkeit der Menschen hinordnenden höchsten Wesens, wächst die Neigung der Menschen, sich seinem Wirken einzuordnen und so – durchaus das wohlverstande Eigeninteresse verfolgend – das Gefallen dieses höchsten Wesens zu erlangen. Was der Religiöse soll, das tut er aus vernünftiger Neigung, nicht aus Angst vor Höllenstrafen, aber auch nicht nur aus reinem, gegen die Neigungen durchgesetztem Pflichtbewußtsein. Es ist also für den sittlich handelnden Menschen durchaus von Vorteil, einen Gott – freilich nur den der natürlichen Religion – zu »haben«. Seine Betrachtung macht die Pflicht süß, das Gesollte zum gern Gewollten.

Für *Immanuel Kant* wäre diese Position völlig unannehmbar gewesen. Das Gesollte – von reiner praktischer Vernunft Gebotene – ist für ihn das gegen die »sinnlichen Neigungen« Durchzusetzende. Religion macht die Pflicht nicht etwa »angenehmer« – zum Gegenstand der Neigungen. Sie ist vielmehr die »Erkenntniß« unserer Pflichten als göttlicher Gebote«.[37] Und Pflicht ist es, so zu

---

[35] Ebd., 831 f.
[36] Vgl. dazu M. Webers berühmte These zur Geburt des Kapitalismus aus dem Geist des Calvinismus: Die protestantische Ethik. Eine Aufsatzsammlung, Taschenbuchausgabe Bd. 1, Hamburg ³1973, Bd. 2, Hamburg ²1972.
[37] Kritik der Urteilskraft, Akademie Textausgabe, Berlin 1968, Bd. V, 481.

handeln, daß die Maxime meines Willens zugleich als Prinzip einer allgemeinen Gesetzgebung gelten könnte.[38] Zutiefst unmoralisch wäre es, würde man, was die praktische Vernunft aus sich selbst zur Pflicht macht, nicht im vernünftigen Pflichtgehorsam annehmen, sondern etwa nur deshalb, weil sittlich gutes Handeln »angenehm« wäre oder die ewige Seligkeit verspricht, der Verstoß gegen das Gebotene aber zeitliche oder ewige Strafen nach sich ziehen würde. Gott und Religion dürfen die Menschen nicht auf unsittliche, sinnliche Weise – durch Drohung oder Verlockung – zur Sittlichkeit bewegen. Wer Gott so ins Spiel bringt und Religion in diesem Sinne als »Sittlichkeitsverstärker« benutzt, der appelliert an sinnlich-egoistische Neigungen, statt die Menschen bereit zu machen, auf die Vernunft zu hören. Der moralisch gerechtfertigte Sinn von Religion kann nur darin bestehen, die Menschen zu bewegen, an das ihnen von ihrer Vernunft Verlautbarte und Gebotene zu *glauben.*

Was ist hier mit »glauben« gemeint? Der vom moralischen Gesetz in der konkreten Situation Geforderte muß daran glauben können, daß durch sittliches Handeln erreicht werden kann, worauf es abzielt – der »höchste moralische Endzweck«. In ihm wäre vollends erfüllt, was das moralische Gesetz verheißt, wenn es gebietet, auf ihn hin zu handeln: eine sittliche Weltordnung, in der allein die Vernunft bestimmend und die Ungerechtigkeit überwunden sein wird. Sittliches Handeln setzt »ein Vertrauen auf die Verheißung des moralischen Gesetzes« voraus, »ein Vertrauen zu der Erreichung einer Absicht, deren Beförderung Pflicht, die Möglichkeit der Ausführung derselben aber für uns nicht einzusehen ist«. Es setzt den Glauben an Gott, den moralischen Welturheber, voraus, der als solcher eben auch das letztendliche Zusammenstimmen der Weltwirklichkeit mit der Verheißung des Sittengesetzes verbürgen kann.[39] Dürfte der sittlich Handelnde nicht daran glauben, daß er an der Erreichung eines höchsten moralischen Endzwecks aller Wirklichkeit mitwirkt, die – nach allem, was die Vernunft ermitteln kann – das Menschenmögliche unendlich übersteigt und deshalb von Gott verbürgt werden muß, müßte er an sich selbst und am Sinn seines moralischen Handelns verzweifeln.[40] So ist das Vertrauen auf den Gott, der sittliches Handeln nicht in letzter Instanz an einer vom »radikal Bösen« bestimmten Wirklichkeit scheitern läßt, »Bedürfnis der reinen praktischen Vernunft«, von ihr selbst um des Sinns moralischen Handelns in dieser Welt willen postuliert.[41] Gott und Religion werden zur unerläßlichen Randbedingung sittlich-vernünftigen Selbstvollzugs: Ohne Rekurs auf Gott wäre nicht vernünftig nachvollziehbar, wie das sittliche Handeln das im Sittengesetz mitgesetzte Ziel seiner selbst erreichen sollte. »Einen Gott haben« heißt hier: sich dieser Bedingung und ihres Gegebenseins vergewissert haben und so der Stimme der praktischen Vernunft folgen können.

---

[38] Vgl. Kritik der praktischen Vernunft § 7, Akademie Textausgabe, Bd. V, 30.
[39] Kritik der Urteilskraft, Akademie Textausgabe, Bd. V, 471 f.
[40] Vgl. Der Streit der Fakultäten, Akademie Textausgabe, Bd. VII, 42 ff.
[41] Vgl. Kritik der praktischen Vernunft, Akademie Textausgabe, Bd. V, 142.

Enger läßt sich Religion an Sittlichkeit kaum anschließen. Aber der Anschluß ist äußerst subtil; ein typischer Philosophenschluß, der mit gelebter Gläubigkeit und Religion wenig zu tun hat. Er steht gleichwohl für eine Mentalität, die sich am Ende des 18. Jahrhunderts bis weit in die Theologie, vor allem in die evangelische, ausgebreitet hatte und die Thematisierung von Religion weitgehend bestimmte. So bleibt neben dem frühen Fichte auch *Hegel* Kants Konzept in seinen frühen Schriften noch weithin verpflichtet; zugleich geht er vorsichtig über es hinaus. Religion – gerade die in öffentlicher Geltung stehende »Volksreligion« – ist darin unverzichtbar, daß sie »mächtig auf Einbildungskraft und Herz wirkt, der Seele überhaupt die Kraft und den Enthusiasmus, – den Geist einhaucht, der zur großen, zur erhabenen Tugend unentbehrlich ist.«[42] Auch an Jesus selbst könne man aufzeigen, wie er es als seine Sendung erachtete, das Volk von bloßer Legalität zu wahrer Moralität zu führen, »den Sinn für Moralität wieder zu erwecken, auf die Gesinnung zu wirken«.[43]

Den Einfluß solcher Indienstnahme der Religion für Sittlichkeit auf die Theologie dieser Zeit kann man etwa bei *Johann Salomo Semler* beobachten. Er stellt kurz und klar fest: »Moralische Gesinnung und unaufhörlich gutes Verhalten … Hierin besteht das Wesen der christlichen Religion.«[44] Wenn aber das »Wesen der christlichen Religion« im Kontext des Ethischen zu bestimmen wäre, wenn Religion sich zu legitimieren hätte als unerläßliche Dimension vernünftiger ethischer *Selbst*-Bestimmung, wie kann sie dann noch Erlösungsreligion sein, eine Religion, in der die Beziehung zwischen Gott und Mensch entscheidend vom erlösenden Handeln *Gottes* bestimmt ist? Diese Frage ist in der evangelischen Theologie des 19. Jahrhunderts vielfach thematisiert worden; und sie hat zur Rückbesinnung auf Martin Luthers Bestimmung des Gott-Mensch-Verhältnisses beigetragen.

1.6 Gott: der Trost in sittlicher Verzweiflung

Kants These, die Moral führe »unumgänglich zur Religion, wodurch sie sich zur Idee eines machthabenden moralischen Gesetzgebers außer dem Menschen erweitert, in dessen Willen dasjenige Endzweck (der Weltschöpfung) ist, was zugleich der Endzweck des Menschen sein kann und soll«[45], unterstellt einen von ethischer Selbstreflexion her geradezu notwendigen Übergang zur Annahme eines Gottes, der als moralischer Gesetzgeber und Welturheber den »Erfolg« ethischer Selbstbestimmung letztlich gewährleistet und sich darin der prakti-

---

[42] G. W. F. Hegel, Fragmente über Volksreligion und Christentum, in: Werke in zwanzig Bänden, hg. von E. Moldenhauer u. K. M. Michel, Frankfurt a. M. 1969–71, Bd. 1, 9–103, hier 31.
[43] Ders., Die Positivität der christlichen Religion, a. a. O., 104–229, hier 138.
[44] J. S. Semler, Über historische, gesellschaftliche und moralische Religion der Christen, Leipzig 1786, 54 und 60.
[45] Die Religion innerhalb der Grenzen der bloßen Vernunft, Akademie Textausgabe, Bd. VI, 6.

schen Vernunft als unerläßliche Bedingung ihres Selbstvollzugs zu erkennen gibt. Die eher dem Pietismus verpflichteten Theologen des 19. Jahrhunderts haben der These von der unumgänglichen Selbsterweiterung der Moral zur Religion vor allem deshalb heftig widersprochen, weil sie vom konkret erfahrbaren Erlösungshandeln Gottes in Jesus Christus kaum noch zu sprechen erlaubte. Sie wenden sich gegen Kants Argumentation an dem – in ihrer Sicht – entscheidenden Punkt: Es ist nicht so, daß sich die praktische Vernunft Gott als die Bedingung ihres Selbstvollzugs selbst setzen, sich selbst gleichsam aus eigener Kraft zur »religionsgestützten« Moral erweitern könnte. Es verhält sich vielmehr so, daß sittliche Selbstbestimmung von Grund auf – eben weil sie »grundlos« ist – zum Scheitern verurteilt und in diesem Scheitern auf die erlösende Gottesbegegnung angewiesen ist: Der Mensch, der sich vom vernünftigen Moralgesetz gefordert weiß, wird – als der Sünder, der er immer schon ist – von seinem Anspruch unendlich überfordert und in die sittliche Verzweiflung getrieben, aus der ihn dann freilich die ihm in Jesus Christus begegnende Vergebung retten und zum neuen Leben auferwecken kann; zu einem Leben wahrhafter Sittlichkeit, das die guten Früchte des Geistes aus der Kraft empfangener Vergebung hervorzubringen vermag. Durch »die Höllenfahrt der (sittlichen; J. W.) Selbsterkenntnis zur Himmelfahrt der Gotteserkenntnis«[46], zur Erkenntnis der mir geltenden Vergebung und des mir bedingungslos vergebenden Gottes Jesu Christi – das ist der Leitsatz der Theologie *August Tholucks*, der über seinen Schüler Martin Kähler und über Wilhelm Herrmann die evangelische Theologie unseres Jahrhunderts entscheidend beeinflußt hat.

Für *Wilhelm Herrmann* ist die »Not des sittlichen Bewußtseins« Grundgegebenheit der Selbsterfahrung gerade des sittlich »ernsthaften« Menschen. Wer sich dieser Not ausgeliefert erfährt, der wird nach Rettung suchen, nach dem Grund einer Zuversicht, die ihn glauben ließe, nicht rettungslos dem in sich selbst verstrickten bösen Willen – dem »radikal Bösen« – ausgeliefert und so in letzter Instanz als schuldig verurteilt zu sein. Diese »innere Befreiung des Menschen ist die Religion«[47]; sie ist dem Christen durch die geschichtliche Gestalt Jesus Christus vermittelt. In der Konfrontation mit Jesu »innerem Leben« wird die Not des sittlichen Bewußtseins zur »Furcht vor Gott« verschärft und zugleich überwunden. Er ist das »Wort Gottes, das uns wirklich als solches

---

[46] A. Tholuck, Die Lehre von der Sünde und vom Versöhner oder die wahre Weihe des Zweiflers, Gotha ⁸1862, 166 f. Die Formel »Höllenfahrt der Selbsterkenntnis« ist offenkundig älter. Sie wird von Kant Hamann zugeschrieben, der ihr die Glaubensgewißheit als »Weg zur Vergötterung« entgegensetzte (vgl. Der Streit der Fakultäten, Akademie Textausgabe, Bd. VII, 55). Auch Nietzsche nimmt wohl Bezug auf dieses pietistische Vorstellungsmuster, wenn er von der Verzweiflung als einer »Tugend« spricht, »welche auf dem Umweg der Hölle zum Himmel führt«; Morgenröthe, Aphorismus 321, Kritische Studienausgabe der Sämtlichen Werke (KSA), München – Berlin 1980, Bd. 3, 229.

[47] W. Herrmann, Ethik, Tübingen ⁵1913, 93. Die Moral führt also »nicht unausbleiblich« – quasi von selbst – »zur Religion«; Schriften zur Grundlegung der Theologie, 2 Bde., hg. von P. Fischer-Appelt, München 1966–67, Bd. 2, 43.

gewiß wird, weil es uns völlig niederwirft und uns aus dem Nichts zu neuem Leben ruft«.[48] Jesus Christus wird dem sich vor Gott als zutiefst ungerecht erfahrenden Menschen zum Erlebnis der vergebenden göttlichen Liebe; von ihm her wird dem Menschen die Gewißheit zuteil, »daß Gott lebt und sich unser annimmt«.[49]

Die Argumente für das Dasein Gottes und die Unverzichtbarkeit der Religion, wie sie in der tiefgreifenden Verunsicherung durch die Aufklärung von der Religionsphilosophie formuliert worden sind, haben die apologetische Situation nur noch verschärft. Wenn »Gott« überhaupt noch – auf dem Weg der »Selbsterweiterung« der praktischen Vernunft – ins Spiel kommt, wenn er – gleichsam transzendental legitimiert – seine Unverzichtbarkeit noch unter Beweis stellen darf, so ist er doch nicht der Gott, von dem die christlichen Glaubensüberlieferungen Zeugnis gaben, der Gott *Martin Luthers* etwa, bei dem man Zuflucht und Halt sucht in allen Nöten; so war er nur noch ein Gott von der Menschen Gnade, zugelassen als Bedingung sittlicher Selbstbestimmung, ohne die man offenbar doch nicht ganz auskam. Deshalb fühlte man sich theologisch gefordert, gerade die vernünftig-sittliche Selbstbestimmung und ihre Selbstgewißheit unter Verdacht zu stellen. Kants Behauptung, da das Gebot, »wir sollen bessere Menschen werden«, unvermindert und unaufhörlich in unserer Seele laut werde, müßten »wir es auch können«[50], erschien nun als Anmaßung moralischen Selbstbewußtseins. Von Gott authentisch zu sprechen, das setzt nun voraus, daß der Mensch sich als sittlich Scheiternder erfährt, so daß er nach jenem Halt sucht, an den er sich in seiner Verzweiflung noch halten könnte. »Einen Gott haben« bedeutet nun – in der verschärften apologetischen Situation des ausgehenden 19. Jahrhunderts – einen zu haben, dessen ich mich versehe, zu dem ich fliehe in all meiner Not, vor allem eben in der Not meines Scheiterns an dem, was mir – schon in meiner Vernunft und dann noch einmal vertieft in der Begegnung mit Jesus Christus – als meine Bestimmung aufleuchtet.

Der Rückgriff der evangelischen Theologie des ausgehenden 19. Jahrhunderts auf Luthers »Definition« der Gottesbeziehung ist freilich von den Merkmalen einer völlig veränderten religions-geschichtlichen Situation gezeichnet. Religion ist nicht mehr das *in sich* selbstverständliche und deshalb allenfalls erläuterungsbedürftige Sich-Beziehen-Dürfen auf einen Gott, der sich von sich aus heilvoll auf die Menschen bezieht: ihnen in ihrer Sünden- und Todesnot Zuflucht bietet. Religion wird im Laufe des 18. Jahrhunderts vielmehr zunehmend als ein aus dem Gesamtzusammenhang menschlicher Reflexionsleistungen heraus bestimmbares Bewußtseinsphänomen verstanden: als bewußtseinsimmanentes Selbstverhältnis, »das als solches die wiederum bewußtseinsimmanente

---

[48] Ders., Schriften zur Grundlegung der Theologie, hier Bd. 2, 194.
[49] Ebd., Bd. 1, 169.
[50] I. Kant, Die Religion innerhalb der Grenzen der bloßen Vernunft, Akademie Textausgabe Bd. VI, 45; vgl. 37.

und intramentale Beziehung zu einem wie immer vorgestellten transzendentalen Grund einschließen kann.«[51]

Gottesbeziehung als das Sich-Beziehen-»Müssen« menschlichen Bewußtseins auf einen Gott, welches den Menschen davor rettet, den Zusammenhang seiner sonstigen Bewußtseinsleistungen als »grundlos« eingestehen zu müssen: Ist hier wirklich noch von einer Gottesbeziehung – einem »Gott-Haben« – im Sinne Luthers die Rede, von Gottesbeziehung als Gott-Begegnung, die es dem Menschen erst ermöglicht, bei dem seine Zuflucht zu suchen, der seine Lebenswirklichkeit als der in sie Eintretende bestimmt? Neuzeitlich wird – wie im Offenbarungstraktat genauer darzustellen sein wird – die Rede von geschichtlicher Gott-Begegnung zunehmend ortlos. An ihre Stelle tritt die Bezugnahme auf einen göttlichen »Grund«, wobei während des 18. und dann vor allem im 19. Jahrhundert immer deutlicher zutage kommt, daß die Rede vom göttlichen Grund »unter der Bedingung des Ausgangs beim Begründeten« steht. Sie ist der philosophischen Figur des begründenden Rückschließens verdankt und »kommt somit logisch und semantisch von der Logizität des Begründeten nicht los. Der Grund der Abhängigkeit, auf den das religiöse Bewußtsein zielt, verkehrt sich in die Abhängigkeit des Grundes vom Begründeten «[52], letztlich in die funktionale Abhängigkeit eines Grundes, den man braucht, um den Verdacht der Grundlosigkeit abzuwenden.

In dieser verschärften apologetischen Situation gehen die zuletzt skizzierten theologischen Entwürfe noch einmal aufs Ganze. Sie versuchen die Bewußtseinsimmanenz des göttlichen Grundes so aufzusprengen, daß sie ihn als Abgrund darstellen, in dem menschliche – sittliche – Selbstbegründung zerbrechen muß, in dem dann freilich jener wirklich tragende Grund erlebbar wird, auf den die Zerbrochenen nun ihr sittliches Leben gegründet wissen können. Aber muß dieser Abgrund nicht erst theologisch bzw. in der Verkündigung aufgerissen werden, damit der Verzweifelnde in ihm versinke und sich an den grundlos verzeihenden Gott halte? Und kann er nicht nur dann aufgerissen werden, wenn dem Menschen eine »vernünftige« Moralität aufgedrungen wird, die im Widerspruch zu seinem Menschsein steht – und ihn erst zu jenem Selbstwiderspruch macht, der theologisch zum Abgrund der sittlichen Verzweiflung vertieft werden kann? Steht der geschilderte Versuch, Gott notwendig zu machen, nicht von vornherein unter dem Verdacht, er manifestiere nur die Unbegründetheit eines sittlichen Selbstbewußtseins, das sich ins Gottesbewußtsein eingründen muß? Er war Friedrich Nietzsche, der seine Religions- und Christentumskritik aus diesem Gegenargument entwickelte und mit ihm das Christentum wie die auf es gegründete »idealistische« Moral erledigen wollte.

---

[51] F. Wagner, Religion der Moderne – Moderne der Religion, in: W. Gräb (Hg.), Religion als Thema der Theologie, Gütersloh 1999, 12–44, hier 16.
[52] Vgl. ebd., 31 f.

Streitfall

1.7 Was es heißt, keinen Gott zu haben

»Die Unbefriedigten müssen etwas haben, an das sie ihr Herz hängen: z. B. Gott«[53] – so sagt sich der Pfarrersohn *Friedrich Nietzsche* vom Gott seines Vaters, vom Gott Martin Luthers und seines Großen Katechismus los. Die »Unbefriedigten« – und nur sie – werden sich und ihr Grundbedürfnis nach Trost und Halt in Luthers Formulierungen zum ersten Gebot wiedererkennen. Die christliche Religion ist für Nietzsche eine Sache der Unbefriedigten, der Zu- kurz- Gekommenen; sie ist es durch und durch. Denn sie ist das Instrument, mit dem die Unbefriedigten sich schadlos zu halten versuchen. Sie wollten sich schadlos halten durch eine »asketische Moral«, die die Werte der Machtsteigerung und Überwältigung des Schwachen, worin das Leben sich zur Entfaltung bringt, zum Verächtlichen abwertet und das Scheitern am Leben selbst zum Höchstwert erhebt. Diese »nihilistische« Umwertung der Werte, die den Unwert par excellence – die Schwäche – zum Höchstwert umwertet, ist eine Moral des Ressentiments, der Mißgunst. Sie möchte die Starken mit dem Verdacht infizieren, ihr Glück sei »nicht ächt … Umgekehrt werden die Eigenschaften hervorgezogen und mit Licht übergossen, welche dazu dienen, Leidenden das Dasein zu erleichtern: hier kommt das Mitleiden, die gefällige hilfsbereite Hand, das warme Herz, die Geduld, der Fleiss, die Demuth, die Freundlichkeit zu Ehren«.[54] Schließlich wird das Leidenmüssen selbst – gegen die Leidverursacher, die Sünder par excellence – zum eigentlich Erstrebenswerten stilisiert und mit der in Jesu Kreuz symbolisierten Verheißung verknüpft, den jetzt Leidenden gehöre das Reich Gottes:

> »Diese Schwachen – irgendwann einmal wollen auch sie die Starken sein, es ist kein Zweifel, irgendwann soll auch ihr ›Reich‹ kommen – ›das Reich Gottes‹ … schon um *das* zu erleben, hat man nöthig, lange zu leben, über den Tod hinaus, – ja man hat das ewige Leben nöthig, damit man sich auch ewig im ›Reich Gottes‹ schadlos halten kann für jenes Erden-Leben ›im Glauben, in der Liebe, in der Hoffnung‹.«[55]

Das Jenseits ist die Rechtfertigung dafür, daß man die im Diesseits der Lebenssteigerung dienenden Werte herabwürdigt und nihilistisch verachtet, was *ist*. Im Christentum ist

> »Gott zum Widerspruch des Lebens abgeartet … in Gott dem Leben, der Natur, dem Willen zum Leben die Feindschaft angesagt; Gott die Formel für jede Verleumdung des Lebens, für jede Lüge von ›Jenseits‹; in Gott das Nichts vergöttlicht, der Wille zum Nichts heilig gesprochen! … Weiß man es noch nicht? das Christenthum ist eine *nihilistische* Religion um ihres Gottes willen …«; um eines Gottes willen, der für diese Gottgläubigen »der grösste Einwand gegen das Dasein« ist.[56] Der christli-

---

[53] F. Nietzsche, Nachgelassene Fragmente Herbst 1881, KSA, 9, 591.
[54] Jenseits von Gut und Böse, Aphorismus 260, KSA 5, 211.
[55] Zur Genealogie der Moral. Erste Abhandlung, Aphorismus 15, KSA 5, 283.
[56] Nachgelassene Fragmente Mai–Juni 1888, KSA 13, 525 bzw. Götzendämmerung. Die vier großen Irrthümer, Aphorismus 8, KSA 6, 97.

che Gottesbegriff ist geradezu »erfunden als Gegensatz-Begriff zum Leben, – in ihm alles schädliche, vergiftende, verleumderische, die ganze Todfeindschaft gegen das Leben in eine entsetzliche Einheit gebracht! Der Begriff ›Jenseits‹, ›wahre Welt‹ erfunden, um die *einzige* Welt zu entwerthen, die es gibt, – um kein Ziel, keine Vernunft, keine Aufgabe für unsere Erden-Realität übrig zu behalten!«[57]

Um des Menschen willen und um dessentwillen, was er sein soll – der Über-Mensch, der in sich die Kraft des Lebens zur Entfaltung bringt –, ist dieser Gott leidenschaftlich zu negieren. Wer statt dessen die Welt, das Leben negiert und entwertet, es »vergiftet«, der muß sich an Gott klammern, weil ihm diese Welt zum Ort der Verzweiflung geworden ist und nichts anderes mehr sein kann. Zarathustra, der Prophet des *diese* Welt und das Leben in ihr bejahenden, ihm gewachsenen Übermenschen, beschwört seine Brüder,

> *bleibt der Erde treu* und glaubt Denen nicht, welche euch von überirdischen Hoffnungen reden! Giftmischer sind es, ob sie es wissen oder nicht. Verächter des Lebens sind es, Absterbende und selber vergiftete, deren die Erde müde ist: so mögen sie dahinfahren! Einst war der Frevel an Gott der grösste Frevel, aber Gott starb, und damit starben auch diese Frevelhaften. An der Erde zu freveln ist jetzt das Furchtbarste und die Eingeweide des Unerforschlichen höher zu achten, als den Sinn der Erde!«[58]

Hier fällt das Stichwort, das für Nietzsche die Situation des Christen-Gottes kennzeichnet – und derer, die ihn noch zu verehren vorgeben: Im Grunde weiß jeder, der es wissen will, daß dieser Gottesglaube am Ende ist, daß er sich als bloßes Ressentiment, als bloße Krücke für diejenigen entlarvt hat, die sich nicht auf ihre eigenen Beine stellen und ihr Leben selbst in die Hand nehmen wollen. Gott ist tot – das ist für Nietzsche schon keine überraschende oder gar skandalöse Feststellung mehr. Es ist fast schon Common sense unter den Bürgern, die sich auf dem »Markt der Meinungen« versammeln. Aber wissen sie auch, was es bedeutet, daß sie keinen Gott mehr haben, daß sie keinen Gott mehr haben können, der ihnen Halt und Trost bietet, wenn es schließlich doch zur Katastrophe kommt? Oder leisten sie sich nur einen schicken Atheismus, der über die Konsequenzen des Todes Gottes fröhlich-indifferent hinweggeht und die Herausforderung auf Leben und Tod gar nicht begreift, die mit dem endgültigen Gottes-Verlust unabweisbar geworden ist? Nietzsche dramatisiert diese Frage, deren Dramatik man weithin ignoriert, in der berühmten Parabel vom »tollen Menschen«. Er ist der »Ver-rückte«, der Exzentriker; mit dem Tagesgeschäft der auf dem Markt ihr Gewerbe Treibenden und ihre Meinungen Austauschenden hat er nichts zu tun. So sieht er, wofür sie in ihrer Geschäftigkeit keine Augen haben. Wie der verrückte Diogenes von Sinope geht er am hellen Vormittag mit einer Laterne auf den Markt und schreit unaufhörlich: »Ich suche Gott! Ich suche Gott!« Diogenes suchte »einen Menschen« inmitten der vielen Men-

---

[57] Ecce homo. Warum ich ein Schicksal bin, Aphorismus 8, KSA 6, 374.
[58] Also sprach Zarathustra I, KSA 4, 15.

Streitfall

schen, die ihn auf dem Markt verlachten.[59] Nietzsches »toller Mensch« weiß, daß er nach Menschen suchen muß, die mit Gott ins Reine gekommen sind, sich nicht nur von ihm abgewendet, sondern ihn »getötet« und *deshalb* die Herausforderung, Über-Mensch zu werden, wirklich angenommen haben. So provoziert er die oberflächlichen Atheisten ausgerechnet mit seiner Gottsuche am hellichten Vormittag, wo doch alles sonnenklar zutage liegt – so sehen es jedenfalls die auf den Markt Herumstehenden. Er macht sich lächerlich, weil er eine Lampe mitführt, so als sei in puncto Gott noch etwas aufzuhellen:

> »Da dort gerade Viele von Denen zusammenstanden, welche nicht an Gott glaubten, so erregte er ein grosses Gelächter. Ist er denn verloren gegangen? sagte der Eine. Hat er sich verlaufen wie ein Kind? sagte der Andere. Oder hält er sich versteckt? Fürchtet er sich vor uns? Ist er zu Schiff gegangen? ausgewandert? – so schrien und lachten sie durcheinander.«[60]

Der tolle Mensch macht sich weiter lächerlich. Er stellt eine Frage, die weder im Sprachspiel der Ungläubigen noch in dem der Gottgläubigen einen Sinn zu haben scheint. Er »sprang mitten unter sie und durchbohrte sie mit seinen Blicken. ›Wohin ist Gott?‹ rief er«. Man kann doch nicht fragen: »Wohin ist Gott?« Man kann ihn doch nicht suchen wie einen, der sich in den letzten Winkel verkrochen hat, unauffindbar geworden ist, als vermißt gemeldet oder schon gar nicht mehr vermißt. Oder doch? Die Ungläubigen haben keinen Gott, und sie suchen keinen. So fragen sie auch nicht, wohin er ist. Die Gottgläubigen wissen, daß ihr Gott überall ist – allgegenwärtig; auch sie kämen nicht auf den Gedanken, zu fragen, wo man ihn »suchen« müsse, wohin er sich zurückgezogen habe. Aber der tolle Mensch fragt so. Er bringt eine Entwicklung zur Sprache, die lange unterwegs war und Gott aus dem Blickfeld der ernsthaft Suchenden verdrängt, ihn gezwungen hat, sich zurückzuziehen – wenn man will: aus der Erfahrung »auszuwandern«.

Ludwig Feuerbach hatte diese Erfahrung in ähnlichen Metaphern zum Ausdruck gebracht. Gott war gezwungen, sich mehr und mehr zurückzuziehen; er konnte – nach dem Erfolg naturwissenschaftlicher Ursachenforschung, nicht mehr der sein, der »mit den Pfeilen Apollos den Menschen zu Boden streckt … mit dem Blitz und Donner Jupiters das Gemüt erschüttert … mit Kometen und anderen feurigen Erscheinungen den verstockten Sündern die Hölle heiß macht … mit allerhöchster ›selbsteigenster‹ Hand das Eisen an den Magnet heranzieht, Ebbe und Flut bewirkt und das feste Land gegen die übermütige, stets eine neue Sündflut drohende Macht der Gewässer schirmt«. Er war nicht mehr greifbar in den Wirkungen und ihren unmittelbaren Ursachen – wie es die Bittgebete der Gläubigen unterstellten. Natürlich ist er es nicht, sagten die dem magischen Volksglauben abholden Metaphysiker: Er »ist nur die *erste* Ursache, aber dann kommt das unübersehbare Heer der subalternen Götter, das Regiment

---

[59] Vgl. Diogenes Laertius, Leben und Meinungen berühmter Philosophen VI, 41, Hamburg 1967, 315.
[60] Die fröhliche Wissenschaft, Aphorismus 125, KSA 3, 480.

der Mittelursachen.« Mit dem Rückzug Gottes aus dem Feld der Mittelursachen
– dem Rückzug des Gottesglaubens in die Metaphysik – hat der Glaube indes
seine Erfahrungsgrundlage verloren; denn – so Feuerbach – »die sogenannten
Mittelursachen sind die allein wirklichen und wirksamen, die allein gegenständlichen und fühlbaren Ursachen.« Der aus dem Reich der Mittelursachen vertrie-
bene Gott ist nur »eine *Titularursache*, ein unschädliches, höchst bescheidenes
Gedankending – eine *bloße Hypothese* zur Lösung einer theoretischen Schwierigkeit, zur Erklärung des ersten Anfangs der Natur oder vielmehr des organischen Lebens.«[61]

Der Gott der Metaphysik ist nicht nur der Weltschöpfer, sondern auch der
Erhalter seiner Schöpfung, der sie lenkt und ordnet und ihr Dauern begründet.
Aber läßt er sich als solcher erfahren? Oder macht ihn die Wissenschaft nicht
auch in dieser Funktion »arbeitslos«, überflüssig? Genügt es nicht, sich auf die
Richtung der Naturabläufe einzustellen und sich von der Natur erhalten zu
wissen? Ist »nicht die Natur, sondern Gott unser Erhalter, so ist die Natur ein
bloßes *Versteckspiel* der Gottheit und folglich ein *überflüssiges Scheinwesen*,
gleichwie umgekehrt Gott ein überflüssiges Scheinwesen ist, wenn uns die Natur erhält.«[62] Der naturwissenschaftlich gebildete, neuzeitliche Geist wußte sich
nicht mehr »berechtigt«, etwa wegen noch ungeklärter Kausalzusammenhänge
»über das Gebiet der natürlichen Ursachen auszuschweifen«.[63] Er rechnete nicht
mehr mit der »Titularursache Gott«, vertrieb Gott konsequent aus dem Bereich
der »wirklichen wirkenden Ursachen« und kann endlich – angesichts seiner
nachgewiesenen Funktionslosigkeit – ohne weiteres auf ihn verzichten. So etwa
werden es die Leute sehen, die um Nietzsches tollen Menschen auf dem Markt
herumstehen: Gott ist an Auszehrung gestorben, im Winkel, in den ihn die
Wissenschaften vertrieben hatten, unbemerkt fast, völlig undramatisch.
Schließlich war er, was er immer schon war: inexistent.[64] Lebendig war er ja
immer nur in denen gewesen, die an ihn glaubten, weil sie ihn brauchten. Die
werden nun immer weniger. Also weshalb noch die Aufregung um Gott, die

---

[61] Das Wesen der Religion, §15, Werke in sechs Bänden, hg. von E. Thies, Frankfurt a. M. 1975–76,
Bd. 4, 94.
[62] Das Wesen der Religion, §16, Werke in sechs Bänden., Bd. 4, 95.
[63] Das Wesen der Religion, §23, a. a. O., 101.
[64] Oder ist diese Vertreibung Gottes durch ein »egalitäres« Denken, das nur gleichartige, vom
Denken »sichtbar« gemachte Ursprünge kennt, doch noch einmal »religiös« zu denken? Der
Philosoph *Peter Strasser* formuliert sich in einem jüngst publizierten Aphorismus als ungläubiger
Religiöser in die Tradition der Rede vom Tode Gottes hinein: »Gott ist in allem, das ist wahr. Aber
vom Standpunkt des egalitären Denkens aus ist es ein Verbrechen, unsichtbar zu sein. Deshalb stirbt
Gott, und nicht weil die Gottlosen dekretieren, er sei tot. Gott stirbt, um *noch* unsichtbarer zu
werden. Wie könnte er sonst in allem sein?« (P. Strasser, Journal der letzten Dinge, Frankfurt a. M.
1998, 25). Ist dieses »Sterben Gottes« die Provokation zu der ignatianischen Glaubens-Einsicht, das
Gott-Finden »in allen Dingen« geschehe nicht auf den Wegen der Gott in die Sichtbarkeit ziehenden
»egalitären« – naturwissenschaftlichen – Erkenntnis, sondern auf denen der Nachfolge, die gleichwohl – wie das »Herz« (B. Pascal) – ihre eigenen, durchaus kommunizierbaren Gründe hat? Die
deshalb immer wieder neu danach fragen und davon überrascht sein kann, wie Gott sich »in den
Dingen« finden läßt?

»Tollheit« des tollen Menschen? Für den ist der Tod Gottes ein aufregendes Ereignis, eine schlechterdings grundstürzende, jetzt erst in ihrer revolutionierenden Bedeutung einigermaßen ermeßbare Tatsache:

> »Wohin ist Gott? rief er, ich will es euch sagen! *Wir haben ihn getödtet, – ihr und ich! Wir alle sind seine Mörder!* Aber wie haben wir diess gemacht? Wie vermochten wir das Meer auszutrinken? Wer gab uns den Schwamm, um den ganzen Horizont wegzuwischen? Was thaten wir, als wir diese Erde von ihrer Sonne losketteten? Wohin bewegt sie sich nun? Wohin bewegen wir uns? Fort von allen Sonnen? Stürzen wir nicht fortwährend? Und rückwärts, seitwärts, vorwärts, nach allen Seiten? Giebt es noch ein Oben und ein Unten? Irren wir nicht wie durch ein unendliches Nichts? Haucht uns nicht der leere Raum an? Ist es nicht kälter geworden? Kommt nicht immerfort die Nacht und mehr Nacht? Müssen nicht Laternen am Vormittage angezündet werden? Hören wir noch Nichts von dem Lärm der Todtengräber, welche Gott begraben? Riechen wir noch Nichts von der göttlichen Verwesung? – auch Götter verwesen! Gott ist todt! Gott bleibt todt! Und wir haben ihn getödtet! Wie trösten wir uns, die Mörder aller Mörder? Das Heiligste und Mächtigste, was die Welt bisher besass, es ist unter unseren Messern verblutet, – wer wischt dieses Blut von uns ab? Mit welchem Wasser könnten wir uns reinigen? Welche Sühnfeiern, welche heiligen Spiele werden wir erfinden müssen? Ist nicht die Grösse dieser That zu groß für uns? Müssen wir nicht selbst zu Göttern werden, um nur ihrer würdig zu erscheinen? Es gab nie eine grössere That, – und wer nur immer nach uns geboren wird, gehört um dieser That willen in eine höhere Geschichte, als alle Geschichte bisher war!«[65]

Worin liegt nun die Größe dieser Tat, die weithin unbegriffene Dramatik ihrer Folgen? Was ist es um die Herausforderung, die die Gottesmörder vor die Notwendigkeit stellt, selbst »Götter« zu werden? Dem ist gar nicht so leicht auf die Spur zu kommen; die Leute auf dem Markt haben ja auch schon nichts begriffen von der prophetischen Zeichenhandlung des »tollen Menschen«, die eben dies ans Licht bringen will. Halten wir uns an die Metaphern, die er handelnd darstellt und verkündigend auslegt. Die Lampe wird gebraucht – mitten am helllichten Vormittag –, weil die Erde mit dieser Tat von der Sonne losgekettet wurde und seitdem ins unendliche Nichts fällt. Genauer gesagt: »gebraucht« wird sie eigentlich noch nicht, denn alle auf dem Markt sonnen sich noch im Glanz des vorerst kaum merklich verfinsterten Tageslichts. So wirft der tolle Mensch

> »seine Laterne auf den Boden, dass sie in Stücke sprang und erlosch. ›Ich komme zu früh‹, sagte er dann, ›ich bin noch nicht an der Zeit. Diess ungeheure Ereignis ist noch unterwegs und wandert, – es ist noch nicht bis zu den Ohren der Menschen gedrungen. Blitz und Donner brauchen Zeit, das Licht der Gestirne braucht Zeit, Thaten brauchen Zeit, auch nachdem sie gethan sind, um gesehen und gehört zu werden. Diese That ist ihnen immer noch ferner, als die fernsten Gestirne, – *und doch haben sie dieselbe gethan!*‹«[66]

---

[65] Die fröhliche Wissenschaft, Aphorismus 125, KSA 3, 480 f.
[66] Ebd., 481 f.

Der Schein der Sonne trifft noch auf die Erde, obwohl die Verbindung zwischen Sonne und Erde schon unwiderruflich zertrennt ist und die Erde schon ins Nichts fällt. Aber was ist mit der Sonne gemeint?

Sie ist von alters her Metapher für das Göttliche; so vielleicht besonders eindrucksvoll bei jenem christlichen Neuplatoniker Ps. *Dionysius Areopagita*, der uns schon als der Ahnherr der christlichen Mystik begegnet ist: Gott, das bonum diffusivum sui, die Sonne der sich selbst verströmenden Güte, die – sich selbst mitteilend – das Seiende hervorbringt, ihm auch noch die Bewegung mitteilt, zu seinem Ursprung zurückzustreben, sich in der ihm mitgeteilten Liebe wieder mit dem ureinen Guten zu vereinigen[67]; die göttliche Sonne aber auch als Inbegriff des »geistigen Lichts«, »das über allem Licht ist ... weil es der Quellstrahl und der überströmende Lichterguß ist, der jeden überweltlichen, umweltlichen und innerweltlichen Geist aus seiner eigenen Fülle erleuchtet ... der alles umfaßt, weil er sich über alles erstreckt und über alles hervorstrahlt, weil er über alles erhaben ist und überhaupt als das Urlicht und Überlicht die Fülle aller erleuchtenden Kräfte in sich umfaßt und überschwenglich besitzt und alles Geistige und Denkende zusammenführt und sammelt.«[68] Das ist die Sonne des berühmten Sonnengleichnisses in *Platons* Politeia (508 d–e), die die Dinge in ihrem Licht erscheinen läßt und sie so für den menschlichen Geist, in den sie ihr Licht einstrahlt, erst erkennbar macht. Nietzsche wird Platons Idealismus im Blick haben; auch das Christentum ist ihm ja noch »Platonismus fürs Volk«.[69] Was ist die Grundvoraussetzung dieses Platonismus, die nun nicht länger gilt, seit die Erde von der Sonne losgekettet ist? Sie liegt in der Unterstellung, Mensch und Welt würden so zueinander passen, daß der Mensch sich der außer ihm und in ihm liegenden Wirklichkeit erkennend bemächtigen und darauf vertrauen darf, in ihr zu sich selbst kommen zu können. Der Mensch weiß sich in seinem Geist als Abbild des Geistes, den er als Grund aller Wirklichkeit annimmt. So ist sein Geist – seine Vernunft – der »Ort«, an dem er die Gott-Bezogenheit alles Seienden als seine Intelligibilität prinzipiell nachvollziehen, in dem er alles Seiende auf sich selbst – dem am göttlichen Geist teilhabenden endlichen Geist – meint beziehen zu können. Die »Sonne« Gott bringt Licht in die Welt, macht sie erkennbar und das heißt letztlich: macht sie beziehbar auf den Menschen, der sie nun als von Gott geordnet und in ihrer einsehbaren Ordnung auf den endlichen Geist hingeordnet durchschaut. Die Sonne »Gott« bringt Wärme in die Welt: Da die Welt in ihrer Geistförmigkeit – in ihrer Idealität – erkennbar wird, wird sie als vom Geist her seiend und auf ihn hinstrebend erkennbar. So ist sie für den Geist und auf ihn hin, damit eben auch für den menschlichen Geist, um des Menschen willen, der sich – das Ebenbild der großen Sonne – deshalb als Mittelpunkt des Alls wissen darf.

Platonismus ist metaphysischer Egoismus, ein Egoismus der Aneignung

---

[67] Vgl. etwa Ps. Dionysius Areopagita, De divinis nominibus IV, 14.
[68] De divinis nominibus IV, 6.
[69] Jenseits von Gut und Böse, Vorrede, KSA 5, 12.

von Welt als für den Menschen seiend. Er wird metaphysisch, da er nach einer Instanz sucht, die ihm recht gibt und ihn erst eigentlich möglich macht; er »findet sie in einem Gott, dessen unerforschlicher Ratschluß es war, daß sich die Welt um die Menschen drehe. Als Schöpfer und Inbegriff des Guten gepriesen wird er, weil er das All um der Menschen willen erschuf, weil er ihren ichbezogenen Intellekt als sein Abbild segnete, auf das hin er die ganze Welt organisierte.«[70] Von hier aus wird klar, welch dramatisches Ereignis Nietzsches Metapher der von der Gottes-Sonne losgeketten Erde meint. Hat die Erde ihren Halt an der Sonne verloren, so ist auch der Mensch herausgerissen aus jener intelligiblen Ordnung, in der er das All auf sich beziehen konnte, losgerissen »von der Sonne ... die nur um der Erde (und der auf ihr wohnenden Menschen; J. W.) willen scheint und durch die Richtung ihrer Strahlen demonstriert, wohin Gott den Mittelpunkt seiner Schöpfung gelegt hat.«[71]

Das Losketten der Erde von der Sonne: die Metapher spricht von einer Befreiungstat. Die Ketten der religiösen Knechtschaft sind gelöst. Aber um welchen Preis! Die Befreiung aus dem religiösen Festgekettetsein an Gott verlangt das Eingeständnis, daß *das* Absolute – die Ureinheit von Sein und Geist, von Wirklichkeit, Erkennbarkeit und Gutheit – für den Menschen zur Schimäre geworden ist; verlangt den Abschied von jenem metaphysischen Urvertrauen, der »Lust« des Religiösen *(Hermann Samuel Reimarus),* mit der man »die unermeßliche Welt, in der herrlichsten Ordnung und Übereinstimmung, zu Wohnhäusern alles Lebendigen hervorgebracht ... und beständig erhalten« sah.[72] Nietzsches »toller Mensch« verkündet die Unbegründetheit solchen Urvertrauens. Und er kündet sein Dysangelium denen, die – weil sie oberflächliche Atheisten sind – noch in ihm leben, obwohl sie sich doch längst von dem Gott abgewendet haben, der es allein hätte begründen können. Nietzsche erläßt es seinen Lesern nicht, sich deutlich zu machen, was es heißt, keinen Gott mehr zu haben.

---

[70] Chr. Türcke, Der tolle Mensch. Nietzsche und der Wahnsinn der Vernunft, Frankfurt a. M. 1989, 27. Ludwig Feuerbach formuliert diesen Gedanken schon ganz ähnlich: »Der Schlußsatz der Religion ... lautet: Alles ist nichts gegen mich ... alle Macht der Welt (verschwindet; J. W.) vor der Macht des menschlichen Herzens, alle Notwendigkeit der toten, bewußtlosen Natur vor der Notwendigkeit des menschlichen, des bewußten Wesens, denn *alles ist nur Mittel für mich.* Aber die Natur wäre nicht für mich, wenn sie *von sich selbst,* wenn sie nicht von Gott wäre ... Die Bedeutung der Natur, *nichts für sich selbst,* nur *ein Mittel für den Menschen* zu sein, datiert sich daher nur von der Schöpfung« (Das Wesen der Religion, §53, Werke in sechs Bänden, Bd. 4, 145). Der Gedanke begegnet bereits in dem wohl Ende des 17. Jahrhunderts entstandenen anonymen »Traité des trois imposteurs« (dt.-frz. Ausgabe: Traktat über die drei Betrüger, Hamburg 1992). In Kap. 2, §2 (dt.-frz. Ausgabe, 20 f.) heißt es zum »Ursprung der Götter«: »Die Menschen glaubten, daß sie ihnen ähnelten und wie sie selbst alles um eines Zweckes willen tun. So bekennen und glauben sie einhellig, daß Gott alles nur um des Menschen willen geschaffen hat, und umgekehrt, daß der Mensch allein für Gott geschaffen wurde.« Ähnlich Kap. 2, §7 (28 f.): »Die Menschen waren also von der lächerlichen Meinung eingenommen, daß alles, was sie sehen, ihretwegen erschaffen worden sei, und machten es zum Bestandteil der Religion, alles auf sich selbst zu beziehen und den Wert der Dinge nach dem Nutzen zu beurteilen, den sie aus ihnen ziehen.«

[71] L. Feuerbach, Werke in sechs Bänden, Bd. 4, 145.

[72] Vgl. H. S. Reimarus, Die vornehmsten Wahrheiten der natürlichen Religion, 823 f.

1.8 Wenn es keinen Gott mehr gibt

Wenn Gott und das Absolute nicht sind, wenn das Zusammenpassen von Mensch und Welt nicht mehr garantiert ist, wenn der göttliche Schöpfer nicht mehr als jene »letzte Instanz« in Anspruch genommen werden kann, die das All auf den Menschen als Sinn-Mittelpunkt hinordnet[73], ist der Mensch dann noch mehr als eine sich allzu wichtig nehmende quantité négliable? Darf er sich noch schmeicheln, die Wirklichkeit zu erkennen und irgend eine Warum-Frage gültig beantworten zu können? Kann es noch Wahrheit geben ohne Gott, in dem und auf den hin doch alles, was ist, in seiner Wahrheit erkannt würde? Erweist sich das Erkenntnisideal nicht als grandiose, naiv-narzißtische Mittelpunktsillusion, festgemacht an dem, der den Menschen in den Mittelpunkt gesetzt, ihm das All zur Wohnung gegeben habe? Erweist sich das Werten des Menschen nicht als ein den puren Eigeninteressen entspringendes, perspektivisches Unterscheiden in Förderliches und Hinderliches, Nutzbares und Widerständiges, die Sehnsucht des Menschen Bestätigendes oder Widerlegendes? Erweist sich das Pochen auf die Würde des Menschen als eines Zweckes in sich selbst nicht als bloße Rationalisierung dieser Mittelpunktsillusion? Bedeutet die »Abwesenheit Gottes« konsequent zu Ende gedacht nicht den »Untergang des Menschen in dem Sinne, daß sie alles, worin wir seit je das Wesen des Menschseins gesehen haben, zunichte macht oder seines Sinnes beraubt: das Streben nach Wahrheit, die Unterscheidung zwischen Gut und Böse, den Anspruch auf Würde, den Anspruch darauf, etwas zu schaffen, das der gleichgültigen Destruktivität der Zeit widersteht«?[74]

Der »tolle Mensch« formuliert das Dilemma: »entweder Gott oder die Leere«[75], entweder Gott oder die Kälte, die Bedeutungslosigkeit, die Wahrheitslosigkeit. Und es scheint, als sei er über diesem Dilemma zum »tollen Men-

---

[73] Die Dramatik dieser metaphysik-zerstörenden Möglichkeit ist schon vor Feuerbach und Nietzsche empfunden worden. Leibniz' »Monadologie« kann als der Versuch gewertet werden, ihr noch einmal metaphysisch standzuhalten. Die einfachen Substanzen, aus denen alles zusammengesetzt ist – die »Monaden« –, haben »keine Fenster, durch die irgendetwas in sie hinein- oder aus ihnen hinaustreten könnte« (G. W. Leibniz, Monadologie, §7, in: Philosophische Schriften, hg. von H. H. Holz, Bd. 1, Darmstadt 1965, 439–483, hier 440 f.). Einfache, unzusammengesetzte Substanzen aber sind Geist, endlicher Geist. Für ihn gilt die »Fensterlosigkeit«. Er kann von sich aus nicht zu etwas »außer ihm« gelangen; er ist ganz und gar in sich eingeschlossen – und nur durch die vom Schöpfer allen Monaden eingestiftete »prästabilierte Harmonie« (vgl. Monadologie §§ 53 ff., a. a. O., 462 ff.) mit allen anderen Monaden sind die geistigen Substanzen miteinander und mit allen anderen verbunden, ist jede auf ihre Weise das All der Wirklichkeit. Derlei »Theologeme« läßt – so P. Strasser – »die Aufklärung nicht gelten. Doch sie hat keine rettende Alternative. Akzeptieren wir ihre Vorstellung von Vernunft und Autonomie, dann bewegen wir uns als intelligible Wesen in der Nacht: Wir bewegen uns selbständig, aber wir wissen nicht, wohin wir treten, was wir finden und welche Bedeutung es hat, überhaupt einen Schritt zu tun. Wir wissen es praktisch, doch wir haben keine Ahnung, was das Praktische vom Standpunkt der Wahrheit aus bedeutet – von jenem göttlichen Standpunkt aus, dem die Dinge jenseits des Reichs der Sorge, der Zwecke und Interessen erscheinen … Das ist das Unvernünftige an unserer Art, vernünftig zu sein« (Journal der letzten Dinge, 109 f.).
[74] L. Kolakowski, Falls es keinen Gott gibt, dt. München 1982, 200.
[75] Vgl. ebd.

schen« – zum Verrückten – geworden. *Christoph Türcke* interpretiert ihn als Selbstdarstellung Nietzsches und als Darstellung des metaphysik-zerstörenden Schocks, dem Nietzsche sich – sensibel wie kaum ein anderer – aussetzte, den er den Zeitgenossen zu Bewußtsein bringen wollte und an dem er schließlich selbst zerbrach. Es ist der Schock, der von der Einsicht ausgehen muß, daß all das pure Illusion ist, was dem Menschen eine metaphysisch vermessene und eingerichtete Wohnung im All zuwies, was ihm die Erkenntnis einer auf des Menschen Vollendung abzielenden sittlichen Weltordnung verhieß. Wenn der Mensch diese Illusionen vertreibt und die Augen aufschlägt, wird er – so Nietzsche – zu seinem Entsetzen sehen müssen, daß er nichts erkennen kann, jedenfalls nichts »Tröstliches«, daß er allenfalls lernen kann, mit dem Unvermeidlichen und ihn mit sich Fortreißenden einigermaßen umzugehen, sich ihm gegenüber eine Zeitlang zu behaupten, sich auf ihm gleichsam festzuhalten, ehe es ihn doch wieder abwirft und über ihn hinwegrast. Aber wird er das Gesehene ertragen, wird er diese »Wahrheit« aushalten können? Nietzsche weiß, worauf er sich einläßt, wenn er vermessen neugierig wissen will, was ist – im Gegensatz zur Religion, die eben gerade nicht wissen will, was ist:

> »... wehe der verhängnisvollen Neubegier, die durch eine Spalte einmal aus dem Bewußtseinszimmer heraus und hinab zu sehen vermöchte und die jetzt ahnte, dass auf dem Erbarmungslosen, dem Gierigen, dem Unersättlichen, dem Mörderischen der Mensch ruht, in der Gleichgültigkeit seines Nichtwissens, und gleichsam auf dem Rücken eines Tigers in Träumen hangend.«[76]

Das ist die anti-platonische Vision Nietzsches: Die Welt ist nicht für den Menschen da; sie nimmt nicht die geringste Rücksicht auf ihn. Der Mensch ist vielmehr dazu da, der rücksichtslosen Welt standzuhalten, auch wenn sie ihn zerstört. Religion, Philosophie, Moral – was auch immer der Mensch sich zurechtlegt um jenseits dieser schlechthin ent-täuschenden Wirklichkeit eine menschenfreundlichere geistige Hinter-Welt für existent halten zu können, es hat nur die Bedeutung eines Narkotikums, mit dem man den Schmerz des Metaphysik-Verlustes betäuben will. Wer sich aber traut, die Augen aufzuschlagen, der sieht dies:

> »In irgendeinem abgelegenen Winkel des in zahllosen Sonnensystemen flimmernd ausgegossenen Weltalls gab es einmal ein Gestirn, auf dem kluge Thiere das Erkennen erfanden. Es war die hochmüthigste und verlogenste Minute der ›Weltgeschichte... aber doch nur eine Minute. Nach wenigen Atemzügen der Natur erstarrte das Gestirn, und die klugen Thiere mussten sterben.«[77]

Diese Fabel würde immer noch »nicht genügend illustriert haben, wie kläglich, wie schattenhaft und flüchtig, wie zwecklos und beliebig sich der menschliche Intellekt innerhalb der Natur ausnimmt; es gab Ewigkeiten, in denen er nicht war; wenn es wieder mit ihm vorbei ist, wird sich nichts begeben haben. Denn es

---

[76] Über Wahrheit und Lüge im aussermoralischen Sinne 1, KSA 1, 877.
[77] Ebd., 875.

giebt für jenen Intellekt keine weitere Mission, die über das Menschenleben hinausführte.«[78] Er ist nicht »wahrheitsfähig« in dem Sinne, in dem er es sich selbst vorspiegelt: fähig, das wirkliche Sein der Dinge zu erkennen. Seine Wahrheit ist die der menschlichen Selbstbehauptung dienliche Lüge:

> »Der Intellekt, als ein Mittel zur Erhaltung des Individuums, entfaltet seine Hauptkräfte in der Verstellung; denn diese ist das Mittel, durch das die schwächeren, weniger robusten (menschlichen; J. W.) Individuen sich erhalten, als welchen einen Kampf um die Existenz mit Hörnern oder scharfem Raubthier-Gebiss zu führen versagt ist.«[79]

Der Intellekt muß die ganze Wirklichkeit als für den Menschen seiend in Anspruch nehmen, denn er ist ja nichts anderes als der Versuch des Menschen, sich alles um seiner Selbsterhaltung willen anzueignen. So ist er freilich nur »das fortwährende Herumflattern um die eine Flamme Eitelkeit«[80], psychoanalytisch gesprochen: eine einzige narzißtische Illusion. Die Dramatik des Intellekts liegt freilich zuletzt noch darin, daß er mit äußerstem Kraftaufwand und äußerster Selbstüberwindung, neugierig, wie er nun einmal ist, durchschauen kann, wie er die Menschen täuscht. Menschlicher Intellekt ist hineingerissen in den Zwiespalt zwischen dem Wissenwollen ohne Rücksicht auf Verluste und dem Nicht-so-genau-Wissen-Wollen wegen dieser Verluste, die kaum zu verschmerzen wären; hineingerissen aber auch in den Zwiespalt zwischen einem skrupulösen »Wahrheits-Gewissen«, das es ihm nicht erlaubt, sich etwas vorzumachen, und der Entschlossenheit, das für wahr zu halten, was sich als lebensförderliche Illusion erwiesen hat. Die »Wahrheiten sind Illusionen, von denen man vergessen hat, dass sie welche sind«.[81] Der Mensch hat es »vergessen«, verdrängt, denn er »begehrt die angenehmen, Leben erhaltenden Folgen der Wahrheit; gegen die reine folgenlose Erkenntniss ist er gleichgültig, gegen die vielleicht schädlichen und zerstörenden Wahrheiten ist er sogar feindlich gestimmt.«[82] Aber er könnte eben auch dieses Verdrängen noch durchschauen und dabei vielleicht fähig werden, sich der »Wahrheit« zu stellen, sie als Herausforderung zum Übermenschsein, zum »Gottsein« anzunehmen, die sich ihm dabei eröffnet. Oder wird er an dieser »Wahrheit« – an dem Aufmerksamwerden darauf, was es bedeutet, daß Gott tot ist – unheilbar erkranken?

Religion und Theologie haben bisher verhindert, daß diese »Krankheit«

---

[78] Ebd.
[79] Ebd. 876.
[80] Ebd. Daß Nietzsche mit dieser Einsicht selbst zu kämpfen hat, dafür mag die folgende Notiz im Nachlaß sprechen: »Der Mensch, eine kleine überspannte Thierart die – glücklicher Weise – ihre Zeit hat; das Leben auf der Erde überhaupt ein Augenblick, ein Zwischenfall, eine Ausnahme ohne Folge, Etwas, das für den Gesamt-Charakter der Erde belanglos bleibt; die Erde selbst, wie jedes Gestirn, ein Hiatus zwischen zwei Nichtsen, ein Erreignis ohne Plan, Vernunft, Wille, Selbstbewußtsein, die schlimme Art des Nothwendigen, die *dumme* Nothwendigkeit ... Gegen diese Betrachtung empört sich etwas in uns; die Schlange Eitelkeit redet uns zu ›das Alles muß falsch sein: denn es empört ...‹«; Nachgelassene Fragmente Frühjahr–Sommer 1888, KSA 13, 488 f.
[81] Über Wahrheit und Lüge im aussermoralischen Sinne, KSA 1, 880 f.
[82] Ebd. 878.

wirklich zum Ausbruch kommt – auch bei denen, die sich von ihnen oberflächlich abgewandt haben, aber immer noch, ohne es sich einzugestehen, von ihrem
Tröstungspotential leben. Religion und Theologie haben hintertrieben, daß der
Mensch die Augen aufschlägt und sich von dem auf Leben und Tod herausfordern läßt, was er sieht. Mag sein: die »Weltkrankheit, die diesem Geschöpf anhaftet und in ihm die Augen aufschlägt, wäre nur heilbar durch einen allmächtigen Schöpfer, der die Welt um des Menschen und seiner Glückseligkeit willen
geschaffen hat«.[83] Oder doch auch durch das Gottwerden des Menschen selbst,
den »großen Sprung« zum Übermenschen, in dem der Mensch überspringt, was
bisher als conditio humana – als Weltkrankheit des Menschen – galt?

1.9 Was ist Wahrheit? – Die Radikalität der Religionskritik Nietzsches

Nietzsche zieht die radikale Konsequenz aus dem neuzeitlichen Ethos des Argumentierens. Es setzt den fundamentalen *Gegensatz von Wahrheit und Wünschbarkeit:* Wahrheit muß sich im kritischen Diskurs immer wieder neu gegen
wunschbestimmte, auf Nützlichkeit abzielende Ergebniserwartungen durchsetzen. Sie ist – für die im Diskurs ehrlich Engagierten – wesentlich enttäuschende
Wahrheit, Wissen, das sich allen Vereinnahmungs- und Verwertungsabsichten
entzieht. Wissen zerstört die »einverleibte« Wahrheit. Einverleibung durch
Erkenntnis bzw. Erkenntnis durch Einverleibung soll Wahrheit verdaubar zu-
rechtmachen, nutzbar machen für Vorurteils- und Herrschaftsstabilisierung.
Wissenschaft ist für Nietzsche das genaue Gegenteil dieses illusionären Ein-
verleibungswillens, der das Wirkliche durch Erkenntnis für den ungeheuren
Appetit der Wünsche zubereitet sehen will; sie ist das »Entbehrenkönnen von
heilenden tröstlichen Illusionswelten«, und insofern »untergrabend, secirend,
enttäuschend, schwächend«.[84] Sie setzt den Erkennenden der Gefahr aus, daß
er »sich an der erkannten Wahrheit verblute.«[85] Sie öffnet ihm »die furchtbare
Kammer der Wahrheit«, an deren Schwelle er alle »unbewußte Selbstbehütung,
Vorsicht, Verschleierung« ablegen und sich der Möglichkeit stellen muß, daß
man an der vollständigen Erkenntnis des Daseins »zu Grund gienge, – so daß
sich die Stärke eines Geistes danach bemässe, wie viel er von der ›Wahrheit‹
gerade noch aushielte, deutlicher, bis zu welchem Grade er sie verdünnt,
verhüllt, versüsst, verdumpft, verfälscht nöthig hätte.«[86] In dieser Grabkammer
muß alle Hoffnung darauf, daß Wahrheit bekömmlich und die Wirklichkeit so

---

[83] Chr. Türcke, Der tolle Mensch, 123.
[84] Nachgelassene Fragmente Herbst 1885–Herbst 1887, KSA 12, 368.
[85] Menschliches, Allzumenschliches I, Aphorismus 109, KSA 2, 108 f.
[86] Jenseits von Gut und Böse, Aphorismus 39, KSA 5, 57; vgl. aus den Nachgelassenen Fragmenten
KSA 10, 602 bzw. 11, 540.

sei, wie man sie gern hätte, den Tod der Enttäuschung sterben, damit der Ent-
täuschte fähig werde, das Wahrgenommene auszuhalten.[87]

Christliche Religion ist für Nietzsche ein teuer erkaufter Pyrrhussieg des
Wunsches über die schmerzende Wahrheit. Ihr Gott ist Inbegriff der höchsten
Wünschbarkeit.[88] Und die Argumente der Theologen suchen die Menschen in
der Illusion zu bestärken, daß ihr Wunsch gegen die Wirklichkeit recht behält.
Sie argumentieren mit der Nützlichkeit, ungeschminkter ausgedrückt: mit der
Verdaubarkeit der behaupteten Erkenntnis und meinen in ihrer Naivität, damit
für ihre Wahrheit argumentieren zu können. Nietzsche und die ihm folgende
Religionskritik klagen ihnen gegenüber die Nicht-Vereinnahmbarkeit der
Wahrheit ein: das Widerständige, Enttäuschende, die Herausforderung – das
Kreuz der Wahrheit. Der neuzeitliche Intellektuelle sieht sich selbst als den
Helden der Wahrheit, der den Schmerz der Kritik und der Enttäuschung aushält.
Er ist dem Absoluten verpflichtet. Aber sein Absolutes ist nicht mehr der Gott
der abendländischen Metaphysik – die Einheit von Denken und Sein –, sondern
die um ihrer selbst willen zu suchende, nie endgültig verfügbare Wahrheit, der
er im Prozeß der Kritik aller »dogmatischen« Gewißheiten auf die Spur kommen will. Nicht immer hat man sich dabei die Voraussetzungen und die Konsequenzen intellektueller Existenz so unnachsichtig deutlich gemacht, wie es
Nietzsche sich und seinen Lesern zumutete: Ist der menschliche Intellekt nicht
eine einzige sich selbst durchschauende Selbsttäuschung, die es als solche – insofern das Leben sich in ihr behauptet – zu bejahen und zu transzendieren gilt:
damit jener Raum sich öffne, worin der Mensch dem ptolemäischen Skandal,
nicht der Sinn einer göttlichen Schöpfung zu sein, gewachsen sein könnte?
Und ist Religion dann nicht letztlich das Zurückschaudern vor diesem Skandal
und die in Pseudo-Erkenntnis sich feiernde Apotheose der narzißtischen Illusion, die Wirklichkeit sei bekömmlich und halte für den Menschen die Glückseligkeit bereit?

Religion ist eine Schonhaltung; sie soll die Menschen kindisch halten – in
ihrem Kindsein gegenüber einem treusorgenden Vatergott festhalten. So verspricht sie ihnen das Reich Gottes, des *Vaters*: »So ihr nicht werdet wie die
Kindlein, so kommt ihr nicht in das Himmelreich«. Nietzsche setzt dagegen:
»Aber wir wollen auch gar nicht in's Himmelreich: Männer sind wir geworden,
– *so wollen wir das Erdenreich*.«[89] Und *Sigmund Freud* sekundiert psychoanalytisch:

> »Religion ist ein Versuch, die Sinneswelt, in die wir gestellt sind, mittels der
> Wunschwelt zu bewältigen, die wir infolge biologischer und psychologischer Not-
> wendigkeiten in uns entwickelt haben. Aber sie kann es nicht leisten ... Ihre
> Tröstungen verdienen kein Vertrauen. Die Erfahrung lehrt uns: Die Welt ist keine
> Kinderstube ... Versucht man, die Religion in den Entwicklungsgang der Mensch-

---

[87] Vgl. Der Antichrist, Aphorismus 54, KSA 6, 236.
[88] Vgl. Nachgelassene Fragmente Herbst 1887, KSA 12, 540.
[89] Also sprach Zarathustra IV, KSA 4, 394.

heit einzureihen, so erscheint sie nicht als Dauererwerb, sondern als ein Gegenstück der Neurose, die der einzelne Kulturmensch auf seinem Wege von der Kindheit zur Reife durchzumachen hat.«[90]

Damit ist der Common sense aufgeklärter Religionskritik geradezu klassisch formuliert: Religion mag vorübergehend nötig gewesen sein. Nun ist ihre Zeit vorüber; Gott ist als Reifungshemmnis und als mündigkeitsverhindernd entlarvt. Aber sind sich die eilfertigen Religionskritiker einigermaßen klar darüber, was der Reifungsschritt von Gott weg den Menschen abverlangt – wohin er führt? Sind sie sich klar darüber – mit der Klarheit, die der »tolle Mensch« von den Gottesleugnern auf dem Markt einklagt –, was er wirklich bedeutet? Er bedeutet das Eingeständnis, daß alle Gewißheit aus der Lüge der Selbstbefriedigung hervorgeht. Wahrheit ist für Nietzsche immer *meine* Wahrheit: das, was ich um meiner selbst willen aus der Welt mache; Kants kopernikanische Wende der Philosophie ist hier bis in die letzte Konsequenz radikalisiert.[91] Und diese letzte Konsequenz kann nach Nietzsche nur lauten: Erkenntnis führt nicht weiter als bis zur Einsicht in den kopernikanischen Skandal, daß Wahrheit ihr Unwesen hat in der Aneignung einer Wirklichkeit durch den Menschen, die gegen diese Aneignung und gegen den Menschen selbst vollkommen gleichgültig ist, so daß es der Erkennende immer nur mit der von ihm selbst erkennend präparierten Oberfläche zu tun bekommt. Wahrheit bedeutet Zugriff; Erkenntnis bedeutet das Sich-selbst-Durchschauen des Zugreifens als eines Griffs ins Leere. Anders wäre es nur, wenn die Wirklichkeit dem Menschen durch Gott in ihrer vernünftigen Substanz verbürgt, wenn sie ihm vom Schöpfergott zugeeignet wäre. Nun ist Gott aber tot …

Die Dynamik dieser Einsicht führt dahin, daß jede Erkenntnis sich als lügenhafte Selbstbefriedigung, als »vermenschlichende« Vereinnahmung durchschaut, daß also die Lüge immer schon tiefer im Menschen »sitzt«, als die Erkenntnis dringen kann. Erkenntnis dient immer schon der Selbstbehauptung – sie »arbeitet als Werkzeug der Macht«, der Wille zur Wahrheit ist »Wille zur Macht«[92] – und dies auch da noch, wo Erkenntnis ihre Dienstbarkeit durchschaut. Die Religion und ihr Gott leisten dem Platonismus und damit der egozentrischen Selbsttäuschung Vorschub. Sie statten das vereinnahmende »Erkennen« mit einem gutem erkenntnistheoretischen Gewissen aus, weil sie den Menschen als Endzweck aller Wirklichkeit privilegieren und so seine Ichsucht legitimieren. Ist der Gottesglaube damit nicht tatsächlich erledigt, im Kern getroffen und widerlegt? Ist ihm nicht nachgewiesen, daß sein Gott – statt Inbegriff der Liebe zu sein – genau das Gegenteil ist und legitimiert: die blindeste und konsequenteste Selbstbezüglichkeit, den krassen Egoismus? Freilich einen

---

[90] S. Freud, Vorlesungen zur Einführung in die Psychoanalyse, Studienausgabe des S. Fischer Verlags, Frankfurt a. M. 1969, Bd. 1, 595.
[91] Vgl. I. Kant, Kritik der reinen Vernunft, Vorrede B XIXf.
[92] Nachgelassene Fragmente Frühjahr 1888, KSA 13, 302 bzw. Nachgelassene Fragmente Herbst 1887, KSA 12, 352; vgl. Zwischenreflexion: Glaube und Vernunft, Kap. 5.

Egoismus der Schwachen, derer, die nicht im Annehmen der Herausforderung, welche ein Leben ohne Aussicht auf ein *Außerhalb* oder *Dahinter*, auf ein göttlich wahres Leben im Jenseits bedeutete, sondern nur in der nihilistischen Hoffnung auf ein anderes Leben Halt und Stand finden können; »die Steigerung des Egoismus bis ins Extrem (– bis zum Extrem der Individual-Unsterblichkeit)«[93]; ein Wichtignehmen des Einzelnen in seiner beschränkten, vorübergehenden Existenz, ein Wichtignehmen gerade der Schwachen und zum Untergang Verurteilten, eine egozentrische Selbsttäuschung, die die Menschen daran hindert zu sein, was sie sein könnten: Übermenschen.

Je abgründiger, erschreckender der ptolemäische Skandal den Menschen herausfordert und zu verkleinern scheint[94], desto kosmischer und abgründiger werden die Dimensionen, in die hinein der Übermensch sich ausstrecken muß, um ihm endlich doch gewachsen zu sein. Inbegriff dieser Herausforderung zum Übermenschentum ist der »Tod Gottes«, gleichbedeutend damit der Abschied von einer Wahrheit, die »göttlich« wäre – und doch nur sich immer tiefer als Lüge entlarvt. Es war der platonische Christenglaube, »dass Gott die Wahrheit ist, dass die Wahrheit *göttlich* ist.« Noch die aufgeklärten Antimetaphysiker nehmen, wenn sie die Wahrheit als Höchstwert setzen, ihr »Feuer von jenem Brande, den ein Jahrtausend alter Glaube entzündet hat«; auch sie partizipieren noch am platonisierenden Christenglauben an die Wahrheit.[95] Muß nicht auch noch dieser Restglaube verschwinden, der Glaube an die Wahrheit, an ein Licht, das wirklich erkennen läßt und Gewißheiten ermöglicht? Gilt es nicht endlich die radikale Konsequenz zu ziehen:

> »Wir haben eben gar kein Organ für das *Erkennen*, für die ›Wahrheit… wir ›wissen‹ (oder glauben oder bilden uns ein) gerade so viel als es im Interesse der Menschen-Heerde, der Gattung *nützlich* sein mag: und selbst, was hier ›Nützlichkeit‹ genannt wird, ist zuletzt auch nur ein Glaube, eine Einbildung und vielleicht gerade jene verhängnisvollste Dummheit, an der wir einst zu Grunde gehn.«[96]

Jeder Glaube ist Glaube an Wahrheit, an eine Instanz, die sie verbürgt und dem Menschen Überzeugungen erlaubt. Aber: »Überzeugungen sind Gefängnisse«. Die in ihnen Gefangenen, in ihrem »Bedürfnis nach Glauben, nach irgendetwas Unbedingtem von Ja und Nein« Gefangenen[97], wagen es nicht, sich aus ihrer Abhängigkeit von einer letzten Wahrheitsinstanz zu befreien. So ist jeder Glaube »ein Ausdruck von Entselbstung, von Selbst-Entfremdung«.[98] Aber was hat

---

[93] Vgl. Nachgelassene Fragmente Frühjahr 1888, KSA 13, 469 f.
[94] In der Genealogie der Moral (Dritte Abhandlung, Aphorismus 25, KSA 5, 404) spricht Nietzsche selbst von diesem Skandal: »Ist nicht gerade die Selbstverkleinerung des Menschen, sein *Wille* zur Selbstverkleinerung seit Kopernikus in einem unaufhaltsamen Fortschritte? … Seit Kopernikus scheint der Mensch auf eine schiefe Ebene gerathen, – er rollt immer schneller nunmehr aus dem Mittelpunkte weg – wohin? in's Nichts? in's *durchbohrende* Gefühl seines Nichts'.«
[95] Aphorismus 24, KSA 5, 401.
[96] Die fröhliche Wissenschaft, Aphorismus 354, KSA 3, 593.
[97] Der Antichrist, Aphorismus 54, KSA 6, 236.
[98] Ebd., 236 f.

der Glaubende vom Glauben und von seinem Gott? Etwas, woran er sein Herz hängen, woran er sich halten kann, den Inbegriff einer festen Überzeugung, einer Beziehung, von der er sich gehalten wissen darf, in der er es – seiner selbst entfremdet, »entselbstet« – mit seiner Schwäche aushalten kann. Gott ist die Illusion der wärmenden, erhellenden Sonne, von der her alles gehalten ist und in seiner Wahrheit erscheint, die den Menschen bescheint als den Mittelpunkt des Seienden. Wer sich so an Gott hält, der ist im Gefängnis seiner Lebenslüge festgehalten, eines vorkopernikanischen Narzißmus, in dem Gott den Menschen dazu dient, sich unendlich wichtig nehmen zu können; in dem Gott den Menschen daran hindert, dem metaphysischen Skandal gewachsen zu sein, den der Gottesglaube immer schon verdrängen mußte. Sich im Gefängnis der Glaubens-überzeugungen aufzuhalten, das bewahrt vor der abgründigen Herausforderung der kalten, freien Ungeborgenheit, der Haltlosigkeit des nachkopernikanischen In-der-Welt-Seins. Aber es bedeutet eben ein Sich-nicht-Hinauswagen in diese schrecklich schöne Freiheit mit ihrer »nihilistischen« Verführung, nichts mehr sei wahr und alles erlaubt[99], auf den Weg zum neuen Menschen.

Friedrich Nietzsche ist hier ausführlich zu Wort gekommen, denn seine religionskritischen Argumentationslinien sind nach wie vor die Frontlinien der Auseinandersetzung um Religion. Das heißt nicht, daß andere Argumentations-muster unwichtig wären. Aber man würde sich die Auseinandersetzung mit ihnen zu einfach machen, wenn man sie nicht auf dem Hintergrund der bei

---

[99] Nietzsche hat den Satz »Nichts ist wahr, alles ist erlaubt« mehrfach niedergeschrieben, sich aber durchaus unterschiedlich zu ihm ins Verhältnis gesetzt. Eine Nachlaßnotiz führt ihn ohne eigene Stellungnahme als Zitat an (Nachgelassene Fragmente Frühjahr 1884, KSA 11, 88). In »Zur Genealogie der Moral« (Dritte Abhandlung, Aphorismus 24, KSA 5, 399) nennt er ihn ein Labyrinth und fragt: »Hat wohl je schon ein europäischer, ein christlicher Freigeist sich in diesem Satz und seinen labyrinthischen *Folgerungen* verirrt? Kennt er den Minotauros dieser Höhle *aus Erfahrung?*« Nietzsche beansprucht, sich – als erster? – in diese Höhle hineingewagt zu haben, im Gegensatz zu den vorgeblich ›freien Geistern‹, denen nichts ›fremder (ist; J. W.) als Freiheit und Entfesselung in jenem Sinne«, die deshalb »gerade fester gebunden (sind; J. W.) im Glauben gerade an die Wahrheit ... wie Niemand anders sonst«. Im »Zarathustra« wird der Satz »Nichts ist wahr, Alles ist erlaubt« dem Schatten des Zarathustra in den Mund gelegt. Es ist der Schatten des Skeptizismus und Nihilismus, von dem Zarathustra verfolgt wird, dem er sich in gewisser Weise verbunden weiß und dem er doch zu entkommen sucht. Der Schatten hat den Satz von Zarathustra gelernt, da er mit ihm »den Glauben an Worte und Werthe und große Namen« verlor, da er mit ihm »zerbrach ... was je mein Herz verehrte«. Das Eintauchen in diesen Satz ist ihm ein Sturz in die »kältesten Wasser«, der ihn ein für allemal wach, kalt und illusionslos gemacht hat: »Zu viel klärte sich mir auf: nun geht mich nichts mehr an.« Zarathustra kann diesen Kälteschmerz des ewigen »Umsonst« mitfühlen; und doch distanziert er sich, weil die Gefahr in ihm lauert, sich von einer neuen, warmen »Sicherheit« gefangen nehmen zu lassen. So gibt er seinem Schatten mit auf den Weg: »Hüte dich, dass dich nicht am Ende noch ein enger Glaube einfängt, ein harter, strenger Wahn! Dich nämlich verführt und versucht nunmehr Jegliches, das eng und fest ist. Du hast das Ziel verloren: wehe, wie wirst du diesen Verlust verscherzen und verschmerzen?« (Also sprach Zarathustra IV, Der Schatten, KSA 4, 338–341). Geht man fehl in der Deutung, der Satz »Nichts ist wahr, alles ist erlaubt« verfolge Nietzsche selbst wie ein Schatten, von dem er sich nicht lösen kann, aber auch nicht überwältigen – zum Skeptizismus und Nihilismus verführen – lassen will? Vgl. die Interpretation durch Chr. Niemeyer, »Nichts ist wahr, alles ist erlaubt«. Die Wahrheitstheorie Nietzsches in ihrer Bedeutung für seine späte Bildungsphilosophie, in: Nietzsche-Studien 27 (1998), 196–213, deren »bildungsphilosophi-sche« Einordnung mich allerdings nicht überzeugt.

Nietzsche aufgerissenen Problemdimensionen thematisierte. Das gilt zuerst für *Ludwig Feuerbach*, der die Argumentationen der Religionskritik im deutschen Sprachraum vor Nietzsche repräsentativ formulierte. Seine Projektionsthese kehrte die klassisch metaphysische Position um. Es ist nicht so, daß der Mensch sich und seine Welt in Gott erkennt – im göttlichen Licht der Vernunft, das in ihm leuchtet, weil er Gottes Ebenbild ist. Vielmehr projiziert der religiöse Mensch die Bilder seiner unendlichen Sehnsucht auf die »Leinwand« einer durch und durch endlichen Wirklichkeit; er sieht die Welt im Licht seiner Wünsche, um sich ihre Erfüllung als die Tiefendimension aller Wirklichkeit vorstellen zu können. Die Projektionen des unbefriedigten Herzens strahlen zurück in das menschliche Herz und erzeugen dort die Gewißheit eines die Wünsche des Herzens – des »Gemüts« – grenzenlos erfüllenden göttlichen Gegenübers:

> »Gott ist eben die *Gewißheit* meiner Seligkeit ... Gott ist die meinen Wünschen und Gefühlen entsprechende Existenz: Er ist der Gerechte, der Gütige, der meine Wünsche erfüllt. Die Natur, diese Welt ist eine meinen Wünschen, meinen Gefühlen widersprechende Existenz. Hier ist es nicht so, wie es *sein* soll – diese Welt vergeht –, Gott aber ist *das* Sein, welches so ist, wie es sein soll. Gott erfüllt meine Wünsche ...«.[100]

Wer im Licht seiner Wünsche nicht den transzendenten Gott erscheinen sieht, der sie erfüllen wird, sondern die Zukunft der Gattung Mensch, die sich diese Wünsche selbst erfüllen kann, wer seine Wünsche nicht auf illusionäre Ziele, sondern auf die Vervollkommnung der Menschheit richtet, der braucht keinen Gott mehr; für den ist Gott funktionslos geworden. Er hat ja erkannt, worauf sich seine Wünsche tatsächlich richten und daß sie keinen übernatürlich-göttlichen Erfüller brauchen. »›Wie dein Herze, so dein Gott.‹ Wie die Wünsche der Menschen, so sind ihre Götter.«[101] Richten sich die Menschen in ihren Wünschen – mit ihren Herzen – auf die Zukunft der Gattung Mensch, darauf, daß die Liebe, die sie verbindet, göttlich werde, so werden sie diese wunscherfüllende Wirklichkeit einer alles erfassenden Liebe nicht mehr als überweltlich jenseitige projizieren.

Bei Feuerbach wird noch selbstverständlich hingenommen, was dann bei Nietzsche als metaphysischer Skandal – als Zusammenbruch der Metaphysik – aufleuchtet: die seit der kopernikanischen Wende unaufhaltsam verschärfte Einsicht in die Randexistenz des Menschen, sein Ausgeliefertsein an einen ihm gegenüber absolut-gleichgültigen Naturprozeß. Daß das »Ab-solute« nicht länger die mir zugute kommende und um meiner Seligkeit willen geschehende, sich mir mitteilende Absolutheit ist, sondern die absolute Losgelöstheit von meinen Wünschen, eine Gleichgültigkeit gegenüber menschlichem Erkennen und Wollen, die nur überboten werden kann von der Entschlossenheit des Übermenschen, sich ihr gegenüber zu behaupten – das ist der Kern dieses Skandals

---

[100] Das Wesen des Christentums, Werke in sechs Bänden, Bd. 5, 204 f.
[101] Das Wesen der Religion, §55, Werke in sechs Bänden, Bd. 4, 150.

und die Herausforderung, die in ihm liegt. Feuerbach sieht das nicht so dramatisch; für ihn ist der Gottesglaube einfach überholbar durch Reifung des Menschen und seiner Wünsche, durch ihr Hineinreifen in jene Dimension, in der sie praktisch werden und ihre Erfüllung finden können: in die Dimension der Gattung Menschheit.

Nietzsches Dramatisierung der Gottlosigkeit erlaubt diese einfache Lösung nicht mehr. Der Ausfall einer von Gott in der Wirklichkeit angelegten, durchgesetzten und sich schließlich in ihm erfüllenden Finalität des Weltgeschehens ist nicht einfach zu überholen von der Finalität des Prozesses »Menschengattung«. Ist er aufzufangen in der Selbstermächtigung zum Übermenschen, der der Welt das eine Ziel aufzwingt, das sie wirklich erlösen könnte: den Übermenschen, der nichts in ihr ablehnen oder verdrängen müßte, der in sich und auf sich hin alles bejahen – segnen – könnte?[102] Wird mit dieser Zumutung nicht das Sendungsbewußtsein eines faschistischen Übermenschentums provoziert, das sich den Herausforderungen der Geschichte gewachsen weiß, indem es Schwache und Dekadente dem einen Ziel zum Opfer bringt? Oder werden – wo sich solches Übermenschentum zum geschichtlichen Skandal gemacht hat – anthropologisch-gesellschaftliche Ersatzfinalitäten dadurch legitimiert: die Finalitäten des Selbstverwirklichungsideals, des Identitätsprojekts, das demjenigen einen Sinn verspricht, der sich selbst zu finden weiß und dabei leicht verschmerzen kann, was er verloren hat oder nicht erreichen kann?

Naivität, Vermessenheit und Entschlossenheit zum »Realismus« liegen hier eng beieinander, ebenso eng vielleicht, wie in vielen religiösen Überzeugungen; so eng gewiß, wie etwa auch in den religionskritischen Entwürfen, die Religion in den Spuren von *Karl Marx* überholen wollten. Marx bestimmt das Unwesen der Religion im Anschluß an Feuerbach als »das Selbstbewußtsein und das Selbstgefühl des Menschen, der sich selbst entweder noch nicht erworben oder schon wieder verloren hat«. Dieses Selbstgefühl realisiert sich in der Dimension des Phantastischen, weil es sich in der sozialen Realität, wie sie hier und jetzt ist – als von der Herrschaft des Kapitals bestimmt und deshalb von gesellschaftlichen Widersprüchen zerrissen – keine Wirklichkeit geben kann. So ist Religion »die *phantastische Verwirklichung* des menschlichen Lebens«, die sich dem Religiösen aufdrängt, »weil das *menschliche Wesen* keine wahre Wirklichkeit besitzt.« In der Religion reflektiert sich – so Marx nun in Abgrenzung zu Feuerbach – die gesellschaftlich bedingte »Unwirklichkeit« des menschlichen Wesens, seine »Entfremdung« durch geschichtlich-gesellschaftliche Verhältnisse, die die Menschen daran hindern, ihr Wesen zu ergreifen. Im wirklichen Elend festgehalten suchen die Religiösen ihren Trost im »religiösen Elend«, das ihr wirkliches Elend widerspiegelt und zutiefst zwiespältig zum Ausdruck bringt: als »Heiligenschein« des »Jammertales«, als »Protestation gegen das wirkliche Elend«, freilich zugleich: als Flucht in die Illusion, hinweg aus

---

[102] Vgl. Also sprach Zarathustra I bzw. III, KSA 4, 76 bzw. 179–181 und 208 f.

diesem Jammertal.[103] Das religiöse Elend ist die Illusion einer geschehenen Erlösung, wo Erlösung doch revolutionär durchgesetzt werden müßte, der Traum
von einer Vollendung, der nur im Wachzustand gesellschaftlichen Kampfes real
werden kann. In der Religion besitzt »die Welt längst den Traum von einer
Sache ... von der sie nur das Bewußtsein besitzen muß, um sie wirklich zu besitzen.«[104]

Die Kritik der Religion will die Menschen aufwecken, will ihnen die Aufgabe zu Bewußtsein bringen, deren Herausforderung sie sich bisher träumend
entzogen hat. Sie »enttäuscht den Menschen, damit er denke, handle, seine
Wirklichkeit gestalte wie ein enttäuschter, zu Verstand gekommener Mensch,
damit er sich um sich selbst und damit um seine wirkliche Sonne bewege. Die
Religion ist nur die illusorische Sonne, die sich um den Menschen bewegt, solange er sich nicht um sich selbst bewegt.«[105] Die kopernikanische Revolution
soll Wirklichkeit werden in jener geschichtlichen Revolution, mit der die Menschen sich von den falschen Sonnen und Fixsternen emanzipieren und sich
selbst – die geschichtliche Realisierung ihres Wesens – als das Zentrum begreifen, um das sich alles zu drehen hat.

Religionskritik hat für Marx keine vorrangige Bedeutung. Sie hat »die ima-
ginären Blumen an der Kette zerpflückt«, die theologische Ausschmückung der
Knechtschaft beseitigt, damit diese in ihrer ganzen Unerträglichkeit hervortrete
und der Unterdrückte sich gegen sie auflehne: »nicht damit der Mensch die
phantasielose, trostlose Kette trage, sondern damit er die Kette abwerfe und die
lebendige Blume breche.«[106] Wirft er die Kette ab und bricht er die lebendige
Blume, so verliert er auch den letzten Rest seines Interesses an den falschen
Blumen, mit denen Religion die Ketten der Knechtschaft drapierte. Die Religionen werden verschwinden, wenn der Mangel verschwindet, den sie zugleich
zum Ausdruck brachten und theologisch überhöhten. Das »Dasein der Religion«
ist »das Dasein eines Mangels«; die »religiöse Befangenheit« spiegelt die »weltlichen Schranken«, die den Menschen von den gesellschaftlichen Verhältnissen
auferlegt sind. So geht es nicht eigentlich darum, »daß sie ihre religiöse Befangenheit aufheben müssen, um ihre weltlichen Schranken aufzuheben. Wir behaupten, daß sie ihre religiöse Beschränktheit aufheben, sobald sie ihre weltliche
Schranke aufheben.«[107] Weil die Religion nur widerspiegelt und theologisiert,
was gesellschaftlichen Ursprungs ist – die Herrschaft unbegriffener ökono-
mischer Mächte und Zwänge –, wird sie verschwinden, wenn durch gesellschaftlich-revolutionäre Praxis überwunden ist, was sie widerspiegelt. Religion ist die
»unmittelbare, d. h. gefühlsmäßige Form des Verhaltens der Menschen zu den
sie beherrschenden fremden, natürlichen und gesellschaftlichen Mächten, so-

---

[103] Vgl. K. Marx, Zur Kritik der Hegelschen Rechtsphilosophie. Einleitung, in: Marx-Engels-Werke
(MEW), Bd. 1, Berlin 1970, 378–391, hier 378 f.
[104] Brief an Ruge vom September 1843, MEW 1, 343–346, hier 346.
[105] Zur Kritik der Hegelschen Rechtsphilosophie. Einleitung, MEW 1, 379.
[106] Vgl. ebd.
[107] K. Marx, Zur Judenfrage, MEW 1, 347–377, hier 352.

lange die Menschen unter der Herrschaft solcher Mächte stehen.« Religiös denkend und fühlend halten sie es mit dem Spruch: »der Mensch denkt und Gott (in Wahrheit: die Fremdherrschaft des Kapitals und seiner ehernen Logik; J. W.) lenkt.« Wenn der Mensch »nicht mehr bloß denkt, sondern auch lenkt, dann erst verschwindet die letzte fremde Macht, die sich jetzt noch in der Religion widerspiegelt, und damit verschwindet auch die religiöse Widerspiegelung selbst, aus dem einfachen Grunde, weil es dann nichts mehr widerzuspiegeln gibt.«[108]

Die Naivität dieses Konzepts liegt wohl darin, daß es eine unter bestimmten ökonomisch-geschichtlichen Bedingungen über lange Zeit vorherrschende *Funktion von Religion* zu deren Inbegriff erklärt und aufgrund der ebenfalls etwas naiv vorgestellten Überwindung gesellschaftlich-ökonomischer Entfremdung das mehr oder weniger automatische Absterben der Religion prognostiziert: ihr Überflüssigwerden in einer Gesellschaft, für die sie funktionslos geworden ist. Nur der hat etwas von Gott, der von entfremdenden gesellschaftlich-ökonomischen Bedingungen profitiert oder noch ohne revolutionäres Bewußtsein in ihnen gefangen ist, der Gott bzw. Religion entweder als Legitimationsinstanz für eine gesellschaftliche Ordnung braucht, aus der man Vorteile zieht, oder als »Opium des Volkes«, mit dem man sich über das unabänderlich Scheinende hinwegbetäubt. Von und an Gott haben die nichts mehr, die sich von der gesellschaftlich-ökonomischen Struktur emanzipiert haben, die er legitimierte oder erträglich machte. Nur ganz am Rande marxistischer Überlegungen zur Funktion von Religion begann ab der Mitte des 20. Jahrhunderts die Einsicht eine Rolle zu spielen, daß Religion eine wichtige – wenn auch in der klassenlosen Gesellschaft von anderen Institutionen zu übernehmende – Funktion für die Bearbeitung individueller Lebensrisiken und Kontingenzerfahrungen hat[109] und im Kapitalismus das revolutionäre Bewußtsein oder den Protest gegen das gesellschaftliche Elend durchaus fördern kann.[110] Insofern sie diese Funktionen mehr oder weniger authentisch ausfüllt, kommt sie als Bündnispartnerin in Frage, als eine Bündnispartnerin freilich, deren Ausrichtung auf eine übergeschichtliche Transzendenz man mit Reserve zu begegnen hätte.

Das religionskritische Schema von der überholbaren oder ersetzbaren Funktion von Religion verlangt eine Revolutionstheorie, nach der durch gesellschaftlich-revolutionäre Praxis überwindbar bzw. gemeinschaftlich tragbar wird, was Religion bisher ausdrückte. Der metaphysische Schock, der Nietzsches Vision vom Tod Gottes zur abgründigen Prophetie und seine Ankündigung des diesem Schock gewachsenen Übermenschen so gefährlich machte, ist hier revolutionseuphorisch überholt. Er kehrte wieder im Schock der Ernüchterung über eine pseudo-revolutionäre Praxis, in der die Übermenschen des Zentralkomitees

---

[108] MEW 20, 294 f.; vgl. Das Kapital, Bd. 1, MEW 23, 94.
[109] Exemplarisch für diese Tendenz ist M. Machovec, Vom Sinn des menschlichen Lebens, dt. Freiburg i. Br. 1971.
[110] Vgl. hierzu etwa das Werk von E. Bloch.

der Diktatur des Proletariats Millionen Konterrevolutionäre zum Opfer brachten. Wo Religion überholt werden soll, da muß sie *überboten* werden: in ihrer legitimatorischen Kraft, aber auch in der Bereitschaft zum Opfer, an denen zu vollstrecken, die der revolutionären Versöhnung der Menschheit mit ihrer Berufung im Wege stehen.

1.10 Evolution und Religion

Am Ende unseres Jahrhunderts ist – so will es die veröffentlichte Meinung wissen – das Ende der großen Ideologien eingeläutet. Der metaphysische Schock verlangt nicht mehr nach übermenschlicher Kompensation. Es erscheint vollkommen ausreichend, sich der Erziehung zur Realität (Sigmund Freud) durch die Wissenschaften anzuvertrauen. Sie werden die Menschen lehren, in gelassener, auf übertriebene Wichtigkeitsansprüche verzichtender Selbstbescheidung der Marginalität menschlichen Daseins Rechnung zu tragen. Weitet man nur den Blick über die Perspektive hinaus, die bisher von der Neigung des Menschen zur Selbstbespiegelung vorgegeben wurde, müßte man dann nicht einfach die kosmische Bedeutungslosigkeit, ja vielleicht sogar Tödlichkeit des Experiments Menschheit zur Kenntnis nehmen? Der Anthropologe *Claude Lévy-Strauss* stellt ganz emotionslos fest:

> »Die Welt hat ohne den Menschen begonnen und wird ohne ihn enden. Die Institutionen, Sitten und Gebräuche, die ich mein Leben lang gesammelt und zu verstehen versucht habe, sind die vergänglichen Blüten einer Schöpfung, im Verhältnis zu der sie keinen Sinn besitzen; sie erlauben bestenfalls der Menschheit, ihre Rolle im Rahmen dieser Schöpfung zu spielen. Abgesehen davon, daß diese Rolle dem Menschen keinen unabhängigen Platz verschafft und daß sein überdies zum Scheitern verurteiltes Bemühen darin besteht, sich vergeblich gegen den universalen Verfall zu wehren, erscheint der Mensch selbst als Maschine – vollkommener vielleicht als die übrigen –, die an der Auflösung der ursprünglichen Ordnung arbeitet und damit die organisierte Materie in einen Zustand der Trägheit versetzt, der eines Tages endgültig sein wird. Seitdem der Mensch zu atmen und sich zu erhalten begonnen hat, seit der Entdeckung des Feuers bis zur Erfindung der atomaren Vorrichtungen, hat er – außer wenn er sich fortgepflanzt hat – nichts anderes getan als Millionen von Strukturen zerstört, die niemals mehr integriert werden können ... Was die Schöpfungen des menschlichen Geistes anbetrifft, so besitzen sie Sinn nur in bezug auf ihn, und sie werden im Chaos untergehen, sobald dieser Geist verschwunden sein wird.«[111]

Religionen oder »Weltanschauungen« haben bisher über diese Bedeutungslosigkeit des Menschen hinwegzutrösten vermocht und Ersatzperspektiven angeboten, in denen er sich wichtig nehmen konnte. Diese Ersatzperspektiven hat-

---

[111] C. Lévy-Strauss, Traurige Tropen, dt. Köln 1970, 366 f.

ten es ihm erlaubt, sich im Mittelpunkt zu sehen: im Mittelpunkt der Aufmerksamkeit eines Gottes oder in den entscheidenden Etappen eines grandiosen, evolutionär-gesellschaftlich-geschichtlichen Projekts. Damit muß und kann nun Schluß sein. Der Mensch muß »endlich aus seinem tausendjährigen Traum erwachen und seine totale Verlassenheit, seine radikale Fremdheit erkennen. Er weiß nun, daß er seinen Platz wie ein Zigeuner am Rande des Universums hat, das für seine Musik taub ist und gleichgültig gegen seine Hoffnungen, Leiden oder Verbrechen.«[112]

Aber kann er das wirklich? Ist er nicht doch – geradezu mit biologischer Notwendigkeit – auf solche Perspektiven angewiesen? Dem Biologen *Jacques Monod* ist auch mit biologischen Argumenten widersprochen worden. Der Mensch scheint Religion nicht loswerden zu können, weil sie – so *Edward Osborne Wilson* – »die komplexeste und mächtigste Kraft des menschlichen Geistes und aller Wahrscheinlichkeit nach ein unauslöschlicher Bestandteil der menschlichen Natur« ist.[113] Gerade die »höchsten Formen der Religionsausübung« müssen als selektionsprämiertes Verhalten gesehen werden. Sie verleihen jedenfalls

> »einen biologischen Vorteil. Vor allem festigen sie die Identität. Inmitten der chaotischen und potentiell desorientierenden Erfahrungen, die jeder täglich durchmacht, gibt die Religion einem einen festen Ort, verschafft sie einem die fraglose Zugehörigkeit zu einer Gruppe, die über starke Kräfte zu verfügen behauptet, und vermittelt einem dadurch ein vorwärtstreibendes Ziel im Leben, das mit dem Eigeninteresse vereinbar ist.«[114]

Aber was bedeutet es, wenn die wissenschaftliche Erkenntnis auf diese biologische Funktion, womöglich auf die biologische Unverzichtbarkeit von Religion aufmerksam wird? Hat sie damit einen biologischen Gottesbeweis formuliert? Oder untergräbt sie nicht den Wahrheitsanspruch der Religion, da sie die religiöse Einstellung als Selektionsvorteil durchschaut, als evolutionär erfolgreiche Illusion gewissermaßen? Die biologische Beobachtung zerstört den Gottesglauben nicht, so der Biologe *Alister Hardy*. »Sie zeigt allerdings, daß die Beziehung des Menschen zu dem, was er Gott nennt, eine biologische Tatsache ist«. Und diese Beziehung weist dieselben Elemente auf – »Treue, Liebe und Verehrung« –, die etwa »ein Hund seinem Herrn oder seiner Herrin entgegenbringt«.[115] Hat sie dann nicht auch eine vergleichbare biologische Funktion? Wäre der Wahrheitsanspruch religiöser Überlieferungen damit nicht durchgreifend relativiert?

Die wissenschaftliche Rekonstruktion religiösen Verhaltens steht offenkundig in einem prekären Verhältnis zum Selbstverständnis der Religionen,

---

[112] J. Monod, Zufall und Notwendigkeit, dt. München ²1971, 211.
[113] E. O. Wilson, Biologie als Schicksal. Die soziobiologischen Grundlagen menschlichen Verhaltens, Frankfurt – Berlin – Wien 1980, 160.
[114] Ebd., 177.
[115] A. Hardy, Der Mensch – das betende Tier. Religiosität als Faktor der Evolution, Stuttgart 1979, 148.

damit aber auch zu dem, was die Religionen jene Funktionen erfüllen läßt, die etwa die Biologie als evolutionär vorteilhaft verbucht. So stellen sich ihr die gesellschaftlichen Entwicklungsprozesse zu mehr Aufklärung und Rationalität als selbstwidersprüchlich dar: »Ihren Fortschritt verdankt unsere schizophrene Gesellschaft der Erkenntnis, doch ihr Überleben verdankt sie einer Inspiration, die gerade aus den Glaubensvorstellungen stammt, welche die Erkenntnis zu erschüttern sucht.«[116] Damit ist die generelle Frage aufgeworfen, wie die erfahrungswissenschaftliche Thematisierung von Religion sich auf deren Geltungsansprüche auswirkt. Kann sie als Bündnisangebot verstanden werden, wenn sie Religion als gleichsam zur biologischen Grundausstattung des Menschen zählend erweist? Oder ist sie doch mehr oder weniger versteckte Religionskritik, da sie darauf abzielt, Religion auf ihre Funktion zu reduzieren, und es damit möglich erscheinen läßt, daß die biologischen, psychologischen oder auch gesellschaftlichen Leistungen der Religionen in neuen evolutionären Entwicklungsstadien effektiver von anderen Leistungsträgern übernommen werden könnten?

In der Ambivalenz moderner wissenschaftlicher Religionstheorien kommt einerseits die Abgründigkeit aufgeklärter Ironie ans Licht. Hart an der Grenze zum Zynismus quittierte sie die unüberbotene und immer noch unverzichtbare Nützlichkeit Gottes mit der nonchalanten Sentenz: »Si Dieu n'existait pas, il faudrait l'inventer.«[117] Andererseits kommt ans Licht, wie diese Religionstheorien geradezu heillos in die Frage verwickelt sind, ob sie nicht zersetzen, was sie zu begreifen versuchen. Vielleicht können sie diese Frage aber auch auf die leichte Schulter nehmen. Ist denn nicht schon zersetzt und durch bessere Lösungen ersetzt, was früher einmal notwendig gewesen ist und damals nur funktioniert hat, weil es nicht durchschaut wurde? Die *funktionalistische Betrachtung* von Religion ist jedenfalls die Quintessenz jener neuzeitlichen und modernen kritischen Rekonstruktionen des Gottesglaubens, bei denen es um Erweis oder Bestreitung seines humanen Gebrauchswertes ging. Ihr soll nun unsere Aufmerksamkeit gelten.

1.11 Die Funktion von Religion

Emile Durkheim gilt als Begründer der wissenschaftlichen Soziologie und als Protagonist einer soziologisch-funktionalen Religionstheorie. Er beschreibt Religion als Funktion der Vergesellschaftung bzw. als deren notwendige Voraussetzung, als Urwirklichkeit und Inbegriff dessen, was eine Gesellschaft im Inner-

---

[116] E. O. Wilson, op. cit., 162. Ausführlicher nimmt zu diesem Problem Stellung: U. Lüke, Evolutionäre Erkenntnistheorie und Theologie. Eine kritische Auseinandersetzung aus fundamentaltheologischer Perspektive, Stuttgart 1990, 181–187.
[117] »Wenn es Gott nicht gäbe, müßte man ihn erfinden«; Voltaire, Epitre à l'auteur du livre des trois imposteurs. Œuvres complètes, Bd. 10, 402–405.

sten zusammenhält.[118] Durkheim geht davon aus, »daß die wahre Funktion der Religion nicht darin besteht, uns zum Denken zu bringen, unser Wissen zu bereichern, unsere Vorstellungen zu ergänzen, die wir der Wissenschaft verdanken, Vorstellungen eines anderen Ursprungs und eines anderen Charakters, sondern uns zum Handeln zu bringen und uns (zu) helfen zu leben.« So ist der gläubige Mensch,

> »der mit seinem Gott kommuniziert hat ... nicht nur ein Mensch, der neue Wahrheiten sieht, die der Ungläubige nicht kennt: er ist ein Mensch, der mehr *kann*. Er fühlt mehr Kraft in sich, entweder um die Schwierigkeiten des Lebens zu ertragen oder um sie zu überwinden. Er scheint über der menschlichen Not zu stehen, weil er über den Zustand des Menschen erhaben ist.«[119]

Woher kommt diese Kraft? Sie strömt mit dem *Kult* in die Gläubigen ein, jenem religiösen Grundvollzug, in dem sie die ideelle »Tiefendimension« gesellschaftlichen Zusammenlebens begehen: Es ist dieser Kult, »der die Freude, die innere Ruhe, den Frieden, die Begeisterung erregt, die für den Gläubigen der Erfahrungsbeweis für seinen Glauben ist.«[120] Im religiösen Kult konzentriert sich das gesamte kollektive Leben der elementaren menschlichen Gemeinschaften. Man kann in diesem Sinne sagen, »daß fast alle großen sozialen Institutionen aus der Religion geboren wurden«, und muß – nach Durkheim – zugleich einräumen, daß »die Idee der Gesellschaft die Seele der Religion ist.«[121] Die Gesellschaft ist in den Individuen lebendig, weil sie für die in ihr Lebenden mehr ist als das, was die konkrete soziale Realität bestimmt. Sie leben in der Gesellschaft, indem sie an der Idee partizipieren, die sich die Gesellschaft »von sich selbst macht«, und indem sie die gesellschaftliche Realität im Licht dieser Idee sehen. In der »Schule des kollektiven Lebens« lernt das Individuum zu »idealisieren«; mit der Teilnahme an den religiös ritualisierten Grundvollzügen der Gesellschaft impft diese »ihm das Bedürfnis ein, sich über die Erfahrungswelt zu erheben, und gibt ihm gleichzeitig die Mittel, diese andere Welt zu begreifen.«[122]

Die andere Welt ist das Geheimnis *dieser* Welt, das die Individuen in die Gesellschaft einfügt, das seine »Kollektivgefühle« und »Kollektivideen« immer wieder neu zum Leben erweckt und festigt, in denen die Individuen sich in der Gesellschaft einem Ziel – dem Geist der Gesellschaft – verpflichtet und miteinander verbunden wissen. Die Religion ist das Lebendigwerden der Kollektivideen und Kollektivgefühle in den Einzelnen. Diese gesellschaftliche Funktion gibt den Rahmen vor, innerhalb dessen die verschiedensten Ausprägungen von Religion in den verschiedenen geschichtlich-gesellschaftlichen Situationen wirksam werden – und damit auch in funktionaler Beschreibung vergleichbar werden:

---

[118] Vgl. die einführende Darstellung von V. Drehsen, Religion – der verborgene Zusammenhalt der Gesellschaft, in: K.-W. Dahm – V. Drehsen – G. Kehrer, Das Jenseits der Gesellschaft. Religion im Prozeß sozialwissenschaftlicher Kritik, München 1975, 57–88.
[119] E. Durkheim, Die elementaren Formen des religiösen Lebens, dt. Frankfurt a. M. 1981, 558.
[120] Ebd., 559.
[121] Vgl. ebd., 561.
[122] Vgl. ebd., 566.

>»Welchen wesentlichen Unterschied gibt es zwischen einer Versammlung von Christen, die die wesentlichen Stationen aus Christi Leben feiern, oder von Juden, die den Auszug aus Ägypten oder die Verkündigung der zehn Gebote zelebrieren, und einer Vereinigung von Bürgern, die sich der Errichtung einer neuen Moralcharta oder eines großen Ereignisses des nationalen Lebens erinnern?«[123]

Durkheim schreibt in einer Zeit, in der die überlieferten religiösen Ideale ihre Kraft, die Hingabe und Verehrung der Menschen auf sich zu ziehen, immer mehr einbüßen und neue Idealbildungen zu sehr Kopfgeburten geblieben sind: »die alten Götter werden alt und sterben, und andere sind noch nicht geboren.« Aber Durkheim ist sich dessen sicher:

>»Ein Tag wird kommen, an dem unsere Gesellschaften aufs neue Stunden der schöpferischen Erregung kennen werden, in deren Verlauf neue Ideen auftauchen und neue Formen erscheinen werden, die eine Zeitlang als Führer der Menschheit dienen werden. Haben die Menschen einmal diese Stunden erlebt, dann werden sie spontan das Bedürfnis fühlen, sie von Zeit zu Zeit in Gedanken wieder zu durchleben, d. h. die Erinnerung durch Gesten zu festigen, die deren Folgen regelmäßig beleben … Es gibt keine unsterblichen Evangelien; aber nichts rechtfertigt den Glauben, daß die Menschheit unfähig wäre, in der Zukunft neue zu erschaffen. Welches die Symbole sein werden, unter denen sich der neue Glaube ausdrücken wird, ob sie jenen der Vergangenheit gleichen oder nicht, ob sie der Wirklichkeit, die sie ausdrücken werden, angepaßt sind oder nicht, ist eine Frage, die das menschliche Fassungsvermögen überschreitet«.[124]

Gewiß wird die Religion – so Durkheim – wegen der Ausbreitung der exakten Wissenschaften ihre »spekulative Funktion« immer mehr einbüßen; ihr »Dogmatisieren« – ihr Welterklärungsanspruch – wird an Interesse verlieren. Insgesamt aber gilt für die Religion die soziologische Prognose: »Sie scheint … eher berufen zu sein, sich zu verwandeln, als zu verschwinden.«[125]

Durkheims Analysen erscheinen ein Jahrhundert danach gefährlich unscharf und einseitig. Das 20. Jahrhundert hat viele »neue Stunden der schöpferischen Erregung« kennengelernt, in denen sich neue Ideen und deren Propagandisten zu »Führern der Menschheit« aufschwangen und die »religiösen Gefühle« der Menschen auf sich zogen.[126] Inwieweit solche Erregung »schöpferisch« war, das läßt sich nicht einfach beantworten. Der Umschlag in verheerende Aggressivität und Destruktivität war jedenfalls immer wieder vorprogrammiert – ein ebenfalls von »religiösen Gefühlen« und Idealisierungen, von religiösen Ritualen begleiteter und neue Mythen hervorbringender. Offenbar erlaubt die funktionalistische Analyse à la Durkheim kaum die Unterscheidung zwischen mehr oder weniger authentischer und pervertierter Religiosität oder Pseudoreligiosität. Eine Differenzierung etwa zwischen gefährlichen nationalen Erweckungsbewegungen und mystisch oder prophetisch geprägten Renaissan-

---

[123] Ebd., 571.
[124] Ebd., 572 f.
[125] Vgl. ebd., 576 f.
[126] Vgl. ebd., 576.

cen alter religiöser Traditionen ist hier schwer erreichbar. Durkheim will sich zwar nicht auf eine historisch-materialistische Funktionsbestimmung der Religion festlegen, nach der Religion nur Widerspiegelung revolutionär aufzulösender gesellschaftlicher Widersprüche wäre; aber er läßt auch nicht erkennen, wie Kriterien gewonnen werden könnten, zwischen der von Marx analysierten Widerspiegelungs-, Legitimations- und Betäubungsfunktion von Religion und jener produktiven »Idealisierung« zu unterscheiden, ohne die menschliche Vergesellschaftung nicht gelingt. Funktionale Analyse tendiert nun einmal zur »Wertfreiheit« *(Max Weber)*, ja zum wissenschaftlich-methodischen Agnostizismus: So enthält sich Durkheim jedes wertenden Urteils, insbesondere eines Urteils über die Existenz oder Nichtexistenz der in bestimmten religiösen Idealisierungen in Anspruch genommenen göttlich-transzendenten Wesen. Aber kann die agnostisch-wertfreie Analyse übersehen, daß religiöse Einstellungen und Praktiken sehr unterschiedliche, ja gegensätzliche Funktionen und Auswirkungen haben können? Darf sie übersehen, mit welch verheerenden Neben- oder Hauptwirkungen sie mitunter verbunden sind?

Zugegeben: diese kritischen Rückfragen sind von historischen Erfahrungen provoziert, die für Durkheim noch außerhalb des Blickfeldes lagen und seinen Forschungsansatz noch nicht mitbestimmen konnten. Das gilt nicht mehr für die Ausarbeitungen, die die funktionalistische Theorie im weiteren Verlauf des 20. Jahrhunderts erfahren hat.

1.12 Religion und System

Für diese Ausarbeitungen sind die Leitbegriffe bzw. Leitmodelle »Sinn« oder »Sinnstiftung« und »System« von zentraler und organisierender Bedeutung. Die Religion wird in durchaus unterschiedlicher Weise von der Funktion »gesellschaftliche Sinnstiftung« her verstanden, wobei weitgehend offen bleibt oder kontrovers diskutiert wird, ob sie diese Funktion heute noch erfüllen kann bzw. inwieweit andere Weisen der Sinnstiftung und entsprechende Sinnorientierungen herkömmliche religiöse Konzepte und Einstellungen abgelöst haben.

Für das Leitmodell »Religion als Sinnstiftung« kann *Max Weber* als erster Kronzeuge aufgerufen werden. Religion leistet – so Weber – eine Weltdistanzierung, die die Lebenswirklichkeit nicht einfach hinnehmen, sondern in einer Spannung von Sinnbedürfnis und der Erfahrung abgründig sinnwidriger »Irrationalität« wahrnehmen läßt. Religiöse Sinnstiftung ermöglicht es, der Irrationalität des mir Zustoßenden einen Sinn beizulegen und Strategien zu entwickeln, es durch sinnvolles Handeln zu bewältigen bzw. bestimmte Handlungsmuster dadurch als sinnvoll auszuzeichnen, daß man sie als auf eine rationale Substanz der Wirklichkeit bezogen versteht. Weber versucht, verschiedene Typen religiöser Vergemeinschaftung als situationsspezifische, Handlungsmotive und -strategien folgenreich freisetzende Sinnstiftungsstrukturen zu beschreiben, wobei jedoch nicht wie bei Durkheim die sozialintegrative Funktion von Religion im Vordergrund steht, sondern ihre ursprüngliche Rationalisierungsfunktion: die Ermöglichung eines als sinnvoll erlebten Handelns, die Bereitstellung von überzeugenden Handlungsmotiven, die sich durchaus auch in bestimmter Hinsicht sozial desintegrativ auswirken können.[127]

Die sozialintegrative Bedeutung bestimmt dann wieder die Religionstheorie *Talcott Parsons'*, des ersten Systemtheoretikers unter den Soziologen. Religion erfüllt hier die Funktion, das durch grundlegende Diskrepanzen – etwa zwischen Bedürfnissen und Befriedigungsmöglichkeiten, zwischen dem Anspruch auf Chancengerechtigkeit und einer in vieler Hinsicht ungerechten Realität – gefährdete Gleichgewicht eines sozialen Systems aufrechtzuerhalten, indem sie erstens das herrschende Wertsystem legitimiert, indem sie zweitens umfassende Sinndeutungen bereitstellt und so grundlegende Frustrationen hinnehmbar macht oder Verzichtleistungen motiviert, und indem sie drittens Fluchtwege aus den erfahrenen Widersprüchlichkeiten des gesellschaftlichen Daseins und damit Kompensationsmöglichkeiten für erlittenes Unrecht oder im »Diesseits« vorenthaltene Befriedigungen eröffnet. Religion als entscheidender Integrationsfaktor und als Kompensationsversprechen, letztlich als aufgrund seines Kompensationsversprechens besonders leistungsfähige sozialintegrative Instanz: Parsons zieht aus dieser Analyse keine religionskritischen Konsequenzen, wie noch Marx. Er will vielmehr die wegen ihrer Systemleistung unabdingbare soziale Notwendigkeit von Religion ins Blickfeld rücken, blendet dabei aber die sozialtransformativen Wirkungen von Religion systematisch aus.[128]

In Deutschland hat *Niklas Luhmann* die soziologische Systemtheorie neu formuliert und dabei auch eine differenzierte soziologische Theorie der Religion entwickelt. Es ist – seit der noch neomarxistisch inspirierten Polemik pro oder contra »Systemveränderung« – nicht einfach, sich deutlich zu machen, was die »General Systems Theorie« (Bertalanffy, Rapaport, Boulding u. a., dann auch Luhmann) unter System versteht. Dazu nun einige hinführende Illustrationen: Betrachtet man etwa ein Schiff mit seiner Mannschaft als System, so wird augenscheinlich, daß sein Überleben von Regelkreisen gewährleistet wird: Die Herausforderungen einer stürmischen See lassen sich nur bewältigen, wenn der Steuermann den Kurs der wechselnden Wetterlage anpaßt, wenn er den Effekt seiner Steuermanöver dauernd kontrolliert und nachregelt. Eine erfahrene Crew wird auch bislang nicht erlebte Krisensituationen bewältigen können, indem sie aus den einzelnen Gefahrenindikatoren die richtigen Schlüsse zieht und die spezifischen Möglichkeiten ihres Schiffes – die »Bordmittel« – gezielt einsetzt. Leistet eine Mannschaft den überlebensnotwendigen Lernschritt nicht,

---

[127] Vgl. M. Weber, Gesammelte Aufsätze zur Religionssoziologie, 3 Bde., Tübingen 1920–21. Einen guten Überblick über Webers religionssoziolgische Thesen bietet V. Drehsen, Religion und die Rationalisierung der modernen Welt. Max Weber (1864–1920), in: K.-W. Dahm – V. Drehsen – G. Kehrer, Das Jenseits der Gesellschaft, 89–154.
[128] Vgl. T. Parsons, The Social System, Glencoe Ill. 1951, 163 ff. bzw. 326 ff.

so bricht das System zusammen; es kann nicht mehr koordiniert als System reagieren, sondern zerfällt in Einzelsysteme; die Rettungsboote versuchen nun ihrerseits, sich der Sturmsituation anzupassen.

Am Zusammenbrechen des Systems Schiff können verschiedene Umstände schuld sein: Entweder war die Navigation fehlerhaft oder die Maschinen brachten nicht die notwendige Antriebsleistung oder die nicht fachgerecht verzurrte Ladung ließ das Schiff kentern. Verschiedene Sektoren eines Schiffsbetriebs, die selbst wieder als Regelkreise – als Subsysteme – funktionieren, müssen also ihre spezifische Leistung zum Überleben und zur Funktionstüchtigkeit des Gesamtsystems Schiff beisteuern. Wer die Überlebensfähigkeit des Gesamtsystems steigern will, der muß die von den Subsystemen zu erbringende Leistung analysieren und so weit wie möglich zu optimieren versuchen.

Wie ist nun die Leistung der Subsysteme für das Gesamtsystem bzw. die des Gesamtsystems selbst in Beziehung zu seiner Umwelt – bei unserem Beispiel: dem Meer – strukturfunktional-systemtheoretisch genauer zu bestimmen? Systeme leisten zugleich eine Reduktion und eine Steigerung von Komplexität: Innerhalb eines Systems sind weniger Vorgänge und Operationen möglich als in seiner Umwelt; das System reagiert mit einer begrenzten, wenn auch erweiterbaren Anzahl von Operationen auf eine prinzipiell unbegrenzte und relativ ungeregelte Anzahl von Umwelteinflüssen. In unserem Beispiel: Jede Wetterlage hat ihre Eigenheiten; das System Schiff stellt sich auf diese prinzipiell unbegrenzbare Komplexität meteorologischer Einflüsse ein, indem es charakteristische Merkmale der jeweiligen Situation auswählt – *selegiert* – und darauf typisch reagiert. Die nichtselegierten Merkmale bleiben unberücksichtigt, was so lange nicht ins Gewicht fällt, wie sie die typisierte Reaktion des Schiffes nicht durchkreuzen. Das System Schiff reduziert Komplexität, indem es sich auf ausgewählte, bedeutsame Merkmale einstellt; es grenzt aus dem »Meer« der unübersehbaren, unbestimmbaren Komplexität aller Witterungsphänomene einen »Horizont« bestimmbarer, d. h. beherrschbarer Komplexität aus. Wollte es sich auf alle Merkmale einstellen, käme es nicht dazu, koordiniert zu reagieren, also in Wetter und Sturm seinen Kurs zu halten. Indem es seine Reaktionsmöglichkeiten begrenzt und typisiert, gewinnt es die Möglichkeit, seinen Systemzweck zu erfüllen. Die Reduktion von Komplexität dient der Ermöglichung des zuvor nicht Möglichen, der Erhöhung von Komplexität: Indem das System davon Abstand nimmt, auf alle möglichen Einflüsse hin alles Mögliche zu tun, und seine Reaktionen koordiniert, erschließt es sich erfolgversprechende *Reaktionsmöglichkeiten.*

Will man auch Gesellschaften, gesellschaftliche Funktionsbereiche – etwa Erziehung, Religion, Wissenschaft – oder Organisationen, die Familie und sogar Individuen systemtheoretisch beschreiben, so muß man sie als sinnverwendende Systeme auffassen. Der Grundbegriff Sinn bezeichnet eine spezifische Selektionsweise: Die Auswahl bestimmter, sinnvoller Möglichkeiten führt hier nicht dazu, daß nicht berücksichtigte Möglichkeiten unmöglich werden. Die ausgewählten Möglichkeiten profilieren sich vielmehr an den abgewiesenen und halten sie als die weniger sinnvollen präsent; sinngesteuerte Selektion ist prinzipiell revidierbar: So erscheint die Entscheidung für ein bestimmtes Regierungssystem zwar angesichts anderer Möglichkeiten als sinnvoll; aber sie ist durchaus *kontingent,* sie könnte auch anders ausfallen. Der Horizont des augenblicklich Sinnvollen ist transzendierbar. Sinn reduziert Komplexität durch riskante Selektivität: Durch sinngesteuerte Auswahl aus dem All des Möglichen wird unbestimmbare bzw. unbestimmte Komplexität in bestimmbare überführt, ohne daß die unbestimmbare Komplexität völlig ausgeblendet wäre. Die getroffene Auswahl kann sich in neuen Situationen als unsinnig erweisen. Das ist das Risiko des Sinnes: er kann auch Unsinn sein.

Aber man kann weder erleben noch handeln, wenn man die grundlegenden Reduktionen immer sofort wieder in Frage stellt, wenn man augenblicklich realisiert, daß alles auch ganz anders sein könnte. Die Gesellschaft, die alle anderen sozialen, sinnverwendenden Systeme umgreift, wirkt dieser Relativierung entgegen. Sie setzt letzte, grundlegende Reduktionen in Kraft und begründet so eine soziale Ordnung in der Form begrenzter Handlungs- und Erlebensmöglichkeiten. Die Gesellschaft überträgt diese Reduktionen in ihren verschiedenen Sektoren und Subsystemen auf spezifische Weise und mit Hilfe verschiedener »Logiken«, die grundlegende Alternativen festlegen und entsprechende Wahlen plausibel machen. Luhmann spricht hier von Kommunikationsmedien. Folgt man der Logik des Geldes, so ist nicht mehr alles möglich; nur bestimmte Handlungs- und Vorstellungsweisen sind hier sinnvoll und werden deshalb ohne weiteres übernommen. Entsprechendes gilt für die Kommunikationsmedien Macht, Kunst, Liebe, wissenschaftliche Wahrheit. Im Bereich dieser Kommunikationsmedien begegnen normalerweise ausschließlich entscheidbare Alternativen und konkretisierbare Möglichkeiten. Die Kontingenz der jeweiligen Selektionen – des jeweiligen Sinnhorizontes – wird kaum wahrgenommen; unbestimmbare Komplexität taucht allenfalls noch »am Rande« auf.

Am Rande aber droht sich die von den Subsystemen bestimmte Komplexität doch im Unbestimmten zu verlieren. »Grenzsituationen«, in denen sich die Unbestimmbarkeit einer gänzlich unbeherrschbaren Komplexität ankündigt – Krankheit, Tod, Ungerechtigkeit des Schicksals, Irrationalität des Bösen und des Leidens –, aber auch eklatantes Scheitern politischen oder wirtschaftlichen Krisenmanagements bringen die Kontingenz der grundlegenden Reduktionen erneut zum Vorschein. Bliebe das Gesellschaftssystem angesichts solcher Herausforderungen nicht reaktionsfähig, drohten die grundlegenden Reduktionen gleichgültig zu werden: Erweist sich die Reaktionsfähigkeit des Gesellschaftssystems als begrenzt, so werden die gesellschaftlichen Grundentscheidungen relativ. Die Frage, warum man zu einer Möglichkeit ja und zu unbestimmbar vielen anderen nein sagen sollte, wird unbeantwortbar. Wo alles auch anders sein könnte, da zerfällt die Systemloyalität; die gesellschaftliche Sinnkonstitution wird von einem Meer der Gleichgültigkeit überflutet. Wo aber alles gleichgültig wird, da kann nichts mehr Bindung und Engagement herausfordern. Konsequenz wäre die totale *Verweigerung:* Der Einzelne ließe sich nicht mehr in soziale Systeme einbeziehen; er bliebe vereinzeltes Individuum, bloße »Umwelt«.

Religion hat nach Luhmann die Funktion, die Überforderung des Gesellschaftssystems durch wahrgenommene Kontingenz und unbestimmbare Komplexität abzufangen. Sie wird gebraucht, um »die an sich kontingente Selektivität gesellschaftlicher Strukturen und Weltentwürfe tragbar zu machen, das heißt ihre Kontingenz zu chiffrieren und motivfähig zu interpretieren«.[129] Bezugsproblem der Religion ist das »Zugleich von Bestimmtheit und Unbestimmtheit«[130], die Möglichkeit bestimmten Erlebens und Handelns angesichts nicht auszuschaltender unbestimmbarer Komplexität. Erleben und Handeln setzen Konstitution von Sinn und die Bindung daran voraus; Bindung muß motiviert sein, und das heißt: sie kann sich nicht auf Gleichgültiges richten. Religiöse Symbole verhindern das Einbrechen von Gleichgültigkeit, »indem sie das Bestimmte an den Platz des Unbestimmten setzen«[131], so daß die unbestimmbare Komplexität nicht mehr als Relativierung und Vergleichgültigung der grundlegenden, sinnkonstituierenden Reduktionen auftauchen kann. Religion motiviert das Ja-Sagen zu bestimmten Möglichkeiten und die Abweisung aller anderen, indem sie die unbestimmbare Komplexität bestimmbar macht. Das Christentum verfährt dabei nach Luhmann so, daß es das Unbestimmbare auf Gottes Bestimmungsmacht zurückführt und die gesellschaftlichen Grundentscheidungen in eine bestimmbare Beziehung zu Gottes Willen oder Wesen setzt. Alle Kontingenz und Komplexität ist hier in die Beziehung zwischen Gott und Mensch eingeholt, alles Vieldeutige wird durch Rückführung auf Gott bestimmbar und eindeutig gemacht. Das Gesellschaftssystem bleibt auch in Grenzsituationen reaktionsfähig, weil die Beziehung zu Gott, der alles bestimmenden Wirklichkeit, alle Unbestimmtheit umgreift.[132]

Es wäre jedoch einseitig, nur diese sozialintegrative Funktion von Religion hervorzuheben, wie es etwa noch bei Durkheim oder Parsons geschah. Luhmann stellt pointiert fest: »... offensichtlich gibt es auch systemsprengende oder doch desintegrierende religiöse Bewegungen. Religiöse Erfahrungen können gegebene soziale Ordnungen stützen oder in Frage stellen, können den Einzelnen zu bejahenden oder zu verneinenden Haltungen führen, können konstruktiv oder destruktiv wirken oder sich auch vom einen zum anderen wandeln.«[133] Religion hat nicht die Zentralfunktion, gegebene soziale Strukturen zu stützen, sondern die weit grundlegendere, die Unbeliebigkeit letzter sinnhafter Unterscheidungen zu stabilisieren, eine letzte Sinnformel motivkräftig tradierbar zu ma-

---

[129] Vgl. N. Luhmann, Die Organisierbarkeit von Religionen und Kirchen, in: J. Wössner (Hg.), Religion im Umbruch, Stuttgart 1972, 245–285, hier 250 f.
[130] N. Luhmann, Funktion der Religion, Frankfurt a. M. 1977, 36.
[131] Ebd., 33.
[132] Ausführlicher dazu: J. Werbick, System und Subjekt, in: F. Böckle u. a. (Hg.), Christlicher Glaube in moderner Gesellschaft, Bd. 24, Freiburg i. Br. 1981, 101–139.
[133] N. Luhmann, Funktion der Religion, 11.

chen.[134] Aufgrund dieser Sinnformel können dann auch u. U. radikale system-kritische Konsequenzen gezogen werden, wenn das gesellschaftliche System als sinnwidrig wahrgenommen wird.

Zu überlegen bliebe, ob die gesellschaftliche Funktion von Religion – die unbeliebige, sinngesteuerte Reduktion von unbestimmter in bestimmbare Komplexität – in gegenwärtigen, so oft als »postmodern« apostrophierten Gesellschaften noch nachgefragt wird und ob die vielfach konstatierte Krise der großen religiösen Traditionen vielleicht mit einem Rückgang der Nachfrage nach ihrer »Unbeliebigkeitsproduktion« zu tun hat. Soviel scheint jedenfalls unübersehbar: Die unbeliebige, verbindliche Reduktion von Entscheidungs-und Lebensgestaltungsalternativen begegnet heute weithin individualisiert und segmentiert. Individuen übernehmen nicht mehr selbstverständlich die »Unbe-liebigkeitsproduktion« gesellschaftlicher Sinnsysteme wie etwa der Kirchen; sie bedienen sich ihrer, sie nehmen sie auswählend in Anspruch wie Käufer auf einem Markt von Sinnangeboten. Daß sie sich weitgehend selbst ein Sinnange-bot – eine beliebigkeitsreduzierende Sinnformel – auswählen oder zusammen-stellen, hat zwar nicht notwendigerweise zur Folge, daß die Loyalität, die sie mit ihrer Wahl eingehen, unverbindlicher wird; aber es kann leicht dazu kommen, daß in unterschiedlichen Lebenskontexten verschiedene, mitunter konkurrie-rende beliebigkeitsreduzierende Sinnformeln übernommen werden, ohne daß noch das Bedürfnis empfunden würde, die verschiedenen Sinnformeln mitein-ander zu vermitteln oder auf eine letzte sinngebende Struktur zurückzuführen. Und es kann deshalb auch dazu kommen, daß die lebensbestimmende Bedeu-tung der segmentierten Loyalitäten stark variiert, daß man in bestimmten Le-bensabschnitten und Lebenskrisen sich eher von diesen, in anderen Lebens-abschnitten eher von anderen Loyalitäten hauptsächlich bestimmen läßt. Das religionssoziologisch klassische Bezugsproblem der Religion – die Zuständigkeit für den umfassenden »Sinnhorizont«, innerhalb dessen segmentäres Engage-ment und die Herausforderungen der verschiedenen Lebensphasen miteinander vermittelt werden könnten – tritt in den Hintergrund bzw. genauer: es erscheint individuiert. Die Individuen ordnen sich seltener in einen vorgegebenen Sinn-horizont ein. Sie konstruieren und konstituieren ihn vielfach selbst, wenn das Vermittlungsproblem akut wird; sie entwerfen ihre *Ich-Identität*, wenn sie auf sie angesprochen oder von identitätsbedrohenden Konflikten heimgesucht werden.

So jedenfalls sieht das soziologisch-psychologisch ausgemalte Selbstbild einer aus kreativ-situativ sich definierenden Individuen zusammengesetzten, postmodernen Gesellschaft aus. Und es ist nicht ganz sicher, ob dieses Selbstbild sich nicht auch einer gehörigen Portion an Selbst-Stilisierung verdankt. Jeden-falls kann man heute weniger denn je übersehen, daß es einen neuen Absolutis-

---

[134] Vgl. die einführenden Bemerkungen von K.-W. Dahm, Gesellschaftliche Bestimmung von Unbestimmbaren: Niklas Luhmann, in: K.-W. Dahm u. a., Das Jenseits der Gesellschaft, 269–279, hier 275 ff.

mus segmentärer Sinnformeln gibt. Beliebigkeitsreduzierende Ordnungsschemata mit oft äußerst rigiden letzten Unterscheidungen ziehen hier eine Loyalität auf sich, die das Problem der Vermittlung mit anderen Lebensweltsegmenten überhaupt nicht mehr aufzuwerfen scheint. Im Segment »brutal entschieden« zu leben und alles andere für gleichgültig zu halten, erscheint hier als die finale Erledigung des Beliebigkeitsproblems. Und je entschiedener man meint, das Beliebigkeitsproblem endgültig erledigen zu müssen, desto »grobgestrickter« erscheinen die letzten Alternativen, die man der beliebigkeitserzeugenden Diskussion entzieht; desto verdrängungsbereiter ist die jeweilige Abschirmungsstrategie, desto radikaler der jeweils vertretene *Fundamentalismus*. Ist in dieser prekären Situation nicht doch wieder eine religiöse Verständigung und Selbstverständigung unter Individuen gefordert, die das Vermittlungsproblem ernstnehmen und die verschiedenen Wirklichkeitssegmente zusammenhalten wollen, die sich dabei auf Traditionen beziehen, in denen die Erinnerung an eine Realutopie von umfassender Vermittlung und Versöhnung aufbewahrt ist? Ist nicht eine Gegeninstanz gegen die Segmentierung der Lebenswelten gefordert, gegen die Fokussierung der Wahrnehmung und der Aufmerksamkeit auf mehr oder weniger beliebige Ausschnitte, auf die hin man jeweils leben will – unter mehr oder weniger fröhlicher Vernachlässigung der ausgeblendeten Kontexte? Bleibt also in diesem Sinne doch eine gesamtgesellschaftliche Funktion von Religion bestehen, ganz gleich wie vordringlich sie von den Individuen in konkreten gesellschaftlichen Großwetterlagen nachgefragt wird?

1.13 Religion als Kontingenzbewältigungspraxis?

Es wäre damit zu rechnen, daß diese gesamtgesellschaftliche Funktion von Religion weithin im Verborgenen oder nichtreligiös chiffriert »funktioniert« und nur bei spezifischen Konflikt- und Krisensituationen in den Vordergrund tritt bzw. in ihrer religiösen Qualität erlebt wird. Als Stichwort für diese verborgene, ja weithin verdrängte, aber unverzichtbare Funktion begegnet andeutungsweise schon bei Luhmann, systematisch ausgearbeitet bei *Hermann Lübbe*, der Terminus Kontingenzbewältigungspraxis. Kontingenz »ist, was in unsere Handlungszusammenhänge nicht unseren Absichten gemäß, sondern unausschließbar eintritt«, worauf man sich – weil es unverfügbar zufällig eintrifft – allenfalls mehr oder weniger gut einstellen kann, indem man ihm als mehr oder weniger sinnvollem Widerfahrnis in der eigenen Lebenspraxis antwortet.[135] Menschliches Handeln ist »ständig damit beschäftigt, Zufall zu Sinn zu verarbeiten«, ihn als Voraussetzung sinnvollen Handelns durch sinnvolles Handeln gleichsam zu überholen. Aber diese Aufhebung des zufällig Widerfahrenden in sinnvolle

---

[135] Vgl. H. Lübbe, Vollendung der Säkularisierung – Ende der Religion?, in: O. Schatz (Hg.), Was wird aus dem Menschen?, Graz 1974, 145–158, hier 154.

Handlung findet ihre Grenze in Widerfahrnissen, die sich nicht mehr handelnd bewältigen lassen. Hier ist – nach Lübbe – der Ort religiöser Praxis.[136]

Religionskritische Konzepte, die für eine revolutionäre Aufhebung des Bedürfnisses nach Religion plädieren, sind geneigt, die Lebensbedeutung unaufhebbarer Kontingenz zu marginalisieren und von gesellschaftlich-revolutionärer Praxis zu erwarten, sie bewältige auch das Nicht-zu-Bewältigende, indem sie es existentiell »entwichtigt«, will heißen im Gesamtentwurf revolutionärer Praxis faktisch überholt. Lübbe wirft dieser Kritik-Strategie vor, sie verwische die elementare Unterscheidung von Handlungssinn und Widerfahrnissinn und könne nur so das Problem ignorieren, das den Menschen mit der nicht in Handlungssinn aufhebbaren Kontingenz gestellt sei. Religion ist für ihn »die kulturelle Form humaner Beziehung auf genau diejenigen Lebenstatsachen … auf die sich intellektuelle und politische Aufklärungs- oder Emanzipationsprogramme prinzipiell gar nicht beziehen können.«[137] Sie können sich nicht darauf beziehen, weil sie auf einen Handlungssinnentwurf und dessen Realisierung abzielen, aber selbst nicht angeben können, wie lebenspraktisch mit jenen Wirklichkeitsdimensionen umzugehen ist, die sich in menschlicher Praxis nicht substantiell transformieren lassen – etwa dem Sterbenmüssen, genetischen oder schicksalhaften Vorbestimmtheiten der konkreten Lebensumstände und Lebenschancen, der Abhängigkeit von unverfügbaren Bedingungen des Gelingens oder Mißlingens von Lebensentwürfen.

Die religionskritische Strategie der Entwichtigung solcher Kontingenzbestände bzw. die Unterstellung, sie seien durch radikale und entschlossene Praxis überholbar, begegnet schon bei *Nietzsche*. Die Bewältigung des Unvermeidlichen durch Rückführung auf eine Instanz, deren sinnstiftender Wille sich im Unvermeidlichen durchsetzt, ist in seiner Sicht nur für die »Willensschwachen« eine Notwendigkeit:

> »Wer seinen Willen nicht in die Dinge zu legen vermag, der Willens- und Kraftlose, der legt wenigstens noch einen *Sinn* hinein: d. h. den Glauben, daß schon ein Wille da sei, der in den Dingen will oder wollen soll.
>
> Es ist ein Gradmesser von *Willenskraft*, wie weit man des *Sinnes* in den Dingen entbehren kann, wie weit man in einer sinnlosen Welt zu leben aushält: weil man ein kleines Stück von ihr selbst organisiert.«[138]

Ein »kleines Stück« Welt selbst zu organisieren – reicht das schon, die Sinnfrage angesichts dessen, was »unorganisierbar« bleibt, verstummen zu lassen? Noch *Sigmund Freud* hat es so gesehen. An Marie Bonaparte schreibt er: »Im Moment, da man nach Sinn und Wert des Lebens fragt, ist man krank, denn beides gibt es ja in objektiver Weise nicht; man hat nur eingestanden, daß man einen Vorrat an unbefriedigter Libido hat, und irgend etwas anderes muß damit vor-

---

[136] Vgl. ebd., 154.
[137] H. Lübbe, Religion nach der Aufklärung, Graz 1986, 145.
[138] Nachgelassene Fragmente Herbst 1887, KSA 12, 366.

gefallen sein, eine Art Gärung, die zu Trauer und Depression führt.«[139] Von solcher Trauer und Depression – von der krankhaften Sinnfrage – will der Therapeut den Fragenden befreien zu einem Umgang mit seiner Lebenswirklichkeit, der ihn nicht mehr nach einem »Großgrundbesitz« im Himmel oder auf dem Mond schielen, sondern als »ehrlicher Kleinbauer auf dieser Erde ... seine Scholle« bearbeiten läßt, »so daß sie ihn nährt.« Die Therapie wird dahin führen, »daß er seine Erwartungen vom Jenseits abzieht und alle freigewordenen Kräfte auf das irdische Leben konzentriert«; so »wird er wahrscheinlich erreichen können, daß das Leben für alle erträglich wird«.[140]

Man kann wohl weder Nietzsches noch Freuds Empfehlung, sich als »ehrlicher Kleinbauer der Erde« die Sinnfrage abzugewöhnen, allzuviel Kredit einräumen. Die sozialen Kosten sowohl der Selbstermächtigung zum willensstarken Übermenschen, als auch jener »Behandlung« von Fragen nach der Bedeutung des dem Menschen unaufhebbar Widerfahrenen und Widerfahrenden im Sinne eines Kurierens solch krankhafter Fragerei *(Ludwig Wittgenstein)*, scheinen enorm zu sein. So hat man vielleicht doch Anlaß, das Problem der »Kontingenzbewältigung durch Anerkennung unserer schlechthinnigen Abhängigkeiten« auch theoretisch ernstzunehmen.[141] Solche Anerkennung widerspricht nicht menschlicher – handlungssinnorientierter – Selbstbestimmung; sie bringt vielmehr deren Voraussetzungen zur Geltung. Sie kann aber auch nicht einfachhin und in jedem Fall – das wäre ein erster Einwand gegen Lübbe – als Hinnahme des kontingent Gegebenen beschrieben werden, sondern u. U. gerade auch als Hadern, als Frage und Klage, als Ringen um die Unterscheidung zwischen Gottes Wille, naturhaften Zwangsläufigkeiten und mitmenschlichen Zumutungen. Die religiöse Kultur des Umgangs mit dem unverfügbar Zugefügten wird wohl immer auch eine Kultur des Widerstandes gegen all jene Zumutungen sein, die sich als schicksalhaft ausgeben, damit ihnen nicht Widerstand geleistet werde. Sie ist »Kultur« womöglich gerade darin, daß sie die Zuschreibung »unverfügbare Zufügung« immer wieder strittig macht und nicht zu schnell mit Antworten auf die Frage, was solche Zufügungen mit Gottes Willen zu tun haben, bei der Hand ist. Lübbe wäre zuzugestehen, daß all das mit dem Begriff Anerkennung zu fassen ist, wenn man ihn – was freilich häufig geschieht – nicht quietistisch verkürzt. Insofern ist die Definition Kontingenzbewältigungspraxis für die spezifische, nicht durch andere gesellschaftliche Funktionen ersetzbare Funktion von Religion vielleicht doch nicht ganz untauglich, tauglicher jedenfalls als Durkheims Funktionsbestimmung. Aber es bleibt die Frage, was mit solcher Funktionsbestimmung über Religion – über die sie tragende Gottesbeziehung – eigentlich gesagt ist; und ob genau das mit ihr gesagt ist, was die *Fundamentaltheologie* über Religion zu sagen hätte.

---

[139] S. Freud, Briefe 1873–1939, ausgewählt und hg. von E. L. Freud, Frankfurt a. M. ²1968, 429; Brief vom 13. August 1937.

[140] S. Freud, Die Zukunft einer Illusion, in: S. Freud Studienausgabe, hg. von A. Mitscherlich u. a., Bd. IX, Frankfurt a. M. 1974, 135–189, hier 183.

[141] Vgl. H. Lübbe, Religion nach der Aufklärung, 174.

1.14 Die Spannung zwischen Funktion und Intention religiösen Sich-Verhaltens

Hermann Lübbe kennt durchaus die begrenzte Relevanz einer Funktionsbestimmung von Religion zum Zweck der Definition dessen, was – als religiöse
Funktion – weder von anderen gesellschaftlichen Funktionen mitübernommen
noch durch gesellschaftliche Entwicklung überholt werden kann:

> »Die Charakteristik der Religion durch die Funktion der ›Kontingenzbewältigung‹
> hat« – so Lübbe – »nicht den Zweck zu sagen, was die Religion, im Unterschied zum
> Selbstverständnis dieser bestimmten Religion, stattdessen sei. Ihr einziger Zweck
> ist, die Religion von anderen Medien des Lebenvollzugs in einer Weise zu unter-
> scheiden, die sichtbar macht, wieso es unsinnig wäre zu erwarten, daß die Funktion
> der Religion fortschrittsabhängig eines Tages entfallen könnte ... Die funktiona-
> listische Religionstheorie sagt somit, zusammenfassend formuliert, nicht, worum es
> sich bei den Religionen, im Unterschied zu ihrem Selbstverständnis, in Wahrheit
> handelt. Sie sagt vielmehr, was religiöse Kultur unter dem Aspekt ihrer Funktion
> leistet.«[142]

Sie unterscheidet sich damit von allen Theorieansprüchen, in denen das theoretisch entwickelte Verständnis von Religion – sei es religionsaffirmativ oder
religionskritisch – das mehr oder weniger naive Selbstverständnis der Gläubigen
ersetzen soll. Wer das »Funktionieren« von Religion begreifen will, der muß
beanspruchen, sie besser zu verstehen, als sie von den Religiösen selbst verstanden wird. Die funktionalistische Religionstheorie nach Lübbe erhebt diesen Anspruch nicht. Insofern eignet sie sich nicht als kritische Theorie gegenüber den
Religionen, sondern allenfalls als kritische Theorie gegenüber einer Religionskritik, die Religion als im Prozeß gesellschaftlichen Fortschritts funktionslos
werdend überholen will. Genau zu diesem Zweck ist sie von Lübbe entworfen.
Ist sie dann nicht der geborene Bündnispartner einer Fundamentaltheologie, der
es im Religionstraktat zentral darum gehen muß, der Religionskritik argumentativ standzuhalten?

Lübbes Unterscheidung zwischen gläubigem Selbstverständnis und der Definition eines gesellschaftlich-individuellen Bezugsproblems von Religion wirft
die Frage auf, wo der fundamentaltheologische Diskurs zu »lokalisieren« ist: auf
seiten der funktionalistischen – im konkreten Fall: anti-religionskritischen –
Beschreibung von Religion als emanzipationsresistente Systemleistung der
Kontingenzbewältigung, oder auf seiten des religiösen Selbstverständnisses,
aufgrund dessen religiöse Menschen sich einer religiösen Tradition zugehörig
wissen, oder zwischen beiden Positionen – als institutionalisierter Diskurs reflexiver »Dauervermittlung«. Die wissenschaftstheoretische Brisanz dieser Frage,
die sich schnell als originär theologische Brisanz erweisen wird, kann im Gespräch mit Hermann Lübbe noch etwas deutlicher werden.

Die funktionale Analyse scheint den religiösen Vollzug gleichsam von au-

---

[142] Ebd., 227.

ßen zu beschreiben: Er erbringt für die ihn Tragenden eine Anpassungsleistung, ohne die die Problemerfahrung »unverfügbare Kontingenz« zumindest potentiell lebensweltdestruktiv bliebe. Man hat immer wieder behauptet, diese Analyseperspektive sei prinzipiell unvereinbar mit einer gläubigen Selbstthematisierung von Religion; sie gehe mit Religion um wie mit einem Placebo-Medikament, das – ohne nachweisbare Heilsubstanzen – Heilung oder Linderung bringt, bei denen jedenfalls, die daran »glauben«, daß es die entsprechenden Heilsubstanzen enthält. Aus diesem Vergleich folgert man: Würde Religion nur um der mit ihr möglicherweise erreichbaren Systemleistung willen vollzogen, verliere sie bei denen, die sich um dieser Leistung willen auf sie einlassen, ihre Wirkung. So hebe eine funktionalistische Selbstinterpretation das gläubige Verständnis der Intention religiösen Verhaltens geradezu auf: Man könne nicht religiös sein, wenn man es nur auf die funktionalistisch beschreibbaren Wirkungen von Religion abgesehen habe, weil man dann immer damit rechnen müsse, daß die versprochene Wirkung nur die eines Placebos wäre – also daran gebunden, daß man an sie glaubt; sich auflösend, wenn der Konsumierende sich klar darüber wird, daß er eigentlich nur an die Wirkung glaubt und nicht eigentlich an die Wirklichkeit, von der diese Wirkung ausgehen soll. *Robert Spaemann* formuliert dieses Argument folgendermaßen:

> »Gott kann nur so lange eine anthropologische Funktion erfüllen, als er nicht von dieser Funktion her verstanden wird. Für den moralischen und anthropologischen Gott ist Aufklärung ebenso das Ende wie für ein Placebo, ein Scheinmedikament, das gerade so lange wirkt, wie der Patient nicht durchschaut, daß nur der Glaube es war, der die Wirkung hervorbrachte.«[143]

Dieses Argument verdeckt – wie Lübbe zu Recht kritisiert hat – einige Problemzusammenhänge, die auch fundamentaltheologisch bedeutsam sind. Zunächst: Die funktionalistische Religionstheorie unterstellt keineswegs, daß die Religion ein Placebo sei; sie schließt diese Möglichkeit aber auch nicht aus. Kann man mit Argumenten weiterkommen? Können sich Argumente dafür, daß es *gut* für den Menschen ist, sich religiös zu verhalten bzw. sich einer bestimmten religiösen Tradition zugehörig zu wissen, auf mehr berufen, als auf die »humanisierenden« und damit auch »heilenden« Wirkungen dieser religiösen Praxis? Lübbe hat in diesem Punkt zweifellos recht: Wer angesichts religionskritischer Infragestellung der in religiöser Praxis behaupteten Wirklichkeit nachvollziehbar Argumente zu formulieren und so mit der seit der Aufklärung verschärften apologetischen Situation zurechtzukommen versucht, der gerät in die Nähe funktionalistischen Argumentierens mit der als positiv oder unverzichtbar dar-

---

[143] R. Spaemann, Einsprüche. Christliche Reden, Einsiedeln 1977, 58; vgl. vom gleichen Autor: Die Frage nach der Bedeutung des Wortes »Gott«, in: Internationale Katholische Zeitschrift Communio 1 (1972), 54–72. Der Soziologe Alois Hahn spricht in ähnlicher Zuspitzung von der Möglichkeit, daß sich die psychischen oder sozialen »Vorteile« des Gläubigseins »unter Umständen eben nur dann aus(wirken), wenn der funktionale Zusammenhang zwischen Glaubensvorstellungen und Bewältigung von Lebenskrisen latent bleibt«.; A. Hahn, Religion und der Verlust der Sinngebung, Frankfurt a. M. 1974, 83.

gestellten Wirkung, die von der Religion im »Normalfall« oder eben im Falle ihrer Reinigung zur idealen Vernunftreligion ausgeht. Auch wer nachweisen will, daß Religion kein Placebo ist, daß also wirklich ist, was – dem Selbstverständnis der Glaubenden entsprechend – die behauptete Wirkung hervorbringt, wird kaum umhin kommen, für die *Wahrheit* der Religion auf der Ebene der Wirkungen, die von ihr ausgehen sollen, zu argumentieren:

> »Es ist offensichtlich, daß gerade auch diejenigen, die der Charakteristik der Religion durch ihre Funktion entgegenhalten, sie charakterisiere die Religion wahrheitsindifferent, ihrerseits die verfehlte Wahrheit gar nicht anders als durch ihre lebenspraktischen Folgen, also funktional, plausibel zu machen wissen.«[144] – »Wer die Unterscheidung von ›wahrer‹ und anderer Religion mit dem Unterschied korreliert, den es macht, ob die fragliche Religion lebensfördernd oder destruktiv wirke, erhebt implizit gelingendes Leben zum Kriterium der Wahrheit religiöser Orientierung, in deren Horizont es sich vollzieht. Ich formuliere das nicht in entlarvender Absicht so. Was wäre denn die Alternative?«[145]

Lübbe unterstellt deshalb ganz grundsätzlich, »daß die sogenannte Wahrheitsfrage im religiösen Lebensvollzug von der Frage, wie sich, individuell und gemeinschaftlich, und das auf Dauer, leben läßt, unabtrennbar ist.«[146]

Wird damit die Wahrheitsfrage doch wieder an einer Funktion festgemacht: an der Ermöglichung des wahren Lebens aus dem Glauben? Und legt sich damit nicht von neuem das Argument nahe, das religiöse Selbstverständnis sei *nichts anderes als* die Motivation zu solchem »wahren« Leben, eine möglicherweise nützliche, möglicherweise aber auch – so *Nietzsche* – eine durchaus schädliche Illusion, da sie den, der sie hegt, vor der Begegnung mit der Realität schonen soll? Ist sie wirklich mehr als ein Placebo, das wirkt, weil man daran glaubt? In diese Argumentations-Verlegenheit hinein muß Fundamentaltheologie ihre Argumentationsziele artikulieren. Sie will Argumente zusammentragen für die Verantwortbarkeit einer religiösen Option mit dem Ziel, sich dem Aufweis ihrer Unumgänglichkeit zu nähern – der Unumgänglichkeit für Humanität, Wahrhaftigkeit, Wahrheitsorientierung. Sie argumentiert insoweit immer auch mit Argumenten des Typs: Wo kämen wir hin – in welche lebenspraktisch oder argumentativ prekäre Situation –, wenn wir uns hier nicht auf Gott bzw. den Gott Jesu Christi beziehen dürften? Fundamentaltheologie sollte aber nicht ignorieren, daß sie damit inadäquat von dem redet, auf den der Glaube sich bezieht. Sie kann es nicht wie Lübbe auf sich beruhen lassen, daß solche Argumente Gott in eigentümlicher Spannung zu jener Bedeutung des Wortes »Gott« zur Sprache bringen, die den religiösen Vollzug selbst leitet.

An dieser Spannung läßt sich eine Spannung im Wahrheitsverständnis selbst aufweisen: Fundamentaltheologie argumentiert möglichst stringent und zustimmungsfähig; sie will einen gut begründeten Konsens herstellen darüber,

---

[144] H. Lübbe, Religion nach der Aufklärung, 251.
[145] Ebd., 253.
[146] Ebd.

daß es für den Menschen gut ist zu glauben. Damit ist die *Konsens-Dimension* von Wahrheit angesprochen. Fundamentaltheologie weiß sich aber entscheidend der Intention der Glaubenden verpflichtet, die nicht zuerst auf argumentativen Konsens geht, sondern darauf, diesem Gott, wie er sich in einer bestimmten Offenbarungsgeschichte mitgeteilt hat – also nicht einem Gott überhaupt – zu entsprechen, seine Wirklichkeit ernstzunehmen und in der Ausrichtung auf diese Wirklichkeit in den Augen Gottes wahre Menschen zu werden. Hier meldet sich – traditionell gesprochen – die *Adaequatio-Dimension* der Wahrheit an.

Argumentationslogisch noch etwas genauer: Fundamentaltheologie kann nicht umhin, die Frage zu stellen und auf verschiedenen Ebenen zu beantworten: Was leistet Religion bzw. christlicher Glaube? Inwiefern ist es für wahres Menschsein »von Vorteil«, zu glauben – und in diesem Sinne: Was haben die Menschen von/an Gott? Aber sie weiß auch, daß die Religiösen nicht an diesen Vorteil glauben und auch nicht zuerst um dieses Vorteiles willen glauben. Es muß und wird normalerweise ihrem Glauben keinen Abbruch tun, wenn sie um mehr oder weniger unverzichtbare Funktionen ihrer religiösen Einstellung wissen; das wäre mit Lübbe gegen eine oberflächliche Zurückweisung funktionalistischer Religionstheorie klarzustellen. Aber sie werden sich immer wieder dessen bewußt sein, daß es nicht die Intention ihres Glaubens sein kann, sich der funktionalen Vorteile, die sich aus ihrer religiösen Haltung ergeben mögen, zu erfreuen.

Die Religionskritik von Feuerbach über Nietzsche bis zu Freud hat unnachsichtig deutlich gemacht, daß Argumentationen, die funktionalistisch mit den Vorteilen des Gottesglaubens argumentieren, unvermeidlich eine offene Flanke haben: Sie sind verletzlich nicht nur für den Projektions-, sondern darüber hinaus für den Egoismusvorwurf. Der Projektionsvorwurf ist argumentationslogisch vielleicht relativ leicht zu verschmerzen; der Egoismusvorwurf trifft ungleich tiefer. Er nötigt die Glaubenden wie die fundamentaltheologische Reflexion zu der unablässigen selbstkritischen Frage: Bejahen wir, was wir im Glauben bejahen, weil wir nicht selbstlos, stark, angstfrei, lebenstüchtig genug sind, es zu verneinen – weil wir nicht das Herz dazu haben, die mit dieser Bejahung verbundenen Vorteile fallen zu lassen? Ist mir das, was ich mir vom Glauben für mich oder für die Gesellschaft verspreche, nicht nur zu einem Motiv meines Glaubens geworden – was gar nicht auszuschließen ist –, sondern zu dem, worauf sich mein Glaube richtet, was er »intendiert«? Hier liegt eine Spannung, von der die im geistlichen Leben Erfahrenen – erinnert sei an Meister Eckhart – nur allzu gut wissen. Es ist die Spannung, an der sich je neu die Glaubwürdigkeit des Glaubens entscheidet; die Spannung, in der deshalb die Fundamentaltheologie ihren Ort hat. Ihre Aufgabe ist es, auf argumentativ-wissenschaftlicher Ebene jene Klärungsarbeit zu leisten, die Menschen dabei helfen kann, mit dieser Spannung sinnvoll umzugehen. Und das bedeutet weniger allgemein gesagt: Sie hat das Argumentieren für die Vorteilhaftigkeit der Option »christlicher Glaube« zusammenzuhalten mit der argumentativen Klärung der

Intention, in der der christlich Glaubende sich auf seinen Gott ausrichtet und sich dementsprechend von Gottes Wirklichkeit angehen läßt. Sie hat die Frage: »Was hat der Gläubige von seinem Gott?« zusammenzuhalten mit jener anderen, die am Anfang unseres Kapitels steht und mit der gerade genannten eben nicht gleichbedeutend ist: Was *bedeutet es*, einen Gott, und zwar den Gott Jesu Christi, zu haben? Schließlich hat die Fundamentaltheologie auch noch nachvollziehbar zu erläutern, weshalb sie sich in dieser Spannung vorfindet, in der sich ja auch die Glaubenden schon vorfinden.[147]

1.15 Argumente gegen die »Nichts-als-Vermutung«?

Worin genau besteht diese Spannung? Und warum findet sich die Fundamentaltheologie unvermeidlich darin vor? Die Spannung ist die der neuzeitlichen Argumentationslogik selbst zugrundeliegende Spannung zwischen der – ihrem Wesen nach? – enttäuschenden Wahrheit und dem Bedürfnis. Die Fundamentaltheologie ist dieser Spannung in besonderer Weise ausgesetzt, weil sie die apologetische Situation der Moderne entscheidend verschärft. Von der Verantwortbarkeit des Glaubens sollte hier Rechenschaft abgelegt werden, indem man die wahre – vernunftgemäße – Religion als für den Menschen und seinen sittlichen Selbstvollzug förderlich, ja als unersetzlich vor der menschlichen Vernunft zu legitimieren versuchte. Aber dabei war offenkundig ein *Bedürfnis des Menschen* argumentationsleitend, ein »Vernunftbedürfnis«[148] vielleicht, aber eben letztlich nicht die enttäuschungsbereite Offenheit für das, was ist und ohne Rücksicht auf menschliche Bedürfnisse geschieht. Das Bedürfnis ist – so die Religionskritiker des 19. Jahrhunderts – im Unrecht gegenüber der enttäuschenden Erkenntnis. Sie allein befreit den Blick von den Projektionen, die uns in die Dinge – gerade auch in unsere Bedürfnisse – mehr hineinsehen lassen, als sie von sich aus sind; die uns die Bedürfnisse und Wünsche auch noch als Zeugnis ihrer Befriedigung nehmen lassen. Dabei gilt doch – so Nietzsche – ganz selbstverständlich: »Der Hunger beweist nicht, dass es zu seiner Sättigung eine Speise *giebt*«. In ihm meldet sich nur der innere »Wunsch, dass es so sein *möge*, – also dass das Beseligende auch das Wahre sei. Dieser Wunsch verleitet uns, schlechte Gründe als gute einzukaufen.«[149]

Gute Argumente wären solche, die die Wahrheit zur Geltung bringen; und von ihnen kann nicht angenommen werden, daß sie tröstlich sind.[150] Sie sind es am allerwenigsten, wo sie den Ursprung des Widerstreits von Erkenntnis und

---

147 Eine gründliche Diskussion der funktionalistischen Thematisierung von Religion bietet das Buch von H.-T. Homann, Das funktionale Argument. Konzepte und Kritik funktionslogischer Religionsbegründung, Paderborn – München – Wien – Zürich 1997.
148 Vgl. I. Kant, Kritik der praktischen Vernunft, Akademie Textausgabe, Bd. V, 142–144.
149 Menschliches, Allzumenschliches I, Aphorismus 131, KSA 2, 131.
150 Vgl. Morgenröthe, Aphorismus 424, KSA 3, 260.

Wunsch *erklären* – und damit auch die Ursprünge der Religion als wunsch-bestimmter Erkenntnis. Dieser Ursprung liegt – so Nietzsche – in der Urtäu-schung des moralischen Menschen, »das, was ihm wesentlich am Herzen liege, müsse auch Wesen und Herz der Dinge sein.«[151] Mit den »allerschlechtesten Methoden der Erkenntniss« hat man sich über diese Täuschung hinwegzutäu-schen versucht. Hat man aber – wie Nietzsche für sich beansprucht – diese bedürfnisdominierten »Methoden, als das Fundament aller Religionen und Me-taphysiken, aufgedeckt ... hat man sie widerlegt.« Es kommt nur darauf an, daß man Religion und Metaphysik »vollständig sich erklären kann, ohne zur An-nahme metaphysischer Eingriffe am Beginn und im Verlauf der Bahn seine Zuflucht zu nehmen«. Damit bleibt zwar immer noch die leere Möglichkeit einer metaphysischen Welt übrig. Aber sie ist für Nietzsche völlig bedeutungs-los; »mit ihr kann man gar nichts anfangen, geschweige denn, dass man Glück, Heil und Leben von den Spinnenfäden einer solchen Möglichkeit abhängen las-sen dürfte.«[152]

Nietzsches Gedankengang ist hier ausgesprochen aufschlußreich. Einer-seits setzt er auf das argumentative Ideal einer vollständigen genetischen Erklä-rung. Hat man lückenlos nachgewiesen, auf welchen »Irrgängen der Vernunft« sich die Religion »in's Dasein geschlichen« hat[153], so ist ihr aller Kredit entzo-gen. Sie ist so sehr diskreditiert, daß man sich mit ihr nicht mehr einlassen kann – auch wenn die theoretische Möglichkeit einer göttlichen Wirklichkeit für den Menschen, der sein Erkennen ja niemals restlos erkennt, nicht restlos zu wider-legen ist. Nietzsches argumentativer Furor ist vielleicht doch nur sein Diskredi-tierungseifer, in dem er mit immer neuen entlarvenden Herleitungen und dis-kreditierenden Erklärungen Religion und Christentum unmöglich machen und zeigen will, daß sie *nichts anderes* sind *als* das so Hergleitete, Entlarvte; und zeigen muß, daß die Vollständigkeit der herleitenden Erklärung – der Diskredi-tierung – auch angesichts der argumentativ nicht widerlegbaren, leeren Mög-lichkeit einer metaphysischen Welt noch gegeben ist. Nietzsche kann ebenso-wenig wie vor ihm Feuerbach vergessen machen, daß die entlarven wollende »Nichts anderes als«-Behauptung *Behauptung* bleibt, geradezu ein reduktio-nistischer *Reflex*[154], so sehr er sich auch bemüht, mit religionskritischer Empö-rung die faktische Unbestreitbarkeit des Behaupteten zu dokumentieren.

Worin liegt die eben dennoch bestreitbare Behauptung? Sie liegt darin, daß die Sehnsucht des Menschen in die Irre gehen *muß*; darin, daß hinlänglich er-

---

[151] Menschliches, Allzumenschliches I, Aphorismus 4, KSA 2, 27.
[152] Ebd., Aphorismus 9–10, KSA 2, 29f.
[153] Vgl. ebd., Aphorismus 110, KSA 2, 110.
[154] D. Davidson spricht mit Blick auf mehr oder weniger »materialistische« Reduktionismen von einem »nichts-als«-Reflex und nennt folgendes Beispiel: Die Komposition der Kunst der Fuge war »nichts als ein komplexes neurales Ereignis«; vgl. sein Buch: Handlung und Ereignis, dt. Frankfurt a. M. 1990, 301; für den Nachweis der Belegstelle danke ich Andreas Deeken. Dorothee Sölle spricht – bezeichnenderweise im Kontext ihrer Ausführungen zur antireduktionistischen »mystischen Emp-findlichkeit« – vom Widerstand gegen die »Nichts-als-Trivialisierungen«; vgl. Mystik und Wider-stand, Hamburg 1997, 83.

klärt und gezeigt sei, woher sie kommt und wie sie aufgrund dieser Herkunft den Menschen verdirbt. Dieser Behauptungsrest provoziert den Gebrauch des argumentativen Hammers, der so lange zuschlägt, bis nichts mehr übrig zu bleiben scheint – bis die Gebäude religiöser Überzeugungen in bedeutungslose »Nichts als«-Trümmer zerschlagen sind. Nietzsche ist auch hier radikaler – und kritischer – als Feuerbach. Er kennt die Beweislücke bei seinen Nichts-als-Erklärungen. Und er versucht sie zu überbieten durch seinen intellektuellen Abscheu vor dem, was sie nicht vollständig ausschließen können.

Nehmen wir den Behauptungsrest in Nietzsches Religionskritik genauer in den Blick, also die Unterstellung, die Wunsch- oder Sehnsuchtsbestimmtheit eines Gedankens diskreditiere ihn in seinem Wahrheitsanspruch von Grund auf: Er ist danach nichts als Projektion, nichts als die Selbsttäuschung, die Platz greift, wo man vom Hunger auf die Existenz der Speise schließt. Läßt sich in einem Gedanken das ihn motivierende Bedürfnis aufdecken, ist er – so die selbstverständliche Voraussetzung der Religionskritik im 19. Jahrhundert wie der Ideologiekritik bis auf den heutigen Tag – in den fast unabwendbaren Verdacht geraten, hier sei der Wunsch der Vater des Gedankens. Aber ist dem Gedanken allein schon aufgrund dieser Abstammung zu mißtrauen? Man müßte zumindest – mit *Theodor W. Adorno* – differenzieren:»Wohl versagt Erkenntnis, wo ihre vergegenständlichende Leistung im Bann der Wünsche bleibt. Sind aber die Triebe nicht im Gedanken, der solchem Bann sich entwindet, zugleich aufgehoben, so kommt es zur Erkenntnis überhaupt nicht mehr, und der Gedanke, der den Wunsch, seinen Vater, tötet, wird von der Rache der Dummheit ereilt.«[155]

Bedürfnisse fälschen die Wahrnehmung, überlagern sie mit Projektionen, sehen in das Wahrgenommene hinein, was man in ihm gern sehen möchte. Aber sie sind auch die Leidenschaft des Suchens und ermöglichen so das Finden, sie machen begegnungsbereit, sie bereiten das Sensorium für das, was mich erreichen könnte, wenn ich danach verlangte, und mir nichts sagen wird, wenn ich mich nicht danach ausstrecke.[156] Ohne Bedürfnisse keine Erfüllung, keine Wahrnehmung der Wirklichkeit, insoweit sie meine Erfüllung oder sogar mein Heil bedeuten könnte. Bedürfnisse und Wünsche sind – man verzeihe die kitschige Formulierung – die Augen des Herzens. Sie lassen vieles im allzu rosigen Licht erscheinen; sie halluzinieren mitunter, was sie gerne sähen. Aber ohne sie sieht man nicht, was »zu Herzen gehen« will, hat man kein Sensorium für die Beziehung zu einer Wirklichkeit, die größer sein könnte als unser Herz, unser Wünschen und Bedürfen.

Bedürfnisse und Wünsche können Brücken sein; in ihnen kann sich die Leidenschaft entfalten, Beziehung zu gestalten, der Wahrheit in Beziehung auf

---

[155] Th. W. Adorno, Minima moralia. Gesammelte Schriften 4, Frankfurt a. M. 1980, 136 f.
[156] Das wußte offenkundig schon Heraklit, der vom Menschen sagt: »Wenn er's nicht erhofft, das Unerhoffte wird er nicht finden«; Fragment 18, nach: H. Diels – W. Kranz, Die Fragmente der Vorsokratiker, Bd. 1, Berlin ⁶1951, 155.

der Spur zu bleiben. Das Ideal Bedürfnislosigkeit wäre zugleich das der Beziehungslosigkeit, stoisches Sich-Zurückziehen auf eine Position jenseits der Enttäuschbarkeit, jenseits des Verwickeltseins in verheißungsvolle und immer wieder auch enttäuschende Beziehungen. Nietzsche mißachtet diese Brückenfunktion, die wirklichkeitserschließende Bedeutung der Bedürfnisse. Für ihn gilt: In seinen Bedürfnissen bleibt der Mensch rettungslos bei sich; er täuscht sich ausweglos, wenn er ihnen die geringste wahrheitserschließende Bedeutung beimißt.

Weil das Mitsprechen von Bedürfnissen, das Hereinspielen der Projektionen in unsere Wahrnehmung, Verdacht erregt – den Verdacht, sie überspielten und verzeichneten die frustrierende Realität –, deshalb hat die Erkenntnis unablässig vor ihnen auf der Hut zu sein. So ist sie immer auch »Hermeneutik des Verdachts« *(Paul Ricœur*[157]*)*, mißtrauisch gegen Behauptungen, die der Bedürfnislage des Behauptenden allzu offenkundig angepaßt sind. Aber Nietzsches Radikalkritik entscheidet sich dafür, dem Verdacht gegenüber dem Verdächtigten von vornherein recht zu geben. Darin ist auch sie eine »Option«, Ausgeburt des Bedürfnisses, sich nicht noch einmal von Bedürfnissen täuschen und zu Illusionen hinreißen, sich nicht noch einmal von der Realität enttäuschen lassen zu müssen, die Option der »Enttäuschungsprophylaxe«. Man kann ihr entgegenhalten, daß sie von vornherein verloren gibt, ja verächtlich macht, was sich vielleicht gewinnen läßt und sich dann doch als Gewinn herausstellen könnte; man müßte freilich hinzufügen, daß sie verlorengibt, was sie nicht als Aussicht auf Gewinn, sondern als inhaltsleeres Versprechen empfunden hat. Man muß ihr entgegenhalten, daß die in dieser Option zum alleinigen Wahrheitsmedium stilisierte Ent-täuschung sich offenbar selbst kompensieren mußte in der illusionären Projektion eines Übermenschen, der die Ur-Enttäuschung auszuhalten fähig wird und sich von ihr zu sich selbst herausgefordert erfährt.

In ihrer religionskritischen Zuspitzung sind die enttäuschten und entäuschenwollenden »Nichts-als-Argumente« dem Bedürfnis nach Vollständigkeit der herleitenden Erklärung entsprungen. Sie wollen die als Gefangenschaft empfundene Abhängigkeit des religiösen Menschen vom »Mehr-als« auflösen und ihm nahebringen, daß der Verzicht auf die religiös-metaphysisch begründeten Aussichten mehr als aufgewogen wird von dem »Genug«, das diese Welt für »Männer« bereithält, die nicht ins Himmelreich gelangen, sondern »das Erdenreich« erobern wollen.[158] Die Nichts-als-Argumente sollen davor bewahren, auf trügerische Hoffnungen zu setzen, die nur als Narkotikum wirken und schließlich doch enttäuscht werden, statt sich der enttäuschend-herausfordernden Realität dieser Welt zu stellen: Hoffnung ist für Nietzsche »in Wahrheit das Übelste der Uebel, weil sie die Qual der Menschen verlängert«[159] – weil sie abhängig

---

[157] Vgl. von ihm: Philosophische und theologische Hermeneutik, in: P. Ricœur – E. Jüngel, Metapher. Zur Hermeneutik religiöser Sprache; Sonderheft der »Evangelischen Theologie«; München 1974, 24–45, hier 44.

[158] Vgl. F. Nietzsche, Also sprach Zarathustra IV, KSA 4, 393.

[159] Menschliches, Allzumenschliches I, Aphorismus 71, KSA 2, 82.

macht von Gütern, die man sich nicht verschaffen kann, und an dieser hoffnungslos-hoffnungsvollen Abhängigkeit leiden macht.

Die funktionalistischen Religionstheorien unseres Jahrhunderts sind ihrer Intention nach nicht religionskritisch, sondern deskriptiv-analytisch. Ihre Nichts-anderes-als-Behauptung – Religion ist nichts anderes als das möglichst vollständig zu begreifende psychisch-gesellschaftliche Funktionsensemble, in dem man sie als wirksam erkennen kann – verstehen sie als an ihre rekonstruktive Methode rückgebunden. Religiöse Intentionen und Wahrheitsansprüche werden nicht als solche, sondern in ihrer psychodynamischen oder soziodynamischen Funktion – in ihrer Systemreferenz – thematisiert. Dabei kann durchaus – gegen religionskritische Nichts-anderes-als-Entlarvungen, die der Religion mit ihren Herleitungen die Legitimität bestreiten wollen – geltend gemacht werden, daß Religionen Systemleistungen erbringen, auf die das psychische oder das soziale System angewiesen ist, und in dieser systemspezifischen Leistung jedenfalls bis auf weiteres nicht durch funktionale Äquivalente ersetzbar scheinen. Der umfassende Theorieanspruch, der die funktionalistisch-systemtheoretischen Entwürfe kennzeichnet, wirkt sich jedoch in der ganz selbstverständlichen Unterstellung aus, worüber im Blick auf religiöse Einstellungen vernünftig – will heißen im Austausch von Argumenten – gesprochen werden könne, das seien *nichts anderes als* diese systemspezifischen Funktionen bzw. Modus und Niveau der von der jeweiligen Religion erbrachten Systemleistungen. Religion ist wissenschaftliches Thema nur da, wo es allenfalls um Folge- oder Nebenwirkung dessen geht, was sie nach ihrem Selbstverständnis entscheidend ausmacht: der heilsamen Beziehung zu einem Göttlichen.[160]

Allumfassend ist die systemtheoretische Rekonstruktion ihrem Anspruch nach, wenn sie – wie bei Luhmann – die Möglichkeit einer Position außerhalb konsequent bestreitet; einer Position, die das funktionalistische »Nichts-anderes-als« von außen und doch argumentativ nachvollziehbar relativieren ließe und so die Behauptung begründbar machen könnte: »Doch noch etwas anderes als ...« Systemtheorie beschreibt das selbstreferente Kommunikationsgefüge einer Gesellschaft, die, »wie der Gott des Aristoteles, mit sich selber beschäftigt« ist und »wie der Gott der Christen, alles, was sie tut, um ihrer selbst willen (tut; J. W.). Im Unterschied aber zur alteuropäischen Semantik, die solche Figuren der geschlossenen Selbstreferenz in die Transzendenz verlagert«[161], ist Selbstreferenz hier das Merkmal gesellschaftlicher Kommunikation und Selbstthematisierung; einer Selbstthematisierung, die das Wahrgenommene als selbstbezogen und um seiner selbst willen sich vollziehend beschreibt und auch sich selbst als Funktion des Wahrgenommenen begreift: als jene Funktion, durch die Gesellschaft sich so beschreiben lernt, daß sie sich – als selbstreferentiell geschlossener, unhintergehbar selbstbezüglicher Kommunikationszusammenhang – von

---

[160] Damit ist eine eher traditionelle Inhaltsbestimmung von Religion gewählt. Über ihre fundamentaltheologische Triftigkeit wird noch zu diskutieren sein.
[161] N. Luhmann, Die Gesellschaft der Gesellschaft, Frankfurt a. M. 1997, 1127.

aller Relativierung und Relationierung auf ein Außerhalb ablösen kann. Das Außerhalb ist – als »Systemumwelt«, zu dem etwa auch die einzelnen Menschen gehören – nur insofern zu würdigen, als sich das System auf es einstellt und so reproduziert; als Ressource, die es dem System ermöglicht, sich in spezifischer Weise selbst zu reproduzieren.

Die adäquate Weise wissenschaftlicher Beschreibung systematischer Selbstreferenz und Selbstreproduktion ist der radikale Konstruktivismus, der das Rekonstruierte nicht von einem anderen her – als das zu ihm in konstitutiver Beziehung Stehende – definiert[162] und so feststellt, was es »in Wahrheit« ist, sondern in sich selbst methodisch kontrollierenden Entwürfen beschreibt, wie es funktioniert, damit Funktionsprobleme adäquat bestimmt und bearbeitet werden können. Radikal konstruktivistisch ist die Systemtheorie gerade darin, daß sie sich als Element der Selbstkonstruktion des Kommunikationssystems Gesellschaft begreift und nicht als Vollzug einer Re-flexion, die die geschlossene Selbstreferenz gesellschaftlicher Kommunikation noch einmal als objektive Gegebenheit »von außen« zu begreifen beansprucht.[163]

Die geschlossene Selbstreferenz des Systems Gesellschaft wird systemtheoretisch so nachvollzogen, daß alles ausschließlich in seinem Bezug zur Reproduktion des Systems begriffen wird und nichts sonst wissenschaftlicher Thematisierung zugänglich erscheint. Es mag ja sein, daß das Personsein von »Transzendenz« gekennzeichnet ist und Transzendenz »Funktionslosigkeit« meint, eine »radikale ontologische Nicht-Involviertheit«. Es mag sein, daß Systemtheorie als radikal konstruktivistische eine Theorie der »totalen Immanenz« ist, für die auch das »offensichtlich Nutzlose schließlich nur noch als scheinbar Nutzloses existieren« darf.[164] Aber Aussagen mit Theorieanspruch lassen sich nur darüber machen, welchen funktionellen Nutzen das Nutzlose und das Sich-Entziehen-Wollen haben; denn sie sind ja nur als Kommunikationsereignisse innerhalb der unaufhebbar und unhintergehbar selbstreferenten gesellschaftlichen Kommunikation möglich.

Die systemtheoretische Nichts-als-These bestreitet nicht Transzendenz in dem oben beschriebenen Sinne. Aber sie bestreitet die Möglichkeit, von ihr theoretisch validierbar etwas anderes zu thematisieren als ihre Funktion für das selbstreferentiell geschlossene System der Gesellschaft. Sie schließt insbesondere die Möglichkeit aus, diese geschlossene Selbstreferenz sinnvoll zu

---

162 Bezeichnenderweise stellt Luhmann seinem Buch »Die Gesellschaft der Gesellschaft« Spinozas Axiom voran: »Id quod per aliud non potest concipi, per se concipi debet« (Was nicht durch ein anderes begriffen werden kann, muß durch sich selbst begriffen werden; Ethica more geometrico demonstrata I, Axiomata II).

163 Hier ist die Systemtheorie vergleichbar mit Nietzsches Erkenntnisanspruch: Erkenntnis ist für Nietzsche Funktion des Willens zur Macht. Sie kann sich selbst in dieser Funktion gerade noch erkennen, aber gerade nicht »von außen«, sondern angesichts eines Außen, das mich als solches nichts angeht. Sie ist radikal perspektivisch, da sie nichts anderes ist als die Selbstthematisierung verschiedener Weisen, den Willen zur Macht zu leben. Der Konstruktivismus der Systemtheorie ist allerdings nicht mehr – wie Nietzsches Perspektivismus – anthropologisch rückgebunden.

164 Vgl. P. Strasser, Journal der letzten Dinge, 44–46.

relativieren, etwa durch Hinweis auf ein außergesellschaftliches, göttliches Subjekt von Selbstreferentialität. Es gibt keine sinnvolle, argumentativ kontrollierbare Möglichkeit, über ein Außerhalb zum selbstreferentiell geschlossenen Systemzusammenhang *als solches* zu sprechen; sinnvoll sind nur Aussagen über ein Außen *für dieses System*, etwa über Motivationsressourcen, die der Reproduktion oder dem Umbau des Systems zugute kommen, wenn Menschen – »Bewußtseinssysteme« – sich in bestimmter Weise auf ein göttliches Außen bezogen wissen.

Das Nichts-als-Argument tritt hier – philosophisch-wissenschaftstheoretisch gesprochen – als Sinnkriterium auf. So wird es auch außerhalb der Systemtheorie vielfach geltend gemacht. Als sinnvoll werden dann – schon in Abschwächung des weit rigideren Sinnkriteriums des »Logischen Positivismus« – nur solche Behauptungen zugelassen, bei denen »irgendwelche Beobachtungen anggebbar sind, die für ihre Wahrheit/Falschheit relevant sind«[165], Behauptungen, bei denen es einen kontrollierbaren Unterschied macht, ob sie zur Würdigung von Erfahrungsgegebenheiten herangezogen werden müssen oder dabei vernachlässigt werden können.[166] Dieser kontrollierbare Unterschied wurde im Blick auf Glaubens-Behauptungen schon seit der Aufklärung an ihrem *Erklärungswert* festgemacht. Wissenschaftlich theoretisierbar weil überprüfbar ist eine theologische Behauptung oder Hypothese, wenn ihre Annahme darüber entscheiden könnte, ob eine Erfahrungsgegebenheit erklärbar ist oder nicht, jedenfalls deutlich befriedigender erklärbar ist als ohne diese Annahme. Sie wäre hier keine beliebige Behauptung, auf die man auch verzichten könnte, sondern eine Behauptung, zu deren Annahme man gegebenenfalls gezwungen ist, um sich die in Frage stehende Gegebenheit erklären zu können. So wären legitime – als sinnvoll in Frage kommende – theologische Behauptungen nur solche, die als Erklärungen in Frage kommen. Sie können *nichts anderes als* möglichst triftige Erklärungen sein, wenn sie sinnvoll sein sollen; und sie müßten, um angenommen zu werden, unverzichtbare Erklärungen bieten, denn neuzeitliches Argumentieren ist ja – so könnte man es nennen – von einem erkenntnistheoretischen Sparsamkeitsprinzip bestimmt: Wer ohne eine voraussetzungsreiche Annahme auskommt, der ist all denen gegenüber argumentationslogisch im Vorteil, die sie noch brauchen. Denn er hat die Zusammenhänge einfacher – sparsamer – erklärt.[167]

Die verschiedenen Spielarten erkenntnis- bzw. wissenschaftstheoretischer und systemtheoretischer Nichts-als-Argumente fungieren demnach als Sinnbestreitungsargumente: Weil als sinnvoll nur noch Behauptungen zugelassen

---

[165] So faßt A. Kreiner A. J. Ayers Sinnkriterium zusammen; vgl. Kreiners Buch: Ende der Wahrheit? Zum Wahrheitsverständnis in Philosophie und Theologie, Freiburg – Basel – Wien 1992, 478.

[166] Vgl. hierzu etwa die berühmte Gärtnerparabel von A. Flew in seinem Beitrag Theology and Falsification, in: ders. – A. MacIntyre (Hg.), New Essays in Philosophical Theology, London 1955, 96–99, 106–108, hier 96 f.

[167] Schon Nietzsche spricht davon, daß die wissenschaftliche Methode »wesentlich« von »Principien-Sparsamkeit« bestimmt sein muß; vgl. Jenseits von Gut und Böse, Aphorismus 13, KSA 5, 27 f.

sind, die argumentativ kontrollierbar eine bestimmte Erklärungsleistung erbringen, weil – systemtheoretisch – nur noch Funktionszusammenhänge theoretisierbar und Rekonstruktionen von System-Reproduktionsvorgängen sinnvolle Theorien sind, deshalb werden theologische Behauptungen nur noch in
ihrem Erklärungs- und Funktionswert als sinnvoll und argumentativ nachvollziehbar – als relevant – angesehen. Das Sinnkriterium ist ein Relevanzkrite-
rium, das außerhalb der jeweils definierten Relevanzgrenzen nur noch subjektiv
beliebige Überzeugungen kennt, deren Triftigkeit nicht mehr rational differen-
zierbar und beurteilbar ist.

Würde man versuchen, fundamentaltheologisch in dem von solchen Rele-
vanzkriterien bestimmten Terrain für die Unverzichtbarkeit oder den Sinn der
Hypothese Gott zu argumentieren, so gäbe man von vornherein zu, daß die
Realität des von religiösem Verhalten oder Glaubens-Behauptungen Intendierten in diesem Sinne erklärungs- oder systemrelevant sein muß. Damit wäre
zugestanden, daß das, was an der religiösen Intention wahrheitsfähig und argumentativ nachvollziehbar sein sollte, in religiösen Antworten auf die Fragen
vorkommen müßte, die die funktionserfassende Vernunft stellt. Damit wäre
ein Monopol sinnvoller Fragen anerkannt, wie es schon Kant für die wissenschaftliche Vernunft reklamierte, die nur das einsehen kann, »was sie selbst
nach ihrem Entwurfe hervorbringt« und deshalb vom anderen ihrer selbst –
hier: von der Natur – lernen will, »nicht in der Qualität eines Schülers, der sich
alles vorsagen läßt, was der Lehrer will, sondern eines bestallten Richters, der
die Zeugen nötigt, auf die Fragen zu antworten, die er ihnen vorlegt«.[168] Wozu
die Richterin Vernunft die religiöse Überzeugung nicht hören will, das wäre der
Rede nicht wert, des Argumentierens nicht würdig, allenfalls eine beliebige,
subjektive Einstellung. Darf man sich fundamentaltheologisch mit diesem Fra-
gemonopol und der mit ihm gegebenen Relevanzbestimmung abfinden? Müßte
man nicht versuchen, das Frage- und Argumentationsmonopol der funktionalistischen Vernunft in Frage zu stellen und die Legitimität anderer Fragen und
anderer Argumentationsziele zu verteidigen; etwa die Legitimität der Frage,
was – auch argumentativ nachvollziehbar – für eine bestimmte religiöse Überzeugung spricht: für ihre Triftigkeit, nicht nur für ihre möglicherweise positiven
oder gar unverzichtbaren Nebenwirkungen in den Systemen psychischer oder
gesellschaftlicher Funktionszusammenhänge? Für die Legitimität schließlich
auch der Frage, was es ermöglichen könnte, System-Transzendenz, das »ontologische Nicht-Involviertsein« (Peter Strasser) der Person, argumentativ stringent
gegen die Unterstellung einer geschlossenen Selbstreferenz des Systems Gesellschaft geltend zu machen?

Die Frage, die eine funktionalistische Vernunft nicht stellt, weil sie über das
hier Erfragte nicht zu Gericht sitzen will, da es hier – nach ihrem Urteil – nicht
um vernünftig zu Beurteilendes geht, ist die nach der vom Glaubenden selbst
vollzogenen Intention seiner religiösen Beziehung. Sie gliedert sich auf in die

---

[168] I. Kant, Kritik der reinen Vernunft, B XIII.

Fragen: Was *bedeutet es mir,* mich religiös auf eine Wirklichkeit zu beziehen, die für mich nicht einfach identisch ist mit der Wirklichkeit der Funktionen, die aus meiner religiösen Beziehung resultieren? Was bedeutet es uns, in einer bestimmten religiösen Intention verbunden zu sein? Was bedeutet es für den Menschen – für das Menschsein –, sich auf diese Intention einzulassen, sich von ihr herausfordern und von Gottes Wirklichkeit angehen zu lassen und in dieser Herausforderung des Sinnes personalen »Nicht-Involviertseins« inne zu werden?

Diese Fragen sind unterschiedlich allgemein gestellt und deshalb von unterschiedlicher »Qualität«. Aber sie fragen durchaus nach Wahrheit. Sie fragen danach, ob das Sich-Einlassen auf eine bestimmte religiöse Intention mein und unser Leben wahr macht – ob die Bedeutung, die diesem Sich-Einlassen beigemessen wird, im Wahrwerden dessen liegen kann, der sich auf die religiöse Intention einläßt. Aber wie können solche Fragen stringent entwickelt, methodisch überprüft und deshalb einigermaßen schlüssig beantwortet werden? Etwa nur, indem man aufzeigt, daß »wahres Menschsein« ohne das Sich-Einlassen auf diese Intention nicht denkbar ist? In diesem Falle wäre wenigstens dem erkenntnistheoretischen Sparsamkeitsprinzip Rechnung getragen: Selbst bei sparsamstem Hypotheseneinsatz käme man womöglich nicht umhin, die Hypothese »Wahres Menschsein ist nicht denkbar ohne Realisierung der religiösen Intention X« als unerläßlich anzunehmen. Aber entspricht es denn der Frage nach wahrem Menschsein, die Triftigkeit des hier Behaupteten am möglichst sparsamen und kontrollierten Hypotheseneinsatz zu überprüfen – indem man argumentative Bedingungen schafft, nach denen man sich zu jedem Schritt über das religionskritische bzw. religionstheoretische Nichts-anderes-Als hinaus regelrecht gezwungen sieht? Und entspräche es Gott, dem Gott der Bibel, als – nach dem Maßstab eines möglichst sparsamen Hypothesen- und Prinzipieneinsatzes – unumgängliche Bedingung für wahres menschliches Leben geltend gemacht zu werden? Oder dürfte man von ihm – wenn überhaupt – doch nur sprechen als von einem Reichtum, der alle Notwendigkeit und Unumgänglichkeit unendlich weit hinter sich läßt, der sich deshalb dem Maßstab eines möglichst sparsamen Hypotheseneinsatzes gar nicht fügen kann?[169] Und dürfte man vom guten, menschlichen Leben dann noch anders sprechen als von der Teilhabe an einem Reichtum, von dem schlechterdings unangemessen gesprochen wäre, würde man ihn nur als unerläßlich wichtige Motivationsressource anführen?

Es ist durchaus belangvoll, hier darauf hinzuweisen, daß diese argumentationslogische Problematisierung nicht nur ein religionsspezifisches, sondern ebenso ein allgemein beziehungsspezifisches Problem trifft. Dieses beziehungsspezifische Problem hat *Immanuel Kant* in seiner »interpersonalen Fassung« des kategorischen Imperativs deutlich markiert. Sie fordert mit kategorischer, aus der Vernunftnatur des Menschen abgeleiteter Verbindlichkeit: »Handle so,

---

[169] Ich greife hier auf einen Gedanken zurück, den Eberhard Jüngel in seinem Buch Gott als Geheimnis der Welt (Tübingen 1977, 16–44) breit und einleuchtend ausgeführt hat.

daß du die Menschheit sowohl in deiner Person, als in der Person eines jeden andern jederzeit zugleich als Zweck, niemals bloß als Mittel brauchst«. Denn der Mensch existiert »als Zweck an sich selbst, nicht bloß als Mittel zum beliebigen Gebrauche für diesen oder jenen Willen«; so muß er »in allen seinen sowohl auf sich selbst, als auch auf andere vernünftige Wesen gerichteten Handlungen jederzeit *zugleich als Zweck* betrachtet werden.«[170] Läßt man Kants konkreteren Argumentationszusammenhang im Hintergrund, so wird man hier ohne größeren Begründungsbedarf eine heute geradezu selbstverständliche Grundüberzeugung ausgesprochen finden: So sehr Menschen einander immer *auch* als Mittel zum hoffentlich guten Zweck in Anspruch nehmen müssen und dürfen, so verheerend gestalten sich mitmenschliche oder gesellschaftliche Beziehungen, wenn Menschen einander *nur noch* als Mittel zum Zweck ansehen und gebrauchen. Liebe kann geradezu »definiert« werden als die Wertschätzung des Anderen als eines Zweckes in sich selbst, als eine Wertschätzung, die seiner Schätzung als gut für mich zumindest koexistiert, ihrem Anspruch nach dieser Schätzung sogar übergeordnet ist. In dieser Beziehungserfahrung wird ursprünglich die kategoriale Differenz gesetzt zwischen *gut in sich* und *gut oder nützlich für mich.*[171] Wo diese kategoriale Differenz beargwöhnt oder gar bestritten wird[172], da stehen letztlich die Eigenwirklichkeit und das Eigenrecht des

---

[170] Grundlegung zur Metaphysik der Sitten, Akademie Textausgabe Bd. IV, 428 f.

[171] Die intuitive Unausweichlichkeit dieser kategorialen Differenz ist anthropologisch vermittelt. In ihr bringt sich die »Weltoffenheit« des Menschen zur Geltung, der sich – so *Max Scheler* – vom »Drang des Lebens« durch die Hemmung seiner Triebenergie distanzieren und so das ihm Begegnende eben nicht nur als Umwelt-Gegebenheit – will heißen im Blick auf die durch es erreichbare oder bedrohte Triebbefriedigung – wahrnehmen kann; vgl. M. Scheler, Die Stellung des Menschen im Kosmos, Darmstadt 1928, 26–37. *Helmuth Plessner* bestimmt die spezifische Möglichkeit des Menschen, beim anderen seiner selbst sein und für es offen sein zu können, als jene »Exzentrizität«, die zur animalischen Zentralität der Triebnatur bzw. des Körpers in Spannung steht; vgl. H. Plessner, Die Stufen des Organischen und der Mensch, Berlin – New York ³1975. Kraft seiner Fähigkeit zu exzentrischer Selbsttranszendenz kann der Mensch eine normative Differenz setzen zur Egozentrik seiner animalischen Umweltaneignung. Aber diese Differenz signalisiert gerade nicht die Forderung, sich selbst aufzugeben, sondern die Notwendigkeit einer Selbstsetzung in der je neu zu vermittelnden Spannung zwischen exzentrischer Selbsttranszendenz und der Einheit mit sich selbst, der Selbst-Identität. Im Zerbrechen bzw. in der falschen Aufhebung dieser anthropologisch konstitutiven Spannung wird – so *Wolfhart Pannenberg* – »die Entgegensetzung des Ich gegen das andere totalisiert« und wird »alles andere nur noch als Mittel seiner Selbstbehauptung dem Ich dienstbar gemacht«, wodurch das Ich »in Widerspruch zu seiner exzentrischen Bestimmung« gerät; W. Pannenberg, Anthropologie in theologischer Perspektive, Göttingen 1983, 82. Pannenberg geht nun davon aus, daß die Vermittlung der Spannung »zwischen zentraler Organisationsform und Exzentrizität immer schon zugunsten der ersteren, zugunsten der Zentralinstanz des Ich aufgelöst ist, statt umgekehrt durch Aufhebung des Ich in den Vollzug seiner wahren, exzentrischen Bestimmung« (ebd., 103). Gegen die naturhaft-sündige Totalisierung des Ich kann der Mensch seine wahre Einheit mit sich selbst und damit auch seine Freiheit, beim anderen selbst sein und es so anerkennend freilassen zu können, nur *empfangen* und dann in vertrauender Selbsttranszendenz realisieren. Die Probleme, die diese Verhältnisbestimmung von Natur und Sünde theologisch aufwirft, werden im Soteriologietraktat noch zu diskutieren sein.

[172] So etwa ansatzweise schon bei Voltaire, der seine Schätzung der angelsächsischen Philosophie der Zeit auch darin zum Ausdruck bringt, daß er die »heuchlerische« Unterscheidung in gut und böse von der »natürlichen« in nützlich und schädlich ersetzt sehen will; vgl. J. Köhler, Mit der Waffe der Kritik.

Anderen zur Disposition. Mit seiner zustimmenden Aufnahme einer Lichtenberg-Sentenz hat Nietzsche diese Konsequenz durchaus ins Auge gefaßt: Man liebt – so dieser »Gedanke« – »weder Vater, noch Mutter, noch Frau, noch Kind, sondern die angenehmen Empfindungen, die sie uns machen«.[173] Wenn dem so wäre, so wären sie mir tatsächlich nur noch – oder vorrangig – Lieferanten für angenehme Empfindungen, einfach nur noch gut für mich. Sie sind – wenn es gut geht – gut für mich. Aber sie dürfen dies nur sein in Spannung dazu, daß sie von mir als gut in sich wertgeschätzt werden.

Auf unser Problem hin ausformuliert bedeutet das: Insoweit Religion als Beziehung zu einer göttlichen Wirklichkeit verstanden werden darf, steht auch sie unter der Spannung, daß der Beziehungspartner Mensch sie als gut für sich selbst schätzt, in ihr seine Erfüllung – Identität, Friede, Freude, Trost, Lebens- und Hoffnungsperspektiven, Kontingenzbewältigung – suchen und doch zugleich die Beziehung zu Gott nicht einfachhin als Mittel zu diesem Zweck ansehen darf. Er sucht Gott und hofft, in ihm zu finden, wonach er als endlicher Mensch zutiefst verlangt. Aber er würde Gott nicht als Zweck in sich selbst suchen – als den Absoluten, nicht noch einmal Verzweckbaren –, wenn er ihn nur oder vorrangig als den suchte, der ihm Trost, Freude, Identität verbürgt, und nicht als den, der ihm aus sich selbst und um seiner selbst willen »mehr« und noch »ganz anderes« bedeuten will als all das, was der Mensch von sich aus erlangen will: jenen Reichtum, der alles verzweckende Kalkulieren und Zwecke realisierende Handeln unendlich überbietet. Die religiöse Beziehung wehrt sich offenkundig dagegen, als eine Option aufgefaßt und beschrieben zu werden, die um eines außerhalb ihrer selbst liegenden Zweckes, um einer Funktion willen, die sie mehr oder weniger gut erfüllt, mehr oder weniger empfehlenswert wäre. Die Funktionalisierung macht sie – allenfalls – zu einem *bedingt* wertvollen; sie empfiehlt Religion, wenn und insoweit sie einen Beitrag leistet zu …, wenn und insofern sie ein *unbedingt* gelten Sollendes fördert. Religion – und christlicher Glaube[174] – wehren sich gegen diese Relativierung zum bloß Bedingten, weil in ihnen das um seiner selbst willen Bedeutsame wahrgenommen und gewürdigt wird, weil sie in diesem Sinn erlebt und vollzogen werden als »das Ergriffensein von dem, was uns unbedingt angeht«.[175] Das »unbedingt Angehende« will nicht

---

Voltaires *Philosophische Briefe* im Kontext, in: Voltaire, Philosophische Briefe, Frankfurt a. M. 1992, 149–181, hier 172.

[173] Menschliches, Allzumenschliches I, Aphorismus 133, KSA 2, 127.

[174] Ich verzichte hier auf die in bestimmter Hinsicht notwendige Differenzierung von »Religion« und (christlichem) »Glauben«, weil diese Unterscheidung im Religionstraktat der Fundamentaltheologie ja in dem Sinne kriteriologisch »aufgeholt« werden muß, daß der christliche Glaube als »vera religio« – Religion mit Wahrheitsanspruch – einleuchten kann; vgl. dazu näheres in Streitfall Religion, Kap. 5.

[175] Vgl. P. Tillich, Wesen und Wandel des Glaubens, dt. Berlin 1966, 9. Tillichs Formulierung bezieht sich hier auf das »Wesen des Glaubens«. Wenn er über Religion »im weitesten und tiefsten Sinne des Wortes« spricht, so definiert er sie als »das, was uns unbedingt angeht« (vgl. etwa: Religion als eine Funktion des menschlichen Geistes, in: ders., Die Frage nach dem Unbedingten. Gesammelte Werke, Bd. V, Stuttgart 1964, 37–50, hier 40). Er spricht hier – soweit ich sehe – nicht von »Ergriffensein«, weil dieses Ergriffensein auf das eine Offenbarung konstituierende *Handeln Gottes* zurückzuführen

nur gewürdigt werden im Blick auf seine Nützlichkeit, so sehr es unendlich bedeutsam sein wird für das Menschlichwerden des Menschen. Wenn das Ergriffensein von ihm sich als für die Menschlichkeit des Menschen nützlich herausstellen sollte, so ließe sich fundamentaltheologisch zumindest der religionskritischen Invektive begegnen, es sabotierte wahres Menschsein. Aber diese Bedeutung für das Menschlichwerden kann sich nur erhalten und erschließen, wenn sie – so *Karl Rahner* – »nicht um ihrer selbst willen gesucht wird ... wenn Gott nicht um dieser Bedeutung willen, sondern um seiner selbst willen geliebt wird«. Der Glaube muß und darf den Raum des »gut für mich« – der Funktionalität – überschreiten. So gilt auch für die Wahrheit, nach der er sich ausstreckt, mit letzter Konsequenz:

> »Wahrheit ist nützlich; wer aber die Wahrheit unter dem Auswahlprinzip der Nützlichkeit suchen wollte, der würde *die* Wahrheit verfehlen, die am nützlichsten ist. Die Liebe macht glücklich; aber nur, wenn sie nicht ihr eigenes Glück sucht. Gott ist unser letzter Sinn, aber nur, wenn er selber um seiner selbst willen gesucht wird und nicht unsere Erfüllung als solche durch diesen Sinn.«[176]

Was sich schon in der menschlich-interpersonalen Beziehung ankündigt und schon in ihr unbedingt zu würdigen ist: das Verbot, nur bedingt zu würdigen, was unbedingt – als Zweck in sich selbst – zu würdigen ist, das kennzeichnet religiöses Verhalten, sobald es nach seiner Beziehungsqualität zu fragen und die kategoriale Unterscheidung zwischen bedingt und unbedingt wahrzunehmen beginnt.[177] Der »Religiöse« vollzieht und affirmiert die Differenz zwischen dem für mich bzw. uns Nützlichem und dem in sich Guten bzw. Wahren. Er weiß intuitiv oder reflex, daß, worauf er sich bezieht, nicht nur das für ihn Nützliche sein kann; in seinem religiösen Verhalten setzt er ja nicht sich selbst als die unbedingte Wirklichkeit, für die dazusein den Daseinssinn alles Seienden

---

ist. Tillich nennt zwar das Handeln Gottes auch die »Substanz der Religion«, aber eben nur in dem Sinne, daß es die »autonomen« Formierungen der Religion durchbricht und den Glaubenden so ergreift, daß »das Unbedingte als Unbedingtes bejaht und die Religion vor ihm vernichtet wird« (vgl. Die Überwindung des Religionsbegriffs in der Religionsphilosophie, in: ders., Frühe Hauptwerke. Gesammelte Werke, Bd. I, Stuttgart ²1959, 365–388, hier 383 f.). Zur theologischen Religionskritik vor allem des frühen Tillich vgl. Chr. Link, Motive theologischer Religionskritik, in: W. Gräb (Hg.), Religion als Thema der Theologie, 91–117, hier 106–109.

[176] K. Rahner, Die unverbrauchbare Transzendenz Gottes und unsere Sorge um die Zukunft, in: Schriften zur Theologie, Bd. XIV, Zürich 1980, 405–421, hier 415 bzw. 417.

[177] So muß es sich gegen jede, auch die ethische Vereinnahmung wehren, weil sie hier nur in ihrem »Wert für ...« gewürdigt werden kann; vgl. P. Tillich, Religion als eine Funktion des menschlichen Geistes, a. a. O., 39: »Solange sie mithilft, gute Bürger, gute Ehegatten und Kinder, gute Angestellte, Beamte und Soldaten zu schaffen, wird sie geduldet. In dem Augenblick aber, in dem die Religion einen eigenen Anspruch stellt, bringt man sie entweder zum Schweigen oder wirft sie als überflüssig oder gefährlich für die Moral hinaus.« Aber kann es beim bloßen Widerstand gegen solche Funktionalisierung des Glaubens und seine Reduzierung auf »Religion« bleiben? Oder hat der christliche Glaube seinen Dienst – seine διακονία – für menschliches Leben und Zusammenleben nicht auch positiv – als seinem Wesen entsprechend – zu bestimmen? Vgl. dazu das 5. Kapitel dieses Traktats.

– und so auch dessen, worauf er sich religiös bezieht – ausmachen müßte.[178] Eine fundamentaltheologische Theorie der Religion, wie sie hier versucht wird, kann sich zunächst einmal auf die Intuition beziehen, in der die Unverzichtbarkeit der Unterscheidung von nützlich und gut bzw. wahr, von bedingt und unbedingt voraussetzungslos einleuchtet. Wo immer diese Intuition aber konkret religiös vollzogen wird, wo immer sich der »Religiöse« von dem ergriffen weiß, was ihn *unbedingt* angeht, und davon unterscheidet, wovon er sich *bedingt* – nach dem Nützlichkeitskalkül – in Anspruch nehmen läßt, da stellt sich auch die Frage, ob tatsächlich unbedingt zu würdigen ist, was den religiösen Menschen mit dem Anspruch auf unbedingte Würdigung ergreift; da stellt sich die Frage, welchem unbedingt Angehenden zugestanden werden darf, daß es alles andere relativiert, weil es – wie aufzuweisen wäre – »sein Anderes« heilsam relativiert.

1.16 Kriteriologie der Religion

Die Religionskritiken bestreiten, daß als unbedingt zu würdigen ist, was den religiösen Menschen ergriffen hat; und sie bestreiten dies vor allem deshalb, weil es die menschliche Wirklichkeit nach ihrem Urteil in unheilvoller Weise relativiert. Statt dessen empfehlen sie mehr oder weniger ausdrücklich das Sich-ergreifen-Lassen von anderem Unbedingtem und den lebenspraktischen Vollzug der *ihm* geschuldeten Relativierung alles anderen. Die funktionalistischen Religionstheorien versuchen, das religiöse »unbedingte Ergriffensein« noch einmal auf den jeweils angenommenen letzten Systemzweck hin zu relativieren. Will man fundamentaltheologisch Religion in ihrer *Intention* verteidigen, so hat man – im Sinne einer Kriteriologie der Religion – die Rede vom »unbedingten Ergriffensein« und dabei entscheidend die vom *Unbedingten* soweit zu präzisieren, daß sie gegen religionskritische Entlarvungs- und Beerbungsversuche wie gegen funktionalistische Relativierungsversuche geschützt und ins Recht gesetzt werden kann.

Die systematische Vergewisserung der Kapitel 2 bis 5 entwirft eine Kriteriologie der Religion, die die unterschiedlichen Modi zu rekonstruieren und einander zuzuordnen versucht, in denen religiöse Menschen sich auf das ihnen als Unbedingtes Gegebene beziehen bzw. in denen sie sich von dem, was sie unbedingt angeht, angegangen und ergriffen wissen. Dabei wird die Frage zu stellen sein, ob sich authentischere Weisen solchen Ergriffenseins von weniger authentischen oder »sinnwidrigen« unterscheiden lassen und nach welchen Kriterien dies möglich erscheint. Entscheidendes Kriterium muß sein, ob das Unbedingte jeweils als Unbedingtes gegeben ist, ob es als solches zur Geltung kommen kann und ob es so gegeben ist, daß die von ihm »Ergriffenen« ihr Ergriffensein als

---

[178] Vgl. Hegels Ausführungen zur »Nützlichkeit« in der Phänomenologie des Geistes, Werke in zwanzig Bänden, Bd. 3, 424–431.

ihre Beziehung leben können, in ihrem Ergriffensein als sie selbst vorkommen dürfen – ohne daß die Unbedingtheit des sie darin Angehenden dadurch widerrufen wäre. Die Kriteriologie der Religion hat sich deshalb an der Frage zu orientieren, wie Unbedingtes als Unbedingtes gegeben sein kann und *so* gegeben sein kann, daß die, denen es gegeben ist, weil es *ihnen gegeben* ist, von diesem Gegebensein zugleich unbedingt gemeint und bejaht sind.

Die hier vorgeschlagene Kriteriologie ist nicht in einer wie auch immer ausgeführten Letztbegründung fundiert, sondern angeschlossen an die intuitiv ebenso selbstverständliche und unumgängliche wie problematische Unterscheidung des »Um seiner selbst willen« vom »Um eines anderen willen«, also des selbstreferenten Zwecks in sich selbst von dem durch seine Funktion vollständig Bestimmten. Selbstreferenz zeichnet das Unbedingte aus, Fremdreferenz das Bedingte. In diesem Sinn ist die Unterscheidung auch für Tillichs Glaubens-»Definition« bestimmend. Klärungsbedürftig und für den hier vorgelegten Versuch von kriteriologisch ausschlaggebender Bedeutung ist das Verhältnis von unbedingt und bedingt, wie es in der religiösen Beziehung jeweils vollzogen wird. Es darf weder so konstelliert sein, daß, was als Unbedingtes gegeben sein soll, tatsächlich nur in seiner »Funktion für« wahrgenommen wird. Noch dürfte es den, dem es gegeben ist, zum nur Bedingten herabwürdigen, zum bloßen Moment an der Selbstgegebenheit des Unbedingten; zu dem, der auf das Unbedingte nur so bezogen sein kann, daß er sich ihm »opfert« und darin die Selbstzwecklichkeit des Unbedingten verifizieren muß.

Diese gegensätzlichen Fehlbestimmungen des Verhältnisses von Bedingtem und Unbedingtem markieren *zum einen* das Selbstverständnis von Religionstheorien, die das Verhältnis zum selbstreferent Unbedingten »internalisieren«, soll heißen in seiner Funktion für einen nun selbst in sich unbedingten, gesellschaftlichen Funktionszusammenhang begreifen oder als gesellschaftsinternes bzw. systeminternes Verhältnis reformulieren wollen. Sie markieren *zum anderen* eine religiöse Praxis und ihr entsprechende religiöse Überzeugungen, für die das Unbedingte – das Göttliche – nur in der Negation menschlicher Autonomie und »Selbstzwecklichkeit« zur Geltung kommen kann; ein religiöses Selbstverständnis also, wie es von der Religionskritik des 19. und 20. Jahrhunderts religiöser Praxis generell zugeschrieben wird. Die systematische Vergewisserung versucht, die Unangemessenheit der hier jeweils in Anspruch genommenen Bestimmungen des Verhältnisses von bedingt und unbedingt aufzuweisen und die Nötigung deutlich zu machen, nach anderen Formen der Verhältnisbestimmung Ausschau zu halten. Und sie befragt zugleich die biblischen und theologischen Überlieferungen, ob und gegebenenfalls wie sie selbst von solchen unangemessenen Verhältnisbestimmungen geprägt sind oder über sie hinausführen können. Das Kriterium der Authentizität religiöser Beziehung ist also in Auseinandersetzung mit Religionskritiken und Religionstheorien zu entwickeln, die religiöse Praxis und entsprechende religiöse Überzeugungen auf eine nachweisbar unangemessene und – wie sich zeigen wird – auch nichtbiblische Bestimmung des Verhältnisses von bedingt und unbedingt festlegen wollen. Es ist zu schärfen im Gespräch mit religionsphilosophischen und theologischen Differenzierungen, die das Unbedingte selbst als Bedingung oder als das sein bloßes Bedingung-Sein noch einmal überholende Absolute auslegen und entsprechend zum Bedingten ins Verhältnis setzen.

Was die systematische Abfolge angeht, in der die verschiedenen Bestimmungen des Verhältnisses von bedingt und unbedingt jeweils analysiert und dem Kriterium unterworfen werden, ob sich in ihnen das »Ergriffensein von dem, was uns unbedingt angeht«, intentionsgemäß auslegen läßt, so liegt es zunächst einmal nahe, sich versuchsweise an den unterschiedlichen Modi des Gegebenseins von Gegebenem überhaupt zu orientieren und sie in der Stufung von elementarem Gegebensein zu vermittelteren Weisen des Gegebenseins zu entwickeln. Die Gliederung muß ihre Stringenz dann daran erweisen, ob sie die verschiedenen Modi des Ergriffenseins bzw. die verschiedenen Weisen, in denen Unbedingtes begegnet – »gegeben« ist –, in einer Stufenfolge entwickeln kann, die aufs Ganze gesehen über die dabei als begrenzt zu erweisenden Rekonstruktionsperspektiven der Religionskritik wie die Relativierungsperspektiven der funktionalistischen Religionstheorien hinausführt. Diese Stufenfolge läßt sich vorgreifend wie folgt skizzieren:

- Die elementare Gegebenheitsweise des Unbedingten ist die des *unvermittelt-unmittelbaren Betroffenseins*.[179] Das Ergriffensein wird hier als Zugriff erfahren, als Forderung, sich dem unmittelbar Widerfahrenden anzugleichen, seiner Gegebenheit als dem unbedingt verpflichtenden, normativen Gegenüber Rechnung zu tragen. Das Unbedingte ist hier das unbedingt Andere, dessen Gegebenheit als potentiell zerstörend und nur bedingungsweise als heilvoll wahrgenommen wird. Die Religionskritik versucht den Gegebenheitsmodus des unvermittelt-unmittelbaren Betroffenseins als vom Menschen selbst individuell oder kollektiv produziert zu entlarven. Das unbedingt festlegende und verpflichtende Andere, dem der religiöse Mensch sich ausgeliefert, von dem er sich »schlechthin abhängig« weiß, ist danach die religiös verabsolutierte Abhängigkeit von gesellschaftlich-ökonomischen Mächten oder von Schicksals- bzw. Natur-Gegebenheiten, denen der religiöse Mensch sich unterwirft, statt seine Selbstbestimmung gegen sie durchzusetzen.
- Die religions- und erkenntniskritische Einsicht in die *subjektive Vermittlung* des nur scheinbar unvermittelten Betroffenseins vom unbedingt Angehenden läßt diese subjektive Vermittlung bzw. das Subjekt selbst als »Ort« oder als Medium des Unbedingten und seines Gegebenseins erscheinen. Aber ist die

---

[179] Tillich spricht hier von einem »unmittelbare(n) *Gewahrwerden* des Unbedingten«, »das der Trennung und Wechselwirkung von Subjekt und Objekt vorausgeht« und nicht »vermittelt (ist) durch Beobachtungen oder Schlüsse«. Das »Unbedingte erscheint in diesem Gewahrwerden« – so Tillich – »nicht als eine Gestalt, die man anschauen kann, sondern als eine Qualität, eine Mächtigkeit, eine Forderung« (Zwei Wege der Religionsphilosophie, in: ders., Gesammelte Werke, Bd. V, 122–137, hier 131 f.). Gleichwohl wird auch dieses unmittelbare Gewahrwerden des Unbedingten immer schon zu einer Unterscheidung der anfordernden Macht und dem von ihr Angegangenen führen und eine kategoriale Differenzierung notwendig machen, in der die »Anderheit« dieser Macht zur Sprache kommen kann.

subjektive Vermittlung einfachhin selbst das Unbedingte? Oder ist sie vom Unbedingten für seine Selbstvermittlung unbedingt in Anspruch genommen?[180] Die Religionskritik geht mehr oder weniger selbstverständlich davon aus, das unbedingte Angegangensein sei nichts anderes ist als die ihrer selbst nicht bewußte Selbstaffektion des Menschen als des gesellschaftlich sich konstituierenden Gattungswesens, so daß Unbedingtheit der Selbstbeziehung des Menschengeschlechts zuzusprechen oder in der Selbstreferenz des Systems Gesellschaft gegeben wäre. Die Behauptung einer konstitutiven Differenz zwischen der Selbstgegebenheit des Menschen bzw. des Systems Gesellschaft und dem Gegebensein des Unbedingten wird sich auf die Kritik der funktionalistisch reduzierenden »Nichts-als-Argumentation« beziehen und dabei auch all jene Explikationen des religiösen Beziehungsschemas als ungenügend überwinden müssen, die das Menschliche undifferenziert als »Ort« oder Realisierungsgestalt des Absoluten verstehen.

- Die konstitutive Differenz zwischen der Selbstexplikation des Menschen und der Explikation seines Bezogenseins auf das ihn unbedingt Angehende kann als die Differenz zwischen dem Unbedingten als Bedingung und dem von ihr unabdingbar Bedingten identifiziert werden. Die Gegebenheitsweise des Unbedingten ist hier die der mit transzendentaler Unausweichlichkeit anzunehmenden *Bedingung der Möglichkeit* für das Menschseinkönnen und Menschlich-bleiben-Können des Menschen. Die Religionskritik stellt das Bedingtsein des menschlichen Selbstvollzugs von einer über-menschlich unbedingten Bedingung in Abrede bzw. rekonstruiert es als Selbstbeschränkungsperspektive eines an seinen Selbstbestimmungsmöglichkeiten verzweifelten Menschseins. Wenn hier noch transzendental argumentiert werden soll, so führt die transzendentale Rückfrage – in dieser religions- und transzendenzkritischen Perspektive – allenfalls zu Bedingungen der Möglichkeit menschlich-gesellschaftlicher Wechselbeziehungen, für die die menschliche Gattungsgeschichte als Geschichte der Emanzipation von »über-menschlichen« Bedingtheiten selbst aufkommen kann. Die Gegenkritik kann hier auf die nur schwer zu verleugnende Zwiespältigkeit dieses Selbstermächtigungsideals hinweisen, muß sich aber religionstheoretisch selbst der Frage stellen, ob Unbedingtheit oder Absolutheit unbedingt genug gedacht ist, wenn sie nur in ihrem Gegebensein als Bedingung für anderes thematisiert wird.

---

[180] Tillich kommt auf diese Fragen in seiner Theorie der religiösen Symbolisierung im Glauben zu sprechen. Glaube kommt nicht konkret vor ohne Symbolisierung, denn: »Jeder Akt des Glaubens ist eine aufnehmende und gestaltende Wendung zum Unbedingten«; ihm kann »niemals das Unbedingte als solches Gegenstand sein, sondern nur das *Symbol*, in dem das Unbedingte angeschaut und gewollt wird« (Religionsphilosophie, in: Gesammelte Werke, Bd. I, 295–364, hier 331). Die religionskritische Frage der philosophischen wie der theologischen Theorie der Religion wäre – in Tillichs Terminologie –, wie sich das Unbedingte als es selbst gegen die autonom-gesellschaftlich-kulturelle Dynamik der Symbolisierung – und das heißt eben auch der funktionalisierenden In-Anspruch-Nahme von Unbedingtheit – zur Geltung bringen, wie es die bedingten religiös-symbolischen Formen immer wieder neu durchbrechen, ja zerbrechen kann, ohne daß es – was menschen-unmöglich wäre – als jeder symbolischen Formung sich entziehend gedacht werden müßte.

- Die Widerfahrnis des Unbedingten als des *Absoluten* ist als Gegebenheitsweise zu beschreiben, die den Menschen, dem das Absolute sich gibt, in seiner Selbstgegebenheit vom Sich-Geben des Absoluten unendlich »überholt«, »herausgefordert« und zugleich gewürdigt sein läßt. Absolutheit ist hier gerade nicht als Unabhängigsein und Unabhängigbleiben gedacht, Unbedingtheit nicht als geschlossene Selbstreferentialität, sondern als jene unbedingte – will heißen nicht von einem anderen hervorgerufene – Beziehungswilligkeit und Beziehungsmächtigkeit, in der das Absolute diejenigen, zu denen es in Beziehung tritt, durch diese Beziehung konstituiert und in eine Zukunfts-Offenheit der Beziehung hineinruft, die alle Pseudo-Absolutheiten und falschen Endgültigkeiten heilsam relativiert: Absolutheit nicht als Jenseitigkeit, als das die Endlichkeit aus seinem Selbstvollzug ausschließende Unendliche, sondern als der freie, »selbst-ursprüngliche« Ursprung und die end-gültige Wirklichkeit jener Beziehungsmacht, von der her und auf die hin endliche Freiheit zu sich selbst befreit ist.[181] Diese Beziehungsmacht ereignet sich inmitten des Endlich-Bedingten als der schlechthin verheißungsvolle Anfang, der – als der unbedingte – nicht aufhört anzufangen, da ihm die Macht innewohnt, zu bleiben, was er ist. Im Bezogensein auf diesen Anfang und im Erfaßtsein von ihm widerfährt dem Menschen ein Überholtwerden, das ihn gerade nicht gleichgültig macht, sondern ihn auf seine absolute Zukunft hin öffnet und zu ihr herausfordert.

Diese vier Gegebenheitsweisen des Unbedingten strukturieren in jedem der vier fundamentaltheologischen Traktate die dort – nach der zunächst ausgeführten Kritikgeschichte (Kapitel 1) – auszuarbeitende Kriteriologie (Kapitel 2–5). Dabei ergibt sich nicht nur eine kategoriale Fortbestimmung innerhalb des jeweiligen Traktats, sondern auch eine zunehmende Konkretisierung der jeweiligen kategorialen Bestimmung vom Religionstraktat über den Offenbarungs- und den Christologie-/Soteriologietraktat zum Ekklesiologietraktat. In schematischer Darstellung ergibt sich folgendes Bild[182]:

---

[181] Tillich ersetzt den Begriff »absolut« durch den des Unbedingten, weil er sich gegen die wörtliche Bedeutung »ohne Beziehung« wie auch gegen ihre philosophische Ausarbeitung zum »idealistische(n), sich selbst entwickelnde(n) Prinzip« abgrenzen will (vgl. Zwei Wege der Religionsphilosophie, a.a.O., 133). Im 5. Kapitel dieses Traktats wird zu zeigen sein, daß eine kritische Inanspruchnahme des Absolutheitsbegriffs den Begriff des Unbedingten in unverzichtbarer Weise präzisieren und religionstheoretisch verifizieren kann.

[182] Die Stichworte zu den einzelnen Kapiteln stimmen meist nicht mit den Kapitelüberschriften überein, da sie sich stärker als diese an der formalen Gliederungsabsicht orientieren.

	Kapitel 2 →	Kapitel 3 →	Kapitel 4 →	Kapitel 5 →
↓ *Religion*	Das Heilige/ das Andere	Das Unbedingte im Menschen	Das Unbedingte als unbedingte Bedingung	Der unbedingte Anfang – Absolutheit
↓ *Offenbarung*	Das Wort des Anderen	Das innere Wort	Die geschichtliche Bedingung	Selbstoffenbarung des Absoluten
↓ *Christologie/ Soteriologie*	Sühne als die Heilung der Beziehung zum Anderen	(Sich-)Opfern als Identifikation mit dem Heilbringenden	Versöhnung als Geschenk der Bedingung	Erlösung im absoluten Anfang
↓ *Ekklesiologie*	Der souverän Erwählende und sein Volk	Der Leib Christi und die Körperschaft Kirche	Communio der Teilhabe	Das sakramental-relative Zeugnis für den absoluten Anfang

Die Kriteriologien sollen es ermöglichen, vom kirchlich gelebten, christlichen Erlösungsglauben angemessen zu sprechen, und das heißt konkret so darüber zu sprechen, daß christlicher Glaube als »Ergriffensein« von Gottes erlösend-erwählender Selbstoffenbarung, die uns »unbedingt angeht« und herausfordert, vor den Einwänden der Religionskritik geschützt und ins Recht gesetzt, aber auch vor den grundlegenden Zeugnissen der biblisch-kirchlichen Überlieferung verantwortet werden kann.[183] Diese Argumentation mag zunächst als bloß defensive Selbstrechtfertigung und Verteidigung gegen die »Angriffe« der Religionskritik erscheinen. Es wäre freilich viel gewonnen, wenn einigermaßen gelänge, was Thomas von Aquin »solvere rationes« nannte: die gegen die Sache der Theologie vorgebrachten Vernunftgründe durch Vernunftgebrauch zu entkräften.[184] Aber sind nicht darüber hinaus Argumente dafür formulierbar, warum die Beziehung zum Unbedingten, in die sich der Glaubende hineinwagt und in der er sich vom wahrhaft Unbedingten ergreifen läßt, als schlechthin verheißungsvoll, ja als unwidersprechlich gut angesehen werden darf?

1.17 Wahrheit in Beziehung

Wie läßt sich überhaupt dafür argumentieren, daß eine Beziehung nicht nur als verantwortbar, sondern darüber hinaus als *gut* und schlechthin verheißungsvoll angesehen werden darf, daß sie in diesem Sinne Ort der Wahrheit sein kann? Liebende werden solche Argumente selten formulieren wollen. Sie sehen sich normalerweise keinem Beweiszwang ausgesetzt; und das Vorhaben, sich und anderen hier etwas beweisen zu wollen, kommt ihnen in der Regel unangemessen vor. Es ist dem Reichtum ihrer Beziehung nicht angemessen, der jedes Beweisen-Wollen überholt. Und weshalb sollte es hier überhaupt auf einen argumentativen, für »Außenstehende« nachvollziehbar ausgeführten Beweis ankommen?

Glaubende und den Glauben Suchende sind in einer etwas anderen Situation. Wer sich in religiöser Intention auf eine ihn unbedingt angehende göttliche Wirklichkeit bezieht, der lebt ja nicht in einer ganz und gar exklusiven, andere zu Außenstehenden definierenden Beziehung. So kann er auch deren Urteile darüber, was diese Beziehung bedeutet, nicht von vornherein als irrelevant abtun. Das Leben aus der Gottesbeziehung kennt keine Außenstehenden; es kennt

---

[183] Tillich bestimmt diese kriteriologische Aufgabe der Theologie in dem Sinne, daß der Theologie aufgegeben sei, »ein ständiger Wächter zu sein, der das Unbedingte gegen den Anspruch seiner eigenen religiösen und kulturellen Erscheinungsformen schützt« (Zwei Wege der Religionsphilosophie, a. a. O., 136).

[184] Vgl. Summa theologica I q. 1, a. 8 corpus und ad 2. Zur fundamentaltheologischen Relevanz dieser Argumentationsfigur vgl. M. Seckler, Aufklärung und Offenbarung, in: F. Böckle u. a. (Hg.), Christlicher Glaube in moderner Gesellschaft, Bd. 21, Freiburg – Basel – Wien 1980, 5–78, hier 68–71.

Mitglaubende, Andersglaubende und Menschen, die mit ihrer Reserve oder ihrer Ablehnung gegenüber meiner bzw. unserer gelebten Gottesbeziehung die Glaubenden tatsächlich unter Rechtfertigungsdruck setzen. Das religiöse Leben in und aus der Gottesbeziehung unterstellt sich also nicht nur den subjektiv-individuellen Stimmigkeitskriterien, die man für mitmenschliche Beziehungen als hinreichend ansieht, sondern einer in der Sprache verallgemeinernder Geltungsansprüche zu artikulierenden Wahrheit. Ist die hier in Anspruch genommene Wahrheit in ihrem Geltungsanspruch argumentativ beurteilbar; ist sie wenigstens nachvollziehbar?

Argumente können hier – davon war ausführlich die Rede – mit funktionaler Plausibilität formuliert werden und hätten dann die folgende Struktur: Die einer gelebten Gottesbeziehung als zugrundeliegend behauptete Wahrheit erweist sich als lebensförderlich oder gar als unabdingbare Bedingung kontingenzbewältigender, menschlicher Identität bzw. einer als wahrhaft menschlich zu qualifizierenden, nicht-entfremdenden Vergesellschaftung. Aber es hat sich schon gezeigt, daß die Wahrheit einer Beziehung nicht letztlich und im Entscheidenden funktionale Wahrheit sein kann, weil eine bloß funktional intendierte Beziehung die Beziehungspartner in ihr nicht als sie selbst vorkommen ließe. Eine Beziehung dürfte nie nur nach Nützlichkeitskriterien eingegangen werden, da in ihr für die Beziehungspartner auf dem Spiel steht, ob es gut ist, in dieser Beziehung zu leben – ob sie miteinander und füreinander Güte erfahren und mitverantworten können.

So darf auch die religiöse Beziehung zum Unbedingten nie nur funktional bewertet werden. Über die bloß funktionale Argumentation könnten Argumente hinausführen, die etwa die folgende Form annehmen: Der in der religiösen Beziehung zum Gott der Bibel liegenden Herausforderung darf ich nicht ausweichen – dürfen Menschen nicht ausweichen, weil damit der Herausforderung zu einem guten Leben ausgewichen wäre. Dem in der religiösen Beziehung ergriffenen Versprechen darf zunächst einmal geglaubt werden, weil es zu Lebensmöglichkeiten hinführt, die von vornherein verlorengegeben wären, würde es nicht geglaubt. Solche Argumente stellen einen in ihrer Intention nachvollziehbaren Zusammenhang her zwischen der religiösen Gottesbeziehung und Lebensmöglichkeiten, die als zu einem guten Leben gehörend erwiesen werden müßten. So haben sie sich zunächst einmal abzuarbeiten an den religionskritischen Unterstellungen, diese Gottesbeziehung verhindere gerade ein Leben, das den Namen »gut« verdient. Aber sie haben sich ebenso abzuarbeiten an der Gefahr, daß das in den Blick genommene gute Leben doch wieder nur nach den Funktions-Kriterien des Vorteilhaften und Erfreulichen oder auch des heroischen Übermenschentums bestimmt wird. Sie haben den Streit darüber auszutragen, was über seine bloße Nützlichkeit hinaus den Namen »gut« verdient und warum nur »gut« genannt werden darf, was mit dem zusammenführt, der allein ursprünglich gut genannt werden kann.

Leitfunktion für den nachfolgenden Versuch, Gott und die Güte menschlichen Lebens in einen erhellenden, argumentativ nachvollziehbaren Zusammenhang zu bringen, hat das anthropologisch grundlegende Phänomen des Versprechens, jenes Versprechens, in dem die Verheißung menschlichen Lebens selbst gehört wird. Diesem Versprechen zu glauben bedeutet, die Zumutung des Lebens als Geschenk zu ergreifen und in ihm jenem verheißungsvollen Anfang auf der Spur zu bleiben, dem man sich anvertrauen und von dem man sich herausfordern lassen darf, das gute Leben zu finden. Die Vermutung, der Mensch könne sich ohne den *Glauben* an ein das Leben erschließendes Versprechen seinem Leben und dem Leben der anderen nicht wirklich öffnen, wird nicht völlig unbegründet sein. *Juan Luis Segundo* meint sogar unterstellen zu dürfen, daß es sich bei diesem »anthropologischen Glauben ... um eine allgemein menschliche Dimension handelt«; und er begründet seine Unterstellung wie folgt: »Es gibt niemanden, der in seinem Leben nicht Kostproben dafür liefert, daß er bereit ist, einen hohen Preis für Dinge zu bezahlen, von denen er noch nicht in Erfahrung gebracht hat, ob sie überhaupt möglich oder zufriedenstellend sind, ob sie zum Glück oder zur Enttäuschung führen.« Und er bezahlt diesen Preis, weil er ihn einem Versprechen – einem »Absolutum« – geschuldet weiß, dem man sich auch unter Opfern anvertrauen darf, weil von ihm her alles andere »Sinn« gewinnt.

> »Faktisch errichtet sich jeder Mensch – allein kraft seines ›anthropologisch‹ gegebenen Glaubens – *sein* Absolutum, und zwar unabhängig davon, ob es ein absolutes ›Sein‹ gibt oder nicht, also bereits im Vorlauf zu dieser Fragestellung. Gemeint ist damit dasjenige, was er nicht als Mittel zum Zweck, sondern um seines Eigenwertes willen erstrebt. Dasjenige, was ein reeller Mensch von sich aus nicht verhandelt. Dasjenige, was er nie in Zahlung gibt, auch nicht, um das eigene Leben zu bewahren. Dasjenige, dessen Verlust den Tod allen Sinns bedeuten würde.« [185]

Diese »Errichtung« des Absoluten hat den Charakter des Glaubens, einer Option; Segundo spricht in Anlehnung an Pascal von einer »Wette«. Kein Mensch kann im Vorhinein wissen – mit hinreichender argumentativer Eindeutigkeit sicherstellen –, ob seine Option hält, was sie verspricht. Es ist ihm »nicht gegeben, vorab einen Weg bis zu seinem Ende zu durchlaufen und zu überprüfen, ob er zufriedenstellend ist, um dann, mit dem Bewußtsein der Selbstvergewisserung und in Kenntnis der (empirischen) Gründe, wieder an den Anfang zurückzukehren und dann als Vorauswissender für das zu optieren, was er sich am Ende des Weges erhofft.« Gleichwohl ist seine Option nicht beliebig oder einfachhin irrational, denn:

> »Die menschliche Gesellschaft stattet jedes einzelne ihrer Mitglieder mit einer Art kollektivem Gedächtnis aus, im Rahmen dessen die Option als rational erscheint, ohne indes ihren Charakter als Wette zu verlieren. Die menschliche Gattung mit ihren verschiedenen Kulturen, die Nation, der Clan, die Familie stellen jedem einzelnen ›Zeugen‹ und ›Zeugnisse‹ sinnvoll gelebter Existenzen zur Verfügung.« Die

---

[185] J. L. Segundo, Offenbarung, Glaube und Zeichen der Zeit, in: I. Ellacuria – J. Sobrino (Hg.), Mysterium Liberationis. Grundbegriffe der Theologie der Befreiung, Bd. 1, dt. Luzern 1995, 433–460, hier 440f.

Glaubens-Option wird aufgrund dieses kollektiven Gedächtnisses vollzogen, »eignet es sich an, wägt sein Für und Wider ab, benützt es, wandelt es ab und wählt aus zwischen den verschiedenen von ihm dargebotenen Möglichkeiten. Doch grundsätzlich und letzten Endes beruht der ›Glaube‹ eines jeden auf einem oder einigen dieser vom kollektiven Gedächtnis bereitgehaltenen Zeugnissen.«[186]

Diese auswählende Übernahme und Ausgestaltung des kollektiven Gedächtnisses aufgrund inspirierender und ermutigender Zeugnisse ist – je nach kultureller Matrix – mehr oder weniger individuell verantwortet. Sie soll für den Bereich des Christlichen von der Theologie nachvollziehbaren Kriterien der Verantwortbarkeit und der Erschließungs-Kraft unterworfen werden. Verantwortbarkeit meint nicht Absicherung durch Beweise, sondern kritische Explikation des Versprechens, dem sich die Glaubenden im Bereich des Christlichen mit ihrer »Wette« anvertrauen. Die Prüfung der Erschließungs-Kraft geht der Frage nach, ob es gut ist – zum Guten führt –, sich gerade diesem Versprechen anzuvertrauen. Beiträge zu solcher Klärung haben sich an den Argumenten der Religions- und Christentumskritik abzuarbeiten, die das Gegenteil zu erweisen versuchen: daß es nicht gut ist, sich diesem Versprechen anzuvertrauen. In dieser Auseinandersetzung kann und muß deutlich werden, welchem Gutsein die christliche Option auf der Spur bleibt, wohin es die Glaubenden führt und wozu es sie herausfordert; muß deutlich werden, warum sich dieses »Gutsein« nicht in der Befriedigung von Bedürfnissen oder der Gewährleistung von Funktionen erschöpft, sondern zu Recht als Zweck und Ziel in sich selbst – als das *unbedingt Gute* – angesprochen werden darf.

Das Gutsein, dem die christliche Option auf der Spur bleibt, ist die Gutheit Gottes und der Beziehung, die er gewährt. Die Verantwortbarkeit der Entscheidung, sich auf diese Beziehung einzulassen, wäre in Argumenten dafür ausgesprochen, daß die von Gott gewährte Beziehung zu ihm Menschsein nicht verkürzt und »entselbstet« (Nietzsche), sondern Menschen heilvoll herausfordert, ihr eigenes Gutsein in dieser Beziehung zu suchen. Wenn diese Beziehung so sein sollte, daß von ihr nichts verdrängt oder entwertet wird, was dem Menschen mit guten Gründen wichtig und erstrebenswert ist; wenn in ihr vorkommen darf, wovon Menschsein in Anspruch genommen und betroffen ist; wenn es in ihr über alles Menschenmögliche hinaus zur Geltung kommen und gut werden dürfte, so kann diese Beziehung Ort der Wahrheit sein: Ort des unverstellten und unverkürzten Daseindürfens für den Menschen, Ort der Aufhebung aller Verdrängung und Mißachtung, Ort des *Wahrwerdens*. Wo fundamentaltheologische Argumentation die Gottesbeziehung als möglichen Ort der Wahrheit auch nur annähernd in den Blick rücken kann, da wird sie die christliche Option nicht mehr als in dieser oder jener Hinsicht vorteilhaft oder gar unumgänglich erweisen müssen; da wird sie eine Ahnung von der Gutheit

---

[186] Ebd., 439 f. Dem Begriff des kollektiven Gedächtnisses vergleichbar ist Jan Assmanns Rede vom »kulturellen Gedächtnis«; vgl. sein Buch: Das kulturelle Gedächtnis. Schrift, Erinnerung und politische Identität in frühen Hochkulturen, München ²1997.

Gottes und der von ihm gewährten Beziehung ermöglichen, die nichts beweist, aber für sich selbst spricht und dafür spricht, daß es unwidersprechlich gut ist, sich in diese Option – in diese Beziehung – hineinzuwagen. Dem Für-sich-selbst-Sprechen dieser Ahnung kann argumentativ der Weg bereitet werden.

Wo dies gelingt, da wird es vielleicht dazu kommen können, daß Menschen jenseits irgendwelcher Beweisnotstände gar nicht mehr anders können, als sich dem Reichtum der ihnen von Gott eröffneten Beziehung zu öffnen. Sie werden es tun in der Einsicht, daß sich hier zum Heil der Menschen öffnet, was verschlossen bleiben müßte, wenn man sich nicht in diese Beziehung hineinwagte. Aber auch diese Einsicht bleibt gewagt, eine Wette darauf, daß die Ahnung des Guten nicht in die Irre führt. Sie bleibt Einsicht *des Glaubens,* so wie die spezifische Hellsichtigkeit Liebender vom Glauben getragen und der Anfechtung ausgesetzt bleibt, womöglich sei der Reichtum ihrer Liebe nicht das Glück ihrer Beziehung, sondern doch nichts anderes als ihr projektives Glücksgefühl.[187]

---

[187] Zu dieser unaufhebbaren Anfechtung vgl. die Überlegungen von M. Theunissen, Negative Theologie der Zeit, Frankfurt a. M. 1991, 295.

2. Religion: die Beziehung zum identitätsstiftenden Anderen

2.1 Tremendum et fascinosum

Die vielfältigen Versuche, Religion möglichst umfassend zu beschreiben und sie anhand grundlegender Vollzüge oder Konstellationen zu identifizieren, können hier nicht im einzelnen diskutiert werden.[1] Religion wird der fundamentaltheologischen Ausrichtung dieses Buches entsprechend so thematisiert, wie sie von der Kritik der Religion vorausgesetzt wird. Die kritische Diskussion dieser Thematisierung soll dann zu einem Verständnis der religiösen Beziehung und des in dieser Beziehung anerkannten Unbedingten hinführen, gegenüber dem die Religionskritik mit ihrem Verständnis von Religion entscheidend zurückbleibt. Die theologische Diskussion der religionskritischen Argumente lebt freilich von einer religiösen Praxis, die jeweils als Instanz in Anspruch genommen wird, wenn es darum geht, den »Mehr-Wert« der religiösen Intention gegenüber dem religionskritisch Entlarvten oder religionstheoretisch Rekonstruierten einzuklagen. Bei dieser Inanspruchnahme muß sich die religiöse Intention dieser Praxis selbst von der Kritik zur Selbst-Aufklärung herausfordern lassen, zur Selbst-Aufklärung speziell hinsichtlich der Gegebenheitsweise des Unbedingten, die sie unterstellt bzw. auf die sie sich jeweils bezogen weiß.

Das Unbedingte ist ihr zunächst und elementar gegeben als das schlechthin unverfügbare *Heilige*, als das nicht in den Bereich menschlicher Mittel-Zweck-Strategien zu Integrierende; es ist gegeben als das schlechthin Andere zu dem, was Menschen von sich aus alltäglich handhaben können. Seine Gegebenheit trägt die Züge des tremendum wie des fascinosum[2], das »als etwas vom Profanen völlig verschiedenes« in die Welt einbricht[3], mit seiner unberechenbaren Übermacht Furcht, gar Entsetzen hervorruft und zugleich die Erfahrung des Ergriffenseins vom Göttlichen – von der das Leben im Letzten bestimmenden und heiligenden Über-Macht – gewährt. Religiöse Praxis versucht, der archaisch-absoluten Erfahrung der »Übermacht des Anderen« (Hans Blumenberg[4]) dadurch gerecht zu werden, daß sie sie im Bereich des Heiligen zur Gel-

---

[1] Vgl. den Überblick von P. Antes, Religion in den Theorien der Religionswissenschaft, in: W. Kern u.a. (Hg.), Handbuch der Fundamentaltheologie, Bd. 1: Traktat Religion, Freiburg – Basel – Wien, 34–56.
[2] Vgl. R. Otto, Das Heilige, München 1917, 8–135.
[3] S. M. Eliade, Das Heilige und das Profane, Paris 1957, 8 f.
[4] Vgl. von ihm: Arbeit am Mythos, Frankfurt a. M ⁴1986, 28.

tung kommen läßt, den Bereich des alltäglich zu Besorgenden aber, so gut es geht, ihr gegenüber abgrenzt.

Der Dualismus zwischen »heilig« und »profan«, göttlich und menschlich wird in religiöser Praxis immer wieder neu eingeschärft – das Göttliche darf nicht profaniert, in menschliche Handlungszusammenhänge hereingeholt werden; insofern ist es »tremendum«. Aber er gilt hier auch in bestimmter Hinsicht als überwunden: der göttliche Ritus vermittelt eine »ungefährliche« Nähe des Göttlichen, eine faszinierende »Intimität« *(Georges Bataille)* mit dem Heiligen. Diese Intimität mit dem sein Alltagsleben umgreifenden Geheimnis des Lebens ist dem Lebewesen Mensch, das seine Alltagswelt durch Objektivierung zu einem handwerklich zu manipulierenden Mittel-Zweck-Kosmos beherrschen lernte, weithin verloren gegangen. Der »profane« Kosmos muß ja nach Möglichkeit geschützt werden gegen den regellosen Einbruch der schöpferisch-zerstörenden Übermacht des Lebens: Das Göttliche ist das Andere zu diesem Kosmos; in unheilvoller, nicht »kultisch gekonnter« Weise in ihn hineingezogen, müßte es ihn zerstören. Aber es ist eben auch das Jenseits des menschlich-»technischen« Handlungskosmos, von dem her auf die Menschen übergreifen kann, was sie nicht machen können: das Einbezogensein in die Intimität mit der göttlichen Über-Macht des Lebens. Religion ist deshalb der Nachvollzug des göttlichen Ritus, in dem diese Intimität sich je neu ereignet, ohne die Profanität des menschlichen Handlungskosmos auf Dauer zu sprengen oder zu entwerten.[5] Religiöse Praxis versucht in diesem Sinne, geregelte Übergänge zwischen der »anderen« Wirklichkeit des Heiligen und der profanen Welt des alltäglichen Handlungskosmos zu schaffen bzw. zu beobachten: geregelte Übergänge, die das Nicht-mehr-Handhabbare, menschliches Handeln Umgreifende und Bedingende, als Quelle menschlicher Lebenskraft und nicht als deren Vernichtung zugänglich werden lassen.

Das Göttliche wird hier als *machtförmig* erfahren: als heilvoll oder unheilvoll überwältigend, als die schöpferisch-zerstörende, dem Leben immanent-transzendente, letztlich unverfügbare Macht des Lebens; geradezu als ein Energiepotential, das sich zerstörend entladen kann, aber den, der sich in geregelter Weise an es anzuschließen vermag, mit göttlicher Kraft durchströmt. Die Gefährlichkeit dieses Energiepotentials verlangt nach Sicherungsmaßnahmen, die es erlauben, die heilvolle Nähe des Göttlichen zu erfahren und dessen zerstörerische Präsenz abzuwenden. Sie zielen im wesentlichen darauf ab, sich durch religiöse und ethisch-kultische Praxis dem Göttlichen in bestimmter Hinsicht anzugleichen, sich dem radikal Anderen – dem Heiligen – durch Aussonderung zu weihen und so selbst geheiligt zu werden. Die dem Heiligen Geweihten dürfen darauf hoffen, vom göttlichen Zorn verschont zu bleiben und die Nähe des Göttlichen als kraftspendend zu erfahren; sie dürfen die Kraft des Göttlichen in bestimmter Hinsicht selbst mitleben, ja »ausleben«. So ist die religiöse Praxis

---

[5] Damit sollen einige Grundlinien der Religionstheorie von Georges Bataille nachgezeichnet werden; vgl. sein Buch Theorie der Religion, dt. München 1997, 19–53.

vom Verbot und von der Erlaubnis zugleich geprägt. Das Verbot wahrt die radikale Andersheit des Göttlichen: Der Mensch darf sich ihm nicht im manipulativen Zugriff nähern wollen; es gewährt sich nur dem, der ihm rituell und dann auch ethisch gleichförmig wird – seine Anordnungen einhält und für Verfehlungen die angeordneten Wege der Reinigung einhält. Wer sich aber in dieser Weise der heilsamen Zugehörigkeit zum Göttlichen versichert, der darf sich selbst als dessen Instrument wissen, auserwählt und ausgesondert dazu, an seiner Kraft zu partizipieren und sie gegebenenfalls in der Zurückdrängung oder Vergegenwärtigung des Gottwidrigen auszuleben.

Dieses oft ausgesprochen gewaltsame Ausleben des religiös »Erlaubten« gehörte – jedenfalls in der Geschichte der abrahamitisch-monotheistischen Religionen – eher zu den verdrängten Schattenseiten religiösen Selbstverständnisses, was aber gerade nicht heißt, daß es von untergeordneter Bedeutung gewesen wäre.[6] Für die westlich-lateinische Tradition wurde im religiösen Selbstverständnis der Verbots- bzw. Gebotsaspekt leitend: Religion wird gelebt als »sorgfältige« Ausrichtung auf das schlechthin Entscheidende, als zumindest rituelle Leistung der Gerechtigkeit gegenüber einer heiligen Instanz, von der Wohl und Wehe der Menschen abhängt; das ist – vielleicht sehr verkürzt – der ursprünglich-lateinische Sinn von »religio«.[7] Die religiöse Sorgfalt gilt hier dem richtigen Verhalten gegenüber dem Göttlichen, der Beachtung heiliger Orte und Zeiten und all jener geprägten religiösen Umgangsformen, in denen der Verkehr mit dem Göttlichen zur Zufriedenheit der Götter und zum Vorteil der sie Verehrenden geregelt war. Aus der Perspektive »aufgeklärter« und »nachaufgeklärter« Christlichkeit wird diese Form von Religion alle Züge der religiösen Heteronomie an sich tragen: Man unterwirft sich einem Kanon religiösen Rechtverhaltens und gibt den Göttern damit, was ihnen zusteht, damit sie sich nicht den verweigerten Tribut durch Zufügung eines ungünstigen Schicksals eintreiben. Die genaue Beobachtung religiöser Umgangsformen ermöglicht einen geregelten, ungefährlichen Verkehr mit dem Göttlichen; als gerechte Leistung verpflichtet er die Götter zur gerechten Gegenleistung.

Hintergrund dieser hier vielleicht allzu oberflächlich dargestellten religiösen Beziehungsstruktur ist die »archaische« Erfahrung der conditio humana, der Kontingenz und Endlichkeit menschlichen Daseins. Menschsein heißt, das eigene Leben wie das der eigenen Gruppe als vom schlechterdings Unverfügbaren abhängend zu ergreifen und sichern zu müssen. Wie kann diese Sicherung gelingen, da man das Unverfügbare, auf das man in jedem Lebensvollzug unabdingbar angewiesen ist, nicht in die Hand bekommen kann, da es sich schicksal-

---

[6] Ein Indiz für die Virulenz des religiösen »Auslebendürfens« ist gewiß die erhebliche Gewaltbereitschaft der fundamentalistischen Gruppierungen in allen religiösen Traditionen.
[7] Ausführlich dazu sowie zur Begriffsgeschichte von »Religio«: E. Feil, Religio, Bd. 1: Die Geschichte eines neuzeitlichen Grundbegriffs vom Frühchristentum bis zur Reformation, Göttingen 1986 bzw. Bd. 2: Zwischen Reformation und Rationalismus, Göttingen 1997; vgl. auch H. Zirker, Artikel »Religion«, in: G. Bitter – G. Miller (Hg.), Handbuch religionspädagogischer Grundbegriffe, München 1986, Bd. 2, 635–643.

haft gewährt oder entzieht? Die Bedingung menschlichen Lebens – seine Wahrheit – scheint hier ganz und gar *im Anderen* zu sein, in dem, was dem Menschen als das übermächtig über ihn Verfügende gegenübersteht. Religiöse Praxis ist deshalb in seiner Wurzel – zumindest immer auch – der Versuch, zu diesem über den Menschen Verfügenden einen Zugang zu gewinnen, mit ihm zu kommunizieren und das mit dem Ziel, das unverfügbar Lebenermöglichende zu sichern, die göttliche Instanz dazu zu motivieren, auf die Bedürfnisse der ihr unendlich unterlegenen Menschen Rücksicht zu nehmen.

Jeder religiöse Kommunikationsversuch muß darauf setzen, daß die göttliche Instanz trotz ihrer »unbedingten« Übermächtigkeit Regeln einhält, die bei solchen Kommunikationsversuchen zu berücksichtigen sind und ihnen Erfolgschancen eröffnen: Wenn das Göttliche in der dafür vorgesehenen Weise angesprochen wird, so darf man sich billigerweise erhoffen, daß es im Sinne der es Ansprechenden reagiert und ihnen gewährt, was sie brauchen. In ausgearbeiteten religiösen Systemen, die selbst schon durch gesellschaftlich institutionalisierte Rechtsverhältnisse mitgeprägt sind und sie deshalb auch auf das Verhältnis zum Göttlichen übertragen, wird dieses Verhältnis Gerechtigkeitsnormen unterstellt, die die Gläubigen, aber auch das Göttliche, an das sie sich wenden, verpflichten. Leistet der Religiöse, was billigerweise von ihm verlangt werden darf, so ist das Göttliche gehalten, ihm das unverfügbar Leben Ermöglichende nicht länger vorzuenthalten. Religion nimmt die Züge eines geregelten Tauschverhältnisses an, einer Do ut des-Beziehung.

Der aufgeklärte Einspruch gegen diese Do ut des-Religiosität liegt auch nach diesen Erläuterungen nahe; und er entzündete sich konkret an dem Versuch, die Tauschlogik auch noch in ihrer neuzeitlichen Formalisierung als Schlüsselinterpretament der Beziehung zum erlösend Göttlichen festzuhalten. Die Zuwendung des Göttlichen erscheint hier unter die Bedingung einer adäquaten – wenigstens stellvertretend erbrachten – Gegenleistung gestellt; sie wird offenkundig eingezeichnet in ein Beziehungsschema, das von der Durchsetzung göttlicher und menschlicher Selbsterhaltungs- bzw. Selbstbehauptungsinteressen geprägt ist. Zu wahren ist hier ein prekärer modus (con-)vivendi; und er ist nur zu wahren, wenn dem unbedingten Loyalitätsanspruch des Göttlichen Genüge geleistet wird. Das Göttliche ist dann in dem unbedingten Anspruch gegeben, seinen Besitztitel auf das ihm Gehörende nicht zu verletzen, ihm symbolisch-rituell und ethisch nach den von ihm selbst gegebenen Normen zu entsprechen.

2.2 Religion als Arrangement mit der göttlichen Macht

Die Aufklärung kann sich gar nicht genug wundern über dieses Bild des Göttlichen und die von ihm strukturierte Beziehung zum Unbedingten. Sie erscheinen ihr ganz und gar vom Menschen selbst produziert, nach seinen »weitgetriebene(n) Vorstellungen eines herrschsüchtigen, ehrgeizigen, stoltzen Herzens« modelliert, »das Gottes Gesinnung, bey dessen Hoheit, nach seines eigenen kleinen Geistes Regungen abmißt«.[8] Religion wäre hier von der Logik des Kommerzes und damit von egoistischer Taktik bestimmt, Gott gezeichnet als der eifersüchtig auf das ihm Zustehende Bedachte; Religion verstanden als Versuch, Gott schadlos zu halten und ungefährlich zu machen, sowie als die strenge Beachtung göttlicher Anordnungen, die es den kirchlich Glaubenden erlauben, den ihnen in Jesus Christus erworbenen Gnadenschatz Gott gegenüber vorteilhaft zu nutzen. Ist Religion dann nicht der Versuch, mit Gott auf vergleichsweise billigem Wege ins Reine zu kommen, indem man auf Gnade setzt, wo es auf das mühevolle Werk der moralischen Besserung ankäme? Das war der Verdacht der Aufklärer gegen das dogmatisch-soteriologisch geprägte Christentum; das war – mit veränderten Vorzeichen – auch noch die Kritikintention von Feuerbach bis Freud: der Glaube als vorteilhaftes Arrangement, mit dem man sich bei Gott absichert, von ihm garantieren läßt, was hier und jetzt mit letztem Einsatz zu erkämpfen wäre. Religion als die billige Lösung, die sich mit dem Kalkül der »Gunsterwerbung« dessen zu bedienen versucht, der weit mehr kann, als man sich selbst zutraut oder abverlangt – *Kant* hat sich mit Sarkasmus gegen solche billige, unvernünftige Religionsübung gewandt: »Es ist mühsam, ein guter *Diener* zu sein (man hört da immer nur von Pflichten sprechen)«. Der Mensch »möchte daher lieber ein *Favorit* sein, wo ihm vieles nachgesehen, oder, wenn ja zu gröblich gegen Pflicht verstoßen worden, alles durch Vermittelung irgendeines im höchsten Grade Begünstigten wiederum gutgemacht wird, indessen daß er immer der lose Knecht bleibt, der er war.« Er »trägt ... seinen Begriff von einem Menschen (zusammt seinen Fehlern) wie gewöhnlich auf die Gottheit über« und sieht Gott als eine bestechliche Obrigkeit, bei der er mit Unterwürfigkeit und Schmeichelei weiterkommt, jedenfalls leichter zum Ziel kommt, als mit einem vernünftig-moralischen Lebenswandel.[9]

Das »religiöse Arrangement« ist – das macht Kants Kritik offenkundig – in sich zutiefst widersprüchlich: Nicht das Göttliche selbst ist dem religiösen Menschen hier das Unbedingte; seine Würdigung ist ja nur Mittel zum Zweck, zu dem Zweck, seine Gunst zu erlangen und seiner Bestrafung zu entgehen. So wird in dieser Form religiöser Beziehung zum Unbedingten dieses nicht unbedingt, sondern bedingt, geradezu taktisch gewürdigt; und so verdient sie gar nicht den Namen »Beziehung«. In ihr soll gerade nicht geschehen, was Beziehung ausmacht: Kommunikation, Sich-Einbringen der Beziehungspartner.[10]

---

[8] So H. S. Reimarus in seiner Apologie oder Schutzschrift für die vernünftigen Verehrer Gottes, Bd. 2, 493.

[9] Vgl. I. Kant, Die Religion innerhalb der Grenzen der bloßen Vernunft, Akademie Textausgabe, Bd. VI, 200 f.

[10] Diese Vertauschung von bedingt und unbedingt, von Mittel und Zweck in sich selbst, wird bereits von *Augustinus* als die der Sünde zugrunde liegende Grund-Verkehrtheit des Menschen identifiziert. Der Sünder vertauscht die Ordnung des *frui*, in der das »Genießen« das, dessen es sich freut, in sich selbst und als es selbst würdigt, mit der Ordnung des *uti*, in der etwas als Mittel zum selbst gesetzten Zweck gebraucht wird (vgl. De civitate Dei XI, 25). Das als endliches Gut zu Gebrauchende wird hier

Gott soll, indem er zufriedengestellt wird, möglichst stillgestellt werden, damit er sich nicht unheilvoll einmischt. Und die Menschen wollen mit diesem Gott möglichst wenig zu tun haben – über jene Kontakte hinaus, die man zum eigenen Vorteil zu gestalten weiß. Der in diesem religiösen Beziehungsschema Lebende wagt sich nicht in die Beziehung zum Göttlichen; er versucht, mit Gott ins Reine zu kommen, ohne sich selbst in die Beziehung hineinzugeben und in ihr die »Beziehungsarbeit« der Umkehr zu übernehmen. Kierkegaard hat diesen Typus des religiösen Beziehungsverweigerers immer wieder beschrieben. Es ist der Religiöse ohne »Innerlichkeit«, in der »Selbstliebe des sinnlichen Menschen« befangen und deshalb »zu engherzig, um sich vom Höchsten ergreifen zu lassen«.[11] Er läßt sich nicht ergreifen, sondern sucht nach Gott zu greifen; er betrügt sich und Gott um das »Wagestück des Herzens«, will ernten, ehe er sät[12], will von Gott und durch ihn »etwas« erreichen, statt sich ihm zu übergeben. So

---

zum Zweck in sich selbst, zum Ziel des frui, während der, der allein als Zweck in sich selbst zu würdigen wäre – Gott – als »Mittel für …« ins Kalkül gezogen wird. Die eigentliche Dramatik dieser Unterscheidung, die auch dieser Religionstraktat nicht aus den Augen verlieren darf, zeigt sich an der »große(n) Streitfrage, ob die Menschen einander genießen oder bloß gebrauchen dürfen oder ob ihnen beides gestattet ist«, ob also »der Mensch von einem andern Menschen um seiner selbst willen geliebt werden soll oder wegen etwas anderem«, letztlich Gottes wegen. Die Brisanz der Frage ist klar: Dürfte der Mensch um seiner selbst willen geliebt werden, so wäre das der mitmenschlichen Liebe immanente Ziel das frui; lieben wir den Mitmenschen »aber wegen etwas anderem, so gebrauchen wir ihn nur.« Augustinus' Ansicht nach darf der Mitmensch nicht um seiner selbst willen geliebt werden, sondern muß »wegen etwas anderem geliebt werden.« Denn in einem Gut, das um seiner selbst willen geliebt werden muß, »beruht ja schon das ewige Leben«, das in der Liebe zum Mitmenschen gerade nicht zugänglich und liebend erstrebt werde. So gilt für den, der den »ordo amoris« nicht achtet: »Verflucht ist, wer seine Hoffnung auf einen Menschen setzt« (Augustinus, De doctrina christiana I, 20; Bezug genommen ist auf Jer 17, 5). Die Position des Augustinus scheint Pate zu stehen für die christlich-»asketische« Auffassung, nach der mitmenschliche Liebe letztlich doch nur als Mittel zum letzten Zweck – der ewigen Seligkeit der Liebenden – gewürdigt werden kann und sogar in Gefahr gerät, vom Heilsegoismus der Liebenden verzweckt zu werden. H. R. Jauß stellt zur Diskussion, ob dieser augustinischen Position christlich nicht eine johanneische gegenübergestellt werden dürfe, der gemäß »die fruitio hominis in der irdischen Liebe zwischen Mann und Frau … auch zur fruitio Dei führen« könne. Als exemplarisch für diese Position nennt Jauß Heloisa, die ihrem Geliebten Abaelard bekennt: »Nihil umquam … in te nisi te requisivi; te pure, non tua concupiscens« (Nie habe ich in dir etwas anderes als dich selbst gesucht; dich ganz allein, nicht das Deine habe ich begehrt«; P. Abaelard, Die Leidensgeschichte und der Briefwechsel mit Heloisa, hg. von E. Borst, Heidelberg ⁴1979, 80f.). Dieses Liebesbekenntnis einer Enttäuschten mag – darin wäre Jauß womöglich zu folgen (bezogen habe ich mich auf seine Aufsatzsammlung: Probleme des Verstehens, Stuttgart 1999, 134f. bzw. 174–181) – erstmals die neuzeitlich-mitmenschlichen Sinn des »Um-seiner-selbst-willen« zur Geltung gebracht haben. Zur Entlastung des Augustinus wäre freilich anzuführen, daß er in den Annotationes in Psalmos (zu Ps 53) – bevor er dazu aufruft, Gott »umsonst, als ihn selbst« zu lieben – in einem »Schluß vom Kleineren auf das Größere« vom »Kleineren« immerhin sagen kann: »Da du also von deinem Gemahl umsonst geliebt werden willst …« Wie es um den historischen Befund auch immer stehen mag: Die Gegenüberstellung von Augustinus und Heloisa markiert deutlich das Spannungsfeld, in dem christliche Theologie auf das »Um-seiner-selbst-willen« zu sprechen kommt – und die Gefahr, Gott und den geliebten Mitmenschen im Blick auf das »Um-seiner-selbst-willen« in Konkurrenz zu setzen.

[11] Der rechte Beter streitet im Gebet und siegt – damit, daß Gott siegt, in: S. Kierkegaard, Gesammelte Werke, hg. von E. Hirsch und H. Gerdes, Abt. 13/14, Taschenbuchausgabe Gütersloh 1981, 86–110, hier 88.
[12] Vgl. ebd., 89f.

wird ihm die Gottesbeziehung »ein Mittel zum Erreichen eines Zwecks«[13], zum Feld eines egoistischen Manipulationsversuchs. Die Unterwerfung unter das Gebotene und Verbotene ist hier die Ersatz-Leistung, die die unbedingte Würdigung des Unbedingten – das Wagnis der Beziehung zu ihm – ersetzen soll. Aber ist die Unterwerfung letztlich mehr als eine Demutsgeste, die den Aggressor hemmen soll? Ist sie nicht geradezu Identifikation mit dem möglichen Aggressor, damit er von seinem Aggressionswillen ablasse, da der ihm sich Unterwerfende sich doch selbst aggressiv verneint? Das Göttlich-Unbedingte will den Menschen offenbar überwältigen, will ihn so ergreifen, daß es sein Eigensein – seinen Eigenwillen – zunichte macht. So sehen die Religionskritiker des 19. Jahrhunderts die religiöse Beziehung im Raum jüdisch-christlicher Überlieferung: Gott als Verneinung des Menschen, der nur eine Chance hat, wenn er Gottes Nein zustimmt und so die Exekution des Nein gerade noch abwendet. Gott, der »Widerspruch des Lebens«, in ihm ist »das Nichts vergöttlicht, der Wille zum Nichts heilig gesprochen!«[14] – er wäre »der grösste Einwand gegen das Dasein«.[15] Will der Mensch ihm Recht geben, um sich vor ihm zu retten, so muß er sich – in gehorsamer Unterwerfung unter den »nihilistischen« Willen dieses Gottes – selbst verneinen, kreuzigen. Gott geht den Menschen hier »unbedingt an« als das Nein, das nur unter äußerst harten Bedingungen zum Ja werden kann; er geht die Menschen an als die Forderung, sich ihm unbedingt zu unterwerfen. So ist dieses religiöse Beziehungsschema die Urwirklichkeit jener *autoritären Religion*, die die Anerkennung eines höchsten, unsichtbaren Machthabers fordert; einer Macht, die über das Schicksal der Menschen entscheidet und »Anspruch auf Gehorsam, Verehrung und Anbetung hat.«[16]

Die Gegebenheit des Unbedingten als die Unausweichlichkeit eines unbedingten Anspruchs, in dessen Unbedingtheit sich die Unbedingtheit göttlicher Selbstbehauptung als *Negation* des Menschen und *seines* Wollens zur Geltung bringt; die Teilhabe an diesem Unbedingten durch einen Gehorsam, der sich vorbehaltlos seinem Zugriff ausliefert und seine negierende Gewalt an den »anderen« auslebt, die sich nicht ebenso vorbehaltlos ergreifen lassen: Läßt sich Religion auf dieses Beziehungsschema reduzieren? Ist sie notwendigerweise eine »nihilistische« Selbstidentifikation des Menschen, bei der das Sich-Festmachen im Unbedingten, wie sie etwa im Opfer geschieht, die Preisgabe des eigenen Verfügungsrechts zur Bedingung hat; bei der »zunichte« werden muß, wer im Göttlich-Unbedingten und durch es unbedingt bejaht sein will? Wird hier nicht die Beziehung zum Unbedingten einer Bedingung unterworfen gesehen, die erfüllt sein muß, damit das eigentlich Entscheidende – die Beziehung zum Unbedingten als heilbringende – erreicht werden kann? Wird nicht durch diese Verabsolutierung der Bedingung, die nun selbst als unbedingt gesetzte

---

[13] Vgl. ebd., 101; hier vom Gebet gesagt.
[14] F. Nietzsche, Nachgelassene Fragmente Mai–Juni 1888, KSA 13, 525.
[15] Ders., Götzen-Dämmerung. Die vier großen Irrthümer, Aphorismus 8, KSA 6, 97.
[16] So E. Fromms Beschreibung in Anlehnung an die Definition von Religion im Oxford Dictionary: Psychoanalyse und Religion, Zürich 1966, 46.

erscheint, in die Beziehung zum Unbedingten das ihr zutiefst widersprechende Zweck-Mittel-Kalkül eingeführt, das Göttlich-Unbedingte also selbst in die Perspektive des Zweck-Mittel-Kalküls gerückt – es soll mich verschonen und bejahen; aber es wird dazu nur bereit sein, wenn ich die von ihm gesetzte Bedingung erfülle?

Wird die Bedingung selbst unbedingt und zum alles Entscheidenden, von deren Erfüllung alles abhängt, so müßte sich an ihr »der Sache nach« alles entscheiden können; sonst wäre in unverhältnismäßig verfahrender Willkür alles *von ihr* abhängig gemacht. Wird sie in religiös-ethischer Praxis symbolisiert oder ermäßigt, um alltäglich erfüllbar zu bleiben, und womöglich durch Ersatzleistungen abgeltbar, so erscheint für die religiöse Beziehung zum Unbedingten endlich doch die Willkür bestimmend, die eine Bedingung ohne Notwendigkeit zur unbedingten macht und religiöse Praxis zum strategischen Zweck-Mittel-Kalkül zwingt: Es muß möglichst effektiv mit dieser Willkür zurechtkommen und sich das Know-how erwerben, die nun einmal bestehende unbedingte Bedingung regelgerecht abzuarbeiten. Ist diese innere Widersprüchlichkeit der religiösen Beziehung – der willkürlichen Gegebenheit des Unbedingten im Bedingten – schon die Wahrheit der Religion?

Die Beziehung zu einem Göttlich-Unbedingten wird selbstwidersprüchlich, wenn ihr Gegebensein und ihre Qualität von einem Umstand oder einer Leistung abhängen sollen, denen wegen ihrer Bedingtheit und Zufälligkeit die Bedeutung, über diese Beziehung zu entscheiden, nicht zugeschrieben werden dürfte. Die Festsetzung genau dieser Bedingung muß als willkürlich empfunden werden, wenn die Beziehung selbst als unbedingt *ver-bindlich* – als Gegebensein des mich zu Recht unbedingt Angehenden – erfahren wird.[17] Was mich zu Recht unbedingt angeht – und nicht etwa nur deshalb, weil es mein Dasein bedroht und damit meine Aufmerksamkeit erzwingt –, das geht mich deshalb unbedingt an, weil es mich zu mir selbst herausfordert, weil es mit dieser Herausforderung tatsächlich der Sache nach um alles geht: um mich selbst, mein Heilsein.

So ist diese zu Recht *unbedingt* genannte Herausforderung die Heraus-For-

---

[17] Diese Empfindung der Willkürlichkeit und Unverhältnismäßigkeit ist womöglich der entscheidende Impuls religiöser »Aufklärung«: Die Bedingung hat ihre Selbstverständlichkeit verloren, die Selbstverständlichkeit, mit der ihrer Erfüllung zugetraut wurde, die Welt und das Göttliche zueinander ins rechte Verhältnis zu bringen und das Göttliche in die Gewährleistung der Lebensbedingungen einzubinden. Wo nicht mehr selbstverständlich ist, daß genau dieser Ritus – etwa weil er die Weltentstehung oder den Naturzyklus oder ein geschichtliches Gründungsereignis »sakramental« abbildet und erneuert – Gott und die Menschenwelt heilvoll verbindet, da beginnt die Reflexion ihr Werk. Sie distanziert die unbefragbar *nahe*, mit der Sicherungsbedürftigkeit der Welt selbst »aufdringlich« gegebene Bedingung zur mehr oder weniger fernen Bedingung, deren Unabdingbarkeit in Frage steht und von den Menschen selbst beurteilt werden kann. Die nunmehr als krisenträchtig erlebte Götterwillkür, die unnachvollziehbarerweise nach der Erfüllung genau dieser Bedingung verlangt, wäre nach Vernunftkriterien, die Sicherheit allein noch beurteilbar machen, durch den willkürlich gesetzten Ritus nur unsicher gebunden; sie muß wirkungsvoller aus der Menschenwelt ferngehalten werden: »Damit eine Kultur in Frieden leben kann, müssen sich ihre Götter weit in den Himmel zurückziehen. Es kann freilich vorkommen, daß man zum Schluß nur noch ihre Abwesenheit wahrnimmt«; so P. Strasser, Journal der letzten Dinge, 69.

derung meiner Freiheit, Herausforderung zu einer Affirmation, die ich nicht nach dem Mittel-Zweck-Kalkül bedingt, sondern unbedingt vollziehe: weil mir hier das in sich und um seiner selbst willen Bejahenswerte begegnet, das als solches anerkennen zu können und zu bejahen meine Identität, den »Sinn« meines Menschseins, ausmacht. Die unbedingte Herausforderung fordert mich heraus, frei zu bejahen, wovon ich einsehen kann, daß seine Bejahung oder Zurückweisung in letzter Hinsicht über die Menschlichkeit meines Daseins entscheidet. Freiheit wird hervorgerufen in der Frage, wozu ich unbedingt Ja sagen und wovon ich mich unbedingt in Anspruch genommen wissen kann; meine Freiheit ist erst da angesprochen und herausgefordert, wo ich nicht mehr – vernünftigerweise – dem Mittel-Zweck-Kalkül folgen *muß* bzw. folgen müßte, sondern mich in Anspruch nehmen lassen *kann* von dem, was mir als das unbedingt sein Sollende einleuchtet und deshalb eine von jedem Kalkül freie Zustimmung abverlangen darf. Die Dimension des Unbedingten eröffnet sich überhaupt erst hier: Sie zeigt sich in der unabweisbaren Differenz zwischen dem bloß zweckrational-strategischen Handeln, worin sich der Mensch in kluger Weise auf vermeintliche oder tatsächliche Sach-Zwänge einstellt bzw. sich erfolgversprechend in Funktionszusammenhänge seiner Welt einordnet, und einem Handeln, das sich auf das in sich Gute und seine unbedingte Herausforderung bezieht, worin das menschliche Subjekt sich erst als solches setzt. Es setzt sich, indem es sich selbst in Differenz setzt zur Zweckrationalität von Funktionszusammenhängen und sich so öffnet für ein unbedingt zu bejahendes »Um-willen«, auf das es sich in allen seinen Einzelentscheidungen beziehen *will*, weil es in ihm allein das seine Entscheidungen im Letzten Rechtfertigende erkennt.[18]

Die Herausforderung dieses Um-willen will als unbedingte angenommen werden. Sie wird als solche angenommen, wo sie in Differenz gesetzt wird zu bedingten Präferenzen, aufgrund derer man beurteilt, welches Handeln jeweils den größten Vorteil verspricht. Die formale Unbedingtheit der unbedingt herausgeforderten Freiheit muß sich freilich in endlich-geschichtlichen Bedingungszusammenhängen konkret bestimmen.[19] Es muß konkret identifiziert bzw. darüber entschieden werden, was das Sich-Herausfordern- und Ergreifenlassen von einem unbedingten Um-willen an Einzelentscheidungen und Lebensoptionen eröffnet und erfordert. In solchen Konkretionen steht dann auf dem Spiel, ob die freie Verpflichtung gegenüber einem Unbedingten lebenswelt-

---

[18] Die Strukturanalyse der Freiheit ließe sich hier transzendentallogisch vertiefen; vgl. dazu die verschiedenen Beiträge von H. Krings, vor allem seinen Artikel »Freiheit« in: H. Krings – H. M. Baumgartner – Chr. Wild (Hg.), Handbuch philosophischer Grundbegriffe, München 1973, 493–510. Theologisch schließt sich u. a. Th. Pröpper an Krings' Analysen an; vgl vor allem sein grundlegendes Werk Erlösungsglaube und Freiheitsgeschichte, München ²1988, bes. 171–194.
[19] Es geht hier transzendentallogisch um die Differenz der formalen Unbedingtheit der Freiheit zum konkret-bedingten Gehalt, auf den hin sie sich in Einzelentscheidungen verwirklicht; vgl. Th. Pröpper, op. cit., 185 f.

liche Konsequenzen nach sich zieht, ob und wie ihr im Feld des Bedingten entsprochen wird.

Wenn eine Konkretion unmittelbar – ohne daß kritisch nachvollzogen wird, ob und wie sich die vom Unbedingten in Anspruch genommene menschliche Freiheit in ihr vermitteln darf – als Entscheidungsort für oder gegen ein Unbedingtes geltend gemacht wird, so erscheint diese Bedingung als willkürlich gesetzte, mit Unbedingtheit »aufgeladene« Bedingtheit. Auf diesen Modus des Gegebenseins von Unbedingtem sieht die Religionskritik des 19. und 20. Jahrhunderts das Christentum, aber auch Judentum und Islam als »Gesetzesreligionen« festgelegt. Ihr dürfte mit guten Gründen widersprochen werden, wenn es gelänge, die religionskritisch geltend gemachte Widersprüchlichkeit von Bedingtheit und Unbedingtheit in ihrer Genese ansatzweise zu rekonstruieren: als das Widersprüchlich-Werden einer spannungsvollen, aber durchaus authentischen Würdigung des Göttlich-Unbedingten.[20]

2.3 Erwählung und Forderung

Die religiöse Beziehung wird in sich widersprüchlich, wenn in ihr Bedingtes unvermittelt mit Unbedingtem aufgeladen wird. Das Bedingte als Unbedingtes: das ist die Forderung, von deren Erfüllung *alles* abhängt, von deren Erfüllung entscheidend abhängt, wie den Menschen ergreift und angeht, was ihn *unbedingt* angeht: zerstörend oder heilvoll. In der unbedingten Forderung geht uns das Göttliche als das Heilige an, als das schlechthin Andere, dem nur nahekommen kann, wer sich heiligt bzw. heiligen läßt. Heiligung bedeutet Aussonderung

---

[20] S. Kierkegaard und E. Fromm versuchen diese Rekonstruktion von ganz unterschiedlichen Erklärungsansätzen aus. Sie ist auch Thema in Tillichs früher »Religionsphilosophie«. Tillich geht hier von einem Form-Inhalt- bzw. Form-Gehalt-Schema aus, das es ihm erlaubt, das Verhältnis von Religion und menschlicher Kultur unter den drei Bestimmungen »Heteronomie«, »Autonomie« und »Theonomie« zu würdigen. Die Spannung zwischen Heteronomie und Autonomie ist dadurch gegeben, daß das unbedingt Angehende – der unbedingte Gehalt – nur in bedingten Formen gegeben sein kann, die der »autonomen« Selbstbestimmung des menschlichen Geistes entspringen. So riskiert die Autonomie kultureller Formung den Verlust des unbedingten Gehaltes. Auch »der *heteronome Glaube* macht bei der bedingten Form halt, nur daß er sie nicht wie der *autonome Unglaube* als bedingte nimmt, sondern als Träger des Unbedingten«; Religionsphilosophie, a. a. O., 332. Heteronomie bedeutet hier das Nicht-Wahrnehmen oder die Leugnung der kulturellen Autonomie, in der auch die Formen der religiösen Beziehung aufs Unbedingte als bedingte Formungen hervorgebracht werden. Tillich sieht die Spannung zwischen Autonomie und Heteronomie sich transzendieren in die Theonomie, in der »die Erfülltheit aller Kulturformen mit dem Gehalt des Unbedingten« hervortreten kann bzw. überwunden wird durch »die Einsicht in den Charakter der Offenbarung als Durchbruch des Gehaltes durch die Form« (vgl. ebd., 330 bzw. 355). Die Anlage der 2. und 3. Kapitel der systematischen Vergewisserungen in den einzelnen Traktaten dieses Buches folgt in gewisser Hinsicht, wenn auch mit anderer Akzentuierung Tillichs Analysen einer »Dialektik« von Heteronomie und Autonomie. Das Konzept »Theonomie« wie auch das zugrundeliegende Form-Inhalt-Schema erscheinen mir differenzierungsbedürftig. So nehme ich auf sie eher indirekt – im Rahmen der in Kapitel 1.16 skizzierten Theorie der verschiedenen Modi des Gegebenseins – Bezug.

aus der Alltagswelt mit ihren Prioritäten und strategischen Handlungsmodellen, bedeutet Umkehr: Distanzierung von diesen Prioritäten und Handlungsmustern; bedeutet das Rechnen mit dem Anderen zu dieser Welt des Bedingten und das Sich-Ausrichten auf es. Die religiöse »Operationalisierung« der Heiligung – ihre unvermeidliche Konkretisierung in bestimmte Praktiken und entsprechende Anforderungen – trägt die Gefahr ihrer Verabsolutierung in sich: Die religiösen Praktiken oder Anforderungen werden hier selbst zur unbedingten Bedingung für eine dem Heiligen entsprechende, heilswirksame Heiligung. Diese Verabsolutierung drängt sich auf, wo – aus welchen Gründen auch immer – das göttlich Unbedingte in seiner heilvollen Zuwendung selbst als davon *bedingt* angesehen wird, daß die Menschen sich entsprechend heiligen. Die Bedingung wird unbedingt, weil sie hier für das Göttliche gilt, als Voraussetzung seiner »Umkehr« vom vernichtenden zum heilvollen Präsent-sein-Wollen. Wo also das Anderssein des Heiligen als zerstörende Negation gefürchtet wird, die durch die Selbstheiligung der Menschen gleichsam umgekehrt werden muß in heilvolle Bejahung, da ist der Mensch unbedingt genötigt, für die Bedingung, unter der Gottes Umkehr steht, aufzukommen.

Die biblischen Traditionen dürfen dafür in Anspruch genommen werden, daß dieses Widersprüchlichwerden der religiösen Beziehung zum Unbedingten nicht unausweichlich eintritt. Es ist auch hier davon die Rede, daß JHWH umkehrt (so etwa beim Noachbund nach der Flut; Gen 9, 1–17)[21], ja sogar davon, daß es ihn wegen der Umkehr »reut, daß er Unheil verhängt hat« (Joel 2, 13; vgl. Jer 18, 8; 26, 3.13.19; 42, 10; Jona 4, 2). Mose kann – erfolgreich – in ihn dringen: »Laß ab von deinem glühenden Zorn, und laß dich das Böse reuen, das du deinem Volk antun wolltest« (Ex 32, 12; vgl. 32, 14). Aber die dabei vorausgesetzte Grundkonstellation ist an keiner Stelle die, daß Gottes Wille, umzukehren von seinem Zorn, von der Erfüllung einer Bedingung durch die Menschen erst hervorgerufen werden muß, ja daß ihr die Macht zugesprochen würde, das von sich aus Unheil wirkende Göttliche zur Gewährung einer heilvollen Beziehung zu motivieren. Was Menschen um der Gottesgemeinschaft willen zu tun haben, das ist das Ernstnehmen *relativer Bedingungen*, deren Erfüllung es faktisch ermöglicht, daß Gottes Heilswille sich in den Bedingungen dieser Welt Bahn bricht.

JHWH ist gewiß auch für die biblische Religion der Heilige, dessen Anderssein die an ihn Glaubenden nötigt, selbst Andere, ja Fremdlinge zu sein: »Ihr sollt heilig sein, denn ich JHWH, euer Gott, bin heilig« (Lev 19, 2); das von

---

[21] E. Zenger spricht im Blick auf die mit den Sintflutgeschichten abgeschlossenen Schöpfungsgeschichte von einem »Lernprozeß des Schöpfergottes«, in dem er seiner »Schwäche für seine Geschöpfe« inne wird. Zengers Resümee: »Diese ›Schwäche‹ des Schöpfergottes ist seine unaufgebbare Bindung an seine Schöpfung, durch die die Welt zum Ort der täglich gelebten göttlichen Barmherzigkeit wird. Das ist in der Tat die Klimax der in Gen 1–9 entfalteten Schöpfungstheologie: Daß Gott der Schöpfer des Himmels und der Erde ist, bedeutet, daß er sie zutiefst liebt – gegen alle ›Vernunft‹ und ›umsonst‹ (d. h. nicht vergebens, sondern aus reiner Gnade)«; K. Löning – E. Zenger, Als Anfang schuf Gott. Biblische Schöpfungstheologien, Düsseldorf 1997, 167–173, hier 170.

JHWH ergriffene – erwählte – Volk hat sich in seinem Handeln dem Gott »an-zupassen«, der es in den JHWH-Gehorsam ruft, indem er es aus den Völkern für sich aussondert. Der Zugehörigkeit zu JHWH entspricht die Ortlosigkeit in die-ser Welt, in der Welt der Seßhaftigkeit und der Existenzsicherung.[22] So kann die Gottesbeziehung in den Zeiten der Heimatlosigkeit gelebt, ja in ihnen geradezu neu entdeckt und verifiziert werden: JHWH ergreift sein Volk, indem er es her-ausführt und dazu verpflichtet, der Welt der Seßhaften, der Großmächte und ihrer Herrschaftssicherung, der Welt der Götzen und ihrer Verlockungen, fremd zu bleiben. Das Gesetz ist nicht die unbedingte Bedingung, deren Erfüllung die von sich aus zerstörende Wirklichkeit des Heiligen zur heilvollen macht. Es ist die unabdingbare, »orthopraktische« Konsequenz der Erwählung, die es ermög-licht, daß die Erwählung – die Herausführung – nicht vergeblich war, weil die Herausgeführten die Intention der Erwählung aufnehmen und ihr in der All-tagswelt folgen können.

Die Glaubens-Identität der Erwählten gründet in dem Glaubens-Bewußt-sein, von JHWH gewürdigt zu sein, die »Intention« – die Ausgespanntheit – seines erwählend-aussondernden Willens zu kennen und sie deshalb mit- bzw. nachvollziehen zu können, damit sie sich in der Welt durchsetze. Die Glaubens-identität verbietet es, von Menschen im Gehorsam gegenüber den Götzen durchgesetzte Intentionen mit Gottes heiligem Willen zu verwechseln oder zu vermischen; sie ist deshalb durchaus Identität der »Distinktion, Seklusion, Ein-zigartigkeit – also Identität in einem emphatischen Sinne.«[23] Aber diese Identi-tät durch das Gott entsprechende Anderssein, durch die Einzigartigkeit der Teil-habe an seinem Anderssein, muß sich nicht in der potentiell gewaltsamen Verneinung der Welt und ihrer Güter beweisen. Was mit ihr unvereinbar wäre – und als unvereinbar mit der Erwählung von den Propheten immer wieder gebrandmarkt wird –, ist das gottwidrige, gottvergessene Gefangensein in der Logik eigenmächtiger Inbesitznahme und Ausbeutung des von JHWH eben nur »Geliehenen«. Unvereinbar mit der Identität der Erwählten wäre es, in der Welt territorialer Selbstbehauptung, in der Welt des Heute, die Gott und seine Er-wählung vergessen hat, heimisch werden zu wollen. »Israel soll nicht vergessen und soll sich nicht verführen lassen«; es soll sich seiner es aussondernden Gott-Beziehung bewußt bleiben, denn: »Anpassung wäre Vergessenheit«[24], wäre Ver-rat an der Erwählung.

Die Heiligung des Volkes geschieht durch *Erinnerung;* sie hat eine zeitliche Tiefenstruktur, weniger eine territorial-räumliche, so sehr die priesterliche »Be-

---

[22] Vgl. J. Assmann, Das kulturelle Gedächtnis, 201: »Exodus und Sinaioffenbarung als die zentralen Ursprungsbilder Israels beruhen auf dem Prinzip der Exterritorialität. Der Bund wird geschlossen zwischen einem überweltlichen, fremden Gott, der auf Erden keinen Tempel und keinen Kultort hat, und einem Volk, das sich auf der Wanderung zwischen dem einen Land, Ägypten, und dem anderen Land, Kanaan, im Niemandsland der sinaitischen Wüste befindet. Der Bundesschluß geht der Landnahme voraus. Das ist der entscheidende Punkt. Er ist exterritorial und daher von keinem Territorium abhängig.«
[23] Vgl. ebd., 198.
[24] Ebd., 225.

reichs-Logik« dies auch immer wieder vermischen mag: Die Erinnerung ist verankert in einer Gottesgeschichte, die das Volk zu einem für Gott ausgesonderten, geheiligten Volk gemacht hat, damit es sich nicht anpasse und so seine Identität verliere. Die Verwurzelung des erwählten und ausgesonderten Volkes steht auf dem Spiel, wenn es Gottes Anderssein vergißt. Und umgekehrt: Gottes Anderssein wird vergessen in allem, was beim Aufgehen im Heute und in der Anpassung an das heute Vorteilhafte vergessen wird. So hält das Gesetz in Erinnerung, was hier und jetzt nicht vergessen werden darf, auch wenn es zu den Prioritäten der Gegenwart nicht paßt; was nicht vergessen werden darf, obwohl es vergangen zu sein und für heute nichts mehr zu bedeuten scheint.

Die Erinnerung des Anderen ist die Rettung aus der Gefangenschaft im Heute. Das galt für Israels Erwählungsglauben; und es wird noch gebieterischer nach Geltung verlangen, wo die Eindimensionalität der »Heute-Existenz« die Erinnerungen ästhetisiert und die Zukunft nur als das andauernde Heute sich vorzustellen vermag: Erinnern ist – so *Herbert Marcuse* – »eine Weise, sich von den gegebenen Tatsachen abzulösen, eine Weise der ›Vermittlung‹, die für kurze Augenblicke die Macht der gegebenen Tatsachen durchbricht. Das Gedächtnis ruft vergangenen Schrecken wie vergangene Hoffnung in die Erinnerung zurück«.[25] Das Gedächtnis ist subversiv, weil es die Alleinherrschaft des *jetzt* Wichtigen, die Exklusivität und Selektivität des *heute* Beachteten in Zweifel zieht: »In einer Welt totalisierender Gleichschaltung ermöglicht Erinnerung die Erfahrung des Anderen und die Distanz vom Absolutismus der Gegenwart und des Gegebenen.«[26]

Wo die Bedürfnisse des Alltags auf Koordination und Kommunikation, damit aber auch auf die Herstellung von Gleichzeitigkeit zielen, da kommt der Religion innerhalb einer Kultur die Aufgabe zu, Ungleichzeitigkeit herzustellen. Und diese Herstellung von Ungleichzeitigkeit kann zu einem »Akt des Widerstands« werden, wenn die Mächte der Gegenwart die Alleinherrschaft anstreben und zu Götzen werden.[27] Religion relativiert hier, was sich absolut setzen will; und sie relativiert, indem sie die Welt des bedingungsweise zu Würdigenden von der Wirklichkeit des Heiligen, das unbedingt gewürdigt sein will, unterscheidet. So ist sie – wie die Religionsgeschichte Israels vielfach unter Beweis stellt – Bundesgenossin all derer, die in der Omnipräsenz des Heutigen keinen Platz mehr haben und nur darauf hoffen könnten, gegen eine sie selbst und ihr Leiden verdrängende Gegenwart in Gottes Zukunft zu ihrem Recht zu kommen. Religion hält hier mit ihrer Gotteserinnerung das Andere zu dem gegenwärtig, was die Welt im Heute beherrscht. Und sie verpflichtet dazu, die erinnerte Intention Gottes und um ihretwillen das der Vergessenheit und der Verdrängung anheimgegebene Andere nicht verloren zu geben.

Diese Verpflichtung fixiert nicht eine *in sich* unbedingte Bedingung. Sie

---

[25] H. Marcuse, Der eindimensionale Mensch, dt. Darmstadt 1967, 117.
[26] J. Assmann, Das kulturelle Gedächtnis, 86.
[27] Vgl. ebd., 84.

ist – obschon sie unabdingbar gilt – relativ zum Göttlichen und der ihm zuge-
schriebenen Heilsintention: Die religiöse Verpflichtung fordert biblisch, sich
von dieser Heilsintention unbedingt ergreifen zu lassen und sie mitzuwollen:
nicht damit Gott das Heil der Menschen will, sondern damit auch der Wille der
Menschen von Gottes Heilswillen ergriffen werde. Heiligung ist nicht die unbedingte Bedingung, sondern unabdingbare Konsequenz der heilbringenden Gemeinschaft mit dem Heiligen.

Hier läßt sich auch der Ort markieren, an dem die religiöse »Ausgespanntheit«, die der Intention des Heiligen entsprechen will, zum religiösen Selbstwiderspruch zerbricht. Wo es nicht darum geht, die Intention des Heiligen in
der Praxis und im Zeugnis des Glaubens mitzuwollen, sondern sie durch religiöse Praxis umzukehren, da ist das in religiöser Praxis Intendierte nicht mehr von
der Entsprechung zu Gottes Heils-Intention her normiert. Das Geforderte soll
die Heilsintention Gottes ja erst hervorrufen, ist deshalb nicht schon von ihr
getragen, sondern davon bestimmt, einem Göttlichen zu entsprechen, das man
daran hindern muß, Unheil zu wirken. Die »apotropäische« religiöse Praxis
kennt nicht die Relativität des ihr Gebotenen zur absoluten Gegebenheit der
göttlichen Heilswirklichkeit. Sie kennt nur die Unabdingbarkeit des Regel-Ge-
horsams, der mit der Erfüllung des ihm unbedingt Abverlangten das Unheil
abwendet.

Der religiöse Selbstwiderspruch stellt sich ein, wo die Heiligung nicht mehr
an das Heilige angleicht, sondern es meint zähmen zu müssen. Das um dieser
Zähmung willen Geforderte hat nicht die Qualität des Mitwirkens mit Gottes
gutem Willen, sondern des Verhinderns oder »Bannens«. Die Forderung hat hier
Tabu-Charakter. Das Tabu darf nicht übertreten werden, weil damit Gottes Zorn
herausgefordert wäre. Das Tabu gilt unbedingt, ohne daß man wüßte, wozu es
»gut« ist – außer daß es die Entladung des Gefährlich-Göttlichen verhindert. Es
ist nicht relativierbar auf ein letztes Gut, das mit dem guten Gott mitgewollt
werden muß. So gewinnt es mit seiner konkreten Forderung Letztbedeutung:
Dieser Ritus, dieses Verbot, diese Formen der Absonderung von den »Unreinen«
sind in sich selbst unbedingt geboten, identitätsverbürgend. Das Gebotene muß
gehalten werden, *weil* es geboten ist und jeder Ungehorsam Unheil auslöst. Wer
es nicht *so* macht, der kann sich dem Heiligen nicht heilbringend nähern, der
fordert eine schlechthin unheilvolle Reaktion des schlechthin Anderen heraus,
das mit seinem Anderen – den Tabu-Brechern – nicht zusammen existieren will.

Wo nicht das Gebotensein als solches religiöse Praxis bestimmt, sondern
die Herausforderung, Gottes guten Willen mitzuwollen, da wird Gottes Anderssein auch nicht als das den Menschen und seine Eigenwirklichkeit Negierende
verstanden werden, sondern als jene andere Wirklichkeit, die den Menschen
selbst heilvoll relativiert: ihn auf das Andere seiner selbst bezieht, in dem er zu
sich selbst findet und eben nicht untergeht. Diese Herausforderung ist – christlich gesprochen – Gnade, das Geschenk, teilhaben zu dürfen an dem, was mich
zu meinem Heil verwandelt. Glaubens-Identität wäre hier dem Glaubens-Wissen darum verdankt, was Gott zu meinem Heil mit mir anfängt, wie er mir so

mein Anderer werden will, daß ich in heilvoller Weise zum Anderen meiner selbst finden kann; im Glaubens-Wissen darum, daß *er* es sein muß, der mich zu meinem Heil herausfordert, und *ich* es bin, der von ihm herausgefordert ist, ihn als meinen Anderen und im Anderen zu würdigen.

2.4 Die Unbedingtheit der Zuwendung zum Anderen

Die Unbedingtheit der religiösen Beziehung ist hier gegeben in der Beziehung zum unbedingt Anderen, in einer Beziehung also, die selbst unbedingt ist und demnach in keiner Hinsicht nur Mittel zu einem Zweck wäre, der durch sie außerhalb der Beziehung zu erreichen wäre. In ihr geht es allein um den Anderen, nicht eigentlich um den, der sich von dieser Beziehung ergreifen läßt oder um den Gewinn, den er sich für sich selbst von ihr versprechen dürfte. Es war vor allem der jüdische Philosoph *Emmanuel Lévinas,* der die Unbedingtheit des Anderen in ihrer religiösen Bedeutung geltend gemacht und als die einzige Gegebenheitsweise verstanden hat, in welcher Gott, das bzw. der Unbedingt-Unendliche, den Menschen – das »Subjekt« – angeht, ihm aber gerade nicht so gegeben wird, daß er sich in ihr des Göttlichen bemächtigen könnte.

Religion besteht für Lévinas in dem »Band, das zwischen dem Selben und dem Anderen entsteht, ohne eine Totalität auszumachen«[28], ohne also vom »Selben« – der sich im Anderen mit sich selbst identifizierenden menschlichen Vernunft – in ein von ihm bestimmtes Ganzes eingeholt werden zu können. Dieses Band knüpft sich beim Heimgesuchtwerden vom anderen Mitmenschen, seinem »Antlitz«. Im Antlitz kommt der Andere unverfügbar fordernd auf das Subjekt zu, »im Ausgang von einer absolut fremden Sphäre – d. h. aber gerade im Ausgang von einem Absoluten«.[29] Das Antlitz konfrontiert das Subjekt mit dem absolut Anderen: »Das absolut Andere ist *der* Andere.«[30] Seine Absolutheit macht das von ihm angegangene Subjekt zum sub-iectum im Wortsinne: zu dem vom Anderen seiner selbst Angegangenen und Unterworfenen. Die Selbstbezüglichkeit des Subjekts, das sich ja immer schon als das auf die Welt Ausgreifende und sie seinen Intentionen Unterwerfende identifiziert, wird hier »subversiv« hintergangen, zurückgeworfen auf reine »Ausgesetztheit«[31], der es sich nicht entziehen und derer es sich nicht bemächtigen kann. So ist Subjektivität die

> »Verantwortlichkeit für den Anderen, Sich-dem-Andern-Unterwerfen (sujétion à autrui). Das Ich ist Passivität, die passiver ist als jede Passivität, weil es sogleich im Akkusativ steht. Es findet *sich* – in einem Akkusativ, der nie im Nominativ gewesen

---

[28] Vgl. E. Lévinas, Totalität und Unendlichkeit: Versuch über die Exteriorität, dt. Freiburg – München 1987, 46.

[29] Vgl. ders., Die Spur des Anderen, dt. Freiburg – München ³1992, 222.

[30] Ders., Totalität und Unendlichkeit, 44.

[31] Vgl. ders., Jenseits des Seins oder anders als Sein geschieht, dt. Freiburg – München 1992, 116.

ist – obgleich ohne Schuld unter der Anklage des Andern. Als Geisel des Andern gehorcht es einem Gebot, bevor es dieses gehört hat; in Treue zu einer Verpflichtung, die es nie eingegangen ist«[32].

Dieses ursprüngliche, vor jedem Anfangenkönnen einer Beziehung von seiten des Subjekts liegende und in diesem Sinne »anarchische« Angegangensein vom »absolut Anderen« ist die Spur des Angegangenseins vom Göttlichen, eines Angegangenseins freilich, das – als »Spur« – ein Vorübergegangensein ist: Das Subjekt kann auf Gott nur als den Vorübergegangenen stoßen[33], als den, der es immer schon im »anarchischen« Angegangensein vom Anderen unterworfen hat und deshalb nie als ein Gegenüber vorstellbar wäre, das vom Subjekt als Gegenstand *seiner* Welt identifiziert werden könnte. Das Göttlich-Unendliche ist auch im Angegangensein vom Anderen nicht dingfest zu machen; es ist in ihm als Abwesendes anwesend – eben als Spur.

In bestimmter Hinsicht könnte man also sagen, das Unterworfensein vom unhintergehbaren und unvordenklichen Anspruch des Anderen vermittle dem Subjekt das Angegangensein vom Unendlich-Göttlichen, wenn man nur sogleich hinzunimmt, daß solche Vermittlung des »Vermittelten« nicht mächtig ist, ihn für das vermittelnde Denken eben nicht integrierbar macht. Immerhin kann Lévinas sagen: »Dieselbe Bewegung, die zum Nächsten führt, führt zu Gott.«[34] So dürfte man – gewiß unter Berücksichtigung des biblischen Bilderverbots – in seinem Sinne vielleicht auch sagen, im Nächsten bilde sich Gottes unbedingte Transzendenz ab, insofern das Dem-Nächsten-Ausgesetztsein für das Subjekt die Spur des vorübergegangenen und es zur Nachfolge herausrufenden Göttlichen *ist*. Das unbedingt Angehende ist hier mit äußerster Konsequenz als die in ihrem *Angehen* nicht mehr relativierbare oder vom Subjekt in irgendeiner Weise einholbare Wirklichkeit Gottes gedacht: Gott ist uneinholbar »vorübergegangen«, da er das Subjekt in der Spur des Nächsten gebieterisch herausfordert und sein Synthetisieren- und Totalisierenwollen unterbricht, da er das menschliche Subjekt mit letzter Verbindlichkeit zum sub-iectum macht.

Aber ist die religiöse Beziehung wirklich gleichbedeutend mit einem »Ausgesetztsein«, in dem das Subjekt zur »Geisel« dessen wird, der es unbedingt anfordert, ja unterwirft? Wäre damit nicht doch religiös ein Entweder-Oder zwischen Subjekt und dem Anderen gesetzt und der Andere so weitgehend verabsolutiert, daß der zur Geisel Genommene sich ihm zu opfern hätte?[35] Die Fragen, zu denen Lévinas Anlaß gibt und die er selbst in einer Weise beantwortet, die hier noch nicht adäquat gewürdigt werden kann, lassen sich noch zuspit-

---

[32] Ders., Gott und die Philosophie, in: B. Casper, Gott nennen. Phänomenologische Zugänge, Freiburg – München 1981, 81–123, hier 106.

[33] Dieses Motiv wird wohl – zumindest auch – eine Assoziation an Ex 33,22 f. sein: Mose wünscht sich eine Begegnung mit JHWH; sie kann ihm aber nur so zuteil werden, daß JHWHs Herrlichkeit an ihm vorübergezogen *ist*.

[34] Ders., Dialog, in: F. Böckle u.a. (Hg.), Christlicher Glaube in moderner Gesellschaft, Bd. 1, Freiburg – Basel – Wien 1981, 61–85, hier 80.

[35] Vgl. Die Spur des Anderen, 258.

zen: In welchem Sinne darf und muß man sagen, daß sich Gottes Absolutheit und Unbedingtheit dem Nächsten und seinem unbedingten Anspruch einschreibt? Wie weit darf die Identifikation des Anspruchs, dem das Ich vom Nächsten her immer schon ausgesetzt ist, mit dem unbedingten Angegangensein von Gott gehen? Zwingen hier nicht gerade die biblischen Überlieferungen vom Herausgerufen- und Herausgefordertsein Israels zu Differenzierungen?

2.5 Verinnerlichung des Anderen?

In seinem JHWH-Glauben erinnert sich Israel seines Herausgerufenseins; erinnert es die Gesetzgebung am Sinai, die ihm den Weg der Heiligung vorzeichnet. Das Gesetz befolgen heißt, sich der Identität des Volkes als des von JHWH zur Heiligkeit erwählten zu erinnern und *deshalb* seinen Willen nicht den naheliegenden Prioritäten seßhafter Existenzsicherung und nationaler Selbstbehauptung unterzuordnen. Gottes heiliger Wille verbietet es, sich in dem festzumachen, was sich das Volk selbst als Existenzgrundlage sichern kann. Seine Auslegung im Gesetz soll das Volk dazu anhalten, Land und Lebenkönnen als das es in die Pflicht nehmende Geschenk seines Gottes entgegenzunehmen. Die Verpflichtung verbindet Israel mit seinem Gott, läßt es teilhaben an der Absicht des Schenkenden, die sich an den Beschenkten, aber eben auch durch sie erfüllen soll.

Aber es war offenkundig für Israel immer wieder auch so, daß sich diese Verpflichtung verselbständigte zum ihm von JHWH auferlegten Anders-Sein-Müssen; zum Zwang, einem übermächtigen Herrn bis in die Einzelheiten des alltäglichen Lebens Gehorsam zu leisten, damit er sich weiterhin an seine Bundeszusage gebunden fühle. War Israel seiner Forderung absolut ausgesetzt, mit ihr einfach nur auf Gedeih und Verderb konfrontiert? Repräsentiert sie das uneinholbare Außen, die unbedingte Transzendenz des Fordernden, so daß die Forderung das unhintergehbar »Letzte« wäre und als die einfach nur von außen auferlegte stehenbleiben mußte? Die Äußerlichkeit der Verpflichtung wurde im Exil und nachexilisch wie ein Fremdkörper im Zentrum des Volkes und seines Zusammenlebens empfunden, symbolisiert in den steinernen Gesetzestafeln, die als Steine so wenig von dem »Geist« spüren lassen, der die Gabe des Gesetzes durchatmet und die dem Gesetz Gehorchenden anstecken will. Die Vision des erneuerten Bundes bei Jeremia und Ezechiel schaut die Überwindung dieser Äußerlichkeit und Fremdheit. Der erneuerte Bund wird sich nicht nur auf steingewordene Verpflichtung gründen, sondern auf die Mitteilung des Gottesgeistes, der Gottes guten Willen in den Glaubenden zur inspirierenden Lebenswirklichkeit macht:

»Das wird der Bund sein, den ich nach diesen Tagen mit dem Haus Israel schließe – Spruch des Herrn: Ich lege mein Gesetz in sie hinein und schreibe es auf ihr Herz. Ich werde ihr Gott sein, und sie werden mein Volk sein« (Jer 31, 33).
»Ich schenke euch ein neues Herz und lege einen neuen Geist in euch. Ich nehme das Herz von Stein aus eurer Brust und gebe euch ein Herz von Fleisch. Ich lege meinen Geist in euch und bewirke, daß ihr meinen Gesetzen folgt und auf meine Gebote achtet und sie erfüllt« (Ez 36, 26 f.; vgl. 11, 19; 18, 31).

Wo man kaum noch fühlt, daß Gottes Gesetz An-Gebote sind, den Weg zum Leben zu gehen, wo der innere Antrieb fehlt, der von innen heraus vollbringen ließe, was zum Leben führt – die Leidenschaft für den Weg Gottes mit seinem Volk –, da wird bei der Erneuerung des Bundes Gottes *ruach* das Volk ergreifen. Sie ist die neue Lebenskraft, vergleichbar dem Herzen bzw. dem, was von ihm ausgeht: dem neuen Lebensstrom, der den Körper – das Volk – lebendig und handlungsfähig macht. JHWHs *ruach* wird sich darin auswirken, daß die, denen sie geschenkt ist, wieder sehen und wollen können, wozu Gott sie erwählt hat.

Gottes Geist ergreift die Menschen, die sich ihm nicht von vornherein versperren. Das Ergriffensein von dem, was uns »unbedingt angeht«, wird in der Tradition biblischen Glaubens zum Ergriffensein von einem Geist, der die von ihm Ergriffenen nicht zu besessenen Fanatikern macht, zu Entfremdeten, die eine fremde Macht über ihr Innerstes herrschen lassen, zu Opfern oder »Geiseln«; das Ergriffensein vielmehr von einem Geist, der sie zur Freiheit befreit hat und davor bewahren will, daß sie sich noch einmal das »Joch der Knechtschaft« auflegen lassen (vgl. Gal 5, 1). Von diesem Geist mit Gott verbunden sind sie nicht mehr »Sklaven der Götter«, der »schwachen und armseligen Elementarmächte«, die im ängstlichen Beachten von »Tagen, Monaten, bestimmten (Fest-)Zeiten und Jahren« geehrt sein wollen. Wer – nach der Erfahrung des Paulus in Christus, in der Kraft seines Geistes – Gott »erkannt« hat, der kann davon ablassen, ihn mit der genauen Einhaltung religiöser Riten und Gesetze unschädlich machen oder binden zu wollen; für den ist die Gottesbeziehung ein Verhältnis der Freiheit geworden.

Ist diese Verinnerlichung der Gottesbeziehung nicht schon das Urbild jener »humanitären Religion«, die *Erich Fromm* als Gegenbild zu einem autoritärentfremdenden Christentum entwickelte? Für sie wäre Gott, der Heilige, »das Symbol für die *Eigenkräfte des Menschen*, die er in seinem Leben zu verwirklichen sucht, und nicht ein Sinnbild für Stärke, Herrschaft und *Macht über den Menschen*«. Das »religiöse Erlebnis« bestünde hier »in der Empfindung des Einsseins mit dem All, gegründet auf die Beziehung zur Welt, die er (der Mensch; J. W.) durch Denken und Liebe erfaßt.« Das Ziel des Menschen in einer humanitären Religion liegt nach Fromm darin, »seine größte Stärke, nicht seine äußerste Ohnmacht zu erreichen; Tugend ist Selbstverwirklichung, nicht Gehorsam.«[36]

Gott, »das Bild des höheren Selbst des Menschen … ein Symbol dessen,

---

[36] E. Fromm, Psychoanalyse und Religion, 49.

was dieser der Möglichkeit nach sein oder werden könnte« – oder Gott als der einzige »Besitzer dessen, was ursprünglich dem Menschen eigen war: der Vernunft und der Liebe«, so daß der Religiöse nur in dem ganz anderen Gott Beziehung finden kann zu dem ihm religiös entfremdeten Urkräften des Menschseins[37]: Diese Alternative ist nach Fromm vielfach aufgegriffen und zum Manifest der postchristlichen Religion eines Neuen Zeitalters ausformuliert worden. Ein kurzer Blick auf solche Versuche mag die Dialektik eines heute vielfach favorisierten religiösen Beziehungsschemas hervortreten lassen. Dabei wird auch darauf zu achten sein, wie die von Fromm und seither vielfach geltend gemachte Religions-Alternative die für den biblischen Traditionszusammenhang so zentrale ethische Akzentuierung des Gottesverhältnisses ins Abseits drängt. Und es wird mit Lévinas zu fragen sein, ob die religionsphilosophisch wie religionspsychologisch eingeforderte Verinnerlichung des Bezogenseins auf Gott nicht doch bedeuten würde, »ihn in ein assimilierendes Wissen eingeschlossen zu haben, in eine Erfahrung, die ein Zugreifen und Erfassen bleibt, welches auch immer ihre Modalitäten sein mögen«. Wird hier – wie Lévinas gegen eine ontologische Philosophie geltend macht, aber ebenso gegen eine psychologisierende Theorie der Religion hätte einwenden können – »die Unendlichkeit oder die totale Andersheit oder die Neuheit des Absoluten nicht wieder der Immanenz zurückgegeben ... dem System, in welches das Wissen einmündet oder dem es durch die Geschichte hindurch zustrebt?«[38]

---

[37] Vgl. ebd., 62 f.
[38] Vgl. E. Lévinas, Wenn Gott ins Denken einfällt. Diskurse über die Betroffenheit von Transzendenz, dt. Freiburg – München ²1988, 14.

3. Die Wahrheit im »Nicht-Anderen«

3.1 Das Wahre ist das Einssein

Das »Neue Zeitalter« – New Age – hat das Bewußtsein der religiös-spirituellen Trendsetter zwar nur kurzzeitig bestimmen können. Mit diesem Schlagwort sind jedoch einige ins allgemeine Zeitbewußtsein eingegangene Denkschemata verbunden, die Aufmerksamkeit verdienen; so etwa die Distanzierung der Religiosität des »Neuen Zeitalters« von einer »dogmatischen« Gläubigkeit oder Theologie mit ihrer Ausrichtung auf ein »Höchstes Anderes«, das hier »nicht einfach ein psychologisches Anderes« ist, sondern »ein ontologisches Anderes, das seinem Wesen nach für immer von uns getrennt ist.«[1] Die neue Religion – von *Ken Wilber* auch »Ewige Philosophie« (philosophia perennis) genannt, da ihre Grundmerkmale in allen wichtigen Traditionen aufzufinden seien – geht mit den überlieferten Religionen davon aus, »daß es irgendeine Art von Unendlichem, irgendeine Form von absoluter Gottheit gibt.« Man dürfe sich diese Gottheit – so Wilber weiter – aber nicht wie etwa im Christentum vielfach

> »als kolossales Wesen, als liebenden Vater oder einen außerhalb seiner Schöpfung, den Dingen, Ereignissen und den Menschen stehenden großen Schöpfer vorstellen. Am besten stellt man sie sich metaphorisch als den Urgrund, das Sosein oder die Voraussetzung aller Dinge und Geschehnisse vor. Die Gottheit ist nicht ein von allen endlichen Dingen getrenntes Großes Ding, sondern eher die Realität, das Sosein oder der Urgrund aller Dinge.«[2]

Wie viele andere proklamiert Ken Wilber den Abschied von einer »personalen« Gottesvorstellung und von einer Religion »personaler Beziehung«, verstanden als Beziehung zu einem vom Ich geschiedenen Nicht-Ich, zum Absoluten als einem *Anderen*. Stattdessen gilt für Wilber als Grundsatz einer nichttheistischen Religion: »Das Absolute ist nicht das Andere, sondern durchdringt gewissermaßen das Gewebe von allem, was ist«. Es ist »das integrale Ganze«, das eben nicht »als separate und wahrnehmbare Einheit«, sondern in allem existiert[3]; also nicht das Andere als das Absolute, von der Wirklichkeit der Schöpfung und des Menschseins »Abgelöste«, sondern das Absolute als das *in allem Wirkende*, als

---

[1] Vgl. K. Wilber, Halbzeit der Evolution, dt. München 1988, 15 f.
[2] Ebd., 17.
[3] Vgl. ebd., 18.

sein Integral. So ist die Grundbewegung dieser Religion nicht das Verlangen, durch Errettung aus dieser Welt – aus der Geschichte mit ihrer Not und ihrem Leid – im und beim Anderen dieser Welt »erlöst« zu sein. Es geht ihr vielmehr entscheidend darum, das Absolute »als integrale Ganzheit ... zu entdecken«, sich selbst in dieser Ganzheit zu erfahren und zu der befreienden Erkenntnis zu gelangen, »daß das Selbst und das Andere eins sind«, daß das Selbst im tiefsten »mit Gott eins« ist, so daß sich der Glaubende in seinem Verhältnis zum »Großen erhabenen Anderen« nicht auf einen »außenstehenden« Gott, sondern auf »das Wesen und Sosein des eigenen Seins« bezieht, um es in sich zur Entfaltung zu bringen.[4]

Man wird kaum behaupten können, dieses Manifest einer neuen »alten«, ja ewigen Religion oder Philosophie habe das religiöse Beziehungsschema und die Gegebenheitsweise des Unbedingten, von denen sich die Religion des neuen Zeitalters bestimmt weiß, hinreichend expliziert. Es lebt eher von den Negationen – von dem, was es nicht will: das Andere als Anderes, personal Unterschiedenes – als von der Artikulation des Absoluten und der Beziehung zu ihm, die ihm selbst vorschwebt. Verrät sich darin eine unumgängliche sprachliche Verlegenheit, die sich immer einstellt, wenn vom Absoluten oder Unbedingten geredet werden soll, eine Verlegenheit, angesichts derer man sich gern auf die Mystik aller Religionen beruft? Oder hat man es hier mit einer begrifflichen Sorglosigkeit zu tun, der es genügt, sich gegen das allgemein Abgelehnte zu profilieren und sich gerade so für alle möglichen Interpretationen und Erfahrungen anschlußfähig zu halten?

Eine der Erfahrungen, die die »Ewige Philosophie« für sich in Anspruch nimmt, ist die der mystischen Erleuchtung der östlichen wie der westlichen Traditionen, und hier insbesondere die der *Nicht-Zweiheit* von Selbst und Göttlichem, wie sie etwa in der hinduistisch geprägten Advaita-Philosophie artikuliert wird: »Große Befreiung« (moksa) ereignet sich am Meditierenden, wenn er dessen inne wird, daß jene Abtrennung vom göttlichen Urgrund (brahman), die ihn mit Selbstbehauptung gegen die unabwendbar scheinende Nichtigkeit des Selbst reagieren ließ, auf »Nichtwissen« beruht. Der Wissende läßt den Dualismus von *atman* und *brahman* hinter sich, weiß sich in Einheit mit dem Göttlichen und lebt – als Erlöster – aus dieser Einheit. Advaita – Nicht-Zweiheit – meint aber nicht einfachhin Identität. Einschlägige Texte lassen vielmehr »die Deutung zu, daß der Erlöste in engster Weise auf *brahman* bezogen bzw. *im brahman* ist, was die für personale Erfahrung notwendige Differenz aufrechterhält.« Das Göttliche kann dann verstanden werden als »vollkommen immanent«, aber es »ist zugleich unendlich mehr bzw. vollkommen transzendent und wird von der Welt nicht erkannt«.[5] Die New-Age-Adaptationen akzentuieren jedoch eher Identitätsformeln, wie sie etwa in der Zen-Tradition bzw.

---

[4] Vgl. ebd., 20–29.
[5] M. von Brück, Einheit der Wirklichkeit. Gott, Gotteserfahrung und Meditation im hinduistisch-christlichen Dialog, München ²1987, 78 bzw. ebd. Fußnote 55 zu Aranjaniyil.

deren Vermittlung an den Westen durch *Daisetz Teitaro Suzuki* zu finden sind. Sie sprechen davon, daß der ins »kosmische Unbewußte« Eintauchende mit dieser Erleuchtung zur »Ichlosigkeit« gelangt, in seiner »tiefsten Quelle verwurzelt und konzentriert«, ja »zur freifließenden Offenbarung jener Quelle« wird – zum wahrhaft schöpferischen Menschen und »Künstler des Lebens«.[6]

Solche Formulierungen erlauben es, die hinduistisch-buddhistische Mystik mit dem westlichen Selbstverwirklichungsideal zusammenzunehmen und den Sinn authentischer, religiöser Erfahrung darin zu sehen, daß der Meditierende sich *seiner eigenen Göttlichkeit* bewußt wird, der Göttlichkeit jener Kräfte, die ihn zum schöpferischen, sich selbst verwirklichenden Menschen machen – wenn er dahin kommt, die neurotisch-egozentrischen Blockaden gegen das freie Fließen dieser Kräfte beiseite zu räumen. Die Dialektik der Identität zeigt sich in der oft genug mehr oder weniger absichtsvoll verschwiegenen Zweideutigkeit der Identitätsformeln[7]: Ich in Gott – Gott in mir – mein »höheres Selbst« und das Göttliche sind dasselbe – das Göttliche als die Quelle meiner Schöpferkraft. Die Metapher der Quelle scheint besonders gut geeignet, östliche Traditionen spirituell »anzuzapfen«. Suggeriert sie nicht, daß es darauf ankommt, die Quelle schöpferischen Lebens auch wirklich auszuschöpfen, die dort entspringenden Wasser sich nutzbar zu machen für ein erfülltes, selbstverwirklichendes, alle Möglichkeiten der Erfahrung ausschöpfendes Leben im Hier und Jetzt? Steht hier nicht die Verheißung im Vordergrund, bei entsprechender Beherrschung der einschlägigen Techniken könne die Quelle des Göttlichen zu *meiner* Quelle werden, zur Quelle *meines* Glücks, *meines* Reichtums? Ein Blick zurück auf *Meister Eckharts* Bild der »Frommen«, die Gott anschauen mit den Augen, mit denen sie eine Milchkuh anschauen, mag verdeutlichen, wie weit dieses Anzapfen spirituell-mystischer Traditionen sich von solchen Traditionen – nicht nur des Westens, sondern wohl auch des Ostens – entfernt hat. Die Dialektik der Identität macht Entgegengesetztes verwechselbar: Das Sich-Zunutze-Machen »göttlicher Energien« in selbstverwirklichungsorientierten Meditationsprogrammen einerseits und andererseits das mystische Zunichte-Werden, das Sich-Lassen auf jene göttliche Wirklichkeit hin, die in mir »geboren« wird, mich ganz und gar durchdringen und bestimmen will, damit ich zur Gegenwart *ihres* Wirkens in der Welt werde. Diese Verwechselbarkeit ist gewiß nicht den mystischen Traditionen selbst anzulasten. Sie sprechen eindeutig – wenn auch an der Grenze des Sagbaren – von jenem Eins- oder Einigwerden, das den Glaubenden *in* Gott und *aus* Gott zur Wirklichkeit Gottes werden läßt.

Für Meister Eckhart ist Gottes-»Beziehung« die Beziehung des In- bzw. Aus-Gott-Geborenwerdens und der Gottesgeburt in der Seele. Wer aus Gott

---

[6] Vgl. D. T. Suzuki, Über Zen-Buddhismus, in: E. Fromm – D. T. Suzuki – R. de Martino, Zen-Buddhismus und Psychoanalyse, Frankfurt a. M. 1972, 9–100, hier 27 ff., 35 bzw. R. de Martino, Die Situation des Menschen und der Zen-Buddhismus, ebd., 181–218, hier 215.
[7] Vgl. dazu L. Lütkehaus, Schöner meditieren. Wie der Buddhismus im esoterisch spiritualisierten Westen verhunzt wird, in: Die Zeit, 29. Juli 1994, 28.

geboren und in wem Gott geboren wird, der wird zur Wirk-lichkeit Gottes; von ihm gilt: »Gott wirkt und ich werde«[8]; in ihm wohnt Gott ewig, damit er ewig bei Gott wohne.[9] Gott wohnt in »seinem Haus«, im Tempel; so muß der Glaubende zu Gottes Tempel werden, zum »leeren« Tempel, in dem nichts anderes mehr wohnt, keine anderen Götter und Götzen mehr sich breit gemacht haben. Gott will »diesen Tempel leer haben, auf daß denn auch nichts weiter darin sei als er allein.« Jesus möge in die Glaubenden einkehren, damit er hinauswerfe und wegräume »alle Hindernisse und uns Eins mache, wie er als Eins mit dem Vater und dem heiligen Geiste ein Gott ist, auf daß wir so mit ihm eins werden und ewig bleiben«.[10]

In Predigt 59[11] faltet Eckhart die Tempelmetaphorik im Zusammenhang mit der Perikope vom zwölfjährigen Jesus im Tempel und der Rückkehr seiner Eltern in den Tempel aus (Et cum factus esset Jesus annorum duodecim). Josef und Maria fanden ihren Sohn nicht in der »Menge«, im alltäglich Bekannten, am Ort ihres betriebsamen Alltags:

> »Und drum mußten sie wieder umkehren dorthin, woher sie gekommen waren; und als sie wieder zu dem Ausgangspunkt zurückkamen in den Tempel, da fanden sie ihn. So auch mußt du, wahrlich, wenn du diese edle Geburt finden willst, alle ›Menge‹ lassen und mußt zurückkehren in den Ursprung und in den Grund, aus dem du gekommen bist. Alle Kräfte der Seele und alle ihre Werke: das alles ist ›Menge‹; Gedächtnis, Vernunft und Wille, die alle vermannigfaltigen (zerstreuen; J. W.) dich. Darum mußt du sie alle lassen: die Sinnen- und Einbildungsbetätigung und (überhaupt) alles, worin du dich selbst vorfindest oder im Auge hast. Dann erst kannst du diese Geburt finden und sonst nicht, ganz gewiß. Er ward nie gefunden unter Freunden, noch ›unter Verwandten noch bei den Bekannten‹; vielmehr verliert man ihn da gänzlich.«[12]

Die Gottesgeburt wird hier mit der Rückkehr in den Ursprung zusammengesehen. Rückkehr meint allerdings Abkehr von allem Zerstreuenden, vom »Vermannigfaltigenden«, von allem, was den Glaubenden in die »Kaufmannschaft«[13] – in die Sorge um Vorteil und Gewinn – hineinzieht. Wer sich allen Wirkenwollens um des eigenen Vorteils und Genusses willen entledigt, der wird Gott ähnlich, der ist in der »Gleichheit« zu ihm, dem wahrhaft Selbstlosen; der ist bereit, die Fülle des sich selbst verströmenden Guten zu empfangen; und Gott wird ihn mit sich selbst erfüllen, da er gar nicht anders »kann«:

> »Wäre etwas Leeres unter dem Himmel, es sei, was es wolle, groß oder klein, entweder zöge es der Himmel zu sich hinauf, oder er müßte sich hernieder neigen und

---

[8] Meister Eckhart, Deutsche Werke, Bd. I, Stuttgart 1958, 114,5.
[9] Vgl. Predigt 19 (Sta in porta domus domini et loquere verbum), in: J. Quint (Hg.), Deutsche Predigten und Traktate, 237–240, hier 240.
[10] Predigt 1 (Intravit Jesus in templum et coepit eicere vendentes et ementes), a. a. O., 153–158.
[11] Vgl ebd., 432–439.
[12] Ebd., 432.
[13] Vgl. Predigt 1, ebd.

müßte es erfüllen mit sich selbst. Gott, der Meister der Natur, leidet es gar nicht, daß irgend etwas leer sei. Steh darum stille und wanke nicht«.[14]

Gott erfüllt mit sich, was sich seiner Fülle als erfüllbar – als Leere – darbietet, denn »es wäre ein großer Mangel an Gott, wenn er nicht große Werke in dir wirkte und großes Gut in dich gösse, dafern er dich so ledig und so bloß findet.«[15] Wenn aber die Gottesgeburt geschehen ist, wenn Gott den für ihn Bereiten mit sich erfüllt hat, so kannst du »in allen Dingen ... nichts anderes aufnehmen als diese Geburt; ja, alle Dinge werden dir lauter Gott, denn in allen Dingen hast du nichts mehr im Auge als nurmehr Gott.«[16]

Meister Eckharts Schüler *Heinrich Seuse* unterscheidet sechs Stufen auf dem Weg der Gottesempfängnis und Gottesgeburt: Der Mystiker schreite so auf diesem Weg voran, daß er sich »mit aller Kraft in Gott verliere«, »sich in unwiderruflicher Weise seines Selbst entäußere«, »auf solche Weise mit Christus eins werde«, »nach dessen Einsprechen aus ihm heraus allzeit wirke«, »alles (gelassen) entgegennehme« und »alle Dinge in solcher Einfachheit betrachte«.[17] In der Generation nach Meister Eckhart wird also die christologisch-trinitarische Vermittlung des Einswerdens stärker akzentuiert. Seuses Zeitgenosse und Freund *Johannes Tauler* sieht die Gottesgeburt im Menschen als die abbildliche Wiederholung der innergöttlich-trinitarischen generatio des Sohnes: Wo der Mensch sich für diese Geburt bereitet, da

> »kommt die Kraft des Vaters und ruft den Menschen in sich durch seinen eingeborenen Sohn, und wie der Sohn geboren wird aus dem Vater und zurückfließt in den Vater, so wird der Mensch in dem Sohn von dem Vater geboren und fließt mit dem Sohn zurück in den Vater und wird eins mit ihm ... Und da gießt sich der Heilige Geist in unaussprechlicher überragender Liebe und Lust aus und durchströmt und durchfließt den Grund des Menschen mit seinen lieblichen Gaben.«[18]

Der neuplatonische Hintergrund dieser Mystik ist unverkennbar; sie wird in der Metaphorik des bonum *diffusivum* sui überdeutlich: Gott ist für die Mystiker und Mystikerinnen das sie Durchströmende; der Strom der Liebe »emaniert« aus Gott, dem Vater. Er ergreift die, die sich durchströmen lassen, da sie bereit sind, alles Gottwidrige von diesem Strom fortspülen zu lassen; und er nimmt sie mit sich, da er zu seinem Ursprung zurückfließt, so daß sie in diesem Ursprung mit Gott »eins« werden. Dieses Egressus-Regressus-Schema – hier noch aus der mystischen Erfahrung der vom Ursprung her und zu ihm hin sich ereignenden Gottes-Ergriffenheit genommen – wird in der »akademischen« Theologie, etwa

---

[14] Predigt 59, a.a.O., 437; ich folge der Übertragung von G. Stachel, in: »Es müssen alle deine Kräfte den seinen dienen«, in: Geist und Leben 3/1994, 219–224, hier 221f.
[15] Vgl. Predigt 59, a.a.O., 436.
[16] Ebd., 437.
[17] H. Seuse, Büchlein der ewigen Weisheit, zitiert nach: M. von Brück, op. cit., 156.
[18] J. Tauler, Predigten, 2 Bde., hg. von G. Hofmann, Einsiedeln 1979, Bd. 1, 202f.

schon bei Thomas von Aquin, zur Grundstruktur der Heilsgeschichte, in der Gott sich der sich von ihm entfernenden Menschheit durch Gottesboten – zuletzt durch seinen Sohn – im Heiligen Geist wieder zuwendet und sie zu sich zurückholt.

Die Mystik blieb der Großkirche suspekt, da sie immer wieder zu »gefährlichen« Identitätsformeln griff, die die Unterscheidung zwischen Gott und Mensch im unklaren ließen. Die Bulle *In agro dominico* Johannes' XXII. vom 27. März 1329 verurteilte u. a. die Sätze: »Der gute Mensch ist der eingeborene Sohn Gottes« und: »Wir werden völlig in Gott umgeformt und in ihn verwandelt; auf gleiche Weise wie im Sakrament das Brot verwandelt wird in den Leib Christi: So werde ich in ihn verwandelt, daß er selbst mich hervorbringt als sein Sein als eines, nicht (etwa nur) als gleiches; beim lebendigen Gott ist es wahr, daß da kein Unterschied besteht« (vgl. DH 970 bzw. 960). Waren damit nicht unerläßliche Differenzierungen aufgegeben, so daß letztlich von einem *Verhältnis* zum Göttlich-Unbedingten gar nicht mehr wirklich gesprochen werden konnte, sondern allenfalls vom In-Gott-Sein der Mystiker? War nicht der Selbst-Vergottung der Mystiker zu wehren, in der man sich dann auch über jede kirchliche Autorität stellte: als in Gott Seiende und aus Gott die »Wahrheit seines Herzens« Wissende? Diese Selbstermächtigung zur Kirchenkritik blieb zunächst bloße Befürchtung der kirchlichen Obrigkeit, eine Befürchtung, die sie zu wenig verständnisvollen Abgrenzungen provozierte. Mit Martin Luther wird die Erfahrung der Gott-*Unmittelbarkeit* tatsächlich kritisch gegen kirchliche Vermittlungsansprüche. Er entschärft die Mystik jedoch rechtfertigungstheologisch: Gott wendet sich versöhnlich denen zu, die sich »zunichtemachen« – als Sünder von der Predigt des Gesetzes in ihrem Sünderstolz niederwerfen – lassen; er wendet sich dem Sünder zu und bringt damit zugleich die unendliche Differenz zwischen Gott und Mensch heilsam zur Geltung.

Die irritierende Gefahr der Mystik war mit ihrer Grunderfahrung der Nicht-Zweiheit gegeben, wobei freilich für die mittelalterliche Mystik außer Zweifel stand, daß die Nicht-Zweiheit die der gnadenhaften Ergriffenheit des Menschen und seiner Zurückführung in den göttlichen Ursprung, also die der geistgewirkten und deshalb Gott wirken lassenden Gottverähnlichung ist. Die gegenwärtige Mystik-Konjunktur assoziiert demgegenüber – zumindest auch – die Verheißung, sich des Göttlichen aneignend bewußt werden zu können: *Gott in mir – ich in Gott.* Der Sündenfall ist hier die Selbstunterscheidung vom Göttlichen: die Dissoziierung von Göttlichem und Menschlichem, worin der Mensch sein Selbst gegen das Göttliche statt in ihm zu realisieren sucht und sich damit zugleich vom göttlichen Fluß des Lebens abtrennt, sich zu ihm in ein ausbeuterisches Verhältnis setzen muß. Der Sündenfall ist überwindbar durch die Erkenntnis des Nichtgetrenntseins, in der das Göttliche im Menschen neu geboren werden kann. Die Mystik-Konjunktur hat deshalb folgerichtig auch die *Gnosis* neu entdeckt und unter der Hand zur Erlösungs-Perspektive einer ökologischen Wiederverzauberung des Kosmos ausgeweitet. Daß dabei die grundlegenden Vorstellungsmodelle der Mystik noch doppeldeutiger werden, als sie es sowieso schon waren, liegt auf der Hand. So wird die für die Mystik so bedeutungsvolle Doppeldeutigkeit des Motivs der Gottesgeburt unter Denkvoraussetzungen des »Neuen Zeitalters« zur ausgesprochenen Zwiespältigkeit; und man darf vermuten, daß sich in dieser Zwiespältigkeit die Zwiespältigkeit des Projekts Moderne überhaupt artikuliert. Wird der Mensch durch die Erfahrung oder das Wissen des Absoluten selbst zu jenem Göttlichen, das keinen Gott mehr neben oder über sich braucht? Oder hat sich der Mensch dem Göttlichen hinzugeben, sich ihm zum Opfer zu bringen, so daß er in ihm aufgeht, geradezu ausgelöscht wird? Und was wäre das Göttliche, dem solche Selbst-Auslöschung gelten, dem sie darzubringen wäre, damit die erlösende All-Einheit endlich Wirklichkeit wird? Oder muß es doch beim Gegenüber von Göttlichem und der Menschenwelt bleiben, damit die Menschenwelt nicht zum Labor für Verabsolutierungsexperimente wird? Erfahrungen und Terminologie der Nicht-Zweiheit enthalten offenkundig eine Dialektik, die zur Austragung und zu begrifflicher Artikulation drängt.

3.2 Das Wahre ist das Eigene

Daß zwischen Gott und Mensch nicht einfach die Relation des Einen zum Anderen angenommen werden darf, das ergibt sich schon aus der theologischen Voraussetzung, nach der das Anders-Sein des Menschen nicht als eine Seinsverwirklichung angesehen werden kann, die Gott – dem Absoluten – in irgendeinem Sinne fehlte; in diesem Falle wäre Gottes Sein ja nicht schlechthin vollkommen. Der Mensch ist nicht Gott; aber er ist eben auch nicht das schlechthin Andere zu Gott, so daß Gott der schlechthin Andere zum Menschen wäre, durch das Anderssein des Menschen in seinem Sein begrenzt. Die klassische Metaphysik hat dieses singuläre Verhältnis als Teilhabe zu beschreiben versucht: Der Mensch hat seine Existenz und Vollkommenheit durch Teilhabe an jenem vollkommensten Sein, über das hinaus nichts Größeres gedacht werden kann, oder vielmehr: das ein Größeres ist, als jemals gedacht werden könnte *(Anselm von Canterbury*[19]*)*. Die Teilgabe, die den Menschen *sein* läßt, schließt die Freigabe zur Freiheit ein; so erst ist sie dem vollkommensten Sein – der vollkommensten Liebe – entsprechende Teilgabe; schließt damit aber auch ein, daß der Mensch sich womöglich *zum Anderen*, zum Gegner Gottes macht und sündigt. Gott ist von sich aus das *Nicht-Andere* zum Menschen; das »Nicht-Andere aber entbehrt, eben weil es keinem gegenüber ein Anderes ist, nichts noch kann außer ihm etwas sein«.[20] Es ist in allem Seienden als das, wovonher, wodurch und woraufhin es ist; es wird »von allem in höchstem Maße als der Ursprung des

---

[19] Proslogion 2 (»id quo maius cogitari nequit«) bzw. 15 (»quiddam maius quam cogitari possit«).
[20] Nicolaus Cusanus, De Non-aliud VI.

Seins, als das Mittel der Erhaltung und das Ziel der Ruhe ersehnt«.²¹ Zum Anderen wird es für den, der sich in der Sünde selbst dem Nicht-Anderen entgegensetzt.

Die großen spekulativen Entwürfe des Deutschen Idealismus versuchen diese Einsicht begrifflich zu rekonstruieren, indem sie das in sich selbst gründende, aus sich selbst seiende Absolut-Göttliche als den »ab-soluten« Grund begreifen, der nicht mehr auf das aus ihm seiende Relative hin relativ ist. Das Absolute ist darin absolut, daß es von keinem anderen her ist, daß vielmehr alles andere von ihm her ist.²² Wenn das relative Seiende diese seine Herkünftigkeit und Relativität begreift und vollzieht, so ist es in seiner Wahrheit: Wahrheit geschieht ihm, sofern das Bedingtsein durch seine Bedingung von ihm nicht unterdrückt oder negiert wird, sofern es sich – in Theorie und Praxis – von seinem Bedingtsein her und in ihm versteht und vollzieht. Die Selbstdurchsichtigkeit des sich begreifenden endlichen Seienden ist ihm erreichbar, wo es sein Gegründetsein im Nicht-Anderen durchschaut, das Nicht-Andere als *seine Bedingung* erkennt und anerkennt.

Aber gerade damit kommt die Dialektik des Absoluten in Gang: Ist das Nicht-Andere als *meine* Bedingung begriffen, ist es dann nicht doch nur der nicht hinreichend durchschaute und überwundene, der hinwegzuarbeitende Widerstand gegen mein eigenes Unbedingtseinkönnen und Unbedingtseinsollen? Kann das Begreifen sich denn damit zufriedengeben, die Bedingung des Bedingten einfach stehen und gelten zu lassen, statt sie »einzuholen«, sie gleichsam in die Hand zu bekommen? Das Absolute ist im Besitz seiner Bedingungen. Es weiß sich selbst, da es sich selbst »hat«; Selbstdurchsichtigkeit bedeutet hier uneingeschränkte Selbsthabe. Für den relativ Seienden bedeutet Selbstdurchsichtigkeit allenfalls das Durchschauen seines Bedingtseins. Aber muß er nicht auch noch durchschauen, daß sein Bedingtsein nicht absolut, sondern relativ wahr ist, daß es überwunden werden muß, indem sich der Mensch in den Besitz der Bedingungen wahren Menschseins setzt? Der *Linkshegelianismus* zieht genau diese Konsequenz; aber er zieht sie nicht naiv, so als könne der Mensch für sich absolut sein, wenn er es nur wolle. Allzu offenkundig sind ja die harten Merkmale der Kontingenz, die sich vom Menschen eben nicht einfachhin aufheben lassen: Leibgebundenheit, Zeit- und Schicksalsgebundenheit. Aber noch einmal: ist diese Gebundenheit wirklich absolut? Oder läßt sie sich doch – irgendwann – emanzipatorisch aufheben, so daß der Mensch dann nicht mehr auf das Andere seiner selbst oder den Anderen – das Göttliche – angewiesen sein müßte?

Die entschiedensten Aufklärer im vorrevolutionären Frankreich hatten diesen Gedanken schon vorgedacht. In seiner »Esquisse d'un tableau historique des progrès de l'esprit humain«²³ proklamierte der Marquis *Antoine de Con-*

---

²¹ De Non-aliud IX.
²² Vgl. etwa G. W. F. Hegel, Wissenschaft der Logik II, Werke in zwanzig Bänden, Bd. 6, 188.
²³ Dt. hg. von W. Alff, Frankfurt a. M. 1963.

dorcet die prinzipielle und auch prinzipiell schrankenlose Vervollkommnungs-
fähigkeit des Menschen. Er will aufzeigen,

> »daß die Natur der Vervollkommnung der menschlichen Fähigkeiten keine Grenzen
> gesetzt hat; daß die Fähigkeit des Menschen zur Vervollkommnung tatsächlich un-
> absehbar ist; daß die Fortschritte dieser Fähigkeit zur Vervollkommnung, die ins-
> künftig von keiner Macht, die sie aufhalten wollte, mehr abhängig sind, ihre Gren-
> zen allein im zeitlichen Bestand des Planeten haben, auf den die Natur uns hat
> angewiesen sein lassen«.[24]

Wo die Horizonte der Vervollkommnung so unübersehbar weit sind, da werden
die sozialen und schließlich auch die natürlichen Bedingungen des Menschseins
so weitreichend menschlicher Gestaltung unterworfen sein, daß sie irgendwann
einmal nicht mehr als bedrückend und entfremdend erfahren werden müssen.
Die sozialen und die natürlichen Bedingtheiten des Schicksals werden dann in
den Lebensentwurf des Menschen zumindest integrierbar sein; und auch der
Tod wird seinen Schrecken verlieren: »ohne Zweifel wird der Mensch nicht unsterblich werden; aber kann nicht der Abstand zwischen dem Augenblick, in
dem er zu leben beginnt, und der Zeit sich unablässig vergrößern, da sich ihm
von Natur aus die Schwierigkeit zu sein bemerkbar macht?«[25] Wenn das Menschengeschlecht auf diesen Aufklärungs- und Selbstbefreiungsprozeß setzt, so
wird es zu einer neuen Menschheit, die, »von allen Ketten befreit, der Herrschaft des Zufalls und der Feinde des Fortschritts entronnen, sicher und tüchtig
auf dem Wege der Wahrheit, der Tugend und des Glücks vorwärtsschreitet« und
den neuen, den künftigen Menschen hervorbringt, »der in seine Rechte wie in
die Würde seiner Natur wieder eingesetzt ist«.[26]

Ist die Vorstellung Gottes nicht ihrerseits *bedingt* von der Grenze, die der
Religiöse als Grenze seines menschlichen Wesens erlebt und deshalb allein in
Gott als aufgehoben setzt, so daß die Vorstellung Gottes gegenstandslos würde,
sobald der Mensch sein grenzenloses Wesen selbst in Besitz nähme? Die Götter
sind – so *Feuerbach* – »die aufgehobenen Naturschranken des menschlichen
Herzens und Willens«; die Gottheit »ist die Aufhebung der Mängel und Schranken im Menschen«; die Gottesbeziehung soll für den Religiösen nichts anderes

---

[24] Ebd., 31.
[25] Ebd., 219 f.
[26] Ebd., 221. Es ist erwähnenswert, daß dieses Vervollkommnungspathos durchaus theologische
Wurzeln hat. So galt es im puritanischen England als Kennzeichen der nun bevorstehenden
geschichtlichen Vollendungszeit, daß die endlich wieder erstarkten Künste der Menschen die
erbsündliche Korrumpierung der menschlichen Natur überwinden und sie von neuem am paradie-
sischen Leben teilhaben lassen werden. Schon *Francis Bacon* war der Überzeugung, die durch den Fall
Adams verursachten Verluste könnten durch Religion, aber eben auch durch »Künste und Wissenschaften« »wettgemacht« werden (Novum Organum; zitiert nach D. F. Noble, Eiskalte Träume. Die
Erlösungsphantasien der Technologen, dt. Freiburg – Basel – Wien 1998, 68). Und Bacons Schüler
Samuel Hartlib ging 1655 sogar so weit, für die geschichtliche Vollendungszeit konkret den Ärzten
vorauszusagen, »daß dann ihre Heilkunst nichts mehr wert sein wird: denn dann wird sich uns ein
neuer Garten erschließen, in dem sich die Kräuter finden, die den Menschen nicht nur vor jeder
Krankheit, sondern auch vor dem Tode selbst bewahren«; zitiert nach: D. F. Noble, op. cit., 74.

Streitfall

leisten als die Aufhebung dieser Schranken durch Gott selbst, der sie gesetzt hat und deshalb auch aufheben kann, zugunsten der Menschen.[27] Wo der Mensch als Gattungswesen dahin kommt, die Natur als Bedingung seines Daseins gemeinschaftlich anzueignen, da wird die Grenze seines Wesens nicht mehr in Gott illusionär überwunden, sondern im Konstitutionsprozeß der Menschengattung aufgehoben. Die Aneignung der Bedingung ist also nicht das Werk des Einzelnen, sondern das der Gattung. Nur wer sich ihm entzieht, braucht einen Gott, der ihm geschenkweise – als Wunder – gewähren soll, was ihm in der Hingabe an die Menschengattung zugänglich, dann aber auch zueigen werden kann.

Der Mensch läßt Gott die Bedingung seines Wesensvollzugs sein, da er sich als in seinem Dasein bedingt erfährt und diese Bedingung möglichst unmittelbar – durch religiöse und nicht durch natürlich-gesellschaftliche Praxis – in die Hand bekommen möchte: Gott soll der sein, der die Bedingung gewährt, auf die der Religiöse sich angewiesen sieht; so wird er mit all den Vollkommenheiten ausgestattet, die es ihm ermöglichen, die Bedingtheit des Menschen in sich und von sich aus aufzuheben. Damit entäußert sich der Mensch der ihm eigenen Wesensvollkommenheiten: er »investiert« sie in Gott, damit dieser ihm als Bedingung seines endlich-menschlichen Wesensvollzugs zur Verfügung stehe und Heil schaffe:

> »Um Gott zu bereichern, muß der Mensch arm werden; damit Gott alles sei, der Mensch nichts sein. Aber er braucht auch nichts *für sich selbst* zu sein, weil alles, was er sich nimmt, in Gott nicht verlorengeht, sondern in ihm erhalten wird. Der Mensch hat *sein Wesen* in Gott, wie sollte er es also in sich und für sich haben?«
> »*Der Mensch negiert nur von sich, was er in Gott setzt.*«[28]

In der Religion verhält sich der Mensch – so Feuerbach – zu seinem eigenen Wesen, allerdings als »zu einem andern, aparten, von ihm unterschiedenen, ja entgegengesetzten Wesen – darin liegt die Unwahrheit, darin die Schranke, darin das böse Wesen der Religion, darin die unheilschwangere Quelle des religiösen Fanatismus, darin das oberste, metaphysische Prinzip der blutigen Menschenopfer«.[29] Gott ist für den Menschen da, der sich religiös auf ihn bezieht, um in ihm – durch ihn – sein Heil zu erlangen

> »sein *alter ego*, seine andere verlorne Hälfte; in Gott *ergänzt er sich;* in Gott ist er erst *vollkommener* Mensch. Gott ist ihm ein Bedürfnis; es fehlt ihm etwas, ohne zu wissen, was ihm fehlt – Gott ist dieses *fehlende Etwas*, Gott ist ihm unentbehrlich; Gott *gehört* zu seinem *Wesen*. Die Welt ist der Religion nichts … Ihr fehlt die Anschauung des *Universums*, das Bewußtsein des *wirklichen* Unendlichen, das Bewußtsein der Gattung. Nur in Gott ergänzt sie den Mangel des Lebens, den Mangel eines wesenhaften Inhalts … Gott ist ihr der Ersatz der *verlornen* Welt«.[30]

---

[28] L. Feuerbach, Das Wesen des Christentums; Werke in sechs Bänden, Bd. 5, 40 f.
[29] Ebd., 219.
[30] Ebd., 232.

Wer sich die »verlorne Welt« zurückerobert, der braucht kein göttliches alter ego, da er sich im liebenden Austausch mit dem wirklichen Anderen – dem Mitmenschen – zum Gattungswesen der Menschheit zusammenschließt, in ihm sich »ergänzt«. Wer sich nicht mehr an Gott entäußert, der nimmt die Bedingung in Besitz, die ihn wahrhaft Mensch sein läßt, der eignet sich in der Liebes-Solidarität der Menschengattung an, was seinem Leben Substanz gibt: die Natur. Für Feuerbach ist geradezu selbstverständlich: Gott »ist« nur das, was der Mensch an ihn abgibt. Er wird gegenstandslos, substanzlos, wenn der Mensch sich zurücknimmt, was er selbst – als Religiöser – an den Himmel verschleuderte. Der Mensch muß sich nur aneignen, was ihm im religiösen Verhältnis als ent-fremdete Wirklichkeit – als die Wirklichkeit des Anderen, des Göttlichen – gegenübertritt. Damit ist eine religionskritische Bestimmung des religiösen Verhältnisses erreicht, die es als entfremdende Selbst-Verdoppelung des Menschen denunziert. Mit dieser Bestimmung soll der Mensch als rechtmäßiger »Besitzer« seiner selbst in seine Rechte eingesetzt und herausgefordert werden, sich anzueignen, womit er Gott bisher ausgestattet und wodurch er ihm Macht über sich verliehen hatte. Das Gegebensein des Unbedingten als des unverfügbar Anderen ist danach nur für den unhintergehbar, der seine eigene Bedingtheit nicht noch einmal in Frage stellt und als selbst gesetzt durchschaut, es deshalb nicht wagt, die Gegebenheit des Unbedingten als Selbst-Gegebenheit des Menschen zu begreifen und zu ergreifen.[31]

Gott und Mensch sind hier zu Konkurrenten geworden: Was Gott »abgetreten«, womit er an Vollkommenheiten ausgestattet wird, das macht den Menschen ärmer und bringt ihn um sein Wesen. So kann der Mensch sein Gattungswesen nur verwirklichen, wenn er Gott gegenüber den Anspruch des »Selbsteigentümers« durchsetzt und ihm so bestreitet, geradezu wegnimmt, was sein metaphysisch bestimmtes Wesen ausmachte: im Vollbesitz der Seinsfülle – der Wahrheit – zu sein. Gott und Mensch als Konkurrenten: was der Eine besitzt, fehlt dem Anderen, es ist ihm weggenommen. So bilden sich mit dem Zerbrechen der idealistischen Vermittlungslösung, die Gott und Mensch in der Wirklichkeit des absoluten Geistes füreinander erschlossen sein ließ, »zwei einander ausschließende Eigentümer in ihrem Anspruch auf dasselbe als ihr Selbsteigentum heraus«.[32] Da Beziehung sich in den Kategorien der Aneignung und des Besitzes nur denken läßt als Konkurrieren um das gleiche Besitztum, und da Gott nun einmal entlarvt ist als illegitimer Inhaber des eigentlich den Menschen Gehörenden, muß es zur Umkehrung des metaphysisch-religiösen Verhältnis-

---

[31] Vgl. ebd. 21 f.: »… der Gegenstand, auf welchen sich ein Subjekt *wesentlich, notwendig* bezieht, ist nichts andres als das *eigne,* aber *gegenständliche* Wesen dieses Subjekts.« »Das *absolute* Wesen des Menschen ist *sein eignes Wesen.* Die Macht des *Gegenstandes* über ihn ist daher die *Macht seines eignen Wesens.*« Vgl. die Formulierung der ersten Auflage (Sämtliche Werke, hg. von W. Bolin, Bd. 6, Stuttgart ²1960, 9): »Jedes Wesen ist vielmehr *in sich* und *für sich* unendlich, hat seinen Gott, sein höchstes Wesen *in sich selbst.*«

[32] Vgl. W. Teichner, Gott und Mensch in der Entfremdung oder die Krise der Subjektivität, Freiburg – München 1984, 61.

ses kommen, zur »Ersetzung des göttlichen Selbsteigentümers durch den absoluten menschlichen«, durch den Menschen, der sich als Gattungswesen absolut zu setzen berufen ist.[33] Die Gattung ist die wahre »Ergänzung« des Menschen – seine Absolutheit; wer sich ihr hingibt, der muß sich nicht in einem transzendenten, überweltlichen Gott ergänzen; der hat in Gemeinschaftsbesitz genommen, was ihn bedingt.

Die religionskritischen Konzepte des 19. Jahrhunderts argumentieren fast ausnahmslos von dieser Konkurrenzsituation her: Der Mensch muß wieder in Besitz nehmen, was eine illusionäre Gottesbeziehung ihm genommen, was er selbst an Gott »verausgabt« hat. Die Gottesbeziehung geht zu Lasten der Selbstverwirklichung des Menschen; durch Selbstverwirklichung – durch Verwirklichung des dem Menschen erreichbaren Gattungswesens – arbeitet der Mensch jene Bedingtheit hinweg, die er in Gott religiös hypostasierte und verewigte. Die Alltagsrealität christlicher Religiosität wird dieser Entlarvung des religiösen Verhältnisses als eines Enteignungs- und Entfremdungsverhältnisses genügend Ansatzpunkte gegeben haben. Und die kirchliche Verkündigung ist bis in die Gegenwart hinein nicht völlig davon losgekommen, den Menschen klein und abhängig halten zu wollen, damit Gott als die Instanz, von der der Mensch abhängig ist, im Blick bleibe: Gott als der »Ersatz der verlornen Welt«, als Ersatzbefriedigung, als Ergänzung eines halbierten Lebens. Aber versteht es sich deshalb schon von selbst, daß sich der Mensch mit der Absetzung und der Enteignung dieses Gottes zum Herrn und Besitzer seiner selbst und seiner Welt – zum legitimen Erben göttlicher Absolutheit – aufschwingen kann? Oder ist im Gegenteil zu unterstellen, daß der Mensch sich konstitutionell überfordert und ein hohes Katastrophenrisiko eingeht, wenn er es versucht? Für Feuerbach wie dann auch für *Karl Marx* ist es die Option für den Menschen und sein Wahrwerden – für die geschichtlich-emanzipatorische Verwirklichung seines Wesens –, die die religiöse Option gegenstandslos macht. Die Praxis menschlicher Selbstverwirklichung hat die religiöse Praxis überholt; einer theoretischen Auseinandersetzung mit ihren Glaubensvoraussetzungen bedarf es eigentlich nicht mehr. Noch einmal Feuerbach in programmatischer Selbstinterpretation:

> »Die Frage, ob ein Gott ist oder nicht ist, der Gegensatz von Theismus und Atheismus, gehört dem achtzehnten und siebzehnten, aber nicht mehr dem neunzehnten Jahrhundert an. Ich negiere Gott, das heißt bei mir: Ich negiere die Negation des Menschen, ich setze an die Stelle der illusorischen, phantastischen, himmlischen Position des Menschen, welche im wirklichen Leben notwendig zur Negation des Menschen wird, die sinnliche, wirkliche, folglich notwendig auch politische und soziale Position des Menschen. Die Frage nach dem Sein oder Nichtsein Gottes ist eben bei mir nur die Frage nach dem Sein oder Nichtsein des Menschen.«[34]

---

[33] Vgl. ebd., 102.
[34] L. Feuerbach, Vorwort (zu Ludwig Feuerbach's sämtliche Werke, 1846 ff.), in: Werke in sechs Bänden, Bd. 4, 154–164, hier 163.

Gott steht für die Negation des Menschen, für seine Entwesentlichung und Entfremdung, in der er sein ihm eigenes Wesen als fremde, ihn verneinende Macht erfährt, in der ihm – so Karl Marx – sein »wahres Gattungsleben« als entfremdetes gegenübertritt. Diese Entfremdung ist für Marx im Entscheidenden die Entfremdung der Schöpferkraft des Menschen; ihre Ausbeutung durch jene, die sich in den Besitz ihrer Produkte gesetzt und die eigentlichen Produzenten von sich – den »Arbeitgebern« – abhängig gemacht haben. So ist die »Expropriation der Expropriateure«, die Enteignung der Enteigner, Grundbedingung dafür, daß der Mensch als gesellschaftlich sich produzierendes Wesen die gesellschaftlich-ökonomische Negation seines Wesens aufheben kann:

> »Die positive Aufhebung des *Privateigentums*, als die Aneignung des *menschlichen* Lebens, ist daher die positive Aufhebung aller Entfremdung, also die Rückkehr des Menschen aus Religion, Familie, Staat etc. in sein *menschliches, d. h. gesellschaftliches* Dasein. Die religiöse Entfremdung als solche geht nur in dem Gebiet *des Bewußtseins* des menschlichen Innern vor, aber die ökonomische Entfremdung ist die des *wirklichen Lebens* – ihre Aufhebung umfaßt daher beide Seiten ... Die Philanthropie des Atheismus ist daher zuerst nur eine *philosophische* abstrakte Philanthropie, die des Kommunismus sogleich *reell* und unmittelbar zur *Wirkung* gespannt.«[35]

Wo der Mensch – durch Aufhebung seiner »reellen« Entfremdung – dahin kommt, sich als Schöpfer seiner Welt zu erfahren und sich nicht länger als so und nicht anders geschaffen, als halbiert, begrenzt, enteignet hinnehmen muß, da verschwindet die Position eines transzendenten Schöpfers. Er war ja in Wahrheit *nichts anderes als* die Mystifizierung eines entfremdenden Schöpferaktes, der die Geschaffenen als die durch und durch Bedingten ins Dasein setzte. Der sozialistische Mensch begreift die »ganze sogenannte Weltgeschichte« als »die Erzeugung des Menschen durch die menschliche Arbeit, als das Werden der Natur für den Menschen«; so hat er an ihr

> »den anschaulichen, unwiderstehlichen Beweis von seiner *Geburt* durch sich selbst, von seinem *Entstehungsprozeß*. Indem die *Wesenhaftigkeit* des Menschen und der Natur, indem der Mensch für den Menschen als Dasein der Natur und die Natur für den Menschen als Dasein des Menschen praktisch, sinnlich anschaubar geworden ist, ist die Frage nach einem *fremden* Wesen, nach einem Wesen über der Natur und dem Menschen – eine Frage, welche das Geständnis von der Unwesentlichkeit der Natur und des Menschen einschließt – praktisch unmöglich geworden.«

So hat der sozialistische Mensch nicht mehr nötig, das unmöglich Gewordene noch ausdrücklich zu negieren. Sozialismus und Kommunismus sind vielmehr »die Position als Negation der Negation«, »*positives*, nicht mehr durch die Aufhebung der Religion vermitteltes *Selbstbewußtsein* des Menschen.«[36] Die

---

[35] K. Marx, Ökonomisch-philosophische Manuskripte (1844), in: Marx-Engels-Werke I, Ergänzungsband, Berlin 1968, 537.
[36] Ebd., 546.

»Selbsterzeugung des Menschen«[37] als geschichtlicher Prozeß der Selbstbefreiung – der Aneignung des religiös und gesellschaftlich, religiös weil gesellschaftlich Enteigneten – wird die Welt zur Welt des Menschen machen. Sie wird »die *wahrhafte* Auflösung des Widerstreits zwischen dem Menschen mit der Natur und mit dem Menschen« bringen, »die wahre Auflösung des Streits zwischen Existenz und Wesen, zwischen Vergegenständlichung und Selbstbestätigung, zwischen Freiheit und Notwendigkeit, zwischen Individuum und Gattung«[38]; die *wahrhafte* Auflösung: nicht die illusionäre, entfremdende Auflösung durch Religion, die nur die Überwindung dessen verspricht, was sie als falsches Bewußtsein des Widersprüchlichen selbst hervorgebracht hat.

Religionskritik muß sich – Feuerbach und Marx zeigen es mit suggestiver Prägnanz – zum Nebenkriegsschauplatz zurücknehmen, denn Religion ist *Schein*, Reflex eines Grund-Widerspruchs, der in gesellschaftlich-revolutionärer Praxis aufzulösen ist, womit die Religion als falsche Widerspiegelung des Falschen von selbst verschwindet. Religion darf kein bleibendes – von der revolutionären Entwicklung nicht überholbares – existentielles Bezugsproblem behalten, so daß es sich zu streiten lohnte, ob sie dieses Bezugsproblem sinnvoll thematisiert. Sie kann sich nicht auf eine konstitutionelle Bedingtheit der condition humaine beziehen, weil der Mensch seine Bedingtheit in gesellschaftlicher Praxis einzuholen berufen ist – auf seinem Weg zum Reich der Freiheit. Marx ist *darin* radikal und revolutionär, daß er die metaphysische Frage nach dem Bedingtsein des Bedingten konsequent materialistisch stellt: Das Unbedingte ist das schöpferische Wesen des Menschen; und es geht den Menschen so an, daß es ihn zur revolutionären Verwirklichung seines Wesens herausfordert. Im revolutionären Prozeß seiner Selbstrealisierung *löst* es sich von allen Bedingungen, die es zu bedingen schienen, ab bzw. es eignet sie sich an, so daß sie nicht mehr äußerer und kontingenter Faktor menschlicher Selbsterzeugung bleiben. Die religiöse Mystifizierung einer dem Menschen unverfügbaren unbedingten Bedingung ist ihrerseits historisch-gesellschaftlich bedingt: als falsche Widerspiegelung der noch nicht revolutionär aufgehobenen Entfremdung.

Die Crux dieser religionskritischen Strategie läßt sich am Ende des real existierenden Sozialismus und in der Endphase eines die Religion durch umfassende Bedürfnisbefriedigung überholen wollenden Kapitalismus kaum übersehen: Die Überholung aller Bedingtheit durch schöpferische Selbsterzeugung – durch Aneignung des nur scheinbar Bedingenden – überschlägt sich in die Maßlosigkeit eines Ressourcenverbrauchs, der das Nichtüberholbare mit seinem »Mehr«, »Schneller«, »Vollständiger«, »Restloser« doch noch einholen, der das leere Versprechen, das ihm innewohnt und Dynamik verleiht, endlich doch einlösen will und dabei ruiniert, was er anzueignen verspricht.

---

[37] Vgl. ebd., 574.
[38] Ebd., 536.

3.3 Die Dialektik der Aneignung

Friedrich Nietzsche personalisiert geradezu die Tragik dieses Umschlags. Er stellte sie an sich selbst dar als die nur noch literarisch – in seinem Zarathustra – zu bewältigende Dramatik der Selbsterzeugung des Übermenschen, der die Wirklichkeit dieser Welt zur Versuchsanordnung umzuschmieden entschlossen ist; in der die Evolution durch den *Versucher*[39] – in Versuch und Irrtum, durch das Opfer derer, die der Irrtum unvermeidlich kosten wird – zu ihrer höchsten Steigerung emporgezwungen wird; in der schließlich die »gezüchtet«[40] werden, die ihr eigenes Bedingtsein durch ihren schöpferischen Willen überbieten können. Im Übermenschen wird nach Nietzsches Evangelium das Leben selbst von aller Décadence – aller Schwächung und moralischen Zähmung – befreit und zu sich selbst gekommen sein. So wird der Übermensch auch die Tödlichkeit des Lebens er-leben und ausleben, in seiner unbedingten Bejahung des Lebens aufheben können. In ihm wird wahr, was Leben heißt: »Aneignung, Verletzung, Überwältigung des Fremden und Schwächeren, Unterdrückung, Härte, Aufzwängung eigner Formen, Einverleibung und mindestens, mildestens, Ausbeutung«.[41]

Der absolute Wille des zum Leben entschlossenen Übermenschen unterwirft sich die Bedingung des eigenen Daseins bedingungslos; er scheitert nicht mehr an der unaufhebbaren Faktizität und Zufälligkeit des Widerfahrenden – am Leiden –, sondern schmiedet es um zu dem, was er von sich aus will und bejaht.[42] Dieses große Ja zur Welt und zum Leben ist Selbstbejahung, Jasagen zu dem, der ich bin und sein kann und deshalb: Neinsagen zu allem, was das Leben in mir schwächt und verkleinert, was den Willen zur Macht zähmen will; Neinsagen vor allem zu jeder Verehrung einer höheren Gottes-Wirklichkeit. Für die »höheren Menschen« gibt es kein »vor Gott« mehr:

> »Vor Gott! – Nun aber starb dieser Gott! Ihr höheren Menschen, dieser Gott war eure grösste Gefahr. Seit er im Grabe liegt, seid ihr erst wieder auferstanden. Nun erst kommt der grosse Mittag, nun erst wird der höhere Mensch – Herr …
> Gott starb: nun wollen *wir*, – dass der Übermensch lebe.«[43]

---

[39]   Ausdrücklich nennt Nietzsche die neuen Philosophen »Versucher«, »Menschen der Experimente«. Und er erwägt, ob sie »in ihrer Leidenschaft der Erkenntniss, mit verwegenen und schmerzhaften Versuchen weitergehen, als es der weichmüthige und verzärtelte Geschmack eines demokratischen Zeitalters gutheissen kann«. Jedenfalls greifen sie »mit schöpferischer Hand nach der Zukunft, und Alles, was ist und war, wird ihnen dabei zum Mittel, zum Werkzeug, zum Hammer. Ihr ›Erkennen‹ ist *Schaffen*, ihr Schaffen ist eine Gesetzgebung, der Wille zur Wahrheit ist – *Wille zur Macht*« (Jenseits von Gut und Böse, Aphorismen 42, 210, 211; KSA 5, 59, 142, 145). Zur Thematik »Versuch« und »Versucher« vgl. außerdem in der »Fröhlichen Wissenschaft«, Viertes Buch, die Aphorismen 319 und 324 (KSA 3, 350f. bzw. 552f.) mit der Konklusion: »Das Leben ist ein Mittel der Erkenntniss.«
[40]   Vgl. Nachgelassene Fragmente Frühjahr 1884, KSA 11, 73 bzw. Der Antichrist, Aphorismus 3, KSA 6, 170.
[41]   Jenseits von Gut und Böse, Aphorismus 259, KSA 5, 207.
[42]   Vgl. Also sprach Zarathustra II, Von der Erlösung, KSA 4, 179–181.
[43]   Also sprach Zarathustra IV, KSA 4, 357.

Mit Gott starb jene lebensfeindliche übermenschliche Instanz, die Gott war, da sie den Menschen »widersprach« und »wehe that«.[44] Gegen den Begriff Gottes als jener Wirklichkeit, über die hinaus nichts Größeres gedacht werden kann, setzt Nietzsche die Wirklichkeit, über die hinaus nichts Größeres gewollt, nicht Größeres geschaffen werden kann. Diese Wirklichkeit kann keine dem Menschen gegenübertretende, ihn bedingende und abhängig haltende, sondern eben nur die vom Menschen selbst zu setzende und nur deshalb auch von ihm zu denkende Wirklichkeit sein.[45] Unerträglich wäre es für Zarathustra, sich vor einer Wirklichkeit zu beugen, die größer und höher wäre als das vom Menschen zu Schaffende, größer als der Übermensch: »*wenn* es Götter gäbe, wie hielte ich's aus, kein Gott zu sein! *Also* giebt es keine Götter.«[46] Damit formuliert Nietzsches Zarathustra im prophetischen Klartext, warum Gott »getötet« werden muß, warum sein Totsein die *Bedingung* für die Selbstwerdung des höheren Menschen ist, die Identitätsbedingung für den Menschen, der die Herausforderung der Moderne annimmt und ihr gewachsen sein kann.

Die Religionskritik des 19. Jahrhunderts versteht sich als radikale Umkehrung – *Umwertung* – der Metaphysik: Gott ist nicht mehr unbedingte Bedingung des Menschseins. Der Tod Gottes, genauer das Ernstmachen mit den Konsequenzen seines Totseins, ist die Bedingung für das Übermenschwerden des Menschen, für die Realisierung seines Gattungswesens. Gott ist die äußerste Bedrohung und die tiefste Entfremdung des Menschen. So lautet die letzte Alternative, vor die er sich gestellt sieht: aut Deus aut homo – Gott oder Mensch; wenn Gott »lebt«, stirbt der Mensch – wenn der Mensch leben will, muß Gott sterben, muß er tot sein. Das ist die schärfste Zuspitzung jener apologetischen Herausforderung, die das Gott-Brauchen unter Beweis zu stellen nötigte: Gott wäre nur dafür zu gebrauchen – und wurde dazu gebraucht –, dem Menschen das Leben zu nehmen, die Luft zu nehmen, in der er atmen und den Willen zur Macht leben kann. Die religiöse Beziehung wird hier als Konkurrenzbeziehung gedacht, in der *ein* Subjekt sich auf Kosten des *anderen* behaupten muß, in der das Subjekt sein »Selbsteigentum« gegen den Eigentumsanspruch des anderen durchsetzen, in der *eine* Freiheit sich durch Zurückdrängung der *anderen* realisieren und ihre Herrschaft – ihr Reich der Freiheit – gegen die Herrschaft der anderen erkämpfen muß. Es ist die Logik des Entweder – Oder, nach der Gott und die Menschen um den Besitz des Reichtums konkurrieren, der ihre jeweilige ratio essendi ausmacht.

---

[44] Vgl. Also sprach Zarathustra II, KSA 4, 118.
[45] Vgl. Also sprach Zarathustra II, KSA 4, 109: »Gott ist eine Muthmaassung; aber ich will, dass euer Muthmaassen nicht weiter reiche, als euer schaffender Wille.
Könntet ihr einen Gott *schaffen*? – So schweigt mir doch von allen Göttern! Wohl aber könntet ihr den Übermenschen schaffen.«
[46] Ebd., 110.

3.4 Dialektik der Selbstbehauptung – Dialektik der Moderne

Wahrheit kann in dieser Beziehung nur die gegen den andern errungene, durchgesetzte sein – hervorgegangen aus der erfolgreichen Verdrängung dessen, was nicht sein darf, weil es mich durch sein Anderssein bestreitet und deshalb bestritten werden muß. Es liegt nahe, diese Sicht der religiösen Beziehung als Projektion des bürgerlich-kapitalistischen Konkurrenzverhältnisses auf das Gott-Mensch-Verhältnis zu entlarven. Aber die Entlarvung ist nur erlaubt, wenn zugleich eingeräumt wird, daß die gelebte Christlichkeit des Spätmittelalters und der Aufklärungszeit diese Projektion geradezu herausforderte: Gegen die Selbstbefreiung des Menschen aus den bisher undurchschauten Zwängen der Natur wie der selbstverständlich gültigen religiösen Traditionen, aus der Herrschaft bisher widerstandslos hingenommener Bedingungen individuellen und gesellschaftlichen Lebens, setzten Theologie und Verkündigung die Einschärfung dieser Bedingungen und ihre Hypostasierung im Göttlichen. Die in ihrer Unabdingbarkeit bestrittenen Bedingungen sollten durch Verankerung im Göttlichen in Sicherheit gebracht und unangreifbar gemacht werden. So waren sie nur noch zu bestreiten, wenn man Gott selbst bestritt, bei dem sie in Sicherheit gebracht waren.

Gott steht hier für die unabdingbare Bedingtheit, die der Mensch anzuerkennen hat und voraussetzen darf im Prozeß seiner Selbstwerdung – der Realisierung und der Vervollkommnung seiner condition humaine. Muß diese unabdingbare Bedingtheit vorausgesetzt werden, da der Mensch sie nicht überholen kann, so ist sie auch anzuerkennen. Aber ist sie dann nicht auch anzuerkennen als Einschränkung, die der Mensch hinzunehmen hat und je länger desto weniger hinzunehmen bereit ist? Rücken die Emanzipationskonzepte des 19. Jahrhunderts deshalb die in Gott personalisierte Bedingung wahren Menschseins nicht geradezu mit Notwendigkeit in die Perspektive des geschichtlich-emanzipatorisch zu Überholenden und durch Selbstermächtigung des Menschengeschlechts Aufzuhebenden? Emanzipation als Ablösung von nur vermeintlich unbedingten Bedingungen gesellschaftlich-menschlichen Existierens: der Erfolg des Projekts Moderne, das in einem rasanten Entwicklungsprozeß immer wieder neu für unabdingbar gehaltene Bedingungen überholte, schien diesem Programm Recht zu geben. War damit nicht doch zuletzt die Absolutheit des Prozesses selbst als eines Prozesses der Ablösung und Einholung von Bedingungen denkbar geworden – die Absolutheit derer, die sich als die Subjekte dieses Prozesses wissen durften? War damit aber nicht zugleich die Relativität alles Einzelnen und aller Einzelnen behauptet, die Bedingungslosigkeit ihres Mittel-Seins für den absoluten Zweck, dem sie sich zu opfern, für den sie dazusein hätten? Und war nicht schon vorprogrammiert, daß sich die Verdrängung oder Marginalisierung der doch nicht ohne weiteres einholbaren Bedingtheiten – etwa der natürlich-kreatürlichen Existenzbedingungen – zur vernichtenden Dynamik steigern würde?

Leszek Kolakowski hat die prekäre Konsequenz dieser Emanzipationsdoktrin vielfach beschrieben. Wo man mit der Vorstellung Ernst macht, »daß unserer Vervollkommnung keine Grenzen gesetzt sind und eine letzte Synthese oder eine vollkommene Erlösung im Bereich unserer Voraussagen liegen«, da wird die Gattungsgeschichte der Menschheit zu einer einzigen Experimentalgeschichte, in der durch Versuch und Irrtum der Weg zur Erlösung gefunden werden *muß*.[47] Die Absolutheit des Ziels rechtfertigt die Höhe des Einsatzes, der den Gewinn steigern, aber eben auch den Verlust – den Irrtum – zur Katastrophe verschärfen kann. Die Graffiti-Aufschrift am Marx-Engels-Denkmal auf dem Berliner Platz der Republik »Tschuldigung, war nur so ne Idee« mag dem mit dieser Idee ja auch verbundenen Erkenntnis- und Emanzipationsgewinn nicht gerecht geworden sein; aber sie beleuchtet mit Sarkasmus, welche Opfer die mißlungene geschichtliche Verifikation einer radikalen, auch die Wurzel-Bedingungen noch umgreifen wollenden Emanzipations-Idee kosten kann. Sie beleuchtet, welche Bedingungs- und Gnadenlosigkeit zu fordern und zu gewärtigen ist, wenn das Gegebene in einer theoretisch wie politisch-praktisch universalisierten Laborsituation zur Bedingung des zu Schaffenden umgeschmiedet werden soll. Daß die Gewinn- und Verlustbilanz nicht günstiger ausfallen wird, wenn man *alles* auf das kapitalistische Experiment des Marktes setzt und sich von ihm das Heil verspricht, diese Einsicht haben wir in ihrer ganzen katastrophalen Radikalität wohl noch vor uns.

Das *Experiment* ist Inbegriff des Versprechens neuzeitlicher Rationalität. Im Experiment ist Wahrheit; durch das Experiment vervollkommnet sich unser Wissen. Nicht auch die Welt, die Menschheit insgesamt – bis zu dem geschichtlich-revolutionär zu erreichenden Wendepunkt, an dem der Stein der Weisen gefunden, die Abhängigkeit des Menschseins von »entfremdenden Bedingungen« im Reich der Freiheit aufgehoben sein wird? Der Optimismus der Experimentatoren verdrängt die Kosten, die die unvermeidlichen Irrtümer verursachen. Und je höher das Ziel, desto größer die Kosten, die man für gerechtfertigt hält, desto katastrophaler die Irrtümer, die man bei immer gewagteren Versuchsanordnungen sehenden oder blinden Auges riskiert. Der Experimentalprozeß Neuzeit hat sich als gigantischer Verdrängungsprozeß erwiesen, als Prozeß der Verdrängung dessen, worauf zu achten, was hinzunehmen und in Obhut zu nehmen wäre beim Aufbruch in das Reich der Freiheit – als Prozeß der Verdrängung unabdingbarer Bedingungen; schließlich als Prozeß der Gott-Verdrängung.

Die moderne Systemtheorie will gewiß keine Heilslehre mehr sein. Unbegrenzte Kommunikation gilt ihr nicht als eine Verheißung, die sich im »Reich der Repressions-Freiheit« erfüllen soll, sondern als Realität des geschlossen selbstreferenten Systems Gesellschaft. Aber ist das System hier nicht gerade deshalb »unbedingte« Letzt-Gegebenheit, weil es selbst die alle Bedingtheit durch sein Experimentieren relativierende große Experimentator ist, der durch Versuch und Irrtum – durch die Rückkoppelung vieler ineinander greifender

---

[47] Vgl. L. Kolakowski, Leben trotz Geschichte. Lesebuch, München 1977, 194 f.

Regelkreise – erfolgreich Anpassung lernt und nichts anderes »wissen« kann als die Ergebnisse, die er sich erfolgreich experimentierend erschließt? Bedeutet nicht auch die Internalisierung des Unbedingten im System – seine Internalisierung als geschlossene Selbstreferenz des Systems Gesellschaft – die Verabsolutierung des Experimentellen und die Weigerung, das Experiment begrenzen zu lassen mit Rücksicht auf die Rettungsbedürftigkeit des beim Experimentieren aufs Spiel Gesetzten?

Der biblische Gott ergreift Partei für die bei rücksichtslosen Experimenten auf der Strecke Bleibenden. So ist der Haß auf ihn – etwa Nietzsches Haß – zumindest auch die natürliche Konsequenz eines

> »Glaubens an die schrankenlose Fähigkeit der menschlichen Selbsterschaffung; Nietzsche wußte, daß das Christentum das Bewußtsein der menschlichen Schwäche sei, und er hatte recht. Das wußte auch Marx … er glaubte, daß der kollektive Prometheus der Zukunft einen Zustand erreichen werde, in dem … sogar der ›Atheismus‹ seine Daseinsberechtigung verlieren würde, weil die menschliche Selbstaffirmation bereits rein ›positiv‹ sein, nicht aber negativ von der Negierung Gottes abhängen würde.«[48]

Aber so einfach wird der Mensch die »Bedingung Gott« offenkundig nicht los. Gott ist – neuzeitlich mehr denn je – die Gegeninstanz zum Traum von menschlicher Unbedingtheit und Selbsterlösung. Als solche erweist er je neu seine Notwendigkeit; »denn der Traum von der vollständigen Befreiung und Erlösung ist nur Verzweiflung im Mantel der Hoffnung, Wille zur Macht in der Verkleidung der Sehnsucht nach Gerechtigkeit«.[49] So wird auch der christliche Gottesglaube hilfreich sein, wenn er den Menschen in der Krise der Moderne »Einblick gibt in die unüberschreitbaren Grenzen menschlichen Daseins und sie bereit macht, diese Grenzen anzunehmen«, wenn er »die Fähigkeit zur radikalen Aufdeckung des eigenen Bösen vor sich selbst fördert« – die Fähigkeit, mit der unaufhebbaren, erlösungsbedürftigen Ambivalenz menschlichen Handelns zu leben, ohne sie immer wieder neu im Kampf gegen Sündenböcke auszuagieren.[50]

Freilich: gerade diese »Not-wendigkeit« des christlichen Gottesglaubens hat sich als äußerst prekär herausgestellt. Verwickelt sie die Glaubenden nicht doch in jene Konkurrenzsituation, in der dem Menschen bestritten werden muß, was Gott allein vorbehalten bleiben soll: das Erlösende, das Heil im Unterschied zum bloßen Wohl? Es ist die *Dialektik der Selbstbehauptung*, die Religionskritik und Apologetik fast aussichtslos aneinanderzuketten scheint: Der sich selbst in seiner Bedingungslosigkeit behauptende Mensch arbeitet sich ab an einem Gott, der ihm immer wieder neu als die Ur-Wirklichkeit autonomie-beschränkender Bedingungen vorgestellt wird. Ein Ausweg ist nur denkbar, wenn die Bedingung, die Gott ist und für die er steht, nicht als Einschränkung menschlicher Autonomie, sondern als Befreiung von den Zwängen mensch-

---

[48] Ebd., 181 f.
[49] Vgl. ebd., 201.
[50] Vgl. ebd., 186.

licher Selbstbehauptung gedacht und anerkannt werden kann. Das setzt voraus, daß die religiöse Beziehung wirklich als *Verhältnis der Freiheit* gedacht und gestaltet werden kann, als eine Realisierung der Freiheit, die gegenüber der Realisierung der Bürgerfreiheit im Konkurrenzverhältnis als umfassender und radikaler einleuchtet. Gott müßte zur Sprache kommen können als befreiende Freiheit, als jene Bedingung der Freiheit, die menschliche Freiheit nicht einschränkt, sondern im wahrsten Sinn des Wortes hervorbringt. Nur wenn religiöse Beziehung und Freiheit sich wechselseitig definieren, wird Gott nicht das Nein zum Menschen und das Ja des Menschen zu Gott nicht das Nein zu sich selbst sein müssen; wird der Mensch um so menschlicher sein können, je mehr er auf Gott bezogen ist – je vorbehaltloser er Gott als den Ursprung seiner Freiheit anerkennt und sich von ihm anerkannt weiß. Man kann geradezu sagen: Unter den Bedingungen der Moderne wird sichtbar und verstehbar, daß Wahrheit und das Wahrwerden des Menschen in Beziehung nur insoweit geschehen können, als in ihnen *Anerkennung* geschieht, Anerkennung *des Anderen* als des Ursprungs meiner Freiheit – des Anderen in mir selbst als der nicht zu verdrängenden Voraussetzung meines freien Selbstentwurfs, Anerkennung des Anderen außer mir als Bedingung meines physischen Daseins, Anerkennung des Anderen mir gegenüber als Herausforderung zur Gestaltung eines Freiheitsverhältnisses. Anerkennung auch des schlechthin Anderen, der mir als die Herausforderung begegnet, mich selbst auf ihn hin zu verlassen?

Die neuzeitliche Kritik der religiösen Beziehung und des in ihr als gegeben behaupteten Unbedingten wandte sich gegen ein elementares, religiöses Beziehungsschema, das menschliche Identität verbürgt sah durch das Sich-Festmachen im schlechthin Anderen – dem Menschen nur dadurch gegeben, daß es ihn unverfügbar ergreift. Menschliche Identität sollte jetzt garantiert sein von der Fähigkeit des Menschen, das ihm Gegebene, ihn Angehende und Betreffende anzueignen und sich so selbst als unbedingt zu setzen. Die Dialektik der Selbstbehauptung förderte zutage, daß die Identitätsvergewisserung durch Aneignung das unverfügbar Andere nur verdrängt, es um der beanspruchten eigenen Unbedingtheit willen relativiert. So steht die Gegebenheit des Unbedingten in der religiösen Beziehung nun doch wieder für die Herausforderung, Aneignung zu relativieren und Nicht-Anzueignendes anzuerkennen, Identität zu finden durch Anerkennung. Aber ist die Wahrheit der Anerkennung nicht die der zwischenmenschlichen Kommunikation? Ist die darin gegebene Unbedingtheit nicht die der Anerkennung selbst, so daß die zwischenmenschliche Kommunikation – nun freilich anders als in der Systemtheorie – an die Stelle der religiösen Beziehung zum Unbedingten zu treten hätte?

4. Die Wahrheit der Anerkennung

4.1 Die Idealstruktur »wechselseitige Anerkennung«

Gegenseitige Anerkennung ist aus gut nachvollziehbaren und in der Problemgeschichte immer wieder herausgearbeiteten Gründen Basis und Referenzkategorie menschlich-interpersonaler Kommunikation. Und sie ist es in Abgrenzung zu einem bloß taktischen »Rechnen mit« dem anderen, in Abgrenzung damit auch von jener Dialektik der Selbstbehauptung, von der am Ende des 3. Kapitels die Rede war. Selbstbehauptung gilt – mit Hegel gesprochen – dem Herr-Werden-Wollen, das darin zum Ziel käme, den anderen zum »Knecht« zu machen. Aber – so Hegel – wer sich dem Knecht als Herr überlegen erweist, der lebt in gewisser Weise von der Schwäche des anderen, der ihn als den Überlegenen anerkennen muß, ihn aber nicht aus freien Stücken anerkennen will – und ihm sehr wohl mitmenschliche Achtung verweigern kann. So ist es die »Schwäche« des Herrn, daß der Knecht ihm vorenthalten kann, wonach er sich »sehnt«: ohne bloßes Kalkül als Mitmensch anerkannt zu werden.[1]

Ist damit nicht auch das Dilemma der religiösen Beziehung umrissen, die so folgenreich auf die Asymmetrie des Herr-Knecht-Verhältnisses fixiert scheint und sich deshalb als »unglückliches Bewußtsein« realisiert?[2] Und ist die Emanzipation von Religion nicht letztlich der Versuch, Symmetrie und Wechselseitigkeit zwischen Beziehungspartnern als die elementare Freiheitswirklichkeit des Menschseins einzufordern und alle Verhältnisse zu überwinden, in denen Menschen daran gehindert sind, ihre Identität in wechselseitiger Anerkennung zu finden?

Das Pathos der neuzeitlichen Emanzipationsbewegungen gilt dem »Kampf um Anerkennung«[3], um Verhältnisse, in denen die Selbstbehauptung der wenigen Herren nicht mehr die Vielen zu Knechten macht; dem Kampf um eine mitmenschliche Wechselseitigkeit, in der die Machtchancen nicht mehr einseitig verteilt wären und das Anderssein der anderen nicht als Bedrohung, sondern als schöpferische Herausforderung erlebt werden könnte. Die bürgerlichen Rivalitäts- und Konkurrenzbeziehungen waren nur eine Karikatur dieser idealen

---

[1] Vgl. das Kapitel »Herrschaft und Knechtschaft« der Phänomenologie des Geistes, Werke in zwanzig Bänden, Bd. 3, 145–155, besonders 146 f.
[2] Vgl. ebd., 163 ff.
[3] Vgl. A. Honneth, Kampf um Anerkennung. Zur moralischen Grammatik sozialer Konflikte, Frankfurt a. M. 1992.

Anerkennungsstruktur. Die Stärke und das Anderssein des Anderen hatten hier ihre Funktion: Sie waren das, was man brauchen konnte, weil man es selbst nicht hatte, oder sie forderten den Konkurrenten heraus, ihr gewachsen, ja überlegen zu sein. Wechselseitige Anerkennung war nicht das Handlungsziel. Die Intention ging auf Nutzbarmachen und Stärkersein, auf siegreiche Selbstbehauptung. Aber dieses Beziehungsschema macht die Selbstbehauptung verwundbar, läßt sie zumindest sozial unbefriedigt. Anerkennung bleibt funktional motiviert: Sie gilt letztlich dem, was sich durch Anerkennung erreichen läßt, bleibt etwa – von seiten des Schwächeren – immer Demutsgeste, die das Überleben sichern soll, keine interpersonale Beziehung, in der es um die Beziehung selbst geht, darum also, daß die Beziehungspartner in ihr *als sie selbst* vorkommen dürfen. Als innere Norm der Kritik an den Verhältnissen der bürgerlichen Gesellschaft blieb das Ideal einer wechselseitigen Anerkennung, die mehr wäre als das bloße Mit-dem-anderen-Rechnen, seit Marx in Geltung. Und es galt weit über seine Kritikintention hinaus als Minimalbedingung von Verhältnissen gesellschaftlicher Freiheit, in denen die Beziehungspartner zur Selbstverwirklichung gelangen können.

Der Kampf um Anerkennung – gegen Vergewaltigung, Entrechtung, Mißachtung, für Gehörtwerden, Partizipierendürfen, Sich-Einbringen-Können – geht nicht um einen Sieg, um neue Über- und Unterordnungsverhältnisse, sondern allein um die Überwindung von Verhältnissen, in denen Anerkennung nur verzerrt Wirklichkeit werden kann, um das Wirklichwerden einer sozialen Welt, in der strukturelle und individuelle Mißachtung geächtet und die anderen nicht nur Ressource oder Rivalen sind. Wo jeder Beziehungspartner die anderen als sie selbst und als um ihrer selbst willen bedeutsam anerkennt, da achtet er sie als Kommunikationspartner einer auf Repressionsfreiheit zielenden Kommunikationsgemeinschaft, da spricht er sie auf ihre *Identität* an und fordert sie heraus, sich in ihrer Identität darzustellen – in den Kommunikationsprozeß einzubringen. Ich-Identität beruht auf Anerkennung; nicht nur auf Anerkennung meines Beitrags in spezifischen, funktional bestimmten Kooperationskontexten – solche Anerkennung würde sich ja nur auf bestimmte Aspekte meiner sozialen Identität beziehen –, sondern auf der Anerkennung als Kommunizierender, als »Sender«, dessen Ich-Botschaft für alle anderen Kommunikationspartner bedeutsam werden könnte.[4] So sind Identität und Kommunikation hier als sich wechselseitig bedingende Größen vorgestellt, die von der Basisbedingung der unbedingten Anerkennung getragen sind. Kommunikationsfähig wird das Individuum als anerkanntes und anerkennendes; im Wechselgeschehen der Anerkennung bildet es seine Ich-Identität aus.

Psychoanalytische Identitätstheorien haben geltend gemacht, daß dem interpersonalen Anerkennungsgeschehen ein intrapersonales bzw. intrapsychisches entspricht. Ich-Identität stellt sich her in möglichst unterdrückungs- und

---

[4] Zu dem hier Angedeuteten vgl. grundlegend J. Habermas, Theorie des kommunikativen Handelns, 2 Bde., Frankfurt a. M. 1981.

verdrängungsfreier Kommunikation zwischen den psychischen Instanzen und Repräsentanzen, worin individuelle und soziale Erfahrungen jeweils situationsadäquat aufgenommen und reformuliert werden. Diese identitätsbegründende intrapsychische Kommunikation ist freilich in vielfacher Weise mit der sozialinterpersonalen vernetzt und von ihr mitbestimmt. Frühe – und in gewissem Ausmaß und im Wechselspiel mit Vorerfahrungen auch aktuelle – soziale Interaktionserfahrungen bedingen die Fähigkeit und die spezifischen Möglichkeiten intrapsychischer Kommunikation, nicht zuletzt auch die Möglichkeit, sich selbst anerkennen zu können trotz unvermeidlicher Erfahrungen sozialer Mißachtung und trotz der Erfahrungen von Selbst-Mißbilligung, die dem Individuum eine prinzipiell unaufhebbare Distanz zu seinem Ich-Ideal anzeigen.[5] Das Ideal repressionsfreier, möglichst verdrängungsarmer Kommunikation urgiert ein Beziehungsgeschehen als Ort der Wahrheit, wo vorkommen und zur Geltung kommen darf, wo nicht verleugnet werden muß, was die Wirklichkeit dieser Beziehung ausmacht. Unwahr – entfremdend – ist eine Beziehung, aus der Wesentliches von dem herausgehalten werden muß, was die Beziehungs- und Kommunikationspartner mitbringen; eine Beziehung, in der verleugnet und verdrängt werden muß, in der die Partner nicht einbringen können, dürfen oder wollen, was sie in dieser Beziehung suchen und was sie doch – oft gänzlich unbewußt – in sie verwickelt. Wenn in einer Beziehung Wahrheit geschehen soll, so muß in ihr nach Möglichkeit alles in ihr Gegebene seiner Bedeutung entsprechend gewürdigt werden und jenen Ort finden können, an dem es vorkommen und seine Rolle spielen darf.

In solchen Beziehungen kann – so die durchaus plausible identitätstheoretische Unterstellung – lebenspraktisch Wahrheit geschehen: das Wahrwerden der darin Engagierten in einer Geschichte gegenseitigen Sich-wahrnehmen-Lernens, das Wahrwerden der Verheißung, daß zwei oder mehr Menschen sie selbst sein können, da und indem sie für andere und von ihnen her sie selbst sind. Diese ideale Anerkennungsstruktur liegt auch der gemeinschaftlichen Wahrheitsermittlung im argumentativen Diskurs zugrunde: Die in gemeinsamer Wahrheitssuche Verbundenen verpflichten sich gegenseitig darauf, das in nachvollziehbaren Argumenten geltend Gemachte dem Gewicht der Argumente entsprechend zu würdigen und so bei der gemeinsamen Suche nach Wahrheit mitbestimmend vorkommen zu lassen. Sie verpflichten sich darauf, all jenen machtförmigen Einflüssen zu widerstehen, die das im Diskurs zu Würdigende unerlaubt relativieren, es nicht seinem Gewicht entsprechend vorkommen lassen wollen, weil sie es nur nach Maßgabe ihrer Interessen oder Bedürfnisse – also funktional – würdigen.

Diese Diskurstheorie der Wahrheit ist jedenfalls insofern unbezweifelbar im Recht, als sie eine *notwendige* Bedingung der Wahrheitsermittlung formuliert. Durchaus umstritten ist jedoch, ob diese notwendige auch schon die hin-

---

[5] Ausführlicher gehe ich auf das hier Besprochene ein in: Glaube im Kontext. Prolegomena und Skizzen zu einer elementaren Theologie, St. Ottilien ²1987, 390–416.

reichende Bedingung ist. Entsprechendes gilt für die lebensweltlich-kommunikativen Verhältnisse: Ort der Wahrheit und des Wahrwerdens können sie nur sein, insoweit sie nicht draußenhalten, »exkommunizieren«, verleugnen und verdrängen, was in einer Beziehung gewürdigt werden muß, weil es sie faktisch mitbestimmt, weil es in ihr vorkommen muß, wenn die Beziehungspartner in der Beziehung einander wirklich begegnen und sich nicht voreinander verbergen oder einander nur gebrauchen wollen. Beziehungsmodi, in denen strukturell und nicht nur faktisch Verdrängung und Verleugnung herrschen, in denen nicht gewürdigt wird, was auf Würdigung Anspruch hat, sind mit dem Sinn von Beziehung, Ort der Wahrheit zu sein, unvereinbar. So war in den letzten Kapiteln bei der kritischen Darstellung der religiösen Beziehungsmodi auch immer schon das noch unausgesprochene Kriterium leitend, inwiefern sie als strukturell verdrängende Beziehungsmodi angesehen werden müssen und was sie – strukturell – in Beziehung nicht vorkommen und gegeben sein lassen, was sie nicht als es selbst würdigen können. Aber ist in diesem Kriterium schon die hinreichende oder eben nur eine notwendige Bedingung für *Wahrheit in Beziehung* genannt? Ist das Nicht-Verdrängen- und Würdigen-Wollen, ist das zumindest als regulative Idee in Geltung gesetzte Ideal, sich gegenseitig Anerkennung gewähren und zur Anerkennung des Eigenen wie des Anderen herausfordern zu wollen, schon die hinreichende Bedingung dafür, daß in Beziehung Wahrheit gegeben sein kann? Ist Anerkennung nicht nur Wahrheitsbedingung, sondern darüber hinaus das Sich-Durchsetzen der Wahrheit – die Realität des Unbedingten – selbst?

Es scheint hier unerläßlich, auch der inneren Grenze mitmenschlich-wechselseitiger Anerkennung nicht die Anerkennung zu verweigern. Sie zeigt sich, wenn man die mit ihr verbundenen Erwartungen thematisiert. Wechselseitige Anerkennung soll, das ist wohl die zentrale mit ihr verbundene, ja in ihr liegende Erwartung, einen Raum der Verläßlichkeit sichern, in dem Mißbrauch ausgeschlossen ist und in dem die einander Anerkennenden sich die Möglichkeit einräumen, *als sie selbst* und eben nicht nur reduziert auf diese oder jene Stärken vorzukommen. Wer sich in diesen kommunikativen Raum hineinwagen kann, der gewinnt hier die Möglichkeit der Identitäts-Kommunikation, weil er sich als er bzw. als sie selbst gewürdigt weiß. Dieser Raum der Verläßlichkeit eröffnet sich aber nur insoweit, als die wechselseitige Anerkennung wirklich bedingungslos gewährt und insoweit sie als bedingungslos geltend erfahren wird. Bedingte Anerkennung wäre nur eine Anerkennung unter dieser oder jener Hinsicht – überholbar, wenn sich die Bedingungen ändern sollten und sich andere Hinsichten in den Vordergrund drängen. Die Verläßlichkeit, die Anerkennung stiftet, hängt an deren Unbedingtheit. Kann sie in jeder Hinsicht unbedingt sein?

4.2 Die Herausforderung des Anderen

Diese Frage führt uns zurück zu einer Bedingtheit der unbedingten interpersonalen Anerkennung, die schon in *Kants* kategorischem, also unbedingt gültigem Imperativ der reinen praktischen Vernunft mitgesetzt scheint. Die unbedingt geforderte Anerkennung des Mitmenschen als in sich zu würdigendes Vernunft-Subjekt wird offenkundig doch nicht in jeder Hinsicht bedingungslos vollzogen. Aber der Reihe nach: Vernünftig und frei, also in Übereinstimmung mit der eigenen und der dem Mitmenschen zuzusprechenden Vernunftnatur, handelt nur, wer den Mitmenschen als Zweck an sich selbst würdigt und niemals nur als »Mittel zum beliebigen Gebrauche für diesen oder jenen Willen«, wer ihn in jedem denkbaren Fall nicht nur als Mittel – als Randbedingung seines eigenen Wollens –, sondern »zugleich als Zweck« in sich selbst ansieht, ihn geradezu als solchen setzt, da in ihm der allgemeine Endzweck – die Menschlichkeit der Menschheit – auf dem Spiel steht.[6] Ohne diese unbedingte Affirmation des anderen wäre er nicht als Vernunft-Subjekt anerkannt, wäre er das im vorhinein schon gerechtfertigte Opfer derer, die mit ihm als Mittel ihre eigenen Zwecke durchzusetzen wissen. Den Mitmenschen als Zweck in sich selbst achten heißt aber letztlich und noch über das bei Kant selbst Thematisierte hinaus: das Dasein und Wohl des anderen bedingungslos wollen, eigene Ziele nicht zur Bedingung dafür machen, daß und in welchem Ausmaß sein Dasein und Wohl anerkennens- und schätzenswert wäre.

Die Triftigkeit, ja Unvermeidlichkeit des kategorischen Imperativs bei der Bestimmung der Gutheit eines vernunftgeleiteten Willens und des menschlichen Lebens belegt noch einmal seine direkte Bestreitung, wie sie in *Nietzsches* »Jenseits von Gut und Böse«[7] als die elementare Voraussetzung einer »guten und gesunden Aristokratie« geltend gemacht wird. Diese müßte sich – so Nietzsche – »nicht als Funktion (sei es des Königthums, sei es des Gemeinwesens), sondern als dessen *Sinn* und höchste Rechtfertigung« ansehen und »deshalb mit gutem Gewissen das Opfer einer Unzahl Menschen« hinnehmen, »welche *um ihretwillen* zu unvollständigen Menschen, zu Sklaven, zu Werkzeugen herabgedrückt und vermindert werden müssen«.

Nietzsches Gegenposition macht klar: Wer bedingungslose Anerkennung verweigert, der macht *sich selbst* implizit oder explizit zur Bedingung dafür, ob und wie andere zu würdigen sind. Nun ist bedingungslose Anerkennung gewiß nicht in allen mitmenschlichen oder gesellschaftlichen Beziehungen realisiert. Aber *menschliche* Beziehungen sind sie nur, insoweit sie von bedingungsloser Anerkennung und der Würdigung des anderen in seinem Eigen-Sinn mitgetragen sind. Wer sich zu solcher Anerkennung herausfordern läßt, der gibt sich gleichsam aus der Hand. Er verzichtet darauf, in der Begegnung und in der Geschichte mit den anderen eigene, von ihm allein definierte Sinnerwartungen

---

[6] Vgl. Grundlegung der Metaphysik der Sitten, Akademie Textausgabe, Bd. IV, 428 f.
[7] Aphorismus 258, KSA 5, 206.

gegen die Sinnautonomie des anderen durchzusetzen und die Begegnung mit ihm nur insoweit für sinnvoll zu halten, als sie das von ihm Erwartete auch »bringt«. Bedingungslose Anerkennung erfordert die Bereitschaft, sich in der Geschichte mit dem anderen aufs Spiel zu setzen, an die eigene Verläßlichkeit und die des anderen als hinreichende Bedingung einer weit genug in die Zukunft hineinreichenden Verläßlichkeit zu glauben. Wer darauf verzichtet, Bedingungen zu stellen und geltend zu machen, der hat ja nicht mehr in der Hand, worauf er sich einläßt, der hat auch sich selbst nicht mehr in der Hand. Darf man sich von einem Mitmenschen überhaupt in diesem Sinne bedingungslos herausfordern lassen? Darf man sich auf ihn hin bedingungslos aus der Hand geben? – »Bedingungslos«, das würde ja auch heißen: schutzlos gegen Mißbrauch und Ausbeutung, schutzlos dagegen, daß mit mir selbst als Mittel womöglich unlautere Zwecke durchgesetzt werden. Darf es diese Bedingungslosigkeit und Unbedingtheit überhaupt geben, die rückhaltlos-kritiklose Überantwortung an den anderen? In mitmenschlicher Begegnung muß die bedingungslose Anerkennung und Würdigung des anderen unter der Bedingung der Wechselseitigkeit stehen: Ich lasse mich auf die Herausforderung des Andersseins des anderen, auf das Wagnis, mich aus der Hand zu geben und in die offene Geschichte mit ihm hineinzugehen, nur ein, wenn ich darauf vertrauen darf, daß *er* mich nicht für eigennützige Zwecke mißbraucht und manipuliert, wenn *er* sich in der Geschichte mit mir wagt.[8] Freiheitsanalytisch präzisiert: So sehr es zutrifft, daß die Anerkennung des Anderen als Zweck in sich selbst – als andere Freiheit – das »schlechthin Erfüllende für Freiheit ist«, das Woraufhin ihres »Sich-Öffnens«[9] und das unbedingt Normierende ihres konkret-bedingten Vollzugs, so ist doch genau darauf zu achten, daß das bedingungslose Sich-Öffnen der anderen *Freiheit* gilt, die ja gerade darin frei ist, daß sie sich ihrerseits anderer Frei-

---

[8] E. Lévinas bestreitet nicht nur die Ursprünglichkeit, sondern auch die phänomenologische Prägnanz der Wechselseitigkeit in der Beziehung zum Anderen. Diese Beziehung ist – so Lévinas – ursprünglich asymmetrisch, da sie sich mit dem unvordenklichen und unhintergehbaren In-Anspruch-Genommensein des Subjekts ereignet. Das In-Anspruch-Genommensein *unterwirft* das Subjekt geradezu dem Anspruch des ihm Begegnenden und macht es so zum sub-iectum; es durchbricht die Intentionalität des Subjekts, in der dieses sich auf den ihm Begegnenden bezieht und ihn so tatsächlich seiner Welt – seiner »Totalität« – einfügt. Intentionalität und Bewußtsein werden »durch das Antlitz (des Begegnenden; J. W.) in Frage gestellt«, ja heimgesucht: »Die Heimsuchung besteht darin, sogar die Ichbezogenheit des Ich umzustürzen, das Antlitz entwaffnet die Intentionalität, die es anzielt« (Die Spur des Anderen, 223). In diese »Epiphanie des Anderen« (ebd., 220) ist die Spur des vorübergegangenen Gottes eingezeichnet, die in dieser Spur anwesende Abwesenheit des »Dritten«, die den Anderen mir gegenüber zum Antlitz »weiht« und ihn mir so als Nächsten an-befiehlt (vgl. Jenseits des Seins oder anders als Sein geschieht, dt. Freiburg – München 1992, 268 bzw. 328). Die von mir vorgetragene Überlegung zieht die ethisch-phänomenologische Ursprünglichkeit des asymmetrischen In-Anspruch-Genommen-Seins nicht in Zweifel. Sie expliziert die Unbedingtheit des Gefordertseins und des darin unbedingt Angehenden aber nicht als Einbruch in die Intentionalität – als »Unterbrechung« –, sondern als deren unbedingtes Herausgefordertsein, das dann auch die Forderung unabdingbar macht, dem Mißbrauch durch den Anderen entgegenzutreten. Die folgenden Überlegungen müssen zeigen, ob sich diese Explikation von Unbedingtheit fundamentaltheologisch sinnvoll aufgreifen läßt.
[9] Vgl. H. Krings, Artikel »Freiheit«, a. a. O., 506.

heit öffnet und den Anderen als Zweck in sich selbst anerkennt. Der kategorische Imperativ fordert die unbedingte Anerkennung der vernünftigen Selbstbestimmung des anderen Freiheitssubjekts ein, nicht die Achtung oder auch nur die Hinnahme seiner Selbstverfehlung.

So ist die Behauptung wie die Erfahrung von Bedingungslosigkeit und Unbedingtheit unter Menschen zwiespältig: Einerseits wird deutlich, daß die unbedingte Anerkennung der Selbstzwecklichkeit eines jeden Menschen, wo sie nicht bloß prinzipiell bleibt und sich nur auf juristisch verbriefte Subjektrechte erstreckt, als Herausforderung zu verstehen ist, den Richtungssinn einer Begegnung oder einer Geschichte nicht auf meine Erwartungen und Bedingungen festzulegen. Es ist geradezu Kriterium einer nichtmanipulativen, Freiheit gewährenden menschlichen Begegnung, daß die Beteiligten sich in ihr selbst ins Spiel bringen und einander wechselseitig die Möglichkeiten zuspielen, sich so vorbehaltlos wie eben möglich in die Begegnung hineinzugeben – daß sie sich darin vom anderen unbedingt angehen lassen. Diese Idealstruktur von Begegnung als Selbstmitteilung impliziert aber andererseits die Bedingung der Wechselseitigkeit, die es den Beteiligten gerade verbietet, sich bedingungslos in einer mitmenschlichen Begegnung aufs Spiel zu setzen und so auch noch die eigene Personwürde aufs Spiel zu setzen. Wer dies täte, würde sich selbst nicht bedingungslos als Zweck in sich setzen, sondern sich von vornherein dem möglichen Mißbrauch anbieten.[10]

Das bedingungslose Sich-Wagen und Aus-der-Hand-Geben wäre nur auf den hin gerechtfertigt, von dem ich glauben darf, daß er meinen Lebenseinsatz nicht mißbraucht und ihn zu seinem Ziel kommen läßt. Bedingungen können entfallen, wenn der, auf den hin ich mich bedingungslos herausgefordert weiß und verlassen will, selbst für die Bedingung einsteht, von der ich nicht lassen darf: daß ich bei diesem Wagnis nicht selbst als bloßes Mittel zum Zweck mißbraucht werde – theologisch gesprochen: anderen das Sündigen leicht mache, sondern als Zweck in mir selbst Würdigung und Anerkennung finde. Kann dann die Bedingungslosigkeit der Anerkennung – des Sich-aus-der-Hand-Gebens – nur einem Gott gegenüber verantwortet werden, von dem gelten dürfte, daß er von sich aus und um seiner selbst willen für jeden Menschen bedingungslos dasein will, der sich nach ihm ausstreckt; nur einem Gott gegenüber, dem jeder Mensch unbedingt erwünscht wäre?[11] *Ihm* gegenüber – nur ihm gegenüber? – wären die Menschen jedenfalls der Notwendigkeit enthoben, ihre unbedingte Hingabe unter die Bedingung der Wechselseitigkeit zu stellen. Kann nur er für jene Verläßlichkeit einstehen, die mitmenschliche Anerkennung versprechen, aber offenkundig nicht bedingungslos gewähren kann?[12] Aber wäre die Unbe-

---

[10] Die beiden Formen verweigerter Würdigung – die Mißachtung des anderen in seinem Eigensein und die Selbstmißachtung als Selbstauslieferung an andere – sind von der Theologie als Grundgestalten der Sünde zu explizieren; vgl. Streitfall Erlösung, Kap. 3.

[11] Vgl. G. Fuchs, Roter Faden Theologie – eine Skizze zur Orientierung, in: Katechetische Blätter 107 (1982), 165–181, hier 166 ff.

[12] Falk Wagner scheint in seinen letzten Arbeiten zur Religionsthematik für die moderne Religion

dingtheit der Anerkennung mit dieser theo-logischen Relativierung nicht doch zu weitgehend um ihre mitmenschliche Verbindlichkeit gebracht?

Dieses Bedenken verschärft sich, wenn man die Herausforderung zu unbedingter mitmenschlicher Anerkennung nicht nur als ethische Verpflichtung wahrnimmt, sondern als den »Richtungssinn« der Liebe, die doch offenkundig nur zu ihrem Ziel kommt, wenn sie den Geliebten bzw. die Geliebte um ihrer selbst willen liebt und in ihnen nichts sucht als sie selbst.[13] Aber kann die Liebe – darf sie – den geliebten Mitmenschen tatsächlich schlechthin um seiner selbst willen lieben? Ohne jede Rücksicht darauf, ob in der Liebe zu ihm und von dieser Liebe ausgehend Heil oder Unheil geschieht? Und auf den Geliebten hin gesehen: Muß er sich nicht im Letzten der Konsequenz einer Liebe entziehen, die nichts sucht als ihn selbst in seiner unbedingten Liebenswürdigkeit? Wer könnte damit leben, so wertvoll zu sein und sein zu müssen, daß es für den ihn Liebenden gerechtfertigt wäre, sich ihm um seiner selbst willen zu schenken und ihn so zu lieben? *Lévinas* suchte die Bedingungslosigkeit der Zuwendung zum anderen ganz von der Liebens-Würdigkeit des zu Liebenden unabhängig zu halten. Muß diese Zuwendung nicht gerade darin unbedingt sein, daß sie – wie schon bei *Franz Rosenzweig* nachzulesen ist – die »ganz in den Augenblick verlorene Tat der Liebe« ist?[14] Ist nicht erst die voraussetzungslose Liebe vollkommene, eben bedingungslose Liebe? Aber noch einmal zurückgefragt: Entwürdigt eine mitmenschliche Liebe, die voraussetzungslos sein wollte, nicht den Geliebten zutiefst dadurch, daß sie sich nicht darauf angewiesen weiß, seine Liebens-Würdigkeit liebend zu würdigen und sich an ihr zu freuen?

Wieviel Unbedingtheit »verträgt« mitmenschliche Liebe? Es ist gefährlich, so zu fragen, denn die Liebe stirbt oder vegetiert nur noch vor sich hin, wo die Liebenden füreinander nicht im Entscheidenden Selbstzweck sein dürfen und eher um vielerlei Vorteile und Annehmlichkeiten willen geliebt werden, oder etwa auch »um Gottes willen«. Und dennoch: Auch die mitmenschliche Liebe

der Individualität die Selbsttranszendenz des Absoluten auf mitmenschliche Verhältnisse freier Anerkennung und deren »immanente Transzendenz« als kennzeichnend und allein noch rational rechtfertigungsfähig anzusehen. Es kann in moderner, »ent-theologisierter« Religion – so F. Wagner – allein noch um die Gestaltung von »Anerkennungsverhältnissen« gehen, in denen »die jeweilige Selbständigkeit des personalen Selbstseins und des sozialen Andersseins durch die Struktur ihrer kopräsenten Korrespondenz gewährleistet« und so das Bewußtsein »der Differenz von Personalität und Sozialität« aufrechterhalten bleibt (Religion der Moderne – Moderne der Religion, in: W. Gräb, Religion als Thema der Theologie, 12–44, hier 43 f.). Kommt dabei überhaupt das mitmenschlich Prekäre einer *bedingungslosen* Anerkennung, von dem oben die Rede war, in den Blick? Müßte F. Wagner nicht entgegengehalten werden, daß seine Ent-theologisierung der Religion eben doch zu einer Verabsolutierung menschlicher Anerkennungsverhältnisse – zu ihrer Aufladung mit Unbedingtheit – führen muß und dabei ihre »immanente Transzendenz« unterbestimmt bleibt? Die Diskussion mit F. Wagner kann hier – über die Äußerung dieser Bedenken hinaus – nicht geführt werden. Sie setzt eine Kritik seiner Begriffsbestimmung des Absoluten bzw. der von ihm geltend gemachten Notwendigkeit seiner Selbsttranszendenz voraus.
[13] Vgl. oben Kap. 2 Fn. 10, wo im Anschluß an H. R. Jauß diese Unbedingtheit mitmenschlicher Liebe als das Liebes-Selbstbewußtsein Heloisas im Konflikt mit ihrem Geliebten Abaelard identifiziert wurde.
[14] Der Stern der Erlösung, Frankfurt a. M. ⁴1993, 241.

überwindet die innere Grenze mitmenschlicher Anerkennung nicht. Sie kann nicht im Sinne der Voraussetzungslosigkeit unbedingt sein wollen, da sie damit den Geliebten entwürdigte. Sie kann auch nicht den Geliebten bedingungslos um seiner selbst willen und nur um seiner selbst willen suchen, weil sie ihn dann nicht als das dem Guten – dem Heil – unbedingt verpflichtete Freiheitssubjekt ernstnähme und ihm zumutete, für die Liebe des Liebenden das Unbedingte zu sein. Vielleicht wird man hier die Weigerung des Augustinus, die Liebe allein um des Geliebten willen – das »frui« – Mitmenschen gegenüber für gerechtfertigt zu halten[15], wenigstens insofern ins Spiel bringen dürfen, als man die mitmenschliche Liebe zwar nicht in Konkurrenz, aber hingeordnet sieht auf die Gottesliebe, in Anspruch genommen davon, daß in der Liebe der Menschen sich das Heil zu ereignen anfängt, das sie selbst nicht wirken kann; und die Freude, die ihr geschenkt ist mit der Liebenswürdigkeit des geliebten Mitmenschen, aber weit über sie hinausreichen darf: in den hinein, der in seiner »Liebenswürdigkeit« die unverlierbare Würde der Liebenden und ihrer Liebe verbürgt.

Ein Mitmensch kann nicht – so wäre zu resümieren – das Unbedingte für die Liebe des anderen sein; er kann nicht jene Verläßlichkeit verbürgen, die es für den Liebenden rechtfertigen würde, sich ihm bedingungslos zu schenken, sich auf den Geliebten hin zu *verlassen*, was auch immer geschehen möge. Unbedingte Anerkennung in Liebe ist nur da nicht überfordernd, wo sie als von Gott geschenkt geglaubt werden darf. Als von *ihm* geschenkweise gewährte, dem gegenüber ja nicht die strenge Verpflichtung entstehen kann, seiner bedingungslosen Zuwendung würdig zu sein, eröffnet sie den Raum einer Verläßlichkeit, in dem mir vor jeder Gegenleistung – bedingungslos – Anerkennung und Würdigung entgegengebracht ist: als dem, der ich bin und *deshalb* werden kann, nicht erst als dem, der ich sein sollte.[16] Dieser Raum der Verläßlichkeit erlaubt das Vorkommendürfen dessen, was ist; er erlaubt Identitäts-Kommunikation, Selbstmitteilung. So wird er allerdings auch zu dem Ort, wo ich davon in Anspruch genommen bin, mit den anderen aus dieser unbedingten Vorgabe zu leben, sie mit ihnen zu »teilen«, will heißen sie als auch ihnen gewährte bedingungslos anzuerkennen und verläßlich mitzuvollziehen. Dieser Raum der Verläßlichkeit will »ausgefüllt« werden im Vollzug mitmenschlicher Anerkennung des anderen als eines Anderen, als eines Zwecks in sich selbst, dessen Selbstbestimmung – unbedingt? – zu achten ist. Aber er ist von mitmenschlicher Anerkennung selbst nicht zu öffnen. Anerkennung bedeutet mitmenschlich ge-

---

[15] Vgl. De doctrina christiana I, 20.

[16] Aber auch von der Bedingungs- und Voraussetzungslosigkeit der Zuwendung Gottes wäre mit mehr Differenzierung zu reden als in manchen verbal-radikalen Entwürfen zur Rechtfertigungslehre üblich geworden ist. Gott knüpft seine Zuwendung nicht an Voraussetzungen auf seiten der Menschen, die ihm die Menschen »liebenswürdig« machen könnten. Aber die Liebens-Würdigkeit der Menschen ist seiner Liebe keine quantité negligeable, so als käme es ihr darauf nicht weiter an. Darf man nicht geradezu sagen, Gottes Menschen-Liebe komme darin zum Ziel, sich an der – gewiß von der Gnade erwirkten – Liebens-Würdigkeit der Menschen zu freuen?

wiß, dem anderen in höchstmöglichem Maße den Raum freier Selbstbestimmung einräumen und deshalb seinem Anderssein auch mir gegenüber Geltung verschaffen zu wollen; bedeutet, in diesem Raum mit dem anderen leben zu wollen und leben zu können; bedeutet die Zuversicht, daß die einander Anerkennenden gerade *füreinander* und nicht gegeneinander andere – Selbstzweck – sein werden. Solches Lebenwollen und Lebenkönnen mit den anderen vermittelt Ich-Identität, vermittelt jene Vorbehaltlosigkeit, mit der sie die Anerkennung des anderen um seiner selbst willen sucht und ihm die Bereitschaft verbürgt, ihn nicht für eigene Ziele zu mißbrauchen. Aber diese Anerkennung läßt ihn nicht mein Unbedingtes sein – das, was mich *unbedingt* angeht, da ich um meiner eigenen Selbstbestimmung in Freiheit willen mich dagegen zu wehren hätte, daß der von mir als er selbst Anerkannte mir und sich selbst zum Unheils-Schicksal wird.

Anerkennung ist mitmenschlich nicht das Absolute, da sie das Anderssein der füreinander anderen nicht letztgültig mit der Verpflichtung zu freier Selbstbestimmung vermitteln und so Identität verbürgen kann. Sie erweist sich aber auch dadurch als endlich, daß sie das schlechthin Andere zur Wirklichkeit der mitmenschlichen Anerkennung anerkennen muß, daß sie den von mitmenschlicher Anerkennung in Anspruch genommenen und erfüllten Raum der Verläßlichkeit nicht gegen das schlechthin Kontingente »abdichten« kann: gegen die Entwürdigung, den Mißbrauch, den Untergang des anderen, die durch meine Anerkennung ja nicht »gegenstandslos« und bedeutungslos gemacht werden können. Zwar verspricht die Liebe – so Gabriel Marcel – dem geliebten Menschen: »Du wirst nicht sterben«.[17] Zwar versichert mitmenschliche Anerkennung dem Anerkannten: Nichts wird diese Anerkennung ungeschehen und bedeutungslos machen. Aber gegen Tod und Mißachtung durch andere oder die Rücksichtslosigkeit des Schicksals vermag meine Liebe und Anerkennung aus sich nichts. Die Zusage: Nichts wird dich von meiner Liebe trennen – »weder Tod noch Leben … weder Gegenwärtiges noch Zukünftiges, weder Gewalten der Höhe oder Tiefe noch irgendeine andere Kreatur« (Röm 8, 38 f.) – kann von mitmenschlicher Liebe nicht gewagt, sie kann nur als Gottes Zusage geglaubt werden. Die Anerkennung des anderen als Zweck in sich selbst kann nicht verhindern, daß der so Anerkannte auf unmenschlichste Weise zum bloßen Mittel erniedrigt wird.

Mitmenschliche Anerkennung ist nicht absolut, weil sie ihres anderen nicht mächtig ist: der *Kontingenz*, die den anerkannten anderen trotz meiner Anerkennung als Zweck in sich selbst bedeutungslos und gleichgültig zu machen scheint. Bedeutet diese Machtlosigkeit der Anerkennung nicht Identitätszersetzung, da man mit *diesem* anderen eben doch nicht leben kann: weil es letztlich den Tod bringt? Zunächst einmal verlangt das andere der Anerkennung selbst Anerkennung. Wo mitmenschliche Anerkennung sich ihm gegenüber absolut zu setzen versuchte, da würde sie in sich *unwahr*, Absolutsetzung durch

---

[17] G. Marcel, Geheimnis des Seins, dt. Wien 1952, 472.

Verdrängung und Marginalisierung erschleichen. Aber wie kann das andere der mitmenschlichen Anerkennung, dessen sie nicht mächtig ist, Anerkennung finden, ohne daß dadurch mitmenschliche Anerkennung zum Unwesentlichen und letztlich Bedeutungslosen herabgesetzt würde, zu einer ethischen Anstrengung, auf die es letztlich nicht ankommt? Wie könnte die Anerkennung des unsere wechselseitige Anerkennung Relativierenden, gar Sabotierenden, so vollzogen werden, daß sie mitmenschliche Anerkennung nicht von vornherein entwertet?

Nietzsche hat die Anerkennung des unabwendbar Zustoßenden als Bewährungsprobe des Übermenschen angesehen: Wer zum *amor fati* durchstößt, der hat eine höhere Stufe des Menschentums erreicht. So wird er auch nur noch die anerkennen, die sich mit ihm dieser Bewährungsprobe am schlechthin anderen aussetzen, und alle anderen von sich abzustoßen haben, sie allenfalls als Mittel für den von ihnen nicht erreichbaren Zweck würdigen. Nietzsches rücksichtslos-übermenschliche Anerkennung des Fatum will die christlich-»nihilistische« Form der Anerkennung ablösen, die im Fatum Gott anerkannte als den, der es schickt und in ihm für die von ihm Getroffenen das Beste will. Solche Vergöttlichung des Fatum hindert die Menschen daran, es als seinen höchsten Gegner zu lieben und im Kampf mit ihm unterzugehen, so aber den Reichtum dieser Welt kämpfend auszuschöpfen. Die christliche Anerkennung des schlechthin anderen ist für Nietzsche Anerkennung aus Schwäche, die sich von vornherein dem göttlichen Aggressor unterwirft, weil sie dem Fatum Sinn unterlegt: in ihm die Wege der göttlichen Vorsehung zu erkennen bereit ist.

Nietzsches Invektiven gegen die religiös-christliche Kontingenzbewältigungspraxis durch Anerkennung haben mehr Berechtigung, als dem herkömmlichen christlichen Vorsehungsglauben lieb sein kann. War dieser Vorsehungsglaube denn nicht über weite Strecken der Glaubensgeschichte der gegen die Theodizeeklage gesetzte Glaube daran, daß die göttliche Macht und Weisheit der πρόνοια in all dem, was vom leidenden Menschen als Rücksichtslosigkeit gegenüber seiner Würde und seiner Sehnsucht nach Anerkennung erfahren wird, letztlich doch nur die eschatologische Würdigung der Leidenden ins Werk setzt: durch Erziehung oder Läuterung auf eine endzeitliche Gottgemäßheit hin, durch zeitliche Strafen, die jetzt schon tilgen, was ansonsten im Jenseits abzubüßen wäre? Entwürdigendes Leid als Mittel zu jenem von Gott selbst intendierten und eschatologisch durchgesetzten Zweck, der im wahrsten und herausfordernsten Sinn alle Mittel, alle Katastrophen, alles Leiden, alle Klagen »heiligte« – damit wäre die Herrschaft eines absolutistischen göttlichen Herrn über seine Knechte aufs Unerträglichste aufgerichtet und verewigt: eine Herrschaft, die sich in der Zwangsläufigkeit des Unentrinnbaren zur Geltung bringt und die Leid-Erfahrung der »Knechte« angesichts des vom »Herrn« Intendierten zur quantité négligeable macht. Mußte der Kampf um Anerkennung nicht zuerst um die Anerkennung der Würde menschlichen Leids gehen, um die »Unverzweckbarkeit« des Leidens? Mußte er sich nicht zuerst und zuletzt gegen einen göttlichen Herrn richten, der im einzelnen leidenden Menschen offenkundig noch ganz anderes »suchte« als nur ihn selbst, da er angesichts dessen, was er mit ihm vorhatte, nicht einmal sein Zerbrochenwerden durch das Schicksal für beachtenswert zu halten schien?

Die Erfahrung leidender Menschen stellte nicht erst seit dem Erdbeben von Lissabon im Jahre 1755 die Gott als Herrn des Schicksals entschuldigenden Theodizeemodelle nachhaltig in Frage. Die religiöse Beziehung konnte nicht Ort der Anerkennung und der Wahrheit sein, wenn die Theodizeeklage für sie kein Gewicht hatte, wenn der Klagende hier mit seiner Sinnlosigkeitserfahrung als »Durchgangsstation« und sein Leiden als bloßes Deutungsproblem verstanden waren. Worüber Leidende nicht schweigen können[18], das darf auch in der Beziehung zum Göttlichen nicht unterdrückt werden. Mit der Theodizeeklage streiten Leidende dafür, daß ihre Leiden beachtet und ernstgenommen werden, ziehen sie Gott selbst in ihre Erfahrungen der Entwürdigung und Mißachtung hinein und sträuben sie sich dagegen, ihn aus dem Zusammenbruch ihres Anerkannt- und Gewürdigtseins zu entlassen. Sie wollen und können zu ihm keine Sonderbeziehung aufrechterhalten – abseits und »unbeschadet« der in dieser Welt zusammengebrochenen Anerkennungsverhältnisse.

4.3 Anerkennung und Widerstand

Daß Gott den Menschen eben nicht einfachhin als die Macht des Schicksals gegeben ist, daß er sie nicht unbedingt angeht, indem er sie niederwirft und entwürdigt, um sie schließlich doch noch endzeitlich zu würdigen, daß er sich vielmehr vom Leid ihrer Entwürdigung angehen, daß er sich in den Zusammenbruch der Anerkennungsverhältnisse mit hineinziehen läßt und die Entwürdigten *ins Recht setzt*, all das macht Gottes Gerechtigkeit in den biblischen Überlieferungen wesentlich aus. So nimmt die Klage der leidenden Gerechten den biblischen Gott in Anspruch. Psalm 22 bringt es mit kaum überbietbarer Leidenschaftlichkeit zum Ausdruck. Die Gestalt des gekreuzigten und auferweckten Jesus Christus gilt den Christen als endzeitliche Offenbarung dieser Gottesgerechtigkeit (vgl. Röm 3,21). Aber wie ist diese Beziehung Gottes zu den Leidenden als ein Verhältnis der Anerkennung denkbar, das es den Glaubenden – auf diese Beziehung sich Einlassenden – ermöglicht, in *ihr* Verhältnis zu Gott alles »hereinzuholen«? Wie ist sie lebbar und glaubbar als ein Verhältnis, das es ihnen erlaubt, ihre Glaubenszustimmung nicht in einer Separatbeziehung zu Gott zu sprechen, sondern zusammenzubringen und zusammenzuhalten mit einer Erfahrung von Welt und Geschichte, in der Gott vermißt, in der seine Gerechtigkeit und die Würde derer, denen er sich verbunden hat, mit Füßen getreten wird?

Helmut Peukert hat das von den biblischen Traditionen bezeugte Gottes-

---

[18] Vgl. W. Oelmüller (Hg.), Theodizee – Gott vor Gericht? München 1990 bzw. ders. (Hg.), Worüber man nicht schweigen kann. Neue Diskussionen zur Theodizeefrage, München ²1994.

verhältnis als unabdingbare, äußerste Voraussetzung einer wirklich umfassenden Theorie kommunikativen Handelns thematisiert. Die Praxis eines kommunikativ Handelnden, der sich zur unbedingten Anerkennung des anderen gerufen weiß, wird diese – so Peukert – auch im Blick auf dessen im Tod ihm bevorstehende Vernichtung durchhalten und »zur Bedingung der Möglichkeit seiner eigenen Identität« machen. So enthält die Anerkennung in sich »die faktische Weigerung, die Vernichtung des anderen zu akzeptieren«.[19] Kommunikatives Handeln bindet – radikal gedacht – meine Identität an die bedingungslose Anerkennung der Identität des anderen; es »glaubt« an die Unzerstörbarkeit dieser Solidarität wechselseitiger Anerkennung – gegen die zerstörenden Mächte, die meine Anerkennung bedeutungslos machen könnten. So behauptet es eine Instanz, die die bedingungslose Solidarität der einander Anerkennenden ins Recht setzt:

> »Im solidarischen, zeitlichen, auf den Tod zugehenden kommunikativen Handeln wird vorgegriffen auf eine Wirklichkeit, von der durch den eigenen praktischen Vollzug behauptet wird, daß sie den anderen retten kann und rettet. Der Vollzug der eigenen Existenz im kommunikativen Handeln ist dann faktisch, im Handeln, die Behauptung einer Wirklichkeit, die den anderen nicht einfach zu einem schon überholten Faktum der Vergangenheit werden läßt.«[20]

Kommunikatives Handeln lebt von der Erfahrung bzw. vielleicht eher von der Voraussetzung »der unzerstörbaren Präsenz des anderen in Interaktion«; und es hält auch angesichts jeglicher Vernichtungsdrohung an dieser Voraussetzung fest. Es erscheint deshalb in theoretischer Rekonstruktion »als die Behauptung einer Wirklichkeit, die den anderen als den, der geschichtlich gehandelt hat, vor der Vernichtung bewahrt; erst in dieser Art von Interaktion und von der in ihr erschlossenen Wirklichkeit her erhalte ich die Möglichkeit meiner eigenen Identität in einer auf den Tod zugehenden Existenz.«[21] Peukert weist auf, daß die Rückfrage nach dieser rettenden Wirklichkeit, die eine »universale anamnetische« – die geschichtlich Vergehenden wirksam gegenwärtig haltende – Solidarität wahrmachen könnte, hermeneutisch aufschlußreich nach der Wirklichkeit *Gottes* fragen und Gott in angemessener Weise als identitäts- und kommunikationsrettende Wirklichkeit zur Sprache bringen läßt: »Diese im kommunikativen Handeln erschlossene Wirklichkeit, die als die rettende Wirklichkeit für den anderen und zugleich als die Wirklichkeit behauptet wird, die durch diese Rettung des anderen die eigene zeitliche, auf den Tod zugehende Existenz ermöglicht, muß als ›Gott‹ bezeichnet werden.«[22]
Es ist – so Peukert – Jesus Christus selbst gewesen, der in seiner den gött-

---

[19] H. Peukert, Wissenschaftstheorie – Handlungstheorie – Fundamentale Theologie. Analysen zu Ansatz und Status theologischer Theoriebildung, Düsseldorf 1976, 310; hier freilich erst als Frage formuliert.

[20] Ebd.

[21] Vgl. ebd., 311.

[22] Ebd.

lichen Vater offenbarenden »Pro-Existenz« den »Gott für die anderen behauptet und diese Behauptung im Handeln zu bewähren versucht« hat.[23] Er behauptete die unauflösliche Gottverbundenheit der Leidenden, der Unterdrückten und Todgeweihten – so etwa in den Seligpreisungen; und er suchte diese Gottverbundenheit zu verifizieren, indem er sich selbst als Erfahrung des grenzenlos solidarischen Gottes anbot. Die Auferweckung des Gekreuzigten bestätigte das Versprechen, das die Zuwendung Jesu den Ausgegrenzten, Benachteiligten und um ihr Leben Bangenden bedeutete, als im Namen Gottes, des Vaters, zugesprochen. So ermöglicht sie »eine Existenz, die Gott als die unbedingt rettende Wirklichkeit für Jesus und – im Vorgriff auf die Vollendung – für alle behauptet.«[24] Diese *Glaubens*-Existenz ist Praxis der Jesus-Nachfolge, eine Praxis, die in konkretem kommunikativem Handeln »Gott für die anderen behauptet und diese Behauptung im Handeln zu bewähren versucht«, die deshalb – der Intention Jesu entsprechend – die rettende Wirklichkeit Gottes für die anderen im eigenen Einsatz für die Rettung der Unterdrückten und Bedrohten darzustellen sucht.

Peukert will die in der kommunikativen Praxis unbedingter Anerkennung selbst liegende Nötigung zur Frage nach einer diese Praxis rettenden und wahrmachenden göttlichen Wirklichkeit herausarbeiten und als hermeneutischen Horizont des Sprechens von Gott geltend machen. Darin trifft sich sein Vorgehen mit dem zuvor skizzierten, in dem die Frage nach der Bedingung unbedingter mitmenschlich-interpersonaler Anerkennung – gewiß weniger theoretisch vermittelt – Ausgangspunkt der Überlegung war. Peukerts Argumentation macht theoretisch stringent deutlich, wie wenig die religiöse Gottesbeziehung von mitmenschlich-kommunikativer Praxis abgetrennt werden kann. Er macht mit einer Einsicht ernst, die den jüdisch-christlichen Traditionen schon mit dem streng korrelativ auszulegenden Doppelgebot der Gottes- und Nächstenliebe mit auf den Weg gegeben ist. Theologisch grundsätzlich formuliert: Die »horizontale Dimension« religiöser Praxis, die die Herausforderung zur Unbedingtheit in mitmenschlich-kommunikativer Praxis identifiziert, und die »vertikale Dimension« religiöser Praxis, in der sich der Mensch von Gottes Absolutheit unbedingt angegangen und verheißungsvoll ergriffen weiß, stehen in einem Zusammenhang, der nicht enger gedacht werden kann und doch nicht einfach als Identität gefaßt werden darf. Gottes Absolutheit geht die Menschen unbedingt an in der Herausforderung zu universaler »anamnetischer Solidarität« wie in der in Jesus Christus Fleisch gewordenen Zusage, die unter Menschen bedrohte und als bloß menschliche letztlich unmögliche Solidarität unbedingter Anerkennung sei von Gott her möglich und wirklich; bei Gott, bei dem kein Ding unmöglich ist, bei dem es eben auch möglich wird, daß die letzte und definitiv scheinende Gleichgültigkeit des Todes ihre eschatologische Endgültigkeit verliert. Weil aber Gottes Absolutheit eine in mitmenschlich-interpersona-

---

[23] Vgl. ebd., 301.
[24] Ebd.

ler Anerkennung geschehende und ihr zugleich transzendente ist, stellt sich die Frage, wie diese *immanente Transzendenz* Gottes theologisch bestimmt werden kann – in welchem Sinne sich der Mensch im Angegangensein vom Unbedingten, im Angegangensein von der Herausforderung und der Verheißung unbedingter Anerkennung, auf den ihn darin unbedingt Angehenden bezogen wissen kann.

4.4 Gott: Macht in Beziehung oder Bedingung der Möglichkeit gerechter Beziehungen?

Die aufgeworfene Frage läßt sich noch prinzipieller formulieren: Kann das unbedingte Angegangensein des Menschen von Gott überhaupt als von mitmenschlichen Beziehungen noch unterscheidbare Beziehung angesprochen werden? Oder ist es den mitmenschlichen, nach Gerechtigkeit und Würdigung verlangenden Beziehungen so immanent, daß von ihm letztlich »nur noch« als von diesem Verlangen und dem Wunder seiner Erfüllung gesprochen werden dürfte? In dieser Fassung begegnet die Frage nach Immanenz und Transzendenz eines Gottes in Beziehung vor allem in feministisch-theologischen Ansätzen. *Carter Heyward* geht hier bis an die Grenze der Identifikation von Immanenz und Transzendenz Gottes. Sie stellt programmatisch fest:

> »Ich glaube, daß Gott unsere Macht in Beziehung zueinander, zur ganzen Menschheit und der Schöpfung selbst ist. Gott ist schöpferische Macht, die Macht, die in der Geschichte Gerechtigkeit – die gerechte Beziehung – herstellt. Gott ist das Band, das uns so miteinander verbindet, daß jeder von uns fähig wird, zu wachsen, zu arbeiten, zu spielen und geliebt zu werden. Gott schafft diese Gerechtigkeit, unsere Gerechtigkeit. Gott ist nicht nur unsere unmittelbare Macht in Beziehung, er ist auch unsere unmittelbare Quelle der Macht, die Quelle, aus der wir Macht schöpfen, aktiv zu erkennen, wer wir in Beziehung sind. Es ist dieser Gott, zu dem wir beten.«[25]

Carter Heywards Formulierungen sind – vielleicht unvermeidlich – zwiespältig: Sie spricht davon, Gott sei »unsere« Macht in Beziehung, und räumt doch gleichzeitig ein, er sei »unmittelbare Quelle« dieser Macht. Ist die Unmittelbarkeit, in der mitmenschliche Beziehung aus dieser Quelle schöpfen darf, noch einmal in Kategorien der Beziehung aussagbar? Oder ist diese Quelle doch die unsere, da sich aus ihr unsere Macht in Beziehung speist? Die Metapher »Quelle« assoziiert in gewisser Hinsicht die Unverfügbarkeit des Woher dieser Macht, so sehr sie die unsere ist. Aber wissen wir uns in dieser Erfahrung der Unverfügbarkeit doch noch einmal auf den *das Seine* schenkenden Gott bezogen? Carter Heyward verdächtigt alle Versuche, eine solche Eigenwirklichkeit Gottes zur

---

[25] C. Heyward, Und sie rührte sein Kleid an. Eine feministische Theologie der Beziehung, dt. Stuttgart 1986, 49.

Sprache zu bringen, der metaphysischen Abtrennung Gottes von der Wirklichkeit mitmenschlicher Beziehung. So formuliert sie mit Nachdruck, Gott sei »nichts anderes als die Quelle beziehungshafter *dynamis*, die niemals vollständig mit irgendeiner Person zu irgendeiner Zeit oder an irgendeinem Ort kontrastiert oder identifiziert werden kann.«[26] Die Quelle läßt sich – so Heyward – nicht als solche differenzierend identifizieren, auch nicht etwa als die in Jesus Christus rein sprudelnde und deshalb in ihm dingfest zu machende, erschöpfend zu begreifende. Jesus Christus steht zwar für eine Identifikation, aber für eine Identifikation, die sich als ethische Norm formulieren läßt und nicht als metaphysische Wirklichkeit unterstellt werden darf. Diese Identifikation lautet: »Gott ist Liebe. Liebe ist Gott«; und daraus folgt mit ethischer Verbindlichkeit:

> »Gott zu lieben bedeutet nichts anderes als den Nächsten zu lieben wie uns selbst. Gott zu lieben heißt gerechte Beziehung, Gerechtigkeit unter den Menschen zu schaffen. Mit Gott, durch Gott und für Gott zu handeln heißt mit der Menschheit, für die Menschheit und durch menschliche Entscheidung zu handeln. Gott zu lieben heißt die Menschheit auf so intime Weise zu lieben, daß erkannt wird: Das Reich Gottes ist hier und jetzt unter den Menschen, die die Menschheit lieben.«[27]

Auffällig und irritierend sind die wiederholt gebrauchten »Nichts als«-Formeln: Gott ist »nichts anderes als die Quelle beziehungshafter *dynamis*«, Gottesliebe bedeutet »nichts anderes als den Nächsten lieben wie uns selbst«, heißt, »gerechte Beziehungen« schaffen usf. Wenn dieses »nichts anderes als« zum semantischen Nennwert und nicht als überpointierte Abgrenzungsformel genommen werden sollte, so bliebe tatsächlich nichts anderes übrig, als in der *Gottes*-Liebe oder der *Gottes*-Beziehung einen bestimmten Aspekt gerechter, die Macht in Beziehung zulassender mitmenschlicher Beziehungen zu sehen oder als eine bestimmte theo-logische Spielart, darüber zu sprechen. Aber warum und inwiefern wäre es notwendig oder erhellend, von Gott als einer Wirklichkeit zu sprechen, die hier mitgenannt zu werden verdient?

Akzentuiert man den Aspekt der Immanenz Gottes in menschlicher Beziehung so nachdrücklich, wie Carter Heyward es tut, so gerät man offenkundig in die theologische Verlegenheit, Gott kaum noch als Eigenwirklichkeit ansprechen zu können, die zumindest für die konstitutive Nicht-Eigenmächtigkeit des Menschseins in Beziehung steht – und dafür einsteht, daß die Liebe »stark ist wie der Tod« (Hld 8,6). Die radikale Immanenz Gottes in der Liebe darf nicht so verstanden werden, daß man im biblischen Grund-Satz »Gott ist die Liebe« Subjekt und Prädikat vertauschen kann. Da Gott in diesem Satz Subjekt ist und bleibt, darf geglaubt werden, daß die Liebe zur alles bestimmenden Wirklichkeit wird – wenn sein Wille geschieht und die Menschen sich ergreifen lassen vom Geist der Liebe, der sie im Verhältnis zu Gott und den Mitmenschen an der unüberwindlichen Macht der Liebe teilhaben läßt. Dürften, ja müßten hier –

---

[26] Vgl. ebd., 92.
[27] Ebd., 97f.

wie etwa *Feuerbach* unterstellt – Subjekt und Prädikat ausgetauscht werden, wäre also der Satz »Die Liebe ist göttlich« das in der Formel »Gott ist die Liebe« eigentlich Gemeinte[28], wäre Gott also nichts anderes als die Göttlichkeit der Liebe, von der sich die Liebenden vergöttlicht erfahren, so müßte der mitmenschlichen Liebe zugesprochen werden, was der Glaube von Gott erhofft: daß sie sich dem Tod gegenüber als die »letzte« Wirklichkeit erweist; so wären eben doch die einander liebenden Menschen als Subjekte der Gegenmacht gegen den Tod – gegen den Tod der Liebe – vergöttlicht.

Aber wie kann die Liebe in ihrer Göttlichkeit auf ein göttliches Subjekt bezogen werden, ohne daß sie dabei ihre Menschlichkeit verliert? Wie können Menschen sich in ihrer Liebe zum Mitmenschen zugleich auf Gott bezogen *glauben*, ohne die Authentizität ihrer mitmenschlichen Liebe zu verraten? *Feuerbach* versuchte, die religiöse Hypostasierung eines Gott-Subjekts der göttlichen Liebe von diesen Fragen ausgehend ad absurdum zu führen. Wer liebt, der erfährt seine Liebe als das Göttliche; sie füllt ihn ganz aus und läßt ihn gerade nicht nach einem Dahinter fragen. Würde er sich *glaubend* auf ein von seinem Lieben und von ihm selbst unterschiedenes Gott-Subjekt der Liebe bezogen wissen, so müßte er dieses Subjekt als Nicht-Liebe denken, unterschieden vom Prädikat »Liebe«. Und er müßte konsequenterweise von sich sagen: »Die Liebe füllt nicht allein meinen Geist aus: Ich lasse einen Platz *für meine Lieblosigkeit offen*, indem ich Gott als *Subjekt* denke im Unterschied vom Prädikat.« Der Glaube *behauptet* ein Gott-Subjekt »hinter« der Liebe; es ist ihm »das *Dunkel,* hinter welches der Glaube sich versteckt.« So ist der behauptende Glaube ein Heraustreten aus der Liebe, ein liebloses Behaupten der »*Selbstständigkeit* Gottes«, die für die Liebe gar keinen Sinn mehr haben kann. Feuerbachs Fazit lautet: »Gott ist die Liebe heißt: Gott ist *nichts für sich*«[29]. An ein göttliches Subjekt der Liebe glauben aber hieße: mit der Behauptung dieses Subjekts sich selbst behaupten zu wollen und damit letztlich eine Freund-Feind-Unterscheidung zu urgieren: Der Glaube kennt – so Feuerbach – »nur *Feinde* oder *Freunde* ... er ist nur für sich eingenommen. Der Glaube ist wesentlich intolerant.«[30]

Feuerbachs Glaubens-Kritik verpflichtet die Fundamentaltheologie zu äußerster Präzision, wenn sie zwischen der menschlichen Wirklichkeit interpersonaler Liebe und Anerkennung »einerseits« und jener Subjekt-Wirklichkeit »andererseits« unterscheidet, von der glaubend erhofft werden darf, daß ihre göttliche Transzendenz ihre radikale Liebes-Immanenz nicht aufhebt oder begrenzt, sondern dem Tod und der Entwürdigung der Liebe gewachsen sein läßt. Diese theo-logische Differenzbestimmung darf jedenfalls nicht zu einer Unterscheidung werden, die zu einem Außerhalb der Liebe führt. Aber ist sie nicht

---

[28] Vgl. L. Feuerbach, Das Wesen des Christentums, Werke in sechs Bänden, Bd. 5, 310 f.
[29] Ebd., 310.
[30] Ebd., 300.

hinreichend präzis und unmißverständlich getroffen, wenn sie als Differenzierung in Bedingung und Bedingtes gedacht wird?

4.5 Gott: Eine transzendentale Bedingung?

Die Schwierigkeiten, die sich hier einstellen, scheinen geradezu komplementär zu denen, die Feuerbach für seine religionskritische Argumentation ausgewertet hatte. Wird Gott von menschlicher Reflexion als unabdingbare Bedingung menschlicher Subjektivität oder Intersubjektivität aufgewiesen, so wird er nicht als er selbst, sondern als Bedingung – also gerade nicht als der bedingungslos Anzuerkennende – thematisiert. Er wird anerkannt, da er unabdingbare Bedingung ist: als der Erschlossene, ohne den der Schluß auf die Bedingungen der Möglichkeit von Subjektivität oder Intersubjektivität nicht zu »schließen« wäre. Aber er wird hier eben nicht als die absolute göttliche Wirklichkeit zum Thema, deren Wesen es ja nicht ausmachen kann, Bedingung zu sein, die die Menschen vielmehr als sie selbst – *unbedingt*, nicht bedingt durch unsere Setzung als Bedingung – angehen will und erst so zu ihnen in Beziehung treten kann. Auf Bedingungen bezieht sich menschliches Denken. Zu solchen Bedingungen aber hat der Mensch keine Beziehung, in der er selbst als Beziehungspartner herausgefordert und angesprochen wäre.[31] Ist das Gegebensein des Unbedingten nicht doch noch zu unterscheiden vom Gegebensein und Voraussetzenmüssen einer transzendentalen Bedingung und fundamentaltheologisch zu würdigen als die Selbst-Gabe dessen, der mich unbedingt angeht und dessen Selbstgabe das Denken dann eben nur *nach*-denken kann?

Kants Postulatenlehre illustriert den Argumentationsengpaß, der hier zu vermeiden wäre: Als Bedingung der Möglichkeit sittlichen Selbstvollzugs und interpersonal-unbedingter Anerkennung ist Gott vom Denken selbst unbedingt gefordert. Aber diese Bedingung hat der Handelnde gleichsam im Rücken; zu ihr kann er kein in irgend einem Sinne personales – etwa im Gebet aktualisierbares – Verhältnis gewinnen. Peukerts Konzept »postuliert« Gott als die in kommunikativem Handeln zumindest implizit in Anspruch genommene, den anderen und mich selbst vor dem Bedeutungsloswerden rettende Wirklichkeit. Es thematisiert Gott als jene Instanz, die wahr macht, was interpersonal-unbedingte Anerkennung und Würdigung bedeuten müßte, wenn sie nicht dazu verurteilt bleiben soll, ein leeres Versprechen zu sein. Hier ist die Bedingung zugleich gedacht als dem nach unbedingter Anerkennung suchenden Menschen widerfahrendes Handeln; als endzeitlich-endgültiges, rettendes Handeln, das

---

[31] Die transzendentale Bedingung ist die »ferne«, durch menschliche Beurteilung als unabdingbar aufgewiesene und legitimierte Bedingung (vgl. oben Kap. 2, Fn. 16). In ihr geht offenkundig nicht mehr ein diese Bedingung festsetzender göttlicher Wille die von ihr religiös Angeforderten »unmittelbar an«. In ihr vergewissert sich vielmehr die menschliche Vernunft ihres eigenen Grundes, der letzten Begründbarkeit ihrer Begründungen.

im geschichtlich-kommunikativen Handeln der einander bedingungslos Anerkennenden jetzt schon die Situation der Menschen zu bestimmen anfängt. Diese Bedingung haben die kommunikativ Handelnden »vor sich«; auf sie setzen sie, wenn sie sich der tiefsten Intention ihres kommunikativen Handeln überlassen. So setzen sie auch darauf, daß der für diese Bedingung Einstehende ihnen als rettende Wirklichkeit hier und jetzt begegnet, sie verheißungsvoll herausfordert auf das endzeitliche Wahrwerden des in unbedingter mitmenschlicher Anerkennung Zugesprochenen.[32]

Peukerts transzendentale Postulatenlehre bringt Gott als Bedingung, aber anders als Kant auch als Beziehungswirklichkeit, als den Rettenden, zur Sprache. Ist er damit schon – soweit theologisch möglich – als er selbst zur Sprache gebracht?[33] Die ihm zugeschriebene Rettung bedeutet Gottes Sich-Beziehen auf das seiner Bewahrheitung bedürftige kommunikative Handeln der Menschen, thematisiert Rettung nach Maßgabe des Rettungsbedürftigen. Ist es denn anders vorstellbar? Vorstellbar ist zumindest, daß die Inanspruchnahme des Göttlichen als des Rettenden Gott zum Inbegriff des Entbehrten macht, zu einem In-Begriff, der ihn aus seiner »Nötigkeit« heraus begreift und seine Nötigkeit mithilfe jener Kategorien beschreibt, die die abzuwendende Not begreifen sollen. Die Situation der Not ist gezeichnet von verweigerter Anerkennung, von Entwürdigung, zuletzt vom Überwältigtwerden durch eine jede Würde und alle Anerkennung auslöschende Gewalt- und Todeswirklichkeit. Im Kontext horizontaler Wechselseitigkeit wäre Rettung die Erstattung des Vorenthaltenen, Kompensation für das Zugefügte, der Ausgleich des Unausgeglichenen, letztlich die Gewährung dessen, was ich nicht erlangen oder nicht festhalten konnte. Aber bedeutet das schon *Rettung?* Ist es nicht – so wahr es dem göttlichen letzten Gericht immer wieder zugeschrieben wurde – letztlich doch nur das Eingesperrtbleiben in einer auf Kompensationsverhältnisse festgelegten und festlegenden Wechselseitigkeit? Was wäre Rettung, wenn sie die Rettung aus dem Zwang zum Ausgleichenmüssen bedeutete? Was wäre Rettung, wenn sie einer »Logik der Überfülle« *(Paul Ricœur*[34]*)* gehorchte, nach der der Retter-Gott die Not ins Unendliche hinein überholt, weil er sich in seinem Handeln *selbst mitteilt,* unendlich das überbietet, was man zur Abwendung der Not für

---

[32] E. Lévinas legt vor allem in seinen späteren Arbeiten alles Gewicht auf die Überwindung dessen, was er »Ontologie« nennt. So geht es ihm entscheidend darum, »einen nicht durch das Sein infizierten Gott zu vernehmen« (Jenseits des Seins, 19). Wie auch immer man zu diesem Vorhaben stehen mag, ich sehe in ihm *auch* den Versuch, die religionsphilosophische oder theologische Thematisierung Gottes als »Bedingung für« das Sein einer so tiefgreifenden Kritik zu unterziehen, daß in der Konsequenz auch nicht mehr von Gott authentisch als Bedingung für das Ethische gesprochen werden könnte. Die Bedingungsrelation ist für Lévinas unrettbar ontologisch. Ich möchte dem wenigstens insofern zustimmen, als ich ihre theologische Ambivalenz hervorhebe.

[33] Wo Gott im Regressus auf die Bedingung eines davon Bedingten zur Sprache gebracht wird, da gilt W. Cramers Einwand gegen Kant: »Der Regressus wird den Ausgang als Bedingung des Regressus nicht los«; Gottesbeweise und ihre Kritik, Frankfurt a. M. 1967, 154.

[34] Vgl. Die Freiheit im Licht der Hoffnung, in: ders., Hermeneutik und Strukturalismus. Der Konflikt der Interpretationen I, dt. München 1973, 199–226.

not-wendig halten könnte? Aber was bedeutet es, wenn theologisch angenommen werden darf, daß Gott sein transzendental geltend gemachtes Bedingung-Sein unendlich überholt – daß er es unendlich überholt, weil er dem Menschen nicht als Bedingung, sondern als verheißungsvolle Herausforderung, als der »Mehr-als-Notwendige« *(Eberhart Jüngel*[35]*)*, als der einer Welt der Korrelationen zuinnerst Transzendente begegnen will?

Die Identifizierung Gottes als der unumgänglich anzunehmenden Bedingung des als bedingt Aufweisbaren – der endzeitlich siegreichen Liebe und endzeitlich gültigen Würdigung der Entwürdigten – artikuliert die Rede von Gott in einem Argumentationszusammenhang, der von der Logik der Notwendigkeit bestimmt ist. Hier wird geprüft, ob der theologisch unterstellte Rückgang auf eine unerläßliche Bedingung den Anforderungen des erkenntnistheoretischen Sparsamkeitsprinzips genügt. Die Argumente kommen ihrem Ziel um so näher, je weniger die Behauptung triftig in Zweifel gezogen werden kann, das Bedingte sei ohne die Bedingung Gott unmöglich zu denken. Wie müßte demgegenüber ein theologisch-argumentatives Verfahren aussehen, das sich – um der Würde Gottes willen, der eben nicht nur als der Unumgängliche, sondern als der Reichtum menschlicher Zukunft gewürdigt werden will – von einer Logik der Überfülle bestimmen läßt; von einer Logik, nach der man sich nicht gezwungen, sondern in einleuchtender Weise herausgefordert und eingeladen sähe, zu Gott als der alles zu seiner Vollendung führenden Wirklichkeit ja zu sagen?

Im Anschluß an und in Auseinandersetzung mit Kants Postulatenlehre hat *Paul Ricœur* zu zeigen versucht, wie der Rückschluß von der Aporie moralischen Handelns angesichts einer »sinnlichen« Wirklichkeit, die das moralische Handeln selbst nicht hinreichend umfassen kann, doch als hoffender Vorgriff gedacht werden muß: als Sich-Überschreiten auf eine Wirklichkeit hin, die sich wohl in der Zuversicht moralischen Handelns, es werde nicht vergeblich sein, ankündigt, diese Zuversicht aber unendlich überholt und sie in einer aus ihr nicht mehr ableitbaren Erfüllung des Erhofften »verifiziert«. Was nach Kant den moralischen Glauben, also die Zuversicht, die im moralischen Handeln selbst liegt, verifiziert, darauf hat der moralisch Handelnde keinen Anspruch; das kann er nicht aus der Aporie der Moralität als notwendige Auflösung dieser Aporie gleichsam extrapolieren. Es hat den Charakter des unverdienten Geschenks, das dem, der sittlich zu handeln versucht und sich den Aporien stellt, die ihm dabei widerfahren, den Horizont einer Vollendung eröffnet, die ihm den Vollendenden erst *offenbart*.[36]

Die Aporie, an der Gott zur Sprache kommt als der diese Aporie Überwin-

---

[35] Vgl. Gott als Geheimnis der Welt, Tübingen 1977, 16–44. Jüngel wendet sich in diesem Zusammenhang auch gegen die theologische Abstraktheit und Ambivalenz der Kategorie »Unbedingtheit«, die »erst durch die positive Formulierung ›Gott kommt von Gott‹ … einigermaßen hinreichend interpretiert« werde (44). Dem ist hier in der Sache nicht zu widersprechen, aber der Hinweis hinzuzufügen, daß der Gedankengang, den dieses Buch skizziert, die von Jüngel geforderte »hinreichende Interpretation« erst im Christologie-/Soteriologie-Traktat erreichen kann.
[36] Vgl. P. Ricœur, Die Freiheit im Licht der Hoffnung, a.a.O., 217–222.

dende[37] erfordert Gott nicht einfach, so daß man dieses Erfordernis argumentativ als unumgänglich anzunehmende Bedingung geltend machen könnte. In dem, der sich ihr stellt, ruft sie Gott gleichsam herbei. Sie ruft ihn und provoziert zu dem Wagnis, sich nach dem Herbeigerufenen auszustrecken, ihm weit mehr zuzutrauen, als in der Aporie selbst erforderlich scheint. Glaubende und den Glauben Suchende werden von den Zeugnisüberlieferungen, auf die sie sich beziehen, dazu ermutigt, in der Weglosigkeit ihres Menschseins Gott als den herbeizurufen, der sie ins Offene führt (vgl. Ps 4, 2). Sie setzen in der Grundlosigkeit der Begründungen, die man dafür anführen könnte, den Menschen eine unverlierbare Würde zuzusprechen, auf das Versprechen, das sie aus dem Anspruch heraushören, gewürdigt und anerkannt zu werden – und auf den, der dieses Versprechen wahrmachen kann. »Der Mensch ist ein Versprechen, das er nicht halten kann« *(Maurice Blondel*[38]*)*. Die Frage ist, ob dieses Versprechen gehalten wird, oder ob es »der Labilität irdischer Verhältnisse wegen dazu prädestiniert ist, gebrochen zu werden«.[39] Und die Frage ist schließlich, *wer* es halten kann. Ist das menschliche Subjekt »zu der Anstrengung verdammt, seinen Halt in einer auf Widerruf übernommenen Welt aus eigenen Versprechungen zu stabilisieren« und so das hoffnungslose »Abenteuer der Selbsterzeugung« immer wieder neu zu beginnen, womöglich gar seine Lebenswelt bei dem Versuch zu ruinieren, dieses Abenteuer zu bestehen?[40] Oder darf der auf dieses Versprechen Angewiesene, in ihm und von ihm immer schon Existierende, sich auf seine Tragfähigkeit verlassen, sich in es hineinwagen und sich von seinen Zeugnisüberlieferungen den Horizont öffnen lassen, in dem es gehalten wird – in dem wahr wird, woraufhin es die ihm Glaubenden herausfordert?

Diese Fragen sind nur so zu bearbeiten, daß Blondels Satz »Der Mensch ist ein Versprechen, das er nicht selbst halten kann«, in der Auseinandersetzung mit der religionskritischen Unterstellung, das Versprechen des Menschseins sei sehr wohl vom Menschen selbst zu halten, seine Triftigkeit erweist; daß zugleich damit an den religiösen Zeugnisüberlieferungen, auf die Christen sich beziehen, gezeigt wird, wie Gott selbst die Menschen, die sich diesem Versprechen anvertrauen, in den Prozeß und in den Horizont ihres Wahrwerdens hineinnimmt.

Gottes Verifikation des Versprechens spricht für sich selbst. Und sie spricht so für sich selbst, daß das Versprechen des Menschseins wirklich sprechend wird. Sie spricht so für sich, daß die in diesem Versprechen liegende Herausforderung, die unverlierbare Würde jedes Menschen anzuerkennen und zur Geltung zu bringen, als unmißverständliche Forderung hörbar wird. Aber die ethische For-

---

[37] Nach *Kant:* die Unfähigkeit eines Handelns aus praktischer Vernunft, das ihm Gegenüberstehende, also die »sinnliche« Wirklichkeit, von sich aus zu bestimmen; nach *Peukert:* die Aporie der anamnetischen Solidarität.

[38] Zitiert nach: K.-H. Weger, »Der Mensch ist ein Versprechen, das er nicht halten kann.« Das Ungenügen religionskritischer Argumente als Erklärung (mit-)menschlicher Erfahrungen, in: ders. (Hg.), Religionskritik. Beiträge zur atheistischen Religionskritik der Gegenwart, München 1976, 25–57, hier 44.

[39] P. Sloterdijk, Eurotaoismus. Zur Kritik der politischen Kinetik, Frankfurt a. M. 1989, 177.

[40] Vgl. ebd., 184 f.

derung *spricht im Versprechen mit:* als Herausforderung, sein Wahrwerden zu bezeugen und mitzuverantworten. Und das Zeugnis des Einstehens für die Würdigung der Menschen ist zugleich Zeugnis der Hoffnung, bei Gott, durch ihn und durch die ihm Glaubenden finde die Würde des Menschseins eine im Horizont der Menschheitsgeschichte nicht absehbare oder durchsetzbare Würdigung. Gott soll hier nicht nur als vom Menschen in seinem Funktionssinn begreifbare Bedingung des ohne diese Bedingung nicht sinnvoll Denkbaren gedacht werden, sondern als die Wahrheit einer Beziehung, in der der Mensch auf Gott hin wahr wird: auf den hin, der größer ist als alles, was der Mensch von sich aus und in Bezug auf sich selbst – auf seine conditio humana – zu verifizieren vermag. Fundamentaltheologie kann nur dieser Verifikation des Menschseins auf Gott hin nach-denken und zu zeigen versuchen, wie in der Beziehung zu dem, der alles zu seiner Wahrheit bringt, das Versprechen des Menschseins in aufschlußreicher und verheißungsvoller Weise zu sprechen anfängt, so daß es zu einer Herausforderung wird, der – um Gottes Willen – zu trauen in geradezu unwidersprechlicher Weise *gut* ist.

5. Wahrheit in der Beziehung zum Absoluten?

5.1 Die Würde des Menschen und die Gleichgültigkeit der Welt

Die Sehnsucht danach, niemals nur als Mittel gebraucht, sondern immer auch als Zweck in sich selbst anerkannt zu werden; die Sehnsucht nach dem Wahrwerden jenes Versprechens, das im Menschsein selbst – in der Vernunft, die Mittel und Zwecke hierarchisiert – gegeben scheint, des Versprechens, der »letzte Zweck« allen Daseins sei zumindest auch die Verifikation jedes Menschen als eines Zweckes in sich selbst, trifft unausweichlich auf eine Ur-Enttäuschung: auf »die Erfahrung der Gleichgültigkeit der Welt«.[1] Die Gleichgültigkeit der Welt gegenüber unserem Anspruch, als wir selbst anerkannt und gewürdigt zu werden, überwältigt uns nicht erst im Tod, der – so scheint es – das gelebte Leben gerade noch als Ressource für die Überlebenden in Frage kommen läßt. Sie begegnet in jeder Mißachtung unserer Intentionen durch Mitmenschen, aber auch durch ein »dunkles Schicksal«, das geradezu als Gegeninstanz gegen menschliche Selbstbestimmung und Selbst-Realisierung aufzutreten scheint. Die fallweisen Enthüllungen »dieser Gleichgültigkeit in den singulären Negativitäten« lassen sich nicht als Einzelfälle bagatellisieren, »in denen sich die Eigenschaft nur eines bestimmten Weltfragments« offenbart; sie drängen sich vielmehr auf als »Teilanblicke einer homogenen Ganzheit«. Die Welt wird in ihnen zum »Elternhaus, das das Kind mit einem Mal nicht wiedererkennt«. Und es ist gerade »diese Vorstellung des eigenen Nichterkanntwerdens von seiten der Welt«, die allen Gleichgültigkeitserfahrungen ihre Abgründigkeit gibt.[2] Sie führen uns »in den Wesensmodus unserer Beziehungen zur Welt« ein und lehren uns, »daß uns nicht die eine oder andere Person durch ihre Gleichgültigkeit einen Schmerz zufügt, daß uns nicht die eine oder andere Situation überwältigt, sondern daß durch diese Personen und Situationen gleichsam das Schweigen der Welt zu uns spricht, seine pauschale Gleichgültigkeit gegenüber unserem Dasein.«[3]

Für *Leszek Kolakowski* bleibt angesichts dieser Erfahrung der Gleichgültigkeit der Welt nur die Alternative: *Entweder* »es gelingt uns die Fremdheit der Dinge durch ihre mythische Organisation zu überwinden, *oder* wir werden diese

---

[1] Vgl. L. Kolakowski, Die Gegenwärtigkeit des Mythos, dt. München 1973, 90.
[2] Vgl. ebd., 93.
[3] Ebd., 94.

Streitfall

Erfahrung vor uns verheimlichen in einem komplizierten System von Einrichtungen, die das Leben in der Faktizität des Alltäglichen zerreiben.«[4]

In Neuzeit und Moderne scheint der Mythos seine »Kraft, die Gleichgültigkeit der Welt aufzuheben«[5], mehr und mehr eingebüßt zu haben. Die Rücksichtslosigkeit, mit der das uns Widerfahrende unsere Intentionen durchkreuzt, ist nicht mehr ohne weiteres transzendierbar auf eine sinnhafte Ordnung hin, die das von sich aus Gleichgültige doch auf eine Geschichte des Heils für die Menschen hin relativierte. Die von Gleichgültigkeit Betroffenen wissen sich kaum noch geborgen in einem sie selbst und die Welt Umgreifenden, das in irgendeinem Sinne »vorgesehen« und immer schon auf ein letztes Ziel hingeordnet hat, was ihnen zustößt. Das von Mythos oder Religion als vordergründig Relativierte gewinnt nicht zuletzt mit der Konsolidierung naturwissenschaftlicher Forschungsansätze eigene Solidität, die Solidität »eines aus sich selbst heraus stabilen und geschlossenen materiellen Systems«.[6] An dieser Solidität erfährt sich die menschliche Vernunft herausgefordert, sich die entdeckten Zusammenhänge für die eigenen Zwecksetzungen zunutze zu machen, aber auch vor die Frage gestellt, ob sie *letztlich* dazu verurteilt ist, einer ihr zutiefst fremden Welt gerade noch das ihr nutzbar Erscheinende abzugewinnen. Der Mensch findet sich – je länger, desto ausgeprägter – in einem gespaltenen Selbstverhältnis vor: »Hinter seinen Alltagsintentionen, für die er selbst und andere Menschen die Zentren sind, und hinter seiner Anstrengung, zu einem adäquaten Weltverstehen zu gelangen, breitet sich ein latentes Wissen von der Gleichgültigkeit und vom Fehlgehen seiner Ziele und Verstehensarten im Universum aus.«[7]

Gegen den »Verdacht der Nichtigkeit der Subjektivität im Universum« setzte der Deutsche Idealismus an der Wende vom 18. zum 19. Jahrhundert die These von der prinzipiellen Erschlossenheit der Welt für das Subjekt, die dann in der philosophischen Rekonstruktion des um sich wissenden Selbstverhältnisses des Subjekts zum Wissen des Wirklichen ausgearbeitet werden konnte. Diese These rekurrierte auf einen *Grund* der im Wissen ausgearbeiteten Erschlossenheit der Welt. Es ist ja begründungsbedürftig, daß die Fremdheit der Welt eine prinzipiell zugängliche Fremdheit ist, eine dem Erkennenden sich erschließende und vom Erkennenden mehr oder weniger zutreffend und weitreichend erschlossene. Der Grund für diese Erschlossenheit kann nur ein im Erschließen *sich* erschließender sein: der Geist, der den Erkennenden die Welt im Erkennen zueignet und sich ihnen so selbst erschließt; Geist, in dem die Zugänglichkeit der Welt – auch als sich entziehender – für menschliche Vernunft eröffnet ist; *Geist*, in dem die geistförmige menschliche Vernunft sich selbst und ihr Anderes begründet wissen dürfte.

---

[4] Ebd., 104.
[5] Vgl. ebd.
[6] Vgl. D. Henrich, Vergegenwärtigung des Idealismus, in: Merkur 50 (1996), 104–114, hier 106.
[7] Ebd.

So versuchten die idealistischen Systembildungen den Grund des Wissens, in dem das Subjekt um sich selbst weiß, und »dann auch die Welt, für die das Subjekt in einer unaufhebbaren Beziehung offen ist, in einer strukturellen Kontinuität mit dem seiner selbst bewußten Wissen zu begreifen.« Das Übergreifen des Wissens auf die Welt verliert sich nicht in der Welt, es erschließt sie sich, weil sich im Wissen der Grund des Wissens und der Welt erschließt. Dem Menschen, der sich des Wissens seiner selbst und des Grundes dieses Wissens vergewissert hat, bietet – so *Dieter Henrich* – diese Philosophie

> »die Bergung seines Lebens vor der Bedrohung an, die von dem Verdacht der Nichtigkeit seiner Selbstbilder und der Bedeutungslosigkeit seiner Weise zu sein für das Universum als solches ausgeht. Sie kennt diesen Verdacht und versteht ihn aus seinem Grund, stellt sich ihm aber mit einer These entgegen, welche die stärkste mögliche diesseits der Verwegenheit der Lehre ist, die das Universum geradezu mit dem selbstbezüglichen Wissen identifizieren will. Obwohl wir von einem Grund dependieren und obwohl uns eine Welt erschlossen ist, der wir auch ausgesetzt sind, können wir uns doch als im Universum beheimatet und auch als durch es in unser Für-uns-Sein und damit auch in unsere Selbständigkeit eingesetzt wissen.«[8]

Inbegriff dieses Wissens ist *das Absolute*, auf das es sich bezieht, das es – in diesem Sich-Beziehen – als seinen Grund und den Grund der Welt weiß. Aber ist dieses Wissen des Absoluten, das die Gleichgültigkeit des Begegnenden aufhebt, da es um dessen Hinordnung auf die Selbstbestimmung des Absoluten weiß, nicht doch nur eine »Rationalisierung« des Mythos? Wenn die Philosophie sich zutraut, gleichsam letztinstanzlich zu wissen, warum ist, was ist; wenn sie sich zutraut, die Gleichgültigkeit des Welt-Geschehens aufzuheben in ein Wissen um den absoluten Grund und in das Wissen darum, wie das in ihm Begründete aus ihm hervorgeht, ja hervorgehen *muß*, so wird sie sich mit Hegel insgesamt als *Theodizee* – als Rechtfertigung Gottes – zu verstehen haben, deren Erkenntnis darauf geht, »die Einsicht zu gewinnen, daß das von der ewigen Weisheit Bezweckte wie auf dem Boden der Natur so auf dem Boden des in der Welt wirklichen und tätigen Geistes herausgekommen ist«[9]; die Einsicht, »daß das, was geschehen ist und alle Tage geschieht, nicht nur nicht ohne Gott, sondern wesentlich das Werk seiner selbst ist.«[10] Solche Theodizee-Philosophie begreift das Gegebene und von sich her gleichgültig Scheinende als das Mittel eines in ihm und über es hinaus Bezweckten; sie begreift den Zweck – sein Sich-Durchsetzen – an den »Mitteln« als deren Wofür. So rechtfertigt sie die »ewige Weisheit« und das Wissen, das sie rechtfertigen kann, als absolutes Wissen. Das Gewußte ist das Gerechtfertigte, schlechthin *zu Bejahende*. Und in diesem Bejahen bejaht sich das menschliche Subjekt in seiner Subjektivität, in seinem Geistsein. Die Realisierung dessen, was es für sich ist, ist das von der »ewigen

---

[8] Ebd., 108.
[9] G. W. F. Hegel, Vorlesungen über die Philosophie der Geschichte, Werke in zwanzig Bänden, Bd. 12, 28.
[10] Ebd., 540.

Weisheit« Bezweckte. Es geschieht »nicht nur nicht ohne Gott«; es ist vielmehr »wesentlich das Werk seiner selbst.«

Damit ist die Würdigung des Menschen in seinem Subjekt-Sein mit letztem philosophischem Aufwand gegen die Gleichgültigkeit des Universums zur Geltung gebracht. Der Preis für den Aufwand, der hier getrieben wird, ist hoch: Dem Theodizee-Zwang dieser Philosophie folgend muß das Absolute als jener Zweck gedacht werden, der *alle* Mittel heiligt, weil alles, insofern es gedacht wird, als sein Mittel gedacht werden muß: als Gottes Handeln in allem, was geschieht. Dem Verdacht der Gleichgültigkeit der Welt gegen den Menschen kann hier nur so widerstanden werden, daß das gleichgültig Scheinende als das von Gott für den absoluten Endzweck gebrauchte Mittel verstanden wird. Aber solches Begreifen zieht den in Mitleidenschaft, der *diese* Mittel braucht. Kann er selbst, kann, was er bezweckt, bejaht werden, wenn in Verfolgung dieses Zwecks die schlimmsten Mittel geheiligt sein sollen und die Entwürdigung von Menschen ins Extreme getrieben ist, wenn zu dem, »was auf dem Boden des in der Welt wirklichen und tätigen Geistes herausgekommen ist«, auch die Gewaltorgien des 20. Jahrhunderts gerechnet werden müssen? Wie kann »der Zweck etwas taugen, der solche Mittel braucht!«[11]

Offenkundig verführt die Kategorie des Absoluten dazu, das Andere des begreifenwollenden Menschen – das Andere, das eben nicht das Gleichgültige, über den Menschen rücksichtslos Hinweggehende bleiben darf – im Gewaltstreich zu vereinnahmen, ihm einen Zweck »vorzusetzen«, auf den hin alles andere als Material der Verwirklichung des Bezweckten entworfen werden kann. Die Grundstruktur solcher Vereinnahmung läßt sich noch bei Nietzsche aufdecken. Hier ist es der Übergang zum Übermenschen, dem Helden des reinen Diesseits, dem die »Dekadenten« zum Opfer gebracht werden müssen; und es ist der Übermensch, der das ihm gleichgültig Widerfahrende zum Material seiner Selbstverwirklichung umschmiedet. Es kann auch das revolutionär zu erkämpfende Reich der Freiheit sein, das denen, die sich diesem absoluten Zweck verpflichtet wissen, die Legitimation bietet, alles andere soweit wie möglich als Mittel in Anspruch zu nehmen. Ist es nicht geradezu Kennzeichen der großen Ideologien – der ideologischen »Meta-Erzählungen« des 19. Jahrhunderts *(Jean-François Lyotard*[12]*)* –, die Mittel-Zweck-Suggestion des säkularisierten Absolutheitsbegriffs als innergeschichtlich-totalitäre Perspektive zu entwerfen und das heißt konkret, die ehedem göttliche Vorsehung als geradezu organisierbare *(Auguste Comte)* für ein menschliches Weltgeschichtssubjekt zu reklamieren und vorauszuplanen?

---

[11] Vgl. F. Nietzsche, Nachgelassene Fragmente Herbst 1887, KSA 12, 534.
[12] Vgl. von ihm Das postmoderne Wissen. Ein Bericht, dt. Bremen 1982; vgl. weiterhin W. Welsch, Unsere postmoderne Moderne, Berlin ⁴1993, 32.

5.2 Absolutheit und Verabsolutierung

Absolutheit steht für höchste Verbindlichkeit; und sie sollte in den großen Ideologien zur vernünftig eingesehenen, geradezu wissenschaftlich rekonstruierbaren Verbindlichkeit werden. Die wissenschaftliche Rekonstruktion sollte zeigen können, warum dieser und kein anderer absoluter Zweck alle Mittel und Opfer heiligt, warum er letzte Verbindlichkeit für sich in Anspruch nehmen darf – und muß. Dabei ist offenkundig immer noch eine kategoriale Differenz in Anspruch genommen, von der die klassische Metaphysik immer schon ausging: die Grundunterscheidung zwischen dem Absoluten, das seine Rechtfertigung ausschließlich in sich selbst trägt, und dem Relativen, das nur von ihm her bzw. in der Hinordnung zu ihm gerechtfertigt sein kann.

Hier liegt offenkundig die Gefährlichkeit der Absolutheitskategorie: Sie erlaubt *Relativierung* und tendiert zur *Totalisierung (Emmanuel Lévinas*[13]*)*: zur Sinnstiftung durch die Heiligung der Mittel als Mittel eines heiligen, alleingültigen bzw. zumindest letztgültigen Zwecks. Die Heiligung der Mittel ist hier oft genug ihre mehr oder weniger gewaltsame Indienstnahme; sie widerfährt ihnen als Gewalt der Relativierung, die sie eben nicht Zweck in sich selbst sein läßt. Zweck in sich selbst ist dabei allein noch das Verabsolutierte. Aber seine »Heiligkeit« – seine verehrungswürdige Selbstzwecklichkeit – steht unter einem hohen Leistungsdruck. Sie muß sich immer wieder neu darin beweisen, daß sie *alles* sinnhaft auf die sich selbst begründende Selbstzwecklichkeit des als absolut Ausgegebenen hinordnen kann und nichts unrelativiert – als außerhalb seiner Totalität bleibend – stehen lassen muß. Der Absolutheitsanspruch verpflichtet auf umfassende »Kontingenzbewältigungs-Kompetenz«. Höchste Verbindlichkeit und Letztgültigkeit kann nur mit Aussicht auf Glaubwürdigkeit in Anspruch genommen werden, wo die ausgeübte Relativierungsgewalt durch das Versprechen einer wirklich umfassenden Heiligung der Mittel durch den jeweiligen Endzweck – und die reale Aussicht auf dessen Durchsetzung – entgolten wird.

Man sieht den jeweiligen »Sinn- und Absolutheitskandidaten« in der Regel die Überanstrengung deutlich an, alles heiligen und sinnvoll machen zu müssen, nichts unbewältigt stehen lassen zu dürfen. Und die Überanstrengung schlägt regelmäßig in Gewalt um: zumindest in die Gewalt des Verdrängens und Nicht-Wahrhaben-Wollens, oft genug aber auch in die Gewalt gegenüber denen, die – willentlich oder nicht – an das Verdrängte erinnern, weil sie *ihrer* Heiligung – in Wahrheit: ihrer Opferung – für das alleingültige »Heilige« widerstehen. Muß es nicht zu einer Religionskritik kommen, die unbestechlich im Blick hat, was die Heiligung der Mittel – die Sinnstiftung durch Relativierung – dem »Geheiligten« und Relativierten antut? Religionskritik als Kritik der Letztgeltungen, genauer: der Ansprüche auf eine Letztgeltung, die nicht »sinnvoll« hinterfragt werden kann, oder hinterfragt werden soll: Sie wäre eine Kritik der Sinnange-

---

[13] Vgl. Totalität und Unendlichkeit: Versuch über die Exteriorität, dt. Freiburg – München 1987.

bote, die mit der Selbstverständlichkeit ihrer Geltungen das relativierende Weiterfragen abschneiden wollen; Kritik der Sinnangebote, die sich auf eine alles bestimmende Wirklichkeit beziehen, der man sich – so die jeweils geltend gemachte Selbstverständlichkeit – letztlich gar nicht entziehen kann und dafür auch keinen Grund hätte, weil sie ja alles »sinnvoll« bestimmt.

Absolutheiten treten als in und aus sich selbstverständlich sein sollende Legitimationsgrößen auf, denen aufgrund ihrer Selbstverständlichkeit und Unausweichlichkeit Tribut gezollt und Loyalität erwiesen werden muß, die – nach ihrem eigenen Anspruch – verehrt und nicht befragt zu werden verdienen. Es liegt nahe, genau darin den Sinn religiöser Verehrung zu erkennen: im möglichst fraglosen Verabsolutieren dessen, was faktisch als die alles bestimmende Wirklichkeit gilt und deshalb als die allein sinn- und identitätsstiftende Wirklichkeit angesehen werden soll. Funktionalistische Religionstheorien haben es im übrigen ja immer schon so gewußt: Religion funktioniert als Verankerung des unaufhebbar kontingenten menschlichen Daseins im Unabdingbaren und zugleich unhinterfragbar Sinnvollen; sie ist deshalb in ihrem Leistungsangebot für Kontingenzbewältigung oder Identitätsstiftung zu analysieren und nach dem, was sie hier leistet, zu beurteilen.

Durchschaut man die tiefe Ambivalenz dieses Leistungszwangs, so könnte es sich fundamentaltheologisch nahelegen, die Fronten zu wechseln, selbst theologische Religionskritik zu treiben[14] und den biblischen Glauben als Nicht-Religion gegen religiöse oder quasi-religiöse Absolutheitskulte zu profilieren. Ziel solcher theologischen Religionskritik wäre es, den biblischen Glauben aus der »babylonischen Gefangenschaft« in der anthropologisch-gesellschaftlichen Funktion der Identitätsstiftung und der Legitimationsbeschaffung endlich zu befreien und seine befreiende Befremdlichkeit gegenüber der in der Neuzeit argumentativ so sehr in den Vordergrund gerückten »Selbstverständlichkeit« des Christlichen neu zur Geltung zu bringen.[15] Den biblischen Glauben weiterhin als Religion auszulegen hieße – so *Thomas Ruster* –, ihn auf seine identitäts- und gesellschaftsstabilisierenden Funktionen festzulegen und zu übersehen, daß diese Funktionen längst von anderen religiösen oder pseudoreligiösen Absolutheiten zuverlässig erfüllt werden, weshalb biblischer Glaube mehr und mehr funktionslos, vielleicht gar dysfunktional geworden sei. Wenn Religion die Beziehung zu einer »höchsten und letzten, einer alles bestimmenden und selbst nicht mehr bestimmten Wirklichkeit« bedeutet[16], so sei doch einzugestehen,

---

[14] Vgl. exemplarisch und in den Spuren der Religionskritik Barths das Buch von H. J. Kraus, Theologische Religionskritik, Neukirchen-Vluyn 1982.

[15] Diesem Anliegen ist katholischerseits vor allem Th. Ruster verpflichtet; vgl. Christliche Religion zwischen Gottesdienst und Götzendienst, in: Religionsunterricht an höheren Schulen 39 (1996), 54–62 bzw. Gott von den Göttern unterscheiden. Religion in einer Welt des Geldes, in: Renovatio 54 (1998), 130–140.

[16] Th. Ruster, Gott von den Göttern unterscheiden, a.a.O., 131 in Anlehnung an R. Bultmanns berühmte Formulierung, der Gedanke »Gott« beziehe sich notwendigerweise auf den Allmächtigen, also auf »die Alles bestimmende Wirklichkeit«; Welchen Sinn hat es, von Gott zu reden, in: ders., Glauben und Verstehen, Bd. 1, Tübingen ⁶1966, 26–37, hier 269.

daß andere Mächte – *Götzen* – diese Rolle der selbstverständlich Alles bestimmenden Wirklichkeit eingenommen haben, so neuzeitlich vor allem das Kapital und der Markt. Zwar sei der Erfolg des Christentums entscheidend darauf zurückzuführen, »daß der Gott der Bibel – ein Gott ... auf den das Attribut der Allmächtigkeit so gar nicht passen will – mit der jeweils alles bestimmenden Wirklichkeit zusammengedacht und übereingebracht werden konnte.«[17] Heute aber müsse und dürfe das Christentum

> »die Aufgabe einer Religion nicht mehr erfüllen, es hat nicht mehr für Sinnvermittlung, Kontingenzbewältigung, Identitätsstiftung usw. zu sorgen. Das tun andere. Es kann nicht mehr an der Erfüllung dieser Aufgaben gemessen werden. Es hat damit nichts mehr zu tun. Und wer kann ermessen, wie sehr sich Kirche und Christentum im Laufe der Jahrhunderte unter der Last, die herrschende Religion der Gesellschaft sein zu müssen ... verbogen und überanstrengt haben? Was ist dabei nicht alles auf der Strecke geblieben?«[18]

Der Frontwechsel des Christentums, der – so Ruster – nun angezeigt ist und von der Fundamentaltheologie einzuklagen wäre, würde den biblischen Glauben dazu befreien, um des einen Gottes willen, der in sich selbst und als der die Menschen wahrhaft Befreiende gewürdigt werden darf und eben nicht Garant der Sinnstiftungsleistungen einer Religion ist, die Götzen der Totalität kritisch anzugehen, die mit ihrem Totalitätsanspruch Leben und Gerechtigkeit für sich vereinnahmen und auf sich hin funktionalisieren. Wo der Glaube – so kann dann gefolgert werden – auf Gott sein Vertrauen setzt und es den Götzen entzieht, da verlieren die Absolutheiten ihre religiöse Macht über die Glaubenden; da sind diese dazu befreit, das Gute und Gerechte zu tun, das sie als Gottes guten Willen für die Menschen erkennen können.

Folgt man diesen Intentionen einer theologischen Religionskritik, so hätte der fundamentaltheologische Religionstraktat letztlich den Horizont der Religion selbst zu transzendieren: Biblisch-monotheistischer Glaube wäre in seiner götzenkritischen Intention nur da ernstgenommen, wo er aufhört, Religion zu sein, wo er den Kult der *faktisch* alles bestimmenden Wirklichkeit nicht mehr als seine Sache ansähe; wo er religionskritisch den Verabsolutierungen auf der Spur bleibt, mit denen Gesellschaften und Individuen ihr letztes, alles umfassendes Wozu selbstverständlich und fraglos bejahbar zu machen versuchen.

Aber ist die Götzenkritik, wenn sie sich biblisch und rational zu verantworten versucht, nicht gerade von der Unterscheidung der mißbräuchlichen Verabsolutierungen gegenüber der unverkürzten Absolutheit Gottes geleitet? Von der Unterscheidung dessen, was »alles« faktisch zum Unheil bestimmt, zu dem, was alles so bestimmt, daß es ihm wahrhaft gerecht wird? Von der Unterscheidung zwischen erzwungener Totalität und befreiender Absolutheit? Theologische Religionskritik wäre dann eine Selbstkritik der Religion, bei der es nicht letztlich darum ginge, die Nicht-Religion »christlicher Glaube« als unzuständig

---

[17] Th. Ruster, Gott von den Göttern unterscheiden, a. a. O., 134 f.
[18] Ebd., 138.

für das herkömmliche religiöse Leistungsangebot – Kontingenzbewältigung, Sinn- und Identitätsstiftung, Ordnungslegitimation – zu behaupten, bei der es vielmehr darum ginge, die Relativierung all dessen, wofür Religion gut sein mag, auf den in sich und aus sich und deshalb auch für uns Guten zu vollziehen; in der deshalb die Legitimationsfunktionen von Religion nicht abstrakt negiert, sondern vom in sich und aus sich selbst Guten her *normiert* würden.

5.3 Kriteriologie des Absoluten

Drei kriteriologische Eckdaten lassen sich in einer von biblischer Götzenkritik inspirierten Unterscheidungslehre des Absoluten als der unüberholbaren Gegebenheitsweise des Unbedingten schnell ermitteln:

• Absolut ist nicht, was seine Legitimation in der Leistung für ein anderes hat, was also nicht in sich und aus sich gut und würdigenswert ist, sondern eben nur gut und zu würdigen im Blick auf seine Funktion für anderes. Deshalb sind die funktionalistischen Religionstheorien von ihrem Ansatz her außerstande, die Gegebenheitsweise des Unbedingten als des um seiner selbst willen Bedeutsamen, des in sich und aus sich Guten – des Absoluten – hinreichend zu würdigen. Theologische Religionskritik hat die faktische Funktionalisierung des Unbedingten am Kriterium der Absolutheit des Absoluten sichtbar zu machen und so die religiöse Letztgültigkeit eines bloß funktionalen Religionsverständnisses und einer entsprechenden religiösen Praxis zu bestreiten.

• Absolut ist also nicht schon all das, was die gesellschaftliche Nachfrage oder das Bedürfnis nach Absolutheit »bedient«. Die gesellschaftliche wie die individuelle Nachfrage nach gewißheitsverbürgenden »Absolutheiten« hat ja offenkundig auch in der Postmoderne nicht nachgelassen. Das mag damit zu tun haben, »daß den Rädchen im Getriebe, als die sich moderne Menschen zunehmend fühlen, immer mehr alles schwindet, was *nicht* Funktion, nicht Mittel zum Zweck, nicht relativ auf anderes ist, sondern für sich selbst steht und gilt, Halt und Sinn gibt.«[19] Das Bedürfnis nach Absolutheit ist nicht wählerisch; es generiert keine Kriterien für die Beurteilung dessen, was es zu erfüllen vorgibt, außer dem einen: daß sich das Bedürfnis nach den schlechthin anderen – nach Entschiedenheit inmitten einer Welt voll Ungewißheit – von ihm bestätigt wissen darf. Das »Absolute« tritt hier beziehungslos neben die alltäglich-totalitäre Relativierung aller Geltungen in der Bedürfnisgesellschaft; und so bleibt es letztlich beliebig, die bloße Ermöglichung von Kontrasterfahrungen, das »Arsenal fixer Ideen, von denen jede in marktschreierischer Konkurrenz sich als das einzig Rettende präsen-

---

[19] Chr. Türcke, Religionswende. Eine Dogmatik in Bruchstücken, Lüneburg 1995, 67 f.

tiert.«[20] Eine nachvollziehbare Kriteriologie des Absoluten muß es ermöglichen, das Verhältnis des Absoluten zur Welt des Relativen als in sich bestimmt und nicht-beliebig zu denken, ohne es dem Beurteilungsmaßstab externer Leistungsfähigkeit zu unterwerfen.

- Absolut ist schließlich nicht schon, was mit Totalitätsanspruch auftritt und nur totalitär geltend gemacht werden kann. Totalitäten sind von der Gewalt des Relativierens beherrscht, die den selbstverständlichen und als allein sinnvoll ausgewiesenen Selbstzweck in der Negation des von ihm Relativierten durchsetzen will. Es muß der Totalität – dem großen Ganzen – zum Opfer gebracht, in seiner Selbstzentrierung auf das Ganze hin »aufgebrochen« werden. Die Selbstzwecklichkeit des umfassenden Ganzen konkurriert gleichsam mit den Einzelzwecken; erstere muß letztere verdrängen, da sie als auf einer gemeinsamen Ebene sich realisierend gedacht werden, so daß das Eine nur zu Lasten des Anderen sich durchsetzen könnte. Absolutheit muß demgegenüber durch Freiheit bestimmt sein bzw. als Selbstbestimmung gedacht werden, worin die Freiheit dessen, der sich in freier Selbstbestimmung auf es bezieht, nicht negiert, sondern vollendet wird.[21]

Das christliche Gottdenken hat Gott als den Absoluten von der Absolutheit seiner Güte her zu denken versucht, in der er sich der Selbstbestimmung der endlichen Freiheit nicht verschließt – sie nicht negiert –, sondern sich ihr öffnet, so daß sie in ihm zu sich selbst kommen kann. So ist die Relativität des Menschen nicht als Aufhebung der ihm eigenen Selbstzwecklichkeit geltend gemacht, sondern als *Relationalität* gedacht worden: als Einbezogensein in jene Selbstbestimmung des Absoluten, die als solche dem Menschen und seiner Freiheit unbedingt zugute kommt. Diese Verhältnisbestimmung von göttlicher Absolutheit und menschlicher Relativität brachte schon *Irenäus von Lyon* auf die einprägsame Formel: »Gloria Dei vivens homo«.[22] Gottes Ehre kommt zur Geltung, wo Gottes Wille geschieht. Und er geschieht, wo die Menschen das Leben haben – wo sie Leben in Fülle haben. Wo der »absolute Wille« entgöttlicht wird, da gerät er in Gefahr, zum Ideal zu werden, dessen Realisierung als geschichtliches Projekt zu entwerfen ist und die restlose Selbsthingabe des einzelnen für sich einfordern darf. Wo Menschen die Verantwortung für das Geschehen des absoluten Willens allein übernehmen wollen, wo es nicht mehr Gottes Sache sein darf, das Geschehen des absoluten Willens an die Rettung des einzelnen, über den die absoluten Geschichtsprojekte so schnell hinweggehen, zu binden, da

---

[20] Ebd., 68.
[21] Die hier angedeutete Kritik der Totalität wird bei Hegel als Kritik des spinozistischen Substanzdenkens ausgeführt. Spinozas Substanz sei, »als die allgemeine negative Macht, gleichsam nur dieser finstere, gestaltlose Abgrund, der allen bestimmten Inhalt als von Haus aus nichtig in sich verschlingt« (Enzyklopädie der philosophischen Wissenschaften, § 151 mdl. Zusatz, Werke in zwanzig Bänden, Bd. 8, 294–297, hier 297). Gott ist demgegenüber als »absolute Person« zu denken (ebd., 295), als »unendliche Subjektivität«, die das von ihm Gesetzte und Bestimmte, »als Freies entlassen« kann (Vorlesungen über die Philosophie der Religion II, Werke in zwanzig Bänden, Bd. 17, 59); vgl. weiterhin Phänomenologie des Geistes, Werke in zwanzig Bänden, Bd. 3, 23.
[22] Adversus haereses IV, 20,7 bzw. III, 20,2.

wird die nicht mehr egoistisch am Ich klebende Selbsthingabe ans Ideal – das der Familie, der Nation, der Rasse, der Menschengattung, der Emanzipation – gefährlich verwechselbar mit opferbereiter Selbstaufgabe.

Die falsche Absolutheit der Moloch-Götzen, deren Verehrung die Verehrenden selbst verzehrt, reflektiert sich in einem Begriff von Absolutheit, der die Metaphorik des Begriffs – Absolutheit als Resultat des absolvere – einseitig auf Unabhängigkeit und Beziehungslosigkeit festlegt. Absolutheit verlangt hier die Negation seines Anderen, weil ein in sich stehendes, selbstzweckliches Anderes der Absolutheit und »Allein-Teleologie« des Absoluten widersprechen würde. Der Götze Moloch lebt vom Selbstopfer der ihn Verehrenden, nicht aus sich selbst; er hat seine Absolutheit durch die Selbstnegation derer, die ihn relativierten, würden sie sich seiner Absolutheit nicht zum Opfer bringen.

Die Präzisierungen des Absolutheitsbegriffs im Deutschen Idealismus entlarven dieses Verständnis von Absolutheit in seinem Selbstwiderspruch: Eine Absolutheit, die der Welt des Relativen gegenüberstünde, gleichsam darauf angewiesen und davon »lebend«, daß das Relative nichts in sich und für sich ist bzw. sein will, wäre ja in Wahrheit ein durch und durch abhängiges, relatives Absolutes. Das Absolute könnte *als solches* nur gedacht werden, wenn denkbar wäre, daß es »seiner Welt nicht gegenüber(-steht)«, sie vielmehr in sich einbegreift – »als die ›Kraft‹ oder der ›Geist‹, der in ihr waltet und der sie schaffend ordnet und auf ihr Ziel hin lenkt.« Gott, als der Absolute gedacht, »ist also auch im Leben und Denken der Menschen gegenwärtig und wirksam.«[23] Das wahrhaft Absolute darf nicht durch Entgegensetzung definiert werden, also durch das Endliche begrenzt und deshalb gleichsam auf die sukzessive Überwindung seiner Grenze – die Aneignung des Endlichen – angewiesen sein. Ihm muß die Fähigkeit zukommen, das Andere seiner selbst als es selbst zu setzen und anzuerkennen sowie die Vollendung des Anderen in seinem Anderssein zu erwirken, ja in bestimmter Hinsicht selbst zu sein. Diese Vollendung dürfte aber gerade nicht die Beseitigung oder Enteignung des so Vollendeten bedeuten.

In den Diskussionen des Deutschen Idealismus war unbestritten, daß das

---

[23] D. Henrich, Eine philosophische Begründung für die Rede von Gott in der Moderne? Sechzehn Thesen, in: D. Henrich u.a., Die Gottesrede von Juden und Christen unter den Herausforderungen der säkularen Welt, Münster 1997, 10–20, hier 13. Henrich bezieht sich hier offenkundig auf Hegels Rede vom wahrhaft Unendlichen in Abhebung »von jenem bloß verstandesmäßigen (schlechten) Unendlichen«, das »dem Endlichen entgegengesetzt wird« und »für sich als Vernünftiges nur das Negieren des Endlichen« ausdrückt. Eins ist hier »durchs andere bedingt«; der Begriff des Unendlichen erhält »seinen Inhalt durch dasjenige, worauf es in seiner Entgegensetzung bezogen ist«. Endliches und Unendliches »stehen auf diese Weise in der Beziehung des Beherrschens gegeneinander« (Jenaer Schriften 1801–1807, Werke in zwanzig Bänden, Bd. 2, 21 bzw. 293). Demgegenüber ist die (wahre) Unendlichkeit der Vernunft eben nicht das durch Entgegensetzung verendlichte Unendliche (vgl. Wissenschaft der Logik, Werke in zwanzig Bänden, Bd. 5, 152), nicht das bloße Jenseits des Endlichen (ebd., 156 bzw. 164). So wird auch das »Endliche … nicht vom Unendlichen als einer außer ihm vorhandenen Macht aufgehoben, sondern es ist seine Unendlichkeit, sich selbst aufzuheben« (ebd., 160), wie umgekehrt das wahrhaft Unendliche das »In-sich-Zurückgekehrtsein, Beziehung seiner auf sich selbst« im Endlichen und durch es ist (vgl. ebd., 164). Hier deuten sich freilich die Probleme an, mit denen eine bloße theologische Anknüpfung an Hegel zu kämpfen hätte.

Absolute in der Beziehung – seinem Sich-Beziehen – zu seinem Anderen nur als Freiheitsgeschehen gedacht werden kann: als Selbstverwirklichung einer Freiheit, die darin absolut ist, daß sie endliche Freiheit hervorruft und sie so vollenden kann, daß die hervorgerufene Freiheit in der sie hervorrufenden nicht untergeht, sondern tatsächlich zu *ihrer* Vollendung kommt. Nur aufgrund dieses Gedankens konnte zur Geltung gebracht werden, daß die Relativität des Nicht-Absoluten in eine *Relationalität* einbezogen ist, die die Selbstzwecklichkeit der nicht-absoluten endlichen Freiheit nicht negiert. Das Absolute gewährt endlicher Freiheit eine Beziehung zu sich, in der diese zu sich selbst finden und gerade damit der Absolutheit des Absoluten entsprechen kann. Das Absolute ist darin absolut, daß es sich dieser Beziehung von sich aus öffnet. Es hat seine »Ehre« darin, daß dieses Sich-Öffnen zum Ziel kommt und die endliche Freiheit, die ja nur sein kann, weil die absolute sich ihr öffnet, lebendiges Ebenbild der absoluten wird, will heißen die Teleologie ihrer Selbstzwecklichkeit mitbestimmen läßt von der Teleologie der anderen endlichen Freiheiten.

Mit dieser Formalstruktur der Absolutheit als absoluter Freiheit ist jene Bestimmung des Unbedingten erreicht, die dessen Gegebenheit als Eröffnung von Freiheit denkbar werden und das »Ergriffensein« von dem, »was uns unbedingt angeht«, endgültig geschieden sein läßt von einem entfremdenden und versklavenden Ergriffensein. Von dieser Formalstruktur her lassen sich falsche Absolutheiten – Verabsolutierungen – als solche identifizieren: Es sind »Absolutheiten« und absolute Verbindlichkeiten, die die jeweils alleinverbindliche Teleologie nicht als für die Teleologien der endlichen Freiheiten geöffnet denken können, weil diese absolute Verbindlichkeit nicht als freie Selbstöffnung der absoluten für die endlichen Freiheiten konzipiert ist, sondern als Selbstbehauptung des allein Gelten-Sollenden gegen alles, was diese Alleingeltung in Frage stellen könnte.

Diese Formalstruktur zu rekonstruieren heißt freilich nicht schon, ihr theologisch auf der Spur zu bleiben bis in die äußersten Aporien des Gott-Mensch-Verhältnisses hinein, wie sie etwa mit den Stichworten Sünde und Theodizee markiert sind. Die Fundamentaltheologie wird sich dieser Aufgabe in allen Traktaten zu stellen haben. Im Religionstraktat wird sie – wie sich gezeigt hat – vor allem der Gefahr zu wehren haben, das Absolute als Projekt zu vereinnahmen, es gleichsam zu operationalisieren. Aber wird es nicht auch noch einmal von Religion und Theologie vereinnahmt, da es ihnen *gegeben* sein soll in der Möglichkeit, es als Zielpunkt ihrer Bejahung – der religiösen Verehrung – zu identifizieren, sich dann auch auf es zu berufen und seine Alleingeltung zu schützen? Kann Absolutheit nicht allenfalls ein Grenzbegriff sein, ein Kritikbegriff, gerade noch dazu brauchbar, Verabsolutierungen abzuwehren? Oder taugt er nicht einmal dafür, da er immer schon dazu verführt, schließlich doch etwas oder jemanden haben zu wollen, dem man sich mit äußerster und ausschließlicher Verbindlichkeit verpflichtet weiß, zu dem man endlich doch in religiöser Verehrung »Ja und Amen« sagen kann?

5.4 Die mißlungene Abschaffung des unbedingt Bejahbaren

Es scheint tatsächlich in der Konsequenz der neuzeitlich schier unüberwindlichen Hermeneutik des Verdachts zu liegen, diesen Beziehungsmodus der Verehrung eines unbedingt zu Bejahenden als definitiv überwunden anzusehen. Dem Verdacht kann nichts mehr religiös-absolut, nichts mehr heilig und damit schlechthin unnegierbar sein, denn er sieht dem Heiligen in all seinen Erscheinungsformen das Unglück mit an, das es über die Menschen gebracht hat, das die es Verehrenden und sich so durch es ins Recht Setzenden über die anderen Menschen gebracht haben. Es ist wieder *Friedrich Nietzsche*, der hier Klartext redet. Er proklamiert das Ende der Verehrungen mit dem Pathos der Aufklärung, ja geradezu der Rettung. Aber er proklamiert es mit einem Fragezeichen: »›entweder schafft eure Verehrungen ab oder – euch selbst!‹. Das Letztere wäre der Nihilismus; aber wäre nicht auch das Erstere – der Nihilismus? – Dies ist unser Fragezeichen.«[24]

Es ist ein Fragezeichen, von dem Nietzsche nicht loskommt. Kann man dem Nihilismus entkommen ohne vorbehaltlose, geradezu verehrende Bejahung? Aber wem sollte sie gelten nach dem Tod Gottes? Eben doch einem bedingungslos zu bejahenden Absoluten, einer letzten Gewißheit? Einem »verborgenen Ja« womöglich, das – so Nietzsche zu seinen Jüngern – »stärker (ist; J. W.) als alle Neins und Vielleichts, an denen ihr mit eurer Zeit krank seid«?[25] Zarathustra spricht vom Ja zum Übermenschen, zu einem Menschsein ohne Verdrängung und Abspaltung, zu einem Menschsein, das der Größe, der Lust und der Grausamkeit des Lebens wirklich gewachsen wäre. Mißtrauen und Verehrung können offenbar nicht voneinander lassen. Ist es dann mehr als eine schick-nihilistische Selbststilisierung, wenn man das Mißtrauen ausagiert, Bejahung und Verehrung aber verdrängt oder sich mit ihnen nicht erwischen lassen will? Oder ist es doch zu Ende gekommen mit der Haßliebe, in der Mißtrauen und Verehrung einander unauflöslich verbunden schienen? Ist der »Nihilismus« angebrochen, das Ende der Verehrung, das Nietzsche noch nicht gekommen sah? Oder wird die Neigung, zu verehren, nur in den Untergrund abgedrängt, so daß man mit der Wiederkehr des Verdrängten rechnen muß?

Die Wiederkehr des Absoluten wäre allemal die in der Gestalt von Verabsolutierungen, die nicht mehr als Adressaten religiöser Verehrung auftreten und dennoch das »Ja und Amen« für sich einfordern. Ist diese Wiederkehr etwa zu vermeiden, wenn man der »monotheistischen« Unterstellung einer absoluten Alleingeltung entschlossen den Gehorsam aufkündigt? Für die Aufkündigung des monotheistischen Gehorsams steht die postmoderne Skepsis mit ihrer Bestreitung absolutistischer »Meta-Erzählungen« (Lyotard), der absolutistischen Diktatur *eines* Sinnhorizonts, der nur *ein* ausschlaggebendes und darum auch in allem aufzudeckendes und durchzusetzendes Worum-Willen kennt. *Odo Mar-*

---

[24] Die fröhliche Wissenschaft, Aphorismus 346, KSA 3, 580f.
[25] Ebd., Aphorismus 377, KSA 3, 631.

quard warnt nachdrücklich vor solchem Monotheismus der Zustimmungen und der geschichtlichen Zustimmungshorizonte. Er plädiert für einen »aufgeklärten Polytheismus« im Reich des Zustimmungsfähigen, damit durch Diversifizierung der Zustimmungen und Verehrungen allen Totalitätsansprüchen der Boden entzogen werde.[26] Man darf sich nicht »alles« von einem Sinnhorizont erwarten; es muß verschiedenste Definitionen des Worum-Willen nebeneinander geben, damit nicht eine totalitär wird und alles andere zum Mittel degradiert.

Aber liegt solcher Skepsis nicht doch die Verwechslung von Absolutheit und Verabsolutierung zugrunde bzw. die Weigerung, diese Unterscheidung noch für möglich zu halten? Verkennt sie nicht, was das Denken der Absolutheit unabdingbar macht: die Notwendigkeit, sich gegen das Letztgültig-Werden von Relativem und so auch gegen das Unhintergehbar-Werden des Vorläufigen zu schützen? Vielleicht sollten doch noch einmal begriffliche und systematische Klärungen des Deutschen Idealismus zu Rate gezogen werden[27], um so die Unumgänglichkeit, sich auf Absolutheit zu beziehen bzw. bezogen zu wissen, weniger mißverständlich markieren zu können.

5.5 Absolutheits-Wissen?

Der Begriff »Absolutheit« präzisiert und überholt hier in gewisser Hinsicht den des Unbedingten, wie er von *Kant* im Zusammenhang der theoretischen und dann auch der praktischen Philosophie bestimmt worden war. So ist er zunächst in seinem Unterschieden- wie in seinem Bezogensein auf den des Bedingten zu erarbeiten: als ein Begriff, der sich gleichsam von selbst einstellt, wenn man Bedingtes *als Bedingtes* denkt – ohne daß damit schon etwas gesagt wäre über

---

[26] Vgl. O. Marquard, Skepsis und Zustimmung. Philosophische Studien, Stuttgart 1994, 11 (vgl. den gesamten Titelaufsatz, a.a.O., 9–14). Natürlich geht es Marquard vor allem um die Abwehr des »Alleinzugriffs« einer Verbindlichkeit auf den Menschen. Gewaltenteilung soll auch noch im Bereich der Überzeugungen gelten, im Bereich des Ergriffenseins, damit die Menschen hier nichts mehr unbedingt angehe und verpflichte. Man muß – so Marquard – »auf die absolute Verbindlichkeit einer absoluten Position verzichten«, ohne dabei auf Verbindlichkeit überhaupt verzichten zu müssen. Denn – so Marquard weiter: »Wer den Verbindlichkeitsstandard (Wahrheit, Moralität) auf die Höhe des Absoluten schraubt, wird blind für die Verbindlichkeiten, die es unterhalb dieser absoluten Höhe gibt: für die sanften Verbindlichkeiten« (O. Marquard, Glück im Unglück. Philosophische Überlegungen, München 1995, 120). Was aber bindet verantwortlich und vielleicht doch auch im äußersten Falle – erst in ihm? – an die »sanfte Verbindlichkeit«? Wie ließe sie sich von den sanften Verbindlichkeiten des bloßen Geschmacks unterscheiden? Wie könnte über die »kleine Moral« der sanften Verbindlichkeiten hinaus die unbedingte Anerkennung jener Autorität in den Blick kommen, deren Verbindlichkeit nicht zu ermäßigen und abzufedern ist: die »Autorität der Leidenden«? Vgl. dazu J. B. Metz, Gotteskrise, in: Süddeutsche Zeitung Nr. 168 vom 24./25. Juli 1993, Feuilletonbeilage S. If. bzw. ders., Mit der Autorität der Leidenden, in: Süddeutsche Zeitung Nr. 296 vom 24/25./26. Dezember 1997, S. 57.

[27] Vgl. vor allem in Hegels »Wissenschaft der Logik« die Kapitel im Dritten Abschnitt (Die Wirklichkeit) und das Kapitel »Die absolute Idee«, Werke in zwanzig Bänden, Bd. 6, 186–240; 548–573.

den Status des durch den Begriff des Unbedingten Bestimmten. Jede konkrete Erkenntnis ermittelt das Erkannte als ein Bedingtes, als das so und nicht anders mit anderem in Zusammenhang Stehende, durch diesen Zusammenhang Bestimmte und in diesem Zusammenhang von all dem, womit es in einem bestimmbaren Zusammenhang steht, Unterschiedene. Der Verstand ist nach Kant das Vermögen der Bestimmung der konkret-einzelnen Erfahrungsgegebenheit als einer vielfältig bedingten, die aber als solche die Frage nach dem Gesamtzusammenhang aufwirft, der sie über ihr zufällig bedingtes Gegebensein hinaus systematisch einzuordnen erlaubte. Damit ist die Aufgabe der Vernunft angesprochen, »zu dem bedingten Erkenntnisse des Verstandes das Unbedingte zu finden, womit die Einheit desselben vollendet wird.« Wenn das Bedingte als solches gegeben ist, so muß unterstellt werden dürfen, daß »auch die ganze Reihe einander untergeordneter Bedingungen, die mithin selbst unbedingt ist, gegeben« sei[28]; so muß das Denken der Bedingungen des Bedingten sich zu einer möglichst alle Bestimmungsfaktoren systematisch erfassenden Zusammenschau entwickeln wollen.

Die Bestimmtheit einer Erfahrungsgegebenheit – eines »Dinges« – zwingt aber, nach der Vollständigkeit und dem Zusammenhang all dessen zu fragen, was das Ding als *dieses* bestimmt. Die Vernunft bezieht es, da sie nach dem selbst unbedingten Zusammenhang und der Totalität all seiner Bedingungen fragt, auf die »Idee von einem All der Realität (omnitudo realitatis)«; diese wird zu jedem Bedingten gleichsam unentfaltet und unentwickelt hinzugedacht, weil die genaue Bestimmung eines »Dings« in seiner »Realität« – gemeint ist Sachhaltigkeit – dessen Differenz- und Bestimmungszusammenhang zu allem anderen auszuarbeiten hätte.[29]

Aber welchen Erkenntnis-Status hat die »omnitudo realitatis«, der Inbegriff »aller Möglichkeit«[30], aus dem das konkret Gegebene durch Erkenntnis seiner Bestimmtheit gleichsam *ausgegrenzt* wird? Es ist für Kant nur »transzendentales Ideal«, ein »Ideal der Vernunft«, das nicht selbst wieder als Gegenstand bestimmt und dann einer »transzendentalen Theologie« zugrunde gelegt werden könnte. Transzendentale Theologie verwechselt das transzendentale Ideal »mit dem Begriffe eines Dinges ... was an der Spitze der Möglichkeit aller Dinge steht, zu deren durchgängiger Bestimmung es die realen Bedingungen hergibt.«[31] Die Kritik der Vernunft hat demgegenüber darauf zu bestehen, daß der in der Vernunft selbst liegende Begriff des Unbedingten – des Inbegriffs aller

---

[28] Kritik der reinen Vernunft A 307/B 364.
[29] Vgl. Kritik der reinen Vernunft A 572 f./B 600 f.: Jedes Ding steht »unter dem Grundsatze der durchgängigen Bestimmung, nach welchem ihm von allen möglichen Prädikaten der Dinge, sofern sie mit ihren Gegenteilen verglichen werden, eines zukommen muß.« Dieser Gedanke geht im Kern auf Spinoza zurück, der ihn in den bekannten Grundsatz gefaßt hat: »Omnis determinatio est negatio« (alle Bestimmung ist Verneinung; vgl. Epistula 59). Nach Spinoza ist alle Bestimmung deshalb Verneinung, weil alles Bestimmte seine Bestimmung findet durch das, was es nicht ist und worauf es in bestimmter Weise bezogen ist.
[30] Vgl. Kritik der reinen Vernunft A 567 ff./B 595 ff.
[31] Kritik der reinen Vernunft A 583/B 611.

Bedingungen eines Bedingten – nur eine regulative Idee ist: die Zielgröße eines durchgängigen, systematischen Zusammenhangs der Erkenntnisse, dem die Vernunft immer nur auf der Spur bleiben kann; Abschlußgedanke, der nicht als solcher entwickelt werden kann, aber mitgedacht werden muß, wenn man dem Postulat einer möglichst vollständigen und systematisch kohärenten Bestimmung eines »Erkenntnisdings« entsprechen will. Das Unbedingte ist nach Kant im Vernunft-Vorgriff auf einen alles umfassenden Horizont erschlossen, in dem alles ist, was es ist, ohne daß dieser Horizont selbst begriffen und zu einem systematischen Zusammenhang ausgearbeitet werden könnte, der alles von ihm her bzw. als das ihm in bestimmter Weise Eingeordnete begreifbar werden ließe. Aber ist mit diesem Begriff des Unbedingten nicht wenigstens – wie Kant selbst anzudeuten scheint – ein *Begriff* des Göttlichen entworfen, der der Rede von Gott einen vernunftkompatiblen Platz zuweist? Kants Warnung bleibt unüberhörbar: Das transzendentale Ideal darf nicht als ein Gegebenes verstanden werden, das seinerseits mit anderem Gegebenem in irgendeinem bestimmbaren Zusammenhang stünde. So ist es als Ausgangsgröße einer theologischen Bestimmung des Göttlichen für Kant unbrauchbar.

Hegels Begriff des Absoluten weist diese Beschränkung nicht mehr auf. Es wird zu prüfen sein, mit welchem Recht er sie hinter sich läßt, zumal er im Wesentlichen auf die Problemstellung rekurriert, die sich in Kants Rede vom transzendentalen Ideal auffinden läßt. Aber der Reihe nach: Der Begriff »Absolutheit« steht bei Hegel zunächst einmal für die Erschlossenheit bzw. Zugänglichkeit des zu Denkenden – des Gegebenen – für das Denken.[32] Das Denken denkt das ihm Gegebene, indem es die Bestimmtheit nachvollzieht, in der ihm dieses bestimmte, konkrete Gegebene gegeben ist und von ihm gedacht werden kann. Es greift aus auf die *Totalität der Vermittlungszusammenhänge*, in denen ein konkret Gegebenes mir begegnet, von mir gewußt und begriffen werden kann.[33] Das mir Begegnende – und auch ich selbst, der ich wissen will, daß ich weiß und nicht nur »meine« – stehen in Zusammenhängen, die es und mich bestimmen, in seiner und meiner Konkretheit mit ausmachen. Diese Zusammenhänge sind nicht bloß gegeben und als solche hinzunehmen. Sie sind prinzipiell begreifbar. Im Begreifen dieser Zusammenhänge aber begreift sich das Begreifen selbst, begreift es die innere Notwendigkeit und Unbeliebigkeit des Zusammenhangs, den es ebenso stiftet, wie es in ihn hineingenommen ist[34], wird es zum Wissen.

Es geht beim Erkennen also darum, möglichst viele dieser bestimmenden Zusammenhänge möglichst genau in ihrer Bedeutung für das zu Begreifende und den Begreifenden zu rekonstruieren: nachzuvollziehen, wie sie das zu Be-

---

[32] Vgl. Kapitel 5.1 dieses Traktats.

[33] Wahrheit, in der das Wissen zu seinem Ziel kommt, ist für Hegel »*die in sich konkrete Einheit* und Totalität«; Vorlesungen über die Philosophie der Religion, Bd. 1, Werke in zwanzig Bänden, Bd. 16, 391.

[34] Die »Bestimmungen der Vernunft« sind – so Hegel – »ebensosehr eigene Gedanken ... als Bestimmungen des Wesens der Dinge«; Werke in zwanzig Bänden, Bd. 4, 85.

greifende und das Begreifen zu dem werden lassen, das begreift bzw. begriffen werden kann. Dabei ist selbstverständlich zu berücksichtigen, daß die bestimmenden Zusammenhänge miteinander und mit dem, der sie rekonstruiert, »vernetzt« sind, so daß es darauf ankommt, das Netz systematisch zu rekonstruieren, seine Baugesetze oder die innere Dynamik denkend nachzuvollziehen, die es so und vielleicht immer wieder anders aufbauen. Hier versagt das Bild vom Netz; vielleicht müßte man unter diesem dynamischen Aspekt eher die Metapher des Feldes gebrauchen. Es ist klar: je genauer ich das Netz oder Feld rekonstruieren kann – je umfassender und treffender mein Erfassen des Ensembles der Bedingungszusammenhänge ist –, desto genauer weiß ich um das mir Begegnende und um mich selbst, der ich es so begreife. Und umgekehrt gilt: je selektiver und ungenauer ich die Bedingungszusammenhänge kenne, je weniger ich sie im Zusammenhang, also systematisch deuten kann, desto oberflächlicher und einseitiger weiß ich, wovon ich spreche, wenn ich von dem mir Begegnenden und von mir selbst spreche. Selektivität bedeutet hier ganz konkret: Ich zerschneide Zusammenhänge, die gewürdigt werden müßten, wenn ich dem zu Begreifenden gerecht werden wollte; ich fokussiere meine Wahrnehmung auf das, was mir gerade wichtig ist, ich setze meine Perspektive absolut und weiß nicht um mein Absolutsetzen; ich verdränge durch die Fokussierung meiner Perspektive mehr oder weniger nachhaltig und bewußt, was von mir gewürdigt werden will, damit das Begegnende mir in der ihm eigenen »Würde« – als es selbst und nicht nach Maßgabe der von mir gerade gewählten Perspektive oder beachteten Funktion – begegnen kann.

Mit dem Aufmerksamwerden auf diese »Entwürdigung« des Begegnenden durch die zunächst und zumeist nicht als solche durchschaute, selektive Fokussierung, in der ich mich immer schon auf mir Begegnendes beziehe, drängt sich die *regulative Idee* eines Begreifens auf, von dem das Begegnende umfassend gewürdigt wäre; eines Begreifens, das die Entwürdigung durch Begreifen in dem Maße überwinden könnte, als es sich selbst in seinem Begreifen durchsichtig wird und so schließlich dahin gelangt, um sich selbst zu wissen und deshalb dem zu Begreifenden wirklich gerecht zu werden.

Nach Hegel zwingt gerade ein Synthetisieren der Vernunft, das nicht wirklich *begreift* – soll heißen dem zu Begreifenden gerecht wird –, sondern verzerrt und verfremdet, zum Begreifen des Begreifens. Es zwingt zu seiner Selbstaufklärung, die eben nicht mehr unaufgeklärt läßt, wie das Unbedingte, das die Gesamtheit aller Bedingungen umfaßt und die regulative Idee des Begreifens ausmacht, *in sich* bestimmt ist; die nicht mehr ungedacht ließe, wie der unbedingte systematische Zusammenhang aller Bedingungen des Bedingten in sich selbst der Einheitsgrund ist, von dem her und auf den hin alles sein kann, was es ist bzw. sein soll. Die Idee eines dem Erkannten im Erkennen gerecht werdenden – es wirklich würdigenden – Begreifens ist nach Hegel zu begreifen als Idee eines Gerechtwerdens, das sich immer schon vollzieht und vom Erkennen nur nachvollzogen wird; aber als Geschehen nachvollzogen werden muß, das in sich selbst unbedingt ist und deshalb Einheitsgrund sein kann: weil es nicht unter der

Bedingung eines anderen steht und deshalb kein anderes mehr neben sich als Bestimmungsgrund »übrig läßt«.[35] Der Nachvollzug des ursprünglichen Gerechtwerdens verlangt deshalb, das Absolute, das für diese Würdigung steht und einsteht, aus sich selbst zu denken; verlangt, das Absolute als das zu denken, was sich allein aus sich selbst bestimmt: als das in sich und aus sich zur Selbstbestimmung Bestimmte und sich Bestimmende. Seine Bestimmung ist ihm nicht äußerlich; sie ist im strengen Sinn *seine* Bestimmung, ihm nicht auferlegt, sondern Inbegriff seiner Selbstmacht, seines »Sichselbstsetzens«, das eben nichts anderes ist als Sich-selbst-Setzen.[36] Dieses reine Sich-selbst-Setzen ist nicht im Plural denkbar, da dann ja ein Bestimmungsverhältnis zwischen mehreren sich selbst Setzenden angenommen und gedacht werden müßte. Aber Sich-selbst-Setzen bliebe andererseits in sich gleichsam verschlossen, Selbstmacht und Selbstbestätigung, die das Andere nur negierte, würde es sich nicht »manifestieren«[37], also für anderes sein und anderes würdigen *wollen*.

Absolutheit meint zwar »absolutes«, nicht von anderem relativiertes und damit bestimmtes Sich-selbst-Bestimmen und Sich-selbst-Setzen, absolute Freiheit. Aber ist nicht auch diese Freiheit noch eine *Freiheit wozu?* Könnte das Sich-selbst-Setzen tatsächlich nur ein Sich-selbst-Wollen sein und damit die Frage gegenstandslos machen, wozu das Absolute sich selbst setzt und will? Das Absolute ist sich selbst Zweck, ist sein eigenes und damit das letzte Um-willen. So ist es jedenfalls von dem gedacht, der nach einer letzten Antwort auf seine Warum- und Wozufragen verlangt, nach einem *Abschluß* seiner Fragen – damit sie nicht in die »schlechte Unendlichkeit« hineinfragen und nur noch gleichgültige Antworten erfragen. Das Absolute des Menschen ist das letzte Um-willen, ein letztes »Darum« und »Deshalb«, reines und nicht noch einmal zum Weiterfragen herausforderndes Um-seiner-selbst-willen, reine Selbstbestimmung. Aber so wird es nur gedacht als das kritische Gegenbild zum entfremdenden »Um-eines-anderen-willen«, wie es die condition humaine ausmacht, als Abschlußgedanke eines die leere Unendlichkeit bloßen Weiterfragens meidenden menschlichen Denkens.

Versucht man – immer noch menschlich, wie denn anders! – das Absolute denkend aus sich selbst zu bestimmen, als reine Selbstbestimmung, so zeigt sich die Armut bloßer Selbstzwecklichkeit: Nicht mehr als nur sich selbst wollen ist die entsetzlichste Armut, die Armut des Sich-selbst-nicht-mitteilen-Könnens.

---

[35] Hier wird deutlich, wie wenig sich der Begriff des Absoluten systemtheoretisch einholen läßt. Systemtheorie kennt nur Systemfunktionen, wenn man will: System-*Perspektiven*, in denen das systemtheoretisch Begriffene aufgrund seiner Leistung für das System identifiziert wird und ansonsten zu vernachlässigen ist. Die kritische Bedeutung des Absolutheitsbegriffs liegt demgegenüber gerade darin, daß mit ihm die Unterscheidung von System-Leistung und Selbstsein, von Funktionszusammenhängen und dem endgültig-»eschatologischen« Horizont der Würdigung zur Geltung gebracht wird.

[36] Vgl. F. Wagner, Was ist Religion?, Gütersloh[2] 1991, 580 f.

[37] Ob hier wirklich schon die Notwendigkeit des Anderen für das Sichselbstsetzen abgeleitet ist, wie F. Wagner (Was ist Religion?, 579 ff. bzw. noch deutlicher in: Religion der Moderne – Moderne der Religion, a.a.O., 36 ff.) anzunehmen scheint, muß hier dahingestellt bleiben.

Ein so gedachtes Absolutes wäre ein armes Absolutes, wenn auch vielleicht kein denkunmögliches. Oder wäre es doch nur die Absolutheit bloßer Selbst-Reproduktion und Selbstbehauptung, wie sie den menschlich-allzumenschlichen Verabsolutierungen eignet? Das arme Absolute als Menschen-Absolutes? »Reich« wäre ein Absolutes, das nicht für sich allein reich wäre. So mündet das Denken des Absoluten zumindest in die Frage[38], ob sich das wahrhaft Absolute nicht dazu bestimmen »müßte«, sich selbst zu setzen für anderes und andere, ob es sich – statt in sich verschlossen zu bleiben – nicht für anderes aufschließt, für es sein und es würdigen will, ohne darin aufzuhören, es selbst und für sich selbst zu sein.

Das Für-andere-es-selbst-sein-Wollen des Absoluten kann sich auf die, für die es *es selbst* sein will, nicht nur um seiner – des Absoluten – selbst willen beziehen wollen, sie nur als Mittel zum Zweck seiner Selbst-Reproduktion und Selbstbestätigung vorkommen lassen. Sie müßten ihm die sein, die es um ihrer selbst willen *und* deshalb will, weil es für sie es selbst sein, weil es sich ihnen geben will.[39] Diese »Aufgeschlossenheit« der reinen Selbstbestimmung für anderes[40] ist denkbar als die Liebe, die sich allein durch sich selbst – in *freier* Selbstsetzung – dem Geliebten aufschließt und schenkt, sich ihm als Liebe manifestieren will. Sich-selbst-Bestimmen als Liebe gedacht erfordert, freie Selbstbestimmung auf die hin geöffnet zu denken, in denen das Sich-selbst-Bestimmen »findet«, wofür es sein will, ohne aufzuhören, sich selbst zu setzen und zu wollen; Sich-selbst-Bestimmen auf die hin geöffnet, in denen es hervorruft, was seinen Reichtum ausmacht: das Sich-selbst-Mitteilen in Liebe; Sich-selbst-Bestimmen als Selbstgabe, in der sich die, denen sie gegeben ist, sich selbst gegeben und aufgegeben erfahren können, so daß sie diese Selbst-Gabe unbedingt und unbedingt verheißungsvoll angeht.[41] Es darf deshalb gesagt werden: Das Gegebensein des Absoluten wird denkbar und ist nur denkbar als das Sich-Geben des Absoluten, worin das Absolute bzw. der Absolute sich – in der Liebe, die er ist – dazu entschließt und aufschließt, sich selbst mitzuteilen; worin er denen, denen er sich mitteilt, *gibt*, sich als verheißungsvolle Aufgabe begreifen zu können.

Absolutheit als würdigende, sich dem Geliebten öffnende Liebe gedacht ist kein bloßer Abschlußgedanke, wohl aber der »letzte Gedanke«, der dem Sich-Abschließen der Vernunft in falschen Totalitäten wehren könnte. *Nietzsche* hat dieses Denken des Absoluten als Selbst-Verabsolutierung einer Vernunft zu de-

---

38 Hier verläßt der Gedankengang die Vorgabe Hegels, wie sie bei F. Wagner rekonstruiert wird.

39 Die theologisch äußerst heiklen Fragen, ob Gott als der Absolute das »arme« Absolute hätte bleiben können, ob er es niemals war, da er immer schon dreieinig ist, ob er dennoch nicht danach »verlangen« mußte, für Nichtgöttliches er selbst zu sein und sich ihm zu manifestieren, dürfen hier auf sich beruhen bleiben. Es müßte bei ihrer Bearbeitung zuerst weitergefragt werden, nach welcher Logik sie sich so stellen und nach Antwort verlangen.

40 Vgl. F. Wagner, Was ist Religion?, 587.

41 Hier könnte erläuternd auf die Phänomenologie des Sich-Gebens zurückgegriffen werden, wie sie Klaus Hemmerle in verschiedenen Zusammenhängen ausgearbeitet hat. Vgl. dazu die Münsteraner Habilitationsschrift von Michael Böhnke, Einheit in Mehrursprünglichkeit. Eine kritische Analyse des trinitarischen Ansatzes im Werk von Klaus Hemmerle, 1999, 110 ff.

nunzieren versucht, die sich selbst als die Vernunft der Schwachen und deshalb als auf eine absolute und rettende Liebe angewiesen denken muß, sich so aber der Einsicht in die Ab-solutheit – Abgelöstheit der Wirklichkeit von allem menschlichen Erkennen und Wollen – verweigert. Diese Denunziation diente freilich nur der Verabsolutierung eines Lebens-Willens zur Macht, den als absoluten zu denken hieße, sich allein von ihm bestimmt zu wissen und bestimmen lassen *zu wollen*.[42]

Bleibt also die Kritik am Denken des Absoluten »aus sich selbst« nie ohne – geheime oder offene – Verabsolutierung, die nicht als solche durchschaut werden soll? Oder ist sie als streng negative Theorie des Absoluten durchführbar, die sich für ihre Kritik am falschen Absoluten – am totalitär gewordenen alles Umgreifenden – nicht noch einmal auf einen Inbegriff des absolut sein Sollenden beziehen muß? Wo Kritik der »letzte Gedanke« bleibt, weil sie keine Absolutheit mehr übrig läßt, die nicht negative, falsche Absolutheit wäre? *Marx* hat seine Kapitalismuskritik so konzipiert: als Kritik des hegelschen Absolutheitsdenkens, die es vom Kopf auf die Füße stellen will. Wo das Denken die Totalität von Bestimmungszusammenhängen – die unbedingt sein sollende Totalität der Bedingungen des Bedingten – denkt, da denkt es nur das totalitär gewordene Absolute, die geschlossene Totalität von Entfremdungszusammenhängen. Während es Hegel noch für möglich hielt, das Denken eines wahrhaft Absoluten in die Totalität der Bestimmungszusammenhänge hinein zu entfalten, weshalb es ja zu dem Mißverständnis kommen konnte, das Absolute sei diese Totalität, kennt Marx Absolutheit nur noch als das der Kritik auszusetzende falsch Verabsolutierte. Ihm ist mit der kritischen Theorie der Entfremdungstotalität und der von ihr angeleiteten Praxis zu widerstehen. Die Theorie der Vermittlungszusammenhänge ist bei ihm Theorie jenes Prozesses – jenes Systems –, in dem sich die Logik des Kapitals zur zerstörerischen Substanz des Wirklichen macht: in denen und durch die, die dieser Logik unterworfen sind. Über diese kritische Theorie könnte nicht mehr spekulativ oder gar religiös hinausgedacht werden.

5.6 Kritische Theorie des Absoluten

Die kritische Theorie will bei *Karl Marx* freilich zur revolutionären Theorie werden, indem sie mit der Entlarvung der Entfremdungstotalität zu ihrer Überwindung provoziert und befähigt. Revolutionäre Theorie sagt einer Totalität der Entfremdungszusammenhänge den Kampf an, als deren Inbegriff in den Religionen Gott und seine Herrschaft zur alles bestimmenden Wirklichkeit hypostasiert werden. Gott steht auch hier für die Totalität der Vermittlungszusam-

---

[42] Das hat mit beeindruckender Interpretations-Konsequenz M. Striet herausgearbeitet; vgl. Das Ich im Sturz der Realität. Philosophisch-theologische Studien zu einer Theorie des Subjekts in Auseinandersetzung mit der Spätphilosophie Nietzsches, Regensburg 1998.

menhänge; aber gerade deshalb steht er als Inbegriff für das zu Überwindende, für die Logik unbegriffener Fremdherrschaft über den Menschen. Er steht jedenfalls nicht für das Positive, in der befreienden Revolution Erreichbare; er steht nicht für das Reich der Freiheit, worin der Mensch den Grundwiderspruch zwischen faktischer Existenz und Wesen aufgehoben haben wird. Vom Reich der Freiheit spricht Marx eher in Gleichnissen und Metaphern; er versagt es sich, eine affirmative Theorie des Reiches zu entwerfen.[43] So entspricht seiner kritischen Theorie des Absoluten – des Verabsolutierten – eine negative Theorie, wenn nicht sogar eine negative »Theologie« der Freiheit, die in der Überwindung des falschen Absoluten zu erringen wäre.

Diese negative Theorie der Freiheit ist in der Frankfurter Schule zur Negativen Dialektik *(Theodor W. Adorno, Max Horkheimer*[44]*)* ausgearbeitet worden, als politische Totalitarismen brauner und roter Provenienz sich mit noch nicht gekannter Skrupellosigkeit als das realisierte Absolute in Szene zu setzen versuchten. Auch die kritische Theorie des Falschen darf sich jedoch nicht zur abgeschlossenen Totaltheorie verdinglichen, weil sich sonst immer eine Instanz findet, die diese theoretische Totalkritik an der Wirklichkeit wie an denen, die noch nicht so weit sind, vollstreckt und die Realisierung einer Freiheit verbürgen will, die aus dieser Vollstreckung des »Weltgerichts« an den Klassengegnern mit dem falschen Bewußtsein hervorgehen soll. Negative Dialektik dient dem Aufbrechen totaler Vermittlungszusammenhänge; sie will das Einzelne retten gegen die Systemzwänge, in der es nur ein Rädchen in der Maschine sein kann, in denen zwischen die Räder kommen muß, was die Menschen »beseelt«: an unabgegoltener Sehnsucht, an Hunger nach Gerechtigkeit, an Nicht-sich-Abfinden-Wollen mit dem, was ist. Negative Dialektik ist das Aufspüren der Zwänge, die das faktisch so Disparate, Nichtzusammenpassende zum abgeschlossenen Ganzen zusammenzwingen, das Aufspüren des diesem Zugriff sich doch nicht Fügenden, es Transzendierenden. Und es ist kein Zufall, daß am Rande der Negativen Dialektik – oder doch eher in ihrem Zentrum? – wieder von Gott die Rede ist, daß Negative Dialektik sich endlich doch ausdrücklich als »Negative Theologie« zu verstehen begann. Horkheimer legte allerdings Wert darauf, Theologie hier nicht als Wissenschaft vom Göttlichen zu verstehen. Theologie bedeutet ihm vielmehr »das Bewußtsein davon, daß die Welt Erscheinung ist, daß sie nicht die absolute Wahrheit, das Letzte ist. Theologie ist« – Horkheimer will sich hier »bewußt vorsichtig« ausdrücken – »die Hoffnung, daß es bei diesem Unrecht, durch das die Welt gekennzeichnet ist, nicht bleibe, daß das Unrecht nicht das letzte Wort sein möge«, »daß der Mörder nicht über das unschuldige Opfer triumphieren möge.«[45]

---

[43] Vgl. dazu A. Schmidt, Der Begriff der Natur in der Lehre von Karl Marx. Überarbeitete, ergänzte und mit einem Postscriptum versehene Neuausgabe, Frankfurt a. M. 1971, hier vor allem 129–167.
[44] Vgl. Th. W. Adorno – M. Horkheimer, Dialektik der Aufklärung, Frankfurt a. M. 1969 bzw. Th. W. Adorno, Negative Dialektik, Frankfurt a. M. 1966.
[45] M. Horkheimer, Die Sehnsucht nach dem ganz Anderen. Ein Interview mit Kommentar von Helmut Gumnior, Hamburg 1970, 61 f.

Wie kommt hier Gott ins Spiel – und weshalb ist von »Theo-Logie« die Rede? Gott und die Theologie stehen für die »Sehnsucht nach vollendeter Gerechtigkeit. Diese kann in der säkularen Geschichte niemals verwirklicht werden; denn selbst wenn eine bessere Gesellschaft die gegenwärtige soziale Unordnung ablösen würde, wird das vergangene Elend nicht gutgemacht und die Not in der umgebenden Natur nicht aufgehoben.« Aber Gott kann – so Horkheimer – nicht einfach in Anspruch genommen werden als der, der gewährleistet, was Menschen in ihrem revolutionären Kampf nicht erreichen können: »Auf Gott können wir uns nicht berufen. Wir können nur handeln mit dem inneren Gefühl, daß es einen Gott gibt.«[46]

Negativ bleibt diese Theo-Logie, weil Gott in nicht mehr einholbarer Weise für das Andere – für das absolut Andere – steht, das Menschen noch zu denken, herbeizuklagen, zu erhoffen genötigt sind, aber nicht mehr systematisch setzen können. Gott, das ist hier der Gegenbegriff zur Unheilstotalität unterdrückender Vermittlungszusammenhänge; ist der Name für das *Außerhalb* und das *Jenseits* zu dieser Totalität, von dem man nur noch dies sagen kann: Ohne dieses Außerhalb wäre das Unheil der Geschichte unentrinnbar, denn es wäre keine Instanz mehr denkbar, die das Abgeschnittensein der in der Geschichte gebrachten Opfer vom irgendwann vielleicht doch erkämpften Reich der Freiheit zurücknehmen könnte; keine Instanz, die dem Unheil im System gewachsen wäre und den Opfern gegen die Opfernden Recht verschaffen könnte. Diese »negative Theologie« wehrt der Hereinholung Gottes ins System, der Verwechslung Gottes mit der falschen Absolutheit. Wer Gott jedoch nicht mehr nur herbeisehnt, herbeiklagt oder auch herbeiflucht, wer über ihn theoretisch-begrifflich zu spekulieren anfängt, der kontaminiert ihn gleichsam mit der Falschheit, die allem systematischen Denken innewohnt – weil es zum System zusammendenkt, zusammenzwingt, was gegen den Systemzwang gerettet werden müßte.

Systemtheoretiker wie etwa *Niklas Luhmann* plädieren ebenfalls für »negative Theologie« – dafür, daß Gott nur der Name des nicht mehr einholbaren Außersystematischen sein kann –, wenn auch mit einer völlig anderen Intention. System ist bei ihm ja das Gesamt der Kommunikationszusammenhänge, aus denen Gesellschaft sich aufbaut und in denen sie sich Umwelt als Welt aneignet. Gott kann hier allenfalls verstanden werden als die Umwelt aller möglichen Systemumwelten, als das prinzipiell sich Entziehende und nur als solches Thematisierbare. So ist für Luhmann auch jede Art der Kommunikation mit »Gott« prinzipiell undenkbar. Zwischen »Gott« und einem gesellschaftlichen Subsystem gibt es keine Beziehung mehr. Würde Gott in irgendeiner Weise als Empfänger oder Sender von Kommunikation gedacht, so wäre er nicht mehr die Umwelt aller möglichen Systemumwelten, sondern Element des Systems selbst: »Denn wenn immer Elemente oder Operationen der Umwelt begriffen

---

[46] Ebd., 69 und 71. H. Peukert hat diese und weitere Anregungen von W. Benjamin, Th. W. Adorno und anderen in seinem fundamentaltheologischen Entwurf ausgearbeitet; vgl. das in Kapitel 4 zitierte Werk.

werden würden als Absenden von Kommunikation oder als Empfang von Kommunikation, würden sie damit begriffen werden als Momente des gesellschaftlichen Kommunikationsprozesses; sie würden, ob man will oder nicht, gesellschaftlich eingemeindet werden.«[47]

Luhmanns »negative Theologie« ist noch weit radikaler als die bei Horkheimer angedeutete; Gott steht bei ihm allenfalls für einen Systemindex – die Uneinholbarkeit der Umwelt aller Systemumwelten –, zu dem eine Beziehung, und sei es die der Sehnsucht nach dem »ganz Anderen«, völlig undenkbar wäre. Wenn Gott religiös als Mittel der Kontingenzbewältigung eingesetzt wird, setzt dies im Selbstverständnis der Religionen womöglich eine reale Beziehung zum Göttlichen voraus. Aber systemtheoretisch gibt es für die Beschreibung dieser Beziehung keine begrifflichen Möglichkeiten mehr. Gott muß das schlechthinnige Außerhalb bleiben, wenn er systemtheoretisch denkbar sein soll. Das Absolute wäre hier das Abgelöste, Beziehungslose, das gleichwohl als das Beziehungslose systemtheoretisch thematisiert werden kann. Ist diese systemtheoretische Bezugnahme auf das Absolute dann noch etwas anderes als die Thematisierung des fürs System Bedeutungslosen, weil in ihm nicht Vorkommenden? Aber wie könnte es dann noch in Anspruch genommen werden zur Legitimation der Unbeliebigkeit letzter Sinnformeln, zur Bewältigung nicht hinwegzuarbeitender Kontingenz (vgl. Teil 1.12 dieses Traktats)? Die Möglichkeit solcher Bezugnahme darf also auch systemtheoretisch nicht ausgeschlossen werden; in ihr liegt ja gerade die systemtheoretisch rekonstruierte Funktion von Religion.

Horkheimers Sprechen vom Außerhalb zum System – in diesem Sinne vom Absoluten – hat eine andere Intention. Es ist für ihn Ausdruck des Sich-nicht-Abfindens mit dem innersystematisch Denkbaren und Realisierbaren, ein Sich-Festmachen in dem, was vom System nicht mehr umgriffen ist. Mit diesem Sich-Festmachen will der Religiöse dem Selbstabschließungszwang des Systems widerstehen und einer »Utopie« auf der Spur bleiben, in der das vom System Vorenthaltene endlich doch Wirklichkeit wird. Ist diese Utopie, weil im System eben nicht zu verorten, nur »apophatisch«, in der Negation des uns hier und jetzt Beherrschenden zu *nennen*? Horkheimer warnt ja ausdrücklich davor, theologisch-affirmativ *über* den zu sprechen, der sie herbeiführen könnte. Läßt sich nur zu ihm rufen, er möge den siegreichen Unterdrückern und ihrem Recht der Stärkeren entgegentreten – um der Gerechtigkeit willen, die sie mit Füßen treten? Oder ist diese Beziehung zum göttlichen Außerhalb auch noch zu *denken*, da sie ja das Eingebundensein ins System in bedeutungsvoller – sprachlich artikulierbarer – Weise relativieren soll?

Soviel wäre einer nicht nur negativ sein wollenden Theologie jedenfalls zuzugestehen: Die Bezugnahme auf ein »Außerhalb« geschieht um der Relativierung des Systems – um der Bestreitung seiner Abgeschlossenheit und Letztgültigkeit – willen. Sie artikuliert das vom System nicht Eingelöste und dennoch

---

[47] N. Luhmann, Läßt unsere Gesellschaft Kommunikation mit Gott zu?, in: H. Bogensberger – R. Kögler (Hg.), Grammatik des Glaubens, Wien 1985, 41–48, hier 42.

nicht leichten Herzens Aufzugebende. Sie artikuliert zumindest implizit das hoffende und klagende Sich-Ausstrecken dessen, der im »Drinnensein« nicht gefangen sein will, nach einer Beziehung, in der das System-Unrecht aufgehoben wäre und den dem System zum Opfer Gefallenen Gerechtigkeit widerführe, in der das vom System Zugefügte und Vorenthaltene einer »höheren Instanz« und einer höheren Gerechtigkeit unterworfen wäre. Sie artikuliert zumindest andeutend mit, was diese höhere Gerechtigkeit ausmachen müßte und was sie für die von den innersystematischen Regelmechanismen um Gerechtigkeit Betrogenen zur letzten Hoffnung macht.

Hier kommt doch wieder die regulative Idee einer Totalität von Vermittlungszusammenhängen ins Spiel. Diese Totalität ist im »System« – und das Stichwort »System« stehe hier für beliebige sozial-kommunikativ institutionalisierte, mehr oder weniger abgeschlossene Vermittlungszusammenhänge – gerade nicht eingeholt und zur Geltung gebracht. Systeme reduzieren ja nicht einfach nur Komplexität; sie ignorieren systematisch all jene Anforderungen und Wirklichkeitsbereiche, für deren Bearbeitung das System eben nicht da ist. Und sie werden darin den von ihnen erfaßten Systemgliedern nicht gerecht. Was das System zusammmenschließt, ist zusammengeschlossen durch *Ausschließen* und Nicht-zur-Geltung-kommen-Lassen, durch Sich-Abschließen gegen die im System nicht thematisierbaren und vom System nicht bearbeitbaren Vermittlungszusammenhänge. Das System bearbeitet Vermittlungszusammenhänge unter Vernachlässigung der für es nicht bearbeitbaren Vermittlungszusammenhänge; es baut sich auf, indem es ausblendet, »verdrängt«, worauf es sich nicht beziehen kann. Diese Verdrängungsleistung konstituiert es, wobei es – wenn es ein sinngesteuertes System ist – das Verdrängte als das Nichtbearbeitete präsent hält. Religiöse Bezugnahmen dienen systemtheoretisch gesehen ja gerade dazu, die Selektivität des Systemzugriffs im offenen Horizont des vom System nicht »Aufgegriffenen« zu vergegenwärtigen, diese Selektivität als sinnvoll zu legitimieren oder aber als nicht sinnvoll oder gar als sinnwidrig zu relativieren.

Das Herausgreifen der für das System hier und jetzt relevanten, weil von ihm bearbeitbaren Vermittlungszusammenhänge ist gleichsam ein Fokussieren der Systemwahrnehmung, das Herausschneiden eines Blickfeldes und das Draußenlassen all dessen, worauf die Problemverarbeitungsmuster des Systems nicht eingestellt sind. Diese systematische Selektivität und Fokussierung der Wahrnehmung läßt sich in alltäglich-lebensweltlicher Wahrnehmung ohne weiteres in Erfahrung bringen und als mehr oder weniger dramatisches Problem entdecken: Wahrnehmung ist immer und notwendig selektiv; sie muß auswählen, worauf sie sich als das für sie hier und jetzt Relevante einstellt. Nichtselektive Wahrnehmung würde das Wahrgenommene nicht in Relevanzstrukturen einordnen können. So könnte der nichtselektiv Wahrnehmende gar nicht mehr die typischen Situationsmerkmale erfassen, auf die er sich einstellen müßte, um situationsadäquat zu reagieren. So weit, so gut. Die Kehrseite der Medaille: Die Auswahl der hier und jetzt relevanten Situationsmerkmale entscheidet weitgehend darüber, wie man eine Situation sieht, was man an ihr abblendet, was man nur hintergründig wahrnimmt und was man verdrängt. Sie entscheidet weitgehend darüber, wie man sich in ihr verhält. Gelingt es wahrnehmungslenkenden, »meinungsmachenden« Instanzen, auf die Selektivitätskriterien und damit auf die Fokussierung der Wahrnehmung Einfluß zu nehmen, gelingt es ihnen, ihre Auswahl der relevanten Situationsmerkmale durchzusetzen und mit ihrer Deutung zusammenzudefinieren, so entscheiden sie auch weitgehend darüber, wie wir die jeweilige Situation sehen und in ihr reagieren.

Nun ist auch hier wieder zuzugeben, daß man – sofern Selegierung und Deutung relevanter Situationsmerkmale nicht durch Instinktprogrammierung geleistet werden – ohne diese wahrnehmungsleitenden Instanzen nicht auskommt. Man muß lernen, sich erfolgreich auf Situationen einzustellen. Und man kann es nur lernen, indem man mehr oder weniger bewährte Wahrnehmungsverarbeitungsmuster übernimmt, um sie – im Idealfall fortschreitend selbständig – auszuprobieren und durch eigene Erfahrungen zu modifizieren. Was gar nicht anders geht, ist aber zugleich Einfallstor krisenhafter Entwicklungen. Im Nahbereich – in der primären Sozialisation im Bereich der Familie – wie in gesellschaftlichen Feldern – im Bereich der sekundären Sozialisation – kommt es in der Regel nicht nur zu einer Übertragung von Wahrnehmungsmustern und Fokussierungsmechanismen, die das eigene Lernen an und in diesen Mustern stimuliert, sondern auch – vielleicht vor allem – zu Übertragungen, die die systematische Selektivität der Wahrnehmungsmuster unterdrücken und vergessen machen wollen, zur verdrängungsintensiven Übertragung überscharf fokussierender, »herausgeschnittener« Perspektiven. Wahrnehmung zerschneidet dann geradezu gewalttätig – ohne Rücksicht auf das hier und jetzt *auch* zu Würdigende – wichtige Vermittlungszusammenhänge. Sie schneidet sie ab, damit man in der jeweiligen Situation bestimmte Merkmale in der übertragenen Weise wichtig nehme und in der von den jeweiligen Wahrnehmungslenkern gewünschten Weise reagiere.

5.7 Das Wahre ist das Ganze? Was ist das Ganze?

Dieses Zerschneiden von Vermittlungszusammenhängen präsentiert das Wahrgenommene als Präparat: absichtsvoll zugerichtet, damit sich das Verhalten nach den Absichten des Präparierenden ausrichte. Es unterbricht die »Unruhe des Geistes«, des Erkennens, das eben nicht ruhen dürfte, bis es die Vermittlungszusammenhänge tatsächlich in ihrer Ganzheit – in ihrer Wahrheit – begriffen hätte. *Hegel* hat diese Unruhe als *Dialektik* zu rekonstruieren versucht. Aber er stellte die Unruhe – so hat man ihm wohl zu Recht vorgehalten – schließlich doch in seinem System still, im Universalbegriff der Totalität aller Vermittlungszusammenhänge. Bemächtigt sich das idealistische Identitätssystem der Wahrheit, der man in der Unruhe des Geistes nur auf der Spur bleiben, von der man im Ungenügen an allen Rekonstruktionsversuchen allenfalls angezogen und herausgefordert sein könnte? Zumindest mit seiner kritischen Intention bleibt Hegel im Recht: »Das Wahre ist das Ganze. Das Ganze aber ist nur das durch seine Entwicklung sich vollendende Wesen.«[48] Als das Ganze – als die Totalität aller Vermittlungszusammenhänge – könnte das Wahre nur gewonnen werden, bliebe man der Unruhe des Geistes, der auf immer neue abgeschnittene und deshalb neu anzuknüpfende und endlich zu würdigende Vermittlungszusammenhänge stößt, wirklich treu und begriffe man die Unabgeschlossenheit jener »Entwicklung«, in der sich herausstellt, was alles an bestimmenden Wirkungen in dem vor uns liegenden »Kon-kreten« zusammenwirkt und zusammengewachsen ist. In diesem Sinne ist das Absolute »wesentlich *Resultat*«; das Begreifen schaut ihm beim »Sichselbstwerden« gleichsam zu.[49] Das gilt für die kritische Rekonstruktion der falschen – entfremdenden – Vermittlungszusammenhänge; exemplarisch sei die Rekonstruktion der Logik des Kapitals bei Karl Marx genannt. Aber es gilt eben auch für das Aufspüren jener Vermittlungszusammenhänge der Freiheit, mit dem man dem wahren Absoluten auf der Spur bliebe, worin nichts mehr abgeschnitten und mißachtet wäre, was zur Würdigung des Wahrgenommenen hinzugehörte und seine Wahrheit ausmachte.

Wahrheit in Beziehung, das kann nur heißen: dieser Wahrheit des Ganzen auf der Spur zu bleiben und sich darin dem verbunden wissen zu dürfen, der für sie einsteht; dem, der die Wahrheit ist und schaffen wird, die man im Abgeschnittenen und Verdrängten so schmerzlich vermißt, die in harmonistischen Entwürfen so schmählich verraten wird und mit der man es sich auch in pluralistischer Skepsis noch zu leicht macht – weil man es gar nicht mehr für nötig hält, die Konkurrenz-Vielfalt zerschneidender und präparierender Perspektiven zum Problem zu machen. Um es noch einmal deutlich und so unmißverständlich wie möglich zu sagen: Wenn von Wahrheit in Beziehung die Rede sein soll, so wird man nicht ignorieren dürfen, daß es bei der Wahrheit ums Ganze geht, darum also, daß man sich in der Wahrnehmung der Wirklichkeit nichts erspart, nichts draußen läßt, daß man weder verleugnet noch verfälscht, was die Wirklichkeit mit ausmacht; darum, daß man sich ihren Spannungen, Zwiespältigkeiten und Widersprüchen aussetzt, die Zusammenhänge achtet, die sie zusammenhalten, die Polaritäten aushält, die sie in Spannung halten. Unwahrhaft – ein Feind der Wahrheit – ist, wer *nicht wahrhaben*, nicht zulassen und »realisieren« will, was doch wirklich ist; wer nicht zusammensieht und zusammenhält, was doch zusammengehört, wer sich ohne Rücksicht auf Zusammengehörendes aus Zusammenhängen das herausnimmt, was ihm paßt und irgendwie

---

[48] G. W. F. Hegel, Phänomenologie des Geistes, Werke in zwanzig Bänden, Bd. 3, 24. Vgl. K. Heinrichs Bemerkung: »Indem der Mensch ... denkend, aufs Ganze geht, will er keine Sphäre länger für sich stehen lassen. Eine für sich stehen lassen wäre Verrat«; Versuch über die Schwierigkeit nein zu sagen, Frankfurt a. M. 1964, 24.
[49] Vgl. Phänomenologie des Geistes, Werke in zwanzig Bänden, Bd. 3, 24.

nützlich erscheint. Der Wahrheit widerstreitend sind rücksichtslos auswählende und in diesem Sinn manipulativ-selektive Erkenntnis- und Lebensentwürfe, Kommunikations- und Sozialsysteme. Zugegeben und oben bereits dargestellt: Menschen und Sozialsysteme können ihre Innen- und Umwelt nur selektiv wahrnehmen und verarbeiten. Versagten ihre Selektionsmechanismen, so wären sie schutzlos einem Informationschaos ausgeliefert; sie könnten sich dann auch nicht mehr auf jeweils vordringliche Anforderungen einstellen. Es kann also gar nicht darum gehen, »alles« zu sehen und sich »allem« auszusetzen. Es kann nur darum gehen, die lebenspendenden, heilsamen Zusammenhänge nicht aus dem Blick zu verlieren, zusammenzuhalten, was nicht auseinandergerissen werden darf, auszuhalten, was nicht verdrängt werden darf, nicht aus seinen Zusammenhängen herauszureißen, was nur in diesen Zusammenhängen heilsam sein kann.

Die lebenspendenden und lebenerhaltenden Zusammenhänge springen nicht sofort in die Augen; sie müssen identifiziert und in ihrem Zusammenhang begriffen werden. Und sie werden sehr verschieden identifiziert. Der Streit der Welt-Anschauungen geht ja letztlich darum, wie diese Zusammenhänge zu identifizieren und in welchen Zusammenhängen sie zu sehen sind. Hier hätte die christliche Rede von Gott – vom Absoluten – sich einzumischen, zuerst wohl in Gestalt des Schöpfungsglaubens mit seiner Vision des Zusammengehörenden, des alles umfassenden heilvollen Zusammenhangs; hier hätte er sich zu bewähren gegen das Verdrängungspotential postmodern-pluralistischer Gesellschaftsformationen oder gegen den eilfertigen Optimismus holistischer Entwicklungsideologien. Für den christlichen Schöpfungsglauben ist es Gott selbst, der den Menschen die spannungsreiche, tödlich-lebendige, gestaltbare, aber auch zerstörbare Schöpfung zumutet und zutraut. Er fordert die Menschen heraus, ihn in den heilvollen Lebenszusammenhängen der Schöpfung zu entdecken und ihm auf der Spur zu bleiben: als dem Vollender dessen, was in ihnen wachsen will, als der Vollendung dessen, was er selbst begonnen hat. Schöpfungsglaube hat dann auch von *Sünde* der Verabsolutierung zu sprechen, von der Sünde, ohne Rücksicht auf die gegebenen Zusammenhänge, unter Mißachtung der Nebenwirkungen für andere und anderes, sich »etwas herauszunehmen« und die Verantwortung für all das, was mit diesem Eingriff zusammenhängt, zu ignorieren. Wir erfahren heute gewiß deutlicher, als andere Generationen vor uns, diesen im deutschen Wort mitgenannten Absonderungs-, ja Ausbeutungscharakter der Sünde, wie er sich greifen läßt in den Neigungen,

- sich die verwertbaren »Rohstoffe«, die Arbeitskraft anderer Menschen, die natürlichen Ressourcen herauszunehmen und den anderen – anderen Weltteilen, den nachwachsenden Generationen – die Folgewirkungen aufzuladen;
- sich die Erlebnisstimulantien herauszunehmen und fröhlich zu ignorieren, was man denen, mit denen man seinen Spaß hatte, weggenommen und verweigert hat;
- sich aus mitmenschlichen Beziehungen herauszunehmen, was einem als Mit-

tel zum selbst gesetzten Zweck nützlich erscheint, und dem anderen die gemeinsame Reifungsgeschichte, die Solidarität des gemeinsamen Tragens, die Achtung als Zweck in sich selbst zu verweigern;

- nur die Informationen herauszugreifen und stark zu machen, mit denen man eigene Interessen durchsetzen kann, ohne Rücksicht darauf, was dieser selektive Informationseinsatz an Lebensmöglichkeiten und Reifungschancen, an mitmenschlicher Achtung zerstört;
- sich nur die vermeintlich schönen Seiten des Lebens herausgreifen zu wollen und das Leid zu verdrängen, dem Leid und den Leidenden die Aufmerksamkeit zu entziehen ...

Es sind immer die empfindlichen, gegen rücksichtslose Eingriffe mehr oder weniger ungeschützten, Leben ermöglichenden Zusammenhänge, die Schaden leiden, wo man entschlossen ausblendet, oft genug im wahrsten Sinn des Wortes *verdrängt*, was man mit seinem Eingriff jeweils an zerstörerischen Nebenwirkungen verursacht, verstärkt oder mitbewirkt. Es ist der umfassende Lebenszusammenhang, worin alle diese lebenermöglichenden Zusammenhänge ihren Ort und ihren heilsamen Kontext haben, der hier ausgeblendet, ja bedeutungslos gemacht wird: der Lebenszusammenhang, worin – nach christlicher Überzeugung – Gott unser Leben, unsere Wahrheit, unsere Vollendung sein will. So ist die Sünde letztlich Gott-Verdrängung, die Abschottung meines Wahrnehmens und meines Lebensvollzugs gegen den umfassenden Zusammenhang von Vermittlungszusammenhängen, in dem mein Wollen, Urteilen und Herausnehmen gesehen und verantwortet werden müßte, gegen die Wahrheit, die jedes Geschöpf in der Hinordnung auf seinen Schöpfer hat bzw. haben soll.

Wahr ist eben dies: daß der Mensch, so wie er faktisch vorkommt, sich zu viel zu rücksichtslos herausnimmt, daß er zerstört, was sein Leben gelingen ließe, daß er sich der Wahrheit seines Zerstörungswerks nicht stellt. Wahr ist für christlich Glaubende aber auch dies: daß Gott seinem Hinausgedrängtwerden widersteht, daß er sich einmischt, seine Wahrheit geltend macht, seinen Heilswillen, seine Zukunft gegenwärtig setzt mitten in einer Menschenwelt, die nicht sehen will, was er sichtbar machen will. Wahr ist, daß er sich mit dem Zerstörungswerk der Menschen nicht abfindet, daß er mit seinem Geist Menschen dazu anstiftet, Zerrissenes neu anzuknüpfen, Verdrängtes hereinzuholen, Abgespaltenes zu leben, Ignoriertes geltend zu machen, also jenen großen heilvollen Zusammenhang neu *wahrzunehmen*, der in Gottes Willen und Weisheit seinen Grund hat und in Gottes Herrschaft seine Vollendung finden darf. Wahr, wenn auch »nur« eine Glaubens-Wahrheit, ist, daß Gott der Selbstvergöttlichung und Selbstverabsolutierung der Menschen widersteht: *Sie* wollen von Anfang an sein wie Gott und über tauglich und untauglich nach eigenen Maßstäben unterscheiden (vgl. Gen 3, 5); sie wollen ihre eigenen Mittel-Zweck-Hierarchien und Realisierungsperspektiven durchsetzen, ihre eigene Welt besitzen – sich selbst als letzten Zweck setzen, der alle Mittel heiligt. *Er* aber bleibt als der Schöpfer der Welt außerhalb dieser Welten und jenseits des Zugriffs derer, die sie als ihren Herrschaftsbereich entworfen haben; er bleibt letzte Berufungsinstanz für all jene, die in diesen Welten nur als Mittel zum Zweck vorkommen dürfen.[50]

Die Unruhe des Geistes und des Herzens, die nicht ruhen, ehe sie das Heil gefunden haben, die Wahrheit, für die nichts mehr verdrängt und verfälscht werden muß; die Unruhe der Liebe, die im Geliebten nicht dieses oder jenes sucht, sondern ihn selbst, seine Wahrheit, einer Liebe, die »Augen hat« für seine Gutheit und Schönheit, Augen, die mehr sehen als seine Brauchbarkeit in dieser oder jener Hinsicht, die Augen hat für seine Transzendenz und von der Sehnsucht danach beseelt ist, daß sie wahr wird: diese Unruhe ist nach christlicher Glaubenserfahrung das Sehnen und »Seufzen« des Heiligen Geistes (vgl. Röm 8, 18–23). Er läßt über die Gefangenschaft der Schöpfung in der »reinen Immanenz« der System gewordenen Zwecke hinaushoffen und den Gewalten der »Immanenzverdichtung« (Peter Strasser[51]) widerstehen. Er ruht nicht, bis die Schöpfung zu ihrer Wahrheit – zu der ihr vom Schöpfer mitgegebenen Gutheit und Schönheit[52] – gefunden hat. Seiner Unruhe sich zu überlassen hieße: den Schöpfungswirklichkeiten mit ansehen, was sie über ihre bloß immanent identifizierte Nützlichkeit hinaus *als sie selbst* sein sollen; neu zusammenbringen und zusammenhalten, was der selektive Blick der Ausbeuter auseinanderreißt; würdigen, was die zweckgelenkte Wahrnehmung nicht wahrhaben will, weil es ihr nicht ins Konzept paßt.

Wahrheit in Beziehung: Sie ist unvereinbar mit Ausschließen und Verdrängen, mit Abschneiden und Ausblenden. Sie meldet sich in der Unruhe des Geistes und des Herzens, die nicht davon ablassen kann, zusammenzuhalten und zusammenzubringen, was zusammengehört, die dem Absoluten auf der Spur bleiben und es als Gottes Absolutheit – als Gottes Herrschaft – zur Geltung gebracht sehen will. Eins ist hier freilich ausgeschlossen: daß menschliches Wissen dieses Absolute – die heilvolle Totalität der Vermittlungszusammenhänge, in der nichts mehr ungewürdigt bleiben muß und allem uneingeschränkt Gerechtigkeit widerfährt – umfassen und als solches *wissen* könnte. Das Absolute bleibt kritische Herausforderung, den Blick zu weiten und der interessegeleiteten Fokussierung der Wahrnehmung zu widerstehen, Mechanismen der Blickverengung und des Auseinanderreißens, Blockaden der Wahrnehmung und des Vorstellungsvermögens zu überwinden. Theorie und Praxis christlichen Glaubens – seiner Gott-Beziehung, seiner unruhigen Suche nach Absolutheit – versuchen, den von Gott verbürgten Schöpfungs-Zusammenhängen auf der Spur zu bleiben: den heilvollen Zusammenhängen, die nicht zerschnitten werden

---

[50] Vgl. dazu meinen Aufsatz Die biblische Rede von Sünde und Erlösung im Horizont der Grunderfahrungen des modernen Menschen, in: H. Frankemölle (Hg.), Sünde und Erlösung im Neuen Testament, Freiburg i. Br. 1996, 164–184, besonders 174–182. Zum theologischen Begriff der Sünde vgl. weiterhin Streitfall Erlösung, Kap. 3.5.

[51] Vgl. sein Journal der letzten Dinge, 48–50.

[52] Im Blick des Schöpfers ist das Geschaffene nach dem priesterschriftlichen Schöpfungsbericht »tob«: gut *und schön.*

dürfen, wenn uns die Wurzeln unserer Sehnsucht, die Horizonte unseres Einsatzes, die Verheißung unseres Herausgefordertseins – unserer unbedingten »Verbindlichkeit« – gegenwärtig bleiben sollen. Christlicher Glaube will aber auch jenen verhängnisvollen Teufelskreis-Zusammenhängen auf die Spur kommen, in denen Leben zerrieben und von Ausbeutern ums Leben gebracht wird, den Ausbeutungs-Zusammenhängen der zur Struktur gewordenen und die Individuen verderbenden Sünde der Verabsolutierung.

Fundamentaltheologie hat zu lehren, dem Absoluten als dem Absoluten *Gottes* auf der Spur zu bleiben. Und sie muß diese Aufgabe so wahrnehmen, daß sie Kontexte hinzuerzählt und analytisch rekonstruiert, in denen mehr fraglich wird als in den technisch-ökonomisch fokussierten und deshalb einigermaßen lösbaren Problemen unserer Arbeits- und Genußwelt; in denen aufgehen kann, wer und was unsere Wirklichkeit zutiefst bestimmt – zum Heil oder zum Unheil. Sie fragt weiter, wo das Weiterfragen unerwünscht ist, weil es die Selbstverständlichkeit von Prioritäten und Wahrnehmungsmustern in Frage stellt und die »Unruhe des Geistes« in die alltägliche Ordnung der Verhältnisse hineinträgt. Sie wird in der Orientierung am Heilsein – am Absoluten – dem pragmatischen Zwang zur schnellen Lösung widerstehen und den guten Ort mit bereiten helfen, an dem nicht Vereinnahmung erfahren wird, nicht die Besetzung von Aufmerksamkeit-, Wahrnehmungs- und Sprachräumen, wo auch nicht die Verdrängung all dessen erfahren und weitergegeben werden muß, womit man normalerweise nichts anfangen kann. Soll von Gott verstehbar die Rede sein, so müßte sich dieser noch nicht »besetzte« Raum öffnen, an dem Menschen einen guten Ort haben für Angst, Ratlosigkeit, Sehnsucht, Klage und Glück; an dem sie einen Ort haben, wo sie Einsichten festhalten können, auch wenn sie sich jetzt noch nicht pragmatisch umsetzen lassen; einen Asyl-Ort für die großen Fragen, für die großen Zusammenhänge, die eben nicht nur zu Verarbeitungsportionen zerstückelt vorkommen dürfen; einen Ort, wo sich der Blick weiten kann auf den Horizont der Gottesgeschichte.

Dieser Horizont öffnet sich, wo Gott mitgehört wird in der Klage der *Opfer* unserer Verabsolutierungen; wo er miterfahren wird in der Herausforderung zur liebenden Würdigung der Mißachteten und in der Seligkeit derer, denen sie widerfährt; wo Gott in Anspruch genommen wird als der die Sünde der Verabsolutierung Überwindende und ihren Opfern Zukunft Gebende. Die religiöse Beziehung zu diesem Gott bedeutet die heilsame *Relativierung* der je eigenen, bedingten Perspektive durch eine unbedingt-umfassende, »letzte« Wirklichkeit, die freilich je meine Perspektive gerade nicht abstrakt negiert und verwirft, sondern sie in Gottes endzeitliche Würdigung hinein »aufbricht«. Die religiöse Beziehung wird diese heilsame Relativierung jetzt schon geschehen lassen: die Relativierung durch den je größeren Reichtum der Möglichkeiten Gottes, das menschlich Relative und Begrenzte zu würdigen, und – Gott sei Dank – nicht die unheilvolle Relativierung durch ein endzeitliches Nichts zur absoluten Gleichgültigkeit. Wo aber Gottes Absolutheit jetzt schon zur alles bestimmenden Wirklichkeit wird, weil sie *sich gibt*[53], wo sie die Wirklichkeit der Menschenwelt zu bestimmen anfängt und so auf sich hin relativiert, da fängt – biblisch gesprochen – Gottes Herrschaft an; und sie wird nicht mehr aufhören anzufangen.

Religionsphilosophisch bestimmbar ist Gottes Herrschaft als die wahre Totalität der Vermittlungszusammenhänge; wahr deshalb, weil sie nichts von dem, was sie in ihre umfassende Einheit einbegreift, um sein Selbstsein bringt; weil sie den in ihr Geretteten wahrhaft Gerechtigkeit widerfahren läßt. Gott ist der *Herr* dieser Herrschaft. Sein Herr-Sein, sein »Sichselbstsetzen« kommt in ihr zur Geltung. Er bestimmt sich dazu, nicht ohne seine Herrschaft er selbst sein zu wollen und sich in ihr für die in sie Eingehenden zu öffnen. Als *der* Absolute ist er in und aus sich selbst der sich so Öffnende und die Menschen in die Offenheit *seiner* Absolutheit Hinein-Rufende, Heraus-Fordernde.

5.8 Absolute Wahrheit?

Wird hier nicht schon zu kataphatisch – zu positiv-inhaltlich bestimmt – von Gottes Herrschaft und Wahrheit gesprochen, von einer »universalen und absoluten Wahrheit«, die dem menschlichen »Suchen und Forschen Antwort und Sinn zu geben« vermag, »etwas Letztes, das sich als Grund jeder Sache herausstellt«[54]? Ist nicht unter der Hand zur allumfassenden Antwort geworden, was doch nur negativ zur Kritik der Verabsolutierungen anleitete und herausforderte: der Vorschein des Absoluten? Die Negative Dialektik warnt nachdrücklich vor dieser Grenzüberschreitung zum positiv bestimmten Absoluten hin. Aber sie sieht die Philosophie »im Angesicht der Verzweiflung« doch von dem Versuch in Anspruch genommen, »alle Dinge so zu betrachten, wie sie vom Standpunkt der Erlösung aus sich darstellten.« Denn: »Erkenntnis hat kein Licht, als das von der Erlösung her auf die Welt scheint«. So müßten »Perspektiven ... hergestellt werden, in denen die Welt ähnlich sich versetzt, verfremdet, ihre Risse und Schründe offenbart, wie sie einmal als bedürftig und entstellt im Messianischen Lichte daliegen wird.« So, wie die Welt ist – vom Zugriff der falschen Absolutheiten beherrscht und entfremdet –, ruft sie »unabweisbar nach solcher Erkenntnis«, »weil die vollendete Negativität, einmal ins Auge gefaßt, zur Spiegelschrift ihres Gegenteils zusammenschießt.«[55] Für eine Negative Dialektik im Sinne *Adornos* ist sie jedoch

> »auch das ganz Unmögliche, weil es einen Standort voraussetzt, der dem Bannkreis des Daseins, wäre es auch nur um ein Winziges, entrückt ist, während doch jede

---

[53] Vgl. die theologische Phänomenologie des Ursprungs im Sich-Geben (Gottes) bei Klaus Hemmerle und die Interpretation Hemmerles bei M. Böhnke, op. cit., 131 ff.
[54] Vgl. Johannes Paul II., Enzyklika Fides et Ratio, Ziffer 27.
[55] Th. W. Adorno, Minima Moralia 153, Gesammelte Schriften, Bd. 4, Frankfurt a. M. 1980, 281.

mögliche Erkenntnis nicht bloß dem was ist erst abgetrotzt werden muß, um verbindlich zu geraten, sondern eben darum selber auch mit der gleichen Entstelltheit und Bedürftigkeit geschlagen ist, der sie zu entrinnen vorhat«.[56]

Wollte man sich dieser Unmöglichkeit leichten Herzens entziehen, etwa indem man theologisch geltend macht, bei Gott und von ihm her sei möglich, was für menschliche Erkenntnis unmöglich sei, würde man verkennen, daß auch das Licht der Erlösung, wenn es denn aufstrahlt, sich an der Unmöglichkeit für den Menschen brechen müßte, von seiner Bestimmtheit durch die falschen Absolutheiten dieser Welt reflexiv Distanz zu gewinnen. Deshalb gilt: »Je leidenschaftlicher der Gedanke« – auch der theologische – »sich abdichtet um des Unbedingten willen, um so bewußtloser, und damit verhängnisvoller, fällt er der Welt zu«[57] – etwa der kirchlichen Welt, die eben nicht die Insel der Seligen und ihrer erlösten Perspektive sein kann und oft nur sakral verdoppelt, worüber sie sich erhaben dünkt.

Aber soviel wäre gegen die These von der puren Negativität dieser Dialektik doch einzuwenden, daß die Wahrheit als absolute – nicht hoffnungslos umfangen von der Unwahrheit dieser Welt – »erscheint«, wo sie zur Überwindung der Unwahrheit ruft, wo sich der Horizont öffnet, in dem das Unwahre als solches wahrgenommen wird. So wäre zu fragen, woher sich das Wahre im Unwahren erschließt; wie es sich erschließt, in der Herausforderung – nicht auch in der Verheißung? –, es zu überwinden. Biblische Religion lebt von der Hoffnung, daß Gottes Wahrheit sich ihr erschließt, wo Menschen sich von der Herausforderung und dem in ihr liegenden Versprechen ergreifen lassen, dem Unwahren zu widerstehen. Sie setzt auf die Möglichkeiten Gottes angesichts der Unmöglichkeit für den Menschen, sich zum absoluten Standpunkt zu erheben; sie setzt darauf, daß glaubende Menschen auf der Spur bleiben können, die über die Unwahrheit hinausführt und das jetzt unbedingt Aufgegebene als den verheißungsvollen Anfang des Wahrwerdens der Wirklichkeit ergreifen läßt.

Hegels Identitätsbehauptung, das Wahre sei das Wirkliche, darf nicht als Aussage über das, was der Fall ist, verstanden werden. Sie ist – vielleicht gegen den Strich gelesen – der letzte Rückhalt einer Absolutheits-Hoffnung, die Wirklichkeit und Wahrheit nicht auch noch im Letzten als unversöhnlich miteinander aus ihrem Zusammengehören entläßt und sich erst recht nicht dazu verführen läßt, sich dem Wirklichen, so wie es ist, als dem einzig Wahren im »amor fati« auszuliefern.

Der Glaube bleibt in dieser Hoffnung verletzlich und von *Nietzsches* Argument anfechtbar, »daß die Unmöglichkeit, ohne ein Absolutes zu denken, glücklich zu leben oder überhaupt nur zu leben, nicht für die Legitimität jenes Gedankens zeuge.«[58] Aber an Nietzsche, den Lehrer des »amor fati«, wäre noch einmal die Frage zu richten, »ob irgend mehr Grund ist, das zu lieben, was

---

[56] Ebd.
[57] Ebd.
[58] So die Zusammenfassung des Arguments bei Adorno, Minima Moralia 61, a. a. O., 107.

einem widerfährt, das Daseiende zu bejahen, weil es ist, als für wahr zu halten, was man sich erhofft.«[59] Ist es nicht – so weiter *Adornos* Rückfrage an Nietzsche – »die gleiche Schmach der Anpassung: dem Wunsch ohne weiteres Wirklichkeit« zuzuschreiben »und dem Widersinn des Zwangs Sinn«? Und ausdrücklich gegen Nietzsche gerichtet: Amor fati ist bei ihm letztlich nicht mehr unterscheidbar von der Liebe zum Gefängnis, in dem man sich vorfindet. Auf die »Liebe zu Steinmauern und vergitterten Fenstern« verfällt, wer »nichts anderes zum Lieben mehr sieht und hat«. Sollte man der gegen die Heiligsprechungen des Faktischen – auch durch Religion – kritischen Hoffnung nicht doch Hellsichtigkeit und Wahrheitssinn zuschreiben dürfen?

> »Am Ende ist« – so Adorno – »Hoffnung, wie sie der Wirklichkeit sich entringt, indem sie diese negiert, die einzige Gestalt, in der Wahrheit erscheint. Ohne Hoffnung wäre die Idee der Wahrheit kaum nur zu denken, und es ist die kardinale Unwahrheit, das als schlecht erkannte Dasein für die Wahrheit auszugeben, nur weil es einmal erkannt ward.«[60]

Die Hoffnung als »Erscheinung« der Wahrheit, da sie dem Unwahren widerstehen läßt: ist sie nicht der Inbegriff von Religion, wenn Religion sich endlich verabschiedet hat von der Aufgabe, zu legitimieren, was ist, und willkommen heißt, wofür Widerstand Partei ergreift? Wird Religion – nach *Heinz Robert Schlette* – »in anthropologischer Rückgründung philosophisch-hermeneutisch zu der Möglichkeit und Wirklichkeit des Sich-Beziehens auf Unbedingtes, auf Sinn und Wahrheit überhaupt formalisiert«, so ist sie – gerade um ihrer Beziehung zum Unbedingten und unbedingt zu Bejahenden willen – »Verweigerung des Einverständnisses mit der Verfaßtheit der Wirklichkeit im ganzen«.[61] Aber ist sie nicht doch eine Verweigerung, die den Platz freihalten will für jene schlechthin wahre und Wahrheit gewährende Wirklichkeit, die religiöse Zustimmung verdiente und für sich in Anspruch nehmen müßte? Verweigerung ohne die Hoffnung darauf, dieser Platz werde endlich doch von dem eingenommen werden, dem er zusteht, wäre eine leere Geste; Hoffnung, die alles Mögliche auf diesem Platz willkommen hieße, wäre Verführung zur Anpassung. Zwischen der leeren Verweigerung und der naiven Selbsterfüllung der Hoffnung auf das absolut Zustimmungsfähige hat Fundamentaltheologie sich auf der Spur dessen zu halten, der nicht verwechselt werden will und verwechselt werden darf mit Wunschbildern einer Versöhnung von Wahrheit und Wirklichkeit, die das Entscheidende schuldig bleibt.

---

[59] Ebd., 108
[60] Ebd.
[61] H. R. Schlette, Artikel »Religion«, in: H. Krings – H. M. Baumgartner – S. Wild (Hg.), Handbuch philosophischer Grundbegriffe, München 1974, 1233–1250, hier 1247.

5.9 Glaubenshoffnung: nur eine religiöse Option?

Daß die Hoffnung das Erhoffte nicht verbürgen, aber für es öffnen kann; daß der den Verabsolutierungen hoffentlich um des wahrhaft Absoluten willen widerstehende Glaube die Ankunft dieses Absoluten nicht sicherstellen, sondern nur auf seine Spur setzen kann – mit dem für ihn selbst unaufhebbaren Risiko, daß diese Spur ins Leere läuft: das beschreibt die religiöse Beziehung zum Unbedingten, wie sie in biblischem Glauben gelebt werden kann, als Wagnis, erkenntnistheoretisch als »Option«. Den anthropologisch-erkenntnistheoretischen Status dieser Option kann man sich anhand des Arguments der Wette bei *Blaise Pascal* verdeutlichen. Auf den ersten Blick scheint der Vergleich mit einer Wette dem Ernst der hier verhandelten Frage unangemessen. Aber Pascals Argument ist alles andere als eine Gedankenspielerei. Es sollte ja nicht zuletzt gegen *Descartes* den Gewißheitsmodus des Glaubens klären helfen; und in dieser Intention scheint es immer noch aufschlußreich. Gegen Descartes' vernünftige Fundament-Gewißheit formuliert Pascal zunächst eine geradezu negative Fundamental-Gewißheit:

> »Wir verbrennen vor Sehnsucht, einen festen Ort und ein endgültiges bleibendes Fundament zu finden, um einen Turm darauf zu bauen, der sich bis ins Unendliche erhebt; aber alle unsere Fundamente bersten und die Erde tut ihre Abgründe auf. Suchen wir also weder Sicherheit noch Festigkeit: Unsere Vernunft wird von der Unbeständigkeit der Erscheinungen beständig betrogen ...«[62]

Auch der Glaubende kann seine Glaubensentscheidung nicht jenseits der Projektionen seiner Sehnsucht auf ein cartesianisches »fundamentum inconcussum« gründen. Aber ist solche sehnsuchtsfreie, interesselose Gewißheit in lebenswichtigen Entscheidungen jemals erreichbar? Ist man in ihnen nicht immer wieder neu herausgefordert, ein vernünftiges Wagnis einzugehen, sich selbst zu wagen und darauf zu setzen, daß auf diesem Weg die mir erreichbare Erfüllung möglich wird? Dazu Pascals Pensées:

> »Wenn man nur für das Sichere etwas tun müßte, so brauchte man für die Religion nichts zu tun: denn sie ist nicht sicher (gewiß). Aber wieviel tut man für das Unsichere: Seereisen, Schlachten! Ich sage also, daß man überhaupt nichts tun sollte, denn nichts ist sicher; und daß es mehr Sicherheit in der Religion gibt als darin, ob wir den morgigen Tag sehen: Denn es ist nicht sicher, daß wir das Morgen sehen, aber es ist sicher möglich, daß wir es nicht sehen. Von der Religion kann man aber nicht das gleiche sagen. Es ist nicht sicher, daß sie ist; aber wer wird zu sagen wagen, es sei sicher möglich, daß sie nicht ist? Nun handelt man aber mit Vernunft, wenn man für morgen, für das Ungewisse, arbeitet; denn man muß für das Ungewisse nach der Wahrscheinlichkeitsrechnung arbeiten, die bewiesen ist.«[63]

---

[62] B. Pascal, Gedanken, dt. nach der Ausgabe von F. Strowski, hg. von W. Rüttenauer, Birsfelden – Basel o. J., Aphorismus 315, S. 152.
[63] Ebd., Aphorismus 96, S. 49 f.

Wenn schon das ungewisse Morgen vom Menschen, der ganz selbstverständlich dem Morgen entgegenlebt, so viel Einsatz fordert und der Mensch ihn »setzt«, weil er auf das Morgen mit seinen Möglichkeiten setzt, um wieviel mehr Einsatz fordert die an sich unsichere Ewigkeit, das Absolute, das ja für den Menschen »alles« bringen kann: unendlichen Gewinn und unendlichen Verlust! Das Morgen bringt den Menschen ebenso unter Entscheidungsdruck, wie der auf ihn zukommende Tod, der ja zumindest die Möglichkeit ewiger Seligkeit oder ewiger Verlorenheit in sich birgt. Genauer besehen ist der Entscheidungsdruck, unter den der Mensch sich vom sicheren Tod gesetzt sieht, sehr viel unausweichlicher als das Sich-verhalten-Müssen zum Morgen, denn es steht ja »alles« zur Entscheidung. Aber – und das ist schon der Kern des Arguments: bei allem, was unausweichlich oder doch mit einer Entscheidung fordernden Wahrscheinlichkeit auf uns zukommt und unsere Stellungnahme fordert, müssen wir nach Wahrscheinlichkeitskriterien entscheiden. Der Versuch, unentschieden zu bleiben, wäre auch eine Entscheidung: »… man muß wetten; es steht nicht in unserem Belieben.« So muß sich Pascals Diskussionspartner sagen lassen: »Sie sind nun einmal im Spiele. Wofür werden Sie sich entscheiden?«[64] Welches »Wahrscheinlichkeitskalkül« könnte eine vernünftige Grundlage für die Entscheidung sein, die uns der sicher auf uns zukommende Tod abnötigt, für die Entscheidung also, ob wir angesichts der unsicheren Ewigkeit auf Gott und die von ihm eröffnete Möglichkeit der ewigen Seligkeit setzen oder auf irgendeine andere »Option«?

Pascals Argument der Wette tritt als nüchternes, vielleicht allzu distanziertes Kalkül auf. Setzt man auf die ewige Seligkeit, so kann man im Falle des Gewinns alles gewinnen; im Falle des Verlustes aber verliert man, gegenüber der Option, die dagegen setzt, nichts. Der Wett-Partner setzt gewissermaßen von Anfang an darauf, daß der Gewinn – die ewige Seligkeit – unmöglich ist. Wenn er gewinnt, so gewinnt er eben nur insofern, als sein Setzen auf das Nicht-Gewinnen-Können bestätigt wird. Aber für die Bestätigung seines Einsatzes winkt ihm kein Gewinn. Er dürfte deshalb eigentlich gar nicht wünschen, mit seiner Wett-Option Recht zu behalten.[65] Warum setzt er dann überhaupt gegen den Glaubenden und dessen Wette auf die ewige Seligkeit, auf die Utopie des Absoluten? Weil – so der Einwand, den Pascal sich selbst macht, um ihn sofort zu entkräften – die Unsicherheit des Gewinns in keinem günstigen Verhältnis steht zu dem, was man sicher einsetzen – also hergeben – muß, um sich die Gewinnmöglichkeit zu eröffnen. Muß man denn nicht die Freuden dieses Lebens hingeben als Wetteinsatz für die höchst unsicheren Freuden der jenseitigen ewigen Seligkeit? Pascals Gegenargument: Dieser Wetteinsatz gibt nichts dahin, was zu behalten sich wirklich lohnte. Wer die Wette des Glaubens eingeht, der gibt nur aus der Hand, was ihn hier und jetzt schon daran hindert, ein gutes Leben zu führen. Und so steht am Ende des Gesprächsgangs Pascals Ermu-

---

[64] Ebd., Aphorismus 83, S. 41.
[65] Vgl. den gesamten Aphorismus 83.

tigung an den Zögernden: »Ich sage Ihnen, Sie werden in diesem Leben dabei gewinnen; und Sie werden bei jedem Schritte, den Sie auf diesem Wege tun, Ihren Gewinn so sicher und Ihr Wagnis so nichtig sehen, bis Sie schließlich erkennen: Sie haben um etwas Sicheres, Unendliches gewettet, für das Sie ein Nichts hingaben.«[66]

Pascals Argument der Wette hat seine Plausibilität unter der Voraussetzung, daß der Gewinn der ewigen Seligkeit für den Wettenden unendlich verheißungsvoll erscheint und der Wetteinsatz – die Umkehr – in sich und im Verhältnis zum erwarteten Gewinn nicht als Verlust ins Gewicht fällt. Aber hat es seine Plausibilität nicht doch nur für nüchtern kalkulierende und insofern vernünftige Egoisten? Die Religionskritik des 19. und 20. Jahrhunderts zog alle Plausibilitätsaspekte und -voraussetzungen des Pascalschen Wett-Kalküls nachhaltig in Zweifel: Das Jenseits ist nur für den verheißungsvoll, der mit dem Diesseits nichts anfangen kann und es deshalb leichten Herzens als Wett-Einsatz drangibt. Die Glaubenden setzen auf das »Nichts« und verlieren dabei, was sie gewinnen könnten: das Leben in seiner grausam-herrlichen Diesseitigkeit. Sie sind die wahren Nihilisten, so Nietzsche. Die Christen versteifen sich in einer kindlichen »Alles oder Nichts«-Logik auf die Erfüllung ihrer aufs Ganze gehenden Sehnsucht, setzen das Gewünschte als das real Erreichbare und sind dabei unfähig, zu genießen und zu gestalten, was ihr endliches Leben ihnen schenken könnte; so Freud. Die Religionskritik hat bis in Theologie und Glaubensvollzug hinein ihre verunsichernde, aber eben auch ihre reinigende Wirkung gehabt. Christinnen und Christen haben neu entdeckt, daß Glauben keineswegs heißt, das »Diesseits« gegenüber dem ersehnten ewigen Leben gering zu schätzen. Sie bezeugen – wie schon Pascal –, daß die Glaubens-Option für Gottes Herrschaft ihr Leben hier und jetzt reicher macht. Sie sind selbstkritischer geworden, was die Dynamik des Wunsches in ihrem Glaubensvollzug angeht; und sie wissen, daß sie den Projektionsverdacht nie vollständig loswerden können. Aber sie sind auch kritischer geworden gegenüber den stillschweigenden Voraussetzungen der Religionskritik, etwa gegen die Unterstellung, der Glaube sei *nichts anderes als* die Ausgeburt des kindlichen Wunsches, nichts anderes als die Selbstbefriedigung menschlichen Wünschens.

Der Glaube ist – erkenntnistheoretisch gesehen – eine Option; das sei gar nicht bestritten. Und in einer Option setzt der Optierende auf das für ihn Wünschenswerte, also darauf, daß es die Realität seiner Lebenswirklichkeit mehr und mehr ausmache und bestimme. Wenn der Glaube als die grundlegende menschliche Option – als »option fondamentale« – anzusehen ist, so heißt das für unseren Zusammenhang: Er ist jene Option, auf die hin der Glaubende lebt, in die er sich »investiert«, der Einsatz, in dem er sich selbst wagt – in der Hoffnung, alles zu gewinnen. Das Pascalsche Wett-Kalkül verliert hier das befremdlich Spielerische, Kosten und Nutzen kühl und distanziert Kalkulierende, das ihm in den *Pensées* – vielleicht nur auf den ersten Blick – anhaftet. Die

---

[66] Vgl. ebd., S. 46.

Glaubens-Option ist der das ganze Leben ergreifende und einsetzende, auf eine schlechthin verheißungsvolle Herausforderung antwortende Einsatz meiner selbst; der Einsatz dafür und das Setzen darauf, daß Gott ist, daß er der ist, den die Bibel bezeugt, den Jesus Christus für uns lebte, der uns in ihm begegnete; das Setzen darauf, daß wir von seiner endzeitlichen Herrschaft und von ihrer Ankunft mitten unter uns eine alles Menschenmögliche überschreitende Vollendung der Schöpfung in Gottes Liebe und Gerechtigkeit erwarten dürfen; das Setzen darauf, daß die Liebe um Gottes willen und Gott in der Liebe, die seine Herrschaft ausmacht, letzte Instanz sein werden, die Absolutheit, in der sich an allen Geschöpfen Gottes Gerechtwerden ereignet. Diese Glaubens-Option setzt nicht die Wirklichkeit, für die sie optiert; sie weiß sich vielmehr in ihr gegründet und von ihr herausgefordert. Das Gegründetsein in der Wirklichkeit, für die man glaubend optiert, ist kein selbstgewisses Sich-Gründen auf ein fundamentum inconcussum, sondern – Pascal hat es deutlich gemacht – ein Sich-Wagen und Ein-Setzen, ein Sich-Aufmachen und -Ausstrecken auf den hin, der nur auf uns zukommen kann, wenn wir uns dem Geist überlassen, durch den er die Menschen »an sich zieht«.

Wer sich in diesem Sinne auf Gott und seine Herrschaft hin wagt, wer sich von der Geist-Leidenschaft ergreifen läßt, die ihm Gottes Herrschaft zur alles andere relativierenden – in den Bezug zur Gottesherrschaft setzenden – Herausforderung macht, der wird womöglich immer wieder auch von Ungewißheit und dem Zweifel daran eingeholt, ob er sich nicht doch ins Nichts hineinwagt. Es gehört zur intellektuell verantworteten Glaubens-Redlichkeit, diese Verwundbarkeit des Glaubens und seiner Gewißheit nicht zu verdrängen. Es geht nicht darum, den Zweifel zu kultivieren, um sich nicht festlegen zu müssen. Es geht vielmehr um Glaubens-Realismus; und es geht schließlich darum, daß man in Theologie und Verkündigung nicht überzogene Glaubens-Ideale zur Norm macht und damit all jene Formen des Glaubens disqualifiziert, in denen Glaubende und Zu-glauben-Versuchende sich des Wagnisses, das sie mit ihrer Glaubens-Option eingehen, deutlich und nicht selten schmerzlich bewußt sind. Glaubt denn wirklich weniger »gut«, weniger »tief«, wer sich betend nach dem Geheimnis seines Daseins ausstreckt, zutiefst wünscht, daß dieses Geheimnis sich ihm als die Herrlichkeit des Gottes Jesu Christi enthüllen möge, und sich doch auch eingestehen muß, daß er sich des zutiefst Erwünschten nicht sicher ist und auf es setzt in dem Bewußtsein, daß seine Glaubens-Option vielleicht doch ins Leere geht?

Man möge sich die Antwort auf diese Frage nicht zu leicht machen mit dem Hinweis darauf, eine personale Glaubensbeziehung setze eben die Gewißheit voraus, daß das göttliche Du existiert und dem Glaubenden in der von Jesus Christus offenbarten Weise zugewandt ist. Schon die immer wieder bezeugte Erfahrung, daß mitmenschliche Liebe in hohem Maße Ungewißheit einschließen kann, im Extremfall sogar die Ungewißheit, ob der oder die Geliebte noch lebt, mag hier zur Vorsicht im Urteil mahnen. Das Leben und Sich-Setzen in der Glaubens-Option mag womöglich gerade dann ein ganzmenschliches Wagnis –

ein Wagnis des Herzens und eben nicht nur ein realistisches Kalkül – sein, wenn der Zu-glauben-Versuchende sich – im klaren Bewußtsein des »Vielleicht auch nicht« – auf Gott hin wagt. Die Existenzgewißheit, in der der Glaubende von Gottes Dasein zweifelsfrei überzeugt ist, kann doch nicht der einzige oder ausschlaggebende Parameter von Glaubens-Stärke sein; sonst geriete der Glaube tatsächlich in die Nähe des nüchternen Kalküls, doch lieber mit dem zu rechnen, der ist, damit man es sich mit ihm nicht verderbe. Was den Glauben zum gelebten Glauben macht, ist das Leben in der Glaubens-Option, das Sich-Setzen auf die Ankunft der Gottesherrschaft hin, das Sich-Ausstrecken nach dem, auf dessen heilendes Entgegenkommen Glaubende setzen.

5.10 Teilhabe an Gottes Wahrheit oder Mittelpunktsillusion?

Die moderne Religionskritik scheint leichtes Spiel zu haben mit dieser Art religiösen Glaubens, der sich offen als Option – heißt das nicht: als Ausgeburt des Wünschens? – bekennt. Kann eine Option überhaupt wahr sein: vom Wirklichen ergriffen – von dem, was uns unbedingt angeht, vom wahrhaft Absoluten? Kann ihr das Absolute *gegeben* sein, oder ist sie doch nur die Selbstgegebenheit des Menschen in seiner unstillbaren Sehnsucht? Ist die Glaubens-Option denkbar als ein Ausgerichtetsein aufs wahrhaft Unendliche, das sich nicht nur als hoffnungsloses Sich-Ausstrecken wissen, sondern eben als Ergriffensein glauben könnte? Die klassische Metaphysik hat unter dem Einfluß des *Ps. Dionysius Areopagita* das Sein und erst recht das Ausgerichtetsein des Endlichen auf das Wahre und Gute in seiner Teilhabe (μετοχή) am Unendlich-Absoluten – dem Ur-Einen – begründet gesehen. Menschliches Dasein strebt nach ihm hin, weil der Unendlich-Absolute, der Ur-Eine, ihm an seiner Wahrheit und Gutheit Anteil gab und ihm so das Streben nach dem einstiftete, der ihm an sich Anteil gegeben hat.[67] Die Religionskritik des 19. Jahrhunderts hat die extreme Gegenposition bezogen: Der Mensch gewinnt sein Sein – sein Leben – nicht durch sehnsuchtsvolle Zurückwendung zu dem, der ihm Anteil an sich gab, denn er hat sein Leben und seine Wahrheit nicht von ihm und folglich auch nicht in ihm. Vielmehr gilt umgekehrt: Wer sich dieser Sehnsucht überläßt, der verausgabt sich an ein falsches Absolutes und bringt ihm seine Lebenskräfte zum Opfer.

Was ist nun wahr: die *enttäuschende* Wahrheit, die dazu herausfordert, nur der Selbstbehauptung des Menschen oder der Menschengattung zu trauen und sie als Absolutum zu setzen, damit der Verlust eines an sich selbst Anteil gewährenden, die Not der Endlichkeit in sich aufhebenden Absoluten zu verschmerzen ist? Oder die *Glaubens*-Wahrheit, die den Menschen und all seine Vorhaben auf das Andere seiner selbst hin relativiert, auf den schlechthin Anderen, der sich ihm öffnet, immer schon geöffnet hat und ihm Anteil an sich

---

[67] Vgl. etwa Ps. Dionysius Areopagita, De divinis nominibus IV, 10.

gibt, so daß der Mensch sich von dem, der ihn unbedingt angeht, zu seinem Heil ergriffen wissen kann? Was entspricht der Wahrheit: das Sich-Losketten von einem Absoluten, das Lebenssinn und Wahrheit nur illusionär und um den Preis der Unfreiheit verbürgt habe? Oder das glaubende Sich-Verlassen, das zur Freiheit befreit (vgl. Gal 5, 1), weil es zu dem hinführt, der selbst die Freiheit ist und an ihr Anteil gibt?[68] Kann man hier zu Beweisen kommen, die das Wagnis, sich entscheiden zu müssen, hinreichend absichern? Oder müßte man sich doch an Pascal halten, wenn er vor Leuten warnt, »die entweder alles als beweiskräftig ausgeben, weil sie sich in der Kunst des Beweisens nicht auskennen, oder alles bezweifeln, weil sie nicht wissen, wo man sich unterwerfen muß, oder sich in allem unterwerfen, weil sie nicht wissen, wo man urteilen muß«?[69]

Es kommt gewiß darauf an, im Glauben urteilsfähig zu werden, urteilsfähig im Blick auf die Optionen, die darüber entscheiden, wie und woraufhin ich lebe, in welcher Beziehung ich den Sinn meines Lebens suche; urteilsfähig angesichts jener Herausforderungen, die meinen Einsatz, meinen Gehorsam – oder mit Pascal: meine »Unterwerfung« – fordern. Es kommt darauf an, in all dem nach Vergewisserung zu suchen, nach guten Gründen, nach jener Wahrheit, die das Wagnis rechtfertigt und den Einsatz tragen kann. Aber, und dafür kann Pascals Unterscheidung den Blick schärfen: Das Urteil, das hier im Glauben zu treffen und immer wieder zu verifizieren ist, das nach Vergewisserung verlangt und Urteilsfähigkeit voraussetzt, ist kein Urteil nach dem Schema Descartes', keine kontextlose, logisch einwandfreie Ableitung aus der »clara et distincta perceptio« (aus der klaren und in sich deutlich bestimmten Wahrnehmung). Es setzt die ganz und gar situative Selbst-Evidenz einer unbedingten Herausforderung voraus und urteilt – mit äußersten lebenspraktischen Konsequenzen – darüber, in welchem konkreten Traditions- und Lebenskontext der Urteilende dieser Herausforderung zu folgen hat. Seine Gewißheit ist einerseits Evidenz-Gewißheit, die in sich die Zuversicht trägt, dem Urteilenden könne niemals nicht-evident werden, was ihm so machtvoll einleuchtet. Sie ist aber auch situative Gewißheit, die sich dessen bewußt ist, daß sie von neuen Situationen in Zweifel gezogen und zu neuer Vergewisserung herausgefordert werden kann.

Solches Urteilen im Bereich von Optionen findet faktisch immer statt; auch darauf weist Pascal zu recht hin: Man muß wetten; und man tut es immer, selbst wenn man den Einsatz zu verweigern scheint. Man kann nicht *nicht* wetten.

---

[68] Der Glaube ist – mit dem Erkennen und *in ihm* – das Sich-Verlassen auf das Andere seiner selbst hin, das von der Glaubens- und Erkenntnishoffnung getragen ist, damit nicht ins Leere zu gehen. In diesem Sinn, nicht in dem eines »kosmischen Narzißmus«, gilt der berühmte Satz aus Hegels »Phänomenologie des Geistes«: der Geist »gewinnt seine Wahrheit nur, indem er in der absoluten Zerrissenheit sich selbst findet« (Werke in zwanzig Bänden, Bd. 3, 36). Wahrheit ist für Hegel die Nicht-Letztgültigkeit des Zerrissenseins, der Heterogenität von Geist bzw. Erkennen und ihm widerfahrender Wirklichkeit: »Denn Wahrheit ist, sich im Gegenständlichen nicht verhalten als zu einem Fremden« (Vorlesungen über die Philosophie der Religion II, Werke in zwanzig Bänden, Bd. 17, 203). Auch hier ist Nietzsche, wie die Textauslegungen in Kap. 1 gezeigt haben werden, der eigentliche Antipode Hegels.

[69] Aphorismus 52, Gedanken, a. a. O., 32.

Man kann nicht *nicht* optieren – angesichts von Gewißheiten, die zur Entscheidung zwingen. Das sind die unausweichlichen, zerstörenden, geradezu tödlichen Gewißheiten, die verdrängt und bagatellisiert, aber nicht außer Kraft gesetzt werden können. *Sie* fordern zur Antwort heraus; und auf sie antworten die Menschen, indem sie gegen die Bedrohung, die von ihnen ausgeht, auf eine möglicherweise rettende Option setzen, auf eine mit Glaubens-Gewißheit ergriffene Existenz- und Handlungsperspektive. Die wirklich »sicheren« Basisgewißheiten, das sind die tödlichen Gewißheiten; sie sind fundamentum inconcussum, so sehr man an ihnen rütteln mag. Elementare Basisgewißheiten sind Endlichkeit und Tod; sie sind es auch, die nach Pascal zur Wette zwingen, die den Menschen zur Entscheidung zwingen, worauf er angesichts seines sicheren Todes setzt. Auch unser politisches, wirtschaftliches, ökologisches System gründet sich auf ein fundamentum inconcussum von unerschütterlich scheinenden, »erschütternden Gewißheiten, die sich aufdrängen, ob sie auch zum Verzweifeln sind«[70]; auf Gewißheiten, angesichts derer man selbst dann noch optiert, wenn man sich ihnen widerstandslos ausliefert und sich mit ihrer aggressiven Energie identifiziert, bis man ihnen schließlich selbst zum Opfer fällt – mit tödlicher Sicherheit.

In diesem Sinne sind die Basis-Gewißheiten – die »Überzeugungen«, wie *Nietzsche* sagt[71] – »Gefängnisse«, wenn auch mitunter gut ausgestattete, angenehme Gefängnisse. Und die Glaubens-Optionen sind Ausbruchsversuche, Versuche, sich von diesen erschütternden Gewißheiten nicht einsperren und zu bloßen Gefängnisinsassen machen zu lassen. Angesichts erschütternder Basis-Gewißheiten kann man nicht *nicht* optieren. Man optiert auch, wenn man sich in ihrem Gefängnis einzurichten versucht oder wenn man mit den Gefängniswärtern – den Nutznießern dieser Gewißheiten – paktiert. Es ließen sich eine Fülle reaktiver Gewißheiten namhaft machen, von Optionen, in denen man den tödlichen Gewißheiten standzuhalten oder sich wenigstens mit ihnen zu arrangieren versucht.

Besonders glaubwürdig – weil realistisch – erscheinen heute möglichst anspruchslose und »wenig voraussetzungsreiche« Optionen, in denen nicht allzuviel an Hoffnung und Einsatz gewagt werden muß, bei denen man dann auch die Enttäuschung verschmerzen könnte, wenn sich herausstellen sollte, daß sie ins Leere gehen. Die Lebensklugheit rät – nach dem Bankrott der Ideologien im Zeitalter der Postmoderne – zu partiellen Investments und »sanften Verbindlichkeiten«: Wer sich in vielen Bereichen und Optionen mäßig engagiert, der kann die einzelne, kleinere Enttäuschung womöglich leichter verkraften. Die Frage ist nur, ob dieser klug kalkulierte, »verteilte« Wett-Einsatz etwas vermag gegen die Gefangenschaft in den Basis-Gewißheiten und ob man den vorgeblich »partiellen« Einsatz nicht doch mit Erwartungen auflädt, die in einem eklatanten, aber verheimlichten Mißverhältnis stehen zu dem, was man hier zu inve-

---

[70] Vgl. Chr. Türcke, Kassensturz. Zur Lage der Theologie, Frankfurt a. M. 1992, 19.
[71] Der Antichrist, Aphorismus 54, KSA 6, 236.

stieren meint; ob man also der Illusion nachhängt, das alles Entscheidende, Befreiende ließe sich mit einem »Sechzehntel-Einsatz« erreichen.

Das postmoderne Investitionskalkül ist eine Anfrage an die Fundamentaltheologie, die womöglich noch nicht sensibel genug aufgegriffen worden ist: Kann sie einleuchtend und nachvollziehbar darlegen, weshalb Glaubende und den Glauben Suchende sich unbedingt herausgefordert wissen, herausgefordert zu einem »Einsatz«, in dem sie alles – *sich selbst* – auf Gott hin wagen, um das Leben zu gewinnen? Kann die Fundamentaltheologie deutlich machen, was es für den Menschen heißt, alles zu wagen, sich selbst vorbehaltlos und restlos zu wagen – und warum gerade dies dem Menschen zutiefst entspricht? Kann sie m. a. W. die Vernünftigkeit und Unvermeidbarkeit der Begriffe »unbedingt« und »absolut« auslegen bzw. legitimieren?

Vielleicht hat dieser Traktat eine Ahnung davon vermitteln können, wie weit man bei dem Versuch, die Vernunft des Glaubens herauszuarbeiten, kommen kann. Ist *der* Gott »vernünftig«, der Absolutheit wahrmacht, der jenes Beziehungsgeschehen ist und an seinen Geschöpfen verwirklicht, worin die Würde des Menschen als eines Zweckes in sich selbst gerettet wird? Oder ist die Option für solche Absolutheit – wie die Religionskritik von Nietzsche bis Freud wissen will – doch nur kosmischer Narzißmus, von der wahnwitzigen Idee geleitet, auf die Menschen warte einer, der sie würdigen werde und nicht vielmehr die gleichgültige Kälte eines »sonnenlosen«, gottlosen Alls? Nietzsche hat die religiöse Option als den nach der kopernikanischen Wende unhaltbar gewordenen metaphysischen Mittelpunktswahn des Menschen zu entlarven versucht. Aber ist dieser metaphysische Mittelpunktswahn – wenn es denn einer war – nicht sogleich abgelöst worden vom Größen- und Mittelpunktswahn der einer desillusionierenden Wirklichkeit gewachsenen Übermenschen, schließlich vom ganz alltäglichen Mittelpunktswahn des »Käufer-Subjekts«, das – solange die Mittel reichen – alle Wirklichkeit auf sich hin relativiert und sich so selbst zum Endzweck einsetzen kann? Natürlich produziert dieser Mittelpunktswahn geradezu mit Notwendigkeit Übererwartungen und die tief reichenden Frustrationen der endlich doch nicht allmächtigen Käufer-Subjekte; natürlich provoziert er das verheerende Bemühen, menschliche Abhängigkeit durch Verbrauchen zu überholen. Nicht so einfach ist die Frage zu beantworten, wie solche Reaktionsbildungen auf die noch tiefer sitzende Frustration der metaphysischen Mittelpunktsillusion im Glauben verarbeitbar wären. Der Glaube ist die Relativierung des Subjekts, aber eine Relativierung, die das menschliche Subjekt nicht zum potentiellen Opfer macht, sondern auf jene »letzte Instanz« hin ausrichtet, die ihm zutiefst gerecht wird und es als endliches zu würdigen imstande ist. Ob diese Relativierung eine Demut ermöglicht, in der der Mensch realisiert, daß er nicht Mittelpunkt der Wirklichkeit ist – und es auch nicht sein muß? Ob sie Demut ermöglicht als Ehrfurcht gegenüber einer Schöpfungs-Wirklichkeit, die der Mensch bewohnen könnte, wenn er sie nicht durch seinen illusionären Besitzanspruch zerstören würde – als Ehrfurcht gegenüber einem Schöpfer, der darin geehrt sein will, daß man seine Schöpfung in Ehren hält?

Zwischenreflexion:
Glaube und Vernunft

1. Glaube als Option?

Wer von Glaube oder Religion als Option spricht, der scheint sich von der Aufgabe zu verabschieden, den Wahrheitsanspruch des christlichen Glaubens als für menschliche Vernunft nachvollziehbar zu erweisen. Optionen mögen in dieser oder jener Hinsicht verheißungsvoll sein, weil der Einsatz für sie das Leben zu bereichern verspricht. Aber können sie mehr sein als *meine* bzw. *unsere* Optionen, meine oder unsere Prioritätensetzung, mit der wir uns auswählen, wovon wir uns in Anspruch nehmen lassen wollen – weil die darin aufscheinende Perspektive uns »attraktiv« erscheint? Wie könnte es beim Ergreifen einer Option darum gehen, daß wir hier von dem ergriffen sind, »was uns unbedingt angeht«, da doch wir es sind, die darüber bestimmen, was uns angeht – und was uns gleichgültig läßt?

Optionen werden *gewählt;* und je mehr Optionen man hat, desto mehr Gestaltungsmöglichkeiten und als »sinnvoll« erachtete Engagements bieten sich einem an. So scheint die Grundoption postmoderner Gesellschaften gerade die zu sein, immer mehr Optionen zu entwickeln und sie für immer mehr Menschen zugänglich zu machen. »Multioptionsgesellschaft« heißt das dazu passende Schlagwort. Vermehrung der Optionen erfordert aber die Auflösung jener selbstverständlichen Festlegungen und Geltungen, die mit ihrer prohibitiven Selbstverständlichkeit den Spielraum des Möglichen und Erstrebenswerten einengen. Die Multioptionsgesellschaft verdankt sich einer beschleunigten Enttraditionalisierung und fördert sie. Genauer betrachtet bedeutet Enttraditionalisierung hier aber nicht den endgültigen Verlust von Traditionen, sondern ihren »Wiedergewinn als Option«. Und die Soziologie versucht die Prozesse zu beschreiben, »die aus institutionellen Gewißheiten, nicht hinterfragten und damit selbstverständlichen, quasi natürlichen Verbindlichkeiten wählbare Optionen machen«.[1]

Es sind zunächst einmal Reflexionsprozesse, in denen Selbstverständlichkeiten als relativierbare Festlegungen durchschaut und damit als begründungsbedürftig vor das Forum der Vernunft zitiert werden. Dabei erweist sich regel-

---

[1] P. Gross, Die Multioptionsgesellschaft, Frankfurt a. M. 1994, 106. P. L. Berger spricht in diesem Zusammenhang von »der welterschütternden Wandlung von Schicksal zur Wahl«; Der Zwang zur Häresie, dt. Freiburg – Basel – Wien 1992, 35.

mäßig, daß für das bisher faktisch Geltende und Selbstverständliche niemals so viele und durchschlagende gute Gründe beigebracht werden können, daß seine Alleingeltung unter Ausschluß aller anderen Optionen als rational gerechtfertigt erschiene. Warum sollte man dann nicht mit Alternativen experimentieren, deren Leistungsfähigkeit wenigstens ins Kalkül gezogen werden müßte, mit anderen »Sinnangeboten«, denen eine gewisse Plausibilität nicht abgesprochen werden kann – wenn man sich nur dazu entschließt, das bisher Selbstverständliche nicht länger für das einzig Mögliche zu halten? So schmilzt das Feuer der Reflexion schließlich »die noch verbliebenen Bestände an Traditionen in ein Mentaluniversum um, dessen Beliebigkeitsräume so wachsen, wie die Angebote an Waren in Supermärkten«; jede neue Option wird »als Zuwachs begrüßt und neophil genutzt«. Sie wird begrüßt als »Freisetzung des Denkens, Wissenwollens, der Neugierde, des Tuns und des Machens.«[2]

Die ihrer Tendenz nach auf alle Geltungen übergreifende »Optionierung« bedeutet »Entobligationierung«. Bedeutet sie nicht darüber hinaus den fortschreitenden Verbrauch von Möglichkeiten, das Nicht-Gleichgültige als solches zu identifizieren und als Bezugsgröße sinnvollen Handelns festzuhalten? Bedeutet die Verwandlung von Traditionen in Optionen nicht letztlich doch Traditionsverbrauch? Der Soziologe scheint selbst zu dieser Diagnose zu neigen: »Die Traditionen werden, wie die fossilen Energien, in beschleunigtem Tempo verbraucht. Die Aufmarschzonen des Fortschritts säumen Reste verbrannten Treibstoffs und der Ruß erloschener Flammen«.[3]

Auch wenn man dieses pathetische Szenario für übertrieben hält: Verdeutlicht es nicht, was den Traditionen bei ihrer reflexiven Verwandlung in Optionen offenbar unwiderruflich widerfährt? Und dennoch: Optionen können ja nicht völlig beliebig sein. Noch die Freiheit des Kunden, sich unter den angebotenen Produkten auszuwählen, was ihm paßt, verlangt nach Gründen – und sei es auch nur nach Geschmacksgründen, über die zu streiten sich nicht lohnt, weil die »Geschmäcker« Gott sei Dank von Grund auf verschieden sind. Es mag, wie kulturkritisch geargwöhnt wird, eine Tendenz geben, auch alle Geltungsfragen auf bloße Geschmacksfragen zu reduzieren. Aber spätestens bei der bis ins politische Alltagsgeschäft hinein sich aufdrängenden Frage, ob und wie ein argumentativ vermittelter Konsens über die Unabdingbarkeiten einer anzustrebenden und zu wahrenden gemeinschaftlichen Lebensordnung erreicht werden kann, muß eben doch gestritten werden, hoffentlich mit guten Gründen. Spätestens hier wird allerdings auch bedrängend deutlich, daß – rebus sic stantibus – die Vermehrung der Optionen mit einem Zerfall von Verbindlichkeiten erkauft ist, zumindest mit der Zersetzung von Möglichkeiten, hinreichend gute Gründe für die Wahl *einer* Option und die Zurückweisung aller Alternativen als solche

---

[2] P. Gross, Die Multioptionsgesellschaft, 357 f.
[3] Ebd., 368 mit Bezugnahme auf Z. Bauman, Moderne und Ambivalenz, Hamburg 1992, 24. Verweisen darf ich auch auf meine Überlegungen mit dem Titel: Das Christentum am Ende? Wovon?, in: M. von Brück – J. Werbick (Hg.), Traditionsabbruch – Ende des Christentums?, Würzburg 1994, 153–173.

zu legitimieren oder auch nur zu verteidigen. Damit ist aber – wie *Ralf Dahren-dorf* schon 1979 festgestellt hat – menschliche Selbstbestimmung in Gefahr, ad absurdum geführt zu werden; wenn sie denn mehr sein soll als die Geschmacks-freiheit des Kunden:

> Die moderne Gesellschaft »bietet mehr Menschen mehr Optionen als jede frühere Gesellschaft; aber um die Bindungen und Bezüge der Menschen ist es in ihr weniger gut bestellt. Sei es, daß die Lösung von Ligaturen Bedingung der Möglichkeit der Schaffung von Optionen war, sei es auch nur, daß die Schaffung von Optionen Hand in Hand ging mit der Lösung von Ligaturen, jedenfalls sind Bezüge knapp gewor-den: es fehlt an Religion wie an anderen Obligationen und damit Ligaturen. Auch wenn man ›Bindung im Vertrauen‹ nicht als Wert für sich gelten läßt, ist es doch ein Bestandteil dessen, was Lebenschancen ausmacht und damit auch Voraussetzung der Freiheit ist.«[4]

Aber »Ligaturen« – verbindende Verbindlichkeiten – lassen sich ja »nicht be-wußt stiften«.[5] Sie lassen sich vielleicht herstellen durch gemeinschaftliche oder individuelle Verdrängung oder durch Entwertung der Alternativen, die die favorisierte Option in Frage stellen könnten. Lassen sie sich auch vernünftig nachvollziehen und schützen durch Argumente, die eine begründete Wahl ermöglichen, ohne sie zu erzwingen? Offenkundig ist jedenfalls dies: Entschei-dungsfreiheit setzt, wo sie sich gegen die Beliebigkeit der zu treffenden Wahl absetzen will, eine *verantwortliche*, also mit guten Gründen nachvollziehbare Entscheidung voraus, setzt also voraus, daß menschliche Vernunft zur Kritik wie zur Legitimation von Geltungsansprüchen gleichermaßen in der Lage ist. Aber ist sie dabei wirklich in der Lage, rational-eindeutige Entscheidungen herbeizuf-ühren? Sind nicht auch die Entscheidungsgründe längst »optionalisiert«, so daß sie nur noch für den gelten, der eine bestimmte Grundoption favorisiert? Und sind nicht zumindest diese Grundoptionen und die in ihnen wirksamen »letzten Idealisierungen« vernünftiger Beurteilung unzugängliche Entscheidungs- und Bekenntnisgrößen?

Max Weber hat es schon zu Beginn des 20. Jahrhunderts so gesehen und deshalb von einem wissenschaftlich nicht mehr überwindbaren »Polytheismus« der höchsten Lebensideale gesprochen. Wissenschaftlich »läßt sich nur verste-hen, *was* das Göttliche für die eine und für die andere (Weltanschauung; J. W.) oder: in der einen und der anderen Ordnung ist.« Aber mit den Argumenten der Wissenschaft läßt sich nicht mehr entscheiden, welche dieser Weltanschau-ungen allen anderen gegenüber im Recht wäre, »weil die verschiedenen Wert-ordnungen der Welt in unlöslichem Kampf untereinander stehen.«[6] Das Leben kennt, »solange es in sich selbst beruht und aus sich selbst verstanden wird,

---

[4] R. Dahrendorf, Kulturpessimismus vs. Fortschrittshoffnung. Eine notwendige Abgrenzung, in: J. Habermas (Hg.), Stichworte zur ›Geistigen Situation der Zeit‹, Bd. 1, Frankfurt a. M. 1979, 213–228, hier 222.
[5] Ebd., 228.
[6] M. Weber, Wissenschaft als Beruf, in: ders., Gesammelte Aufsätze zur Wissenschaftslehre, Tübingen ³1968, 582–613, hier 603 f.

nur ... die Unvereinbarkeit und also die Unaustragbarkeit des Kampfes der letzten überhaupt *möglichen* Standpunkte zum Leben, die Notwendigkeit, zwischen ihnen sich zu *entscheiden*.«[7] Hier noch wissenschaftlich Entscheidungsgründe geltend machen zu wollen, wäre eine »Umgehung der schlichten intellektuellen Rechtschaffenheitspflicht, die eintritt, wenn man sich selbst nicht klar zu werden den Mut hat über die eigene letzte Stellungnahme, sondern diese Pflicht durch schwächliche Relativierung sich erleichtert.«[8]

Die »Entzauberung der Welt« hat – so Max Weber – den unbedingten Herrschaftsanspruch der Götter und damit diese selbst getötet. Aber nun entsteigen sie, »entzaubert und daher in Gestalt unpersönlicher Mächte ... ihren Gräbern, streben nach Gewalt über unser Leben und beginnen untereinander wieder ihren ewigen Kampf.« Es ist – nach dem Zerfall selbstverständlich geltender religiöser Monopole – ein Konkurrenzkampf in allen gesellschaftlichen Räumen und im einzelnen Menschen selbst geworden. Der Einsatz und die Entscheidung für den »Allein-Gott« müßte alle anderen »Götter« herabsetzen und »kränken«.[9] Wissenschaftliche Begründungen können diese Entscheidung nicht legitimieren und dürfen dies nicht einmal intendieren, sonst verraten sie die Wertfreiheit der Wissenschaften.[10] Aber muß es nicht einen rationalen Maßstab geben, der besser begründete von weniger gut begründeten Entscheidungen zu unterscheiden erlaubt? Oder ist die Entscheidung gleichsam eine creatio ex nihilo, die sich mit ihrem Vollzug selbst legitimiert und deshalb aufgrund eines ihr eigenen Rechts diesem und nicht jenem »Gott opfert«? Freilich: Hebt die Freiheit der Entscheidung sich nicht selbst auf, wenn sie nicht in bewußter und kriteriengeleiteter Abwägung der Gründe vollzogen wird, die jeweils für und gegen die zur Entscheidung stehenden Alternativen sprechen? Und setzt diese Abwägung nicht voraus, daß die in ihr vollzogene Gewichtung der Argumente pro und contra begründbar und in ihrer Begründung prinzipiell nachvollziehbar, damit aber auch unabhängig ist von den individuellen Bedingungen oder Vorlieben, die den Entscheidenden subjektiv bewegen mögen: von seinen »bloß subjektiven« Optionen und Präferenzen?

2. Auf der Suche nach guten Gründen

Die Frage nach den Gründen, die es mit einer gewissen Nachvollziehbarkeit rechtfertigen, die »Option des Glaubens« anderen, möglicherweise konkurrierenden Optionen vorzuziehen, führt vor die noch prinzipiellere Frage, ob es überhaupt Kriterien geben kann, die es erlauben würden, Begründungen eine

---

[7] Ebd., 608.
[8] Ebd., 613.
[9] Vgl. ebd., 605 bzw. 608.
[10] Vgl. von M. Weber: Der Sinn der ›Wertfreiheit‹ der soziologischen und ökonomischen Wissenschaften, ebd., 489–540.

Zwischenreflexion

Entscheidungsrelevanz zuzubilligen. Der vorherrschende Eindruck, den die gegenwärtigen wissenschaftlichen und lebensweltlichen Selbstverständigungsdiskurse vermitteln, ist eher der, daß sich für alle möglichen Optionen gute Gründe anführen lassen, ohne daß sich aus solchen Begründungsversuchen schon einigermaßen klare und intersubjektiv nachvollziehbare, ja zwingende Präferenzen ergäben. Sobald man versucht, zwischen den »ernsthaften«, weil durch gute Gründe legitimierbaren Alternativen noch einmal eine begründete Entscheidung zu treffen, muß man sich auf Präferenzregeln beziehen, die offenkundig selbst auf einer Präferenz-Entscheidung beruhen und kaum noch als unumgängliche Annahmen erwiesen werden können. So stellt sich die Sachlage jedenfalls der überwiegenden Mehrheit der sich zu Wort meldenden kompetenten Gesprächspartner dar. Nur ganz vereinzelt wird noch der Versuch gemacht, nach »letzten Begründungen« zu suchen, die auch die »ersten Entscheidungen«, die den umfassendsten Optionen zugrundeliegen, im strengen Sinn des Wortes begründungsfähig machen würden oder zumindest so starke Begründungen zu formulieren erlaubten, daß sich alle konkurrierenden Optionen demgegenüber als weniger gut begründet erwiesen.

Man könnte sich hier etwas weniger anspruchsvoll dadurch aus der Affäre ziehen, daß man sich mit guten Gründen zufriedengibt und die Suche nach den »besten Gründen« als aussichtslos aufgibt. Eine Entscheidung, die gute Gründe für ihre Präferenz anführen kann, scheint jedenfalls verantwortbarer – vernünftiger – zu sein als eine im Vergleich dazu relativ unbegründete und deshalb beliebige Entscheidung. Aber was hilft die relativ gute Begründung, wenn es um *letzte* Entscheidungen geht, etwa um die Entscheidung, ob der Einsatz für ein ethisch unbedingt zu schützendes Gut auch die Hingabe des eigenen Lebens kosten darf? Können relativ gute Begründungen unbedingte Forderungen als unbedingte, den äußersten Einsatz abverlangende hinreichend begründen? Oder bedeutet sich mit ihnen zufrieden geben zu müssen eben auch, sich solchen nicht mehr relativierbaren Forderungen entziehen zu müssen, sich verweigern zu müssen, jedenfalls verweigern zu dürfen, wo auf unvermeidlich *relativ* gute Gründe hin eine alle anderen guten Gründe definitiv außer Kraft setzende letzte Entscheidung abverlangt wird? Solche letzten Entscheidungen dürften – so die geradezu selbstverständliche Grundüberzeugung – nur da legitim gefordert sein, wo so starke Gründe geltend gemacht werden können, daß man von ihnen regelrecht gezwungen wird, alle anderen, möglicherweise mit einem gewissen Recht geltend zu machenden guten Gründe hier nicht gelten zu lassen.

Das Entscheidungsideal des Gezwungenseins von entsprechend starken Begründungen ist der neuzeitlichen Verschärfung der Gewißheitsproblematik geschuldet.[11] Der Glaube wie die Erkenntnis können sich nicht mit einer Vergewisserungslage zufriedengeben, in der die Triftigkeit der jeweils abgewiesenen

---

[11] Vgl. meine Überlegungen zum Thema: »Jenes ungestüme Verlangen nach Gewißheit« (F. Nietzsche) – oder: Wieviel Gewißheit braucht der Glaube?, in: J. Werbick, Vom Wagnis des Christseins, München 1995, 186–231.

Alternativannahmen nicht definitiv ausgeschlossen werden kann: Der Glaube nicht, weil es in ihm um das »Letzte« geht, mit dem alles steht und fällt; die Erkenntnis nicht, weil das Netz wissenschaftlicher Theoriebildungen nur so haltbar ist, wie seine schwächste Verknüpfung, so daß man ihm nicht mehr trauen könnte, wenn es an irgendeiner Stelle unmöglich wäre, Alternativannahmen hinreichend sicher auszuschließen.

Die Wissenschaften haben sich diesem Gewißheitszwang[12] zu entziehen verstanden, indem sie das Risiko von Fehlentscheidungen zu begrenzen lernten. Der Forschungsprozeß nach der Erkenntnisdynamik des *trial and error* bzw. der kreativen Reinterpretation – des geschickten Neuknüpfens des an einem bestimmten Punkt gerissenen Netzes der Erkenntnis – kann gut auf letzte Grundannahmen und Entscheidungen verzichten, wenn er sich als ein dauernder Umbau bei »laufendem Betrieb« versteht. Nicht das Bild des Gebäudes ist hier noch leitend, das auf sichere, unerschütterliche Fundamente gegründet sein müßte, von deren Gegebensein man sich nur durch zwingende und jedes Risiko ausschließende Argumente überzeugen lassen dürfte. Repräsentativ für diesen Forschungsprozeß ist vielmehr das Bild des Schiffes in voller Fahrt, das peu à peu erneuert und umgebaut wird, ohne daß es dazu seine Fahrt unterbrechen müßte – will heißen seine alltägliche Brauchbarkeit und »Tragfähigkeit« verlieren würde. Nach einiger Zeit fährt jeweils – verglichen mit dem ursprünglichen – ein runderneuertes Schiff über den Ozean des zu Entdeckenden in immer neue Horizonte hinein, und es ist gar nicht abzusehen, daß es seine Fahrt und diesen Erneuerungsprozeß irgendwann einmal abbrechen müßte. Die verhältnismäßig starken Argumente reichen hier aus, das Schiff der Erkenntnis funktionsfähig zu halten, indem man es angesichts nicht zu erwartender Herausforderungen so umbaut, daß es davon nicht »zum Sinken« gebracht wird. Mehr muß das »Personal an Deck« nicht wissen, mehr muß es nicht leisten, als nötig ist, das Schiff auf guter Fahrt zu halten.[13]

Mit dieser pragmatischen Entdramatisierung des Gewißheitsverlangens scheinen sich Glaube und Theologie kaum anfreunden zu können. Auch nichtfundamentalistisch Glaubende und Theologietreibende wollen nicht ohne weiteres Abschied nehmen von einem Vergewisserungsideal, nach welchem Beweggründe zum Glauben nur dann als rational verantwortbar gelten, wenn die Unausweichlichkeit, mit der sie vor der Vernunft Geltung beanspruchen, dem letzten Ernst der im Glauben zu vollziehenden Entscheidung wie der den Glauben offenbar kennzeichnenden definitiven Entschiedenheit entspricht. Luthers »Hier stehe ich, ich kann nicht anders« ist das Paradigma solcher Glaubens-Ent-

---

[12] Vgl. H. Alberts freilich ausgesprochen einseitige und triviale Kritik des Gewißheitsstrebens in seinem Traktat über kritische Vernunft, Tübingen ²1969, passim.
[13] Die Metapher der wagemutigen Ausfahrt ins offene Meer ist zentral für Nietzsches »Fröhliche Wissenschaft« und hier gegen die endlich zerbrochenen, Erkenntnis verhindernden Gewißheiten des Glaubens gesetzt; vgl. Aphorismus 343, Kritische Studienausgabe der Sämtlichen Werke (KSA), hg. von G. Colli u. M. Montinari, München – Berlin 1980, Bd. 3, 574 bzw. Aphorismus 124, KSA 3, 480.

schiedenheit. Kann sie aufgebracht werden, wenn nicht wenigstens prinzipiell geltend gemacht wird, das »Nicht-anders-Können« verdanke sich zwingenden Argumenten und nicht nur dem Wollen dessen, der hier steht – und sich eben nicht bewegen *will*? Muß es nicht solche starken, geradezu unüberwindlichen Argumente geben, die es erst ermöglichen, Nietzsches Verdikt, Glauben hieße »Nicht-wissen-*wollen*«[14], standzuhalten? Das ist offenkundig die Herausforderung, die nach zwingenden Argumenten zu suchen zwingt: daß die Glaubens-»Option« ohne solche Argumente bloß noch auf das Wollen des Glaubenden – letztlich also auf seine Willkür – zurückgeführt werden könnte.

Die klassischen Argumentationsverfahren, mit denen man seit der Scholastik den Gottesglauben vor der menschlichen Vernunft rechtfertigen wollte, waren gewiß nicht von Anfang an der neuzeitlich verschärften Gewißheitsanforderung unterworfen, zwingende Beweise liefern zu müssen. Nur wenn man dies berücksichtigt, wird man ihre Intention hinreichend würdigen können. Sie formalisierten eine Frage- und Suchdynamik, die die mit guten Gründen als bedingt identifizierte Wirklichkeit dieser Welt auf eine sie notwendigerweise bedingende unbedingte göttliche Wirklichkeit zurückführte und diese Rückführung hinreichend darin begründet sah, daß sich Existenz, Seinsweise und Zielgerichtetheit des bedingt Endlichen anders nicht schlüssig erklären ließen.[15] Die Annahme eines Schöpfer-Gottes galt als die der Existenz und dem Sosein des Endlichen offenkundig am vollkommensten entsprechende Erklärungshypothese. Jedenfalls ließ sich keine Theorie bedingter Wirklichkeit ausmachen, die es mit der Hypothese, ein Schöpfergott sei erster Grund und letztes Ziel des Endlichen, an Erklärungs- und Erhellungskraft hätte aufnehmen können. Dabei spielte der scholastische Begriff der Ursache – der causa – argumentationslogisch eine entscheidende Rolle.[16]

Wenn man Seiendes in seinem So-Sein erklären und wissen will, warum etwas so ist, wie es ist, legt sich offensichtlich die Frage nach der zugrunde liegenden Ursache nahe: Ich weiß, warum etwas ist und warum es *so* ist, wie es ist, wenn ich die Ursachen kenne, die es zu dem gemacht haben, was es ist. Nun lassen sich diese Ursachen aber auch nicht aus sich selbst verstehen; sie sind ihrerseits verursacht und weisen deshalb auf ihre eigenen Ursachen zurück und so fort ins Unendliche. Der Rückgang auf immer neue Ursachen der gleichen, endlichen Ordnung kommt offenbar nie an ein Ende, und deshalb »erklärt« er letztlich nichts. Er führt ja immer auf seinerseits Erklärungsbedürftiges, weil Verursachtes. Die Frage nach den Ursachen, die etwas so sein lassen, wie es mir

[14] Vgl. Der Antichrist, Aphorismus 52, KSA 6, 233. Das »*Nicht*-sehen-wollen, was man sieht, dies Nicht-*so*-sehn-wollen, wie man es sieht«, ist für Nietzsche Kennzeichen des parteiischen Menschen, des geborenen Lügners; vgl. ebd. Aphorismus 55, KSA 6, 238.
[15] Die Problematik des sogenannten »ontologischen Arguments« (vgl. Anselm von Canterbury, Proslogion 2) kann hier übergangen werden, weil Anselms bleibend wichtige Argumentationsintention in anderen Zusammenhängen dieses Buches zur Diskussion stehen wird.
[16] Vgl. dazu im einzelnen die »quinque viae« des Thomas von Aquin; Summa theologica I q.2 a.3.

begegnet, hat offenbar nur einen Sinn, wenn sie letztendlich auf eine Ursache hinführt, die nicht mehr von einer anderen Ursache herkommt, sondern Ursache ihrer selbst – causa sui – ist. Diese letzte Ursache identifizieren die sogenannten »Gottesbeweise« mit dem christlichen Schöpfergott.

Was uns in unserer Welt begegnet, hat aber nicht nur seine Ursachen und letztlich die erste Ursache »hinter sich«; es hat auch Ziele und Zwecke »vor sich«, die man kennen muß, wenn man es wirklich verstehen will. Alles Wirkliche ist auf anderes hingeordnet, um dessentwillen es so ist, wie es ist. Solche Zielursächlichkeit läßt sich offenkundig in allen Seinssphären, besonders aber in den Sphären des Biologischen und des Geistig-Geschichtlichen nachweisen. Da das Seiende sich in diesen Zwecksetzungen selbst überschreitet, können sie nicht aus dem einzelnen zweckmäßigen Seienden selbst resultieren; es muß eine alles umgreifende, zwecksetzende Vernunft angenommen werden, die das Einzelne aufeinander und schließlich auf ein letztes, »alles an sich ziehendes« Ziel hinordnet. Diese universale, zwecksetzende Vernunft, die durch alles Geschehen hindurch die Realisierung des letzten Zieles anbahnt, kann nur einem allmächtigen und allwissenden Gott zugeschrieben werden.[17]

Solche Beweise für das Dasein Gottes haben mit der Ausbildung der modernen Naturwissenschaften erheblich an Stringenz und Plausibilität eingebüßt. Die Aufdeckung von Kausalrelationen hat ja im modernen wissenschaftlichen Denken den Sinn, isolierbare Veränderungen an Seiendem so zu rekonstruieren, daß diese Veränderungen entweder vom Menschen selbst herbeigeführt oder doch wenigstens – bei Vorliegen der gleichen Ausgangsbedingungen – mit Sicherheit prognostiziert werden können. Behauptungen über kausale Relationen müssen sich deshalb an der Reproduzierbarkeit der kausal rekonstruierten Zusammenhänge oder am prognostischen Wert der Rekonstruktionen bewähren. Und sie müssen so formuliert sein, daß sich Untersuchungsergebnisse nennen lassen, die sie falsifizieren würden. Es liegt auf der Hand, daß eine göttliche Ursache nicht als Inhalt einer solchen Behauptung – einer wissenschaftlichen Hypothese – vorkommen kann. Kein einzelnes Seiendes verweist mit Notwendigkeit auf Gott als seinen zureichenden Grund, der – unter Ausschluß anderer Erklärungsgründe – erklären könnte, warum es so ist, wie es ist. Weil der Schöpfergott nicht als hinreichende Ursache von irgend etwas in Frage kommt und weil er auch als notwendige – im koordinierten Zusammenwirken mit anderen Ursachen einen bestimmen Effekt erzielende – Ursache nicht theoriefähig ist, deshalb betrachten die modernen Wissenschaften alle Behauptungen, in denen Gott als Ursache genannt wird, als sinnlos.

Die Verteidiger der traditionellen Argumentation weisen zwar mit Recht darauf hin, daß diese Gott niemals in dem von den naturwissenschaftlichen Methoden allein noch zugelassenen Sinn als Ursache zur Sprache bringen wollte. Gott kann ja nie eine Ursache unter anderen sein; er ist für die »Gottesbewei-

---

[17] So argumentiert Thomas in seinem Beweis »ex gubernatione rerum«.

se« der natürlichen Theologie vielmehr jene erste Ursache (prima causa), die alle endlichen Ursachen (causae secundae) in ihrem Ursache-Sein begründet und zur Verursachung von seinshöherem Seiendem befähigt. Diese Klarstellungen machen indes auf Naturwissenschaftler kaum Eindruck. Das Ursache-Sein der in wissenschaftlichen Hypothesen angenommenen Ursachen ist für sie nicht durch eine Ursache höherer Ordnung erklärungsbedürftig, sondern durch »weiter zurückliegende« Ursachen der gleichen, mit wissenschaftlichen Methoden zugänglichen Ordnung erklärbar. Die prinzipielle Unendlichkeit aller Ursachenketten zwingt die modernen Naturwissenschaften nicht zum Rekurs auf eine dieser Unendlichkeit von Endlichkeiten enthobenen absoluten Ursache. Und die Naturwissenschaften müssen sich diesen Rekurs verbieten, weil er ihrem Streben nach Verlängerung bzw. Verdichtung der bestimmenden endlichen Relationen, die erklären können, warum etwas so ist, wie es ist, zuwiderlaufen würde. Ihre Methode verbietet die Annahme eines Gottes als Erklärungsgrund irgendeines Seienden in seinem So-Sein. Auch der erläuternde Hinweis, die Gottesbeweise wollten mit ihrer Bezugnahme auf Gott als prima causa alles Seienden nicht einzelnes Seiendes in seinem So-Sein erklären, sondern die Seiendheit und das Verursachtsein *aller* Wirklichkeit verstehbar machen, läßt sich naturwissenschaftlich nicht einordnen, weil die Naturwissenschaften nicht nach der Totalität des Seienden – nach »Allem« –, sondern nach immer komplexeren Zusammenhängen fragen.[18]

Die Unfähigkeit endlicher Ursachen, »Höheres« – Komplexeres – zu verursachen, als sie selbst sind, galt der traditionellen Argumentation als weiterer Beweisgrund für eine alles umgreifende, das Höhere aus dem Niederen hervorgehen lassende, zwecksetzende Vernunft. Der landläufige Grundsatz: »Von Nichts kommt nichts« veranlaßte die natürliche Theologie anzunehmen, daß Seiendes nicht aus sich selbst zu »mehr« werden kann, als es immer schon war, daß es nicht aus sich selbst, sondern eben nur durch Gottes lenkende Vernunft und Seinsmacht eine in ihm angezielte höhere Wirklichkeit hervorbringen könnte. Dieses Argument wurde durch die moderne Evolutionstheorie weitgehend entkräftet. Es erscheint nicht mehr undenkbar, daß die Evolution des Lebens – obwohl nach den Gesetzen der Wahrscheinlichkeitsrechnung höchst unwahrscheinlich – dennoch auf bloßem Zufall beruht und aus zufälligen erfolgreichen Mutationen hervorgeht. Es erscheint zudem nicht ausgeschlossen, daß die Evolution gar kein Ziel hat, sondern – nach dem thermodynamischen Grundsatz der Entropie – in ihrer eigenen Aufhebung endigt.

So drängen die modernen Wissenschaften zu dem Schluß, es gebe, so lange »wir den in der wissenschaftlichen Forschung geltenden logischen Regeln gehorchen, keine unmißverständlich in der Welt entdeckbaren Spuren Gottes, nichts, was wir mit Sicherheit als sein Zeichen identifizieren können«.[19] Offen-

---

[18] Die klassische Kritik der »Gottesbeweise« findet sich in Kants Kritik der reinen Vernunft A 592/B 620 – A 642/B 670.
[19] L. Kolakowski, Falls es keinen Gott gibt, München 1982, 68 f.

kundig zwingt nichts, was in der Welt der unbestreitbaren »Tatsachen« vorkommt und nach Erklärung oder Deutung verlangt, dazu, von einer absoluten göttlichen Seins-, Wirk- oder Zielursache zu sprechen.[20] Und es kann geradezu als das wissenschaftliche Ethos der modernen Erforschung unserer Lebenswelt angesehen werden, daß sie den Rekurs auf eine absolute Ursache zur Erklärung eines Weltphänomens nicht mehr zuläßt.

Aber ist nicht darüber hinaus die Wissenschaftslogik, die nicht nur nach notwendigen, sondern nach *zureichenden* Gründen fragen und so die Frage nach einem letzten Grund vielleicht gerade noch als regulative Idee zuließ, schon lange zerbrochen, da die Wissenschaften – und das Bild des in voller Fahrt unaufhörlich umgebauten Schiffes bringt dies ja zum Ausdruck – nur ein durch und durch pragmatisches Verständnis ihrer »Wahrheitssuche« zulassen? Argumente zwingen hier nur noch, indem sie einen unaufhebbaren Widerspruch feststellen zwischen dem von bisherigen Hypothesen Erklärten und Beobachtungen, die sich so nicht mehr erklären lassen und deshalb zu einer Revision dieser Hypothesen oder gar zu einem »Paradigmenwechsel« in der Forschung zwingen. Gezwungen wird die Forschung nur durch unwiderlegliche Falsifikation ihrer Arbeitshypothesen, durch das offenkundige Scheitern bisheriger Umgangsweisen mit der Wirklichkeit bzw. durch das Scheitern der experimentell-argumentativen Simulation solcher Umgangsweisen. Wissenschaftliche Forschung will das lebensweltliche Scheitern am Widerstand der Wirklichkeit soweit wie möglich dadurch verhindern, daß sie das reale, lebensweltliche Scheitern im Experiment und Argument vorwegnimmt und es so gerade verhindert; sie kann durch das »Sterben« unzureichender Hypothesen das Überleben von natürlichen oder gesellschaftlichen Systemen sichern: Der Umbau des Schiffes auf voller Fahrt wird nur ohne größere Verluste gelingen, wenn man die Schwachstellen erkennt und beseitigt, ehe sie durch ungünstige »Umwelteinflüsse« auf die Probe gestellt werden und das Schiff in Gefahr bringen, an der »Realität« zu scheitern.

Zur Zustimmung gezwungen wird der Forscher also letztlich von der Drohung, bei Nichtzustimmung zu den seine Hypothesen falsifizierenden Forschungsergebnissen werde die von den falsifizierten Theorien angeleitete Praxis selbst »Schiffbruch« erleiden. So will er die Gründe kennenlernen, die seine bisherigen Annahmen zum Einsturz brachten, weil ihre Kenntnis es ihm – im Rückgriff auf bisher nicht falsifizierte Grundannahmen – ermöglichen soll, verläßlichere Hypothesen zu formulieren.[21] Eine zwingende Begründung durch Rückgang auf Gründe, die das So-Sein und Warum-willen von Gegebenheiten

---

[20] Vgl. J. Splett, Über die Möglichkeit, Gott heute zu denken, in: W. Kern – H. J. Pottmeyer – M. Seckler (Hg.), Handbuch der Fundamentaltheologie Bd. 1: Traktat Religion, Freiburg – Basel – Wien 1985, 136–155, hier 144: »Wenn Gottesbeweise ›zwingen‹ sollen, sind sie tatsächlich unmöglich«.

[21] Vgl. hierzu das forschungsgeschichtlich bahnbrechende Werk von K. R. Popper, Logik der Forschung, Tübingen ⁴1971.

unwiderleglich abzuleiten erlaubten, wäre hier wissenschaftslogisch belanglos, ja gefährlich. Vielleicht etwas überspitzt formuliert: Gute Gründe gibt es für den Forscher nur noch da, wo sie ihn zwingen, sich zu korrigieren und diese Korrektur so zu vollziehen, daß sie möglichst allen falsifizierenden Gegebenheiten gerecht wird. Gute Gründe aber, die ihm Aufschluß gäben über die das Gegebene wirklich begründenden Gründe oder ihn gar zwängen, Theorien über diese Gründe zuzustimmen, werden ihm schlechterdings unerreichbar erscheinen; er will ja nicht letztlich erklären, warum etwas so ist, wie es ist, sondern warum es nicht so ist, wie er es erwartet hatte. Ist damit aber dem traditionellen Projekt, Gott im Kontext eines Begründungsdiskurses mit Erklärungsanspruch zur Sprache zu bringen, nicht schon im Ansatz und endgültig der Boden entzogen, da ja nicht vernünftigerweise angenommen werden kann, er sei in irgend einem Sinne dafür verantwortlich zu machen, daß die Dinge *nicht* so kommen, wie wir sie erwartet hätten? Und wenn dem so sein sollte: Besteht dann überhaupt noch die Möglichkeit, die Unbeliebigkeit der Glaubensoption nach den Maßstäben wissenschaftlicher Rationalität wenn schon nicht zwingend zu erweisen, so doch als in irgendeinem Sinne vernünftig nachvollziehbar aufzuweisen?

3.   Rationalität?

Die traditionellen Gottesbeweise versuchten den Gottesglauben durch seine theoretische Erklärungskraft rational zu legitimieren, auf die – so wollte man es nachweisen – angesichts ansonsten unerklärlicher Gegebenheiten mehr oder weniger zwingend zurückgegriffen werden müsse. Diese Strategie schien spätestens von da an gescheitert, wo man wissenschaftstheoretisch die Unerklärlichkeit einer Gegebenheit nur noch als Nötigung empfand, die für die Unerklärlichkeit verantwortlichen, offenkundig fehlerhaften Erkenntnisparadigmen so umzuarbeiten, daß sie von der zutage getretenen »Anomalie« nicht mehr falsifiziert wurden. Die unerklärliche Gegebenheit wirft hier nicht die Frage nach dem Grund oder gar letzten Grund auf, der sie hinreichend erklären würde, sondern die nach der geschicktesten Anpassung der bisherigen Erklärungsparadigmen an Gegebenheiten, die im Kontext der bisherigen Paradigmen keine Erklärung fanden. Erklärt muß nicht werden, warum etwas so ist, wie es ist, sondern warum es nicht so ist, wie man es erwarten durfte; und die Erklärung versteht sich nicht als Herleitung des Gegebenen aus seinen Gründen bzw. aus seinem letzten oder ersten Grund, sondern als eine *Deutung*, die allen relevanten Gegebenheiten möglichst überzeugend Rechnung trägt und die jeweils aufgebotenen Erklärungsansätze möglichst dicht miteinander »vernetzt«. Alle Formen des Wissens oder Glaubens, »angefangen bei den alltäglichsten Fragen der Geographie oder der Geschichte bis hin zu den grundlegendsten Gesetzen der Atomphysik oder sogar der reinen Mathematik und Logik«, sind in diesem Sinne »ein von Menschen geflochtenes Netz, das nur an seinen Rändern mit der

Erfahrung in Berührung steht«[22]; sind Deutungen komplexer Gegebenheiten, die sich durch Erklärungskraft, Kohärenz, relative Einfachheit, Anpassungsfähigkeit – durch ihre »assimilative Kraft« – als rational ausweisen müssen. Die Rationalität einer Theorie beruht nicht darauf, daß sie auf einem unhintergehbaren und unerschütterlichen Fundament von unbezweifelbaren Grundannahmen mit strengster Konsequenz aufgebaut ist, sondern darauf, daß sie – nach Ausweis bewährter Rationalitätskriterien – relevante Theorie- und Erfahrungszusammenhänge »besser« – dichter, eleganter, insgesamt leistungsfähiger – vernetzt als konkurrierende Deutungen. So ist das Prädikat »rational« hier nicht eigentlich dem Theorie- oder Paradigmenbestand selbst zuzusprechen, sondern den Verfahren, mit denen Theorien oder Paradigmen ausgearbeitet, verteidigt, modifiziert oder aufgegeben werden. Und auch die höchstmögliche, »kritische« Rationalität der angewandten Verfahren kann die Wahrheit der jeweiligen Theorien oder Paradigmen nicht gewährleisten. Sie kann nur gewährleisten, daß rebus sic stantibus nicht Entscheidendes außer Betracht bleibt.

Rational sind solche Verfahren zu nennen, die kritischen Einwänden gegen selbst favorisierte Deutungen nicht aus dem Weg gehen und einer nachvollziehbaren Kriteriologie folgen bzw. diese Kriteriologie selbst entwickeln können, nach der mit Anspruch auf Zustimmungsfähigkeit das Gewicht von Argumenten bestimmt werden kann. Die dabei angewandte Kriteriologie kann in ihrer Geltung auf einen bestimmten Wissens- oder Lebensbereich begrenzt sein. Sie muß sich aber im Gesamtkontext wissenschaftlicher Kriteriologien rechtfertigen lassen und kann dessen Gültigkeit für den eigenen Wissens- oder Lebensbereich nicht prinzipiell außer Kraft setzen. Bereichsspezifische Rationalität kann sich also nie nur an internen Kriterien ausweisen; sie gehorcht immer auch bereichsübergreifenden Kriterien.

Rationalitätskriterien geben generell vor, wie zugunsten der *Unbeliebigkeit* einer bestimmten Deutung oder Erklärung argumentiert werden kann. Gute Argumente haben ja die Funktion auszuschließen, daß man das von der eigenen Deutung Erfaßte genauso gut auch »anders sehen« bzw. erklären kann. Wo zwischen konkurrierenden Deutungen nach den geltenden Rationalitätskriterien keine wirklich nachvollziehbare Entscheidung getroffen werden kann, da bleibt – wenn denn eine Entscheidung getroffen werden muß, wenn also die Unentscheidbarkeit nicht noch einmal erklärt werden kann – die tatsächlich getroffene Entscheidung »irrational«. Zuzugestehen ist freilich, daß eine rationale Entscheidung zwischen konkurrierenden Alternativen in unterschiedlichem Ausmaß unbeliebig sein kann: Sie kann angesichts der relevanten Gegebenheiten annähernd »zwingend notwendig« sein oder sich auch nur nahelegen oder gar eine »bloße Option« sein, für die sich trotz aller rationalen Anstrengung kaum Gründe namhaft machen lassen, von denen angenommen werden darf, daß sie im Kontext einer anderen Option als in jeder Hinsicht überzeugend

---

[22] W. van Orman Quine, Von einem logischen Standpunkt. Neun logisch-philosophische Essays, dt. Frankfurt a. M. 1979, 47.

gelten würden. Rational wäre im letztgenannten Fall eine Entscheidung immerhin noch dann, wenn Gegenargumente ernstgenommen werden und – wiederum rebus sic stantibus – nach Maßgabe guter Argumente dennoch nicht als
schlüssige Widerlegung oder Entkräftung der eigenen Option verstanden werden müssen.

Kann die Fundamentaltheologie ihre Bemühung, den religiösen Glauben
als vernünftige, nicht-beliebige Option und Herausforderung zu erweisen, in
dem wissenschaftstheoretischen Diskurs verorten, wie er von dem hier skizzierten Rationalitätsanspruch der Wissenschaften in Gang gehalten wird? Mutet er
ihr nicht theologisch Unzumutbares zu, etwa die Suspension der lebensweltlichen Glaubensgewißheit und die Zurücknahme der Glaubenswahrheit auf
den Status einer mehr oder weniger überzeugenden Hypothese? Zunächst sollten die Vorteile nicht übersehen werden, die sich für die Theologie aus der Verschiebung des wissenschaftstheoretischen Diskussionsschwerpunkts ergeben.
Die »Verabschiedung einer Rationalitätskonzeption, die *Rationalität* mit *Be-
weisbarkeit* gleichsetzt«, ermöglicht es auch der Theologie, das falsche Ideal
»zwingen wollender« apologetischer Argumentationen aufzugeben.[23] Der epistemologische »Nonfoundationalismus«[24] scheint mit seiner Behauptung, es gebe
kein auf bloß gegebene Tatsachen sich gründendes Wissen, also kein Wissen
davon, »daß bestimmte Meinungen wahr sind, ohne daß diese durch andere
Überzeugungen begründet werden«[25], der Argumentationsverlegenheit einer
Theologie, die ihre »Gottesbeweise« nicht mehr als zwingende Argumente aufrechterhalten kann, denkbar weit entgegenzukommen. Das der Optionalität des
Glaubens anhaftende subjektive Moment spricht hier nicht mehr von vornherein gegen eine als rational zu qualifizierende Explikation und Verteidigung dieser Option. Dabei könnte allerdings nicht die Glaubens-Option in ihrer inhalt-
lichen Bestimmtheit, sondern nur der Modus, in dem Glaubende sie eingehen
und an ihr festhalten, rational genannt werden:

> »Die Rationalität unserer Glaubensansichten hängt (hier; J. W.) nicht an dem, *was*
> wir glauben, sondern an der Art und Weise, *wie* wir es glauben. So halten wir einen
> Glauben für rational, der sich im Licht kritischer Diskussion bewährt. Worin eine
> solche Bewährung besteht und wie sie vorzunehmen ist, hängt an der Art des zur
> Verhandlung stehenden Glaubens.«[26]

Aber kann es nicht unterschiedliche, ja sogar gegensätzliche Glaubens-»Ansichten« geben, die als rational »bewährt« gelten müssen, von denen dann nur eine
zutreffend – in welchem Sinne auch immer: *wahr* – sein könnte? Rationalität ist

---

[23] Vgl. A. Kreiner, Demonstratio religiosa, in: H. Döring – A. Kreiner – P. Schmidt-Leukel, Den
Glauben denken. Neue Wege der Fundamentaltheologie, Freiburg – Basel – Wien 1993, 9–48, hier 16.
[24] Vgl. J. E. Thiel, Nonfoundationalism, Minneapolis 1994.
[25] Vgl. A. Deeken, Glaube ohne Begründung? Zum Rationalitätskonzept in George Lindbecks
Entwurf einer postliberalen Theologie, Münster 1998, 3.
[26] I. U. Dalferth, Kombinatorische Theologie. Probleme theologischer Rationalität, Freiburg – Basel –
Wien 1991, 61 f.; unter Bezugnahme auf: K. R. Popper, Objective Knowledge. An Evolutionary
Approach, Oxford 1972, 22.

offenkundig keine Garantie für Wahrheit; dazu *Ingolf U. Dalferth:* »Ein rationaler Glaube ist nicht notwendig wahr und ein falscher Glaube nicht notwendig irrational.«[27] Rationalitätskriterien reduzieren nur die Anzahl der Alternativen, zwischen denen eine rational verantwortete Entscheidung zu treffen ist. Aber können sie auch noch einmal die Entscheidung zwischen »rationalen Alternativen« normieren? Oder bleibt *diese* Entscheidung letztlich irrational? Wenn man etwa die Entscheidungsalternativen in puncto Glaube oder Unglaube in die zwei Gruppen »naturalistische« und »theistische« Ansichten zusammenfaßt, so stellt sich die Frage, »ob diese Gegenüberstellung in zwei Gruppen eine Entscheidung darüber zuläßt, welche der beiden ein (argumentatives; J. W.) Übergewicht hat.« *John Hick* räumt ein, »daß eine solche Entscheidung realistischerweise nicht möglich ist. Dies würde nämlich von uns verlangen, die verschiedenen Anhaltspunkte (religiös-theistischer oder naturalistischer Weltdeutungen; J. W.) zahlenmäßig zu quantifizieren«.[28] Was auch immer der Glaube als Indiz für die Triftigkeit einer theistischen Deutung der Wirklichkeit im Ganzen anführen mag, es läßt sich auch naturalistisch interpretieren. So muß eine »realistische Analyse religiösen Glaubens und religiöser Erfahrung und jegliche realistische Verteidigung der Rationalität einer religiösen Überzeugung« – nach Hicks Einschätzung – »von dieser Situation einer systematischen Mehrdeutigkeit ausgehen.«[29]

Läuft eine »realistische Verteidigung der Rationalität einer religiösen Überzeugung« also bestenfalls auf ein argumentatives Patt hinaus: Man kann es mit guten Argumenten so sehen; man kann aber mit vielleicht genauso guten Gründen auch die gegenteilige Überzeugung begründen? Hick versucht zunächst, diese Entscheidungssituation als die dem religiösen Glauben selbst gemäße zu erweisen: Mehr oder weniger zwingende Argumente kann es nur da geben, wo der lebenspraktische Umgang mit der Welt dazu führt, daß das Festhalten an untauglichen Hypothesen durch Mißerfolg bestraft wird. Wo es aber etwa um ethische oder gar um letzte weltanschauliche Entscheidungen geht, da ist notwendigerweise eine »größere kognitive Freiheit« im Spiel. Die Entscheidungsalternativen bzw. die in ihnen gedeutete Perspektive der Wirklichkeit zwingen nicht; sie begegnen vielmehr als »Einladung/Aufforderung/Herausforderung zu einer radikalen Selbsttranszendenz«, der nur mit einem den ganzen Menschen ergreifenden Freiheitsvollzug entsprochen werden kann.[30]

Hicks Analyse macht zu Recht geltend, daß es mit dem Glauben als einem Vollzug menschlicher und deshalb auch kognitiver Freiheit unvereinbar wäre, von unwiderleglichen Argumenten erzwungen zu sein. Aber sie unterbietet die hier zu fordernde Differenzierung, wenn sie nur die Alternativen »argumentatives Patt« oder »argumentativ erzwungene Entscheidung und damit Ausfall

---

[27] Ebd., 61.
[28] J. Hick, Religion. Die menschlichen Antworten auf die Frage nach Leben und Tod, dt. München 1996, 139 f.
[29] Ebd., 141.
[30] Vgl. ebd., 179.

jeglicher kognitiver Freiheit« kennt und dies damit begründet, daß die Feststellung eines quantitativen Überwiegens der Gründe pro oder contra – und damit die Beurteilung des Wahrscheinlichkeitsgrads der jeweiligen Alternative – einen unerreichbaren überparteilichen, ja göttlichen Standpunkt voraussetze. Ist es denn nicht offenkundig, ja denknotwendig, daß das Argumentieren nicht nur »defensiv« verfährt und sich dabei beruhigt, daß der »Gegner« ihm ein Unentschieden einräumt, daß es vielmehr auf »Gewinn« aus und davon herausgefordert ist, die stärkeren Argumente zu entwickeln? Daß ihm dies im konkreten Fall nur sehr begrenzt gelingt, daß es also vielfach froh sein kann, mit einem Patt davonzukommen, darf es doch nicht dahin bringen, gewissermaßen von vornherein das Erreichbare zu begrenzen.

Hicks epistemologische Überlegung hat aber noch einen anderen, durchaus sehr ernst zu nehmenden Akzent. Es widerspräche dem Glauben nicht nur, seiner kognitiven Freiheit beraubt zu sein, sondern auch seine Gewißheit vom Ergebnis eines Wahrscheinlichkeitskalküls abhängig zu wissen. Glaube ist in diesem Sinn nicht das Entwickeln einer Hypothese und das Festhalten an ihr, solange nicht überzeugendere Argumente gegen sie sprechen; Glaube ist keine *vorläufige*, sondern eine ihrer Intention nach definitive Zustimmung, ein »Sich-Bekennen-zu« und nicht ein »Es-Ausprobieren-mit«. Könnte es noch einen rationalen Glauben bzw. eine rationale Verteidigung seiner lebensweltlichen Gewißheit geben, wenn Rationalität tatsächlich bedeutet, sich für die Offenheit des argumentativen Diskurses zu engagieren oder gar ein argumentatives Patt auf Dauer zu riskieren? Oder dürfte es rational genannt werden, die Glaubenszustimmung nicht immer schon unter den Vorbehalt der im Diskurs sich erweisenden Stärke ihrer Argumente zu stellen, sondern sie so lange für begründet zu halten, als nicht wirklich Durchschlagendes gegen sie geltend gemacht wird? Hick sieht diese Möglichkeit; er unterstellt, es gebe eine

> »Argumentation zugunsten der Rationalität eines solchen Glaubens trotz der Tatsache, daß dieser nicht bewiesen werden kann und auch nicht gezeigt werden kann, daß er in einem objektiven Sinne die größere Wahrscheinlichkeit für sich hat. Die angemessene Argumentation muß zeigen, daß es vernünftig ist, wenn religiöse Menschen vertrauensvoll auf der Grundlage ihrer eigenen religiösen Erfahrung und damit des weiteren Stroms solcher Erfahrungen, an dem sie teilhaben, zu leben versuchen.«[31]

Wie es etwa trotz aller denkbaren Einwände der Erkenntniskritik vernünftig ist, »bei einem Fehlen angemessener Zweifelsgründe … unserer Erfahrung der äußeren Welt, wie sie anscheinend auf uns einwirkt, zu trauen«, so sei es auch vernünftig, an »bezwingenden« religiösen Erfahrungen festzuhalten, »sofern wir keine Gründe haben, ihre Verläßlichkeit zu bezweifeln.«[32] Die »allgemeine Möglichkeit einer Täuschung« muß hier nicht dazu führen, eine Glaubens-Zu-

---

[31] Ebd., 231.
[32] Vgl. ebd., 235 f. bzw. 250.

stimmung für rational illegitim oder nur als hypothetisch gegebene für rational legitim zu halten.[33]

Hick folgt mit diesen Überlegungen einem Argumentationsansatz, wie er in der anglo-amerikanischen Religionsphilosophie besonders stringent von *Nicholas Wolterstorff* ausformuliert wurde. Wolterstorff unterstellt, daß Überzeugungen »auf rationale Weise bejaht« werden, »wenn keine adäquaten Einwände dagegen sprechen«.[34] Sie gelten m. a. W. als »unschuldig, bis ihre Schuld erwiesen ist«, nicht jedoch als »schuldig, bis ihre Unschuld erwiesen ist«.[35] Wolterstorff geht also von einer gegenüber dem herkömmlichen Verständnis kritischer Rationalität umgekehrten Beweislastverteilung aus: Nach dem »rationalistisch« genannten Selbstverständnis von Kritik steht eine Überzeugung unter Verdacht, auf irrationale Beweggründe zurückzugehen, solange ihre Ableitung aus den unterstellten Motiven nicht als offenkundig gescheitert angesehen werden muß. Wer einmal vor den »Gerichtshof der Vernunft« geholt war, der mußte die Anschuldigungen, mit denen er hier konfrontiert war, restlos ausräumen; und das erwies sich angesichts der Möglichkeit, Geltungen mit immer wieder neuen »guten Gründen« in Zweifel zu ziehen, und angesichts der begrenzten argumentativen Möglichkeiten, sie gegen jeden denkbaren Verdacht überzeugend zu verteidigen, als notorisch schwierig, ja unmöglich: Wer bezweifelt, kann jede Denkmöglichkeit ins Feld führen; wer verteidigt, muß demgegenüber dartun, daß der verteidigte Geltungsanspruch nicht nur möglicherweise, sondern tatsächlich von der Kritik nicht getroffen wird. Die »Hermeneutik des Verdachts« *(Paul Ricœur*[36]*)* läßt sich kaum widerlegen; sie zwingt zu endlosen Rechtfertigungen und muß sich mit keiner zufriedengeben.

Vor Gericht wird dieser »Waffenungleichheit« zwischen Verdacht und Rechtfertigung dadurch Rechnung getragen, daß der Angeklagte als unschuldig zu gelten hat, solange er des ihm vorgeworfenen Vergehens nicht überführt ist. Schon *Leibniz* hat diesen forensischen Chancenausgleich, der auf der oben erwähnten Beweislastumverteilung beruht, für den Gerichtshof der kritischen Vernunft eingefordert.[37] Wolterstorff folgt ihm, hätte aber nun im einzelnen auszuführen, wie erfolgversprechende Verteidigungsstrategien aussehen müßten: Aufgrund welcher Argumentationsverfahren oder unbezweifelbarer »Rechtspositionen«, anhand welcher Kriterien könnten sich die »angeklagten« religiösen Geltungsansprüche gegen die Hermeneutik des Verdachts zur Wehr setzen? Hier kommen vor allem die Kriterien »theoretische Konsistenz« – immanente Widerspruchsfreiheit einer Überzeugung –, »Kohärenz« – Vermittel-

---

[33] Vgl. ebd., 251.
[34] So die Zusammenfassung bei A. Kreiner, a. a. O., 17.
[35] N. Wolterstorff, Can Belief in God Be Rational If It Has No Foundations?, in: A. Plantinga – N. Wolterstorff (Hg.), Faith and Rationality: Reason and Belief in God, Notre Dame – London 1983, 135–186, hier 163.
[36] Vgl. von ihm: Philosophische und theologische Hermeneutik, in: Ders. – E. Jüngel (Hg.), Metapher. Zur Hermeneutik religiöser Sprache (Sonderheft der »Evangelischen Theologie«), München 1974, 24–45, hier 44.
[37] Vgl. Streitfall Offenbarung, Kap. 1.5.

barkeit mit anderen weitgehend unbestrittenen Geltungsansprüchen und Wissensbeständen – sowie »pragmatische Effizienz« in Frage.[38] Das Kriterium der Widerspruchsfreiheit kann nur als Minimalbedingung angesehen werden. Das Kriterium der »pragmatischen Effizienz«, wonach es als Argument für eine Überzeugung angesehen werden darf, wenn ihr weitgehend unbestreitbar positive, also etwa »humanisierende« und befreiende Folgewirkungen zugerechnet werden dürfen, muß angesichts der theoretischen Schwierigkeit solcher Zurechnungsoperationen als wenig entscheidungsrelevant angesehen werden: Wie sollte sich angesichts einer bei den meisten, wenn nicht allen weltanschaulich-religiösen Überzeugungen aufweisbaren tiefen Ambivalenz der aus ihnen resultierenden geschichtlichen Praxis mit einer mehr, weniger oder überhaupt nicht aufweisbaren »pragmatischen Effizienz« argumentieren lassen! So bleibt vor allem das Kohärenz-Kriterium; und um dessen Konkretisierung hat sich die anglo-amerikanische religionsphilosophische Diskussion intensiv bemüht.

Die Kohärenz einer Überzeugung, zumal einer solchen, die sich als umfassende Sicht der Wirklichkeit im Ganzen argumentativ zur Rechenschaft ziehen läßt, muß sich an ihrer »explanatorischen« und »assimilativen Kraft« erweisen. Es scheint, daß jene Überzeugungen der Wahrheit näher kommen als andere, die eher als diese in der Lage sind, die jeweils relevanten Daten oder Erfahrungen als solche gelten zu lassen, angemessen zu beschreiben und erhellend aufeinander zu beziehen.[39] Die explanatorische Kraft ist offenkundig gleichbedeutend mit der Fähigkeit einer Überzeugung, eine möglichst dichte argumentative Vernetzung all jener Gegebenheiten zu leisten oder jedenfalls zu ermöglichen, die unbestreitbar zu würdigen sind, wenn sich die entsprechende Überzeugung nicht den Vorwurf zuziehen will, sie ignoriere oder verdränge, was nicht zu ihren Grundannahmen paßt. Die möglichst unvoreingenommene Würdigung gerade des schwer »Integrierbaren« ist entscheidendes Rationalitätskriterium; die Irrationalität einer Überzeugung wird überall da unterstellt werden dürfen, wo diese Überzeugung nicht bereit oder in der Lage ist, ihre Unfähigkeit, sich bestimmen Gegebenheiten zu stellen, selbst zu thematisieren oder wo die Verknüpfungen, die sie zwischen verschiedenen relevanten Gegebenheiten herzustellen erlaubt, vergleichsweise beliebig erscheinen. Das Kriterium der assimilativen Kraft läßt sich dann als weitere Konkretisierung einführen: Eine auf die umfassende Geltung ihrer Deutungen Anspruch erhebende Überzeugung erweist sich »als assimilativ kraftvoll, indem es ihr gelingt, ursprünglich fremde Ansichten in ihr Interpretationsschema zu integrieren und zu assimilieren, d. h. überzeugende, konsistente Interpretationen dieser Ansichten in ihrer eigenen Begrifflichkeit zu entwickeln, die es erlauben, sie innerhalb des Interpretationsschemas für wahr zu halten«, oder nach Maßgabe der ihr eigenen speziellen

---

[38] Vgl. A. Kreiner, a. a. O., 17 bzw. 33.
[39] Vgl. B. D. Marshall, Absorbing the World: Christianity and the Universe of Truths, in: Ders. (Hg.), Theology and Dialogue. Essays in Conversation with George Lindbeck, Notre Dame 1990, 69–102, hier 79.

Kriterien zwingende Gründe »dafür anzuführen, daß diese Ansichten als falsch zurückgewiesen werden sollten.«[40]

Solche Rationalitätskriterien sind verglichen mit denen, die auf entscheidende Experimente Bezug nehmen können, eher »weich« zu nennen. Sind sie nicht doch Entscheidungshilfen, da sie im Konflikt konkurrierender Überzeugungen die höhere oder weniger hohe Angemessenheit aufgrund der jeweiligen »Interpretationserfolge« beurteilbar machen?[41] Daß hier nur relativ weiche Kriterien angeboten werden können, hängt mit der Annahme zusammen, daß sich jedes aus einer bestimmten Überzeugung heraus entwickelte Paradigma auf die Gegebenheiten oder Einsprüche, an deren angemessener Würdigung sich seine Überlegenheit erweisen sollte, selbst schon als von ihm interpretierte bezieht und es keine unabhängige richterliche Instanz geben kann, die zwischen konkurrierenden Interpretationen über die Angemessenheit dieser Würdigung vorurteilslos entscheiden könnte. Das Verfahren, in dem hier geurteilt und entschieden werden soll, führt nie zu einer prinzipiellen und definitiven Klärung aufgrund unabhängiger, übergeordneter Kriterien. Es gleicht nicht dem Idealbild eines mit hinreichend sprechenden Indizien und zwingenden Folgerungen erreichten Freispruch oder einer ebenso zwingend begründeten Verurteilung der zur Entscheidung über ihre Angemessenheit »vor Gericht« stehenden Überzeugung. Der Argumentationsprozeß ist eben »keine Kette demonstrativer Schlußfolgerungen ... Er ist ein Präsentieren und Neupräsentieren jener Merkmale des Falls, die getrennt zugunsten der Konklusion zusammenwirken.«[42] Entscheidungen können sich nur, dürfen sich aber auch auf kumulative Argumente stützen, setzen also die Urteilskraft voraus, »kumulativ zusammengetragene Evidenzen gegeneinander abzuwägen.«[43]

Die Rationalität dieser Abwägung ist nicht zurückzuführen auf bloße Regelanwendung; in ihr bringt sich offenbar ein gegenüber der kriteriellen Rationalität ursprünglicher »informeller Gebrauch der Vernunft« zur Geltung, der für den ethischen Bereich schon bei Aristoteles seine Würdigung fand und in der Nikomachischen Ethik als *Phronesis* bezeichnet wurde[44]: als »bedachtsames Abwägen« zwischen Entscheidungsalternativen, das die je eigene Intuition des »guten Lebens« in konkrete Beurteilungen hinein auslegt und in ihrer »Weisheit« zu bewähren sucht.[45] Aber führt solch »informeller Vernunftgebrauch« nicht letztlich in die Beliebigkeit?[46] Überdehnt er nicht die juristische Urteils-

---

[40] A. Deeken, Glaube ohne Begründung?, 75, mit Bezugnahme auf B. D. Marshall, a. a. O., 78.

[41] So die Sicht von George A. Lindbeck, Christliche Lehre als Grammatik des Glaubens. Religion und Theologie im postliberalen Zeitalter, dt. Gütersloh 1994, 192.

[42] J. Wisdom, Götter, dt. in: I. U. Dalferth (Hg.), Sprachlogik des Glaubens, München 1974, 63–83, hier 71.

[43] So Deeken zu B. Mitchell, vgl. A. Deeken, op. cit., 69.

[44] Etwa in VI, 5, 1140a 24–28; vgl. P. Ricœurs Kommentierung in: Das Selbst als ein Anderer, dt. München 1996, 213 ff.

[45] Vgl. R. J. Bernstein, Beyond Objectivism and Relativism: Science, Hermeneutics and Praxis, Philadelphia ²1985, 54 f.

[46] Das ist die kritische Rückfrage, die etwa Klaus Müller an die mit »weichen« Rationalitätskriterien

---

regel »Im Zweifel für den Angeklagten« so weit, daß sich praktisch jede Überzeugung noch irgendwie rational verteidigen kann, indem sie gegenseitig sich stützende Plausibilitäten zur Grundlage kumulativer Argumentationen macht? Muß es nicht doch trennschärfere Rationalitätskriterien geben – eben doch letztlich unbestreitbare, nicht mehr hintergehbare letzte Geltungsgründe, so daß man der »flächendeckenden« Hermeneutik des Verdachts nicht einfach nur eine ebenso flächendeckende Unschuldsvermutung für alle verdächtigten Überzeugungen entgegenstellen könnte? Es müßten sich doch zumindest gute Gründe dafür namhaft machen lassen, gute Gründe oder starke Argumente von weniger guten oder schlechten Gründen und schwachen Argumenten nachvollziehbar zu unterscheiden und dies noch einmal so, daß die zuerst genannten guten Gründe sich nicht ohne weiteres durch das Geltendmachen »noch wichtigerer« Unterscheidungsgründe außer Kraft setzen lassen, also durch den regressus ad infinitum auf immer bessere Gründe einfach überholt werden können, daß mit ihnen also die argumentative Zuversicht verbunden werden darf, sie seien im Entscheidenden *unüberholbar*.

4. Letztbegründung?

Gute Argumente sind offenkundig solche, die eine nachvollziehbare »Relation zwischen dem Begründungsbedürftigen und dem Begründenden« herstellen können und dies dadurch, daß sie »die Warumfrage durch Erwähnung bekannter Tatsachen, durch Erinnerung an unbezweifelte Überzeugungen oder Bezug auf geltende Normen und Maßstäbe befriedigen.«[47] Sie lokalisieren eine problematische Behauptung oder Option so in einem als bekannt und gültig angesehenen Zusammenhang, daß die Gültigkeit, die diesem Zusammenhang zuerkannt wird, nun auch der in Frage stehenden Behauptung oder Option zuerkannt werden darf.

Ist damit nicht der Vorgang einer argumentativen Vernetzung angesprochen, der eben keineswegs gleichbedeutend sein müßte mit dem anspruchsvolleren Verfahren der begründenden Reduktion? Es gibt unter den philosophischen Wissens- und Wissenschaftstheoretikern zweifellos den von *Edmund Arens* konstatierten »breiten wirksamen Vorbehalt gegen Fundierungshierarchien«, den Illusionsverdacht gegen die »grandiose Anstrengung, eigene Ansprüche und Interessen durch vernünftige Grundlagenreflexion fundieren zu wollen«. Und es liegt ja auch nahe, anstelle eines philosophischen und theologischen Fundierungs- bzw. Fundamentierungs-Denkens das Denken in »nicht-

---

arbeitenden angelsächsischen Konzepte richtet: Wieviel Vernunft braucht der Glaube? Erwägungen zur Begründungsproblematik, in: ders. (Hg.), Fundamentaltheologie – Fluchtlinien und gegenwärtige Herausforderungen, Regensburg 1998, 77–100, hier vor allem 83 ff.

[47] R. Bubner, Über Argumente in der Philosophie, in: Neue Hefte für Philosophie 26 (1986), 34–54, hier 37.

hierarchischen, vielsträngigen, offenen« Netzwerken zu favorisieren, das so kennzeichnend ist für »das gegenwärtige Computerzeitalter«.[48] Sind Lebens- und Kommunikationsnetze nicht paradigmatisch auch für die Vernetzung des Wissens, der verschiedenen Formen und Disziplinen des Wissens und ihrer jeweiligen Vernetzung mit den Gegebenheiten der inneren und äußeren Umwelt, denen sie gerecht werden wollen, damit das Netz des Wissens nicht von den »Rändern« her zerreißt?

Die Suggestivität des »Bilderstreits« – hier die Fundament- und Gebäudemetapher, dort die Netzwerkmetapher – wirft aber auch Fragen auf. Müßte nicht eingeräumt werden, daß es auch Kriterien gelungener, um nicht zu sagen »sinnvoller« Verknüpfung geben muß, ja daß man kaum umhin kann, sich zu fragen, woran das argumentative Netz eigentlich »hängt«, worauf – jetzt mit Bubner und nicht mehr innerhalb der Netzwerklogik gesprochen – die argumentative Verknüpfung des Begründungs- oder Legitimationsbedürftigen mit Bekanntem und als gültig Unterstelltem eigentlich rekurriert? Die Netzwerk-Metapher insinuiert offenkundig fälschlicherweise, hier werde ein freischwebendes Netz gewebt; und sie verdeckt, daß der Vorgang des argumentativen »Festmachens an« zwar im Prinzip unendlich fortgesetzt werden kann, aber auch dann noch die Frage aufwirft, woran das Netz jeweils oder letztlich »aufgehängt« ist. Freie Knüpfungen mögen ja schön und gut sein. Aber was gibt ihnen die Stabilität, ohne die Netze nicht tragen können und damit auch ihren Sinn verlieren – weil sie sofort zerreißen, wenn sie beansprucht werden?

Bleibt dann doch nur die Rückkehr zur Bauwerk-Metapher, der fundierende Rückgang auf ein fundamentum inconcussum, von dem alles, was »hält«, seinen Halt hat? Bleibt nur die »Letztbegründung«, die Gründung allen Wissens – auch und gerade des theologischen – auf letzte, »unhintergehbare« Gewißheiten, die als solche nicht noch einmal begründungsfähig oder begründungsbedürftig wären?[49] Und wäre nicht erst damit *Unbedingtheit* denkbar, eben auch und gerade jenes Unbedingte, das den Menschen in der religiösen Beziehung unbedingt angeht? Die Frage nach einem Letztbegründenden ist wenigstens insofern unausweichlich, als sie nach der Ausarbeitung des Begriffs »eines nicht mehr hintergehbaren Gültigkeitsanspruches« verlangt, nach einem zumindest darin »Unhintergehbaren«, daß das Denken das in ihm als Herausforderung Begegnende »nicht mehr los wird«[50] und auch nicht mehr durch Rückgang auf einen »noch tiefer« begründeten Geltungsanspruch relativieren kann.

---

[48] Vgl. E. Arens, Im Fegefeuer der Fundamentaltheologie, in: Orientierung 61 (1997), 152–156, hier 153, mit Bezugnahme u. a. auf die in Fn 22 zitierte Darstellung bei Quine sowie auf F. Capra, Lebensnetz. Ein neues Verständnis der lebendigen Welt, Bern 1996.

[49] Zur Auseinandersetzung um »Letztbegründung« vgl. etwa die gegensätzlichen Positionen von E. Arens (Läßt sich der Glaube letztbegründen?, in: G. Larcher – K. Müller – Th. Pröpper (Hg.), Hoffnung, die Gründe nennt. Zu H. Verweyens Projekt einer erstphilosophischen Glaubensverantwortung, Regensburg 1996, 112–126) und K. Müller (vgl. den in Fn 45 zitierten Beitrag) sowie natürlich H. Verweyens eigene »starke« Letztbegründungsthese (Gottes letztes Wort. Grundriß der Fundamentaltheologie, Düsseldorf 1991, 3., 6. und 8. Kapitel).

[50] Vgl. K. Müller, Wieviel Vernunft braucht der Glaube?, a. a. O., 82 bzw. 93.

Zwischenreflexion

Gefragt ist hier nach einem *unbedingt zu Würdigenden*, von dem immer nur ausgegangen werden kann und auch ausgegangen werden darf, weil es argumentativ nicht in den Status einer problematisierbaren Hypothese – einer ihrerseits begründungsbedürftigen und widerlegungsfähigen Behauptung – überführt werden kann. Das, wovon nur ausgegangen werden kann und ausgegangen werden muß[51], darf nicht ignoriert, aber eben auch nicht nur als beliebiger, kontextabhängiger »Ort« im argumentativ geknüpften Wissensnetz gewürdigt werden. Es beansprucht kategorische Geltung, kann also nicht von irgendwelchen Umständen oder Intentionen außer Geltung gesetzt bzw. einem höheren Ziel untergeordnet werden. Seine Würdigung darf nicht unter der Bedingung stehen, mir bzw. uns zu nützen oder zu schaden, meine bzw. unsere Vorhaben zu befördern oder zu behindern, ja nicht einmal unter der Bedingung, mein Überleben zu sichern oder zu gefährden. Es verlangt im strengsten Sinn des Wortes nach Würdigung *um seiner selbst willen*. Nur wo diesem Verlangen entsprochen wird, ereignet sich Wahrheit: die das zu Würdigende in seiner Würde nicht mehr – etwa aufgrund eigener Interessen – verfälschende und mißachtende Anerkennung des Anspruchs auf Würdigung.

Unbedingte Würdigung unterscheidet sich von bloß bedingter gerade darin, daß der in ihr anerkannte und so weit als situativ möglich erfüllte Anspruch hier nicht um eines anderen willen, sondern unabdingbar als er selbst gewürdigt wird. Würde man hinter diesen Anspruch zurückgehen und seine Würdigung von irgend etwas abhängig machen, so würde man ihn tatsächlich im moralischen Sinne »hintergehen«, gleichsam hinter »seinem Rücken« auf anderes zugehen, von dem her über die Würdigung des Hintergangenen zu entscheiden wäre.

Das unbedingt zu Würdigende *verlangt* nach Anerkennung; es *erzwingt* sie nicht. Erzwungen wird Anerkennung nur von der Bedrohung durch den Mißerfolg, also vom bedingt zu Würdigenden: Ich muß mich auf den zuvor nicht genügend gewürdigten Umstand x oder die nicht berücksichtigte Verlaufsgesetzlichkeit y einstellen, wenn sie meinem Vorhaben im Wege stehen oder es durchkreuzen würden. Das nichthintergehbare, weil ansonsten »betrogene« Verlangen nach unbedingter Würdigung zwingt nicht, aber es »läßt nicht los« (Klaus Müller); es kann mißachtet werden, verliert aber dadurch nicht seine »Würde« als Nichtzuhintergehendes; und es verschweigt auch nicht seinen Anspruch, wenn man sich ihm entzieht. Sein Verlangen fordert die freie Würdigung, eher noch: es *erbittet* sie.

Zwischen den »Sprechfiguren« Forderung und Bitte bewegen sich die philosophischen und theologischen Beschreibungen dessen, was die Herausgeforderten und das von ihnen unbedingte Würdigung Beanspruchende verbindet.

---

[51] Die Sprachmarotte etwa von Politikern, die sie in jedem fünften Satz sagen läßt: »Ich gehe davon aus, daß ...«, soll natürlich verschleiern, daß sie nicht begründen wollen oder können, warum sie *davon* ausgehen. Sie belegt noch einmal ex negativo die Frag-*Würdigkeit* der Frage nach dem, wovon man eben nur ausgehen kann.

Hat es die Form eines unbedingten Vernunftgesetzes – eines kategorischen Imperativs –, dessen Forderung nicht zur Disposition und Verhandlung stehen kann, was immer auch an Umständen oder »höheren Zielen« geltend gemacht wird (Kant)? Hat es die Gestalt des stummen Anrufs, mit dem uns das »Antlitz« des Notleidenden so unmittelbar in Anspruch nimmt, daß es die Würde dieses Antlitzes mißachtete, seinen Anruf auf ein allgemeines Gesetz zurückzuführen, es in diesem Sinne zu hintergehen (Lévinas)? Das allgemeine, zu Recht kategorische Gültigkeit beanspruchende Gesetz *kann* nicht hintergangen werden; es geht den Menschen unbedingt an, so daß er in seinem menschlich und vernünftig sein wollenden Handeln von ihm ausgehen muß. Aber nichts zwingt ihn, vernünftig oder menschlich zu sein. *Dieser* Anspruch an den mit dem allgemeinen Gesetz Konfrontierten ist eine Herausforderung seiner Freiheit. Eine »bloße Option«? Das Antlitz des Notleidenden aber soll nicht hintergangen werden, weil *es selbst* – und nicht das Gesetz – unbedingte Würdigung verlangt.[52] Ist sein Anspruch der letztlich nicht zu hintergehende, dies aber im Modus des Verbots, nicht der logischen Unmöglichkeit? Würde dann aber die Nichthintergehbarkeit nicht doch wieder zu einem selbst begründungsbedürftigen ethischen Anspruch auf Würdigung?[53]

Was nicht mehr hintergangen werden kann und deshalb auch nicht noch einmal begründungsbedürftig *sein darf*, das ist in der Tat die nichtrelativierbare Würde des anderen Menschen, die mir im Antlitz des Leidenden als verletzte bzw. verletzliche erscheint und mich deshalb unmittelbar beansprucht, sie zu schützen bzw. ihr Geltung zu verschaffen – soweit es an mir liegt. Leiden, das die Würde eines Leidenden als eines Zwecks in sich selbst – als das um seiner selbst willen zu Würdigenden – verletzt oder bedroht, ist das kategorisch Nichtsein-Sollende und Nicht-Hinnehmbare. Insofern ist das »Leid-Apriori«[54] tatsächlich nichthintergehbar. Würde man es hintergehen, so würde man es mißachten – und mit ihm diejenigen, deren Bitte ihre Autorität eben nicht noch einmal von einem anderen, und sei es ein allgemein verpflichtendes Gesetz, ausleiht. Die Konfrontation mit dem Leiden des anderen ist der Ernstfall des

---

[52] Vgl. dazu P. Ricœurs Kantkritik in: Das Selbst als ein Anderer, dt. München 1996, 268–274.

[53] So K. Müllers Einwand gegen die freilich anders konzipierte Rationalitätsinversion des Nonfoundationalism.

[54] Dieser Begriff ist hier den Diskussionen der Neuen Politischen Theologie entlehnt. In Abgrenzung von philosophisch-theologischen Letztbegründungskonzepten, die sich auf eine »zeitlose« Selbstgegebenheit des Letztbegründenden für die menschliche Vernunft bezögen, beruft *Johann Baptist Metz* sich auf Adornos Sentenz: »Das Bedürfnis, Leiden beredt werden zu lassen, ist Bedingung aller Wahrheit« (Negative Dialektik, Frankfurt a. M. 1966, 27) und spricht in diesem Sinne vom »Leidensapriori« der Theologie (Im Eingedenken fremden Leids. Zu einer Basiskategorie christlicher Gottesrede, in: J. B. Metz – J. Reikerstorfer – J. Werbick, Gottesrede, Münster 1996, 3–20, hier 19 bzw. 5). Im Blick auf Adorno wie etwa auch auf Pasolini hat P. Sloterdijk (Kritik der zynischen Vernunft, Erster Band, Frankfurt a. M. 1983, 25) von einem »Schmerzapriori« gesprochen, das dem selbst Verwundeten »kritisch die Augen öffnet«. Zur Begründung des Wortgebrauchs in der Neuen Politischen Theologie vgl. J. Manemann, Weil es nicht nur Geschichte ist, Münster 1995, 187 bzw. 281.

Zwischenreflexion

Verlangens nach Würdigung, des Verbots, seine Würde dadurch zu schänden, daß ich ihn nur nach Maßgabe meiner Vorhaben würdige.

Von diesem Apriori ausgehen heißt aber sofort auch, die Aufhebung bestimmter Grund-Unterscheidungen unter keiner Bedingung hinzunehmen und sie über ihr Enthaltensein im »Leid-Apriori« hinaus für nicht weiter begründungsbedürftig zu halten: vor allen anderen die Grund-Unterscheidung von »gut/wahr« zu »erfolgreich«, von »unbedingt« zu »bedingt«. Die Qualifikation »gut/wahr« bezieht sich auf das als es selbst und in sich zu Würdigende, die Qualifikation »erfolgreich« auf Verfahren, in denen etwas oder jemand als taugliches Mittel zum Zweck betrachtet, als solches in Anspruch genommen wird und so der intendierte Zweck erreicht wird. Die Qualifikation »unbedingt« meint eine Geltung mit Wahrheitsanspruch, die ohne Rücksicht auf konkrete Umstände und Absichten als solche zu würdigen und anzuerkennen ist; die Qualifikation »bedingt« bezieht sich auf Geltungen, die nach Maßgabe höherer Geltungsansprüche zu realisieren sind und deshalb nur als tauglich – förderlich, unerläßlich – für anderes gelten. Eine Aufhebung dieser Unterscheidungen ist schlechterdings nicht-hinnehmbar, weil mit ihnen die dem anderen Menschen zuzuerkennende Würde markiert werden muß: durch das Verbot, ihn nur als »Mittel« zu würdigen, das zur erfolgreichen Verwirklichung eines ihm äußeren Zwecks tauglich oder hinderlich wäre.

Damit ist aber auch deutlich geworden, daß die erfolgs- bzw. mißerfolgsorientierte moderne Wissenschaftslogik in ihrem Wahrheitsanspruch selbst zu relativieren ist. Wenn unter der »besten erreichbaren Erklärung« die bisher erfolgreichste Hypothese zu verstehen ist, also jene, die für sich in Anspruch nehmen kann, einen bestimmten Wirklichkeitsbereich am relativ besten menschlichem Verstehen und dem von diesem Verstehen angeleiteten praktischen Umgang zu erschließen, so kann von diesem Status der »besten erreichbaren Hypothese« eben nicht ohne weiteres geschlossen werden, sie sei »wahrscheinlich wahr«.[55] Ihr Erfolg mag ja gerade darauf zurückzuführen sein, daß sie am besten jene Aspekte der Wirklichkeit auszugrenzen und zu verdrängen hilft, auf deren Kosten die jeweils ermöglichte erfolgreiche Praxis funktioniert; darauf also, daß sie das Gegebene nicht in sich und um seiner selbst willen, sondern nur im Blick auf seine erfolgreiche Nutzung würdigt.

Wahrheit geschieht, wo der Herausforderung oder auch der Bitte, das Begegnende – das Gegebene – als es selbst zu würdigen, entsprochen wird. Sie steht zur Entscheidung, wo der Anspruch auf Würdigung gleichsam unmittelbar – jedenfalls nicht weiter begründungsbedürftig – nach dem Menschen greift und ihn in Anspruch nimmt. Das ist gewiß am deutlichsten da der Fall, wo das Nicht-Hinnehmbare des entfremdenden Leidens nach Würdigung verlangt und das Ausblenden oder Verdrängen *verbietet*. Es ist jedoch offenkundig nicht nur im Bereich der praktischen Lebens-Wahrheit der Fall. Wahrheits-*Ansprüche*

---

[55] Vgl. die gegenteilige Beurteilung in der gegenwärtigen wissenschaftstheoretischen Diskussion, referiert bei A. Deeken, Glaube ohne Begründung?, 56.

sind generell Behauptungen von Menschen bzw. Menschengruppen, hier werde dem Anspruch eines Gegebenen auf Würdigung so gut wie möglich entsprochen. Aber setzt dieser Anspruch bei denen, die ihn als ihren Anspruch geltend machen, nicht Unmögliches voraus: daß sie in der Lage sind, mit guten Gründen zwischen dem Erfolg einer Hypothese und einer den Anspruch des Gegebenen auf Würdigung als es selbst erfüllenden wahren Behauptung adäquat zu unterscheiden; daß sie deshalb zu einer gut begründeten Entscheidung darüber kommen können, wie dem unbedingten Anspruch des Gegebenen bzw. Begegnenden auf Würdigung wahrheitsgemäß zu entsprechen wäre? Ist denn das Verhältnis von Gegebenem und Entgegennehmendem nicht unentrinnbar das vom Entgegennehmenden selbst konstituierte, damit aber auch das von seinem Anspruch auf Selbst-Identität und Weltaneignung beherrschte Verhältnis? Kann es über ein nach Würdigung verlangendes *Außerhalb* zu diesem vom Entgegennehmenden beherrschten Verhältnis nicht doch wieder nur unentscheidbare Hypothesen oder unverbindliche Meinungen geben?

5. Wahrheits-Ansprüche

Wer von Wahrheit spricht, der setzt ein Welt- bzw. Wirklichkeitsverhältnis des Menschen voraus, das noch nicht aufgehellt wäre, wenn es identifiziert würde mit dem erfolgreichen Überleben des Menschen in der ihn umgebenden Umwelt. Daß es diesen erfolgreichen Umgang gibt, wirft ja zumindest die Frage auf, weshalb es ihn – von der conditio humana wie von den Gegebenheiten der Welt her gesehen – *geben kann.* »Die Verfassung der Welt, in der wir uns immer schon finden«, ist uns – so *Dieter Henrich* – nur insoweit ohne weiteres

> »verständlich, wie wir sie als Grundbedingung unseres auf weltliche Ziele orientierten Wissens und Handelns betrachten. Für sich genommen ist diese Verfassung durch Korrelationen bestimmt, deren Möglichkeit uns unbegreiflich bleibt – zum Beispiel die Korrelation zwischen selbständigen Einzeldingen und der Ordnung, in der sie koexistieren und aufeinander wirken ... Dasselbe gilt für die Korrelation zwischen den Personen und ihrem Wahrheitsbezug, der die Welt als ganze übergreift, und dem, was die Welt wirklich ist.«[56]

Man kann diese Unbegreiflichkeit so auflösen, daß man den Menschen und die Welt, in der er sich vorfindet, als Hervorbringungen eines evolutionären Differenzierungsprozesses versteht, der die Menschen als gerade aufgrund ihrer Vernunft erfolgreiche und bis dato überlebensfähige Spezies hervorgebracht hat und deshalb die Frage obsolet macht, ob für den Menschen vernünftigerweise noch anderes Gültigkeit beanspruchen dürfte als der Überlebens-Erfolg der Gat-

---

[56] D. Henrich, Eine philosophische Begründung für die Rede von Gott in der Moderne? Sechzehn Thesen, in: D. Henrich u. a., Die Gottrede von Juden und Christen unter den Herausforderungen der säkularen Welt, Münster 1997, 10–20, hier 16.

tung. Henrich spricht hier von einem umfassenden »physikalischen Naturalismus«, der freilich durchaus ein Naturalismus mit Wahrheitsanspruch wäre: Die Unbegreiflichkeit eines wahrheitsfähigen Weltbezugs ist zurückgeführt auf einen naturalistisch-physikalisch bzw. biologisch zu verstehenden Prozeß, dessen Würdigung es dem Menschen abnötigt, sich als bloße Hervorbringung dieses Prozesses – und seiner Verlaufslogik entsprechend – als auf erfolgreiches Überleben programmiert und festgelegt zu verstehen.[57] *Friedrich Nietzsche* darf als der konsequenteste Verfechter dieser Auflösung gelten; seine Maxime ist ja: »Den Menschen ... zurückübersetzen in die Natur; über die vielen eitlen und schwärmerischen Nebensinne Herr werden, welche bisher über jenen ewigen Grundtext homo natura gekritzelt und gemalt wurden«.[58] Diese »Nebensinne« sind vor allem vom religiösen Gottesglauben entworfen und zur Geltung gebracht worden. Sie wollen dazu verpflichten, Gott zu denken, einen Gott, der diese Welt – die Natur – zum Vorletzten erniedrigt. Aber muß Gott gedacht werden, wenn das Denken sich selbst zu Ende denkt? Nietzsches Zarathustra rät seinen Jüngern zur großen Alternative: »... diess bedeute euch Wille zur Wahrheit, dass Alles verwandelt werde in Menschen-Denkbares, Menschen-Sichtbares, Menschen-Fühlbares! Eure eignen Sinne sollt ihr zu Ende denken!«[59]

Die Sinne zu Ende denken kann hier nicht heißen, zu einer sinnlich vermittelten, »objektiven« Wahrheit vorzudringen und eine »wirkliche« Welt zu erkennen. Denn:

> »Die Gewohnheiten unserer Sinne haben uns in Lug und Trug der Empfindung eingesponnen: diese wieder sind die Grundlagen unserer Urtheile und ›Erkenntnisse‹, – es gibt durchaus kein Entrinnen, keine Schlupf- und Schleichwege in die *wirkliche* Welt! Wir sind in unserem Netze, wir Spinnen, und was wir auch darin fangen, wir können gar Nichts fangen, als was sich eben in unserem Netze fangen läßt.«[60]

Dieses Netz der sinnlichen Erkenntnis ist – wie das Netz der Spinnen – zum Beutemachen, zur vitalen Selbstbehauptung geknüpft: »Die Erkenntnis arbeitet als Werkzeug der Macht«[61]; »alle unsere Erkenntnißorgane und -Sinne sind nur entwickelt in Hinsicht auf Erhaltungs- und Wachsthums-Bedingungen«. Der »Wille zur Wahrheit« ist nichts anderes »als Wille zur Macht«[62]; und als solcher

---

[57] Thomas Nagel spricht hier von der reduktionistischen Tendenz eines »groteske(n), übermäßige(n) Gebrauch(s) der biologischen Evolutionstheorie zur Erklärung aller Seiten des Lebens, einschließlich aller Seiten des menschlichen Geistes«; und er führt sie u. a. auf eine »Religionsangst« zurück: auf die metaphysikkritische Abneigung dagegen, eine grundlegende Beziehung zwischen Geist und Welt anzunehmen, die den Menschen im Universum »heimisch« mache und so erst Erkenntnis mit einem objektiven Geltungsanspruch begründe (vgl. Das letzte Wort, dt. Stuttgart 1999, 190–192). Nagel wendet sich freilich auch gegen den Versuch, die Möglichkeit dieser grundlegenden Beziehung durch die Hypothese Gott »erklären« zu wollen (vgl. ebd., 194).
[58] Jenseits von Gut und Böse, Aphorismus 230, KSA 5, 169.
[59] Also sprach Zarathustra II, Auf den glückseligen Inseln, KSA 4, 110.
[60] Morgenröthe, Aphorismus 117, KSA 3, 110.
[61] Nachgelassene Fragmente Frühjahr 1888, KSA 13, 302.
[62] Nachgelassene Fragmente Herbst 1887, KSA 12, 352. Eine Interpretation, die die zentrale

ergreift er »Realität, um über sie Herr zu werden, um sie in Dienst zu neh-men.«[63] Erkenntnis geht auf »Einverleibung«; ihre Wahrheiten sind Lebens-bedingungen; sie hat uns »eine Welt zurechtgemacht, in der wir leben können«.[64] Sind diese Wahrheiten dann nicht doch nur jene »lebenserhaltenden Irrthümer«, die sich aufgrund ihrer »Nützlichkeit« bewährt haben und als Be-dingungen des Lebens festgehalten werden? Geraten sie nicht endlich doch in Konflikt mit dem »Trieb zur Wahrheit«, der damit rechnen läßt, daß »unter den Bedingungen des Lebens … der Irrthum sein« könnte? Inwieweit – so fragt sich Nietzsche – »verträgt die Wahrheit die Einverleibung?«[65] Dies aber nicht des-halb, weil er den Willen zur »Einverleibung« desavouieren will, vielmehr allein deshalb, damit der Wille zur Wahrheit als der Wille, nicht zu täuschen, auch sich selbst nicht zu täuschen, die »furchtbarste Wahrheit« aushalten lerne: daß er nichts anderes ist als Wille zur Macht – und sich zuletzt noch als *dieser* durch-schauen muß. Es kommt nun – so Nietzsche – darauf an, das Wesen zu schaffen, das diesem Gedanken gewachsen ist, »dem er leicht und selig ist«[66]: den Über-menschen, der durchschaut und aushält, daß der Wille zur Macht – ohne es erkennend einzuholen – auf sein Anderes trifft, das *fatum*, das ihm schlechthin Widerfahrende. Von ihm kann nur noch dies gesagt werden: Es ist *gut* und zu bejahen, *weil* es die von ihm Getroffenen dazu zwingt, ihm gewachsen zu sein, sich mit ihm zu identifizieren[67] und es sich gerade so »einzuverleiben« – als die Übermenschen, die von ihm nun nicht mehr besiegt werden können. Erst darin sind die Sinne zu Ende gedacht, ist Wahrheit gedacht als die Wahrheit der äußer-sten und radikalen, weil der Intention des Sinnlichen entsprechend »restlosen« Aneignung: als Wille zur Macht. Aber damit ist auch die abgründigste Frage aufgeworfen: ob die bemächtigende Aneignung nicht zuletzt doch Identifikation mit dem »Aggressor« bedeutet, mit einem Zwingend-Überwältigenden, dem man – in unendlicher Selbst-Steigerung – nur gewachsen sein kann, indem man sich mit ihm identifiziert und den Willen zum Leben als jene Letztwirk-lichkeit bejaht, die mich als fatum unausweichlich betrifft, mir eben nur noch die Wahl läßt, ihn unendlich und unbedingt selbst zu wollen – oder ihm mit der Illusion einer anderen, »hinterweltlichen« Letztwirklichkeit auszuweichen.

Nietzsche versucht, den vital-naturalistischen Willen zum Leben und zur Macht unhintergehbar und den Rekurs auf eine ihm zuvorliegende und ihn relativierende Letztwirklichkeit »unmöglich« zu machen, ihn als Flucht oder als Ausweichen zu denunzieren. Wenn die Sinne zu Ende gedacht wären, so

---

Bedeutung des »Willens zur Macht« für Nietzsches Spätphilosophie zur Geltung bringt, legt M. Striet vor; vgl. Das Ich im Sturz der Realität. Philosophisch-theologische Studien zu einer Theorie des Subjekts in Auseinandersetzung mit der Spätphilosophie Friedrich Nietzsches, Regensburg 1998.
[63] Nachgelassene Fragmente Frühjahr 1888, KSA 13, 302.
[64] Vgl. Die fröhliche Wissenschaft, Aphorismus 110 bzw. 121, KSA 3, 469 bzw. 477.
[65] Vgl. ebd., 470 f. und 478.
[66] Vgl. Nachgelassene Fragmente Herbst 1883, KSA 10, 602.
[67] Vgl. Die fröhliche Wissenschaft, Aphorismus 276, KSA 3, 521.

bliebe hier nichts mehr zu denken, so wäre das Denken in seinem »Letzten«
angekommen und damit *in seiner Wahrheit*. Aber bleibt nicht doch noch zu
denken, ob nur die Indifferenz – die Nicht-mehr-Unterscheidbarkeit – von Leben, Macht, Wahrheit und Untergang, ob nur die Wahrheit des Übermensch-
seins in einer nur den Übermenschen hervorbringen sollenden Welt das letzte
Denkbare sein kann? Ob nur zu würdigen ist, was mich herausfordert, ihm
gewachsen zu sein? Ob nicht gerade zu würdigen wäre, was mich nicht zur
Überwältigung herausfordert, sondern mich *bittet*, auf es in Sorgfalt zu achten
und es zu hören? Wären nicht überhaupt erst so die Sinne zu Ende gedacht:
wenn gedacht wird, was sich der Einverleibung entzieht, was uns aber durch
die Sinne nahekommen kann?

Wenn nun die Wahrheit der Sinne nicht die Einverleibung wäre, in der der
Übermensch sich mit dem Äußersten identifiziert, das ihm widerfährt, sondern
das *Einbezogensein*, die ursprüngliche »Indifferenz ... von Wissen und Welt-
form«[68], die das Äußerste und Letzte – das Nicht-mehr-Hintergehbare und
Überschreitbare – für den Menschen zugleich sein Innerstes sein ließe, so daß
seine äußerste Herausforderung zugleich Herausforderung zu sich selbst wäre?
Auf den ersten Blick ist diese Indifferenzthese kaum zu unterscheiden von
Nietzsches Indifferenzbehauptung. Auch bei Nietzsche geht es ja um ein Einbezogenwerden des Übermenschen in die Letztwirklichkeit von Macht und Leben, aber eben um das Einbezogenwerden im Modus der Aneignung, die zugleich Untergang bedeutet – wie es dem natürlichen Leben und dem in ihm
lebendigen Willen zur Macht entspricht.

Die Alternative dazu ist immerhin denkbar – und sie wird in unterschiedlichen religiösen Traditionen gelebt. Gedacht wird sie als eine »Metaphysik des
Überstiegs zur Indifferenz«, nach der »der Ordnungsgrund der Welt in jedem
Einzelnen und zumal im bewußten Leben gegenwärtig ist«, so daß »ihr zufolge
jedem bewußten Leben auch eine absolute Bedeutung« zukommt. Die Relativität und Zufälligkeit des einzelnen Menschen in seiner raumzeitlichen, in der
unendlichen Raumzeitlichkeit geradezu verschwindenden Existenz wird hier
nicht resignativ oder wie bei Nietzsche durch Identifikation mit dem darin sich
erfüllenden Fatum des Lebens abgearbeitet, aber auch »nicht dementiert. Gerade
im transitorischen Jetzt (und Hier) läßt sie sich ganz verwirklichen und ist dabei
von einem Absoluten ermöglicht und geborgen.«[69] Das Hier und Jetzt ist der
»Ort« oder »Zeitpunkt«, an dem sich nicht das Herausfallen aus dem Letztwirk-
lichen ankündigt, sondern das rettende Einbezogensein in eine mich umgreifende absolute Wirklichkeit geglaubt werden darf, die von mir authentisch
gewürdigt wird, wenn ich für sie der Ort sein will, wo sich auch den anderen –
den Notleidenden zumal – die Letzt-Wirklichkeit und Letzt-Gültigkeit der Rettung bekundet.

---

[68] Vgl. D. Henrich, Eine philosophische Begründung für die Rede von Gott in der Moderne?, a.a.O.,
16.
[69] Ebd., 17.

Wahrheits-Ansprüche

Die Alternative zwischen »Naturalismus« und »Metaphysik des Überstiegs« ist – so der Philosoph Dieter Henrich – nicht mehr argumentativ zu
entscheiden. Der Mensch weiß bei allem, was er weiß, »daß er im Zentrum
seines Lebens und also in seinem Für-sich-Sein von einem Grund dependiert,
ohne daß er von diesem Grund, so wie von Einzelnem in der Welt, ein ausweis-
bares Wissen haben könnte.« Aber es läßt sich nicht aufgrund einer »unwider-
sprechlichen Erkenntnis« Vergewisserung darüber erlangen, wie diese Depen-
denz und demzufolge auch der letzte Grund, von dem der Mensch zuinnerst
»dependiert«, verstanden werden muß. »Alles, was der Mensch in seinem Leben
verläßlich weiß, ist sowohl durch den Naturalismus wie durch die im Überstieg
gewonnene Metaphysik zu interpretieren«.[70]
Sind wir damit wieder bei jenem »erkenntnistheoretischen Patt« angekommen, das etwa nach John Hicks Religionstheorie – da im Blick auf das als Wirklichkeit Gegebene argumentativ nicht mehr aufzulösen – nur durch eine Glaubensentscheidung überwindbar wäre?[71] Bleibt deshalb – wie ebenfalls bei Hick
ausgearbeitet – nur eine Glaubensvergewisserung, die die »theistische« bzw.
»metaphysische« Option so lange festzuhalten erlaubt, als es keine zwingenden
Argumente gegen sie zu geben scheint? Dieter Henrich geht einen, vielleicht
den entscheidenden Schritt weiter. Er ruft »Schlüsselerfahrungen« auf, von denen auszugehen und die im Zusammenhang zu denken zwar nicht hieße, die
»Metaphysik des Überstiegs« unwiderlegbar letztzubegründen, es aber doch erlauben könnte, sich von ihnen her dem Gesamtzusammenhang des uns als
Wirklichkeit Gegebenen – wie im Einzelnen zu belegen wäre – in »produktiver«
oder »kreativer« Entsprechung zu stellen, ihn authentisch zu würdigen. Hen-
richs These hierzu:

»Die Selbstinterpretation, welche ihm (dem Menschen; J. W.) die Metaphysik des
Überstiegs ermöglicht, kann sich nur in einem mit Schlüsselerfahrungen seines bewußten Lebens bewahrheiten. Zu ihnen gehört, daß er sich im Vollzug dieses Le-

---

[70] Ebd., 17 f. Nagel legt Wert darauf, die Unhaltbarkeit der reduktionistisch-naturalistischen Sicht
zumindest erkenntnistheoretisch aufzuweisen. Selbst wenn man die Entstehung der Vernunfttätig-
keit evolutionstheoretisch rekonstruieren könnte, würde gelten: »Mein Vertrauen in eine Denkfähig-
keit, die ich infolge der natürlichen Auslese besitze, kann nicht gerechtfertigt sein, sofern ich nicht
dazu berechtigt bin, ihr sachlich als solcher zu vertrauen und mithin zu glauben, was sie mir sagt, weil
die von ihr gelieferten Argumente diesen bestimmten Inhalt haben.« Deshalb bestreitet Nagel, »daß
das Eigentliche der Rationalität durch die Theorie der natürlichen Auslese« – also gleichsam von
außen – »verstanden werden kann. Was Rationalität ist, was sie uns sagt und welches ihre Grenzen
sind, kann nur von innen her begriffen werden«, durch vernunftimmanente Klärung der Begründbarkeit allgemeiner Geltungsansprüche (Das letzte Wort, 201). Für die Rechtfertigung von Handlungen
gilt – so Nagel –, daß sie sich zwar so vollständig »von außen« beschreiben lassen, daß diese
Beschreibung »nichts zu wünschen übrig lassen würde«, daß es dann aber ein praktisches Denken,
welches die Geltung solcher Rechtfertigungen zu prüfen hätte, im Grunde gar nicht geben könnte
(vgl. ebd., 208). Nagels Argumente dafür, daß sich seine »rationalistische« Option für die Unumgänglichkeit eines durch Vernunft ausweisbaren Anspruchs auf objektive Geltung der Erkenntnis auch
ohne »metaphysische« Voraussetzungen begründen ließe, sind mir nicht ebenso deutlich geworden
wie die Triftigkeit seiner Argumente gegen den Erklärungsanspruch naturalistischer Theorien.
[71] Vgl. etwa J. Hick, Religion, 249.

Zwischenreflexion

bens erhalten, getragen und bestätigt wissen kann, und zwar aus dem ihm inneren, aber unfaßbaren Grund. Zu ihnen gehört, daß er sich in endliche Freiheit kraft seines Gewissens eingesetzt wissen kann. Zu ihnen gehört zumal, daß er in der Begegnung mit anderem bewußtem Leben eine Affirmation von Sinn erfahren kann, in der sein Verdacht erlischt, sie möchte durch eine naturalistische Erklärung unterlaufen werden.«[72]

Die Schlüsselerfahrungen selbst mögen diesen Verdacht mitunter zum »Erlöschen« bringen. Die argumentative Bezugnahme auf sie wird ihn niemals ganz los werden. Auch die »Möglichkeit der naturalistischen Selbstdeutung« beglaubigt sich ja »durch die Erfahrungen scheiternder Selbstfindung, unauflösbarer Verstrickung und unüberwindlicher Einsamkeit«.[73] Aber heben sich diese gegenläufigen Beglaubigungen nur gegenseitig auf, so daß keiner zu trauen wäre? Verlieren sie ihre Glaubwürdigkeit, da sie offenkundig nur situativ möglich und dann auch »Schlüsselerfahrungen« sind? Was also berechtigt dazu, *diese* – und eben nicht jene – Erfahrungen als Schlüsselerfahrungen gelten zu lassen?

Die von Henrich genannten Schlüsselerfahrungen einer »Metaphysik des Überstiegs« haben für die genauere Betrachtung unterschiedliche Valenz. Die Gewissenserfahrung, in der das Gute von dem für mich – aus welchen Gründen auch immer – Vorteilhaften unterschieden und als Anruf oder als Bitte an meine endliche Freiheit wahrgenommen wird, hat als praktische Vergewisserung eines »unhintergehbar« zu Würdigenden gewiß eher den Charakter des »Nicht-Verhandelbaren« bzw. »Nicht-Bestreitbaren« als die Sinnaffirmation in der liebenden Begegnung mit einem Mitmenschen, die ich nicht *nur* als Bedürfnisbefriedigung sehen möchte, sondern als Bezeugung eines uns beide tragenden, von uns nicht selbst verbürgten »Grundes«. Sollte man sich dann nicht gleich argumentativ auf den Gewissensanspruch als annähernd zwingendes, jedenfalls in hohem Maße überzeugendes Zeugnis einer sinnverbürgenden Unbedingtheit zurückziehen?

Mit diesem Rückzug allein wäre noch nicht viel gewonnen. Auch die unbedingte Forderung – etwa die Forderung, das identitätsbedrohende Leiden des anderen als nicht hinnehmbar anzusehen und sich deshalb von ihm zur Abhilfe herausgefordert zu sehen – ist nicht »immun« gegen eine naturalistische Erklärung. Nietzsche sieht sich ja genau dazu herausgefordert. Das Unbedingte dieser Forderung wäre nach ihr doch nur entweder die Bewußtseinsspiegelung eines Erfordernisses der Evolution – dem Egoismus der Gene Geltung zu verschaffen, indem das Überleben der eigenen Nachkommenschaft und letztlich auch der Gattung gesichert wird –, oder sie führte gar in eine Sackgasse der Evolution, da sie den Egoismus des Überlebenwollens moralisch untergräbt und gerade so die genetisch Stärksten sozial-moralisch schwächt. Man kann philosophisch und theologisch offenkundig nicht ohne Weiteres von dieser Beglaubigung eines Unbedingten oder Absoluten so ausgehen, als könne sie gleichsam für sich allein

---

[72] D. Henrich, a. a. O., 18.
[73] Ebd.

stehen. Gibt es dennoch gute Gründe dafür, die naturalistisch-relativierende Erklärung zurückzuweisen – Gründe, die *gute* Gründe bleiben, auch wenn sie den Verdacht, es könnte sich anders verhalten, nicht einfach zum Erlöschen bringen?

Man kann zunächst darauf hinweisen, daß die relativierende Erklärung einer Schlüsselerfahrung diese in Wahrheit *wegerklärt*, sie gerade nicht in dem würdigt, was sie zu sein beansprucht: Konfrontation mit einer Herausforderung, in der ich den Sinn meines Menschseins ergreifen soll, der ich mich deshalb nicht verweigern darf, wenn ich mich nicht selbst zum anpassungsschlauen und überlebenstüchtigen Tier zurückdefinieren will. In der Würdigung dieser Erfahrung als Schlüsselerfahrung wird Nichtverhandelbares und Nichtrelativierbares als solches gewürdigt; und das heißt zugleich, daß man der relativierenden oder entlarvenden Erklärung mit dem Argument entgegentritt, sie könne nicht würdigen, was mir zu würdigen unabdingbar erscheint. Es handelt sich hier um jenen »Konflikt der Interpretationen« (Ricœur[74]), in dem sich die »Hermeneutik des Sinnes« immer wieder neu gegen die »Hermeneutik des Verdachts« behaupten muß und dies offenkundig auch kann, wenn sie die Selbstgewißheit des Verdachts, Schlüsselerfahrungen durch bloße – etwa genetische – Erklärung in ihrem Geltungsanspruch diskreditieren zu können, als Willkür und als Mißachtung des hier zu Würdigenden erweist.

Der Konflikt der Interpretationen ist gleichwohl kein bloßes Gegeneinander von wechselseitigen Delegitimationsversuchen. Seine Austragung ist vielmehr – so Ricœurs These – unerläßliche Bedingung dafür, daß Schlüsselerfahrungen und ihre symbolisch-metaphorische Vertextung den Menschen sagen können, was sie ihnen als das über ihr biologisch-psychisches Konditioniertsein Hinausführende sagen wollen. Die Hermeneutik des Verdachts muß ihre Zweifel anmelden, wo immer der Mensch sich unter Berufung auf verheißungsvolle Schlüsselerfahrungen und Symbolisierungen, die ihnen umfassend Recht geben, der irritierenden Konfrontation mit dem ihm Widerfahrenden entziehen will. Und wo versucht er das nicht! Die Hermeneutik des Sinnes wird sich gegen den Versuch wehren, all das als leicht erklärbare biologisch-funktionale Selbst-Stabilisierung unter Verdacht zu stellen, worin der Mensch der verheißungsvoll-letztgültigen Herausforderung seines Lebens auf die Spur zu kommen meint.

In diesem Streit wird keine Seite die Gegenseite endgültig zum Schweigen bringen können. Aber deshalb ist noch lange nicht ausgeschlossen, daß man im Streit der Interpretationen – in dem Spannungsfeld, auf dem die wechselseitigen Einsprüche sich aneinander abarbeiten – mit guten Gründen Position beziehen könnte. Die Fundamentaltheologie, wie sie in diesem Buch entfaltet wird, will sich in diesen Konflikt der Interpretationen einmischen – und sie ist von ihm heimgesucht. Wenn sie Position bezieht, so geschieht dies hoffentlich mit guten

---

[74] Vgl. den programmatischen Titel seines Aufsatzbandes »Le conflit des interprétations«, Paris 1969, dt. als »Hermeneutik und Psychoanalyse« herausgekommen, München 1974.

Gründen. Aber es geschieht mit dem Bewußtsein, daß noch so gute Gründe den Verdacht nicht »gegenstandslos« machen und die Sinnbehauptung des Glaubens nicht dem ebenfalls begründbaren Zweifel entziehen können.

Die guten Argumente, die gegen die Grenzenlosigkeit des Verdachts aufgeboten werden können, erinnern daran, daß der Verdacht zerstören kann, was er zu erklären vorgibt, daß er sich selbst blind und taub macht für das, was er auf sein Erklärungsschema zurückführt und so in seiner Botschaft womöglich entscheidend reduziert. Erklärung relativiert das seinem Anspruch nach Letztgültige und Nichthintergehbare; sie »hintergeht« es. Entzieht sie sich damit nicht der Herausforderung, die im Nichthintergehbaren liegt? Weicht sie nicht der Konfrontation mit ihm aus? Daß das erklärende Zurückgehen ein unerlaubtes Zurückweichen und zugleich ein Hintergehen des Nicht-zu-Hintergehenden ist, wäre möglichst konkret daran aufzuweisen, was die Würdigung des Nicht-zu-Hintergehenden argumentativ nachvollziehbar erschließt und was von vornherein verloren wäre, wenn man es nicht als das Unhintergehbare würdigte.

Der Konflikt der Interpretationen ist der Streit um das Nicht-Hintergehbare und Nicht-zu-Hintergehende, der Streit um die Letztgültigkeit, von der nur ausgegangen, hinter die nicht mehr relativierend zurückgegangen werden *darf*. Der Verdacht hintergeht dennoch. Ihn kümmert nicht, daß er daran gehindert sein soll; und er findet immer seine Gründe. Aber er muß sich fragen lassen, wohin *er* führt, ob er sich etwa zum Selbstzweck immunisieren will. Es kann und darf darum gestritten werden, ob da, wohin er absehbarerweise führen wird, noch etwas zu finden oder alles verloren wäre. Dieser Streit wird im vorliegenden Buch immer wieder von neuem mit Nietzsches Hermeneutik des Verdachts ausgetragen. Natürlich kümmert es den Verdacht selbst letztlich wenig, ob er »etwas bringt«, denn er erfreut sich des Renommees eines absolut enttäuschungsfesten, gegen den äußersten Verlust gewappneten Realismus; er zeichnet – wenn auch das Übermenschentum sich noch als Illusion erwiese – den Helden der Resignation aus. Und der hat sich gänzlich unangreifbar gemacht; er kann von dem ihm Widerfahrenden nicht mehr um Illusionen gebracht werden, die er nicht schon freiwillig als solche durchschaut hätte. Aber er kann auch keiner Sehnsucht mehr trauen. Er kann nicht mehr damit »rechnen«, daß es einen unhintergehbaren Anfang gibt, von dem auszugehen endlich doch weiterführen würde als die Weigerung, mit ihm anzufangen – und in ihm mit sich das Lebensentscheidende anfangen zu lassen.

6. Das Gegebene würdigen: Option und Wahrheit

Dem Verdacht zu widerstehen, weil er zu zersetzen droht, was gewürdigt werden muß; weil er es aufgegeben hat, »mehr« für möglich zu halten, als er sich erklären kann – nach den Kriterien seines Naturalismus erklären kann: das ist eine Entscheidung, die nicht von unwiderleglichen Argumenten erzwungen ist.

Sie beruht – also doch – auf einer Option, keineswegs freilich auf einer beliebigen; auf einer Option vielmehr mit so guten Gründen, daß man sie für *wohlbegründet* halten darf. Sie darf für sich in Anspruch nehmen, von den reduktiven Erklärungen rebus sic stantibus nicht widerlegt zu werden. Sie weiß sich zu einer »Gegen-Kritik« in der Lage, die die verschiedenen Ausprägungen einer Hermeneutik des Verdachts bei ihren Voraussetzungen behaftet und deren Problematik zur Diskussion stellt. Sie kann mit guten Argumenten ihre Zuversicht begründen, der Weg, den sie erschließt und auf dem sie sich realisiert, sei ein Weg zum Leben und eben nicht – wie der naturalistische Verdacht ihr vorhält – ein Weg der Selbstaufgabe. Sie muß sich dann aber auch dabei behaften lassen zu zeigen, daß man auf diesem Weg nicht genötigt ist, möglicherweise entscheidenden Gegebenheiten und Einwendungen auszuweichen – sie eben nicht so zu würdigen, wie es ihnen geschuldet wäre. Der Weg zum Leben muß sich als Weg der *Wahrheit* legitimieren lassen, der Vertrauen verdient, weil man auf ihm dem Verdacht, hier werde das nicht ins Konzept Passende verdrängt oder verleugnet, mit guten Gründen begegnen kann.

Die guten Gründe und Argumente lassen sich als gute ausweisen, da sie in engem Zusammenhang stehen mit der Würdigung des Nicht-zu-Hintergehenden: des Anderen – insbesondere des leidenden Anderen – in seinem unüberholbaren und nicht zu relativierenden Gutsein in sich selbst. Diese »Letztgegebenheit« hat freilich wiederum nicht den Status eines unbezweifelbaren Faktums. Sie scheint ja schon dadurch in ihrer Letztgültigkeit aufgehoben, daß das »In sich selbst« gegen seine offenkundige biologische Relativierung keinen Bestand hat. Muß man dieser biologischen Relativierung des »In sich selbst« nicht immer schon Recht geben – weil sie in dem Sinne »wahr« ist, wie Nietzsche ihr Recht gegeben hat mit seiner Theorie von der Zukunft des Übermenschen, die die Opferung der (Unter-?)Menschen verlangt? Oder verbietet sich diese Relativierung mit *letzter* Autorität, mit der Autorität der Bitte: »Bitte würdige, was in deine Hand gegeben ist und von dir mit schrecklichen Folgen mißachtet, aber selbst damit nicht um sein Gutsein in sich gebracht werden kann«?

Die Option des christlichen Glaubens unterwirft sich der Autorität dieser Bitte. Sie wird für die Glaubenden nicht dadurch gegenstandslos, daß das endlich-menschliche Zusammenleben sie nicht erfüllen kann, denn sie hören in dieser Bitte Gottes Zusage mit: Das von Menschen zu Würdigende ist zuvor schon von Gott gewürdigt; und *seine* Würdigung wird die Bitte des Menschen um Würdigung auch da noch erfüllen, wo ihre Erfüllung nicht mehr in der Macht von Menschen steht. Aber auch diese Zusage ist zugleich *Bitte*, Bitte darum, die Menschen möchten nicht verlorengeben, was Gott seinen Geschöpfen an Gutheit mitgegeben hat; sie möchten in seinem Sinne würdigen, was um Würdigung bittet: die notleidenden Anderen, aber auch sich selbst, wegen jener Gutheit, der schließlich über alle Mißachtung hinaus durch Gott selbst endgültige Würdigung und endzeitliche Wahrheit widerfahren soll. Wo diese Gutheit Würdigung findet, da geschieht Versöhnung; da wird jener Zwiespalt überwunden, der die mir begegnenden Anderen – und letztlich auch mich selbst – zugleich als Herausforderung zur Aneignung und als Bitte um Würdigung erfahren läßt. So lautet Gottes Bitte, die im menschgewordenen Logos Fleisch angenommen hat und von denen ausgerichtet wird, die sich in den Dienst dieses Logos stellen: »Laßt euch mit Gott versöhnen« (2 Kor 5, 20) – mit Gott und mit denen, deren Anspruch auf Würdigung euch in euch selbst entzweit und so dem Verdacht Raum gibt!

Die Glaubens-Option wagt es, nicht nur die Sinne, sondern die Bitte um Gewürdigtwerden *zu Ende zu denken;* zu jenem Ende, von dem glaubend ausgegangen werden darf als dem Anfang, der sich in jeder Bitte um Würdigung als Gottes Zusage und Bitte erschließt, als dem Anfang, den *er* mit den Gebetenen macht und nicht den Anfang vom alles relativierenden Ende sein läßt.[75] Die Bitte zu Ende denken bedeutet, sich ihrer Autorität zu unterstellen und diese Autorität als in Gottes Wort gründende anzuerkennen. In ihr geht den Menschen unbedingt an, was ihn unbedingt angehen muß, weil alles andere von hier aus relativiert werden darf. In ihr ereignet sich Gottes Autorität – die Autorität seines Wortes – als »*Freiheit gewährende* Autorität«, gerade nicht als zwingen wollende. Und wenn man die Bitte in Gottes Autorität hinein zu Ende zu denken versucht, so wird dabei auch die Vernunft nicht als zwingende, sondern »als *Freiheit bewahrende* Autorität« in Anspruch genommen.[76]

Die Glaubens-Option entspricht der Bitte des Letztgültigen und Nicht-zu-Hintergehenden, es als solches zu würdigen. Sie ist, indem sie sich der Autorität dieser Bitte unterstellt, alles andere als beliebig oder willkürlich, nicht einfach nur meine Wahl. Ich könnte mich der Bitte entziehen. Das wäre meine Wahl. Aber daß mich diese Bitte mit Autorität trifft und mir die Möglichkeit gegeben ist, sie zu Ende zu denken und zuvor schon ihr zu gehorchen und sie zu Ende zu glauben, das ist ganz und gar nicht meine Wahl. Menschliche Vernunft schützt die Freiheit des Glaubens, da sie ihn als den *nicht* – auch argumentativ nicht – erzwingbaren unterscheidet von einer »Nötigung« des Denkens, wie sie eben nur von nicht mehr wegzudiskutierenden, falsifizierenden Fakten ausgeht. Sie schützt die Freiheit des Glaubens, wo sie ihn vom Verdacht der Beliebigkeit freihält, wo sie aufdeckt, warum das hier als solches gewürdigte Letztgültige der gute »Grund« und Anfang ist, von dem auszugehen und auf den immer wieder neu sich zu beziehen den Weg zum Leben führt.

---

[75] Vgl. die Weiterführung dieses Gedankens im Offenbarungstraktat, Kap. 5.5.
[76] Vgl. E. Jüngel, Die Autorität des bittenden Christus, in: ders., Unterwegs zur Sache. Theologische Bemerkungen, München 1972, 179–188, hier 184.

7. Freiheit und Wahrheit

Die Bitte ist der Ursprung menschlicher Freiheit. Sie fordert meine freie Würdigung heraus: die Anerkennung eines In-Anspruch-genommen-Seins, dem ich mich nur entziehen könnte, wenn ich nicht würdigen und mich dem entziehen *wollte*, was mich unbedingt angeht. Die Bitte um Würdigung ist nicht unabweisbar. Unabweisbar ist nur das »brutum factum«, das meine Vorhaben umgehend scheitern läßt, wenn ich nicht mit ihm rechne. Unabweisbarkeit revoziert Freiheit, fordert das Rechnen mit dem unabweisbar Gegebenen. Unhintergehbarkeit aber erschließt sich in der – begründeten – Bitte, nicht zu hintergehen, will in Freiheit anerkannt sein: nicht aus Angst, ansonsten den entscheidenden Posten in der Kalkulation zu übergehen, vielmehr in der Sorge darum, nicht zu verdrängen und zu zerstören, was durch meine freie Anerkennung – zumindest auch durch sie – zur Geltung kommen und in diesem Sinn wirklich werden soll.

Die Bitte um Würdigung geht meine Freiheit unbedingt an, sie entdeckt der Freiheit deren eigene Unbedingtheit. Meine Freiheit realisiert sich nicht schon darin, daß sie mich in die Lage versetzt, mich so oder anders in der Welt einzurichten und dafür die Bedingungen zu schaffen, sondern erst darin, daß sie einer Herausforderung auf die Spur kommt, die anzuerkennen und der zu folgen keinerlei Beliebigkeit mehr an sich hat, weil menschliche Freiheit hier ganz und gar zu sich selbst herausgefordert ist: von einem Unbedingten zu einer unbedingten Entscheidung, zu einer »Option«, die eben nicht unter dieser oder jener Bedingung vorzuziehen ist, sondern unter jeder denkbaren Bedingung, *bedingungslos*. Freiheit erfährt sich als eingeschränkt oder aufgehoben, wo sie dieser Herausforderung nicht begegnet und sich deshalb entweder – als bloße Auswahlfreiheit – bedingten Zielsetzungen unterstellen muß, zwischen denen sie auf bedingte, durch sie selbst nicht mehr bestimmbare Weise optiert oder sich zurücknimmt auf die Identifikation mit einer Naturnotwendigkeit, angesichts derer man sowieso nur die »Freiheit« hätte, nicht mit ihr rechnen und so an ihr scheitern zu *wollen*.

Unbedingte Würdigung verlangt und ermöglicht, was gerade nicht als das unabweisbar zu Würdigende begegnet, sondern als Bitte: als die Bitte, unbedingt zu würdigen, was verfälscht und um seine Würde gebracht wäre, wenn man es nur bedingt würdigte. Um unbedingte Würdigung bittet das Willkür-Opfer, das nur bedingt gewürdigt – ins Kalkül gezogen – und so entwürdigt wird. Es bittet um, ja es verlangt nach Würdigung, weil an ihm die Selbstverfehlung der Freiheit begegnet, die sich im Bedingten unbedingt realisieren will und deshalb die Freiheit der anderen nicht gelten lassen will. Die Unbedingtheit, mit der menschliche Freiheit vom Einsatz für die Rettung der im Bedingten gefangenen und ihm unterworfenen Freiheit in Anspruch genommen ist, weckt freilich den Zweifel daran, ob diese Rettung der Freiheit, ob also der »Sieg« über die vermeintliche Letztgültigkeit der Bedingungen, denen sie sich zu unterwerfen geneigt ist, menschlicher Freiheit allein zuzutrauen ist. Die Bitte um Würdigung zu Ende gedacht fordert offenkundig dazu heraus, die Befreiung menschlicher Freiheit zu der ihr eigenen Unbedingtheit ihrer Einwilligung in den göttlich guten Willen zuzuschreiben, der die Allmacht der Bedingungen außer Kraft setzen, damit aber auch die Notwendigkeit überwinden wird, sich ihnen zu unterwerfen und die Würdigung der anderen an Bedingungen zu knüpfen. Die Glaubens-Hoffnung auf Gottes eschatologisch-bedingungslose Würdigung erlaubt es, der Unbedingtheit der Freiheit verpflichtet zu sein und in ihr die Verpflichtung der menschlichen Vernunft auf Wahrheit begründet zu sehen.

Wahrheit verlangt nach Würdigung, nach bedingungsloser Würdigung, da sie eben nicht nur nach Maßgabe dieser oder jener, von wem auch immer gesetzter Bedingungen gelten kann. Ob und wie auch immer Wahrheit erreicht werden kann: ihr Begriff schließt Unbedingtheit ein und schließt es aus, daß das als wahr Gewürdigte in seinem Anspruch relativiert oder überholt werden könnte. Der Anspruch auf Wahrheit ist – zumindest implizit – der Anspruch auf umfassende Wahrheit. Das Wahre ist in diesem Sinne »das Ganze«.[77] Seinem Anspruch wird nur entsprochen, wo – jedenfalls der Intention nach – alles zu Recht nach Würdigung Verlangende in jenem umfassenden Zusammenhang gewürdigt wird, in dem es *als es selbst* vorkommen kann. Wahrheit geschieht, wo sie – der Intention nach – in allem nach Würdigung Verlangenden gegen die Neigung, das Infragestellende zu verdrängen oder nur bedingungsweise zu würdigen, in ihrer unbedingten Geltung anerkannt wird. Sie geschieht, wo Verdrängung überwunden und die Relativierung des Nichtrelativierbaren als interessegeleitet durchschaut wird: als von Motiven bestimmt, die die Anerkennung des unbedingt zu Würdigenden unter wahrheitsexterne, nicht wahrheitsfähige Bedingungen stellen wollen.

Der Anspruch der Wahrheit auf unbedingt-allumfassende Geltung – und in diesem Sinne auf Absolutheit – begegnet freilich in konkreter, vielfach bedingter Gestalt[78]; und ihm wird auch nur in höchst vorläufiger Weise entsprochen. Die Bitte um unbedingte Würdigung, wie sie im notleidenden Mitmenschen begegnet, bleibt insofern partikular, als sie ja nicht beanspruchen kann, »alles andere« von ihr her verstehbar zu machen und auf sich hin zu relativieren. Gleichwohl meldet sich in ihr die Frage nach dem Umfassend-Allgemeingültigen, das den Menschen in die Lage versetzen würde, sein unbedingtes Beanspruchtsein von diesem konkreten Widerfahrnis als Zugang zur Wirklichkeit im ganzen wahrzunehmen, in ihm also jene Bitte zu hören, die – zu Ende gedacht – zu der alles in der ihm eigenen Güte würdigenden und so seine Wahrheit endgültig verbürgenden Wirklichkeit führt.

Die Herausforderung, die Bitte nach unbedingter Würdigung zu Ende zu denken, ist nicht einfach die der menschlichen Vernunft an sich selbst. Sie ist nicht das Gesetz, das diese sich selbst gibt; so kann die Vernunft auch nicht

---

[77] Vgl. G. W. F. Hegel, Phänomenologie des Geistes, Werke in zwanzig Bänden, hg. von E. Moldenhauer und K. M. Michel, Frankfurt a. M. 1969–71, Bd. 3, 24.

[78] Vgl. die präzisen, an Cassirers Theorie der Symbolisierung anschließenden und sie weiterführenden Analysen bei M. Bongardt, Die Fraglichkeit der Offenbarung. Ernst Cassirers Philosophie als Orientierung im Dialog der Religionen, Habilitationsschrift Münster 1998.

gezwungen sein, ihr zu folgen. Die Bitte selbst *bittet* darum, sie zu Ende zu denken – sie zu Ende zu glauben und dabei dem auf die Spur zu kommen, der in ihr mitspricht und ihre Erfüllung zu seiner »Ehrensache« gemacht hat. Wo die Bitte so, wie sie gehört werden will, gehört und befolgt wird, da erschließt sie die Dimension des Unbedingten an ihr selbst: In der Bitte um unbedingte Würdigung erschließt sie die Unbedingtheit der Zusage, die Erfüllung dieser Bitte werde den Weg zum Heil führen. Die Bitte ist deshalb nicht nur berechtigt; sie führt selbst in die Wahrheit ein. Und diese Wahrheit, zu der man nur unterwegs sein kann, ist die der unbedingten Verläßlichkeit der Zusage, auf die hin nichts, was »sonst noch« Würdigung verdient, verleugnet, verfälscht oder verdrängt werden muß.

Daß die verläßliche Zusage in der Bitte mitspricht, wird dem Glauben wie der Vernunft vernehmbar im Zeugnis von Menschen, die der Bitte um unbedingte Würdigung *unbedingt* folgten und das Ihre bedingungslos einsetzten, um ihr zu folgen. Sie bezeugten die unbedingte Zusage nicht etwa als ihr »Motiv«, daraufhin der Bitte zu entsprechen. Sie bezeugten vielmehr, *zu* welchem Ende man gelangt, wenn man sich der Bitte ausliefert; und sie bezeugten den Ursprung, aus dem die Bitte, bevor sie uns konfrontiert und unbedingt einfordert, »entsprungen« ist.

Für die Christen ist Jesus Christus der »treue Zeuge« (vgl. Offb 1, 5), von dem die Herausforderung ausgeht, die Bitte zu Ende zu denken, sie zu Ende zu glauben und sich so den Weg zum Leben – zur Gottesherrschaft – führen zu lassen (vgl. Mt 25, 31 ff.). Auch in Jesus Christus begegnet ihnen diese unbedingte Herausforderung auf bedingte Weise. Der Wahrheitsanspruch, den die Bitte in seinem Mund – in seinem Zeugnis – gewinnt, ist angesichts seines Scheiterns nicht unwidersprechlich. Und auch die Zeugnisse von seiner Auferweckung, mit der sein göttlicher Vater die Triftigkeit dieses Wahrheitsanspruchs selbst bezeugt haben soll, waren von Anfang an nicht unhintergehbar. Wer sie annimmt und so die Bitte um unbedingte Würdigung mit der in ihr liegenden Zusage Ursprung seines eigenen Bezugs zur Wahrheit sein läßt, der ist dazu nicht durch Argumente gezwungen worden. Vielmehr glaubt er diesem »treuen Zeugen« und den Zeugen für seine befreiende Gegenwart aufgrund der freien Würdigung dessen, was für die Verläßlichkeit ihres Zeugnisses spricht. Der Glaubende würdigt dieses Zeugnis als unhintergehbar, weil es ihm zum Anfang geworden ist, von dem ausgehend er der unbedingten Zusage im unbedingten Anspruch vertrauen lernte und so den Weg zur Wahrheit geführt wurde.

Diesen Weg zu gehen heißt freilich, auch Argumente angemessen zu würdigen, die gegen die Unhintergehbarkeit dessen sprechen, wovon der Glaube ausgeht – nicht zuletzt gegen die Glaubwürdigkeit des »treuen Zeugen« und seine Deutung im Glauben als τῆς πίστεως ἀρχηγός (als Eröffner des Glaubensweges; Hebr 12, 2) und als ἀρχηγὸς τῆς ζωῆς (als Initiator des Weges zum Leben; Apg 3, 15). Den Weg, den er aufschließt, zu gehen verlangt zumindest in nuce die Bereitschaft, sich selbst und den anderen Rechenschaft davon zu geben, daß dieser Weg einen authentischen Zugang ermöglicht zu allem, was zu Recht Geltung für sich beanspruchen darf; es verlangt die selbstkritische Rechtfertigung der Hoffnung im Glauben als docta spes, als eine Hoffnung, die sich nicht auf Verleugnung oder Verdrängung gründen muß, sondern wahrzunehmen und zu würdigen gelernt hat, was ihre Hoffnungsgründe in Zweifel zieht.

8. Zwischen Gewißheit und wissenschaftlicher Hypothesenprüfung

Kann die Rechenschaft über die Hoffnung des Glaubens, wie sie in der Fundamentaltheologie argumentativ ausgearbeitet wird, die Glaubensgewißheit »tragfähig« begründen? Oder bleibt sie – wie ja offenkundig alle wissenschaftlichen Verknüpfungs- oder Begründungs-Entwürfe – im Bereich des Hypothetischen? Müßte man sich mit letzterem zufriedengeben, so wäre der fundamentaltheologische Rückzug auf die erkenntnistheoretische Patt-Situation, bei der man es als Gewinn verbuchen dürfte, noch nicht widerlegt zu sein, wohl die einzig realistische Option. Wären dann aber Glaubensgewißheit und wissenschaftlich-fundamentaltheologisch erreichbare Vergewisserung nicht völlig inkommensurable Größen? Anspruchsvollen fundamentaltheologischen Letztbegründungskonzepten wie dem von *Hansjürgen Verweyen* geht es entscheidend um die Überwindung dieser Inkommensurabilität, bei der es letztlich nicht bleiben dürfe, weil ansonsten jede Glaubensentscheidung »fideistisch« oder gar »fundamentalistisch« bliebe. Nur wo die Glaubensentscheidung, sich von Letztgültigem unbedingt beanspruchen zu lassen, sich wenigstens prinzipiell auf den rationalen Aufweis der Nichthintergehbarkeit und Nichtabweisbarkeit dieses den Menschen unbedingt Angehenden gründen könne, sei sie als frei ergriffene und eben nicht durch irgendwelche Umstände oder irrationale Motive herbeigeführte vollziehbar:

> »Wenn etwas mich bis ins innerste Mark meiner Existenz hinein beansprucht, so muß ich wenigstens prinzipiell in der Lage sein, das, was da mit Absolutheitsanspruch an mich herantritt, vor dem kritischen Auge der Vernunft auch als unhinterfragbar gültig zu erkennen. Solange es noch ›unausgeleuchtete Winkel‹ in mir gibt, von denen her potentiell jederzeit Fragen und Zweifel hinsichtlich der Letztgültigkeit des im Glauben Angenommenen in mir aufbrechen können, bleibt – zumindest und gerade von *mir* her gesehen – in der Schwebe, ob Jesus Christus nicht doch nur einer jener vorletzten Gurus auf der Suche nach meinem persönlichen Heil ist, die sich mir täglich aufs neue anbieten.« [79]

Wenn nur – so Verweyen – ein Rest an Zufälligkeit in meiner Entscheidung für diesen göttlichen Heilsmittler Jesus Christus und gegen alle anderen Heilsvermittlungsansprüche bliebe, »auch nur ein Rest von Fideismus oder Fundamentalismus an mir zum Vorschein kommt, so zeige ich schon damit, daß ich (noch)

---

[79] H. Verweyen, Botschaft eines Toten?, Regensburg 1997, 96.

nicht bis in den Tiefengrund meiner Vernunft von der kritisch unhinterfragbaren Gültigkeit des Woher meines Handelns durchdrungen bin.«[80]

Soll also bzw. muß die Fundamentaltheologie einigermaßen sicherstellen können, daß bei denen, die sich ihrer Argumentationshilfe versichern, »Fragen und Zweifel hinsichtlich der Letztgültigkeit des im Glauben Angenommenen« nicht mehr aufbrechen können? Das wäre m. E. ein überzogener Anspruch. Wohl aber geht es in der Fundamentaltheologie darum, zu zeigen, wie das In-Anspruch-Genommensein vom Unbedingten gerade auch die Vernunft in Anspruch nimmt und sich deshalb ihrem Urteil aussetzt. Insofern gilt: »Nur wenn ich der Vernunft zutraue, Letztgültiges denken zu können, kann ich auch mit Überzeugung bestimmte Deutungen vertreten und bestimmte ablehnen, weil nur im Horizont solcher Letztgültigkeit sinnvoll von etwas gesagt werden kann, daß es sinnvoll oder sinnlos sei.«[81]

Die Fähigkeit der Vernunft, Letztgültiges und Unbedingtes zu denken, schließt nicht notwendigerweise ihr Vermögen ein, dessen Unhintergehbarkeit zweifelsfrei zu stellen und so den Verdacht argumentativ zum Schweigen bringen zu können. Davon war ausführlich die Rede. Daß das unbedingte Angegangensein sich als *denkbar* erweist, widerlegt zunächst einmal den pauschalen Sinnlosigkeitsverdacht gegenüber der Rede vom »unbedingten In-Anspruch-genommen-Sein«.[82] Gegen Nietzsche, aber auch gegen viele Vertreter des Logischen Empirismus wie des Kritischen Rationalismus muß und kann aufgewiesen werden, daß das Unbedingte nicht in die Pathologie gehört.[83] Die Fähigkeit der Vernunft, Letztgültiges und Unbedingtes zu denken, schließt aber durchaus ein, den Anspruch auf Unbedingtheit, wo er – in der Herausforderung des ethischen Bewußtseins wie etwa auch in der Herausforderung der von einem Göttlichen allein verbürgten Möglichkeit »guten Lebens« – konkret begegnet, kritisch zu würdigen, so daß seine Anerkennung oder deren Verweigerung als »gut begründet« gelten darf. Aber wie gut begründet müßten sie sein, um eine Glaubens- oder Unglaubens-Gewißheit tragen zu können?

Glaubensgewißheit ist nicht durch Argumente und deren Überzeugungskraft allein hervorgebracht. Sie hat biographisch-lebensweltliche und situative »Gründe«, die die Entscheidung zum Glauben als die einzig angemessene Antwort auf das Geheimnis und die Verheißung wie auch auf die Zwiespältigkeit und Bedrohtheit menschlichen Lebens erscheinen lassen. Die fundamentaltheologische Vergewisserung muß diese Gewißheitsgründe nicht im einzelnen erreichen und legitimieren. Aber sie hat das Ihre zu tun dafür, daß die lebens-

---

[80] Ebd., 132.

[81] K. Müller, Wieviel Vernunft braucht der Glaube?, a. a. O., 95.

[82] Zur wissenschaftstheoretischen Unterscheidung von Rationalität und Sinnhaftigkeit bzw. »Intelligibilität«, auf die hier nicht genauer eingegangen werden kann, vgl. A. Kreiner, Demonstratio religiosa, a. a. O., 35–48.

[83] Vgl. Nietzsches Sentenz (Jenseits von Gut und Böse, Aphorismus 154, KSA 5, 100): »Der Einwand, der Seitensprung, das fröhliche Misstrauen, die Spottlust sind Anzeichen der Gesundheit: alles Unbedingte gehört in die Pathologie.«

weltliche Glaubensgewißheit sich angesichts ihrer Anfechtung durch die Hermeneutik des Verdachts in einer Überzeugung gründen kann, die es nicht nötig hat, den Zweifel zu verdrängen und seinen Argumenten mit schlechtem intellektuellem Gewissen aus dem Weg zu gehen. Die in aller Anfechtung durch den Verdacht durchgehaltene Entscheidung für den Glauben wird in dem Maß als – freilich selbst schon von Gottes Gnade ermöglichte – *freie* Antwort auf Gottes Herausforderung zum Glauben betrachtet werden können, wie sie ihr Befangensein von den Umständen und ihr Gefangensein in unredlichen Vergewisserungsstrategien überwunden hat.

Fundamentaltheologie dient der freien Vergewisserung im Glauben, wo sie das Ja des Glaubens als Zustimmung zu einem unbedingt Bejahenswerten und deshalb nicht mehr Relativierbaren zu legitimieren versucht. Die Vernünftigkeit der Glaubensgewißheit beruht auf der mehr oder weniger weitgehend explizierten Einsicht, das im Glauben Bejahte sei auch unter Würdigung relevanter Gegenargumente das unbedingt Bejahenswerte. Ob das unbedingt Bejahenswerte in der konkreten Lebenssituation auch glaubensgewiß bejaht werden *kann*, ob sich die Glaubensgewißheit hier retten kann vor dem niemals definitiv zum Schweigen zu bringenden Verdacht, man halte doch nur illusionär an einem Ja fest angesichts einer dem Menschen gegenüber gleichgültigen und seinen Anspruch auf Würdigung mißachtenden Welt, das hängt wiederum von biographisch-lebensweltlichen Gegebenheiten – theologisch-dogmatisch gesprochen: von der Wirksamkeit der göttlichen Gnade – ab, die sich vom argumentativen Diskurs der Fundamentaltheologie nicht einholen lassen. Immerhin wäre argumentativ geltend zu machen, daß das im Glauben gesprochene Ja einer Wirklichkeit gilt und ihr auf der Spur bleiben will, bei der anzukommen das allein und endgültig Bejahenswerte wäre; und es wäre klarzustellen, daß dieses Ja sich gegen nichts richtet, was »sonst noch« mit guten Gründen bejaht werden darf.

Aber auch hier gilt noch einmal: Die guten Gründe, die im fundamentaltheologischen Diskurs vorgebracht werden und in einem mehr oder weniger umfassenden Entwurf ihre Überzeugungskraft entfalten sollen, erlangen niemals *aus sich selbst* die Kraft, Glaubensgewißheit zu tragen. Der »garstige Graben«[84] zwischen fallibler wissenschaftlicher Hypothesenprüfung, die das Ja des Glaubens womöglich mit sehr guten Gründen empfehlen kann, und der Entscheidung, es mit Lebenskonsequenz zu sprechen bzw. an ihm festzuhalten, ist nicht aufzufüllen. Die Fundamentaltheologie argumentiert hypothetisch für die Bejahbarkeit des im Glauben Bejahten – von ihm aber eben nicht nur hypothetisch Bejahten. Die Entschiedenheit des Glaubens mag und wird oft genug in Mitleidenschaft gezogen sein von der sie »untergrabenden« Hermeneutik des Verdachts. Aber sie muß nicht damit rechnen – auch wenn sie es mitunter befürchten wird –, daß der Verdacht zuletzt doch Recht behält. Der fundamen-

---

[84] Zu Intention und Kontext der Rede Lessings vom »garstigen Graben« vgl. Streitfall Offenbarung, Kap. 1.5.

taltheologische Diskus muß es mit dem Verdacht aufnehmen, hier immunisierten sich Menschen mit letzter Entschiedenheit gegen das Unabweisbare; und dies auch auf das Risiko hin, ihm mit seinen Argumenten im konkreten Fall nicht überzeugend genug widersprechen zu können. Vielfach wird er mit dem, was er gegen den Verdacht ins Feld führt, die Vernunft des Glaubens nachvollziehbar und eindrucksvoll aufweisen. Aber es bleibt auch hier eine rebus sic stantibus überzeugende Hypothese, die *als Hypothese* für das Widerstehenkönnen des Glaubens gegen die Hermeneutik des Verdachts nicht aus eigener Kraft aufkommen kann. Und so ist der Glaube auch nicht sofort genötigt, seine Entschiedenheit aufzugeben, wenn ihr im konkreten Fall die Argumente, die die Fundamentaltheologie ausarbeitet, nicht überzeugend genug Sukkurs leisten können. Sollten allerdings nicht nur einzelne Hypothesen, sondern der fundamentaltheologische Diskurs insgesamt und auf Dauer seine Überzeugungskraft verlieren, so könnte an der Glaubensentschiedenheit tatsächlich nur noch mit massiven Verdrängungen und Verleugnungen festgehalten werden – so verlöre die Glaubens-Option den Charakter einer *frei* vollzogenen, vernünftig begründeten Lebens-Entschiedenheit.

Damit scheint Abschied genommen von manchen fundamentaltheologischen »Letztbegründungskonzepten«; ob von allen, sei dahingestellt.[85] Die argumentativ angezielte Ankunft bei einem unhintergehbar Letzten ist die Ankunft bei der Wahrheit einer Bitte, die selbst nicht zwingt, sie als letztgültig zu würdigen, sondern eben *darum bittet*. Es kann argumentativ aufgewiesen werden – und der vorliegende Band versucht es , daß das Ja zu dieser Bitte das Ja zu einem schlechthin Bejahenswerten wäre. Aber die Ankunft des Denkens bei diesem seinem Letzten ist nicht Ankunft bei einer »Letztheit«, deren Unhintergehbarkeit es noch einmal zweifelsfrei begründen könnte – und gerade so hintergehen würde. Es ist nur – Gott sei Dank *nur* – Ankunft bei jenem dem Denken Gegebenen, über das hinaus Größeres ihm nicht gegeben sein kann.

---

[85] Kundige Leser werden bemerkt haben, wieviel an Inspiration und Herausforderung ich den Entwürfen der Münsteraner Kollegen Th. Pröpper und K. Müller verdanke. Ihnen wird gewiß auch nicht verborgen geblieben sein, wo ich hinter ihnen zurückbleibe. Ich gestehe, daß ich die Möglichkeit, von Letztbegründungsargumenten zu theologisch gehaltvollen Folgerungen zu gelangen, skeptischer einschätze als die Kollegen.

Streitfall Offenbarung

1. Offenbarung: Gottes Handeln oder Menschenwerk?

1.1 Religion ja – Offenbarung nein?

Der Streit um »Religion«, in den der erste fundamentaltheologische Traktat sich einzumischen hatte, scheint zur Jahrhundertwende neu virulent zu werden. Dabei geht es nicht nur und nicht primär um die Auseinandersetzung mit einem Islam, dessen religiöse Kraft das säkulare Selbstbewußtsein Alt-Europas nachhaltig herausfordert. Dieses Selbstbewußtsein ist selbst zum Krisenbewußtsein geworden; es wird sich mit zunehmender Deutlichkeit der Aporien und Grenzen seines Entwurfs von Wirklichkeit bewußt. Ist das, was man Rationalität zu nennen sich angewöhnt hat, nicht doch nur der Zwangszusammenhang einer Logik, die aufs bloße Funktionieren festgelegt ist, darauf, daß eins die Funktion des anderen ist und »leistet«, was dieser Funktion entspricht? Das »Wiedererwachen« der Religiosität mag entscheidend mit diesem alles umspannenden Funktionalismus zu tun haben. Muß es nicht mehr als alles geben, mehr als das so bedrängend Relative, als den zu optimierenden – zu rationalisierenden – Zusammenhang, in dem nur »Sinn macht«, was funktioniert?

Die gegenwärtig so ausgesprochen positiv besetzten Stichworte »Ganzheitlichkeit« und »Transzendenz« artikulieren das Bedürfnis nach einem Gesamtzusammenhang, der nicht der rationalisierte Zwangszusammenhang des Funktionierenmüssens wäre: das Bedürfnis nach Befreiung aus den Zwängen der Arbeitswelt, des Marktes, aus der Ausweglosigkeit der überlebensgroßen Weltprobleme und aus dem alltäglichen Beziehungsstreß. Wieder einmal das alles hinter sich lassen können, den Blick fürs Ganze, Umfassende zurückgewinnen, Abstand gewinnen: kann das nicht schon die CD mit der von Klassik-Radio gut ausgewählten Musik schaffen – gehört in einer Stunde voller Glück und Entrückung? Oder der Buddhismus-Workshop, der einem Zugang verspricht zu den im Innern gefangengehaltenen guten Energien, der den Blick öffnen wird für das alles Umgreifende und Durchdringende – und für das Eins-werden-Können mit ihm?

Daß gegenwärtig – nach dem Verglühen des religionskritischen Eifers – Religiosität wieder gefragt ist, kann jedoch das »alte« Christentum noch nicht retten. Das mag mit der Karriere eines Religionsverständnisses zusammenhängen, das den neuzeitlich-europäischen Traditionen durchaus nicht fremd ist, aber besonders gut zur postmodernen Welt- und Selbsterfahrung zu passen scheint: Religiosität als Kontrapunkt zum überanstrengten Aktivismus der Alltagswelt, als Kompensation für die Blickverengung auf kleinteilige Zusammenhänge, die ja erst Gewähr bietet fürs enttäuschungsfreie Funktionieren; Religion als Öffnung fürs Ganze, für das Universum. Schon *Friedrich Schleiermacher* hat Religion den »Gebildeten unter ihren Verächtern« so nahezubringen versucht.[1] »Religion ist Sinn und Geschmack fürs Unendliche«, »Anschauen des Universums«; oder noch deutlicher: »… alles Einzelne als einen Teil des Ganzen, alles Beschränkte als eine Darstellung des Unendlichen hinnehmen, das ist Religion«.[2] Die Kategorie »Anschauung« verweist bei Schleiermacher auf die grundlegende Passivität bzw. Rezeptivität menschlich-geistigen Daseins. Im Unterschied zur Selbsttätigkeit in Denken und sittlichem Handeln weiß sich der Mensch in der religiösen Anschauung als Hinnehmender, vom Universum Affizierter: Das Universum erschließt sich ihm; es *handelt* an uns, »ist in einer ununterbrochenen Tätigkeit und offenbart sich uns jeden Augenblick.«[3] Es offenbart sich uns – so Schleiermacher – in den religiösen Gefühlen, derer sich der Religiöse als »unmittelbarer Einwirkungen des Universums bewußt ist«.[4] In diesem Sinne – aber auch nur in diesem – ist Religion in Offenbarung begründet: »Was heißt Offenbarung? Jede ursprüngliche und neue Anschauung des Universums ist eine«; jedes unmittelbare Handeln des Universums, das die Religiösen danach streben läßt, ihre »Individualität zu vernichten und im Einen und Allen zu leben«, mitten »in der Endlichkeit Eins (zu) werden mit dem Unendlichen und ewig (zu) sein in einem Augenblick.«[5]

Keine Frage: Schleiermachers Formulierungen klingen herausfordernd postmodern. Blendet man den fundamental-philosophischen Hintergrund seiner »Reden« aus, so könnte man meinen, in ihnen bereits der Religion des New Age zu begegnen: einer spirituellen Ganzheitsschau, mit der der Religiöse einbezogen wird in das freie Fließen der guten Energien des Universums. Schleiermachers Offenbarungsbegriff in den »Reden« scheint auch für diese Form von Religiosität noch annehmbar: Offenbarung geschieht in mir, als mein Inspiriertsein von den guten Wirkungen, denen ich mich in spiritueller Praxis öffne. Buch gewordene Offenbarungen sind in Wirklichkeit keine bzw. keine mehr. Wieder Schleiermacher: »Jede heilige Schrift ist nur ein Mausoleum der Religion, ein Denkmal, daß ein großer Geist da war, der nicht mehr da ist … Nicht der hat Religion, der an eine heilige Schrift glaubt, sondern, welcher keiner bedarf und wohl selbst eine machen könnte.«[6]

Religion bedeutet Inspiration, aber nicht das Inspiriertsein heiliger Schriften, sondern das Hervorgerufensein »übernatürlicher« religiöser Gefühle vom

---

[1] Über die Religion. Reden an die Gebildeten unter ihren Verächtern, Erstausgabe 1799. Ich zitiere nach der Reclam-Ausgabe, Stuttgart 1969.
[2] Ebd., 36–39, vgl. 84.
[3] Ebd., 38 f.; vgl. 86.
[4] Ebd., 81.
[5] Ebd., 88 f.
[6] Ebd., 81 f.

Streitfall

Universum.[7] Vielleicht würde man in postmoderner Religiosität nicht mehr gern von einem *Handeln* des Universums sprechen, weil dabei immer noch zu viele personale Konnotationen im Spiel sind; gewiß würde man es vermeiden, die authentischen religiösen Gefühle »übernatürlich« zu nennen. Und vielleicht würde man mehr Wert auf die Methoden und Techniken legen, mit denen man sich dem freien Fließen der universellen Energien öffnen kann. Gewiß aber würde man mit Schleiermachers Umakzentuierung des Offenbarungsverständnisses hin zur *Offenbarung in uns* einverstanden sein, wenn man das Thema Offenbarung noch anschneiden wollte. Offenbarung müßte – wenn überhaupt – eine Wirklichkeit sein, die in gegenwärtiger Erfahrung vorkommen kann. Sich auf eine Offenbarungsgeschichte zu beziehen, die nicht ins Heute hineinreicht, von der man nur durchs Hörensagen wissen kann, weil es »damals« so völlig anders zugegangen sein soll als heute, das ist – wie man an Schleiermachers »Reden« ablesen kann – nicht erst heute gründlich unplausibel geworden.

Religion ja – Offenbarung eher nein oder gerade noch in dem Sinne, daß damit das Woher des Inspiriertseins, das Woher der »guten Energien« bezeichnet ist, aber bestimmt nicht in dem Sinne, daß damit eine längst abgeschlossene, normative Geschichte der Selbstkundgabe Gottes angesprochen wäre: So lautet die Sprachregelung, mit der in postmoderner Religiosität die Demarkationslinie zwischen dem noch oder wieder Akzeptierbaren und der erstorbenen Religion des »monotheistisch-supranaturalen Zeitalters« gezogen wird. Diese Sprachregelung setzt eine lange Geschichte des Unplausibelwerdens von Offenbarungsansprüchen voraus, eine Geschichte der Aufklärung, der es je länger desto weniger einleuchtend schien, Offenbarung als ein Geschehen anzunehmen, in dem sich irgendwann einmal Menschen – von »normalen« Kommunikationsereignissen unterscheidbar – durch eine göttliche Instanz *angesprochen* erfuhren und sich genötigt oder bevollmächtigt sahen, weiterzugeben, was ihnen darin mitgeteilt wurde. Das Unplausibelwerden einer Offenbarungsvorstellung, für die die »natürlichen« Kommunikations- und Selbstverständigungsnetze von einem übernatürlichen Kommunikator wenn nicht zerrissen, so doch als im Blick auf das Göttliche unzureichend überboten werden mußten, führte bei den radikalsten Aufklärungsversuchen zur Bestreitung eines jeden als übernatürlich zu qualifizierenden Handelns bzw. zur rationalen Auflösung des religiös-supranaturalistischen »Mißverständnisses«, in bestimmten, außergewöhnlichen Erfahrungen greife eine übermenschlich-übernatürliche Wirklichkeit nach den Menschen, um ihnen an Göttlich-Übernatürlichem Anteil zu geben.

---

[7] Vgl. ebd., 80: »Alle religiösen Gefühle sind übernatürlich, denn sie sind nur insofern religiös, als sie durchs Universum unmittelbar gewirkt sind.«

1.2 Der Streit um die Notwendigkeit geschichtlicher Offenbarungen

Vordergründig und doch mit erheblicher Schubkraft wird der Zweifel an Offenbarungsbehauptungen von den verheerenden kriegerischen Auseinandersetzungen hervorgerufen, in denen der konfessionelle Streit um die richtige Auslegung der noch gemeinsam vorausgesetzten biblischen Offenbarung eskalierte. Wenn die Berufung auf Offenbarung keine eindeutig ableitbaren, vernünftig nachvollziehbaren Ergebnisse hervorbringen konnte, war es da nicht sinnvoller – und vielleicht friedenstiftend –, den Rekurs an die Offenbarung als Richterin über die so unterschiedlichen Auslegungen fallenzulassen und es gleich mit der Vernunft zu versuchen, die doch allen Streitbeteiligten gemeinsam sein sollte? War es aufs Entscheidende hin gesehen wirklich notwendig, sich so rettungslos in den Streit um die allein wahre Auslegung der Offenbarung zu verstricken, wo sich doch in der menschlichen Vernunft eine Verständigungsbasis anbot? War dem Gerichtshof Vernunft nicht *mehr* friedenstiftende Kraft zuzutrauen als der gemeinsamen, aber so gegensätzlich in Anspruch genommenen Offenbarung; war diese deshalb nicht als letzte Instanz durch die Vernunft zu ersetzen?

Diese Fragen konnten so nur lautwerden, weil sich die Konkurrenz zwischen der Vernunft der Philosophie und dem biblischen Offenbarungsanspruch im Hochmittelalter bereits abgezeichnet hatte: Die Entdeckung der lange verschollenen Hauptschriften des *Aristoteles*, ihre Vermittlung und Inanspruchnahme durch islamische und jüdische Gelehrte, warf schon im 13. Jahrhundert die Frage auf, ob die so weitgehend mit dem christlichen Glaubensgut kompatibel erscheinende und dazu noch allen Offenbarungsreligionen – dem Christentum, dem Judentum und dem Islam – gemeinsame Philosophie ein hinreichendes Wissen über die göttlichen Dinge enthielt. Die »Summa contra Gentes« (Summe gegen die Heiden) des *Thomas von Aquin* ist geradezu von dieser Frage provoziert; aber auch seine »Summa theologica«, die später zum allgemein gebrauchten Handbuch des Theologiestudiums werden sollte, widmete sich ihr in einer ganzen Reihe von »quaestiones«. Und genauer besehen ist diese Fragestellung die Wiederaufnahme einer Diskussion, die fast von Anfang an die apologetische Selbstdarstellung des Christentums mitbestimmte.

Schon der *Diognetbrief* weiß den christlichen Glauben mit großer Selbstverständlichkeit gegenüber den »leeren und törichten Erklärungen jener Schwätzer von Philosophen« im Recht, die das Göttliche mit einem geschaffenen Element verwechseln. Offenkundig wußte kein Mensch, »was die Gottheit wirklich ist, ehe Gott selbst gekommen ist«; »nicht ein Mensch hat ihn jemals gesehen oder erkannt, doch er selbst hat sich kundgetan (ἑαυτὸν ἐπέδειξεν). Er tat sich aber durch den Glauben kund, der allein den Vorzug besitzt, Gott zu schauen.«[8]

Gott, der Schöpfer, hat das Weltall »in einer bestimmten Ordnung eingerichtet«, wollte sich aber den Menschen gegenüber in besonderer Weise »men-

---

[8] Der Diognetbrief, 8, 5–6, hg. und übersetzt von B. Lorenz, Einsiedeln 1982, 25.

schenfreundlich« erweisen. Diesen »erhabenen und unaussprechlichen Rat-schluß« teilte er zunächst allein dem eingeborenen Sohn mit; durch ihn aber »offenbarte« er und machte er »sichtbar«, »was er seit Anbeginn in Aussicht genommen hatte, gewährte er uns alles zugleich, sowohl den Anteil an seinen Wohltaten als auch das Schauen und die Einsicht.«[9]

Philosophie ist danach der untaugliche Versuch des Menschen, von sich aus über Gott das Entscheidende wissen zu wollen. Dem ist entgegenzuhalten – und es ist gerade auch der häretischen Gnosis entgegenzuhalten, die sich mit ihrem Wissen vom Offenbarer Jesus Christus und der Kirche unabhängig zu machen sucht –, daß es »ohne Gott ... unmöglich (ist), Gott zu erkennen«. Alles »wird durch das (fleischgewordene) Wort geoffenbart«. Dieses in der Welt sichtbar und greifbar gewordene Wort – der Sohn – hat »allen den Vater gezeigt«.[10]

Daß die stoische oder platonische Philosophie gleichwohl nicht einfach »Geschwätz« sein muß, ergibt sich daraus, daß – so *Johannes von Damaskus* am Ausgang der Antike – der Schöpfer die Erkenntnis seiner Existenz »auf natürliche Weise« den Menschen eingepflanzt hat. So verkündet »die Schöpfung selbst und die Erhaltung und Regierung derselben ... die Hoheit der göttlichen Natur«. Die Erkenntnis seiner selbst – seines Wesens – ist aber allein durch Gesetz und Propheten, schließlich durch den eingeborenen Sohn geoffenbart, soweit sie für uns »möglich« und zuträglich ist.[11] Damit ist eine Unterscheidung getroffen, die die Frage nach der Notwendigkeit einer geschichtlichen Offenbarung bis ins 19. Jahrhundert hinein immer wieder akut werden ließ. Es mußte jeweils klargestellt werden, wo genau die Grenzen des natürlichen, in der Schöpfung grundgelegten Wissens von Gott zu dem nur durch geschichtliche Offenbarung zugänglichen verliefen und warum sie *so* zu ziehen waren.

Nahm die Theologie selbst – wie in ihrer »dialektischen« Ausgestaltung seit dem frühen Mittelalter – philosophische Rationalitätsstandards für sich in Anspruch, so konnte man sich der Frage nicht länger entziehen, ob das in ihr Geltung Beanspruchende nicht als *allgemeingültig* dargetan werden und deshalb allen vernunftbegabten Wesen auch ohne spezielle göttliche Mitteilung erreichbar sein muß. So vertritt *Petrus Abaelard* die These, die menschliche Vernunft lehre aufgrund des an der Schöpfung Ablesbaren »naturaliter« das von Gott zu Wissende.[12] Anders als Abaelard unterscheidet *Thomas von Aquin*, was an Gotteserkenntnis – wenn auch nur unvollkommen und mühsam – »via rationis« (auf dem Weg vernünftiger Schlußfolgerung) zu erlangen ist, und dem, »quae rationem excedunt« (was den Bereich des vernünftig Ergründbaren übersteigt), da es sich auf ein höheres Gut bezieht, als es im gegenwärtigen Leben erfahrbar und deshalb für die Vernunft begreifbar ist. Weil der »intellec-

---

[9] Ebd., 8, 9–11.
[10] Irenäus, Adversus haereses II 25,3; III 1,1; IV 3–6.
[11] Johannes Damascenus, De fide orthodoxa, I 1–2.
[12] Theologia Summi boni III, 5.

tus humanus« seine Gegenstände »gemäß der Weise des gegenwärtigen Lebens von den Sinnen her« begreift,

> »können die Dinge, die nicht in die Sinne fallen, mit dem menschlichen Verstand nur insofern erfaßt werden, als ihre Erkenntnis aus dem Sinnenfälligen genommen wird. Sinnenfällige Dinge können jedoch unseren Verstand nicht dahin führen, daß in ihnen die Substanz Gottes (divina substantia) als das, was sie ist, gesehen wird, da sie Wirkungen sind, die der Kraft der Ursache nicht gleichkommen.«[13]

Die Erkenntnis Gottes aus der Schöpfung ist also deshalb nicht hinreichend, weil man dem vom Schöpfer Verursachten den Schöpfergott nur insoweit ansehen kann, als er die Ursache dieses Verursachten ist und die unendliche Vollkommenheit seines Wirkens sich in der endlichen Vollkommenheit des Bewirkten manifestiert. Aber gilt diese Einschränkung des Wissenkönnens von Gott als unendlich vollkommener Ursache des durch ihn im Bereich des Endlichen Verursachten nicht für *alle* Gotteserkenntnis – eben auch für die durch Offenbarung mitgeteilte –, weil Gott, die unendlich erhabene und vollkommene Ursache, überhaupt nur anhand endlicher Wirkungen erkannt werden kann? Wie sollte es von Gott Verursachtes geben können, das hinreichend von seiner göttlichen Ursache Zeugnis gibt?

Bei Thomas von Aquin ist das nur denkbar, weil das in so spezieller Weise – als Offenbarung – von Gott ins Werk Gesetzte hier nicht gemäß der Ordnung der Natur verursacht wird, in welchem Falle es ja nur über den Urheber der Schöpfung und deshalb unvollkommen Aufschluß gäbe, sondern als direkte Mitteilung Gottes über die himmlische Wirklichkeit kenntlich wird. Dem von Gott zur Offenbarung hinreichender Gotteserkenntnis Gewirkten muß man ansehen können, daß Gott am Werk ist und für seine Mitteilung Aufmerksamkeit fordert. Die vernunft- und schöpfungstranszendente Vollkommenheit Gottes wird in der Schöpfung und für die Vernunft an Wirkungen erkennbar, die vollkommener sind, als sie es nach der Ordnung der Schöpfung sein könnten und deshalb das Vernunfturteil begründen, das so vollkommen Verursachte erschließe der Vernunft ein Wissen, dessen sie nur durch göttliche Belehrung teilhaftig werden kann – wie sie eben *hier* geschieht. Die »göttliche Weisheit« hat die »Geheimnisse« ihrer Vollkommenheit

> »und die Wahrheit ihrer Lehre und Eingebung mit angemessenen Argumenten (besser: Überzeugungsgründen; J. W.) dargelegt, indem sie zur Bestätigung dessen, was über die natürliche Erkenntnis hinausgeht, sichtbare Werke vor Augen geführt hat, die die Fähigkeit der gesamten Natur übersteigen, nämlich durch wunderbare Heilung von Krankheiten, durch Totenerweckung, durch wunderbare Veränderung der Himmelskörper und, was noch wunderbarer (mirabilissimum) ist, durch Eingebung in den Geist von Menschen«.[14]

---

[13] Summe gegen die Heiden (Summa contra Gentes) I,3, hg. und übersetzt von K. Albert u. P. Engelhardt unter Mitarbeit von L. Dümpelmann, Bd. 1, Darmstadt 1974, 8–11 bzw. Summe gegen die Heiden I,5, ebd., 16f.

[14] Summe gegen die Heiden I, 6, ebd., 20f.

Dieses Konzept ist nur so lange plausibel, als in der Schöpfung Offenbarungs-Wirklichkeiten vorkommen können, die offenbarend sind, weil sie dem göttlichen Ursprung alles Wissens von Gott erkennbar näher sind als das von Gott nach der Ordnung der Schöpfung Hervorgebrachte; als selbstverständlich davon ausgegangen werden darf, daß in der Schöpfung *der* begegnen und als solcher erkennbar werden kann, der »von Natur aus sein (Gottes; J. W.) Wesen sieht« und deshalb vollkommen von ihm Mitteilung machen kann: der Sohn. Er, der zuverlässige Kunde von Gott bringt, ist erkennbar an den »mirabilia«, die der menschlichen Vernunft bestätigen, daß seine Rede von Gott stammt.[15] Die Neuzeit wird wegen ihres homogeneren Verständnisses der Schöpfung solche privilegierten, »gottnahen« und deshalb Gott in besonderer Weise offenbarenden Wirkungen in der Schöpfung problematisieren. Der Begriff der Ursache – der causa – und des Verursachtseins – der Wirkungen – ist hier nicht mehr so »plastisch«, daß er aussagen kann, was er bei Thomas aussagen soll: ein Kommunikationsgeschehen, in dem der Kommunizierende – als causa – durch ein von ihm Bewirktes – ein Medium –, das ihm ganz nah ist und dieser Gott-Nähe, ja Göttlichkeit entsprechend kommuniziert, mehr über sich mitzuteilen vermag, als an anderen Orten der Schöpfung in Erfahrung gebracht werden kann. Causa ist neuzeitlich allein noch Erklärungsgrund; und so reduziert sich die Konzeption des Thomas unter neuzeitlichen Verstehensbedingungen auf die Behauptung, es gebe nach der Schöpfungsordnung unerklärliche – also unmittelbar auf Gottes Eingreifen zurückgehende – Ereignisse, die die Lehre dessen als von göttlicher Herkunft legitimieren, der sie offenkundig zu bewirken imstande war. Das Ausgangsproblem des Thomas von Aquin, wie Vorkommnisse im Bereich der »sensibilia« (der Sinnendinge) überhaupt »capax infiniti« (aufnahmefähig für das Unendliche), also Offenbarungsmedien sein können, konzentriert sich nun auf das Merkmal der Unerklärlichkeit: An ihm ist das »Übernatürliche« zu greifen. Aber wie könnte sich in ihm zeigen, was in der Ordnung der Natur – des Erklärlichen – nicht erreichbar ist? Als göttliche Lehre von Gott, die ihre eigene Logik hat und jene »Wissenslücke« ausfüllt, die die begrenzte Medialität – Mitteilsamkeit – des als Schöpfung sinnlich Gegebenen im Blick auf den letztlich Gebenden offenläßt.

Mit der Behauptung, bestimmte Begleitereignisse der Offenbarung seien ohne Rekurs auf eine göttliche Verursachung unerklärlich und zwängen deshalb auch die menschliche Vernunft, den hier erhobenen Offenbarungsanspruch hinzunehmen, wird sich die Aufklärung nicht abfinden. Unerklärlichkeit hat für sie den Index »noch nicht erklärt« und provoziert dementsprechend die Behauptung: einer Erklärung im Kausalitätengefüge der Natur prinzipiell zugänglich. Die Erklärung wird auf jetzt noch nicht entdeckte Kausalzusammenhänge zurückgreifen oder wahrscheinlich machen können, daß das als unerklärlich Überlieferte unzutreffend überliefert und so erst zum Unerklärlichen verfälscht wurde. Wenn aber das Offenbarungsmerkmal Unerklärlichkeit nicht mehr ins

---

[15] Summe gegen die Heiden III, 154, ebd., Bd. 3/2, Darmstadt 1996, 344 f.

Kalkül gezogen wird, so verlieren Offenbarungsereignisse im Netz der Kausalitäten ihren Ort. Und es kehrt verschärft die Frage zurück, ob wirklich zu wissen nötig ist, was in ihnen mitgeteilt sein soll.

Die Frage nach der Notwendigkeit von Offenbarung wird obsolet, weil sich die Vernunft je später, desto weniger durch den Hinweis auf für sie Unerkläriches zwingen ließ, das Geschehensein von Offenbarung einzugestehen. Wo sie sich diesem vermeintlichen Argumentationszwang entwand, da mußte die Frage virulent werden, ob sie Offenbarung überhaupt anzuerkennen in der Lage wäre und ob sie – angesichts der unendlich scheinenden Ergründungsmöglichkeiten, die sie zu entdecken begann – noch auf jene Grenze ihres Wissens stoßen muß, die Offenbarung als zusätzliche Wissensmitteilung sinnvoll und dann gegebenenfalls auch notwendig machen könnte.

Es gab in der mittelalterlichen Theologie durchaus Ansätze zu einem Verständnis von Offenbarung, das nicht in diese offenbarungstheologischen Argumentationsengpässe hätte führen müssen. Aber sie haben sich im theologischen Schulbetrieb zunächst nicht behaupten können. Zu erinnern ist etwa an die stärker soteriologisch akzentuierte Offenbarungsvorstellung *Bonaventuras*. Die Notwendigkeit der Offenbarung wird hier als Angemessenheit verstanden, nach der es Gott – seiner Macht, Weisheit und Güte – entsprochen hat, sich in seinem eingeborenen Sohn mit dem Menschengeschlecht zu verbinden, in ihm »zum Heil des Knechtes Knechtsgestalt« anzunehmen. Es ist dem sich offenbarenden Gott zutiefst angemessen, sich zu den Menschen herabzuneigen »und sich so der Erkenntnis, der Liebe und der Nachahmung erreichbarer« darzubieten, damit »das durch das ungeschaffene Wort hervorgebrachte und durch den Abfall vom kundgewordenen Wort in Sünde gefallene Menschengeschlecht durch das fleischgewordene Wort sich aus der Schuld erheben« konnte.[16] Gott bringt in Christus, dem »vermenschten Gott«, seine erlösende Demut zur Darstellung, damit die, denen er so nahekommen will, sich auf den erlösenden guten Willen, der ihnen in Christus begegnet, einlassen und ihn nachahmen können.

Was hier geschieht, ergänzt nicht, was man von der Macht, Weisheit und Güte Gottes schon aus der Schöpfung wissen könnte; es steht zu ihm sogar in Spannung: Die Vernunft hätte sich nicht ausdenken können, wessen die sich zur Knechtsgestalt erniedrigende göttliche Schöpferliebe fähig ist.[17] Aber gerade an dem ihr Widerstreitenden kann sie Angemessenheitsgründe erkennen und eine Offenbarungsgestalt nachvollziehen, die der göttlichen Liebe gültigen Ausdruck verleiht. Die freie Selbstäußerung Gottes, die der Vernunft durchaus verstehbar werden, aber aus Vernunftgründen nicht abgeleitet werden kann, wird zum Proprium der Offenbarung gegenüber der Vernunft; die kontingente Konkretheit göttlichen Handelns behält als das von Gott zum Heil der Menschen Gewirkte sein Eigenrecht gegenüber der Allgemeinheit, die die Vernunft in den Ursache-

---

[16] Bonaventura, Breviloquium 4,1.
[17] Vgl. Bonaventura, Collationes in Hexaemeron 8,5.

Wirkungs-Zusammenhängen der Schöpfung aufdeckt. Vor allem *Johannes Duns Scotus* hat mit seiner ontologischen wie dann auch offenbarungstheologischen Aufwertung der Kontingenz den Sinn der Offenbarung so bestimmen können, daß sie der Vernunft nicht nur eine außerhalb ihrer Reichweite liegende Lehre über die göttlichen Dinge, sondern die kontingente, durch rationale Erklärungsgründe (rationes necessariae) nicht einholbare Selbstbestimmung des Gotteswillens zur Rettung der Menschen kundgibt.[18] Notwendig ist Offenbarung deshalb, weil menschliche Vernunft nicht *aus sich* wissen kann, wie Gott sich im Blick auf das Heil der Menschen entscheidet.

Hier wird am Übergang zum Spätmittelalter eine Differenzierung im Begriff der *Scientia* sichtbar, die fortan die Diskussion um Notwendigkeit und Sinn einer geschichtlichen Offenbarung mitbestimmte. Scientia gilt von altersher als »cognitio per propriam causam« (Erkenntnis anhand der im Erkannten als wirksam entdeckten eigenen Gründe)[19]; sie leistet eine als allgemeingültig und notwendig eingesehene Herleitung des Verursachten aus seiner propria causa. Die umgekehrte Erkenntnisrichtung von den Wirkungen auf die höchste Ursache bleibt unvollkommen, da die endlichen Wirkungen über das Wesen der höchsten Ursache nicht hinreichend Aufschluß geben.[20] So bleibt ein Raum für jene Offenbarung, die alles für den Menschen über die höchste Ursache – über die Ursache seines Heils – zu wissen Nötige mitteilt und diese Mitteilung als übernatürlich gewirkt kenntlich macht. Im Anschluß an Bonaventura und Duns Scotus ist aber denkbar geworden, daß eine spezielle Wirkung die höchste Ursache deshalb angemessen manifestiert, weil diese sich hier in Freiheit ganz in das Verursachte hineingibt und authentisch in ihm *ausdrückt*. Scientia vollzieht hier nicht die Ableitung des Verursachten aus der Ursache, sondern die unableitbare Selbstmanifestation der »Ursache« im kontingent gesetzten Offenbarungs-Faktum nach und versteht sie im Zusammenhang der in göttlicher Freiheit gesetzten Ökonomie des Heils. Je soteriologischer Offenbarung ausgelegt wird, desto entschiedener geht man diesen Weg; so etwa *Martin Luther*, für den Offenbarung entscheidend die im fleischgewordenen Gotteswort sichtbare, im Glauben ergriffene *promissio* (Zusage) ist.

1.3 Gottes Selbst-Expression?

Von hier aus wäre der Weg nicht weit gewesen zu einem konsequent kommunikativen Offenbarungsverständnis, in welchem Offenbarung gedacht worden wäre als jene Selbst-*Mitteilung*, in der Gott seiner erlösenden Liebe zum Menschengeschlecht den ihr gemäßen Ausdruck gegeben und sich so auf das Risiko

---

[18] Ordinatio, prologus 1, quaestio unica 18.
[19] Vgl. Summe gegen die Heiden I, 94.
[20] Vgl. Thomas von Aquin, Theologische Summe I, q. 13, a.2.

und die Verheißung einer Kommunikations-Geschichte eingelassen hat. Dieser Weg ist zunächst nicht beschritten worden; die kommunikative Vorstellung des Selbst-Ausdrucks bzw. der Selbst-Offenbarung Gottes fand vielmehr Verwendung in schöpfungstheologischen Zusammenhängen, was freilich nur auf den ersten Blick überrascht. *Baruch de Spinoza* greift nämlich auf ein antik-neuplatonisches Modell zurück, wenn er von Gott, der vollkommensten und ersten Ursache aller Dinge wie auch seiner selbst sagt, er gebe »sich selbst durch sich selbst zu erkennen«.[21] Gotteserkenntnis ist keine Erkenntnis a posteriori, die vom Späteren auf das Frühere schließt, vom Verursachten auf die Ursache; so ja bei Thomas von Aquin. Diese Erkenntnis wäre unvollkommen, da – wie auch Thomas schon wußte – der Rückschluß das Erschlossene niemals angemessen erfaßt. Vollkommene Gotteserkenntnis ist nach Spinoza Erkenntnis a priori, eine Erkenntnis, die sich allein an die in der Vernunft liegenden Gründe bzw. die von ihnen ermöglichten Ableitungen halten kann, weil sich in ihnen Gott als der absolute Grund selbst zu erkennen gibt. Eine vollkommenere, durch eine spezielle geschichtliche Offenbarung ermöglichte, und das hieße ja a posteriori erreichte – vom sinnlich Gegebenen zurückschließende – Gotteserkenntnis ist hier gar nicht mehr denkbar.

Vernunft denkt Gott nicht aufgrund des sinnlich Gegebenen; sie denkt ihn in sich selbst: als vollkommene Ursache und absolute Substanz, als das auf vollkommenste Weise Seiende und sich Mitteilende. Höchste Vollkommenheit bedeutet für Gott zugleich höchste Freiheit, die aber – so Spinoza – gerade »nicht darin besteht, etwas tun oder lassen zu können, sondern allein darin, nicht von etwas anderem abzuhängen, derart, daß alles, was Gott tut, von ihm als der allerfreiesten Ursache getan und bewirkt wird.« Gott ist vollkommene Ursache im Sinne des ungehinderten Sich-selbst-äußern-Könnens. Er muß sich in seiner Selbst-Expression nicht auf von ihm Unabhängiges, von ihm nicht ebenfalls frei Gewolltes beziehen. Weil also Gott nur durch sich selbst und aus sich selbst tut, was er tut, weil »dasjenige, was Gott etwas tun läßt, nichts andres sein kann als seine eigne Vollkommenheit selbst, so schließen wir, wenn es seine Vollkommenheit nicht wäre, die es ihn tun ließe, daß dann die Dinge nicht existierten oder nicht zum Dasein gekommen wären, um das zu sein was sie jetzt sind.«[22]

Gottes vollkommene Freiheit ist aus ihr selbst heraus als Inbegriff des vollkommenen Ursacheseins denkbar. Und von ihr her kann das Geschaffene als der vollkommene Ausdruck dieser Vollkommenheit gedacht werden. Vernunft denkt Gott a priori – als das absolut »Frühere« –, von dem her alles »Spätere« zu denken ist und gedacht werden kann, weil sich in ihm Gottes vollkommene Freiheit auf vollkommene Weise darstellt. Aufgenommen ist hier die neuplatonisch geprägte Vorstellung der vollkommenen ἀρχή, die bei *Ps. Dionysius Areopagita* in der Metapher der absichtslos und ohne jede »Erschöpfung« sich ver-

---

[21] Kurze Abhandlung von Gott, dem Menschen und dessen Glück, dt. hg. von W. Bartuschat, Hamburg 1991, 21.
[22] Ebd., 43.

strömenden Sonne[23] und im Gedanken des »bonum diffusivum sui« ihren Ausdruck fand. Vollkommene Ursache ist das Gute als die sich selbst mitteilende Liebe, so daß man sagen darf, »daß selbst Er, der Verursacher des Alls, aus dem Überfluß seiner Güte heraus alles liebt, alles tut, alles vollkommen macht, alles im Sein erhält, alles zu sich wendet.«[24] Kraft der vollkommenen, auf vollkommene Weise »ausstrahlenden« Liebe hat das göttlich-ureine Gute sich in der Schöpfung und als Schöpfung selbst mitgeteilt: als »Offenbarung seiner selbst durch sich selbst (ὥσπερ ἔϰφανσιν ὄντα ἑαυτοῦ δι ἑαυτοῦ)«, im »Ausgehen der Güte aus dem über alles entrückten Einen«, als »liebende Bewegung, die einfach ist, durch sich selbst bewegt, durch sich selbst wirksam ist«.[25]

Der Gedanke einer sich selbst auf vollkommene Weise mitteilenden, vollkommenen Liebe ist im Mittelalter verschiedentlich aufgegriffen worden, so vor allem in der *Summa Halensis*, wo mit geradezu definitorischer Festlegung gesagt wird:

> »Seiner Natur nach und wesentlich ist das Gute das sich selbst verströmende ... wo aber das höchste Gut, da die vollkommenste Verströmung (summa diffusio); die vollkommenste Verströmung aber ist eine solche, die vollkommener nicht gedacht werden kann (qua maior excogitari non potest); eine vollkommenere Verströmung aber läßt sich nicht denken als jene, die der Substanz nach und sogar nach der ganzen Substanz geschieht; also verströmt sich das höchste Gut notwendig nach seiner ganzen Substanz (secundum substantiam totam).«[26]

Wenn Gott der »höchste Gedanke« ist[27], so läßt sich, wenn das Höchste als summum bonum begriffen werden darf, sagen, der höchste Gedanke sei der der vollkommensten »diffusio« – der vollkommsten »Selbstverströmung« aus Liebe. Dieser höchste Gedanke ist hier a priori gewonnen; und von ihm her läßt sich vernünftig denken, was ist. Spinoza macht mit diesem Gott-Denken a priori ernst, auch wenn er sich an die neuplatonische Bestimmung des bonum diffusivum sui nicht mehr erkennbar anschließt. Wo Gott a priori gedacht wird, da muß das Geschaffene – als die vollkommene Wirkung der vollkommenen Ursache – in Gott bzw. von ihm her gedacht werden. Und es kann in der geschaffenen Welt nichts Vollkommeneres gedacht werden als sie selbst; eben auch keine kontingente, geschichtliche Offenbarung, denn zum einen bleibt gar kein »Platz« mehr für eine vollkommenere Selbstmitteilung Gottes als die in der Schöpfung. Zum anderen wäre eine bloß kontingent gesetzte Ereignisfolge nach dem Freiheitsverständnis Spinozas auf unvollkommene Weise verursacht: Was auch anders hätte sein können, bezeugt nicht jene göttliche Freiheit, die in sich und in ihrer Äußerung eben nichts anderes ist als die innere Notwendigkeit –

---

[23] Vgl. etwa bei Ps. Dionysius Areopagita, Von den Namen Gottes IV, 1, dt. in: E. von Ivanka, Von den Namen zum Unnennbaren; Einsiedeln ²1981, 33–87, hierzu 54.
[24] Von den Namen Gottes IV, 10, ebd., 63.
[25] Von den Namen Gottes IV, 14, ebd., 65.
[26] Summa Halensis I nr. 295b, 14.
[27] Vgl. die berühmte Formulierung im Proslogion des Anselm von Canterbury, Gott sei »id ... quo maius cogitari non potest«; Cap. 2.

das Nicht-anders-sein-Können – der vollkommenen Selbstmitteilung. Gott und seine Schöpfung sind aufgrund des vollkommenen Ursacheseins Gottes auf vollkommenste und in ihrer Vollkommenheit begreifbare Weise miteinander verbunden; und so bedarf es keiner zusätzlichen Erkenntnis des Willens Gottes aus kontingenten, nicht nach den Gesetzen der Natur begreifbaren Tatsachen:

> »… weil wir wissen, daß alles von Gott bestimmt und eingerichtet ist und die Wirkungen der Natur aus Gottes Wesen folgen (das, weil Gott wahrhaft frei ist, nicht daran gehindert wird, sich als es selbst zu äußern; J. W.), die Naturgesetze aber Gottes ewige Ratschlüsse und Willensakte sind, so müssen wir unbedingt schließen, daß wir Gott und seinen Willen umso besser erkennen, je besser wir die natürlichen Dinge erkennen und je klarer wir erkennen, wie sie von ihrer ersten Ursache abhängen und wie sie nach ewigen Naturgesetzen wirken. Darum können im Hinblick auf unseren Verstand mit viel mehr Recht diejenigen Werke, die wir klar und deutlich erkennen, Gottes Werke heißen und auf den Willen Gottes zurückgeführt werden als diejenigen, von denen wir gar nichts wissen, wenn sie auch das Vorstellungsvermögen sehr in Anspruch nehmen und die Menschen sehr zur Bewunderung hinreißen.«[28]

Der Wille Gottes, des unendlichen, ewigen und unveränderlichen, muß »unter dem Gesichtspunkte der Ewigkeit von uns begriffen werden«; er ist greifbar und begreifbar an der Natur in ihrer bestimmten und unveränderlichen Ordnung – an den Naturgesetzen. Und so wäre es ein »völliger Unsinn … zum Willen Gottes seine Zuflucht zu nehmen, wenn man etwas nicht versteht, – in der Tat eine lächerliche Art, seine Unwissenheit zu bekennen.«[29] Statt davon auszugehen, daß Gott da wirkt, wo »in der Natur etwas Ungewohntes begegnet, das der (alltäglichen; J. W.) Anschauung von der Natur zuwiderläuft«, muß zur Geltung gebracht werden, daß Gott nach seinem ewigen, vernünftigen Gesetz handelt, weshalb »alles, was Gott will oder bestimmt, ewige Notwendigkeit und Wahrheit in sich schließt.«[30]

Spinozas Konzept will einer Offenbarungsvorstellung den Boden entziehen, die ein gegenüber der begreifbaren Ordnung der Schöpfung vollkommeneres Wissen von göttlichen Dingen beansprucht. Und es verstellt von vornherein die Möglichkeit, Gottes Willen am kontingent Zeitlichen zu erkennen – statt am ewig-vernünftigen Gesetz der Natur. Damit wurde Spinoza zum Stammvater des später so genannten *Rationalismus*, der die Wahrheit des Offenbarungs-Glaubens den im »reinen Denken« in ihrer logischen Unausweichlichkeit erkannten Vernunftwahrheiten unterordnete und deshalb in den kontingenten Gegebenheiten der Offenbarung allenfalls eine vorläufige Artikulationsform ewiger Vernunftwahrheiten erblicken konnte. Nicht zugestehen konnte der Rationalismus einer auf Offenbarung sich gründenden Theologie, daß sie durch

---

[28] Tractatus theologico-politicus, Cap. VI, in: Opera – Werke (lateinisch und deutsch), Bd. 1, hg. von G. Gawlick und F. Niewöhner, Darmstadt 1979, 201.
[29] Ebd.
[30] Vgl. ebd., 189–193.

Offenbarung Zugang hätte zu Wahrheiten, die die menschliche Vernunft von sich aus nicht erreichen kann und dennoch vom Menschen um seines Heiles willen anzuerkennen sind. Die Verpflichtung zur Anerkennung einer Wahrheit kann nur durch vernünftige Zustimmung eingelöst werden. Diese vernünftige Zustimmung aber muß *der Wahrheit* gelten und nicht der Behauptung wunderbarer Offenbarungsumstände. Noch so unbegreifliche Begleitumstände des Offenbarungsvorgangs können die Vernunft nicht dazu bewegen, ihre Zustimmung zu dem Geoffenbarten im bloßen Gehorsam dem gegenüber zu vollziehen, der in diesen Begleitumständen – so weit man sehen und urteilen kann – seine Allmacht demonstrierte. Was ist dann aber mit den Mysterien, deren Anerkennung nach herkömmlicher christlicher Glaubensüberzeugung allein das Heil verbürgt; was ist mit den Offenbarungswahrheiten, die der aufgeklärten Vernunft offenkundig nicht erreichbar sind und doch das Zentrum der christlichen Überlieferungen bilden? Sind sie in jeder Hinsicht bedeutungslos oder vielleicht nur vordergründig Mysterien, dazu bestimmt, schließlich doch von der Vernunft eingesehen zu werden? Sind sie von der Vernunft als widervernünftig und im übrigen auch unnötig abzulehnen? Oder kann die Vernunft sie anerkennen, ohne sie zu durchschauen – in welchem Falle es eben doch noch einen Weg gäbe, Vernunft und Offenbarung »zusammenzudenken«?

1.4 Vernunft statt Offenbarung oder vernünftige Einsicht ins Geoffenbarte?

Die Offenbarungskritiker, die in Frankreich und England seit dem ausgehenden 16. Jahrhundert für »natürliche« Religion oder Vernunft-Religion optieren, haben Anlaß zu der Vermutung, die vernunft-unzugänglichen Mysterien des Christentums und ihre – kontroverse – Auslegung seien der eigentliche Anlaß für die um sich greifende religiöse Zwietracht. Für *Jean Bodin*, auf den die Terminologie »natürliche Religion« zurückzugehen scheint[31], ist die der menschlichen Vernunft mit der Schöpfung »eingepflanzte« Religion die authentische und zureichende Form der Religion[32], die durch geschichtliche Offenbarungen allenfalls wiederhergestellt, aber nicht »verbessert« werden konnte. Die der Vernunft eingestiftete und ihren rechten Gebrauch leitende Kenntnis des höchsten Gesetzes der Natur[33] ist zugleich Kenntnis des göttlichen Gesetzgebers; ja sie ist

---

[31] Vgl. J. Th. Engert, Artikel »Deismus«, in: J. Höfer – K. Rahner (Hg.), Lexikon für Theologie und Kirche, 2. Aufl., Bd. 3, Freiburg 1958, 196.

[32] Jean Bodin nennt sie wörtlich »religionem ab aeterno Deo cum recta ratione mentibus humanis insitam« (die vom ewigen Gott mit der rechten Vernunft dem menschlichen Geist eingepflanzte Religion); Colloquium Heptaplomeres de rerum sublimium arcanis abditis, Faksimile-Neudruck der Ausgabe Schwerin 1857, Stuttgart – Bad Cannstatt 1966, 142.

[33] Vgl. ebd., 257; zur Deutung kann herangezogen werden: G. Heinz, Divinam christianae religionis originem probare. Untersuchung zur Entstehung des fundamentaltheologischen Offenbarungstraktates der katholischen Schultheologie, Mainz 1984, 81–90.

selbst das »göttliche Licht«, das alles im wahren Licht erscheinen läßt und die Vernunft zur treffsicheren Unterscheidung von wahr und falsch befähigt.[34] Von der Vernunft kann nur die noch nicht von Riten überwucherte, einfache, von Gott selbst begründete Religion des Anfangs als in jeder Hinsicht wahr anerkannt werden. Diese einfache und der Vernunft entsprechende Religion verehrt den ewig-allmächtigen Schöpfergott, weiß sich ihm mit der Befolgung der Naturgesetze sowie in der Übung von Gerechtigkeit und Barmherzigkeit liebend verbunden, darf nach schuldhaften Verfehlungen des rechten Weges auf Gottes Vergebung und schließlich auf die ewige Glückseligkeit bei Gott hoffen.[35]

Dieses Konzept einer natürlichen Vernunftreligion ist von *Herbert von Cherbury* weiter ausgearbeitet worden. Der göttliche Schöpfer hat der menschlichen Vernunft die Fähigkeit mitgeteilt, letzte Prinzipien als unbezweifelbare Grundsätze alles weiteren Wissens – »notitiae communes«, auch »veritates catholicae« genannt – einzusehen[36], die es dem Menschen ermöglichen, sein letztes Ziel zu entdecken und die zum Erreichen dieses Zieles zuträglichen Mittel zu bestimmen. So gehören zu diesen notitiae communes auch fünf »religiöse Fundamentalsätze«, in denen gültig zusammengestellt ist, was eine den Menschen auf sein Ziel hinführende vernünftige Religion an Wahrheiten enthalten muß. Sie sind wie folgt zu bestimmen: Es gibt ein höchstes Wesen (1.), das als solches zu verehren ist (2.). Seine Verehrung geschieht in rechter Weise durch die Übung von Tugend und Frömmigkeit (3.). Wo der Mensch diese Verehrung sündig verweigert, da hat er dies durch Reue und Buße zu tilgen (4.). Nach dem irdischen Leben erwarten den Menschen im Jenseits Lohn oder Strafe (5.).[37] Diese fünf religiösen Fundamentalsätze müssen als Kriterium einer vernünftigen Beurteilung aller Offenbarungsansprüche gelten. Nichts, was ihnen widerspricht, kann religiöse Geltung beanspruchen. Geschichtliche Offenbarungen können das in diesen notitiae communes Zusammengestellte auch nicht substantiell – durch Mitteilung einer zusätzlichen, unabdingbar anzuerkennenden religiösen Wahrheit – erweitern.[38]

Daß man geschichtlichen Offenbarungen trotz dieser rationalistischen Voraussetzung eine wichtige Funktion zuerkennen kann, zeigt das Konzept des »Freidenkers« *John Toland*. Er teilt nicht die Vorstellung einer zureichenden Vernunftoffenbarung im Anfang. Deshalb ist es für ihn wichtig, die Wege zu rekonstruieren, auf denen die Wahrheiten einer vernünftigen Religion den Menschen zugänglich wurden. Zu unterscheiden ist allerdings zwischen den Mitteln der Belehrung (means of information) und dem Grund der Überzeu-

---

[34] Heptaplomeres, 273: »Imo ratio, quae divina lux est, uniuscuiusque menti insita, videt, sentit, iudicat, quod rectum, quod pravum, quod verum, quod falsum.«

[35] Belege bei G. Heinz, a. a. O., 83 ff.

[36] Vgl. Herbert von Cherbury, De veritate, in: De veritate. Editio tertia. De causis errorum. De religione laici. Parerga, Faksimile-Neudruck, hg. von G. Gawlick, Stuttgart – Bad Cannstatt 1966, 60 f.

[37] De veritate, 208–222.

[38] Vgl. G. Heinz, op. cit., 95 f.

gung (ground of persuasion)[39]: Offenbarungen sind – historisch gesehen – vorrangige Mittel der Belehrung; aber ihr möglicherweise unbezweifelbares Ergangensein kann nicht als zureichender Grund der Überzeugung von den mit ihr zugänglich gewordenen Wahrheiten in Frage kommen. Man darf »den Weg, auf dem die Kenntnis eines Gegenstandes zu uns gelangt, nicht mit den Gründen verwechseln, derentwegen wir glauben. Der eigentliche Glaubensgrund liegt ... im Inhalt des Mitgeteilten, in der Evidenz der zur Kenntnis gebrachten Dinge.«[40] Die vernünftige Anerkennung dieser Evidenz der Dinge in sich selbst ist die allein legitime Grundlage menschlicher Gewißheit. Auch die Offenbarung darf in dem, was sie mitteilt, nicht von diesem Evidenzkriterium ausgenommen werden. Wo menschliche Vernunft die vernünftig nachvollziehbare Evidenz des Mitgeteilten nicht zu erfassen vermag, da darf sie urteilen, daß sie hier nicht zur Zustimmung verpflichtet ist, daß etwa die ihr verschlossen bleibenden Mysterien der Offenbarungstraditionen sie nichts angehen.[41]

Die Programmatik einer christlichen Vernunftreligion ohne Heils-Geheimnisse, in der nur das vernünftig Einsehbare heilsrelevant sein kann, wird von allen Autoren geteilt, die man dem englischen Deismus zurechnet. So etwa auch von *Matthew Tindal*, der die »Religion of Nature and Reason« von der »external Revelation« unterscheidet.[42] Die Vernunft- und Naturreligion ist eine »Manifestation des Göttlichen im Medium der Vernunft«[43]; von ihr – von den normativen Inhalten her, die sie enthält – läßt sich überprüfen, welche Offenbarungsansprüche als berechtigt gelten dürfen und wo die Berufung auf Offenbarung nur dazu dient, ein Kirchensystem zu legitimieren, das die Gläubigen in unerträglicher Tyrannei über Körper und Geist abhängig hält.[44] »External Revelation« wird nicht in Abrede gestellt. Aber normative Geltung darf sie nur für Inhalte beanspruchen, die auch durch die innere Offenbarung des Göttlichen in der Vernunft beglaubigt sind.

In Deutschland steht *Hermann Samuel Reimarus* erkennbar unter dem Einfluß des englischen Deismus.[45] Seine »Apologie oder Schutzschrift für die vernünftigen Verehrer Gottes«[46] ist in Auszügen von Lessing unter dem Titel »Von der Duldung der Deisten: Fragmente eines Ungenannten« herausgegeben

---

[39] J. Toland, Christianity not mysterious, Faksimile-Neudruck der Erstausgabe London 1696, Stuttgart – Bad Cannstatt 1964, 14 (Nr. 9). Toland nimmt hier die in der Wissenschaftstheorie des 20. Jahrhunderts so zentrale Unterscheidung von Entdeckungs- und Begründungszusammenhang vorweg.

[40] So faßt G. Heinz Tolands Position zusammen; op.cit., 101 mit Berufung auf Christianity not mysterious, 37 f., Nr. 11.

[41] Vgl. Christianity not mysterious, 78, Nr. 10: »And as of what is not knowable we can have no idea, so it is nothing to us«.

[42] Vgl. Christianity as old as the Creation, Faksimile-Neudruck der Ausgabe London 1730, hg. von G. Gawlick, Stuttgart – Bad Cannstatt 1967, 3; 60; 67.

[43] So G. Gawlick in der Einleitung, ebd., 18*.

[44] Vgl. a.a.O., 107 f.

[45] Vgl. dazu G. Gawlick, Reimarus und der englische Deismus, in: K. Gründer – K. H. Rengstorf (Hg.), Religionskritik und Religiosität in der deutschen Aufklärung, Heidelberg 1989, 43–54.

[46] Erstmals vollständig publiziert von G. Alexander, Frankfurt a.M. 1972.

worden[47] und hat die Diskussion um Offenbarungs- und Vernunftreligion in Deutschland entscheidend geprägt. Auch Reimarus weist Offenbarungsansprüche nicht von vornherein zurück. Aber die Vielfalt dieser Offenbarungsbehauptungen verlangt – so Reimarus mit den Deisten – nach vernünftiger Unterscheidung:

> »Sollte nun eine unter so vielen vorgegebenen Offenbarungen wirklich von Gott gekommen seyn: so würde er ohne Zweifel solche Merkmaale der Wahrheit darin gelegt haben, welche sie von allen menschlichen Erfindungen unterschieden, keinen Wiederspruch enthielten, keinen gründlichen Zweiffel über ließen, keinen Verdacht, Anstoß und Aergerniß erweckten. Eine vernünftige Religion muß vor allen Dingen in jeder sogenannten Offenbarung der Grund- und Prüf-Stein werden, als welche gewiß durch die Natur von Gott abstammet. Mithin muß uns auch ein ungehinderter Gebrauch der gesunden Vernunft und ihrer Regeln leiten … Es ist selber der Vernunft gemäß, nichts darum bloß (zu) verwerffen, weil es über unsern Begriff gehet; aber hergegen, wenn eine vorgegebene (vorgebliche; J. W.) Offenbarung etwas enthält, das sich selbst klar und deutlich wiederspricht, oder das andere unwiedersprechliche Wahrheiten, besonders die unendliche Vollkommenheiten Gottes, seine Weißheit, Vorsehung, Güte und Allmacht, seine ewige Regeln des Natur- und Sitten-Gesetzes aufhebt: so mag auch ein Engel vom Himmel der Prediger eines solchen Evangelii seyn, wir können ihm dennoch unmöglich glauben.«[48]

Dieser deistischen Vernunftoption widersetzen sich Kirchen und Theologen, weil sie mit ihr das Religionsmonopol und damit ihre Herrschaft über die Gläubigen verlieren würden. Sie versuchen, die menschliche Vernunft herabzusetzen, damit sie sich nicht zur Herrin der Offenbarung aufschwinge; und sie haben

> »ein besonderes Mittel erfunden, auch der künftig anwachsenden Vernunft einen starken Riegel vorzuschieben: der natürliche Mensch, heißt es, vernimmt nichts von dem, was des Geistes Gottes ist, es ist ihm eine Thorheit und Ärgerniß, er kann es nicht erkennen, denn es muß geistlich beurtheilet oder gerichtet seyn: unsre Vernunft ist durch den Fall der ersten Eltern und durch die Erbsünde verdorben; wir müssen sie schlechterdings gefangen nehmen unter dem Gehorsam des Glaubens.«[49]

Reimarus will deshalb der theologischen Unterstellung, von einer im Anfang geschehenen Erbsünde her sei das menschliche Vernunftvermögen so in Mitleidenschaft gezogen, daß der Mensch sich seiner Leitung in religiösen Fragen nicht mehr anvertrauen dürfe, durch eine kritische Untersuchung der biblischen Paradiesesgeschichte und ihrer kirchlichen Auslegung den Boden entziehen.[50] Diese biblische Überlieferung bzw. ihre kirchliche Inanspruchnahme für die Erbsündenlehre ist – so Reimarus – voller Ungereimtheiten und Widersprüche.

---

[47] G. E. Lessing, Werke, hg. von H. G. Göpfert, Bd. 7, München 1976, 313–604.
[48] Apologie, Bd. 1, 54 f.
[49] Ebd., 43 f.
[50] Vgl. ebd., Bd. 2, 452–466.

Die Vorstellung einer »uns aufgebürdeten Erb-Sünde« kehrt darüber hinaus »alle Begriffe und Grundsätze einer menschlichen Moral« um und ist schon deshalb unannehmbar.[51] Von der Erbsündenlehre ausgehend versucht Reimarus, alle Grundannahmen der christlichen Heilsordnung als in sich widersprüchlich und einer vernünftigen Sittlichkeit widersprechend zu erweisen, so daß schließlich alles auf die Alternative hinausläuft, ob man dem kirchlichen Offenbarungsglauben oder der Vernunftreligion Recht geben will. Für Reimarus steht die Option für eine Religion der Vernunft außer Frage, die entgegengesetzte Option wäre in seiner Sicht ruinös: »Wer … der Vernunft nicht so viel Licht zum Glauben giebt, daß sie mit Verstand und Einsicht glauben kann, der fordert einen blinden Glauben von ihr«[52]; der nimmt den Menschen jede Möglichkeit eines sehenden Glaubens, aufgrund dessen er sich mit guten Gründen zwischen konkurrierenden Offenbarungsansprüchen entscheiden könnte; der beschwört jene »Feindschaft und Verfolgung« herauf, die entstehen muß, wenn diese Entscheidung nicht mit guten Gründen herbeigeführt, sondern mit Gewalt erzwungen werden soll.[53]

Aber Reimarus weiß sich im Besitz eines noch stärkeren Arguments. Die Option für Vernunftreligion ist für Christen schon deshalb zwingend, »weil Christus selbst, als ihr Meister, sofern wir ihn als einen Lehrer aller Menschen ansehen, nichts als begreifliche praktische Wahrheiten gelehret, und darin das Wesen der Religion gesetzt hat«.[54] Neben den Grundlehren der reinen, praktischen Vernunftreligion lassen sich in der Predigt Jesu zwar auch Anknüpfungen an die Situation des zeitgenössischen Judentums erkennen, die Jesu Absicht verraten, dessen Gebräuche und Hoffnungen zu reinigen und zu verbessern. Solche historisch verständlichen Anknüpfungen sind aber ebenso zu vernachlässigen wie die konkreten historischen Umstände seines Lebens und Sterbens, wenn es beim Christentum um »eine allgemeine Religion für das gantze menschliche Geschlecht« gehen soll. Der Mensch ist nämlich »nicht für eine Religion gemacht, die auf Facta, und zwar solche, die in einem Winkel des Erdbodens geschehen seyn sollen, gegründet ist«.[55]

Die Apostel haben freilich gerade auf die Anknüpfung Jesu an die Messiashoffnung der Juden und ihre Sehnsucht nach dem von ihm heraufzuführenden Reich Gottes alles Gewicht gelegt. So waren sie nach dem Scheitern Jesu am Kreuz genötigt, ein Lehrgebäude aus Mysterien zu errichten, die *geglaubt* werden mußten, damit man Jesus weiterhin für den Messias und Begründer des Reiches Gottes halten konnte. Nun ist von Jesus als Gottes Sohn die Rede, der am Kreuz stellvertretend gesühnt und so den Sündern eine »inwendige« Erlösung vermittelt habe. Reimarus versucht klarzustellen, daß sich dieses von der Kirche übernommene, widersprüchliche soteriologische Glaubenssystem der

---

[51] Vgl. ebd., Bd. 2, 466.
[52] Vgl. ebd., 179.
[53] Vgl. ebd., Bd. 1, 116 bzw. 179.
[54] Vgl. ebd., Bd. 1, 171.
[55] Vgl. ebd., Bd. 1, 171.

Apostel »in Jesu eigenen Reden, nach dem wahren Verstande seiner Ausdrücke, nicht finde.«[56]

Offenbarungskritik wird hier zur Kritik an christlichen Offenbarungs-urkunden; und sie verfolgt bei Reimarus zwei Argumentationslinien: Sie ver-sucht zu zeigen, daß sich das in den Offenbarungsdokumenten Mitgeteilte, so-fern es nicht den Inhalten einer praktisch-sittlichen Vernunftreligion entspricht, als in sich widersprüchlich und der praktischen Vernunft widersprechend er-weist. Und sie versucht einleuchtend zu machen, daß es dem Anspruch auf all-gemeine Gültigkeit, den die Religion erheben muß, widerspricht, wenn sie sich auf partikulare Gegebenheiten und kontingente Geschichtstatsachen stützen will. Die Allgemeingültigkeit religiöser Wahrheit ist im Medium der Vernunft geltend zu machen. Was in bestimmten geschichtlichen Zusammenhängen ge-schehen sein mag, das kann nicht außer Kraft setzen oder erweitern, was die Vernunft als die Grundsätze einer ihr entsprechenden Religion aus sich ent-wickeln und so mit Anspruch auf Allgemeingültigkeit in Geltung setzen kann. Beide Argumentationslinien werden in der Aufklärungsphilosophie vielfach ausgearbeitet und variiert. Dabei bilden sich einige Grundfiguren für die Be-stimmung des Verhältnisses von Vernunft und Offenbarung heraus, die für die Problemgeschichte bis in die Diskussionen der Gegenwart hinein bestimmend bleiben. Deshalb sollen einige von ihnen hier kommentiert werden.

1.5 Offenbarungswahrheiten und Vernunftwahrheit

Gottfried Wilhelm Leibniz hatte schon vor Reimarus in die Deismus-Debatte eingegriffen und dem Konzept einer christlichen Vernunftreligion »ohne Ge-heimnisse« – ohne von der Vernunft hinzunehmende, nur durch Offenbarung zugängliche Offenbarungs-Wahrheiten – überzeugend widersprochen. Er kommt dabei auf eine Unterscheidung zurück, die auch bei Reimarus begegnet, bei ihm aber keine konzeptionellen Konsequenzen hat. Es ist die »Unterschei-dung, die man zwischen dem, was *die Vernunft übersteigt*, und dem, was *gegen die Vernunft* ist, zu machen pflegt«. Diese Unterscheidung gibt zwei unter-schiedliche Argumentationssituationen vor: »Denn was gegen die Vernunft ist, ist auch gegen die unbedingt gewissen und unerläßlichen Wahrheiten, was aber die Vernunft übersteigt, widerstreitet nur dem, was man erfahrungsgemäß zu kennen oder zu begreifen gewohnt ist.«[57]

Daraus ergibt sich, daß die Vernunft Wahrheitsansprüche eines Offenba-rungsglaubens, die ihr widersprechen, zurückweisen muß; sie übersteigende Wahrheitsansprüche – Leibniz nennt die Mysterien der Trinität und der Schöp-

---

[56] Vgl. ebd., Bd. 2, 46.
[57] G. W. Leibniz, Die Theodizee. Von der Güte Gottes, der Freiheit des Menschen und dem Ursprung des Übels. Philosophische Schriften, Bd. II, hg. und übersetzt von H. Herring, Darmstadt 1985, 108 f.

fung sowie die Wunder – hat sie aber zunächst einmal hinzunehmen und dann zu klären, ob ihr auch hier ein Prüfrecht zukommt. Der Vernunft steht das Recht zu, Offenbarungswahrheiten einer kritischen Prüfung nach ihren Maßstäben zu unterziehen, wenn von seiten der Offenbarungs-Theologie prinzipiell zugestanden werden muß, daß »eine Glaubenswahrheit ... unwiderleglichen Einwänden ausgesetzt sein könne«, daß sie also gegen vernünftige Einwände mit vernünftigen Gegenargumenten verteidigt werden muß und verteidigt werden kann.[58] Leibniz plädiert für die Unumgänglichkeit dieser apologetischen Herausforderung der Offenbarungs-Theologie. Er stellt gegen Spinoza und die englischen Deisten klar, daß vernünftig verteidigt werden kann, was »über der (endlichen; J. W.) Vernunft« ist; daß es aber auch verteidigt werden muß, weil Einwände mit Vernunftanspruch, denen nicht mit guten Gründen widersprochen werden könnte, den Geltungsanspruch von Offenbarungswahrheiten den Boden entziehen würden.[59] Leibniz' Position liegt eine Unterscheidung zweier eigenständiger Argumentationsfiguren zugrunde. Es sind für ihn »zwei völlig verschiedene Dinge, nämlich eine Sache *begründen* und eine Sache *gegen die Einwände aufrechterhalten*« – zu *verteidigen*. Ein Verteidiger (respondens) ist »nicht verpflichtet, seine These zu begründen, er ist aber verpflichtet, den Einwänden eines Gegners Genüge zu tun. Ein Verteidiger vor Gericht braucht (in der Regel) sein Recht nicht zu beweisen oder seinen Besitztitel vorzulegen, er ist aber verpflichtet auf die Gründe (raisons) des Klägers zu antworten.«[60]

Das Begründungsgebot der Vernunft kann sich nicht auf alles beziehen, was die Menschen über göttliche Dinge – etwa durch Offenbarung – wissen. Im Blick auf die »Mysterien« hat man nicht nötig, sie a priori zu beweisen oder den Grund dafür anzugeben: »es genügt, daß die Sache so ist (τὸ ὅτι), ohne das *Warum* (τὸ διότι) zu kennen, das allein Gott sich vorbehalten hat« – wenn nur dargetan werden kann, daß gegen die Sache keine durchschlagenden Einwände sprechen.[61]

Leibniz widerspricht Spinozas Behauptung, das Wissen über Göttliches müsse a priori herleitbar und in diesem Sinne begründend sein. Er widerspricht

---

[58] Vgl. ebd., 110f.
[59] Noch Kant nimmt auf die Unterscheidung des die Vernunft Übersteigenden von dem ihr Widersprechenden Bezug. Aber er leitet andere Konsequenzen aus ihr ab. Als »philosophischen Grundsatz« der Schriftauslegung formuliert er im »Streit der Fakultäten«: »Schriftstellen, welche gewisse *theoretische*, für heilig angekündigte, aber allen (selbst den moralischen) Vernunftbegriff *übersteigende* Lehren enthalten, *dürfen*, diejenige aber, welche der praktischen Vernunft widersprechende Sätze enthalten, *müssen* zum Vorteil der letzteren ausgelegt werden« (Akademie Textausgabe, Berlin 1968, Bd. VII, 38). Trinitäts- und Inkarnationslehre übersteigen – so Kant – alle Vernunftbegriffe. Aus ersterer läßt sich aber auch »schlechterdings nichts fürs Praktische machen«. Letzterer kann aus der philosophische Religionslehre immerhin den Hinweis auf »die in Gott von Ewigkeit her liegende Idee der Menschheit in ihrer ganzen ihm wohlgefälligen moralischen Vollkommenheit« (ebd., 38f.) entnehmen. Eine vernünftige Verteidigung des alle Vernunftbegriffe Übersteigenden im Blick auf nichtmoralische Sinngehalte kommt für Kant nicht mehr in Frage.
[60] Ebd., 156f.
[61] Ebd., 154f.

den Deisten[62] mit der Klarstellung, die Vernunft müsse sich nicht von vornherein gegen »Mysterien« einer Offenbarungsreligion aussprechen, da ihr ja auch hier durchaus ein Prüfrecht zukommt. Auch im Blick auf die Mysterien ist eine Versöhnung von Glaube und Vernunft insoweit möglich, als die vermeintlichen Widersprüche sich beheben lassen und die Vernunft den Anspruch fallen läßt, die mitgeteilten Offenbarungswahrheiten in ihrem »Warum« erklären zu wollen.[63] Der Verzicht auf Herleitung a priori ist motiviert von der Einsicht in die Endlichkeit der menschlichen Vernunft; sie muß und darf nicht begründet werden mit der Sündenverfallenheit der menschlichen Vernunft. Diese Begründung wäre ohne philosophische – und Leibniz meint gewiß auch: ohne theologische – Triftigkeit, denn:

> »Die rechte Vernunft ist eine Verkettung von Wahrheiten, die verderbte Vernunft ist mit Vorurteilen und Leidenschaften durchsetzt, und um die eine von der anderen zu trennen, braucht man nur der Ordnung gemäß zu Werk gehen, keinen Satz ohne Beweis lassen und keinen Beweis anerkennen, der nicht in richtiger Form nach den alltäglichsten Regeln der Logik gebildet ist. Eines anderen *Kriteriums* oder *Schiedsrichters* bedarf es in Sachen der Vernunft nicht.«[64]

Leibniz' Konzeption ist offenkundig ein Vermittlungsversuch, der einerseits auf traditionelle Unterscheidungen und Argumentationsfiguren zurückgeht[65], andererseits die aktuelle Streitfrage um die Spannung zwischen Vernunft und Mysterien entschärft, dies aber mit dem deutlichen Anspruch darauf, von der Offenbarungs-Theologie nicht – etwa mit Hinweis auf die Verderbtheit der autonomen menschlichen Vernunft durch die Sünde – an der vernünftigen Würdigung der Offenbarungswahrheiten gehindert zu werden. Dieses Vermittlungsangebot ist allenfalls halbherzig aufgegriffen worden. Zu denen, die sich intensiv mit Leibniz' Konzept auseinandergesetzt haben, gehört *Lessing*. Er veröffentlichte nicht nur die »Fragmente eines Ungenannten«, sondern auch einen Leibniz-Text – »Defensio trinitatis per nova reperta logica« –, in dem dieser seinem Konzept entsprechend die Einwände des Zeitgenossen Andreas Wissowatius gegen die Trinitätslehre zurückweist.[66] In Lessings Kommentar zu Leibniz' Text[67] werden die eben herangezogenen Passagen aus der »Theodizee« so ausgelegt, daß der Autor mit ihnen die Begründung der christlichen Glaubensgeheimnisse »auf bloß natürliche Beweise« habe zurückweisen wollen: Der Vernunft allein sei die »Überzeugung von ihrer Wahrheit« nicht anheimzustellen; und das heißt umgekehrt: die Vernunft kann nicht zum Glauben gezwun-

---

[62] Vgl. ebd., 160 f.
[63] Vgl. ebd., 166 f.
[64] Ebd., 162 f.
[65] Durchaus traditionelle Motive greift Leibniz' Konzept der *Verteidigung* der Offenbarungswahrheiten im Unterschied zur Herleitung auf; vgl. etwa die theologische Arbeitsweise des »solvere rationes« – der Auflösung der Gegenargumente – bei Thomas von Aquin; einschlägig dafür ist in der Summe gegen die Heiden I, 9, a.a.O., 29 f.
[66] In: G. E. Lessing, Werke, Bd. 7, 203–216.
[67] Ebd., 216–225.

Streitfall

gen werden.[68] Lessings eigene Position scheint hier nicht eindeutig. Einerseits setzt er sich in dem zitierten Kommentar zu Leibniz ironisch mit rationalistischen Theologen seiner Zeit auseinander, die genau dies versuchten: die Vernunft zur Annahme der Glaubens-Mysterien zu zwingen. Andererseits verfaßt er selbst einen allerdings Fragment gebliebenen und zu Lebzeiten nicht veröffentlichten Entwurf, in dem er die vernünftige Substanz der grundlegenden christlichen Mysterien als das »Christentum der Vernunft« philosophisch darzustellen versucht.[69]

Offenkundig war Lessing doch gegen Leibniz der Überzeugung, daß »bloße« Offenbarungswahrheiten, wenn sie vor der Vernunft Bestand haben sollen, in Vernunftwahrheiten überführt werden müssen. Diese Überzeugung liegt jedenfalls seiner Schrift »Die Erziehung des Menschengeschlechts« zugrunde. Hier wird deutlich gemacht, daß der Status einer Offenbarungs-Wahrheit ein vorübergehender sein muß, weil Offenbarung selbst nur das Erziehungsmittel Gottes ist, mit dem das Menschengeschlecht in der Geschichte zur Vernunft gebracht werden soll. In den Formulierungen der ersten beiden Paragraphen heißt es programmatisch:

> »Was die Erziehung bei dem einzelnen Menschen ist, ist die Offenbarung bei dem ganzen Menschengeschlechte.
> Erziehung ist Offenbarung, die dem einzeln Menschen geschieht: und Offenbarung ist Erziehung, die dem Menschengeschlechte geschehen ist, und noch geschieht.«[70]

Der Logik von Erziehungsprozessen entsprechend ist auch Offenbarung darauf angelegt, die Menschen zur Autonomie zu befähigen; Erziehung – auch Erziehung durch Offenbarung – muß sich selbst überflüssig machen, muß dafür sorgen, daß die Erzogenen im Stand der Mündigkeit sich selbst sagen und aus sich selbst heraus tun können, was ihnen durch Erziehung *von außen* mitgeteilt und angesonnen wurde. Erziehung setzt also voraus, daß sie dem Menschen nichts ihm Fremdes aufdrängt, sondern dem zur Ausbildung und Geltung verhilft, was *in ihm selbst* ist. Daraus ergeben sich entscheidende Konsequenzen für das Verständnis von Offenbarung.

> »Erziehung gibt dem Menschen nichts, was er nicht auch aus sich selbst haben könnte: Sie gibt ihm das, was er aus sich selbst haben könnte, nur geschwinder und leichter. Also gibt auch die Offenbarung dem Menschengeschlechte nichts, worauf die menschliche Vernunft, sich selbst überlassen, nicht auch kommen würde: sondern sie gab und gibt ihm die wichtigsten dieser Dinge nur früher.«[71]

Wie die Offenbarung zunächst dazu da ist, die Vernunft zu leiten, so ist die Vernunft dazu bestimmt, die Offenbarung zu erhellen, das in ihr Mitgeteilte

---

[68] Vgl. ebd., 223 f.
[69] Ebd., 278–281.
[70] G. E. Lessing, Werke, Bd. 8, München 1979, 490.
[71] Ebd., 490, §4.

so zu denken, daß sie die Wahrheit des Geoffenbarten selbst verantworten kann und sie sich nicht mehr als *nur* geoffenbarte gesagt sein lassen muß. Erhellung der Offenbarung durch Vernunft, bedeutet das nicht in letzter Konsequenz die Aufhebung des Geheimnischarakters geoffenbarter Wahrheiten, die Ausarbeitung der Mysterien zu Vernunftwahrheiten? Lessings Entwurf zielt genau darauf ab; und er gibt in den Paragraphen 72–75 – wie im oben erwähnten Fragment »Christentum der Vernunft« – einen Abriß der in Vernunftwahrheiten überführten Hauptmysterien des christlichen Offenbarungsglaubens. Abschließend rechtfertigt er sein Vorgehen noch einmal grundsätzlich mit der zuvor aufgewiesenen Logik von Erziehungsprozessen:

> »Man wende nicht ein, daß dergleichen Vernünfteleien über die Geheimnisse der Religion untersagt sind. – Das Wort Geheimnis bedeutete, in den ersten Zeiten des Christentums ganz etwas anders, als wir jetzt darunter verstehn; und die Ausbildung geoffenbarter Wahrheiten in Vernunftswahrheiten ist schlechterdings notwendig, wenn dem menschlichen Geschlechte damit geholfen sein soll. Als sie geoffenbaret wurden, waren sie freilich noch keine Vernunftswahrheiten; aber sie wurden geoffenbaret, um es zu werden. Sie waren gleichsam das Fazit, welches der Rechenmeister seinen Schülern voraussagt, damit sie sich im Rechnen einigermaßen darnach richten können. Wollten sich die Schüler an dem vorausgesagten Fazit begnügen: so würden sie nie rechnen lernen, und die Absicht, in welcher der gute Meister ihnen bei ihrer Arbeit einen Leitfaden gab, schlecht erfüllen.«[72]

Bei der »Ausbildung geoffenbarter Wahrheiten in Vernunftswahrheiten« geht es – so Lessing – vor allem darum, die Verankerung der Heils-Mysterien in kontingenten historischen Tatsachen zu überwinden. Die Berufung auf das Geschehensein bestimmter Ereignisse kann niemals eine mit diesem Geschehensein verbundene Wahrheit als allgemein geltend und bindend erweisen. Wahrheitsgeltung ist nur im Medium der Vernunft erweisbar. Was sich als kontingentes Faktum nur historisch wahrscheinlich machen läßt, kann keine Basis dafür abgeben, der Vernunft die Anerkennung einer nicht in ihr selbst liegenden und dennoch allgemein zustimmungspflichtigen Wahrheit abzunötigen. Die Selbstgewißheit der Vernunft ist von grundlegend anderer Qualität als die bestenfalls zu Wahrscheinlichkeiten führende Vergewisserung von Tatsachenwahrheiten; die erste kann Verbindlichkeit generieren, letztere allenfalls einigermaßen gesicherte Vermutungen, auf die eine unendlich folgenreiche Glaubensentscheidung niemals gegründet werden darf. Selbst wenn man etwa – so Lessing – die Eroberungszüge des Alexander als historisch einigermaßen zuverlässig belegt »glaubte«: »… wer wollte, auf diesen Glauben hin, irgendetwas von großem dauerhaften Belange, dessen Verlust nicht zu ersetzen wäre, wagen? Wer wollte, diesem Glauben zu Folge, aller Kenntnis auf ewig abschwören, die mit diesem Glauben stritte? Ich wahrlich nicht.«[73]

Das hat nun aber auch für die geschichtlichen Heilstatsachen zu gelten, an

---

[72] Ebd., 506, § 76.
[73] Über den Beweis des Geistes und der Kraft, in: G. E. Lessing, Werke, Bd. 8, 9–14, hier 12.

die die christlichen Mysterien geknüpft scheinen: für die Heilsereignisse des Lebens Jesu und die Auferweckung des Gekreuzigten, aufgrund derer die Christen Jesus von Nazaret als den Sohn Gottes glauben. Auch hier muß unterschieden werden zwischen der historischen Tatsachenbehauptung, deren Gültigkeit man mehr oder weniger wahrscheinlich machen kann, und den im christlichen Offenbarungsglauben damit verbundenen Glaubens-Wahrheiten, deren Geltung nur nach Vernunftkriterien überprüft werden kann und von der Vernunft als allgemein bindend anerkannt werden müßte:

> »Daß der Christus, gegen dessen Auferstehung ich nichts Historisches von Wichtigkeit einwenden kann, sich deswegen für den Sohn Gottes ausgegeben; daß ihn seine Jünger deswegen dafür gehalten: das glaube ich herzlich gern. Denn diese Wahrheiten, als Wahrheiten einer und derselben Klasse, folgen ganz natürlich auseinander.
> Aber nun mit jener historischen Wahrheit in eine ganz andre Klasse von Wahrheiten herüber springen, und von mir verlangen, daß ich all meine metaphysischen und moralischen Begriffe darnach umbilden soll; mir zumuten, weil ich der Auferstehung Christi kein glaubwürdiges Zeugnis entgegensetzen kann, alle meine Grundideen von dem Wesen der Gottheit darnach abzuändern: wenn das nicht eine μετάβασις εἰς ἄλλο γένος ist; so weiß ich nicht, was Aristoteles sonst unter dieser Bezeichnung verstanden.«[74]

Christlicher Offenbarungsglaube unterstellt, historisch-relative Gewißheiten könnten »metaphysische« – in der Vernunft selbst liegende und von ihr allein zu begründende – Gewißheiten modifizieren, relativieren oder gar außer Kraft setzen. Damit begeht er einen Kategorienfehler. Er springt über den Graben zwischen zwei Arten von Wahrheit; Lessing will und kann diesen Sprung nicht mitvollziehen: »Das, das ist der garstige breite Graben, über den ich nicht kommen kann, so oft und ernstlich ich auch den Sprung versucht habe. Kann mir jemand hinüber helfen, der tu es; ich bitte ihn, ich beschwöre ihn. Er verdienet ein Gotteslohn an mir.«[75]

Aber Lessing unterstellt, daß dieser Sprung vernunftwidrig wäre, daß vielmehr streng festzuhalten ist: »zufällige Geschichtswahrheiten können der Beweis von notwendigen Vernunftwahrheiten nie werden.«[76] Dieser Satz ergibt sich für ihn schon daraus, daß der Gewißheitsgrad der beiden »Klassen« von Wahrheiten unterschiedlich ist: Das Geschehensein kontingenter Ereignisse kann nur durch mehr oder weniger zuverlässige Traditionen sichergestellt werden. Die Gegenthese, sie seien nicht oder nicht *so* geschehen, würde nichts in sich Unmögliches behaupten. Die Vernunftwahrheiten sind aber kraft der ihnen innewohnenden Notwendigkeit für die Vernunft unbestreitbar.[77] Was aber nicht

---

[74] Ebd., 13.
[75] Ebd.
[76] Ebd., 12.
[77] Lessing greift hier auf eine von Leibniz geltend gemachte kategoriale Unterscheidung zurück: »Es gibt« – so Leibniz in seiner »Monadologie« – »zwei Arten von Wahrheiten, nämlich *Vernunftwahrheiten* und *Tatsachenwahrheiten*. Die Vernunftwahrheiten sind notwendig und ihr Gegenteil ist

notwendigerweise, sondern allenfalls wahrscheinlich so ist bzw. gewesen ist, kann keine Wahrheiten begründen, die im Reich der Notwendigkeit Geltung beanspruchen dürfen. Das gilt auch für Tatsachenwahrheiten, die – wie bei Thomas von Aquin dargestellt – die göttliche Autorität einer historischen Gestalt unter Beweis stellen und seine Vollmacht beweisen sollen, Göttliches zu lehren. Auch für sie – die den göttlichen Lehrer Christus legitimierenden »mirabilia« – gilt die Logik der Tatsachenwahrheiten, nach der die Zuverlässigkeit der Überlieferung, so hoch sie auch einzuschätzen sein mag, niemals eine vernunftrelevante Notwendigkeit begründen kann.

Lessing versucht sich noch an den Grenzfall heranzutasten, für den gesagt werden dürfte, hier sei eine Tatsachenwahrheit so gewiß, daß sie mit der Gewißheit von Vernunftwahrheiten konkurrieren könnte. Solche Tatsachengewißheit würden allenfalls gegenwärtig erlebte Wunder erreichen:

> »Wenn ich zu Christi Zeiten gelebt hätte: so würden mich die in seiner Person erfüllten Weissagungen allerdings auf ihn sehr aufmerksam gemacht haben. Hätte ich nun gar gesehen, ihn Wunder tun; hätte ich keine Ursache zu zweifeln gehabt, daß es wahre Wunder gewesen; so würde ich zu einem, von so langeher ausgezeichneten, wundertätigen Mann, allerdings so viel Vertrauen gewonnen haben, daß ich willig meinen Verstand dem Seinigen unterworfen hätte; daß ich ihm in allen Dingen geglaubt hätte, in welchen eben so ungezweifelte Erfahrungen ihm nicht entgegen gewesen wären.«[78]

Lessings Einlassung ist hier undeutlich. Zieht er tatsächlich ins Kalkül, daß er einem vertrauenswürdigen *gegenwärtigen* Wundertäter den eigenen Verstand zu unterwerfen hätte? Und wo hätte solche Unterwerfung ihre Grenzen? An welchen eigenen »unbezweifelbaren Erfahrungen«? Lessing sieht sich nicht genötigt, solchen Fragen weiter nachzugehen, weil ihn keine gegenwärtig erlebten Wunder vor die prekäre Entscheidung stellen, einem vertrauenswürdigen Wundertäter aufgrund nicht zu bezweifelnder Tatsachen den eigenen Verstand zu unterwerfen. Müßte man aber nicht nach Lessing streng folgern, daß auch unbezweifelbare Tatsachen nicht in den Bereich notwendiger Vernunftwahrheiten hinüberreichen könnten, so daß auch der gegenwärtig Wunder wirkende Christus Lessing nicht hätte bewegen dürfen, dem von Christus Mitgeteilten eher zu trauen als dem eigenen Verstand?

Lessing versucht offenkundig, Argumente zu kumulieren: Das Argument des »garstigen Grabens« wird noch verstärkt durch den Hinweis darauf, daß uns das Geschehensein von Wundern nicht durch eigenen Augenschein, sondern nur durch begrenzt zuverlässige Überlieferungen bekannt ist. Offenbarungskritische Argumentationen können Offenbarungsansprüche also auch dadurch – bei Lessing aber nur zusätzlich – erschüttern, daß sie das Geschehensein von

---

unmöglich und die Tatsachenwahrheiten sind kontingent und ihr Gegenteil ist möglich.«; G. W. Leibniz, Philosophische Schriften, hg. von H. H. Holz, Bd. I, Darmstadt 1965, 402 f., Monadologie §33.
[78] Über den Beweis des Geistes und der Kraft, a. a. O., 9 f.

Offenbarung und der sie als solche legitimierenden mirabilia mit Hinweis auf eine durchaus unzuverlässige Überlieferung eher unwahrscheinlich zu machen versuchen. Das ist in der Religions- und Offenbarungskritik vor und nach Lessing vielfach geschehen und hat entscheidend zur Ausbildung der historisch-kritischen Erforschung der biblischen Schriften beigetragen. Entweder wollte man interessegeleitete Verfälschungen der biblischen Überlieferungen nachzeichnen[79] oder – reaktiv apologetisch – die historische Zuverlässigkeit der biblischen Überlieferungsprozesse unter Beweis stellen.

Aufs Gesamte gesehen drängt sich für die Offenbarungskritik der Aufklärung das Bild eines Zangenangriffs[80] auf: Christliche Offenbarungs-Theologie geriet mit ihrem Offenbarungsverständnis zwischen den Vorstoß der »Rationalisten«, die Offenbarungsansprüche konsequent dem Urteil einer »autonomen« Vernunft unterwarfen, Offenbarungen also nur noch das abnehmen wollten, was sich die Vernunft prinzipiell selbst sagen kann, und den Vorstoß der »Empiristen«, die in der historischen Erforschung christlicher Überlieferungsprozesse hinreichend Anlaß fanden, deren Zuverlässigkeit in Zweifel zu ziehen. Der »rationalistische Vorstoß« bestritt die Notwendigkeit oder zumindest die bleibende Bedeutung einer Berufung auf bloß historische Offenbarung angesichts einer autonom gewordenen menschlichen Vernunft. Der »empiristische Vorstoß« erschütterte die Glaubwürdigkeit der Offenbarungszeugnisse und ihrer Überlieferung in der Geschichte der Kirchen.

Dieser Zangenangriff wurde von Reimarus über Hume und Kant bis zur radikalen Offenbarungskritik des 19. Jahrhunderts immer konsequenter vorgetragen. Der »rationalistische Vorstoß« forderte ein, daß der »empirische« – also auf geschichtliche Tatsachen zurückgehende Offenbarungsglaube – einer »durchgängige(n) Auslegung« der Offenbarung »zu einem Sinn (unterzogen werde; J. W.), der mit den allgemeinen praktischen Regeln einer reinen Vernunftreligion zusammenstimmt.«[81] Hier versuchte man, die Fixierung auf historische Tatsachenwahrheiten als nicht zu einer auf moralische Besserung des Menschen abzielenden Vernunftreligion passend darzustellen und als traditionsverhafteten »Kirchenglauben« abzuwerten; wiederum Kant: »Der Geschichtsglaube ist ›todt an ihm selber‹, d. i. für sich, als Bekenntnis betrachtet, enthält er nichts, führt auch auf nichts, was einen moralischen Werth für uns hätte«.[82] Fichte, der auf Leibniz' Unterscheidung von Vernunft- und Tatsachenwahrheit zurückgreift, formuliert noch plakativer, »das Historische und das Metaphysische«, in sich Vernünftige, seien einander »geradezu entgegengesetzt«[83];

---

[79] So argumentiert ja – wie oben gesehen – Reimarus, aber vor ihm etwa auch das »Testament des Abbé Meslier«, dt. hg. von G. Mensching, Frankfurt a. M. 1976, 96–105.

[80] Zu dieser Situationsbeschreibung vgl. R. Schaeffler, Glaubensreflexion und Wissenschaftslehre. Thesen zur Wissenschaftstheorie und Wissenschaftsgeschichte, Freiburg – Basel – Wien 1980, 66 f.

[81] So I. Kant, Die Religion innerhalb der Grenzen der bloßen Vernunft, Akademie Textausgabe, Bd. VI, 110.

[82] Ebd., 111; vgl. ders., Der Streit der Fakultäten, Akademie Textausgabe, Bd. VII, 1–116, hier 66.

[83] J. G. Fichte, Die Anweisung zum seligen Leben, in: Fichtes Werke, hg. von I. H. Fichte, Neudruck Berlin 1971, Bd. V, 397–580, 567.

und er folgert: »Nur das Metaphysische, keineswegs aber das Historische, macht selig; das letztere macht nur verständig.«[84] Zielgröße dieses Vorstoßes ist die Überwindung einer Religiosität, die sich im Entscheidenden auf eine äußerliche Offenbarung beruft, und damit die Förderung einer vernünftig-»innerlichen« Religiosität, nach der Gott sich in der menschlichen Vernunft selbst offenbart, der »wirkliche(n) und wahre(n) Religiosität«, die – nach Fichte – »in dem innigen Bewusstseyn (besteht; J. W.), daß Gott in uns wirklich lebe und thätig sey, und sein Werk vollziehe«.[85]

Der »empiristische Vorstoß« versucht, das, was in der traditionellen Form der Verteidigung von Offenbarungsansprüchen das Unerklärliche und deshalb auf Gott als Urheber Verweisende sein mußte, erklärbar zu machen: zunächst durch die Vermutung, die von Wundern und erfüllten Prophezeiungen berichtenden Überlieferungen verfälschten das Überlieferte aufgrund erklärlicher, wenn auch moralisch anrüchiger Interessenlagen; sodann mit dem Versuch, das berichtete Unerklärliche mit anderen historischen Überlieferungen zu »vernetzen« und die Bezeugung unerklärlicher Ereignisse, die ja in antiker Literatur vielfach begegnet, generell als Sprachform für die Darstellung bestimmter, in sich durchaus – etwa psychologisch – erklärbarer Erlebnisse auszulegen. Empiristische und rationalistische Kritik stehen aber nicht nur nebeneinander; sie arbeiten sich gegenseitig in die Hände: Wo die empiristische Kritik die übernatürlichen Offenbarungsereignisse »naturalisieren«, also erklärbar machen kann, da verliert die herkömmliche Offenbarungstheologie jene Legitimationsgrundlage, die ihr erlaubte, eine der autonomen Vernunft gegenüber notwendige geschichtliche Offenbarung zu verteidigen.

Diesem Zangenangriff hätte die Theologie nur entgehen können, wenn sie die zugrundeliegenden Argumentationsmuster selbst in Zweifel gezogen hätte und – noch elementarer – der so plausiblen Unterscheidung zwischen Vernunft- und Tatsachenwahrheiten differenzierend entgegengetreten wäre. Das ist ihr – zumindest katholischerseits – im 18. und 19. Jahrhundert kaum möglich gewesen. Ja, man muß sogar sagen, daß sie die Herausforderung durch den empiristisch-naturalistischen Vorstoß überhaupt erst zu Beginn unseres Jahrhunderts mit einiger Genauigkeit wahrgenommen hat. Es erscheint auch wegen dieser offenkundigen und lang andauernden Problemverdrängung angezeigt, die Argumentationsmuster des empiristisch-naturalistischen Vorstoßes noch etwas genauer zu analysieren.

---

[84] Ebd., 485.
[85] Ebd., 473. Die Unterscheidung in innere und äußere Offenbarung wird schon bei Kant vollzogen. »Äußere« Offenbarung ist die in Werken und Worten; die »innere« ist »die Offenbarung Gottes durch unsere eigene Vernunft; diese letztere« – so Kant – »muß *allen anderen vorhergehen*, und zur Beurtheilung der äußern dienen. Sie muß der Probierstein seyn, woran ich erkenne, *ob eine äußere Offenbarung Gottes sey*, und mir Gott anständige (gemäße; J. W.) Begriffe an die Hand geben«; I. Kant, Vorlesungen über die philosophische Religionslehre, hg. von K. H. L. Pölitz, Reprint Darmstadt 1982, 220.

1.6 Offenbarungstatsachen?

Das traditionelle, apologetische Wunderargument beruft sich auf Ereignisse –
auf mirabilia –, die sich inmitten geschichtlicher Zusammenhänge ereignet haben, sich aber nicht aus dem geschichtlichen Zusammenhang erklären lassen, so
wie er sich der alltäglich-gegenwärtigen Lebens- und Welterfahrung darstellt.
Die mirabilia, die geschehene Offenbarung auch für die Vernunft kenntlich machen sollen, haben – so *David Hume* – den Charakter von »widernatürlichen
Ereignisse(n)«, die »sich in unseren Tagen niemals zutragen«.[86] Das Adjektiv
»widernatürlich« zeigt schon den Widerstand an, mit dem neuzeitliches Denken
der Zumutung begegnet, Ereignisse für möglich zu halten, die sich nicht »in
unseren Tagen« und »vor unseren Augen« zutragen, will heißen die Homogenität der »natürlichen« Alltagserfahrung sprengen würden. Zeugnissen, die von
solchen Ereignissen berichten, begegnet man hier mit um so größerem Mißtrauen, je unerklärlicher die überlieferten Ereignisse sind. Geht es bei solchen
Überlieferungen – wie bei denen, die das Geschehensein geschichtlicher Offenbarungsereignisse nachweisen wollen – tatsächlich um Wunder, so steht

> »notwendig eine gleichförmige Erfahrung (die homogene Alltagserfahrung des
> natürlichen Zusammenhangs; J. W.) jedem wunderbaren Ereignis entgegen, sonst
> würde das Ereignis nicht diesen Namen verdienen. Und da eine gleichförmige Er-
> fahrung sich zur Höhe eines Beweises erhebt, so haben wir hier einen unmittelbaren
> vollen *Beweis* aus der Natur der Sache gegen die Existenz jedweden Wunders; solch
> ein Beweis kann auch nicht aufgehoben, noch das Wunder glaubhaft gemacht wer-
> den, außer durch einen Gegenbeweis, der ihm überlegen ist.«[87]

Die Beweiskraft aus der empirisch aufweisbaren, in der Alltagserfahrung gegebenen »Natur der Sache« ist so hoch, daß sie nur durch zweifelsfreie Vergewisserung der Zuverlässigkeit überlieferter Zeugnisse von einstmals geschehenen
Wundern überboten würde. Hume folgt dem beweislogischen Grundsatz: »Kein
Zeugnis reicht aus, ein Wunder festzustellen, es müßte denn das Zeugnis von
solcher Art sein, daß seine Falschheit wunderbarer wäre, als die Tatsache, die es
festzustellen trachtet.«[88] Bezogen auf das größte aller denkbaren Wunder lautet
das Urteilskalkül:

> »Berichtet mir jemand, er habe einen Toten wieder aufleben sehen, so überdenke ich
> gleich bei mir, ob es wahrscheinlicher ist, daß der Erzähler trügt oder betrogen ist
> oder daß das mitgeteilte Ereignis sich wirklich zugetragen hat. Ich wäge das eine
> Wunder gegen das andere ab, und je nach der Überlegenheit, die ich entdecke, fälle
> ich meine Entscheidung und verwerfe stets das größere Wunder.«[89]

---

[86] D. Hume, Untersuchung über den menschlichen Verstand, dt. Hamburg 1964, 140.
[87] Ebd., 134 f.
[88] Ebd., 135.
[89] Ebd., 135 f.

Glaube kann der Wunderbericht nur finden, wenn die zunächst einmal voraus-
zusetzende Falschheit eines solchen Berichts unerklärlicher ist als das berichtete
Ereignis selbst. Das darf aber ausgeschlossen werden, weil Geschichte niemals
der Ort absoluter Gewißheit sein kann: einer Gewißheit, die die hohe Wahrscheinlichkeit überwiegt, mit der wir unterstellen dürfen, daß frühere Welterfahrung sich nicht wesentlich von der gegenwärtigen unterscheidet – daß die
homogene Kausalverknüpfung des Weltgeschehens, die wir heute unterstellen,
auch für geschichtlich frühere Zustände der Welt vorauszusetzen ist.

Die Homogenität welthafter Kausalverknüpfungen wird selbstverständlich
vorausgesetzt, weil sie das Feld empirischen Wissens definiert: Empirisches
Wissen rekonstruiert diese Verknüpfungen; es »ruht nicht«, bis es diese Ver-
knüpfungen so dicht gewoben hat, daß es für alle der Welt- und Selbst-Erfah-
rung zugänglichen Phänomene *zureichende Gründe* anzugeben gelernt hat. Der
Versuch, das unendliche Streben des Wissens nach immer dichterer kausaler
Vernetzung – nach *Erklärung* – dadurch zu sistieren, daß man Regionen des
Übernatürlichen ausgrenzt und als nach den Kriterien der Welterkenntnis unerklärlich ausgibt, kann nur als gegen die Vernunft gerichtet abgelehnt werden.
Die empirische Wissensdynamik kennt nicht mehr die für Leibniz so zentrale
Unterscheidung von übernatürlich und widernatürlich. Entweder unterstellt
sich die Behauptung einer Tatsache dem Postulat der Erklärbarkeit im prinzipiell
unendlichen Prozeß der Rekonstruktion ihres Ortes im Netz kausaler Verknüpfungen; oder sie behauptet Widernatürliches: die willkürliche Aussonderung
eines Ereignisses aus dem Feld des nach dem Kausalprinzip Rekonstruierbaren.
Der Sprung aus der Unendlichkeit der Rückfrage nach weiteren Erklärungs-
gründen in die behauptete Offenbarungsgegebenheit einer absoluten Ursache,
mit der jede weitere Rückfrage abgeschnitten wäre, da das Wissen hier bei der
prima causa angekommen sein soll, ist illegitim. Die Ursache-Wirkungs-Ver-
knüpfung konstituiert die Unendlichkeit der erkennbaren Welt; sie ist prinzipiell nicht übertragbar auf die Beziehung zwischen Welthaftem und Göttlichem.

Immanuel Kant spricht sich zwar nicht grundsätzlich gegen Gott als prima
causa aus; auch nicht dagegen, daß er mit seiner Vorsehung das Weltgeschehen
begleitet und zu einem guten Ziel führt. Aber er wendet sich gegen ein in irgendeinem Sinne als welthaftes Phänomen – in der Vernetzung der welthaften
Ursache-Wirkungs-Zusammenhänge – lokalisierbares und beobachtbares göttliches Handeln. Die allgemeine Vernunftwahrheit von der göttlichen Lenkung
der Welt läßt sich nicht im Blick auf konkrete Ereignisse empirisch verifizieren.
Die regulative Idee eines von Gott gesetzten sinnvollen und auf ein gutes Ende
hin geordneten Zusammenhangs der Welt kann dazu dienen, die verknüpfende
Vernunft nach immer dichter gewobenen Zusammenhängen suchen zu lassen.[90]
Indes: »die Erkenntnis von Gott und seiner Vorsehung, in Ansehung unserer
Naturwissenschaft, (ist; J. W.) das Ziel, das alle unsere Bemühungen darin

---

[90] Vgl. dazu: Kritik der reinen Vernunft A 642/B 670 – A 668/B 696.

krönen muß, aber nicht das Princip, woraus wir jede einzelne Begebenheit, ohne den allgemeinen Gesetzen derselben nachzuforschen, ableiten sollen.« Wollte man im einzelnen einen »unmittelbaren Zweck Gottes« aufweisen, so würde man riskieren, »zum Behufe der faulen Vernunft das von Gott, als einer unmittelbaren Ursache, her(zu)leiten, was bei geschärftem Nachdenken von uns selbst als eine Naturwirkung eingestanden werden müßte.«[91]

Konsequenz der Kantschen Unterscheidungen ist die Weigerung, Argumentationen anzuerkennen, die im Blick auf ein konkretes Ereignis Unerklärlichkeit und damit eine unmittelbar-spezielle göttliche Verursachung voraussetzen und so Offenbarungsbehauptungen begründen wollen. Sieht man von der allgemeinen Verursachung durch die freilich nicht welthaft erfahrbare, sondern postulierte göttliche prima causa ab, so kann keine welthafte Wirkung – als Einzelphänomen – auf eine hier in spezieller Weise wirkende göttliche Ursache schließen lassen. Wo dieser Schluß angesonnen wird, da leistet dies der »Faulheit der Vernunft« Vorschub. Damit ist zunächst das Wunderargument getroffen, sodann aber auch die für die Denkmöglichkeit geschichtlicher Offenbarung prekäre Behauptung begründet, die absolute göttliche Ursache könne überhaupt nicht welthaft zur Erscheinung kommen. Die Welt kann von der Vernunft zwar im allgemeinen auf Gott bezogen werden; aber es fehlt der Vernunft jeder Anhaltspunkt dafür, wie sie das speziell-geschichtliche Vorkommen des Göttlich-Absoluten in der unendlichen Relativität des Weltgeschehens sollte denken und erkennen können. Daß eine sogenannte Offenbarung »göttlich sei«, kann – so Kant – »nie durch Kennzeichen, welche die Erfahrung an die Hand giebt, eingesehen werden.«[92]

Waren nicht alle Offenbarungsbehauptungen der unstatthafte Versuch, natürlich-welthafte Vorkommnisse so zu überhöhen, daß sie als einzelne ins Absolute hineinzureichen schienen – wo doch allenfalls der Gesamtprozeß der Welt oder der Geschichte vom Absoluten – der Vorsehung, dem »Absolutwerden« des Menschengeschlechts selbst – Zeugnis geben könnte? *Ludwig Feuerbach* kennzeichnet von dieser rationalistisch-empiristischen Ur-Plausibilität her den Widerspruch zwischen Glaube und Vernunft als den zwischen der Vernunft als Inbegriff der allgemeinen Wahrheiten und Gesetze zum Glauben als »Inbegriff besonderer Wahrheiten, besonderer Privilegien und Exemtionen« – der »Ausnahme von der Regel«. Die Besonderheit ist »die Würze des Glaubens – daher sein Inhalt selbst äußerlich schon gebunden ist an eine *besondere*, historische Zeit, einen *besondern* Ort, einen besondern Namen.«[93]

---

[91] Vgl. I. Kant, Vorlesungen über die philosophische Religionslehre, 219 bzw. 212.
[92] Der Streit der Fakultäten, a. a. O., 46; vgl. ebd., 63: »Denn wenn Gott zum Menschen wirklich spräche, so kann dieser doch niemals *wissen*, daß Gott es sei, der zu ihm spricht. Es ist schlechterdings unmöglich, daß der Mensch durch seine Sinne den Unendlichen fassen, ihn von Sinnenwesen unterscheiden und ihn woran *kennen* solle.«
[93] L. Feuerbach, Das Wesen des Christentums, Werke in sechs Bänden, hg. von E. Thies, Frankfurt a. M. 1975-76, Bd. 5, 10 f.

Das besondere Offenbarungs-Ereignis müßte sich als Ausnahme gegen die Vernunft-Regel behaupten – und wird entsprechend verabsolutiert, vergöttlicht. Aber die Vernunft wird die Ausnahme nie anerkennen, wird immer nur sich selbst – das Vernunftallgemeine – als capax infiniti anerkennen können: Das Allgemeine – nach Feuerbach: die Menschengattung – ist das Wahre, nicht das Besondere oder Einzelne. Die Menschengattung kann sich ebensowenig in einem einzelnen Individuum – dem vorgeblichen Offenbarer – verkörpern, wie sich das Unendliche in einem Augenblick der Endlichkeit erschöpft.[94]

David Friedrich Strauß gibt diesem Gedanken eine durchaus theologische Wendung – und bringt doch seine offenbarungskritische Zuspitzung energisch zur Geltung. Wenn von Offenbarung noch die Rede sein soll, dann allenfalls in dem von Hegel plausibel gemachten und von Feuerbach anthropologisch gewendeten Sinn, »daß Gott sich in der ganzen Menschheit und in der Totalität der Menschheitsgeschichte offenbare«.[95] Diese Idee verträgt sich nicht – das wendet Strauß gegen Hegel ein – mit der Vorstellung, in besonderen geschichtlichen Tatsachen, schließlich in Jesus Christus, hätten sich spezielle und normative Offenbarungen ereignet: Wenn Gott sich in der ganzen Menschheitsgeschichte offenbart, so kann er sich nicht einzelne Menschen als Orte seiner Selbstoffenbarung auswählen. Es liegt – so Strauß – nicht im Wesen Gottes, seinen gesamten Reichtum in ein Individuum »auszuschütten und gegen alle anderen zu geizen«.[96]

Die im Grunde rationalistische Option für das Allgemeine motiviert hier – wie schon bei Feuerbach – die empiristische Kritik an der »Ausnahme von der Regel«: an der Übernatürlichkeit einzelner Offenbarungsereignisse. So plädiert David Friedrich Strauß dafür, die Evangelien »mit offenen Augen« anzuschauen und sich der Meinung, »eines übermenschlichen Christus zu bedürfen«, endlich zu »entschlagen«. Man wird dann zwar eingestehen müssen, »daß ihre Verfasser und die Kreise, für die sie schrieben, sich ihren Christus nicht übernatürlich genug denken konnten«. Aber je unbefangener man sich »das Abenteuerliche ihres ganzen Standpunkts« zum Bewußtsein bringt, desto weniger wird man sich versucht fühlen, »ihre Auffassungsweise zu der unsrigen zu machen.«[97]

Die »Auffassungsweise« der Verfasser und der Gemeinden, deren Glauben sie zum Ausdruck bringen, mythologisiert die historische Gestalt Jesu; und das heißt bei Strauß: sie stellt in ihm die urbildliche »Idee der Menschheit überhaupt« dar. Was von der Menschengattung an Vollkommenheit und Gottverbundenheit ausgesagt werden dürfte, das wird hier zur Wesensbestimmung eines einzelnen Menschen; und das verträgt sich nicht »mit den Gesetzen des

---

[94] Vgl. ders., Sämtliche Werke, Leipzig 1846 ff., Bd. 2, 185 f.

[95] Vgl. M. Theunissen, Hegels Lehre vom absoluten Geist als theologisch-politischer Traktat, Berlin 1970, 237.

[96] D. F. Strauß, Das Leben Jesu kritisch bearbeitet, Bd. 2, Tübingen 1836, 734.

[97] D. F. Strauß, Der Christus des Glaubens und der Jesus der Geschichte, Neuausgabe Gütersloh 1971, 100 f.

menschlichen Daseins«.[98] Der Urgemeinde hat, »indem sie, veranlaßt durch die Person und Schicksale Jesu, das Bild ihres Christus entwarf, unbewußt die Idee der Menschheit in ihrem Verhältniß zur Gottheit vorgeschwebt.« Und so kommt es – bei einem Verständnis der Evangelien, das die mythologische Überhöhung Christi zum Gottmenschen und Erlöser zurücknimmt – nur darauf an, »daß als Subjekt der Prädikate, welche die Kirche Christo beilegt, statt eines Individuums eine Idee, aber eine reale, nicht Kantisch unwirkliche, gesezt wird« – die Idee der Menschheit als Gattung.[99] Sobald man die historische Gestalt Jesu in diesem Sinne als historische gelten läßt und sie nicht länger mythologisierend zum Ort des Absoluten und Göttlich-Vollkommenen in der Geschichte macht, »sobald wir uns das Herz fassen, Jesum wirklich in die Reihen der Menschheit zu stellen, wird ihm unmöglich unsere Verehrung, unmöglich unsere Liebe fehlen können.«[100]

Das in der Geschichte vorkommende und in das Netz geschichtlicher Kausalitäten eingewobene Einzel-Ereignis und die einzelne menschliche Gestalt sind – so groß oder vorbildlich sie gewesen sein mögen – niemals capax infiniti, Ort des Absoluten inmitten der Geschichte. Es gibt keinen exterritorialen Ort inmitten des Endlichen, an dem das Unendliche erscheinen und sich offenbaren könnte. Das ist die Quintessenz der empiristisch-naturalistischen Kritik des 19. Jahrhunderts an der überlieferten christlichen Vorstellung einer geschichtlichen, »äußeren« Offenbarung.

1.7 Offenbarung und historische Kritik

Ernst Troeltsch formuliert am Ende dieses Jahrhunderts die unabweisbare Konsequenz einer so verstandenen historisch-kritischen Betrachtungsweise, wenn er feststellt: »Das Absolute in der Geschichte auf absolute Weise an einem einzelnen Punkt haben zu wollen, ist ein Wahn, der nicht bloß an seiner Undurchführbarkeit scheitert, sondern auch an seinem eigenen inneren Widerspruch gegen das Wesen aller historischen Religiosität«.[101] Die historische Betrachtung läßt es nicht zu, das Hereinragen einer Welt übernatürlicher Kräfte und göttlicher Vollkommenheit in die Geschichte an historischen Ereignissen oder Verläufen zu demonstrieren – an Wundern, an einer durch »Wunder gestifteten und im Wunder der Bekehrung und der Sakramente sich behauptenden Kirche als eines übernatürlichen Instituts«; die Historie kennt keine übernatürlichen Fakta, die zwar in der Geschichte stehen, aber nicht aus der Geschichte stam-

---

[98] Das Leben Jesu, Bd. 2, 717.
[99] Vgl. ebd., 734–736.
[100] Der Christus des Glaubens und der Jesus der Geschichte, 101.
[101] Die Absolutheit des Christentums und die Religionsgeschichte, Neuausgabe München – Hamburg 1969, 96.

men.[102] Die Annahme eines Absoluten in der Geschichte widerspräche den Voraussetzungen der historisch-kritischen Methode, die Troeltsch wie folgt zusammenstellt[103]: Universalität historischer Kritik, Analogie der Erfahrung und durchgängige Korrelation zwischen allen historischen Vorgängen.

Die *Universalität der historischen Kritik* läßt es nicht zu, irgendwelche als Offenbarung ausgezeichnete Geschehenszusammenhänge bzw. deren Überlieferung vom methodischen Zweifel an der Zuverlässigkeit der Traditionsprozesse und von der Rückfrage nach den in ihnen mitwirkenden Interessen oder Plausibilitäten auszunehmen. Für historisch wahrscheinlich wird hier gehalten, was man sich aufgrund eigener Erfahrung vorstellen kann; in Troeltschs Worten: »Die Übereinstimmung mit normalen, gewöhnlichen oder doch mehrfach bezeugten Vorgangsweisen und Zuständen, wie wir sie kennen, ist das Kennzeichen der Wahrscheinlichkeit für die Vorgänge, die die Kritik als wirklich geschehen anerkennen oder übrig lassen kann.« Diese Voraussetzung läuft – so Troeltsch – auf die Unterstellung einer grundlegenden Homogenität, einer »prinzipielle(n) Gleichartigkeit alles historischen Geschehens« hinaus. Die historische Kritik unterstellt ganz selbstverständlich eine grundlegende *Analogie* zwischen den eigenen und den zu untersuchenden fremden Erfahrungen; und der von ihr zur Geltung gebrachten »Allmacht der Analogie« kann auch die historische Betrachtung der jüdisch-christlichen Offenbarungsgeschichte nicht entzogen bleiben. Die »alles nivellierende Bedeutung der Analogie« gründet sich auf der prinzipiellen Weigerung historischer Forschung, exterritoriale Zonen im Fluß des historischen Geschehens anzuerkennen, die nicht durchgängig mit den ihnen näher oder ferner benachbarten Entwicklungen in Verbindung stünden. Historische Forschung setzt voraus, »daß alles Geschehen in einem beständigen korrelativen Zusammenhang steht und notwendig einen Fluß bilden muß, in dem Alles und Jedes zusammenhängt und jeder Vorgang in Relation zu anderen« steht. Mit dem Selbstverständlichwerden dieser Grundannahmen historischer Kritik mußte – so Troeltsch – schließlich auch die Sonderstellung einer biblischen Offenbarungsgeschichte nivelliert werden, wurde »auch die Bibelforschung in die allgemeine politische, soziale und geistige Geschichte des Altertums hineingezogen und ist schließlich die Erforschung und Beurteilung des Christentums in den Rahmen der Religions- und Kulturgeschichte hineingestellt worden.«

Muß man bei Troeltsch von einer Verabschiedung der Offenbarungsvorstellung zugunsten der religionsgeschichtlichen Betrachtung biblischer Überlieferungen sprechen? Am Horizont taucht hier die gegenwärtig heftig diskutierte Frage auf, ob und inwiefern man »Biblische Theologie« von einer Religionsgeschichte Israels und des Frühchristentums zu unterscheiden hätte.[104] Bedeutet

---

[102] Vgl. ebd., 31.
[103] Über historische und dogmatische Methode in der Theologie, abgedruckt in: G. Sauter (Hg.), Theologie als Wissenschaft, München 1971, 105–127, hier 107–110.
[104] Im deutschen Sprachraum wurde diese Diskussion neu ausgelöst durch das eindrucksvolle Werk von R. Albertz, Religionsgeschichte Israels in alttestamentlicher Zeit, 2 Bde., Göttingen 1992.

historische Erforschung biblischer Überlieferungen tatsächlich im wesentlichen deren Lokalisierung im Spannungsgeflecht politischer und sozialer Auseinandersetzungen mit dem Ziel, Tendenz und Transformierung religiöser Vorstellungsbestände aus dem Eingreifen konkreter, mit solchen Vorstellungsbeständen hantierender Autorengruppen in die jeweiligen Auseinandersetzungen zu erklären? Müßte zugestanden werden, daß diese religionsgeschichtliche Betrachtung biblischer Überlieferungen auch theologisch legitim ist, wo bliebe dann noch die Möglichkeit – und worin läge die theologische Notwendigkeit begründet –, im Blick auf solche Wortmeldungen von *Gottes* Wort zu reden? Diese Notwendigkeit kann doch *nicht nur* darin ihren Grund haben, daß die biblischen Autoren bzw. Autorengruppen sich darauf beriefen, Gottes Wort zu verkünden, um ihren Optionen größere Durchschlagskraft zu verleihen. Liegen ihrer Inanspruchnahme des Gottesworts und des göttlichen Willens, den sie gültig bekanntzumachen beanspruchten, authentische religiöse Erfahrungen zugrunde? Was zeichnet sie als authentische aus? Was berechtigt Glaubensgemeinschaften und ihre Theologien dazu, ihnen Offenbarungsqualität zuzubilligen? Und was will man damit zum Ausdruck bringen?

Fragen über Fragen; Fragen, die die Ablösung des herkömmlichen supranaturalen Offenbarungsverständnisses mit seiner so selbstverständlich klaren Unterscheidung von göttlicher und menschlicher Autorschaft in religionsgeschichtlichen Entwicklungen und Traditionen signalisieren. Göttliches und Menschliches sind nicht mehr einfach voneinander zu trennen – unter unmißverständlicher Angabe von Indikatoren, die göttliche von menschlicher Autorschaft unterscheiden lassen. Göttliches und Menschliches liegen offenkundig irgendwie ineinander; so kann man leicht auf den Gedanken kommen, Offenbarung sei *nichts anderes als* eine Legitimationskategorie, deren Verwendung verschärfte Skepsis hervorrufen sollte.

Ernst Troeltsch verwendet die Kategorie Offenbarung trotz all dieser Fragen, die sich bei ihm zumindest ankündigen. Aber er verwendet sie mit einer gegen den Supranaturalismus gerichteten, religionsgeschichtlichen Tendenz. Das bedeutet für ihn zweierlei: Offenbarung begegnet bei ihm im Plural; und zwar nicht im Plural von Offenbarungsereignissen in der einen normativen altneutestamentlichen Offenbarungsgeschichte, sondern im Plural der verschiedenen, implizit oder explizit auf Offenbarung zurückgehenden religiösen Traditionen. Troeltschs durchaus vermittelnde und – in der Absolutheitsschrift – das Christentum noch favorisierende Position lautet so:

> »Das Christentum bleibt die große Offenbarung Gottes an die Menschen, auch
> wenn die andern Religionen mit aller über Erde, Leid und Schuld erhebenden Kraft,
> die sie besitzen, gleichfalls Offenbarungen Gottes sind, und auch wenn die abstrak-
> te Möglichkeit weiterer Offenbarungen durch keine Theorie beseitigt werden
> kann.«[105]

---

[105] E. Troeltsch, Die Absolutheit des Christentums und die Religionsgeschichte, 99.

Das setzt nun voraus, daß die Kategorie Offenbarung auf unterschiedliche religionsgeschichtliche Sachverhalte beziehbar wird, die gerade noch darin übereinkommen, daß in ihnen eine göttliche Inspiration zu geschichtlich und sozial folgenreicher Wirksamkeit gelangte. Alle menschliche Religion wurzelt – so Troeltsch – »*in religiöser Intuition oder göttlicher Offenbarung*, die in spezifisch religiösen Persönlichkeiten gemeinschaftsbildende Kraft gewinnt und von den Gläubigen mit geringerer Originalität nacherlebt wird«.[106] Das Christentum darf durchaus anerkennen, daß auch in anderen religiösen Überlieferungen Gott »lebendig und offenbar ist« und religiöse Gründergestalten inspirierte; und es bedarf keiner Apologetik, die die Wahrheit des Christlichen »dadurch wahrer macht, daß Gotteskraft und Leben allen außerhalb der Christenheit entzogen und der Christenheit in übernatürlicher und absoluter Weise gegeben sei«.[107]

Troeltschs Entabsolutierung des Christentums und seines Offenbarungsanspruchs hat in der gegenwärtigen Theologie Fürsprecher gefunden. So mag es auch im Blick auf die gegenwärtige Diskussion – etwa mit Vertretern einer Pluralistischen Theologie der Religionen – wichtig sein, die Grundoperationen zu identifizieren, die Troeltschs Konzept kennzeichneten und auch die Option der »Pluralisten« noch mitprägen.

Zunächst ist die Formalisierung und Operationalisierung des Offenbarungsverständnisses zu nennen: Offenbarung ist gekennzeichnet durch einen Offenbarungs-Anspruch, der gar nicht formell erhoben werden muß und sich dadurch als triftig erweist, daß eine religiöse Inspiration Geschichtsmächtigkeit gewinnt, daß sie eine Gemeinschaft von Glaubenden zu prägen in der Lage ist. Es wird in der systematischen Vergewisserung zu fragen sein, ob das biblische Offenbarungsverständnis damit nicht erheblich unterbestimmt ist, ja um seine »religionsgeschichtliche Pointe« gebracht wird.

Zu nennen wäre aber auch die Verwendung der ganz und gar ungeklärten Kategorie »religiöse Intuition bzw. Inspiration«, mit der erläutert werden soll, wie Offenbarung konkret geschieht. Soll hier nicht eine große Unbekannte durch eine andere erläutert werden? Durch eine Unbekannte zudem, die den Übergang zur bloßen Projektion fließend erscheinen läßt? Nun wird man in einer theologischen Theorie der Offenbarung nach Feuerbach diesen fließenden Übergang nicht einfach hinwegdefinieren dürfen. Aber es wird zu fragen sein, ob die Kategorien »Intuition« und »Inspiration« differenzierungsfähig genug sind, die notwendigen Präzisierungen zu ermöglichen.

Der empiristische Vorstoß traf, so wäre zusammenfassend festzuhalten, den herkömmlich so selbstverständlichen, naiven oder theologisch hoch reflektierten *Supranaturalismus* der christlichen Offenbarungsvorstellung. Wer sich den Dingen empirisch näherte, der konnte offenkundig die Selbstverständlichkeit nicht mehr mitvollziehen, in der man christlicherseits Offenbarungstatsachen für möglich hielt, denen man gleichsam von außen – aufgrund der bloßen

---

[106] Ders., Über historische und dogmatische Methode, a. a. O., 114.
[107] Ders., Die Absolutheit des Christentums, 100.

Feststellung des Sachverhalts – eine göttliche Verursachung ansehen konnte. Wer sich den Dingen empirisch näherte, der stieß auf eine Mehrzahl mehr oder weniger triftig erscheinender Offenbarungsbehauptungen, an deren Wurzel man vermutlich doch analoge und für Heutige wenigstens ansatzweise nachvollziehbare religiöse Erfahrungen voraussetzen durfte – sofern man nicht gleich dazu überging, religiöse Überspanntheit oder – so Friedrich Nietzsche am Ende des 19. Jahrhunderts – Fälle einer »altération de la personnalité«[108] zu diagnostizieren.

1.8 Wer redet? Wer handelt?

Für *Friedrich Nietzsche* – er markiert auch hier den Punkt der entschiedensten Bestreitung christlicher Selbstverständlichkeiten – ist die Offenbarungsreligion radikalste Selbst-Entfremdung: »Eine Art *Furcht- und Schreckgefühl* vor sich selbst ... Aber ebenso ein außerordentliches Glücks- und Höhengefühl ...«. Der religiöse Mensch »wagt sich nicht als Ursache dieses erstaunlichen Gefühls zu denken – und so setzt er eine *stärkere* Person, eine Gottheit für diesen Fall an.« Die religiöse »Überzeugung, daß hier eine *fremde Macht* im Spiel ist«, kennzeichnet das Christentum als Selbsterniedrigung des Menschen par excellence:

> »Consequenz: der Mensch hat alle seine starken und erstaunlichen Momente nicht gewagt, sich zuzurechnen, – er hat sie als ›passiv‹, als ›erlitten‹, als Überwältigungen concipirt ...« Insofern »alles Große und Starke vom Menschen als *übermenschlich als fremd* concipirt wurde, verkleinerte sich der Mensch, – er legte die zwei Seiten, eine sehr erbärmliche und schwache und eine sehr starke und erstaunliche in zwei Sphären auseinander, hieß die erste ›Mensch‹, die zweite ›Gott‹.«[109]

Im 19. Jahrhundert hat sich – so Nietzsche – dieser Offenbarungsglaube nur als säkularisierte Restgröße erhalten: als dichterische »Inspiration«. Hier ist der Begriff noch lebendig »in dem Sinn, dass plötzlich mit unsäglicher Sicherheit und Feinheit, Etwas *sichtbar*, hörbar wird, Etwas, das Einen im Tiefsten erschüttert und umwirft ... Man hört, man sucht nicht; man nimmt, man fragt nicht, wer da giebt; wie ein Blitz leuchtet ein Gedanke auf, mit Nothwendigkeit, in der Form ohne Zögern, – ich habe nie eine Wahl gehabt.«[110]
Es ist diese Erfahrung des Gepacktseins, die all jene, die sich gern gepackt sehen, weil sie das Entscheidende sich nicht selbst zutrauen – und sich damit

[108] Nachgelassene Fragmente Frühjahr 1888, Kritische Studienausgabe der Sämtlichen Werke (KSA), hg. von G. Colli u. M. Montinari, München – Berlin 1980, Bd. 13, 306.
[109] Ebd., 305–307.
[110] Ecce homo. Also sprach Zarathustra 3, KSA 6, 339.

auch nicht zurechnen können –, zur Personifizierung einer Ursache verführt, als deren Wirkung man das Begeistert- und Hingerissensein ansehen will.[111] Es ist die Erfahrung eines Zaubers, der Menschen in Dienst nimmt, ihnen ein Zentrum gibt, auf das hin sie sich in ungeahntem Ausmaß steigern können. Ist es verwunderlich, daß, wer noch nicht gelernt hat, die ihm eigene innere Kraft zu entdecken, den Ursprung seiner Stärke einer übernatürlichen Ursache zurechnet? Nietzsche trifft hier ins Zentrum: Es gibt Wirkungen in unserer Welt – und es sind nach der vernichtenden Kritik der Aufklärung an den Wundern nicht mehr die Wunder der Außenwelt, sondern die der »Innenwelt« –, die all denen, die das Göttliche sich nicht selbst zutrauen, einen Gott jenseits der eigenen Möglichkeiten bezeugen.

Es ist eine schlichte Antithetik – Nietzsche verdankt sie noch der Aufklärung –, die das Offenbarungsthema hinfort als endgültig erledigt darstellen wollte: Was der Mensch als seine eigene »Ressource« entdecken und nützen lernt, das braucht er nicht mehr – als Gottes Geschenk oder göttliche Einwirkung – übernatürlichen Ursachen zuzuschreiben. Gottes Offenbarungs- oder Gnadenhandeln scheint unnötig zu werden, wenn der Mensch entdeckt, wessen er aus sich fähig ist, welche schöpferischen Möglichkeiten in ihm selbst schlummern. Wo er die wahren Dimensionen seines Handelnkönnens entdeckt, da wird ihm die Vorstellung eines übernatürlichen Verursachers des Überwältigenden, des Großen und des Guten in dieser Welt im wahrsten Sinne des Wortes gegenstandslos. Die Rationalisierung der modernen Lebenswelt zugunsten der Steigerung menschlicher Handlungsmöglichkeiten bedeutete ihre Entzauberung; und diese bedeutet entscheidend – so *Max Weber* – den Glauben daran, »daß man, wenn man nur wollte, es jederzeit erfahren könnte, daß es prinzipiell keine geheimnisvollen unberechenbaren Mächte gebe, die da hineinspielen, daß man vielmehr alle Dinge – im Prinzip – durch Berechnung beherrschen könne.«[112]

Das galt nicht nur für die Außenwelt, sondern auch für den Bereich der »inneren Erfahrungen«. Nietzsche hatte seinen Angriff ja genau darauf gezielt. Und es galt nach Nietzsche gerade da, wo der Rationalismus sich noch zu einer Ausnahme bereitgefunden hatte: im Bereich der Sittlichkeit, in der man Gottes Stimme noch irgendwie in der Stimme der Vernunft sollte mithören können. Für Nietzsche ist diese gottgestützte Moral aber gerade der Paradefall menschlicher Selbstentfremdung durch die Inanspruchnahme Gottes. Die menschliche Vernunft traut sich selbst die Autorität nicht zu, in der das kategorisch zu Verbietende verboten sein müßte:

> »Wir sehn: eine Autorität redet – wer redet? – Man darf es dem menschlichen Stolze nachsehn, wenn er diese Autorität so hoch als möglich suchte, um sich so wenig als möglich unter ihr gedemüthigt zu finden. Also – Gott redet!

---

[111] Vgl. KSA 13, 306.
[112] Gesammelte Aufsätze zur Wissenschaftslehre, Tübingen ³1968, 594.

Man bedurfte Gottes, als einer unbedingten Sanktion, welche keine Instanz über sich hat, als eines ›kategorischen Imperativs‹ …«[113]

Wer redet wirklich? Für Nietzsche ist das keine Frage: »der *Heerden-Instinkt* redet«, das »schlechte Gewissen«, das denen mit Autorität aufgedrängt werden soll, die nicht Herdenexistenzen sein wollen: den Großen und Starken, den *Bösen*. So gibt es durchschlagend wirksame, auf ihre Qualität hin gesehen aber abgründig schlechte Beweg-Gründe für die religiöse Unterstellung, Gott spreche, wo doch die Menschen selbst sprechen. Der Religiöse braucht die Offenbarungsbehauptung, damit unanfechtbar wird, was als bloßes Menschenwort keinen Gehorsam fände; er braucht die Offenbarungsbehauptung, um sich zu verbergen, weshalb er an der kategorischen Geltung des zum Gotteswort entfremdeten Imperativs festhalten muß. Er braucht die Offenbarungsbehauptung – die Behauptung einer göttlichen Kausalität –, weil das Große, Überwältigende nicht die Sache des religiös verkleinerten, »sündigen« Menschen, sondern allein Gottes Sache sein darf. Diese Hermeneutik des Verdachts greift weit hinaus über die Priesterbetrugstheorien der französischen Radikalaufklärung, die in den Offenbarungsbehauptungen nur den Versuch sehen konnten, Zuständigkeiten und Privilegien der Priesterkaste in der unanfechtbaren Autorität Gottes zu begründen. Sie greift weit hinaus über die Vermutung der religiös gebliebenen Aufklärer des 18. Jahrhunderts, was man als geschichtliche Gottesoffenbarung ausgebe, sei nichts anderes als die mehr oder weniger zutreffende Artikulation des allgemein Vernünftigen, so daß es nicht entscheidend auf das mit vielen Absonderlichkeiten belastete Sprechen Gottes durch geschichtliche Offenbarungs-Medien ankomme, sondern auf sein unmittelbares Sprechen in menschlicher Vernunft.

Nietzsches Angriff hatte durchaus auch die *evangelische Theologie* seiner Zeit im Blick; schließlich entstammte er selbst einem Pfarrhaus. Ungenannte Adressatin seiner Polemik war eine für das 19. Jahrhundert evangelischerseits kennzeichnende Abwehrstrategie gegen die rationalistische und empiristische Offenbarungskritik: der spätpietistische Rückgang auf die »inneren Erfahrungen« der Begegnung mit dem »inneren Leben« Jesu, das den Menschen den richtenden und versöhnenden Gott vor Augen stelle.[114] Gerade damit provozier-

---

[113] Nachgelassene Fragmente Ende 1886 – Frühjahr 1887, KSA 12, 279. Offenbarung ist hier gleichsam die Restgröße dessen, was der Mensch nicht sich selbst zuzusprechen traut, wovon er nicht selbst der Urheber zu sein wagt. Dieses Kritikmodell liegt bereits der Offenbarungskritik Feuerbachs zugrunde. Feuerbach konstruiert allerdings einen Entwicklungsprozeß vom Judentum zum Christentum: Während der Israelit »sich nichts zu thun (traute; J. W.), ausser was von Gott befohlen war«, stellte die christliche Religion zumindest in allen »äusserlichen Dingen den Menschen *auf sich selbst*, d. h. sie setzte *in* den Menschen, was der Israelit *ausser sich* in Gott setzte« (Das Wesen des Christentums, in: Sämtliche Werke, hg. von W. Bolin, Bd. 6, Stuttgart ²1960, 39 f., nach der 2. Auflage, deshalb hier nicht nach den Werken in sechs Bänden zitiert, die die 1. Auflage abdruckt).

[114] Vgl. etwa die Theologie W. Herrmanns; eine kurze Skizze seines Offenbarungsverständnisses zeichne ich in meinem Aufsatz: Das Medium ist die Botschaft. Über einige wenig beachtete Implikationen des Begriffs der »Selbstoffenbarung Gottes« – im Blick auf die Auseinandersetzung um die fundamentalistische Versuchung im Christentum, in: J. Werbick (Hg.), Offenbarungsanspruch und fundamentalistische Versuchung, Freiburg –Basel – Wien 1991, 187–245, hierzu 214 f.

te man aber die Kritik an einem religiösen Erfahrungsmodus, der nur die vom
Christentum selbst produzierte Sündenangst bzw. den Versuch, von ihr los-
zukommen, widerzuspiegeln schien. Die in der Neuscholastik erstarrte *katholische Theologie* der Zeit war noch gar nicht in der Lage, die Dramatik dieser
Herausforderung wahrzunehmen. Sie war ganz damit beschäftigt, dem rationalistischen Vorstoß Paroli zu bieten, der den Autoritätsanspruch der Offenbarung
und des sie vollmächtig auslegenden kirchlichen Amtes zu untergraben schien.
Auch das 1. Vatikanische Konzil war mit seinen Entscheidungen ganz von dieser
Herausforderung in Anspruch genommen und meinte ihr mit der Präzisierung
traditioneller apologetischer Muster beikommen zu können.

1.9 Natürliche Vernunft und übernatürliche Offenbarung

Die religiösen Ansprüche des Rationalismus gingen dahin, für die »natürliche«
Vernunft des Menschen eine heilssuffiziente Gotteserkenntnis zu reklamieren,
die einer übernatürlichen Offenbarung allenfalls vorübergehend bedurfte: etwa
im Sinne eines göttlichen Erziehungsimpulses, der das menschliche Verstehenwollen stimulierte und es zur rationalen Ausarbeitung der überlieferten Offenbarungswahrheiten herausforderte. Wollte die katholische Theologie am traditionellen Konzept festhalten, so mußte sie gegenüber einer Philosophie, die
keine Notwendigkeit mehr sah, die Zuständigkeit der Vernunft in irgendeiner
Hinsicht begrenzen zu lassen, die Eigenständigkeit eines dem Urteil der natürlichen Vernunft prinzipiell entzogenen übernatürlichen »Bereichs« verteidigen.
Dessen Eigenständigkeit durfte freilich auch nicht zu stark akzentuiert werden,
damit die menschliche Vernunft ihre Funktion nicht verlor, an die Schwelle des
Offenbarungsglaubens zu führen und den Schritt über diese Schwelle als vor der
Vernunft gerechtfertigt bzw. als für den vernunftbegabten Menschen verpflichtend darzutun. Damit stand das Lehramt im 19. Jahrhundert vor einer doppelten
Aufgabe: Gegen Fideismus und Traditionalismus, die *jede* Gotteserkenntnis auf
eine Ur-Offenbarung zurückführten und das Rationalismus-Problem damit gegenstandslos machen wollten, beharrte es auf der natürlichen Gotteserkenntnis
der Philosophie, um sie zugleich – gegen die Ansprüche des offenbarungskritischen Rationalismus gewendet – auf ihre Überbietung durch Offenbarung hin
zu relativieren.

So verurteilt das Lehramt im Vorfeld des 1. Vatikanums die »rationalistische Anmaßung«, alle christlichen Glaubenssätze seien »ohne jeden Unterschied Gegenstand des natürlichen Wissens oder der Philosophie«. Insbesondere
wendet es sich gegen die Behauptung, die in innergeschichtlicher Entfaltung zu
sich selbst kommende Vernunft könne »aus ihren natürlichen Kräften und
Grundsätzen zu einem wahren Verstehen aller, auch der geheimnisvolleren
Glaubenssätze gelangen« (*Syllabus errorum* von 1864, DH 2909). Es sei zwar
Aufgabe der Philosophie, die Vernünftigkeit des Gottesgedankens zu erweisen

und gegen das Selbstmißverständnis der Vernunft als in sich selbst – ohne Gott und seine Offenbarung – vollendbar zur Geltung zu bringen. Diese Aufgabe erstrecke sich jedoch nicht darauf, das Geoffenbarte nach Vernunftprinzipien auszulegen und zu kritisieren. Da die Offenbarung einer der Vernunft überlegenen übernatürlichen Ordnung entstamme, sei sie der Vernunft nicht unterworfen. Vielmehr müsse umgekehrt die Vernunft dem Offenbarungsglauben unterworfen, von ihm gereinigt und vervollkommnet werden, da sie mit der Schwächung der natürlich-menschlichen Kräfte in der seit Adams Sünde sich steigernden Unheilsgeschichte geschwächt und korrumpiert sei.[115] Das Verhältnis von Offenbarungsglaube und Vernunft stellt sich dann folgendermaßen dar: »Wohl steht der Glaube über der Vernunft, doch kann nie eine wirkliche Abweichung oder ein Gegensatz zwischen beiden bestehen.« Während »die richtig gebrauchte Vernunft die Wahrheit des Glaubens beweist, schützt, verteidigt«, kann im Blick auf die Vernunft, wie sie unter dem Einfluß der Erbsündenfolgen faktisch vorkommt, gesagt werden, »daß der Glaube … die Vernunft von allen Irrtümern befreit, ihr ein wunderbares Licht in der Erkenntnis göttlicher Dinge verleiht, sie festigt und zur Vollendung führt« (Enzyklika *Qui pluribus* aus dem Jahre 1846, DH 2776).

Es ist deutlich, wie das Argumentieren mit der erbsündlichen Verdorbenheit der Vernunft in der apologetischen Frontstellung gegen eine als selbstherrlich empfundene Vernunft an Nachdrücklichkeit gewinnt – schon Reimarus hatte diese Entwicklung ja beobachtet und kritisch kommentiert. Aber es fehlte im 19. Jahrhundert auch nicht an Versuchen, in Anknüpfung an die Traditionen des Thomismus und des Skotismus eine prinzipielle Vernunftunzugänglichkeit bestimmter Offenbarungsinhalte zu reklamieren. So gebe es – wie *Pius IX.* 1862 in einer Stellungnahme gegen den »Rationalismus« Frohschammers argumentiert – »allen bekannte Grenzen, welche die Vernunft niemals mit wirklichem Rechtsanspruch überschritten hat oder überschreiten kann.« Zu den »Glaubenssätzen«, die diese Grenze markieren, »gehört offensichtlich alles, was sich auf die übernatürliche Erhebung des Menschen und seine übernatürliche Gemeinschaft mit Gott bezieht und was zu diesem Zweck geoffenbart ist. Denn weil diese Glaubenssätze über der Natur liegen, können sie gar nicht mit der natürlichen Vernunft und natürlichen Grundsätzen erreicht werden« (DH 2854).

Die menschliche Vernunft wird freilich in dem, was ihr bei rechtem Gebrauch zugänglich ist, vom Offenbarungsglauben voll in Anspruch genommen. Dieser öffnet sich ja in *vernünftiger* Entscheidung dem, was die Vernunft über-

---

[115] Mit dieser Verschärfung lebt das klassische Thema von der Philosophie als der »ancilla theologiae« im 19. Jahrhundert wieder auf. Zu den deutlichsten Formulierungen zählen Passagen aus dem Breve *Pius' IX.* an den Fürstbischof von Breslau (15. Juni 1857), die in der unten zu besprechenden Enzyklika *Pascendi dominici gregis* Pius' X. vom 8. September 1907 gegen die Modernisten aufgenommen sind und hier zitiert werden sollen: »In allem, was die Religion betrifft, hat die Philosophie nicht zu herrschen, sondern zu dienen, sie hat nicht vorzuschreiben, was man glauben müsse, sondern es in vernünftiger Unterwerfung anzunehmen, nicht die Tiefe der göttlichen Geheimnisse zu ergründen, sondern sie in kindlicher Demut zu verehren«; in: Rundschreiben Unseres Heiligsten Vaters Pius X., Autorisierte Ausgabe, Erste Sammlung, Freiburg i. Br. o. J., 33.

steigt. Die Unterwerfungserklärung, die 1840 *Louis-Eugène-Marie Bautain*, einem der Hauptvertreter des sogenannten »Fideismus«, vorgelegt wurde, geht hier erstaunlich weit. Obwohl – so der Text – »die Vernunft durch die Erbsünde schwach und dunkel geworden ist, so ist ihr doch genug Licht und Kraft geblieben, daß sie uns mit Sicherheit zur Erkenntnis des Daseins Gottes führen kann und zur Offenbarung, die den Juden durch Moses und den Christen durch unseren anbetungswürdigen Gottmenschen geworden ist.« »In all diesen Fragen geht« – so wird nachdrücklich festgestellt – »die Vernunft dem Glauben voraus und muß uns zu ihm hinführen« (DH 2755 f.). Aber auch diese Erklärung bleibt durchaus noch in den Bahnen der thomanischen Argumentation und will gerade ihre Unüberholtheit einschärfen. So heißt es zur vernünftigen Erkenntnis der Offenbarung an Mose und in Christus als von Gott selbst gewirkter:

> »Die Göttlichkeit der Offenbarung an Moses läßt sich mit Sicherheit aus der mündlichen und schriftlichen Überlieferung der Synagoge und des Christentums beweisen.
> Der mit den Sinnen wahrnehmbare und für die Augenzeugen durchschlagende Beweis aus den Wundern Jesu hat seine Kraft und sein Licht auch für spätere Geschlechter keineswegs verloren. Wir finden diesen Beweis mit seiner ganzen Sicherheit in den zuverlässigen Quellen des Neuen Testaments sowie in der mündlichen und schriftlichen Überlieferung aller Christen. Mit dieser doppelten Überlieferung müssen wir die Offenbarung denen beweisen, die sie entweder verwerfen oder noch nicht annehmen, aber suchen« (DH 2752 f.).

Überraschend ist an dieser Erklärung vielleicht doch nur, wie wenig sich das kirchliche Lehramt im Unterschied zu dem von ihm zensurierten Bautain von den kritischen Einwänden der Philosophie gegen Gottes- und Offenbarungsbeweise beeindruckt zeigte – wie argumentationslos selbstverständlich es sich diesen Einwänden gegenüber im Recht wußte. In den dreißig Jahren bis zur Erklärung *Dei filius* des 1. Vatikanischen Konzils verschiebt sich die Diskussionslage in der neuscholastisch geprägten Theologie, die seit den 40er-Jahren des Jahrhunderts vorherrschend geworden war, nicht wesentlich. *Dei filius* verfolgt konsequent und im wesentlichen ohne neue Akzente die beiden eben herausgestellten Intentionen: Man verteidigt die Vernünftigkeit der Glaubensentscheidung gegen den Fideismus, aber nun auch gegen einen immer nachdrücklicher sich zu Wort meldenden »rationalistischen« Atheismus; und man stellt gegen alle Versuche zur Aufhebung der Glaubens- in Vernunftwahrheit die Notwendigkeit der übernatürlichen Offenbarung heraus. Die Vernünftigkeit der Entscheidung für den christlichen Gottes- und Offenbarungsglauben ergibt sich nach *Dei filius* zum einen daraus, daß der Glaubende einen Gott anerkennt, der – als »Grund und Ziel aller Dinge« – »mit dem natürlichen Licht der Vernunft aus den geschaffenen Dingen mit Sicherheit erkannt werden« kann; sie ist zum anderen damit gegeben, daß die Göttlichkeit der ergangenen Offenbarung der Vernunft nach ihren eigenen Kriterien einleuchten kann. Zu letzterem die einschlägigen Texte des 1. Vatikanums im Wortlaut:

>»Damit ... der Gehorsamsdienst unseres Glaubens der Vernunft entspreche, wollte
Gott mit der inneren Hilfe des Heiligen Geistes äußere Erweise seiner Offenbarung
verbinden: nämlich göttliche Werke, vor allem Wunder und Weissagungen. Da sie
Gottes Allmacht und unermeßliches Wissen in reichem Maß beweisen, sind sie ganz
sichere und der Fassungskraft aller angemessene Zeichen der göttlichen Offenbarung.«
>»Wer sagt, die göttliche Offenbarung könne durch äußere Zeichen nicht glaubwür-
dig werden, sie müsse durch rein innere Erfahrung eines jeden oder durch persönliche Erleuchtung die Menschen zum Glauben bewegen, der sei ausgeschlossen«
(DH 3009 bzw. 3033).

Eine vorher kaum zu beobachtende Bezugnahme sei notiert: In der katholischen
Apologetik hatte sich seit dem Ende des 18. Jahrhunderts die Forderung zu Wort
gemeldet, man möge auch »innere Anzeichen« für die Glaubwürdigkeit der biblischen Offenbarung – etwa ihre Weisheit und sittliche Vortrefflichkeit – in die
apologetische Argumentation einbeziehen und das Wirken des Heiligen Geistes
würdigen, der diese Anzeichen der menschlichen Vernunft glaubwürdig mache.
Das Konzil sucht demgegenüber die Autorität der *äußeren* Merkmale zu stärken
– wohl auch deshalb, weil sie von der empiristischen Kritik heftig bestritten
werden und die Menschenvernunft nicht einfach auf Gottes Vernunft verweisen, über die der Mensch dann zu urteilen versucht sein könnte, sondern vor
allem auf Gottes Allmacht, seine Autorität und den daraus erfließenden Rechtsanspruch auf Gehorsam, denen er sich nur unterwerfen kann. Das Konzil präzisiert selbst, daß es vor allem die empiristische Infragstellung des Wunderargu-
ments aus der theologischen Diskussion heraushalten will:

>»Wer sagt, Wunder könnten nicht geschehen, deshalb seien alle Wunderberichte,
auch die in der Heiligen Schrift enthaltenen, unter die Legenden und Mythen zu
verweisen; oder die Wunder könnten niemals sicher erkannt werden, und niemals
könne durch sie der göttliche Ursprung der christlichen Religion rechtmäßig bewie-
sen werden, der sei ausgeschlossen« (DH 3034).

Die Argumente für die Notwendigkeit einer übernatürlichen Offenbarung bleiben den vorkonziliaren lehramtlichen Stellungnahmen noch deutlicher verpflichtet: Eine relative Notwendigkeit der übernatürlichen Offenbarung für die
Menschen ergibt sich daraus, daß der natürliche Weg der Gotteserkenntnis aus
den geschaffenen Dingen für die menschliche Vernunft zwar an sich gangbar ist,
aber aufgrund der erbsündlichen Beeinträchtigung des natürlichen Vernunftvermögens faktisch nicht von allen Menschen entdeckt und sicher eingehalten
werden kann. Damit ist prinzipiell klargestellt, daß auch die natürliche Erkenntnisordnung auf Gott als den Schöpfer und das Ziel alles Erkennbaren hingeordnet ist, so daß nichts eigentlich erkannt ist, was nicht zugleich in seinem Gottes-
bezug erkannt ist. Zugleich wird aber eingeräumt, daß diese Vollendung des
natürlichen Erkennens in der natürlichen Gotteserkenntnis häufig mißlingt
und wegen ihres philosophischen Aufwands nicht jedermann in gleicher Verläßlichkeit zugänglich ist. Will Gott in seinem universalen Heilswillen *allen* Men-

schen einen verläßlichen Weg zur Gotteserkenntnis eröffnen, so muß er von sich aus dem natürlichen Vernunftvermögen der Menschen zu Hilfe kommen. Diese subsidiäre Funktion der übernatürlichen Offenbarung deckt sich durchaus mit jener Rolle, die man in der Aufklärungsphilosophie – etwa bei Lessing oder später bei Fichte – der Offenbarung einzuräumen bereit war: Offenbarung kommt im Hinblick auf eine kontingent-faktische, aber nicht wesensnotwendige Beschränkung des natürlichen Vernunftvermögens zur Sprache. So kann das 1. Vatikanum im Rahmen seines thomistischen Ansatzes dem Anliegen der Aufklärung entgegenkommen und die Autonomie der natürlichen Vernunft bestätigen, nicht ohne sie freilich auf ihre erbsündliche »Verdunkelung« zu verweisen. Diese Anerkennung der Vernunftkompetenz im Bereich der Religion, die sich ja mit der Zulassung einer subsidiären Funktion der Offenbarung ohne weiteres verträgt, wird vom Konzil dann aber relativiert durch einen Gedankengang, der nicht nur eine relative und subsidiäre, sondern eine absolute Notwendigkeit der Offenbarung vorstellt. Sie liegt nicht mehr bei der Korrektur und der Vollendung des erbsündlich korrumpierten natürlichen Vernunftvermögens, sondern bei der Mitteilung von Wahrheiten, die die Vernunft von sich aus gar nicht erreichen kann: bei der Mitteilung des freien göttlichen Heilsratsschlusses. So begegnet das 1. Vatikanum dem Absolutheitsanspruch der natürlichen Vernunft mit dem Hinweis auf eine Herkunft von Wahrheit – den freien göttlichen Willen –, die nicht in der menschlichen Vernunft selbst liegt, sondern ihr kontingent gegeben ist.

Gott hat sich nicht nur – und auch nicht letztgültig – in der Schöpfung und durch die Schöpfung auf natürliche Weise geoffenbart. Vielmehr »hat es seiner Weisheit und Güte gefallen, auf einem andern, und zwar übernatürlichen Weg sich selbst und die ewigen Beschlüsse seines Willens (aeterna voluntatis suae decreta) dem Menschengeschlecht zu offenbaren« (DH 3004), die sich auf das Teilhabenkönnen des Menschen »an den göttlichen Gütern« beziehen. Diese Hinordnung auf ein übernatürliches Ziel ergibt sich nicht schon aus der natürlichen Ordnung des Geschaffenen. So ist es nötig, an einer »zweifache(n) Erkenntnisordnung« festzuhalten,

> »verschieden nicht nur in der Erkenntnisfähigkeit, sondern auch in ihrem Gegenstand. Verschieden in der *Fähigkeit:* Weil wir in der einen Ordnung mit der natürlichen Vernunft, in der anderen mit göttlichem Glauben erkennen; verschieden im *Gegenstand,* weil uns außer dem, was die natürliche Vernunft erfassen kann, in Gott verborgene Geheimnisse zu glauben vorgelegt werden, die nie in den Bereich unseres Erkennens kämen, wenn sie uns nicht von Gott geoffenbart wären« (DH 3005).

Gegenstand der übernatürlich-geschichtlichen Wort- und Tat-Offenbarung sind also die »in Gott verborgenen Geheimnisse«, die sich keiner Erkenntnis a priori – aus dem Wesen des Göttlichen – erschließen, wie seit Spinoza im Rationalismus unterstellt, sondern von dem mitgeteilt werden müssen, in dessen unableitbarer Entscheidung sie gründen.

Mit der Festschreibung einer zweifachen Erkenntnisordnung und der darin behaupteten Relativierung einer sich selbst absolut setzenden Vernunft war die Herausforderung der Aufklärung zunächst einmal abgewehrt. Der Preis, den das Konzil für diese Abwehrstrategie zahlen mußte, war allerdings beträchtlich: Ist die Zuständigkeit der natürlichen Vernunft auf die natürliche Erkenntnisordnung und die auch der natürlichen Vernunft einleuchtenden »Beweise« für eine nicht mehr natürlich erklärbare übernatürliche Kausalität beschränkt, so läßt sich die innere Vernünftigkeit des Geoffenbarten nicht mehr mit dem natürlichen Licht der Vernunft, sondern allenfalls mit einer übernatürlich erleuchteten Vernunft aufzeigen. Der Glaubende kann nur noch vernünftig einsehen, daß Gott sich in bestimmten, durch Wunder und Prophezeiungen legitimierten Ereignisfolgen kundgetan hat; er kann sich nicht mehr auf seine Vernunft stützen, um mit ihr die innere Überzeugungskraft des Geoffenbarten zu beurteilen und sich so von der Wahrheit des Geoffenbarten selbst zu überzeugen. Die Glaubenden glauben, »daß das von ihm (von Gott; J. W.) Geoffenbarte wahr ist, nicht weil wir die innere Wahrheit der Dinge mit dem natürlichen Licht der Vernunft durchschauten, sondern auf die Autorität des offenbarenden Gottes selbst hin, der weder täuschen noch getäuscht werden kann« (DH 3008). Der übernatürlichen Erkenntnisordnung entspricht jener »volle Gehorsamsdienst des Verstandes und Willens«, worin sich der abhängig geschaffene Mensch der unerschaffenen Wahrheit völlig unterwirft. Dieser Gehorsam ist formal motiviert: Die natürliche Vernunft kann zwar nachweisen – so die Voraussetzung des Konzils –, daß der Mensch zu diesem Gehorsam verpflichtet ist, wenn Gott spricht und daß Gott in bestimmten Ereignisfolgen gesprochen hat. Es bleibt aber bei einem Gehorsam auf bloße Autorität hin, der darauf verzichten muß, das gehorsam Hingenommene in seiner dem Menschen als Geschöpf entsprechenden, ihn deshalb »natürlich« überzeugenden Vernünftigkeit zu rekonstruieren. So kann das Konzil im Blick auf die Gottesbeweise zwar zugestehen, die richtig gebrauchte Vernunft beweise »die Grundlagen des Glaubens« und bilde, »vom Glauben erleuchtet, die Wissenschaft von den göttlichen Dingen aus«, insofern auch die Theologie vernünftig zu argumentieren hat (DH 3019). Es beharrt aber andererseits darauf, daß die geoffenbarte Glaubenslehre dem menschlichen Geist nicht »wie eine philosophische Erfindung zur Vervollkommnung vorgelegt, sondern als göttliches Gut der Braut Christi übergeben (wurde; J. W.), damit sie dieselbe treu bewahre und irrtumslos erkläre« (DH 3020). So ist das Verstehen der Offenbarung nicht vorrangig – wenn überhaupt – eine Sache der sich selbst entfaltenden Vernunft, sondern Vorrecht des an der göttlichen Autorität partizipierenden Lehramts, das sich freilich der Hilfe einer »richtig gebrauchten« menschlichen Vernunft versichert. *Seine* Erklärung des in der Offenbarung Mitgeteilten, nicht die menschliche Vernunft an sich, kann den intellectus fidei für sich beanspruchen.

Die Vernunft wird – so das Konzil – falsch gebraucht, wenn sie der Glaubenslehre widerspricht. Da jeder wirkliche Widerspruch zwischen Glaube und Vernunft ausgeschlossen (vgl. DH 3017) und der auf übernatürliche Offenbarung gründende Glaube der Vernunft übergeordnet ist, muß das Unrecht bei

Konflikten zwischen Glaube und Vernunft auf seiten der natürlichen Vernunft liegen. Mit diesem Gedankengang verschafft sich das Lehramt die Möglichkeit, im Bereich der natürlichen, aber erbsündlich korrumpierten Vernunft zu urteilen. Diese Kompetenz hat es – wenn auch nicht mit unfehlbarer Verbindlichkeit – in Anspruch genommen, etwa bei der Ablehnung des Polygenismus, der der Enzyklika *Humani generis* von 1950 im Widerspruch zur Erbsündenlehre zu stehen schien (vgl. DH 3897).

Gerade dieses Beispiel zeigt, wie weit die Bestimmung des Verhältnisses von Glaube bzw. Offenbarung und Vernunft durch das 1. Vatikanum hinter der klassischen Lehre des *Thomas von Aquin* zurückbleibt: Thomas leitet aus dem Axiom, Glaube und Vernunft könnten sich nicht wirklich widersprechen, die Aufgabe der Theologie ab, dem Glauben scheinbar widersprechende Vernunftgründe auf dem Feld vernünftigen Argumentierens zu widerlegen (»solvere rationes«). Das 1. Vatikanum begründet mit diesem Axiom ein autoritatives Einspruchsrecht gegen vermeintlich oder tatsächlich dem Glauben widersprechende wissenschaftliche Theorien. Wo dieser Einspruch aber – wie in *Humani generis* – nur theologie-immanent und nicht auf dem Feld der jeweils betroffenen Wissenschaft begründet wird, da kann es nicht ausbleiben, daß lehramtliche Festlegungen von weitgehend gesicherten wissenschaftlichen Erkenntnissen überholt werden. Der Verzicht auf den von Thomas geforderten Versuch, sich der Beweiskraft wissenschaftlicher Theorien argumentativ zu stellen, und der Rückzug auf bloße Dekrete haben das Lehramt in beschämende Rückzugsgefechte verwickelt. Eine den Intentionen des Thomas entsprechende Bestimmung des Verhältnisses von Vernunft und Offenbarung hätte die schon in der Auseinandersetzung um Galilei zu machende Erfahrung verarbeiten können, daß die Wissenschaften der Theologie helfen können, das Geoffenbarte von seiner zeitbedingten, weltanschaulichen Ausdrucksform zu unterscheiden.

Aufs Ganze gesehen vermittelt das Offenbarungsverständnis des 1. Vatikanum den Eindruck, natürliche und übernatürliche Erkenntnisordnung verhielten sich zueinander wie zwei in sich weitgehend selbständige Stockwerke, die zwar durch eine Treppe – die Gottesbeweise bzw. die äußeren Glaubwürdigkeitsbeweise der Offenbarung wie Wunder und Prophezeiungen – miteinander verbunden sind, deren Bewohner aber kein wirkliches Gespräch miteinander pflegen. Insbesondere ist der Bewohnerin des unteren Geschosses – der Vernunft – jedes Wohnrecht im oberen Geschoß verweigert, sofern sie sich nicht ganz und gar der dort geltenden »übernatürlichen« Hausordnung unterwirft, während der Bewohner des oberen Geschosses – der Glaube – sein Hausrecht auch seiner Untermieterin Vernunft gegenüber ausübt.

Diese äußerliche Verhältnisbestimmung von Glaube bzw. Offenbarung und Vernunft wird in nachkonziliaren Apologetik-Handbüchern noch einmal trivialisiert und ganz von einem *autoritären Offenbarungsverständnis* her konzipiert. Glaube – die gehorsame Beugung unter eine durch Wunder legitimierte Autorität – tritt der Vernunft gegenüber; er beugt sich der ewigen Weisheit Gottes nicht deshalb, weil er diese Weisheit als die aller menschlichen Weisheit unendlich überlegene Weisheit annehmen kann, sondern deshalb, weil ihre Offenbarung von Wundern bestätigt wurde und weil der Glaubende an der überwältigenden Mächtigkeit dieser Machttaten die überwältigende Autorität Gottes wahrnimmt. Die Menschheit soll durch Autorität und nicht durch Wissen geführt werden; sie soll sich der übermächtigen Autorität und nicht dem leisen Argument der Philosophen unterwerfen, das sowieso nur von wenigen nachvollzogen werden kann.[116] So leitet die Apologetik aus einem autoritären Offenbarungsverständnis auch noch die Grundlinien eines autoritären Menschenbildes ab: Die autoritäre Offenbarung entspricht dem Menschen, so wie er nun einmal ist; sie entspricht ihm deshalb, weil er Sünder ist und daher von göttlicher Autorität zur »Raison« gebracht werden muß. Entspricht ihm dann nicht auch eine autoritäre Gesellschaftsordnung? Die prekären Konsequenzen dieses Ansatzes diskreditieren das ganze Konzept. Sie verlangen eine Antwort auf die Frage, welchen Intentionen des 1. Vatikanum letzte lehramtliche Verbindlichkeit zukommt und welche Thesen in freier theologischer Diskussion überholt werden können.

Versucht man, wie es in einer Hermeneutik lehramtlicher Aussagen unabdingbar ist, die für katholische Theologie verbindlich bleibenden Intentionen der Aussagen des 1. Vatikanums von den überholbaren, weil einer durchaus zeitverhafteten Theologie entliehenen Argumentationsmustern zu unterscheiden, so ergeben sich als weiter zu bedenkende und zu konkretisierende lehramtlich-normative Vorgaben eines katholischen Offenbarungsverständnisses folgende Eckdaten:

• Die Entscheidung der Glaubenden für die Anerkennung der in der Bibel bezeugten Gottes-Offenbarung ist vernünftig legitimierbar. Sie steht jedenfalls nicht im Widerspruch zu der durch die Vernunft erarbeiteten wissenschaftlichen Rationalität – zu dem, was mit überzeugenden Gründen in den Wissenschaften als zutreffend angenommen werden darf. Ebensowenig kann das, was in der Glaubensentscheidung als verläßliche Gotteswahrheit angenom-

---

[116] Vgl. dazu F. Hettingers Apologie des Christentums (Bd. 2, Freiburg i. Br. 1906, 111), in der davon die Rede ist, gerade in sittlichen Konfliktsituationen müsse die göttliche Autorität im Sittengesetz als ein »Gesetz über dem Geiste des Menschen« stehen, »in einer Höhe, bis zu welcher hinauf die Leidenschaft nicht reicht ... unbewegt wie das Firmament über den aufgeregten Wogen in dem Geiste des Menschen«. Kennzeichnend für die apologetische Entgegensetzung von Vernunft und Autorität ist die folgende Formulierung: »Die Menschheit soll geleitet werden durch *Autorität*, und nicht erzogen in der Schule der Philosophen; die Autorität ist die Form des Unterrichts für das Menschengeschlecht. Was aber Autorität sein soll für die gesamte Welt und das Menschengeschlecht, das muß *höher stehen als die ganze Welt;* eine *übermenschliche* Autorität muß ausgerüstet sein mit *übermenschlicher* Gewalt, vor der alle unwillkürlich sich beugen. Und solche Gewalt erscheint im Wunder ...« (ebd., 188). Diese forcierte Gegenüberstellung von Vernunft bzw. Erziehung durch Vernunft und Autorität – der Unterwerfung des Erzogenen unter die überlegene Autorität – reagiert natürlich auf das Erziehungskonzept der Aufklärung, etwa bei Lessing. Sie begegnet mit unübertroffener Deutlichkeit bereits bei L. G. A. de Bonald in dem »Postulat«: »A l'autorité de l'évidence, il faut substituer l'évidence de l'autorité« (zitiert bei: Y. Congar, L'écclésiologie au XIXe siècle, Paris 1960, 81). Die Evidenz der Autorität wurde dann von der »besser informierten« kirchlichen Autorität (vgl. Ph. Kneib, Handbuch der Apologetik, Paderborn 1912, 240) ausgiebig in Anspruch genommen.

men wird, im Widerspruch stehen zu dem von den Wissenschaften als zutreffend Herausgearbeiteten.

• Die im Glauben angenommene Gottes-Offenbarung ist nicht von menschlicher Vernunft einholbar. Ihr Wahrheitsanspruch ist deshalb nicht in letzter Instanz dem prinzipiell überholbaren Urteil menschlicher Vernunft unterworfen; das heißt konkret: Sie ist auch da noch wahr und verbindlich, wo menschliche Argumente diesen Wahrheitsanspruch nicht überzeugend legitimieren können.

• Die in der Bibel bezeugte Gottes-Offenbarung ist ungeschuldet; in ihr manifestiert sich die die Menschen zur heilvollen Gemeinschaft mit Gott erwählende göttliche Freiheit. Dieses Ungeschuldetsein der Offenbarung wird vom Konzil mit der Behauptung einer zweifachen Seins- und Erkenntnisordnung zur Geltung gebracht.

Als ausgesprochen unzureichend erwies sich die »Zwei-Stockwerk-Theorie« des Konzils, weil sie das Verhältnis von Glaube und Vernunft nur äußerlich zu fassen erlaubte. Hier wäre es – hätte man die religionsphilosophische Diskussion des 19. Jahrhunderts differenzierter zur Kenntnis genommen – durchaus möglich gewesen, zu einem kommunikativen Offenbarungsverständnis vorzustoßen, bei dem die Ungeschuldetheit der Offenbarung nicht auf der Unableitbarkeit der *zusätzlich* mitgeteilten göttlichen Wahrheiten beruht, sondern auf der kommunikativen Freiheit Gottes, in der er eine unendlich aufschlußreiche – offenbarende – Beziehungsgeschichte mit den Menschen beginnt und in schöpferischer Treue an ihr festhält. Insofern diese Beziehungsgeschichte sich als unendlich aufschlußreich erweist, *gibt sie* der Vernunft *zu denken*, fordert sie menschliches Denken heraus, das in Gottes Offenbarung Erschlossene als den auf Gott hin eröffneten Horizont menschlich-vernünftiger Selbstbestimmung zu würdigen. In der Wirkungsgeschichte des 1. Vatikanum hat man zunächst nicht zu einem solchen kommunikativen Offenbarungsverständnis gefunden. Lange Zeit war sie vor allem davon bestimmt, den nun immer deutlicher wahrgenommenen empiristischen Vorstoß gegen das supranaturalistische Offenbarungsverständnis durch die Einschärfung des übernatürlichen Charakters der Gottes-Offenbarung zurückzuweisen.

1.10 Offenbarung in der Spannung von Immanenz und Transzendenz

Der forcierte Supranaturalismus des 1. Vatikanums, der die Ansprüche der Vernunft auf die Würdigung des Geoffenbarten zurückwies, wurde in der katholischen Apologetik der Folgezeit nicht überall nachvollzogen. Dabei konnte man geltend machen, daß das Konzil zwar die unaufgebbare Bedeutung der äußeren Offenbarungs-Kennzeichen hervorhob, aber die sogenannten inneren Kriterien, an denen die Vernunft die ihr auch inhaltlich nachvollziehbare, den göttlichen Offenbarer bezeugende Überzeugungskraft des Geoffenbarten erkennen könne, nicht völlig ablehnte. Solche »inneren Kriterien, übergeschöpfliche Weisheit und übergeschöpfliche Heiligkeit des Offenbarungsinhaltes, bürgen für dessen Herkunft aus der göttlichen Allweisheit und Allheiligkeit« – so eines der maßgeblichen Handbücher der Zeit.[117] Nicht nur die äußeren, wunderbaren Begleitumstände, sondern auch die innere sittliche und religiöse Qualität der in der Offenbarung mitgeteilten Lehren führt die recht gebrauchte Vernunft zur Anerkenntnis einer übernatürlichen Herkunft des so Mitgeteilten:

> »Wenn sich etwas als Offenbarung ausgibt und sich aller menschlichen Geistesarbeit überlegen zeigt durch seinen Inhalt und die Wirkung seines Inhalts auch auf das Gemüt, also in menschlicher Arbeit allein unmöglicher Weise die *Sehnsucht* nach Erlösung von der Lebensunvollkommenheit und dem Lebensdruck *befriedigt*, dann ist das offenbar ein Beweis für göttlichen Eingriff in das menschliche Geistesleben durch übernatürliche Mitteilung.«[118]

Martin Gerbert hatte bereits Ende des 18. Jahrhunderts diese innere Bewahrheitung der Offenbarung jeder bloß äußeren vorgezogen, da in ihr gleichsam mitvollzogen werde, wie »doctrina unice salutaris ipsa se commendat« (wie sich die allein heilsame Wahrheit selbst anempfiehlt).[119] Aber es blieb im 19. und im beginnenden 20. Jahrhundert umstritten, was eine auf die inneren Kriterien gestützte Apologetik zu leisten imstande ist und worauf sich die inneren Kriterien eigentlich beziehen können. Was war genauer unter der »übergeschöpflichen Weisheit und Heiligkeit« des Offenbarungsinhalts zu verstehen, und wie konnte sie sich – als übernatürliche Qualität – einer auf die natürliche Erkenntnisordnung bezogenen Vernunft erschließen? Und vor allem: Wie war unter Wahrung der Ungeschuldetheit der Offenbarung theologisch zu denken, daß die übernatürliche Offenbarung ein offenkundig natürliches Vernunft-Bedürfnis befriedigte?

Die apologetischen Handbücher der Jahrhundertwende suchten nach Präzisierungen eher in der erstgenannten Richtung und neigten zu einem dem Wunderargument nachempfundenen Gedankengang. Bestimmte Aspekte des »Offenbarungsinhalts« – die zur Heiligkeit gesteigerte Sittlichkeit des Geoffenbarten wie des Offenbarers u. ä. – wurden als unvergleichliche Überbietung des bisher Dagewesenen und in menschlicher Bemühung Erreichbaren herausgestellt und so auf einen göttlichen Offenbarer zurückgeführt, aus dessen göttlicher Autorität und Weisheit dann wiederum die Wahrheit der Offenbarung insgesamt und die Autorität der sie auslegenden Kirche abgeleitet wurden. In der Offenbarung – mit besonderer Deutlichkeit in Jesus Christus – begegnet »ein ganz neues religiöses Ideal«, und zwar zunächst als »eine Lehre der Liebe, wie sie die Menschheit vorher noch nicht gelehrt worden war«, darüber hinaus aber »eine Liebestat, die bisher der Welt nur Torheit gedünkt hatte. Es ist die

---

[117] Ph. Kneib, Handbuch der Apologetik, 245.
[118] Ebd.; Hervorhebungen von mir.
[119] Demonstratio verae religionis veraeque ecclesiae contra quasvis falsas, St. Blasien 1760, 84.

göttliche Liebe selbst, es ist Gott selbst ... der unter den Menschen gewandelt ist; denn so kann nur Gott die Menschen lieben.«[120]

Dieser Gedankengang führt wiederum bis an die Schwelle eines interpersonal-kommunikativen Offenbarungsverständnisses: Was in Christus begegnet, das ist in seiner Über-Menschlichkeit nur als Gottes selbst-lose Selbsterniedrigung denkbar. Aber die Schwelle zu einem kommunikativen Verständnis der *Selbst*-Offenbarung Gottes in seinem fleischgewordenen Wort – in der unüberholbar aufschlußreichen Tat seiner Selbstentäußerung – wurde noch nicht überschritten. Die Apologetik war zu einseitig an der strengen Nachweisbarkeit einer übernatürlichen Verursachung interessiert, als daß sie der Spur hätte folgen können, die sich hier abzeichnet. Im Blick auf diese Nachweisbarkeit mußte sich ja das nach inneren Kriterien als göttlich Aufgewiesene immer die Anfrage gefallen lassen, ob es wirklich so unvergleichlich war, daß man ihm übernatürliche Qualität zubilligen *mußte*. Beruhte seine Überzeugungskraft nicht gerade darauf, daß der Mensch sich mit seinem Bedürfnis nach heilem Menschsein darin wiederfand? War es nicht erklärbar als die Selbst-Befriedigung dieses Bedürfnisses, als der Versuch des Menschen, sich in Jesus Christus die Erfüllung seines Heilsbedürfnisses als bereits geschehen vorzustellen?

Die Orientierung an den inneren Offenbarungskriterien schien die Apologetik auf eine argumentativ abschüssige Ebene zu bringen: Man hörte auf die Sprache des menschlichen Heilsbedürfnisses und war offenkundig in der Gefahr, aus diesem Bedürfnis auf eine ihm angemessene Erfüllung in den Ereignissen der Offenbarung zu schließen – im Hören auf das menschliche Heilsbedürfnis aus den Offenbarungsereignissen die Erfüllung des Bedürfnisses mit heraushören zu wollen. War man nicht schon dabei, das menschliche Bedürfnis selbst als die eigentlich offenbarende Wirklichkeit anzunehmen: als jene Wirklichkeit im Menschen, die Gottes Handeln als die Erfüllung eines menschlichen Bedürfnisses geradezu erforderlich machte – da doch ein naturgegebenes »desiderium« nicht ins Leere gehen konnte, wenn Gott der Schöpfung nicht willkürlich vorenthielt, worauf er sie hingeordnet hatte? Vermischte man dabei nicht die Ordnung des Übernatürlichen mit der des Natürlichen; und wollte man nicht letzten Endes dem, was im Menschen ist – der Stimme seiner Sehnsucht –, auch noch das göttliche Offenbarungswort ablauschen?

Was im Menschen selbst »spricht« – die Botschaft seiner inneren Erfahrung – konnte leicht als das eigentliche Wort verstanden werden, das sich in den äußeren Offenbarungsereignissen selbst auslegte und zur Gegebenheit brachte. Die menschliche Erfahrung konnte dann gar als primäre Offenbarungsquelle gegen das bloß Äußerliche der übernatürlichen Offenbarungstatsachen ausgespielt werden. Diesen Verdacht hegte das kirchliche Lehramt vor allem gegenüber jenen Autoren an der Wende zum 20. Jahrhundert, die es unter dem

---

[120] Vgl. Ph. Kneib, Handbuch der Apologetik, 443. Interessanterweise beruft Kneib sich für dieses Argument auf den Aufklärer Rousseau, in dessen »Emile« der Satz steht: »Des Sokrates Tod ist der eines Weisen; das Leben und der Tod Jesu sind die eines Gottes«.

Sammelnamen Modernisten zusammenfaßte und verurteilte. Für *George Tyrrell* etwa ist »persönliche Erfahrung« Ort der Gottesoffenbarung. In ihr geschieht sie; an ihr finden alle sekundären Artikulationen des Geoffenbarten in Dogmen und Lehrsätzen ihr Kriterium. Diese Sätze haben für Tyrrell »ihren Sinn darin, daß sie auf Erfahrung beruhen und so interpretiert werden, daß sie Erfahrungen vermitteln und wiederum eröffnen.« Sie »müssen danach befragt werden, welche religiöse Erfahrung sich in ihnen niedergeschlagen hat; sie dienen dazu, diese wieder möglich zu machen.«[121]

Damit war gewiß eine Extremposition erreicht, an der – wie Tyrrells Weggefährte *Friedrich von Hügel* kritisch anmerkte – »ein tyrannischer Transzendentalismus (im Sinne einer extremen Überbetonung des transzendenten Gottes; J. W.) und ein skeptischer Immanentismus« sich gegenseitig bedingen[122]: Der Extrinsezismus der katholischen Offenbarungslehre – ihre Überbetonung des von außen und unvermittelt an die Menschen ergehenden göttlichen Offenbarungsworts – provozierte hier einen Intrinsezismus, für den Offenbarung und die religiöse Erfahrung des Menschen ineinander zu fallen schienen.

Differenzierter als Tyrrell argumentierte sein Zeitgenosse *Maurice Blondel*. Als Philosoph läßt er sich durchaus auf das Immanenzpostulat der Philosophie ein, das es nicht zulasse, von Gott und seiner Offenbarung als den Menschen nur *von außen* angehenden und betreffenden Wirklichkeiten zu sprechen. Der Begriff der Immanenz darf – so Blondel – »als die Bedingung der Philosophie überhaupt« angesehen werden. Das von außen Kommende muß vom Menschen als für ihn bedeutsam, ja notwendig, als das ihm in irgendeiner Hinsicht zuinnerst Entsprechende, ihn zumindest Ansprechende entgegengenommen werden können, wenn es für ihn Geltung haben soll. Das philosophische Vernunfturteil setzt in jedem Falle – auch dem einer möglichen Offenbarung – voraus, »daß nichts in den Menschen eingehen kann, was nicht aus ihm hervorgeht und in gewisser Weise einem Entfaltungsdrang entspricht, und daß es weder als historisches Faktum noch als überkommene Lehre, noch als von außen herangetragene Verpflichtung ... eine gültige Wahrheit und annehmbare Vorschrift gibt, die nicht in gewisser Weise autonom und autochthon wäre.«[123] Ist damit eine übernatürliche Selbstkundgabe Gottes nicht von vornherein als der Vernunft widersprechend angesetzt? Wenn das Übernatürliche mit dem Anspruch auftritt, von der Vernunft anerkannt zu werden, so bedeutet es für diese ein doppeltes Ärgernis: Einerseits kann hier vom Menschen eben nicht selbst hervorgebracht werden, was er seinem Denken und seinem Willen auferlegen soll. Andererseits soll das Übernatürliche aber doch als jene Wirklichkeit gedacht werden, die den Menschen retten kann, so daß er sich selbst verfehlt,

[121] So die Zusammenfassung durch P. Neuner, Religion zwischen Kirche und Mystik, Frankfurt a. M. 1977, 87.
[122] Zitiert nach: P. Neuner, op. cit., 129. Neuner bezieht sich auf M. de la Bedoyère, The Life of Baron von Hügel, London 1951, 247.
[123] M. Blondel, Lettre, in: Les Premiers Ecrits de Maurice Blondel, Paris 1956, 34.

wenn er sich nicht auf sie bezieht.[124] Das Übernatürliche müßte dem Menschen zugleich notwendig, ihm selbst aber von sich aus unerreichbar sein: ein Verlangen der Natur, das diese sich selbst gerade nicht erfüllen kann. Das heißt nun konkret für den christlichen Offenbarungsanspruch:

> »... wenn die Ansprüche der Offenbarung begründet sind, dann kann man nicht mehr sagen, wir seien bei uns gänzlich zu Hause; und von jener Ohnmacht, jenem Ungenügen, jenem Anspruch muß sich auch im rein menschlichen Handeln eine Spur und auch in der autonomsten Philosophie ein Echo finden«.[125]

Das innere Ungenügen menschlichen Strebens – Blondel versucht es in seinem Hauptwerk »L'action« aufzudecken – verweist den Menschen auf eine Erfüllung, auf die er seinem Wesen nach ausgerichtet ist, die aber schlechterdings außerhalb seiner Möglichkeiten liegt: »Es ist unmöglich, das Ungenügen der ganzen natürlichen Ordnung nicht anzuerkennen und ein weiteres Bedürfnis nicht zu empfinden; es ist unmöglich, in sich selbst etwas zu finden, das dieses religiöse Bedürfnis befriedigen könnte: *Es ist notwendig;* und *es ist undurchführbar* (impracticable)«.[126]

Das »absolut Unmögliche und absolut Notwendige für den Menschen« ist das Übernatürliche[127], auf das der Mensch als Geschöpf notwendig bezogen ist, weil er es als »unerläßliche Bedingung für die Vollendung menschlichen Tuns« einsehen kann.[128] Das Tun des Menschen reicht – das muß der Philosoph einräumen – unendlich »über den Menschen hinaus«[129]; es erreicht nie wirklich, wonach es ausgreift, und ist deshalb offenkundig auf eine Erfüllung angewiesen, die es sich nicht geben kann – es *bedarf* ihrer. So thematisiert das Denken das Übernatürliche wenigstens »insoweit, als sein Begriff in uns immanent ist«.[130]

Blondel identifiziert das dem menschlichen Handeln innewohnende, nicht durch menschliches Handeln zu stillende religiöse Bedürfnis gerade nicht mit dessen Erfüllung. Es ist ein »Schrei der Natur«, von dem niemand wissen kann, ob er Erhörung findet. Aber geht Blondel nicht auch damit schon zu weit? Versteht seine »Immanenzapologetik« die übernatürliche Offenbarung nicht doch ganz nach Maßgabe der natürlichen Lebensordnung: gleichsam als bloßes Lebenserfordernis? Und bringt er damit Offenbarung nicht um ihren eigentlichen Sinn: frei gewährte, niemals nur erforderliche und geschuldete göttliche Zuwendung zu sein? Erscheint Gott in seiner Offenbarung hier nicht zu sehr in der Perspektive des bedürftigen und deshalb auch Gott für die Erfüllung des ungestillten Bedürfnisses in Anspruch nehmenden Menschen?

---

[124] Vgl. ebd., 35 f.
[125] Ebd., 37.
[126] M. Blondel, Die Aktion, dt. Freiburg i. Br. – München 1965, 245.
[127] Ebd., 412.
[128] Vgl. H. Bouillard, Philosophie und Christentum im Denken Maurice Blondels, in: ders., Logik des Glaubens, dt. Freiburg i. Br. 1966, 114–135, hier 130.
[129] Die Aktion, 412.
[130] Vgl. Die Aktion, 444 bzw. Lettre, a. a. O., 86 f.

Streitfall

Die Vorbehalte des Lehramtes gegen diese Art der Immanenzapologetik bestanden gewiß insoweit zu Recht, als es sich gegen eine undifferenzierte Korrelation der übernatürlichen Offenbarung mit dem elementaren Verlangen des Menschen wandte – gegen eine Form der Korrelation, die ja zudem in der Religionskritik des 19. und 20. Jahrhunderts unter Projektionsverdacht geraten war. Die Immanenzapologetik bleibt aber darin im Recht, daß sie die Ansprechbarkeit des Menschen, seine Offenheit für eine möglicherweise ergangene übernatürliche Offenbarung und damit den Erfahrungsbezug des Übernatürlichen herausarbeitete. Nur auf diesem Weg kann ja zur Sprache kommen, was die Offenbarung für den Menschen in seinem konkreten Lebenszusammenhang bedeutet, wie sie seiner kreatürlichen, durch die Sünde entstellten condition humaine entspricht.

1.11 Religiöse Erfahrung als Offenbarung?

Maurice Blondel konnte mit seiner vorsichtig differenzierenden Position der Verurteilung durch das kirchliche Lehramt entgehen, die die Modernisten der Jahrhundertwende um so härter traf. Die Darstellung der »modernistischen Häresien« in der Enzyklika *Pascendi dominici gregis* ließ deutlich erkennen, wo für das Lehramt die eigentliche Dramatik der modernistischen Krise lag: im empirisch-immanentistischen Vorstoß gegen den Supranaturalismus der kirchlichen Offenbarungslehre. So überrascht es auch nicht, daß das in der Enzyklika gezeichnete Bild des Modernismus in vielem an Ernst Troeltschs Konzeption erinnert.

Da ist zunächst der den Modernisten zugeschriebene Agnostizismus der historischen Wissenschaften, der es unmöglich mache, in geschichtlichen Ereignissen mehr zu sehen als in einen unendlichen Geschehenszusammenhang einzuordnende »Phänomene«, der es deshalb auch unmöglich mache, geschichtliche Ereignisse als übernatürlich verursacht anzuerkennen. Damit wird »jede äußere Offenbarung ... zu einer Unmöglichkeit gemacht« und im Gegensatz dazu »das Prinzip der *religiösen Immanenz*« zur Geltung gebracht. Wie alle menschlichen Lebensäußerungen sei auch die Religion aus einem immanentvitalen menschlichen Bedürfnis heraus – als »Gefühl« und als »Bewegung des Herzens«, als »Bedürfnis nach dem Göttlichen« – zu verstehen.[131] Die »Modernisten« finden – so *Pascendi dominici gregis* –

> »in dem beschriebenen *Gefühle* nicht nur den Glauben, sondern bei dem Glauben und in dem so verstandenen Glauben, meinen sie, liege zugleich auch die *Offenbarung*. Was wäre auch zur Offenbarung sonst noch nötig? Soll man es nicht Offenbarung oder doch den Anfang der Offenbarung nennen, wenn das religiöse Gefühl

---

[131] Pascendi dominici gregis, a. a. O., 10 f.

im Bewußtsein auftaucht? Sollte man nicht sagen, daß Gott in diesem religiösen *Gefühle,* wenn auch noch nicht klar, sich selber offenbare?«[132]

Die Enzyklika diagnostiziert hier eine Vermischung der natürlichen mit der übernatürlichen Ordnung, die dazu führe, daß das religiöse Bewußtsein und die Gottesoffenbarung einander gleichgeordnet werden.[133] So bleibt es

> »nicht mehr bei dem alten Irrtum, wonach die menschliche Natur gewissermaßen ein Recht auf die übernatürliche Ordnung haben sollte. Man ist viel, viel weiter gegangen: man behauptet, unsere heilige Religion sei, im Menschen Christus und in gleicher Weise auch in uns, aus unserer eigenen Natur, ohne fremdes Zutun geboren. Gründlicher kann man gewiß nicht mit aller übernatürlichen Ordnung aufräumen.«[134]

Geboren werde die Religion im Gefühl, ja im »Unterbewußten« der Menschen. Sie bedürfe deshalb »einer eigenen Durchleuchtung, damit Gott überhaupt klar hervortrete. Das ist nun Sache des denkenden und analysierenden Verstandes«. Er hat den Glauben des religiösen Menschen *zu denken*[135] und so eine rationale Ausarbeitung des zuvor nur Gefühlten zu leisten. Dabei wird das Absolute in zunehmender Deutlichkeit als »Gegenstand des religiösen Gefühls« hervortreten und zugleich einsehbar werden, daß es in unterschiedlichen Erfahrungszusammenhängen »unendlich viele Erscheinungsweisen« annehmen kann.[136]

Es ist hinreichend erkennbar, welche Irrlehren das Lehramt hier abwehren will: Wo das religiöse Gefühl selbst als Offenbarung ausgegeben wird, da wird das Übernatürliche zu einer radikal individuellen »Intuition des Herzens«.[137] Wo diese Intuition durch das Denken allein zu verbindlicher und gemeinschaftsstiftender Klarheit gebracht werden soll, da ist im Ansatz die an der göttlichen Autorität partizipierende, normsetzende Kompetenz des kirchlichen Lehramts bestritten oder mindestens relativiert. Wo man davon ausgeht, daß die »Intuition des Herzen« die religiöse Wahrheit unmittelbar in sich trägt, da muß man zugestehen, daß »derartige Erfahrungen … in jeder beliebigen Religion gemacht werden«, da wird man zu der Folgerung gedrängt, »*alle Religionen* seien wahr«.[138]

Nimmt man die religiöse Erfahrung oder das Heilsbedürfnis des Menschen als anthropologisches Medium von Offenbarung, so stellen sich – nun in anthropologisch-empiristischer Wendung – die mit dem Rationalismus verhandelten Fragen von neuem: Es läßt sich keine einzelne Erfahrung oder Erfahrungssequenz mehr auszeichnen, der – im Unterschied zu allen anderen – die Würde, von Gott selbst ins Werk gesetzt zu sein, zugesprochen werden könnte. Die

---

[132] Ebd., 12 f.
[133] Vgl. ebd., 14 f.
[134] Ebd., 16–19.
[135] Vgl. ebd., 18 f.
[136] Vgl. ebd., 20 f.
[137] Vgl. ebd., 24 f.
[138] Vgl. ebd., 26 f.

Streitfall

»Analogie der Erfahrung« (Ernst Troeltsch) schließt die Möglichkeit einer andersartigen Erfahrung – einer Erfahrung des Übernatürlichen – a priori aus. Damit sind aber alle Menschen im Blick auf »Offenbarungs-Erfahrungen« prinzipiell in der gleichen Lage: Sie sind ihnen prinzipiell zugänglich; und es steht ihnen ein autonomes Urteil über höhere oder geringere Authentizität solcher Erfahrungen zu. Die Lehrformen, in denen man sich der authentischen Offenbarungs-Erfahrungen vergewissert und sie zu reflexiver Klarheit bringt, sind den individuellen Erfahrungen selbst nachgeordnet; sie haben nur noch subsidiär-explikative Funktion.

Das Lehramt beschränkte sich angesichts dieser Herausforderung auf die Einschärfung der herkömmlichen Unterscheidung von natürlicher und übernatürlicher Ordnung und auf rigide disziplinäre Maßnahmen, mit denen alle in die modernistische Ecke gedrängt wurden, die sich nicht genau an die vorgegebenen Sprachregelungen hielten. Aus dem empiristischen Dilemma herausführende Überlegungen wie etwa die Blondels gerieten selbst unter Modernismusverdacht. Dabei hätte schon Anfang unseres Jahrhunderts soviel theologisch konsensfähig sein können:

- Der anthropologische Rekurs auf Erfahrung ist insoweit legitim, als er die Ansprechbarkeit des Menschen gleichsam als seine innere Disposition für die in sich ungeschuldete, äußere Gottes-Offenbarung in menschlicher Selbsterfahrung freilegt.
- Diese Ansprechbarkeit kann dann auch zum Thema der Philosophie werden, wenn man gegen den Vernunftimmanentismus der Aufklärung wie gegen den Erfahrungsimmanentismus der empirischen Wissenschaften die fundamentale und radikale Selbsttranszendenz menschlichen Handelns zur Geltung bringt. Handelnd ist der Mensch gerade nicht dessen mächtig, was er mit seinem Handeln letztlich zu erreichen sucht.
- Offenbarung kann für den Menschen, der sich dem letzten Horizont und den Abgründen seiner Selbst- und Welterfahrung öffnet und ihnen in seinem Handeln gerecht zu werden versucht, bedeutsam und zur Quelle übernatürlich-geistlicher Erfahrung werden, weil er sich von Gottes Offenbarung im Innersten getroffen wissen kann, weil er sich in ihr zu sich selbst – zu einem seinem Menschsein wahrhaft entsprechenden Handeln – herausgefordert und befähigt erfahren kann.
- Das Zurückgehen in das Innerste des Menschen ist, da der Mensch gerade in seinem Innersten seiner selbst nicht mächtig ist, ein Hinaushorchen über das, was der Mensch sich selbst sagen kann; es ist das Sich-Ausstrecken nach jener übernatürlichen Wirklichkeit, bei der die Selbst-Ohnmächtigkeit des Menschen nicht zur Selbst-Entfremdung versteinert wäre, sondern auf jene Macht trifft, die ihm schenkt, was er nicht aus sich selbst sein kann.
- Diese Macht begegnet dem Menschen nicht schon in seinem religiösen Bedürfnis. Aber sie läßt sich erfahren, wo Menschen in der Nachfolge Christi der »Liebe Gottes, die in Christus Jesus (erschienen) ist« (Röm 8, 39), die Vollendung ihres menschlichen Handelns zutrauen.

- In seinem Innersten kann sich der Mensch auf ein göttliches Gegenüber bezogen erfahren, das ihm gerade deshalb zur Verheißung wird, weil er seiner nicht mächtig ist. Es zeigt sich ihm in Offenbarungsereignissen, die die lebensspendende Macht der Zuwendung Gottes bezeugen und dazu herausfordern, ihr im eigenen Handeln Raum zu geben. Das kirchliche Lehramt darf und muß es als seine ureigene Aufgabe ansehen, der Vernehmbarkeit dieser Herausforderung zu dienen und sie davor zu schützen, von den Menschen in »eigene Regie genommen« – den eigenen Interessen untergeordnet – zu werden.

Die hier zusammengetragenen Eckdaten eines schon in der Modernismuskrise denkbaren offenbarungstheologischen Konsenses verweisen auf ein *kommunikatives Offenbarungsverständnis*, wie es in Ansätzen bereits im 19. Jahrhundert konzipiert war, in der katholischen Theologie aber wegen des hier vorherrschenden instruktionstheoretischen – auf die Mitteilung göttlicher Lehren konzentrierten – Offenbarungsverständnisses nicht zum Zuge kommen konnte.[139] In der Abwehr gegen den Rationalismus versteiften sich Lehramt und theologische Apologetik weithin darauf, Offenbarung als vollmächtige Belehrung über die dem menschlichen Wissen nicht erreichbaren göttlichen Dinge zu verstehen, die der Mensch sich nicht selbst erschließen kann und sich deshalb von Gott sagen lassen muß. In der Frontstellung gegen den empiristischen Naturalismus ging es vor allem darum, die Erfahrungs-Jenseitigkeit der Offenbarung und des Geoffenbarten – sein Außerhalbsein und Außerhalbbleiben gegenüber jedem bloß naturalistischen Erfahrungsimmanentismus – zu sichern. Dabei verfehlte man letztlich den dialogisch-kommunikativen Sinn des biblisch bezeugten Offenbarungsgeschehens. Es zielt ja nicht zuerst auf die Übermittlung eines übernatürlichen Wissens ab, sondern darauf, daß Menschen in der Begegnung mit dem in Geschichte sich manifestierenden – in ihr handelnden – Gott zu diesem Gott und seinem guten Willen Zutrauen fassen lernen; darauf, daß sie diesen Gott als verläßlichen Bundes-Partner und als die schlechthin verheißungsvolle Herausforderung für ihr Leben entdecken können.

Aber damit sind die entscheidenden Fragen erst angesprochen. Was heißt denn konkret: Menschen *begegnen* Gott, fassen zu *Gottes Handeln* Zutrauen? Wie geschieht das konkret? Was wird dabei erlebt? Sind solche Erlebnisse sicher unterscheidbar von anderen, in denen Gott eben nicht begegnet? Oder sind sie es nur anhand der Deutung, die die Glaubensgemeinschaft ihr gibt? Und weitergefragt: Lassen sich die biblischen Zeugnisse überhaupt unter den Begriff einer Gott erschließenden Geschichte der Gottbegegnung bringen? Sind sie nicht letztlich doch »nur« Zeugnisse einer äußerst widersprüchlichen Tradition, in der Gott bzw. das, was man dafür hält, für menschliche Welt-, Selbst- und Geschichtsdeutung in Anspruch genommen wird? Und was unterscheidet diese beiden Perspektiven letztlich voneinander?

---

[139] Zu dieser Terminologie vgl. M. Seckler, Der Begriff der Offenbarung, in: W. Kern – H. J. Pottmeyer – M. Seckler, Handbuch der Fundamentaltheologie 2: Traktat Offenbarung, Freiburg – Basel – Wien 1985, 60–83, hierzu 64–67.

Die Theologie des 20. Jahrhunderts hat sich unablässig an diesen Fragen abgearbeitet. Sie hat einerseits darzustellen versucht, wie Gott, der sein Wort in der Geschichte durch dazu berufene Menschen spricht, darin den Menschen zutiefst entspricht, ihrem Suchen und Fragen entgegenkommt, es aufnimmt, auf sich zieht und so erst wirklich aufschlußreich sein läßt; dafür stehen etwa die korrelative Theologie *Paul Tillichs* und die transzendentale Theologie *Karl Rahners.* Andererseits war genau darauf zu achten, daß Gottes dialogische Freiheit der Selbst-Darstellung in der Offenbarung gegenüber den Bedürfnissen, die sich auf ihn richten, und den Erfahrungen, die mit ihm in Verbindung gebracht werden – den Projektionen, in denen man ihn menschlich zu begreifen versuchte –, theologisch hinreichend zur Geltung gebracht wurde; dieses Bemühen kennzeichnet etwa die Theologien *Karl Barths* und *Hans Urs von Balthasars.* Überdies stand die Fundamentaltheologie nach der in diesem Jahrhundert endlich zur Kenntnis genommenen empiristischen Kritik an der Beweiskraft der äußeren Offenbarungskriterien vor der Aufgabe, zu begründen, wann, weshalb und mit welcher Legitimation die Theologie bestimmten Ereignisfolgen und Erfahrungen Offenbarungscharakter zubilligt. Und sie stand vor der Notwendigkeit, den kommunikativen Sinn der Gottes-Offenbarung genauer zu erheben – wenn er nicht mehr zuerst darin liegen konnte, den Menschen zusätzliche Kenntnisse zu vermitteln.

Die Offenbarungskonstitution *Dei verbum* des 2. Vatikanischen Konzils hat sich der neuen Problemlage gestellt und ist dabei zu Aussagen gekommen, die einen Paradigmenwechsel im katholischen Offenbarungsverständnis markieren. Vorbereitet wurde dieser Paradigmenwechsel durch die erwähnten und manche andere theologische und religionsphilosophische Neuansätze des 20. Jahrhunderts, die ihrerseits ausnahmslos auf die im Deutschen Idealismus ausgearbeitete Kategorie der Selbstoffenbarung und deren hier schon greifbaren kommunikativen Ort im Verhältnis des Menschen zum Absoluten Bezug nehmen. Die letzten Abschnitte dieses Kapitels sollen deshalb der Problemgeschichte der Selbstoffenbarungs-Thematik im 19. und 20. Jahrhundert sowie der Resonanz gewidmet sein, die sie in der Offenbarungskonstitution des 2. Vatikanums gefunden hat.[140]

---

[140] Eine weiter zurückgreifende und weitere theologische Positionen der Zeit einbeziehende Skizze zur Problemgeschichte habe ich in meinem Aufsatz: Das Medium ist die Botschaft (in: J. Werbick (Hg.), Offenbarungsanspruch und fundamentalistische Versuchung) vorgelegt. Im folgenden greife ich auf diesen Aufsatz zurück.

1.12 Offenbarung spekulativ

Zwar nicht zuerst, aber doch mit unvergleichlich hoher systematischer Relevanz ist der Begriff »Selbstoffenbarung« bei *Hegel* anzutreffen. Die systematische Relevanz ergibt sich hier daraus, daß es nach Hegel die »Natur des Geistes selbst ist ... sich zu manifestieren, sich gegenständlich zu machen; dies ist seine Tat und seine Lebendigkeit, seine einzige Tat, und es ist unendlich seine Tat.«[141] Der Geist – in letzter Konsequenz Gott, in dem der Geist als absoluter subsistiert – offenbart nichts anderes, als sein Geist-Sein und das dieses Geist-Sein ausmachende Sich-Offenbaren:

> »Das Sichselbstoffenbaren ist ... der Inhalt des Geistes und nicht etwa nur eine äußerlich zum Inhalt desselben hinzukommende Form; durch seine Offenbarung offenbart folglich der Geist nicht einen von seiner Form verschiedenen Inhalt, sondern seine, den ganzen Inhalt des Geistes ausdrückende Form, nämlich seine Selbstoffenbarung«.[142]

Gott – der absolute Geist in Subsistenz – offenbart sich als der seinem Wesen entsprechend sich Offenbarende; er realisiert sein Wesen, indem er sich offenbart. Der Mensch, der sich von diesem Offenbarungsgeschehen ergreifen läßt und es von sich aus begreifend auf den Begriff bringt – als Wesensvollzug des Geistes nachvollzieht –, kommt sich selbst als dem auf diesen Wesensvollzug hingeordneten endlichen Geist auf die Spur.

Aus heutiger Sicht ist es gewiß nicht einfach, diese Bestimmungen Gottes als des subsistierenden »absoluten Geistes« nachzuvollziehen und sich etwa deutlich zu machen, was es bedeutet, wenn Hegel schreibt: »Gott ist als Geist wesentlich dies, für ein anderes zu sein, sich zu offenbaren«; oder wenn er im Sinne des Selbstoffenbarungsgedankens klarstellt, nichts anderes sei in dieser Offenbarung geoffenbart als dies, »daß er für ein anderes ist«; dies sei ja »die Bestimmung des Offenbarens«.[143] Vielleicht kann man dem Gemeinten näherkommen, wenn man heute formuliert: Gott ist als Geist wesentlich Kommunikation, der dem anderen sich Mitteilende und so für den anderen Seiende. Kommunizierend aber teilt er dem anderen im wesentlichen mit, daß es sein Wesen ist, sich mitzuteilen, sich zu kommunizieren. Der diese Selbst-Mitteilung Verstehende weiß sein eigenes Wesen – sein Geistsein – in dieser Mitteilung enthüllt. Er weiß sich »in Gott«[144]; und er weiß die Wirklichkeit insgesamt in Gott, von Gott *als Geist* bestimmt, in Gottes *Logos* ausgesagt: in dem göttlichen Wort, in dem Gottes Wesen ausgesagt und mitgeteilt ist. Der Logos – die Wahrheit – der Wirklichkeit im Ganzen ist aber das Sich-Aussagen Gottes, worin Gott

---

[141] Vorlesungen über die Philosophie der Religion, hg. von G. Lasson, Hamburg 1927, III. Die absolute Religion, 32; vgl. Enzyklopädie der philosophischen Wissenschaften, §564, Werke in zwanzig Bänden, Bd. 10, 372 ff.

[142] Enzyklopädie, §383 mdl. Zusatz, a.a.O., 27 f.

[143] Die absolute Religion, 35.

[144] Vgl. Enzyklopädie, §564, a.a.O., 372–374.

sich selbst offenbar wird, worin er dem Menschen offenbar wird und der Mensch sich in Gott offenbar wird. Dieser Logos wurde Mensch. Im sterblichen Menschsein Jesu Christi erreicht das Sich-Kommunizieren Gottes die äußerste Spitze seiner Entäußerung, des Für-den-Anderen- und Mit-dem-Anderen-Seins. Der menschgewordene Logos liefert sich dem Widerspruch der den Logos Zurückweisenden aus und durchdringt auch noch die letzte Kommunikations- und Beziehungslosigkeit des Todes. Die äußerste Negation des Logos – das Schweigen des Todes – bringt den Logos nicht zum Schweigen; vielmehr bricht der Logos das Schweigen des Todes. Der kommunikative Selbstvollzug des Gottes-Geistes macht den Tod zu seinem »Moment«, wie Hegel zutiefst mißverständlich sagen kann.[145] Christi Sterben und Auferwecktwerden offenbart die Letztgültigkeit der Selbst-Kommunikation Gottes: Gottes Wort geht nicht ins Leere – verhallt nicht in der Leere, im Schweigen des Todes. Es kommt zu ihm zurück, und mit ihm kommt der dieses Wort hörende und begreifende Mensch zu Gott zurück; ja, Gott als Geist ist dieses Zu-sich-Zurückkommen selbst, und so ist er die als Kommunikation sich realisierende Liebe. Daraus ergibt sich aber mit letzter Deutlichkeit und Konsequenz, daß der menschgewordene Logos, »nicht das bloße Organ der Offenbarung, sondern selbst Inhalt der Offenbarung ist«[146] – der radikale Ernstfall der liebenden göttlichen Selbst-Kommunikation, ihr Inbegriff.

Aber was bedeutet dann die Geschichte des Sohnes, sein Weg bis ans Kreuz, für Gott selbst? In welchem Sinne ist dieser offenbarende Weg »Moment« des ewigen Wesensvollzugs Gottes als des sich Offenbarenden? Wird bei Hegel Gott nicht doch wieder – gut spinozistisch – a priori gedacht: aus dem Begriff des absoluten Geistes? Und wird dann nicht auch alles Seiende – entscheidend auch der Weg des menschgewordenen und gekreuzigten Logos – a priori aus diesem Begriff abgeleitet? Hegel will genau dies nicht. Letztlich will er sogar im Blick auf Gott und seine Offenbarung – auf Erkenntnis überhaupt – über die Differenz von a priori und a posteriori, von reiner Vernunftwahrheit und an Kontingenz gebundener Tatsachenwahrheit hinauskommen. Die Methode der Philosophie ist – wie die »Wissenschaft der Logik« im abschließenden Methodenkapitel darlegt – ebensowohl analytisch als synthetisch, da sie das a posteriori *Gegebene* begreift als Konkretion des Begriffes, den *Begriff* aber nicht anders erreicht als an und in den Konkretionen.[147] Das begriffliche Apriori ist nur rekonstruierbar, wo es das a posteriori Gegebene strukturiert und so begreifbar macht; es ist ein bestimmtes nur, indem es bestimmt; es ist nur als das in seinem Bestimmen Bestimmte begreifbar. Damit ist genau der philosophische Ort der »Selbstoffenbarung« als des Wesensvollzugs des Geistes angegeben: Die Begreifbarkeit des Gegebenen ist darin gewährleistet, daß es nicht einfach als so oder auch ganz anders sein könnend zur Kenntnis genommen werden muß, sondern in seiner inneren Notwendigkeit – als Selbstoffenbarung des Geistes – nachvollzogen

---

[145] Vgl. Die absolute Religion, 157–166.
[146] Enzyklopädie, § 383 mdl. Zusatz, a. a. O., 29.
[147] Vgl. Wissenschaft der Logik, Werke in zwanzig Bänden, Bd. 6, 566.

werden kann. Die Differenz zwischen der *im Innern* – begrifflich-vernünftig – nachvollziehbaren Vernunftwahrheit und den *von außen*, also geschichtlich widerfahrenden kontingenten Tatsachen bzw. der historisch zu sichernden Tatsachenwahrheit ist für Hegel vorläufig; entsprechend vorläufig ist die Unterscheidung von innerer und äußerer Offenbarung, wie sie bei Kant und Fichte begegnete. Begreifende Erkenntnis ist für Hegel gerade das Begreifen der Notwendigkeit im kontingent Gegebenen. Und solches Begreifen ist gleichbedeutend mit der Selbstauslegung des absoluten Geistes in der Geschichte.

Die Geschichte Jesu Christi ist hier jenes Geschehen, in dem sich darstellt, daß auch der äußerste Widerspruch zum Geist – der Untergang des Geistes im Tod – nicht wirklich und letztlich dem Geist entgegengesetzt bleibt, sondern als dessen Selbst-Bestimmung begriffen werden darf.[148] Eine bloß »äußerliche« Betrachtung sähe darin nur die kontingente Geschichte eines Menschen wie etwa des Sokrates, eines Lehrers, »der in seinem Leben tugendhaft gelebt und das in dem Menschen zum Bewußtsein gebracht hat, was das Wahrhafte überhaupt sei«. Gegen diese Jesuologie der Aufklärung macht Hegel die »höhere Betrachtung« geltend, »daß in Christus die göttliche Natur geoffenbart worden sei«.[149] Nach dieser Betrachtung muß im Blick auf den Tod Jesu vom Tod Gottes gesprochen werden:

> »Gott ist gestorben, Gott ist tot – dieses ist der fürchterlichste Gedanke, daß alles Ewige, alles Wahre nicht ist, die Negation selbst in Gott ist; der höchste Schmerz, das Gefühl der vollkommenen Rettungslosigkeit, das Aufgeben alles Höheren ist damit verbunden. – Der Verlauf bleibt aber nicht hier stehen, sondern es tritt nun die Umkehrung ein; Gott nämlich erhält sich in diesem Prozeß und dieser ist nur der Tod des Todes ... der Tod Christi ist ... der Tod dieses Todes selbst, die Negation der Negation.«[150]

Was der frommen Vorstellung oder einer bloß historischen Betrachtung als äußerlich-kontingenter Verlauf erscheint, das wird dem vernünftigen Glauben als Selbstdarstellung eines Gottes offenbar, der – als der subsistierende absolute Geist – das Negative nicht von sich ausschließt. Glaube ist hier das Bewußtsein,

> »daß die Endlichkeit, das Negative, das Anderssein nicht außer Gott ist und als Anderssein die Einheit mit Gott nicht hindert. Es ist das Anderssein, das Negative, gewußt als Moment der göttlichen Natur selbst. Die höchste Idee des Geistes ist hierin enthalten. Das Äußerliche, Negative schlägt auf diese Weise in das Innere um. Der Tod hat einerseits diesen Sinn, diese Bedeutung, daß damit das Menschliche abgestreift wird und die göttliche Herrlichkeit wieder hervortritt, – er ist ein Abstreifen des Menschlichen, des Negativen. Aber zugleich ist der Tod selbst auch

---

[148] Vgl. dazu die berühmte Stelle aus der Vorrede zur Phänomenologie des Geistes (Werke in zwanzig Bänden, Bd. 3, 36): »... nicht das Leben, das sich vor dem Tode scheut und von der Verwüstung rein bewahrt, sondern das ihn erträgt und in ihm sich erhält, ist das Leben des Geistes. Er gewinnt seine Wahrheit nur, indem er in der absoluten Zerrissenheit sich selbst findet.«
[149] Die absolute Religion, 170.
[150] Ebd., 167.

das Negative, diese höchste Spitze dessen, dem die Menschen als natürliches Dasein ausgesetzt sind: dies ist hiermit Gott selbst.«[151]

Die angeführten Zitate mögen die Zwiespältigkeit des Hegelschen Selbstoffenbarungsgedankens dokumentieren: Selbstoffenbarung ist das zum Äußersten bereite Herausgehen Gottes aus sich, radikalste Selbstentäußerung, die doch das In-sich-Bleiben Gottes, seine Subsistenz als absoluter Geist, nicht aufhebt. Das Äußerste ist das Innerste, nicht das Sich-Einlassen auf Anderes, sondern eben Selbstdarstellung in der »Aufhebung« des Anderen, das in Gottes Wesensbewegung ewig aufgehoben ist. Es ist die Zweideutigkeit eines Denkens, das den bloß historischen Karfreitag in den »spekulativen« aufhebt[152]: das historisch Geschehene in seiner Notwendigkeit als Gottes Selbst-Bewegung darstellen will. Zwiespältig nenne ich dieses Selbstoffenbarungsdenken, weil es die Grenze markiert, die theologisch offenkundig nicht überschritten werden darf – indem es sie dann doch überschreitet. Das Begreifen geht hier auf die innere Notwendigkeit des äußeren Geschehens. Es weist auf, wie Gott sich an dem Äußersten, zu dem es in der Geschichte Jesu kam, zuinnerst offenbart: als der Geist, dessen Absolutheit den Tod noch in sich einbegreift; als die Liebe, die ihren äußersten Gegensatz nicht scheut, sondern gerade an und in ihm ihre ganze Tiefe und Macht erweist, offenbart. Der Gedanke der göttlichen Selbstoffenbarung hat tatsächlich diese Sinnspitze: An ihrem Gegenteil offenbart Gottes Liebe ihre versöhnende Macht. Aber darf man deshalb sagen, dieses Gegenteil sei Moment oder Element des Göttlichen selbst? Darf man im Blick auf das, was geschichtlich kam, davon sprechen, daß es so kommen mußte, da es die Manifestation der Selbstbewegung Gottes ist? Muß das Denken sich hier nicht zutrauen, letztlich alles, was ist und kommt, als um Gottes willen notwendig – als seine Selbstoffenbarung – darzustellen? Hegels Rede von der geschichtsphilosophisch zu erarbeitenden umfassenden »Theodizee« weist genau in diese Richtung.[153] Hegels Denk-Konsequenz hebt die Irrationalität des Widerfahrenden letztlich doch in eine umfassende Offenbarungs-Notwendigkeit auf, für die auch das schlechthin Nicht-sein-Dürfende sein und kommen mußte, damit Gott sich an und in ihm als der Absolute auslegte. Ist damit nicht doch das Aposteriori – das Äußere und Äußerste – ins Apriori aufgehoben, die Geschichte in die Spekulation überführt, der Anstoß des Negativen in der Theodizee des Systems unerlaubt überwunden?[154]

---

[151] Ebd., 172.
[152] Vgl. dazu Glauben und Wissen, in: Werke in zwanzig Bänden, Bd. 2, 287–433, hier 432.
[153] Vgl. Vorlesungen über die Philosophie der Geschichte, Werke in zwanzig Bänden, Bd. 12, 27 f. Zu dieser Problematik siehe auch Streitfall Religion, Kap. 5.1.
[154] Zur Auseinandersetzung mit diesen Konsequenzen des Hegelschen Gedankens des »Todes Gottes« vgl. Chr. Link, Hegels Wort »Gott selbst ist tot«, Zürich 1974; E. Jüngel, Vom Tod des lebendigen Gottes. Ein Plakat, in: ders., Unterwegs zur Sache, München 1972, 105–125.

1.13 »Worüber schlechterdings nichts Größeres geschehen kann«

Schelling sucht in seiner »Philosophie der Offenbarung« unter den gleichen problemgeschichtlichen Voraussetzungen nach einem anderen Weg für das Denken der Selbstoffenbarung Gottes. Auch ihm liegt daran, den »garstigen Graben« Lessings zu überwinden, also Lessings Voraussetzung der Unmöglichkeit eines Übergangs aus dem Bereich der Tatsachenwahrheiten zu dem der Vernunftwahrheiten und umgekehrt als unbegründet zu erweisen. Und er gelangt dabei zu einem explizit kommunikativen Offenbarungsdenken. In der Offenbarung geht es – so Schelling – nicht um bloße Mitteilung von Lehren, von allgemeinen Vernunftwahrheiten; sonst wäre sie als bloße Mitteilungsgeschichte für die »die Sache selbst« begreifende Vernunft letztlich bedeutungslos. Die Geschichte der Offenbarung ist vielmehr als ein Geschehen zu begreifen, in welchem Gott sich selbst zeigt und mitteilt. Inhalt der Offenbarung ist deshalb nicht eine Lehre, sondern »eine Geschichte, in die das Göttliche selbst verflochten ist«; genauerhin: »Christus selbst, nicht was er gesagt, sondern was er ist, was er getan hat«. Entsprechend ist das Christentum »unmittelbar nicht eine Lehre, sondern eine Sache, eine Objektivität, die Lehre ist immer nur Ausdruck der Sache«.[155] Was Jesus Christus ist, was in ihm geschieht, das ist das für das Christentum grundlegende, aus reiner Vernunft nicht ableitbare und so auch nicht in den Selbstvollzug der Vernunft aufhebbare Faktum: »Von einem Entschluß, einer Handlung oder gar einer That weiß das reine Denken nichts, in welchem alles mit Nothwendigkeit sich entwickelt«.[156] Die »That, welche Inhalt der Offenbarung« ist, offenbart Gottes Herz; sie ist seine »persönliche That«:

> Wie »wir erst den Menschen selbst zu kennen glauben, wenn wir die Aeußerungen seines Herzens kennen gelernt, so ist Gott dem Menschen eigentlich erst in der Offenbarung wahrhaft persönlich geworden, und was von Mose gesagt wird, daß Gott ihm nicht durch Gesichte und Träume, sondern von Angesicht zu Angesicht gesprochen habe, das gilt von der Offenbarung überhaupt, das Verhältnis der Offenbarung ist ein unmittelbares und persönliches«.

In ihm offenbart Gott sich in seiner »Schwäche für den Menschen«; offenbart er, daß sein Herz für den Menschen groß genug ist, »um alles fähig zu seyn«.[157] Im Unterschied zu Offenbarungsverständnis und Offenbarungskritik der Aufklärung wie der Nachaufklärung sieht Schelling Offenbarung nicht als Prozeß der Erziehung zur vernünftig-autonomen Einsicht in das ewig Geltende weil der Vernunft Entsprechende oder als Gottes Eingriff, mit dem er die Menschen ihrer Verfallenheit an das Sinnliche entreißen und auf die göttliche Vernunft hin öffnen wollte. Für Schelling ist Offenbarung Gottes Selbst-Kommunikation, mit der Gott seinen rettenden, heiligen Willen in der unableitbaren Tat des Sich-Mitteilens interpersonale Realität werden – *geschehen* – läßt: »Kein Wille

---

[155] Philosophie der Offenbarung, Darmstadt 1974, Bd. 1, 195 bzw. 197.
[156] Ebd., 173.
[157] Ebd., Bd. 2, 26.

aber offenbart sich anders als durch die That, durch die Ausführung. Die höchste Offenbarung besteht also nur in der Ausführung jenes zugleich mit der Katastrophe des Menschen gefaßten Willens oder göttlichen Entschlusses«.[158] Damit wird das instruktionstheoretische Offenbarungsverständnis schon im Ansatz zugunsten eines kommunikativ-geschichtlichen Offenbarungsverständnisses überwunden.

Überwunden ist aber auch eine »idealistische« Offenbarungsvorstellung, die wie bei Hegel die äußere Geschichte zum Raum der Äußerung des in Gott immer schon innerlich Geschehenden zu entwichtigen droht und damit das kommunikative Geschehen dem Begriff unterordnet. Das wird vollends deutlich, wenn man sich das ganze systematische Gewicht einer problemgeschichtlichen Anspielung in der »Philosophie der Offenbarung« klarmacht. Von den »Handlungen Gottes in der Offenbarung« sagt Schelling, sie seien »über alle menschlichen Begriffe«; dies aber nicht in dem Sinne, »daß wir sie gar nicht begreifen können, sondern daß wir, um sie zu begreifen, zu einem Maßstab greifen müssen, der alle gewöhnlichen menschlichen Maßstäbe übertrifft.« Das Begreifen wird zum Staunen; im Staunen überschreitet es sich selbst auf neue »Maßstäbe« hin, die das Erstaunenswerte ihm ansinnt. An dem ihm begegnenden Staunenswerten entdeckt es, wie es diesem begreifend entsprechen müßte. Und erst in der Begegnung mit dem absolut Erstaunenswerten greift die äußerste Herausforderung zur Selbstüberschreitung nach der menschlichen Vernunft; erst in ihr wird der Vernunft geschenkt, zu sich selbst zu finden, zugleich damit aber auch zu Gott, der sich im absolut Erstaunenswerten offenbart: »... nur ein solches absolut-Erstaunenswerthes bringt die langwierige Unruhe des menschlichen Geistes zur Ruhe. Nur wenn wir das erkennen müssen als *geschehen*, quo maius nil fieri potest, worüber schlechterdings nichts Größeres geschehen kann, nur *das* bringt uns zum Stillstand«.[159]

Schelling bezieht sich auf eine seit *Anselm von Canterbury* lebendige Tradition, Gott begrifflich zu denken und im höchsten Begriff das Dasein Gottes mitgesetzt zu sehen: »id quo maius cogitari non potest«[160] – es ist eine Bestimmung Gottes im Denken und durch das Denken, die vom Denken nicht zu überschreiten ist, aus der theologisch das von Gott zu Wissende abgeleitet werden kann. So jedenfalls bezieht sich die Aufklärung – etwa Spinoza – auf diesen a priori gegebenen Begriff Gottes. Für Schelling ist es nicht der höchste Begriff, in dem das Denken »zur Ruhe« kommt – will heißen ankommt als in dem von ihm letztlich zu Denkenden –, sondern das *höchste Geschehen*, das absolut Erstaunenswerte des in der Geschichte geschehenden göttlichen guten Willens, der alle vom Denken mitgebrachten menschlichen Maßstäbe sprengt. Ist damit – mit dem Hinweis des Denkens nicht auf das in ihm Liegende, sondern ihm Widerfahrende – der Punkt erreicht, von wo aus das Verhältnis Offenbarung und Ver-

---

[158] Ebd., 10.
[159] Ebd., 27.
[160] Proslogion, cap. 2.

nunft theologisch gedacht werden kann? Viel spricht dafür. Die Theologie des
20. Jahrhunderts hat hier angeknüpft, auch wenn sie sich selten ausdrücklich auf
Schelling berief.

1.14 Offenbarung: Gottes Selbst-Auslegung

Karl Barth hat vor allem den Widerfahrnischarakter der Selbstoffenbarung Gottes akzentuiert; und er hat ihn theologisch abgeleitet von der souveränen Freiheit Gottes, der sich in der Offenbarung als der *Herr* und als das autonome
Subjekt seines Offenbarens erweist. Gott ist unaufhebbar und ohne Einschränkung Subjekt seiner Offenbarung; und er ist in seiner Offenbarung Subjekt. »Er
offenbart sich durch sich selbst. Er offenbart sich selbst.« Die Offenbarung
»wirklich von ihrem Subjekt, von Gott her verstehen«, heißt nachzuvollziehen,
»daß dieses ihr Subjekt, Gott, der Offenbarer, identisch ist mit seinem Tun in der
Offenbarung, identisch auch mit dessen Wirkung«[161]; heißt zu verstehen, daß
im Geschehen der Offenbarung Gott nichts anderes als eben sich selbst enthüllt
und sich mitteilt als der sich in seinem freien Willen Mitteilende und die von
seiner Selbstmitteilung Angesprochenen frei Erwählenden. Gott ist – das hat als
Grundstruktur der Lehre vom dreieinen Gott zu gelten – »in unzerstörter Einheit, aber auch in unzerstörter Verschiedenheit der Offenbarer, die Offenbarung
und das Offenbarsein«.[162] Er »ist gerade nicht nur er selbst, sondern auch sein
Sich-Offenbaren« – der Sohn, der Logos – wie auch »das, was er bei den Menschen schafft und ausrichtet« – das Wirken des Geistes. Er ist der Offenbarende
»und das Ereignis der Offenbarung und dessen Wirkung am Menschen«. Selbstoffenbarung in diesem genauen Sinne ist dann die »Selbstinterpretation« Gottes
im Vollzug seiner Gestaltwerdung im Menschen Jesus Christus und des göttlichen Selbsterweises in der Wirkung des Gottesgeistes am Menschen.[163]
    Am Begriff der Selbstinterpretation läßt sich auch Barths Abgrenzung ge-
gen die idealistische Selbstoffenbarungstradition greifen. Gottes Selbstdarstellung im Vollzug seiner Selbsterschließung und Selbstmitteilung ist nicht einfach das Offenbarwerden seines Wesens als Geist, der nach Hegel Geist ist, weil
er sich offenbart und sich offenbart, weil er Geist ist; er ist auch nicht Gottes
Selbstrealisierung in der Geschichte, sondern das selbstherrlich-freie Sich-Be-
stimmen Gottes zu einer Bestimmtheit, die Gott sich gibt, die ihren Grund also
allein in seinem Willen hat. Gott zeigt sich in seiner uneingeschränkten göttlichen Souveränität und *Herr*-schaft und entzieht sich gerade darin dem begrei-
fen-wollenden, Gottes Willen auf Gottes Wesen hinterfragenden menschlichen
Erkennen:

---

[161] Kirchliche Dogmatik, Studienausgabe Zürich 1986, Bd. I/1, 312.
[162] Ebd., 311.
[163] Vgl. ebd., 329.

»So liegt es in dem Wesen dieses Gottes, daß er dem Menschen unenthüllbar ist. Wohl verstanden: gerade in seinem offenbaren Wesen unenthüllbar. Gerade der Deus revelatus (offenbare Gott) ist der Deus absconditus (verborgene Gott), zu dem hin es keinen Weg und keine Brücke gibt, über den wir kein Wort sagen könnten und zu sagen hätten, wenn er uns nicht eben als der deus revelatus von sich aus begegnete«.[164]

Hier widerspricht Barth am entschiedensten der katholischen Tradition, der zufolge es doch so etwas wie eine grundlegende Vernunfterkenntnis Gottes gibt, die es den Menschen ermöglicht, wenigstens den Gedanken Gottes und das Dasein dieses Gottes aus der Schöpfung zu ermitteln oder zu erschließen. Diese Vorstellung widerspricht – so Barth – der absoluten Souveränität Gottes, nach der er nur durch sich selbst den Menschen zugänglich wird. Die Menschen können nicht zu Gott kommen, ehe Gott in seiner Offenbarung zu ihnen kommt. Offenbarung ist das unableitbare Faktum des göttlichen Erwählungswillens, »oberhalb dessen es keine Instanz, gibt, von der her es als Faktum und als dieses Faktum einzusehen wäre«. Offenbarung ist das kontingent dem Menschen Gegenübertretende, Gottes frei gewählte Gegenwart beim Menschen: »Göttliche Gegenwart ist immer Gottes Entscheidung, gegenwärtig zu sein. Göttliches Wort ist göttliches Sprechen. Göttliche Gabe ist göttliches Geben. Gottes Selbstenthüllung bleibt Akt souveräner göttlicher Freiheit«.[165]

Es ist wohl zu Recht gegen Barth eingewandt worden, er überspitze den Gedanken der unableitbaren Entscheidung Gottes zur Selbstmitteilung und Erwählung des Menschen, so daß dem Faktum seiner Selbstauslegung nur »nachgedacht« und nicht mehr eigentlich verstehbar wird, wie es vom Menschen verstanden werden kann.[166] Im Unterschied dazu ist für Hegel wie für Schelling Gottes freie Selbstoffenbarung jener göttliche Selbstvollzug, in welchem Gott sich – für den Menschen vernünftig nachvollziehbar – selbst entspricht als Geist und Liebe; nachvollziehbar freilich nur, wenn man sich von diesem Selbstvollzug ergreifen läßt. Äußerungen vor allem des späten Barth lassen daran zweifeln, ob dieser Gegensatz wirklich so zugespitzt formuliert werden muß. Wie dem auch sei, es bleibt eine entscheidende Frage für die Theologie der Offenbarung, ob und wie die Konsequenz der göttlichen Selbstbestimmung und Selbstauslegung Gott als die Liebe, als den frei zu liebender Selbstmitteilung sich Bestimmenden, erkennen oder verstehen läßt, ob also Gottes Selbstoffenbarung nicht nur hingenommen, sondern auch als solche verstanden, mehr noch: von menschlicher Vernunft nachvollzogen werden kann.

Leitend für meine Darstellung der Barthschen Offenbarungskonzeption

---

[164] Ebd., 338.
[165] Ebd., 339.
[166] Das ist für Barth kein Thema, das theologisches Interesse beanspruchen darf. Theologisch kann es – so Barth (Kirchliche Dogmatik I/1, 27 f.) – nicht um die Frage gehen: »wie ist menschliche Erkenntnis der Offenbarung *möglich*?«, sondern allein um die Frage: »welches ist die *wirkliche* menschliche Erkenntnis der göttlichen Offenbarung?«

war der Gedanke der »Selbstauslegung« oder »Selbstinterpretation« Gottes durch Jesus Christus und den Heiligen Geist. Selbstauslegung, das müßte heißen: Übersetzung in das »Medium« menschlicher Handlungen, in den Code menschlicher Mitteilungen. Hier wäre nun – was nicht im einzelnen geschehen kann – darzustellen, daß Barth diese Vermittlungsproblematik eigentümlich unterbestimmt, daß und warum für ihn Jesus Christus unmittelbar das Wort – der Logos – ist, daß er deshalb eigentlich gar nicht das Vermittelnde – das Medium – des Wortes sein kann. Eine prekäre Konsequenz dieses Ansatzes ist, daß es hier so aussieht, als geschehe die Gottesoffenbarung in Jesus Christus gleichsam senkrecht von oben, nicht vermittelt durch Jesu Menschsein, durch die konkret-geschichtliche, empirisch zugängliche Gestalt seiner Sendung. Die historisch ermittelbaren, genaueren Umstände der Sendung Jesu sind für das Wort, das in ihm laut wird, irrelevant. Barths Konzept gerät damit in Gefahr, sich gegen die geschichtliche Rückfrage, mit der der empiristische Vorstoß der Aufklärung die Theologie unentrinnbar konfrontierte, nur noch zu immunisieren und damit die Frage unlösbar zu machen, wie Offenbarung in Geschichte vorstellbar sein soll. Vielleicht muß man hier differenzierter reden, um das Offenbarwerden Gottes im Menschen Jesus angemessen zu verstehen.[167]

Mit *Hans Urs von Balthasar* wird man – gegen Barth? – sagen dürfen: »Nie fällt Offenbarung unvermittelt vom Himmel, um den Menschen von außen und oben überweltliche Geheimnisse kundzutun; Gott spricht zum Menschen mitten aus der Welt, ausgehend von dessen eigenen Erfahrungen, indem er so innig in seine Kreatur eingeht«, daß gesagt werden darf, Offenbarung sei wesentlich »göttliche Kenosis«, Selbstentäußerung Gottes ins Medium des Menschlichen, sie sei die »schon im Worte des Alten Bundes« anhebende und – so von Balthasar – in der Menschwerdung des Logos sich vollendende Fleischwerdung des Wortes.[168] Gott vermittelt sich – seine Selbstmitteilung – menschlich, durch Menschen, zuletzt durch jenen Menschen, der ganz und gar seine Vermittlung und eben deshalb selbst Gott war, Gottes fleischgewordenes Wort. Der Mensch hat – so wiederum von Balthasar – »in der Offenbarung Gott zentral im Menschen«.[169] Wo Gott sich offenbart, da ist der Mensch – als Offenbarungsempfänger oder als Offenbarer – zutiefst in Anspruch genommen, als *Zeuge* in Anspruch genommen. Nach christlicher Überzeugung war es freilich erst und allein Jesus von Nazaret, der sich von Gott, seinem Wort, dem Geschehen seines Willens, so rückhaltlos hat in Anspruch nehmen lassen, daß seine von Gottes Geist inspirierte menschliche Antwort auf das von ihm vernommene Wort und

---

[167] Vgl. etwa K. Barths problematische Formulierung, das »Menschsein« des Sohnes Gottes sei »die Hülle, die er anzieht«; vgl. Kirchliche Dogmatik I/2, 39. Zum genaueren Verständnis dieser Formulierung wäre freilich Barths Lehre von der Selbstoffenbarung Gottes als Verhüllung und Enthüllung »im Fleisch« nachzuvollziehen; vgl. Kirchliche Dogmatik I/2, 44 ff.

[168] Vgl. H. U. von Balthasar, Gott redet als Mensch, in: ders., Verbum caro, Einsiedeln 1960, 73–99, hier 85.

[169] Ebd., 91.

sein Leben in Gottes gutem Willen schlechthin authentisches, wahrheitsgetreues Zeugnis genannt werden dürfen, die Zeugen-Antwort, in der seine Mitmenschen den Logos hören. Die *Antwort* Jesu Christi vermittelt hier das *Wort* Gottes, den Logos; und die Vollkommenheit der menschlichen Vermittlung, nicht ihre Aufhebung, läßt Jesus Christus – die »Antwort in Person« – Gottes Wesenswort sein. So können die Glaubenden in der Antwort – der Antwort des schlechthin authentischen Zeugen Jesus Christus und derer, die bezeugen konnten, wie er das Wort bezeugte – je neu das Wort Gottes hören und die Botschaft des Lebens und des Geschicks Jesu je neu als den Gott-Logos, als Gottes Selbstoffenbarung, verstehen. Jesus Christus ist der Logos nicht zuerst und ausschließlich als Lehrer oder neuer Gesetzgeber, sondern als der Sohn, der in Lebenspraxis und Verkündigung, in seinem Glauben wie in seinem »Ankommen« beim Vater Gott offenbart. Er ist des Vaters vollkommenes Ebenbild; er läßt als dieses Ebenbild – durch sein Wort- und Tatzeugnis – erkennen, wie Gottes Wille geschieht und wer der Gott ist, der seinen Willen zum Heil der Menschen geschehen läßt.

Karl Barth hat den Gedanken der Selbstoffenbarung Gottes ganz und gar von der Souveränität und »Selbstherrlichkeit« des Vaters her konzipiert. Er wird damit der Offenbarungswirklichkeit des Sohnes – dem Offenbarwerden und Lautwerden des Logos »im Fleisch«, also in einer konkreten menschlichen Existenz in einer konkreten geschichtlichen Situation – vielleicht nicht hinreichend gerecht. Ist der Logos jedoch der leibhaftigen Botschaft des Lebens Jesu Christi abzulauschen, aus ihr herauszuhören, versteht man also die Botschaft des Lebens Jesu als »empirische« Vermittlung des Logos, in welchem Gott sich den Menschen zusagt, so ergeben sich spezifisch andere fundamentaltheologische Weichenstellungen: Die historisch-situativen Vermittlungen, Jesu Lebens- und Glaubenspraxis, seine in den uns erhaltenen Texten bezeugten Erfahrungen, werden wichtig für das gläubige Verstehen des Wesenswortes Gottes, da dieses Wesenswort sich durch die Botschaft des Lebens Jesu vermittelt. Wenn Gott sich uns durch Jesus Christus zu verstehen gibt, so können wir ihn immer wieder neu kennenlernen, wenn wir den Weg Jesu als Vermittlung des Logos zu verstehen und in unserer Lebenssituation mitzugehen suchen. Der Logos ist uns zugänglich im Zeugnis Jesu von Gottes ankommender Gottesherrschaft und im Zeugnis seiner Gefährten von Gottes in Jesus Christus angekommener, im Heiligen Geist die Welt verwandelnder Herrschaft. So ist der Inhalt dieses Logos zuerst und entscheidend der Selbsterweis Gottes als des unendlich Beziehungsmächtigen und Beziehungswilligen, der seinen Beziehungswillen zum Heil der Menschen geschehen läßt. Daß Gottes Wesenswort die Menschen, an die es gerichtet ist, herausfordert, Gottes Selbsterweis die für ihr Leben entscheidende Wirklichkeit sein zu lassen und das heißt dem Geschehen des göttlichen Willens zu dienen, bleibt diesem ersten nachgeordnet.

Wenn es aber darum geht, den Gott-Logos in seiner Leiblichkeit – in der Botschaft des Lebens und des Geschicks Jesu Christi – zu verstehen, so muß es für Glaubende, Gemeinden und für die Theologie immer wieder neu darum

gehen, die »Sprache des Fleisches« *(Hans Urs von Balthasar[170])* und die
»menschlichen Gebärden« zu verstehen, in denen der Logos offenbar wird.[171]
Sie sind nicht ein für allemal auf den Begriff zu bringen; sie sind gerade deshalb
offenbarend, weil sie den Glaubenden je neu Gott selbst und sich selbst zu denken, das Geschehen des Gotteswillens zu erhoffen und zu tun geben. Das theologische Verstehen des in der Botschaft des Lebens und des Geschicks Jesu vermittelten Gott-Logos wird sich immer wieder neu von der Gestalt Jesu Christi
zum personalen Verstehen des in ihr sich mitteilenden Gottes und seines Willens herausfordern lassen. Und dieses Verstehen wird ausschnitthaft, perspektivisch, überholbar, korrekturbedürftig, eben vorläufig sein dürfen, wenn es sich
nur in den lebendigen, von der Interpretationsgemeinschaft Kirche getragenen
Auslegungsprozeß des in Jesus Christus »Fleisch« gewordenen Gott-Logos einbeziehen läßt.

1.15 Das »Sakrament des guten Gotteswillens«: 2. Vatikanum

Das 2. Vatikanum brachte lehramtlich zur Geltung, was in der katholischen wie
in der evangelischen Theologie vorgedacht war.[172] Dazu bedurfte es jedoch eines
längeren Klärungsprozesses. Die instruktionstheoretische Sicht des 1. Vatikanums prägte noch das *Schema Constitutionis dogmaticae de fontibus Revelationis* von 1962, das die Vorlage für ein Konzilsdokument über die göttliche
Offenbarung bilden sollte. Es gehört zu den entscheidenden theologischen Auf-
brüchen dieses Konzils, daß die Konzilsväter in ihrer großen Mehrheit nicht
bereit waren, dieses Dokument zur Grundlage der Verhandlungen zu machen,
so daß sich der Papst gezwungen sah, eine Neuerarbeitung zu veranlassen. Programmatisch beginnt der 1965 verabschiedete Text von *Dei verbum* nach dem
Vorwort mit einer Formulierung, die den Gedanken der Selbstoffenbarung Gottes in den Mittelpunkt rückt:

> »Gott hat in seiner Güte und Weisheit beschlossen, sich selbst zu offenbaren und das
> Geheimnis seines Willens kundzutun (seipsum revelare et notum facere sacramen-
> tum voluntatis suae; vgl. Eph 1,9): daß die Menschen durch Christus, das fleisch-
> gewordene Wort, im Heiligen Geist Zugang zum Vater haben und teilhaftig werden
> der göttlichen Natur (vgl. Eph 2,18; 2 Petr 1,4). In dieser Offenbarung redet der
> unsichtbare Gott (vgl. Kol 1,15; 1 Tim 1,17) aus überströmender Liebe die Men-
> schen an wie Freunde (vgl. Ex 33,11; Joh 15,14–15) und verkehrt mit ihnen (vgl. Bar
> 3,38), um sie in seine Gemeinschaft einzuladen und aufzunehmen … Die Tiefe der
> durch diese Offenbarung über Gott und über das Heil der Menschen erschlossenen

---

[170] Vgl. Theologik 2: Wahrheit Gottes, Einsiedeln 1985, 225–255.
[171] Die Wortverwandtschaft zwischen Ge-*bärde* und Offen-*barung* ist hier alles andere als zufällig.
[172] Vgl. dazu H. Waldenfels, Offenbarung. Das Zweite Vatikanische Konzil auf dem Hintergrund der
neueren Theologie, München 1969.

Wahrheit leuchtet uns auf in Christus, der zugleich der Mittler und die Fülle der ganzen Offenbarung ist« (Dei verbum 2).

Von Jesus Christus, der Fülle der Offenbarung, sagt dann Dei verbum 4:

> »Wer ihn sieht, sieht auch den Vater (vgl. Joh 14, 9). Er ist es, der durch sein ganzes Dasein und seine ganze Erscheinung, durch Worte und Werke, durch Zeichen und Wunder, vor allem aber durch seinen Tod und seine herrliche Auferstehung von den Toten, schließlich durch die Sendung des Geistes der Wahrheit die Offenbarung erfüllt und abschließt und durch göttliches Zeugnis bekräftigt, daß Gott mit uns ist, um uns aus der Finsternis von Sünde und Tod zu befreien und zu ewigem Leben zu erwecken.«

Der Gedanke der Selbstoffenbarung Gottes wird glücklich erläutert durch den aus dem Epheserbrief übernommenen Begriff des »sacramentum voluntatis suae« (1, 9): Jesus Christus ist der Fleisch gewordene gute Wille Gottes, Gottes personales, rettendes Mit-uns-Sein, das die Gemeinschaft mit Gott eröffnet und an der göttlichen Natur Anteil gibt. Der Gotteswille ist hier nicht zuerst als gesetzgebender verstanden, der sich in »decreta« mitteilt, sondern als Gemeinschaftswille, der in Jesus Christus geschehen ist und durch den Heiligen Geist geschieht, wo immer Menschen sich in das heilbringende Geschehen des Willens Gottes hineinnehmen lassen. Insgesamt kann man über diese Konstitution mit *Joseph Ratzinger* sagen: »An die Stelle der gesetzlichen Sicht, die Offenbarung weithin als Erlaß göttlicher Dekrete betrachtet, ist eine sakramentale Sicht getreten, die Gesetz und Gnade, Wort und Tat, Botschaft und Zeichen, die Person und ihre Äußerungen in der umfassenden Einheit des Mysteriums ineins schaut«.[173]

Damit sind die Grundzüge eines Offenbarungsverständnisses vorgezeichnet, das sich in ökumenischer Verständigung angesichts der grundlegenden Bestreitung des Offenbarungsgedankens durch die religionskritischen Vorstöße der letzten Jahrhunderte als theologisch tragfähig erwies. Aber wird es sich auch angesichts der Herausforderungen zu Beginn des 21. Jahrhunderts als weiterführend erweisen, der Herausforderungen durch selbstbewußte Fundamentalismen und einen geradezu selbstverständlichen Pluralismus? Ist es nicht immer noch viel zu naiv angesichts einer gesellschaftlichen Wirklichkeit, die jedes Transzendenzbewußtsein unmöglich zu machen scheint, es zugleich aber als Fluchtmöglichkeit offenhält, als eine Fluchtmöglichkeit indes, der man die Regression hinter die postmodernen Vernunftstandards übelnimmt?[174] Es besteht hinreichend Veranlassung, sich des christlichen Verständnisses von Offenbarung im Blick auf diese – und womöglich noch ganz anders motivierte – Skepsis aber auch im Blick auf das da und dort erwachende »neue« religiöse Selbstbewußtsein systematisch zu vergewissern.

---

[173] Kommentar zu *Dei verbum*, in: Das Zweite Vatikanische Konzil, Bd. II, Ergänzungsband zum Lexikon für Theologie und Kirche, Freiburg – Basel – Wien ²1967, 506 f.
[174] Vgl. die Offenbarungskritik bei Th. W. Adorno, Vernunft und Offenbarung, in: ders., Stichworte. Kritische Modelle 2, Frankfurt a. M. 1969, 20–28.

Diese systematische Vergewisserung bezieht sich auf die im Religionstraktat erreichte Konkretisierung des religiösen Verhältnisses und der es konstituierenden »Ergriffenheit« der Menschen von dem sie unbedingt Angehenden. Offenbarung darf mit Paul Tillich verstanden werden als »die Manifestation dessen, was uns unbedingt angeht«, Offenbarung des »Mysteriums« einer göttlichen Macht, die uns unbedingt angeht, da sie »das Nicht-sein überwindet« und sich darin als »der Grund unseres Seins« erweist.[175] Offenbarung ist in diesem Sinne immer Heilsoffenbarung, Offenbarung dessen, was uns zu unserem Heil ergreift, weil es unser Nichtsein durch sich und in sich selbst überwindet: Offenbarung des Mysteriums eines Heil schaffenden göttlichen Willens. Indem er das Heil der Menschen will und wirkt – indem er *geschieht* –, manifestiert er sich als der unbedingte göttliche Beziehungswille, worin Gott selbst sich – »sein Herz« (Schelling) – offenbart; offenbart er aber auch das Geheimnis dessen, dem er zum Heil werden will: das Geheimnis des Menschen, das Geheimnis seiner Bestimmung, von der er sich unbedingt angehen und herausfordern lassen soll. So werden wir in Gottes Offenbarung »uns offenbart«[176], insofern alle Offenbarung »Offenbarung des menschlichen Dienstes am Ziel der Schöpfung (ist; J. W.), in welchem Dienst der Mensch sich bewährt«.[177]

Wie das »Ergriffensein« von dem, was »uns offenbart«, weil es Gott offenbart und seinen Heil schaffenden Beziehungswillen, als Kommunikations- und Sprachgeschehen verstanden werden kann, als Kommunikation, die den Menschen eben nicht entfremdend auf ein ihm Vorgegebenes festlegt, sondern als ihn selbst anspricht und zu sich selbst herausfordert, davon soll in den weiteren Kapiteln dieses Traktats die Rede sein.

---

[175] Vgl. P. Tillich, Systematische Theologie, Bd. 1, Stuttgart ³1956, 134.
[176] Vgl. M. Buber, Werke. Erster Band: Schriften zur Philosophie, München – Heidelberg 1962, 601.
[177] Vgl. ebd., 650.

2. Offenbarung: Was der Mensch sich nicht selbst sagen kann

2.1 Die Autorität des Gottesworts und die Selbstproblematisierung der Vernunft

Das vom 2. Vatikanischen Konzil favorisierte Offenbarungskonzept versteht Offenbarung als Kommunikations- und Beziehungsgeschichte: als Geschichte eines offenbarenden Sich-Beziehens Gottes auf die Menschen, die in der darin eröffneten Beziehung ihr Heil finden können. Es legt sich nahe, die Beziehungs-Qualität von Offenbarung anhand der im Religionstraktat skizzierten Beziehungsmodi des »religiösen Verhältnisses« und der in ihnen sich erschließenden Gegebenheitsweisen des uns unbedingt Angehenden zu explizieren. Dabei soll deutlich werden, welche kritischen Vorbehalte und systematisch nachvollziehbaren Beweggründe jeweils dazu nötigen, komplexere und damit umfassendere, problemsensiblere Offenbarungskonzepte zu entwerfen und welche theologischen Optionen mit diesen Übergängen verbunden sind.

Die fundamentaltheologische Theorie der Offenbarung entwickelte sich aus der Frontstellung zur rationalistischen Bestreitung einer übernatürlichen Gottesoffenbarung, näherhin als Widerspruch gegen die These der Aufklärung, Offenbarung sei – wenn überhaupt – in der Menschheitsgeschichte durch umfassende Ausbildung der Vernunft einholbar bzw. überholbar. Gegen die Behauptung, in seiner Vernunft und mit deren Autorität könne der Mensch sich selbst sagen, was ihm durch geschichtliche Offenbarung mit der Autorität des *Gotteswortes* gesagt sein sollte, setzte die Apologetik den offenbarungstheologischen Grund-Satz, was Gottes Wort den Menschen in übernatürlicher Mitteilung erschließe, das könne sich der Mensch *nicht selbst* sagen.

Das Selbstbewußtsein der aufgeklärten Vernunft konnte diese Einrede nicht irritieren. Einerseits sah sich philosophische Reflexion durchaus ohne Unterwerfung unter übernatürliche Offenbarungswahrheiten in der Lage, Gottes Sich-Offenbaren als Selbstvollzug der Vernunft zu explizieren. Andererseits traute sich die Philosophie zu, den Heilsratschluß Gottes, der – nach der Apologetik – als Gottes Freiheitstat von ihm selbst mitgeteilt sein muß, nicht als unableitbare Entscheidung hinnehmen zu müssen, sondern als die allein vernünftige Alternative aus einem rationalen Gottesbegriff abzuleiten. Ein Gott, der nicht in allem das Heil der Menschen intendiert und bewirkt, erschien ihr als widervernünftiges Monstrum und deshalb als indiskutabel.

Wollte die Theologie dennoch an der Notwendigkeit einer übernatürlichen

Offenbarung festhalten, so mußte sie die Unableitbarkeit der in der übernatürlichen Offenbarung mitgeteilten Entscheidung profilieren und die faktische Eindeutigkeit dessen, was der Mensch sich durch seine Vernunft selbst sagen kann, in Zweifel ziehen. Letzteres wurde ihr durch die Pluralisierung und Hypothetisierung des Vernunftverständnisses im 19. und 20. Jahrhundert relativ leicht gemacht. Reichweite, Eindeutigkeit und Sicherheit dessen, was sich der Mensch durch Vernunft selbst ergründen kann, sind in der philosophischen Selbstreflexion durchgreifend problematisiert worden. So konnte der Eindruck entstehen, die Selbstaufhellung der Vernunft führe immer mehr ins Dunkle und Zweideutige; was der Mensch sich selbst sagen kann, das seien doch bloß ungesicherte Hypothesen, »Vielleichts«, widersprüchliche Vermutungen, zerfasert in einem unendlichen, vielleicht sogar ziellosen Diskurs. Kann sich das Geltendmachen des göttlichen Offenbarungsworts hier nicht als die allein noch erreichbare Quelle von Eindeutigkeit, Verbindlichkeit und absoluter Gültigkeit empfehlen? Ist man dann nicht zum Fundamentalismus mit seiner Profilierung des göttlich-autoritativen und deshalb eindeutig-wahren Offenbarungswortes im Gegenüber zum richtungslosen menschlichen Problematisieren berechtigt, ja genötigt? Die Schwierigkeit dieser Option liegt darin, daß die gehorsame Hinnahme eines Offenbarungswortes in einer Situation der Konkurrenz verschiedenster Verbindlichkeitsansprüche vernünftig *begründbar* sein muß, wenn man sich nicht dem Verdacht aussetzen will, man bleibe dezisionistisch bei dem, was man – aus welchen Gründen auch immer – nicht zu bezweifeln wagt.

Wer die Beziehung zum Offenbarer nicht zur autoritären Gehorsamsbeziehung karikieren will, der wird dem Menschen zugestehen müssen, den Anspruch des Wortes Gottes mit seiner Vernunft würdigen zu dürfen. Aber wird damit die Autorität dieses Wortes nicht von vornherein untergraben? Macht sich der Mensch hier nicht zur letzten Beurteilungsinstanz, da er sich selbst sagen will, welchem Anspruch er sich unterwirft und welche Herausforderung er annimmt, um in ihnen sein Heil zu finden? Die *fundamentalistische* Offenbarungskonzeption will genau dies im Ansatz verhindern; sie will ausschließen, daß der Mensch sich zum Herrn des Wortes macht, dem er vorbehaltlos gehorchen soll. Das Offenbarungswort darf in keiner Hinsicht *sein* Wort sein. Es muß gewürdigt werden als Selbstkundgabe des göttlichen Willens, der nicht vernünftig nachvollzogen und zur Wahrheit für die menschliche Vernunft werden will, sondern als das menschlicher Vernunft und Freiheit Auferlegte Gehorsam finden muß.

2.2 Offenbarungs-Fundamentalismus

In der Perspektive christlicher Fundamentalismen begann alles Unheil damit, daß man die heiligen Schriften des Christentums als Literatur verstand und analysierte, und das heißt, sie mit literaturwissenschaftlichen Methoden entheiligte. Wird damit nicht der moderne Wahrheitsrelativismus und Perspektivismus in die Bibel selbst hineingetragen – von Literaturwissenschaftlern, die sich als Theologen ausgeben, obwohl ihnen nichts mehr heilig ist, am allerwenigsten die Texte, derer sie sich bemächtigen? Hat man sich erst einmal darauf eingelassen, daß die heiligen Texte Literatur sind, daß sie vielleicht nur in einer Hinsicht wahr sein könnten, in anderer Hinsicht aber überholt und einseitig, zeitbedingten Perspektiven und Vorstellungsmustern verhaftet, so gibt es kein Halten mehr. Prinzipiell alles kann dann zeitbedingt, bloß perspektivisch wahr und somit überholbar sein. Es gilt den Anfängen zu wehren; und es fängt ja oft im nebensächlich Scheinenden an, so etwa damit, daß man die Schöpfungsberichte nicht mehr wörtlich verstand und dann auch noch die modernen Evolutionstheorien für mit diesen heiligen Texten vereinbar hielt.[1] Die Texte – so die Quintessenz dieser fundamentalistischen Abrechnung mit der modernen Exegese – bleiben nur heilige Texte, wenn man sie so nimmt, wie sie dastehen: als definitiver und erschöpfender Bescheid Gottes über die Hintergründe des so verwirrend vieldeutigen Weltgeschehens und über die von Gott vorgesehenen Heilsmöglichkeiten für die Menschen. Heilige Texte, die den Literaturwissenschaftlern in die Hände fallen, verlieren ihre Autorität. Die Literaturwissenschaftler machen aus ihren Antworten Fragen. Sie machen aus den Lesern, die sich der maßgebenden Antwort stellen sollen, Experten, die sich dem Text überlegen wissen und ihn als Angebot aufbereiten, als Perspektive, die man ausprobieren kann: Der literarische Text ist Produkt seiner Zeit, zu verstehen aus seiner Zeit heraus, zu werten nach seiner literarischen Qualität und Originalität – aber nicht mehr authentische Mitteilung verbindlicher Entscheidungen und Lehren, nicht mehr zuverlässige und zu beherzigende Information über das, was der Fall ist, weil Gott es so wollte.

Diese fundamentalistische Kritik spricht manches aus, was man bei der Anwendung literaturwissenschaftlicher Methoden in der Bibelexegese sonst nicht so genau im Blick hat. Aber sie bleibt aporetisch, denn sie kann nicht würdigen, was doch offensichtlich ist: daß die biblischen Schriften eher Literatur sind als fundamentalistisch verstandene Dogmatik. Sie kann nicht anerkennen, was auch das 2. Vatikanum zu berücksichtigen fordert: daß die Autoren der heiligen Schriften »veri auctores« – in jeder Hinsicht menschlich verantwortliche Verfasser – genannt zu werden verdienen (Dei verbum 11). Die fundamentalistische Option bleibt letztlich deshalb für das Christentum unangemessen, weil sie auf ein doketisch-monophysitisches Offenbarungsverständnis zurückgeht. Die Bibel selbst ist hier der göttliche Text, Gott ist ihr alleiniger Autor; menschlich an ihr ist nur ihre »Außenseite«, ihr Sprachgewand, das man ihr als vom

---

[1] Es ist deshalb keineswegs zufällig, daß der Bibel-Fundamentalismus sich im Umfeld der Bestreitung eines wörtlichen Verständnisses der biblischen Schöpfungsgeschichten herausbildete und in der Gegnerschaft zum Evolutionismus – konkret in der Auseinandersetzung mit dem sog. »monkey trial« – zu gesellschaftlicher Wirksamkeit fand. Zur Entstehungsgeschichte des Fundamentalismus vgl. Th. Meyer, Fundamentalismus. Aufstand gegen die Moderne, Reinbek 1989, 15 ff.; St. Pfürtner, Fundamentalismus. Die Flucht ins Radikale, Freiburg – Basel – Wien 1991, 47 ff.

inspirierenden Gottesgeist Erleuchteter abstreifen kann. Es kommt dann nur darauf an, in der Vollmacht des Geistes – oder belehrt vom kirchlichen Lehramt – den göttlichen Text von seiner situativen Einkleidung zu befreien und ihm den Bescheid über die göttlichen Dogmata zu entnehmen. Alles andere wäre im letzten Unglaube.

Die Sprache des Dogmas – des Glaubensgesetzes – ist hier die Gegeninstanz zur Sprache der Entwürfe, Hypothesen, Annäherungen, Perspektiven. Sie ist – dem altkirchlichen Verständnis des Wortes »dogma« entsprechend[2] – die Sprache der *Entscheidungen*, die Sprache, in der Gottes Dogmata mitgeteilt bzw. durch lehramtliche Klarstellung vor menschlichen Verfälschungen geschützt wird. Die Sprache des Dogmas spricht die durch Gottes Heils-Willen gesetzten Fakten aus, die man nicht vernünftig ergründen kann, sondern sich sagen lassen muß – von denen, die wissen, was der Fall ist, weil Gott es so will. Gegen den Fallibilismus der modernen Wissenschaften wird fundamentalistisch die *unmittelbare* Zugänglichkeit der Glaubens-Tatsachen in den Mitteilungen dessen behauptet, der die Tatsachen setzte, an die der Glaube zu glauben hat. Unmittelbar heißt hier: Die Erkennenden begegnen – im Glauben – den mitgeteilten Fakten gleichsam direkt; sie sind nicht gefordert, sich aktiv den Weg zur Wahrheit zu erschließen, sondern verpflichtet, einfach wahrzunehmen und hinzunehmen, was ihnen mitgeteilt wird. Die Fakten, um die es geht, werden ihnen durch die Information des kompetenten Zeugen vor Augen gestellt; von ihm, der es wissen muß, werden sie darüber belehrt, worauf sie sich einzustellen haben, wenn sie nicht an den Heils-Realitäten vorbeileben und ihr Lebensziel verfehlen wollen. Anhand des ihnen hier Mitgeteilten können sie sich ein zutreffendes Erkenntnisbild von den göttlichen Realitäten machen, soweit diese den Menschen zu wissen bestimmt sind. Einzelne Klarstellungen werden gewiß notwendig, weil die Menschen die Dogmata Gottes, von denen Jesus Christus ihnen Kenntnis gab, immer wieder verdrehen und ins Mißverständliche ziehen. So treten zu den Dogmata der Offenbarung die vom Heiligen Geist in ihrer Richtigkeit verbürgten Dogmen des kirchlichen Lehramts; an ihnen können sich die Gläubigen der göttlichen Wahrheiten zweifelsfrei vergewissern. Die Dogmen sind die »veritates e caelo delapsae« (DH 3422)[3]; sie sind unmittelbar göttliche Wirklichkeit, nicht von menschlicher Vermittlung »verunreinigt« oder verdreht und deshalb schlechthin verläßlich.

Der Offenbarungsfundamentalismus verlangt, wo er einen Auslegungs-

---

[2] Vgl. dazu genauer meine »Prolegomena«, in: Th. Schneider, (Hg.), Handbuch der Dogmatik, Bd. 1, Düsseldorf ²1995, 1–48, hierzu 35 f.
[3] Genaugenommen wendet sich das Lehramt hier (Dekret *Lamentabili* vom 3. Juli 1907) gegen einen Irrtum von Modernisten, die behaupten, »Lehrsätze (dogmata), die die Kirche als geoffenbart anführt«, seien »keine vom Himmel gefallenen Wahrheiten, sondern … eine Auslegung religiöser Tatbestände, die sich der menschliche Geist in mühevollem Unterfangen zusammengestellt hat«. Diese schiefe Alternative, die hier Modernisten unterstellt wird, zeigt schon die ganze Problematik, die die neuscholastische Lehramtstheologie für fundamentalistische Denkmuster anfällig macht: die Problematik des »entweder von Gott und deshalb schlechterdings übermenschlich – oder vom Menschen, dann eben bloß immanent-vernünftig.«

Streitfall

und Klärungsbedarf für die Dogmata der Heiligen Schrift nicht völlig ausschließt, den Lehramtsfundamentalismus, die Tabuisierung einer normativen
Auslegung. Zumindest das Lehramt verfügt über den unmittelbaren, zweifels-
freien Zugang zur Wahrheit. Es ist dem diskursiv-fehlbaren Vorantasten, wie es
vernünftige Wahrheitsermittlung kennzeichnet, enthoben. So muß es gar nicht
erst argumentieren, sondern kann einfach »vorlegen« (proponere), gehorsame
Zustimmung einfordern um der ewigen Majestät Gottes und seiner Wahrhaftigkeit willen, wie sie sich im Vorgelegten unmittelbar bezeugen. Das unfehlbare Lehramt wird in diesem Verständnis gleichsam zum Instrument, mit dem
Gott selbst die Mitteilung der Offenbarungs-Dogmata wegen der vorgekom-
menen Verdrehungen durch die Häretiker nachzubessern gezwungen ist.

Aber was wird in den Dogmata der Offenbarung – und des Lehramts – von
Gott den Menschen mitgeteilt? Es werden die von Gott gesetzten Fakten mitgeteilt. Glaubens-Wissen ist danach Faktenwissen; Wissen darüber, was Gott
um des Heils der Menschen willen angeordnet und – letztlich durch das kirchliche Lehramt – als absolut verbindliches »Glaubensgesetz« in Kraft gesetzt
hat.[4] Wie ein Gesetzbuch enthalten die Dogmata des Glaubensgesetzes die Kodifizierung des Willens des Gesetzgebers; als Glaubensgesetz enthalten sie nicht
nur die Kodifizierung des fordernden, sondern auch des Heils-Willens Gottes:
Gottes heiliger und heiligender Wille setzte Fakten, denen der Mensch zu entsprechen hat; er setzte – im Opfer seines Sohnes – einen heiligen Versöhnungs-
kult ein, den die Gläubigen in ihrem Leben und in ihrem Kult genau abzubilden
haben.

Dieses »juridische« Offenbarungsparadigma bietet sich an, wenn man
einen durch Wissensmitteilung eröffneten Zugang zu dem, was bei Gott der Fall
ist und von ihm aus für die Menschen zu gelten hat, auch im Kontext der modernen, von einem konsequenten Fallibilismus beherrschten Rationalität noch
legitimieren will. Geltung und Inhalt eines Gesetzes sind zunächst einmal reines
Faktum, das schlechthin positiv Gegebene – jedenfalls für den Rechts-*Positivi-
sten*. Die Information über Geltung und Inhalt des Gesetzes teilt unmittelbar –
jedenfalls ohne argumentativ-diskursive Vermittlung – mit, was der Fall ist,
weil es gilt. Interpretation wird hier allenfalls im Sinne der Klarstellung nötig,
welche Fälle jeweils unter welche Rechtsnormen zu subsumieren sind. Das Gesetz ist nicht Medium der Wahrheitsermittlung und Wahrheitssuche; die Leges
und Dogmata sind ja die Veritates selbst, in der Offenbarung »e caelo delapsae«
– unmittelbar als in Gottes Willen gründende Fakten mitgeteilt und allenfalls
klarzustellen oder einzuschärfen.

Der juridische Offenbarungsbegriff, den die katholische Theologie in der
Zeit nach dem 1. Vatikanum ausbildete, machte diese Art von Theologie fun-
damentalismusanfällig. Die offenkundige Leistungsfähigkeit des juridischen
Offenbarungsparadigmas in der Auseinandersetzung mit dem Vernunftver-

---

[4] Vgl. dazu den großen Neuscholastiker M. J. Scheeben und sein Handbuch der katholischen
Dogmatik, Bd. 1, Neudruck Freiburg i. Br. 1933, 72.

ständnis der Moderne war zugleich seine theologische Achillesferse. Seine Stärke: es schafft unmittelbare, nicht mehr relativierbare und auch – aufs Wesentliche gesehen – nicht weiter interpretationsbedürftige Verbindlichkeiten. Es löst scheinbar das Problem, wie Gottes Wort – die göttliche Wahrheit – im Menschenwort zur Sprache kommen kann, da es die göttliche Wahrheit als Gottes Satzung für die Menschen verstehen läßt: Offenbarung als Gottes eindeutige Kundgabe dessen, was gilt, weil er es so will. Diese unmißverständliche Kundgabe des Geltenden schafft Verhaltenssicherheit. Nicht *trial and error*, nicht das tastende Suchen nach dem sich Bewährenden, das Aufgeben falsifizierter Lösungsansätze, die Suche nach erfolgversprechenden neuen, die permanente Unsicherheit darüber, was sich als tragfähig herausstellen wird, sind das letzte Wort über die menschliche Annäherung an die Wahrheit. Vielmehr ist es so, daß die Wahrheit – unmißverständlich Gehorsam fordernd – beim Menschen angekommen ist und ihm Klarheit darüber schenkt, wie er mit Gott, der alles bestimmenden Wirklichkeit, dran ist, wie er sich richtig auf diese Wirklichkeit einstellen, wie er richtig leben kann.

Die Kehrseite der Medaille zeigt sich, wenn man nach den Motiven für die Propagierung dieses offenkundig bibelfernen Offenbarungsverständnisses sucht. Die fundamentalistische Sicherstellung eines unmittelbaren Wahrheitszugangs durch die als Promulgation des göttlichen Sitten- und Heilsgesetzes verstandene Offenbarung verrät ein Sicherheitsbedürfnis, das von Gott möglichst genau wissen will, wie man mit ihm dran ist. Ich muß Sicherheit darüber haben, wie ich Gott zu Willen sein, wie ich richtig mit ihm umgehen kann; das Regelwerk des sittlichen und kultischen Wohlverhaltens muß zweifelsfrei und eindeutig erlernbar sein, weil es offenkundig gefährlich ist, hier Fehler zu machen. Verhaltenssicherheit muß gewährleistet sein, wenn jeder Schritt vom rechten Weg unabsehbare Folgen haben kann; sie muß bis ins Detail gewährleistbar sein, weil Gottes Rechtswille auch in peripher erscheinenden Fehlern verletzt, Gottes Majestät auch hier noch beleidigt werden kann. Die fundamentalistische »Systemangst«, für die alles mit allem zusammenhängt und von Gottes Rechtssatzungen geregelt ist, sieht alles wanken und stürzen, wenn irgendwo im System Unsicherheiten und Unbestimmtheiten auftauchten; so versucht sie dies mit aller Macht und letzter Konsequenz zu verhindern. So sucht sie überall die Sicherheit unmittelbar von Gott normierter Verhältnisse zu erreichen. Möglichst alles wird zur Wahrheitsfrage, die nur im Rekurs auf Gottes Satzung zu entscheiden ist. Das ist der integralistisch-totalitäre Grundzug des Fundamentalismus, der sich dann auch in einer autoritär-patriarchalen Option für die Regelung kirchlicher und gesellschaftlicher Strukturprobleme abbildet.

2.3 Ein juridisches Offenbarungsmodell

Es wäre dennoch voreilig, das fundamentalistische Offenbarungskonzept einfach aus dem Streben nach Sicherheit gegenüber einem als elementare Bedrohung empfundenen Gesetzgeber-Gott abzuleiten. Das religiöse Sicherungsstreben, das in der Offenbarung – und nur in ihr – die Möglichkeit begründet sieht,
eine angemessene Gegenleistung für die Vor-Leistung Gottes im Schöpfungs-
und Erlösungswerk zu erbringen, ist womöglich doch nur die Überakzentuie-
rung einer kommunikativen Grundstruktur, die dem Offenbarungsglauben unaufgebbar zugrundeliegt – und der Offenbarungskritik der Aufklärung nie so
recht nachvollziehbar war. Die Aufklärung konfrontierte Offenbarungsansprüche mit einem Autonomie-Ideal, wonach nur das als gültig und wahr anzuerkennen war, was man sich vernünftigerweise selbst sagen konnte. So erschien
Vernunft letztlich auf *monologische* Selbstvergewisserung festgelegt; und »Botschaften«, die sich nicht durch monologische Selbstvergewisserung in ihrer Geltung begründen ließen, konnten ihren Geltungsanspruch vor dem Gerichtshof
der Vernunft nicht mehr hinreichend legitimieren.[5] Es war für die Vernunft
nicht mehr in Rechnung zu ziehen, daß die Mitteilung eines *Anderen* gerade
deshalb Geltung beanspruchen durfte, weil sie den Anderen zum Urheber hatten. Dialogische – in welchem Sinne auch immer interpersonale – Vergewisse-
rungsprozesse mußten auf eine rationale Substanz zurückgeführt werden, die
prinzipiell von jedem Beteiligten für sich allein vernünftig nachvollzogen werden kann. Sprachhandlungen der Bejahung und Anerkennung des anderen, der
Zusage von Treue u. a., wie sie für Offenbarung möglicherweise konstitutiv
sind, konnte kein Status mehr zugebilligt werden, der sie im Kontext vernünftiger Selbstreflexion thematisierbar machte. Offenbarungsapologetik wie Offenbarungskritik waren einem Verständnis von Offenbarung verpflichtet, das
sich auf die übernatürliche Mitteilung eines durch reine Vernunft allein nicht
erschließbaren zusätzlichen Wissens von göttlichen Dingen bezog. Der Auto-
nomieanspruch menschlicher Vernunft konnte es nicht zulassen, daß Offenbarung bzw. der Offenbarende als von der Vernunft unabhängige, ihr vorgeord-
nete Wissensquelle in Betracht gezogen wurde. *Wer* etwas sagt, kann hier nicht
entscheidend dafür sein, ob das Gesagte als zutreffend und wahr anzuerkennen
ist – selbst wenn dieses *Wer* Gott sein sollte, dem gegenüber der Mensch auch
als Wissender niemals ebenbürtig werden kann. Prinzipiell – so die Aufklärung – kann auch die bloße Tatsache, daß etwas als Gottes und nicht der Menschen Wort zu qualifizieren ist, nicht die Geltung des darin Mitgeteilten begründen.

Die Apologetik wußte darauf nur zu antworten, daß das *Wer* des Sagenden
hier eben doch geltungsbegründend ist, weil nur Gott wissen kann, was in sei-

---

[5] Vgl. dazu als paradigmatische Formulierung L. Feuerbach, Das Wesen des Christentums, Werke in
sechs Bänden, Bd. 5, 26: »Aber auch der Dialog der Philosophie ist in Wahrheit nur ein Monolog der
Vernunft: der Gedanke spricht nur zum Gedanken.«

nem Wort mitgeteilt wird. Aber – so die Replik der Aufklärung – kann der Mensch das ihm von Gott Mitgeteilte nicht doch wissen – monologisch-vernünftig vergewissern –, nachdem es ihm mitgeteilt ist? Kann man denn wirklich behaupten, das Wissen eines Anderen – und sei es das Wissen Gottes – könne nicht *mein* Wissen werden? Das rechtspositivistische Offenbarungskonzept der Neuscholastik wie des katholischen Fundamentalismus versuchte, hier mit einer Differenzierung im Wissensbegriff weiterzukommen: Wißbar ist die *gültige Promulgation* eines Sitten- und Heils-Gesetzes. Wißbar ist nicht mehr die innere Notwendigkeit und Vernünftigkeit des so und nicht anders gefaßten Gesetzes selbst. Hier wäre das Verlangen nach einem ableitenden Wissen von vornherein obsolet, weil der Akt der Gesetzgebung das schlechthin positiv Gegebene und deshalb nicht Ableitbare ist: *Gott, der Gesetzgeber, will es so.* Der Mitteilende als solcher ist Geltungsgrund, weil der Gesetzgeber mitteilt, was er durch seine Mitteilung in Geltung setzt. Aber ist es nicht auch hier entscheidend wichtig, den Geist des Gesetzes zu erfassen, ihn als wahrhaft vernünftig schätzen zu können?

Der Argumentationsengpaß, in den sich die Apologetik immer weiter zurückzog, mochte zur fundamentalistischen Ausflucht verführen: Das Wer einer Mitteilung ist nur dann von zentraler Wichtigkeit, wenn die Mitteilung bzw. deren gehorsame Entgegennahme darüber entscheidet, ob der die Mitteilung Empfangende den Willen des Mitteilenden erfährt, ihn dann auch tut und so sein Heil wirkt – während er ohne diese Mitteilung und ihre gehorsame Annahme dem unheilschaffenden Zorn des in seinem Wollen Mißachteten ausgeliefert bliebe. Aber was wäre das für ein Gott, der alle die mit ewigem Unheil bedroht, die sich eher auf ihre Vernunft verlassen wollen als auf den Anspruch der Kirche, Gottes Willen kundzumachen?

Der dezisionistische Ausweg der Offenbarungstheologie, der sich schon im Spätmittelalter abzeichnete und als Reaktion den Vernunftglauben der Aufklärung zumindest mit hervorrief[6], führt zwar zum Ziel – die Relation zwischen Mitteilendem und Hören- bzw. Gehorchen-Müssenden ist hier nicht umkehrbar; aber er führt zu einer Gottesvorstellung, nach der die Güte des guten Gotteswillens unter dem moralischen Niveau des vernünftigen guten Menschenwillens läge. Die fundamentalistisch-dezisionistische Option macht aus dem unverfügbar und unvereinnahmbar Anderen den unberechenbar Anderen, mit dem nur deshalb zurechtzukommen ist, weil er sich schließlich doch entschieden hat, sich an eine sichere Vertragsgrundlage zu binden. Wo die Autorität des Offenbarungsworts dezisionistisch abgesichert wird, da kommt Willkür ins Spiel. Die vernünftige Rückfrage verliert eben nur dann ihr Recht, wenn das positiv gesetzte Recht nicht auf Vernunft beruht, also wahrheitsfähig ist, sondern einer unableitbaren Setzung der dazu berechtigten Autorität entspringt. Deren Recht ist dem prinzipiell von allen Vernünftigen in Anspruch zu neh-

---

[6] Das ist jedenfalls die These von H. Blumenberg; vgl. von ihm: Die Legitimität der Neuzeit, Frankfurt a. M. 1966, 75–200.

menden Recht der Vernunft auf Prüfung von Wahrheitsansprüchen übergeordnet. Sie kann deshalb nicht noch einmal von denen, die sie mit Autorität bindet,
auf ihre Legitimität hin beurteilt werden.

Wahrheit ist für die Neuzeit »demokratisch«; sie legitimiert den, der die
besseren Argumente hat – ohne Rücksicht auf formale Legitimation und Autorität. Deshalb ist hier die Autorität – nach Erfahrung und Vernunft – der
unsicherste und allzu oft ein trügerischer Erkenntnisgrund.[7] Sicherer Erkenntnisgrund ist sie nur, wenn das zu Erkennende nicht der vernünftig nachvollziehbare Grund der Wahrheitsgeltung – die Evidenz der Sache – ist, sondern allein
die Unterscheidung von legitimer und illegitimer Autorität und die Ergründung
dessen, was die legitime Autorität entschieden hat (quaestio facti). Diese Unterscheidung liegt der berühmten Sentenz: »auctoritas, non veritas, facit legem«
bei *Thomas Hobbes*[8] zugrunde: Die autoritative Entscheidung, nicht die Wahrheitsgeltung begründet ein Gesetz.

Wird diese Unterscheidung als Möglichkeit genutzt, den »demokratischen«
Anspruch der Vernunft zurückzuweisen, so droht die Stilisierung der Entscheidung zur nicht begründbaren und einer Begründung nicht bedürftigen *creatio
ex nihilo*, wie sie etwa bei *Carl Schmitt* die spezifische Autorität des Politischen
in der Unterscheidung zum gesellschaftlichen Diskurs begründen soll: Die autoritative Entscheidung ist das Andere zum gesellschaftlichen – vernünftigen? –
Abwägen des Für und Wider; sie ist nicht ableitbar aus der prinzipiell endlosen,
aus sich eben nicht entscheidungsfähigen Diskussion des Für und Wider.[9]
Schmitts Dezisionismus zeigt gleichsam im Extrem, wohin die Abkoppelung
der Autorität als des Anderen zur Vernunft von der Vernunft und ihrem Recht
zur Überprüfung der Sachgründe führen muß: zur Privilegierung eines nicht
mehr rechenschaftspflichtigen, schlechthin »unverantwortlichen« politischen
oder auch göttlichen Handlungssubjekts.

Es ist unverkennbar – Schmitt hat selbst darauf hingewiesen –, daß damit
ein gegen die Aufklärung profilierter Gottesbegriff politisiert war. An der Poli-
tisierung wird die tiefe Zwiespältigkeit dieser Theorie der unableitbaren göttlichen Offenbarer-Autorität greifbar. Explizit fundamentalistisch wird diese
Theorie aber erst dadurch, daß man die Hobbes'sche kategoriale Unterscheidung
zwischen veritas und lex endlich doch kassiert: Der *göttliche* Gesetzgeber hat die
Autorität, in unableitbarer Dezision – im neuen Gesetz seiner Heilsordnung –
den vernunftüberlegenen *Wahrheitsanspruch* seiner Offenbarung zu begründen und die an seiner Autorität Partizipierenden zu Sachwaltern dieses Wahrheitsanspruchs einzusetzen. Die »Demokratisierung« durch Vernunft findet
hier nicht nur ihre Grenze an der unableitbaren Autorität eines Gesetzgebers,
sondern darüber hinaus an einem Wahrheitsanspruch, dem sich die prinzipiell

---

[7] Vgl. The Works of Francis Bacon, 2. Bd., Neudruck der Ausgabe London 1857–1874, Stuttgart –
Bad Cannstatt 1963, 656.

[8] Thomae Hobbes Opera Philosophica, Bd. 3, Reprint der Ausgabe London 1841, Aalen 1966, 202.

[9] Vgl. C. Schmitt, Der Begriff des Politischen, Berlin 1963, erstmals 1932 bzw. ders., Politische
Theologie. Vier Kapitel zur Lehre von der Souveränität, Neuausgabe Berlin 1985.

allen verfügbare Vernunft als ihrem anderen zu unterwerfen hat. Die unendliche qualitative Differenzierung zwischen der »ersten Person«, die sich wie jede Person der Vernunft bedienen kann, und der »zweiten Person«, die etwas zu sagen hat, was *Ich* sich nicht selbst sagen kann, ist gewonnen durch die Zuschreibung einer Autorität, die die Vernunft nicht nur durch ihre unableitbare Entscheidung zu begrenzen, sondern an sich als die höhere Vernunft zu binden befugt ist.

Aber ist das die einzige Möglichkeit für eine Theologie der Offenbarung, die Unumkehrbarkeit der Relation vom Mitteilenden zum Empfänger der Mitteilung zu begründen – die einzige Möglichkeit, sie in der unableitbaren Autorität des Mitteilenden zu begründen? Könnte nicht auch von einem anderen als dem dezisionistisch-positivistischen Ansatz her nachvollziehbar werden, wann und warum in Mitteilungen, denen in qualifiziertem Sinne auch das Offenbarungsgeschehen zuzurechnen wäre, das Wer des Mitteilenden als die zweite Person unaufhebbar wichtig bleibt?

2.4 Die Autorität des Anderen

Die Asymmetrie zwischen erster und zweiter Person – zwischen Empfänger und Urheber – im Geschehen der Mitteilung wird einem Denken als unerheblich erscheinen, das den Sinn der Mitteilung darin erblickt, das Mitgeteilte durch vernünftige Prüfung der Geltungsgründe dem eigenen Wissensbestand zuzuführen. Aber läßt sich etwa mitmenschlich-interpersonale Kommunikation in ihrem Sinn so bestimmen, daß das darin Mitgeteilte zum gemeinsamen – Ich und Du und letztlich alle Wissenssubjekte austauschbar machenden – Wissen über Sachverhalte und Zusammenhänge ausgearbeitet werden soll? In der Regel geht es dabei auch um solche Wissensmitteilung. Und man kann mitmenschliche Kommunikation auch so betreiben, daß Ich und Du an »dritte Personen« mitteilbares Wissen voneinander erlangen wollen. Aber wäre damit der Sinn mitmenschlicher Kommunikation hinreichend bestimmt?

Das wird zunächst in der dialogischen Philosophie unseres Jahrhunderts *(Ferdinand Ebner, Martin Buber)* und dann mit deutlich aufklärungskritischer Spitze von *Emmanuel Lévinas* bestritten. Die Botschaft – das Wort – des Anderen hat seinen Sinn für Lévinas nicht darin, von *meiner* Vernunft angeeignet, mit meinem sonstigen Wissen synthetisiert zu werden. Lévinas sieht die abendländisch-subjektivitätszentrierte Vernunfttradition allerdings insgesamt vom Gestus der vereinnahmenden Identifikation im Wissen des Anderen[10], vom Vernunftbedürfnis der »reditio completa in seipsum« – der Rückkehr des Geistes in sich selbst – bestimmt.[11] Erkennen und Wollen gehorchen diesem Bedürfnis,

---

[10] E. Lévinas, Die Spur des Anderen, dt. Freiburg – München ³1992, 209.
[11] Diese Figur geistigen Selbstvollzugs wird etwa bei Thomas von Aquin, Summa theologica I q. 14a.2 als grundlegend dargestellt.

holen das Andere in die »Tautologie der Selbstheit« herein, sind letztlich Ausdruck des Geist-»Egoismus«. Das gilt gerade auch für die wahr sein sollende Erkenntnis: »Die wahre Erkenntnis, die das fremde Seiende ›sein läßt‹ oder strahlen läßt, unterbricht nicht diese ursprüngliche Identifikation, sie zieht das Ich nicht ohne Rückkehr aus sich heraus.«[12]

Nach diesem identifikatorisch-hereinholenden Grundvollzug des Ich soll das Nicht-Ich, das dem Ich Äußere, für das Ich sein. Etwas ist, es ist erkannt, wenn es in diesem Für-mich enthüllt ist: »Die abendländische Philosophie fällt mit der Enthüllung des Anderen zusammen; dabei verliert das Andere, das sich als Sein manifestiert, seine Andersheit. Von ihrem Beginn an ist die Philosophie vom Entsetzen vor dem Anderen, das Anderes bleibt, ergriffen, von einer unüberwindbaren Allergie.«[13]

Du, Er und Sie sind hier nicht in ihrem unvereinnahmbaren Anderssein von der Vernunft zu *würdigen*, sondern allenfalls als Multiplikation des Ich, so daß es dem Ich möglich wird, sich an ihre Stelle zu setzen. In dieser Multiplikation setzt sich das Ich als Vernunftallgemeines. So kann man es wiederum bei dem »Spät-Idealisten« *Feuerbach* beobachten. Wenn der Mensch denkt, so heißt dies für Feuerbach: »er konversiert, er *spricht mit sich selbst* ... Der Mensch ist sich selbst zugleich Ich und Du; er kann sich selbst die Stelle des andern vertreten, eben deswegen, weil ihm seine Gattung, sein *Wesen*, nicht nur seine Individualität Gegenstand ist.«[14] Das *Allgemeine*, der offene Horizont des Denkens, in dem es etwas oder jemanden als dieses, diesen oder diese identifiziert, ist die Allgemeinheit der multiplizierten »Iche« – die Gattung Menschheit –, in der sich das erkennende Ich gleichsam an die Stelle jedes Du, Er oder Sie versetzen und so zur Erkenntnis des Anderen gelangen kann. Es lag durchaus nahe, diesen vereinnahmenden, alles ins ichförmige Allgemeine hereinholenden Charakter des Erkennens als metaphysisch hypostasierten Egoismus eines sehr konkreten, verallgemeinerten Ichs zu entlarven: als den multiplizierten Egoismus der Kapitalisten, dem etwas nur dann »Sinn macht«, wenn es sich der Logik der Kapitalverwertung fügt. *Karl Marx* hat diesen Prozeß der »Ent-Anderung« des Anderen zur Tauschgröße im real existierenden Kapitalismus beschrieben. Lévinas betreibt keine Kapitalismuskritik, auch wenn diese sich aus seiner Grundinspiration durchaus gewinnen ließe. Ihm geht es in all seinen phänomenologischen Analysen um die Möglichkeit einer Gegeninstanz zu jener Rückkehrbewegung des menschlichen Geistes in sich selbst, die – so seine Analyse – auch das Sprechen vom Göttlichen im Abendland beherrscht:

> »Von Aristoteles bis Leibniz über die Scholastiker ist der Gott der Philosophen ein der Vernunft entsprechender Gott, ein verstandener Gott, der die Autonomie des Bewußtseins nicht zu trüben vermochte; durch alle Abenteuer hindurch findet sich

---

[12] E. Lévinas, Die Spur des Anderen, 209.
[13] Vgl. ebd., 211.
[14] L. Feuerbach, Das Wesen des Christentums, Werke in sechs Bänden, Bd. 5, 18.

das Bewußtsein als es selbst wieder, es kehrt zu sich zurück wie Odysseus, der bei all seinen Fahrten nur auf seine Geburtsinsel zugeht.«[15]

Die abendländische, auf das Ideal der Heimkehr festgelegte Vernunftphilosophie ist – so Lévinas – »nicht nur Erkenntnis der Immanenz, sie ist die Immanenz selbst«.[16] Sie schließt auch Gott in die Immanenz ein und assimiliert auch seine Offenbarung »der philosophischen Entbergung«. Gott kann hier nicht mehr in seiner die Vernunftsynthese und -»synchronisation« durchbrechenden Transzendenz nahekommen. Die philosophische Einholung des der Einheit des »Ich denke« maßlos transzendenten Gottes hat diese Vernunfttranszendenz »bereits verschwinden lassen oder verfehlt.«[17] Gegen die Selbstabschließung der Vernunft vor dem Anderen und ihre »Allergie« gegenüber allem, was ihre monologische Selbstbezüglichkeit in Frage stellt, wäre philosophisch die »Idee des Unendlichen« in das Denken einzusetzen: Es ist die Idee jener »unvergleichliche(n) Passivität«, die vom Cogito nicht als seine eigene Setzung übernommen werden kann, in der es vielmehr »unterbrochen (wird; J. W.) durch das, was es nicht umfassen kann, was nicht gedacht, sondern erlitten wird«.[18]

Die Unterbrechung des Cogito und seines Prozesses vernünftiger Selbstidentifikation geschieht in der »Epiphanie des Anderen«, die »ein eigenes Bedeuten bei sich (trägt; J. W.), das unabhängig ist« von jeder aus der Welt ichkonstituierter Realitäten »empfangenen Bedeutung. Der Andere kommt uns nicht nur aus dem Kontext entgegen, sondern unmittelbar, er bedeutet durch sich selbst ... Seine Gegenwart besteht darin, auf uns zuzukommen, einzutreten«. Er sucht uns heim mit seinem Antlitz, in dem er uns jenseits all dessen, was das »Ich denke« zum Phänomen synthetisiert, als er selbst erscheint. »Die Epiphanie des Antlitzes ist *Heimsuchung*«, ist zugleich Botschaft, denn: »Das Antlitz spricht.«[19] Das Antlitz sucht uns heim, es spricht »im Ausgang von einer absolut fremden Sphäre – d. h. aber gerade im Ausgang von einem Absoluten, was übrigens der eigentliche Name der tiefen Fremdheit ist.«[20] Wo es vom Antlitz des Anderen, von der Not, die sich ihm eingezeichnet hat, angegangen und heimgesucht wird, da hört das Ich-Bewußtsein auf, »die erste Stelle einzunehmen«. Die vom absolut Anderen her dem Ich und seinen Intentionen sich auferlegende Heimsuchung vermag es, »die Ichbezogenheit des Ich umzustürzen, das Antlitz entwaffnet die Intentionalität, die es anzielt.« Wo sich das Ich dieser Heimsuchung nicht verschließt, da empfängt es das »absolut Andere«, da läßt es sich zur Antwort, zur »Verantwortlichkeit« rufen.[21]

---

[15] E. Lévinas, Die Spur des Anderen, 211.
[16] Ders., Gott und die Philosophie, dt. in: B. Casper (Hg.), Gott nennen. Phänomenologische Zugänge, Freiburg – München 1981, 81–123, hier 92.
[17] Vgl. ebd., 95.
[18] Vgl. ebd., 96 f.
[19] Vgl. die Spur des Anderen, 220 f. bzw. ders., Totalität und Unendlichkeit. Versuch über die Exteriorität, dt. Freiburg – München 1987, 87–89.
[20] Die Spur des Anderen, 222.
[21] Vgl. ebd., 223 f.

Der Ruf in die Verantwortlichkeit läßt keine Freiheit im Sinne der herkömmlich verstandenen Subjektfreiheit. Er bindet schlechthin, macht die Gerufenen zur Geisel; er versetzt sie in den Akkusativ, aus dem sie sich nicht wieder zum Nominativ erheben können.[22] Angesprochen, ja an-geklagt – Akkusativ kommt tatsächlich von accusare – wird aus dem Subjekt, das die Handlungsmächtigkeit für sich beansprucht, das Subjekt im Sinne des sub-iectum, dessen also, das der Inanspruchnahme durch den Anderen *unter-worfen* und darin vom Absolut-Anderen angegangen ist. Spricht in diesem Angegangensein durch das Absolut-Andere, dem das Subjekt als subiectum unterworfen ist, von dem es sein eigenes Vorhaben und seinen eigenen Weltentwurf zerbrechen lassen muß, das Göttliche selbst?

Soviel wird bei Lévinas jedenfalls deutlich: In jener »Beziehung zu ...«, die nicht mehr die von mir konstituierte, sondern die mir aufgenötigte, mich zum subiectum machende ist, geschieht die »verborgene Geburt der Religion im Anderen«.[23] Im Sein für den anderen Menschen, das sich nicht mehr am vernünftigen Kalkül der Gegenseitigkeit festhält, geschieht das »Zu-Gott« des Menschen, fällt Gott ins Denken ein – »als Leben Gottes«.[24] Gott ist »die dritte Person«, das »Jenseits, aus dem das Antlitz kommt«, das »absolute« Jenseits, weil es sich immer schon jedem Zugriff entzogen hat und mir in der zweiten Person, die mich zum subiectum macht, als deren Absolutheit und Uneinnehmbarkeit widerfährt.[25]

Nach Lévinas ist es Gott als »ille« – die dritte Person –, die das Wort der zweiten Person, mit dem die erste in die Verantwortung gerufen und zum subiectum gemacht ist, sanktioniert, es in seinem unumkehrbaren Richtungssinn heiligt. Darf oder muß man sagen, daß das Wort des Antlitzes, worin mich der Andere in die Verantwortung nimmt, ja mich als »Geisel« nimmt, das Ergehen des Gotteswortes selbst ist, Paradigma der Gottesoffenbarung? In diesem Fall wäre der Mensch nicht nur seinem Wesen nach »Hörer des Wortes« *(Karl Rahner)*, sondern dem Wort eines Anderen unterworfen, das niemals zu seinem eigenen Wort werden kann – etwa zur Forderung, die ihm die eigene Vernunft als kategorischen Imperativ verlautbart –, weil sich die erste Person niemals die Position der zweiten anmaßen darf. In diesem Fall spräche Gott das Wort, das niemals mein eigenes werden kann, indem er mich in Verantwortung nimmt für den, der auf mich angewiesen ist und mich deshalb gebieterisch in Anspruch nimmt; in diesem Fall spräche Gott im Schrei der Opfer, die nicht auch noch bzw. nicht noch einmal *meine* Opfer werden dürfen. Das Sprechen Gottes, das ist hier das Geschehen des Wortes, das mich »absolut« angeht – unaufhebbar das Wort des Du, von *ille geheiligt*, von ihm gegen das Hereinholen in meine Intentionen geschützt. Eine religiöse und theologische Tradition, für die das

---

[22] Vgl. ebd., 288–291.
[23] Vgl. Gott und die Philosophie, a.a.O., 112.
[24] Vgl. E. Lévinas, Wenn Gott ins Denken einfällt, dt. Freiburg – München ²1988, 20 f.
[25] Vgl. Die Spur des Anderen, 229 f.

fleischgewordene Gotteswort im Schrei des am Kreuz Geopferten das Herz der Menschen erreichen und dazu bewegen will, den Opfern beizustehen, wird sich Lévinas' Phänomenologie des mich treffenden und unterwerfenden Wortes nicht verschließen können. Dennoch ist zu fragen, ob dieses Paradigma das Angesprochen- und Herausgefordertsein des Menschen von *geschichtlicher* Offenbarung theologisch und religionsphilosophisch umfassend würdigen läßt.

2.5 Vernunft und Autorität

Beiden eben dargestellten Konzeptionen geht es im Entscheidenden darum, das Wort des *Anderen* als autoritative Anrede oder Mitteilung auszuzeichnen und deutlich zu machen, warum das hörende Subjekt sich nicht in vernünftiger Selbstvergewisserung in die Position des anredenden Du hineinversetzen und dessen Mitteilung als eigenes Wissen einholen kann. Mehr haben beide Konzeptionen nicht gemeinsam als diesen Widerspruch gegen die Aufhebung des Autoritätsgefälles vom Anredenden zum Hörenden; den Widerspruch gegen die Behauptung, der zum rechten Gebrauch seiner Vernunft Gelangte könne sich selbst sagen, was ihm – nach dem Selbstverständnis des Offenbarungsglaubens – unaufhebbar gesagt werden muß.

Das Offenbarungskonzept eines christlichen Fundamentalismus begründet die Unaufhebbarkeit des Autoritätsgefälles im Offenbarungsgeschehen mit der Unableitbarkeit des darin promulgierten, positiv gegebenen Heils-Gesetzes. Dieses Gesetz beruht auf Dezision und sperrt sich deshalb einer vernünftig-allgemeingültigen Rekonstruktion. Aber darf der Gehorsam gegenüber dem legitimen Gesetzgeber ineins gesetzt werden mit der Unterwerfung unter eine Wahrheit, die gleichsam auf dem Gesetzgebungswege ihre Gültigkeit erlangt und deshalb der Frage nach Vernunftgründen schlechthin entzogen ist?

Anders als beim fundamentalistischen Paradigma ist die Unaufhebbarkeit des Autoritätsgefälles bei Lévinas begründet in der Autorität des notleidenden Anderen, der nicht nur »Durchgangsstation« bei der Rückkehr der Vernunft in sich selbst – ihrer reditio completa in seipsum – sein darf, dessen »Botschaft« deshalb nicht als allgemeingültig-vernünftig gewußt werden kann. Die Autorität des Anderen verlangt Unterwerfung; sie macht mich zum sub-iectum. Sie durchkreuzt jede vernünftige Selbstvergewisserung. Ist nun damit ein hinreichend umfassendes Paradigma für das Verhältnis von Vernunft und autoritativer Offenbarungs-Anrede gewonnen? Ist nicht zu wenig darüber gesagt, was diesen Offenbarungs-Gehorsam von autoritärer Selbstentfremdung unterscheidet?

Paul Ricœur setzt sich kritisch mit der phänomenologischen Verabsolutierung des Andersseins bei Lévinas auseinander, nach der »die Exteriorität des Anderen nicht mehr in der Sprache der Beziehung ausgedrückt werden« kann[26]:

---

[26] Vgl. P. Ricœur, Das Selbst als ein Anderer, dt. München 1996, 404.

Die Ablösung (ab-solution) negiert das Mitsprechen des Ich – der Vernunft – in einem Gespräch, in dem der Angesprochene sein Angesprochensein als ihn selbst zutiefst betreffend und herausfordernd zur Sprache bringen und verstehen könnte. Die vollständige »Asymmetrie zwischen dem Selben und dem Anderen«, wie sie sich in der Rede von der »Besessenheit durch den Anderen«, der »Verfolgung durch den Anderen«, schließlich in der Metapher der »Geiselnahme« ausdrückt[27], impliziert eine radikale Passivität, eine totale Brechung der Vernunftaktivität, die nicht mehr *denkbar* erscheinen läßt, wie sich das Ich noch verantwortlich in die Verantwortung gerufen wissen kann. Wird man nicht das Angesprochensein durch den Anderen und dann auch »das Aufgefordertsein *als Struktur der Selbstheit*« zu denken und die Aufforderung durch den Anderen in Zusammenhang mit der Selbstwahrnehmung und der sie fundierenden »Selbstbezeugung« zu bringen haben?[28] Das setzt allerdings voraus, daß man das Mitsprechen des Selbst im Angesprochensein durch den Anderen als »vernunftförmig« explizieren kann und diese Vernunftförmigkeit nicht sofort als Verleugnung des Anderen in seinem Anderssein verdächtigt. Wie aber spricht das Selbst mit, da es vom Du, das niemals nur zum verdoppelten oder vervielfachten Selbst werden kann, angesprochen ist? Das hängt gewiß entscheidend davon ab, in welchem »Sprechakt«[29] es sich angesprochen erfährt, wobei eben nicht von vornherein feststeht, daß die Asymmetrie in der Relation zwischen erster und zweiter bzw. dritter Person – wie bei Lévinas – nur nach Art des In-die-Verantwortung-gerufen-Seins vorzustellen ist.

Alles scheint hier auf folgenden Gegensatz hinauszulaufen: das Wort, das *von außen* als das »ab-solute« auf den Menschen zugreift und sich seiner bemächtigt einerseits – und das Wort, das *im* Menschen, in seiner Vernunft, spricht bzw. mit-spricht, in dem sich seine Bestimmung, sein »Gewissen« *(Paul Ricœur)*, sein »Innerstes« ausspricht andererseits. Muß es wirklich zu diesem äußersten Gegensatz kommen, wie er bei Lévinas begegnet? Es scheint jedenfalls angezeigt, offenbarungstheologisch zu würdigen, was im Menschen mit-

---

[27] Vgl. ebd., 406; mit Bezugnahme auf E. Lévinas, Die Zeit und der Andere, dt. Hamburg 1984, 30.

[28] Vgl. ebd., 425; Hervorhebung von mir. Der Titel »Das Selbst als ein Anderer« hat genau diesen unaufhebbaren Zusammenhang von Selbstsein und Herausgefordertsein durch das Andere/den Anderen im Blick. Die »tiefe Einheit von Selbstbezeugung und Aufforderung vom Anderen« erweist jene grundlegende Passivität des Ich, wie sie sich nicht mehr in das cartesianisch-fichtesche Konzept der reinen, wenn auch herausgeforderten Spontaneität des Ich aufheben läßt. Was es letztlich um diese Dimension des Anderen – der grundlegenden Passivität des Ich – ist und ob sie als das Woher von Offenbarung verstanden werden darf, das entzieht sich philosophischer Reflexion; in Ricœurs Formulierung: »Vielleicht muß der Philosoph als Philosoph zugeben, daß er nicht *weiß* und nicht sagen *kann*, ob dieses Andere, als Quelle der Aufforderung, ein Anderer ist, dem ich ins Angesicht sehen oder der mich anstarren kann, oder meine Ahnen, von denen es keinerlei Vorstellung gibt, sosehr konstituiert mich meine Schuld ihnen gegenüber, oder Gott – der lebendige Gott, der abwesende Gott – oder eine Leerstelle. Bei dieser Aporie des Anderen bleibt der philosophische Diskurs stehen« (Das Selbst als ein Anderer, 426).

[29] Die Sprechakttheorie, auf die hier Bezug genommen wird, läßt sich übersichtlich bei J. R. Searle (Sprechakte. Ein sprachphilosophischer Essay, dt. Frankfurt a. M. 1971) und bei J. L. Austin (Zur Theorie der Sprechakte, dt. Stuttgart 1979) studieren.

spricht, ohne daß dabei schon ausgemacht wäre, daß der Mensch einfachhin die erste Person dieses Sprechens – sein Subjekt – ist. Das Innerste muß nicht das Meine sein, Ursprung der Aneignung, meines Herrschenwollens über das Andere.

Peter Strasser tastet sich philosophisch an die Denkmöglichkeit, ja Unabweisbarkeit einer zuinnerst wahrgenommenen, aber als fremd und befremdend wahrgenommenen Wahrheit heran, einer Wahrheit, die ergreifen kann, weil sie nicht *meine* Wahrheit ist, nicht in meiner Verfügung steht. Sie wäre die Botschaft – die Wahrheit – des »anderen Selbst«, des »Göttliche(n) – in uns«; sie wäre – so Strasser – »nicht diskursiv, über sie ließe sich nicht reden. Ich könnte sie mir nicht aneignen, statt dessen würde sie mich verwandeln.«[30] Diskursive Vernunft tilgt das Fremde; sie homogenisiert es, damit wir Herr im eigenen Haus seien. Strasser stellt sich gegen den umfassenden Diskursivitätsanspruch der Aufklärung. Wer sich ihm vorbehaltlos unterwirft, der ist unfähig – so Strasser mit Lévinas – »im anderen die prinzipielle Fremdheit«, seine »Unantastbarkeit« zu achten. Aber er ist unfähig dazu, weil er die Fremdheit in sich selbst mißachtet. Die Mißachtung des Fremden im anderen wie in mir selbst leugnet jede Wahrheit, die nicht *meine* wäre, Wahrheit der Aneignung. Gegen sie ist geltend zu machen: »Nur wenn es eine Wahrheit gibt, die nicht vom Menschen stammt, ihn aber ergreifen und als Fremden vor sich hinführen kann, haben wir irgendeine Bedeutung, irgendein Gewicht, irgendeine Würde. Die Teilhabe ist es – und nicht der Besitz –, die uns einen Wert verleiht, der menschlich unantastbar ist.«[31] Nur in der Anerkennung der nicht-eigenen Wahrheit, an der wir teilhaben dürfen, anerkennen wir uns und andere als nicht Anzueignende.

Läßt sich diese Einsicht offenbarungstheologisch zur Geltung bringen? Zwingt sie tatsächlich dazu, das Andere – Fremde – gegen die Diskursivität der Vernunft zur Geltung zu bringen? Und vor allem: In welchem Sinne könnte man sagen, es sei das Göttliche *in uns*?

---

[30] P. Strasser, Journal der letzten Dinge, Frankfurt a. M. 1998, 79.
[31] Ebd., 80.

3. Offenbarung: das Wort, das Gott in mir spricht

3.1 Gottes »Immanenz«

Gott spricht in menschlicher Vernunft; und die Menschen müssen nur zur Vernunft gebracht werden, damit sie hören und vernünftig nachvollziehen können, was Gott ihnen zu sagen hat. Das war die Grundfigur der Kritik an übernatürlicher Offenbarung, wie sie von der Aufklärung formuliert wurde. Der in mir sprechende Gott bringt sich mir durch meine Vernunft zum Verstehen; er ist mir mit seinem Wort unmittelbar gegenwärtig. Kirchliche Vermittlung ist hier allenfalls als Hilfestellung, als Ermutigung zur Vernunft von Bedeutung. Das *Hören* des Wortes Gottes wird zu einem Vorgang, der sich zwischen Gott und mir in meiner Vernunft abspielt. So könnte man hier von einer Demokratisierung des Gottesverhältnisses sprechen, davon, daß prinzipiell jeder Mensch selbst hören und nach seiner vernünftigen Substanz begreifen kann, was Gott – die Vernunft als Stimme Gottes in ihm – zu sagen hat. *Spinoza* hat diese Konsequenz als erster formuliert; und man nennt ihn immer wieder als Autorität, wenn man die Immanenz Gottes im Menschen – seines Sprechens in menschlicher Vernunft – zur Geltung bringen will; so auch *Herder*, wenn er sich für sein eigenes theologisches Anliegen auf Spinoza beruft: »… was soll Dir der Gott, wenn er nicht in dir ist und Du sein Dasein auf unendlich innige Art fühlest und schmeckest und er sich selbst auch in Dir als einem Organ seiner tausend Millionen Organe geniesset!«[1]

Hier bleibt kein äußeres Wort, das von einer Kirchen-Institution verwaltet und »von oben her« autoritativ geltend gemacht werden müßte. Aber ist das *innere* Wort dann überhaupt noch zu unterscheiden von *meinem* Wort, von dem Wort, das ich mir selbst sage, sagen möchte – vom Wort meiner Sehnsucht, meiner Wünsche? *Feuerbach* sieht keine Notwendigkeit mehr, hier noch zu unterscheiden. Für ihn steht fest: Gott und sein Wort sind nichts anderes als »das *offenbare* Innere, das ausgesprochne Selbst des Menschen; die Religion ist die feierliche Enthüllung der verborgnen Schätze des Menschen, das Eingeständnis seiner innersten Gedanken, das *öffentliche Bekenntnis seiner Liebesgeheimnisse*«.[2]

Dem Wort, das die Wünsche und seine grenzenlose Sehnsucht dem Men-

---

[1] Vgl. H. Düntzer – F. G. von Herder, Aus Herders Nachlaß, Bd. II, Frankfurt a. M. 1857, 263 ff.
[2] L. Feuerbach, Das Wesen des Christentums, Ausgabe in sechs Bänden, Bd. 5, 31.

schen einflüstern, ist nicht naiv zu trauen. Es verspricht ihm die Erfüllung an einer frustrierenden Realität vorbei: im Jenseits. Es ist die Verführung zur Illusion, der das Wort der realitätsprüfenden Vernunft widersprechen muß; der in der Psychotherapie auf den Grund gegangen werden kann, so daß sie ihre Verführungskraft verliert und die Menschen sich realisierbaren Projekten zuwenden können. Oder führt die Therapie gerade dahin, das Wort, das aus der Tiefe menschlicher Sehnsucht spricht, wirklich zu verstehen, als *Gottes* Wort zu verstehen: hinter den Verzerrungen und Verzeichnungen, die ihm durch das Dogmatisieren – durch die Veräußerlichung des Gotteswortes in den Lehrbildungen der Kirchen – widerfahren sind? Es ist heute *Eugen Drewermann*, der so von Offenbarung zu sprechen und Offenbarung als das Zugänglichwerden einer heilsamen Botschaft aus der Tiefe der menschlichen Seele auszulegen versucht.[3]

Nach Drewermann gibt es »für den Menschen keine andere Form von Wahrheit als die Wahrheit unseres Herzens – sie hat Gott uns gegeben, als er uns erschuf, und es kommt einzig darauf an, gegen alle Verstellungen der Angst zu dieser Wahrheit, in der Gott uns gemeint hat, als er uns ins Dasein rief, zurückzufinden«.[4] Die Wahrheit unseres Herzens ist uns aber nicht ohne weiteres zugänglich, da wir uns »immer schon« im Ghetto der Angst vor ihr verschließen und – statt den Traum Gottes vom Menschen mitzuträumen – von den Alpträumen der Angst vor dem Nichts und der Selbstbehauptung gegen diese Angst besessen sind. So bedarf es der mich von außen her und doch im Innersten ergreifenden Befreiung aus dem Ghetto der Angst – der Angst um mich selbst und vor Gott. Und für Drewermann ist Jesus Christus *der* Befreier, da er »durch die Angst von Gethsemane unsere Angst auf Gott hin geöffnet hat«. Weil er selbst alle menschliche Angst im Vertrauen auf den Vater durchleidet und verwandelt, kann er für die nach Befreiung von ihrer Angst Suchenden Anstifter zu einem Vertrauen sein, in dem alle Angst zur Ruhe kommen darf, vergleichbar dem Therapeuten, der durch seine nichtdirektive Solidarität jenen Raum des Vertrauens schafft, »in dem der Einzelne sich selbst bis auf den Grund durchsichtig zu werden vermag«, und in ihm die heilenden Bilder des Vertrauens aufsteigen läßt. Die Begegnung mit dem solidarisch Vertrauenswürdigen ermöglicht den Zugang zur Tiefe und zur Ganzheit des Menschen; in diesem Sinne ist sie offenbarend. Und man wird

> »auch die Offenbarung Gottes in dem Menschen Jesus Christus von Nazareth nicht anders verstehen können, als daß von der Person Jesu eine solche Güte und Wärme ausging, daß all die Bilder des Heils, die in der menschlichen Seele angelegt sind, durch seine Nähe auf den Plan gerufen wurden, sich mit seiner Gestalt verbanden und sich zu einem Gesamtgemälde formten, in dessen Widerschein ein jeder

---

[3] Ich beziehe mich im folgenden auf meinen Aufsatz: Gottesoffenbarung in der »Sprache der Seele«, in: Münchener Theologische Zeitschrift 43 (1992), 17–38.

[4] E. Drewermann, An ihren Früchten sollt ihr sie erkennen. Antwort auf Rudolf Peschs und Gerhard Lohfinks »Tiefenpsychologie und keine Exegese«, Olten – Freiburg i. Br. 1990, 60.

Mensch die Wahrheit Christi zu erkennen vermag, indem er sich selbst darin offenbar wird«.[5]

Jesus Christus ist der endzeitliche Offenbarer, da er »alles im Menschen wachzurufen (vermochte; J. W.), was von Gott her an Bildern der Heilung im Menschen angelegt ist«.[6] Jesus Christus ermöglicht dem angstbesessenen Sünder den Zugang zu seiner eigenen Tiefe, zur Schöpfungsintention Gottes, von der die Menschen sich gewollt und zur Liebe, zur ewigen Vollendung in der Liebe, erwählt wissen dürfen. So ist dieses Sich-selbst-durchsichtig-Werden bis auf den Grund nicht nur Offenbarwerden dessen, was der Mensch zuletzt und zutiefst ist, sondern in eins damit *Selbstoffenbarung* Gottes. Die Inkarnationslehre des Christentums drückt – so Drewermann – den Glauben daran aus, »daß Gott sich in den Symbolen der menschlichen Psyche selbst *mitteilt*«[7]. Selbstoffenbarung Gottes heißt hier freilich nicht, »daß Gott in Christus die zu unserem ›Heil‹ notwendigen ›Wahrheiten‹ historisch vermittelt habe«[8], sondern daß der im Wirkungsfeld des von Jesus Christus erweckten Vertrauens für die Tiefe seines Seins aufgeschlossene Mensch in dieser Tiefe dem schlechthin vertrauenswürdigen göttlichen Ursprung seines Daseins begegnet. Diese Begegnung schlägt sich dann in Symbolen nieder, die das Gegründetsein des menschlichen Daseins im Urgrund und Quellgrund der göttlichen Liebe ausdrücken.

Offenbarungstexte sind – nach Drewermann – in diesem Sinne archetypisch-mythischer Ausdruck religiöser Grund-Erfahrungen, in denen sich die bis in den Quellgrund der göttlichen Tiefe hinabreichende Tiefe des Menschseins manifestiert. Deshalb gilt es, »die einzelnen Stationen und Visionen als eine expressionistische Poesie der menschlichen Existenz im Gegenüber Gottes nachzuempfinden und nachzuträumen, bis die Wahrheit der Texte sich von innen her erschließt und eben nicht mehr als Lehre von außen auswendig gelernt oder rein historisch kommentiert und kommemoriert werden muß«[9]. Alle authentischen religiösen Traditionen sind erschließbar als Träume des Menschen von seiner im Ursprung liegenden Bestimmung, als Expressionen eines geglückten, weil in den göttlichen Grund eingelassenen menschlichen Daseins. Diesen Träumen wird freilich nur gerecht, wer sie nicht als halluzinative Projektionen versteht, sondern als die »Träume Gottes«, denen der Mensch sich hingeben darf; Drewermann betont immer wieder, »daß ich die (arche-)typischen Träume der Menschheit als die ›Träume Gottes‹ betrachte, die in unsere Seele gelegt werden, um uns in Ahnung und Verheißung zu zeigen, wozu wir wesenhaft bestimmt sind«[10].

In Struktur und Botschaft unterscheiden sich die Traum-Traditionen der

---

[5] Tiefenpsychologie und Exegese, Bd. 2, Olten – Freiburg i. Br. [3]1990, 768 f.

[6] Ebd., 769; vgl. ebd. 775.

[7] Ebd., 772.

[8] Ebd., 763.

[9] E. Drewermann, Das Markusevangelium. Bilder von Erlösung, 1. Teil, Olten – Freiburg i. Br. [6]1990, 87.

[10] E. Drewermann, An ihren Früchten sollt ihr sie erkennen, 72.

verschiedenen Religionen nicht voneinander; auch Jesus von Nazaret hat die uralten Träume geträumt und die ihm Nachfolgenden zum Mitträumen eingeladen bzw. befähigt. So sind auch die neutestamentlichen »Geschichten über Jesus von Nazareth als wirkliche Dichtungen, als die Poesie einer glaubenden und eben deswegen glaubhaften menschlichen Existenzweise beim Übergang von der Zerstörungsarbeit der Angst zu der heilenden Erfahrung eines tieferen Vertrauens zu werten«[11], als Ausdruck jener Grunderfahrung des Vertrauens auf den göttlichen Ur-Grund, zu der Jesus hinführen wollte. Jesus hat keine neuen Lehr- oder Traum-Inhalte vermittelt, er hat vielmehr dem zum heilenden Ausdruck verholfen, was von Gott in die Tiefe der menschlichen Seele hineingelegt wurde, aber vom Menschen in seiner Existenzangst niedergehalten bzw. verzerrt wird. Er hat die »*Wahrheit* der mythologischen Bilder«[12] zur Geltung gebracht, da er in seiner eigenen Existenz die Angst durch das Vertrauen auf den göttlichen Vater besiegte. Der Christ muß um der Allgemeingültigkeit seines Erlösungsglaubens willen »die wesentliche Gleichförmigkeit seiner Symbole mit den Bildern der nichtchristlichen Religionen erkennen und den gemeinsamen Ursprung dieser Vorstellungen in den archetypischen Mustern der menschlichen Psyche anerkennen«[13].

Entscheidend neu am Christentum ist »nicht der Bildgehalt seiner Symbole und Riten selbst, wohl aber die Deutung, die es den alten Bildern gibt, und der Gebrauch, den es von ihnen macht«[14]. Und dieser neue Gebrauch würdigt die Bilder als Ausdruck des Vertrauens auf den schlechthin vertrauenswürdigen Gott. Allein um die Ermöglichung dieses neuen Gebrauchs ging es Jesus von Nazaret – und damit um Selbst-Findung durch Gott-Findung: »*Der Glaube an Gott als gelebte Psychotherapie und der Weg unserer Selbstfindung als Weg zu Gott* – diese gültige Verbundenheit zwischen Gott und Mensch war alles, was Jesus lebte und lehrte, sein bleibendes Vermächtnis.«[15] Das in dieser Verbundenheit gründende weltüberlegene Vertrauen hat er uns »durch seine Person ermöglicht«, und »deshalb steht seine Gestalt für uns an der Seite Gottes, deshalb ist in ihm alle Macht Gottes für uns gegenwärtig«.[16]

Drewermanns Offenbarungskonzept bewegt sich – ohne daß der Übergang jeweils genauer markiert würde – im Spannungsfeld von Religionspsychologie und Theologie. Es dürfte Drewermanns Intention treffen, wenn man die unterschiedlichen Perspektiven so profiliert: *Religionspsychologisch* kann von Jesus als Offenbarer gesprochen werden, da die Religionspsychologie Offenbarung geschehen sieht, wo immer »das eigene Wesen von der Person eines anderen so tief berührt und angesprochen wird, daß es der eigenen Wahrheit und Wirklich-

---

[11] Das Markusevangelium I, 91.
[12] Vgl. ebd.
[13] E. Drewermann, An ihren Früchten sollt ihr sie erkennen, 117 f.
[14] E. Drewermann, Das Markusevangelium, 2. Teil, Olten – Freiburg i. Br. ³1990, 725 f.
[15] Vgl. ebd., 738.
[16] Vgl. ebd., 728.

keit inne wird«[17]. *Theologisch* wäre – in Anlehnung an *Paul Tillich*, auf den Drewermann sich immer wieder beruft – vom Offenbarer Jesus Christus in dem Sinne zu sprechen, daß mit ihm und von ihm her »ein letztes Anliegen den Geist des Menschen bewegt und dadurch eine Gemeinschaft schafft, in der dieses Anliegen sich selbst in Symbolen des Handelns, der Einbildung und des Denkens ausdrückt«[18].

3.2 Gottesoffenbarung in der Sprache der menschlichen Seele

Drewermann hat sicher darin Recht, daß er die *Symbolik* der religiösen Sprache – der Offenbarungstexte – bei seiner theologisch-religiösen Erschließung in den Mittelpunkt stellen möchte. Nur in den »im Menschen selber angelegten Bildern konnte Gott sich offenbaren«, denn »Gott hat keine andere Sprache an uns als die Sprache der Seele in uns«. Und deshalb gilt: »Diese Bilder der Seele nicht zu verstehen bedeutet ipso facto, die einzige Sprache nicht zu verstehen, in der Göttliches wirksam sich mitteilen kann – als Symbol und Zeichen, als Sakrament und Wegmarke des Heils«[19]. Schon *Tillich* hatte auf diese zentrale religiöse Bedeutung der Hermeneutik des Symbols hingewiesen. Das Symbol ist für ihn »die einzige Sprache, in der sich die Religion direkt ausdrücken kann«.[20] Es *offenbart*, indem es »tiefere Schichten der Wirklichkeit und der Seele« öffnet[21], genauer indem es durch Öffnung für die »tieferen Schichten« der Seele auf den Grund aller Wirklichkeit verweist, ihn anschaulich werden läßt. Das Sich-offenbar-Werden des Menschen und Gottes Selbstoffenbarung geschehen gleichsam »ineinander«, eins am und im anderen. Das von den authentischen Symbolen ermöglichte und in ihnen ausgedrückte συμβάλλειν ist das »Zusammenfallen«, das Zusammen-Hervorkommen von Gotteserkenntnis und Selbsterkenntnis, so daß man auch die Bibel – als religiöse, in Symbolen sprechende Botschaft – »nicht verstehen (kann; J. W.), ohne in gleichem Sinne sich selber zu verstehen«. Man wird – so Drewermanns Konsequenz – »von Texten dieser Art prinzipiell nur so viel oder wenig verstehen, wie man von sich selbst verstanden hat«[22].

Drewermann argumentiert *schöpfungstheologisch:* Gott hat seine Heils-Botschaft in den Ur-Symbolen der Seele ausgesprochen – in den Archetypen, die zu personaler Ganzheit und Wahrheit führen wollen. Sich ihrer Botschaft

---

[17] Vgl. ebd., 157.

[18] P. Tillich, Wesen und Wandel des Glaubens, dt. Berlin 1966, 92; von Drewermann zustimmend zitiert, in: Das Markusevangelium I, 552.

[19] Vgl. Tiefenpsychologie und Exegese I, 484. Vgl. meine Zwischenreflexion: Die Sprache des Glaubens, in diesem Band.

[20] Vgl. P. Tillich, Die Frage nach dem Unbedingten. Gesammelte Werke, Bd. V, Stuttgart 1964, 237.

[21] Vgl. ebd., 216 f.

[22] Das Markusevangelium I, 105.

zu überlassen, ihr zu trauen, sich von ihr führen zu lassen, bringt den Menschen zum Heil, zu integriertem Menschsein. Die Heillosigkeit des Menschen hat ihren Grund darin, daß der Mensch dieser Botschaft nicht trauen *kann*, weil sie ihm pervertiert zu Ohren kommt, weil er sie im Ghetto seiner Daseinsangst unausweichlich verzerrt aufnimmt. So hat der Offenbarer und hat geschichtliche Offenbarung die Funktion, jenes Vertrauen zu ermöglichen, das sich auf die Botschaft des archetypischen Gotteswortes gründet. Das Konzept einer übernatürlichen Offenbarung, das die Schöpfungsoffenbarung geschichtlich zur Sprache bringt und *überbietet*, ist Drewermann fremd, weil es nach seiner Einsicht solcher Überbietung gar nicht bedarf. Die göttliche Botschaft ist die der Archetypen. Sie muß neu zum Sprechen gebracht werden: durch Jesus, den vertrauenstiftenden Therapeuten und durch die Therapeuten in seiner Nachfolge.

Die katholische Tradition hat die Schöpfungsoffenbarung in ihrer Bedeutung nicht verkannt[23], sie aber doch relativiert. Die Sünde des Menschen macht es – so argumentiert man hier – erforderlich, daß Gott der Selbstauslegung des Menschen gegenübertritt und mit ihm geschichtlich kommuniziert, um so die Sünde zu überwinden. Drewermann sieht die Sünde überwunden, wo Vertrauen aufkeimt und die Angst im Vertrauen zur Ruhe kommen kann; die Beruhigung der Angst öffnet den *Weg zurück* zu den guten Anfängen und ihrer Gottesbotschaft. Die Offenbarungsgeschichte der beiden Testamente sieht die Sünde dagegen als geschichtliche Macht, die Gott gleichsam herausfordert, sich in der Geschichte gegen die Macht der Sünde zu engagieren, Menschen in sein Engagement mit hineinzunehmen und ihnen so eine Heilszukunft zu eröffnen, die kein Auge je geschaut und die in keines Menschen Herz je gedrungen ist (vgl. 1 Kor 2,9). Selbstoffenbarung Gottes ist dabei verstanden als das Offenbarwerden und Sich-Mitteilen Gottes im Vollzug dieses geschichtlichen Sich-Engagierens gegen die Macht der Sünde, schließlich als »Inkarnation« – will heißen als Sichtbar- und Greifbarwerden Gottes und seines guten Willens in der Dramatik eines Menschenlebens, das von Gottes schöpferisch-versöhnendem Geist durchdrungen war und ihn deshalb unter den Menschen vergegenwärtigte.

Das Wort, das die Menschen sich nicht selbst sagen können, ist hier das fleischgewordene Wort, in dem Gott sie mit seiner verheißungsvollen Wahrheit konfrontiert: die Botschaft eines Menschenlebens, die sich den Glaubenden als Weg zum Leben erweist. Sie ist dem Menschen so herausfordernd gesagt, daß sie ihn auf sein Tiefstes und Innerstes hin anspricht, so daß sein Tiefstes und Innerstes – die Sprache der Hoffnungsbilder und Heilserinnerungen – mitspricht, wenn Glaubende ihr Getroffensein von dieser Botschaft bezeugen; so daß man also auch auf die Sprache der Bilder achten muß, wenn man Zeugnisse der Begegnung mit Jesus Christus auslegt. Es muß allerdings theologisch hinreichend deutlich werden, ob die symbolischen Muster, wie sie auch in vielen Mythen und Märchen auftauchen – die Botschaften unserer inneren Tiefe – die Botschaft Gottes selbst sind oder ob sie das »Sprachmaterial« sind, worin diese

---

[23] Vgl. die theologische Wirkungs- und Interpretationsgeschichte von Röm 1,20f.

Botschaft gesagt bzw. beantwortet wird. Die Sprache der in ihrer Tiefe angerührten Menschen ist die Sprache der Symbole und Metaphern, wenn man durchaus will: der Archetypen. Aber damit ist noch nicht ausgemacht, was in dieser Sprache inhaltlich mitgeteilt wird.

Aus offenbarungstheologischen Gründen darf man die Spannung, ja den Widerspruch nicht einebnen zwischen dem inneren und dem äußeren Wort, dem Wort, das die Seele spricht, wenn ihr nur therapeutisch ihre Sprache zurückgegeben wird, und dem Wort, mit dem Gott uns anspricht. In der »Sprache der Seele« wird nicht einfach die Seele ausgesprochen, in ihr wird vielmehr im Falle des christlichen Glaubenszeugnisses an ein geschichtliches Ereignis – eine Ereignisfolge – erinnert: Gott kommt zum Menschen; und dieses Ereignis des Gott-mit-uns-Seins ist *zugleich* Gottes Selbstoffenbarung und das Offenbarwerden des Menschen. Gott wird so offenbar, daß die Menschen sich nicht länger verbergen können, wer sie geworden sind. Gottes Wahrheit – der Logos – kann nur offenbar werden, wenn der aggressive Widerstand der Menschen gegen das Wahrnehmen ihrer Unwahrheit überwunden wird. Und so ist die Geschichte der Überwindung dieses Widerstands die Geschichte der Selbstoffenbarung Gottes; so ist Jesu Tod unter den Hieben der hilflos in ihren Widerstand gegen Gottes Wahrheit Verstrickten *Gottes* Geschichte, *Gottes* Todesleiden am Widerstand der Menschen. Gott wird als er selbst offenbar in einem Menschen, der seine Mitmenschen bis in den Tod hinein für Gottes Heilswillen und heilsame Herrschaft – für Gottes Heils-Wahrheit – gewinnen will; Gott teilt sich mit und teilt sich aus in den Gesten der selbstlosen Liebe, in denen sein Heiliger Geist Gestalt gewinnt und die Glaubenden zum Leib Christi formt. Jesus Christus ist nicht nur Höhepunkt einer therapeutisch wirksamen Erschließungsgeschichte heilender archetypischer Zeichen, sondern auch und in eins damit die Geschichte der Kommunikation, der Solidarisierung Gottes mit den in der Angst um sich selbst verschlossenen und von ihr an die Macht der Sünde ausgelieferten Menschen. Dann sind die Symbole des Glaubens nicht nur Er-innerungen des Ewigen, Archetypischen, sondern Erinnerung des Geschehenen und je neu Geschehenden, Erinnerung jenes Geschehens, worin Gott den Menschen ein Mitmensch wurde und zur Freiheit wird (vgl. 2 Kor 3, 17), Vorausbilder dessen, wohin Gott die Menschen in der Nachfolge Jesu, des Christus, herausfordert.

Offenbarungstheologisch hängt Entscheidendes davon ab, wie man die *Innerlichkeit* und die *Äußerlichkeit* des offenbarenden Gottesworts zueinander ins Verhältnis setzt. Identifiziert man das äußere Wort mit dem inneren, so gerät man in Gefahr, die tiefenpsychologische Hermeneutik des inneren Wortes zum Maßstab dessen zu machen, was das äußere Wort sagt und überhaupt nur sagen kann. Ignoriert man, wie das äußere Wort die Menschen auf ihr Innerstes hin anspricht und es zum Mitsprechen – zum Mitklingen – bringt, so reduziert man es auf ein bloßes Widerfahrnis, das nicht menschliches Verstehen und »Mitvollziehen« herausfordert, sondern fraglosen Gehorsam. Gottes Wort *widerspricht*, indem es im Menschen nach dem ihm Entsprechenden ruft und die ihm entsprechende Antwort hervorruft, indem es den Menschen als Hörer des Wortes in Anspruch nimmt und herausfordert, der Wahrheit zu trauen, die auch ihn wahr machen wird.

3.3 Das »innere« und das »äußere« Wort

Drewermann ist kein naiver Aufklärer, der die Menschen nur zu ihrer inneren, natürlichen Gutheit zurück-bekehren und so von aller äußeren Offenbarung letztlich unabhängig machen wollte. Er teilt nicht, was *Hegel* an die Adresse der Aufklärer seiner Zeit die »kahle Ansicht der Pädagogik« nennt, nach der »das, was am Menschen ist, wie er nicht sein soll, nur durch äußerliche Zufälligkeiten oder zufälligen Mangel der Befriedigung jener Anlagen (entstanden; J. W.), nur Mangel der freien Gelegenheit ihrer Entfaltung sein« soll.[24] Es ist für Drewermann nicht so, daß Offenbarung nur das innere Wort, das, was im Menschen ist und seiner Natur entspricht, hervorzulocken hätte. Was im Menschen ist – sein inneres Wort – ist zutiefst zwiespältig und wird nicht erst zwiespältig durch die Einwirkung eines »bösen Außerhalb«. Weil aber »was im Menschen ist: an Kleinlichkeit, Gier, Hochmut, Neid und Verlangen«[25], nicht einfach durch eine radikale Vertiefung des Menschen in sich selbst überwunden werden kann; weil es ja letztlich doch aus ihm selbst kommt und ihm nicht nur von außen zugefügt ist, deshalb bedarf es – und hier ist Drewermann nicht eindeutig genug – der Offenbarung als des heilsamen, *von außen* auf die Menschen zukommenden Wortes. Kein anderer Philosoph der Neuzeit hat diese Einsicht so nachhaltig geltend gemacht wie *Søren Kierkegaard*. Für ihn liegt der elementare Fehler der Aufklärung darin, daß sie den vernünftigen Menschen im Besitz der Bedingung sieht, zur Wahrheit zu kommen, so daß man nur noch einen Lehrer braucht, der einen lehrt, diese Bedingung – die Vernunft – zu aktualisieren. Demgegenüber unterstellt Kierkegaard, daß der Mensch die Bedingung, von sich aus zur Wahrheit zu kommen, immer schon verloren hat, weshalb die Wahrheit *zu ihm kommen* muß:

> »Aber der, welcher dem Lernenden nicht allein die Wahrheit gibt, sondern die Bedingung mitgibt, der ist nicht Lehrer. Alle Unterweisung beruht darauf, daß die Bedingung doch in allerletzter Hinsicht vorhanden ist; fehlt diese, so vermag der Lehrer nichts; denn andernfalls muß er den Lernenden ja nicht umgestalten, sondern ihn umschaffen, ehedenn er anfängt ihn zu lehren. Aber dies vermag kein Mensch, soll es denn geschehen, so muß es durch den Gott selber sein.«[26]

Das Individuum, das nicht im Besitz der Bedingung für die Wahrheit ist, braucht

---

[24] Vgl. G. W. F. Hegel, Die absolute Religion, in: Vorlesungen über die Philosophie der Religion, hg. von G. Lasson, Hamburg 1927, 103 Ms.
[25] D. Hammarskjöld, Zeichen am Weg, dt. München 1967, 36.
[26] S. Kierkegaard, Philosophische Brocken. Gesammelte Werke, hg. von E. Hirsch u. H. Gerdes, Taschenbuchausgabe Gütersloh 1981, 10. Abteilung, 13.

keinen Lehrer, sondern den Befreier und Erlöser.[27] Es findet die Wahrheit nicht durch Vertiefung in sich selbst – durch »sokratische Erinnerung« – sondern in dem, der sie ihm bringt. Die »Subjektivität ist die Unwahrheit«; aber sie ist es nicht so, daß sie bei einer äußerlich-objektiven Lehre ihre Wahrheit gewinnen könnte.[28] Die Wahrheit, die die Subjektivität erst wahr werden läßt, kommt vielmehr so zur Subjektivität, daß diese ihr nur mit der höchsten »Leidenschaft der Innerlichkeit« – dem Glauben – entsprechen kann[29]: Sie kommt als das Paradox, das aller Vernunft widerspricht, weil im Paradox der Ewige nicht ewigjenseitig blieb, sondern in der Zeit begegnet und geglaubt werden will. Er will geglaubt und nicht im Medium des Allgemeinen gewußt werden: geglaubt als der kontingent in der Zeit Begegnende und all jene *zuinnerst* Verwandelnde, die mit »leidenschaftlicher Innerlichkeit« die Wahrheit nicht mehr in sich selbst, sondern bei ihm suchen.

Kierkegaard versteht seine philosophische Theologie als den äußersten Widerspruch zur Aufklärung auf dem Boden der Aufklärung: Die Gotteswahrheit ist nicht *im* Menschen, weil die Innerlichkeit des Menschen zur Sünde geworden ist. Aber sie ist auch nicht in einer übernatürlich mitgeteilten Lehre, die dem Menschen das richtige Wissen über das Göttliche bereitzustellen hätte. Sie ist im *Ereignis* der Umkehr des Sünders, in der Begegnung mit der seine unwahre Innerlichkeit wahr machenden, para-doxen, deshalb unlehrbaren Gotteswahrheit, im *Augenblick:* »Mithin in dem Augenblick empfängt er die ewige Bedingung, und das weiß er daher, daß er sie in dem Augenblick empfangen hat; denn andernfalls besinnt er sich lediglich darauf, daß er sie von Ewigkeit her gehabt. In dem Augenblick empfängt er die Bedingung, und er empfängt sie von jenem Lehrer selbst.«[30]

Drewermann bezieht sich vielfach auf Kierkegaard; man wird sagen können, er sei sein eigentlicher religions-philosophischer Gewährsmann. Drewermanns Denken kann als Versuch verstanden werden, Kierkegaards Denken anthropologisch-theologisch zu reformulieren; und es wird genau an dem Punkt problematisch, wo ihm diese Reformulierung nicht mehr gelingt. Sie gelingt ihm, wo es darum geht, das »Fehlen der Bedingung« – die Unwahrheit der Subjektivität – tiefenpsychologisch-anthropologisch zu konkretisieren. Die menschliche Subjektivität ist nicht aus sich selbst wahrheitsfähig, weil sie den Abgrund in sich selbst immer schon so zu »bewältigen« versucht, daß sie dabei mit ihrer Freiheit ihre Wahrheit verliert. Dieser Abgrund ist die Wahrnehmung einer Vereinzelung, die dem Ich jede Chance nimmt, sich selbst eine *allgemeine* – will heißen unbestreitbare, nichtrelativierbare – Geltung zuzusprechen. Wenn, wie die Aufklärung voraussetzt, Bedeutung und Wahrheit nur im Medium des Allgemeingültigen ausgelegt und geltend gemacht werden können, so

---

[27] Vgl. ebd., 15 f.
[28] Vgl. Unwissenschaftliche Nachschrift zu den Philosophischen Brocken. Gesammelte Werke, 16. Abteilung, Erster Teil, 198.
[29] Vgl. ebd., 201.
[30] Philosophische Brocken, 78.

fällt das Individuum als unrettbar einzelnes in den Abgrund der eigenen Nichtigkeit und Bedeutungslosigkeit. Dieser Abgründigkeit wird der Mensch in der Daseinsangst inne, in der Angst, grundlos, bedeutungslos, überflüssig und nichtig zu sein. Da der Mensch aber nicht im dauernden Bewußtsein seiner Nichtigkeit und Bedeutungslosigkeit leben kann, versucht er immer schon, seine Nichtigkeit hinwegzuarbeiten, sie zu kompensieren durch die Projektion eines Absoluten, in dem und von dem her er sich selbst als absolut bedeutsam und vor aller Nichtigkeit gerettet mit absolut setzen könnte. Er begegnet seiner Daseinsangst, indem er sich an ein selbsterschaffenes Absolutes klammert, das ihm im Abgrund seiner eigenen Nichtigkeit einen Halt verschaffen soll. Wenn die Nichtigkeits- und Daseinsangst nicht in einem vertrauensvollen Verhältnis zu Gott, dem wahren Absoluten, zur Ruhe kommen kann, provoziert sie den Menschen zur Erschaffung und Verteidigung falscher Absolutheiten, zur Ausbildung von Lebensentwürfen, die an solchen falschen Absolutheiten festgemacht sind und ihnen unermeßliche Opfer bringen. Diese unheilvollen Lebensentwürfe sind angst- und gewaltförmig. Sie »müssen« mit Gewalt verdrängen und überkompensieren, was sich doch nicht wirklich verdrängen und kompensieren läßt: daß kein Mensch in sich selbst gegründet und unsterblich – unendlich bedeutsam – ist. Sie geben dem Menschen, der sein Urvertrauen in Gottes unverdienbare Verläßlichkeit verloren hat, das falsche Bewußtsein, sich aus eigener Kraft mit dem Absoluten identifizieren zu können: durch individuelle oder kollektive Selbstverabsolutierung auf dem Rücken der Anderen oder durch Unterwerfung unter ein Absolutes, dem ich mich zum Opfer darbringe, damit es mich rette.

Die unheilwirkenden falschen Lebensentwürfe sind für Drewermann Urwirklichkeit der Sünde. Die Sünde ist »angstgeboren«, ist die falsche Antwort des »Gott-losen« auf die Frage, mit der ihn die metaphysische Daseinsangst konfrontiert. Seiner Daseinsangst kann der Mensch nur entrinnen, wenn er sich eingesteht, daß es nichts gibt, »was ihn von seiner Angst befreien könnte«, als den »Glauben an die Bejahung der eigenen Existenz in einem Feld der radikalen Negiertheit« durch den, der größer ist als des Menschen Herz, größer als die Angst, die dieses Herz einschnürt.[31] So »gilt es, sich zu ›entscheiden‹ zwischen der Angst und dem Vertrauen«, der Angst vor der Ver-Nichtung des Selbst und dem Vertrauen zu einem absoluten und absolut wohlwollenden göttlichen Gegenüber, in dem die Nichtigkeit und Abgründigkeit des Menschen ihren heilvollen Halt und bergenden Grund findet, bei dem deshalb alle Daseinsangst zur Ruhe kommen darf. Glaube ist der Sieg über die Angst und hat seinen Grund im Vertrauen darauf, »daß es möglich ist, von Gott her *die Daseinsangst zu besiegen*«.[32]

---

[31] E. Drewermann, Artikel »Angst«, in: P. Eicher (Hg.), Neues Handbuch theologischer Grundbegriffe. Erweiterte Neuausgabe München 1991, Bd. 1, 7–31, hier 28.

[32] Vgl. ebd., 30. Mit Drewermanns Verständnis der Angst habe ich mich ausführlicher auseinandergesetzt in: »In der Welt habt ihr Angst …« (Joh 16,33). Christlicher Glaube in einem Zeitalter der Angst, in: Imprimatur 28 (1995), 173–177; 241–246, hierzu vgl. 241 ff.

Der die »Bedingung mitbringt«, ermöglicht es dem in der Unwahrheit seiner falschen Verallgemeinerungen und Verabsolutierungen gefangenen Menschen, »von Gott her die Daseinsangst zu besiegen«, von seinen Kompensationsversuchen zu lassen und sich der Gotteswahrheit zu öffnen. Die Bedingung, über die der Mensch nicht selbst verfügt, die ihm *geschenkt* werden muß – fällt Drewermann damit nicht mit Kierkegaard auf die antiaufklärerische Vernunftkritik im Geist der kirchlichen Erbsündenlehre zurück, die schon Leibniz durchgreifend und zu Recht kritisiert hat?

Aus der Erbsündenlehre lassen sich keine Konsequenzen im Blick auf die Grenzen des faktisch Wißbaren und die im Wissen erreichbare Klarheit des Gewußten ziehen. Wissen kann nur durch die ihm selbst innewohnende Methodik der Selbstaufklärung und Selbstausweitung verbessert werden. Eine übernatürliche Erleuchtung durch eine wissensjenseitige Instanz bliebe ihm fremd; sie gründete, was für das Wissen ruinös wäre, Wissen auf Nichtwißbares. Aber in diesem Sinne greifen Kierkegaard und Drewermann auch gar nicht auf die Erbsündenlehre zurück. Die Bedingung, über die der Mensch nicht von sich aus verfügt, ist nicht von der Art eines irgendwie zusätzlichen Wissens; sie ermöglicht nicht ein »gründlicheres« oder umfassenderes »Wissen« und ist deshalb auch nicht in der Objektivität einer Lehre gegeben. Sie ist – folgt man der Kierkegaard-Reformulierung Drewermanns – die Bedingung des Vertrauenkönnens. Aber wie kann diese Bedingung *von Gott her* gegeben werden?

Hier haben wir vielleicht schon das Kernproblem einer von der Offenbarungskritik der Aufklärung zur Rechenschaft herausgeforderten Theologie der Offenbarung vor uns. Sie ist in der evangelischen Theologie des 19. Jahrhunderts (etwa bei *Wilhelm Herrmann*) und dann – nicht ohne Rückgriff auf Kierkegaard – im 20. Jahrhundert (u. a. bei *Rudolf Bultmann* und *Gerhard Ebeling*)[33] tatsächlich zur fundamentaltheologischen Leitfrage geworden. Drewermann beantwortet diese Frage gleichsam »jesuologisch«: Jesu eigenes, in der Ölbergkrise mit letztem menschlichem Einsatz durchlittenes Vertrauen auf den göttlichen Vater macht diesen für die in ihrer mißtrauischen Angst eingeschlossenen Menschen vertrauenswürdig, so daß sie sich nun selbst von falschen Absolutheiten abwenden und den vom göttlichen Schöpfer in die Tiefe ihrer Seele eingestifteten Bildern des Vertrauens überlassen können. Aber weshalb ist Jesu Vertrauen selbst vertrauenswürdig; und worin gründet es? Was geschieht in ihm, so daß es die Menschen anstecken kann?

Wäre Drewermanns Konzept auch hier noch eine Relecture Kierkegaards, so müßte vom »Paradox« und dem »Augenblick« die Rede sein, in dem der Sünder – der in seiner Angst Gefangene und von ihr zu einem Leben in Verabsolutierungen Verführte – durch die auf ihn zukommende Gotteswahrheit von Grund auf verwandelt wird. Es müßte davon die Rede sein und verstehbar

[33] Vgl. R. Bultmann, Der Begriff der Offenbarung im Neuen Testament, in: ders., Glauben und Verstehen, Bd. 3, Tübingen ³1965, 1–34; G. Ebeling, Erwägungen zu einer evangelischen Fundamentaltheologie, in: Zeitschrift für Theologie und Kirche 67 (1970), 479–524.

gemacht werden, warum das Christentum selbst »paradox« ist, insofern es »beständig die Zeit und das Historische in Beziehung auf das Ewige gebraucht«[34]; warum es sich an einen Gott hält, dessen Wahrheit paradoxerweise »in der Zeit geworden ist«[35], im Einzelnen, Geschichtlichen dem begegnet, der von seinem Sündenbewußtsein getrieben wird, sich auf sie einzulassen.[36]

Jesus Christus ist für Kierkegaard das Zeitlichwerden des ewigen Gottes, der Inbegriff seines geschichtlichen Handelns, in dem er den Sünder seiner Unwahrheit überführt und wahr macht – und genau *so* die entscheidende Offenbarungswirklichkeit. In ihm ist der Ewige und Absolute gegen sein von der Vernunft eingeschärftes Wesen – also paradox – dieser Einzelne geworden; in ihm ist er zu dieser geschichtlich relativen Wirklichkeit geworden, damit der in seiner Einzelheit und Relativität verlorene Mensch dem Ewigen und Absoluten begegnen kann. Kierkegaard geht es um nicht weniger als um Reformulierung des Inkarnationsglaubens im Gegenüber zur Urplausibilität der Aufklärung, im Einzelnen, geschichtlich Relativen, könne das ewig-allgemein Wahre nicht oder eben nur in relativer Weise sein, verliere sich der *Unbedingte* in der unübersehbaren Pluralität des so vielfach *Bedingten*. Hier folgt Drewermann Kierkegaard nicht mehr. Die Frage, wie der Offenbarer das rettende Vertrauen mitteilen kann, findet bei ihm nur eine »therapeutische« Antwort; eine Antwort, die voraussetzt, daß der Therapeut Jesus die Quellen des Vertrauens, die letztlich doch im Menschen selbst sind, neu zum Fließen bringen kann. Kierkegaard denkt radikaler und abgründiger. Eben deshalb kann für ihn nur *Gott selbst* dem Menschen »die Bedingung bringen« und muß er sie ihm dahin bringen, wo der Mensch sich aufhält, wo er sich – in der Sünde gefangen – fatalerweise selbst eine ewige, absolute Bedeutung zu geben versucht: in die Geschichte der Selbstbehauptung und des Selbstverlusts, der Selbststeigerung in der Zeit und der abgründig-totalen Relativierung durch die Zeit.

Kierkegaards Konzept hat gewiß seine eigenen Probleme. Die von der Aufklärung so stark akzentuierte Verhältnislosigkeit der ewigen Wahrheit zum geschichtlichen Ereignis – des Unbedingten zum geschichtlich Bedingten – ist bei ihm nur im Paradox des Augenblicks aufgehoben, in dem der leidenschaftlich Glaubende mit dem Ewigen *gleichzeitig* werden und deshalb von ihm neu geschaffen werden kann. Hier handelt Gott am Menschen; hier *ergreift* er ihn: in der Geschichte und doch gleichsam geschichtslos, ohne daß es auf geschichtliche Verläufe und Bedingtheiten wirklich ankäme. Die historischen »Einzelheiten sind noch nicht einmal so wichtig, wie wenn da von einem Menschen die Rede wäre, anstatt von dem Gotte.«[37] Jede historische Aufmerksamkeit für konkrete Verläufe und Abfolgen würde die Gleichzeitigkeit zerstören. Deshalb gilt für

---

[34] Vgl. Unwissenschaftliche Nachschrift, 88.
[35] Vgl. ebd., 200.
[36] Vgl. S. Kierkegaard, Die Tagebücher, ausgewählt, neu geordnet und übersetzt von H. Gerdes, Bd. 3, Düsseldorf – Köln 1968, 191 bzw. 77.
[37] Philosophische Brocken, a.a.O., 100f.

Streitfall

Kierkegaard: »Weg mit der Geschichte! Die Lage der Gleichzeitigkeit wird zu-wegegebracht. Das ist der Maßstab.«[38]

Ist hier wirklich noch denkbar, daß Gott in Geschichte offenbarend zum Heil der Menschen handelt? Oder ist mit den Begriffen des Paradoxes und des Augenblicks letztlich eine Vermittlung von Ewigkeit und Zeitlichkeit, von Un-bedingtheit und Bedingtheit, von »ewigem« Sinn und Kontingenz zustande-gebracht, die gar keine sein darf, weil sie ansonsten doch irgendwie gewußt und gelehrt werden könnte; eine wahrhaft paradoxe Vermittlung, die den Glau-ben, der sich an sie hält, auf zu einfache und pauschale Weise vom Wissen trennt? Drewermann entzieht sich diesen Problemen, weil er die Frage nach der Möglichkeit eines offenbarenden und heilschaffenden Handelns Gottes in der Geschichte auf sich beruhen läßt. Offenbarend ist die Mitteilung des Ver-trauens, die in Jesu Vertrauenkönnen ihren Grund hat. Weiter »zurück« – gleichsam in Gott hinein – kann und soll hier nicht gefragt werden. Aber bleiben dann die fundamentaltheologisch entscheidenden Fragen nicht ungefragt? Muß es nicht darum gehen, dem Verstehen wenigstens nahezubringen, warum und wie Gott in der Geschichte handelt und gegenwärtig wird, wie er durch seine Selbstvergegenwärtigung Heil wirkt?

---

[38] Die Tagebücher, Bd. 3, 21.

4. Gottes Wort: Herausforderung und Versprechen

4.1 Gottes Transzendenz und die Abgründigkeit menschlicher Subjektivität

Die Philosophie der Aufklärung hat sich ein Geschichtshandeln Gottes allenfalls in dem Sinne vorstellen können, daß Gott in der Geschichte Anlässe und Impulse setzt, die die Menschen bewegen wollen, sich den »ewigen« Ansprüchen und Verheißungen ihrer Vernunft zu öffnen und ihnen zu glauben. Gott spricht dann nur »vorübergehend« in geschichtlichen Ereignissen; die ihn wirklich erschließende Botschaft ist der Herausforderung durch menschliche Vernunft immanent; ja man kann sagen: Gott wird als er selbst nur zugänglich in der Vernunft; sein Gegenwärtig- und Offenbarwerden geschieht vernunft-immanent, so daß das geschichtlich Gegebene als das der Vernunft bloß äußerlich Gegebene ihn gar nicht erschließen könnte.

Gottes Vernunft-Immanenz wurde wesentlich als Erschlossensein des Göttlichen im menschlichen Wissen gedacht. Damit war aber eine Apologetik auf den Plan gerufen, die die Unerreichbarkeit des im Glauben angeeigneten göttlichen Wissens über die »himmlischen Dinge« für die menschliche Vernunft verteidigte und menschliches Wissen im übrigen als von der Erbsünde und ihren geschichtlichen Folgen beeinträchtigt ansah. *Søren Kierkegaard* versuchte, diese Auseinandersetzung auf einer anderen Ebene weiterzuführen. Er bestritt die Wissens-Immanenz Gottes mit seinem Begriff des Paradoxes; aber er bestritt sie nicht deshalb, weil das göttliche Wissen über den Heilsweg der Menschen nur von Gott selbst zu erfahren sei, sondern radikaler noch deshalb, weil Gottes Selbstmitteilung gar nicht auf Erweiterung des *Wissens* bezogen ist, sondern auf dessen existentielle »Bedingung«, auf das Existieren und die unabdingbare Bedingung seines »Wahrwerdens«. Diese Bedingung ist – nach Kierkegaard – nicht für eine stringente Begründung und Entwicklung des Wissens selbst unabdingbar, sondern für die wegen der Sünde unerreichbar gewordene wahre Realisierung menschlicher Existenz.

Kierkegaards Analysen sind paradigmatisch geworden für den Versuch der Theologie, die Herausforderung der Aufklärung so aufzunehmen und zu beantworten, daß wesentliche und weithin selbstverständliche Voraussetzungen des Rationalismus von Grund auf in Frage gestellt wurden; so vor allem Lessings Voraussetzung, wonach der Anspruch der Vernunft auf Allgemeingültigkeit Geltungsansprüche, die sich auf kontingent-geschichtliche Widerfahrnisse gründen, als bloß vorläufig relativieren muß. Es wird zu prüfen sein, ob Kierkegaards Widerspruch gegen diese Voraussetzungen »gründlich« genug ansetzte oder – im Widerspruch gegen sie – selbst noch von deren Selbstverständlichkeit geprägt blieb, ob er also – anders als die Aufklärung – Gottes Handeln in der Geschichte theologisch angemessen zur Sprache bringen konnte.

Für die Aufklärung war Geschichte in ihrer Kontingenz *das Andere* der Vernunft mit ihrem Anspruch auf *allgemeingültiges* und aufgrund der in ihm hergestellten Verknüpfungen *notwendiges* Wissen. Ewig-Gültiges – das Reich der Vernunft – und Geschichte sind hier einander äußerlich; wenn aber – so Kierkegaard – »das Ewige und das Geschichtliche eins außerhalb des andern stehen, ist das Geschichtliche nur Veranlassung.«[1] Das Denk-Problem besteht darin, daß das Ewige und das Geschichtliche aufgrund seiner Zufälligkeit in der Zeit unaufhebbar inkompatibel miteinander zu sein scheinen: Das Ewig-Gültige ist die Sphäre der in sich gegründeten Notwendigkeit, des Unbedingten; das Geschichtliche ist kontingent, es könnte anders oder überhaupt nicht sein, ist von Zufälligkeit und Bedingtheit, ja Beliebigkeit gezeichnet. Kann der Mensch von sich aus – in der radikalen Zufälligkeit seiner Existenz und ihrer Vollzüge – zum Ewig-Allgemeingültigen kommen? Oder ist er darauf angewiesen, daß das Ewige zu ihm kommt? Im Wissen kann der Mensch sich zu Allgemeingültigem erheben. Aber damit »vergißt« er gerade sein kontingent-zufälliges Dasein. Oder er klammert sich an das Zufällige – die zufälligen Gegebenheiten und Bedingungen – seiner geschichtlichen Existenz und verliert damit jede Möglichkeit, ihre abgründige Beliebigkeit zu überwinden. Die »glückliche Leidenschaft« des Glaubens, »deren Gegenstand das Paradox ist«, bringt beides zusammen: »… das Paradox macht gerade das Widersprechende eins, ist die Ewigsetzung des Geschichtlichen und die Geschichtlichsetzung des Ewigen.« Der Glaube hält sich an das Paradox, hält sich daran, daß zusammengebracht und zusammengehalten ist, was Erkenntnis nicht zusammenbringen kann. Deshalb ist »Glaube keine Erkenntnis …, denn alles Erkennen ist entweder Erkennen des Ewigen, und läßt dann das Zeitliche und das Geschichtliche als das Gleichgültige ausgeschlossen sein, oder ist das rein geschichtliche Erkennen«[2], das nicht bis zu einer ewigen Gültigkeit des Historischen vordringen kann.

Das Paradox, an das der Glaube sich hält, ist paradox, weil Zufälliges und Ewig-Gültiges, Bedingtes und Unbedingtes vom Menschen her gesehen nicht zueinander passen und von ihm auch nicht miteinander vermittelt werden können. Das hat Kierkegaard in beständiger Abgrenzung gegen Hegel herausgearbeitet und als die Ursprungssituation der Sünde dargestellt. Sünde hat ihren abgründigen Grund in der Unmöglichkeit, die *Synthese* zu setzen, die der Mensch ist, die sein *Existieren* ausmacht: die Synthese von Ewigem und Zeitlich-Zufälligem, Unendlichkeit und Endlichkeit, von Absolutheit und Relativi-

---

[1] Philosophische Brocken, 57.
[2] Ebd., 58 f.

tät, von Idealität und Faktizität.[3] Der Mensch ist ein »Zwischenwesen«, das aus Endlichkeit und Unendlichkeit zusammengesetzt ist und seine Unendlichkeit in der Endlichkeit, in seinem faktisch-kontingenten Dasein – als Individualität – zu leben hat. Die Ursituation des Sündigens – des Unglaubens – ist die der »mißglückten Synthese«. Der Mensch will ohne Gott für und durch sich selbst die Synthese leisten[4]; er will sich in ursprünglichem Freiheitsvollzug als kontingente Individualität auf seine ewige Bestimmung hin verwirklichen, sich eine absolute Bedeutung geben. Aber in der Abwendung von Gott erfährt er die Beziehungslosigkeit seiner geschichtlich-zufälligen, individuellen Existenz zum Reich der ewigen, in sich notwendigen – nicht anders sein könnenden – Geltungen. Er weiß sich selbst als kontingent: im Gegenüber zur inneren Notwendigkeit des in sich Sinnvollen als grundlos-beliebig, als bedeutungslos.

Kierkegaard transponiert hier die von der Aufklärung geltend gemachte denkerische Unvereinbarkeit des Allgemeingültig-Ewigen mit dem Geschichtlich-Kontingenten ins Existentielle. Wenn diese Unvereinbarkeit letztgültig bliebe, so müßte sich der Mensch in seiner unaufhebbaren Kontingenz und Individualität als endgültig verloren und beliebig ansehen: als verloren angesichts eines ewig-allgemeingültigen Sinnes, an dem das Zufällig-Kontingente gerade nicht teilhaben, in dem es keinen Rückhalt finden kann. Seiner Beliebigkeit aber wird der Mensch mit dem Erwachen zur Freiheit inne. Kierkegaard beschreibt dieses Erwachen in »psychologischer« Annäherung: Wird der Mensch seiner Freiheit gewahr, so gerät ihm alles in die Perspektive der Kontingenz – es kann auch anders sein; in die Perspektive eines leeren Möglichkeitsraumes, in dem alles, was konkret gewollt und realisiert wird, absolut zufällig und bedeutungslos zu werden droht angesicht dessen, was *auch* gewollt und gewählt werden könnte und angesichts der Möglichkeit, daß das jetzt Gewählte vom morgen Geschehenden überholt und zwecklos gemacht wird. Freiheit negiert die Unendlichkeit des auch noch Möglichen um des Gewählten willen und nimmt das Gewählte wie den Wählenden selbst eben doch im Feld der unendlichen Möglichkeiten wahr, das es abgründig fraglich werden läßt, ob überhaupt eine konkret-kontingente Wahl wohl begründet und das durch sein Wählen sich realisierende Individuum eine sinnvolle Existenz sein könnte.

Freiheit reißt gewissermaßen die Unvereinbarkeit des ewig Sinnvollen und des kontingent Gegebenen und Gewählten erst auf – und verdeckt sie sich zugleich, da sie dem Schwindel und dem Erschrecken entgehen will, der mit dem Blick in ihren Abgrund verbunden ist, in den Abgrund der Grund-losigkeit ihrer konkreten Wahl, ihrer konkret-zufälligen Realisierung. Der Blick in den Abgrund der Freiheit, für die alles grundlos werden kann, da sie »grund-los« – ohne determinierenden Grund – wählt, ängstigt das Individuum; diese Angst aber kann man – so Kierkegaard –

---

[3] Vgl. Unwissenschaftliche Nachschrift, Zweiter Teil, 1 ff. bzw. 32 f.
[4] Vgl. Die Tagebücher, Bd. 3, 234: »Sünde ist, daß man nicht glaubt.«

»vergleichen mit Schwindel. Der, dessen Auge es widerfährt, in eine gähnende Tiefe niederzuschauen, er wird schwindlig. Aber was ist der Grund? Es ist ebensosehr sein Auge wie der Abgrund; falls er nicht herniedergestarrt hätte. Solchermaßen ist die Angst der Schwindel der Freiheit, der aufsteigt, wenn der Geist die Synthese setzen will, und die Freiheit nun niederschaut in ihre eigene Möglichkeit, und sodann die Endlichkeit packt, sich daran zu halten. In diesem Schwindel sinkt die Freiheit zusammen«[5].

Die Freiheit versucht, sich im Griff nach dem Zufälligen »ästhetisch« zu behaupten – und verleugnet die innere Verbindlichkeit, der sie in ihren Entscheidungen gehorchen müßte. Sie »packt« die Endlichkeit, will die Individualität nicht dem allgemein Verbindlichen opfern.[6] Der ästhetisch Existierende will die Endlichkeit festhalten, genießen. Aber damit liefert er sich an das Kontingente aus: an die Zufälligkeiten, die den Genuß ermöglichen oder verweigern. Er lebt in der Kontingenz des bloß äußerlich Gegebenen, verabsolutiert es gleichsam und verleugnet so sein Selbstsein; er will verzweifelt nicht er selbst sein. Die Alternative zur ästhetischen Selbst-Behauptung, die ja gerade zum Selbst-Verlust führt, wäre die ethische. Hier versucht der individuell-zufällig Existierende der Beliebigkeit seiner Wahl – letztlich seiner Selbst-Wahl – dadurch zu entkommen, daß er ihr von sich aus einen ewig-verbindlichen Gehalt gibt. Aber er kann dessen notwendig-ewige Geltung nicht selbst verbürgen. Sie bleibt unaufhebbar *seine* Wahl, behaftet mit der Zufälligkeit des Wählenden, die dieser sich nur verhehlen kann, indem er sie – sich selbst und seine Wahl verabsolutierend – überspringt, verzweifelt er selbst sein will.[7]

Menschliche Freiheit kann sich selbst keinen Gehalt geben, der ihrer Realisierung im Zufälligen den Makel der Beliebigkeit nähme und ihr einen ewigen Sinn verleihen würde. Deshalb »sündigt« sie immer schon, indem sie die im »Schwindel« der Angst wahrgenommene Beliebigkeit ihrer Wahl verdrängt: im ästhetischen Ergreifen des an sich Gleichgültigen oder in verabsolutierender Affirmation einer ethischen Verbindlichkeit, die doch in kontingenter Wahl realisiert wird.[8]

Das »Außereinander« von ewiger, sinnverleihender Verbindlichkeit und zufällig bleibender Selbst-Wahl wäre nur überwunden, und die Leidenschaft, in geschichtlicher Existenz das Ewig-Bedeutsame wählen und leben zu können, wäre nur »glücklich« befriedigt, wenn das Ewige selbst sich geschichtlich schenkt. Der Glaube glaubt an dieses Geschenk: an das Sich-selbst-geschenkt-

[5] Vgl. Der Begriff Angst, Gesammelte Werke, 11. und 12. Abteilung, 60 f.
[6] Man wird nicht fehlgehen, wenn man in Kierkegaards Analyse der ästhetischen Existenzweise eine Auseinandersetzung mit der »romantischen« Reaktion auf das Allgemeinheits- und Vernunftpathos der Aufklärung erblickt.
[7] Vgl. Die Krankheit zum Tode. Gesammelte Werke, 24. und 25. Abteilung, 45 ff. Drewermann nimmt ausführlich Bezug auf diese Analysen in: Strukturen des Bösen. Die jahwistische Urgeschichte in exegetischer, psychoanalytischer und philosophischer Sicht, Bd. 3, Paderborn ³1982, 436 ff.
[8] Zur Deutung der Angstanalysen Kierkegaards vgl. M. Bongardt, Der Widerstand der Freiheit. Eine transzendentaldialogische Aneignung der Angstanalysen Kierkegaards, Frankfurt a. M. 1995.

Sein von einem Gott, der mich in all meiner Zufälligkeit *so* ins Dasein gerufen hat[9]; an das Geschenk, in dem Gott sich selbst zu einem kontingent Geschichtlichen so in Beziehung gesetzt hat, daß diese geschichtliche Gegebenheit – der Mensch Jesus – Gottes ewige Gegenwart in der Geschichte ist, von der der Mensch sich im Glauben ergreifen und zu seiner ewigen Vollendung bringen lassen darf. Die Unendlichkeit ist hier nicht mehr verhältnislos zur Endlichkeit des so und nicht anders Gesetzten; das Endliche ist zur Unendlichkeit in ein Verhältnis gesetzt, das ihm all das, was es nicht ist – den unendlichen Raum des Möglichen – nicht als das Feld der Beliebigkeit zumutet, sondern als den offenen Horizont seiner Freiheit – seines Werdenkönnens – zurückgibt. Glaube kann deshalb auch beschrieben werden als »die innere Gewißheit, welche die Unendlichkeit vorwegnimmt«[10]: die innere Gewißheit, daß die Unendlichkeit nicht leere Unendlichkeit ist, in der sich die Individualität als gleichgültige verlieren wird; die innere Gewißheit, daß das uneinholbar Unendliche mein Dasein und meine Freiheit nicht als gleichgültig überholt und vernichtet, sondern sich mir in Liebe zugewendet hat und mich in meiner unaufhebbaren Kontingenz und Individualität als unendlich bedeutsam aufnimmt. Diese innere Gewißheit ist durch den vermittelt, der diese Zuwendung selbst ist – auf paradoxe, ja absurde Weise ist, gemessen an den Selbstverständlichkeiten der Aufklärung, für die es keinen Übergang von der Ewigkeit – dem Ewig-Gültigen, Unbedingten – in die Zeit – den Bereich der Kontingenz und Bedingtheit – geben kann. Offenbarung ist genau dieser Übergang. Er ist nicht denkbar, aber *geschehen* und im Glauben zu ergreifen.

Kierkegaard denkt die Möglichkeit dieses Übergangs; und er denkt sie als allein in Gottes Handeln – in Gottes geschichtlicher Selbstvergegenwärtigung – begründbar. Vom Menschen her kann es den Übergang, die μετάβασις, nicht geben; diese Voraussetzung teilt Kierkegaard mit Lessing und der Aufklärung. Von Gott her kann es ihn nur so geben, daß er sich nicht dem Feld der geschichtlich-kontingenten Übergänge einebnet, sondern gleichsam senkrecht von oben – in der »Fülle der Zeit«, dem vom Ewigen erfüllten »Augenblick« – geschieht.[11] Der Glaube hält sich an den von Gott her geschehenen und geschehenden Übergang, indem er mit dem »Augenblick« gleichzeitig wird, also seinerseits – im Ergriffenwerden vom Ewigen in der Zeit – das Feld des geschichtlich Gleichgültigen für sich gleichgültig sein läßt. Nur der Augenblick zählt, nicht der geschichtliche Verlauf. So ist hier die »entscheidende Forderung, die Abhängigkeit von der Geschichte zu überwinden. Was als Aufgabe bleibt, ist *Aussonderung* aus der Verfallsgeschichte. Wer sich aus ihrem Wirbel retten will, der muß jenseits ihrer das Absolute oder das Unbedingte (und also nicht Relativier-

---

[9] So bedeutet Glauben für das Selbst des Menschen: »indem es sich zu sich selbst verhält, und indem es es selbst sein will, gründet sich das Selbst durchsichtig in der Macht, welche es gesetzt hat«; Die Krankheit zum Tode, a. a. O., 134.
[10] Begriff der Angst, 163.
[11] Vgl. Philosophische Brocken, 16.

bare) finden und mit seiner Hilfe einen Stand in der Zeit gewinnen.«[12] Das ist nur im Glauben möglich, der mit dem Augenblick – der Fülle der Zeit – gleichzeitig geworden ist und sich in ihm die »Bedingung« dafür schenken läßt, in der Zeit Stand zu gewinnen.

Kierkegaard hat damit die Koordinaten vorgegeben, in denen die »dialektische Theologie« der ersten Hälfte des 20. Jahrhunderts von der Offenbarung als dem Ereignis im *Augenblick* der Verkündigung bzw. des Ursprungs aller Verkündigung sprechen konnte. Wie die Ankunft Christi ein »ewiges Ereignis« ist, das in der Zeit geschah, so glaubt der Christ in der Geschichte und steht doch in seinem Glauben »jenseits von Zeit und Geschichte«.[13] Glauben bedeutet für *Rudolf Bultmann* eine Weise des Selbstverständnisses, das sich nicht aus der Geschichte und ihren Möglichkeiten definiert, sondern von der im eschatologischen Ereignis der Ankunft Christi geschehenen und eröffneten Zukunft Gottes her versteht und so der Gnade teilhaftig wird, frei für Gott und geöffnet für die je eigene Gegenwart in dieser Welt leben zu können.[14] *Geschichtlichkeit* – das Existierenkönnen des Menschen in der Geschichte trotz der vertanen Möglichkeiten in der Vergangenheit und trotz der Unausweichlichkeit des auf ihn zukommenden Todes – ist hier Sinn der Offenbarung wie der Geschichte. Die Geschichte selbst bleibt das Feld des Relativen und Gleichgültigen, in dem keine Rettung zu finden ist.

Muß dies nicht so sein, wenn von Offenbarung gesprochen werden soll? Muß es nicht bei dem paradoxen Ineinander des Ewigen und des Geschichtlichen[15] bleiben, damit nicht ein allzu vernünftiges Ineinander daraus wird: die Idee des Ewigen in geschichtlicher Entfaltung bzw. der Geschichte als dem Sich-Durchsetzen dessen, was allein ewige und unbedingte Bedeutung für sich beanspruchen darf? Kierkegaards Widerspruch ist zuletzt der Widerspruch gegen die Verabsolutierung der Geschichte, ein Widerspruch – wie sich zeigte –, der die Geschichte zur Verfallsgeschichte macht und deshalb in der zweiten Hälfte unseres Jahrhunderts auf energischen, gerade auch theologischen Widerspruch traf. Wie begründet ist dieser Widerspruch gegen Kierkegaards Widerspruch in offenbarungstheologischer Perspektive? Was ist davon zu halten, daß man in der Theologie geneigt schien, Hegel und seine Schüler wieder gegen Kierkegaard ins Recht zu setzen?

---

[12] W. Anz, Philosophie und Glaube bei S. Kierkegaard, in: H. H. Schrey (Hg.), Søren Kierkegaard, Darmstadt 1971, 173–239, hier 211 f.
[13] So E. Frank, zitiert von: R. Bultmann, Geschichte und Eschatologie, Tübingen ²1964, 182.
[14] Vgl. ebd., 179 f.
[15] Vgl. Philosophische Brocken, 57 f.

4.2 Was kann in der Geschichte geschehen?

Die Bilanz scheint schnell abgeschlossen: Hegels Verständnis der Selbst-Offenbarung des Göttlichen bzw. des absoluten Geistes in der Geschichte macht die Geschichte insgesamt zum Offenbarungsereignis. In ihr legt sich der absolute Geist aus; in ihr kommt er zu sich selbst. So hieße auf Offenbarung sich beziehen *erkennen*, was in der Geschichte eigentlich vorgeht. Aber ist das noch Offenbarungserkenntnis, und wenn ja: die Erkenntnis der Selbstoffenbarung wessen? *Ludwig Feuerbach* zog hier eine Konsequenz, die angesichts der Mißverständlichkeiten des Hegelschen Konzepts nahelag: Die Geschichte offenbart nichts anderes als – *den Menschen selbst*, in den Möglichkeiten, die der Gattungsgeschichte des Menschen zu realisieren aufgegeben sind. Geschichte ist Raum der Immanenz, der Selbstbezüglichkeit des Menschen. In allem, was in ihr geschieht, auch bei all dem, was ihm dabei widerfährt, ist sich der Mensch selbst Gegenstand. Die Unendlichkeit ihres Horizonts reflektiert dem in Geschichte existierenden und in ihr handelnden Menschen »die Unendlichkeit des eigenen Wesens«. *Diese* Unendlichkeit hat nicht noch einmal eine andere – göttliche – außer sich. Sie ist selbst göttlich; sie ist sich selbst der letzte Horizont, in welchem die Entfaltung des menschlichen Wesens als nicht mehr relativierbarer *Zweck in sich selbst* wahrgenommen und als Herausforderung angenommen wird. Die Wesensvollzüge des Menschseins, in denen der einzelne Mensch – das empirische Ich – auf das Wahre, Gute und Liebenswerte schlechthin bezogen ist und ihm in der Geschichte nahezukommen sucht, bringen diese letzte Selbstbezogenheit des Menschen zur Geltung:

> »Wir denken, um zu denken, lieben, um zu lieben, wollen, um zu wollen, d. h. frei zu sein. *Wahres* Wesen ist denkendes, liebendes, wollendes Wesen. Wahr, vollkommen, göttlich ist nur, was *um seiner selbst willen ist*. Aber so ist die Liebe, so die Vernunft, so der Wille. Die göttliche Dreieinigkeit *im* Menschen *über* dem individuellen Menschen ist die Einheit von Vernunft, Liebe, Wille.«[16]

Die Wesenstrinität *über* dem Menschen ist in ihm, ihm immanent, insofern er sich auf die Gattung Mensch bezogen weiß, in ihr sein eigenes Wesen hat. Was

---

[16] L. Feuerbach, Das Wesen des Christentums, Werke in sechs Bänden, Bd. 5, 19. Die von Feuerbach in Anspruch genommene Figur des »um seiner selbst willen« dürfte der Mystik Meister Eckharts entstammen; sie ist in ihr jedenfalls von zentraler Bedeutung. Meister Eckhart kann – auf den ersten Blick Feuerbach fast schon vorwegnehmend – sagen: »So begehrenswert ist das Leben in sich selbst, daß man es um seiner selbst begehrt.« Aber für ihn ergibt sich diese Aussage daraus, daß das, was der Mensch so sehr liebt, »sein Sein ist« und »Gottes Sein ... mein Leben« ist. Ist aber – so Eckharts kühne Konsequenz – »mein Leben Gottes Sein, so muß Gottes Sein mein sein und Gottes Wesenheit meine Wesenheit, nicht weniger und nicht mehr (Predigt 7: Iusti vivent in aeternum, in: Meister Eckhart, Deutsche Predigten und Traktate, hg. von J. Quint, München ⁵1978, 182–185, hier 184). Der erste Blick, der in Feuerbach geradezu den Jünger Meister Eckharts sieht, täuscht, weil er die entscheidende Differenz nicht sieht: Das Sein des Menschen ist göttlich, da Gott »mich als sich und sich als mich und mich als sein Sein und als seine Natur« gebiert – so Meister Eckhart (a. a. O., 185). Das Sein des Menschen ist göttlich; deshalb kann und soll das Menschengeschlecht sich jene göttliche Selbstzwecklichkeit *aneignen*, die in der Mystik Gottes Sein auszeichnet – so Feuerbach.

den Menschen mit der Macht des Zweckseins in sich selbst unbedingt angeht und mit letzter Sinnhaftigkeit herausfordert, das ist die geschichtliche »Selbstbetätigung, Selbstbejahung, Selbstliebe der menschlichen Gattung« im Einzel-Ich; darin setzt sich die Gattung Mensch als letzte Wirklichkeit, darin ist sie »sich selbst genug.«[17]

Kann sich die Gattung Mensch selbst genug sein? Kann ihr die Geschichte der Realisierung ihrer selbst als äußerster Horizont des für den Menschen Bedeutsamen genug sein; kann sie ihr – als Offenbarung dessen, was der Mensch wesentlich ist – die Selbstoffenbarung des Absoluten sein: dessen, was Zweck in sich selbst ist und nicht eine noch einmal über sich selbst hinausweisende, »vorletzte« Wirklichkeit? Feuerbach hat es so gesehen und die transzendente Trinität, die dem Glaubenden in der traditionellen Religion Teilhabe an sich verhieß, als Trinität der menschlichen Wesensvollzüge dechiffriert, die dem Einzelmenschen die Teilhabe am wahren Menschsein vermitteln. Aber *wie* offenbart sich diese Trinität – und *was* offenbart sie letztlich, wenn sie sich als Zweck in sich selbst offenbart? Offenbart sie wirklich mehr als das Scheitern, die Endlichkeit und – nach Feuerbach – »Nichtigkeit«[18] aller empirisch-geschichtlichen Selbstrealisierungen des Menschseins? Offenbart die Gattungsgeschichte des Menschen mehr als die tiefe Zwiespältigkeit dessen, was »im Menschen ist«, dessen, was er aus sich selbst und mit seinesgleichen machen kann? Ist die Geschichte nicht doch nur das Offenbarwerden – das »Herauskommen« – dessen, was diese Geschichte zur Selbst-Steigerungs- und Selbstzerstörungsgeschichte des Menschen macht? Die Frage nach einem *anderen* Offenbarungsgeschehen wäre nur dann von vornherein gegenstandslos, wenn man die Gattungsgeschichte als Epiphanie der Menschheit, ihres sich aus sich selbst vollendenden Zwecks in sich selbst, verstehen dürfte. Die Zuversicht der Aufklärung, die Menschheitsgeschichte sei diese Epiphanie des Ewig-Allgemeingültigen, erreichte bei Feuerbach ihre Peripetie – und zersetzte sich in den anderthalb Jahrhunderten seither nur umso gründlicher. Das heißt nun nicht, daß auch der Glaube an eine *andere* Offenbarung – an eine Offenbarung womöglich in der Geschichte – seither wieder Kredit gewonnen hätte. Soviel läßt sich immerhin sagen: Die Frage nach einer anderen Offenbarung angesichts dessen, was über den Menschen in der Geschichte herauskommt – angesichts der Epiphanie des Menschseins in einer Entdeckungs- und Katastrophengeschichte –, sie fragt nach etwas, was nicht von vornherein als sinnlos und überflüssig abgetan werden kann. Aber was könnte diese andere – besondere – Offenbarung denn mitteilen, was könnte sich in ihr mitteilen angesichts dessen, was in der Geschichte als ganzer offenkundig herauskommt? Könnte sich in ihr etwa geschichtlich – an einzelnen Ereignisfolgen ablesbar – mitteilen, wofür die Wirklichkeit im Letzten »spricht«? Wie könnte es sich in ihr mitteilen? Vielleicht läßt sich das in diesen Fragen Erfragte deutlicher fassen, wenn es in einem Konzept der Theologie des 20. Jahrhunderts

---

[17] Vgl. L. Feuerbach, Das Wesen des Christentums, a. a. O., 23 f.
[18] Vgl. ebd., 22 f.

aufgesucht wird, das sich von ihnen nachhaltig herausfordern ließ: in Rahners Theologie der Offenbarung.

4.3 Menschliche Selbsttranszendenz und Gottes Offenbarung

Karl Rahner setzt – wie Feuerbach – bei den drei Grundvollzügen des Menschseins an. Aber er versteht sie nicht als selbstbezügliche, sondern als *transzendierende* geistige Akte. Er versucht zu zeigen, daß der Mensch in seinem Erkennen, Streben und Handeln immer schon den einzelnen endlichen Gegenstand seiner geistigen Grundvollzüge auf einen umfassenden *Horizont* hin transzendiert, in dem das Endliche als sinnvoller und bedeutsamer Gegenstand menschlichen Strebens erscheint und der die beim Endlichen nicht zur Ruhe kommende Dynamik menschlichen Erkennens, Strebens und Handelns auf sich zieht. Dieses Ziel der geistigen Dynamik des Menschen läßt die Gegenstände der geistigen Selbstvollzüge als *endliche* erfahrbar werden; es entzieht sich zugleich der Vergegenständlichung durch die auf Endliches eingestellten Vollzüge des Erkennens, Strebens und Handelns. So ist es dem Menschen als das geheimnisvolle, nicht mehr ergreifbare und aufschließbare *Woraufhin* seiner geistigen Dynamik gegenwärtig, als transzendentale Bedingung der Möglichkeit und deshalb nicht zugleich auch als endlich-gegenständliches Ziel dieser Dynamik. Das Gegenwärtigsein dieses unendlichen Geheimnisses im Modus des Entzugs – der Ungewißheit über das letzte Ziel menschlich-geistigen Selbstvollzugs – kann von Rahner »natürliche Offenbarung Gottes« genannt werden, insofern Gott hier als Bedingung der konstitutionellen Offenheit des Menschen, also von der Natur des menschlich-endlichen Geistes, aber nicht von sich selbst her zur Sprache kommt. Vom Menschen her muß offen bleiben, in welchem Sinne die geistige Dynamik des endlichen Geistes an ihr letztes Ziel kommt, ob und wie sie von diesem Ziel gerechtfertigt wird. Soweit bleibt Rahners Theorie transzendentale, nach den Bedingungen der Möglichkeit geistig-menschlicher Selbstvollzüge fragende Anthropologie. In transzendentaler Anthropologie stellt sich aber – so Rahner – zumindest die Frage, ob das unendliche Geheimnis »die für uns schweigend in sich verschlossene und uns in unsere Endlichkeit hineindistanzierende Unendlichkeit oder die radikale Nähe der Selbstmitteilung sein will«[19], ob es uns von sich aus mitteilt, wie es das Ziel unserer geistigen Selbstvollzüge sein will. Von dieser in der Geistnatur des Menschen gelegenen natürlichen Offenbarung her kann deshalb die »eigentliche Offenbarung Gottes« zur Sprache kommen:

> »Diese ist nicht einfach schon mit dem geistigen Sein des Menschen als Transzendenz gegeben, sondern sie hat Ereignischarakter, sie ist dialogisch, in ihr redet Gott den Menschen an, tut ihm das kund, was nicht einfach durch den notwendigen Ver-

---

[19] K. Rahner, Grundkurs des Glaubens, Freiburg i. Br. 1976, 173.

weis aller Weltwirklichkeit auf Gott in der Transzendenz des Menschen immer und überall an der Welt ablesbar ist, eben die Frage nach Gott und die Gefragtheit des Menschen durch dieses Geheimnis. Die eigentliche Offenbarung eröffnet vielmehr, was – die Welt und den transzendentalen Geist vorausgesetzt – noch an ihr und für den Menschen unbekannt ist: die innere Wirklichkeit Gottes und sein personal freies Verhalten zur geistigen Kreatur.«[20]

»Eigentliche Offenbarung« ereignet sich nicht schon da, wo sich der Mensch selbst als Frage, als über alles Gegenständliche transzendierendes Wesen erfährt. Sie ereignet sich, wo Menschen sich von Transzendenz ergriffen und für ihr eigenes wie für das Wesen der Transzendenz geöffnet erfahren. Sie ereignet sich in der Tiefe jeder geistig-personalen Erfahrung – als das, was sie hervorruft und trägt. Gott teilt sich mit, wo der Mensch das Wagnis der Liebe, des Selbsteinsatzes in Treue und Konsequenz, des Sich-Verlassens auf das Erkannte über alle endliche Rechtfertigung hinaus gerechtfertigt erfährt, wo er die transzendierende Dynamik seines geistigen Seins nicht als autonome Macht des menschlichen Subjekts, »sondern als eröffnet und getragen durch ihr Woraufhin erfährt«[21]. Wer sich etwa auf das Wagnis der Liebe und Treue vorbehaltlos einläßt, der verläßt sich – ob er sich dessen reflex bewußt ist oder nicht – auf eine Macht, die seinem Wagnis gegen die Gleichgültigkeit dieser Welt recht geben wird und ihn für dieses Wagnis geöffnet hat. Diese göttliche Macht, die den Menschen erst zur wahren Offenheit seines geistigen Selbstvollzugs ermächtigt, bringt sich zur Erfahrung,

> »wenn man plötzlich die Erfahrung personaler Liebe und Begegnung macht, plötzlich selig erschreckt merkt, wie man in Liebe absolut, bedingungslos angenommen wird, obwohl man für sich allein in seiner Endlichkeit und Brüchigkeit dieser Bedingungslosigkeit der Liebe von der anderen Seite gar keinen Grund und keine zureichende Begründung geben kann, wie man selbst ebenso liebt, in unbegreiflicher Kühnheit die gewußte Fragwürdigkeit des anderen überspringend, wie diese Liebe in ihrer Absolutheit einem Grund vertraut, der ihr selbst nicht mehr untertan ist, ihr in seiner Unbegreiflichkeit zuinnerst und von ihr unterschieden zugleich ist.«[22]

Transzendentale Offenbarung ereignet sich in der Öffnung des Menschen für jene Verwiesenheit seiner Existenz auf ein das Wagnis menschlichen Lebens und Liebens rechtfertigendes göttliches Du hin, wie sie nicht schon mit seiner kreatürlichen Offenheit und Selbsttranszendenz gegeben ist, sondern erst in einer gnadenhaften Zuwendung Gottes zu *jedem* Menschen geschieht. Gott ist den Menschen immer schon hilfreich nahe, indem er sie, wenn sie sich seiner gnadenhaften Zuwendung nicht verweigern, für die Möglichkeit einer liebenden, über den Tod hinaus gerechtfertigten und nicht in tödlichem Selbstverlust

---

[20] Ebd., 173 f.
[21] K. Rahner, Gotteserfahrung heute, in: ders., Schriften zur Theologie IX, Einsiedeln 1970, 161–176, hier 165.
[22] Ebd., 169.

endenden Selbsttranszendenz aufschließt. Wer – innerhalb oder außerhalb der christlichen Überlieferungsgemeinschaften – dieser von Gottes helfender Gnade eröffneten Möglichkeit und damit Gott selbst traut, der *glaubt*, weil er sich auf die Liebe und in der Liebe auf Gott verlassen hat; für den ist die Öffnung zur selbstlosen Liebe und zur sittlichen Tat, die sich an ihm vollzogen hat, zur Selbstoffenbarung Gottes geworden – ob er sich reflex als Empfänger der transzendentalen göttlichen Selbstoffenbarung weiß oder nicht. Und diese transzendentale Offenbarung ist zugleich die von Gott gegebene Bedingung der Möglichkeit dafür, daß die geschichtlich-kategoriale Selbstoffenbarung Gottes beim Menschen ankommen und von ihm so aufgenommen werden kann, wie sie von Gott gemeint ist.

Die transzendentale Offenbarung bestimmt und »begleitet« – als angenommene wie als abgewiesene – alle geistigen Vollzüge des Menschen. Aber sie ist als solche nicht Gegenstand bzw. Thema menschlicher Erkenntnis oder menschlichen Strebens. Transzendentale Offenbarung eröffnet aller Begegnung einen verheißungsvollen Horizont. Aber als transzendentale begegnet sie nicht selbst in diesem Horizont. Soll Gottes Selbstoffenbarung als solche gewußt und für den Menschen zum Thema werden, soll sie nicht nur als Ermöglichung und Inspiration menschliches Bewußtsein »hintergründig« mitbestimmen, sondern dem Menschen als personales Begegnungsereignis zu Bewußtsein kommen, so muß sie sich als gegenständlich-geschichtliche Realität zeigen. Und tatsächlich lassen sich die Religionen als Versuche deuten, die transzendentale Offenbarung an Offenbarungsträgern und Offenbarungsereignissen zu vergegenständlichen und sie – in der Nachfolge der Offenbarungsträger, ihre Botschaft hörend und weitergebend – in Sätzen und Glaubenslehren auszulegen:

> »In jeder Religion wird an sich der Versuch gemacht (wenigstens von seiten des Menschen), die ursprüngliche, unreflexe und ungegenständliche Offenbarung geschichtlich zu vermitteln, zu reflektieren und satzhaft auszulegen. In allen Religionen finden sich einzelne Momente solcher geglückter, von Gottes Gnade ermöglichter Vermittlung und Selbstreflexion des übernatürlich transzendentalen Verhältnisses des Menschen zu Gott durch die Selbstmitteilung Gottes, durch welche Momente Gott den Menschen auch in der Dimension seiner Gegenständlichkeit, seiner konkreten Geschichtlichkeit eine Heilsmöglichkeit schafft. Aber so wie Gott die Schuld des Menschen überhaupt zugelassen hat und diese sich in allen kollektiven und gesellschaftlichen Dimensionen des Menschen verdunkelnd und depravierend auswirkt, so ist dies auch in der Geschichte der vergegenständlichenden Selbstauslegung der gnadenhaften Offenbarung durch den Menschen der Fall. Sie glückt nur teilweise, sie steht immer in einer noch unvollendeten Geschichte, sie ist untermischt mit Irrtum, schuldhafter Verblendung und deren Objektivationen, die selbst wiederum die religiöse Situation der anderen Menschen mitbestimmen«.[23]

Vom Menschen und seiner alle Dimensionen geistigen Lebens bestimmenden Sündigkeit her kann die Zweideutigkeit solcher Objektivationen – das Beiein-

---

[23] Grundkurs des Glaubens, 176.

ander von heilsamer Offenbarungswahrheit und verblendeter menschlicher Selbstauslegung – niemals überwunden werden. So bedarf es der Vorsorge Gottes, seiner »übernatürlichen Heilsprovidenz«, damit der Sinn der transzendentalen Selbstoffenbarung an gegenständlichen Zeichen der Offenbarung unverfälscht wahrgenommen und in einer speziellen Offenbarungsgeschichte für die Menschen unzweideutig zum Ausdruck kommen kann. Gott selbst ermöglicht also noch einmal das reflexe, ausdrückliche und unzweideutige kategoriale Gegebensein seiner transzendental-horizonthaften Selbstmitteilung in einer speziellen Geschichte, deren grundlegende Ereignisse die transzendentale göttliche Selbstoffenbarung zuverlässig bezeichnen. Diese Geschichte findet ihren Höhepunkt, wo in einem schlechthin einzigartigen Zeichen der Offenbarung die ansonsten grundlegende und für die Ambivalenz der Zeichen verantwortliche Differenz von Zeichen und Bezeichnetem aufgehoben ist, weil das Bezeichnete im Zeichen vollends zur Geltung kommt; wo also das Zeichen für die göttliche Selbstoffenbarung nicht mehr von sich weg auf das der Anschauung entzogene Bezeichnete verweist, sondern an sich selbst das Bezeichnete *ist*, weil es – als der Sohn – in differenzierter Entsprechungseinheit zu dem sich Offenbarenden – dem Vater – steht.

Rahners Konzept entwirft Offenbarung zugleich anthropologisch und theologisch: Die menschlichen Wesensvollzüge werden als Bewegungen geistiger Selbsttranszendenz erfaßt, die ihrer Ambivalenz – dem Zurückfallen in sich selbst und in die Selbstverschlossenheit – nur entgehen können, wenn sie als vom göttlichen Wort der Selbstzusage hervor-gerufen erfahren und als Antwort auf dieses Wort der Selbstzusage gelebt werden. Das kann durchaus vorreflex geschehen: im nicht weiter gedanklich abgesicherten Vertrauen darauf, daß die Grundvollzüge menschlicher Selbsttranszendenz von ihrem Woraufhin getragen und »gerettet« sind. Rahner sieht aber auch hier die spezifische Dialogstruktur des Offenbarungsgeschehen zumindest implizit gegeben: Auch der implizit bzw. »anonym« Glaubende lebt als Antwort auf das Wort, das nur Gott ihm zusprechen kann, weil es ihm die heilende Gegenwart des Göttlichen und den guten Willen Gottes zuspricht, das Menschsein des einzelnen, konkreten Menschen über alles Menschenmögliche hinaus zu vollenden.

Der geschichtlichen Objektivation dieses Wortes bedarf es, weil sich in das »nur mitgehörte« Wort göttlicher Selbstzusage die Worte mischen, in denen Menschen sich die Rettung ihrer Selbsttranszendenz vom Menschenmöglichen versprechen und sich darin erst recht der abgründigen Ambivalenz des Menschenmöglichen ausliefern. Geschichtliche Objektivationen des Gottesworts haben deshalb die Bedeutung der Bekräftigung der Selbstzusage Gottes – der Bekräftigung schließlich in jenem Wort, in dem Gottes guter Wille wahrhaft vertrauenswürdig und unendlich aufschlußreich geschehen ist und von dem her er in denen, die dieses Wort hören, das Angesicht dieser Welt verändern will. Die geschichtlichen Objektivationen haben dann aber auch die Bedeutung des *Kriteriums*, das Gottes Selbstzusage von den Worten der Selbstvergewisserung im Menschenmöglichen unterscheiden läßt.

Rahners Offenbarungskonzeption ist ebenso perspektiven- wie voraussetzungsreich. Im folgenden soll versucht werden, die hier eröffneten Perspektiven weiter auszuleuchten, ohne daß dafür problematische Aspekte seiner anthropologischen Voraussetzungen wie seine Unterscheidung von transzendental und kategorial in Anspruch genommen werden müßten. Dabei geht es zunächst darum, die kriteriologische Bedeutung geschichtlicher Offenbarung konkreter auszuarbeiten und anthropologisch rückzubinden.

4.4 Gottes Offenbarungswort: Versprechen und Widerspruch

Menschsein bedeutet – sehr allgemein gesprochen, aber wohl doch aufs Entscheidende hin gesehen – in den vielfältigen Krisen- und Entscheidungssituationen eines menschlichen Lebens das Sich-Verlassen-Müssen und Sich-Verlassen-Dürfen auf ein Versprechen von Verläßlichkeit, das mir von »signifikanten anderen« und mehr oder weniger tragfähigen gesellschaftlichen Institutionen gemacht – eher vielleicht *bezeugt* – wird.[24] Dieses Versprechen verspricht, daß es »gut« – verheißungsvoll, erfüllend, beglückend – ist, das Leben als eigenständiges Wesen zu wagen, Beziehungen mit all ihren Konflikten und der Gefahr, mißbraucht zu werden und andere zu mißbrauchen, einzugehen und in Treue zu gestalten. Es verspricht, daß die verausgabten Lebenskräfte nicht einfach nur verbraucht werden, sondern »Frucht bringen«. Es verspricht, daß die Wirklichkeit im Letzten nicht als Instanz der Mißachtung und der Auslöschung, nicht immer schon als der Anfang vom Ende, sondern als der Anfang der Vollendung erfahren werden kann: als Wirklichkeit, in der die Liebe zur Vollendung kommen wird, weil Gott selbst die Liebe ist und sie zur Vollendung bringen wird.[25]

Versucht man, die Versprechen zu artikulieren, auf die hin Leben als Sich-Verlassen gewagt wird, so fließen in die Artikulationsversuche geradezu unwillkürlich religiöse Überlieferungen ein, die Gott namhaft machen als den, der die Verläßlichkeit dieser Versprechen verbürgt, der sie selbst gegeben hat, da er sich offenbarte als der das Versprechen des Lebens und der Liebe über alles Scheitern hinaus Verbürgende. Gottes Selbstoffenbarung ist das Ja Gottes zu dem darin Versprochenen. Und dieses Jawort ist nach der Glaubensüberzeugung der Christen in Jesus Christus »Fleisch« geworden, authentisch-leibhaft gesprochen. In ihm weiß auch Paulus sein Zeugnis begründet:

---

[24] Dieses Konzept greift – u.a. auch im Begriff des »signifikanten anderen« – auf Analysen und Theorien des »Symbolischen Interaktionismus« und der Wissenssoziologie zurück. Vgl. grundlegend G. H. Mead, Geist, Identität und Gesellschaft, dt. Frankfurt a. M. 1968; P. L. Berger, Zur Dialektik von Religion und Gesellschaft, dt. Frankfurt a. M. 1973.

[25] Hierzu habe ich mich detaillierter und in Anknüpfung an wie im Widerspruch gegen P. Sloterdijk (Eurotaoismus. Zur Kritik der politischen Kinetik, Frankfurt a. M. 1989, 174–184) geäußert in meinem Buch: Vom Wagnis des Christseins. Wie glaubwürdig ist der Glaube?, München 1995, 258–268.

»Gott ist treu, er bürgt dafür, daß unser Wort euch gegenüber nicht Ja und Nein zugleich ist. Denn Gottes Sohn Jesus Christus, der euch durch uns verkündigt wurde ... ist nicht als Ja und Nein zugleich gekommen; in ihm ist das Ja verwirklicht. Er ist das Ja zu allem, was Gott verheißen hat. Darum rufen wir durch ihn zu Gottes Lobpreis auch das Amen« (2 Kor 1, 18–20).

Das Wort des Versprechens wird nach christlicher Glaubensüberzeugung im Logos ausgelegt, verbindlich gedeutet und beglaubigt. Was das Sich-Verlassen-Können herausfordern und tragen kann, das begegnet im fleischgewordenen Logos als Gottes schlechthin verläßliche Selbstmitteilung. Der religions- und offenbarungskritische Verdacht, hier spreche doch nur das tiefe Bedürfnis des Menschen nach Selbstbejahung dieses als Gottes Offenbarungswort ausgegebene Ja, läßt sich nicht von vornherein entkräften. Aber man wird ihm vielleicht eher standhalten können, wenn sich bei der Ausdeutung des Offenbarungswortes erweist, wie in ihm nicht nur das schnelle, alle Negativität verdrängende Wort der Selbstbestätigung, sondern jenes schlechthin herausfordernde Wort gesprochen ist, an dem die Menschen je neu die heilsame Provokation wahrnehmen können, die sie über ihre Bedürfnisse, ihre Bedürfnisweckungs- und Bedürfnisbefriedigungs-Systeme hinausruft, eine Provokation, die sie in ihren mehr oder weniger selbstverständlichen Selbstinterpretationen noch tiefer in Frage stellt als das Wort der Religionskritiker.

Gottes Wort ist nicht einfach die »anthropologisch erforderliche« Bestätigung und das stabilisierende Sinnpotential, das den Menschen in allen Anfechtungen durch die Sinnwidrigkeiten der Weltwirklichkeit gewiß und getrost sein läßt, weil er sich zuletzt ja bei Gott geborgen und von ihm bejaht wissen darf. Es ist zumindest ebensosehr die Ansage einer zutiefst irritierenden und infragestellenden Alternative zu den Gewißheiten und Tröstungen, die menschliche Lebenswelten zunächst und zumeist faktisch bestimmen. Gottes Wort *deckt auf*, indem es offenbart, wie Gott – und er allein – für das Versprechen einsteht, auf das hin der Mensch das Leben wagen kann. Es deckt auf, worauf Menschen sich zunächst und zumeist verlassen, wie sie einander Gewalt antun, weil sie sich das Wagnis des Sich-Verlassens ersparen und sich letzte Gewißheiten erzwingen wollen, die nur tödliche Gewißheiten sein können; menschenverbürgte Gewißheiten sind allemal Gewißheiten des Endes und des Abbruchs. Gottes Wort deckt auf, was geschieht, wenn Menschen die Antwort auf die Frage, die sie sind, selbst geben und verbürgen, wenn sie selbst die Einheit von Sinn und Sein sicherstellen wollen, die in dem, was ihnen widerfährt und in dem, was sie tun können, doch immer schon zerbrochen ist.[26]

Was hier geschehen wird – geschehen muß –, ist *apokalyptisch*; und die

---

[26] Luther bringt diesen aufdeckend-»zerstörenden« Charakter des Gotteswortes bzw. seines Kommens so zur Sprache: »Sed vere verbum Dei, si venit, venit contra sensum et votum nostrum. Non sinit stare sensum nostrum, etiam in iis, quae sunt sanctissima, sed destruit ac erudicat ac dissipat omnia« (Das wahre Wort Gottes aber, wenn es kommt, kommt gegen unser Sinnen und Wünschen. Unser Sinnen läßt es nicht bestehen; vielmehr reißt es alles nieder und zerstreut es, gerade auch unser Allerheiligstes); Weimarer Ausgabe Bd. 56, 423, 19–22; Kommentar zu Röm 10, 14.

Apokalypse deckt es auf. Gottes Offenbarungswort ist Apokalypse. Es setzt Gottes Wirklichkeit in heilvolle Spannung zur menschlichen. Es setzt den heilvollen Anfang innerhalb des Zu-Ende-Gehenden und offenbart das Anfangende als Gottes Wirklichkeit, die Todeswirklichkeit des Zu-Ende-Gehenden aber als des Menschen ureigene Wirklichkeit. Offenbarung heißt hier offenlegen, Verdrängungsmechanismen durchbrechen, die die Wahrnehmung dessen, was ist und abläuft, niederhalten wollen; in der Offenbarung geschieht der Zusammenstoß göttlicher Wahrheit mit menschlicher Lüge, die Entmächtigung der Herrscher-Wahrheiten im »Kampf Gottes gegen das Imperium des Drachens«[27].

Das apokalyptische, aber auch schon das prophetische Geltendmachen des Gotteswortes und der Gotteswahrheit führte in den Streit darüber, was gilt und was gelten soll bzw. gelten wird. Gottes Wort teilt nicht einfach zusätzliche, vorhandenes Wissen erweiternde und deshalb willkommene Informationen mit. Es belehrt nicht nur über Sachverhalte, die zuvor unzugänglich gewesen wären. Es trifft vielmehr auf einen Verdrängungszusammenhang, auf Abwehrsysteme, die nicht wahrhaben lassen, was mit Gottes Wort geltend gemacht wird, die abzuwehren oder zu verfälschen versuchen, was in ihm nahekommen will. Auf den Verdrängungszusammenhang der Sünde trifft Gottes Wort im »Freimut« – der παρρησία – all derer, die öffentlich dem Logos dieser Welt widersprechen und »frei heraus reden«, was den Widerspruch »der Welt« finden muß, weil es – von Gott her – wahr ist (vgl. Joh 7, 25; 18, 20 f.; Apg 4, 29.31; 1 Thess 2, 2 ff.). Das fleischgewordene Wort ist exemplarisches Ereignis solchen Propheten-Freimuts aus Freiheit, aus der Freiheit des Gottesgeistes, die nichts verbergen muß und deshalb ans absichtsvoll Verdrängte rührt, das »wahre Licht, das jeden Menschen erleuchtet«, das in die Welt kommt und *kommen will*[28], um ihr Dunkel zu durchdringen. Aber den, in dem es in die Welt kam, hat die Welt nicht erkannt und nicht aufgenommen, nicht als das Licht angenommen – so der Johannesprolog (vgl. Joh 1, 9–11).[29] Die Metaphorik von Licht und Finsternis, von Logos und Hören oder Sich-Verschließen bzw. Nicht-Aufnehmen bringt hier die apokalyptische Dynamik der sich durchsetzenden, mit den Widerständen – der Lüge – kämpfenden und sie überwindenden Gotteswahrheit noch deutlich

---

[27] Vgl. J. Ebach, Apokalypse. Zum Ursprung einer Stimmung, in: Einwürfe 2/1985, 5–61, hier 50.

[28] Dieses Kommen wäre durchaus in dem pointierten Sinn zu verstehen, den der eben zitierte Kommentar Luthers zum Römerbrief herausarbeitet.

[29] K. Löning verdanke ich den Hinweis darauf, daß auch hier ein durchaus *apokalyptisches*, apokalyptische Weisheit beanspruchendes Offenbarungskonzept vorliegt. Das läßt sich jedenfalls im Blick auf verwandte, aber auch signifikant abweichende Formulierungen im Ersten Henochbuch mit guten Gründen vermuten:
»Die Weisheit ging aus, um unter den Menschen zu wohnen.
Und sie fand keine Wohnung.
Die Weisheit kehrte an ihren Ort zurück
und nahm ihren Sitz unter den Engeln.
Und die Ungerechtigkeit kam hervor aus ihren Kammern.
Die sie nicht suchte, fand sie.
Und sie wohnte unter ihnen wie der Regen in der Wüste und wie der Tau auf dem durstigen Land«
(1 Hen 42, 2 f.).

zum Ausdruck: Diese Gotteswahrheit will ergreifen; sie will zur Wahrheit werden in denen, die sie aufnehmen und ihr eine Wohnstatt geben. Sie will wahr werden im Zeugnis der Glaubenden, die sich dem Licht aussetzen, sich von ihm erleuchten und in Dienst nehmen lassen, damit Gottes Herrlichkeit nicht länger von den Herrschenden dieser Welt niedergehalten werde. So ist das Kommen des Wortes *Gericht*. Mit diesem Gericht aber

> »verhält es sich so: Das Licht kam in die Welt und die Menschen liebten die Finsternis mehr als das Licht; denn ihre Taten waren böse. Jeder, der Böses tut, haßt das Licht und kommt nicht zum Licht, damit seine Taten nicht aufgedeckt werden. Wer aber die Wahrheit tut, kommt zum Licht, damit offenbar wird, daß seine Taten in Gott vollbracht sind« (Joh 3, 19–21).

Wer die Wahrheit tut, von dem hat der »Geist der Wahrheit« Besitz ergriffen, »den die Welt nicht empfangen kann, weil sie ihn nicht sieht und nicht kennt« (Joh 14, 17); der Paraklet, der, wenn er kommt, »die Welt überführen und aufdecken (wird), was Sünde, Gerechtigkeit und Gericht ist« (Joh 16, 8); der Heilige Geist, der alles ergründet, die Tiefen des Menschen, »auch die Tiefen Gottes« (vgl. 1 Kor 2, 10).

Der Gottesgeist ist für Paulus Gottes Kraft, die einen Glauben hervorbringt, der sich nicht auf Menschenweisheit gründet, diese vielmehr in der ihm mitgeteilten Gottesweisheit selbst als Torheit erachtet – mit dem Risiko, daß die im Glauben an Jesus Christus, den Gekreuzigten und Auferweckten, empfangene Gottesweisheit ihrerseits denen, die sie nicht annehmen, als Torheit erscheinen wird (vgl. 1 Kor 1, 18–25; 2, 5). Was sich in Jesus Christus erfüllte – »Gerechtigkeit und Heiligung und Erlösung« –, das manifestiert das Geheimnis des guten Gotteswillens, der in und an Christus geschah und die ihm Verbundenen mit göttlicher Weisheit erfüllt (vgl. 1 Kor 1, 30). Ihnen hat Gott durch seinen Geist das zuvor verborgene Geheimnis offenbart: »Was kein Auge gesehen hat und kein Ohr gehört hat und in keines Menschen Herz gekommen ist, was Gott bereitet hat denen, die ihn lieben« (1 Kor 2, 9; in Anspielung auf Jes 64, 3).

Der Gottesgeist erschließt dieses Geheimnis, nicht Menschenweisheit. Der Geist des Menschen weiß ja nur, was im Menschen ist. Allein der Geist Gottes weiß, »was in Gott ist« (vgl. 1 Kor 2, 11) – und sich am Gekreuzigten offenbarte. Wer sich ihm anschließt, der hat »nicht empfangen den Geist der Welt, sondern den Geist aus Gott, daß wir wissen können, was uns von Gott geschenkt ist«; der hat »Christi Sinn«, der alles beurteilen läßt, aber selber von niemanden beurteilt werden kann (1 Kor 2, 15 f.).

Insofern diese Offenbarungsvorstellung am Konzept einer apokalyptischen Weisheit orientiert ist, akzentuiert sie den Geschenkcharakter wie auch die aufdeckende Gotteskraft dieser Weisheit. Was Gottes Geist als Gottes Weisheit zugänglich macht, das setzt ins Unrecht, was des Menschen Geist, der ja nur wissen kann, was im Menschen ist, als höchste und letzte Weisheit ausgibt. Die kritisch-aufdeckende Funktion der durch endzeitliche Offenbarung erschlossenen Weisheit Gottes versetzt Menschen in die Lage, was aus Menschengeist stammt von dem zu unterscheiden, was aus Gott selbst stammt, damit der Glaube sich auf das gründen kann, was *aus Gott* und deshalb schlechthin verläßlich ist. Dabei ist selbstverständlich, daß Weisheit hier nicht einfach theoretisches Wissen und daß Offenbarung nicht eine von Gott gewährte Erweiterung solchen Wissens meint, sondern das praktische Lebenswissen um eine verläßliche Lebens- und Heilsperspektive.

Das Neue Testament kennt auch anders akzentuierte Offenbarungsvorstellungen.[30] Aber sie lassen sich dem eben skizzierten apokalyptisch-weisheitlichen Konzept zuordnen. Die Fülle der Offenbarung ist das endzeitliche *Geschehen* der Sendung, des Kreuzes und der Auferweckung Christi, in dem Gottes Geist das Geheimnis des göttlichen Heilswillens offenbart; *so* offenbart, daß dieser Heilswille hier geschieht, von hier aus weiter geschehen will und in seinem Geschehen offenbart, wie Gott die endzeitliche Vollendung der Menschen in »Gerechtigkeit, Heiligkeit und Erlösung« (vgl. 1 Kor 1, 30) wirken will, aber auch offenlegt, wie Menschenweisheit daran scheitert, sich diese Vollendung als Verlängerung des Menschenmöglichen vorzustellen.

Fundamentaltheologie muß in der jeweiligen Situation »gesellschaftlichen Wissens« nachvollziehen, was der Geist Gottes durch die Ereignisse der Offenbarungsgeschichte und zuletzt die Sendung Christi als das Geschehen des guten Gotteswillens erschließt und was dieses Geschehen zu denken gibt; was es zu denken gibt im Blick auf die Kritik christlicher Offenbarungsbehauptungen; was es zu denken gibt angesichts des offenbarungskritischen Versuchs der »Menschenweisheit«, das in der Offenbarung Erschlossene als gegenstandslos oder als gegen authentisches Menschsein gerichtet zu entlarven. Beides – das in Jesus Christus gegebene und bestätigte göttliche Versprechen wie der in ihm angemeldete Widerspruch Gottes gegen die sich seinem Wort verweigernde Menschenweisheit – ist in der fundamentaltheologischen Soteriologie konkreter zu bedenken. Im Kontext des Offenbarungstraktats soll zunächst nur theologisch grundsätzlich zur Geltung gebracht werden,

• daß und warum Gottes Offenbarung das Geschehen ist, »worüber schlechterdings nichts Größeres geschehen kann«, weil darin »Gottes Schwäche für den Menschen« sich als Gottes Kraft erweist[31];

• daß und wie sich in ihr die kritisch-überführende Kraft der Wahrheit beglaubigt, in der sie in sich selbst »norma sui et falsi est« – Kriterium ihrer selbst und des Unwahren ist[32];

• daß und warum diese Gottes-Wahrheit die Menschen dadurch wahr machen will, daß sie den »Sinn Jesu Christi annehmen – gesinnt sind wie er (vgl. Phil 2, 5), seinen νοῦς haben (vgl. 1 Kor 2, 16) – und wie er Gottes Wahrheit durch

---

[30] Vgl. den Überblick bei H. Waldenfels, Einführung in die Theologie der Offenbarung, Darmstadt 1996, 21–37.
[31] Vgl. F. W. J. Schelling, Philosophie der Offenbarung, Bd. 2, 26 f.
[32] B. de Spinoza, Die Ethik mit geometrischer Methode begründet, in: Opera-Werke lateinisch und deutsch, hg. von K. Blumenstock, Bd. 2, Darmstadt 1967, 84–562, hier 250, 43. Lehrsatz, Anmerkung.

ein Leben nach seinem Geist im Widerstand gegen die Mächte der Verdrängung und der Lüge bezeugen.[33]

Daß diese Wahrheit *Wort* bleibt, das gesprochen ist und als gesprochenes immer
wieder neu verstanden werden muß; daß sie als *Geist* der Wahrheit dieses Verstehen von sich aus wirkt und die Verstehenden ergreift, das setzt allen philosophischen oder sozial-revolutionären Versuchen, sich ihrer definitiv zu vergewissern oder sie im menschlichen Befreiungs- und Wahrheits-Projekt einzuholen,
eine unüberschreitbare Grenze. Wahrheit geschieht, da das Versprechen eingelöst wird, auf das hin Menschen ihr Leben in Liebe wagen und es wagen, die
noch ausstehende Einheit von Sinn und Sein einzuklagen, ihr auf der Spur zu
bleiben. Wahrheit geschieht, wenn die Herrschenden dieser Welt im großen wie
im kleinen der Lüge überführt werden. Wahrheit geschieht, wenn der Geist der
Wahrheit ihre Herrschaft als auf der Verdrängung von Wahrheit beruhend entlarvt und diejenigen, die sich der Verleugnung der Wahrheit widersetzen, als
Töchter und Söhne Gottes offenbart (vgl. Röm 8, 19).

Das Gericht der Wahrheit – Gottes Selbstvergegenwärtigung in seinem
überführenden, zur Wahrheit führenden Geist – ist das Offenbarwerden des
Wahren als des sich selbst Rechtfertigenden. Als norma seu index sui erweist
es seine Wahrheit gerade dadurch, daß es andere Wahrheitsansprüche ihrer
Letztgültigkeit beraubt, sie zumindest relativiert oder aber als unwahr erweist
– als norma seu index falsi. Das Falsche wird als solches offenbar im Lichte des
sich offenbarenden Wahren. Die Theologie der Reformatoren, insbesondere
Martin Luthers, spricht von der Zwie-»Spältigkeit« – besser Zwie-»Fältigkeit«
– des Offenbarungswortes als Gesetz und als Evangelium. Im Licht des Versprechens, das der Offenbarer macht und für das er in der Geschichte seiner

---

[33] Daß es zum Wesen der Wahrheit gehört, sich *durchsetzen* zu müssen gegen die Leidenschaften der
Verdrängung und des Nicht-wahr-haben-Wollens, daß sie in diesem Sinne *geschehen* und sich
geradezu ihre Geltung – ihren Raum – je neu erobern muß, das ist bei *Spinoza* angedeutet. In seiner
Ethik skizziert er eine Lehre von den Affekten, die so hartnäckig an den Menschen »haften« können,
daß sie »nur durch einen Affect, der entgegengesetzt und stärker als der einzuschränkende Affect ist,
eingeschränkt und aufgehoben werden« (4. Teil, 7. Lehrsatz, a.a.O., 396 f.; vgl. 6. Lehrsatz, ebd.).
Wahrheit, die Menschen zum »Wahrwerden« provoziert, mobilisiert Affekte und ist deshalb
konflikthaft. Sie ergreift Menschen in der *Kraft* der guten Argumente, die für sie sprechen, in der
schöpferischen Kraft des Geistes, der die ihr widerstrebenden Affekte zugleich wachruft, ihnen
widerstehen und auf den Grund gehen läßt, die der Wahrheit Widerstrebende zur Metanoia treibt
und befähigt. Daß diese Metanoia – obwohl ein von geschehender Wahrheit provoziertes Konflikt-
geschehen – doch als Freiheitsgeschehen, geradezu als das Entstehen der Freiheit im Menschen
verstanden werden darf, davon ist im Soteriologietraktat zu reden. Offenbarungstheologisch wird
davon schon soviel sichtbar: Grundproblem einer Theologie der Offenbarung ist nicht, wie die
Neuscholastik annahm, daß und wie der Mensch in den Besitz eines zusätzlichen – von der Vernunft
allein nicht zu ergründenden – Wissens über den göttlichen Heilsplan gelangt, sondern wie Gottes
herausfordernde Wahrheit zu ihm gelangt (so Kierkegaard), wie sie ihm so nahekommen kann, daß
sie ihn ergreift und verwandelt. Theologie der Offenbarung ist deshalb immer schon unterwegs zu
einer Pneumatologie, zur Lehre vom Entstehen menschlicher Freiheit aus der Metanoia im
Ergriffenwerden von der Kraft des Geistes und der Wahrheit.

Selbstoffenbarung einsteht, mit dem er den Glauben der Menschen – ihr Sich-Verlassen – herausfordert, erscheint der »Kleinglaube« überholt und der Unglaube als Weigerung, sich herausfordern zu lassen, das Leben in der Liebe auf Gott hin, der die Liebe ist, zu wagen. Aber wie *begründet* kann – müßte – dieses Wagnis sein? Wie müßte die Wahrheit im Widerlegen des Falschen sich selbst erweisen können, damit man sich von ihr guten Gewissens herausfordern lassen und auf sie verlassen könnte? Sie müßte sich den Glaubenden als verläßliche, erlösende und befreiende Wahrheit (vgl. Joh 8, 32) erweisen, als die Wahrheit jener Herausforderung, in der Gottes Geist selbst die Glaubenden ins Weite führt (vgl. Ps 4, 2), sie den Weg führt, den der ἀρχηγός – der Wegbahner in Person (vgl. Apg 3, 15; Hebr 2, 10) – geöffnet hat und in Person ist: den Weg der Wahrheit zu einem Leben, das diesen Namen verdient (vgl. Joh 14, 6).

4.5 Gottes Handeln in Geschichte

Aber wie *geschieht* Offenbarung, wie ist sie als solche erkennbar? Der naturalistische Empirismus hat der Apologetik mit guten Gründen die Möglichkeit bestritten, an irgendeinem Ort in der Geschichte auf Ereignisse hinweisen zu können, die durch sich selbst ihr übernatürliches Bewirktsein beweisen und dadurch den Anspruch, hier ereigne sich Offenbarung, glaubhaft machen. Läßt sich dann überhaupt noch sinnvoll von einem Handeln Gottes in der Geschichte sprechen, in welchem der göttliche Offenbarer sich den Menschen so mitteilt, daß diese Mitteilung ihnen das Geheimnis Gottes und seines guten Willens erschließt?

Der apologetische Versuch, den vom Empirismus so nachhaltig in Zweifel gezogenen äußeren Offenbarungsmerkmalen »innere« an die Seite zu stellen, ist zumindest insoweit beachtenswert, als er für die Offenbarungsbehauptung des Christentums einen Rückhalt in dem sucht, was in der Geschichte Israels und Jesu Christi an Verheißungsvollem und Befreiendem geschehen ist – und nicht nur angeblich wunderbare Einzelereignisse in den Blick nimmt. Daß man sich dabei vor allem an die – nach den Maßstäben sittlichen Selbstbewußtseins, wie sie dem 18. Jahrhundert einleuchteten – unübertreffliche moralische Überzeugungskraft der Person Jesu hielt und von ihr doch wieder mehr oder weniger zwingend auf einen göttlichen Urheber bzw. auf die Göttlichkeit des Offenbarers selbst meinte schließen zu können, das mag aus heutiger Sicht als Verengung der Perspektive und als Überstrapazierung der historischen Befunde erscheinen. Aber noch in dieser kritischen Einschränkung wird die Aufgabe mit ausgesprochen, der sich der fundamentaltheologische Offenbarungstraktat heute zu stellen hat: Er müßte nachvollziehbar darlegen, was die Quelle der Glaubens-Überzeugung vom Geschehen eines kommunikativen Handelns Gottes in der Geschichte Israels und der Sendung Jesu Christi sein könnte; er müßte theologisch begrifflich machen können, daß der »ewig Wahre« sich auf Geschichte einlassen und in ihr mitteilen kann. Diese Aufgabe kann hier nur in einem kursorischen Überblick angegangen werden.[34]

Das *Glaubenszeugnis Israels* ist durchweg, wenn auch nicht allein, von der Erfahrung eines in der Geschichte kommunikativ handelnden und seinen Willen durchsetzenden Gottes geprägt. JHWH erweist sich ihm in der Erwählung und der machtvollen Befreiung seines Eigentumsvolkes als geschichtsmächtig (vgl. Dtn 26, 8 f.; 6, 22 ff.). Der Exodus gilt Israel als Erfüllung der Verheißung an Abraham (vgl. Gen 13, 15 f.). An den Erfüllungen seiner Verheißungen, an der geschichtlichen Bewahrheitung der Erwählung zu seinem Eigentumsvolk, lernt das Volk *seinen* Gott kennen: als den machtvollen Kriegergott, der für sein Volk kämpft, so daß auch große und machtvolle Völker ihm nicht standhalten können (vgl. Jos 23, 9 f.); als Erzieher-Gott, der sein Volk auf dem Weg durch die Wüste prüft und sich gefügig macht und es die Erkenntnis gewinnen läßt, »daß der Herr, dein Gott, dich erzieht, wie ein Vater seinen Sohn erzieht« (Dtn 8, 2–5); als der Gott, der seinem Volk die Achtung seines Willens abverlangt, der es verpflichtet, »auf seinen Wegen (zu) gehen und ihn (zu) fürchten« (Dtn 8, 6). Denen, die Gott »feind sind« und seinen Willen mißachten, »vergilt er sofort und tilgt einen jeden aus«. Deshalb soll Israel »auf das Gebot achten, auf die Gesetze und Rechtsvorschriften«, auf die es sich verpflichtet hat (Dtn 7, 10 ff.).

Die Kehrseite der Treue JHWHs zu seinen Verheißungen ist sein vergeltender, das auf Irrwege geratene Volk heimsuchender und es auf den Weg der Berufung zurückholender Zorn. Diese Kehrseite macht vor allem die *prophetische Verkündigung* zur Zeit des Untergangs des Nordreiches wie des Südreiches geltend. Aber JHWHs Gericht an Israel und Juda ist nicht das Ende seines Geschichtshandelns. Vielmehr wird das Gericht auch über die kommen, die es jetzt noch vollziehen; und dem erwählten Volk wird sein Joch von den Schultern genommen werden: »Das ist der Plan, der für die ganze Erde beschlossen ist, das ist die Hand, die über alle Völker ausgestreckt ist. Denn der Herr der Heere hat es beschlossen. Wer kann es vereiteln?« (Jes 14, 26 f.) JHWH hat sein Eigentumsvolk im »Schmelzofen des Elends« geläutert; doch nun will er zu seinem Heil handeln und es aus dem Elend befreien. Er wird seinem Willen Geltung verschaffen, seine Ehre zur Geltung bringen, da er Jerusalem neu begründet und an ihm aller Welt seine Herrlichkeit aufscheinen läßt (vgl. Jes 60, 21).

JHWHs Geschichtshandeln bleibt seinen Verheißungen treu, trotz der Untreue des Volkes, dem es gilt. JHWH erträgt diese Untreue »viele Jahre hindurch«; schließlich übergibt er die Erwählten »der Gewalt der Heidenvölker«. Aber in der Fülle seiner Erbarmungen wollte er seinen Erwählten »kein Ende bereiten und sie nicht verlassen«, denn er ist »ein gnädiger und barmherziger Gott« (Neh 9, 30 f.). Immer deutlicher werden auch die Völker in Gottes Gerichts- und Heilshandeln einbezogen; immer deutlicher tritt ins Blickfeld, daß

---

[34] Ich beziehe mich dabei auf Überlegungen, wie ich sie in meinem Artikel »Geschichte/Handeln Gottes« (in: P. Eicher (Hg.), Neues Handbuch theologischer Grundbegriffe. Erweiterte Neuausgabe, München 1991, Bd. 2, 185–205) ausgeführt habe.

JHWH seinen Heils-Willen nicht nur an und in Israel zur Geltung bringt, daß er nicht nur der wahre König und Erlöser Israels ist, daß er vielmehr König sein wird »über die ganze Erde« (vgl. Sach 14, 9). Immer deutlicher auch wird wahrgenommen, daß die Verheißungen eines universalen Heils, des neuen Jerusalem und des allumfassenden Friedensreiches, über alle geschichtlichen Realisierungsmöglichkeiten hinausgreifen, daß JHWHs »Plan« über die Wechselfälle des Geschehens in dieser Welt hinausreicht.

Die prophetische Ankündigung, JHWH werde das Recht – insbesondere das Lebensrecht der Armen und Kleinen – gegen Ausbeuter und Unterdrücker durchsetzen, wurde je länger desto weniger von der geschichtlich-politischen Wirklichkeit gedeckt. So verliert die Geschichte ihre Durchsichtigkeit auf JHWHs Heils- und Erziehungshandeln an seinem Volk. Die *Apokalyptik* beruft sich für ihre Hoffnung auf den heilschaffenden Gott nicht mehr auf zurückliegende Heilsereignisse und nähert sich der Überzeugung einer totalen Beziehungslosigkeit zwischen bisheriger Geschichte und von Gott durchgesetzter Erlösung.[35] Die Geschichte – der alte Äon – ist so sehr von der Macht des Bösen beherrscht, daß sie unaufhaltsam ihrem katastrophalen Ende entgegenläuft. Die Hoffnung des Apokalyptikers richtet sich nicht darauf, daß Gott das Überhandnehmen des Bösen und der Gewalt in der Geschichte aufhält, sondern darauf, daß er die endzeitlichen Bedrängnisse abkürzt, den unerträglichen alten Äon mit seinem endzeitlichen Heilshandeln bald zu Ende bringt und sein endzeitliches Reich anbrechen läßt. Seine Zuversicht gründet in der Offenlegung (ἀποκάλυψις) des göttlichen Heilsplanes, die den Apokalyptikern zuteilgeworden ist: Sie kennen den Ablauf der letzten Dinge; ihnen ist auch die propädeutische Aufgabe des alten Äons nicht mehr verborgen. Ihre Leser sollen aus der Weitergabe dieses Wissens Zuversicht in ihren Bedrängnissen und die Kraft schöpfen, bis zum Anbruch der letzten Dinge durchzuhalten.

Die Apokalyptik durchkreuzt die Vorstellung einer in Israel und von Israel her kontinuierlich sich durchsetzenden Heils-Geschichte; Israel kann sich nicht mehr selbstverständlich – in »nationaler« oder dynastischer Selbstgewißheit – auf ihm zuteilgewordene Verheißungen oder Gnadenerweise JHWHs berufen. JHWH führt sein Heil nicht in bloßer Fortsetzung des bisher Geschehenen, sondern – zumindest auch – in radikaler Diskontinuität zu ihm herauf. Es kommt denen zugute, die sich von der Heillosigkeit dieses Äons nicht irre machen lassen. Auch Verkündigung und Lebenspraxis Jesu machen diese Diskontinuität geltend. Aber sie modifizieren die zeitgenössische Apokalyptik dadurch, daß sie nicht beanspruchen, einen Ablaufsplan (eine οἰκονομία) der letzten Dinge mitzuteilen, sondern den Anbruch der letzten Dinge – der Gottesherrschaft – hier und jetzt zu bezeugen und geschehen zu lassen (vgl. Lk 11, 20; Mt 12, 28). Der Verbrechertod Jesu und das Osterzeugnis seiner Jünger intensivierten zwar die Erwartung der letzten Dinge in den Gemeinden. An Jesu Ge-

---

[35] Vgl. H. Vorgrimler, Überlegungen zur Geschichtsmächtigkeit Gottes, in: H. U. von Brachel – N. Mette (Hg.), Kommunikation und Solidarität, Freiburg/Schweiz – Münster 1985, 131–139.

schick schien sich Gottes Heilsplan endgültig zu enthüllen; an ihm schien sich Gottes Errettung des Auserwählten in der tiefsten Erniedrigung paradigmatisch zu ereignen. Von ihm her schien sie ihren Ausgang zu nehmen, so daß sich die endzeitliche Hoffnung auf die endgültige Durchsetzung des göttlichen Heilswillens an die Herrschaft des erhöhten Christus und seine Wiederkunft knüpfen konnte. Weil aber Jesu Verkündigung und Lebenspraxis entscheidend geprägt war von der *jetzt schon* anhebenden Befreiung der guten Schöpfung Gottes aus den Fesseln des Bösen durch alle, die sich Gottes Heilswillen und Gottes Geist öffnen, konnte auch die Präsenz und das Sich-Ausbreiten der endzeitlichen Heilswirklichkeit schon im fortdauernden alten Äon behauptet und mit der eschatologischen Herrschaft des Erhöhten begründet werden.[36] Die Erwartung eines messianischen Zwischenreichs findet bereits bei Paulus eine Umprägung auf die Vorstellung einer Zwischen-Herrschaft des erhöhten Christus hin, der herrschen muß, »bis Gott ihm alle Feinde unter die Füße gelegt hat« und er sich dann selbst dem Vater unterwirft, »damit Gott herrscht über alles und in allem« (1 Kor 15, 25–28).

Die *Parusieverzögerung* fordert die urchristliche Theologie heraus, den Sinn der sich ausdehnenden Zwischenzeit durch Rückgriff auf eine heilsgeschichtliche oder endgeschichtliche göttliche Notwendigkeit zu sichern. Das apokalyptische Motiv eines durch Offenbarung erschlossenen göttlichen Heilsplanes, der die eigene Situation im endzeitlichen Drama zu »lokalisieren« erlaubt, wird zunächst aufgegriffen in der Aufdeckung einer heilsgeschichtlichen Notwendigkeit für den Kreuzestod Jesu und sodann in Anspruch genommen für die theologische Sinnbestimmung der Parusieverzögerung. Diese kann noch im apokalyptischen Konzept der sich dehnenden Zwischenzeit als Chance für die Teilnahme am Kreuz Jesu Christi – für die Bewährung im Leiden – verstanden werden und so gerade als Zeit der Erprobung und Läuterung der Glaubenden im Feuer der Verfolgung gerechtfertigt oder als Beweis für Gottes Langmut angesehen werden, die den Sündern eine verlängerte Frist für ihre Umkehr gewährt. Sie kann aber auch positiv die verbleibende Zeit als Frist für die Ausbreitung des Evangeliums über die ganze Welt deuten.

Mit dem Zurücktreten der apokalyptisch geprägten Naherwartung wird die weitergehende Geschichte immer mehr zum Aktionsraum der göttlichen Heilsprovidenz; Geschichte wird nun als ganze von Gottes Heilsökonomie ergriffen und durchwaltet geglaubt. Das Christusereignis wird – ansatzweise schon bei Lukas – zur Fülle der Zeit, der eine Zeit der Vorbereitung vorangeht und die

---

[36] Lukas interpretiert das »eschatologische Regiment« des Erhöhten auf dem Hintergrund der frühjüdischen Weisheitstradition als die »Wiederherstellung der Herrschaft, die die schöpferische Weisheit Gottes ursprünglich über alle Völker und Nationen ausgeübt hat (vgl. Sir 24, 6b). Die Erhöhung des von Gott geretteten Jesus ist also als der endzeitliche Neubeginn des Regiments der Weisheit Gottes verstanden, mit der Gott sich zur Rettung aller Menschen seiner Schöpfung wieder zuwendet. Dies geschieht von Jerusalem aus« (K. Löning, Das Geschichtswerk des Lukas. Bd. 1: Israels Hoffnung und Gottes Geheimnisse, Stuttgart u. a., 1997, 56).

Zeit der Kirche folgt. Das Christusereignis ist gleichsam Mitte und Gipfelpunkt der Bestrebungen Gottes, das Menschengeschlecht sich anzugleichen, ja zu »vergöttlichen« – so die Theologen des Ostens – oder es zur Gerechtigkeit zu führen.

Diese positive Einschätzung des Geschichtsverlaufs brachte freilich die Endzeitgewißheit der frühchristlichen Apokalyptik nicht vollständig zum Verschwinden. Einerseits konnte man die Ausbreitung des Evangeliums – die »Durchsäuerung« des Menschengeschlechts *(Gregor von Nyssa)* – gerade mit dem Sieg Konstantins in ihre Endphase eingetreten sehen. Andererseits konnten die sich zuspitzenden Bedrängnisse der Verfolgungszeit und dann der Völkerwanderung die apokalyptische Hoffnung auf Abkürzung der Drangsale revitalisieren: Eine Rolle spielten dabei auch noch Vorstellungen einer tausendjährigen endzeitlichen Messiasherrschaft (vgl. Offb 20, 1–15), wie sie etwa von *Irenäus*[37] oder von *Laktanz*[38] plastisch ausgestaltet wurden und zu immer neuen Berechnungen eines Anbruchsdatums für das tausendjährige Reich der Endzeit führten.

Aber wer ist nun im Glauben als *Subjekt der Geschichte* anzusehen? Wer trägt in ihr und für sie Verantwortung? Alttestamentliche Geschichtsschreibung und Prophetie sah Gott in der Geschichte seines Eigentumsvolkes, schließlich auch in der Geschichte der Völker handeln: zum Heil der Erwählten und zum Gericht über die sich Verweigernden. In der Christentumsgeschichte wird Gottes Geschichtshandeln schon früh als *Vorsehungshandeln* ausgelegt. Damit tritt zurück – oder wird als überwunden dargestellt –, was die Apokalyptik als geschichtsbestimmend ansah: die zerstörende Macht der Dämonen und Mächte. Die Geschichte gilt als Realisierungsraum des göttlichen Heilsplanes, der freilich auch einen endzeitlichen Entscheidungskampf gegen die »Heere des Teufels« vorsehen kann. Die Geschichte erscheint insgesamt als »zyklisches Geschehen«: als Hervorgang allen Geschehens aus Gottes Schöpferwillen und als die das menschlich-sündige Sich-Entfernen von Gott überwindende Rückführung zu Gott, der am Ende alles in allem sein wird. Auch das biblisch-christliche Zeitdenken orientierte sich also an der »recirculatio« mit dem Christusereignis als der Mitte der Zeit, da der egressus sich zum regressus wendet und »die ausfließende Zeit zur rückfließenden wird, als das (nicht mehr mystische, sondern historische) Ereignis, das den Weg der Heimkehr öffnet«.[39]

Von hier aus erschlossen sich christlicher Geschichtstheologie zwei Möglichkeiten: das ›existenzgeschichtliche‹ Konzept einerseits, bei dem der Akzent ganz auf der individuell-existentiellen Wende zum Glauben lag, in der die mit Jesus Christus eingetretene eschatologische Wende hier und jetzt Ereignis wird und den Glaubenden zu wahrer »Geschichtlichkeit« – zu einem erlösten Gottesverhältnis – befreit *(Søren Kierkegaard, Rudolf Bultmann)*; das ›heilsgeschicht-

---

[37] Adversus haereses V, 35,2.
[38] Epitomé 67.
[39] Vgl. H. U. von Balthasar, Das Ganze im Fragment. Aspekte der Geschichtstheologie, Einsiedeln ²1990, 133.

liche‹ Konzept andererseits, das egressus und regressus als innergeschichtliche Dynamiken begreift und als Verlaufsgesetz der Geschichte zu verifizieren versucht. Das existenzgeschichtliche Konzept sieht Gott handeln, indem er die ›eschatologische‹ Wende herbeiführt: in Jesus Christus, seinem Tod und seiner Auferweckung, in der von Gottes Geist gewirkten Bekehrung zum Glauben. Das heilsgeschichtliche Konzept sieht Gott in den geschichtlichen Ereignissen zum Gericht und zur Durchsetzung seiner Herrschaft die Initiative ergreifen, so daß im äußersten Fall die ganze Geschichte, nicht nur die Geschichte Israels und Jesu Christi, über ihren Vorsehungscharakter hinaus Offenbarungsqualität gewinnen kann.

Die vorsehungs- und heilsgeschichtliche Zuspitzung setzt den Glauben an Gottes Handeln in der Geschichte mit dem Beginn der Neuzeit in aller Schärfe der *Theodizeefrage* aus. Mit dem Zerfall der Rationalität von Vergeltungsstrafen schwand die Plausibilität, die geschichtliche Katastrophen pauschal als Strafgericht Gottes deuten ließ. Das unsägliche Leid der Unterdrückten und Verhungernden forderte Rechenschaft über den geschichtlichen Sinn der Entwicklungen, die zu ihm geführt haben. Diese Rechenschaft schien nur noch möglich, indem der Mensch selbst Verantwortung für die Geschichte übernahm und die bisherige Leidens-Geschichte als notwendige oder doch zumindest als in ihrem So-gewesen-Sein erklärbare Vorgeschichte der endgeschichtlichen Selbstrealisierung des Menschen rechtfertigte.[40] Die Verantwortungsübernahme durch den Menschen ersparte Gott die Rolle des verantwortlichen Akteurs der Weltgeschichte; mit ihr war dann aber auch – etwa im »Linkshegelianismus« – der Anspruch des Menschen verbunden, die Rolle des weltgeschichtlichen Subjekts selbst einnehmen und die Geschichte zu dem in ihr erreichbaren Ziel bringen zu müssen. Die Geschichte des Scheiterns solcher Ansprüche bzw. der Versuche, den jeweiligen Gegner als den Verhinderer der »Parusie« und als den bösen Feind im endzeitlichen »heiligen Krieg« zu identifizieren, hat die Frage nach Sinn und Subjekt der Geschichte dann geradezu unmöglich gemacht. In der Nachfolge Nietzsches führte die Kritik der historischen Vernunft zur Kritik an teleologischem Denken überhaupt, insofern es alles Geschehen dem Plan oder der Selbstsetzungsanstrengung eines wie immer definierten Weltgeschichtssubjekts und damit einer theologischen oder säkularen Eschatologie unterwirft – es als endgeschichtliches Drama auf dem Schauplatz Erde entwirft. Der historischen Kritik fallen die großen Teleologien – die »Meta-Erzählungen« – zum Opfer.[41] Sie ist »Kritik des zeitvorstellenden Denkens, Kritik der antizipatorischen Vernunft, die Endzustände ausmalt, Kritik der dramaturgischen Vernunft, die den Weltprozeß auf einen Schlußakt hin inszeniert, wie er geschrieben steht – kurzum Kritik der geschichtemachenden Vernunft«, Kritik jener großen Ver-

[40] Vgl. O. Marquard, Schwierigkeiten mit der Geschichtsphilosophie, Frankfurt a.M. 1973, 52ff.
[41] Vgl. J.-F. Lyotard, Das postmoderne Wissen. Ein Bericht, dt. Bremen 1982, 14; W. Welsch, Unsere postmoderne Moderne, Berlin ⁴1993, 32.

sprechungen, die die historischen Überanstrengungen beim Versuch ihrer Einlösung und damit den Ruin der Natur provozieren.[42]

Diese radikale Kritik historischer Vernunft betreibt die Ablösung des Geschichtsgedankens selbst als der Vorstellung eines Handlungszusammenhangs oder eines gerichteten Prozesses, worin Rationalität oder der Wille eines Geschichtssubjekts sich durchsetzen, worin so etwas wie Intentionalität aufweisbar wäre. Kontingenz erscheint der neuzeitlichen Geschichtswissenschaft als Signatur geschichtlichen Geschehens. Geschichte ist das Feld der Wahrscheinlichkeit und Zufälligkeit[43], einer Kontingenz, die sich allenfalls noch in der narrativen Konsequenz einer Erzählung anordnen, aber nicht mehr – oder nur sehr begrenzt – als Realisierung einer Intention begreifen läßt. Subjekt der Geschichte – *ihrer* Geschichte – sind hier die Geschichtsschreiber. Sie entwerfen mit ihrer »Fabel« (»intrigue«; »plot«) nachvollziehbare Verknüpfungen des Späteren mit dem Früheren und erläutern so, wie die Dinge als Voraussetzungen und mögliche Folgen, schließlich als realisierte Möglichkeiten einander bedingen, wie sich eines aus dem anderen ergab.[44] Als außerordentlich problematischer Extremfall der Geschichtsschreibung, ja als eigentlich nicht mehr erlaubt stellt sich deshalb der Versuch dar, narrative Konsequenz und Intelligibilität der Fabel zu reifizieren, sie festzumachen an der sich realisierenden Handlungsintention eines Geschichtssubjekts, dessen Absichten sich der »Geschichte selbst« einprägten. Geschichtsschreibung kennt nur kleinteilige und perspektivische Geschehenskonsequenz – Konsequenz und Intelligibilität von Geschichten oder Fabeln. Die Behauptung einer universalen Geschehenskonsequenz ist ihr verdächtig als Erfindung einer Legitimationsgeschichte, mit deren Hilfe man den Besitz eines Weltgeschichtsplans und die Sendung zu seiner Durchsetzung für sich reklamiert. Die Grundannahmen einer als Offenbarungs- und Vorsehungsgeschichte rekonstruierten *Universalgeschichte* wären danach Resultat einer extremen Kontingenzverleugnung: Das Geschehene wäre für sie ja nicht mehr nur in narrativer Kontingenzverarbeitung zugänglich, sondern als die um eines Heilsplans willen notwendige Inszenierung Gottes oder als seine Reaktion auf das kontingente Handeln der Menschen zu begreifen.

---

[42] Vgl. P. Sloterdijk, Euro-Taoismus, 303 ff.

[43] Vgl. R. Koselleck, Vergangene Zukunft. Zur Semantik geschichtlicher Zeiten, Frankfurt a. M. 1989, 25 ff.

[44] Protagonisten dieser narrativen Theorie der Geschichtsschreibung sind A. C. Danto (Analytical Philosophy of History, Cambridge 1965) und P. Ricœur (Zufall und Vernunft in der Geschichte, dt. Tübingen 1986).

4.6 Gott als Subjekt der Geschichte?

Hat Kierkegaard in seiner Behauptung der Verhältnislosigkeit von Gott und Geschichte mit dieser Radikalkritik an jeder philosophischen oder theologischen Kontingenzverleugnung nachträglich Recht bekommen? Wie ist denn bei diesem Stand der Diskussion noch eine theologische Bezugnahme auf Gott als Subjekt eines Geschehens – auf Gott als in der Geschichte Handelndem – vertretbar? Ist der Ausdruck »Gott handelt« nicht einfach nur eine naiv-narrative Konsequenzbehauptung, die von der wissenschaftlichen Rekonstruktion des Geschehenen durch weniger anspruchsvolle und weit plausiblere Herleitungen ersetzt werden kann? Behauptungen von der Art »X ist Subjekt eines Geschehens« sind generell bestreitbar und ersetzbar durch Hinweise auf Entwicklungen, deren Gerichtetheit subjektive Intentionen immer schon überlagert und als Erklärungsgrößen bedeutungslos macht. Solche Behauptungen sind gleichwohl nicht von vornherein sinnlos, wenn man die Behauptung oder die Klage, ein Mensch, ein Volk bzw. »das« Volk, eine Klasse seien nicht Subjekt des sie betreffenden Geschehens, nicht als unsinnig abtun will; wenn man die Forderung, sie müßten zu Subjekten ihrer Geschichte werden und die Verhältnisse der Knechtschaft überwinden, in denen sie nur Objekt oder Opfer des Geschehens sind, nicht als gegenstandslos bezeichnen will. Aber welchen Status hat diese Forderung? Den Status einer nicht an Tatsachen verifizierbaren, auf Vergangenheit und Gegenwart gesehen weithin kontrafaktischen Behauptung; der Behauptung, Geschichte sei von den Menschen in diskursiver Verständigung so gestaltbar, daß sie nicht länger als blindes Schicksal erlitten werden muß, sondern als Realisierungszeitraum eines »rationalen«, dem freien Konsens verdankten menschlichen Gesamtwillens erfahren werden kann.[45] Es scheint durchaus so, als hänge von der Einlösbarkeit dieser Behauptung – davon, daß die Menschheit Subjekt ihrer Geschichte werden kann und werden will – der Fortgang der Menschheitsgeschichte überhaupt ab. Sollte sich der rationale Überlebenswille der Menschheit nicht zu kollektiver Handlungsfähigkeit konsolidieren können, so wird sich die Menschheit selbst zum Schicksal, als kollektives Selbstmord-Subjekt.

Von diesem aufdringlich-realistischen apokalyptischen Szenario her stellt sich freilich die Frage, ob die Vermeidung der Apokalypse allein jene Intention sein soll, an der und auf die hin die Menschheit sich als Geschichtssubjekt entdeckt und als handlungsfähig erweist. Die großen Geschichtsphilosophien des 19. Jahrhunderts haben *Freiheit und Gerechtigkeit* als Referenzthemen des Geschichtsprozesses geltend gemacht. Und ihnen ist wenigstens darin Recht zu geben, daß nur die Bezugnahme auf diese Themen die Geschichte als jenen Zeitraum zu thematisieren erlaubt, in welchem das Menschsein des Menschen – und nicht nur sein Lebewesensein – auf dem Spiel steht. Gefährlich und apo-

---

[45] Vgl. J. Habermas, Über das Subjekt der Geschichte, in: R. Koselleck – W. D. Stempel (Hg.), Geschichte – Ereignis und Erzählung, München 1973, 470–476, hier 475 f.

retisch blieb die Unterstellung, die Menschheit selbst, ihre Avantgarde oder »Erzieher«, sollten sich als Subjekt einer Geschichte der Durchsetzung von Freiheit und Gerechtigkeit verstehen und diesem Subjektsein Geltung verschaffen. Die Intention auf Freiheit und Gerechtigkeit darf eben nicht »angeeignet« und zur Sache eines sich damit identifizierenden und privilegierenden menschlichen Handlungssubjekts werden. Selbsternannte Weltgeschichtssubjekte verstehen sich regelmäßig auch als Heils-Subjekte und reklamieren für sich »das Monopol auf universalgeschichtliche Legitimität der eigenen Ziele ... das Recht auf die Vertretung der Interessen aller auch dann ... wenn diese, gegenwärtig sich selbst noch ›entfremdet‹, ihre also zur Geltung gebrachten wahren Interessen in ideologischer Rückständigkeit nicht erkennen sollten.«[46] An der Intention auf Verwirklichung kann man offenbar nur kritisch gegen den objektiven Zynismus des Geschehens festhalten; sie kann nur »prophetisch« eingeklagt werden.

Eröffnet sich hier nicht doch wieder die Möglichkeit, ja steht man nicht sogar vor der Notwendigkeit, Gott als Subjekt einer Geschichte der Durchsetzung von Frieden, Gerechtigkeit und Menschlichkeit – von Heil, biblisch Schalom – ins Spiel zu bringen? Die großen offenbarungs- und vorsehungstheologischen Heilsgeschichtskonzepte sind daran gescheitert, daß für sie letztlich nichts geschah, ohne daß Gott es so gewollt oder um eines größeren Gutes willen zugelassen hätte; daran also, daß sie Gott letztlich zum omnipotenten Macher allen Geschehens einsetzten und es zulassen mußten, daß er bei seiner Verantwortung für alles Geschehen behaftet wurde. Ihnen gegenüber wäre der prophetische und schließlich apokalyptische Impuls zuzulassen, der die Glaubenden in der Tradition der vom Geist ergriffenen Propheten und in den Fußspuren des an geschichtlicher Macht gescheiterten Jesus Christus (vgl. 1 Petr 2,21) um das Geschehen des heilschaffenden Gotteswillens beten läßt und die Geschichte nicht aus ihrer Bestimmung entläßt, Realisierungszeitraum für Menschlichkeit, Friede und Gerechtigkeit zu sein. Christlicher Glaube hält die Geschichte zusammen mit Gott und seinem Schalom schaffenden Willen. Er sucht unermüdlich zu entdecken, wo dieser Wille geschieht und wie er geschehen kann – durch die Glaubenden und alle Menschen guten Willens. Er fordert zum Standhalten und zum Widerstand heraus, wo Gottes Heilswille mißachtet wird, wo Friede, Freiheit und Gerechtigkeit Schaden leiden.

In der Tradition biblischer Apokalyptik stellt christlicher Glaube sich aber auch der Frage, ob Schalom – Friede, Freiheit und Gerechtigkeit – nicht nur Thema, sondern auch Ziel der Geschichte sein können; der Frage also, ob das, was in der Geschichte auf dem Spiel steht und zur Erscheinung kommen soll, in ihr auch zur Vollendung kommen kann. Wenn Gerechtigkeit letztlich »Gerecht-Werden« bedeutet und wenn Gerecht-Werden gründet in der Anerkennung eines jeden Menschen als »Zweck in sich selbst«, so *ist* Geschichte nicht nur faktisch die definitive Verweigerung von Gerechtigkeit für alle bisher von der

---

[46] Vgl. H. Lübbe, Geschichtsphilosophie und politische Praxis, in: ders., Theorie und Entscheidung. Studien zum Primat der praktischen Vernunft, Freiburg i. Br. 1971, 111–133, hier 113.

Geschichte Betroffenen, die Verweigerung ihres Subjektseins. Sie *kann* auch gar nicht der Raum sein, in dem das Sinnziel von Gerechtigkeit erreicht wird, weil sich in ihr – ihres irreversiblen Zeitablaufs wegen – immer nur Zweck-Mittel-Relationen durchsetzen, so daß die Selbstzwecklichkeit des einzelnen Menschen *gegen sie* behauptet und von einem Subjekt gewährt werden müßte, bei dem die Unwiderruflichkeit des Vergangenen, der Durchgangsstatus des Gegenwärtigen und der Verlust der Zukunft aufgehoben wären – vom Herrn der Geschichte, bei dem und durch den die Menschen in der solidarischen Gemeinschaft des Leibes Christi Subjekt sein dürfen.[47]

Gottes Handeln in der Geschichte ist jedoch nicht in Konkurrenz zu setzen zum Handeln – zum Subjektwerden – der Menschen. Es wäre zu denken als die »Inspiration menschlichen Handelns durch die Vision der Bestimmung des Menschen und durch den Geist der Liebe, der das Glück der Vollendung schon in der Gegenwart anbrechen läßt«.[48] *Gott handelt, wo sein Heils-Wille geschieht* – durch und an Menschen, die sein Geist ergreift und zu Töchtern und Söhnen des göttlichen Vaters, zu Schwestern und Brüdern des Sohnes macht, der in und aus Gottes Geist der Immanuel war, Gott mit uns, Gottes Heilshandeln in Person. Das heißt nicht oder jedenfalls nicht nur, daß Gott – die causa prima – nur vermittelt durch die endlichen causae secundae in der Welt handelt; diese scholastische Unterscheidung führt hier nicht weiter.[49] Es heißt vielmehr, daß Gott in all dem, was seinen guten Willen geschehen läßt, an und durch Menschen und jedenfalls nicht ohne sie in der Geschichte handelt, indem er sie in der Inspiration durch seinen Geist zu Mitsubjekten seines versöhnenden Handelns macht: zu Zeugen des versöhnenden Nahekommens und Nahegehens der Gottesherrschaft, zu Zeugen, die das Bezeugte als *Gottes* Handeln von ihrem eigenen unterscheiden und ihm doch in *ihrem* Handeln Raum geben dürfen.[50]

Gottes Geschichtshandeln macht die Menschen, denen es gilt, nicht zu »behandelten« Objekten, sondern zu Subjekten, die Gottes Liebesgeschichte mitriskieren – und ihr Risiko miterleiden. Sein Geschichtshandeln will sich durchsetzen gegen die Mächte der Menschen-Mißachtung, in der solidarischen Subjektwerdung der Menschen und insofern auch in konkret-kämpferischer Befreiungspraxis: Gott »befreit in jedem, der befreit«.[51] Gleichwohl können die Menschen nicht zum Subjekt des göttlichen Geschichtshandelns und zum Sub-

---

[47] Vgl. dazu J. B. Metz, Glaube in Geschichte und Gesellschaft, Mainz 1977, 57–67.

[48] W. Pannenberg, Weltgeschichte und Heilsgeschichte, in: R. Koselleck – W. D. Stempel (Hg.), Geschichte – Ereignis und Erzählung, 307–323, hier 322 f.

[49] Vgl. H. Kessler, Der Begriff des Handelns Gottes, in: H. U. von Brachel – N. Mette (Hg.), Kommunikation und Solidarität, 117–130; R. Schulte, Wie ist Gottes Wirken in Welt und Geschichte theologisch zu verstehen?, in: Th. Schneider – L. Ulrich (Hg.), Vorsehung und Handeln Gottes, Freiburg – Basel – Wien 1988, 117–167.

[50] Vgl. dazu P. Eicher, Gott handelt durch sein Wort, in: ders., Bürgerliche Religion. Eine theologische Kritik, München 1983, 201–227 bzw. meinen Aufsatz: Die Auferweckung Jesu: Gottes »eschatologische Tat«? Die theologische Rede vom Handeln Gottes und die historische Kritik, in: I. Broer – J. Werbick (Hg.), »Der Herr ist wahrhaft auferstanden« (Lk 24,34), Stuttgart 1988, 81–131.

[51] Vgl. P. Trigo, Schöpfung und Geschichte, dt. Düsseldorf 1989, 235.

jekt des in ihm sich realisierenden Heilswillens werden. Die Versuchung zur Selbstidentifikation mit dem Herrn der Geschichte, der pseudo-apokalyptische Anspruch, sein Gericht an den Völkern zu vollziehen, die blasphemische Anmaßung – und sei es als »Stellvertreter« –, seine Stelle einzunehmen, verkennen das Spezifische dieser Herrschaft und der möglichen Teilhabe an ihr. Teil-habe kann es hier nur geben als Teil-nehmen an Gottes Liebesgeschichte, als Mitstiften von Versöhnung, Gerechtigkeit und Schalom. Und diese Teilnahme begründet keine geschichtlichen Machtansprüche oder Vorrechte. Gottes Handeln braucht keine Stellvertreter, sondern Zeugen, die bezeugen, was es wirkt; die seine Intention und den Geist, der ihr Geltung verschafft, verleiblichen, geradezu greifbar machen. Die Gemeinde der Glaubenden ist dieses Leibhaftwerden, ist Gemeinschaft von Zeugen für Gottes Geschichtshandeln, solange und wo immer sie den Geist nicht auslöscht.

Daß Gottes Handeln sich verleiblicht und nur an Menschen greifbar wird, bedeutet freilich auch, daß es für den Historiker verwechselbar wird mit menschlichem Handeln und mit »Entwicklungen«, für die er kein Subjekt ausfindig machen kann. Das gilt auch für das Kundwerden des Gotteswortes – des Gott-Logos – in der Geschichte, das gesprochen ist, wo Gottes Heilswille kund wird und auch geschieht, wo Gott sich in seinem Handeln ausspricht und mitteilt: »Wenn Gott zum Menschen redet, so zeichnet sich dieses Geschehen nie und nirgends so vom übrigen Geschehen ab, daß es nicht sofort auch als ein Teil dieses übrigen Geschehens interpretiert werden könnte«.[52] Zu Gottes Handeln gehört deshalb die Erweckung der prophetischen Unterscheidung der Geister, die sich im Weltgeschehen jeweils aussprechen, der Unterscheidung der Wege, zu denen sie herausfordern. Gottes Handeln setzt die Gemeinschaft der Glaubenden aber auch dem Risiko aus, falsche Prophetien nicht immer und sofort als solche zu durchschauen und die Unterscheidung der Wege nicht zu treffen.

4.7 Gottes Selbst-Mitteilung in Geschichte

Wenn das theologische Sprechen von Gott als Handlungssubjekt im Blick auf geschichtliche Ereignisse als prinzipiell legitim erwiesen werden kann, wie dies im vorhergehenden Abschnitt versucht wurde, so kann sein Handeln womöglich auch als – im anspruchsvollsten Sinn – *kommunikatives* Handeln verstanden werden. Bedingung dafür wäre, daß der Begriff Gottes als des ewig Vollkommenen nicht ausschließt, ihn als geschichtlich Sich-Kommunizierenden zu verstehen, wie dies etwa von Kierkegaard unterstellt wurde. Im christlichen Lehrzusammenhang ist es die *Pneumatologie*, die verstehbar macht, warum Gottes Ewigkeit und sein geschichtlich-kommunikatives Handeln sich nicht gegensei-

---

[52] K. Barth, Kirchliche Dogmatik I/1, 171.

tig ausschließen. In Gottes Geist vergegenwärtigt sich Gottes Heilsintention in der Geschichte so, daß sie Menschen ergreift, sich ihnen in ihrer Heilsamkeit erschließt und sie in das Geschehen des göttlichen Heilswillens einbezieht. Gott kommuniziert, indem er durch seinen Geist Menschen berührt, in ihnen und mit ihnen jenen guten Anfang macht, der sich in seiner endzeitlichen Herrschaft vollenden soll; er kommuniziert *sich*, indem er sich gleichsam berührbar macht in den guten Anfängen, die sein Geist in Gestalt der Wort- und Tatzeugnisse derer hervorruft, die sich ihm öffnen.

Die Pneumatologie macht also denkbar, was die Aufklärung für undenkbar und ihr Antipode Kierkegaard für »absurd« hielt: das Ineinander von Bedingtem und Unbedingtem, von Kontingent-Geschichtlichem und Ewig-Göttlichem. Gottes Geist »wohnt« in denen, die sich von ihm – an je ihrem Ort und mit je ihren geschichtlichen Möglichkeiten – ergreifen lassen (vgl. Röm 8, 8–11). Er macht sie zu Zeugen des Unbedingten im Bedingten. Ihr Glaube daran, daß das Gesehene und Erfahrene für Gottes guten Willen und Gottes Entschiedenheit spricht, seinen guten Willen end-gültig geschehen zu lassen, kann anderen Menschen zur Herausforderung werden, es als bedingte Gestalt des göttlichen Heilshandelns wahrzunehmen und sich selbst seiner Unbedingtheit zu öffnen. Glaube ist in diesem Sinne »immer Offenbarungsglaube, denn Glaube ist Erfassung des unbedingten Gehalts durch die bedingten Formen hindurch«[53], Erfassung des unbedingten Gehalts in der bedingten Handlungsgestalt, in der Gottes Geist »Wohnung genommen« hat.[54]

Unbedingtheit kommt hier nicht – wie für die Aufklärung und die Geschichtsphilosophie des 19. Jahrhunderts – allein dem Ganzen der Geschichte als dem Realisierungszeitraum des Absoluten zu. Sie manifestiert und vergegenwärtigt sich vielmehr geradezu sakramental in den Zeugnissen des geschehenden guten Gotteswillen, in den vielfach bedingten guten Anfängen, an denen glaubend wahrgenommen werden kann, wozu Gott die Menschen beruft und wofür er sie in Anspruch nimmt. Diese guten Anfänge sind die Gründungsereignisse einer Geschichte, die Gott kennenlernen und darauf hoffen läßt, daß die Geschichte Gottes mit den Menschen nicht in der Geschichts- und Zukunftslosigkeit des Todes ihr Ende finden wird. Das Berührtwerden von Gottes Geist und das Berühren Gottes in den guten Anfängen vollzieht sich konkret als Vergewisserung im Glauben daran, daß Gott, der in den Glaubenden »das gute Werk begonnen hat, es auch vollenden wird bis zum Tag Christi Jesu« (Phil 1, 6),

---

[53] So P. Tillich, Die Kategorien der Religion, in: Gesammelte Werke, Bd. I, 350–364, hier 353.

[54] Die paulinische Metapher des Wohnungnehmens klingt hier vielleicht zu beschaulich. Wird der Geist Gottes nicht immer wieder mit Absolutheitsansprüchen fürs Bedingte in die Mauern sehr zeit-bedingter kirchlicher Verhältnisse geradezu eingesperrt (vgl. mein Buch: Kirche. Ein ekklesiologischer Entwurf für Studium und Praxis, Freiburg – Basel – Wien 1994, 217 ff.)? Gottes Geist muß offenkundig immer wieder neu bewirken, daß ein »lebendiger Durchbruch« geschieht, daß sich das Unbedingte als »das Tragende« und *Heraus*-Fordernde, daß sich das »Handeln Gottes« als die »Substanz der Religion« durchsetzt; vgl. P. Tillich, Die Überwindung des Religionsbegriffs in der Religionsphilosophie, in: Gesammelte Werke, Bd I, 367–388, hier 384.

in dessen Sendung Gottes auch den Tod noch überwindende gute Herrschaft als Vollendungsgestalt der Menschengeschichte geschichtlich erschienen ist.

Solche Vergewisserung im Glauben erreicht nicht die Sicherheit eines historischen Gottesbeweises, der von irgendwelchen Ereignissen her zwingend auf Gott als das wahre Subjekt der Geschichte schließen ließe. Aber sie darf sich an ein Geschehen halten, über das hinaus – nach dem Urteil der vom Glauben herausgeforderten Vernunft – nichts Größeres geschehen könnte *(Schelling)*; und dies deshalb, weil darin Gottes schöpferischer guter Wille als Ursprung der Wirklichkeit begegnet und als Ursprung jener Wirklichkeit geschieht, in der der Mensch als Gottes Geschöpf seine Vollendung finden soll.[55] In diesem Offenbarungs-Ereignis, dem Offenbarwerden der schöpferisch-versöhnenden göttlichen Freiheit als der Wirklichkeit, die – als das »neue Sein« – zum »Herrwerden« über die Mächte der alten Unfreiheit bestimmt ist, wird Gottes Herrschaft schon gegenwärtig, wird sie so gegenwärtig, daß Menschen ihren Anfängen auf der Spur bleiben und so der Bestimmung des Menschseins auf die Spur kommen können. Von Offenbarung kann hier gesprochen werden, insofern das »neue Sein« der Gottesherrschaft »für die Welt, für die gesamte Wirklichkeit einschließlich meiner Existenz und meiner Geschichte *offenbarend* ist«[56]. Es dürfte von ihr gesprochen werden, wenn im Geschenk des guten Anfangs Gottes Geist als die erschließende Macht geglaubt werden darf, die den Menschen für die hier greifbare und mit ihm anfangende endzeitliche Realisierung seiner Bestimmung öffnet und in Anspruch nimmt.

Gottes Geist bezieht die Menschen, die sich von ihm ergreifen lassen, auf die »Selbstinterpretation« Gottes[57] im Medium geschichtlicher Ereignisfolgen und geistgewirkter menschlicher Zeugnisse für Gottes Heilshandeln, wie sie in der Bibel überliefert sind. Die biblischen Zeugnisse bringen – für die Gemeinschaft der Glaubenden und den Glauben Suchenden – gültig zum Ausdruck, wofür geschichtliche Ereignisse sprechen, wenn sie als Gottes Wort gehört und als Herausforderung angenommen werden, der Selbstzusage Gottes zu trauen und dem Geschehen seines guten Willens auf der Spur zu bleiben. Gott »übersetzt« das Wort seiner Selbstzusage in die »Sprache« geschichtlicher Ereignisse und davon in Anspruch genommener, auf sein Wort hin gewagter Aufbrüche. Und er spricht es mit endzeitlicher Prägnanz in dem »treuen Zeugen« (vgl. Offb

---

[55] In einer früheren Fassung von Schellings Philosophie der Offenbarung (unter dem Titel Urfassung der Philosophie der Offenbarung, hg. von W. E. Ehrhardt, Hamburg 1992) wird in diesem Sinne deutlich gemacht, daß das, »worüber nichts Höheres mehr ist«, die Freiheit ist – »unser und der Gottheit Höchstes. Diese wollen wir als letzte Ursache aller Dinge« (78 f.). Und der Mensch findet seine Vollendung, wenn Geschichte als Freiheitsgeschehen zwischen Gottes und der Menschen Freiheit vollendet sein wird, wenn Wirklichkeit also nicht mehr als bloße Notwendigkeit erlitten – und in einem »System der Notwendigkeit« begriffen – werden muß, sondern Gottes gutem freien Willen unterworfen sein wird. Vgl. dazu A. Franz, Schellings Philosophie der Offenbarung und die Theologie, in: Philosophisches Jahrbuch 104 (1997), 373–389, hierzu vor allem 379 f.

[56] P. Ricœur, Philosophische und theologische Hermeneutik, in: P. Ricœur – E. Jüngel, Metapher. Zur Hermeneutik religiöser Sprache, München 1974, 24–45, hier 40.

[57] Vgl. K. Barth, Kirchliche Dogmatik I/1, 329.

1, 5) aus, der von den Christen als »gültige und authentische Übersetzung des göttlichen Mysteriums« geglaubt wird.[58]

Offenbarungstheologisch grundsätzlich darf für das christliche Offenbarungsverständnis festgehalten werden, daß hier nicht fundamentalistisch auf einen göttlichen »Originaltext« zurückgegangen wird, der als solcher – als Inbegriff und Inhalt geoffenbarter Religion – gegeben ist und weitergegeben wird. Es ist hier vielmehr der Text menschlicher Antworten – menschlicher, aber von Gottes geisterfülltem Wort hervorgerufener Zeugnisse –, aus denen Gottes Wort und Anruf, Gottes Herausforderung und Versprechen herauszuhören sind[59]; in der Formulierung *von Balthasars:* »an der Antwort haben wir das Wort«.[60] Das gilt christlich in besonderer Dichte für die Antwort des treuen Zeugen Jesus, der den Vater gültig »exegesierte« (vgl. Joh 1,18). Es gilt für die biblischen Zeugnisse, in deren normativem Kontext Jesus selbst sein Zeugnis artikulierte – für das Alte Testament – bzw. in denen seine »Gottes-Exegese« einen zuverlässigen Widerhall fand – für das Neue Testament. Das gilt auch noch für jene kirchliche Auslegungsgeschichte, in der die biblischen Überlieferungen die glaubend-verstehende Zustimmung der Zeugen und »Jünger zweiter Hand« *(Kierkegaard[61])* hervorrief.

Aufs Ganze gesehen könnte man von einem in sich gestuften, durch Gottes Geist erwirkten und in ihm fortsetzbaren *Übersetzungsvorgang* sprechen. Der Geist übersetzt Gottes Selbst-Aussage – seine Selbst-Übersetzung in der Botschaft der Ereignisse, die sich als das Geschehen seines guten Willens verstehen lassen[62] – in das inspirierte Zeugnis der biblischen Schriften, die dann in der Glaubens- und Zeugniskommunikation der Kirche auf konkrete Zeugnissituationen hin zu übersetzen sind. Die biblischen Schriften gelten für die weitere Übersetzungs- bzw. Überlieferungs-Geschichte als normativ, da sie im engen Zeugniszusammenhang stehen mit dem normativ gültigen Zeugnis des Sohnes

---

[58] Vgl. H. U. von Balthasar, Gott redet als Mensch, in: ders., Verbum caro, Einsiedeln 1960, 73–99, hier 98.

[59] Vgl. M. Seckler, Was heißt Offenbarungsreligion? Eine semantische Orientierung, in: J. Rohls – G. Wenz (Hg.), Vernunft des Glaubens (Festschrift für W. Pannenberg), Göttingen 1988, 157–175, hier 167 f.

[60] Gott redet als Mensch, a. a. O., 98.

[61] Vgl. Philosophische Brocken, 85 ff.

[62] Mit der Metapher »Übersetzung« ist die »Inkommensurabilität« des Bedingten (Kierkegaard) bzw. des Welthaften (Barth) zu dem in ihm offenbarend zur Darstellung kommenden Unbedingten nicht einfach übersprungen. Müßte nicht noch genauer gezeigt werden, unter welcher Bedingung Bedingtes das Unbedingte – Gottes freie Selbstmitteilung – darstellen, ja zum Ausdruck bringen kann? Oder wäre dies der von Kierkegaard wie von Barth gleichermaßen zurückgewiesene vermessene Versuch, vom Menschen aus aufgrund der ihm selbst zugänglichen Möglichkeiten, im Bedingten Unbedingtes zu erkennen, zu Gott zu kommen, statt glaubend anzunehmen, daß Gott »paradoxerweise« im Bedingten – so Kierkegaard – bzw. in vom Menschen her undurchdringlicher weltlicher Gestalt – so Barth – zum Menschen kommt? In Kap. 5.7 soll versucht werden, die »Übersetzbarkeit« des Unbedingten in Bedingtes – in geschichtliche Ereignisse – genauer zu denken, wobei als selbstverständlich vorausgesetzt bleibt, daß die Übersetzung das offenbarende Wirken Gottes selbst im Wirksamwerden seines Heiligen Geistes ist. Zu der hier angesprochenen Problemstellung bei Barth vgl. seine Kirchliche Dogmatik I/1, 171–175.

für den Vater. Die Lehre von der Abgeschlossenheit der Offenbarung »mit den Aposteln« (DH 1501; 3421) bringt diese Normativität zum Ausdruck und bindet alle weiteren kirchlichen Übersetzungsprozesse als deren Auslegung an die biblischen Urzeugnisse zurück. Damit sind freilich eine ganze Reihe weiterer Fragen aufgeworfen, denen nun die abschließenden Überlegungen dieses Kapitels gelten.

4.8 Endgültigkeit und Unüberbietbarkeit der Christusoffenbarung?

Christlich ist die Kategorie Offenbarung, sofern man sie auf eine »kategoriale« Geschichte *(Rahner)* des Offenbarungshandelns Gottes bezieht, für jenen Überlieferungskomplex reserviert, der in sachlich und zeitlich engem Zeugniszusammenhang steht mit dem Zeugnis des Sohnes vom Vater. Für die darin zusammengefaßten Überlieferungen ist die Vielstimmigkeit und die historische Kontingenz der Einzelzeugnisse kennzeichnend. Die beiden Testamente sind je für sich und in ihrem zwischen Juden und Christen höchst umstritten Zusammenhang eine spannungsreiche Kom-position, die gerade in der Vielfalt der Entsprechungen, Brüche, Widersprüche und Anknüpfungen von der *einen* Gotteswahrheit – der durchgehaltenen Treue Gottes zu denen, die sich von ihm ansprechen lassen – Zeugnis gibt. Schon für die Komposition des Alten oder Ersten Testaments gilt:

> »Es ist eben das Proprium der Bibel, daß eine solche Komplexität gezielt geschaffen und aus theologischem (!) Interesse beibehalten wurde. Wenn man unbedingt von einer ›Einheit‹ des Ersten Testaments reden will, dann ist dies höchstens eine komplexe, spannungsreiche, unsystematische und kontrastive Einheit. Statt von ›Einheit‹ sollte man vielleicht konsequenter von ›Zusammenhang‹ reden, dessen Vielgestaltigkeit zum Diskurs und zum Streit über/um die *eine,* vielgestaltige Gott-Wahrheit provozieren will.«[63]

---

[63] E. Zenger, Gemeinsame Bibel für Juden und Christen, in: ders. (Hg.), Lebendige Welt der Bibel, Freiburg – Basel – Wien 1997, 184–191, hier 190. Kurt Marti hat diese Einsicht in die folgenden Verse gefaßt:
> »Allmählich entstand so:
> ein Bücherbuch vieler Stimmen,
> die nacheinander,
> nebeneinander,
> durcheinander,
> gegeneinander,
> miteinander
> reden, singen, murmeln, beten.
> Dissonanzen? Jede Menge.
> Widersprüche? Noch und noch.
> Kein ausgeklügeltes Buch.
> Hundert-Stimmen-Strom
> (selbst Schriftgelehrte ermessen ihn nicht) –
> wohin will er tragen?

Auch das Neue Testament ist ein spannungsvoller Dialog zwischen theologisch unterschiedlich profilierten, ja miteinander kontrastierenden Zeugnisgestalten, die nach der Kanon-Entscheidung der Kirche zusammengehalten werden sollen, damit die Glaubenden über die Jahrhunderte hinweg aus diesem Zusammenklang das Wort hören, das sie auf den Weg ruft, der Wahrheit und Leben ist (vgl. Joh 14, 7). Daß die kirchliche Kanon-Entscheidung mit den Schriften des Neuen eben auch die des Alten Testaments als Offenbarungsurkunden anerkannt hat, dramatisierte noch einmal den Dialog der verschiedenen Zeugnisse, die – sofern sie Zeugnisse des Alten Testaments sind – ja nicht einfach als Christuszeugnisse verstanden werden dürfen. So sind die Offenbarungsdokumente und ihre Auslegung, wenn Christen nicht – wie etwa schon der Barnabasbrief – den Juden die »jüdische Bibel« wegnehmen und einen christlichen Alleinbesitzanspruch auf das Alte Testament anmelden wollen, geradezu von einer Rivalität zwischen verschiedenen Lesarten durchzogen. Und diese Rivalität sollte um des Reichtums der einen Gotteswahrheit wie aber auch um des Friedens zwischen den solange miteinander verfeindeten Lesern willen nicht verdrängt werden. Das verlangt, daß die Christen dem Alten Testament »sein *Eigenwort mit Eigenwert*« belassen, daß sie sich dazu durchringen, »die Differenzen gelten zu lassen, damit ein produktiver Streit über das in beiden Teilen (der christlichen Bibel; J. W.) sich aussprechende Zeugnis von dem einen und einzigen Gott entstehen kann«.[64]

Die Kanon-Entscheidung der Alten Kirche ist im Blick auf die End-Gültigkeit der in Jesus Christus geschehenen Offenbarung getroffen. Sie unterstellt gerade nicht, daß die Zeugnisgeschichte des Alten Testaments in Jesus Christus ihr alleiniges Ziel fand, so daß sie für Christen nur noch von typologischem Beweisinteresse wäre, ansonsten aber als in Christus aufgehoben betrachtet werden könnte.[65] Die Entscheidung, das Alte Testament *als solches* als Heilige Schrift zu rezipieren und mit dem Neuen zusammenzuhalten, ist eine Entscheidung dafür, die Dialog- und Konfliktgeschichte der beiden Testamente unverkürzt und unzensiert als Ermittlungsort der – nach christlicher Überzeugung – in Jesus Christus Fleisch gewordenen Gotteswahrheit zu betrachten.

Die Entscheidung über das »Abgeschlossensein« der Offenbarungsgeschichte[66] eröffnet nach vorne – in die Zukunft hinein – »nur noch« die Mög-

---

Über Schwellen, Klippen, Katarakte
heimzu, heilzu (hoff ich)«
(K. Marti, Das gesellige Buch, in: ders., Die gesellige Gottheit. Ein Diskurs, Stuttgart 1989, 10–12, Zitat 11).
[64] Vgl. E. Zenger, a. a. O.
[65] Zum Problem der christologischen Norm christlicher Bibellektüre vgl. meinen Aufsatz: Bibel Jesu und Evangelium Jesu Christi: Systematisch-theologische Perspektiven, in: Bibel und Liturgie 70 (1997), 213–218.
[66] Das Sprechen von der »Abgeschlossenheit der Offenbarungsgeschichte« wird mißverständlich, sobald man Offenbarung mit »Selbst-Kommunikation« Gottes gleichsetzt und dann das Ende der Offenbarungsgeschichte als das »Verstummen Gottes« in der Geschichte versteht. Dieses Mißverständnis liegt auch den Überlegungen Luhmanns zugrunde, der mit seiner Beobachtung, parallel zur

lichkeit der Auslegung des Geoffenbarten. Die Ermittlung und Bewährung der Gotteswahrheit hat von nun an die Gestalt der »Exegese« jener normativen Gott-Exegese, die als in den beiden Testamenten enthalten geglaubt wird. Diese Unterscheidung zwischen Offenbarungs- und Auslegungsgeschichte ist jene grundlegende christliche Identitäts-Entscheidung, die alle christlich sein wollenden Zeugnisgestalten der Frage nach ihrer Ausweisbarkeit vor der als Bibel überlieferten Norm authentischen Zeugnisses unterwirft. Die biblischen Zeugnisse sind die »Referenztexte«, an denen sich entscheiden muß, was christliches Glaubenszeugnis und christliche Glaubensverkündigung genannt werden kann und was diesen Namen nicht mehr verdient. Die als Offenbarungszeugnisse ausgezeichneten biblischen Referenztexte sind nicht die einzigen normativen Texte im kirchlichen Zeugnisdiskurs. Aber sie sind die norma suprema, deren Auslegung etwa auch lehramtliche Normierungen zu »dienen« haben.[67] Christlich ist diese höchste Normativität in der Normativität des Zeugnisses Christi selbst begründet. Wie aber ist *diese* Normativität begründbar?

Wie in der dogmatischen Christologie weiter zu begründen wäre, unterstellt die Glaubensgemeinschaft der Christen, daß das Zeugnis Christi jene menschliche Zeugenantwort ist, in der Gott seinen Logos – sein Wesenswort – authentisch und verbindlich mitteilte, so daß es einer »neuerlichen« Offenbarung nicht mehr bedarf. Jesus Christus hat für seine Reich-Gottes-Praxis und seine Verkündigung des guten Gotteswillens das Geschehen des guten Gotteswillens so entschieden und umfassend in Anspruch genommen, daß er die auf ihn Hörenden vor die eschatologische Alternative stellt: Entweder geschieht Gottes Wille so, wie von Jesus Christus in Anspruch genommen und dargestellt, oder er geschieht nicht; entweder geschieht dieser gute Wille auch an dem, der ihn zu leben beanspruchte, oder aber er hat nicht die Macht, die Wirklichkeit dieser Welt im Letzten zu bestimmen. Das urkirchliche Zeugnis für die Auferweckung des gekreuzigten Sohnes läßt die Christen aller Jahrhunderte darauf setzen, daß die Geschehenseinheit von Antwort und Wort in der Sendung Jesu Christi durch Gottes Geist zustandegebracht, in der Auferweckung des Gekreuzigten bewahrheitet und damit zur normativen Vor-Gabe wurde für christliche Bezeugung des treuen Gottes Israels und Jesu Christi – zu einer Vor-Gabe freilich, die die Christusgläubigen unterwegs sein läßt auf jenes »Offenbarwerden der Kinder Gottes« hin, mit dem die ganze Schöpfung von der »Sklaverei der Vergänglichkeit« erlöst sein wird (Röm 8,19.21).

Wenn in diesem Sinne gesagt werden darf, daß in Jesus Christus geschah –

Herausbildung der modernen Gesellschaft gebe es »ein ständiges Abschwächen der Figur ›Kommunikation durch oder mit Gott‹«, die These verbindet, heute werde »die Kommunikation Gottes nur noch als ein historisches, textlich faßbares Faktum dargestellt: als eine ein für allemal geschehene Offenbarung« (Die Gesellschaft der Gesellschaft, Frankfurt a. M. 1997, 158). Unbeachtet bleibt dabei, daß christlich eben auch das authentische Leben aus dem Geist der verschriftlichten Zeugnisüberlieferung als Kommunikation Gottes – als das Wirken seines Geistes – verstanden wird.

[67] Vgl. die Offenbarungskonstitution des 2. Vatikanums, in der es heißt: »magisterium non supra Verbum Dei est, sed eidem ministrat« (Dei verbum 10).

und von ihm her geschieht –, was er zu leben und darzustellen beanspruchte: Gottes guter Wille, wenn also hier von einer Geschehenseinheit der Antwort mit dem Wort gesprochen werden darf, so ist damit die Sendung Jesu Christi als jenes Geschehen ausgezeichnet, »worüber schlechterdings nichts Größeres geschehen kann«[68]. Es kann nichts Größeres geschehen, weil Gott in Jesus Christus seinen guten Willen hat geschehen lassen und damit »Offenbarung im höchsten Sinn« geschehen ist, nämlich »Offenbarung dieses Willens« als des in Jesus Christus geschehenen und endgültig für die Menschen geschehenden.[69]

In dieser Endgültigkeitsbehauptung steckt die Unterstellung, das Zeugnis Jesu Christi entspreche dem Wort, das er bezeugt, so vollkommen, daß seine menschliche Zeugenantwort in der Identität des gottmenschlichen Personseins Christi das Wort selbst *ist*, daß sie als Gottes eigenes Hörbar- und Greifbarwerden verstanden werden darf. Inwieweit läßt sich diese Unterstellung im Blick auf die biblischen Zeugnisse fundamentaltheologisch legitimieren? Man wird hier gewiß nicht so weit kommen, daß man – wie in der Apologetik aufgrund innerer Offenbarungskriterien versucht – die »übernatürliche Ursache« der biblischen Verkündigungs- und Zeugnis-Phänomene feststellen kann. Aber man wird doch der Vielfalt der biblischen Stimmen auf den Grund gehen und dabei versuchen können, zugleich historisch genau und systematisch eindringlich die als göttlich erfahrene Herausforderung zu beschreiben, der sich die Zeugnisse in ihrer Vielfalt verdanken, und das Versprechen ins Wort zu bringen, dem sie glaubten. Wo dies versucht wird, da wird der Anruf Gottes durch die Zeugnistexte selbst hörbar werden können. Und die Hörenden werden sich der Frage zu stellen haben, ob es *gut* ist, diesem Anruf zu folgen und sich so in die göttliche Berufung zum Menschsein hineinrufen zu lassen.

Die historische Rückfrage sollte darüber Rechenschaft geben können, ob sich in den biblischen Zeugnissen tatsächlich der *eine* göttliche Grund erkennen läßt, der sie trägt und das *eine* göttliche Wort, das sie hervorrief; sie sollte darüber Auskunft geben können, was dieses Wort denen, die es hörten, zu tun, zu hoffen und zu denken gab. Die systematische Untersuchung wird den Gründen nachgehen, die dafür sprechen, daß es unwidersprechlich gut ist, auf dieses Wort zu hören und sich von ihm in die Fülle des Lebens (Joh 10,10) hineinrufen zu lassen. Davon soll im nächsten Traktat – der fundamentaltheologischen Soteriologie – die Rede sein. Daß Gott sich selbst so mitteilen »kann«, daß er in bestimmten geschichtlichen Geschehenssequenzen als kommunikativ handelnd erfahren werden kann, daß er nicht gegen sein ewiges Wesen *(Kierkegaard)* geschichtlich handelt, sondern als der, der seinem Wesen entsprechend

[68] F. W. J. Schelling, Philosophie der Offenbarung, Bd. 2, 27.
[69] Vgl. ebd., 10. Der angesprochene Zusammenhang wird genauer ausgearbeitet bei Th. Pröpper, »Daß nichts uns scheiden kann von Gottes Liebe …«. Ein Beitrag zum Verständnis der »Endgültigkeit« der Erlösung, in: A. Angenendt – H. Vorgrimler (Hg.), Sie wandern von Kraft zu Kraft. Aufbrüche, Wege, Begegnungen (Festschrift für R. Lettmann), Kevelaer 1993, 301–319; vgl. besonders 308: »In Gottes geschichtlicher Offenbarung *geschieht* also, was offenbar wird, und nur *weil* es geschieht, kann es offenbar werden: eben Gottes für die Menschen entschiedene Liebe.«

sich mitteilt, das war in diesem Kapitel zu zeigen. Und es wurde dabei auf Gottes Geist Bezug genommen, in dem Gott »im Anderen seiner selbst« als er selbst gegenwärtig sein kann. Durch seine Inspiration vermag er jene Antworten auf Gottes Wort hervorzurufen, die Gottes guten Willen in die Sprache geschichtlicher Phänomene übersetzen können, ohne dabei das Kontinuum geschichtlicher Wechselwirkungen außer Kraft zu setzen.

Der Sprechakt, in dem Gottes Wort gesprochen ist und zum geschichtlichen Ereignis wurde – sein »kommunikationspragmatischer Sinn« –, ist als *Ruf*, als *Herausforderung* und als *Versprechen* bestimmt worden. Der, in dem es nach dem Glauben der Christen end-gültig gesprochen ist – der Sohn des göttlichen Vaters –, brachte es so zur Sprache, daß er Gottes Ruf und Versprechen für seine Mitmenschen lebte, ihnen an sich selbst zeigte, wohin dieser Ruf sie ruft und was er verspricht. Er zeigte es nicht zuerst durch sein Beispiel oder seine Lehre, wie von der Aufklärung geltend gemacht, sondern durch eine von Gottes Geist inspirierte Lebenspraxis, die davon Zeugnis gab, was ihm widerfuhr und ihn in Dienst nahm: die Ankunft der endzeitlichen Gottesherrschaft. Weil er an sich und durch sich selbst das Geschehen des guten Gotteswillens zeigen, es geradezu repräsentieren konnte, weil er auf sich selbst als sein Gegenwärtigwerden in dieser Welt hinweisen konnte, kann die Theologie von ihm bzw. von seiner Sendung als Realsymbol der Selbstmitteilung Gottes sprechen.[70]

Damit ist von einem Offenbarungsverständnis Abschied genommen, das sich vor allem auf ein durch Offenbarung mitgeteiltes übernatürliches, göttliches Wissen bezieht; *Max Seckler* nannte es zu Recht instruktionstheoretisch. Die Mitteilung selbst ist vielmehr die Botschaft; das geschichtliche Geschehen ist die Mitteilung, in der Gott sich so mitteilt, daß er mit ihr das »sacramentum voluntatis suae« zugänglich macht. Aber kommt es dann auf die kognitive Dimension der Selbstmitteilung Gottes gar nicht mehr an? Sprechakte sind im mitmenschlich-sozialen Bereich eigentlich nie vollkommen informationsfrei; sie teilen immer auch Sachverhalte mit bzw. sie beziehen sich implizit oder explizit auf Sachverhalte, von denen her ein Sprechakt verstanden werden muß. Inwiefern ist auch in Gottes Selbstoffenbarung für den Glaubenden »Wissenswertes« mitgeteilt? Und inwieweit kann die Theologie dieses Wissen begrifflich ausarbeiten?

---

[70] Vgl. hier vor allem Karl Rahners Christologie und Soteriologie; Rahner nennt das Geschehen der göttlichen Liebe in der Sendung und dem Todesgeschick wie in der Auferweckung Jesu ihr *Realsymbol*, insofern sie darin *sich realisierend* erscheint. Von Realsymbol ist zu sprechen, wenn in der Setzung des Symbols »das Symbolisierende sich selber setzt und selber im Symbol anwest« (K. Rahner, Das christliche Verständnis der Erlösung, in: A. Bsteh (Hg.), Erlösung in Christentum und Buddhismus, Mödling 1982, 112–127, hier 123). Vgl. Th. Pröpper, Erlösungsglaube und Freiheitsgeschichte , München ²1988, 246 ff. bzw. mein Buch: Soteriologie, Düsseldorf 1990, 223 f.

5. Selbstoffenbarung und Geheimnis

5.1 Selbstoffenbarung des Absoluten?

Teilt die Offenbarung »Wissen« mit, so kann sie – wo dieses Wissen für den Menschen in seinem geschichtlichen Selbstvollzug von Bedeutung ist – als Antwortinstanz für die »letzten« und »tiefsten« menschlichen Fragen in Anspruch genommen werden. In diesem Sinne thematisiert das 2. Vatikanum in seiner Erklärung über das Verhältnis zu den nichtchristlichen Religionen den kognitiven Charakter der großen Religionen:

> »Die Menschen erwarten von den verschiedenen Religionen Antwort auf die ungelösten Rätsel des menschlichen Daseins, die heute wie von je die Herzen der Menschen im tiefsten bewegen: Was ist der Mensch? Was ist Sinn und Ziel unseres Lebens? Was ist das Gute, was die Sünde? Woher kommt das Leid, und welchen Sinn hat es? Was ist der Weg zum wahren Glück? Was ist der Tod, das Gericht und die Vergeltung nach dem Tode? Und schließlich: Was ist jenes letzte und unsagbare Geheimnis unserer Existenz, aus dem wir kommen und wohin wir gehen?« (Nostra aetate 1).

Aber sind die Religionen dazu da, die »ungelösten Rätsel des menschlichen Daseins« aufzulösen? Und wäre das Christentum dadurch auszuzeichnen, daß es diese Aufgabe am besten erfüllt, da es über das zuverlässigste Wissen zur Beantwortung dieser Fragen verfügt? Hier sind Differenzierungen einzubringen, die dem Eindruck wehren, im christlichen Offenbarungsglauben fänden die letzten Fragen der Menschen ohne weiteres eine allumfassende und keine weiteren Fragen mehr aufwerfende Antwort. Verstünde Theologie die Selbstoffenbarung Gottes tatsächlich in diesem Sinne als Antwort-Reservoir – schließlich gar als einen unerschöpflichen Vorrat von Patentlösungen für mehr oder weniger tiefgehende menschliche Ratlosigkeiten –, so verriete sie die Solidarität leidvoll ausgehaltenen und sich mühsam weitertastenden menschlichen Fragens. Gottes Selbstoffenbarung gibt den Glaubenden zu denken – und zu tun. Aber sie erlaubt ihnen nicht den sublimen Triumphalismus derer, die sich über die Mühsal menschlichen Suchens und Fragens erhaben wissen.

Die Wahrheit der biblischen Gottesoffenbarung läßt sich nicht einfach ausmünzen in kleine Münzen oder große Scheine des Bescheidwissens in der Geldbörse theologischer Problemlöser. Sie ist in der Erfahrung der biblischen Zeugen eher die ausweisbare und ausgewiesene Verläßlichkeit – alttestamentlich *emet*. Die Glaubensüberlieferungen Israels bezeugen sie als die Verläßlichkeit eines Weges, den JHWH sein Volk führt, als die Verläßlichkeit einer guten Schöpfungsordnung, die sich denen enthüllt, die diesen Weg gehen. Sie bleibt oft genug auch verhüllt und wird von den Glaubenden herbeigeklagt in den geschichtlichen und existentiellen Katastrophen, in denen sie als von Gott und der Welt Verlassene unterzugehen drohen. Wo die sich erweisende Verläßlichkeit des Weges, der guten Ordnung Gottes, im Glauben als solche wahrgenommen wird, da begründet sie das Sich-Verlassen und Sich-Einlassen auf die Herausforderung Gott, da ist sie gleichbedeutend mit dem Offenbarwerden *des* Gottes, auf den die Glaubenden sich verlassen dürfen. Aber dieses Offenbarwerden macht JHWH nicht zu einer kalkulierbaren, einzuordnenden Größe. Seine Verläßlichkeit erweist sich je neu – und bestimmt sich so in geschichtlicher Konkretheit, freilich immer wieder in einer Konkretheit, die ratlos, mitunter zweifelnd und verzweifelt nach Gottes Verläßlichkeit zu fragen und sie herbeizuklagen Anlaß gibt. Offenbarung hebt die Verborgenheit nicht auf. Sich auf Gottes Verläßlichkeit zu verlassen heißt: mit Gott eine Zukunft zu wagen, in der seine Verläßlichkeit immer wieder neu und unvorhersehbar anders erfahren werden wird, aber auch entbehrt und gesucht – *geglaubt* – werden muß.

Die griechisch-philosophische Tradition der Wahrheitssuche und des Wahrheitserweises sieht Verläßlichkeit anders verbürgt: in einer *Theorie*, die den überraschungsfreien Umgang mit der Wirklichkeit ermöglicht. Diese Theorie müßte alle Bestimmungsgrößen – alle Gründe – umfassen, die ein Begegnendes als dieses Bestimmte begegnen lassen bzw. es zu dieser Bestimmtheit bestimmt haben. Theorie will hier – ihrer Tendenz nach – einen Gesamtzusammenhang begreifen, aus dem heraus sich nicht nur die notwendigen, sondern auch die hinreichenden Ursachen aller erwartbaren Ereignisse identifizieren ließen, so daß die Zeit, insoweit sie noch bevorsteht, nichts mehr bringen kann, was in diesen Gesamtzusammenhang nicht eingeordnet werden könnte. Verläßlichkeit als Überraschungsfreiheit hieße: alle Bestimmungsgründe sind in der Rechnung erfaßt, so daß nichts Wesentliches mehr »dazwischenkommen« kann, so daß dann auch Geschichte als Unsicherheitsfaktor von sicheren, weil wohlbegründeten Prognosen überholt ist.

Die Totalität der Bestimmungsgründe als ein geordnetes, »vernetztes« Ganzes gedacht trägt bei den Philosophen des Deutschen Idealismus den Namen *Absolutes*. Das Ab-solute ist definiert als jene alles umfassende Begründungswirklichkeit, von der gesagt werden darf, daß sie von keinem anderen her ist, alles andere aber von ihr her, auf sie hin bzw. in ihr ist bzw. begriffen werden kann. *Spinoza*, auf den der Deutsche Idealismus vielfach zurückgreift, nennt sie »causa sui«, also dasjenige, »dessen Wesen das Daseyn in sich schliesst, oder das, dessen Natur nicht anders als daseyend begriffen werden kann«. Für ihn ist dies gleichbedeutend mit der absoluten Substanz, also derjenigen Wirklichkeit, die »in sich ist und aus sich begriffen wird; das heisst das, dessen Begriff nicht des Begriffes eines andern Dinges bedarf, um daraus gebildet werden zu müssen«[1],

---

[1] Ethik. Erster Teil, Definitionen 1 und 3, a.a.O., 86 f.

wobei im strengen Sinne umgekehrt gilt, daß alles nur als Moment – Spinoza sagt »Modus« – der Substanz, also Gottes begriffen werden kann: Ohne Gott kann »nichts sein noch begriffen werden«[2]. Das Absolute ist darin absolut, daß es nicht auf ein anderes hin relativ ist, alles andere vielmehr auf es hin relativ ist und deshalb begriffen ist, insoweit es in dieser Relativität und Relationalität begriffen wird.[3]

Was liegt hier näher, als Gott mit diesem Absoluten zu identifizieren, ihn zu *theoretisieren* als jene Totalität, in bzw. aus der alles begreiflich wird, zuletzt auch das noch, was sich – scheinbar – in der Geschichte unverfügbar ereignet: Gott, der Inbegriff der Verläßlichkeit als der Inbegriff der Antwort auf die Fragen, warum etwas so ist, wie es ist bzw. sich ereignet, wie es sich ereignet. Kehrseite bzw. Voraussetzung dieses »metaphysischen« Gottesbegriffs, der – der Tendenz nach – alles begreifen läßt, ist dann aber die Begreifbarkeit Gottes selbst anhand des durch ihn bzw. in ihm Begriffenen. Spinoza hat dies durchaus so gesehen: »Je mehr wir daher die natürlichen Dinge erkennen, desto größer und vollkommener wird auch unsere Erkenntnis Gottes; oder ... je mehr wir die natürlichen Dinge erkennen, desto vollkommener erkennen wir das Wesen Gottes (das die Ursache aller Dinge ist). Und so hängt also unsere ganze Erkenntnis, d. h. unser höchstes Gut, nicht so sehr von der Erkenntnis Gottes ab, sondern besteht vielmehr ganz und gar in ihr«.[3]

Wenn aber Erkenntnis des Verläßlichen prinzipiell Gotteserkenntnis ist und Gotteserkenntnis die Erkenntnis dessen, was die Wirklichkeit insgesamt begreifbar macht, so ist für geschichtliche Offenbarung im eigentlichen Sinne kein Platz mehr. Gott ist das Integral des Erkennens selbst. Die Dynamik, ja »Penetranz« – das Durchdringenwollen – des Erkennens kann ihn gar nicht mehr den schlechthin Anderen sein lassen, der sich in seinem Wort den Menschen zuspricht – ihnen zuspricht, was sie sich selbst nicht sagen können, was nicht identisch werden kann mit dem im Vollzug ihrer Selbstvergewisserung Gegebenen. Gott, der Absolute, der Inbegriff der Gründe, deren Erfassung Überraschungsfreiheit ermöglicht, »offenbart« sich in der Vernunft als Vernunft. So legitimiert er den Imperialismus des Wissens: Das Reich des Wissens darf nichts jenseits seiner Grenzen lassen; Wissen ist ja immer schon der Vollzug der Grenzüberschreitung, der Überschreitung der Grenzen zum Anderen, dem Nicht-Gewußten; Wissen realisiert sich als »Ent-anderung«, als Vereinnahmung, vornehmer gesagt als Hereinnahme des Anderen in seinen Herrschaftsbereich.[4] So scheint der Begriff »Absolutheit« für den Absolutismus dieser Herrschaft zu stehen, deren Identifikation mit der Gottesherrschaft den religiösen Impuls der Aufklärungsphilosophie freisetzte.

Wo das nichtvereinnahmbare Andere, das außerhalb Bleibende als solches,

---

[2] Theologisch-politischer Traktat, a. a. O., 137–139.
[3] Ebd., 139.
[4] Das ist die Dynamik des aneignenden Wissens, wie sie etwa E. Lévinas zum Gegenstand seiner Kritik macht. Darauf wird zurückzukommen sein.

seine Legitimität verliert, weil es um der Verläßlichkeit des Wissens willen im Kalkül vorkommen muß, da ist eine Energie des Hereinholen- und Integrieren-wollens entbunden, die schlechthin alles zu relativieren und theoretisch zu integrieren sucht. Hegel gilt – vielleicht zu Unrecht – als radikalster Denker des so verstandenen Absoluten, als philosophischer Vollstrecker der der Vernunft innewohnenden Energie des Hereinholens. Immerhin hat er jene Leitsätze formuliert, die den Imperialismus des Wissens unverhohlen auszudrücken scheinen:

>»Wer die Welt vernünftig ansieht, den sieht sie auch vernünftig an, beides ist in Wechselwirkung«.[5] »Unsere Erkenntnis geht darauf, die Einsicht zu gewinnen, daß das von der ewigen Weisheit Bezweckte wie auf dem Boden der Natur so auf dem Boden des in der Welt wirklichen und tätigen Geistes herausgekommen ist. Unsere Betrachtung ist insofern eine Theodizee, eine Rechtfertigung Gottes«.[6]

Je umgreifender diese Theodizee gewagt und das Geschehene dem Denken integriert wird, je vernünftiger dann auch der grausamste Widersinn die »Vernünftigen« anschaut, desto unabweisbarer wird der Verdacht, die Vernunft, die den Widersinn der Katastrophen und Verbrechen begreift, sei der Widersinn selbst, den sie begreift. Die Relativierung durch Vernunft ist hier immer schon unterwegs zur Rechtfertigung des nicht zu Rechtfertigenden, zu einer Theodizee, die das Schlimmste noch in Gott begreift und weiß, warum es sein mußte. Das *absolute Wissen* – verstanden als universales Rechtfertigungswissen – wüßte Auskunft zu geben auf prinzipiell jede Warum-Frage; es wäre, was *Thomas von Aquin* – allerdings mit weit geringerem theoretisch-systematischem Anspruch – Einprägung des göttlichen Wissens (impressio divinae scientiae) bzw. Teilhabe an ihm nannte.[7] Offenbarung könnte verstanden werden als Teilgabe an diesem Wissen Gottes bzw. der Seligen. Unter den Bedingungen eines philosophisch umfassenden Systemanspruchs versteht sich die Vernunft dann selbst als Erschließungsort des absoluten Wissens.

Friedrich Nietzsche hat auf die tiefe Zwiespältigkeit solchen Sinn- bzw. Rechtfertigungs-Wissens hingewiesen. Ist es denn mehr als der hilflose Versuch, die geschehene Katastrophe und das als unabänderlich erscheinende Leid als um eines höheren Zieles willen geschehen bzw. geschehend hinzunehmen, mit gutem Gewissen kraftlos und widerstandslos hinzunehmen?[8] Ist die Kategorie Absolutheit nicht von vornherein mit der Unterstellung verknüpft, die Identität von Sinn und Sein sei dem Vernünftigen als gegeben bzw. als sich geschichtlich realisierend aufweisbar? Muß das Denken des Absoluten dem, der es versucht, nicht auferlegen, immer das Um-willen aufzeigen zu können? Ist es deshalb mit den Katastrophen unseres Jahrhunderts nicht endgültig als Ausgeburt des Zynismus entlarvt? Soviel sollte jedenfalls deutlich geworden sein: Wer Offenbarung verstehen will als die Ermöglichung der Teilhabe an

---

[5] Philosophie der Geschichte, Werke in zwanzig Bänden, Bd. 12, 23.
[6] Ebd., 28.
[7] Summa theologica I q. 1 a. 3 ad 2 bzw. a. 2 corpus.
[8] Vgl. Nachgelassene Fragmente Herbst 1887, KSA 12, 366.

einem göttlich-absoluten Wissen, das die vielfältigen Warumfragen und Warumklagen der Menschheit beantwortbar oder gegenstandslos macht, der gerät in die Gefahr, sich in die Ausweglosigkeit der philosophischen Theodizeefrage zu verstricken und darüber hinaus die Konkurrenz zwischen den »Antwortkompetenzen« Glauben und Wissen vorzuprogrammieren.

Nimmt man die Herausforderung der Theodizeefrage ernst, so darf der Sinn von Offenbarung nicht darin liegen, sie auflösen zu können; so kann Offenbarung nicht bedeuten: Mitteilung eines affirmativen, Warumfragen umfassend beantwortenden absoluten Wissens. Aber ist damit die Kategorie Absolutheit nicht von vornherein offenbarungstheologisch unmöglich gemacht? Oder ist sie auch kritisch aktualisierbar und dann doch unverzichtbar? Die Überlegungen im 5. Kapitel des Religionstraktats haben deutlich zu machen versucht, wie die Kategorie des Absoluten theologisch-kritisch als Gegeninstanz zur Verzweckungsdynamik perspektivischen Zugreifens und Zurechtinterpretierens – zur Verabsolutierung des je meine Mittel und Zwecke definierenden Be-greifens – geltend gemacht werden muß. Sie bezeichnet die Urwirklichkeit von *Wahrheit* und *Freiheit*, die sich in der Überwindung der das Eigensein des Anderen verdrängenden Verabsolutierungen, in der Rettung und Würdigung des von ihnen nicht Gewürdigten durchsetzt. Das ist hier nicht weiter auszuführen.

Im Kontext des Offenbarungstraktats stellt sich aber verschärft die Frage, ob nicht schon die Vernunft selbst als die Instanz gesehen werden kann, die – als Vorgriff auf Allgemeingültigkeit – der Verabsolutierung je meiner bzw. je unserer Perspektive entgegenwirkt. Ist nicht sie schon die Instanz, die durch die Fähigkeit der Perspektivenübernahme – des Nachvollzugs der Perspektiven des und der Anderen – wie durch Relativierung, also In-Beziehung-Setzen dieser Perspektiven der Abspaltung und der Verdrängung des zu meiner bzw. unserer Perspektive nicht Passenden widersteht? Die Dialektik der Aufklärung hat nach Adorno und Horkheimer aber genau darin ihren Grund, daß das jeweils geltend gemachte Vernunftallgemeine doch wieder die Herrschaft – die Verabsolutierung – eines falschen Allgemeinen verrät. Der Allgemeinheitsanspruch ist ideologisch. Er soll verschleiern und will verdrängen, was in der falschen Allgemeinheit – etwa der eines alles umgreifenden und durchdringenden Marktes – nicht vorkommen darf. Im Hereinholen des Verdrängten, im Anknüpfen des zerrissenen Zusammenhangs, in der Kritik ausgrenzender Verabsolutierungen muß Vernunft über sich hinaus je neu zu sich selbst gebracht werden. Und so kann man sie als auf Gott und auf seine Herausforderung angewiesen sehen, mit der *er* sie von sich aus zur Vernunft *und* zu sich bringen will: zur Würdigung des ihr Gegebenen, zu Gott als dem Schöpfer und Sachwalter des von menschlichem Zugreifen und Verdrängen Entwürdigten.

Die Geschichte dieser Herausforderung ist keine Erziehungsgeschichte, in der der göttliche Erzieher immer wieder neue Anstöße setzt und bessere Erzieher sendet, die den Prozeß der Selbstaufhellung und Selbstvergewisserung der Vernunft voranbringen sollten. Sie ist eine Geschichte mit *Offenbarungs-Dramatik*, in der der Offenbarer sich selbst einsetzt und aussetzt, um der sündigabsondernden Ausgrenzungs- und Verdrängungsdynamik menschlicher Selbst-vergewisserung zu widerstehen. Die Dramatik liegt in einer von menschlicher Vernunft nicht überholbaren, antagonistischen Weltsituation begründet, in der Wahrheit nicht einfach gezeigt werden kann, sondern erstritten, ja erlitten werden muß: im Widerstand gegen das Verdecken und Verdrängen, dessen sich auch die menschliche Vernunft immer wieder neu schuldig macht, da sie ihren Verabsolutierungen nicht hellsichtig und energisch genug widersteht.

Offenbaren heißt hier: Offenlegen in einer »Aktion«, an der offenbar werden kann, was das Verdecken und Verdrängen anrichtet, weil diese Aktion sich dem Verdrängen aus- und entgegensetzt, weil sie sich von ihm nicht vereinnahmen, nicht in die eigene Perspektive hereinziehen oder aber wegdrängen läßt. Diese Aktion zeigt, sie offenbart, indem sie gegen die Verdrängungsdynamik ins Blickfeld rückt und nicht länger im Verborgenen läßt, was die herrschenden Verabsolutierungen als Allgemeinheits-Anmaßung entlarvt – eine herausfordernde Aktion, weil sie in eine neue Sichtweise, in eine neue Praxis, in ein neues Vertrauen hineinruft. In dieser Aktion offenbart sich Gott als die Gegen-Wirklichkeit zu den Verabsolutierungen, in denen Menschen die Wirklichkeit der Anderen, der Natur, der Geschichte, für selbstgesetzte Prioritäten vereinnahmen wollen, in denen sie ihren Selektionsmodus absolutsetzen und die Wirklichkeit des Anderen und der Anderen nur noch insoweit vorkommen lassen, als sie für die selbstgesetzten Prioritäten »etwas bringt«. An der geschichtlich sich ins Spiel bringenden Gegen-Wirklichkeit zu den Verabsolutierungen wird offenbar, wie die Dynamik des Vereinnahmens sich auch der Vernunft noch bemächtigen kann und sie zur bloß instrumentellen Vernunft macht, die aufs Ganze geht – nichts »draußen« und nichts un-bezogen lassen will –, damit nichts an Ressourcen verlorengehe bei der Realisierung des angezielten Absoluten und damit nichts von all dem unberücksichtigt bleibe, was man dabei doch in Rechnung stellen müßte.

Der vereinnahmenden und das Nichtvereinnahmbare ausgrenzenden Vernunft tritt der gegenüber, der die in ihr verratene Verheißung des All-Umfassenden wahr macht. Er identifiziert sich mit den Opfern, die die falschen Absolutheiten in ihrer vereinnahmend-selektierenden Selbstdurchsetzung fordern; er zeigt sich als der das Eliminierte und die Eliminierten Hereinholende, als derjenige, der sich der Herausgefallenen und Gescheiterten annimmt und sie vorkommen läßt, sie nicht verlorengibt. Er zeigt sich als derjenige, der Beziehung stiftet, wo die Verhältnisse von Abgrenzung bestimmt sind; er erweist sich als der in die Zukunft Führende, wo jede Zukunft abgeschnitten und die tödliche Zukunftslosigkeit unabwendbar schien. Seine Absolutheit, die kein Außerhalb mehr kennt, bedeutet nicht Imperialismus, sondern Rettung; Rettung in der Not des Herausfallens und des Ausgeschlossenwerdens, Errettung aus der Todes-Not, in der sich das Herausfallen als unabwendbar-endgültiges Schicksal zu erfüllen droht.

Das Sich-Offenbaren des wahrhaft Absoluten in seiner rettenden Absolutheit ist die Selbstoffenbarung dessen, der die Liebe ist und sie Wirklichkeit werden läßt; das Offenbarwerden jenes Geheimnisses, das auch im Geschehen der Offenbarung nicht etwa rätselhaft, sondern unauslotbar bleibt: das Geheimnis der Beziehungswilligkeit und der Beziehungsmächtigkeit Gottes. Dieses Geheimnis offenbart sich, es wird zugänglich in einer Geschichte der Erwählung, in der Sendung des Menschensohnes, der es zugänglich machte, indem er es lebte und in es hinein starb, damit es sich an ihm erfülle. Es offenbart sich denen, die sich – von seinem Geist ergriffen – zur Christus-Nachfolge herausfordern lassen. Es offenbart sich als das unauslotbare Geheimnis einer *Herausforderung*, die niemals eingeholt werden kann, da sie den Glaubenden immer voraus ist – nicht als uneinholbare Forderung, sondern als das immer wieder neu über sich hinausweisende Versprechen; als das Versprechen, in dessen Wahrwerden der ankommt, der in ihm spricht. *Diese* Uneinholbarkeit steht für Gottes Absolutheit – für die rettende, nicht vereinnahmende Absolutheit, für eine Beziehungsmächtigkeit und Beziehungswilligkeit, von der geglaubt werden darf, daß sie erreichen kann und retten will, wer immer sich erreichen und retten lassen will; von der geglaubt werden darf, was Paulus im Römerbrief bekennt:

> »Was kann uns scheiden von der Liebe Christi? Bedrängnis oder Not oder Verfolgung, Hunger oder Kälte, Gefahr oder Schwert? … Ich bin gewiß: weder Tod noch Leben, weder Engel noch Mächte, weder Gegenwärtiges noch Zukünftiges, weder Gewalten der Höhe oder Tiefe noch irgendeine andere Kreatur können uns scheiden von der Liebe Gottes, die in Christus Jesus ist, unserem Herrn« (Röm 8, 35. 38–39).

Was hier im *Bekenntnis* ausgesprochen wird, das kann *erkennend* nicht eingeholt werden. Wie sollte erkannt werden können, daß und wie Gottes Liebe als absolute Wirklichkeit alle anderen Wirklichkeit relativiert, ohne sie dadurch zu »entwichtigen«? Wie sollte erkannt werden können, daß sie tatsächlich auch Sünde und Tod noch relativiert – sie nicht als letzte Wirklichkeit gelten läßt –, da doch der Augenschein die Letztgültigkeit des Todes so unübersehbar dokumentiert und menschliche Erkenntnis nicht ausschließen kann, daß der Augenschein Recht behält? Das Voraussein des sich Erschließenden vor den Erkennenden diskreditiert indes nicht das Erkennen, sondern fordert es heraus, gibt ihm vor, woraufhin es unterwegs sein darf. Das Denken des Absoluten ist möglich als das Bedenken des Weges, der in das unauslotbare Geheimnis einer zu allem und allen sich in heilvolle Beziehung setzenden göttlichen Liebe hineinführt. Das Denken des Absoluten ist möglich in methodisch strenger Kritik der Verabsolutierungen, die diesen Weg versperren. Absolutheit: das meint hier die Uneinholbarkeit der Vorgabe und zugleich damit die Herausforderung des Denkens durch das ihm Vorgegebene, durch das Geschenk eines Angebots, das Unausdenkbare denken zu lernen und dabei zu entdecken, wie der unvereinnahmbare Andere – der Absolute, der absolut beziehungsmächtige und beziehungswillige Gott – sich ihm *zu denken gibt* (Ricœur[9]).

---

[9] Bei Ricœur ist immer wieder und durchaus im Sinne einer offenbarungstheologisch zu würdigenden Vorgabe davon die Rede, daß die Symbole zu denken geben; vgl. Die Interpretation. Ein Versuch über Freud, dt. Frankfurt a. M. 1974, 539.

Daß die schärfste Herausforderung des Denkens im λόγος τοῦ σταυροῦ liegt – den Juden ein empörendes Ärgernis, den Heiden Torheit –, das darf die Theologie nicht verschweigen oder bagatellisieren; das hat sie zu denken, damit dann auch bezeugt und gedacht werde, weshalb sich in diesem Logos »Gottes Kraft und Gottes Weisheit« mitteilt (1 Kor 1,18–24). Der Logos des Kreuzes ist der schlechthin heilsame Widerspruch Gottes gegen das letzte Wort von Menschen, gegen den letzten Machterweis von Menschen: gegen das Verurteilen und Verdrängen der Herausforderung, die im Gekreuzigten Fleisch wurde. Das ist das Letzte und Höchste, dem hier widersprochen wird: der Sieg der Schlußmacher und Eliminierer über eine Macht in Beziehung, die Verlorene und Geopferte nicht verloren gibt. Die Macht in Beziehung erscheint als das Schwache, rettungslos Verlorene. Aber mit ihr hat Gott sich identifiziert, »um das Starke zuschanden zu machen« (1 Kor 1,27). Das ist die Offenbarung, die so »vernünftig« ist, daß die Vernunft, die zu begreifen versucht, was in der Welt vorgeht, immer wieder neu zum Zweifel, gar zur Verzweiflung Anlaß hat; das ist die Offenbarung, die so herausfordernd ist, daß es den Vernünftigen meist klüger erscheint, bei dem zu bleiben, was sie einigermaßen überraschungsfrei überblicken können.

5.2 Die Offenbarung als Geheimnis

Von hier aus wäre noch einmal offenbarungstheologisch auf die tiefe Zwiespältigkeit der Kategorie Absolutheit zurückzukommen. Sie gilt in der Geschichte des Denkens einerseits als Inbegriff der Vereinnahmung aller Wirklichkeit durch das wissende und sich verwirklichende Subjekt, andererseits aber gerade auch als metaphorischer Name für das, was sich eben nicht einholen läßt: für das »quo maius cogitari non potest«, aber auch für »quiddam maius quam cogitari possit«.[10] Ist es nun das Größte des Denkens oder das Größte im und über dem Denken? Wenn es als das Größte im und über dem Denken zu verstehen wäre: Wie läßt sich dann diese immanente Transzendenz denken? *Schelling* hat sie als das absolut erstaunenswerte Geschehen beschrieben, welches das Denken herausfordert, all seine Maßstäbe auf es hin zu überschreiten und dabei zu erfahren, wie es in diesem Geschehen »zur Ruhe« kommt, nicht weiter fortzuschreiten gezwungen ist.[11]

Für Schelling ist dieses Ereignis Begegnung »von Angesicht zu Angesicht«, »ein unmittelbares und persönliches« Verhältnis.[12] Ist nicht gerade das Angesicht – das »Antlitz« – Sinn-Bild, ja Urwirklichkeit dessen, was nicht ins Wissen hereingeholt und den Intentionen des Subjekts unterworfen werden darf? *Lévi-*

---

[10] Anselm von Canterbury, Proslogion 2 bzw. 15.
[11] Philosophie der Offenbarung, Bd. 2, 27.
[12] Vgl. ebd., 26.

nas hat es so gesehen. Das Antlitz des Anderen kommt auf mich zu »im Ausgang von einer absolut fremden Sphäre – d.h. aber gerade im Ausgang von einem Absoluten, was übrigens der eigentliche Name der tiefen Fremdheit ist.«[13] Absolutheit bedeutet ursprünglich-metaphorisch Los- oder Abgelöstsein und damit eine letzte *Unzugänglichkeit* für das vereinnahmende Hereinholen ins Denken und Handeln. Mit dem Antlitz des Anderen betritt diese Absolutheit »meine Welt«, die Welt meiner Intentionen und Zwecksetzungen, meiner Selbstverwirklichung. Es macht mich zum *sub-iectum* in dem Sinne, daß es mich zum Unterworfenen macht, zu dem, dem unaufhebbar und letztlich undenkbar das Dasein des Anderen als Anspruch widerfährt. Dieses Widerfahrnis widersetzt sich der Aneignung; es ist »Heimsuchung«, die das heimgesuchte sub-iectum eben nicht zur fragenden Enthüllung des Heimsuchenden auffordert – also dazu, dem ihm Begegnenden Antworten auf die selbstgestellten Fragen abzuringen[14] –, sondern dazu, selbst auf die Heimsuchung zu antworten, die Verantwortung zu übernehmen, die ihm das Antlitz zuspricht und zumutet.[15]

Das Antlitz ruft das sub-iectum aus seinem Enthüllenwollen heraus, ruft es – so Lévinas – auf einen Weg, der vom Ich wegführt, es gerade nicht Ziel und Selbstzweck sein läßt, so daß der Weg über den Anderen nur ein vielleicht nötiger Umweg wäre. Das Antlitz fordert von mir das Tun des *für ihn* Guten; und dieses »Werk« ist »eine Bewegung des Selben zum Anderen, die niemals zum Selben zurückkehrt.«[16] Wer sich für diese Herausforderung öffnet, der verzichtet darauf, das Worum-Willen des Anderen zu sein, ihn zu »enthüllen« in seinem Für-mich-sein-Können. Er läßt sich fragen, wer *er* für den sein kann und sein muß, in dessen Antlitz ihm das Absolute widerfuhr.

Dieses Widerfahrnis zerbricht die Teleologie der Selbstverwirklichung des Subjekts; es verlangt eine Gegenwart, die nicht in die Zukunft des Subjekts aufgehoben werden darf. Die »reditio completa in seipsum«, die erst das Wissen des vom enthüllenden Wissenwollen Gewußten erzeugt, wird unmöglich, wo der Anruf des Anderen dem Subjekt das Zurückkehren in sich selbst verwehrt und in dieser Widersetzlichkeit gehört wird, wo er als der Ruf in das unenthüllbare Geheimnis des Anderen gehört wird – in das Absolute hinein, von dem her mich sein Antlitz angeht. Lévinas' Sprechen vom Absoluten macht es als die Gegen-Wirklichkeit zur enthüllenden Vereinnahmung geltend, als jene Wirklichkeit, die dem Enthüllungsdrang des wissen- und benützenwollenden Subjekts in seiner Selbstvergegenwärtigung entgegentritt. Das Absolute ist das Geheimnis, das dem Wissenwollen widerfährt und *deshalb* nicht gewußt werden

---

[13] Die Spur des Anderen, 222.
[14] Kennzeichnend für diese Enthüllungsdynamik ist Kants Verständnis des Wissenserwerbs, wonach Vernunft sich von ihrem Anderen – der Natur – belehren läßt, »aber nicht in der Qualität eines Schülers, der sich alles vorsagen läßt, was der Lehrer will, sondern eines bestallten Richters, der die Zeugen nötigt, auf die Fragen zu antworten, die er ihnen vorlegt« (Kritik der reinen Vernunft, B XIII). Das Andere tritt hier nicht ein, es wird vom Richter herbeizitiert, um sich *seiner* Frage zu unterwerfen.
[15] Vgl. E. Lévinas, Die Spur des Anderen, 211 bzw. 221. Vgl. Streitfall Religion, Kap. 2.4.
[16] Die Spur des Anderen, 215.

kann, weil es in der Gegenbewegung zum vereinnahmenden Enthüllen geschieht, weil es sich auf die Fragen nicht einläßt, mit denen das fragende Subjekt sich dessen vergewissern will, wie es sich des Befragten bedienen kann. Was am Anderen gewußt wird, das ist all das an ihm, was es mir ermöglicht, mich vorteilhaft zu ihm in Beziehung zu setzen. Solches Wissen will auf *seine* Weise Absolutheit, das möglichst alles umfassende Wissen des Für-mich-sein-Könnens des Anderen. Genau so will es das Wissens-Subjekt absolut setzen: als den höchsten Selbst-Zweck, für den alles andere sein kann und sein soll.

Nach *Feuerbach* ist Gott der Inbegriff dieser Absolutheit des Menschen, im Blick auf die der Mensch sich selbst als höchsten Selbstzweck, für den alles ist bzw. sein soll, wahrnimmt und setzt. Der so begriffene Gott ist der Gott für den Menschen, der Gott, in dem der Mensch sich als letztes Worum-Willen denkt und behauptet, der schlechthin geheimnislose, als Selbstsetzung des Menschen entlarvte Gott. »Der Mensch schaut in Gott sein eigenes gutes Wesen an«[17]; noch deutlicher: »Der Mensch bezweckt sich selbst in und durch Gott. Der Mensch bezweckt Gott, aber Gott bezweckt nichts als das moralische und ewige Heil des Menschen, also bezweckt der Mensch nur sich selbst.«[18] Das »gewußte« Absolute ist als das für mich seiende, um meinetwillen seiende Absolute gewußt. Es ist entlarvt als Inbegriff der Absolutsetzung meiner selbst, in der »ich« mir und allem anderen Selbstzweck bin bzw. das Kollektivsubjekt »Menschheit« in sich und für sich Selbstzweck ist.

Feuerbach und Lévinas formulieren die entgegengesetzten Extreme, die den Begriff des Absoluten so aufschlußreich zwiespältig machen: Absolutheit einerseits als das Zurückgeführtsein des Anderen auf das Ich, dem es als Mittel zur Selbstrealisierung zu dienen hat – das Absolute als das Geheimnis andererseits, das diese Zurückführung unterbricht, die reditio completa in seipsum unmöglich macht. Wie läßt sich dieser Zwiespältigkeit entgehen? Indem man theologisch für Lévinas Partei ergreift und die Ab-solutheit des Geheimnisses gegen die durch Entlarven erstrebte absolute Transparenz des »Nichts-anderes-als« profiliert? Indem man das Begreifen in die Schranken verweist an-*gesichts* des unbegreiflich Geschehenden und Begegnenden, des Angegangenseins vom Absoluten her? Indem man dann auch das An-sich des Göttlichen seinem soteriologisch-ekklesial reklamierten Für-uns gegenüber theologisch einschärft und so die Unableitbarkeit seiner Offenbarung sicherstellt?

Es wäre wohl doch voreilig, die Offenbarungs-Gegenwart des Absoluten nur als Anspruch und Widerspruch, als Durchkreuzung und Widerlegung aller aufs Begreifen ausgerichteten menschlichen Intentionen auszulegen. Vernünftiges Wissen ist eben nicht gleichbedeutend mit einer Aneignung, die das Gewußte nur als das für mich Seiende, Nutzbare weiß. Es weiß ja gerade auch darum, daß das Für-mich nicht alles ist – und nicht alles sein darf. Es anerkennt, daß der andere gerade nicht nur für mich sein darf, sondern immer auch als

---

[17] L. Feuerbach, Das Wesen des Christentums, Werke in sechs Bänden, Bd. 5, 43.
[18] Ebd., 45.

Zweck in sich selbst zu respektieren ist. Die Denkfigur des Selbst-Zwecks ist gerade als Widerstandskategorie gegen Vereinnahmung – als Markierung der Freiheit des anderen – philosophisch stark gemacht worden.[19]

Freilich stand seitdem zur Debatte, wem weshalb von der Vernunft die Würde des Zwecks in sich selbst – des Selbst-Zwecks – zugesprochen werden darf. Ist es nicht doch das Leben – das *menschliche* Leben – allein, das diese Würde tragen darf: das menschliche Leben in jedem einzelnen »Exemplar« der Menschengattung? Muß nicht ihm und ihm allein diese Würde zuerkannt werden, damit es nicht noch einmal zum bloßen Mittel erniedrigt wird? Die Frage führt indes sofort wieder zurück zu der anderen: Kann das menschliche Leben sein Warum-willen ganz und gar in sich tragen?[20] Oder ist es doch ein Versprechen, so daß es als dieses Versprechen auf seine Erfüllung hingeordnet wäre?

Die Erfüllung dieses Versprechens wäre dann der Zweck in sich selbst, der nicht mehr zum Mittel werden könnte. Aber muß der Mensch das Versprechen nicht selbst wahr machen, so daß er alles andere als Mittel dieses Wahrmachens – der Herstellung des Absoluten – in Anspruch nehmen dürfte? Könnte und dürfte er sich so im Absoluten absolut setzen, so wäre er eben doch legitimiert in seinem Anspruch, alles an sich Seiende müsse letztlich *für ihn* sein. Es wäre jedenfalls keine Instanz mehr da, die er dem Für-mich nicht unterwerfen dürfte, keine »letzte« Instanz, die dem unterwerfenden Subjekt noch entgegentreten könnte. Diese letzte Instanz wäre aber die einzige Rettung vor den Ansprüchen der Eliten, das Wahrwerden des Versprechens – die Realisierung des Zwekes in sich selbst – zu *ihrer* Sache machen und erzwingen zu dürfen. Nur wenn das Versprechen *Gottes* Wort der Selbstzusage ist, wenn Gott es spricht als Ruf ins Geheimnis eines letztlich nicht mehr von Menschen zu verbürgenden Wahrwerdens, bleibt die Erfüllung des Versprechens davor geschützt, als Legitima-

---

[19] Sie ist schon *theologisch* – wie im Blick auf Meister Eckhart deutlich wurde – Widerstandskategorie gegen Verzweckung gewesen, hier freilich gegen die Gott-Verzweckung. Vgl. etwa Eckharts Predigt 49 (Mulier, venit hora et nunc est; nach der Ausgabe von J. Quint, 383–389, hier 384): »Wer zu einem guten Menschen spräche: ›Warum suchst du Gott?‹ – ›Weil er Gott ist!‹ – ›Warum suchst du die Wahrheit?‹ – ›Weil sie die Wahrheit ist!‹ – ›Warum suchst du die Gerechtigkeit?‹ – ›Weil sie die Gerechtigkeit ist!‹ – Um solche Menschen steht es recht. Alle Dinge, die in der Zeit sind, die haben ein Warum.« Zu ergänzen wäre in Eckharts Sinn: Das in sich und »ewig« Gültige hat kein Warum, das nicht es selbst wäre.

[20] Hier wäre darauf zu achten, daß die Behauptung der »Selbstzwecklichkeit« des Lebens oder etwa auch der Kunst zunächst kritisch gegen eine religiös motivierte Relativierung und Entwertung gerichtet war. Die Parole »l'art pour l'art« oder die Maxime »Der Zweck des Lebens ist das Leben selbst« (Heinrich Heine, Säkularausgabe. Werke – Briefwechsel – Lebenszeugnisse, hg. von der Stiftung Weimarer Klassik und dem Centre National de la Recherche Scientifique, Berlin und Paris 1970ff., Bd. 21, 292; vgl. J.-Chr. Hauschild – M. Werner, »Der Zweck des Lebens ist das Leben selbst«. Heinrich Heine – eine Biographie, Köln 1997) sind deshalb nicht durch einfache »Deabsolutierung« der Kunst oder des endlichen menschlichen Lebens religiös zu überbieten, sondern daraufhin zu befragen, ob in ihnen das Weiterfragen wirklich »zur Ruhe kommen kann« (Schelling) oder nur zum Schweigen gebracht wird. Weiterfragen wollen oder müssen heißt ja nicht notwendig, das Nicht-aus-sich-Verstehbare und Noch-einmal-auf-Anderes-Verweisende zu entwerten. Es kann und muß theologisch heißen, nach dem Zusammenhang zu fragen, in dem es seine Würde hat und deshalb erst als es selbst gewürdigt werden kann.

tionsgrund für jede Art von Opfern herhalten zu müssen, dargebracht von denen, die selbst genau zu wissen meinen, warum diese Opfer sein müssen und wofür sie sein müssen. Die Kategorien des Selbst-Zwecks und des Um-willen müssen davor bewahrt bleiben, Legitimationskategorien zu werden. Dieser Schutz kann aber nur von dem her gewährleistet sein, der allein um das Warum-willen »weiß« und seiner »mächtig ist«, der versprochen hat, was das Versprechen verspricht, und das Wahrwerden des Versprechens zu *seiner* Sache gemacht hat.

Menschlicher Vernunft begegnet das Vorbehaltensein dieses Versprechens und seines Wahrwerdens in den Geschehnissen, in denen wahr zu werden beginnt, was das Versprechen verspricht – und die deshalb das Staunen der Vernunft auf sich ziehen; in denen der Vernunft die ihr selbst unabweisbare Zumutung begegnet, sich für dieses Wahrwerden – für das schlechthin Erstaunliche – in Dienst nehmen zu lassen. Wo das, worüber nichts Größeres geschehen kann, die Vernunft in Staunen versetzt, da weiß sie sich an ihrem Ziel. Es muß ja »ein finis quaerendi et inveniendi seyn, ein Ziel, bei dem der nie ruhende Geist ruht; denn sonst wäre alles Wissen eitel, d. h. zwecklos. Es muß also etwas kommen in der Entwicklung der Dinge, wo das menschliche Wissen, das einen unendlichen Trieb zur Fortschreitung und Bewegung in sich hat, *bekennen* muß, nicht weiter fortschreiten zu können, wo es also verstummt.«[21]

Das Bekenntnis des Verstummenmüssens und Verstummendürfens markiert nicht den Untergang des Denkens, sondern – Schelling wird diese Assoziation nicht entgangen sein – den Übergang zur *Mystik*, in der das Zur-Ruhe-Kommen und Verstummen zugleich höchstes Wissen und höchste Tätigkeit bedeutet. Das absolut Erstaunliche muß als solches unterscheidend – kritisch – wahrgenommen werden: als das Ziel des Wissens und nicht als Ruheort für die »faule Vernunft« *(Kant)*. Es kann und muß eingesehen werden als das schlechthin Herausfordernde, dem man sich nicht verweigern darf, für dessen Wahrwerden man mit letzter Verbindlichkeit in Verantwortung genommen ist: als das Versprechen, das die Vernunft sich nicht selbst geben, dem sie aber mit guten Gründen Glauben schenken kann, von dem sie sich deshalb führen lassen darf.

Der Weg der menschlichen Vernunft kann nicht letztlich zu ihr selbst zurückführen; sie kann sich nicht selbst zum Ziel haben; die reditio completa in seipsum ist keine end-gültige Metapher für das procedere menschlicher Vernunft. Der Weg ohne Wiederkehr, zu dem sie herausgefordert ist, wird ihr eröffnet von der Botschaft des »Antlitzes«, die meine Verantwortung unabweisbar macht und mich die Rückkehr in mich selbst vergessen läßt – wenn ich mich ihr öffne. Emmanuel Lévinas hat es so beschrieben. Aber diese Eröffnung des Weges hat eben auch – als das absolut Erstaunliche – den Charakter der Faszination, die nur von einem Versprechen ausgehen kann, das mich »mitnimmt« auf den Weg seines Wahrwerdens. Sich auf diesem Weg mitnehmen zu lassen, ist alles

---

[21] F. W. J. Schelling, Philosophie der Offenbarung, Bd. 2, 27, Hervorhebung von mir.

andere als unvernünftig. Die Vernunft verstummt nicht, weil sie nichts mehr zu sagen hätte. Sie kommt vielmehr zur Ruhe, da sie die Spur gefunden hat, der sie nun folgen darf, an der sie entdecken darf, wohin *ihr* Weg sie führt, wenn sie sich – wozu alle ihre Kräfte aufzuwenden sind – nicht auf Irrwege führen läßt. Sie verstummt, um das Versprechen hören zu können, das sie sich nicht selbst geben kann; um den Geist herbeizurufen, der sie diesem Versprechen trauen und daran glauben läßt, daß es nicht doch letztlich das Irrlicht auf dem großen Umweg zurück zum bloß Menschenmöglichen und Menschenunmöglichen ist, sondern der Weg in das Geheimnis Gottes hinein.

Es ist – und bleibt – nicht deshalb Geheimnis, weil man sich mit Gott nicht auskennt und über seinen Willen im Unklaren bleiben müßte, wenn er uns nicht eindeutigen Aufschluß gäbe. Offenbarung bedeutet deshalb auch nicht Aufhebung seines Geheimnisses. Gott ist und bleibt Geheimnis, weil wir uns eben nicht in ihm selbst bezwecken, wie Feuerbach meinte; weil wir ihn nicht durchschauen können als den mehr oder weniger notwendigen großen Umweg zu uns selbst. Er selbst und seine Geschichte mit denen, die sich mitnehmen lassen – nicht die menschliche Vernunft – ist reditio completa in seipsum. Seine Rückkehr ist denen, die sich von seinem Geist ergreifen lassen, der Weg in die Wahrheit ihres Lebens, in das Wahrwerden des Versprechens, das ihnen mit ihrem Leben gemacht und im Offenbarwerden Gottes glaubwürdig wurde. Diese Wahrheit und ihr Wahrwerden bezeugt sich der Vernunft, wo immer sie sich nicht aufs Durchschauenwollen allein – auf *ihre* reditio completa – versteift. Und dieses Zeugnis kann zum Bekenntnis werden, wo Menschen miteinander und füreinander Gefährten sein wollen auf dem Weg, auf dem sie ihr Leben und ihre Vernunft nicht als letztendlich leere Rückkehr in sich selbst, als zwecklosen Selbstzweck, durchschauen müssen, sondern als das Mitgenommenwerden auf dem Weg Gottes zu sich selbst und zur Realisierung seiner endzeitlichen Herrschaft entdecken dürfen.

5.3 Absolutheit Gottes und Absolutheit der biblischen Offenbarung

Die Metapher des Weges, die hier in Absetzung von der Entlarvungsfigur der offenbarungskritisch gewendeten »reditio completa in seipsum« einer autonomen menschlichen Vernunft die Heraus-Forderung der Gottesoffenbarung beschreiben soll, ist biblisch einschlägig. Für die Mose-Schar ist es der Weg durch die Wüste, der sie Gott kennenlernen läßt. Für die Christusgläubigen ist Jesus Christus der Weg, der Wahrheit erschließt und zum Leben führt (vgl. Joh 14, 7). In der Theologiegeschichte der ersten Jahrhunderte kam man immer wieder auf diese Metapher zurück; und dies nicht zuletzt deshalb, weil man mit ihr das Geschehensein der Offenbarung in der Zeit mit der alle endlich-geschichtliche Wirklichkeit unendlich transzendierenden Wirklichkeit Gottes – mit seiner Unendlichkeit – zusammenhalten konnte. Es war vor allem *Gregor von*

Nyssa, der Offenbarung in diesem Sinne als Offenbarung des Unendlichen gedacht[22] und die Wegmetapher mit der des *Aufstiegs* verbunden hat. Der von Gott durch seine Offenbarung Gerufene und »in der ganzen Dauer der endlosen Ewigkeit« auf ihn »Zulaufende« ist dazu berufen, daß er in seiner Offenbarungserkenntnis

> »immer weiter und höher über sich hinaus wächst ... Das Je-Begriffene ist ewig größer als das früher Durchfaßte und begrenzt doch nie in sich das Gesuchte, sondern die Grenze des Gefundenen wird dem Steigenden zum Ausgang höheren Findens. Und niemals steht der Wanderer nach oben still, er empfängt Beginn aus Beginn, und es schließt sich nicht in sich selber der Anfang des Immer-je-Größeren«.[23]

Gregor erläutert diese vom Unendlichen bewegte Sehnsucht mit der durch Erfüllung noch gesteigerten Sehnsucht der Braut: Sie erfährt, »daß eben der ewige Fortschritt des Suchens und das Nie-Ruhende des Aufstiegs die wahre Stillung der Sehnsucht sei, wo jede zu Rand erfüllte Sehnsucht ein frisches Sehnen nach dem Höheren erzeugt«.[24] Die Annäherung steigert in der erfüllenden Nähe zugleich das Verlangen nach »höherer« Gemeinschaft und läßt erfahren, »wie das Erfaßte je Eingang zum Darüberliegenden ist«.[25] Offenbarung ermöglicht nicht das Umfassen- und Durchdringenkönnen, sondern sie begründet die unendlich verheißungsvolle Herausforderung zur Selbsttranszendenz, zur Nachfolge auf einem Weg, auf dem man den Anfängen auf der Spur bleiben darf, in denen das bzw. der Unendliche seine Unendlichkeit in der Unendlichkeit des hier Beginnenden mitteilt; das verdeutlicht Gregor von Nyssa an der dem Mose zuteilgewordenen Offenbarung des vorübergezogenen Bundesgottes JHWH (vgl. Ex 33). Mose darf Gott nicht von Angesicht zu Angesicht sehen; er darf ihm nur »nachsehen«. Moses Verlangen, den Herrn zu sehen, wird also »erfüllt, indem es zugleich ungestillt bleibt«.[26] Er sieht nur »Gottes Rücken«, um sich an den ihm Voranziehenden zu halten, ihm nachzufolgen.

Gottes Unendlichkeit und Absolutheit, wie sie sich in der Offenbarung nur dem »Blick auf Gottes Rücken« als Herausforderung zur Nachfolge erschließt, hat immer wieder die Frage hervorgerufen, ob denn die biblische Offenbarung als *einzige* diesen Blick auf den Rücken Gottes und damit die Herausforderung zu authentischer Nachfolge vermittle. Ist es denn nicht so, daß es viele legitime Wege gibt, vom Blick auf Gottes Rücken herausgefordert dem Gipfel religiöser

---

[22] Vgl. E. Mühlenberg, Die Unendlichkeit Gottes bei Gregor von Nyssa. Gregors Kritik am Gottesbegriff der klassischen Metaphysik, Göttingen 1965; W. Pannenberg, Die Aufnahme des philosophischen Gottesbegriffs als dogmatisches Problem der frühchristlichen Theologie, in: ders., Grundfragen systematischer Theologie (1), Göttingen 1967, 296–346, hierzu 340 ff.
[23] Gregor von Nyssa, Homiliae in Canticum, 8; M. 44, 941, Opera VI, Leiden 1960; Übersetzung nach H. U. von Balthasar, Gregor von Nyssa. Der versiegelte Quell, Einsiedeln ²1954. Als Kommentar vgl. J. Hochstaffl, Negative Theologie. Ein Versuch zur Vermittlung des patristischen Begriffs, München 1976, 110 ff.
[24] Ebd., 12; 44, 1037 B.
[25] Ebd., 11; M. 44, 997 D.
[26] Gregor von Nyssa, De vita Moysis 2.

Wahrheitserkenntnis entgegenzuwandern und daß deshalb keiner dieser Wege absolut gesetzt werden darf? *Raimon Panikkar* hat dieses Modell der vielen Wege des Aufstiegs, von denen keiner die anderen überflüssig oder illegitim macht, eindrucksvoll ausgemalt:

>»Wir sind alle noch Pilger unterwegs zum Gipfel … Propheten und Heilige, Religionsstifter und Philosophen, Mystiker und Theologen, aber auch Scharlatane, Geisterseher und Träumer haben Erstaunliches darüber berichtet. Viele reden davon, aber sie sprechen nicht in einer Zunge. Viele behaupten, hinter dem schneebedeckten Gipfel liege ein sonniges Tal. Andere verkünden lauthals, ihnen sei offenbart worden, der ›Gipfel‹ befinde sich eigentlich in der Höhle des Herzens. Manche vertreten die Ansicht, der Gipfel sei die Leere, der Abgrund des Nichts. Andere meinen sogar, alles Seiende sei im Grunde absurd und der ›Gipfel‹ nichts als die letzte Enttäuschung … Wie dem auch sei und wie sehr die religiösen Landvermesser auch über die Beschaffenheit des Gipfels streiten mögen, alle werden zugeben, daß es in der Tat so etwas wie einen Gipfel gibt, den es zu erreichen gilt.«[27]

In der Perspektive dessen, der den verschiedenen Ansprüchen auf Offenbarungswissen und inspirierte Wegeweisung begegnet, läßt sich jede Religion »als Weg verstehen, der verspricht, zum Gipfel zu führen … Der Gipfel selbst hat viele Namen. Doch wie treffend und angemessen diese Namen auch sein mögen, sie beschreiben den Gipfel immer nur unvollkommen und annäherungsweise, denn der eigentliche Gipfel gilt als unaussprechlich und unerreichbar, solange die gegenwärtig menschlich-irdischen Bedingungen andauern.« Und entsprechend ermöglicht auch der einzelne Pfad, dem man jeweils zu folgen versucht, allenfalls eine Annäherung. Er ist *eine* Möglichkeit, sich den Weg zum Gipfel zu bahnen und diesem näher zu kommen. Andere Pfade mögen sich ihm aus anderer Richtung nähern; vielleicht kommen die verschiedenen Pfade einander näher, wenn sie sich dem Gipfel nähern. Gleichwohl gilt auch, »daß das Ziel niemals erreichen kann, wer ständig von einem Weg zum anderen wechselt oder zwischen ihnen hin und her springt.«[28]

Panikkar vertritt offenkundig einen entschiedenen *Pluralismus* der religiösen Wege. Dieser Pluralismus läßt »Raum für andere menschliche Erfahrungen und Erlösungswege«, ohne dabei – so Panikkars Überzeugung – »die tragende Kraft, die aus der Überzeugung von der Einzigartigkeit des eigenen Weges und aus der Treue zur eigenen Berufung erwächst, zu schwächen.«[29] *Einzigartigkeit* heißt hier eben nicht Absolutheit des eigenen Weges, heißt nicht exklusiver Wahrheitsanspruch. Das Pluralismusparadigma geht vielmehr von einer radikalen Perspektivität und Kontextualität von Wahrheit aus: Wahrheit ist dem Menschen nie absolut – *an sich* – gegeben, sondern immer nur *für ihn*, und das heißt konkret: relativ zum geschichtlichen Kontext, in dem sie als solche einleuchtet und verbindlich wird; in einer Perspektive neben anderen, die der Mensch nicht

---

[27] R. Panikkar, Der neue religiöse Weg. Im Dialog der Religionen leben, dt. München 1990, 30 f.
[28] Ebd., 31 f.
[29] Ebd., 7.

noch einmal mit einem alle Perspektiven umfassenden »göttlichen« Blick überschauen und beurteilen kann.[30] Aber führt dieser Perspektivismus nicht doch notwendigerweise zu einem Relativismus, der »letzte«, unbedingte Verbindlichkeiten auflöst und – radikal genommen – Geltungsansprüche gleich-gültig macht? *Wolfgang Welsch,* einer der philosophischen Wortführer in der deutschen Pluralismusdebatte, sieht es genau umgekehrt: »An die Stelle einer stets nur imaginär und unterdrückend möglichen Universalverbindlichkeit tritt jetzt die konkrete Reihe spezifischer, historischer, sozialer, partikularer Verbindlichkeiten«, die gegenüber der hypostasierten Großverbindlichkeit immerhin den Vorteil haben, »wirklich lebbar und (in) diesem Sinn sehr real zu sein«[31] Von Relativismus könnte man – so Welsch – sowieso nur sprechen, wenn man doch noch am fatalen Ideal des Absolutismus festhielte. Nicht um eine relativistische Auflösung von Verbindlichkeit geht es, sondern um eine »leichtere, bewegliche Lebensart«, die den Übergang zwischen unterschiedlichen Rationalitäten und deren Ansprüchen einübt und damit ernstmacht, daß menschliches Leben »sich stets im *Vorletzten* und *Pluralen*« vollzieht.[32]

Daß sich menschliches Leben stets im Vorletzten und Pluralen bewegt, das gilt nach Welsch auch für den Bereich des Religiösen: »Auch den religiösen Orientierungen muß ein Moment von Relativierung eingebaut sein.« Diese Relativierung muß aber nicht den Absolutheitsbezug der Gläubigen tangieren. Sie bezieht sich vielmehr vorrangig und vielleicht sogar ausschließlich auf das Verhältnis zu Gläubigen anderer religiöser Traditionen. Im »Innenbezug« ist ein nicht-fundamentalistisch, also postmodern-pluralistisch Glaubender »von der Richtigkeit seines Weges überzeugt, aber zugleich praktiziert er im Außenbezug Toleranz. Er ist nicht überzeugt, daß sein Weg der einzig richtige für alle Menschen ist.« Wenn er davon Abstand nimmt, seine eigene religiöse Orientierung für alle anderen als verbindlich anzusehen, so schmälert dies »nicht das eigene Überzeugtsein, sondern betrifft nur das Verständnis und die Praxis der eigenen Überzeugung im Kontext anderer, konkurrierender Orientierungen«.[33]

Die Relativierung der religiösen Beziehung im Außenverhältnis zu anderen religiösen Überzeugungssystemen ist – nach Welsch – im Absolutheitsbezug der religiösen Überzeugung selbst grundgelegt und wäre von der Traditi-

---

[30] Vgl. H. Putnams These: »Es gibt keinen Gottesgesichtspunkt, den wir kennen oder uns mit Nutzen vorstellen könnten, sondern nur die verschiedenen Gesichtspunkte tatsächlicher Personen, die verschiedene Interessen und Zwecke erkennen lassen, denen ihre Beschreibungen und Theorien dienlich sind«; H. Putnam, Vernunft, Wahrheit und Geschichte, dt. hg. von J. Schulte, Frankfurt a. M. 1982, 75 f.

[31] Postmoderne – Pluralität als ethischer und politischer Wert (Walter-Raymond-Stiftung, Kleine Reihe 45), Köln 1988, 65.

[32] Vgl. ebd., 66 f. Ich beziehe mich hier auf meine Überlegungen in dem Aufsatz: Der Pluralismus der pluralistischen Religionstheologie. Eine Anfrage, in: R. Schwager (Hg.), Christus allein? Der Streit um die pluralistische Religionstheologie, Freiburg – Basel – Wien 1996, 140–157, hierzu 146 ff.

[33] W. Welsch, Haus mit vielen Wohnungen. Der Pluralismus läßt Absolutismus zu, wenn er privat bleibt, in: Evangelische Kommentare 8/1994, 476–479, hier 477.

on der negativen Theologie zu lernen. Schon in ihr ist die »letzte Unfaßlichkeit Gottes« ernstgenommen und damit auch klargestellt, »daß keine Religion ... behaupten kann, sie habe das Absolute perfekt ausgemünzt«[34]. Die religiöse Beziehung zum Absoluten kann sich selbst nicht absolut setzen, da sie das Absolute eben nicht umfaßt, es als das nicht Einholbare »draußen lassen« und so damit rechnen muß, daß man sich auch in anderer Weise – im Kontext anderer religiöser Überzeugungssysteme – auf es beziehen und ihm nahekommen kann. Ausschließlichkeits- und Alleinvertretungsansprüche im Bereich des Religiösen würden voraussetzen, daß man den eigenen religiösen Weg im Vergleich der verschiedenen Wege als allein richtigen oder besten erweisen oder diesen Erweis zumindest für möglich halten könnte. Wer auf den ausschließlichen oder umfassenden Wahrheitsbezug der eigenen religiösen Option pocht, der müßte konsequenterweise unterstellen, es gäbe einen Weg, auf dem sich die Überlegenheit, ja letztlich die ausschließliche Geltung der eigenen Option begründen und so die eigene Glaubensentscheidung als rationale Entscheidung zwischen Alternativen legitimieren ließe. »Ein solcher Vergleich« ist aber – so Welsch – »kaum durchführbar, und die Entscheidung ist unmöglich.« Denn: »Religiöse Wahrheit ist indemonstrabel«; und deshalb ist auch der Wahrheits-Vorrang eines religiösen Weges gegenüber den anderen indemonstrabel. Schon der Versuch erübrigt sich indes, wenn man einräumt, daß der Wahrheitsbezug bzw. Wahrheitsgehalt der eigenen Glaubensüberzeugung nicht Wahrheitsbesitz bedeutet und deshalb andere Formen des religiösen Absolutheitsbezugs bzw. andere Gestalten religiöser Wahrheitsteilhabe ohne weiteres neben sich ertragen kann.[35]

Welschs Pluralismuskonzept ist auch im Blick auf religiöse Wahrheitsansprüche radikal, radikaler jedenfalls als die theologischen und religionsphilosophischen Entwürfe, die gegenwärtig unter dem Titel »Pluralistische Theologie der Religionen« diskutiert werden.[36] Es wird sich zeigen müssen, ob seine fundamentaltheologisch prekären Konsequenzen, was etwa die Unaufweisbarkeit »religiöser Wahrheit« ad extra angeht, nicht auch im Blick auf die entsprechenden theologischen Konzepte einkalkuliert werden müßten. Auffällig ist jedenfalls, daß Welsch den gleichen theologischen bzw. religiösen Relativierungsgrund für religiöse Wahrheitsansprüche namhaft macht wie die Hauptvertreter der Pluralistischen Theologie: das je größere Göttliche, das in der Erfahrung der Mystikerinnen und Mystiker und ihrer eher negativen Theologie alle

---

[34] Ebd., 478.
[35] Vgl. W. Welsch, Relativität aushalten. Unbedingtheit gibt es nur im Innenbezug, in: Evangelische Kommentare 12/1994, 734 f.
[36] Einen guten Überblick über die verschiedenen Positionen gibt der von R. Bernhardt herausgegebene Band: Horizontüberschreitung. Die Pluralistische Theologie der Religionen, Gütersloh 1991. Zur Diskussion vgl. neben dem oben erwähnten, von R. Schwager herausgegebenen Band: Christus allein? den von mir zusammen mit M. von Brück herausgegebenen Band: Der einzige Weg zum Heil? Die Herausforderung des christlichen Absolutheitsanspruchs durch pluralistische Religionstheologien, Freiburg – Basel – Wien 1993. Ich beziehe mich im folgenden u. a. auf meinen darin publizierten Aufsatz Heil durch Jesus Christus allein? Die »Pluralistische Theologie« und ihr Plädoyer für einen Pluralismus der Heilswege, a. a. O., 11–61.

Versuche, es eindeutig auszusprechen, unendlich überrage. »Unsagbar ist das Göttliche und unbegreiflich«, bekennt *Johannes von Damaskus* am Beginn seiner theologischen Darstellung des »orthodoxen Glaubens«.[37] Unsagbar, wenn auch benennbar mit Namen, die nicht festlegen, sondern anrufen, loben und rühmen wollen; so hat schon *Ps. Dionysius Areopagita* den sprachlichen Status der Theo-Logie bestimmt.[38] Und noch *Thomas von Aquin* gab zu bedenken, daß wir von Gott nicht wissen können, was er ist, sondern was er *nicht* ist.[39] Kann es da in der Theologie überhaupt darum gehen, abgrenzend vom Göttlichen zu reden und *eine* Gestalt des Redens von bzw. zu Gott anderen gegenüber absolut zu setzen? Wäre das Geheimnis des Göttlichen nicht gerade dadurch zu wahren, daß man es deutlich unterscheidet von jeder konkreten und bestimmten Weise, über es zu sprechen? Wenn das Göttliche »hinter der Reichweite unserer menschlichen Entwürfe liegt«[40] und der Mensch es immer nur nach Maßgabe seiner kulturell-sprachlichen Entwürfe zur Sprache bringt, sind dann nicht alle sprachlichen Annäherungen an das Geheimnis gleich unzureichend und insofern – zumindest prinzipiell – gleich gültig? Ja, muß man sie nicht nebeneinander kennenlernen, um in möglichst vielen religiösen Versprachlichungen des Göttlichen den Beziehungsreichtum dieses Geheimnisses kennenzulernen? Müßte man nicht endlich im interreligiösen Dialog die »konstitutive Bindung der Wahrheit an die Sprache« anerkennen und damit auch die »unhintergehbare Pluralität« der religiösen Wahrheiten?[41]

Diese Erwägungen scheinen nur ernstzumachen mit jener »kopernikanischen Wende« vom Objekt zum Subjekt, die Kant mit seiner erkenntniskritischen Unterscheidung der durch das erkennende Subjekt zu Gegenständen synthetisierten Phaenomena vom erkenntnisjenseitigen Noumenon – dem Ding an sich – vollzogen hat. Über Kants erkenntnistheoretische Fassung dieser Unterscheidung hinaus wird von den Hauptvertretern der Pluralistischen Theologie eine sprachkritisch-kontextuelle geltend gemacht: Die konkrete Weise der Wahrnehmung des Göttlichen wird hier als durch und durch kulturell bestimmt angesehen. Und diese Prägung ist – so etwa *John Hick* – nicht noch einmal hintergehbar oder hinterfragbar auf eine »göttliche Wirklichkeit an sich«, die dann ja hinter und vor aller kulturell-relativen Formierung *als sie selbst* gegeben sein müßte. »Das göttliche Noumenon, ›das Ding an sich‹, erfahren wir durch verschiedene menschliche Empfänglichkeiten als eine Reihe göttlicher Phänomene in der Formierung«, die der jeweilige kulturelle Kontext definiert und in lehrhaften Konzepten verarbeitet.[42] Die menschlichen Entwürfe errei-

---

[37] De fide orthodoxa I/1.

[38] Von der Mystischen Theologie III und IV; in: E. von Ivanka (Hg.), Dionysius Areopagita, Von den Namen zum Unnennbaren, Einsiedeln ²1981, 91–97.

[39] Summa theologica I q. 3 introductio.

[40] J. Hick, Religiöser Pluralismus und Erlösung, dt. in: Jahrbuch für Interreligiöse Begegnung 1 (1990/91), Hamburg 1991, 25–40, hier 33.

[41] Vgl. R. Bernhardt, Einleitung zu Horizontüberschreitung, a. a. O., 9–29, hier 14.

[42] J. Hick, Religiöser Pluralismus und Erlösung, a. a. O., 32.

chen das göttliche Noumenon nicht und können es nicht erreichen. Deshalb dürfen doktrinelle Widersprüche weithin auf die kulturell bedingte und festgelegte Wahrnehmungsfähigkeit der religiösen Lehrtraditionen zurückgeführt werden. Sie sagen nichts bzw. müssen nichts sagen über einen grundlegenden Dissens in der religiösen Ausrichtung auf die letztgültige Wirklichkeit. Und sie relativieren sich, wenn man nicht länger die Augen verschließt vor der »erlösenden Authentizität« der verschiedenen »großen Weltreligionen«, jedenfalls der Weltreligionen, die nach der von Hick mit Karl Jaspers so genannten »Achsenzeit« ca. 500 vor Chr. entstanden sind.[43]

5.4 Absolutismus oder Relativismus?

Droht nicht doch der Rückfall in einen Relativismus, für den die verschiedenen religiösen Wege prinzipiell in gleicher Weise als gültig und authentisch zu würdigen sind, der damit aber auch Gefahr läuft, sie in ihrer konkreten Bestimmtheit und dem damit verbunden Wahrheitsanspruch gleich-gültig zu machen? Oder dürfte man hier von dem Angebot Gebrauch machen, das der Theologie in der deutschen Pluralismusdiskussion etwa von *Wolfgang Welsch* gemacht wird: den »absoluten« Gültigkeitsanspruch in der Binnenperspektive im Wissen darum aufrechtzuerhalten, daß man ihn nicht mehr im Gespräch mit anderen religiösen Traditionen geltend machen kann? Welschs Angebot ist mit der Bedingung verknüpft, das im Innenbezug religiös Festgehaltene sei nach außen »indemonstrabel«, was letztendlich nur heißen kann: es lassen sich keine über-kontextuellen und perspektivenübergreifenden Kriterien mehr angeben, nach denen die Verantwortbarkeit einer religiösen Option noch über den Binnenbereich derer, die sie teilen, hinaus begründbar wäre. Der Pluralismus wäre hier nur deshalb kein Relativismus, weil man jedem zubilligen kann, »nach seiner Façon selig zu werden« (Friedrich der Große), solange er nicht beansprucht, andere – Außenstehende – von der Wahrheit seiner religiösen Einstellung überzeugen zu wollen oder zu können. Philosophisch setzt das voraus, daß von Wahrheit rückhaltlos und nur im Plural gesprochen werden darf, so daß jeder *seine* haben kann, ohne davon irritiert sein zu müssen, daß andere *andere* Wahrheiten für letztgültig halten – und ohne versuchen zu müssen, die Vereinbarkeit der vielen »letztgültigen« Wahrheiten herbeizuargumentieren.

Wer – etwa mit *Hegel* – noch darauf beharren wollte, »daß die Vernunft nur *eine* ist«[44] und daß man deshalb auch philosophisch einer Kohärenz zwischen allem, was mit guten Gründen als wahr anzusehen ist, auf der Spur bleiben müsse, der hätte es dann hinzunehmen, daß man sein Beharren »fast skan-

---

[43] Vgl. ebd., 40.
[44] Einleitung über das Wesen der philosophischen Kritik überhaupt und ihr Verhältnis zum gegenwärtigen Zustand der Philosophie insbesondere, Werke in zwanzig Bänden, Bd. 2, 171–187, hier 172.

dalös nennen« wird.[45] Das Pluralismusparadigma, wie es von Welsch entwickelt wird, rechnet von vornherein mit der Unmöglichkeit, perspektivenübergreifende Vernunftkriterien zur Beurteilung der in den jeweiligen Perspektiven geltend gemachten Wahrheitsansprüche auszuweisen. Die sektoriellen »Rationalitätstypen« lassen sich nicht in einer von der Vernunft zu leistenden Totalsynthese aufheben. »Transversale Vernunft« kann lediglich Anknüpfungen und Übergänge zwischen ihnen vermitteln und Vereinbarkeiten bzw. Unvereinbarkeiten abklären.[46] Vernunft als das Vermögen, sich der Inkompatibilitäten zwischen den verschiedenen Rationalitätstypen und der gleichwohl möglichen Anknüpfungen bewußt zu werden, löst eine Vernunft ab, die sich die verschiedenen Rationalitätstypen untertan machen und sie in ihrer »Leistungsfähigkeit« beurteilen wollte. Letztlich müßte aber unterstellt werden, daß sich im Blick auf die Vernunft-Sektoren die Problematik der Aufspaltung in Innen- und Außenbezug genauso stellt wie für die einzelnen religiösen Überlieferungen und ihre Wahrheitsansprüche. Demonstrierbar wäre dann nur noch die Folgerichtigkeit, mit der sich Rationalität in den Einzelperspektiven expliziert; als mehr oder weniger vernünftig lassen sich allenfalls die Versuche der Anknüpfung an andere Rationalitätstypen bzw. -sektoren qualifizieren.

Unterstellt ist dabei generell, daß die Relativierung im Außenbezug die Verbindlichkeit der Wahrheitsorientierung im Innenbezug nicht anficht. Fundamentaltheologisch würde dann gelten: Daß man die Wahrheit der religiösen Beziehung auch ganz anders deuten und explizieren kann, muß die nicht weiter beunruhigen, die sie *so* explizieren und gar nicht die Möglichkeit haben, zu einem begründeten Urteil über andere religiöse Wahrheitsansprüche zu kommen. Zu fragen bleibt aber doch, wie es dann noch möglich sein soll, etwa gegenüber nichtreligiösen Wirklichkeitsdeutungen mit guten Gründen die Nichtbeliebigkeit einer religiösen Weltsicht zu »demonstrieren«, wenn sich die verschiedenen religiösen Traditionen und Perspektiven nicht einmal gegenseitig perspektivenübergreifend erläutern können, welche guten Gründe für die jeweils erhobenen Wahrheitsansprüche sprechen. Bleibt – nachdem man mit Johannes Fischer den »neuzeitlichen Differenzierungsprozeß zwischen Vernunft und Glaube« theologisch endlich nachvollzogen hat – noch eine andere Argumentationsbasis als etwa die, auf der man vorneuzeitlich gute Gründe für die Existenz von Phlogiston oder schicksalsbestimmenden Sternenmächten formulieren konnte? Haben bzw. hatten nicht auch diese Behauptungen eine bemerkenswerte interne Rationalität für sich?

Die Pluralistische Theologie hat sich diesem Dilemma des Pluralismus-Paradigmas von vornherein zu entziehen versucht. Hier ist man sich der Brisanz eines radikal-perspektivisch verstandenen Pluralismus sehr wohl bewußt: Wäre die bloße Vielfalt religiöser Erfahrungen und Perspektiven, zwischen denen

---

[45] W. Welsch, Postmoderne – Pluralismus als ethischer und politischer Wert, a.a.O., 29.
[46] Vgl. ders., Unsere postmoderne Moderne, Berlin ⁴1993, 295–331 bzw. ders., Vernunft. Die zeitgenössische Vernunftkritik und das Konzept der transversalen Vernunft, Frankfurt a.M. 1996.

zwar vernünftige Übergänge und Anknüpfungen möglich sind, eine gemeinsame Argumentationsbasis aber nicht mehr angenommen werden kann, wirklich das letzte Wort, so verlöre »die Annahme einer universalen, heilshaften Offenbarung« jede Plausibilität.[47] Nicht mehr miteinander vermittelbare Ansprüche auf Universalität demonstrieren die Unglaubwürdigkeit eines jeden dieser Universalitäts-Ansprüche von faktisch bloß partikularer Geltung und Überzeugungskraft. Sollte man nicht mit *Perry Schmidt-Leukel* zumindest annehmen dürfen, daß die gemeinhin als unvereinbar verstandenen »Vorstellungen von der transzendenten Wirklichkeit« sich »auch als komplementär deuten« lassen können?[48] *John Hick* greift sogar zu einer noch weiter reichenden, pluralitätsentschärfenden Hypothese. Er meint davon ausgehen zu dürfen, die göttliche Wirklichkeit – das »Reale« – sei hinter der »bunte(n) Familie der Unterscheidungen« im Feld der religiösen Phänomene »an sich ein einziges«, das von den Menschen in ihren unterschiedlichen Sprach- und Kulturwelten »auf vielfältige Weise erfahren werden kann«. Der religiöse Pluralismus bliebe also nach Hick auf die unterschiedlichen Phänomenen-Welten beschränkt.[49] Diese verweisen nicht auf unterschiedene göttliche Realitäten; sie werden vielmehr »gebildet durch die Gegenwart der göttlichen Realität, die unser Bewußtsein in Form von jenen unterschiedlichen Sets religiöser Konzepte und Strukturen erreicht, die in den verschiedenen religiösen Traditionen der Welt wirksam sind.«[50]

Hicks religiöses Pluralismuskonzept vermeidet die prekären Konsequenzen eines radikalen kognitiven Pluralismus dadurch, daß es in den vielfältigen religiösen Phänomenen die *eine* göttliche Realität sich vergegenwärtigen sieht und deshalb voraussetzen darf, daß der *eine* verbindliche Anspruch dieser göttlichen Realität zwar in verschiedenen kulturellen Codes, aber eben doch als der eine verbindliche Anspruch gehört wird. Nimmt man Schmidt-Leukels Komplementaritätsthese hinzu, so könnte man zu folgender Konsequenz kommen: Die verschiedenen religiösen Überlieferungen hören diesen verbindlichen Anspruch nicht nur faktisch in unterschiedlichen Codes; sie sind auch dazu bestimmt, sich mit ihrer jeweiligen Artikulationsweise in einen religiösen Dialog einzubringen, der die unvermeidlichen Einseitigkeiten der religiösen Überlieferungsstränge überwinden und den religiösen Reichtum in der Vielfalt religiös-authentischer Stimmen für die Weltgesellschaft fruchtbar machen kann. Und das hieße dann konkret: Jeder soll in seiner Sprache Zeugnis geben von diesem Anspruch und der Faszination, die ihm innewohnt. Und keiner muß sich – da sich alle letztlich

[47] Vgl. P. Schmidt-Leukel, Religiöse Vielfalt als theologisches Problem. Optionen und Chancen der pluralistischen Religionstheologie John Hicks, in: R. Schwager (Hg.), Christus allein? 11–49, hier 26.
[48] So P. Schmidt-Leukel, Christlicher Wahrheitsanspruch angesichts der Kritik und des heutigen Pluralismus: religionstheologische Konsequenzen, in: A. Peter (Hg.), Christlicher Glaube in multikultureller Gesellschaft (Neue Zeitschrift für Missionswissenschaft, Supplementa Vol. 44), Immensee 1996, 351–380, hier 376.
[49] J. Hick, Eine Philosophie des religiösen Pluralismus, dt. in: Münchener Theologische Zeitschrift 45 (1994), 301–318, hier 314.
[50] Ebd., 315.

auf die eine göttliche Realität bezogen wissen dürfen – von den anderssprachlichen religiösen Ausdrucksformen zur Relativierung des selbst vernommenen Anspruchs veranlaßt sehen.

Eine pluralistische Konzeption führt offenkundig religiös dann nicht zur Relativierung der einzelnen religiösen bzw. Offenbarungsansprüche, wenn mit guten Gründen vorausgesetzt werden darf, daß die Vielfalt der religiösen Wahrheitsansprüche nur den Reichtum des einen Göttlichen spiegelt – und eben nicht die Auswegslosigkeit einer in die verschiedensten Richtungen und Deutungen auseinanderstrebenden Religionsgeschichte. Nur unter dieser Voraussetzung wäre es religiös verzichtbar, die Überzeugung von der Geltung des von der eigenen Tradition erhobenen Wahrheitsanspruchs durch die kriteriengeleitete Auseinandersetzung mit abweichenden oder entgegengesetzten Geltungsansprüchen zu vermitteln. So ist es keineswegs überraschend, daß Hick die Ausrichtung der verschiedenen religiösen Überlieferungen auf die *eine* »an sich seiende« göttliche Realität hinter der Vielfalt der religiösen Phänomene »den Kern der von mir vorgeschlagenen pluralistischen Hypothese« nennt.[51] Aber worauf könnte man sich berufen, um diese Voraussetzung als begründet auszuweisen? Und selbst wenn sie sich plausibel machen ließe: Muß es nicht doch eine Möglichkeit geben, in der Vielfalt religiöser Bezugnahmen auf eine göttliche Realität authentische von offenkundig mißbräuchlichen zu unterscheiden? Wie aber wären bei einem pluralistischen Konzept kontextübergreifende Kriterien zu gewinnen, die endlich doch zur Unterscheidung von wahr und unwahr, gut und böse, wertvoll und wertlos, authentisch und irreführend anleiten sollen? Wie wären nicht nur im Innen- sondern auch im Außenbezug ausweisbare Wertungen zu begründen? Perry Schmidt-Leukel setzt diese Begründbarkeit selbst voraus, etwa wenn er geltend macht, religiöse Wahrheitskandidaten seien Blumen vergleichbar, und man könne ja durchaus »z. B. schöne Blumen von Unkraut unterscheiden, ohne behaupten zu müssen, daß es nur eine einzige Blume gibt, die die schönste aller Blumen ist«. Wer behauptet, »daß es nicht nur eine einzige schönste Blume, sondern mehrere schönste Blumen gibt, begibt sich keineswegs automatisch jeglichen kriteriologischen Maßstabs, um Zierpflanzen von Unkraut zu unterscheiden.« Und so folgert Schmidt-Leukel, es müsse »auch in der heilshaften Gottesbeziehung ... neben unechten und defizienten Formen mehrere verschiedenartige Gestalten ihrer höchsten Form« geben, »weil es immer die Vielfalt menschlichen Daseins ist, in die hinein sich die Gottesbegegnung realisiert.«[52]

Vorausgesetzt wird hier, man könne – etwa im Bereich des Ethischen – Wertungen kontextübergreifend begründen, die es dann ermöglichen, »schöne Blumen« im Garten der Religion von Unkraut zu unterscheiden, die es aber

[51] Ebd., 314.
[52] P. Schmidt-Leukel, Besprechung von: Der einzige Weg zum Heil?, Freiburg u.a. 1993, in: Theologische Revue 89 (1993), 365–367, hier 367. Vgl. Schmidt-Leukels umfassende Darstellung des pluralistischen Ansatzes in seinem Buch: Theologie der Religionen: Probleme, Optionen, Argumente, Neuried 1997.

offen lassen können, welche von den schönen Blumen nun die allein schönste – am höchsten zu schätzende – sei. Man dürfte dann damit rechnen, daß aufgrund der letztlich unvergleichlichen, individuellen Wohlgestalt der einzelnen schönen »Blumen« mehreren oder vielen der Superlativ der schönsten zugestanden werden darf. Die Frage ist nur, ob bei dieser Ethisierung und Ästhetisierung der Wahrheitsfrage – mit der Pluralisierung des »Superlativs« und des unbedingten Wahrheitsanspruchs – überhaupt noch die Verpflichtung zum gemeinsamen Ringen um Wahrheit auch in Konfliktfällen begründbar bleibt. Wie will man etwa in der Auseinandersetzung mit religiösen Fundamentalismen bei dem ja nicht von vornherein bestreitbaren guten Willen ihrer Anhänger elementare Standards von Menschenrechten als universell verbindlich einklagen, wenn man sich nicht gegen den Einwand argumentativ behaupten kann, die hier eingeforderten Menschen- und Personrechte seien nur für *die* unabdingbar verpflichtend – wahr –, die außerhalb des eigenen Glaubenssystems stehen und deshalb die dort eingeforderten höherrangigen Verpflichtungen nicht kennen? Wie will man noch gegen den Bescheid protestieren können, wem der Geschmack für das »Allerhöchste« fehle, der habe kein Recht, für das von ihm verfochtene Höchstverbindliche bei denen, die diesen Geschmack haben, Gehorsam einzufordern?

Die kriteriologische Rückversicherung in elementaren ethischen Selbstverständlichkeiten – etwa im Liebesgebot – führt hier für sich allein genommen nicht weiter, es sei denn, man hätte zuvor die unbedingte Verbindlichkeit dieses Gebots als eines ausschlaggebenden religiösen Kriteriums begründet – und nicht einfach nur darauf hingewiesen, alle großen Religionen kämen in der Orientierung am Liebesgebot überein; sie dürften deshalb auch in ihrer »religiösen Leistung« und Authentizität an ihm gemessen werden. Beruft man sich kriteriologisch nur auf empirisch aufweisbare Gemeinsamkeiten, so zieht man sich eben doch auf die noch nicht ausgewiesene und wohl auch nicht ausweisbare Voraussetzung zurück, die Religionen hätten an dem ihnen Gemeinsamen, in dem sich die gemeinsame Ausrichtung auf die eine göttliche Realität spiegele, ihr gemeinsames und deshalb auch kriteriologisch geltend zu machendes Maß.

Daß sich an dem jeweils als gemeinsam Beurteilten der »Sinn« von Religion und damit auch das Ausmaß an Authentizität ablesen lassen, die in den jeweiligen religiösen Traditionsgemeinschaften realisiert sind, mag auf den ersten Blick einleuchten, ist aber doch nur die Wiederholung der für die Aufklärung ebenso selbstverständlichen wie heute problematischen These, in den zwischen den Religionen unstrittigen Sätzen zeige sich die Vernunft der Religion. Allein schon die für gegenwärtiges Christentumsverständnis durchaus befremdlichen »religiösen Fundamentalsätze« *Herbert von Cherburys*[53] lassen zweifelhaft erscheinen, ob solche ausgesprochen kontextgebundenen Versuche, das Gemeinsame auf den Begriff zu bringen, die Ableitung von Kriterien zur Unterscheidung authentischer und verfehlter Religiosität tragen können. Und

---

[53] Vgl. Kap. 1.4 dieses Traktats.

man wird auch fragen dürfen, ob John Hicks Bestimmung des Religiösen »im Sinne der Transformation menschlicher Existenz von der Ich-Zentriertheit zur Wirklichkeitszentriertheit« – zur Hinordnung auf jene Wirklichkeit, die für Mensch und Welt jeweils als im Letzten bestimmend angesehen wird[54] – tatsächlich treffender ist als die in der Aufklärung diskutierten Versuche einer Wesensbestimmung des Religiösen. Man wird dann aber auch an der Anwendbarkeit eines Authentizitätskriteriums zweifeln dürfen, das die Wahrheitsteilhabe religiöser Überlieferungen und ihrer Träger an dem Beitrag festmachen will, den sie zu dieser »Transformation« leisten.

Daß Wahrheit sich pragmatisch bestimmen läßt – im Blick auf die ethisch zu bestimmenden »Früchte« oder ihre ästhetische Prägnanz – gehört freilich zu den elementaren Voraussetzungen des pluralistischen Paradigmas der Religionstheologie. Das führt etwa bei *Paul F. Knitter* direkt zu einer Verabsolutierung der ethisch dimensionierten Heilsfrage. Weil sich religiös alles – so auch »jede christologische Aussage« – »an ihren sittlichen Früchten messen lassen muß«, kommt man nicht umhin, zu behaupten, daß das, wofür diese Früchte hervorgebracht sind, als das in allen Religionen angezielte Absolute zu bezeichnen ist: »Unser ›Absolutes‹ ist nicht Christus, noch nicht einmal Gott. Es ist vielmehr soteria – menschliche Erlösung«.[55] Aber wie kann σωτηρία ernsthaft als jenes Absolutum ausgegeben werden, das alles andere – selbst Gott noch – relativiert? Hat sich hier nicht die Kriterienfrage verselbständigt, deshalb verselbständigt, weil die Kriterien selbst nicht mehr abgeleitet werden können, sondern einfachhin *gesetzt* und als bloß gesetzte *verabsolutiert* werden müssen, um so den Relativismus doch noch abwehren zu können?

Der Versuch der Pluralistischen Theologie, den Absolutheitsanspruch des christlichen Offenbarungsglaubens zu verabschieden[56], ohne auf die schiefe Bahn eines Relativismus zu geraten, für den sich die Frage nach einer kontextübergreifenden religiösen Wahrheit gar nicht mehr stellen würde, führt in Aporien. Er verlangt nach Kriterien, an denen religiöse Geltungsansprüche kontextübergreifend – im Außenbezug – überprüft werden können. Solche Kriterien wären nach den Voraussetzungen, die einer pluralistischen Theorie zugrundeliegen, nur aus einem »Wesen« der Religion abzuleiten, das sich als das allen authentischen Religionen faktisch Gemeinsame, sie als Religion Auszeichnende und insofern kontextübergreifend gültig erheben ließe, dabei aber niemals nur als empirische Größe in Rechnung gestellt, sondern selbst schon als Kriterium eingeführt wurde. Damit führte die Suche nach kontextübergreifenden Kriterien in einen Zirkel, aus dem es keinen empirisch-hypothetischen Ausweg mehr gibt: Das Gemeinsame kann als Ableitungsbasis für ein Authentizitätskrite-

---

[54] Vgl. Religiöser Pluralismus und Erlösung, a. a. O., 25.

[55] P. F. Knitter, Horizonte der Befreiung. Auf dem Weg zu einer pluralistischen Theologie der Religionen, hg. von B. Jaspert, Frankfurt a. M. – Paderborn 1997, 212.

[56] Vgl. dazu paradigmatisch P. F. Knitter, Ein Gott – viele Religionen. Gegen den Absolutheitsanspruch des Christentums, dt. München 1988; R. Bernhardt, Zwischen Größenwahn, Fanatismus und Bekennermut. Für ein Christentum ohne Absolutheitsanspruch, Stuttgart 1994.

rium nur in Anspruch genommen werden, wenn es als Wesensnorm und nicht etwa als der kleinste gemeinsame Nenner verschiedener religiöser Wahrheitsansprüche eingeführt ist. Bleibt dann nur noch der fundamentalistische Rückzug auf die Verabsolutierung des je eigenen Offenbarungskriteriums? Bleibt nur noch ein unaufgeklärter, vorpluralistischer Kriterienegozentrismus, der sich aufgrund der ihm zuteilgewordenen göttlichen Maßgabe im Besitz der Kriterien weiß, nach denen die Wahrheit der Anderen zu beurteilen ist? Die kriteriologische Bedeutung der biblischen Offenbarung, von der oben die Rede war, scheint einen »dritten Weg« zwischen Religionspluralismus und Fundamentalismus zu eröffnen: einen Weg, auf dem man sich von der biblischen Offenbarung das Wahrheitskriterium vorgeben läßt – sie als »norma sui et falsi« (Spinoza) geltend macht –, es aber gerade darauf ankommen läßt, daß dieses Kriterium auch die Wahrheit »der anderen« entdeckt, und deren Einspruch gegen eigene Überzeugungen als für die Ermittlung der geoffenbarten Gottes-Wahrheit unverzichtbare Mitsprache ernstzunehmen zwingt.

5.5 Absolutheit im Dialog?

Die hier vorgebrachten Einwände gegen eine auf das moderne Pluralismusdogma unkritisch zurückgreifende Pluralistische Theologie betreffen die Schwierigkeit, unter pluralistischen Voraussetzungen eine im Innenbezug – in der »Binnenperspektive« –festgehaltene unbedingt Geltung im Außenbezug zu anderen religiösen oder nichtreligiösen Wahrheitsansprüchen argumentativ geltend machen zu können. Wäre religiöse Wahrheit nicht kontextübergreifend »demonstrierbar« *(Welsch)* oder wenigstens mit guten Gründen als »Wahrheitskandidat« vorstellbar, so gäbe es keinen ernsthaften Dialog zwischen den Gläubigen der verschiedenen religiösen Traditionen. So wäre aber auch das schlechte intellektuelle Gewissen angesichts der nicht wirklich zur Kenntnis genommenen anderen religiösen Wahrheitsansprüche die unvermeidliche Kehrseite der kontextimmanent bleibenden religiösen Überzeugung. Die bisher ausgearbeiteten Konzepte einer Pluralistischen Theologie haben die Möglichkeit einer kontexttranszendierenden theologischen Kriteriologie nicht hinreichend plausibel machen können. Der pluralistische Religionsvergleich allein generiert offenkundig keine Wahrheitskriterien. Sie können nur den einzelnen religiösen Überlieferungen selbst entnommen und dann im Dialog der Argumente auf ihre Triftigkeit hin erprobt werden.

Der Eintritt in einen solchen Dialog verlangt keineswegs die Suspendierung »mitgebrachter« kriteriologischer Ansprüche, des jeweiligen Absolutheitsanspruchs. Und es geht – etwa für die christliche Theologie und im Blick auf die von ihr geltend gemachte »Absolutheit des Christlichen« – zunächst nicht darum, eine allgemeine Relativierung in dem Sinne hinzunehmen, daß sie von ihrem eigenen kriteriologischen Anspruch Abstand nähme. Natürlich nimmt christliche Theologie zur Kenntnis, daß andere religiöse Traditionen die kriteriologische Bedeutung der Bibel und des Logos Jesus Christus als des Weges, der zur Wahrheit und zum Leben führt (vgl. Joh 14,6), mit ernstzunehmenden Gründen nicht annehmen. Aber sie wird sich zunächst einmal nicht genötigt sehen, dem Widerspruch gegen diese kriteriologische »Eminenz« Legitimität zuzuerkennen. Darauf sind diese religiösen Traditionen auch nicht angewiesen.

Für christliche Theologinnen und Theologen hat die Behauptung einer kriteriologischen Absolutheit der in der Bibel und speziell in Jesus Christus erschlossenen Heilswahrheit zunächst die Konsequenz, daß sie diese Heilswahrheit prinzipiell als allen Menschen in ihrer Bedeutung für die Bestimmung des Menschseins erschließbar ansehen. Gerade deshalb wissen sie sich herausgefordert, im Gespräch mit allen erreichbaren Gesprächspartnern zu explizieren, wie die Wahrheit, die Er ist, für sie als Heilswahrheit bedeutsam werden kann. Dieses Gespräch soll zum Dialog darüber werden, welcher Verheißung und Herausforderung *wir* folgen, wenn wir zu Jesus Christus als unserem Erlöser »Ja und Amen« sagen und welcher Verheißung die Gesprächspartner folgen, um in ihr Leben und Wahrheit zu finden; zu einem Dialog, in dem wir einander zutrauen, füreinander hilfreich zu sein bei der Identifizierung und der Bezeugung des Logos, dem zu entsprechen für alle Dialogteilnehmer die Erfüllung menschlichen Lebens ausmacht.

In diesem Dialog geht es also nicht um die Bekehrung der anderen zum Absolutheitsanspruch der christlichen Heilsbotschaft. In ihm geht es vielmehr bei dem, was christliche Theologen *zu sagen haben*, zunächst darum, darüber Rechenschaft zu geben, warum die Christen in Jesus Christus – in der Botschaft seines Lebens, Sterbens, seiner Vollendung – den göttlichen Logos vernehmen und wie sie ihm auf ihrem Weg in den Spuren Jesu Christi meinen entsprechen zu können. Bei dem, was Christen und christliche Theologen sich im interreligiösen Dialog *sagen lassen müssen*, geht es dann darum, von den anderen zu erfahren, was sie daran hindert, der Wahrheit des Logos in der Christusnachfolge nachzuspüren, und was sie dazu veranlaßt, anderen Spuren zu folgen. Übereinstimmung kann in diesem Dialogfeld nicht das unmittelbar intendierte Ziel sein. Jede religiöse Tradition wird den Ort, an dem sie ihren »Logos« maßgebend vernommen hat, in gewisser Weise absolut setzen, weil sie nur so der göttlichen »Vorgabe« ihres Lebens, Glaubens, Denkens, Handelns und Hoffens entsprechen kann. Aber keine religiöse Tradition sollte der anderen ihr Existenzrecht und ihre Wahrheitsfähigkeit bestreiten, denn nicht sich selbst kann sie absolut setzen, sondern immer nur den Logos, den sie an einem ganz bestimmten Ort vernimmt, und diesen Ort, insofern sie den Logos dort und von dort her vernimmt. Was sie dort vernimmt und wie sie ihm zu entsprechen versucht, das führt sie sogleich in den Dialog darüber, was der Logos sagt und zusagt. »Absolutheit« des Christentums heißt deshalb Absolutsetzung des Logos, der sich den Christen in Jesus Christus als der unüberholbare Gott-Logos erschließt und sie zum Glauben herausfordert; es kann aber nicht heißen Absolutsetzung der in den christlichen Traditionen und Überlieferungsgemeinschaften unternommenen Versuche, diesem Logos zu entsprechen.

Aber muß man dann als Christ nicht auch damit rechnen, daß sich neben dem Zugänglichwerden des göttlichen Logos in Jesus Christus noch andere Inkarnationen in der Geschichte ereignet haben? Und wäre der christliche Absolutheitsanspruch dann noch etwas anderes als eine theoretisch explizierte Dezision für *diese* Inkarnation und gegen andere normative Überlieferungen, eine Vermeidung des Relativismus durch Dogmatismus?

An diesem Punkt kommt man wohl nur weiter, wenn man die vieldeutigen Begriffe Absolutheit und Absolutheitsanspruch auch im interreligiösen Gespräch differenziert gebraucht. Das ist im Blick auf die Diskussion um pluralistische Hypothesen durchaus geschehen[57], aber nicht immer mit der nötigen Konsequenz durchgehalten worden. Wenn man – mit dem Deutschen Idealismus – auf den genauen Sinn der logischen Entgegensetzung von Absolutheit und Relativität achtet, so wird man darauf aufmerksam, daß das Wissen insofern und insoweit als absolut gelten dürfte, als es mit allem anderen, was zu Recht Wissen genannt wird, vermittelbar ist. Gestalten des Wissens, zu denen es keinen Zugang findet, relativieren es in seinem Wissensanspruch, erweisen es zumindest in dieser Hinsicht als Nicht-Wissen. Das nicht Gewußte wäre das »Außerhalb« des Wissens, das, worauf es relativ bleibt. Diese Relativität ist für das Wissen das Nicht-sein-Sollende, nicht etwa deshalb, weil es intolerant wäre gegen *anderes* Wissen, sondern deshalb, weil es *Wissen* sein will und sich deshalb mit der Unzugänglichkeit des ihm Unzugänglichen nicht abfinden kann.

Ist damit nicht jene unendliche Dynamik des Verstehens angesprochen, die nichts außerhalb und unverstanden stehen lassen kann, die nicht darin ihr Genüge finden kann, das ihr zu verstehen Aufgegebene in unverstandenen Beziehungen bloß *nebeneinander* stehen zu lassen? Verstehen stiftet signifikante – sinngebende – Beziehungen bzw. es rekonstruiert sie; Verstehen ist unterwegs zu jener Absolutheit, für die gelten würde, was Hegel ihr zuschrieb: daß sie nichts unverstanden »draußen« läßt. Aber es ist unterwegs zu diesem Absoluten, kann sich also nicht mit ihm identifizieren und als absolutes Wissen ausgeben. Das heißt einerseits, das Absolute ist nicht bloß jenseitig, kein »Ding an sich«, das beziehungslos wäre zu allen Versuchen, sich auf es zu beziehen, wie Hegel zu Recht gegen Kant geltend macht. Das Absolute ist – in Hegels religionsphilosophischer Terminologie – Fleisch geworden, menschlich geworden, so daß die Menschen sich erkennend und handelnd auf es beziehen können. Andererseits aber ist ebenso entschieden daran festzuhalten, daß das Absolute sich allen Versuchen entzieht, wissend über es zu verfügen und es damit zum Relativen eines anderen Absoluten – des über es verfügenden Wissenden – zu machen. Der Mensch ist in seinem Wissen wie in seiner Praxis einem Absoluten

[57] Vgl. dazu R. Bernhardt, Der Absolutheitsanspruch des Christentums. Von der Aufklärung bis zur Pluralistischen Religionstheologie, Gütersloh 1990. Im folgenden nehme ich Bezug auf Überlegungen, die ich in meinem Aufsatz: Heil durch Jesus Christus allein? (a. a. O., 55 ff.) publiziert habe.

verpflichtet und von ihm ergriffen, das er nicht selbst ergreifen und umgreifen kann.[58] So könnte man vielleicht mit *Knitter* sagen: »Wir vermögen ... keine absoluten Behauptungen über das aufzustellen, dem wir absolut verpflichtet sind.«[59]

Wir sind dem Absoluten – der Einheit der Wahrheit – verpflichtet; aber wir können ihrer nicht habhaft werden und dürfen ihrer nicht habhaft werden wollen. Das zeigt sich in der Dramatik des Verstehens, also darin, daß das Verstehen das andere einlassen und »hereinholen« muß, ohne es vereinnahmen zu dürfen, daß es darauf verpflichtet ist, dem anderen wirklich verstehend gerecht zu werden und daß es diese Verpflichtung immer wieder ad absurdum führt, weil es das andere dann doch vereinnahmt und ihm so Gewalt antut.[60] Die Verpflichtung zu verstehendem Gerechtwerden ist ebenso unerläßlich wie uneinlösbar; und das heißt: das Absolute, worin allem der wahre Ort zukäme, worin alles in den Beziehungen stünde und erkannt wäre, in denen ihm Gerechtigkeit widerführe, ist nicht erreichbar und so auch nicht beanspruchbar. Der Terminus Absolutheitsanspruch ist insofern geradezu blasphemisch. Das Absolute, das man für sich beanspruchen könnte, ist das falsche, vereinnahmende und vereinnahmte, ja terroristische Absolute der Fanatiker, die sich das Andere in seinem Anderssein gewaltsam vom Leib halten müssen. Das Absolute ist nicht beanspruchbar, es ist gegenwärtig in dem Anspruch, der mich beansprucht, aber nicht *mein* Anspruch werden kann. Der Anspruch geht vom Absoluten aus; er fordert Wissen und Handeln aufs Äußerste heraus, er beansprucht sie unbedingt. Der Herausgeforderte und Beanspruchte kann jedoch nie Subjekt dieses Anspruchs sein. Das ist das Eine. Aber dieser Anspruch und diese Herausforderung begegnen konkret; sie wollen konkret wahrgenommen, ihnen muß konkret entsprochen werden, indem man die Vielfalt des Wirklichen – des Wißbaren und Wählbaren – in konkret bestimmter Weise mit Gott »zusammenbringt«, sie so mit ihm –

---

[58] In ähnlicher Weise unterscheidet K. Otte zwei unterschiedliche – »entgegengesetzte« – Akzente des Begriffs »Absolutheitsanspruch« (vgl. seinen Aufsatz: Das Absolute und die Absolutisten, in: H.-G. Schwandt (Hg.), Pluralistische Theologie der Religionen. Eine kritische Sichtung, Frankfurt a. M. 1998, 175–190, hier 177): »Einerseits kann es sich um den Anspruch handeln, den das Absolute in seiner ureigenen Unabhängigkeit in Geltung setzt. Andererseits kann es sich aber auch um den Anspruch handeln, den der Mensch für sich behauptet, welcher das Absolute in Raum und Zeit auf irgendeine Weise erfahren zu haben meint«. Ottes eigener Bestimmungsversuch dieser »Gegensätzlichkeit« bleibt jedoch bei der bloßen Entgegensetzung des »in jeder Hinsicht Ur-Sprüngliche(n)« (178) zur Verobjektivierung des Absoluten durch die Absolutisten stecken. Eine genauere kategoriale Klärung hätte hier vermutlich weitergeführt und dann auch eine deutlichere Artikulation der christologischen Problematik erbracht, als sie Otte gelingt (vgl. 181 ff.).

[59] P. F. Knitter, Religion und Befreiung. Soteriozentrismus als Antwort an die Kritiker, in: R. Bernhardt (Hg.), Horizontüberschreitung, 203–219, hier 218; ich schreibe »aufstellen« statt wie wohl fälschlich im publizierten Text »anstellen«.

[60] P. Suess beschreibt diese Dramatik mit deutlicher Ablehnung der europäisch-westlichen »Verständigungsutopie«; Christentum – auf dem Weg mit Jesus von Nazareth. Über die Unfähigkeit der Einen, sich der Anderen zu erinnern (II), in: Orientierung 58 (1994), 245–249. Vgl. meine Stellungnahme in dem Aufsatz: Toleranz und Pluralismus. Reflexionen zu einem problematischen Wechselverhältnis, in: I. Broer – R. Schlüter (Hg.), Christentum und Toleranz, Darmstadt 1996, 107–121, hierzu 113 ff.

dem Absoluten – und in ihm zusammenbringt, wie er sie mit sich zusammengebracht hat und zusammenbringen will, so wie der Absolute sich auf sie bezieht oder beziehen will. Ohne diese Konkretheit blieben der unbedingte Anspruch des Absoluten und seine absolute Herausforderung leer.

Die Versuche, diese Konkretheit inhaltlich zu bestimmen und ihr zu entsprechen, widersprechen einander; jedenfalls ist oft nicht zu sehen, wie sie einander komplementär ergänzen und miteinander vereinbar sein könnten. Das markiert das Pluralismusproblem im Bereich des Religiösen. Man muß diesen Pluralismus hinnehmen, ohne ihn einfach auf sich beruhen lassen zu können; sonst würde man sich der Herausforderung des Absoluten entziehen, indem man die unterschiedlichen Konkretionen ins Unbestimmte hinein relativierte. Wie kann man den Pluralismus hinnehmen und doch nicht einfach auf sich beruhen lassen? Offenkundig nur so, daß man sich an *einem* Ort, in *einer* bestimmten Konkretheit der verheißungsvollen Herausforderung des Absoluten stellt und dem Logos, wie er hier vernommen wird, zu entsprechen versucht, es dabei je neu darauf ankommen läßt, auch in der Begegnung mit anderen religiösen Traditionen auf diese Herausforderung zu stoßen, ja gerade in der Begegnung mit ihnen neu und auch irritierend anders zu vernehmen, wozu der Logos herausfordert. Die Begegnung mit den Anderen, das Ertragen und Fruchtbarmachen ihres Widerspruchs, ihres Widerstands gegen die Vereinnahmung durch unser Verstehenwollen, all das wird einen Weg des Dialogs markieren, auf dem sich auch den Christen die je größere Wahrheit des Gott-Logos erschließt.

Absolutheit des Christlichen? Absolutheit des Christentums? Das könnte nur meinen: Christen versuchen, sich an diesem einen Ort auf den unbedingten Anspruch des Logos einzulassen – im Angesprochensein durch Gottes Wesenswort, wie es in Jesus Christus zum menschlichen Wort, zu der die Menschen unendlich herausfordernden Verheißung wurde. Der Konkretheit dieses Angesprochenseins verpflichten sie sich; aber sie verpflichten sich darin dem nicht vereinnahmbaren Absoluten, dessen verheißungsvolle Herausforderung sie hier vernehmen. Dieses schwierige Verhältnis von Konkretheit und Absolutheit hat die christliche Theologie in der Inkarnations- und Zwei-Naturen-Christologie zu reflektieren versucht. Deren Grundüberzeugung lautet: Das Absolute ist in diesem Konkreten; es ist authentisch vernehmbar in der Konkretion des Menschenlebens Jesu Christi, der Botschaft dieses Lebens. Und so ist dieses Konkrete eben nicht eines unter vielen Beispielen für das Absolute. Dieses Konkrete – das in Christi Leben zu menschlichem Wort Gewordene – ist freilich das Konkrete *des Absoluten,* Gottes Selbstmitteilung. Das Absolute – Gottes Selbstmitteilung, die Mitteilung seiner absoluten Wahrheit – wird im Konkreten aber nur insoweit als solche verstanden, als sich vom Konkreten her ein Zugang finden läßt zu allen anderen Konkretionen, in denen Menschen den Anspruch des Absoluten vernehmen. Die absolute Wahrheit begegnet im Konkreten – in der Geschichte Jesu Christi – als Herausforderung an die ihr sich Aussetzenden, jene verstehend-gerechtwerdenden Beziehungen zu den anderen Konkretionen und Wegen zu entdecken, die diese anderen Konkretionen als in Beziehung zur absoluten Wahrheit stehend erscheinen ließen. Wahrheit bewährt sich in denen, die ihr zu entsprechen versuchen, gerade dadurch, daß sie zum Auffinden dieser gerechtwerdenden Beziehungen anstiftet; sie bewährt sich dadurch, daß sie Beziehung stiftet. Dem Absoluten im Konkreten bleibt auf der Spur, wer von seiner eigenen Wahrnehmung der absolut verheißungsvollen und herausfordernden Wahrheit her verstehende und Gemeinschaft stiftende Zugänge findet zu anderen religiösen Traditionen und sie mitsprechen lassen kann in seiner Antwort auf das ihn herausfordernde Wort; wer bereit ist, sich im religiösen Dialog mit »den Anderen« die Relativität eigener Festlegungen aufdecken zu lassen.[61]

Aber tangiert diese Sicht nicht doch die christliche Grundüberzeugung von der Absolutheit des in Jesus Christus zugesprochenen Gott-Logos? Wäre nicht auch diese christologische Grundüberzeugung zu »deabsolutieren«? Wenn man die Inkarnationschristologie nicht isoliert von einer Christologie des Weges Jesu Christi, so läßt sich gerade von der Christologie her sagen, in welchem Sinne die Deabsolutierung der Christologie *theologisch* gefordert ist.[62] In Jesus Christus ist das Absolute – die heilsame Wahrheit Gottes selbst – in der Gestalt des Dieners begegnet, als »dienstbare Wahrheit«. Die Glaubens- und Theologiegeschichte hat gezeigt, daß diese Dienstbarkeit es so manchen Herren ermöglicht hat, sich zu Herren der Glaubens-Wahrheit zu machen, sie sich selbst dienstbar zu machen und in ihrem Namen Absolutheitsansprüche zu erheben. Aber sie wollte nicht irgendwelchen Herren dienstbar sein, sondern denen, die sie als rettende Wahrheit ergreifen wollen, den Leidenden und Hoffnungslosen. So wurde sie vernehmbar und zur Herausforderung in der Selbsthingabe dessen, in dem sie sich inkarnierte. In dieser Konkretheit will sie verheißungsvolle Herausforderung sein, will sie für die Menschen »das Letzte«, nicht mehr Relativierbare sein. In dieser Konkretheit relativiert sie alles andere im doppelten Sinn: Sie läßt es nicht das Letzte sein, und sie stiftet gerechtwerdende Beziehungen zu allen Wahrheiten, die den notleidenden und nach ihrem Heil sich ausstreckenden Menschen dienstbar sein können. In dieser Konkretheit begegnet Gottes Wahrheit als dienende Wahrheit, die den Menschen um Gottes willen und Gott um der Menschen willen zu dienen herausfordert. Als dienstbare Wahrheit ist sie keine Herrenwahrheit, keine absolutistische Fanatikerwahrheit und keine abwertende Wahrheit, sondern eine Wahrheit, die ans Licht bringt und im rechten Licht erscheinen läßt, was ins vielstimmige Gespräch der religiösen Traditionen an authentischen Bezeugungen des Logos eingebracht wird.

---

[61] Darauf hat in einleuchtender Weise P. F. Knitter hingewiesen: Ein Gott – viele Religionen, 173 ff.
[62] Vgl. R. Bernhardt, Deabsolutierung der Christologie?, in: M. von Brück – J. Werbick (Hg.), Der einzige Weg zum Heil?, 144–200.

5.6 Die je größere Wahrheit Gottes – und die Unbedingtheit, mit der sie Menschen in Anspruch nimmt

Gottes Wahrheit ist eine dienstbare Wahrheit, da sie denen, die sich ihr öffnen, dazu dienen will, die hilfreichen Zusammenhänge zu entdecken, in denen die Bestimmung zu wahrem Menschsein gelebt werden kann. Dieser Dienst ist Gottes Geschenk, Gottes Selbstmitteilung in der Geschichte seines Offenbarwerdens. Aber der Dienst – das Geschenk – ist zugleich Herausforderung, unbedingter Anspruch, dem sich nicht verweigern darf, wer ihn als solchen vernommen hat. Und dies nicht einfach deshalb, weil Gott solche Verweigerung bestrafte, sondern entscheidend deshalb, weil man die Wahrheit Gottes mißachtet und ihr Wahrwerden in der Geschichte geringschätzt, wenn man sich diesem Anspruch verweigert.

Die Unbedingtheit des In-Anspruch-genommen-Seins von Gottes Wahrheit kennzeichnet die religiöse Beziehung zum Göttlichen durchaus auch in jenen mystischen Ausformungen, die mit ihrer negativen Theologie dem je größeren Gott und seiner Wahrheit auf der Spur sind. An ihnen wäre zu lernen, daß der Weg über das naive Verfügbarmachen der Gottes-Wahrheit in Gesetzen, Lehren und Ritualen hinaus eben nicht in die Unbestimmtheit eines Göttlichen hineinführt, das – als unerreichbares Noumenon – zu keinerlei Unterscheidungen im Hier und Jetzt verpflichtet. Die Nacht, in der die Gottes-Wahrheit unbestimmbar und die religiösen Wege auf sie hin ununterscheidbar würden, ist nicht die »dunkle Nacht der Sinne«, in der sich Mystikern und Mystikerinnen die Unbegreiflichkeit Gottes auferlegt.[63]

So ist hier zu warnen vor einer theologischen Bezugnahme auf Kants erkenntniskritische Unterscheidung der in konkreter Erfahrung gegebenen Phänomene vom darin nicht objektivierbar Sich-Gebenden, die sich letztlich damit begnügte, die religiösen Phänomene als bedingte »vorletzte« Wirklichkeit gegenüber dem ungreifbar-unbedingten An-sich des Göttlichen geltungstheoretisch zu relativieren.[64] Der christliche Selbstoffenbarungsgedanke hat jeden-

---

[63] Oder mit Hegel zu reden: »Dies eine Wissen, daß im Absoluten alles gleich ist« und »sein Absolutes für die Nacht auszugeben, worin, wie man zu sagen pflegt, alle Kühe schwarz sind, ist die Naivität der Leere an Erkenntnis« (Phänomenologie des Geistes, Vorrede, Werke in zwanzig Bänden, Bd. 3, 22) und jedenfalls nicht die mystische Erkenntnis des je größeren Gottes.

[64] Hier sehe ich das eigentliche Problem von Hicks erkenntnistheoretischer Bezugnahme auf Kant. Noch sehr viel umfassender problematisiert diese Bezugnahme G. Gäde in dem Aufsatz: Gott und das Ding an sich. Zur theologischen Erkenntnislehre John Hicks (in: Theologie und Philosophie 73 (1998), 46–69). Er würdigt dabei m. E. nicht hinreichend, daß Hick – wie dieser selbst eingesteht – in deutlich erweitertem Sinn von Kants erkenntniskritischer Unterscheidung in Noumenon und Phaenomenon Gebrauch macht und sich deshalb auch in »nur teilweiser Übereinstimmung mit ihm« sieht (vgl. J. Hick, Religion. Die menschlichen Antworten auf die Frage nach Leben und Tod, dt. München 1996, 265). Gerade die entscheidende Modifikation, die Gäde ihm vorhält – daß er von religiöser Erfahrung und nicht nur vom Göttlichen als Postulat der praktischen Vernunft spricht – benennt Hick selbst. Mir erscheint Gädes radikale Gegenposition, die mit Kant gegen Hick die radikale Unerfahrbarkeit Gottes einfordert, da ein erfahrbarer Gott ein »Stück Welt« und unter die Begriffe der empirischen Gegenstände subsumiert wäre (a. a. O., 51 bzw. 57), theologisch fragwürdig.

falls seine Sinnspitze gerade darin, daß sich das unbedingt Geltende im Bedingungszusammenhang der Geschichte vergegenwärtigt. So kann für die christliche Theologie Kants Unterscheidung nur die Bedeutung haben, das uneinholbare Je-größer-Sein Gottes, damit auch die Nichtvereinnahmbarkeit seines Wortes, allen begrifflich-theologischen Rekonstruktionen gegenüber zur Geltung zu bringen. Gott ist gleichwohl zu bezeugen und zu denken als der nicht-relativierbar eindeutig und unbedingt Sich-Mitteilende und In-Anspruch-Nehmende. Aber wie könnte man diese offenbarungstheologische Option wenigstens insoweit auch philosophisch legitimieren, daß das Sprechen vom Unbedingten im Bedingungszusammenhang der Menschenwelt und der Geschichte nicht von vornherein als widersprüchlich empfunden werden muß?[65]

Unbedingtheit wird – gewiß nicht unbestritten[66] – im ethischen Anspruch erfahren. Die Unbedingtheit dieses Anspruchs ist mit seiner *Unabweisbarkeit* gegeben: Die Vernunft des Menschen kann keine Argumente als stichhaltig anerkennen, die auf eine Relativierung dieses Anspruchs hinausliefen und die es begründen könnten, sich dem Anspruch zu verweigern. Was dieser Anspruch fordert, das ist *um seiner selbst willen* zu tun, ist deshalb Zweck in sich selbst. Es hat »Sinn« in sich selbst, hat seinen Sinn nicht erst von einem anderen her, so daß man sich ihm um eines vorgeblich höheren Sinnes willen entziehen könnte. Es ist notwendig und jedem abzuverlangen, sich diesem Anspruch situationsbezogen – also in ethisch weiser Beurteilung der konkreten Realisierungsbedin-

---

Natürlich ist die »Nähe Gottes« nicht »irgendwo an der Welt« einfach ablesbar, und »nur Gott vermag sie für den Glauben zu offenbaren« (a.a.O., 53). Aber setzt Offenbarung nicht voraus, daß Gottes Wirklichkeit erfahrbar und deshalb bezeugt werden kann? Darf man – gegen die Tradition einer *katholischen* Schöpfungstheologie – unterstellen, Gott unterscheide sich restlos von der Welt (a.a.O., 53)? Daß Gäde mit anderen Diskussionsteilnehmern auch mir vorrechnet, wir hätten das »eigentliche Problem« von Hicks Pluralismuskonzept, das in seiner falschen Kantrezeption liege, nicht gesehen (a.a.O., 56), ist an sich kaum erwähnenswert. Aber ich will doch antworten dürfen, daß gute theologische Gründe dafür sprechen, es nicht so zu bestimmen, wie Gäde es tut.

[65] H. Verweyen hat diese Legitimation in einer eindrucksvollen, sorgfältig ausgearbeiteten »erstphilosophischen« Grundlegung zu leisten versucht (vgl. Gottes letztes Wort. Grundriß einer Fundamentaltheologie, Düsseldorf 1991, Kapitel 3 und 8). Einen auf unsere Fragestellung hin zusammenfassenden Kommentar bietet K.-H. Menke (Die Einzigkeit Jesu Christi im Horizont der Sinnfrage, Einsiedeln 1995, 116–128). Ich beziehe mich auf beide Autoren, ohne mir den von ihnen vertretenen Ansatz und seinen erstphilosophischen Anspruch zu eigen machen zu können. Im folgenden beschränke ich mich auf eine eher phänomenologisch-hermeneutische Beschreibung, die die christlich-offenbarungstheologische Option nicht begründen, aber als in sich sinnvolle Option »legitimieren« könnte.

[66] Nietzsches Moral- und Christentumskritik ist ja vielleicht »nichts anderes als« der Versuch, diesem Unbedingtheitsanspruch den Boden zu entziehen. Und es läßt sich natürlich generell behaupten, die Wahrnehmung von Unbedingtheit *entstehe* erst durch interessegeleitete Verdrängung der kontextuellen Bedingungen bzw. – systemtheoretisch gesprochen – der Funktionszusammenhänge, in denen Unbedingtheitsbehauptungen eine genau beschreibbare Funktion hätten. Damit ist man aber der Frage ausgewichen, um die es hier gehen muß: ob sich relative Geltungsansprüche geltungstheoretisch begründen ließen, wenn ein unbedingter Anspruch unbegründbar wäre. Ist es nicht doch so, daß unbedingte Geltungsansprüche – bei Nietzsche, aber auch etwa bei Luhmann – nur geltungstheoretisch »tiefergelegt« werden und – als die Herausforderung zum Übermenschen oder zur evolutionär bestimmten Modernität – einleuchten sollen, ohne noch als Geltungsansprüche kritisierbar zu sein?

gungen – zu öffnen. *Kant* erschließt diese Unbedingtheit an der Differenz zwischen »hypothetischen« Optionen und dem »kategorischen« Vernunfturteil, damit aber letztlich an der kategorialen Differenz zwischen »nützlich« und »gut«. Das mir nur Nützliche wird mich – und sei es mir noch so erstrebenswert – doch nur relativ binden. Wenn ich urteilen müßte, daß die Realisierung dieses Nutzens mich endlich doch das Leben kosten würde, weil es eine entsprechende Bestrafung nach sich zöge, so würde ich bei vernünftiger Überlegung davon Abstand nehmen. Müßte ich jedoch wegen meines Gehorsams gegenüber dem unbedingten Anspruch des Guten – etwa gegenüber dem kategorischen Verbot, einen anderen durch Unehrlichkeit zu schädigen – die gleichen Sanktionen gegen Leib und Leben befürchten, so würde ich, selbst wenn ich aus Angst vor diesen Sanktionen dem Verbot zuwiderhandelte, doch wissen, daß ich dies nicht hätte tun dürfen: daß es der Unbedingtheit des Verbots widerspricht, es irgendwelchen Nützlichkeitserwägungen unterzuordnen.[67]

Die kategoriale Differenz zwischen »nützlich« – also: zu realisieren, wenn die Bedingungen dafür nicht ungünstig bzw. unvorteilhaft sind – und »gut« – in jedem denkbaren Fall zu erstreben – ist offenkundig sowohl für die Selbsterfahrung des Menschen als auch für seine vernünftige Selbstreflexion unabweisbar. Und diese kategoriale Differenz wird durch die logische Figur der Selbstzwecklichkeit markiert[68]. Auf das Gute gerichtetes Handeln darf kein anderes Worumwillen als Rechtfertigungsinstanz akzeptieren als das in sich selbst begründete Gute, dem es verpflichtet sein will. Im hebräisch-griechischen Denkhorizont wurde als exemplarische Konkretion des in sich gegründeten Guten, das sich dadurch auszeichnet, daß es nicht noch einmal als »gut für ein anderes« zu begründen ist, die Achtung der menschlichen Personwürde herausgestellt. Es ist nicht extern begründungsbedürftig oder begründungsfähig, daß menschliches Handeln der Bedingung unterliegt, es müsse dazu beitragen – oder dürfe zumindest nicht verhindern –, daß Menschen einander gerecht werden, daß sie einander niemals nur als Mittel, sondern immer auch als Zweck in sich selbst ansehen. Unter keiner denkbaren Bedingung kann gut genannt werden, einem Menschen nicht gerecht werden zu *wollen*, weil ansonsten die Maßgabe der Nützlichkeit eben doch der des Gutseins übergeordnet würde: Der Handelnde würde sich bestimmen lassen von einem Worum-willen, das er selbst – oder die »Wertegemeinschaft«, der es sich zugehörig weiß – als Selbstzweck definiert und als letztes Kriterium der Legitimität menschlicher Handlungen feststellt. Das selbsterzeugte Unbedingte läßt sich daran erkennen, daß es nicht dagegen geschützt ist, schließlich nur noch mein oder unser Gutes zu sein – gut für mich, gut für uns. In sich gut darf im Gegensatz dazu nur genannt werden, was in

---

[67] Vgl. I. Kant, Kritik der praktischen Vernunft, Akademie Textausgabe, Bd. V, 30.

[68] Beschreibt man diese Figur der »geschlossenen Selbstreferenz« systemtheoretisch, so kann eben nur festgestellt werden, daß in ihr ein System als letzter Referenzrahmen verabsolutiert wird. Oder müßte hier wenigstens dies noch explizierbar sein, daß solche Verabsolutierungen illegitimen Gebrauch machen von einer Figur, die jeden Versuch, sich ihrer ungerechtfertigt zu bedienen, in einen Selbstwiderspruch verwickelt? Vgl. dazu N. Luhmann, Die Gesellschaft der Gesellschaft, 1127.

seiner kriteriologischen Konkretion prinzipiell von jeder Instanz mitbestimmt werden kann, die sich selbst dem Guten verpflichtet weiß. Darin liegt die Triftigkeit der ethischen Verallgemeinerungsregel, wie sie Kants kategorischem Imperativ zugrundeliegt.

Aber ist man nicht hier schon genötigt, Gott als *letzte* Instanz einzuführen, dem allein Unbedingtheit im Sinne eines nicht mehr relativierbaren Um-willen zuzusprechen wäre? Die Aufklärungsphilosophen und insbesondere Kant haben dem mit guten Gründen widersprochen. Würde man die Unbedingtheit der sittlichen Verpflichtung auf Gott zurückführen, so wäre nicht mehr zu verhindern, daß man das Gute um Gottes willen tun wollte – und nicht um dessentwillen, dem es zugute kommen soll; so wäre nicht mehr zu verhindern, daß man es nicht um seiner selbst willen, sondern wegen der Belohnung tut, die Gott – die letzte Instanz – mit dem Tun des Guten verbunden hat. So wäre das Tun des Guten noch einmal dem Nützlichkeitskalkül unterworfen.

Die Aufklärung hat die Kategorie der Unbedingtheit nicht erst dem Göttlichen als »eigenständiger« Instanz zubilligen wollen, sondern für die Letztinstanzlichkeit der autonomen ethischen Selbstreflexion in Anspruch genommen und dies zu Recht. Die religions- und offenbarungstheologischen Konsequenzen dieser Inanspruchnahme haben sich allerdings als prekär erwiesen. Die vernünftig legitimierbare Unbedingtheit des sittlichen Anspruchs wird nämlich selbst zur letzten Instanz: Vor ihr muß sich die Zulässigkeit und Sinnhaftigkeit des Gottesgedankens in seiner Unabweisbarkeit für die Begründung der Möglichkeit, an der Unbedingtheit der sittlichen Selbstbestimmung festzuhalten, ausweisen. Der Gottesgedanke wird zur Funktion; an ihm ist festzuhalten, insofern sich zeigen läßt, daß er *für etwas anderes* – als Bedingung für das Festhaltenkönnen an sittlicher Unbedingtheit – notwendig und der menschlichen Vernunft insofern unabweisbar ist. Damit wird Gott argumentativ dem Warum-willen des sittlichen Handelns und der Unbedingtheit seiner Bindung an das Gute untergeordnet und nicht mehr daran gedacht, daß der Selbst-Kommunikation Gottes, die die Menschen zur Gemeinschaft mit ihm gewinnen will, eine Unbedingtheit eigenen Rechts zukommt, eine Unbedingtheit, die mit der Unbedingtheit des autonom begründeten sittlichen Anspruchs nicht konkurriert, ihr aber auch nicht untergeordnet und aus ihr nicht abgeleitet ist. In welchem Sinne wäre hier – offenbarungstheologisch – von Unbedingtheit zu sprechen?

5.7 Unbedingtheit der Forderung – Unbedingtheit der Zusage

Dieser Sinn ist wiederum vor der Instanz, die sich als vom Guten unbedingt aber autonom in Anspruch genommen weiß, zu rechtfertigen, allerdings so zu rechtfertigen, daß er dadurch nicht in logische Abhängigkeit gerät von dem Sinn, in dem die menschliche Vernunft der ethischen Forderung, das Gute zu tun, Unbedingtheit zuspricht. Gottes, des Offenbarers, eigene, ihm vorbehaltene Unbedingtheit ist die Unbedingtheit seiner Zusage. In ihr *verspricht* er, daß das in der sittlichen Forderung dem menschlichen Handeln als kategorische Bedingung Auferlegte – den anderen Menschen und sich selbst als Selbstzweck zu würdigen –, von Gott her und durch *sein* Handeln weit über das Menschenmögliche hinaus in der Gemeinschaft der Menschen mit Gott wahr wird. In ihr verspricht er, daß der Mensch einer endgültigen, liebenden Würdigung seines Daseins entgegengehen darf, die ihm wahrhaft gerecht wird und der Mißachtung durch Menschen oder ein rücksichtsloses Schicksal nicht das letzte Wort lassen wird.

Was meint Unbedingtheit, wenn sie nicht die der Forderung, sondern die der Zusage sein soll? Unbedingte Zusage bedeutet für den, dem sie gilt, daß er sich angesichts aller denkbaren Bedingungen und Umstände an sie halten darf, daß ihre Einlösung also nicht von irgendeiner ihr widerstreitenden Bedingung vereitelt werden kann. Die Unbedingtheit der Zusage – des Sich-Versprechens – ist die Unbedingtheit der Entschiedenheit Gottes, die Würdigung des Menschen zu seiner ureigenen Sache zu machen und sie gegen die entwürdigenden Bedingungen einer unheilvollen Geschichte wie eines unentrinnbaren Todesschicksals durchzusetzen. Es ist diese Unbedingtheit, die Paulus bekennen läßt, weder »Tod noch Leben, weder Engel noch Mächte, weder Gegenwärtiges noch Zukünftiges, weder Gewalten der Höhe oder Tiefen noch irgendeine andere Kreatur« hätten die Macht, »uns zu scheiden von der Liebe Gottes, die in Christus Jesus (erschienen) ist, unserem Herrn« (Röm 8,35.37–39). Gott steht ein für diese Unbedingtheit. Er offenbart sich als der Absolute, keiner äußeren Bedingtheit Unterworfene; als der *absolut Freie,* der sich in seiner Bejahung des Menschen nicht von einer ihm widerfahrenden Bedingung abhängig macht – ausgenommen diese eine Bedingung, die sich der absolut Freie selbst auferlegt: daß der bzw. die unbedingt Bejahte dieser Bejahung zustimmen muß.

Die Unbedingtheit der Zusage ist nicht durch zwingende Argumente eruierbar. Sie ist ja für die Vernunft nicht unabweisbar, sondern ein Versprechen, dessen Zugesagtsein geschehen sein und bewahrheitet werden müßte. Eine Zusage kann nur Widerfahrnis sein; und so verweist sie auch auf die Geschichte ihres Wahrwerdens – wie ihrer Bestreitung; verweist sie auf den Versuch derer, die ihr glauben, auf diese Zusage hin so zu leben, daß man sich von den ihr widerstreitenden Bedingungen und Mächten nicht gefangennehmen und überwältigen läßt. Weil die Unbedingtheit der Zusage nicht wie die Unbedingtheit der Forderung übergeschichtlich – in »ewiger Geltung« – feststeht, sondern zu geschichtlicher Gegebenheit kommen muß wie jede kommunikative Wirklichkeit, deshalb ist der Glaube an sie auf eine Bezeugungsgeschichte angewiesen, in der das Wort der göttlichen Zusage in der Antwort derer, die sich ihm vorbehaltlos anvertrauten, zugänglich und hörbar wurde. Deshalb ist der Glaube, der eben nicht nur von der ethischen Unbedingtheit in Anspruch genommen ist, auf Offenbarung – auf Verlautbarung – des göttlichen Zusageworts angewiesen.

Und dennoch: das Wort der unbedingten Zusage, das sich kein Mensch selbst sagen könnte, steht nicht neben dem der unbedingten Forderung, das sich der Mensch im Spruch der reinen praktischen Vernunft selbst sagen kann – und sagen muß. Das Wort der Zusage und das der Forderung sind miteinander, ja ineinandergesprochen: Die Forderung »weitet sich« zum Versprechen, das aus der Forderung aber eben nicht abgeleitet werden kann; und die Zusage nimmt diejenigen, die ihr glauben, konkret dafür in Anspruch, daß jetzt schon wahr zu werden anfängt, was der Versprechende endgültig einlösen wird, daß also die Glaubenden auch ihre Sache sein lassen, was Gott zu seiner ureigenen Sache gemacht hat: die Würdigung des Menschen.[69]

Offenbarung ist also das Ineinanderklingen und Miteinandererklingen dieser beiden Worte von unbedingter Geltung; und nur so ist sie das Geschehen der Selbstmitteilung Gottes, das die Bibel vielstimmig bezeugt. Sie geschieht bzw. geschah konkret so, daß das Wort der Unbedingtheit sich im Modus der Zusage und der Forderung – der verheißungsvollen Heraus-Forderung – in den vielfach bedingten und dennoch zuverlässigen Antworten mitteilt und deshalb aus ihnen herauszuhören ist. Die Bedingtheit der Antworten relativiert und verdeckt nicht die Unbedingtheit und Eindeutigkeit des Wortes. Dieses ist in seiner Unbedingtheit nur in geschichtlichen Kommunikationsgestalten gegenwärtig, die es be-

---

[69] Die religionsphilosophische Frage ist hier natürlich, welcher Sachgrund für die Behauptung: »Das Ethische weitet sich zum Versprechen« in Anspruch genommen werden darf. Man könnte sich hier auf *Kants* Religionsschrift beziehen, in der geradezu programmatisch festgestellt wird: »Moral … führt unumgänglich zur Religion, wodurch sie sich zur Idee eines machthabenden moralischen Gesetzgebers außer dem Menschen erweitert, in dessen Willen dasjenige Endzweck (der Weltschöpfung) ist, was zugleich der Endzweck des Menschen sein kann und soll« (Die Religion innerhalb der Grenzen der bloßen Vernunft, Akademie Textausgabe Bd. VI, 6). In einer langen Anmerkung äußert Kant sich dazu, in welchem Sinne diese »Erweiterung« als »Synthesis a priori« verstanden werden und wie sie möglich sein soll. Man kann hier wohl die Achillesferse seiner Religionsphilosophie erblicken, einen Rest von ethischem »Eudämonismus« gewissermaßen. Das wird noch deutlicher sichtbar in den Abschlußreflexionen der »Kritik der Urtheilskraft«, in denen von einem »beharrliche(n) Grundsatz des Gemüths« die Rede ist, »das, was zur Möglichkeit des höchsten moralischen Endzwecks als Bedingung vorauszusetzen nothwendig ist, wegen der Verbindlichkeit zu demselben als wahr anzunehmen«. Dazu wird wiederum angemerkt, dieser »Grundsatz des Gemüths« sei »ein Vertrauen auf die Verheißung des moralischen Gesetzes; aber nicht … eine solche, die in demselben enthalten ist, sondern die ich hineinlege und zwar aus moralisch hinreichendem Grunde«. Und wenig später spricht Kant im Text vom »Glauben« als dem »Vertrauen zu der Erreichung einer Absicht, deren Beförderung Pflicht, die Möglichkeit der Ausführung derselben aber für uns nicht *einzusehen* ist« (Akademie Textausgabe Bd. V, 471 f.). Dieser Glaube begründet nicht die unbedingte Geltung des Gesollten. Ist er dann nicht aus der ethischen Reflexion ganz herauszuhalten? *Emmanuel Lévinas* äußerte sich in diesem Sinne, als er sich in seinem Gespräch mit P. Nemo gegen eine direkte Verknüpfung von Ethik und Messianismus aussprach. Man müsse – so Lévinas – »um der Zeit des Messias würdig zu werden, ein Verständnis von Ethik ohne das Versprechen eines Messias zugrundelegen (oder einräumen: admettre)« (Ethique et Infini. Dialogues avec Philippe Nemo, Paris 1982, 122). In einem anderen Zusammenhang spricht Lévinas von einer »dévotion sans promesse«, von einer Anbetung, »die sich nicht auf die Verheißung stützt« (dokumentiert in: R. Burggraeve, Emmanuel Lévinas et la socialité de l'argent, Leuven 1997, 54. Den Hinweis auf diese Stellen verdanke ich Didier Pollefeyt, Leuven). Die von mir oben angesprochene »Weitung« der Forderung zum Versprechen ist nicht als Synthesis a priori im Sinne Kants zu verstehen, aufgrund derer Ethik »unumgänglich« zur Religion führe, sondern als kommunikative Wirklichkeit, in der *geschieht*, worauf eben nicht mehr vernünftig geschlossen werden kann: das Versprechen Gottes, in seinem Messias die Erwählung wahrzumachen, die »sein Volk« in der unbedingten Forderung des Ethischen bereits in Anspruch nimmt.

Streitfall

zeugen. Es ist gleichwohl als es selbst – in seiner Unbedingtheit – in ihnen *gegenwärtig*. Es ist geschichtlich konkret hörbar, wo schon zu geschehen anfängt, was es verspricht und fordert. Aber es geht in seiner Unbedingtheit nicht in dem auf, was jetzt schon geschieht, da es in Wort und Tat bezeugt und befolgt wird. Sein geschichtliches Vernehmbarwerden bedeutet nicht Relativität, Auslegung des in seinem *An-sich* unzugänglichen Göttlich-Realen in einer der vielen Sprach- und Kulturwelten. Die geschichtliche Konkretheit ist nicht nur die eines Entdeckungszusammenhangs, der sich faktisch so hergestellt hat, sondern die eines kommunikativen Handlungzusammenhangs, in dem Gottes Entschiedenheit zur Lebens-Gemeinschaft mit den Menschen in seiner unbedingten Zusage Menschen erreichte und ihren Glauben herausforderte. Ein Versprechen kann nicht als allgemein gegebenes gewußt werden; es ist nur als kommunikativ-geschichtliche Wirklichkeit denkbar, im geschichtlichen Zusammenhang einer Selbst-Bestimmung, in dem der Sich-Versprechende die gemeinsame Geschichte mit dem, dem dieses Versprechen gilt, zur Realisierungsgeschichte seines Versprechens – zum Geltungsraum seiner Unbedingtheit – macht.

Wenn christlich von der unbedingten Geltung des als Gottesoffenbarung vernommenen und bezeugten Logos und in diesem Sinne von seiner Absolutheit die Rede ist, so bezieht sich »Unbedingtheit« hier sowohl auf die Nicht-relativierbarkeit der Forderung als auch auf eine Geschichte, in der glaubbar wurde und geglaubt wird, daß keine Macht der Welt es vermag, das von Gott Zugesagte außer Kraft zu setzen. Unbedingtheit ist in der Dimension des Handlungssinnes wie in der des Widerfahrnissinnes in Anspruch genommen. In der Dimension des Handlungssinnes ist diese Inanspruchnahme – jedenfalls prinzipiell – philosophisch ausweisbar: Das unbedingt Verpflichtende muß als das um seiner selbst willen Anzustrebende einsehbar sein. In der Dimension des Widerfahrnissinnes kann menschliche Vernunft nur insoweit ihr Urteil sprechen, als sie das glaubende Sich-Halten an die Unbedingtheit einer Zusage als sinnvolle Bezugnahme auf ein Unbedingtes beurteilt, als eine Bezugnahme jedenfalls, die mit der unbedingten Verpflichtung in der Dimension des Handlungssinnes »kompatibel« ist.[70]

Diese Asymmetrie der philosophischen Prüfkompetenz hat etwa bei Kant

---

[70] Die hier versuchte Klärung der Intentionen, mit denen man fundamentaltheologisch auf die religionsphilosophische Kategorie des Unbedingten zurückzukommen hätte, akzentuiert vor allem das Prüfrecht der Vernunft. Unbedingtheit oder unbedingte »Betroffenheit« heißt eben nicht Vernunft-Entzogenheit. Ich folge darin Tillichs Intention, dessen »Wesensbestimmung« von Religion als »Richtung auf das Unbedingte« (Religionsphilosophie, Neuausgabe: Stuttgart 1962, 44) sich ja von vornherein kritisch gegen das »Unwesen« religiöser Beziehungsformen richtet, in denen »Bedingtes« an die Stelle des Unbedingten gesetzt wird, in denen also die »Richtung auf das Unbedingte« auf fanatisch festgehaltenes, vergötztes Bedingtes umgebogen wird. Die Vernunft hat ein Mitspracherecht bei der kritischen Prüfung der Frage, ob im konkreten Fall Bedingtes als unbedingt ausgegeben wird. Nur da, wo religiöse Systeme diese religionskritische Mitsprache zulassen und selbst mitvollziehen, können sie der mit ihrer Ausrichtung auf das Unbedingte gegebenen Fanatisierungsgefahr begegnen. Vgl. dazu die einleuchtenden Überlegungen bei M. Seckler, Der theologische Begriff der Religion, in: W. Kern u.a. (Hg.), Handbuch der Fundamentaltheologie, Bd. 1, Freiburg – Basel – Wien 1985, 173–194, hierzu 189f.

zu einer Problemkonstellation geführt, in der die philosophisch ausweisbare Unbedingtheit der Forderung auf die Unbedingtheit der göttlichen Zusage allenfalls insofern *schließen* läßt, als man auf die Realisierbarkeit des von der sittlichen Forderung Angezielten – des »höchsten Gutes«[71] – muß vertrauen können. Dieses Rückschlußverfahren insinuierte, das philosophisch Ausweisbare sei auch der Geltungsgrund des Erschlossenen, so daß dann unterstellt werden konnte, eine nicht in der menschlichen Vernunft selbst gegebene Unbedingtheit sei – als heteronom – von der Vernunft nicht hinzunehmen. In der Auseinandersetzung mit Kant haben schon Theologen zur Mitte des 19. Jahrhunderts geltend gemacht, daß die Vermittlung des Endlichen mit dem Unendlichen nicht vom Endlichen her – als im Denken erreichbar – gedacht, sondern nur vom Unendlichen vollbracht werden kann. Der Unbedingtheit der Forderung steht hier die Unendlichkeit der Gabe gegenüber, in der Gott selbst sich im Geschehen der Offenbarung mitteilt und an seinem Leben Anteil gibt.[72] Der evangelische Neukantianismus des ausgehenden 19. Jahrhunderts ging noch einen Schritt weiter und hat die Unbedingtheit der Forderung als radikale Überforderung des Menschen – als »Pädagogik des Gesetzes« – gedeutet, die auf die Offenbarung der unbedingten Versöhnungsbereitschaft Gottes in Jesus Christus hinführe.[73] Das von mir vorgeschlagene Konzept argumentiert gleichsam in der Mitte zwischen diesen beiden Antwortversuchen: Gottes Selbstmitteilung geschieht als unbedingte Selbst-Zusage, als das geschichtlich gegebene Versprechen, die dem Menschen in seiner Vernunft zugängliche unbedingte Forderung sei als *Gottes* Forderung zugleich sein unbedingtes Versprechen, das vom Menschen Geforderte werde ihm in der endzeitlich-endgültigen Gemeinschaft mit Gott unverkürzt und weit über das Menschenmögliche hinaus widerfahren.

Aber verspricht das Versprechen nicht doch nur für später, was die Forderung für hier und jetzt fordert? Verstünde man das Zugleich von Forderung und Zusage in diesem Sinne als Nebeneinander, so würden sie sich gegenseitig sinnlos machen. Das Versprochene würde an die Stelle des Geforderten treten. Und die Forderung verlöre ihren Ernst – gerade ihre Unbedingtheit –, wenn Gott versprochen hätte, selbst für ihre Erfüllung einzustehen. Das Versprechen darf die Forderung nicht faktisch aufheben; und das vom Menschen Geforderte kann nicht selbst schon das sein, was der Mensch sich aufgrund des ihm gegebenen Versprechens von Gott erhoffen darf. Die unbedingte Forderung nimmt den geforderten Menschen für das Werk jetzt schon in Dienst, das nur von Gott vollendet werden kann und – so sein Versprechen – vollendet wird. Jetzt schon soll durch das Handeln der von diesem Werk in Dienst genommenen Menschen wahr zu werden anfangen, was Gott als sein Werk zur Vollendung bringen wird.

---

[71] Vgl. I. Kant, Kritik der praktischen Vernunft, Akademie Textausgabe, Bd. 5, 130 f.
[72] Vgl. etwa F. A. Staudenmaier, Geist der göttlichen Offenbarung, oder Wissenschaft der Geschichtsprinzipien des Christentums (1837), Nachdruck Frankfurt a. M. 1967, 7–42. Vgl. meine Darstellung in: Das Medium ist die Botschaft, a. a. O., 217 ff.
[73] Dafür steht exemplarisch W. Herrmanns Offenbarungskonzeption; vgl. dazu meine Darstellung in: Das Medium ist die Botschaft, a. a. O., 214 f.

Offenbarung stellt uns dieses sein Werk vor Augen; an seinem Werk »lernen« die Menschen kennen, wozu sie selbst unbedingt gefordert sind. Und das heißt im Blick auf die offenbarungskritische Fragestellung Kants und – vor ihm – der Aufklärung: Die Unbedingtheit der Forderung ist menschlicher Vernunft zugänglich. Sie kann um das Gute wissen, das um seiner selbst willen zu tun ist. Begegnet das Gute aber als das »höchste Gute« – in der Offenbarung: als Gottes Werk, wofür er sich verbürgt und die Menschen in Dienst nimmt –, so ist damit ein Weg eröffnet, der es dem unbedingt geforderten Menschen ermöglicht, vom glaubenden Verstehen des Geschehenen und des noch Erhofften her das vom Menschen und seinem »Mitwirken« an diesem Werk Geforderte deutlicher, umfassender und zukunftsfähiger zu bestimmen. Das Werk Gottes und – weil in ihm eröffnet – die Lebensgemeinschaft Gottes mit den Menschen darf dann als jene Wirklichkeit verstanden und geglaubt werden, die sich in der unbedingten Forderung ankündigt und der die unbedingte Forderung auf der Spur zu bleiben fordert. Die Unbedingtheit der Herausforderung »spricht« aus der Unbedingtheit der Zusage, die sich den Glaubenden geschichtlich bezeugt, sich in Widerfahrnissen bezeugt, die das Anfangen der Gottesherrschaft geradezu sakramental darstellen: nicht in bloßer Vorfindlichkeit, sondern in Ereignissen, die im Bedingten das unbedingte Versprechen Gottes greifbar machen – und es zur Herausforderung machen, sich von seinem Wahrwerden in Anspruch nehmen zu lassen.[74] »Inbegriff« der Offenbarung ist deshalb das »sacramentum voluntatis suae« (Dei verbum 4, vgl. Eph 1, 19), das Geschehen des guten Gotteswillens, worin der Offenbarer sich selbst im Geschehen seines guten Willens kenntlich macht und dieses Geschehen als sein herausforderndes Versprechen offenbart: als die Zusage, sein guter Wille werde sich endzeitlich als die alles bestimmende Wirklichkeit erweisen.

Für die in der endzeitlichen Gottesgemeinschaft zum Ziel kommende Gottesherrschaft gilt die vom Absoluten und Unbedingten auszusagende Selbstzwecklichkeit mit eschatologischer End-Gültigkeit. Gottes Herrschaft ist die Wirklichkeit »ohne Warum«, das Aus-sich-und-für-sich-Seiende, das nicht durch eine externe Relation auf Anderes hin in seinem Daseinssinn bestimmt ist; für es gilt also der »Satz vom Grunde«, der das in Frage Stehende von einem ihm vorausliegenden Grund her zu verstehen fordert, nicht mehr.[75] Das *Ab-*

---

[74] Das sakramentale Denken ist die Gegeninstanz gegen jene religiösen »Verendlichungen des Unbedingten«, die das Bedingte nur mit Unbedingtheit »aufladen«; vgl. Streitfall Religion, Kap. 2.2 bzw. P. Tillich, Die Überwindung des Religionsbegriffs in der Religionsphilosophie, Gesammelte Werke, Bd. I, 365–388, hier 382. Den Begriff des Sakramentalen, auf den ich hier anspiele, habe ich andernorts unter den Stichworten »Gestalten sakramentaler Gegenwart der Gottesherrschaft – Figuren der Nachfolge« näher erläutert; Kirche, 166.

[75] Die Tradition der metaphysischen Gotteslehre konnte deshalb seit Plotin (Enneaden VI. 8, 13 ff.) von Gott als der *causa sui* sprechen (zur Begriffsgeschichte vgl. W. Pannenberg, Systematische Theologie, Bd. 1, Göttingen 1988, 423). Gott ist – im Unterschied zu allem endlich Seienden – ohne Grund, nicht von einem Grund her, der nicht er selbst wäre; er ist »ohne Warum«. Sein »ohne Warum« bildet sich freilich jedem Geschöpf ein, insofern es »an sich« und nicht nur »für mich« ist. In der Fußnote 18 dieses Kapitels wurde auf die Rezeption dieser Figur in der deutschen Mystik

gelöstsein – Ab-solutsein –, das diese letzte Wirklichkeit kennzeichnet, macht die Warum-Frage gegenstandslos: Gottes Herrschaft ist nicht mehr um eines anderen willen, sondern *weil* sie ist.[76] Dürfte von einer nichtgöttlichen Wirklichkeit diese Ab-solutheit ausgesagt werden: das nicht mehr in eine Antwort auf die Warum-Frage aufzulösende »Weil«?

Nietzsches Kritik aller Offenbarung und des Christentums hat genau dies zum Ziel: der Welt – dem Leben in ihr – das *ohne Warum* zurückzugeben, die radikale Autonomie. Sein Einwand »gegen alle Warum's und höchsten Werthe in der bisherigen Philosophie und Religionsphilosophie« ist: »Eine Art der Mittel ist als Zweck mißverstanden worden. Das Leben und seine Machtsteigerung wurde umgekehrt zum Mittel erniedrigt.«[77] Gott war das Mittel in der Hand der Zu-kurz-Gekommenen, sich gegen die Lebenstüchtigen und Mächtigen durchzusetzen. Aber er konnte dieses Mittel nur sein, wenn er zum Selbstzweck hypostasiert wurde und sich so alles andere als Mittel der Gottesverehrung unterwarf, es zum bloßen Material der Aufopferung an ihn erniedrigte. Nietzsche muß die Unbedingtheit und Absolutheit des Göttlichen zurückweisen, weil darin das Leben und seine Machtsteigerung einer externen, sinnstiftenden Relation – einem Wofür – unterworfen und um ihre Selbstzwecklichkeit gebracht wären. Das Leben in seiner Großartigkeit und Schrecklichkeit »ohne Warum« auszuhalten und in einem unbedingten Willen zum Leben zu *bejahen*[78], ohne es von einem Anderen – vom Göttlichen – her bejahen und somit relativieren zu müssen, das würde den Übermenschen ausmachen, dessen Ankunft Nietzsches Philosophie allein dienen will. Aber was bedeutet Absolutheit, wenn sie vom Leben selbst und seiner Machtsteigerung – von ihrem »ohne Warum« – gelten soll?

Es ist ja ein zweifaches Ende der Warum-Fragen zumindest denkbar: zum einen das Ende angesichts einer Wirklichkeit – eines Geschehens –, in dem der »Trieb« des Erkennens und Fragens »in Ruhe gesetzt wird«, weil es das »absolut Erstaunenswerthe« ist. Will man – so *Schelling* –

»einen *solchen* Zustand der Ruhe alles Denkens, einer Gewißheit, die eben damit aller Arbeit des Wissens ein Ende macht, *Glauben* nennen, so mag man es thun«, aber dabei »den Glauben nicht als eine selbst unbegründete Erkenntnis ansehen. Das Letzte, in dem alles Wissen ruht, kann nicht *ohne* Grund sein, dem widerspricht

---

hingewiesen. Die Rede vom »ohne Warum« begegnet dann wieder bei M. Heidegger; er knüpft dabei bezeichnenderweise an einen Text von Angelus Silesius aus dem »Cherubinischen Wandersmann« an:

»Die Ros ist ohn warum; sie blühet, weil sie blühet
Sie acht nicht ihrer selbst, fragt nicht, ob man sie siehet«

(Heideggers Auslegung in: Der Satz vom Grund, Pfullingen 1957, 67 ff.).

[76] Vgl. wiederum den bei Heidegger ausgelegten Vers von Angelus Silesius.
[77] Nachgelassene Fragmente Herbst 1887; KSA 12, 533 f.
[78] Nietzsches Philosophie als Versuch, zum Leben uneingeschränkt ja zu sagen – dazu habe ich mich geäußert in meinem Aufsatz: Was das Beten der Theologie zu denken gibt oder: Ein Versuch über die Schwierigkeit, ja zu sagen, in: J. B. Metz – J. Reikerstorfer – J. Werbick, Gottesrede, Münster 1996, 59–94, hierzu 64 ff.

schon, daß es das Letzte, insofern also vielmehr das Allerbegründetste ist; nur selbst kann es nicht wieder zum Grund eines Fortschritts werden, denn so wäre kein Ende.«[79]

Wenn aber das Ende der Warum-Frage das Ankommen beim »Allerbegründetsten« wäre, das Ankommen bei dem »absolut Erstaunenswerthen«, in dem und von dem her die Warum-Fragen neu aufgenommen und nach dem Grund der Grundlosigkeit aller nicht vom »letzten Grund« her gefundenen Antworten gefragt werden muß, dann gilt auch, was der »Apostel sagt: Alle Schätze der Weisheit sind in Christo verborgen, das heißt aber: sie sind in ihm aufgenommen, in ihm enthalten, also er wird nur begriffen, wenn zugleich alle Schätze der Erkenntnis in ihm begriffen werden ... Der Glaube hebt also das Suchen nicht auf, sondern fordert es, eben weil er das Ende des Suchens ist.«[80]

Gott ist causa sui: der aus sich allein Verstehbare. Das Fragen kann nicht über ihn hinausfragen, weil es keinen Grund gibt, von dem her Gott in seinem Sosein eingesehen werden könnte. So kommt die Warum-Frage in ihm zur Ruhe. Aber Gottes Selbst-Verständlichkeit kontrastiert mit der »Unverständlichkeit« dessen, was der Glaube mit Gott zusammenhält; kontrastiert damit in jenen Ereignissen, in denen sich Gottes Selbst-Verständlichkeit – die Selbstverständlichkeit seiner Liebe – inmitten einer Geschichte des Mißverstehens und Nicht-Verstehens oder Nicht-verstehen-Wollens offenbart. So provoziert Gottes Selbst-Verständlichkeit das Infragestellen all dessen, was zu dieser Selbstverständlichkeit nicht »paßt«: Nichts davon behält seine Selbstverständlichkeit. Alles ist glaubend zusammenzuhalten mit der Selbstverständlichkeit der Liebe Gottes, wie sie in Jesus Christus erschienen ist. Und die Erscheinung dieser Liebe, das Ereignis, worüber Höheres nicht geschehen kann, beginnt zu sprechen, wenn es im Glauben kritisch zusammengehalten wird mit den Selbstverständlichkeiten dieser Welt; wenn es diese Selbstverständlichkeiten in Frage stellen und so die in ihm selbst verborgenen Schätze der Weisheit herzeigen darf; wenn das Denken sich von ihm – dem Inbegriff aller Weisheit – zu denken geben läßt.[81]

Wenn aber *nicht* der Glaube das Ende der Warum-Frage ist, sondern die Zwecklosigkeit des Geschehens, worüber schlechterdings nichts Größeres gedacht werden darf, weil dieses Geschehen – das Leben und seine Machtsteigerung – sonst unerlaubt relativiert wäre, so steht am Ende der Fragen ein bloßes *Darum*, das alles Weiterfragen abschneidet.[82] Dieses Darum läßt das Fragen nicht in einem letzten »Weil« zur Ruhe kommen, sondern präsentiert ihm eine

---

[79] F. W. J. Schelling, Philosophie der Offenbarung, Bd. 2, 13 f.

[80] Ebd., 15.

[81] Das Zur-Ruhe-Kommen des Fragens im »absolut Erstaunenswerthen« hat also nichts zu tun mit der »faulen Vernunft« (I. Kant), die – statt weiterzufragen – zum Willen Gottes, »dem Asyl der Unwissenheit« (B. de Spinoza, Ethica Ordine Geometrico Demonstrata, in: Opera-Werke, hg. von K. Blumenstock, Bd. 2, Darmstadt 1967, 84–557, hier 153) ihre Zuflucht nimmt, nichts auch mit dem »blöden Staunen«, das sich lieber vor »Wundern« beugt, als dem Naturzusammenhang wissenschaftlich fragend auf der Spur zu bleiben (vgl. ebd.).

[82] Vgl. dazu etwa G. Szczesnys Formulierung: »Die Rechtmäßigkeit und Richtigkeit der menschlichen Welt ergibt sich aus ihrem bloßen Vorhandensein« (ders., Die Zukunft des Unglaubens,

begründungslose Letzt-Wirklichkeit, die als letzte hinzunehmen ist, weil sie nur Zweck in sich selbst sein darf – weil ein »Allerletztes« nur als ihre Negation, als ihre radikale Entwertung zum bloßen Mittel gedacht werden könnte. Das *Darum* macht sprachlos. Es verurteilt zur Sprachlosigkeit des Erschreckens, nicht des Erstaunens; des Erschreckens vor der Übermacht eines Geschehens, in dem es nur noch um die Macht geht – und diese Macht der Selbst-Steigerung als Geschehen »ohne Warum« hingenommen werden muß. Es wäre das absolut Erschreckende, das Unbedingte als der Abgrund, in dem die Selbst-Steigerung des Lebens in sich selbst zusammensinkt und *deshalb* der Abgrund, in dem auch die Unruhe der Warum-Frage nur noch erschöpft in sich zusammensinken kann. Die Frage hat ihr Recht und damit auch ihre Energie verloren, wenn ihr im definitiven Darum nur mitgeteilt wird, es habe keinen Zweck, noch weiterzufragen, und diese Zwecklosigkeit aushalten zu können sei der eigentliche Zweck.

Wie also ist das Absolute absolut: in der Absolutheit des schlechthin »Erstaunenswerthen« oder in der Absolutheit des sprachlos machenden Darum? Zeigt sich das Absolute im bloßen Darum, weil dies das letzte Wort ist, das sich der Mensch selbst sagen kann und sagen muß, so ist das Letzte die Zwecklosigkeit dessen, was den Zweck nur noch in sich selbst hat und nicht mehr auf ein Anderes hin ist. Offenbart sich das Absolute im »absolut-Erstaunenswerthen« – im göttlichen Wort der Selbstzusage –, so ist das Letzte, in dem die Menschen sich glaubend jetzt schon einfinden dürfen, um von ihm her in je ihrer Geschichte die Welt für dieses Letzte in Dienst zu nehmen, die endzeitlich-endgültige Gottesgemeinschaft.[83] Daß dieses Letzte das menschliche Leben nicht zum Vorletzten – zum bloßen Mittel – entwürdigt, daß menschliches Leben vielmehr auf dieses Letzte hin es selbst werden und in ihm seine von Menschen allein nicht zu verbürgende Würde erlangen kann, das ist in der fundamentaltheologischen Soteriologie darzustellen.

München 1959, 210; zitiert nach: M. Weinrich (Hg.), Religionskritik in der Neuzeit, Gütersloh 1985, 212).

[83] K. Barth hat diese Letzt-Differenz im Blick, wenn er im Rahmen seiner Prädestinationslehre – dieser »Summe des Evangeliums« – Gottes Selbstoffenbarung als Offenbarung seines erwählenden guten Willens auf eine nicht mehr hinterfragbare, »ewige« Entscheidung Gottes zurückführt: »Gottes Wille kennt kein Warum? Er ist ganz und gar ein Darum, das Darum alles Darums. Als solcher ist er uns offenbar und geschieht er« (Kirchliche Dogmatik II/2,20). Wie aber kann dieses »Darum alles Darums« zum Ausgangspunkt jenes nachdenkenden Staunens werden, das eben nicht den Mund verbietet, sondern Sprache werden will: die Sprache des Lobes und des Arguments? Wie kann von der Offenbarung dieses Darum – des reinen Entschlusses (?) – ein *denkender* Glaube hervor-gerufen werden, der offenkundig mehr ist als bloßes Zur-Kenntnis-Nehmen? Diese typisch »katholische« Rückfrage an Barth mag den Denkweg dieses Traktats noch einmal zusammenfassen.

Zwischenreflexion:
Die Sprache des Glaubens

1. Offenbarung als Übersetzung

Wie ist Offenbarung sprachlich denkbar? Sie ist denkbar als *Übersetzung*. Gott übersetzt sich, seinen Willen, seine Herausforderung, sein Versprechen in die »Sprache« von Ereignissen und menschlichen Handlungen, in die Sprache, die Menschen sprechen, wenn sie von Gott sprechen und von dem, was ihm entspricht oder widerspricht. Gott offenbart sich, indem er sich übersetzt. Aber es bedarf der Hermeneuten und Exegeten, die im »Text« der Ereignisse, im Text menschlicher Handlungs- und Sprechversuche Gottes »Logos« verstehen und ihn deshalb auch zur Sprache bringen können. Der maßgebende Gottes-Exeget ist nach dem Johannesprolog (vgl. Joh 1,17) Jesus Christus, der fleischgewordene Gott-Logos. Seine Gottesnähe befähigt und bevollmächtigt ihn, zu »exegesieren«, wie Gott ist: an den Zeugnistraditionen des erwählten Volkes, in der Sprache seines Gott übersetzenden Handelns, seiner Gott übersetzenden Lehre. Die er in seine Gottesnähe rief und an ihr teilhaben ließ, wurden selbst zu Gottes-Exegeten, die in seiner Nachfolge den Gott-Logos der Geschichte Jesu Christi, seines Todes und seiner Verherrlichung auszulegen lernten, nachzeichnen lernten, wie darin Gottes Selbst-Übersetzung lesbar und verstehbar wurde.

Aber wie könnte gedacht werden, daß Menschensprache und menschliches Vorstellungsvermögen überhaupt »capax infiniti« – aufnahmefähig fürs Unendliche – sein kann, daß der Übersetzungs- und Auslegungsvorgang den Unendlichen nicht ins Endliche einebnet und vereinnahmt? Wie könnte Gottes Selbstübersetzung ins Menschliche davor bewahrt bleiben, nach Menschenart verstanden und ins menschlich Vorstellbare übersetzt zu werden? Was *dabei* herauskommen müßte, ist ein Gott, der den Menschen, ihren menschlich-allzumenschlichen Wünschen und Bedürfnissen, allzu ähnlich sieht, dem Bild ähnlich sieht, das menschliche Vorstellungen und Sprachbilder »immer schon« vom Unendlichen entwerfen: in der Verlängerung menschlichen Ausgreifens auf der Welt, in Überhöhung der Menschen-Ideale, in der Überschreitung der Grenzen, an denen die Menschen ihre Endlichkeit leidvoll erfahren. Gott vorzustellen, das heißt, ihn im Medium der Ähnlichkeit zum Menschen darzustellen; heißt, den über jedes Menschenmaß Erhabenen mit dem Menschen zu vergleichen und aufgrund dieses Vergleichs für darstellbar zu halten; heißt letztlich, ihn hereinzuholen in menschlich-allzumenschliche Verhältnisse, ihn

»kontaminieren« mit der Endlichkeit, der Begrenztheit und Kleinlichkeit des kulturell-gesellschaftlichen Selbstvollzugs und der menschlichen Lebensfristung.

Man kann natürlich darauf hinweisen, daß Erkennen und Verstehen generell das Unbekannte vom Bekannten her zu entschlüsseln versuchen und insofern immer in der Gefahr stehen, das Anderssein des Unbekannten gegenüber dem Bekannten nicht wirklich zur Geltung zu bringen. *Nikolaus von Kues* formulierte diese Verlegenheit in geradezu wissenschaftstheoretischer Grundsätzlichkeit:

> »Alle, die etwas untersuchen, beurteilen das Ungewisse im Vergleich und gemäß seinem Verhältnis zu einem als gewiß Vorausgesetzten; also ist jede Untersuchung ein Vergleich, der sich eines Verhältnisses als Mittel bedient, so daß, wenn das zu Erforschende durch nahestehende, verhältnisbezügliche Rückführung mit dem Vorausgesetzten verglichen werden kann, das begreifende Urteil leicht ist.«[1]

Erkennen und Verstehen leben vom vergleichenden Zusammenhalten des zu Erkennenden mit dem schon Gewußten; ihr Vorgehen »besteht also in einer leichten oder schwierigen vergleichenden Verhältnisbestimmung (in comparativa proportione)«, aufgrund derer man sich ein Bild vom Untersuchungsgegenstand macht. Solche Bilder sind der gestaltgewordene Vergleich, der immer genügend Vergleichbares voraussetzt: zwischen dem Bekannten und dem zu Verstehenden. Darf man soviel Vergleichbarkeit voraussetzten, wie sie ganz selbstverständlich vom theologischen und gläubigen Sprechen über Gott, von seiner Offenbarung, von *seinem* Sprechen, in Anspruch genommen wird? Nikolaus von Kues kann nicht zugestehen, daß das zusammenhaltend-vergleichende Verstehen im Blick auf Gott, den Unendlichen, zum Ziel führt: Das »Unendliche als Unendliches« ist, »da es sich jeder Verhältnisbeziehung entzieht, unbekannt«[2]. Es ist unvergleichlich – nicht abbildbar – und als solches von der *docta ignorantia* anzuerkennen. Nikolaus stellt sich bewußt in die Tradition der *theologia negativa*, die nicht mehr auf affirmativ-vergleichende Vorstellungen von Gott abzielt, sondern alle Vergleichbarkeit – jede Beziehbarkeit Gottes auf menschliche Begriffsschemata – problematisiert, wenn nicht negiert. Gott kann nur als Unbegreiflicher, Unvergleichbarer erkannt werden, weshalb »im theologischen Bereich die Verneinungen wahr und die Bejahungen ungenügend sind«[3].

Begriffssprache funktioniert aber auf der Basis von Vergleichen: Was durch Begriffe bestimmt werden soll, wird in seinem Verhältnis zum schon Begriffenen und in Begriffen Faßbaren bestimmt; es wird durch Übereinstimmung und Nicht-Übereinstimmung (sic et non) untersucht. Dieses Vergleichen soll – der Tendenz nach – so lange fortgesetzt werden bis genügend positive Vergleichs-

---

[1] De docta ignorantia I 1, Philosophisch-theologische Schriften, hg. von L. Gabriel, Bd. 1, Wien 1964, 194 f.
[2] Ebd.
[3] Vgl. ebd., I 26, Philosophisch-theologische Schriften, Bd. 1, 296 f.

Zwischenreflexion

merkmale bestimmt sind und das begrifflich Auszusprechende auf diese Weise im Netz der Begriffe hinreichend genau lokalisiert ist. Wäre Gott in diesem Netz der menschlichen Begriffe nicht gefangen? Wie könnte er sich gegen dieses Gefangensein behaupten? Und wie wäre von ihm zu sprechen, ohne daß man ihn begrifflich-vergleichend »einzufangen« versuchte?

Wenn Menschen gläubig oder im Versuch, zu glauben, von Gott – eben auch von seiner Selbstoffenbarung – sprechen, so *übersetzen* sie ihrerseits: die Unermeßlichkeit Gottes und die Unbegreiflichkeit seiner Zuwendung in die Sprache des ihnen Bekannten, zumindest Erahnbaren; so vergleichen sie das Unvergleichliche. Das Unangemessene solchen Vergleichens bringt Nikolaus von Kues dadurch zur Geltung, daß er der Verneinung – der »Apophasis«, die nicht aufgrund von Vergleichen Prädikate zuspricht, sondern sie gerade »abspricht« – eine theologisch höhere Dignität zubilligt als der zusprechenden Bejahung, der Kataphasis.

Die Apophasis der negativen Theologie unterbricht das ontologische, dann auch das sprachliche und das Vorstellungs-Kontinuum, aufgrund dessen man Gott, dem Unendlichen, Prädikate zuschreibt, die ihre semantische Bestimmtheit im Kontext menschlicher Selbsterfahrung gewinnen. Aber wie soll man dann überhaupt noch von Gott sprechen, wie menschliche Vorstellungen mit ihm verbinden, ohne die eine *menschliche* Beziehung zu ihm unbestimmt – im schlechten Sinne abstrakt – bleiben müßte? Reicht es nicht hin, die in menschlicher Selbsterfahrung vorgefundene Begrenztheit bei all jenen Vorstellungen zu negieren, die sich auf positiv zu bewertende Vollkommenheiten beziehen? Reicht es nicht hin, Gott als die vollkommene »Ursache« (ἀρχή) dieser Vollkommenheiten auszusagen, als den, der, weil *vollkommene* Ursache, gewiß noch einmal unendlich erhaben ist über die Vollkommenheit des von ihm in der Schöpfung Verursachten? *Thomas von Aquin* hat es so gesehen: Wir erkennen Gottes Wesen »insoweit, als die Vollkommenheiten der Geschöpfe es darstellen«[4]. Aber bietet das Ab-Bild der Geschöpfe einen hinreichenden Eindruck vom Urbild? Läßt sich vom Verursachten her wirklich mit inhaltlicher Signifikanz – erkennend – auf die vollkommene Ursache schließen, die sich im Verursachten gewiß nicht erschöpfend dargestellt hat? *Ps. Dionysius Areopagita*, der Stammvater christlicher negativer Theologie, bestreitet genau dies: Die »völlige (vollkommene) und einige Ursache von allem« steht »über jeder Aussage«; von ihr gibt es »kein denkendes Erfassen«[5].

Die theologische Überlieferung konnte sich nie recht entscheiden, wie weit sie den sprach- und vorstellungskritischen Intentionen negativer Theologie Raum geben sollte und wie konkret sie an der Abbildhaftigkeit der Schöpfung, damit aber auch an einem erkenntnisbegründenden onto-theologischen Kontinuum zwischen Schöpfer und Geschöpf festzuhalten hatte. Die Vielfältigkeit und Vieldeutigkeit des Analogiebegriffs signalisiert diese Unentschiedenheit.

---

[4] Summa theologica I q. 13 a.2.
[5] Von der Mystischen Theologie V.

Die theologische Analogielehre nimmt einerseits die Herausforderung der Negativen Theologie auf; das IV. Laterankonzil stellt ausdrücklich fest, daß von Schöpfer und Geschöpf »keine Ähnlichkeit ausgesagt werden« kann, »ohne daß sie eine größere Unähnlichkeit zwischen beiden einschlösse« (DH 806). Im alltäglichen Theologie- und Verkündigungs-Betrieb aber sah es meist so aus, daß man etwa an kirchlichen Verhältnissen und Institutionalisierungen ziemlich genau meinte ablesen zu können, wie *der* Gott ist, der durch seinen eingeborenen Sohn *diese* Kirche begründet hat. Gott nahm oft genug die Gestalt an, die man brauchte, um *diese* Gestalt von Kirche – diesen konkreten kirchlichen Handlungszusammenhang – zu legitimieren. Die kirchliche Übersetzung Gottes und seiner Offenbarung erfolgte nicht nur in den »Codes« der jeweiligen kulturellen Plausibilitäten, sondern auch in denen der kirchlich-politisch jeweils favorisierten Ordnungsvorstellungen, wobei immer wieder Anlaß war zu fragen, inwieweit diese Plausibilitäten und Ordnungsvorstellungen ihrerseits als gültige Übersetzung des Gott-Logos in die Sprache der Zeit gelten durften.

In welche Richtung erfolgte hier eigentlich der Übersetzungsvorgang? War Gottes Selbst-Übersetzung jeweils gültige Norm all jener »sekundären« theologischen und ekklesialen Übersetzungen, in denen die »Erst-Übersetzung« die Menschen ansprechen, zum Verstehen und zum Glaubensgehorsam herausfordern sollte? Oder wurden menschlich-allzumenschliche Plausibilitäten und Interessen in einen »sakralen« Code übersetzt und damit als unbefragt hinzunehmende sakralisiert? Wie vollzog sich die Übersetzungs-Arbeit des Vergleichens – die »Arbeit der Ähnlichkeit« *(Paul Ricœur)* – konkret: als Einbezug Gottes in ein menschliches Erfahrungs-, Sprach- und Vorstellungskontinuum oder als »Anähnlichung« des menschlich Selbstverständlichen, weil Bekannten, an das von Gott her Selbstverständliche?

Die Gefahr all dieser Übersetzungsversuche liegt gewiß darin, daß sie nicht der Selbstübersetzung Gottes in die »Codes« menschlicher Selbstverständigung und Weltbewältigung Raum und Sprache geben, sondern Göttliches und Allzumenschliches vermischen, daß sie Gottes Selbst-Exegese in der wahrhaften Gott-Ikone Jesus Christus (vgl. 2 Kor 4, 4 und Kol 1, 15) mit Bildern übermalen, in denen eher menschliche Interessen, Bedürfnisse und Wünsche ausgemalt sind. Die Übersetzungen bringen – wenn es gut geht – Göttliches und Menschliches erhellend zusammen. Aber wie kann es gut gehen; wie kann dieses Zusammenbringen geschehen, ohne daß es zur bloßen Vermischung wird?

Diese Frage ist christologisch mit äußerster Behutsamkeit in den Diskussionen um die theologisch korrekte Fassung des Theorems von der *hypostatischen Union* verhandelt worden. Das »unvermischt« und »ungetrennt« des Glaubensbekenntnisses von Chalkedon (DH 302) läßt sich auch offenbarungshermeneutisch verstehen – und muß letztlich so verstanden werden: Menschsein und Gottsein Christi, des fleischgewordenen Logos, gehen nicht ineinander über und schmälern einander nicht. Jesus Christus ist nicht die endgültige Gottesoffenbarung dadurch, daß er ein Mischwesen aus Göttlichem und Menschlichem ist, sondern gerade dadurch, daß Gott sich durch seinen Geist im Menschenleben – in der Sendung Jesu von Nazaret – für Menschen verstehbar und ihren Glauben herausfordernd übersetzt. Alttestamentliche Überlieferungen und deren Auslegung im Judentum haben das »Vermischungsverbot« natürlich nicht christologisch artikuliert, sondern als das im *Bilderverbot* eigentlich Geforderte verstanden.

2. Bilderverbot – Vermischungsverbot

Das biblische Bilderverbot verbietet es, sich das Göttliche als Welthaftes vorzustellen: als Steigerung und Überhöhung dessen, was in dieser Welt groß – das Größte – wäre. Es ist die urreligiöse Verführung, das weltlich »Größte« für Gott ähnlich, für Gott vergleichbar zu halten und es schließlich als Gottesrepräsentation auszugeben. Dieser Versuchung will das Bilderverbot wehren. Es wird verletzt durch »Kontaminierung« der göttlichen Vollkommenheit mit welthaften Verhältnissen, durch Vermischung des unbedingt Guten mit dem hier und jetzt – für die Mächtigen – Vorteilhaften. So verlangt das Bilderverbot Gehorsam auch über den engeren Bereich der Rede von Gott hinaus. Es verlangt danach, philosophisch grundsätzlich genommen zu werden. *Theodor W. Adorno* hat es in diesem Sinne zu denken und philosophisch durchzuhalten versucht. Bilderverbot bedeutete für ihn Vertauschungsverbot und Vergöttlichungsverbot, die strikte Weigerung, »das Falsche als Gott anzurufen, das Endliche als das Unendliche, die Lüge als Wahrheit«[6].

Das Endliche läßt nicht auf das Unendliche schließen, die Lüge nicht auf das Wahre; das Absolute läßt sich nicht ins Endliche, Falsche übersetzen. Aber das als falsch Erlittene manifestiert das Wahre als das Abwesende, als das in den Schmerzen, die das Falsche zufügt, konkret Vermißte. Vom Wahren kann überhaupt nur die Rede sein in »verzweifelte(r) Anstrengung, das zu sagen, was sich eigentlich nicht sagen läßt«[7]: also nicht das, was schon ist, sondern im strikten Sinne das, was nicht ist, aber angesichts der Unerträglichkeit dessen, was ist, sein muß, endlich kommen muß. »Das heißt, vom Falschen, d. h. von dem als falsch Kenntlichen aus bestimmt sich das Wahre. Und so wenig wir die Utopie ›auspinseln‹ dürfen, so wenig wir wissen, wie das Richtige wäre, so genau wissen wir allerdings, was das Falsche ist«[8]. Das »Auspinseln« der Utopie – der Versöh-

---

[6] Th. W. Adorno – M. Horkheimer, Dialektik der Aufklärung, Gesammelte Schriften 3, Frankfurt a. M. 1981, 40; vgl. Streitfall Erlösung, Kap. 4.3. In den Text dieser Zwischenreflexion sind im folgenden Gedankengänge und Formulierungen eingegangen, die ich unter dem Titel: Trugbilder oder Suchbilder? Ein Versuch über die Schwierigkeit, das biblische Bilderverbot theologisch zu befolgen, im Jahrbuch für Biblische Theologie 13: Die Macht der Bilder (Neukirchen-Vluyn 1999, 3–27) publiziert habe.

[7] Th. W. Adorno, Philosophische Terminologie 1, Frankfurt a. M. 1973, 82 f.

[8] »Etwas fehlt …«. Über die Widersprüche der utopischen Sehnsucht. Ein Gespräch mit Theodor W. Adorno, in: R. Traub – H. Wieser (Hg.), Gespräche mit Ernst Bloch, Frankfurt a. M. 1975, 70. Vgl. zum Argumentationszusammenhang José A. Zamora, Erlösung unter Bilderverbot (Th. W. Adorno),

nung und des Versöhnens – ergäbe ein Bild, das doch wieder nur das Beherrschtsein vom Entfremdungszusammenhang des Falschen verdoppelte. So muß das Bilderverbot der Versuchung wehren, das Wahre im Banne und im Medium des Falschen – in den Bildern einer noch ans Falsche gefesselten Sehnsucht – vorzustellen.

Die Sehnsucht »bildet sich ein«, wonach sie sich ausstreckt. Religiös beruhigt sie sich allzu schnell bei der Ahnung, das von ihr »Eingebildete« sei die Realität, die wahre Wirklichkeit hinter der entbehrungsreichen Realität des Hier und Jetzt. Und ist es nicht – wie *Friedrich Nietzsche* unterstellt – gerade das Christentum, das die menschliche Sehnsucht zu den niedrigsten Bedürfnissen, zu den vulgärsten Bildern verführt: zu den Trugbildern eines ins Extrem gesteigerten Individual-Egoismus?[9] Ist es nicht so, daß die Vorstellungskraft sich auf diesem Bild-Niveau religiös selbst zu befriedigen sucht, weil sie in eine gesellschaftliche Lebenswelt eingesperrt ist, in der es nur diese Ausflucht zu geben scheint; in einer Realität, die das Selbstsein so schamlos mißachtet, daß es sich in die Bilder eines »im Jenseits« befriedigten Individual-Egoismus hineinretten muß?

Für *Adorno* sind Bilder und Begriffe von Versöhnung verboten, weil die Vorstellungskraft in ihnen die konkret leidschaffende Unversöhntheit flieht; weil sie sich mit ihnen auf eine Vorstellungswelt festlegen läßt, in der sich die herrschende Unversöhntheit nur verdoppelt und »verjenseitigt«. Das Andere zum alles beherrschenden, eben auch die an ihr leidende Sehnsucht noch beherrschenden Unheil ist nicht in Bildern vorstellbar und in Begriffen aussagbar, weil das herrschende Unheil auch die bilderproduzierende Vorstellungskraft und den sprachlichen Ausdruck noch durchdringt: Das ist das Verhängnis einer bloß kompensierenden, »schwachen« Ästhetik, einer aufs Abbildenwollen beschränkten Sprache. Aber ist das Ästhetische für Adorno nicht schließlich doch Refugium einer Hoffnung auf Versöhnung, in der das Leiden am Widerspruch nicht verraten wäre, einer Versöhnung, die es *nicht gibt*, die deshalb nicht abgebildet werden kann und den Kunstwerken sich einzeichnet als das Versprechen einer Vollkommenheit, die ihnen im Scheitern ihres eigenen Vollkommenheitsanspruchs »schwarz verhängt« bleibt? Versprechen sind die Kunstwerke – so Adorno – »durch ihre Negativität hindurch, bis zur totalen Negation«. Das Andere zur »Katastrophe Weltgeschichte« wird in der neuen Kunst nicht mehr abgebildet und in diese Welt hineingezogen, so als gehöre es zu ihr. Das Kunstwerk widersteht dem Bann der Ähnlichkeit; es zeigt das Utopische, indem es abbildet, worin die Versöhnung nicht vorkommen kann. Wo es abbildet, da bildet es das Zerbrochene so ab, daß es nicht mit dem Heilen verwechselt werden kann – und es gerade deshalb vermissen läßt. Das unterscheidet Kunst »von den

---

in: M. J. Rainer – H.-G. Janßen (Hg.), Bilderverbot (Jahrbuch Politische Theologie, Bd. 2), Münster 1997, 121–141.
[9] Vgl. F. Nietzsche, Nachgelassene Fragmente, November 1887 – März 1888 und Frühjahr 1888, Kritische Studienausgabe der Sämtlichen Werke (KSA), hg. von G. Colli u. M. Montinari, München – Berlin 1980, Bd. 13, 156 bzw. 470.

Zwischenreflexion

Symbolen der Religionen, welche Transzendenz der unmittelbaren Gegenwart in der Erscheinung zu haben beanspruchen.«»Kein daseiendes, erscheinendes Kunstwerk ist des Nichtseienden positiv mächtig«.[10]

Darf man dann Kunstwerke anstelle der Begriffe als »Platzhalter« des Utopischen bezeichnen, der Versöhnung, die in dem, was ist, nicht vorkommen kann? Sind sie – nach dem Anspruch einer »starken Ästhetik«, Alterität zwar nicht welthaft abbilden, aber in der Welt markieren zu können – »Spuren der Weltbestreitung«, der Bestreitung einer Welt, die *alles* sein will, aber nicht alles sein darf, wenn das Verhängnis nicht allumfassend sein soll?[11] Denkbar sind solche Kunstwerke, wenn gedacht werden könnte, daß sich in ihnen die Einbildungskraft der Alterität nicht bemächtigt, sondern für sie öffnet; wenn gedacht werden könnte, wie Kunstwerke die Einbildungskraft aus dem Bann der Ähnlichkeit lösen, ihr eine bis in ihre Tiefen und Abgründe reichende μετάνοια zumuten. Daß genau dies der Anspruch moderner Kunst ist, darf vorausgesetzt werden. Daß damit ursprünglich jene Umkehr angesprochen ist, ohne die Bilder und Begriffe des Glaubens nie und nimmer »capax infiniti« sein könnten, davon muß jetzt die Rede sein.

3. Umkehr der Einbildungskraft?

Daß Sprache nicht einfach abbildet, was – im Sinn des Tractatus logico-philosophicus *Wittgensteins* – »der Fall ist«[12], das ergibt sich schon aus dem semantischen Spannungsgefüge der Prädikation. Einem Subjekt ein Prädikat zusprechen heißt ja zugleich, dieses Prädikat durch seine Zuschreibung zu *diesem* Subjekt zu individualisieren: Das jeweilige Subjekt ist in spezifischer Weise, was das Prädikat von ihm aussagt. Und diese Individualisierung des beigelegten Prädikats kann – etwa bei der Charakterisierung von Menschen – bis an die Grenzen des mit diesem Prädikat normalerweise Assoziierten gehen. Man könnte geradezu von dissonanten Prädikationen sprechen: Nach dem herkömmlichen Maßstab von Harmonie – des »Sich-Anschmiegens« von Subjekt und Prädikat aneinander –, aufgrund dessen man der Überzeugung sein kann, Subjekt und Prädikat paßten zueinander, müßte man in solchen Fällen den Eindruck haben, das Zueinanderpassen bedeute vergleichsweise wenig gegenüber einem offenkundigen, geradezu abgründigen Nichtzueinanderpassen. Daß hier bei aller Ähnlichkeit, die die Prädikation möglich macht, eine weit größere Unähnlichkeit festzuhalten ist (vgl. DH 806), das erscheint schon unter Menschen geradezu als Akt der Humanität, jedenfalls als Erfordernis der Liebe. *Max Frisch*

---

[10] Vgl. Th. W. Adorno, Ästhetische Theorie, Gesammelte Schriften 7, Frankfurt a. M. 1970, 204.

[11] Vgl. E. Nordhofen, Engel der Bestreitung. Über das Verhältnis von Kunst und negativer Theologie, Würzburg 1993, 110.

[12] Vgl. L. Wittgenstein, Tractatus logico-philosophicus, Sätze 1 bzw. 11, Werkausgabe Bd. 1, Frankfurt a. M. 1984, 11.

hat deshalb in einem bekannten Text aus seinen Tagebüchern das Bilderverbot als selbstverständliche Maßregel der Menschenliebe dargestellt:

»Die Liebe befreit ... aus jeglichem Bildnis. Das ist das Erregende, das Abenteuerliche, das eigentlich Spannende, daß wir mit den Menschen, die wir lieben, nicht fertigwerden: weil wir sie lieben; solange wir sie lieben. Man höre nur die Dichter, wenn sie lieben: sie tappen nach Vergleichen, als wären sie betrunken. Warum? So wie das All, wie Gottes unerschöpfliche Geräumigkeit, schrankenlos, alles Möglichen voll, aller Geheimnisse voll, unfaßbar ist der Mensch, den man liebt – Nur die Liebe erträgt ihn so.

Du sollst dir kein Bild machen, heißt es, von Gott. Es dürfte auch in diesem Sinne gelten: Gott als das Lebendige in jedem Menschen, das, was nicht erfaßbar ist. Es ist eine Versündigung, die wir, so wie sie an uns begangen wird, fast ohne Unterlaß wieder begehen –

Ausgenommen wenn wir lieben«[13].

Das lieblose Festlegen auf ein fertiges Bild – auf ein Prädikat – wäre fertig mit dem so Vorgestellten und Ausgesagten. Die Prädikation wäre eindimensional affirmativ: S ist wie P, ist so sehr und so eindeutig wie P, daß man das »wie« geradezu vergessen und verschweigen dürfte. Das »Tappen nach Vergleichen« weiß um die Unangemessenheit der Vergleiche, hält das »ist wie ...« zusammen mit »ist ganz und gar nicht wie ... jedenfalls noch ganz anders«; es hält das Vergleichen offen, damit noch herauskommen kann, in welchem Sinne der Vergleich treffend ist – und wo andere, ebenso offene und unvollkommene Vergleiche ihm zuhilfekommen müssen. Wird der in der Prädikation immer versteckte, das Einzelne niemals wirklich treffende Vergleich *als solcher* vollzogen und offengehalten, kann die Definitionsgewalt, mit der der Prädizierende feststellt, wie von S zu sprechen ist, in Schranken gehalten werden. Gleichwohl wird nicht verschwiegen, was S – mir – bedeutet. Es soll nicht verschwiegen werden, weil ich ja zum Ausdruck bringen will, was S mir bedeutet. So greife ich zu *Metaphern*, in denen die Einbildungskraft das Auszusagende umspielt, immer bereit, auf es als den Gegen- und Mitspieler einzugehen; immer bereit zu jener Umkehr, die die definierende Gewalt der Prädikation zurücknimmt und die »Sünde« des Festgelegthabens bereut.

Die Metapher vergleicht, spricht Ähnlichkeit aus. Aber sie muß nicht dem Bann der Ähnlichkeit unterliegen. Je stärker – evokativer, herausfordernder – sie ist, desto nachhaltiger unterlegt sie ihr Vergleichen mit der Frage, wie das Verglichene angesichts des so offenkundigen Nichtzueinanderpassens doch in aufschlußreicher Weise durch das in der Metapher ja nicht mehr ausdrücklich mitgesagte »Wie« zusammengehalten werden kann. Die lebendige, starke Metapher hält zusammen, was zunächst nicht zusammenpaßt: Gott und Fels etwa (vgl. Ps 18,3 u.ö.). Damit macht sie die Auslegungsarbeit erforderlich, in der ermittelt werden muß, inwiefern die metaphorische Prädikation dennoch trifft;

---

[13] M. Frisch, Tagebuch 1946–1949, Gesammelte Werke in zeitlicher Reihenfolge Bd. II/2, hg. v. H. Mayer, Frankfurt a. M. 1976, 369.

Zwischenreflexion

und damit provoziert sie auch jene »Umkehr der Einbildungskraft«[14], in der das Bild, das man sich machte, angesichts dessen, wovon es Bild sein soll, zerbrechen muß, damit es in aufschlußreicher Weise auf es anspielen kann.

Die von starken oder kühnen Metaphern provozierte Umkehr der Einbildungskraft wird konkret angestoßen durch die »Widerstimmigkeit«, mit der sie das Verstehen konfrontiert[15]. Die Metapher ist nicht nur eine widersprüchliche Prädikation, sondern »eine Prädikation, deren Widersprüchlichkeit nicht unbemerkt bleiben kann«[16]. Was nicht unbemerkt bleiben kann, ist die »semantische Impertinenz«[17], mit der inmitten einer ins Auge springenden Unähnlichkeit zwischen den beiden Gliedern der Prädikation doch eine erhellende und aufs entscheidende gehende Vergleichbarkeit behauptet wird. Der »semantische Schock«[18], den diese Behauptung auslöst, muß in einer Interpretationsarbeit aufgefangen werden, die sich den Widerständen gegen das so impertinent Behauptete stellt, sie »durcharbeitet«[19] und so den Blick öffnet für die von der Metapher nicht einfach konstatierte, sondern erst hergestellte und vom Hörer mitzuvollziehende, geradezu mitzuverantwortende Entsprechung. Die semantische Impertinenz bezeugt, daß die erhellende Entsprechung gegen verdunkelnde, verständnisbehindernde Selbstverständlichkeiten errungen werden muß, die man in die Auslegungsarbeit mitbringt – und in ihr als verständnisbehindernd überwinden muß.

Die Vorstellungskraft wehrt sich gegen die Zumutung der Metapher, Vergleichbarkeit zu sehen, wo »Widerstimmigkeit« vorzuherrschen scheint. Sie muß sich zu der Einsicht bekehren, die die Metapher ihr zumutet: daß – wenn auch spannungsvoll – zusammengehört, was die Metapher zusammenhält. Diese Bekehrung kann sich durchaus plötzlich einstellen, gleichsam als der blitzartig sich ereignende Durchblick auf bisher nicht Gesehenes. Oft wird sie sich nur als langwieriger Umbau der »Sehgewohnheiten« bei der »unwilligen« Erprobung einer skandalös ungewohnten und ungewöhnlichen Sehweise errei-

---

[14] Zu dieser Formel und der ihr zugrundeliegenden Metapherntheorie vgl. P. Ricœur, Stellung und Funktion der Metapher in der biblischen Sprache, in: P. Ricœur – E. Jüngel, Metapher (Sonderheft der »Evangelischen Theologie«), München 1974, 45–70 (die Formel findet sich auf S. 44) sowie Ricœurs Grundlagenwerk: Die lebendige Metapher, dt. München 1986.
[15] So formuliert H. Blumenberg mit Bezugnahme auf E. Husserl: Ausblick auf eine Theorie der Unbegrifflichkeit, in: A. Haverkamp (Hg.), Theorie der Metapher, Darmstadt 1983, 438–454, hier 439.
[16] H. Weinrich, Semantik der kühnen Metapher, in: A. Haverkamp (Hg.), Theorie der Metapher, 316–339, hier 331.
[17] P. Ricœur, Biblische Hermeneutik, in: W. Harnisch (Hg.), Die neutestamentliche Gleichnisforschung im Horizont von Hermeneutik und Literaturwissenschaft, Darmstadt 1982, 248–339, hier 286.
[18] Vgl. dazu und zu Ricœurs Metapherntheorie insgesamt: H.-J. Meurer, Die Gleichnisse Jesu als Metaphern, Bodenheim 1997, 208–246; zum »semantischen Schock« vgl. 217.
[19] Der Terminus »Durcharbeiten« soll andeuten, daß die Arbeit des Verstehens, die die kühne Metapher aufgibt, die Mühen einer bis in die Tiefe der Psyche hinabreichenden Reorganisation des Selbst-Verstehens einschließen kann; vgl. S. Freud, Erinnern, Wiederholen und Durcharbeiten, in: S. Freud – Studienausgabe, hg. von A. Mitscherlich u. a., Ergänzungsband, Frankfurt a. M. 1975, 207–215.

chen lassen. Wo die Metapher – wie etwa bei zentralen biblischen Gottesmetaphern – nicht nur begrenzte Aspekte, sondern elementare Koordinaten des Verstehens von Wirklichkeit irritiert, da wird der Einbildungskraft und dem in ihr ausgeübten definierenden Zugriff auf das so und nicht anders »Fest-Gestellte« – Vorzustellende – eine grundlegende μετάνοια bis in die letzten Winkel des Selbst- und Weltverständnisses und der ihm entsprechenden lebenspraktischen Orientierung hinein angesonnen. Das ist gewissermaßen die Hintergrundbotschaft kühner und aufs Grundlegend-Abgründige zielender Metaphern: Wenn du zu verstehen beginnst, warum zusammengehört, was in mir als zusammengehörend der Vorstellung zugemutet wird, so mußt du dein Leben ändern, damit es zukünftig diesem Zusammengehören Rechnung trägt!

Die semantische Impertinenz der Metapher hat aber noch andere Hintergründe. Die Metapher lockt auf das Feld der Anschaulichkeit. So lockert sie den Definitionszwang. Die bunte Anschaulichkeit widersetzt sich der Eindeutigkeit der Begriffe; sie spielt der Einbildungskraft eine Vielfalt von Assoziationen zu und eröffnet so dem Versuch, sie zu verstehen, einen Spielraum hermeneutischer Freiheit. Aber worauf sie abzielt, das ist nicht eigentlich Anschaulichkeit, sondern gerade die Unanschaulichkeit eines Sinnes, der durch gezielte Verfremdung von Anschaulichem evoziert wird. Anschaulichkeit wird in der kühnen Metapher geradezu zerbrochen. Es ist diese Enttäuschung der Einbildungskraft, ihres Verlangens nach Anschaulichkeit, die menschliches Verstehen herausfordert, dem Sinn des inszenierten Zerbrechens auf die Spur zu kommen und nach der Botschaft zu fragen, die das Verstehen ins Feld des Unvorstellbaren ruft[20]. Der Bildgehalt der metaphorischen Prädikation evoziert das Verstehen ihrer Botschaft. Die Bilder geben zu verstehen; aber sie geben zu verstehen, indem sie das Verstehen über ihre Anschaulichkeit hinaustreiben. Wohin? Ins Feld des Unvorstellbaren, von dem zu sprechen ist, weil es nicht verschwiegen werden darf; von dem im sprachlichen Gestus der Bestreitung zu reden ist, damit es nicht in Anschaulichkeit und Vorstellbarkeit eingeebnet wird. Aber in dem ungeheuren Überschuß des Unvergleichlichen, Unvorstellbaren spielen die kühnen Metaphern eben doch auf eine Entsprechung an, von der her genau sagbar wird, was *nur so* gesagt werden kann.

Die der Negativen Dialektik folgende »Ästhetische Theorie« *Adornos* kennt nur die Entsprechung des im Kunstwerk inszenierten Ikonoklasmus zum Zerbrochenwerden des Menschlichen in einer Geschichte des Unheils. Zur Versöhnung »gibt es« keine aufweisbare Entsprechung in dem, was man »schon« sehen kann; der Sehnsucht nach Versöhnung fehlt jede Anschaulichkeit. Die biblischen Überlieferungen gerade auch des Bilderverbots leben davon – und setzen voraus –, daß Gott selbst für diese Anschaulichkeit sorgt und sie sogleich durchkreuzt: Gottes *Handeln* zeigt den Anfang einer Wirklichkeit, die seinem guten Willen entspräche und entzieht ihm zugleich die Anschaulichkeit einer aufweisbaren, welthaften Wirklichkeit. Kühne Metaphern bilden dieses Zu-

---

[20] Vgl. H. Blumenberg, Ausblick auf eine Theorie der Unbegrifflichkeit, a.a.O., 446ff.

Zwischenreflexion

gleich von Zeigen und Entziehen nach: JHWH »zeigt sich« dem Elia im Windhauch, nicht in der überwältigenden Anschaulichkeit des Sturmes, des Erdbe-
bens oder des vulkanischen Feuers (vgl. 1 Kön 19, 11–12). Der Windhauch ist
gleichsam ein letzter Rest von Anschaulichkeit diesseits der Unanschaulichkeit
des sendenden Wortes, der überhörbaren Stimme, die den Propheten zu seinem
Auftrag ruft und ihn für seinen Weg stärkt[21]. Auch die Anschaulichkeit und
Anschaubarkeit des fleischgewordenen göttlichen Wesenswortes kann nicht
festgehalten, nicht welthaft dingfest gemacht werden. Sie ist im genauen Wortsinn das *Vorübergehende* – der Auferstandene geht zum Vater; ihm kann man
nur nachfolgen (vgl. Joh 20, 17). Zwar gilt für Christen: »Er ist das Bild des
unsichtbaren Gottes« (Kol 1, 15; vgl. 2 Kor 4, 4); wer ihn gesehen hat, der hat
den Vater gesehen (vgl. Joh 14, 9 f.). Aber dieses Sehen muß sich an das Wort
halten, das den Vorübergegangenen als den Vorausgehenden und in die Nachfolge Rufenden vergegenwärtigt, muß sich vom Geist – dem leisen Windhauch
– berühren lassen, der an den Glaubenden wahrmachen will, was im »Vorübergegangenen« schon geschehen ist und sich nun den Augen entzieht.

In Anknüpfung an Kol 1, 15 dürfte von Jesus Christus als der zentralen
Gottes- und Versöhnungsmetapher in Person gesprochen werden[22]: In ihm wird
anschaulich, wer und wie Gott ist und handelt, wie Versöhnung anfängt, so
anfängt, daß »die Welt« nicht die Macht hat, mit diesem Anfang Schluß zu
machen. Aber diese Anschaulichkeit ist eine ins Wort – in die Botschaft – aufgehobene. Die sinnliche Konkretheit seines Lebens *zeigt* Gott. Aber offenbar
wird er nicht an den sinnlich wahrnehmbaren Umständen dieses Lebens als
solchen, sondern an dem *Weg*, der zum Vater und zum Leben führt (Joh 14, 6);
daran, daß dieses Leben Gottes Wahrheit zur Erscheinung bringt und zur Herausforderung macht, sie *nun* – da der Gekreuzigte und Auferstandene, also in
doppelter Hinsicht Vorübergegangene, nicht mehr anschaubar ist – in den Fußspuren Christi, des Gekreuzigten (1 Petr 2, 21) zu suchen. Die mit dem »Vorübergang des Herrn« – dem Pessach des Alten (Ex 12–13) wie des Neuen Testaments (1 Kor 5, 7 f.; 1 Petr 1, 19) – aufgehobene Anschaulichkeit Gottes wird
hörbar als Zusage und als Herausforderung Gottes: als die Zusage, daß dieser
Vorübergang Vorausgehen bedeutet und daß sich der Vorausgehende in den
Spuren erkennen läßt, die den ihm Nachfolgenden ihren Weg in die Freiheit –
zum Leben und zur Wahrheit – vorzeichnen; als Herausforderung, daran zu
glauben, daß sich in diesen Spuren Gottes Wahrheit abzeichnet und daß er sie
an denen wahrmacht, die dem Vorübergegangenen in diesen Spuren nachfolgen.

Die Anschaulichkeit und Anschaubarkeit von Spuren ist eine Anschaulichkeit auf der Grenze zur Unanschaulichkeit: Man muß sie lesen und auf ihre

---

[21] Vgl. meine Überlegungen in: Bilder sind Wege. Eine Gotteslehre, München 1992, 79 ff.

[22] Vgl. H.-J. Meurer, Die Gleichnisse Jesu als Metaphern, 601 ff. Eberhard Jüngel spricht vom
gekreuzigten Sohn Gottes als dem »personale(n) Gleichnis des Vaters«, den er repräsentiere; vgl. Gott
als Geheimnis der Welt, Tübingen 1977, 395. Vgl. auch meinen Artikel »Metapher. Systematisch-theologisch«, in: W. Kasper u. a. (Hg.), Lexikon für Theologie und Kirche, Bd. 7, Freiburg –
Basel – Rom – Wien ³1998, Sp. 189 f.

Botschaft hören. An denen, die das versuchen, kann von neuem anschaulich werden, wofür und wovon sie Spuren sind. So ist die Metapher »Spur« womöglich eine treffende Metapher für den metaphorischen Prozeß selbst: Die Anschaulichkeit der Metapher ist die der Spur, die danach ruft, ihr zu folgen, in der sich aber nicht einholen läßt, was das Verstehen herausfordert. Die Herausforderung, die die Metapher kommuniziert, ist die einer semantischen Innovation, die – solange die Metapher »lebt«, als spannungsreiche Prädikation gehört wird – nicht »abgearbeitet«, will heißen in semantische Eindeutigkeit überführt werden kann. Die metaphorische Prädikation widerspricht den geläufigen Zuordnungsregeln; aber sie widerspricht ihnen so, daß sie zugleich den Impuls mitgibt, den zunächst als sinnwidrig empfundenen Widerspruch durch die Arbeit der Auslegung »in einen sinnvollen Widerspruch zu verwandeln«[23].

Dieser Impuls legt eine Spur, der zu folgen die Einbildungskraft zur Umkehr nötigt. Wer sich nötigen läßt, der sucht Zusammenhänge, für die er zuvor »blind« war. Aber diese Zusammenhänge können nicht mehr zur Anschaulichkeit gebracht, sie müssen verstanden werden. Und das Verstehen holt die Neuheit des zu Verstehenden niemals ein; es wird seiner nicht definitorisch mächtig. »Metaphern sind Sinnexperimente mit offenem Ausgang«[24]; sie »verfremden« *(Bertolt Brecht)*, damit die Spur wahrgenommen werden kann, in der die Herausforderung des Befremdlichen anzunehmen wäre.

In spezifischer, vielleicht radikalisierter Weise wird der metaphorische Prozeß in den Gleichnissen Jesu inszeniert. Sie sind ja ausnahmslos zur Erzählung ausgefaltete Metaphern, im wesentlichen – wenn auch nicht ausnahmslos – Metaphern der Gottesherrschaft, die in der Spur Jesu Christi anfängt[25], Metaphern für Gottes guten Willen und dafür, wie er an und mit denen geschieht, die sich von Jesus zur Nachfolge einladen lassen. Die semantische Innovation drängt hier geradezu danach, Keim eines neuen Lebens zu werden, in dem zueinander »passen« wird, was im Vorgriff der Metapher spannungsreich und deshalb befremdlich zusammengehalten wird.[26]

---

[23] Vgl. P. Ricœur, Stellung und Funktion der Metapher in der biblischen Sprache, 47.
[24] Vgl. I. U. Dalferth, In Bildern denken. Die Sprache der Glaubenserfahrung, in: Evangelische Kommentare 3/1997, 165–167, hier 166.
[25] Vgl. wiederum das oben zitierte Buch von H.-J. Meurer.
[26] Dieses Metaphernverständnis setzt eine *problematische* Beziehung zwischen Signifikant und Signifikat voraus, die in der Problematik – der inneren »Verdrehung« (vgl. P. Ricœur, Stellung und Funktion der Metapher in der biblischen Sprache, 47) zur Unanschaulichkeit – des Signifikanten selbst zum Ausdruck kommt. Sie hält aber an der Referenzbeziehung zwischen Signifikant und Signifikat grundsätzlich fest. Darin unterscheidet sie sich von Sprach- und Metaphern-Theorien, die der »Doppelbödigkeit« des Wortes Sinns, aufgrund derer es erst zur Vorstellung einer Abbildung des Sinnes im Sinnlichen – des Signifikats im sprachlich-metaphorischen Signifikanten – kommen konnte, als unbegründeter Unterstellung widersprechen (vgl. dazu M. Frank, Die Aufhebung der Anschauung im Spiel der Metapher, in: Neue Hefte Philosophie 18/19 [1980], 58–78). Die Bestreitung der Referenzfunktion – der Auflösung des Bandes zwischen Sinn und Sinnlichkeit, zwischen Signifikant und Signifikat – wäre gewiß die radikalste Begründung des Bilderverbots; und sie begegnet wohl nicht zufällig bei jenen französischen Postmodernen, die sich selbst in jüdischen Traditionen lokalisieren.

4. Die Macht der Bilder

Die Metapher schenkt, indem sie entzieht: Sie entzieht die Möglichkeit, sich bloß betrachtend in ihrer Anschaulichkeit aufzuhalten. Sie verweigert sich dem »wörtlichen« Verstehen, das sie als Abbildung dessen nehmen will, was der Fall ist. Mit dieser Verweigerung verweigert sie dem, der sich auf sie einläßt, das Einverstandenseinkönnen mit dem hier und jetzt Selbstverständlichen. Sie zerbricht die so selbstverständliche ästhetisch-sinnliche Gewißheit, die bloße Abbildung des Gegebenen werde ihm schon gerecht; sie sei gleichbedeutend mit dem Verstehen dessen, was es bestimmt. Diese Verweigerung zwingt dazu, genauer hinzusehen, Spannungen zu entdecken, das Selbstverständliche als durch Abblenden und Wegschneiden der Zusammenhänge selbstverständlich geworden zu durchschauen. Die Metapher schenkt den Impuls, dem Weggeschnittenen und Verdrängten auf die Spur zu kommen; sie kann den Blick weiten auf die Zusammenhänge hin, die sich in der Befremdlichkeit der Metapher mit abzeichnen. Und sie kann die Frage dringlich machen, ob der metaphorische Verweis ins Unvorstellbare hinein vor die Unvorstellbarkeit des Schrecken bringen oder in die – rebus sic stantibus – noch unvorstellbare Versöhnung einführen will; ob er womöglich ein Verstehen provozieren will, das nicht ruht, ehe es die in normaler Sprache und Wahrnehmung weggeschnittenen, von der Metapher der Vorstellungskraft neu zugemuteten Zusammenhänge nachzeichnen kann und als Zusammenhänge nachzeichnen kann, in denen die noch unvorstellbare Versöhnung selbst-verständlicher sein wird als der unvorstellbare Schrecken.

Die Metapher hält zwei Selbstverständlichkeiten so zusammen, daß die wörtlich-sinnliche Selbstverständlichkeit der Selbstverständlichkeit des noch Unvorstellbaren weichen muß. Gottesmetaphern wollen auf eine Spur setzen, in der das noch unvorstellbare Selbstverständliche als die unausdenkbare Logik der göttlichen Liebe entdeckt werden kann.[27] Die Macht dieser Metaphern ist die Macht der Beunruhigung und der Irritation darüber, daß das wörtliche Verstehen mit seinem Versuch scheitert, die Anstößigkeit der Metaphern auf der Ebene der Anschaulichkeit abzuarbeiten. Die Macht der Metaphern ist zugleich die Unwiderstehlichkeit der Herausforderung, die von einer Metapher gelegte Spur aufzunehmen in das noch Unvorstellbare hinein, auf den Reichtum einer Selbst-Verständlichkeit hin, die die Selbstverständlichkeit des bloß Gegebenen als semantische und menschliche Armut erscheinen läßt.

Auch von den Symbolisierungen der die Welt des Vorstellbaren beherrschenden Selbstverständlichkeiten – den *Idolisierungen* – geht eine Macht aus. Sie sind attraktiv; sie inszenieren ja die Erfüllung auch der geheimsten Wünsche als *vorstellbar*: So ähnlich könnte und sollte es doch sein, so ähnlich, wie man das an den Ikonen des Erfolgs, an der Selbstverständlichkeit ihrer bildhaften Präsenz ablesen und abschauen kann. Idolisierungen reduzieren das Unvorstell-

---

[27] Ricœur spricht hier vielfach von der Ökonomie des Geschenks, der unverdienten Fülle; vgl. etwa Hermeneutik und Strukturalismus, dt. München 1973, 209.

bare aufs Vorstellbare und in die herrschenden Selbstverständlichkeiten gut Integrierbare. Es ist nicht zu übersehen, daß sie auch in den religiösen Überlieferungen den Selbstverständlichkeiten des Vorstellbaren gegen die herausfordernde Unvorstellbarkeit des Göttlichen zum Sieg verhelfen können.[28] Genauer betrachtet liegt die Gefahr darin, daß das Unvorstellbare die Anschaulichkeit, durch die es zur Sprache kommen soll, nicht nachhaltig genug zerbricht, so daß die Dynamik der Anschaulichkeit sich des Impulses der Metapher über die Anschaulichkeit hinaus bemächtigt. Die göttliche Selbstverständlichkeit, die sich in der Metapher abzeichnet, so daß sie in der Spur gesucht werden kann, die die Metapher legt, wird im Rahmen des Vorstellbaren und *seiner* Logik verständlich gemacht, so daß sie als mehr oder weniger geringe, korrigierende Steigerung des jetzt schon Selbstverständlichen plausibel werden kann.

Die Geschichte der Soteriologie bietet reiches Anschauungsmaterial für das Überhandnehmen religiöser Idolisierung, für den Versuch etwa, die Logik der göttlichen Liebe zu rekonstruieren anhand der »Verlegenheit« des königlichen All-Herrschers, der Rebellion des in die Erbsünde verstrickten Menschengeschlechts entgegentreten zu müssen, die »verdiente Strafe« aber nicht an den Übeltätern vollstrecken zu können, da er ansonsten seinen Plan mit den Menschen nicht zu dem von ihm selbst vorwegbestimmten Ziel bringen könnte. Auch eher moderne soteriologische Modelle wie die des Lehrers oder des Therapeuten sind gegen Idolisierung nicht gefeit; und sie verfallen ihr, wo das Bild im Bann der Ähnlichkeit gefangen bleibt und nicht als Metapher gelesen wird: als Anweisung, dem Unvorstellbaren in der bildhaften Vorstellung auf der Spur zu bleiben. Im Bann der Ähnlichkeit gefangen bleibt eine Soteriologie, nach der Jesus die Menschen darüber belehren muß, wie sie mit dem heiligen und gerechten Gott zurechtkommen. Im Bann der Ähnlichkeit gefangen bleibt Soteriologie, wo sie Jesus als den ersten integrierten Mann vorstellt, der im Vertrauen auf den Vater seine Angst überwinden und den ihm Glaubenden dabei helfen kann, ihre Angst zu verlieren. Im Bann der Ähnlichkeit gefangen bleibt auch eine Ekklesiologie, die das Mannsein Jesu erlösungsrelevant sein läßt und es deshalb für unvorstellbar hält, daß Frauen »in persona Christi« priesterlich handeln.

Das Bilderverbot trifft die Versuchung zur Idolisierung, die in Theologie und Glaubensbewußtsein gar nicht definitiv überwunden werden kann. Das Unvorstellbare muß am Vorstellbaren zur Sprache kommen. Die Spuren, die der Ikonoklasmus freilegt, führen zwar vom Vorstellbaren weg; aber sie haben es immer im Rücken und sind ihm deshalb immer noch ausgeliefert. Ähnlichkeit inmitten unvorstellbarer Unähnlichkeit erlaubt es, von Spuren zu sprechen und ihnen zu folgen. In ihnen zeichnet sich – vom platterdings Ähnlichen wegführend – das unvorstellbar Ähnlich-Unähnliche ab. Die Theologie kann nur darauf achten, daß die Logik des hier und jetzt Selbstverständlichen und deshalb Vorstellbaren nicht »a tergo« die noch überwältigt, die sich auf der Spur,

---

[28] Vgl. dazu Streitfall Religion, Kap. 5.2.

die Gottes unvorstellbare Liebe dieser Welt einzeichnete und in Metaphern der Sprache eingezeichnet ist, seiner beseligenden Unvorstellbarkeit nähern wollen. Wenn der Glauben sich an das halten darf, was in Jesus Christus als Gottes Handeln in der Welt geschah, wenn dieser Gottesbote und Menschensohn als Gottes deutlichste und zum Äußersten herausfordernde Spur in der Welt geglaubt werden darf, so ist *er* jenes Gottes-Bild, das nur in den kühnsten Metaphern zur Sprache gebracht werden kann und diesen Metaphern ihre Kühnheit mitgibt. Er ist der »König«, dessen Reich so wenig Ähnlichkeit hat mit den Reichen dieser Welt, daß sein Königtum am Kreuz besiegelt wird. Er ist der διάκονος, der sein Leben gibt als Lösepreis für die Menschen (vgl. Mk 10, 45); ein Diener, der hilft, sich selber aber nicht helfen kann (vgl. Mt 27, 40–43 parr.). Er ist das fleischgewordene Wort, in dem Gott sich ausspricht; aber dieses Wort verstummt mit dem Schrei: »Mein Gott, warum hast du mich verlassen« (Mk 15, 34). Was gibt diese Widerrufung des Anschaulichen in der Metapher, die Jesus Christus selbst ist, der Theologie zu denken? Wohin wird sie geführt von den Spuren, die das zerbrochene Bild freilegt?

Sie wird aufgestört aus der Selbstgenügsamkeit einer Theorie, die nur darauf abzielte, klar sagen zu können, was ist oder war. Sie wird darauf verpflichtet, um der Identifizierung der Spuren willen, die Christusnachfolge ermöglichen, immer wieder neu herauszufinden, warum diese Gottes-Metaphern Gott gültig zur Sprache bringen und weshalb sie gültig beschreiben, wie sein guter Wille geschieht. Das der Theologie aufgegebene »image-thinking«[29] denkt die Bilder als Wege[30], auf denen das Verstehenkönnen unlösbar mit dem Gehen dieser Wege – mit der Nachfolge – verknüpft ist, Wahrheit mit Wahrwerden, »Gottähnlich-Werden«. Deshalb ist die angemessene Weise, von der Wahrheit des Glaubens zu sprechen, sich sprachlich nach dieser Wahrheit auszustrecken, *das Zeugnis*. An seinem Ursprung ist es nicht schon Argument, das sich mit dem Zweifel an seiner Zuverlässigkeit auseinandersetzt, sondern Expression, Ausdruck des Gepackt- und Herausgefordertseins von der Verheißung eines Weges, auf dem Gottes guter Wille geschehen kann: Ausdruck der μετάνοια, aus der Gottes Herrschaft in der Welt und über sie hinaus wächst, des Gott-ähnlich-Werdens der zur Gottähnlichkeit Berufenen. Die Bilder des Glaubens entwerfen das Gott-ähnlich-werden-Können, indem sie angesichts des Unvorstellbaren, dessen Menschen fähig sind, in das Unvorstellbare einweisen, dessen allein Gott fähig ist. Sie bilden die Semantik des Zeugnisses, in dem zur Sprache kommt, was es bedeutet, den Spuren des unvorstellbaren Gottes in dieser Welt zu folgen. Sie provozieren zur Übersetzung dessen, was Gottes Selbst-Übersetzung in die Sprache der Heilsereignisse und ihrer authentischen Bezeugungen zu denken,

---

[29] Vgl. I. U. Dalferth, In Bildern denken, 16; mit Berufung auf A. Farrer und J. McIntyre. Vgl. auch meinen Aufsatz: Auf der Spur der Bilder, in: Bibel und Kirche 54 (1999), 2–9.
[30] Vgl. J. Ebach, Gottesbilder im Wandel, in: »… und behutsam mitgehen mit seinem Gott«. Theologische Reden 3, Bochum 1995, 157–170, hierzu 167f. Hinweisen darf ich auch auf meine Bücher: Bilder sind Wege, sowie: Soteriologie, Düsseldorf 1990.

zu hoffen und zu tun gibt, in ein je individuelles Glaubens- und Lebenszeugnis, das dem zu Übersetzenden authentisch-spannungsvoll entspricht.[31]

5. Metaphern geben zu denken[32]

Die heilsame Provokation der Metaphern zur Übersetzung ist die Sprachgestalt des Ergriffenseins »von dem, was uns unbedingt angeht« und damit auch das Sprachgeschehen der Religion und des Glaubens. Die verschiedenen Weisen dieses Ergriffenseins – die Weisen der Gegebenheit dessen, was uns unbedingt angeht – »reflektieren« sich sprachlich als in bestimmten Leitmetaphern sich aussprechende Vorgaben des Denkens und Glaubens; als Vorgaben, die jeweils eine ganz bestimmte Logik der Artikulation von Ergriffenheits-Erfahrungen mitgeben.

Die ersten beiden Traktate *Streitfall Religion* und *Streitfall Offenbarung* haben dieser *sprachlichen* Gegebenheit noch wenig Aufmerksamkeit gewidmet. Beim Übergang zur fundamentaltheologischen Soteriologie mußte die sprachliche Gegebenheit des unbedingt Angehenden eigens thematisiert werden, weil sich in den nun folgenden Traktaten dessen metaphorische Kodierung geradezu aufdrängt; und das aus nachvollziehbaren Gründen: Wenn die Gegebenheit des Erlösenden oder Heiligenden zum Ausdruck kommen soll, so kann dies nur durch die sprachliche Artikulation jener Spannung geschehen, in der der Erlöser das in sich und aus sich Heillose mit der es erlösenden Gotteswirklichkeit zusammenhält und zusammenbringt. Die Erlösungsmetaphern verfremden, indem sie die endliche Wirklichkeit mit der göttlichen zusammenhalten, erstere zur »Kenntlichkeit« einer Unheilswirklichkeit verfremden und letztere in ihrer darauf bezogenen Heilsamkeit kenntlich machen. Sie rücken die Befremdlichkeit einer Welt ins Blickfeld, die in der Routine alltäglicher Problemlösung immer schon angeeignet erscheint. Sie bringen die geläufigen Unterscheidungen und Zurechnungen durcheinander und lassen deshalb fragen: Was geschieht aus freier Entscheidung, mit schicksalhafter Notwendigkeit, durch die Einflußnahme von »Mächten«? Sie entwerfen einen Vorstellungsraum, in dem Gottes erlösendes Handeln als sein Eingehen auf die Grundkonflikte und -aporien menschlichen Daseins, als seine Konfrontation mit den herrschenden Unheilsmächten, darstellbar wird. Die Metaphern der Erlösung bilden dabei nicht einfach ab, was der Fall ist – in der Welt Gottes und von Gott her in der Welt der Menschen; sie protokollieren nicht einfach, was passierte und immer wieder neu passiert. Sie *bezeugen* vielmehr, was geschieht – und möglich wird –, wenn Gott in diese

---

[31] Vgl. dazu K. Müller, Über-Setzen. Biographische Theologie als Grundform der Verkündigung, in: Der Prediger und Katechet 136 (1997), 638–649.
[32] Die Formulierung lehnt sich an Ricœurs Theorem an: Das »Symbol gibt zu denken«; vgl. Die Interpretation, dt. Frankfurt a. M. 1969, 555.

Welt kommt und sie verwandelt. Sie bezeugen und bringen so zur Sprache, wie Gott mit seinem Geist in einer unheilsgesättigten Menschheitsgeschichte – im Zeugnis der Glaubenden für die größere Gerechtigkeit – gegenwärtig wird, wie hier jene göttliche Wirklichkeit nach der Menschenwelt greift und auf sie übergreift, die das Neue Testament mit Jesus, dem Christus, die endzeitliche Gottesherrschaft nennt.

Die *Erlösungsmetaphern* sind Schlüsselbilder. Sie schließen auf, weil sie nicht abbilden, was der Fall ist, sondern die Spannung mitteilen, die sich dadurch aufbaut, daß das Ringen um Versöhnung und Gerechtigkeit, die Umkehr, der Einsatz für Befreiung aus dem Zugriff der Mächte nun nicht mehr ausschließlich menschliche Wirklichkeiten sind, sondern von der Ankunft der Gottesherrschaft zeugen und in diesem Zusammenhang neu definiert werden.

Christlichem Erlösungsglauben gilt Jesus Christus als das Paradigma – die Urwirklichkeit – des Kommens und Handelns Gottes. An seiner Geschichte und an der Geschichte seines Volkes läßt sich ablesen, wie Gottes Kommen – das Kommen seiner Herrschaft – die Gott entfremdete Welt zu ihrem Heil befremdet und verfremdet. Der Gottes- und Menschensohn hat an sich selbst und durch sein Wort gezeigt, was die elementaren Wirklichkeiten dieser Welt zu bedeuten anfangen, wenn Gott selbst sich zu ihnen in Beziehung setzt und sie zu Zeichen seiner ankommenden Herrschaft macht. An ihm selbst wurde offenbar, daß dieser Bedeutungs-Überschuß von Menschen auch unter Aufbietung all ihrer destruktiven Möglichkeiten nicht mehr hinwegdefiniert werden kann. An ihm – dem Erlöser – wurde offenbar, wie Gott sich vom Elend seiner Geschöpfe in Anspruch nehmen läßt und was es bedeutet, daß er es wendet.

Die christologische und soteriologische Lehrentwicklung der ersten Jahrhunderte hat Jesus Christus als den Erlöser verstanden, weil in ihm Gott selbst ein Mensch geworden ist und die Menschheit definitiv mit sich verbunden hat. Der in diesem Abschnitt skizzierten sprachtheologischen Überlegung folgend wäre Jesus, der Christus, gerade darin Gottes erlösendes Ankommen in der ihm entfremdeten Welt der Menschen, daß er die herausfordernd-verfremdende Spannung der nun ankommenden Gottesherrschaft zur Menschen- oder Mächte-Herrschaft aufbaut und durchhält, so daß dieser Spannungsbogen nicht mehr zerbrechen muß, vielmehr in der Christusnachfolge aufrechterhalten und durchgehalten werden kann. Daß im Erlöser Gott selbst diese Spannung aushält und nicht mehr zerbrechen läßt, daß er Jesus von Nazaret mit sich zusammenhält und an ihm zugleich gültig darstellt, wie er an seiner Schöpfung festhält, sie zu sich »zurückverfremden« will, das gibt der Theologie die Möglichkeit, Jesus, den Christus, als die Urwirklichkeit und das Urereignis des rettend-verfremdenden Zusammengehaltenseins von Gottesherrschaft und Menschenwelt – als die Person gewordene Urmetapher des Kommens Gottes in die ihm entfremdete Welt – anzusprechen.[33] Von ihm her gewinnen die Einzelmetaphern des Kommens und Handelns Gottes ihre vor- und überbegriffliche Deutlichkeit und

---

[33] Vgl. oben Fußnote 22.

Treffsicherheit. In seiner Geschichte legt sich aus, wie das Kommen Gottes Rettung, Loskauf, Herauslösung aus der Macht der Sünde wirkt, wie es die Gott entfremdete Menschenwelt reinigt und heiligt, wie es ihr das neue Leben eröffnet und den Tod in ihr besiegt, wie es ihr Versöhnung und Frieden bringt.

Die *Kirchenmetaphern* sprechen jeweils spannungsvoll aus, wie Gott sich – nach biblischer Überlieferung und ihrer Auslegung im Christentum – ein »heiliges Volk« zum Zeugnis erwählt und wie dieses von ihm geheiligte Volk seiner Berufung gerecht werden soll. Die Metaphern halten auch hier Gottes Wirklichkeit mit menschlicher Wirklichkeit zusammen, sie messen den Raum des Zeugnisses aus, worin Kirche als »unfehlbar« in den Spuren Jesu Christi, des Gekreuzigten, Geführte und Gehaltene gleichwohl vielfach eher verrät als bezeugt, wovon sie ergriffen und herausgefordert ist. So artikulieren die Kirchenmetaphern die Spannung zwischen der Treue Gottes zu seiner Erwählung, wie sie in »seiner« Kirche sichtbare Gestalt gewinnt, und den oft so hilflosen Versuchen der Kirche, sich als Gemeinschaft der Nachfolge in der Spur ihres gekreuzigten Herrn zu halten. An dieser Spannung aber wird das spezifische Glaubwürdigkeitsproblem der Kirche greifbar, das der fundamentaltheologischen Ekklesiologie zur Bearbeitung aufgegeben ist.[34]

Aber nicht erst Soteriologie- und Kirchentraktat sind in ihrer Ausarbeitung an die Sprachvorgabe der Zeugnis-Metaphern verwiesen. Auch etliche Leitbegriffe der anderen Traktate erweisen sich bei genauerem Hinhören in ihrem Kern als Metaphern, sei es das *Ergriffensein* von dem uns unbedingt *Angehenden*, sei es der so metaphernhaltige religionsphilosophische Leitbegriff des »Absoluten«, seien es die Begriffe *Sprechen* und *Handeln Gottes* oder die sie offenbarungstheologisch explizierenden Begriffe des *Anspruchs* und der *Zusage*.

Wird Ricœurs Hinweis, die Philosophie müsse sich von den Symbolen und Metaphern der Zeugnisse *zu denken* geben lassen, auch fundamentaltheologisch ernstgenommen, so kann es in der Fundamentaltheologie freilich nicht nur darum gehen, Metaphern sprachlich weiter auszugestalten, sie in Metapherngruppen zusammenzustellen und aus solchen »Familien-Zusammenhängen« heraus zu erläutern. Sich von ihnen zu *denken* geben lassen, würde von der Fundamentaltheologie – wie ähnlich auch von der Dogmatik[35] – fordern, ihre anthropologisch-theologische Triftigkeit und Signifikanz herauszuarbeiten. Der nun folgende Soteriologietraktat wird dabei die Hauptlast zu tragen haben. Er wird nachvollziehen müssen, wie die begriffliche Arbeit an den Zeugnis-Metaphern deren bildhaften Beziehungsreichtum und ihre damit gegebene Vieldeutigkeit theologisch soweit bestimmt, daß Assoziationen und Bedeutungen, die biblische Grundintentionen verfälschen, nicht mehr zum Tragen kommen. Er wird darüber hinaus die den systematischen Vergewisserungen der Einzeltraktate in

---

[34] Vgl. die einführenden Überlegungen in meinem Buch: Kirche. Ein ekklesiologischer Entwurf für Studium und Praxis, Freiburg – Basel – Wien 1994, 11–13.
[35] Vgl. meine »Prolegomena« in: Th. Schneider (Hg.), Handbuch der Dogmatik, Bd. 1, Düsseldorf 1992, 1–48, hierzu 33 f.

diesem Buch zugrundeliegende »Hierarchie« der Gegebenheitsweisen des Unbedingten an den Leitmetaphern des Redens von Erlösung nachzuvollziehen haben. Und er wird versuchen müssen, die biblisch-christliche Rede von Erlösung anthropologisch so zu situieren, daß man ihr mit guten Gründen eine auch anthropologisch erhellende Bedeutung zuschreiben kann.

Streitfall Erlösung

1. »Ich erlöste sie von ihren Erlösern«[1]: Christentumskritik als Entlarvung des christlichen Erlösungsglaubens

1.1 Soteriologie fundamentaltheologisch?

Daß in der Fundamentaltheologie der Streit um Heil, Erlösung und Erlösungsbedürftigkeit aufgegriffen wird, ist nicht selbstverständlich. Traditionell folgte auf den Offenbarungstraktat der fundamentaltheologische Traktat »De Christo legato divino«.[2] In ihm war die Glaubwürdigkeit des messianischen Gottesgesandten und göttlichen Lehrers Jesus Christus aufzuweisen; und sie wurde aufgewiesen anhand der sogenannten äußeren Offenbarungskriterien – Wunder, erfüllte Prophezeiungen –, die es offenkundig erlaubten, Christi Göttlichkeit zu »beweisen« und damit auch die Zuverlässigkeit seiner Lehre zu begründen.[3] Nicht erst die Kritik an der Anwendbarkeit dieser Kriterien hat die Frage aufgeworfen, ob die Glaubwürdigkeit Jesu Christi und seiner Botschaft allein an dessen »äußerer« Legitimation als göttlicher Lehrer hängt oder nicht doch eher in der unabweisbaren Heilsbedeutung seiner Sendung zu suchen sei.

Blaise Pascal hat in seinen Pensées, der ersten bedeutenden »Apologie der christlichen Religion«[4] in der Neuzeit, diesen Perspektivenwechsel vollzogen. Zwar hält er die äußeren Glaubwürdigkeitskriterien nach wie vor für triftig. Aber er legt das Gewicht seiner christologischen Glaubwürdigkeitsargumentation ganz auf die Heilsvermittlung durch den einzigen Mittler. Jesus habe – so Pascal –

> »nichts anderes getan, als die Menschen darüber aufzuklären, daß sie sich selbst liebten, daß sie Sklaven waren, Blinde, Kranke und Sünder; daß er sie befreien müsse, erleuchten, heilig und glücklich machen: daß das verwirklicht werde, wenn man sich selber hasse und ihm nachfolge im Leiden und im Kreuzestode.
>
> Ohne Jesus Christus ist der Mensch notwendigerweise im Laster und im Elend. Mit Jesus Christus ist der Mensch von Laster und Elend frei. In ihm ist unsere ganze Tugend und unsere ganze Glückseligkeit. Ohne ihn gibt es nur Laster, Elend, Irrtümer, Finsternis, Tod, Verzweiflung.

---

[1] F. Nietzsche, Nachgelassene Fragmente Sommer 1883, Kritische Studienausgabe der Sämtlichen Werke (KSA), hg. von G. Colli und M. Montinari, München – Berlin 1980, Bd. 10, 442.
[2] Vgl. zu den theologiegeschichtlichen Hintergründen F.-J. Niemann, Jesus als Glaubensgrund in der Fundamentaltheologie der Neuzeit. Zur Genealogie eines Traktats, Innsbruck – Wien 1983.
[3] Vgl. Streitfall Offenbarung, Kap. 1.
[4] So die Überschrift über das erste Kapitel. Zitiert wird hier nach der deutschen Ausgabe (»Gedanken«) von W. Rüttenauer, Birsfelden – Basel o. J.

Quelle der Widersprüche. – Ein gedemütigter Gott – bis zum Tode am Kreuz. Zwei Naturen in Jesus Christus. Zwei Weisen seines Kommens. Zwei Zustände der menschlichen Natur. Ein Messias, der durch seinen Tod über den Tod triumphiert.«[5]

Jesus Christus, der Mittler, ist »der wahre Gott der Menschen«; er vermittelt wahre Gotteserkenntnis, die Erkenntnis Gottes als des Versöhners unseres Elends. Gott kann nur in ihm recht erkannt werden, denn wir können »Gott nur dann recht erkennen, wenn wir unsere Ungerechtigkeit erkennen.«[6] In Christus ist uns die Erkenntnis unserer Ungerechtigkeit zugleich mit der Erkenntnis des göttlichen Versöhners erschlossen. Und darin liegt für Pascal seine unüberholbare Glaubwürdigkeit.

Pascals Apologie setzt eine Differenz voraus, die bei Zeitgenossen und Nachgeborenen nicht mehr mit der gleichen Selbstverständlichkeit vorausgesetzt werden konnte: die zwischen einem Unheil, dessen allein Gott mächtig wäre, das deshalb auch nur durch den göttlichen Versöhner erkannt werden kann, und dem Unglück oder der Ungerechtigkeit, die von den Menschen selbst erkannt und dann auch überwunden werden könnte. Es ist die Differenz zwischen Heil bzw. Erlösung einerseits und einem Leben in Freiheit, Gerechtigkeit und Gesundheit andererseits; die Differenz dessen, was die Glaubenden nur ihrem Gott zutrauen und von ihm allein erhoffen, zu dem, was der Mensch von sich selbst erwartet. Die Überwindung dieser Differenz scheint geradezu *das* Projekt der Neuzeit gewesen zu sein. An ihrem Ende – und nicht auch noch heute? – ist offenkundig allein noch bedeutsam, was als Projekt individuellen oder gemeinschaftlichen menschlichen Handelns beschrieben werden kann. Dahinter scheint es nichts – kein »Letztes« mehr – zu geben, wofür Gott in Anspruch genommen werden müßte. Hoffnungen auf Überwindung des Nichtsein-Sollenden knüpfen sich kaum noch an das – im Entscheidenden *schon geschehene* – Erlösungswerk eines göttlichen Heilbringers, sondern an die Handlungsmöglichkeiten, die sich dem Menschen *in Zukunft* gewiß noch erschließen werden. Warum sollte man etwa das von altersher »Sünde« Genannte und nach theologischer Deutung auf die Erlösung Angewiesene nicht in die Perspektive seiner geschichtlichen Bewältigung rücken und als Sache des Menschen allein ansehen dürfen? Warum sollte, was von Menschen ausgeht, nicht auch von ihnen »aufgearbeitet« werden können? Aber müßte damit nicht auch die Ungerechtigkeit der Welt insgesamt, gerade auch die des Schicksals, des »unverdient zustoßenden« bösen Ergehens, das in der Theologie ja mitunter auf Sünde zurückgeführt worden war, in die Perspektive der Bewältigung gerückt werden: als Herausforderung etwa, sie emanzipatorisch zu überholen, oder auch als die Chance, sie im entschlossen-umgestaltenden Zugriff nutzbar zu machen?

Friedrich Nietzsche hat – gleichsam zum Letzten entschlossen – genau dies zu denken versucht. Sein Denk-Experiment wird spontan den Einwand auslösen, es provoziere den Menschen, seine Handlungs- und Bewältigungsmög-

---

[5] Aphorismen 593–595, a. a. O., 295.
[6] Aphorismus 568, a. a. O., 281.

lichkeiten in Übermenschen-Attitüde zu überfordern. Müßte man nicht doch unterscheiden zwischen Widerfahrnissen, denen der Mensch gewachsen sein kann, weil er sie handelnd zumindest mitgestalten und in seinem Sinne transformieren kann, und solchen, die sich ihm auferlegen, ohne daß er die Chance hat, in ihnen sich selbst oder ein sinnvolles Projekt zu verwirklichen? Und müßte man nicht auch noch einräumen, daß die Gründe wie die Abgründe und die Folgen menschlichen Fehlverhaltens in Tiefen hinabreichen, die sich menschlichem Handeln letztlich entziehen? Greift das Böse nicht womöglich doch mit einer Macht nach den Menschen, derer sie selbst nicht mehr mächtig werden, die sie nicht mehr – sei es emanzipatorisch-revolutionär oder therapeutisch – bewältigen und entmächtigen können? So drängt sich die Frage auf, ob neben der Bewältigungsperspektive eine Perspektive zugelassen werden muß, in der die über-menschliche – nicht nur in Nietzsches Sinn übermenschliche – Dramatik des Bösen, des Übels und seiner »Erlösung« sichtbar werden kann. Hier wäre die Unterscheidung zwischen der Sache der Menschen und Gottes »Sache«, in diesem Sinn zwischen »Vorletztem und Letztem« unaufgebbar. Ließe sich diese Unterscheidung nicht festhalten, so wären der christliche Glaube an ein von Gott angebotenes und im göttlichen Erlöser erschlossenes Heil, ja letztlich auch das Wort »Gott« selbst »leer und nichtig. Denn wenn nicht mehr dasjenige erwartet wird, was allein von Gott erwartet werden kann, dann ist Gott überflüssig geworden ... Die Tötung Gottes hätte sich dann dadurch vollzogen, daß sich der Mensch von Gott nichts mehr verspricht.«[7]

Offenkundig hat sich die Glaubwürdigkeitskrise, in die das Christliche seit Beginn der Aufklärung hineingeraten ist, von der zweifelnden Fage, ob der göttliche Heilbringer wirklich als solcher erkannt werden könne, auf das Nichtmehr-Verstehen bzw. Nicht-mehr-Verstehen-Wollen der Differenz zwischen Heil und Wohl des Menschen hin verschoben. Auf diese Differenz haben ja auch *Paul Tillichs* »Definitionen« von religiösem Glauben und Offenbarung Bezug genommen. Hier begegnet sie als die Differenz zwischen dem, was uns *unbedingt* und dem, was uns *bedingt angeht*. Wenn das Ergriffensein von dem, was uns unbedingt angeht, sich in rein menschlichen Handlungszusammenhängen ereignet und hier allein gelebt werden sollte – im Feld der Bedingtheiten und Bedingungen, denen menschliches Handeln sich ausgeliefert oder verpflichtet weiß –, so wäre zumindest undeutlich geworden, was die Unterscheidung von bedingt und unbedingt noch notwendig macht. Aber muß nicht auch im Blick sein, was sie – immer schon – problematisch macht: die in ihr ausgesprochene Neigung, das Feld des Bedingten gegenüber dem uns unbedingt Angehenden für minder bedeutsam und wichtig zu halten?

Die Fundamentaltheologie hat sich diesen Fagen zu widmen. Und sie muß ihnen da nachgehen, wo sie sich neuzeitlich stellen: im Kontext des christlichen Heilsglaubens und der Soteriologie. So erweist es sich als notwendig, den fun-

---

[7] G. Ebeling, Das Verständnis von Heil in säkularisierter Zeit, in: ders., Wort und Glaube, Bd. 3, Tübingen 1975, 349–361, hier 352 f.

damentaltheologischen Christologie-Traktat soteriologisch zu zentrieren.[8] Er hat die Möglichkeit offenzuhalten, Jesus Christus als den »eschatologischen Heilbringer« zu denken, und dabei angesichts der soteriologiekritischen Bestreitung einer konstitutiven Differenz von Bedingtem und Unbedingtem, von »Vorletztem« und »Letztem« zu einer sachgerechten Bestimmung dieser Differenz anzuleiten.

1.2 Die Differenzierung zwischen »Letztem und Vorletztem« – ihre Problematik, ihre Unausweichlichkeit

Das theologische Verständnis von Heil »eröffnet die heilsame Unterscheidung zwischen eschatologischem Heil und zeitlichem Heil, zwischen rettendem Glauben und hilfreichem Tun, zwischen dem, was allein Gottes Sache ist, und dem, was Sache des Menschen ist.«[9] Sache Gottes ist die Bestimmung des Verhältnisses zwischen Gott und dem Menschen bzw. dessen Heilung – so sieht es *Gerhard Ebeling*, der hier den weithin fraglosen Konsens der christlichen Traditionen zum Ausdruck bringt. Dieses Verhältnis ist offenkundig der »Ort« des Heiles; um seiner Heilung willen geschieht von Gott her Erlösung, ergreift sie die Menschen als das sie unbedingt Angehende, weil *im Letzten* über sie Bestimmende. Die Dimension des Letzten darf nicht vermengt werden mit der Dimension des Vorletzten und Vorläufigen, auf die Besserung menschlicher Lebensverhältnisse Bezogenen.[10]

Die Unterscheidung in Letztes und Vorletztes mag zwar erst von *Dietrich Bonhoeffer* ausdrücklich so getroffen worden sein.[11] Aber sie hat eine lange Differenzierungsgeschichte hinter sich, in deren Verlauf der Bereich religiöser Aktivität – und dementsprechend der Erlösungshoffnung – von dem der menschlichen Weltzuständigkeit geradezu »sektoriell« unterschieden wurde. Vom hohen Mittelalter an löste sich das Ineinander des kirchlich-geistlichen Bereichs mit dem Bereich weltlicher Herrschaft und in der Folge auch die Verquickung dessen, was »gottgewollt« gegeben scheint oder eintrifft bzw. von Gott allein erhofft werden darf, mit dem, was offenkundig Menschenwerk und deshalb auch des Menschen Sache ist, weitgehend auf. Gottes Zuständigkeit für die Probleme des zeitlichen Wohls konnte gegen das wachsende Selbstbewußtsein der für ihre Verhältnisses selbst die Verantwortung übernehmenden Bürger nicht mehr gut behauptet werden. Wenn jetzt noch von Heil und Erlösung gesprochen wurde, so als von einer Wirklichkeit, die zwar von der in dieser Welt begangenen Sünde verwirkt werden konnte, aber in ihr nicht eigentlich – oder

---

[8] Daß auch schon die frühchristliche Christologie entscheidend soteriologisch motiviert war, mag diese Entscheidung zusätzlich stützen.

[9] G. Ebeling, Das Verständnis von Heil in säkularisierter Zeit, a.a.O., 361.

[10] Vgl. ders., Dogmatik des christlichen Glaubens, Bd. 3, Tübingen 1979, 9 bzw. 152.

[11] Vgl. D. Bonhoeffer, Ethik, hg. von E. Bethge, München [6]1963, 128 ff.

gerade noch in kirchlichen Handlungsvollzügen und auch das nur andeutungsweise – zur Erscheinung kam. Offenkundig war sie nur als Wirklichkeit »hinter« der Wirklichkeit dieser Welt zu begreifen, als »letzte« – eschatologische –
Wirklichkeit hinter der vorletzten, der menschlichen Lebenswelt zwischen Geburt und Tod.

Es war dann lediglich eine Frage der Zeit, bis sich die Akteure im Bereich
des diesseitig Geschichtlichen die Relativierung ihres Tätigkeitsfeldes zum bloß
Vorletzten nicht länger bieten ließen. Stand denn in *dieser* Welt nicht alles auf
dem Spiel, vor allem eine Zukunft der Menschheit, in der all das überwunden
oder wirklich vom Menschen gestaltbar sein würde, was jetzt noch Gott anheim-
gestellt wurde: die Ungerechtigkeit des Schicksals, die Unüberwindlichkeit des
Bösen, die »Tödlichkeit« des Todes? Das Scheitern der großen Emanzipationsideologien, die sich an solchen Fragen abarbeiteten, hat gewiß zweifelhaft werden lassen, ob der Mensch sich all das von geschichtlich-revolutionären Befrei-
ungsprozessen erhoffen darf. Aber es hat kaum zu einer Wiederbelebung der
christlichen Heilshoffnung geführt, Gott werde *zuletzt* alles zum Guten wenden, sondern eher die Befürchtung geweckt, das Scheitern des westlichen Zivi-
lisationsprojekts sei nicht nur das »Letzte«, was Menschen heraufführen
können, sondern darüber hinaus definitiv das Ende, jenseits dessen es kein »Allerletztes« geben könne. Wer sich hier weiterhin auf eine letzte Instanz bezogen
weiß, die das, was menschliches Handeln verwirkt, noch einmal zu wenden imstande wäre, den beschuldigt man, er nähme das von Menschen ausgelöste und
zum Verhängnis gemachte Unheil nicht ernst, da er sich eschatologisch über
dieses Letzte in ein Allerletztes hineinträume; den bezichtigt man der Schick-
sals-Indifferenz, des Aussteigenwollens aus der Schicksalsgemeinschaft mit denen, die das bevorstehende Unheil herbeiführen und von ihm betroffen sein
werden.

Die Säkularisierung des Unheils ist die letzte Konsequenz des mit der hoch-
mittelalterlichen Bereichstrennung einsetzenden Säkularisierungsprozesses:
Die Menschen wissen sich dazu in der Lage, das Letzte herbeizuführen; sie meinen zu wissen, daß es das definitive Unheil sein wird – und daß es dahinter kein
Heil von eines Gottes Gnaden mehr geben wird. Damit scheint der »religionsgeschichtliche Archaismus«, der die Menschen im verderben- oder heilbringenden Verkehr mit göttlichen Mächten stehen sieht, endgültig überholt. Die Menschen selbst sind all-mächtig, soweit Allmacht vorkommen kann: sie sind des
Letzten mächtig. Die Mächte, die es herbeiführen, sind *ihre* eigenen mächtigen
Antriebe, *ihre* Interessen; darin werden sie sich selbst zum Unheil, das auch von
keiner übermenschlichen Macht mehr aufgehalten werden könnte.

Die »aufgeklärten« Emanzipationsideologien versuchten, das Böse zu entdramatisieren und auf diesem Weg die soteriologische Grundunterscheidung in
Letztes und Vorletztes gegenstandslos zu machen: Wenn das Böse auf den bösen
Willen der Menschen zurückzuführen ist, so müssen die Menschen guten Willens es auch überwinden können, ohne daß eine letzte Unheilswirklichkeit angenommen werden müßte, die dann nur von Gott geheilt werden könnte. Die

Dialektik der Aufklärung geht einher mit einer Dramatisierung des Bösen, die die religiöse Heilsperspektive ebenso nachhaltig »gegenstandslos« zu machen scheint: Wenn alles vom Menschen, von seiner Kreativität, vermutlich aber letztendlich von seiner Destruktivität abhängt, was könnte dann noch von Gott abhängen und von einem göttlichen Heilshandeln zugunsten der »Sünder« erwartet werden? Das vom Menschen angerichtete Böse darf hier nicht zum bloß Vorletzten entwichtigt werden, angesichts dessen noch einmal Gott in Anspruch genommen und sein »im Letzten« heilswirksames Handeln erhofft werden könnte. Hätte christlich verstandenes Heil nichts zu tun mit der Erfolgs- und Mißerfolgsgeschichte, mit der Leidens- und Rettungsgeschichte der Menschen auf dieser Erde, geschähe es zuletzt doch unabhängig davon, was in der Menschheitsgeschichte an Rettendem und Verhängnisvollem noch geschieht, so wäre christlicher Erlösungsglaube im letzten desinteressiert an dem, was in dieser Geschichte und im geschichtlichen Handeln der Menschen auf dem Spiel steht.

1.3 Was bedarf der Erlösung: Leid oder Sünde?

Gegen die Desolidarisierung christlichen Erlösungsglaubens mit dem Schicksal dieser Erde hat auch die Theologie seit den sechziger Jahren des 20. Jahrhunderts energisch Einspruch erhoben. *Johann Baptist Metz* hat darauf hingewiesen, daß sie entscheidend mit der seit Augustinus sich durchsetzenden hamartologischen – im Zirkel von Sünde und Erlösung ausformulierten – »Verschlüsselung« biblischen Erlösungsglaubens zu tun hat:

> »Das Christentum verwandelte sich aus einer Leidensmoral in eine Sündenmoral, aus einem leidempfindlichen Christentum wurde ein sündenempfindliches. Nicht dem Leid der Kreatur galt die primäre Aufmerksamkeit, sondern ihrer Schuld. Christliche Theologie wurde vor allem zu einer Heuristik der Schuldgefühle und der Sündenangst. Das lähmte ihre Empfindlichkeit für das Leid der Gerechten und verdüsterte die biblische Vision von der großen Gottesgerechtigkeit, der doch aller Hunger und Durst zu gelten hätte.«[12]

Soteriologie wurde hier mit dem Rücken zur irdischen Leidens- und Scheiternsgeschichte entwickelt: mit dem Blick auf eine endzeitliche Vergebung der Sünden, die in den irdischen Leiden schon anfanghaft gebüßt würden. Deshalb sind diese Leiden unumgänglich und nicht etwa zu lindern. Die soteriologisch-hamartologische Verschlüsselung des Erlösungsglaubens resultierte wesentlich aus einem Theodizee-Bedürfnis: Sie wollte Gott freistellen von der Verantwortung für das Leiden der Menschen und interpretierte ihr Leiden als verdiente Sünden-Strafe, als den Anfang der Entsühnung, die – in der Nachfolge des am Kreuz eschatologisch-endgültig erlösenden Gottesknechts – für die Glaubenden

---

[12] J. B. Metz, Gotteskrise, in: Süddeutsche Zeitung Nr. 168 vom 24./25. Juli 1993, Feuilletonbeilage S. I f.

zum Freispruch im Letzten Gericht führen werde. Leiden hat hier geradezu so-teriologische Qualität für den, der sich als Sünder weiß und an der Übernahme der mit seinen Sünden verwirkten Strafen wenigstens Anteil nehmen will. Da-mit verliert das konkrete geschichtliche Leid die unmittelbare Erfahrungsquali-tät des Nicht-sein-Sollenden und Zum-Himmel-Schreienden; es wird Mittel zum guten Zweck und insofern selbst »geheiligt«.

Der von Metz eingeforderte theologische Perspektivenwechsel soll den Blick zurückwenden auf die apokalyptische Leid- und Theodizee-Empfindlich-keit des Neuen Testaments und des jüdisch-apokalyptischen Schrifttums. Leiden ist hier nicht gottgewollt, sondern eine zutiefst gottwidrige Wirklichkeit, die die so sehr vermißte und ersehnte »endzeitliche« Gottesgerechtigkeit herbeirufen läßt, die zum Bitten und zum Kämpfen darum provoziert, daß dieses Leiden endlich ein Ende haben möge. Ein Rückgang auf die biblische Apokalyptik werde – so Metz – das Christentum nicht entmoralisieren, sondern gerade zu einer Moral der »compassion« zurückführen, die zur Anerkennung der Autorität der Leidenden als unabdingbare Herausforderung zum Maßnehmen an Gottes Ge-rechtigkeit, an seiner Parteinahme für die Opfer der Ungerechtigkeit, zwingt.[13]

Aber ist damit biblischer Heilsglaube nicht doch – gegen die Intention der biblischen Apokalyptik – ausschließlich auf die Verbesserung irdischer Lebens-verhältnisse bezogen, auf den Bereich dessen, was Bonhoeffer das »Vorletzte« nannte? Metz bleibt der biblischen Apokalyptik verpflichtet: Auch und gerade da, wo die »beunruhigende Frage nach der Gerechtigkeit für die unschuldig Lei-denden« nicht zu schnell »umgesprochen und verwandelt (wird; J. W.) in die Frage nach der Erlösung der Schuldigen«[14], wo unverkürzt an ihr festgehalten wird, stellt sich angesichts des Todes der dem ungerechten Leiden zum Opfer Gefallenen noch einmal die Frage nach einer Gerechtigkeit, die von Grund auf anders ist als die den Menschen erreichbare: nach der Gerechtigkeit, die in einem »neuen Himmel« und einer »neuen Erde« wohnen (vgl. 2 Petr 3, 13) und auch den Opfern der Ungerechtigkeit zugute kommen wird. Biblisch-apo-kalyptisch inspirierter Glaube weigert sich, an die Allmacht der Menschen zu glauben, daran, daß sie die Macht haben sollen, das ungerechte Schicksal von Mitmenschen zu »besiegeln«, ihm das Siegel der Letztgültigkeit aufzudrücken. So ist er geradezu genötigt, über das, was Menschen vermögen, hinauszuhof-fen.[15] Die apokalyptische Hoffnung auf Gottes größere und alles umfassende Gerechtigkeit wandert aber nicht aus der Zeit- und Leidensgenossenschaft mit denen aus, die in dieser Geschichte die Last des Unrechts zu tragen haben und das daraus erwachsene Unheil abwenden wollen. Sie sucht Gottes größere Ge-

---

[13] Vgl. ders., Mit der Autorität der Leidenden. Compassion – Vorschlag zu einem Weltprogramm des Christentums, in: Süddeutsche Zeitung Nr. 296 vom 24./25./26. Dezember 1997, Feuilleton-Beilage, S. I.

[14] Vgl. J. B. Metz, Mit der Autorität der Leidenden, a. a. O.

[15] Vgl. dazu – aus der Schule von J. B. Metz – H. Peukert, Wissenschaftstheorie – Handlungstheorie – Fundamentale Theologie. Analysen zu Ansatz und Status theologischer Theoriebildung, Düsseldorf 1976, 283–323.

rechtigkeit – die Gerechtigkeit der Gottesherrschaft (vgl. Mt 6, 33) – in allem, was hier und jetzt schon zu ihr hinführen, was dem Geschehen des guten und gerechten Gotteswillens jetzt schon dienen kann. Diese christlich-theologische Hinwendung zur Apokalyptik kann mit einer genaueren Kenntnisnahme des jüdischen Messianismus einhergehen, der – so etwa Jürgen Moltmann – gerade da als Gesprächspartner ernstzunehmen ist, wo er auf den »Überschuß« der jüdischen Messiashoffnung über das im christlichen Erlösungsglauben als schon geschehen Unterstellte beharrt.[16] Es war vor allem *Gershom Scholem*, der auf diesen Überschuß hingewiesen und dem christlichen Erlösungsglauben eine »Halbierung« der messianischen Erlösungshoffnung zum Vorwurf gemacht hat. Israels Erlösungshoffnung habe gerade in ihren späteren messianischen Ausprägungen »stets an einem Begriff von Erlösung festgehalten, der sie als einen Vorgang auffaßte, welcher sich in der Öffentlichkeit vollzieht, auf dem Schauplatz der Geschichte und im Medium der Gemeinschaft, kurz, der sich entscheidend in der Welt des Sichtbaren vollzieht und ohne solche Erscheinung im Sichtbaren nicht gedacht werden kann.« Dem stehe im Christentum eine Auffassung gegenüber, »welche die Erlösung als einen Vorgang im ›geistlichen‹ Bereich und im Unsichtbaren ergreift, der sich in der Seele, in der Welt jedes einzelnen abspielt, und der eine geheime Verwandlung bewirkt, der nichts Äußeres in der Welt entsprechen muß.« Kirche wird hier zur Gemeinschaft »der auf unbegreifliche Weise Erlösten innerhalb einer unerlösten Welt.« Die kirchliche Theologie sei »davon überzeugt, mit dieser Auffassung der Erlösung einen äußerlichen, ja ans Materielle gebundenen Begriff überwunden und ihm einen neuen Begriff von höherer Dignität gegenübergestellt zu haben.« Das Judentum sah in dieser Umdeutung der prophetischen Verheißungen der Bibel stets

> »eine illegitime Vorwegnahme von etwas, das im besten Fall als die Innenseite eines sich entscheidend im Äußeren vollziehenden Vorgangs in Erscheinung treten konnte, nie aber ohne diesen Vorgang selbst. Was dem Christen als tiefere Auffassung eines Äußerlichen erschien, das erschien dem Juden als dessen Liquidation und als eine Flucht, die sich der Bewährung des messianischen Anspruchs innerhalb seiner realsten Kategorien unter Bemühung einer nicht existierenden reinen Innerlichkeit zu entziehen suchte.«[17]

Der Jude weiß – so *Schalom Ben-Chorin* – »zutiefst um die Unerlöstheit der Welt und er kennt und anerkennt inmitten dieser Unerlöstheit keine Enklaven der Erlösung. Die Konzeption der erlösten Seele inmitten einer unerlösten Welt ist ihm fremd, urfremd, vom Urgrund seiner Existenz her unzugänglich.«[18] Die messianische Erlösungsvorstellung des Schalom, der in ihrem Schöpfungssinn

---

[16] Vgl. J. Moltmann, Der Weg Jesu Christi. Christologie in messianischen Dimensionen, München 1989.

[17] G. Scholem, Zum Verständnis der messianischen Idee im Judentum, in: ders., Über einige Grundbegriffe des Judentums, Frankfurt a. M. 1970, 121–167, hier 121 f.; vgl. J. Moltmann, op.cit., 46 f.

[18] Schalom Ben-Chorin, Die Antwort des Jona. Zum Gestaltwandel Israels, Hamburg 1956, 99.

wiederhergestellten, geretteten Schöpfung, wird von Juden im Jahrhundert der schlimmsten Judenverfolgungen, die die Geschichte je gesehen hat, immer wieder als Identitätsmerkmal jüdischen Glaubens – gegen die christliche Vereinnahmung der jüdischen Bibel – geltend gemacht. So geradezu programmatisch schon bei *Martin Buber:*

> »Wir *spüren* die Unerlöstheit der Welt. Eben dieses unser Spüren kann oder muß die Kirche als das Bewußtsein *unserer* Unerlöstheit verstehen. Aber wir wissen es anders. Erlösung der Welt ist uns unverbrüchlich eins mit der Vollendung der Schöpfung, mit der Aufrichtung der durch nichts mehr behinderten, keinen Widerspruch mehr erleidenden, in all der Vielfältigkeit der Welt verwirklichten Einheit, eins mit dem erfüllten Königtum Gottes. Eine Vorwegnahme der *vollzogenen* Welterlösung zu irgendeinem Teil, etwa ein Schonerlöstsein der Seele, vermögen wir nicht zu fassen, wiewohl sich auch uns in unseren sterblichen Stunden Erlösen und Erlöstwerden kundtut. Eine Zäsur nehmen wir in der Geschichte nicht wahr. Wir kennen in ihr keine Mitte, sondern nur ein Ziel, das Ziel des Weges Gottes, der nicht innehält auf seinem Weg.«[19]

Jürgen Moltmann sieht in dieser Selbstunterscheidung eines messianisch inspirierten Judentums vom Christentum die Existenzfrage des Christentums gestellt. Konnte, durfte es sich angesichts der gemeinsamen Traditionen von der umfassenden messianischen Schalom-Hoffnung verabschieden, sie jedenfalls so stark umformen, daß von bereits geschehener Erlösung die Rede sein durfte? Kann es »vor der endgültigen, totalen und universalen Erlösung«, die ja auch das Christentum erhofft, »*Vorwegnahmen* oder *Vorgaben* der Erlösung in Teilbereichen geben? Kann der Erlöser selbst schon vor der real geschehenden Erlösung der Welt in die Welt gekommen sein?«[20]

Die Zeitgenossenschaft mit den Erfahrungen nach dem Zusammenbruch der Erlösungshoffnung »Fortschritt«, die Konfrontation mit einem christlichen Erlösungsverständnis, welches das Judentum als fortdauernde, biblisch legitimierte Glaubensgemeinschaft von vornherein ins theologische Unrecht setzte, aber auch – worauf noch einzugehen sein wird – die Ergebnisse der historisch-kritischen Erforschung frühchristlicher Überlieferungsprozesse nötigen zu einem kritischen Überdenken des – für das westliche Christentum – normal-christlichen Verständnisses vom Erlöser und der von ihm erwirkten Erlösung. Es hatte sich in der über viele Jahrhunderte hinweg aus- und umgeformten Vorstellung verdichtet, die in Jesus Christus geschehene Erlösung sei zu verstehen als die vom göttlichen Vater auf Jesu gehorsam übernommenes Leiden hin gewährte Vergebung der Sünden: Der Vater vergibt, statt zu strafen, weil die gerechte Strafe den trifft, der stellvertretend die Sünde des Menschengeschlechts auf sich nimmt. Wer an der von Jesus Christus erwirkten Vergebung der Sünden Anteil gewinnt, weil er an sie glaubt und ihrer in der sakramentalen Praxis der Kirche teilhaftig wird, der erwirkt sich – so jedenfalls die in Verkündigung und

---

[19] M. Buber, Der Jude und sein Judentum, Köln 1963, 562.
[20] J. Moltmann, Der Weg Jesu Christi, 47.

Katechese verbreitete Vorstellung – die Anwartschaft auf jenseitige Vollendung. Die Teilhabe an der in Jesu Leiden bereits erwirkten Sündenvergebung läßt die Glaubenden im letzten Gericht bestehen; sie werden in den allgemeinen Untergang nicht mit hineingerissen, weil das Verdienst Jesu Christi ihnen den Himmel rettet.

Erlösung wird hier zu einem Ereignis in der Beziehung zwischen Gott und sündiger Menschheit bzw. zwischen dem göttlichen Vater, seinem Sohn und den einzelnen Gläubigen: Der Glaubende erlangt Gnade um Jesu Christi willen; und mit der Gnade erlangt er die Aussicht auf jenseitige Vollendung. Erlösung ist ein für allemal geschehen in Christi stellvertretendem Strafleiden. Sie wird dem Glaubenden zuteil im gläubigen Vertrauen auf Jesu genugtuendes Werk bzw. in der sakramentalen Aneignung der bereits geschehenen Erlösung: als Sündenvergebung. Sie wird ihm zuteil in einer unerlösten Welt, deren Leiden in keinem Verhältnis stehen zu der Herrlichkeit, auf die er sich wegen des stellvertretenden Strafleidens Jesu Christi Hoffnung machen darf.

Vieles ist zweifelhaft, schlicht unverständlich oder ärgerlich geworden an diesem Verständnis von Erlösung. Darf Erlösung – wenn überhaupt noch sinnvoll von ihr die Rede sein kann – beschränkt sein auf das Drama einer stellvertretenden Sühneleistung durch den Sohn, auf den Entschluß des Vaters, um dieser Stellvertretung willen die Glaubenden vor der verdienten ewigen Verdammnis zu bewahren? Was wäre das für ein Gott, der sich nur von dem Opfertod seines Sohnes davor zurückhalten läßt, dem Menschengeschlecht wegen seiner Sünde eine ewig andauernde Strafe aufzuerlegen? Und was ist das für eine »Sünde«, die solche Vergeltung verdiente? Schließlich: Weshalb sollte man noch länger von der Tilgung eines metaphysischen Schuldkontos reden, wenn sich die verheerenden Konsequenzen eines falschen Lebens, gegen das die christliche Erlösungsbotschaft offenbar wenig ausrichten konnte, bedrohlich auftürmen? Was wäre das für eine Erlösungsbotschaft, die ungerührt behauptet, das Entscheidende sei bereits geschehen, während die Katastrophe sich Jahr um Jahr deutlicher abzeichnet?

Aber was meinte die normalchristliche Erlösungsvorstellung, die ja über lange Jahrhunderte hinweg durchaus überzeugte, denn nun wirklich, als man sie offenkundig mit guten Gründen *so* ausarbeitete? Und was hat sie dann doch von Grund auf unverständlich, ja absurd erscheinen lassen? Es wird der historischen Tiefenschärfe des Blicks auf die Krise der christlichen Soteriologie dienlich sein, diesen Fragen im einzelnen nachzugehen.

1.4 Die Last einer unverstandenen Tradition

Zum Verständnis der im Westen weithin normativ gewordenen Vorstellung einer Erlösung durch stellvertretende Sühneleistung bzw. Genugtuung trägt es bei, sich vor Augen zu halten, daß die schon neutestamentlich für den Kreuzestod Jesu in Anspruch genommene Lösegeld-Vorstellung ein quasi-juridisches Paradigma zur Deutung der Erlösung nahelegen konnte bzw. – im lateinischen Westen – geradezu verbindlich zu machen schien. Der Tod des Erlösers am Kreuz war offenbar als eine Leistung zu verstehen, die in zu präzisierendem Sinne von der Gerechtigkeit gefordert war, um die Sünder zu erlösen – sie freizukaufen aus einem Schuldverhängnis, aus dem sie sich selbst nicht mehr befreien konnten. Dieses Schuldverhängnis wird in der Patristik des Ostens wie des Westens als Rechtsanspruch des Satans auf die Sünder verstanden, die sich ihm ja durch ihre Sünde unterworfen haben. *Ihm* muß das am Kreuz bezahlte Lösegeld entrichtet werden, damit er seinen Rechtsanspruch auf die Sünder nicht mehr länger innehat; wobei die Kirchenväter farbig ausmalen können, warum Satan schließlich doch als der Betrogene dasteht: weil das Lösegeld – für ihn nicht sichtbar – das gottmenschliche Leben Jesu Christi ist, das der Satan nicht in seinem »Machtbereich« halten kann. Vielmehr sprengt der »descensus ad inferos« das Gefängnis Hölle, um die dort Gefangenen zu befreien.[21]

Die Unangemessenheit dieser Vorstellung ist schon in der Patristik kritisiert worden: *Gregor von Nazianz* hat sich ausdrücklich von ihr distanziert. Sollte, so fragt er, das Lösegeld wirklich dem gezahlt worden sein, »der uns gefangen hielt«? Und er antwortet: Wenn ihm, »dem Bösen, dann wehe, welche Schande! Wenn der Räuber nicht nur von Gott, sondern sogar Gott selbst als Lösegeld erhält, und zwar einen so überreichen Lohn für seine Gewaltherrschaft, um dessentwillen es recht und billig war, uns zu verschonen.«[22] Dem Teufel wäre hier entschieden zu viel Ehre erwiesen, auch wenn er – wie die Teufelsbetrugshypothese selbstverständlich annimmt – nicht im Besitz des göttlichen Lösepreises bleiben kann.

Der Einspruch Gregors ist erst bei *Anselm von Canterbury* zum Anlaß einer vollständigen Umarbeitung des Lösegeldmotivs genommen worden. Gerechtigkeit muß nun nicht mehr dem Teufel gegenüber gewahrt, sondern im Bundesverhältnis Gott gegenüber wiederhergestellt werden – durch Gott selbst, der dies allein vermag. Die der altkirchlichen Bußlehre entstammende und nach dem germanischen Lehensrecht konkretisierte Kategorie der Genugtuung (satisfactio) ermöglicht es hier, eine Erstattungsnotwendigkeit Gott, dem beleidigten höchsten Lehnsherrn, gegenüber abzuleiten. Sünde erscheint als Raub – Gott wird durch die Sünde seiner göttlichen Ehre beraubt; und es muß in einem rechtsgültigen Akt zurückerstattet werden, was der Mensch geraubt hat. An dieses »Muß« ist auch der gerechte Gott gebunden. Er kann nicht zulassen, daß der Raub seiner Ehre ungesühnt bleibt, und muß die Sünde durch das Auferlegen einer angemessenen Genugtuung »ordnungsgemäß regeln«.[23] Entweder

---

[21] Vgl. etwa die Chrysostomus zugeschriebene Predigt: In illud: pater si possibile est, etc. (Patrologia Graeca 61, 753 f.), in der dem gottmenschlichen Erlöser der Satz in den Mund gelegt wird: »Er wird mich als Menschen verschlingen, und in seinem Bauch wird er mich mit der Wirkkraft Gottes finden.«

[22] Gregor von Nazianz, Orationes 45, 22.

[23] Anselm von Canterbury, Cur Deus Homo I 11 bzw. 13.

»zahlt der Sünder freiwillig, was er schuldet, oder Gott erhält es von ihm gegen seinen Willen. Entweder nämlich erzeigt der Mensch aus freiem Willen Gott die gebührende Unterwerfung – sei es, daß er nicht sündigt, sei es, daß er die Sünde wiedergutmacht –, oder Gott unterwirft ihn sich gegen seinen Willen, indem er ihn foltert, und zeigt so, daß er sein Herr ist, was der Mensch selber aus eigenem Willen zuzugeben sich widersetzt.«[24] Der Mensch kann nur gerechtfertigt werden, wenn er Gott freiwillig – in der satisfactio – oder durch die Strafe dazu gezwungen erstattet, was er ihm in der Sünde geraubt hat.

Nun ist der Mensch aber unfähig, Gott von sich aus eine angemessene satisfactio zu leisten; er verfügt über nichts, worauf Gott nicht sowieso schon Anspruch hätte. Hinzu kommt, daß der Ungehorsam des Menschen gegen Gottes Majestät so schwer wiegt, daß nichts Menschliches diese Schuld aufwiegen könnte. So vermag nur Gott selbst das zur Tilgung der Sünde Notwendige zu tun. Nur ein göttliches Verdienst reicht hin, den Ungehorsam der Menschen aufzuwiegen. Aber das Verdienst muß von einem Menschen erworben werden, damit es den Menschen angerechnet werden kann. Gott muß Mensch werden, um das, was die Menschen treffen müßte, auf sich zu nehmen und die sündige Menschheit zu rechtfertigen.

Gott – ein unbarmherziger Gläubiger, der auf einem Ausgleich für die vom Menschengeschlecht zu verantwortende Schädigung seiner Ehre bestehen muß? Die Sünde der Menschen verglichen mit einer Geld-Schuld, die von Gott mit letzter Grausamkeit wenn nicht vom Schuldner, so doch von dessen Stellvertreter eingetrieben wird? Warum muß Gott sich für die Verletzung seiner Ehre so grausam schadlos halten? Eine genauere Lektüre zeigt schnell, daß honor Dei bei Anselm nicht ein privatrechtlich verstandenes »Persönlichkeitsrecht« Gottes gegenüber den Menschen meint, sondern die Verpflichtung der Menschen zur Wahrung der göttlichen Schöpfungsordnung:

Wenn »ein jegliches Geschöpf seine eigene und ihm gleichsam vorgeschriebene Ordnung – sei es von Natur oder aus Vernunft – wahrt, so sagt man, daß es Gott gehorcht und ihn ehre, und das vornehmlich bei der vernünftigen Natur, der es gegeben ist zu verstehen, was sie soll. Will sie, was sie soll, ehrt sie Gott; nicht nur weil sie ihm etwas schenkt, sondern weil sie sich freiwillig seinem Willen und seiner Anordnung unterwirft und ihren Platz in der Dinge All und die Schönheit dieses Alls, soweit es an ihr liegt, wahrt. Will sie aber nicht, was sie soll, so entehrt sie Gott, soweit es an ihr liegt, weil sie sich nicht freiwillig seiner Anordnung unterwirft, wenn sie auch die Macht und die Würde Gottes nicht im geringsten verletzt oder entstellt.«

Der Ungehorsam des Menschen entehrt Gott, indem er seine Schöpfungsordnung aus dem Gleichgewicht bringt und damit die heilsamen Lebenszusammenhänge verdirbt, die der Schöpfer in ihr angelegt hat. Diese Entehrung fordert die Strafe Gottes heraus, wenn nicht eine andere »ordnungsgemäße Regelung« erreicht werden kann:

[24] Ebd., I 14.

»Wenn die göttliche Weisheit sie, wo die Verkehrtheit die rechte Ordnung zu stören trachtet, nicht einfügte, entstünde in diesem All, das Gott ordnen muß, eine gewisse Verunstaltung, die aus der verletzten Schönheit der Ordnung käme, und es schiene, als ob Gott in seiner Leitung versagte. Da beides ebenso unmöglich wie ungeziemend ist, ist es notwendig, daß jeder Sünde Genugtuung oder Strafe folge.«[25]

Gott muß also nicht um »privater« Selbstachtung, sondern um seiner in der Schöpfungsordnung gleichsam vergegenständlichten Ehre willen auf Genugtuung oder Strafe bestehen; nicht seine persönliche Ehre, sondern »die verunstaltete, aus den Fugen geratene Welt erfordert Wiederherstellung«.[26] Sühne bzw. Genugtuung soll ersetzen und wiederherstellen, was der Schöpfungsordnung durch die Bosheit der Menschen verlorengegangen ist. Sie soll wieder in Ordnung bringen, was durch das ungeordnete, wesenswidrige Verhalten der Menschen seinem heilsamen Schöpfungssinn entfremdet wurde. Die Frage ist für uns heute freilich die: Wie könnte Genugtuung – auch als stellvertretende Genugtuung – der Schöpfung so zugute kommen, daß durch solche Genugtuung *wieder gut* gemacht wird, was die Sünde der Menschen der Schöpfung angetan hat?

Für Anselm beantwortet sich diese Frage im Rahmen seines feudalen Weltbildes von selbst. Der durch die Rebellion der Sünder angerichtete Schaden wird greifbar im Raub der Herrscher-Ehre, in der Bestreitung jener Friedensordnung, die der Herrscher aufrechterhält, in die er seine Ehre setzt und um deretwillen er sie wehrhaft verteidigt.[27] Diese Rebellion verlangt nach einer Antwort, die die durch Aufkündigung der Vasallenloyalität in Frage gestellte Friedensordnung von neuem in Kraft setzt; der Herrscher muß darauf bestehen, daß die Ordnung, in die er seine Ehre setzt, wiederhergestellt wird: durch Strafe, in der die Rückgabe des »Geraubten« mit Gewalt erzwungen wird, oder durch freiwillige Genugtuung von seiten des »Rebellen«. Aut poena aut satisfactio – nach diesem Grundsatz schien es auch für Gott, den höchsten Rechtsherrn, keine dritte Möglichkeit zu geben.

Was ist hier aber genau unter Genugtuung (satisfactio) zu verstehen? Der als Strafe verhängte Kreuzestod Jesu legt die Vorstellung nahe, Jesus habe gleichsam durch die stellvertretend von ihm erlittene Todesstrafe für das Men-

---

[25] Ebd., I 15.

[26] Vgl. G. Greshake, Erlösung und Freiheit. Zur Neuinterpretation der Erlösungslehre Anselms von Canterbury, in: Theologische Quartalschrift 153 (1973), 323–345, hier 329.

[27] Die Verwurzelung der Satisfaktionstheorie im germanischen Ehrbegriff und Lehensrecht hat – mit einem allerdings prekären Gegenwartsinteresse – A. Noffke herausgearbeitet; vgl. Genugtuung und Ehre. Einzeluntersuchungen zu der Schrift ›Cur Deus Homo?‹ von Anselm von Canterbury, Greifswald 1940 (zur Auseinandersetzung mit ihm vgl. H. Kessler, Die theologische Bedeutung des Todes Jesu, Düsseldorf ²1971, 133). Auf den Hintergrund germanischer Rechtsbegriffe weisen freilich auch schon A. Ritschl (Die christliche Lehre von der Rechtfertigung und Versöhnung, Bd. 1, Bonn ²1882, 45) sowie A. von Harnack (Lehrbuch der Dogmengeschichte, Bd. 3, Tübingen ⁵1932, 391, 406–408) hin. Zur gegenwärtigen Diskussionslage vgl. neben dem Buch von H. Kessler vor allem G. Gäde, »Eine andere Barmherzigkeit«. Zum Verständnis der Erlösungslehre Anselms von Canterbury, Würzburg 1989.

schengeschlecht »genug getan«. Und diese Vorstellung macht die Frage dringlich, ob der Vater tatsächlich auf der Exekution der Todesstrafe am Stellvertreter des Menschengeschlechts bestehen *mußte*, ob etwa sein Zorn sich nicht mit einem anderen Versöhnungsweg hätte zufriedengeben können. Für den soteriologischen Sinn der Satisfaktionstheorie Anselms scheint es aber richtungweisend, daß satisfactio im frühmittelalterlichen Rechtswesen gerade nicht als – freiwillig oder gar stellvertretend übernommene – Strafe verstanden worden ist, sondern als »Ritual« gütlicher Konfliktbeilegung. Wo einer der Konfliktparteien die Eröffnung oder Fortsetzung bewaffneter Feindseligkeiten nicht geraten erschien, da stand ihr die Möglichkeit offen, durch Vermittler (mediatores) mit dem Kontrahenten in Verbindung zu treten und eine konfliktbeilegende Genugtuung anzubieten. Formen und Leistungen im Rahmen des Satisfaktions-Verfahrens waren jeweils auszuhandeln und in einem öffentlichen Akt zu vollziehen bzw. zu besiegeln. Im Verlauf des früheren Mittelalters scheint sich »der öffentliche Unterwerfungsakt als die übliche Form der Genugtuung herausgebildet zu haben, die vor allem, aber nicht nur dann angewandt wurde, wenn eine der Konfliktparteien der König war.«[28] War das Genugtuungsverfahren vereinbart, so waren beide Parteien an das abgesprochene Procedere gebunden: Der Unterlegene unterwarf sich in mehr oder weniger demütigender Weise und leistete u. U. zusätzlich einen – oft nur symbolischen – Ersatz für den angerichteten Schaden. Der, dem Genugtuung gegeben wurde, verzichtete darauf, seine Überlegenheit gegen den Unterlegenen auszuspielen und ihn mit Gewalt zu unterwerfen. Er verzichtete auf Rache, die ihm als »aktive Form des Genugtuung-Nehmens« zugestanden hätte, wenn der Konfliktgegner die Genugtuung nicht von sich aus angeboten hätte.[29] Der Genugtuung Leistende aber war streng gehalten, seinerseits nun Frieden zu halten. »Wer nach der Genugtuung den Konflikt fortsetzte oder neu begann, der konnte sich nicht mehr in der *spes reconciliationis* (Hoffnung auf Versöhnung; J. W.) wiegen, ihn trafen höchste Strafen.«[30]

Es liegt auf der Hand, daß sich dieses Satisfactio-Modell für einen Theologen des 11. Jahrhunderts zur Deutung der vom »mediator« Jesus Christus vollbrachten Versöhnung geradezu aufdrängen mußte. Die Parallele zwischen dem Werk Jesu Christi, des »mediator Dei et hominum«, und der Aufgabe der Vermittlung einer gütlichen Konfliktbeilegung durch Genugtuung ist im 11. Jahrhundert durchaus gesehen worden.[31] So legte sich für Anselm eine soteriologische Konzeption nahe, in der der Gottes- und Menschensohn Satisfaktion

---

[28] G. Althoff, Genugtuung (satisfactio). Zur Eigenart gütlicher Konfliktbeilegung im Mittelalter, in: J. Heinzle (Hg.), Modernes Mittelalter: Neue Bilder einer populären Epoche, Frankfurt a. M. – Leipzig 1994, 247–265, hier 252. Ich orientiere mich für die Darstellung des Rechts-Instituts Genugtuung vor allem an diesem Aufsatz.

[29] Vgl. ebd., 258.

[30] Ebd., 262.

[31] Vgl. den Beleg bei G. Althoff, a.a.O., 251; Die Briefe Heinrichs IV., hg. von C. Erdmann, Leipzig 1937, Nr. 30, 103.

zwischen Gott und den gegenüber Gott satisfaktionsunfähigen Menschen nicht nur vermittelt, sondern selbst leistet. Satisfaktionsunfähig sind die Menschen deshalb, weil nach der Logik einer feudalen Ständeordnung der Standesunterschied zwischen Gott und den Sündern so gewaltig ist, daß eine Gebundenheit *beider* Konfliktpartner an eine Konfliktbeilegung durch Genugtuung nicht mehr vorstellbar schien. Eine Demütigung durch Satisfaktionsleistung hätte angesichts des niedrigen Standes der Menschen gar nicht den »Wert«, der den Verzicht auf Strafe durch den so weit höhergestellten und unendlich überlegenen Konfliktgegner Gott als angemessen erscheinen ließe. Jesus Christus ist als Gottessohn satisfaktionsfähig. Als Menschensohn kann er für seine Brüder und Schwestern eintreten, kann er zwischen Gott und Menschen wahrhaft vermitteln, so daß den Sündern, die sich an Gottes Herrscher-Ehre vergriffen hatten, tatsächlich die reconciliatio offenstand; allerdings nur dann, wenn sie sich an die Ordnung der vom Mittler selbst vollbrachten Genugtuung hielten, also nicht mehr sündigten bzw. bei einem Rückfall in die Sünde das vom Erlöser begründete kirchliche Ritual der Genugtuung – das Bußsakrament – aufsuchten.

Daß die Satisfaktionsleistung – die stellvertretende Demütigung – Christi im Gehorsam bis zum Tod am Kreuz (vgl. Phil 2, 8; Röm 5, 19; Hebr 5, 8) erbracht wurde, galt hier nicht nur als Ausdruck der überfließenden Liebe Christi zu seinen Menschenbrüdern und Menschenschwestern, sondern eben auch als Zeichen der Angemessenheit einer Genugtuung, die eine so schwere Schuld aufzuwiegen hatte, wie die Rebellion des Menschengeschlechts sie aufgehäuft hatte. So setzte sich in Anselms Satisfaktionsmodell dann doch – was vom Rechtsinstitut an sich gar nicht gefordert gewesen wäre – das Äquivalenzdenken durch, die Vorstellung also, durch den Gehorsam des Sohnes habe eine äquivalente Ersatzleistung für den Ungehorsam der Menschen erbracht werden müssen, damit so die Gerechtigkeit durch Wiederherstellung ihrer ursprünglichen Ordnung – durch »restitutio in integrum« – zur Geltung gebracht würde. Der Gehorsam des Erlösers wurde zu einer *Leistung*, deren Würdigung durch den, dem sie erbracht wurde, nicht nur angemessenerweise die Nachlassung der geschehenen Sünden nach sich ziehen konnte, sondern darüber hinaus einen Gnadenschatz erwarb, der in der Kirche ausgeteilt werden sollte, wo immer sich die von neuem in Sünde gefallenen Getauften im Sakrament der Buße vor Gott demütigten.[32]

Die Übertragbarkeit Schuld tilgender Satisfaktions-Leistungen und entsprechender Verdienste ist im Kontext einer eher statischen Ordnungsvorstellung und einer daran orientierten Welt- und Sozialerfahrung weitgehend unproblematisch: Was der Mensch von sich aus nicht tun kann, das tut der Mittler

---

[32] Diese Konsequenz ist natürlich von den Reformatoren, insbesondere von Luther, heftig bestritten worden. Ansonsten übernimmt Luther Anselms Konzept, allerdings mit einer entscheidenden, von ihm selbst wohl nicht bemerkten Modifikation. Er kennt den juristischen Sinn von satisfactio nicht mehr präzis genug, und deshalb setzt er sie mit Strafe gleich. Jesus Christus wirkt Genugtuung durch die Strafe, die er für die Menschen übernimmt, und in der er Gottes Zorn über die Sünde der Menschen erleidet; vgl. Weimarer Ausgabe 40/I, 434, 7–9.

für ihn; und so sind die Äquivalenzverhältnisse der »rechten Ordnung« wieder im Lot. Aber ist damit wirklich geheilt, was die gute Schöpfungsordnung in Unordnung brachte? Ist die Vorstellung einer restitutio in integrum nicht unrealistisch, da es doch nicht einfach nur um eine durch den sich demütigenden Mittler eröffnete Rückkehr in den Stand des Gehorsams gegenüber dem Weltenkönig Gott ging, sondern um zukunftsgerichtetes Aufarbeiten des in der Schöpfung angerichteten Schadens?

Solche Fragen mußten sich aufdrängen, sobald die feudale Weltordnung des frühen Mittelalters mit ihren Satisfaktionsritualen sich auf eine eher frühkapitalistisch funktionierende Gesellschaft hin zu verändern begann. Hier geriet dann auch das Modell einer Wiederherstellung der Herrscher-Ehre durch Satisfaktionsleistung endgültig in die Nähe privatrechtlicher Forderungen nach Schadloshaltung: Der Sünder hat sich »zuviel herausgenommen« und ist deshalb zur Rückerstattung verpflichtet; seine Schuld muß von ihm oder seinem Stellvertreter äquivalent ersetzt werden: durch Satisfaktion, bei der in der »Währung« des Strafleidens zurückgezahlt wird, was der Frevler sich unrechtmäßig angeeignet hat. Die Ersatzleistung durch Satisfaktion steht – so sieht es der privatrechtlich Denkende – zu dem angerichteten Übel in keinem anderen sachlichen Verhältnis als dem der quantitativen Äquivalenz. Bei Streitfällen, die durch Rückgabe eines unrechtmäßig angeeigneten Gutes bzw. durch Satisfaktion für ein tangiertes ideelles Gut bereinigt werden können, heilt eine so verstandene äquivalente Sühneleistung geschehenes Unrecht; hier versetzt eine angemessene Ersatzleistung den Geschädigten wieder in den vorigen Stand oder in die vorherige Ordnung.[33] Alle anderen Konfliktsituationen verlangten allerdings – so sieht man es immer deutlicher – nach Wiederherstellung der gestörten oder zerstörten Lebenszusammenhänge in einem ganz anderen Sinn. Unrecht läßt sich hier offenkundig nicht durch die Begleichung offengebliebener Rechnungen aus der Welt schaffen, sondern nur durch die Überwindung dessen, was die Menschen entzweit und einander Unrecht antun läßt.

In diesem Denkhorizont wird Gott – der höchste König – zu einem privatrechtlich auf seine Ehre wie auf sein Eigentum bedachten Kapitalisten. Die von ihm offenbar geforderte und im Erlösungswerk seines Sohnes geleistete Rückerstattung des in der Sünde »Weggenommenen« wird jetzt zum Erfordernis einer geradezu kapitalistisch durchorganisierten, an der Kapitalisierung vergleichbarer Leistungen orientierten Geschäftsbeziehung. Damit erscheint sie aber als dem Bundesverhältnis zwischen Gott und den Menschen ganz und gar unangemessen. Darf und muß Gottes Bundes- und Erlösungsordnung denn nicht als die heilvolle Alternative zu der durchaus noch als ethisch prekär empfundenen Äquivalenzlogik des Marktes gedacht werden?

---

[33] Vgl. P. Ricœur, Interpretation des Strafmythos, in: ders., Hermeneutik und Psychoanalyse, dt. München 1974, 239–265, hier 249.

1.5 Die Kritik am Rache-Gott

Während Luther selbst noch am Modell der stellvertretenden Genugtuung festhielt, nahmen die radikalen polnischen Reformatoren im Umfeld *Fausto Sozzi-
nis* neben der Trinitätslehre vor allem die herkömmliche Soteriologie zur Ziel-
scheibe ihrer Kritik. In seinem Werk »De Jesu Christo Servatore« wird der Tod
Jesu nicht mehr als Satisfaktionsleistung verstanden, sondern als vorbildhaftes
Beispiel einer konsequenten ethischen Selbstverwirklichung. Gott habe keine
Satisfaktion für die Sünde verlangen müssen, da es ganz in seinem Belieben
stehe, wie er auf die ihm widerfahrene Beleidigung reagieren will. Die Sünde
erscheint hier »nicht mehr als Verletzung der öffentlichen Ordnung, sondern als
bloße Privatehrenbeleidigung Gottes … deren Bestrafung (oder Nichtbestra-
fung; J. W.) dessen reine Privatsache ist.«[34] An *stellvertretende* Genugtuung sei
schon deshalb nicht zu denken, weil »weder Schuld resp. Strafe noch Verdienst
übertragen werden« können.[35]

Auch *Hugo Grotius*, der sich im übrigen kritisch mit der Soteriologiekritik
der Sozinianer auseinandersetzt und die Satisfaktionslehre verteidigen will[36],
sieht sich zu einer tiefgreifenden Neuinterpretation des traditionellen Lehr-
bestandes genötigt. Er versteht Christi Tod als »Strafexempel«: Der Gottes-
und Menschensohn mußte anstatt der Sünder bestraft werden, damit die Sünder
an der über ihren Menschenbruder Jesus Christus verhängten Strafe den Zorn
Gottes über ihre so grausam bestrafte Sünde erkennen, von dieser Erkenntnis
zur Buße geführt und so der »remissio« ihrer Sünden teilhaftig werden.[37]

In der Folge problematisiert man gerade die Vorstellung einer stellvertretend am Kreuz erlittenen Todesstrafe und das Bild eines Gottes, dessen Zorn
durch die Sünde der Menschen so sehr herausgefordert würde, daß er – wenn
nicht die Erlösung »dazwischenkäme« – auf ewiger Höllenstrafe für die Sünder
bestehen müßte. Ist es denn – wie der radikale Christentumskritiker *Abbé Meslier* zu Beginn des 18. Jahrhunderts meint – nicht vielmehr so, »daß die Laster
und Sünden der Menschen Gott nicht im geringsten beleidigen und keineswegs
seinen Zorn und seinen Grimm erregen«? Einem weisen und gütigen Gott entspräche es jedenfalls nicht, sich so unbesonnen über die Sünden der Menschen
zu echauffieren; »und folglich befinden sich unsere Christgläubigen im Irrtum
und übertreiben zu Unrecht und vergebens die Schwere und die Ungeheuerlich-
keit der Sünden im Hinblick auf diese angebliche Beleidigung Gottes«.[38] Wo das
bei Anselm vorausgesetzte Verständnis der Ehre Gottes, ihrer Beleidigung und
der dafür zu leistenden Genugtuung unverständlich geworden ist, da kann es bei

---

[34] G. Wenz, Geschichte der Versöhnungslehre in der evangelischen Theologie der Neuzeit, Bd. 1,
München 1984, 122.
[35] Ebd., 124; dort auch Belege.
[36] Vgl. seine Schrift Defensio fidei catholicae de satisfactione adversus Faustum Socinum Senensem,
Leyden 1617.
[37] Vgl. J. Schlüter, Die Theologie des Hugo Grotius, Göttingen 1919, 41 bzw. G. Wenz, op.cit., 135 f.
[38] Das Testament des Abbé Meslier, hg. von G. Mensching, dt. Frankfurt a. M. 1976, 215 f.

der Vorstellung eines zornigen und zur Strafe entschlossenen Gottes nur noch um *Rache* gehen. Bedeutet die Annahme, »Gott strafe nicht nur mit zeitlichen Strafen in diesem Leben, sondern auch und viel strenger noch in einem anderen Leben durch die ewigen Qualen einer Hölle ... die man sich nach allem, was sie (die Christen bzw. ihre Priester; J. W.) darüber sagen, als ein einziges Flammenmeer und angefüllt mit jeder Art von Greueln und Plagen vorstellen muß«, aber nicht eine Beleidigung der allerhöchsten Güte und Weisheit Gottes?[39] Es hieße jedenfalls »doch Gottes Rache bis zu einem solchen Unmaß von Grausamkeit, Barbarei und Unmenschlichkeit zu treiben, wie es kein Mensch, auch keiner unter den grausamsten Tyrannen, die es jemals gab, je gewollt oder das Herz gehabt hätte zu treiben; aber das heißt auch, den Wahnwitz bis zum äußersten Punkt zu treiben. Wie? Alle Übel, alles Elend und aller Jammer dieses Lebens reichen einem unendlich gütigen und barmherzigen Gott nicht aus, das sogenannte Verbrechen eines geringfügigen Ungehorsams zu vergelten?«[40]

Wenn schon Äquivalenz – so gibt Abbé Meslier zu verstehen –, dann aber nach einem nachvollziehbaren Maßstab. Und da ist die Vorstellung ewiger Höllenstrafen ein einziger Hohn auf das Prinzip der Verhältnismäßigkeit. Es hilft dann auch nichts mehr, daß es nach Gottes gutem Willen dazu nicht kommen muß, da Gott aus Liebe die Sünder wegen des Strafleidens Christi verschonen will:

> »Wie soll man ... in ein und demselben Gott ein solches Übermaß von Güte und Liebe zu den Menschen mit derartiger Härte und Strenge vereinbaren, mit denen er doch das geringste Vergehen bestrafte? Wie soll man in ein und demselben Gott eine so große Gnade und Barmherzigkeit gegenüber den Sündern mit so viel Zorn, Eifer und Grimm gegen dieselben zusammenbringen? ... Solche äußersten Gegensätze können sich nicht in ein und demselben Subjekt befinden, da sie sich gegenseitig notwendig ausschließen. Es ist daher lächerlich und widersinnig, sie ein und demselben Gott zuordnen zu wollen.«[41]

Was Anselm von Canterbury noch zusammenbrachte, weil der seine Ehre wiederherstellende Gott dies nach den Maßstäben der Feudal-Gerechtigkeit, aber aus Liebe zu den von der Gerechtigkeit ansonsten rettungslos Verurteilten tut, das ist nun zerbrochen. Das durch Jesu Kreuzesopfer gestillte göttliche Rachebedürfnis erscheint ebenso unmotiviert wie das Kreuzesopfer selbst zur Abwendung des väterlichen Zorns. Alles erscheint hier unverhältnismäßig dramatisiert: die Sünde, der göttliche Zorn und die Opferbereitschaft seiner Liebe. Nach den Kriterien einer bürgerlichen Warentauschgesellschaft sind solche extremen Reaktionsweisen rationalitätssprengend. Und dabei sollte das Gottesverhältnis ja einen Raum eröffnen, der nicht mehr nur von der Rationalität einer Tauschgerechtigkeit, sondern von der Freigiebigkeit der Liebe Gottes bestimmt ist! Etwa 50 Jahre nach der Abfassung dieses Testaments eines an seinem Chri-

---

[39] Vgl. ebd., 220 f.
[40] Ebd., 221.
[41] Ebd., 228.

stentum verzweifelten französischen Abbés rechnet ein im Bannkreis des englischen Deismus gebildeter deutscher Philosoph und Orientalist mit der Satisfaktionslehre ab – oder mit dem, was in der zweiten Hälfte des 18. Jahrhunderts
von ihr übriggeblieben war. *Hermann Samuel Reimarus* setzt in seiner Kritik
wie schon Abbé Meslier bei der durch den Erlösungsglauben falsch versöhnten
Widersprüchlichkeit des christlichen Erlösergottes an: Aus dem als unendlich
beleidigt und rachsüchtig vorgestellten Gott, der geradezu »Vergnügen« findet,
»ein endliches Geschöpf, aus Zorn, mit unaufhörlicher Marter zu belegen«,
macht der Glaube »ein versöhntes, gütiges und barmherziges« Wesen, »aus
dem Ertzbösewicht« des Sünders macht er »ein Kind Gottes, aus dem Teufel
und der Hölle einen Spott; das ergriffene Verdienst Jesu Christi befreyet das
Hertz von aller Angst des Gewissens und von der Furcht der Strafe.« Und dies,
obwohl der böse Mensch der gleiche bleibt, der er war, oder gar – weil die Heilung so mühelos erfolgte – »immer ärger« wird: »der geistliche Universal-Bal-
sam ist immer zur Hand, ohne die Seele wirklich zu heilen.«[42] Einem Gott, der –
zutiefst unmoralisch – ebenso »hart, ungerecht und grausam« erscheint, wie er
dann »seine Gnade unverdient an die Sünder verschwendet«, steht ein glaubender Mensch gegenüber, der sich – ebenso unmoralisch – erlöst statt gebessert
sehen will.[43]

Offenbar überträgt hier der unmoralische Mensch seine unmoralischen
»Gleichnisse« auf Gott, ohne im geringsten darauf zu achten, daß sie »in der
Anwendung auf das allervollkommenste Wesen nohtwendig Irrthümer veranlassen müssen, da sie unsere Mängel und Schwachheiten Gott in eigentlichem
moralischen Verstande beymessen.« Diese fehlerhafte Übertragung läßt sich –
mit Reimarus – konkret so nachzeichnen:

> »Erstlich stellt man sich Gott unter dem Bilde eines Gläubigers vor, welcher an uns
> Menschen eine Schuldforderung hat, die wir ihm nach strengen Rechten bis aufs
> Äusserste bezahlen müssen. Wir sind aber böse Schuldner; und da schon von unsern
> Eltern eine Erbschuld auf uns haftete, so haben wir sie auch selbst so unendlich
> vergrößert, daß wir mit unserm eigenen Vermögen nicht im Stande sind zu bezah-
> len. Daher wird Gott zornig, und verurtheilet uns nach den Rechten zum Schuld-
> Kerker, da wir nicht herauskommen sollen bis wir alles auf den letzten Heller be-
> zahlet haben. Gottes Sohn aber macht sich aus Erbarmen uns gleich, wird unser
> Goel, und bezahlet, statt unser, als Selbstschuldner alle Schuld. Daher wird uns die
> Zahlung angerechnet, und wir werden aus dem Kerker erlöset, wenn wir es nur
> selbst glauben und annehmen wollen.«[44]

Das aus dieser Nacherzählung des »christlichen Lehrgebäudes« zu ziehende Fazit lautet: Welch »eine gar niederträchtige Vergleichung! indem man eben das
auf Gott in moralischem Verstande deutet, worin des Menschen Schwäche und

---

[42] Apologie oder Schutzschrift für die vernünftigen Verehrer Gottes, Frankfurt a. M. 1972, 484 f.
[43] Vgl. ebd., 486 f.
[44] Ebd., 490 f.

Unvollkommenheit bestehet«.[45] Das gilt zum einen für die Vorstellung einer beleidigten Gottesehre, die der Beleidigte mit unnachsichtiger Härte wiederherzustellen trachtet. Sind das nicht »weitgetriebene Vorstellungen eines herrschsüchtigen, ehrgeizigen, stolzen Hertzens, das Gottes Gesinnung, bey dessen Hoheit, nach seines eigenen kleinen Geistes Regungen abmißt?«[46] Wir machen uns gerade hier »von Gott ein fürchterlich, scheußlich, und dennoch kleines ohnmächtiges Bild, wenn wir den Grund seiner Ehre, Hoheit und Herrschaft im Gehorsam der Menschen setzen, und ihn also durch unsere Sünden und Übertretungen für beleydigt, erzürnet, eiffersüchtig, unversöhnlich und rachsüchtig achten«.[47] Zum andern entsteht aus »niederträchtigen und falschen Bildern, worunter man sich das Verhältniß Gottes zu den Menschen vorstellet«, auch eine »ganz verkehrte« Idee vom Heil der Menschen[48] und seiner Ermöglichung. Sie ist hier als stellvertretende Genugtuung vorgestellt, als »Genugthuung, die sich Gott durch seinen Sohn, d. i. durch sich selbst geben soll.« Von ihr kann Reimarus nur sagen:

>»Sie ist eitel, überflüssig, unnütz, unnöthig; er (Gott; J. W.) kann uns nur gerade zu die Schuld aus Gnaden erlassen, wie er doch in der That that und thun kann ... Jener (der Erlöser; J. W.) hat die Strafe nicht verdient, und diese (die Sünder; J. W.) werden durch eine Strafe, die sie nicht selbst fühlen, nicht gebessert. Wiederum kann auch der Glaube eines Menschen ihm die persönlichen Eigenschaften und Vollkommenheiten eines andern, die er nicht hat, (nicht) schaffen, noch seine eigene Boßheiten und Missethaten, die er wirklich an und auf sich hat, vernichten.«[49]

Aus den »herrlichen Lehren Jesu, welche auf eine eigene Sinnes-Änderung, auf eine hertzliche Liebe Gottes und des Nächsten, auf ein thätiges Wesen dringen«, ist in dem »System der Heilsordnung«, das seit Paulus in der Kirche entwickelt worden ist, eine höchst widersprüchliche Ansammlung unverständlicher Heilsgeheimnisse geworden, »eine lose Kette von lauter falschen Sätzen. Falsch ist der Ursprung des Bösen unter den Menschen; falsch die Erbsünde; falsch die Beleydigung Gottes durch die Sünde; falsch die Nohtwendigkeit einer Genugthuung, und zwar einer unendlichen Genugthuung; falsch, daß Jesus um unsernt willen und zur Versöhnung aller Menschen gekreuziget sey; falsch, daß er vom Tode erstanden und gen Himmel gefahren sey ...«.[50]

Reimarus sieht das Bundesverhältnis zwischen Gott und den Sündern in der christlichen Soteriologie ad absurdum geführt: Sie unterlege ihm das Modell eines vom Zwang zum Ausgleich – zur Bezahlung – bestimmten ökonomischen Verhältnisses und stelle die Bereinigung moralischer Schuld als Schuldentilgung vor, bei der es nur auf die Tilgung als solche und nicht darauf ankommt,

[45] Ebd., 491.
[46] Ebd., 493.
[47] Ebd., 495.
[48] Vgl. ebd., 497.
[49] Ebd., 512 f.
[50] Ebd., 518 f.

Streitfall

wer sie leistet. Diese Ökonomisierung, ja Kapitalisierung des Gott-Mensch-Verhältnisses sei – so Reimarus – zutiefst unsittlich und widerspreche darin dem Sinn dieses Verhältnisses: der sittlichen Besserung des Menschen, durch die er sich selbst – als moralisches Subjekt – aus einem Sünder zu einem Gott wohlgefälligen Menschen verwandeln könne.

Die Philosophie und dann auch viele Theologen aus der Zeit der europäischen Aufklärung sehen in der sittlichen Ordnung der Freiheit die heilvolle Gegen-Ordnung zur Ordnung der Natur, welche sich auch im Ökonomischen noch durchsetzt und die Äquivalenz von Austauschbeziehungen je neu herstellt bzw. erzwingt. Die Natur beruht – so sieht man es hier – auf einem Kräftegleichgewicht; sie ist durch die Äquivalenz von actio und reactio bzw. durch die Wiederherstellung dieser *quantitativen* Äquivalenz geordnet. Die Ordnung der Freiheit ist dagegen eine *qualitative;* sie zielt auf die Verwirklichung des Guten durch unvertretbar verantwortliche moralische Subjekte, die sich frei dem vernünftigen Sittengesetz als dem verläßlichen Wegweiser zur Verwirklichung des Guten unterwerfen. Gott will das Gute; er will, daß die Menschen bessere Menschen werden. Erlösung kann hier nur auf dem Weg der Besserung geschehen; sie ist – allenfalls – jene in der endzeitlichen Realisierung des Reiches der Vernunft erreichte vollkommene Sittlichkeit, die die jetzt noch herrschenden unsittlichen Verhältnisse ganz in sich aufgehoben haben wird. Von einem Erlöser kann dann nur noch gesprochen werden im Sinne eines Lehrers wahrer Sittlichkeit, eines zur Sittlichkeit herausfordernden und motivierenden Vorbildes oder des sittlich ansprechenden Urbilds eines Gott wohlgefälligen Lebens. Der Erlöser nimmt uns nicht etwas ab – unsere Schuld; er leistet nicht etwas an unserer Stelle, so als könnte oder müßte er durch sein Verdienst für unser nicht erbrachtes Verdienst eintreten. Er hilft uns vielmehr durch seine Lehre und sein Vorbild – durch die von ihm geleistete Konkretion sittlicher Vollkommenheit –, bessere Menschen zu werden.

In dieser Perspektive kann die herkömmliche Soteriologie nur als Rückfall in die dem Gott-Mensch-Verhältnis gänzlich unangemessene Ordnung des äußerlich Quantitativen erscheinen: Sünde und Erlösung sind im herkömmlichen Verständnis vorsittliche Wirklichkeiten. Die Erbsünde wie auch die Erlösung von ihr werden ja dem Menschen *zugerechnet.* Er wird gleichsam in Mithaftung gezogen und aufgrund des Opfers eines stellvertretend Leistenden aus ihr entlassen. Muß man dieser traditionellen Soteriologiekonzeption nicht vorwerfen, daß sie die sittliche Dimension in ihrer Unbedingtheit gar nicht erreichte, daß sie dem sittlichen Subjekt äußerlich bleibt und die Sittlichkeit durch die Vorstellung eines »außersittlich« Unbedingten unverantwortlich relativiert? Es war Kant, der die Diskussion auf dieser Problemebene führte und traditionsbildend bestimmte.

1.6 Das Heil des Menschen in sittlicher Selbstbestimmung

Immanuel Kants Grundmotiv ist das der sittlichen Selbstbestimmung – der Autonomie – des Menschen, der sich in seinem Handeln von der praktischen Vernunft bestimmen läßt. Was dieser sittlichen Selbstbestimmung äußerlich bleibt, das kann sie nicht mitkonstituieren; das kann allenfalls Zusatzannahmen begründen, die sich nicht auf die innere Konstitution, sondern auf die »äußeren« Realisierungsbedingungen der Sittlichkeit beziehen. Es ist der Mensch selbst, aus dem das Gute und das Böse – als Qualitäten seiner Handlungen – hervorgehen; es ist der Mensch, der die Gutheit oder Verwerflichkeit seiner Gesinnung den aus dieser Gesinnung hervorgehenden Handlungen und Folgewirkungen mitteilt. Gut und Böse sind moralische Qualitäten und von dem auszusagen, wozu der Mensch sich selbst bestimmt hat: »Was der Mensch im moralischen Sinne ist oder werden soll, gut oder böse, dazu muß er *sich selbst* machen oder gemacht haben. Beides muß eine Wirkung seiner freien Willkür sein; denn sonst könnte es ihm nicht zugerechnet werden, folglich er weder *moralisch* gut noch böse sein.«[51]

Nicht das, was »von außen« in den Menschen hineinkommt, macht ihn böse, sondern das, was ihn in seinem Handeln bestimmt. Böse wird er dadurch, daß er Handlungsmotive, die nur als untergeordnete sittlich verantwortbar wären, zu übergeordneten macht, also dadurch, »daß er die sittliche Ordnung der Triebfedern in der Aufnehmung derselben in seine Maximen umkehrt: das moralische Gesetz zwar neben dem der Selbstliebe in dieselbe aufnimmt«, es aber der Selbstliebe unterordnet und so »die Triebfeder der Selbstliebe und ihre Neigungen zur Bedingung der Befolgung des moralischen Gesetzes macht«.[52] Es ist nun – auch für Kant – zweifellos so, daß der Mensch sich immer schon als einer vorfindet, der diese Umkehrung in der Rangfolge seiner Motivationen vollzogen hat und das Gute um des ihm Nützlichen willen tut. Das Böse ist als »radical Böses« immer schon in ihm, ohne daß es einen begreiflichen Grund dafür gäbe, »woher das moralische Böse in uns zuerst gekommen sein könne.«[53] Aber diese Unbegreiflichkeit tangiert nicht die Begreiflichkeit und die Befolgbarkeit des moralischen Gesetzes und seiner Forderung, ein besserer Mensch zu werden, also dem »natürlichen Hang« zur Selbstliebe zu widerstehen und ihm gegenüber die Verbindlichkeit des Sittengesetzes in sich zur Geltung zu bringen. Der natürliche Hang, der das Nützliche dem Guten vorziehen läßt, ist zwar »durch menschliche Kräfte nicht zu *vertilgen* … gleichwohl aber muß er zu *überwiegen* möglich sein, weil er in dem Menschen als frei handelndem Wesen angetroffen wird.«[54] Das Sittengesetz gebietet dem Menschen, sich zu bessern; »er muß es also auch können und ist, wenn er es nicht thut, der Zurechnung in

---

[51] I. Kant, Die Religion innerhalb der Grenzen der bloßen Vernunft, Akademie Textausgabe, Berlin 1968, Bd. V, 44.
[52] Ebd., 36.
[53] Vgl. ebd., 43.
[54] Ebd., 37.

dem Augenblick der Handlung ebenso fähig und unterworfen, als ob er, mit der natürlichen Anlage zum Guten (die von der Freiheit unzertrennlich ist) begabt, aus dem Stand der Unschuld zum Bösen übergeschritten wäre.«[55]

Damit ist der Rahmen vorgezeichnet, innerhalb dessen – allenfalls – von der förderlichen Auswirkung des Tuns eines anderen Menschen auf meine Moralität gesprochen werden kann. Ein vernünftiger Glaube an Jesus Christus wird es dem Gläubigen jedenfalls nicht ersparen, ein besserer Mensch zu werden – etwa mit dem Hinweis darauf, er sei nicht durch seine guten Werke, sondern durch die Genugtuung eines gottmenschlichen Stellvertreters gerechtfertigt. Wenn der vernünftige Glaube sich gleichwohl auf Jesus Christus richtet, so nur deshalb, weil er in ihm das »Ideal der moralischen Vollkommenheit«, das »Ideal der Gott wohlgefälligen Menschheit«, die »personifizierte Idee des guten Prinzips« anschaut, um in dieser Anschauung die im Menschen selbst liegende Idee moralischer Vollkommenheit wahrzunehmen und sich durch die in Jesus Christus geschehene vollkommene Verwirklichung dieser Idee das ermutigende Beispiel eines Gott wohlgefälligen Menschen geben zu lassen.[56]

An Jesus wird sichtbar, wie der Mensch das »neue Leben« im Gehorsam gegen die in der Forderung der reinen praktischen Vernunft sich ihm bezeugenden Gebote Gottes je neu beginnen kann, indem er dem alten, allein der Sinnlichkeit gehorchenden Menschen abstirbt. Jesus, der Leidende, ist nicht der Stellvertreter, der leistet, was die Menschen zu leisten hätten. Die klassische Versöhnungslehre ist für Kant nur eine vergegenständlichte Vorstellung, in der »jenes Leiden, was der neue Mensch, indem er dem alten abstirbt, im Leben fortwährend übernehmen muß, an dem Repräsentanten der Menschheit als ein für allemal erlittener Tod vorgestellt wird«.[57]

Religion darf den Menschen nicht auf das ein für allemal Geschehene fixieren, weil es ihn sonst in der Illusion wiegt, es sei für ihn getan, was er selbst zu tun hat; weil er ansonsten dazu verführt wird, sich als Günstling der Gottheit »Gnaden« zu erschleichen, statt sich der Mühe zu unterziehen, »ein guter Diener zu sein« und zu tun, was Gott ihm als seine Pflicht in der Vernunft verkündigt.[58] Kant kann den Glauben an ein göttliches Erlösungshandeln zugunsten der Sünder nur als ebenso unmoralische wie unvernünftige Alternative zur Anstrengung des Selberhandelns aus reiner Vernunft verstehen; darin ist er der Vorläufer aller Kritiker der christlichen Soteriologie im 19. Jahrhundert. Es darf nicht darauf ankommen, sich auf eine übervernünftige und der Vernunft nicht zugängliche Heilsinitiative Gottes zu verlassen, sondern allein darauf, nicht zu versäumen, was der Mensch tun kann und tun soll: den Auszug aus der selbstverschuldeten Unmündigkeit und Unfreiheit selbst zu wagen; zu diesem Exodus

---

[55] Ebd., 41.
[56] Vgl. ebd., 60–63 bzw. 128 f., 134, 158, 162.
[57] Ebd., 74 f.
[58] Vgl. ebd., 200.

unverzüglich aufzubrechen, um das gelobte Land des »Reiches der Freiheit« aus eigener Kraft zu erobern.

Im Konzept einer moralischen Religion »innerhalb der Grenzen der bloßen Vernunft« hat ein Erlösungsglaube keinen Platz, der die moralische Autonomie des Menschen einschränkt und sie von Bedingungen außerhalb ihrer selbst abhängig macht. So kann auch dem stellvertretenden *Opfer* in ihr keine konstitutive Bedeutung zukommen. Wo sich ein Mensch für den anderen opfert, da mag dieses Opfer den äußeren Lebens- und Überlebensbedingungen zugute kommen. Aber es ist nicht einzusehen, wie es ihn als moralisches Subjekt mitkonstituieren soll. Opfer sind von jedem moralischen Subjekt an sich selbst zu vollbringen: in der Aufopferung des sinnlich Anziehenden für das von der Pflicht Abverlangte. »Kreuzigung des Fleisches« oder das »Absterben am alten Menschen« bedeutet die Übernahme »und Antretung einer langen Reihe von Übeln des Lebens«, denen der neue Mensch in der Gesinnung des Sohnes Gottes um der Verwirklichung des Guten willen ausgesetzt ist sowie zuvor schon das Aufsichnehmen jenes Schmerzes, das mit der Sinnesänderung der Umkehr – dem Ablegen des alten und dem Anziehen des neuen Menschen – unausweichlich verbunden ist.[59]

Wenn die Religion dieses Opfer in Jesus Christus erbracht sieht, so hat die praktische Vernunft darauf zu bestehen, daß das Opfer Jesu nur die *symbolische Darstellung* jenes Opfers sein kann, das von jedem Menschen um seiner moralischen Identität – um seiner Hinkehr zum und seines Festhaltens am Guten willen – zu erbringen und immer wieder zu erneuern ist.[60] Der Glaube an ein Verdienst, das nicht das meinige ist und wodurch der Mensch »mit Gott versöhnt wird«, darf nach den Prinzipien vernünftiger Religion jedenfalls nicht »vor aller Bestrebung zu guten Werken vorhergehen«[61], sondern kann sich allenfalls auf die Bereitschaft Gottes beziehen, dem, der sich um gute Werke müht, mit seiner Gnade zu ergänzen, was ihm trotz seines Strebens vielleicht noch fehlt. Von einer Versöhnung, die nicht durch den Menschen als moralisches Subjekt selbst zu leisten wäre, kann die praktische Vernunft jedenfalls keinen Begriff entwickeln. »Wahre Religion« hat ihr Wesen »nicht im Wissen oder Bekennen dessen, was Gott zu unserer Seligwerdung thue oder gethan habe, sondern in dem, was wir thun müssen, um dessen würdig zu werden«.[62] Spekulationen über das für uns Getane müssen nicht angestellt werden, denn das lehrt jeden Menschen »schon seine Vernunft, daß etwas zu wissen, wozu er doch nichts thun kann, ihm ganz unnütz sei«[63]. Würde hier ein »nützliches«

---

[59] Vgl. ebd., 74. Fichtes »System der Sittenlehre« fordert entsprechend: »Es soll für die Pflicht alles ... was dem Menschen teuer sein kann, aufgeopfert werden«; J. G. Fichte, Gesamtausgabe, hg. von R. Lauth und H. Gliwitzky, Stuttgart – Bad Cannstatt 1964 ff., Bd. I/5, 181.

[60] Vgl. I. Kant, Die Religion innerhalb der Grenzen der bloßen Vernunft, a.a.O., 74 f.; zum Begriff der symbolischen Vorstellung vgl. ebd., 171.

[61] Vgl. ebd., 117.

[62] Vgl. ebd., 171 f.

[63] Vgl. ebd., 133 bzw. 171 f.

Wissen erschlichen, so könnte dessen Nützlichkeit nur dem moralischen Streben schaden: Wenn – wie die herkömmliche Erlösungslehre zu wissen vorgibt – »ein unerschöpflicher Fond zur Abzahlung gemachter oder noch zu machender Schulden schon vorhanden ist, da man nur hinlangen darf ... um sich schuldenfrei zu machen, indessen daß der Vorsatz des guten Lebenswandels, bis man wegen jener allererst im Reinen ist, ausgesetzt werden kann«, so kann man sich die Folgen vorstellen: einen religiösen Glauben, der es jedermann leicht macht, »sich wegen (trotz; J. W.) der gröbsten Laster mit der Gottheit auszusöhnen.«[64] Es gibt aber – und darin ist Kants Grundintention ausgesprochen – »kein Heil für die Menschen ... als in innigster Aufnehmung ächter sittlicher Grundsätze in ihre Gesinnung«.[65]

Wird in diesem Zusammenhang noch von Opfer oder von Genugtuung gesprochen, so geschieht das in mehrstufiger metaphorischer Sublimierung: Der Mensch hat im Vollzug vernünftig-moralischer Selbstbestimmung seinen »natürlichen Hang« zur Selbstliebe der im kategorischen Imperativ geforderten Hinordnung auf das vernünftig Allgemeine zum Opfer zu bringen und so die Umkehrung in der Priorität der Maximen – pflichtgemäßes Handeln statt Eigenliebe – zu vollbringen. *Dieses* Opfer konstituiert die sittliche Selbstbestimmung; es ist keinem Gott dargebracht, und es ist nicht um der Versöhnung eines Gottes willen dargebracht. So kann es auch nicht durch einen Stellvertreter dargebracht werden.

Jesus Christus ist für Kant das Urbild und Beispiel eines mit seiner sittlichen Bestimmung identisch gewordenen Menschen, des Menschen, der dadurch – so radikalisiert *Johann Gottlieb Fichte* den Gedanken – mit Gott selbst eins geworden ist. Jesus Christus ist als erster zu der »Einsicht in die absolute Einheit des menschlichen Daseyns mit dem göttlichen« gekommen, und diese Einsicht kann nur als ein »ungeheures Wunder« angesehen werden. Insofern sei dem christlichen Dogma zuzustimmen, »dass Jesus von Nazareth der, – auf eine ganz vorzügliche, durchaus keinem Individuum außer ihm zukommende Weise, – eingeborene und erstgeborene Sohn Gottes ist.«[66] Aber diese Einzigartigkeit hat für Fichte keine für das Christsein konstitutive Bedeutung. Die christliche Lehre behaupte ja selbst, »dass jedermann zur Einheit mit Gott kommen, und das Daseyn desselben selber, oder das ewige Wort, in seiner Persönlichkeit werden könne und solle.«[67]

Die vernünftige Religion hat es nur mit dieser »metaphysischen Wahrheit« zu tun; denn allein »das Metaphysische, keineswegs aber das Historische, macht selig; das letzte macht nur verständig.« Die metaphysische Wahrheit ist von dem, der sie zuerst ausgesprochen und mitgeteilt hat, durchaus ablösbar. Jeder Mensch ist prinzipiell in der gleichen Weise berufen, die Erkenntnis von der

---

[64] Vgl. ebd., 120.
[65] Ebd., 83.
[66] Vgl. Die Anweisung zum seligen Leben, in: Fichtes Werke, hrsg. von I. H. Fichte, Bd. 5, Neuausgabe Berlin 1971, 397–580, hier 483 f.
[67] Ebd., 490.

Einheit des Menschlichen mit dem Göttlichen und damit die Erlösung zu realisieren; jedermann kann in der gleichen Weise zur Einheit mit Gott gelangen. »Ist nur jemand wirklich mit Gott vereinigt und in ihn eingekehrt, so ist es ganz gleichgültig, auf welchem Wege er dazu gekommen; und es wäre eine sehr unnütze und verkehrte Beschäftigung, anstatt in der Sache zu leben, nur immer das Andenken des Weges sich zu wiederholen.«[68] Von einer realen Vermittlung dieser Einsicht bzw. der Einheit des Menschen mit Gott durch den einen Sohn Gottes, Jesus Christus, kann nicht die Rede sein. In ihm erscheint nur exemplarisch die allgemein-menschliche *Möglichkeit*, die Bestimmung des Menschen zum seligen Leben in der Einheit mit dem Göttlichen: Diese »Entchristologisierung« der Soteriologie wird zum Prototyp religions- und christentumskritischer Entwürfe im 19. Jahrhundert.

1.7 »Entchristologisierung« und »Enttheologisierung« der Soteriologie

Die allgemeinmenschliche Bestimmung des Menschen zur Erlösung in der Einheit des Göttlichen mit dem Menschlichen ist für *David Friedrich Strauß* nicht vom isolierten Einzelnen, sondern von der Menschengattung einzuholen. Die von der traditionellen Soteriologie dem Gottmenschen Jesus Christus beigelegten Attribute gelten in Wirklichkeit dem »gottmenschlichen Leben der (menschlichen; J. W.) Gattung«; die Menschheit als ganze »ist die Vereinigung der beiden Naturen, der menschgewordene Gott, der zur Endlichkeit entäußerte unendliche, und der seiner Unendlichkeit sich erinnernde endliche Geist«.[69] So ist die Geschichte der Menschengattung selbst als die sich realisierende Erlösung zu begreifen. Wenn man entdeckt hat, daß in der Menschengattung wahr wird, was das kirchliche Dogma dem einzelnen Gottmenschen zuschreibt, »wenn wir das Menschwerden, Sterben und Wiederauferstehen, das: *duplex negatio affirmat*, als den ewigen Kreislauf, den endlos sich wiederholenden Pulsschlag des göttlichen Lebens wissen: was kann an einem einzelnen Faktum, welches diesen Prozeß dazu bloß sinnlich darstellt, noch besonders gelegen sein?«[70] Das Interesse, das die kritische Theologie des David Friedrich Strauß an Jesus von Nazaret nimmt, hat doch »nur den subjektiven Grund, daß dieses Individuum durch seine Persönlichkeit und seine Schicksale Anlaß wurde, jenen Inhalt (das gottmenschliche Leben der Gattung; J. W.) in das allgemeine Bewußtsein zu erheben«.[71]

Die Entchristologisierung der Soteriologie bei Strauß wirft aber die noch

---

[68] Ebd., 485.
[69] D. F. Strauß, Das Leben Jesu, kritisch bearbeitet, Bd. 2, Tübingen 1836, 735.
[70] Ebd., 738.
[71] Ebd., 735.

weiter greifende Frage auf, weshalb die in der Menschengattung sich realisierende Erlösung noch als mit Gott in Zusammenhang stehend – von ihm gewirkt? – gedacht, wieso von Gott überhaupt noch gesprochen werden soll. Ist
es nicht konsequent, über den Attributen der Christologie auch noch die der
Gotteslehre für die Menschengattung zu beanspruchen? Diese radikale Konsequenz zieht *Ludwig Feuerbach*. Er spricht nicht nur von der Einigung des
göttlichen und des menschlichen Wesens in der Gattungsgeschichte; er will
darüber hinaus zeigen, »daß der Gegensatz des Göttlichen und Menschlichen
ein durchaus illusorischer ist.« Das göttliche Wesen ist in Wahrheit »*nichts anderes* als das menschliche Wesen oder besser: *das Wesen des Menschen*, gereinigt, befreit von den Schranken des individuellen Menschen, verobjektiviert,
d. h. *angeschaut* und *verehrt als ein anderes, von ihm unterschiedenes, eignes
Wesen* – alle Bestimmungen des göttlichen Wesens sind darum menschliche
Bestimmungen.«[72] Gott ist die Hypostasierung menschlicher Sehnsucht; die
Vorstellung einer von ihm – im Gottmenschen – gewirkten Erlösung ist Ausgeburt des Wunsches,

> »frei zu sein von den *Gesetzen* der Moral, d. h. von den Bedingungen, an welche die
> Tugend auf dem *natürlichen Wege* gebunden ist, der realisierte Wunsch von den
> moralischen Übeln augenblicklich, unmittelbar, mit einem Zauberschlag, d. h. auf
> absolut subjektive, gemütliche Weise erlöst zu werden. Der höchste Selbstgenuß
> der Subjektivität, die höchste Selbstgewißheit des Menschen überhaupt ist, daß Gott
> *für ihn* handelt, *für ihn* leidet, *für ihn sich opfert*.«[73]

Herz und Gemüt des Menschen erfüllen sich ihre tiefsten Wünsche, indem sie
den Weg der vernunftgeleiteten Praxis, in der das menschliche Gattungswesen
anzueignen wäre, mit ihrem Glauben an die in Jesus Christus realisierte Erlösung »kurzschließen«. Dieser Glaube weiß nichts »von der Gattung, in welcher
allein die Lösung, die Rechtfertigung, die Versöhnung und Heiligung der
Sünden und Mängel der Individuen liegt«; für ihn bedarf es »einer übernatürlichen, besonderen, selbst wieder nur persönlichen, subjektiven Hilfe, um die
Sünde zu überwinden.« Aber dieser übernatürlichen Versöhnung bedarf der
Mensch nur so lange, als er die Möglichkeit der natürlichen noch nicht eingesehen und ergriffen hat; der Versöhnung, die die Menschen im gemeinsamen
Gattungsleben selbst hervorbringen können: »Glücklicherweise gibt es ... eine
natürliche Versöhnung. Der *andere* ist *per se* der *Mittler* zwischen mir und der
heiligen Idee der Gattung. Homo homini Deus est. Meine Sünde ist dadurch
schon in ihre Schranke zurückgewiesen, in ihr Nichts verstoßen, daß sie eben
nur meine, aber deswegen noch nicht auch die Sünde des andern ist.«[74]

Erlösung als *geschichtliches Projekt*, als Projekt der Realisierung des Gattungswesens, der realen und unverzerrten Kommunikation, ja Kommunion der

---

[72] L. Feuerbach, Das Wesen des Christentums, in: Werke in sechs Bänden, hg. von E. Thies, Frankfurt
a. M. 1975–76, Bd. 5, 32.
[73] Ebd., 169.
[74] Vgl. ebd., 189.

Einzelmenschen miteinander – diese »Enttheologisierung« der Soteriologie macht endgültig den Weg frei für eine Erlösungskonzeption, in der der Mensch selbst – die Gattung, die Avantgarde des Menschengeschlechts, die Arbeiterklasse – zum Subjekt der Erlösung wird; für eine Erlösungskonzeption, in der dann auch die »Ur-Sünde« der Menschen so bestimmt werden muß, daß dem Menschen verheißen werden kann, er sei in der Lage, sie von sich aus zu überwinden: als von der Dynamik des Kapitals produzierter Klassengegensatz, als Ausbeutung der Arbeitenden durch die Produktionsmittelbesitzer. Es ist ein Erlösungsideal, nach dem der Mensch innergeschichtlich zu seiner Vollendung findet, wenn die Befreiung vom Grundwiderspruch menschlichen Zusammenlebens revolutionär durchgesetzt sein wird.

Diese Entchristologisierung und Enttheologisierung der christlichen Erlösungsvorstellung war geleitet von moralischem Selbstverwirklichungspathos: Die Menschen dürfen sich nicht vom Erlöser – letztlich von Gott – abnehmen lassen, was ihnen selbst aufgegeben ist. Sie dürfen es schon deshalb nicht, weil sie sich sonst in eine grundlegende Hilflosigkeit gegenüber dem ihre sittliche und gesellschaftliche Selbstbestimmung Behindernden hineindrängen ließen – im Interesse derer, die von der Unmündigkeit und Ohnmacht der »Massen« profitieren. Religionen – und insbesondere das Christentum – wollen das wahre, das erlöste Leben in die Zuständigkeit eines Gottes und Erlösers stellen, damit sie selbst ihre Funktion behalten, wahres Leben vermitteln zu können. Sie enthalten die Erkenntnis eines wahren Lebens, einer Überwindung der Entzweiung – des »Sündenfalls« –, die Gottes erlösende Zukunft bringen soll; aber sie enthalten sie in einer falschen, religiösen Form. *Moses Heß* gibt diesem Gedanken eine entschieden sozialrevolutionäre Wendung. Der »ganze Christus« ist für ihn eine prophetische »Antizipation« der Bestimmung des Menschen. Gerade deshalb wäre ernst zu machen mit der Einsicht, daß

> »seine Rolle beendigt (ist; J. W.) von dem Augenblick an, wo die Prophezeiung nicht mehr statthaft, weil sie in Erfüllung gegangen. Auch der Staat ist ebenso wie die Kirche eine Antizipation des einigen sozialen Lebens. Gerade weil Religion und Politik auf ein Zukünftiges hinweisen, werden sie nie zugeben, daß dieses Zukünftige ein Gegenwärtiges sei, in dem sie sich dann selbst aufheben würden. Ja, sie müssen, weil ihre Rolle im Hinweisen auf eine Zukunft besteht, in welcher diese ihre Rolle zu Ende gespielt ist, die Gegenwart dieser Zukunft stets hinausschieben. – Um von der Wahrheit nicht Lügen gestraft oder verleugnet zu werden, müssen sie selbst die Wahrheit lügen und leugnen.«[75]

Die sozialrevolutionär motivierte Kritik des christlichen Erlösungsglaubens wendet sich gegen die Lähmung des Willens zur Veränderung von Herrschaftsstrukturen, die der Glaube an eine erst im Jenseits erreichbare »größere Gerechtigkeit« notwendig mit sich zu bringen scheint. Erlösung soll und kann *jetzt* geschehen – wenn der revolutionäre Wille die Möglichkeiten zur Befrei-

---

[75] M. Heß, Philosophie der That, in: Philosophische und Sozialistische Schriften 1837–1850, hg. von A. Cornu u. W. Mönke, Berlin 1961, 210–226, hier 215.

ung ergreift, die in ihm selbst liegen. Der Erlösungsglaube bindet diesen Willen, da er Erlösung nur im Geschehen des göttlichen Willens erwirkt sieht und den Willen des Menschen als vom »radikal Bösen« in Besitz genommen denunziert. Aber liegt nicht gerade darin – verglichen mit dem naiven Revolutionsoptimismus des 19. Jahrhunderts – eine ungleich tiefere Wahrheit des Christlichen, die es gegen das Selbstmißverständnis eines christlich-soteriologischen Buchstabenglaubens hermeneutisch-kritisch zu retten gilt? Schopenhauer hat es so gesehen. Seine Soteriologiekritik will das religiöse Moment im christlichen Erlösungsglauben reinterpretieren und es gerade nicht sozialrevolutionär überholen.

1.8 Erlösung als Verneinung des Willens

Arthur Schopenhauer steht durchaus noch in der Tradition aufgeklärter Vernunftkritik am Christentum, wenn er dafür plädiert, die christliche Erlösungs-Dogmatik nicht sensu proprio, sondern *allegorisch* zu nehmen und seinen heiligen »Mythos« als »Vehikel« zu würdigen, »mittels dessen dem Volke Wahrheiten beigebracht werden, die ihm sonst durchaus unerreichbar wären.«[76] Versteht man das Christentum sensu proprio, so hat es »den eigentlichen Nachteil, daß es nicht wie in anderen Religionen (des Brahmanismus und des Buddhismus; J. W.) eine reine *Lehre* ist; sondern es ist wesentlich und hauptsächlich eine *Historie*, eine Reihe von Begebenheiten, ein Komplex von Tatsachen, von Handlungen und Leiden individueller Wesen«. Im Gegensatz dazu ist das Dogma etwa im Buddhismus »keineswegs mit dem Lebenslauf des Stifters verwachsen«; hier beruht es »nicht auf individuellen Personen und Tatsachen, sondern ist ein allgemeines, zu allen Zeiten gleichmäßig gültiges«; ihm liegt nicht die »frohe Botschaft von einer erlösenden Tatsache« zugrunde, sondern allein die Erfahrung der Adepten.[77]

Sensu proprio genommen wird das christliche Dogma »empörend. Denn nicht nur läßt es vermöge seiner ewigen Höllenstrafen die Fehltritte oder sogar den Unglauben eines oft kaum zwanzigjährigen Lebens durch endlose Qualen büßen, sondern es kommt hinzu, daß diese fast allgemeine Verdammnis eigentlich Wirkung der Erbsünde und also notwendige Folge des ersten Sündenfalles ist«, vor dem der Schöpfer die Menschen nicht bewahrt hatte, obwohl er dies doch eigentlich hätte wollen und können müssen. »Demnach hätte er ein schwaches, der Sünde unterworfenes Geschlecht aus dem Nichts ins Dasein gerufen, um es sodann endloser Qual zu übergeben«; und es kommt so »heraus, als hätte der liebe Gott die Menschen geschaffen, damit der Teufel sie holen solle; wonach

---

[76] A. Schopenhauer, Parerga und Paralipomena II, § 177; Sämtliche Werke, hg. von W. Frhr. von Löhneysen, Frankfurt a. M. 1986, Bd. 5, 429.
[77] Vgl. ebd., 436 f.

er denn viel besser getan haben würde, es zu unterlassen.« Obwohl er den Menschen »Nachsicht und Vergebung jeder Schuld bis zur Feindesliebe vorschreibt«, übt er sie selbst nicht und verfällt in die bloße Rache, vor der nur die Wenigen gerettet werden, die er in ewigem Ratschluß dazu bestimmt hat.[78] Dieser Absurdität entgehe man nur, wenn man aus der Schale dieses Ursprungsmythos den Kern ewiger Wahrheit herausschält[79]: die ursprüngliche und umfassende Schuldverfallenheit des Menschengeschlechts und jedes einzelnen Menschen und sein Angewiesensein auf Erlösung. Diese Wahrheit aber entspreche voll und ganz der Grundeinsicht seiner – Schopenhauers – Philosophie.

Nachvollziehbar wird Schopenhauers Bestimmung der »ewigen« soteriologischen Wahrheit im Christentum auf dem Hintergrund seiner Willensmetaphysik. Der Wille – nicht der einzelne Willenimpuls, sondern der in allem Wollen wollende, ja in jeder Naturkraft wirksame, jeden Instinkt antreibende Wille – ist für Schopenhauer das Ansich der Wirklichkeit, das, was die Wirklichkeit gleichsam in Gang hält, sich dem Erkennen aber nicht als solches, sondern in einer Welt der Vorstellungen – der Phänomene – darstellt.[80] Der Wille objektiviert sich, er spiegelt sich, er *erscheint* in allen Erscheinungen, ist aber als er selbst – als »Ding an sich« – jenseits der Anschauungsformen von Raum und Zeit, nicht dem principium individuationis und dem Kausalschema der kategorialen Erkenntnis unterworfen.[81] Er ist grund- und ziellos, »rein an sich betrachtet, erkenntnislos und nur ein blinder, unaufhaltsamer Drang«[82], Wille zum Leben. Er ist wesentlich »Entzweiung mit sich selbst«; und diese Selbstentzweiung offenbart sich beim Menschengeschlecht in »furchtbarster Deutlichkeit« als Kampf aller gegen alle.[83] Was sich hier unübersehbar zeigt, ist das Grundgesetz aller Wirklichkeit, der stete Verdrängungskampf auf Leben und Tod, »aus welchem eben hauptsächlich der Widerstand hervorgeht, durch welchen jenes, das innerste Wesen jedes Dinges ausmachende Streben überall gehemmt wird, vergeblich drängt, doch von seinem Wesen nicht lassen kann, sich durchquält, bis diese Erscheinung untergeht, wo dann andere ihren Platz und ihre Materie gie-

---

[78] Vgl. ebd., 431.
[79] Neben der Metapher »Kern – Schale« (vgl. Die Welt als Wille und Vorstellung, Bd. 2, Sämtliche Werke, Bd. 2, 801) greift Schopenhauer gelegentlich zu dem Bild »Gefäß-Inhalt«: »So sind denn die oben genannten Glaubenslehren anzusehen als die heiligen Gefäße, in welchen die seit mehreren Jahrtausenden ... erkannte und ausgesprochene große Wahrheit ... zugänglich gemacht, aufbewahrt und durch die Jahrhunderte weitergegeben wird.« Die Philosophie hat es mit dem Inhalt – der Wahrheit an und für sich – zu tun; das Gefäß interessiert sie nicht (ebd., 807). Immerhin widerspricht Schopenhauer auch nicht dem Einwand, »die überhaupt nicht anders als mythisch und allegorisch aussprechbare Wahrheit gliche dem Wassser, welches ohne Gefäß nicht transportabel ist; die Philosophen aber, welche darauf bestehn, sie unversetzt zu besitzen, glichen dem, der das Gefäß zerschlüge, um das Wasser für sich allein zu haben«; Parerga und Paralipomena, Bd. 2, Sämtliche Werke, Bd. 5, 393.
[80] Vgl. Die Welt als Wille und Vorstellung, Bd. 1, Sämtliche Werke, Bd. 1, 169 f.
[81] Vgl. ebd., 174.
[82] Ebd., 380.
[83] Vgl. ebd., 218 f.

rig ergreifen«.[84] Der Wille ist ziellos: keine Befriedigung befriedigt ihn, keine Objektivation ist von Dauer. Er opfert sich all seine Gestalten auf; er ist das Verdrängen, das die weniger mächtigen Selbstobjektivationen untergehen und die mächtigen siegen läßt, nur um selbst wieder mächtigeren zu unterliegen.

Der Mensch kann diese blinde Dynamik als solche durchschauen und sich ihr – durch Erkenntnis des Rades, an das er geflochten ist – entziehen, indem er den Willen zum Leben resignierend verneint. Den Resignierenden hat sich »das letzte Geheimnis des Lebens offenbart, daß nämlich das Übel und das Böse, das Leiden und der Haß, der Gequälte und der Quäler ... an sich *eines* sind, Erscheinungen jenen einen Willens zum Leben, welcher seinen Widerstreit mit sich selbst mittels des principui individuationis objektiviert: sie haben beide Seiten, das Böse und das Übel, in vollem Maße kennengelernt, und indem sie zuletzt die Identität beider einsehen, weisen sie jetzt beide zugleich von sich, verneinen den Willen zum Leben«.[85] Aus der Einsicht in die Einheit des Entgegengesetzten und miteinander Kämpfenden gehen Mitleid und Nächstenliebe, geht wahres Heil hervor, da diese Einsicht nur als Verneinung des so Gesehenen vollziehbar ist: »Wahres Heil, Erlösung vom Leben und Leiden ist ohne gänzliche Verneinung des Willens nicht zu denken«.[86] Erlösung ist die Lossagung von jener blinden Dynamik, die alles in Leiden und Kampf hineinzieht; bewußte Lossagung vom Wollen, mit der »alle die tausend Fäden des Wollens, welche uns an die Welt gebunden halten und als Begierde, Furcht, Neid, Zorn uns hin und her reißen, unter beständigem Schmerz« abgeschnitten werden und der Wille »auf immer beschwichtigt ist, ja gänzlich erloschen bis auf jenen letzten glimmenden Funken, der den Leib erhält und mit diesem erlöschen wird«, so daß der sich Lossagende eingehen kann in jenen »unerschütterliche(n) Frieden«, jene »tiefe Ruhe und innige Heiterkeit«, wie sie nur dem Resignierenden erreichbar sind.[87] Mit der Verneinung des Willens zum Leben verschwindet schließlich die »Sucht nach individuellem Dasein«[88], wird *das Nichts* zum Sinn und »Zweck des Daseins«. Dieses Nichts ängstigt den Verneinenden nicht mehr, denn: »Was sich gegen dieses Zerfließen ins Nichts sträubt, ist ja eben nur der Wille zum Leben, der wir selbst sind, wie er unsere Welt ist. Daß wir so sehr das Nichts verabscheuen, ist nichts weiter als ein anderer Ausdruck davon, daß wir so sehr das Leiden wollen und nichts sind als ein anderer Ausdruck davon, daß wir so sehr das Leiden wollen und nichts sind als dieser Wille und nichts kennen als eben ihn«.[89]

So stellt sich als rationaler Kern des sensu proprio genommen absurden christlichen Dogmas heraus, daß die Erbsünde gleichbedeutend ist mit der Bejahung des Willens zum Leben, mit der sich der Bejahende in die unheilvolle und

---

[84] Ebd., 424.
[85] Ebd., 535.
[86] Ebd., 540.
[87] Vgl. ebd., 530.
[88] Vgl. Die Welt als Wille und Vorstellung, Bd. 2, 780.
[89] Die Welt als Wille und Vorstellung, Bd. 1, 557.

leidschaffende Dynamik des Willens hineinziehen läßt; »die Verneinung desselben hingegen infolge aufgegangener besserer Erkenntnis ist die Erlösung«[90], die Wiedergeburt. Die christliche Glaubenslehre symbolisiert die Idee des Menschen, »*die Bejahung des Willens zum Leben, in Adam,* dessen auf uns vererbte Sünde, d. h. unsere Einheit mit ihm in der Idee, welche in der Zeit durch das Band der Zeugung sich darstellt, uns alle des Leidens und des ewigen Todes teilhaftig macht: dagegen symbolisiert sie die *Gnade,* die *Verneinung des Willens,* die *Erlösung* im menschgewordenen Gotte«, der eben deshalb nur übernatürlich geboren und nur eines Scheinleibes teilhaftig sein konnte, da in ihm die Wirklichkeit des Willens, dessen erste Objektivation der Leib ist, als völlig aufgehoben vorgestellt wird.[91] Und Schopenhauer fügt zur Erläuterung seines Begriffs der Symbolisierung hinzu, man solle »Jesum Christum stets im allgemeinen auffassen als das Symbol oder die Personifikation der Verneinung des Willens zum Leben; nicht aber individuell, sei es nach seiner mythischen Geschichte in den Evangelien oder nach der ihr zu Grunde liegenden mutmaßlichen, wahren. Denn weder das eine noch das andere wird leicht ganz befriedigen. Es ist bloß das Vehikel jener ersten Auffassung für das Volk, als welches stets etwas Faktisches verlangt«.[92] Wer also die Glaubenslehre nach ihrem wahren Kern interpretiert, der sieht jedes Individuum als identisch mit Adam, dem durch Bejahung des Willens zum Leben dem Tod Anheimgefallenen; jedes erkennende Individuum aber »als identisch mit dem Erlöser, dem Repräsentanten der Verneinung des Willens zum Leben, und insofern seiner Selbstaufopferung teilhaft, durch sein Verdienst erlöst und gerettet aus den Banden der Sünde und des Todes, d. i. der Welt«[93] – »durch sein Verdienst« freilich allegorisch oder auch mystisch verstanden: als Symbolisierung jener Selbstaufopferung, die das erkennende Individuum an sich selbst vollzieht.

In der *Mystik* liegt überhaupt die Wahrheit des Christentums, die es mit Hinduismus und Buddhismus und eben auch mit Schopenhauers Philosophie gemeinsam hat.[94] Die Mystik sieht – so Schopenhauer – jeden mit der Verneinung des Lebenswillens und der Bejahung des Nichts zum Erlöser seiner selbst werden, wobei sie mit ihrer religiösen Bejahung freilich über das dem Philosophen Mögliche hinausgeht. Das »Bewußtsein der Identität seines eigenen Wesens mit dem aller Dinge oder dem Kern der Welt«[95] ist dem Philosophen nur als Negativum zugänglich: in der Verneinung der Willensdynamik. Er kann das Andere, welches hinter unserem Dasein »steckt« und »uns erst dadurch zugäng-

---

[90] Vgl. Die Welt als Wille und Vorstellung, Bd. 2, 779.
[91] Vgl. Die Welt als Wille und Vorstellung, Bd. 1, 549 f.
[92] Ebd., 550 f.
[93] Ebd., 450 f.
[94] Vgl. Schopenhauers Äußerung: »Buddha, Eckhard und ich lehren im wesentlichen das Selbe, Eckhard in den Fesseln seiner christlichen Mythologie. Im *Buddhismus* liegen die selben Gedanken, unverkümmert durch solche Mythologie, daher einfach und klar, soweit eine Religion klar sehen kann. Bei mir ist die volle Klarheit«; Der handschriftliche Nachlaß, 5 Bde., hg. von A. Hübscher, Frankfurt a. M. 1966 ff., Bd. 4, Zweiter Teil, 29.
[95] Vgl. Die Welt als Wille und Vorstellung, Bd. 2, 785.

lich wird, daß wir die Welt abschütteln«[96], nur als *Nichts* auffassen, freilich als ein relatives Nichts, von dem nicht gesagt werden darf,»daß es absolut nichts sei, daß es nämlich auch von jedem möglichen Standpunkt aus und in jedem möglichen Sinne nichts sein müsse; sondern nur, daß wir auf eine völlig negative Erkenntnis desselben beschränkt sind; welches sehr wohl an der Beschränkung unseres Standpunkts liegen kann. – Hier nun gerade ist es, wo der Mystiker positiv verfährt und wovon daher nichts als Mystik übrig bleibt«[97]; wo der Mystiker von seiner »nicht weiter mitteilbaren Erfahrung« der »Ekstase, Entrückung, Erleuchtung, Vereinigung mit Gott« spricht. Der Philosoph muß sich »mit der negativen Erkenntnis begnügen, zufrieden, den letzten Grenzstein der positiven erreicht zu haben«, und kann gleichwohl an der Identität seines Wissens mit der Erfahrung der Mystik festhalten.[98]

Schopenhauer läßt keinen Zweifel daran, daß die asiatische Mystik des Hinduismus und des Buddhismus seinem philosophischen Wissen eher entspricht, als die in der Mythologie des Christentums befangene Mystik eines Meister Eckhart. Christliche Mystik muß an dieser Mythologie vor allem zweierlei überwinden: den – wie Schopenhauer meint – typisch jüdischen Optimismus des Schöpferglaubens und die Fixierung auf einen Erlöser, der die Erlösung ein für allemal vollbracht habe:

> »Eine Religion, die zu ihrem Fundament eine *einzelne Begebenheit* hat, ja aus dieser, die sich da und da, dann und dann zugetragen, den Wendepunkt der Welt und alles Daseins machen will, hat ein so schwaches Fundament, daß sie unmöglich bestehen kann, sobald einiges Nachdenken unter die Leute gekommen. Wie weise ist dagegen im *Buddhismus* die Annahme der tausend Buddhas, damit es nicht sich ausnehme wie im Christentum, wo *Jesus Christus* die Welt erlöst hat und außer ihm kein Heil möglich ist«.[99]

So erneuert Schopenhauers Erlösungslehre das Aufklärungsproblem, wie eine einzelne Person Erlöser der Welt von umfassender und schlechthin grundlegender Bedeutung für alle Menschen sein könne. Anders als Kant aber denkt Schopenhauer das Böse wirklich radikal und in seinen metaphysischen Dimensionen als Ursprung und Gesetz der falschen Welt – der Maja –, in der wir uns als Wollende immer schon vorfinden. Bei der lebensentscheidenden Umkehr kann es deshalb nicht nur um die Umkehrung der Willensrichtung gehen, sondern nur um die Verneinung des Willens und seines »Spiegels« – der vom Wollen hervorgebrachten Welt der Erscheinungen; um Erlösung von der Welt und um das Eingehen in den Frieden des Nicht-Wollens. Damit kann Schopenhauer als Wegbereiter jener westlichen Zuwendung zu Buddhismus und Hinduismus gelten, die entweder nach der Erlösung durch »Gleichmütigkeit« sucht – durch die

---

[96] Vgl. Die Welt als Wille und Vorstellung, Bd. 1, 549.
[97] Die Welt als Wille und Vorstellung, Bd. 2, 784.
[98] Vgl. Die Welt als Wille und Vorstellung, Bd. 1, 557.
[99] Parerga und Paralipomena, Bd. 2, §182, Sämtliche Werke, Bd. 5, 465.

Befreiung »von Wünschen, Furcht und Zorn«[100] – oder zur Zurücknahme des individualistischen »Eigenwillens« und zur Einsicht in die Verbundenheit des eigenen Lebens mit der »Dynamik des allumfassenden Universums«[101] gelangen will. Wirkungsgeschichtlich vorherrschend war freilich eher der vehemente Widerspruch, den Schopenhauers philosophische »Erlösungslehre« bei Nietzsche gefunden hat.

1.9 »Dionysos gegen den Gekreuzigten«

Friedrich Nietzsches philosophische Entwicklung ist wesentlich davon gekennzeichnet, daß seine anfängliche Hochachtung für Schopenhauer in immer deutlichere Ablehnung umschlägt und schließlich zu der Einschätzung führt, Schopenhauers Erlösungslehre sei im Grunde die Radikalisierung der christlichen. »Als ich jung war« – so Nietzsche 1883 – »gehörte ich im Grunde zu den Welt-Verleumdern und Pessimisten«, zu denen, die Schopenhauers »Protest ... *gegen* das ganze Dasein als eine Erlösung« empfanden.[102] Aber gerade dieser Protest, der das Dasein in dieser Welt entwertet, wird von Nietzsche bald als »Frevel« an der Erde[103] entlarvt. Schopenhauer ist für ihn nun »der Philosoph der décadence«[104], darin dem Christentum näher verbunden als es bei seiner Christentumskritik den Anschein hat. Zu widersprechen wäre schon seiner Einschätzung vom »Werth der Religion für die Erkenntniss« der Weltwirklichkeit, würde sie nur »senso allegorico« genommen. Nietzsche hält dagegen: »noch nie hat eine Religion, weder mittelbar, noch unmittelbar, weder als Dogma, noch als Gleichnis, eine Wahrheit enthalten. Denn aus Angst und dem Bedürfniss ist eine jede geboren, auf Irrgängen der Vernunft hat sie sich in's Dasein geschlichen«.[105]

Schopenhauers irrige Einschätzung bezeuge seine eigene Nähe zum Welt- und Willenspessimismus der östlichen wie der westlichen Religionen. Wie sie hat er »den Werth des ›Unegoistischen‹, der Mitleids-, Selbstverleugnungs-, Selbstopferungs-Instinkte ... so lange vergoldet, vergöttlicht und verjenseitigt ... bis sie ihm schliesslich als die ›Werthe an sich‹ übrig bleiben, auf Grund deren er zum Leben, auch zu sich selbst, *Nein sagte.*«[106] Schopenhauer ist dem religiösen »Grundmißverständniß des Willens« erlegen, der »Wertherniedrigung des Willens bis zur Verkümmerung«, dem »Haß gegen das Wollen«, dem »Versuch, in dem Nicht-mehr-wollen, im ›Subjekt ohne Ziel und Absicht‹

---

[100] Bhagavadgita, hg. von L. von Schroeder, Köln 1978, 49 f.
[101] So etwa der vom Buddhismus inspirierte Naturwissenschaftler E. Jantsch, zitiert bei: H. J. Ruppert, New Age – Endzeit oder Wendezeit, Wiesbaden 1985, 128.
[102] F. Nietzsche, Nachgelassene Fragmente Sommer 1883, KSA 10, 341.
[103] Vgl. Also sprach Zarathustra I, KSA 4, 15.
[104] Der Fall Wagner, 4, KSA 6, 21; vgl. Nachgelassene Fragmente Frühjahr 1888, KSA 13, 429.
[105] Menschliches, Allzumenschliches I, Aphorismus 110, KSA 2, 110.
[106] Zur Genealogie der Moral, Vorrede 5, KSA 5, 252.

(›im reinen willensfreien Subjekt‹) etwas Höheres, ja *das* Höhere, das Werthvolle zu sehen«. Nietzsche kann darin nur ein »Symptom der Ermüdung, oder der Schwäche des Willens« erkennen.[107] Genau dies war »die große Falschmünzerei Schopenhauer's«, daß er dem »Wille(n) zum Nichts mehr Werth« beilegte als dem »Wille(n) zum Leben«, ja, daß bei ihm »das Nichts die oberste Wünschbarkeit ist« und er deshalb Religion wie Moral »wegen ihrer scheinbaren Lebensfeindlichkeit, als Verlangen ins Nichts zu ehren« bringt.[108] Wenn es aber gilt – und entscheidend für Nietzsche selbst galt –, »Partei zu nehmen gegen alles Kranke an mir«, so war eine entschiedene Distanzierung von Schopenhauer fällig[109], die Distanzierung von allem Weltpessimismus, dem Nihilismus der Willens- und Weltverneinung im Gewande eines verwestlichten, philosophisch gefaßten Buddhismus.

Aber weshalb ist mit dem Buddhismus auch das Christentum – und zwar gerade aufgrund seiner Erlösungslehre – als weltverneinend und der Tendenz nach »nihilistisch« zu beurteilen? Das Christentum schürt – so Nietzsche – absichtsvoll »den Verdacht, daß Alles im Grunde böse und unverbesserlich sei«.[110] Es will »den Menschen als böse und sündhaft von Natur« und versteht sich auf den »Kunstgriff«,

> »ihm die Natur zu verdächtigen und so ihn selber schlecht zu machen: denn so lernt er sich als schlecht empfinden, da er das Kleid der Natur nicht ausziehen kann. Allmählich fühlt er sich, bei einem langen Leben im Natürlichen, von einer solchen Last von Sünden bedrückt, dass übernatürliche Mächte nöthig werden, um diese Last heben zu können; und damit ist das … Erlösungsbedürfniss auf den Schauplatz getreten, welches gar keiner wirklichen, sondern nur einer eingebildeten Sündhaftigkeit entspricht.«[111]

Der Kunstgriff, mit dem der Verdacht gegen die menschliche Natur stimuliert wird, besteht konkret darin, dem Menschen überspannte moralische Anforderungen aufzuerlegen, so daß er ihnen gar nicht genügen *kann*. Die Absicht christlicher Moralverkündigung ist es deshalb »nicht, dass er moralischer werde, sondern dass er sich möglichst sündhaft fühle.«[112] Sie manifestiert, was das Christentum »von Anfang an, wesentlich und gründlich« war: »Ekel und Ueberdruss des Lebens am Leben, welcher sich unter dem Glauben an ein ›anderes‹ oder ›besseres‹ Leben nur verkleidete, nur versteckte, nur aufputzte. Der Hass auf die ›Welt‹, der Fluch auf die Affekte, die Furcht vor der Schönheit und Sinnlichkeit, ein Jenseits, erfunden, um das Diesseits besser zu verleumden, im Grunde ein Verlangen in's Nichts, an's Ende, in's Ausruhen, hin zum ›Sabbat

---

[107] Nachgelassene Fragmente Herbst 1887, KSA 12, 435.
[108] Nachgelassene Fragmente Mai–Juni 1888, KSA 13, 528 f. Zu Nietzsches Schopenhauerverständnis und -kritik vgl. F. Decher, Wille zum Leben – Wille zur Macht. Eine Untersuchung zu Schopenhauer und Nietzsche, Würzburg – Amsterdam 1984.
[109] Der Fall Wagner, Vorwort, KSA 6, 12.
[110] Nachgelassene Fragmente Ende 1886–Frühjahr 1887, KSA 12, 306.
[111] Menschliches, Allzumenschliches I, Aphorismus 141, KSA 2, 136.
[112] Ebd.

der Sabbate‹«[113] – all das verrät nur, daß die Glaubenden *diese* Welt nicht annehmen können, daß sie an ihr leiden. Die »ganze Fiktions-Welt« der Christen »hat ihre Wurzel im Hass gegen das Natürliche (– die Wirklichkeit –), sie ist der Ausdruck eines tiefen Missbehagens am Wirklichen ... Aber damit ist Alles erklärt. Wer allein hat Gründe sich wegzulügen aus der Wirklichkeit? Wer an ihr leidet. Aber an der Wirklichkeit leiden heisst eine verunglückte Wirklichkeit sein«.[114]

Wer an der Wirklichkeit, so wie sie ihm widerfährt, leidet und ihr nicht gewachsen ist, der scheint dazu genötigt, das ihm Zustoßende in irgendeiner Weise als sinnvoll zu interpretieren: »man legt die Folgen des Zufalls, des Ungewissen, des Plötzlichen als wohlgemeint, als sinnvoll aus ... man interpretiert vor allem das Schlimme als ›verdient... man rechtfertigt das Böse als Strafe«[115]; man »will lieber sich schuldig finden, als umsonst sich schlecht fühlen«.[116] So ist Religion – insonderheit das Christentum – für Kranke, Lebensuntüchtige, Zu-kurz-Gekommene und Feige »ein Mittel, ihr Leben auszuhalten und aushaltenswerth zu finden«[117], es dadurch auszuhalten, daß man das Leiden an der Welt zwar auf die Sünde zurückführt, die Sünde aber als durch Erlösung überwunden ansieht, jedenfalls für den, der sein Leiden als Anfang seiner Erlösung im Jenseits annimmt.

Für das Christentum ist die Überzeugung konstitutiv, daß Leiden Erlösung bringt, da es als Gott dargebrachtes Opfer verstanden werden darf. Christlicher Glaube ist – so Nietzsche – »von Anbeginn Opferung: Opferung aller Freiheit, alles Stolzes, aller Selbstgewissheit des Geistes; zugleich Verknechtung und Selbst-Verhöhnung, Selbst-Verstümmelung«.[118] Es ist von Anfang an die falsche Verheißung und Forderung, die Selbstentwertung des sich als Sünder Definierenden müsse und könne erlösend überboten werden durch jene Selbst-Verstümmelung, die das Leiden als sühnende Strafe geradezu sucht. Die Sünde als »Selbstschändungs-Form des Menschen par excellence«[119], die »die Existenz selber als Strafe empfinden« läßt[120], erfordert hier die »Selbstkreuzigung und Selbstschändung«[121], die Bereitschaft, die ewige Strafe durch die Übernahme zeitlicher hinwegzuleiden. Diese Möglichkeit ist freilich erst durch das stellvertretende Leiden des göttlichen Erlösers am Kreuz eröffnet. Aber gerade in diesem Erlösungssymbol spricht sich christliche Weltverneinung am deutlichsten aus:

---

[113] Die Geburt der Tragödie. Versuch einer Selbstkritik, Aphorismus 5, KSA 1, 18.
[114] Der Antichrist, Aphorismus 15, KSA 6, 182.
[115] Nachgelassene Fragmente Herbst 1887, KSA 12, 466.
[116] Nachgelassene Fragmente Frühjahr 1888, KSA 13, 232.
[117] Nachgelassene Fragmente Frühjahr 1880, KSA 9, 52.
[118] Jenseits von Gut und Böse, Drittes Hauptstück, Aphorismus 46, KSA 5, 66.
[119] Der Antichrist, Aphorismus 49, KSA 6, 229.
[120] Morgenröthe I, Aphorismus 13, KSA 3, 26.
[121] Zur Genealogie der Moral, Zweite Abhandlung, Aphorismus 23, KSA 5, 333.

»»Was schwach ist vor der Welt, was thöricht ist vor der Welt, das Unedle und Verachtete vor der Welt hat Gott erwählet…‹ das war die Formel, in hoc signo siegte die
décadence – Gott am Kreuze – versteht man immer noch die furchtbare Hinter-
gedanklichkeit dieses Symbols nicht? – Alles, was leidet, Alles, was am Kreuz hängt,
ist göttlich … Wir Alle hängen am Kreuze, folglich sind *wir* göttlich … Wir allein
sind göttlich …«.[122]

So ist das Kreuz für Nietzsche »Erkennungszeichen für die unterirdischste Ver-
schwörung, die es je gegeben hat, – gegen Gesundheit, Schönheit, Wohl-
gerathenheit, Tapferkeit, Geist, Güte der Seele, gegen das Leben selbst …«.[123]
Das Christentum hat das »Crucifix« überall aufgerichtet und aus der Erde eine
»entsetzliche Stätte« gemacht, »den Ort … ›wo der Gerechte zu Tode gemartert
wird‹«.[124] Am Kreuz des Nazareners, an jedem Kruzifix, offenbart sich der Gott
der Christen, offenbaren sich die abgründigen Beweggründe derer, die ihn nötig
haben, ihn deshalb erfunden haben:

> »Der Begriff ›Gott‹ erfunden als Gegensatz-Begriff zum Leben, – in ihm alles
> Schädliche, Vergiftende, Verleumderische, die ganze Todfeindschaft gegen das Le-
> ben in eine entsetzliche Einheit gebracht! Der Begriff ›Jenseits‹, ›wahre Welt‹ erfun-
> den, um die einzige Welt zu entwerthen, die es giebt – um kein Ziel, keine Vernunft,
> keine Aufgabe für unsere Erden-Realität übrig zu behalten … statt der Gesundheit
> das ›Heil der Seele‹ – will sagen eine folie circulaire zwischen Busskrampf und Erlö-
> sungs-Hysterie! Der Begriff ›Sünde‹ erfunden … um die Instinkte zu verwirren,
> um das Misstrauen gegen die Instinkte zur zweiten Natur zu machen!«[125]

Gott ist hier »zum Widerspruch des Lebens abgeartet, statt dessen Verklärung
und ewiges Ja zu bedeuten; in Gott dem Leben, der Natur, dem Willen zum
Leben die Feindschaft angesagt … in Gott das Nichts vergöttlicht, der Wille
zum Nichts heilig gesprochen!« So ist das Christentum eine neinsagende, »eine
nihilistische Religion – um ihres Gottes willen …«[126] – und um des Kreuzes
willen, an dem der Wille zum Sich-kreuzigen-Lassen heiliggesprochen ist. Das
Gegenbild zum Gott und zur Religion der Verneinung – der rechte »Name des
Antichrist« – ist Dionysos. Er steht für die »Vergöttlichung des Leibes«, ist das
»Symbol der höchsten bisher auf Erden erreichten Welt-Bejahung und Daseins-
Verklärung«.[127] Das Dionysische – der Inbegriff rauschhafter Daseinsfreude –
steht gegen das Christliche, den Inbegriff des Neins zum Leben: » – Hat man
mich verstanden? – Dionysos gegen den Gekreuzigten …«.[128]
Nietzsches Protest gegen den Gekreuzigten, sein »Fluch auf das Christen-

---

[122] Der Antichrist, Aphorismus 51, KSA 6, 232.
[123] Der Antichrist, Aphorismus 62, KSA 6, 253.
[124] Morgenröthe I, Aphorismus 77, KSA 3, 75.
[125] Ecce homo. Warum ich ein Schicksal bin, Aphorismus 8, KSA 6, 373 f.
[126] Nachgelassene Fragmente Mai–Juni 1888, KSA 13, 525.
[127] Vgl. Geburt der Tragödie. Versuch einer Selbstkritik, Aphorismus 7, KSA 1, 19 bzw. Nachgelassene Fragmente August–September 1885, KSA 11, 680 f.
[128] Ecce homo. Warum ich ein Schicksal bin, Aphorismus 9, KSA 6, 374.

tum«[129], ist der Widerspruch gegen eine Religion, die – mit unübersehbarer Deutlichkeit am Kreuz des Gottessohns dargestellt – den Willen zum Leben verneint. Dieser Wille gilt dem Christentum als die Sünde *von Anfang an.* Die Sünde, den Willen zum Leben zu bejahen und als »Wille zur Macht« zu leben, kann hier nur durch Christi Kreuzigung aus der Welt geschafft werden. Die in der Überlieferung der Satisfaktionslehre so irritierende »Erforderlichkeit« eines grausamen Lebensopfers für die Tilgung der Sündenschuld ist für Nietzsche das Offenbarwerden der im Christentum zur Herrschaft gekommenen Lebensverachtung: Das Leben ist von Grund auf verachtenswert, wenn es nur als durchkreuztes Anerkennung verdient, wenn es gerechtfertigt werden muß durch den Tod des Gottessohns am Kreuz. Nietzsche macht diese Gegenrechnung auf: Das Kreuz Christi bedeutet »die absolute Verdammung des Menschen, das odium generis humani. Um die Menschheit eines solchen Opfers eines Gottes werth zu fühlen, mußte man sie in's Tiefste verachten und vor sich herabwürdigen.«[130] Das Kreuz symbolisiert die »Selbstmarterung« des Menschen »bis zu ihrer schauerlichsten Härte und Schärfe.« Der Mensch des religiös motivierten schlechten Gewissens ergreift im Gedanken des gekreuzigten Gottessohnes

> »in ›Gott‹ die letzten Gegensätze, die er zu seinen eigentlichen und unablöslichen Tier-Instinkten zu finden vermag, er deutet diese Thier-Instinkte selbst um als Schuld gegen Gott ... er wirft alles Nein, das er zu sich selbst, zur Natur, Natürlichkeit, Thatsächlichkeit seines Wesens sagt, aus sich heraus als ein Ja, als seiend, leibhaft, wirklich, als Gott, als Heiligkeit Gottes, als Richterthum Gottes, als Henkerthum Gottes, als Jenseits, als Ewigkeit, als Marter ohne Ende, als Hölle, als Unausmessbarkeit von Strafe und von Schuld.«[131]

Diese Selbstmarterung, der Wille, »sich schuldig und verwerflich zu finden bis zur Unsühnbarkeit«[132], finden ihre Befriedigung und Bestätigung in der Marter des Gottessohnes, die das Menschenleid unendlich überbietet, die Abgründigkeit der Sünde manifestiert und sie bei denen überwindet, die sich der Kreuzesnachfolge weihen: die bei sich selbst *nihilistisch* den Willen zum Leben verneinen.

Nietzsches Kritik der christlichen Soteriologie ist so radikal wie nur eben denkbar. Und sie muß so radikal sein, damit an ihrer Wurzel die heilvolle Alternative aufscheinen kann: die dionysische Religion der Lebens- und Daseinsbejahung ohne jede Einschränkung, die Religion des »ungeheure(n) unbegrenzte(n) Ja- und Amen-sagens«, die das segnende Jasagen in »alle Abgründe« hineinträgt.[133] Nietzsches radikaler Gegenentwurf will die Bejahung des Diesseits gegen seine christliche Verneinung im Symbol des Kreuzes bis in die letzte Konsequenz vorantreiben – und genau dies ist die Intention seiner so mißver-

---

[129] So der Untertitel von Nietzsches Schrift »Der Antichrist«, KSA 6, 165.
[130] Nachgelassene Fragmente Herbst 1880, KSA 9, 233.
[131] Zur Genealogie der Moral, Zweite Abhandlung, Aphorismus 22, KSA 5, 332.
[132] Ebd.
[133] Ecce homo. Also sprach Zarathustra, Aphorismus 6, KSA 6, 345.

ständlichen Lehre von der »ewigen Wiederkunft des Gleichen«.[134] Jasagen ohne jede Einschränkung hieße: den *Augenblick* bejahen können, ohne ihn im Blick auf ein vollkommeneres Danach rechtfertigen zu müssen; kein anderes Ziel zu kennen als den Augenblick, sich in ihm als Menschheit wie als Individuum »ebenso vergeudet zu fühlen, wie wir die einzelne Blüthe von der Natur vergeudet sehen«.[135] Der Augenblick hat wie die Blüte kein Warum, kein Wofür. Ihn als ihn selbst und nicht als »Mittel« oder Durchgangsstation zu bejahen; in ihm jene »Notwendigkeit« zu bejahen, die ihn ermöglichte, herauführte und immer wieder herauführt, macht den erlösenden Glauben des Übermenschen aus:

> »Gesetzt, wir sagen Ja zu einem einzigen Augenblick, so haben wir damit nicht nur zu uns selbst, sondern zu allem Dasein ja gesagt. Denn es steht nichts für sich, weder in uns selbst, noch in den Dingen: und wenn nur ein einziges Mal unsere Seele wie eine Saite vor Glück gezittert und getönt hat, so waren alle Ewigkeiten nöthig, um dies Eine Geschehen zu bedingen – und alle Ewigkeit war in diesem einzigen Augenblick unseres Jasagens gutgeheißen, erlöst, gerechtfertigt und bejaht.«[136]

Diesen Augenblick in seiner »absolute(n) Nothwendigkeit« wie eine Blüte zu bejahen und sich ihm – wie die Blüte – hinzugeben, ihn »ganz von Zwecken zu befreien«, die außerhalb seiner lägen, gibt ihm »die Unschuld des Werdens« und gibt uns »den größten Muth und die größte Freiheit«[137]. Nichts als diesen Augenblick zu wollen, das befreit den Willen zu sich selbst: »der Wille erlöst«; er erlöst, wenn er nicht ein anderes will, sondern das ihm Widerfahrende, sein »herrisches Schicksal«.[138]

»Amor fati« – zu dieser Liebe, die »das Nothwendige an den Dingen als das Schöne« sieht, bekennt sich Nietzsche, damit er »irgendwann einmal nur noch ein Ja-sagender« sei.[139] Alles Leben, alles Handeln soll in dieses Ja eingehen, soll sich in diesem »erlösten« Sich-Vergeuden vollziehen und zur Blüte werden, die vergeht und wiederkehrt. Nichts an Wollen und Fragen soll ihm äußerlich bleiben, nach einem dahinter oder in der Zukunft liegenden Wozu sich ausstrecken, denn: »Mit einem ›um zu‹ bringt man die Handlung um ihren Werth«.[140] Allein die restlose Auslieferung an die Notwendigkeit des »fatum«, das die Blüte hervorbringt, vernichtet und von neuem hervorbringt, erlöst den Willen, macht ihn zum erlösenden Willen; deshalb Nietzsches kategorischer Imperativ: »Werde hell! Werde heil! Werde nothwendig!«[141]

---

134 Zu ihrem Kontext und ihren Voraussetzungen vgl. U. Willers, Friedrich Nietzsches antichristliche Christologie, Innsbruck – Wien 1988, 160 ff.; M. Fleischer, Der »Sinn der Erde« und die Entzauberung des Übermenschen, Darmstadt 1993, 129 ff.
135 Vgl. Menschliches, Allzumenschliches I, Aphorismus 33, KSA 2, 53.
136 Nachgelassene Fragmente Ende 1886–Frühjahr 1887, KSA 12, 307 f.
137 Vgl. Nachgelassene Fragmente Sommer 1883, KSA 10, 340 f.
138 Nachgelassene Fragmente Sommer 1888, KSA 13, 556
139 Die Fröhliche Wissenschaft IV, Aphorismus 276, KSA 3, 521.
140 Nachgelassene Fragmente Frühjahr–Sommer 1883, KSA 10, 324.
141 Nachgelassene Fragmente Sommer 1883, KSA 10, 403.

Der dionysische Gegenentwurf zum christlichen Erlösungsglauben verbietet jede Relativierung des als Diesseits Begegnenden. Es ist nicht allenfalls tolerabel als das leidvolle Mittel, mit dem man sich ein Jenseits oder eine bessere Zukunft herbeileiden will. Es ist das Einzige, dem die Liebe gelten soll und ewig gelten darf, das, worüber nichts Größeres gedacht, erhofft, intendiert werden darf. Aber ist nicht gerade damit der Sinnlosigkeit und dem »Nihilismus« das Wort geredet – der Verzweiflung »am Werthe des Lebens«? Die Einsicht in die »letzte Ziellosigkeit der Menschen« ist unumgänglich: »die Menschheit hat im Ganzen keine Ziele, folglich kann der Mensch, in Betrachtung des ganzen Verlaufs, nicht darin seinen Trost und Halt finden«.[142] Insofern wäre der Nihilismus – das Opfer der Menschheitsziele – ein notwendiger Durchgang, ein Untergang, der ein Übergang ist.[143] Er ist gleichsam ein letztes Opfer, eine letzte Sprosse auf der »grosse(n) Leiter der religiösen Grausamkeit«. Nach den Erstlingsopfern der »Vorzeit-Religionen«, den Askese-Opfern der moralischen Religionen, in denen man »seinem Gotte die stärksten Instinkte … seine ›Natur‹« opferte, bleibt nun dies:

> »Musste man nicht endlich einmal alles Tröstliche, Heilige, Heilende, alle Hoffnung, allen Glauben an verborgene Harmonie, an zukünftige Seligkeiten und Gerechtigkeiten opfern? musste man nicht Gott selber opfern und … das Nichts anbeten? Für das Nichts Gott opfern – dieses paradoxe Mysterium der letzten Grausamkeit blieb dem Geschlechte, welches eben jetzt herauf kommt, aufgespart«.[144]

Nietzsche selbst hat – so stellt er es dar – dieses Mysterium in der Schule Schopenhauers angebetet, er hat »den Pessimismus in die Tiefe zu denken« versucht, dabei aber »sich die Augen für das umgekehrte Ideal aufgemacht: für das Ideal des übermüthigsten lebendigsten und weltbejahendsten Menschen, der sich nicht nur mit dem, was war und ist, abgefunden und vertragen gelernt hat, sondern es, *so wie es war und ist*, wieder haben will, in alle Ewigkeit hinaus, unersättlich da capo rufend …«.[145] So erst hat sich Nietzsche vom Nihilismus geheilt; so erst kündet er von dem zukünftigen »erlösende(n) Mensch(en) der grossen Liebe und Verachtung«, der uns »die Erlösung dieser Wirklichkeit heimbringe: ihre Erlösung von dem Fluche, den das bisherige Ideal auf sie gelegt hat … der uns ebenso vom bisherigen Ideal erlösen wird, als von dem, was aus ihm wachsen musste, vom großen Ekel, vom Willen zum Nichts, vom Nihilismus«. Er, »der den Willen wieder frei macht, der der Erde ihr Ziel und dem Menschen seine Hoffnung zurückgiebt, dieser Antichrist und Antinihilist, dieser Besieger Gottes und des Nichts – er muss einst kommen …«.[146] Und wenn er kommt, so kommt der Übermensch, das Ziel der Erde und die einzige Hoff-

---

[142] Menschliches, Allzumenschliches I, Aphorismus 33, KSA 2, 53.
[143] Vgl. Also sprach Zarathustra I, Aphorismus 4, KSA 4, 16 f.
[144] Jenseits von Gut und Böse, Drittes Hauptstück, Aphorismus 55, KSA 5, 74.
[145] Ebd., Aphorismus 56, KSA 5, 75.
[146] Vgl. Zur Genealogie der Moral, Zweite Abhandlung, Aphorismus 24, KSA 5, 336.

nung der Menschen, der Übermensch, der dem Nichts gewachsen und zur großen Bejahung fähig wäre.

Man wird Nietzsches Selbsteinschätzung teilen dürfen, er habe die ent-
schiedenste und radikalste Alternative zum christlichen Erlösungsglauben
durchdacht – und erlitten. Die Grausamkeit des Glaubens an den stellvertretend
am Kreuz leidenden und sterbenden Erlöser ist in seiner Kritik die Grausamkeit
einer Welt- und Lebensverneinung, die nur darauf hoffen kann, daß irgend
etwas in dieser Welt um dieses Opfers willen Wert hätte und das Leben lohnte.
Dieser Grausamkeit setzt Nietzsche seine Grausamkeit entgegen, mit der er alle
»Ideale« zerstört, die die Bejahung des Lebens und des Willens zum Leben zweifelhaft machen oder relativieren: Was diese Ideale relativieren, das *entwerten* sie
von Grund auf, denn es ist nicht um seiner selbst willen zu wollen und zu bejahen.[147] So ist im Christentum letztlich alles nur um Gottes willen zu bejahen –
und in dem, was es »wirklich« ist, zu verneinen. Statt dessen wäre es endlich an
der Zeit, alles um des Lebens willen zu bejahen, das sich im Wollen des Menschen selbst will, und nur zu verneinen, was den Willen zum Leben schwächt
und die Bejahung des Lebens auch nur in Zweifel zieht.

Nietzsche will die christliche Soteriologie der Lebensfeindlichkeit überführen, des »Ressentiments«, für das die »Lebens-Bejahung als das Böse, als
das Verwerfliche an sich« erscheint.[148] Angesichts dieser aufs Äußerste gehenden Herausforderung hat die Soteriologie in fundamentaltheologischer Grundsätzlichkeit unter Beweis zu stellen, daß ihr Sprechen von Sünde und Erlösung,
von Sühne und neuem Leben, daß ihre »Relativierung« des Willens zum Leben
in *dieser* Welt durch die Ankündigung der neuen Welt Gottes – der endzeitlichen Gottesherrschaft – nicht Entwertung des »natürlichen« Lebens oder gar
Lebensfeindschaft bedeutet. Angesichts eines Gegenentwurfs von heilem Leben,
der mit äußerster Konsequenz den von aller Bedenklichkeit frei gewordenen
Willen zur Selbst-, Welt- und Lebensbejahung als die einzig erlösende Wirklichkeit ansetzt, hat christliche Soteriologie zu zeigen, daß sie gerade mit ihrem
Sprechen von Sünde und Versöhnung die tiefe Zwiespältigkeit der Selbstbehauptung – des Willens zur Macht – trifft und ihr gerecht wird. Mit dieser
Zwiespältigkeit zu rechnen, ihr alle theologische Aufmerksamkeit zu widmen,
dafür gibt schon Nietzsches Begriff des Lebens selbst Anlaß genug; eines Lebens, das in seiner »Vornehmheit« von der »nach Beute und Sieg lüstern
schweifenden blonde(n) Bestie« repräsentiert wird[149]; eines Lebens, das das
biblische Tötungsverbot als »Naivität« erscheinen läßt und »keine Solidarität
zwischen den gesunden und entartenden Gliedern eines Organismus« anerkennt – »letztere muß es ausschneiden, oder das Ganze geht zu Grunde«[150];
eines Lebens, das dem Gesetz der Selektion gehorcht, sich im »Untergang der

---

[147] Ich erinnere an die Diskussion um die Figur des »Selbstzwecks« als Gestalt des Absoluten; vgl.
Streitfall Offenbarung, Kap. 5.3.
[148] Der Antichrist, Aphorismus 24, KSA 6, 192.
[149] Zur Genealogie der Moral, Erste Abhandlung, Aphorismus 11, KSA 5, 275.
[150] Nachgelassene Fragmente Oktober 1888, KSA 13, 611 f.

Mißrathenen, Schwachen, Degenerirten« durchsetzen muß und »das Menschenopfer braucht«.[151]

Ob die tiefe Zwiespältigkeit dieses Lebensbegriffs – einer menschlichen Lebenswirklichkeit, die ihm mehr oder weniger entspricht – mit der Sünde in Zusammenhang gebracht und als Erlösungsbedürftigkeit begriffen werden darf, das ist die Frage, die zwischen Nietzsche und der christlichen Soteriologie zur Entscheidung steht. Für eine weitere Schicksalsfrage der Soteriologie ist Nietzsche gewiß nicht der repräsentative Gesprächspartner. Aber es markiert seinen philosophischen und philologischen Rang, daß auch sie bei ihm pointiert begegnet. Es ist die Frage, ob sich eine Soteriologie, die das Kreuz Jesu Christi als stellvertretende Sühneleistung deutet, auf den Gekreuzigten selbst – auf seine Lehre und auf seinen Weg in diesen für ihn tödlichen Konflikt – berufen kann.

1.10 Was hat Jesus eigentlich gewollt? Die Erlösung des Menschengeschlechts am Kreuz?

Für *Nietzsche* ist die Geschichte des christlichen Erlösungsglaubens, des Christentums überhaupt »– und zwar vom Tode am Kreuze an – ... die Geschichte des schrittweise immer gröberen Missverstehens eines ursprünglichen Symbolismus«.[152] Das Evangelium vom Reich Gottes, für das Jesus selbst stand, »starb am Kreuz. Was von diesem Augenblick an ›Evangelium‹ heisst, war bereits der Gegensatz dessen, was er gelebt: eine ›schlimme Botschaft‹, ein Dysangelium«.[153] Das Kreuz weckte in den Jüngern den »Argwohn, es möchte ein solcher Tod die *Widerlegung* ihrer Sache sein«. Und dieser Argwohn verlangte danach, daß hier »Alles nothwendig sein, Sinn, Vernunft, höchste Vernunft haben (mußte; J. W.); die Liebe eines Jünger(s) kennt keinen Zufall«.[154] In diesem Tod konnte die Sendung des Messias – und das, was man von ihr verstand – nicht widerlegt sein, konnte Gott nicht widerlegt sein, den der Gesandte für sein Evangelium in Anspruch genommen hatte. Damit

> »tauchte ein absurdes Problem auf ›wie konnte Gott das zulassen!‹ Darauf fand die gestörte Vernunft eine geradezu schrecklich absurde Antwort: Gott gab seinen Sohn zur Vergebung der Sünden, als Opfer. Wie war es mit Einem Male zu Ende mit dem Evangelium! Das Schuldopfer und zwar in seiner widerlichsten, barbarischsten Form, das Opfer des Unschuldigen für die Sünden der Schuldigen! Welches schauderhafte Heidenthum!«[155]

Jesus habe – so Nietzsche – »den Begriff ›Schuld‹ selbst abgeschafft«; er habe die

[151] Nachgelassene Fragmente Frühjahr 1888, KSA 13, 471.
[152] Der Antichrist, Aphorismus 37, KSA 6, 209.
[153] Vgl. ebd., Aphorismus 39, KSA 6, 211.
[154] Ebd., Aphorismus 40, KSA 6, 213.
[155] Ebd., Aphorismus 41, KSA 6, 214 f.

Entfremdung zwischen Gott und Menschheit, die »Kluft« zwischen ihnen leugnen und die Gott-Mensch-Einheit leben, als sein Evangelium vom herbeigekommenen Reich Gottes verkünden wollen.[156] Aber »das ›Reich Gottes‹ als Schlussakt, als Verheissung!« – damit war »Alles missverstanden«, denn: »Das Evangelium war doch gerade das Dasein, das Erfülltsein, die *Wirklichkeit* dieses ›Reiches‹ gewesen«[157]; freilich die Wirklichkeit »einer Welt, an die keine Art der Realität mehr rührt, einer bloss noch ›inneren‹ Welt, einer ›wahren‹ Welt, einer ›ewigen‹ Welt … ›Das Reich Gottes ist *in euch*‹ …«. Das wahre Leben des Reiches Gottes und derer, die als Gottes Kinder Einlaß in es finden, wird von Jesus »nicht verheissen, es ist da, es ist *in euch*: als Leben in der Liebe, in der Liebe ohne Abzug und Ausschluss, ohne Distanz. Jeder ist das Kind Gottes – Jesus nimmt durchaus nichts für sich allein in Anspruch – als Kind Gottes ist Jeder mit Jedem gleich …«.[158] Zur verheißenen und dann eben unter Bedingungen stehenden, nur für die auserwählten »ersten Christen« und die ihnen sich Anschließenden, nicht aber für deren Feinde zugänglichen Jenseitswirklichkeit wird das Reich Gottes erst durch den großen »Dysangelisten« Paulus und sein verfälschendes Ressentiment. Er gilt Nietzsche als das »Genie des Hasses«: »Was hat dieser Dysangelist Alles dem Hasse zum Opfer gebracht! Vor allem den Erlöser: er schlug ihn an *sein* Kreuz. Das Leben, das Beispiel, die Lehre, der Tod, der Sinn und das Recht des ganzen Evangeliums – Nichts war mehr vorhanden, als dieser Falschmünzer aus Hass begriff, was allein er brauchen konnte.«[159]

Nietzsche formuliert hier die Spannung, in die die klassische Soteriologie mit der historisch-kritischen Erforschung der Entstehungsgeschichte des Christentums hineingeriet. War der Glaube an den gekreuzigten Erlöser denn wirklich mehr, als der verzweifelte Versuch, aus der unerträglichen Katastrophe dieses Schmachtodes ein Heilsereignis zu machen, ihm eine göttliche Notwendigkeit zu unterlegen, die die messianische Sendung mit ihm vereinbar erscheinen, ja geradezu in ihm zum Ziel kommen ließ? Und war damit die soteriologische Konstruktion nicht von Grund auf diskreditiert als der zu allem entschlossene Versuch, gegen die Fakten Recht zu behalten – *zu allem:* also auch zu der Absurdität eines stellvertretenden Sühnetodes, der den Jüngern die jenseitige Vollendung eröffnet und sie im letzten Gericht rettet?

Soteriologie als religiöse Immunisierung der Jünger gegen das Scheitern ihres Messias: mit diesem Verdacht muß die Theologie seither leben; deshalb auch mit der These, Jesus selbst habe seinen Tod – wenn er ihn denn so, wie er ihm widerfuhr, auf sich zukommen sah – nicht als Sühnetod verstanden. Müßte man nicht die Möglichkeit einräumen, daß Jesu Tod einfach nur ein politisches Mißverständnis, »historisch gesprochen« ein »sinnloses Schicksal« war? Jeden-

---

[156] Vgl. ebd.
[157] Ebd., Aphorismus 40, KSA 6, 214.
[158] Ebd., Aphorismus 29, KSA 6, 200.
[159] Ebd., Aphorismus 42, KSA 6, 216.

falls kann – so Rudolf Bultmann – der historisch arbeitende Exeget nicht wissen, ob »und wie Jesus in ihm einen Sinn gefunden hat«. »Die Möglichkeit, daß er zusammengebrochen ist, darf man sich nicht verschleiern.«[160] Für Nietzsche paßt die Erlösungslehre zum Evangelium Jesu wie »die Faust auf dem Auge – oh auf was für einem Auge!«; für ihn ist sie »ein welthistorischer Cynismus in der Verhöhnung des Symbols«.[161] Dieses »Symbol« Jesus ist in Nietzsches Perspektive zwar immer noch ein »Décadence-Symbol«, in dem der Wille zum Leben verneint und »gleichsam eine ins Geistige (bloß Innerliche; J. W.) zurückgetretene Kindlichkeit« dargestellt ist.[162] Aber es ist jedenfalls nicht zu verwechseln mit dem Symbol »Kreuz«, in dem das Christentum die Grausamkeit der gegen den »Messias« verhängten Strafe an die Glaubenden weitergibt, damit sie zur Gewährleistung ihres Heils im Jenseits freiwillig an sich vollziehen, was dem Gekreuzigten zugefügt wurde.

Die Zeichnung Jesu als des Verkünders eines Evangeliums der Innerlichkeit ist von der historisch-kritischen Forschung als unzutreffend erwiesen, als ein Fehlurteil, in dem Nietzsche sich freilich mit einer langen christlich-soteriologischen Tradition traf. Jesu Botschaft von der Gottesherrschaft meinte gerade nicht die gotterfüllte Innerlichkeit. Sie meinte auch nicht ausschließlich das erfüllte »Jenseits«, sondern das Ankommen der Gottesgerechtigkeit in *dieser* Welt, eine Neuschöpfung, die dann gewiß *auch* in der Überwindung des Bösen und des Todes zur Auswirkung kommen sollte. Aber macht es dieser Nietzsches Jesus-Deutung widerlegende exegetische Befund leichter, Jesus von Nazaret – wesentlich aufgrund seines Todes am Kreuz – als Erlöser des Menschengeschlechts zu verstehen, als den stellvertretend Leidenden, der all denen, die sich auf seinen Weg begeben, zur Sühne für ihre Vergehen wird?

Christliche Soteriologie setzt sich offenkundig – heute nicht weniger als zu Zeiten Nietzsches oder Bultmanns – einem doppelten Verdacht aus:
• dem religionskritischen Verdacht, christlicher Erlösungsglaube zwinge die Menschen, sich selbst – als Sünder – zu verachten und ihrem Lebenswillen Gewalt anzutun, um in der Nachfolge des Gekreuzigten doch noch Heil zu erlangen;
• dem historischen Verdacht, der Erlösungsglaube habe bei dem, auf den man sich als den Erlöser beruft, keinerlei Rückhalt; er sei nur der Versuch, sich gegen die Katastrophe seines Todes durch weitgreifende Interpretationen zu immunisieren.
Diesem doppelten Verdacht hat sich die fundamentaltheologische Soteriologie

---

[160] R. Bultmann, Das Verhältnis der urchristlichen Christusbotschaft zum historischen Jesus, Heidelberg ²1961, 12. Bultmann stellt nicht in Abrede, daß es Ansätze einer Sühnesoteriologie im Neuen Testament gibt. Aber für ihn ist klar, daß diese »mythologische Interpretation (des Kreuzes Christi; J. W.), in der sich Opfervorstellungen und eine juristische Satisfaktionstheorie mischen ... für uns nicht nachvollziehbar« ist; Neues Testament und Mythologie, in: H. W. Bartsch (Hg.), Kerygma und Mythos I, Hamburg ⁵1967, 15–48, hier 42.
[161] Der Antichrist, Aphorismus 36, KSA 6, 206.
[162] Vgl. ebd., Aphorismus 32, KSA 6, 203.

zu stellen. Und sie hat sich ihm zuerst da zu stellen, wo er sich geradezu offensichtlich im Recht weiß: bei den so prekären Voraussetzungen und Auswirkungen der Sühne-Soteriologie. Zu prüfen ist, ob sich die Sühne-Soteriologie bei diesen Voraussetzungen und Auswirkungen behaften lassen muß; zu prüfen ist aber auch, ob es theologisch und historisch legitim sein konnte, das Sühnemotiv mit der Sendung und dem Tod Jesu in Verbindung zu bringen.

2. Sühne-Soteriologie: Gereinigt durch das Blut des Gekreuzigten

2.1 Logik des Bezahlenmüssens?

Wer von Sühne oder Opfer im religiösen Kontext spricht, der hat in der Regel archaische Verhaltensmuster im Blick, bei denen es um »Reinigung« angesichts eines drohenden Verhängnisses oder um Beseitigung eines Unheilspotentials geht, das der Mensch mit seinem Fehlverhalten gegenüber dem Göttlichen aufgehäuft hat und nun mit Hilfe bestimmter Riten zu tilgen bemüht ist: um das Gegebensein bzw. Gegebenwerden einer Erlösung, die vor der Überwältigung durch ein feindliches Anderes rettet. Bei genauerem Hinhören entdeckt man freilich, daß hier nicht nur ein Sachverhalt archaischer Religiosität angesprochen ist, sondern eine durchaus gegenwärtige Einstellung zur Lebens- und Weltwirklichkeit insgesamt. Spricht man alltäglich von Opfern, so bezieht man sich auf eine konfliktträchtige, unheilvolle Wirklichkeit, die *Opfer fordert* – im Straßenverkehr, in Kriegen oder bei Katastrophen: Opfer sind der Preis, den eine unheilvolle Wirklichkeit fordert, dargebracht einem gefräßigen Moloch, der sie sich sinnlos nimmt. So erst kann es zu der Vorstellung kommen, Opfer seien einer göttlichen Instanz darzubringen, damit sie *die* Opfer von den Darbringenden abwende, die ihnen ein – gerecht oder ungerecht zuschlagendes – Schicksal ansonsten abforderte. Nur dieser Begriff des Opfers bzw. der Sühne scheint religiös relevant zu sein – wobei vermutet werden darf, daß noch die Rede von den Opfern des Straßenverkehrs die quasi-religiöse Bedeutung der Mobilität für moderne Lebens- und Welterfahrung ausdrückt.

Religiös verstandene und dargebrachte Opfer sollen abwenden, sind eine Vorleistung dafür, daß das drohende Unheil nicht geschieht; oder sie sollen die Begleichung einer Schuld leisten, die in der Währung »verdienten« Leidens eingefordert würde, wenn man sie nicht zuvor ordnungsgemäß begleicht. Opfer sind der Versuch, auf das Unwägbare Einfluß zu nehmen oder die Macht, die das Schicksal zu bestimmen scheint, günstig zu stimmen, ihr möglichst keine Handhabe zu lassen, sich mit der Zufügung eines üblen Schicksals schadlos zu halten. Diese Macht muß offenbar zufriedengestellt werden; sie fordert, was ihr zusteht, und sie holt es sich, wenn man es ihr nicht freiwillig im Opfer überläßt.

Wer so vom Opfer spricht, der hat es schon entlarvt: als unwürdigen »Deal« zwischen den einem unwägbaren Schicksal ausgelieferten Menschen und einer als schicksalsbestimmend angesehenen Macht. Diese kritische Aufdeckung der Motive, die die Opfernden offenkundig zu einem ansonsten völlig irrational erscheinenden Verhalten und kaum nachvollziehbaren Deutungen veranlassen, hat – wie in Kapitel 1 deutlich wurde – spätestens seit der Aufklärung das Feld beherrscht und Religion nachhaltig in Mißkredit gebracht. Ist damit nicht alles über den religiösen Opferkult gesagt, alles über eine Soteriologie, die Jesu Leiden als stellvertretendes Sühnopfer deutete und den Verdacht nie ganz ausräumen konnte, sein Sterben am Kreuz sei notwendig gewesen, damit der von den Sünden der Menschheit unendlich beleidigte göttliche Vater Genugtuung erlange? Aufgedeckt ist hier vielleicht noch mehr: eine »Opferlogik«, die menschliches Verhalten immer noch tiefer und umfassender bestimmt, als es eine oberflächliche Religionskritik für möglich hält.

Es gehört zu den elementaren und im modernen Umgang mit der Wirklichkeit nur überdeckten oder verdrängten Erfahrungen, einem ungerechten oder blinden, jedenfalls unvorhersehbaren Schicksal *ausgeliefert* zu sein, es nur hinnehmen, sich allenfalls mit ihm arrangieren, hilflos gegen es rebellieren oder es beklagen zu können. In der Situation äußerster Hilflosigkeit handlungsfähig zu bleiben oder zu werden, das scheint der Sinn vieler religiöser, aber auch mancher nur auf den ersten Blick »rationaler« Alltagspraktiken zu sein: Man will etwas dafür tun, daß die Dinge, die man hinnehmen muß, wie sie kommen, so kommen, daß sie für das eigene Leben und Wollen nicht zur Katastrophe werden.

Man kann aber nur etwas tun, wenn die Instanz, die das Unvermeidliche schickt, zugänglich und beeinflußbar ist, wenn ihr Zufügen selber einer Logik unterliegt, die man nachvollziehen und auf die man sich einstellen kann. Und diese Logik kann – so scheint es – nur eine Logik des Ausgleichs sein, nach der man für Böses verdientermaßen bestraft und für Wohlverhalten belohnt wird, nach der man sich Wohltaten erkauft und vom Unglück freikaufen muß. Ein alles umfassendes, »metaphysisches« Gleichgewicht muß gewahrt bzw. wiederhergestellt werden – durch auferlegte oder freiwillig erbrachte Ausgleichsleistungen. Das Gute wie das Böse, das uns vom Schicksal bereitet wird, ist nicht umsonst. Das Gute muß verdient oder bezahlt werden; und das Böse ist die Vergeltung dafür, daß wir uns mehr herauszunehmen versuchten, als uns zustand. Das Schicksal ist hier unterwegs dazu, ein Zuviel oder Zuwenig auszugleichen, ein Gleichgewicht wiederherzustellen, das durch die Eingriffe der Menschen immer wieder aus dem Lot gebracht wird.[1] Die Vorstellung eines ausgewogenen Gleichgewichts von Tun und Ergehen liegt jener Gerechtigkeitserwartung zugrunde, die religiöse Mindestanforderungen an einen letztlich von Gott gewährleisteten Sinn des Lebens und der Wirklichkeit im Ganzen zu formulieren scheint. Wozu »bräuchte« man einen Gott, wenn er nicht einmal für diese Gerechtigkeit einstünde? Wie sollte der Lauf der Welt überhaupt einen Sinn haben können, wenn er nicht – weil Gott es so fügt – auf einen gerechten Ausgleich zuliefe?

Diese Formulierung einer Mindestanforderung an den Sinn der Wirklich-

---

[1] Diese Logik beschreibt P. Ricœur in seinem Aufsatz Interpretation des Strafmythos, a. a. O., 239–265.

keit, an eine vernünftig nachvollziehbare Rolle Gottes angesichts einer ohne Gott irrationalen Wirklichkeit, hat ihre Wurzeln in biblischer Glaubensüberlieferung ebenso wie in griechischem Gottdenken. Und es liegt nahe, in ihr ein religiös-metaphysisches Grundbedürfnis nach einer »letzten Instanz« zu sehen, die es nicht zulassen wird, daß die Täter über ihre Opfer triumphieren werden; nach einer eschatologischen Revisionsinstanz, an die all jene appellieren und auf die alle hoffen dürfen, die vor dem Weltgericht der Weltgeschichte nicht zu ihrem Recht kamen.[2] Hinter diesem Gerechtigkeitsbedürfnis wird man vielleicht ein noch tiefer reichendes Entschuldungsbedürfnis erkennen können. Leben bedeutet ja unvermeidlich Sich-Herausnehmen und Zerstören, Leben auf Kosten von ... In der Religionsgeschichte begegnet deshalb häufig die Praxis des Rückerstattungsopfers: Opfer als Tribut dafür, was man sich herausgenommen hat, um leben zu können, als freiwillig erbrachte, symbolische Gegenleistungen, damit nicht »mit Zins und Zinseszins« dereinst in Rechnung gestellt werde, wovon man lebte; das Opfer als Versuch, die Schuld abzutragen, die mein Selbsterhaltungswille aufgehäuft hat – als Opfer an die Gottheit, die *sich selbst* opfern muß, damit die Menschen leben können.

Neuzeitliche Religions- und Opferkritik hat diese »irrationale Rationalität« als naiv diskreditiert und den metaphysischen Skandal vielleicht nicht ernst genug genommen, der zu konstatieren wäre, wenn es um die religiöse Grundgewißheit einer allumfassenden Verteilungsgerechtigkeit tatsächlich geschehen ist. Der metaphysische Skandal: das ist der Widerspruch zwischen Sinn und Sein, zwischen dem, was der Fall ist, und dem, was doch sein oder eintreffen muß, wenn das Wirkliche nicht ein einziger Zynismus, eine einzige widerwärtige Unrechtsrealität nach der »Logik« der jeweils stärkeren Waffen sein soll. Wenn religiöse Naivität nur das Sich-nicht-abfinden-Können mit diesem Skandal ist, dann wäre sie nicht so naiv, wie ihr viele unterstellen.

Religiöse Naivität als letzter Hort des Widerstands gegen die *Selbst-Verständlichkeit* dessen, was der Fall ist und so, wie es eintrifft, zum Himmel schreit? Religiöses Verstehenwollen als Sich-nicht-Abfinden mit dem Selbst-Verständlichen, nicht mehr Befragbaren, mit der Blindheit eines Zufalls, der ist, weil er ist, trifft, weil er zufällt, und es auf das Wollen wie auf die Sehnsucht der Ohnmächtigen nicht im Geringsten ankommen läßt? Ehe man sich auf den Flügeln psychoanalytischer oder wissenssoziologischer Aufklärung über solche Naivität erhebt, möge man bei dem metaphysischen Gewicht des »Stolpersteins« verweilen, über den die Religion nicht hinwegkommt: die skandalöse Ungerechtigkeit dessen, was der Fall ist und dem einen Leid, dem anderen aber Lebensgenuß im Übermaß zufallen läßt. Man setzt zu schnell über diesen Stolperstein hinweg, wenn man ihn nur als Anstoß nehmen will, ungerechte Verhältnisse endlich zu ändern. Man macht es sich zu leicht mit ihm, sieht man die Ungerechtigkeit des Lebens immer schon überholt von der

---

[2] Vgl. P. Berger, Auf den Spuren der Engel. Die moderne Gesellschaft und die Wiederentdeckung der Transzendenz, dt. Frankfurt a. M. 1970, 95 ff.

Gleichheit aller im Tod. Aber vermag denn Religion etwas gegen das Gewicht dieses Stolpersteins?

Vielleicht traut sie sich ja zuviel zu, wenn sie verstehen will, was *so* ist, weil es eben nicht anders kam – was blind sich zu gewähren oder zu verweigern scheint. Vielleicht wird ihr Verstehen fahrlässig schnell »penetrant«, alles durchdringend, damit es tröstlich werden kann, damit es beim bloßen, hilflosen Nicht-einverstanden-Sein mit dem, was ist, nicht bleiben muß. Vieles in den religiösen Traditionen verdankt sich dieser Penetranz des Verstehenwollens, vieles gerade auch im christlichen Erlösungsglauben. Gott wird solchem Verstehenwollen geradezu zwangsläufig zum Inbegriff der vermißten Verteilungs-Gerechtigkeit, zu dem, der sie endlich doch herbeiführen muß; schließlich zu dem, dessen Gerechtigkeit eher zu fürchten als zu ersehnen wäre – angesichts des Übermaßes der Sünde, das der »gerechte« Gott zu bestrafen hätte; angesichts der Unmenschlichkeit, mit der Menschen ihren Lebenshunger zu stillen versuchen. Wer nach Gerechtigkeit fragt und sie von Gott einklagt, der wird schnell zum Angeklagten, vom Begünstigten des großen Ausgleichs zu einem, der – wenn es nach der Gerechtigkeit zugeht – draufzahlen muß.

Wenn die Gerechtigkeit der letzten Instanz aber nicht mehr die religiös erhoffte Gegen-Wirklichkeit ist zu dem, was der Fall ist, sondern der Drohhorizont hinter *diesem* Leben, ist sie dann mehr und anderes als die Verdoppelung des erbarmungslosen Schicksals? Wäre der christliche Erlösungsglaube – als Glaube daran, daß Gottes Gerechtigkeit als Strafgerechtigkeit geschieht, auch wenn sie gleichsam »gemäßigt« wird durch Jesu stellvertretendes Sühneleiden – nicht tatsächlich jene »nihilistische« Schuld- und Strafideologie, als die Nietzsche ihn denunziert? Oder kann Gott doch noch auf den Wegen der Gerechtigkeit die Bedrohlichkeit seiner Gerechtigkeit überholen? Die Lehre von der stellvertretenden Satisfaktion versucht dies zu entdecken. Sie sieht Gott in der Rolle dessen, der um eines gerechten Ausgleichs willen dazu verurteilt scheint, die unendlich verdammenswerte Schuld des Menschengeschlechts durch die unendlich wertvolle, stellvertretende Sühneleistung seines Sohnes auszugleichen und so in ihrer unheilwirkenden Konsequenz aufzufangen. Die letzte Instanz Gott sieht hier keine rechtlich einwandfreie Möglichkeit mehr, den verdammenden Schuldspruch über das Menschengeschlecht am Ende der Zeiten zu umgehen, es sei denn, sein eigener Sohn trete freiwillig in die Schuldhaftung ein und erleide am eigenen Leib, was das Menschengeschlecht hätte treffen müssen – und doch durch all sein Leiden nicht adäquat hätte sühnen können.

Diese Soteriologie wäre die Kehrseite des metaphysischen Ausgleichsbedürfnisses: Die letzte Instanz ist hier nicht die letzte Revisions-Hoffnung der von der Geschichte um ihr Recht Gebrachten, sondern von der Schuld der Menschen selbst dazu verurteilt, die Sünder durch Stellung einer rechtsgültigen Ersatzleistung von einer hoffnungslos hohen Rückerstattungspflicht freizustellen; Gott gleichsam unter dem Diktat einer Logik, die noch das Kreuz verstehbar, aber den Gott, der sich ihr unterwerfen muß, umso rätselhafter macht. Ist christliche Soteriologie auf diese Logik festgelegt, wenn sie die erlösende Sendung Jesu Christi in Wiederaufnahme biblischer Deutungsversuche als stellvertretende Sühneleistung zur Sprache zu bringen versucht?

Die historische Rückfrage nach den politisch-sozialen Hintergründen der anselmianischen Satisfaktionstheorie hat schon deutlich werden lassen, daß satisfactio im frühen Mittelalter gerade nicht mit Gewalt und Sterbenmüssen – mit dem Abbüßen des Verschuldeten im verdienten Strafleiden – identisch war, sondern zu tun hatte mit möglichst gewaltfreier, Frieden ermöglichender Konfliktregelung. Sie hat freilich auch sichtbar gemacht, wie schnell bei der soteriologischen Inanspruchnahme dieses Denkmodells dann doch wieder der Gedanke des stellvertretenden Strafleidens in den Vordergrund trat. Der Blick in die Bibel wird zeigen, daß schon hier eine zwiespältige Rezeptionsgeschichte des Sühnemotivs vorliegt, das christologisch-soteriologisch durchaus auf einen eschatologischen Friedens- und Bundesschluß zwischen Gott und den Menschen verweisen kann, aber immer wieder in der Gefahr steht, Christi Tod als Abwendung eines Verderben bringenden göttlichen Zorngerichtes erscheinen zu lassen. Im folgenden soll versucht werden, dieser Zwiespältigkeit nachzugehen und herauszuarbeiten, wo die nach wie vor unverzichtbaren Artikulationshilfen der Sühne-Soteriologie für christliches Sprechen von Erlösung aufzufinden wären.

2.2 Die Vieldeutigkeit des neutestamentlichen Befunds

Die Sendung und der gewaltsame Tod Jesu am Kreuz werden im Neuen Testament nicht ausschließlich, aber verhältnismäßig häufig in Deutekategorien zur Sprache gebracht, die – z. T. recht konkret, mitunter auch eher unspezifisch – auf die rituelle Opferpraxis Israels Bezug nehmen. Ohne Anspruch auf Vollständigkeit seien hier folgende Modelle unterschieden:

- *Lösegeld-Sprüche*, die eine nicht-rituelle, eher im rechtlichen Bereich angesiedelte Praxis assoziieren, aber in ihrer neutestamentlich-soteriologischen Ausprägung doch »von Anklängen an das Opferwesen ›infiziert‹« scheinen[3] (Mk 10,45/Mt 20,28; Apg 20,28; 1 Kor 6,20; 7,23; Gal 3,13; Offb 5,9f.; 1 Petr 1,18–21);
- Worte, die sich unmittelbar auf die *reinigende Kraft* des am Kreuz vergossenen Blutes Jesu beziehen (1 Joh 1,7; Hebr 9,13f.; Offb 7,14; vgl. aber auch Mt 27,25 als »Prophetie« im Mund der Juden);
- Worte – vor allem aus dem Kontext der Abendmahlsüberlieferung –, in denen das Blut des Gekreuzigten ausdrücklich als Sühnemittel in Anspruch genommen bzw. als *zur Vergebung der Sünden* vergossen angesprochen wird (Mt 26,28; Röm 3,25; 5,9; Eph 1,7; Offb 1,5);
- Worte, die *Jesu Sendung als Sühneleistung* deuten, ohne daß direkt auf sein

---

[3] Vgl. J. Pixley, Fordert der wahre Gott blutige Opfer?, in: H. Assmann (Hg.), Götzenbilder und Opfer. René Girard im Gespräch mit der Befreiungstheologie, dt. Thaur – Münster 1996, 131–159, hier 153.

vergossenes Blut Bezug genommen wird (Röm 8,3; Hebr 2,17; 1 Joh 2,2; 4,10);

- Worte im Kontext der Abendmahlsüberlieferung, in denen vom *Blut des Bundes* die Rede ist (Mt 26,28; Mk 14,24/Lk 22,20; 1 Kor 11,25; wohl außerhalb der Abendmahlsparadosis: Hebr 13,20);
- Worte, in denen außerhalb des Abendmahl-Kontextes von der *versöhnenden Wirkung* dieses Blutes gesprochen wird (Eph 2,13: Das Blut Christi schafft auch für die Heiden heilvolle Gottesnähe; Kol 1,20: Christus hat Frieden gestiftet am Kreuz durch sein Blut);
- Worte, in denen auf das *Pessachlamm* Bezug genommen und Jesus als das wahre Osterlamm bezeichnet bzw. in denen sein Blut mit dem Blut dieses Lammes parallelisiert wird (Joh 1,29: Jesus, das Lamm Gottes, gilt hier – abweichend von der Pessachtradition – als Lamm, das die Sünden hinwegschafft; Joh 19,31–37 mit Zitat aus dem Pessachritual Ex 12,46; 1 Kor 5,7);
- Worte, in denen *die Teilhabe am Blut Christi* bzw. sein eucharistischer Genuß *als heilsvermittelnd* dargestellt werden (Joh 6,53–56; 1 Kor 10,16);
- Formeln, in denen bei Paulus ganz allgemein davon die Rede ist, daß Jesus *für uns* und unsere Sünden bzw. für den Bruder gestorben ist oder vom Vater dahingegeben wurde (Röm 5,6–8; 1 Kor 8,11; 15,3; Gal 1,4 bzw. Röm 8,32; 2 Kor 5,14f. und Gal 2,20) und uns so vor Gottes Zorngericht gerettet hat (1 Thess 5,10).

Die Bezüge auf alttestamentliche Überlieferungen sind hier vielfältig; sie nehmen z. T. sehr bestimmt auf rituelle Opferpraktiken Bezug, bleiben oft aber auch unspezifisch oder verbinden mehrere Praktiken bzw. Traditionen eher assoziativ miteinander und evozieren mitunter Vorstellungskomplexe, die im Traditionsraum des Alten Testaments schwer einzuordnen sind oder gar anstößig wirken müssen, wie der eucharistische Blutgenuß (Joh 6,52–59). Der soteriologische Sinn dieser Bezugnahmen wie ihre theologische Verantwortbarkeit können nur ermittelt bzw. geprüft werden, wenn die alttestamentlichen Anknüpfungspunkte und die »Logik« der theologischen Transpositionen in den Blick kommen, die es erlaubten, angesichts eines dem äußeren Ablauf nach keineswegs als kultischen Vollzug zu erkennenden Ereignisses kultischen Assoziationen nachzugehen und sie als soteriologisch erhellend anzusehen.

2.3 »Ohne Blutvergießen gibt es keine Sündenvergebung«

Besonders befremdlich mögen die christologisch-soteriologischen Bezugnahmen auf die reinigende Kraft des Blutes erscheinen. Das Blut des Opfertieres ist alttestamentlich offenkundig *das* Sühnemittel, durch das Reinigung erwirkt werden kann: die Reinigung des kultisch Unreinen und deshalb in irgendeinem Sinne Gott Mißfallenden, seine Strafe Herausfordernden. Noch der Hebräerbrief bezieht sich mit seiner These: »Beinahe alles wird nach dem Gesetz mit

Blut gereinigt, und ohne Blutvergießen gibt es keine Sündenvergebung« (9, 22) auf ein unbestrittenes Wissen, das seine Gültigkeit zuletzt am Kreuz Jesu erwiesen habe. Die Bezugnahme auf das Gesetz findet ihren Anhalt in Levitikus, wo im Kodex des Heiligkeitsgesetzes vom Verbot des Blutgenusses die Rede ist und – so die levitische Deutung – dieses Verbot mit Gottes Eigentumsrecht an Blut und Leben begründet wird. Kraft seines Eigentumsrechts hat Gott das Blut dazu ausersehen, als Sühnemittel von der Sünde zu reinigen: »Die Lebenskraft des Fleisches sitzt nämlich im Blut. Dieses Blut habe ich euch gegeben, damit ihr auf dem Altar für euer Leben die Sühne vollzieht; denn das Blut ist es, das für ein Leben sühnt. Deshalb habe ich zu den Israeliten gesagt: Niemand unter euch darf Blut genießen ...« (17, 11 f.).

Das vierte Kapitel stellt das Ritual des Chattat-Opfers (Sündopfers) dar, das Sühne schafft in solchen Fällen, in denen »Söhne Israels« »aus Versehen« sündigten »gegen irgend etwas, was der Herr zu tun verboten hat« (V. 2). Hier soll der Sünder ein Opfertier – Stier oder Ziegenbock – darbringen, die Hände auf seinen Kopf legen und es schlachten. Der Priester nimmt vom Blut des Opfertieres, bestreicht damit die Hörner des Brandopferaltares und gießt den Rest am Fuß des Altares aus bzw. er bringt davon ins »Zelt der Begegnung« und besprengt damit den Vorhang des Heiligtums, wenn es sich um Sünden des Priesters selbst und der »ganzen Gemeinde Israel« handelt. Weitere Vorschriften sind bei der Verbrennung des Opfertieres zu beachten, damit es in der rechten Weise »auf dem Altar in Rauch aufgehen« und bei Gott Sühne erwirken kann.

Im 16. Kapitel wird – gewissermaßen als Spezialfall – das Ritual des Großen Versöhnungstages eingeführt, des Tages, an dem »man euch entsühnt, um euch zu reinigen« (V. 30). Im einzelnen geht es dabei um Entsühnung des Priesters selbst, des Heiligtums, des Brandopferaltares und der »ganzen Gemeinde Israel« (V. 17) im Blut geschlachteter Jungtiere analog zum Chattat-Opfer (vgl. Lev 4) sowie um einen Eliminationsritus, in dem das Böse aus der Mitte Israels dadurch fortgeschafft werden soll, daß der Priester einem Bock die Hände auflegt, über ihm »alle Sünden der Israeliten« bekennt, sie ihm so »auflädt« (16, 21) und ihn dann in den Machtbereich des Wüstendämons Asasel hinaustreiben läßt. Auch das Ritual des großen Versöhnungstages bezieht sich eher auf die »aus Versehen« begangenen Sünden, die deshalb nicht schon anderer Aufarbeitung zugeführt wurden.

Vieles an diesen levitischen Riten des Zweiten Tempels erschließt sich unter modernen Verstehensvoraussetzungen nur schwer. So ist das Thema »Sühne« – nicht erst für die Gegenwart – geradezu notorisch mißverständlich und mißverstanden worden. Da ist zunächst der Eindruck der *Äußerlichkeit*, der der Logik dieser Rituale wie der mit ihrem Vollzug getilgten Sünden innezuwohnen scheint. »Aus Versehen begangene« Sünden werden abgewaschen, damit aus ihnen kein Unheil folgt. Und sie müssen in der rechten Weise dem Sühneritual zugeführt werden, weil ansonsten die es vollziehenden Priester von der gefährlichen Nähe Gottes vernichtet werden; das Kultformular des großen Versöhnungstages (Lev 16) wird eingeführt mit der Erzählung eines solchen katastrophalen »Kultfehlers«. Die hier beschriebene Logik ist gewiß die eines priesterlichen Spezialistenwissens, das die priesterliche Alleinkompetenz für den »Sühne-Sektor« des Kultes unterstreichen soll. Auschließlich Priester sind in der Lage, mit dem gefährlichen Potential des Heiligen – der durchaus auch für sie gefährlichen Gegenwart JHWHs im Allerheiligsten des Tempels – so umzugehen, daß sie sich für das Volk heilvoll auswirkt und Sühne wirkt.[4] Möglicherweise gehört es ebenfalls zu dieser Logik, archaisch unkontrollierte Blut- und Eliminationsriten zu »entschärfen« und in den offiziellen Kult einzuordnen.[5] So sind wir in Levitikus schon mit einem kultischen Transpositionsprozeß konfrontiert, der in den Jahrhunderten danach und insbesondere seit den Ereignissen der »Entweihung« des Tempels mit den von Antiochus IV. ausgelösten Ereignissen weitergeht und noch an Dynamik gewinnt. Aber welche Erlösungsvorstellungen sind in der Kultordnung des Zweiten Tempels, insbesondere in der Ordnung des Chattat-Opfers, erkennbar? Und inwiefern bieten sie Anhalt für weitere Umdeutungsversuche, schließlich auch für die christologisch-soteriologischen Anknüpfungen?

Die »Äußerlichkeit« der priesterlichen Logik hat entscheidend damit zu tun, daß Sünde gleichsam als objektiver Sachverhalt vorgestellt wird, in dessen Unheils-Bereich man hineingerät, sobald man »objektiv« – auch ohne entsprechende Absicht – gegen JHWHs Anordnungen verstoßen hat. Gerade die unabsichtlichen Verfehlungen erscheinen besonders gefährlich, weil sie den Sünder mit einem Unheil bedrohen, dessen er sich gar nicht schuldig *weiß*, so daß er entsprechende Opfer- oder Schadensregulierungsmaßnahmen nicht ergreifen konnte. Daraus ergibt sich die Wichtigkeit des gerade auch diese Sünden umfassenden Sühnerituals am großen Versöhnungstag: Es sühnt, was ansonsten unheilsträchtig bliebe, weil man es nicht bemerkt hatte.[6] Und die Sühne wird *im Blut* erwirkt: Mit dem Blut wird JHWH gleichsam rituell – öffentlich-verbindlich – rückerstattet, was ihm vorbehalten ist und gehört: das Leben. So darf darauf gebaut werden, daß von ihm auch das Leben wieder ausgeht – und eben nicht der Tod, in dem er sich »gewaltsam« nimmt, was man ihm vorzuenthalten sucht. Weil der kultische Vollzug die ihn Feiernden neu einfügt in die Bewegung des »Zurück zu JHWH« – in die Ausrichtung allen Lebens auf ihn hin –, anerkennt der Kult JHWH als den Herrn und Geber allen Lebens, vergegenwärtigt er seine Gegenwart als *heilvoll ausspendende* und wendet er sie als *gefährlich nehmende* ab. So heiligt der Kult die Menschen, die ihn begehen, indem er ihnen »die verlorene Einheit des ganzen, ungeteilten Daseins« vor Gott und mit ihm restituiert.[7]

Vielleicht rationalisiert diese Deutung das kultische Begängnis schon zu

---

[4] Vgl. R. Albertz, Religionsgeschichte Israels in alttestamentlicher Zeit, Bd. 2, Göttingen 1992, 526.

[5] Vgl. J. Pixley, a. a. O., 143.

[6] Vgl. Chr. K. Saßmann, Die Opferbereitschaft Israels. Anthropologische und theologische Voraussetzungen des Opferkultes, Frankfurt a. M. 1995, 116 f.

[7] Vgl. E. Jüngel, Das Evangelium von der Rechtfertigung des Gottlosen als Zentrum des christlichen Glaubens, Tübingen 1998, 133.

sehr. Aber der Kult ist ja immer schon in die Bewegung der Rationalisierung einbezogen. Und es läßt sich kaum deutlich ermitteln, wie weit diese Bewegung zu einem bestimmten Zeitpunkt schon vorangekommen war. Das zeigt sich schon am sühnetheologisch zentralen Wortfeld Kpr (koper).[8] Es assoziiert zunächst den Vorgang des Bedeckens und damit sühnetheologisch die Vorstellung, das Ritual bedecke die Verfehlung, so daß JHWH über sie hinwegsehen kann. Rationalisierende und ethisierende Transpositionen tilgen nach und nach die Äußerlichkeit dieses Vorgangs und gelangen schließlich zu der neutestamentlichen, dann auch soteriologisch zentralen Aussage, die *Liebe* decke Sünden zu, »soviel ihrer auch sind« (vgl. 1 Petr 4, 8 in Anspielung auf Spr 10, 12) – wobei die Liebe hier vor allem deshalb als Sühne in Frage kommt, weil sie in Jesus Christus und für die ihm Nachfolgenden »Erfüllung des Gesetzes« ist (vgl. Röm 13, 10).

Was Kpr aber wirkungsgeschichtlich entscheidend qualifiziert, das ist der Charakter einer Gabe, die es vermag, Unheil abzuwenden. Auch außerhalb des Kultes kann koper gegeben werden, um damit das durch ein schweres Vergehen dem Tod oder einer anderen Strafe verfallene Leben des Übeltäters auszulösen (vgl. etwa Ex 21, 30) – also zu einer friedlichen Konfliktbeilegung »unterhalb« der Vergeltungsebene des Talions-Gesetzes zu kommen.[9] Dieser weite, nicht auf kultische Begängnisse eingegrenzte Sinn von *Auslösung* findet eine andere rechtliche Konkretion im Institut des goel. Der goel – der »Löser« – tritt in Funktion, wenn ein Israelit verarmt und den an sich unveräußerlichen, von JHWH zum Lebensunterhalt »geschenkten« landwirtschaftlichen Grundbesitz veräußern muß, um zu überleben. Hier erwirbt der Löser zurück, was dem Verarmten ein Leben als Glied des erwählten Volkes ermöglichen soll und ihm von JHWH zugedacht ist (vgl. Lev 25, 23–28). Lösende Funktion hat schließlich auch das Jobeljahr, in dem die gute Lebensordnung JHWHs für sein Volk gegen alle Pervertierung durch Machtmißbrauch und Ausbeutung wieder hergestellt werden soll (vgl. Lev 25, 28). »Lösen« und »Auslösen« stehen offenkundig für das Ende des Gefangenseins in einem unheilvollen Konflikt, für das Ende auch des Gefangenseins in versklavenden Verhältnissen. JHWH selbst wird mitunter als Löser und koper Leistender angesprochen (Ijob 19, 25a und Jes 43, 3). Angesichts der Gefangenschaft Israels im Exil kündet Deutero-Jesaja als Gottes Wort:

> »Fürchte dich nicht, denn ich habe dich ausgelöst,
> ich habe dich beim Namen gerufen, du gehörst mir.
> Wenn du durchs Wasser schreitest, bin ich bei dir,
> wenn durch Ströme, dann reißen sie dich nicht fort.
> Wenn du durchs Feuer gehst, wirst du nicht versengt,
> keine Flamme wird dich verbrennen.

---

[8] Vgl. dazu den Überblick und die Deutungen bei B. Janowski, Sühne als Heilsgeschehen. Studien zur Sühnetheologie der Priesterschrift und zur Wurzel KPR im Alten Orient und im Alten Testament, Neukirchen-Vluyn 1982.

[9] Vgl. dazu A. Schenker, Versöhnung und Sühne. Wege gewaltfreier Konfliktlösung im Alten Testament, Freiburg i.Ue. 1981.

Denn ich, der Herr, bin dein Gott,
ich der Heilige Israels, bin dein Retter.
Ich gebe Ägypten als Kaufpreis für dich,
Kusch und Seba gebe ich für dich.
Weil du in meinen Augen teuer und wertvoll bist
und weil ich dich liebe,
gebe ich für dich ganze Länder
und für dein Leben ganze Völker« (Jes 43, 1b–49).

JHWH rettet das ihm am Herzen liegende Volk durch Auslösung; er rettet, indem er andere Länder für es als koper gibt; er löst es heraus aus einer Knechtschaft, die Leben zerstört. Er gibt, um neues Leben zu ermöglichen, um das durch die Schuld des Volkes verwirkte Leben Israels auszulösen und neu zu begründen.[10] Hier können sich neutestamentlich soteriologische Lösegeldvorstellungen anschließen. In ihnen wird Jesus selbst als Gottes Koper-Gabe für die Sünder zugunsten der im Glauben erlangten und in einem Lebenswandel aus dem Geist Gottes zu bewährenden Freiheit der Kinder Gottes bezeichnet. Daß Lösegeldvorstellungen in der Christentumsgeschichte bald die mythologisierende Phantasie beflügeln und etwa den Teufel ins Spiel gebracht haben, dem das Lösegeld für die – aus eigener Schuld – in seiner Herrschaft Gefangenen am Kreuz zu entrichten war und der zuletzt doch als der Betrogene dastand, weil das zur Auslösung am Kreuz vergossene Blut seine Herrschaft ein für alle Mal außer Kraft setzte, sollte nicht von der entscheidenden soteriologischen Frage ablenken: Weshalb konnte die Sendung Jesu Christi die Glaubenszuversicht begründen, daß hier eschatologisch – mit letzter Gültigkeit – die »Auslösung« ihren Anfang nahm? Wie konnte und kann man von ihm sagen, daß sich in ihm Gott als »unser Löser« erwiesen hat? Und was kann das bedeuten im Blick auf vielfältiges Gebundensein und Gefangensein in Not, Angst und Auswegslosigkeit, das den Menschen – auch die Glaubenden – ja offenkundig weiterhin zum Schicksal wird?

Gleichwohl wird man einräumen können, daß die soteriologischen Motive des Auslösens und des göttlichen goel weniger Verständnisschwierigkeiten bereiten als kultnähere Sühnevorstellungen. Auch bei ihnen geht es freilich in bestimmter Hinsicht um Auslösung. Auch hier – mit letzter Konsequenz eigentlich erst hier – geht es um die *Unterbrechung* jenes bedrohlichen Sünde-Unheil-Zusammenhangs, den jede menschliche Verfehlung in dieser Welt in Gang setzt oder mit zusätzlicher »Unheils-Energie« auflädt, mehr und mehr unabwendbar macht. Die Verfehlung ist dabei – so hat es *Klaus Koch* in seiner vielfach modifizierten, aber nicht eigentlich überholten Deutung des nachexilischen Sühnekults am Tempel und seiner religiös-kulturellen Voraussetzungen ausgeführt – »stoffähnlich gedacht, wie eine unsichtbare, raumhafte Sfäre, die den Sünder mit seiner Umgebung einhüllt seit dem Augenblick der Tat. Die

---

[10] Vgl. B. Janowski, Auslösung des verwirkten Lebens. Zur Geschichte und Struktur der biblischen Lösegeldvorstellung, in: Zeitschrift für Theologie und Kirche 79 (1982), 25–59.

Sfäre der Übeltat ist schicksalwirkend, sie führt im Lauf der Zeit zu Unheil und Tod.«[11] Kultische Sühne ist nun die von Gott selbst eröffnete Möglichkeit, dem Teufelskreis des Sünde-Unheil-Verhängnisses zu entrinnen. Der Sühneritus am Heiligtum macht es »möglich, kraft göttlicher Heiligkeit die Sündensfäre abzuwälzen auf ein Tier, das statt des Sünders verdirbt«. Der Kult erwirkt, »was im Alltag undenkbar ist, nämlich die Übertragbarkeit der Schuld. Daß Schuld abgewälzt wird« – daß sie für den Übeltäter relativ folgenlos bleibt – »ist gottgewirktes Wunder«[12], ist die von Gott selbst im Kult angebotene, in seiner Versöhnlichkeit gründende Möglichkeit einer Herauslösung aus dem ansonsten tödlichen Tun-Ergehens-Zusammenhang.

Auslösung bedeutet hier das Ende der Gefangenschaft in einer Unheils-Dynamik, die keine Rettung denkbar erscheinen läßt, es sei denn, Gott selbst wirkt sie, indem er in dem von ihm selbst angeordneten Sühneritual *seine* Heiligkeit gegen das von Menschen verwirkte Unheil zur Wirkung kommen läßt. Das Sühneritual ermöglicht gleichsam, daß Gottes Heiligkeit nicht zerstörend, sondern heiligend in die Menschenwelt eingreift, daß die Kultgemeinde im Hohenpriester von neuem Zugang findet zur heilgewährenden Gegenwart Gottes inmitten seines Volkes. Das vergossene Blut soll den reinigen, der sich stellvertretend für die den Ritus Begehenden Gott nähert; es hat den Ort zu reinigen, an dem Gottes heilvolle Selbstvergegenwärtigung geschehen soll. Reinigung ermöglicht – angesichts der Vergehen, durch die sich die Feiernden verunreinigt und so gleichsam selbst in die Gottunwürdigkeit verstoßen haben – JHWHs heilvolle Nähe; sie ermöglicht das heilverbürgende »Zusammenwohnen« der Kultgemeinde mit dem Gott, als dessen erwähltes Volk sie sich weiß, weshalb ihr eben auch von JHWH das Ritual einer wahrhaft wirksamen Reinigung geschenkt wurde. Diese Nähe ist eröffnet durch die Darbringung des Opfertieres, dessen Blut in gewissem Sinn den Zugang zur gnadenhaften Gegenwart JHWHs vermittelt. Sie soll denen widerfahren, die sich vom Opfertier gleichsam vertreten und so mit dem Heiligen in Kontakt bringen lassen. Der Ritus, der das Geopferte JHWH anheimgibt, soll auch die, für die das Opfer dargebracht wird, JHWH übergeben, soll sie – so die Deutung von *Hartmut Gese* – in das Heilige geradezu »inkorporieren«.[13]

So ergeben sich als »soteriologische Grundmotive« der rituellen Sühnepraxis:

• das Motiv der *Auslösung* aus einem Sünde-Unheils-Zusammenhang, der sich im Untergang der Übeltäter vollenden müßte;
• das Motiv der durch Reinigung neu ermöglichten und von JHWH gewährten heilshaften *Gottesgegenwart*, des Bei-JHWH-Wohnen-Dürfens in der Heils-

---

[11] K. Koch, Sühne und Sündenvergebung um die Wende von der exilischen zur nachexilischen Zeit, in: Evangelische Theologie 26 (1966), 217–239, hier 229.
[12] Vgl. ebd., 239.
[13] Vgl. H. Gese, Die Sühne, in: ders., Zur biblischen Theologie. Alttestamentliche Vorträge, München 1977, 85–106, hier 98.

gemeinschaft des Erwählenden mit dem trotz all seiner Vergehen immer wieder von neuem als erwählt angenommenen Volk;

• das Motiv der im stellvertretenden Medium begangenen *Hingabe an das Heilige*.

Diese Motive erfahren in der Geschichte Israels und bei ihrer Inanspruchnahme für die christliche Soteriologie Erweiterungen und tiefgreifende Umdeutungen. Dabei ist vor allem eine »Verinnerlichung« der äußerlich-räumlich entworfenen Kult-Vorstellungen zu beobachten.

2.4 Das Opfer, das Gott gefällt: »ein reines Herz«

Reinigung macht die Glieder des erwählten Volkes fähig und würdig zur Wohngemeinschaft mit JHWH, der Heil gewährend in seiner Mitte wohnt, wenn man ihm nicht nur eine geheiligte Wohnstatt im Tempel bereitet und »rein erhält«, sondern seiner Heiligkeit auch im Alltag sozialer und politischer Herausforderungen zu entsprechen versucht. Kultische Reinheit muß sich in der ethischen verinnerlichen; aber auch die ethische Reinheit geht letztlich von Gott aus, sie muß und darf von ihm erbeten werden: »Erschaffe mir, Gott, ein reines Herz, und gib mir einen neuen, beständigen Geist … Schlachtopfer willst du nicht, ich würde sie dir geben; an Brandopfern hast du kein Gefallen. Das Opfer, das Gott gefällt, ist ein zerknirschter Geist, ein zerbrochenes und zerschlagenes Herz wirst du, Gott, nicht verschmähen« (Ps 51, 12. 18 f.).

Das kultische Reinigungsbemühen darf nicht zum Alibi werden für die versäumte Reinigung durch Umkehr, durch die Erneuerung der JHWH-Gemeinschaft in Gerechtigkeit und Bundestreue. Vor allem die prophetische Verkündigung spitzt sich auf die Kritik eines Opferkultes zu, der diese Umkehr eher ersetzen als ausdrücken wollte (vgl. etwa Mi 6, 6 f.; Jes 1, 10–17). Sie richtet sich gegen eine Opferpraxis, in der nicht die Verheißung eines von Gott geheiligten neuen Lebens und das Vertrauen auf diese Verheißung begangen, sondern der richtig vollzogene Ritus selbst als das Hervorrufen der von Gott erwarteten Heilung und Reinigung verstanden wird: als die Erfüllung jener *unbedingten Bedingung*[14], von der Gott sich selbst und die Heiligung des menschlichen Lebens unbegreiflicherweise abhängig gemacht habe. Ezechiel sieht diesen Ritualismus im erneuerten Bund endgültig überwunden; er sieht eine Erneuerung des Bundes kommen, die Reinigung nicht nur im »äußerlichen« Bereich des kultisch Bearbeitbaren bringen wird, sondern Wirklichkeit werden läßt in einem von der innersten Personmitte ausgehenden Gesetzesgehorsam, der sich auch durch die Verlockungen der Götzen nicht mehr vom rechten Weg abbringen läßt:

---

[14] Vgl. Streitfall Religion, Kap. 2.2.

»Ich hole euch heraus aus den Völkern, ich sammle euch aus allen Ländern und bringe euch in euer Land. Ich gieße reines Wasser über euch aus, dann werdet ihr rein. Ich reinige euch von aller Unreinheit und von allen euren Götzen. Ich schenke euch ein neues Herz und lege einen neuen Geist in euch. Ich nehme das Herz von Stein aus eurer Brust und gebe euch ein Herz von Fleisch. Ich lege meinen Geist in euch und bewirke, daß ihr meinen Gesetzen folgt und auf meine Gebote achtet und sie erfüllt. Dann werdet ihr in dem Land wohnen, das ich euren Vätern gab. Ihr werdet mein Volk sein, und ich werde euer Gott sein. Ich befreie euch von allem, womit ihr euch unrein gemacht habt ... So spricht Gott, der Herr: Wenn ich euch von all euren Sünden gereinigt habe, mache ich die Städte wieder bewohnbar ...« (36, 24–29a. 33).

Wenn JHWH das Volk nun von aller Sünde befreit und reinigt, werden sich die so Gereinigten hinfort »nicht mehr unrein machen durch ihre Götzen und Greuel und durch all ihre Untaten«. JHWH nimmt es von neuem als sein Volk an; und er wird sich als der Gott seines Volkes erweisen. Er schließt mit den Kindern Davids einen »Friedensbund«: »... es soll ein ewiger Bund sein. Ich werde sie zahlreich machen. Ich werde mitten unter ihnen für immer mein Heiligtum errichten, und bei ihnen wird meine Wohnung sein« (Ez 37, 23. 26–27a).

Die Ausweitung und Vertiefung der priesterlichen Reinigungs- und Reinheitsvorstellung ergibt sich im Blick auf die Zentral-Sünde des Götzendienstes. Götzendienst ist zuerst die Aufhebung der Monolatrie – der Alleinverehrung – JHWHs und damit ein schweres kultisches Vergehen: Der JHWH-Kult wird durch die im gleichen Bereich wuchernden Fremdgötterkulte verunreinigt und damit unwirksam. Wo das Volk Fremdgötterkulte eindringen läßt, da verliert es seine Kultfähigkeit; und dieser Verlust wiegt doppelt schwer, wenn der Götzendienst selbst vor dem Jerusalemer Tempel nicht halt macht. Götzendienst bedeutet aber auch und vor allem: Verweigerung des Gehorsams gegen JHWH und sein Gesetz. Die Loyalität zu Fremdgöttern bestreitet den Herrschaftsanspruch JHWHs auf sein Volk, entheiligt das erwählte Volk, macht es unfähig und unwillig zum Zeugnis für seinen Gott, der es in die Freiheit geführt hat und geehrt sein will durch Gerechtigkeit und das Sich-frei-Halten von aller Knechtschaft. Götzendienst zieht also eine weit über den kultischen Bereich hinausreichende Korrumpierung des Zusammenlebens in dem von JHWH geschenkten und zu seinem eigenen Wohnort auserkorenen Land nach sich. So konnte JHWH schließlich sein Haus, das zu einer Räuberhöhle geworden war, nicht länger bewohnen (vgl. Jer 7, 1–15); so gab er sein Volk, das nicht mehr sein Volk sein wollte, der Zerstörung preis.

Auch das neue Heil wird in Metaphern der Reinigung vorgestellt. Aber es wird sofort deutlich, wie von Reinigung in einem den kultischen Sachverhalt metaphorisch übersteigenden und vertiefenden Sinn geredet wird. Was *eigentlich* der Reinigung bedarf, das sind nicht Kultgegenstände, Kultorte oder das Kultpersonal; sie sind ja mit der Zerstörung des Tempels untergegangen und können deshalb das Darbringen Gott wohlgefälliger Opfer nicht mehr verbürgen. Der Reinigung bedarf die sozial-religiöse Wirklichkeit des Volkes selbst, die verdorbene Atmosphäre falscher Loyalitäten und Prioritäten, gegen JHWH gerichteter falscher Selbstverständlichkeiten und Rücksichtnahmen. Der Reinigung bedarf das durch den Ungeist eines JHWH verleugnenden sozialen und religiösen Lebens entheiligte »Wohnumfeld« JHWHs, damit der Tempel wieder zum Wohnort JHWHs, das erwählte Volk wieder zu einem Volk der Wohngenossen JHWHs werde.

JHWH selbst vollzieht diese Reinigung. Er legt auf sein Volk den neuen Geist; er weckt die im Ungeist einer »herzlosen« und leblosen JHWH-Observanz dahinlebenden Exilierten zu einem neuen, aus dem Innersten und von Herzen kommenden, wahrhaft bundesgemäßen Gehorsam auf. Er heiligt sie durch einen Geist, der die Gemeinschaft mit JHWH dadurch wiederherstellt, daß er die in Gottesferne Lebenden in ihrem Innersten JHWH wieder zuwendet. Alles andere – die Rückkehr aus dem Exil, der Aufbau der Stadt und des Tempels – ist dann nur noch die logische Folge.

Das Reinigungsmotiv hat hier eine theologisch-soteriologische Zentralstellung gewonnen, die es dann – bei vielfältigen Transpositionen und Umakzentuierungen – auch in christlicher Soteriologie nicht mehr verlieren wird. Entscheidend bleibt bei allen Transpositionen das räumliche Vorstellungsschema: Der Reinigung bedarf ein *Bereich*, die ihn bestimmende und von ihm bestimmte sozial-personale Lebenswelt, in der sich eine unheilbringende Atmosphäre der JHWH-Ignoranz – der Vernachlässigung der Lebensgrundlagen des erwählten Volkes – ausgebreitet hat. Die Sünde der JHWH-Ignoranz ist gleichsam eine räumlich greifbare, soziale und in diesem Sinn äußere Wirklichkeit, die jedoch den, der diesem Bereich zugehört, zuinnerst entheiligt und verunreinigt. Der Geist, der die Reinigung vollbringt, ist der Geist einer zuinnerst vollzogenen Umkehr, eines neuen Zusammenlebens, der die in diesem Geist miteinander Lebenden dazu heiligt, von neuem in die Wohngemeinschaft mit JHWH aufgenommen zu werden, und sie zur inneren Hingabe an das *heilige Gesetz* befähigt.

Weil Sühne sich letztlich auf die Erneuerung des Zusammenlebens im »Geist« des Gesetzes bezieht, deshalb kann – in der späten Weisheitsliteratur – schließlich auch ausdrücklich geltend gemacht werden, daß Liebe, Treue und Mildtätigkeit Schuld sühnen, so wie Wasser das lodernde Feuer löscht (vgl. Spr 16, 6; Sir 3, 30). Die Qumran-Gemeinde versteht ihr Zusammenleben nach der »Entheiligung« des Tempels in Jerusalem als den Ort, von dem her sich allein noch Gottes Heiligkeit sühnend ausbreiten kann, als das »heilige Haus für Israel«, das »Haus der Vollkommenheit und Wahrheit in Israel«, in dem es möglich ist, Gott wohlgefällig zu sein und »zu sühnen für das Land« (1 QS VIII, 3 10).[15] Und nach der Zerstörung des Tempels kann von Rabbinen gesagt werden, man möge sich nicht über die Vernichtung des einstigen Sühneorts grämen, denn: »Es gibt eine Versöhnung, die jener des Tempels gleicht. Welche ist dies? Dies ist

---

[15] Vgl. G. Klinzing, Die Umdeutung des Kultus in der Qumrangemeinde und im Neuen Testament, Dissertation Göttingen 1971.

das Vollbringen guter Taten; es heißt nämlich: An Gunsterweisen habe ich gefallen, nicht an Brandopfern (Hos 6,6)«.[16]

Die Jesus-Überlieferungen des Neuen Testaments sind in vergleichbarer Weise daran interessiert, die »Äußerlichkeit« des religiösen Reinheitsthemas weisheitlich-ethisch zu transponieren. In der Auseinandersetzung mit den Pharisäern wird das ihnen unterstellte äußerliche Reinigungsverständnis mit schöpfungstheologischer Grundsätzlichkeit in Frage gestellt. Da der, »der das Außen geschaffen hat, auch das Inwendige geschaffen« hat, geht es religiös nicht um die Reinigung der »Außenseite an Becher und Gefäß«. Vielmehr gilt die Herausforderung: »Gebt das, was darin ist, als Almosen, und siehe, alles wird euch rein sein« (vgl. Lk 11,39–41 bzw. Mt 23,26). Das Fixiertsein auf kultische Reinheit verkennt die elementare Glaubens-Einsicht: »Nichts, was von außen in den Menschen hineinkommt, kann ihn unrein machen, sondern was aus dem Menschen herauskommt, das macht ihn unrein« (Mt 7,15).

Deshalb bedarf es einer Reinigung, die den Sünder *zuinnerst* in die Gottesgemeinschaft – nach dem Johannesevangelium: in die Christusgemeinschaft – inkorporieren und *so* retten kann. Das exemplarische Mißverständnis des Petrus gibt dem johanneischen Jesus Gelegenheit, auf diese Tiefendimension der Reinigung hinzuweisen (vgl. Joh 13,6–20): Die Fußwaschung ist Zeichen für den Dienst, in dem die Jünger Jesus nachfolgen – an ihm »Anteil haben« – sollen. Wem die Füße gewaschen sind, der ist ausersehen, in die engstmögliche Gemeinschaft mit dem einzutreten, der ihm diesen Dienst vorbildhaft geleistet hat; er ist gereinigt, für die Heiligkeit dieses Dienstes erwählt. So hat er Anteil »am wahren Weinstock«, um die Früchte zu bringen, die solchem Anteilhaben entsprechen (vgl. 15,1–17).

Im 15. Kapitel des Johannesevangeliums wird die Metaphorik der Reinheit als Christuszugehörigkeit weiter ausgesponnen: Es ist das an die Jünger gerichtete und sie verwandelnde Wort, das sie reinigt – »Ihr seid schon rein durch das Wort, das ich zu euch gesagt habe« (V. 3) – und sie zum Fruchtbringen befähigt. Daß das Bild des Weinstocks bei der Vorstellung »Reinigung« zunächst an ein Ausschneiden der nutzlosen Triebe denken läßt, sollte nicht außer acht geraten lassen, daß doch noch einmal das Reinigungsthema aus Kapitel 13 aufgegriffen und in ähnlichem Sinne ausformuliert wird: Die zum Fruchtbringen befähigende Verbundenheit mit Christus macht wahrhaft rein.[17]

Die neutestamentlichen Transpositionen des Reinheits- und Reinigungsmotivs sind deutlich sichtbar und in ihrer Intention hinreichend nachvollziehbar: Der ethischen Vertiefung und Verinnerlichung, wie sie im zeitgenössischen Judentum greifbar ist, entspricht eine Distanznahme von kultischen Rei-

---

[16] Abot de Rabbi Natan I 4.

[17] R. Schnackenburg stellt diesen Zusammenhang nicht her und resümiert deshalb zu 15,2: »Das ›Reinigen‹ der Rebzweige von unnützen Trieben spielt in der Bildrede keine Rolle mehr und darf darum nicht zu weit ausgedeutet werden.« Vers 3 sieht er wohl zutreffend als redaktionelle Zwischenbemerkung: Das Johannesevangelium (Herders Theologischer Kommentar zum Neuen Testament), Teil 3, Freiburg i. Br. 1975, 110; vgl. 111.

nigungspraktiken. Wahre Reinigung geschieht aber nicht schon durch die ethisch gute Tat; diese ist vielmehr deren mehr oder weniger selbstverständliche Folge. Ihre Voraussetzung – der Grundvorgang der Reinigung – ist zumindest im Johannesevangelium christologisch-soteriologisch bestimmt: als Verbunden-werden mit dem, der den Sündern seine Verbundenheit mit dem Vater im Heiligen Geist mitteilt (vgl. Joh 14, 15–31; 16, 9 ff.). Das Thema Reinheit und Reinigung begegnet also in mehrstufiger Metaphorisierung: Das Reinigungsritual verweist auf eine Reinheit, die nicht durch äußere Reinigung erreicht ist, sondern durch Umkehr. Diese ist ermöglicht durch das Geschenk eines neuen Geistes und eines neuen Herzens (vgl. Ez 36; Ps 51); die Christusverbundenheit ist Verbundenheit in diesem Geist, sie begründet, was durch den äußeren Vorgang der Reinigung allenfalls angedeutet sein kann: die Gottgemäßheit des Lebens und Handelns der an Christus Glaubenden.

Die ethische Vertiefung und Verinnerlichung der Reinigungsthematik hat zweifellos mit der für Israel zunehmend bedrängenden Erfahrung zu tun, nach der die Last der Sünde sich so unübersehbar aufgehäuft hat, daß sie mit den überlieferten Reinigungsriten nicht mehr »hinwegzuarbeiten« ist. Das private Ritual im Alltag wie auch die Reinigungsrituale am Tempel scheinen dem Verhängnis nicht mehr gewachsen, ja sie scheinen mehr oder weniger bedeutungslos zu werden angesichts einer Unheilsdynamik, die offenkundig auf ein neues Gerichtshandeln JHWHs hindrängt.

Zu diesem apokalyptischen Szenario gab es zur Zeit Jesu durchaus Alternativen. Die Einhaltung des *ganzen* Gesetzes durch *ganz* Israel einerseits und andererseits die Restitution des wahren, reinigenden Tempelkults in der Endzeit – in der Zwischenzeit der Ersatztempel der Gemeinschaft aus den »Kindern des Lichts« in Qumran – sind zwei dieser alternativen soteriologischen Perspektiven. Jesus verkündigt die Nähe einer Heimsuchung durch Gott, die nicht das vernichtende Gericht, sondern die endzeitliche Wohngemeinschaft mit ihm bringen wird – die Wiederherstellung der Schöpfung in ihrem vom Schöpfer gemeinten und den Erwählten zugutekommenden Schöpfungssinn. Die Teilhabe an dieser endzeitlichen Gottesherrschaft wird nach Ostern schon bald christologisch vermittelt gedacht. In Christus ist für die nachösterliche Jesusbewegung das Unheil gewendet, dem sich Israel unter der Herrschaft Satans und der Dämonen aufgrund der Sünde des Volkes ausgeliefert wußte. Erstaunlicherweise greift nun die frühe Theologie auf Vorstellungskomplexe aus dem Bereich kultischer Reinigung zurück, um diese Wendung des Unheilsverhängnisses zu beschreiben und einleuchtend zu machen, daß sie sich gerade im Kreuz Jesu vollzogen hat. Davon wird nun zu sprechen sein.

2.5 »Das Blut seines Sohnes Jesus reinigt uns von aller Sünde«

Die Zerstörung des Zweiten Tempels – für die Qumrangemeinde schon seine Entweihung durch eine »unwürdige« Priesterschaft – machte den Sühnekult unmöglich. Diese »kultische Leerstelle« wurde von den Rabbinen ethisch, von der beginnenden christologischen Reflexion soteriologisch ausgefüllt. Der Ort der Entsühnung im Blut ist nun Jesus Christus, der in *seinem* Blut Sühne geschaffen hat; und er ist es als der wahre Hohepriester, dessen an ihm selbst vollzogenes Sühneritual in den Sühneritualen des Tempels nur vorabgebildet war, am Kreuz Jesu aber in unüberholbar wirksamer Endgültigkeit dargebracht wurde und die vordem am Tempel erwirkte Entsühnung unnötig macht. Der Hebräerbrief führt diese Ausfüllung der kultischen Leerstelle im Sinne einer überbietenden Ersetzung bis in viele Einzelzüge hinein aus; und er zieht reichen Argumentationsgewinn aus der von ihm aufgewiesenen Strukturähnlichkeit zwischen traditioneller kultischer Entsühnungspraxis und dem Blutopfer Jesu am Kreuz. Von Jesus darf grundsätzlich gesagt werden: Er »hat die Reinigung von den Sünden bewirkt und sich dann zur Rechten der Majestät in der Höhe gesetzt« (1, 3 b); sein entsühnendes Opfer am Kreuz ist der im Blut vollzogene Gang zum Vater. Das vergossene Blut ermöglichte schon im Tempelkult den Zugang zum Allerheiligsten, zu der als Gnadenthron vorgestellten, seit der Zerstörung des Ersten Tempels verlorenen Bundeslade. Der Hohepriester durfte mit dem Blut der »jungen Stiere und Böcke« (9, 19) in das Allerheiligste eintreten und den Mose-Bund erneuern, der im Blut der Opfertiere geschlossen worden war. Schon hier diente das Blut der Gründung bzw. Erneuerung des Bundes und der Reinigung der für den Kult des Bundesschlusses und der Bundeserneuerung in Dienst genommenen Orte, Personen und Gegenstände: der »Abbilder der himmlischen Dinge«. Die himmlischen Dinge selbst aber wie auch das Innere des Menschen – sein Gewissen – erfordern »wirksamere Opfer« (9, 22 f.).

Der vom Gesetz geordnete Kult mit »allerlei Waschungen« gehorcht – so der Hebräerbrief – »äußerliche(n) Vorschriften, die bis zu der Zeit einer besseren Ordnung auferlegt worden sind« (9, 10). Die »bessere Ordnung« ist jetzt die des Hohepriestertums Christi, der »ein für allemal in das Heiligtum hineingegangen (ist), nicht mit dem Blut von Böcken und jungen Stieren, sondern mit seinem eigenen Blut, und so ... eine ewige Erlösung bewirkt« hat. Die »fleischbestimmte Rechtsordnung« des Tempels – so die Übersetzung von δικαιώματα σαρκός in Vers 9, 10 durch Fridolin Stier – bezog sich auf das leiblich Äußerliche; »es werden Gaben und Opfer dargebracht, die das Gewissen der Opfernden nicht zur Vollkommenheit führen können« (9, 9). Wenn nun – so folgert der Hebräerbrief in einem Schluß vom Kleineren aufs Größere – »schon das Blut von Böcken und Stieren und die Asche einer Kuh die Unreinen, die damit besprengt werden, so heiligt, daß sie leiblich rein werden, um wieviel mehr wird das Blut Christi, der sich selbst kraft ewigen Geistes Gott als makelloses Opfer dargebracht hat, unser Gewissen von toten Werken reinigen, damit wir dem lebendigen Gott dienen« (9, 13 f.). Die Reinigung der Opfernden zum rechten

Kult bleibt beim Opfer Jesu Christi kraft des *von ihm* vergossenen Blutes nicht leiblich-äußerlich; es reinigt die Gewissen zu einem neuen, Gott gemäßen Kultdienst. Diese Reinigung befreit die Gewissen von allem, was der Sphäre des Todes angehört, so daß sie fähig werden zu einem dem lebendigen Gott wirklich entsprechenden Gottesdienst.

Was in Christi Kreuz und seinem Gang zum Vater geschehen ist, befähigt die Glaubenden zum wahrhaft innerlichen, im Gewissen vollzogenen Gottesdienst kraft der innerlich wirksamen Reinigung. Sie konnte nicht bewirkt werden durch Priester, die selbst der Reinigung bedurften und sie doch nur äußerlich zustandebringen konnten, weshalb sie nur einmal im Jahr und mit dem reinigenden Blut von Böcken und Stieren Zugang zum Allerheiligsten suchen mußten. Christus ist ein der Reinigung selbst nicht bedürftiger Hohepriester und ein vollkommenes, in seiner Reinigungskraft nicht mehr aufs Äußerliche beschränktes Opfer. Er geht mit seinem Opfer ein für allemal hinein in das Allerheiligste und wird so zum »Mittler eines neuen Bundes«, der nicht immer wieder durch Opfer erneuert werden muß, weil die Glaubenden mit Jesus Christus ein Bleiberecht, jedenfalls einen wirksam Fürbittenden im Allerheiligsten gewonnen haben: »Christus ist nicht in ein von Menschenhand errichtetes Heiligtum hineingegangen, in ein Abbild des wirklichen, sondern in den Himmel selbst, um jetzt für uns vor Gottes Angesicht zu erscheinen«. Sein einmalig dargebrachtes Opfer eröffnet den endgültigen, sündentilgenden Zugang zum Allerheiligsten; er wurde »ein einziges Mal geopfert, um die Sünden vieler hinwegzunehmen« (9, 24.28).

Die kultische Ordnung der Tora wird vom Hebräerbrief in ihrer Heilswirksamkeit minimalisiert. Durch die in ihrem Rahmen dargebrachten »Opfer wird alljährlich nur an die Sünden erinnert, denn das Blut von Stieren und Böcken kann unmöglich Sünden wegnehmen« (10, 3). Im Anschluß an die prophetische Kultkritik (hier Ps 40, 7–9b) spricht der Hebräerbrief von einer Ablösung der Speise-, Brand- und Sündopfer durch den wahren Gehorsam gegenüber Gottes gutem Willen. Und es ist Jesus Christus, der in die Welt kam, diesen Willen zu tun, nach dem das sündentilgende Opfer ein für allemal in Christi Kreuz dargebracht sein sollte: »Aufgrund dieses Willens sind wir durch die Opfergabe des Leibes Jesu Christi ein für allemal geheiligt ... wo aber die Sünden vergeben sind, da gibt es keine Sündopfer mehr« (10, 10.18).

Der Hebräerbrief operiert mit verschiedenen Überbietungsschemata, die das in der Sendung Jesu Christi erwirkte Heil als die in der alten Kultordnung bildhaft angedeutete, in *seinem* Opfer aber erst wirklich erlangte Reinigung von den Sünden begreifen läßt. Der Schluß vom Kleineren, Wiederholten, bloß leiblich Äußerlichen, nur Erinnernden auf das Größere, ein für allemal Vollzogene, innerlich – in den Gewissen – Wirksame läßt das Größere in der Perspektive des Kleineren erscheinen. Er bricht diese Perspektive aber zugleich auf, indem er das Größere als das eigentlich Gemeinte und vom Kleineren nur Angedeutete darstellt. Die Reinigungsmetapher erweist sich dabei als zutiefst zwiespältig und gerade deshalb offen für eine »tiefere« Deutung. Sie scheint unaufhebbar im

Vorstellungshorizont des leiblich Äußerlichen lokalisiert, weshalb sie ganz unmittelbar die Notwendigkeit unablässiger Wiederholung assoziiert. Die christologisch-soteriologische Überbietung geht aufs Innere – das Gewissen –, bezieht sich also auf den Ort, der wirklich gereinigt werden muß vom Einfluß des Todes, wenn es von dort aus zum Dienst für den lebendigen Gott kommen soll. Die von Jesus Christus erwirkte Reinigung ist in einer Tiefe wirksam, die sie unwiederholbar, aber auch nicht wiederholungsbedürftig macht; und dies deshalb, weil sie die prinzipielle Trennung der Bereiche – des Menschlich-Sündigen und des Allerheiligsten – aufhebt, die beim jährlichen Gang des Hohenpriesters ins Allerheiligste eben nicht aufgehoben, sondern geradezu bestätigt wurde.

Am befremdlichsten wird dem heutigen Leser des Hebräerbriefs genau das erscheinen, was für den Briefschreiber den höchsten Argumentationsgewinn abwarf: die undiskutierte, weil dem Kultschema entsprechende Voraussetzung, Sünde müsse durch Blut abgewaschen werden – und sei deshalb im Blut des Selbstopfers Jesu Christi, des unübertrefflich würdigen, weil sündelosen Hohenpriesters (vgl. Hebr 4,15; 7,26 f.), erst wahrhaft sündentilgend abgewaschen (vgl. Hebr 13,12). Die Vorstellung, daß das Blut Jesu von allen Sünden reinige, begegnet in den Schriften des Neuen Testaments immer wieder (vgl. etwa 1 Joh 1,7). Sie greift auf Plausibilitäten zurück, die im zeitgenössischen Judentum generell geteilt worden sind. So konnte hier eine Chance gesehen werden, in der Selbstverständigung der frühen Gemeinden wie in der Auseinandersetzung mit den Juden das »scandalum crucis« als nach den Traditionen des Alten Testaments verstehbares Heilshandeln Gottes auszulegen. Wenn undiskutiert gilt, daß es »keine Entsühnung« gibt, »es sei denn durch (oder im) Blut«[18], so kann dem vergossenen Blut Jesu – wie etwa auch dem Blut jüdischer Märtyrer und es noch einmal in seiner Sühnewirksamkeit überbietend – sündentilgende Kraft zugesprochen werden.

2.6 Sühne und Stellvertretung

Die jüdische Auffassung von der Sühnekraft unschuldig vergossenen Märtyrerbluts steht der christologisch-soteriologischen Inanspruchnahme des Sühnemotivs wohl am nächsten. Dem hellenistischen wie dem palästinensischen Judentum der neutestamentlichen Zeit ist der Gedanke vertraut, das Martyrium der Gerechten tilge stellvertretend die Sünde des Volkes. Das Zweite wie das Vierte Makkabäerbuch verstehen das Blutvergießen der Märtyrer als stellvertretendes Erleiden des Zornes JHWHs bzw. der von ihm verhängten Strafe. Der letzte der Makkabäerbrüder fleht zu JHWH, »daß er dem Volk bald wieder gnädig werde.

---

[18] So vielfach auch in der rabbinischen Literatur; Belege bei H. Windisch, Die Sühnekraft des Blutes, in: ders., Der Hebräerbrief, Tübingen 1913, 82–85.

Bei mir« – so endet er sein Gebet –»möge der Zorn des Allmächtigen zum Stillstand kommen, der zu Recht über unser ganzes Geschlecht hereingebrochen ist« (2 Makk 7, 37 f.). Das Vierte Makkabäerbuch nimmt ausdrücklich Bezug auf die sühnend-reinigende Kraft vergossenen Märtyrerbluts. Der sterbende Greis Eleazar betet:»Laß dir die Strafe genügen, die wir für sie erdulden. Zu ihrer Läuterung laß ihnen mein Blut dienen, und als Ersatz für ihr Leben nimm mein Leben hin« (6, 27–29). Die Märtyrer »sind gleichsam Ersatz geworden für die Sünden des Volkes. Durch das Blut jener Frommen und ihren Sühnetod hat die göttliche Vorsehung das vorher schlimm bedrängte Israel gerettet« (17, 22). Ähnlich deutet Asarja (Dan 3, 26–45 LXX) sein Märtyrerleiden und das seiner Freunde, wenn er zum Opferherrn JHWH betet:»Wie Brandopfer von Widdern und Stieren, wie Myriaden fetter Lämmer, so soll unser Opfer vor dir heute sein und dich versöhnen« (3, 39 f.).[19]

Das Ende des Tempelkults mag der Vorstellung generell einen breiteren Raum gegeben haben, Sühne könne nicht nur im kultisch vergossenen Blut, sondern auch durch das Blutvergießen des Gerechten in Stellvertretung für das Volk erwirkt werden. Anknüpfungspunkte für diese Vorstellung bieten die Traditionen der jüdischen Bibel durchaus, jedenfalls für den, der sie auf der Suche nach einer Sinngebung für das unschuldig vergossene Blut erforscht. Das vierte Gottesknechtslied (Jes 52, 13–53, 12) hätte sicherlich zu entsprechenden Folgerungen führen können. Sie werden – soweit man heute sehen kann – erst im Neuen Testament im Blick auf Jesus von Nazaret gezogen. Die rabbinische Literatur schließt ihre Deutungen eher an die Gestalt des Mose an, so etwa an Psalm 106, wo von einer stellvertretenden, den Zorn JHWHs abwendenden Interzession die Rede ist (vgl. V. 23), oder an das Buch Exodus, wo Mose sich JHWH als Stellvertreter für das in Sünde gefallene Volk anbietet (vgl. 32, 32).

Der Blick in das Umfeld der neutestamentlichen Sühnesoteriologie dürfte ihre Nachvollziehbarkeit für Menschen am Beginn des 21. Jahrhunderts nicht gerade gesteigert haben. Zu der befremdlichen Vorstellung von der sühnenden Reinigung im Blut des Erlösers kommt die heute vielleicht als noch weit problematischer empfundene Vorstellung des Zornes JHWHs, der durch die Selbsthingabe eines Stellvertreters besänftigt werden kann. Es ist gar nicht zu übersehen, daß dieser Zusammenhang von Sündenmakel, Gotteszorn und der Notwendigkeit einer Entsühnung des den Zorn JHWHs Herausfordernden nicht nur die alttestamentlichen Sühnevorstellungen prägt, sondern auch die sühnesoteriologischen Ansätze in den neutestamentlichen Überlieferungen mitbestimmt; ausdrücklich im Ersten Thessalonicherbrief, wo von der in Christus geschehenen Errettung vor Gottes Zorn die Rede ist:»Gott hat uns nicht für das

---

[19] Weitere Belege aus dem Bereich des palästinensisch-rabbinischen Judentums bei G. Friedrich, Die Verkündigung des Todes Jesu im Neuen Testament, Neukirchen 1982, 41 und bei H. L. Strack – P. Billerbeck, Kommentar zum Neuen Testament aus Talmud und Midrasch, Bd. 2, München ⁸1983, 279.

Gericht seines Zornes bestimmt, sondern dafür, daß wir durch Jesus Christus, unseren Herrn, das Heil erlangen« (5, 9).[20]

Im Römerbrief (3, 25) ist der Zusammenhang deutlich aber indirekt angesprochen: Jesu Kreuz, die wahre kapporet[21], der wahre Gnadenort, bedeutet Sühnung der Sünden, die bis jetzt ungesühnt geblieben sind – in der Zeit der »Geduld« Gottes, der sich eben nicht zum Zorngericht hinreißen ließ, sondern an sich hielt und nun am Kreuz Jesu Christi denen die Gerechtigkeit schenkt, die an dieses Geschenk glauben (vgl. V. 26). Sühne bedeutet Abwendung des Gotteszorns; aber der zum Zorn »Berechtigte« ist selbst der, der ihn letztlich gegenstandslos macht, weil er von sich aus die Entsühnung vollzieht und damit den Anlaß des Zornes aufhebt. Ist damit das Glaubwürdigkeitsproblem, vor das sich Zeitgenossen beim sühnesoteriologischen Metaphernkreis gestellt sehen, irgendwie gemildert?

Dieses Glaubwürdigkeitsproblem könnte zur fruchtbaren Herausforderung für postmodernes Welt- und Selbstverständnis werden, wenn es gelänge, die in den Einzelaspekten der Sühnepraxis und der Reinigungsmetaphorik sich auslegende Logik der Schuldüberwindung zu erfassen; wenn es gelänge, »Gravitationszentren« aufzudecken, von denen her und auf die hin die verschiedenen Elemente dieses Vorstellungs- und Handlungssystems im Zusammenhang stehen. Ein Versuch der Annäherung an solche Gravitationszentren sei hier wenigstens skizziert.

2.7 Gottes erlösende Gegenwart »im Blut« des Gekreuzigten

Schon der zentrale, in seinen Assoziationen geradezu überbordende frühe Text aus dem Römerbrief (3, 21–26) läßt ein solches »Gravitationszentrum« deutlich erkennen. Das Kreuz Christi ist das ἱλαστήριον – der Deckel der Bundeslade; pars pro toto: Gottes Gnadenthron, die »Stätte der Sühne gewährenden Gegenwart Gottes«.[22] Zu diesem Ort der heilgewährenden Gottesgegenwart können nun alle gelangen; er ist nicht mehr verborgen und unzugänglich im Allerheiligsten des Tempels – nur am Versöhnungstag und nur für den Hohenpriester zugänglich. Gott hat den neuen Sühneort öffentlich hingestellt (V. 25). Die Zeit der Verborgenheit und der Entzogenheit Gottes – die Zeit seines »Zornes«, da das Volk keinen Zugang fand zu der Gnade des Zusammenlebens mit JHWH – ist vorbei. Alle können jetzt an Gottes entsühnender Heiligkeit und Gerechtigkeit Anteil gewinnen – im Glauben daran, daß das Kreuz Jesu der öffentlich

---

[20] Zum Überblick über die paulinische Sühnetheologie vgl. M. Gaukesbrink, Die Sühnetradition bei Paulus. Rezeption und theologischer Stellenwert, Würzburg 1999.

[21] Gemeint ist der Deckel der Bundeslade, an den – nach dem Verlust der Lade in kultischer Fiktion – das Opferblut appliziert wurde. Dieser Deckel steht kultisch für den Thronschemel JHWHs und ist deshalb der Ort seiner die Sünde nicht mehr heimsuchenden Heilsgegenwart.

[22] U. Wilckens, Der Brief an die Römer (EKK VI/1), 1. Teilband, Zürich – Neukirchen 1978, 192.

zugänglich gemachte, aber nur mit den Augen des Glaubens zu erkennende Gnadenort für alle Menschen ist.

Der Hebräerbrief formuliert diese Glaubens-Intuition in der Vorstellung des endgültig rettenden Eintretens des endzeitlichen Hohenpriesters ins himmlische Allerheiligste, geschehen und ermöglicht durch sein Blutvergießen am Kreuz. Durch sein »Hineingehen« ist der rettende Lebenszusammenhang mit Gott – die Inkorporation ins Heilige – endgültig hergestellt; denn in ihm haben die Glaubenden Zugang zum Vater: »Wir haben also die Zuversicht, Brüder, durch das Blut Jesu in das Heiligtum einzutreten. Er hat uns den neuen und lebendigen Weg erschlossen durch den Vorhang[23] hindurch, das heißt durch sein Fleisch« (10, 19).

Das Motiv der *Zugänglichkeit* zum Bund der Verheißung und dem mit ihm Verheißenen begegnet noch einmal im Epheserbrief, wo den »Heiden« deutlich gemacht wird, sie seien aus den »einst Fernstehenden ... zu Nahestehenden geworden – im Blut Christi« (2, 13). Sein blutiges Opfer wirkt Versöhnung zwischen Juden und Heiden; es macht allen Gott, den Vater, zugänglich (2, 18), so daß sie nun einträchtig »Mitbürger der Heiligen und Hausgenossen Gottes« sind (2, 19). Er ist »unser Friede«, der die trennende Mauer – hier zunächst die zwischen Juden und Heiden – »aufgelöst« hat (2, 14).

Die endzeitliche Sühne schafft in Christus, dem wirksam Sühnenden, von neuem und umfassend jene Gottgemeinschaft, die – so die Perspektive der frühen Soteriologie – im Tempel und seinen Sühneritualen vorabgebildet war. So wird Jesus Christus selbst mit dem Tempel verglichen: Er ist »einer, der größer ist als der Tempel« (Mt 12, 6), der nicht von Menschenhand gemachte Tempel und statt des von Menschen gebauten in drei Tagen neu errichtet (vgl. Mk 14, 58/Mt 26, 61; Joh 2, 19.21). Die Glaubenden sind in ihm und durch ihn der von ihm selbst gereinigte Tempel (vgl. Joh 2, 13–18), ein »Tempel des Heiligen Geistes«, des »lebendigen Gottes« (vgl. 1 Kor 3, 16; 6, 19; 2 Kor 6, 16) – und deshalb heilig zu halten. Gottes Gegenwart in ihrer Mitte ist nicht zu vereinbaren mit der Abhängigkeit von Götzen und falschen Leidenschaften, von denen die Glaubenden zu einem »teuren Preis« losgekauft wurden (vgl. 1 Kor 6, 20): durch Christi Blut. Dieser Lösepreis macht aus ihnen »Freigelassene des Herrn«, die sich nicht wieder zu »Sklaven von Menschen« machen dürfen (vgl. 1 Kor 7, 22 f.).

Die paränetische Ausrichtung der Loskauf-Stellen (vgl. außerdem 1 Petr 1, 18 f.; Mk 10, 45) weist darauf hin, daß die in Jesu Kreuz erwirkte Sühne nach dem Verständnis der neutestamentlichen Schriften ihren soteriologischen Sinn darin hat, die Glaubenden aus der Gefangenschaft eines falschen Lebens freizukaufen, ihnen den »lebendigen Weg« der Nachfolge Christi zu eröffnen, der sie mit ihm in die heilvolle Wohngemeinschaft mit Gott hineinführt – wenn sie

---

[23] Angespielt ist auf den Tempelvorhang, das Symbol der Entzogenheit und Verborgenheit Gottes, von dem ja schon in Mk 15, 38 parr. gesagt wurde, er sei zerrissen, als Jesus am Kreuz »den Geist aushauchte«.

in seinem heiligenden, heiligen Geist miteinander wohnen wollen und keine anderen »Geister« oder Götzen in ihrer Mitte dulden. Jesus Christus ist der ἀρχηγός – der Eröffner des Weges zur Herrlichkeit, auf dem Gott »viele Menschen« zu sich führen will; und es war »angemessen«, daß er selbst, der diesen Weg als der ἀρχηγός freikämpfe, »durch Leiden vollendet« wurde (vgl. Hebr 2, 10). Ähnlich liest man es in den Petrusreden der Apostelgeschichte: »Die Juden« haben den »ἀρχηγός zum Leben« zu Tode gebracht, »aber Gott hat ihn von den Toten auferweckt« (Apg 3, 15) und so als den erwiesen, dessen Weg in den Tod der Weg zum Leben ist; noch aussagekräftiger: »Der Gott unserer Väter hat Jesus erweckt, an den ihr Hand angelegt und den ihr ans Holz gehenkt habt. Ihn hat Gott als ἀρχηγός und σωτήρ zu seiner Rechten erhöht, um Israel Umkehr und Nachlaß der Sünden zu schenken« (5, 30 f.).

Solche »Kontrastformeln« lassen vielleicht noch die Intention erkennen, in der man den Tod Jesu als Sühnetod deutete: Nach seiner äußeren Gestalt ist dieser Tod »am Holz« ein Verbrechertod, der Tod des vom Volk, aber auch von Gott Verfluchten (vgl. Dtn 21, 30 und die Petrus-Rede Apg 10, 37–43; hierzu V. 39). Aber Gott hat den Gekreuzigten nicht verflucht; er hat den Schandgalgen gleichsam zur kapporet transsubstantiiert, damit jeder, der an den Gekreuzigten »glaubt, durch seinen Namen die Vergebung der Sünden empfängt« (Apg 10, 43). Mit seinem Tod am Kreuz hat er »uns freigekauft, damit den Heiden durch ihn der Segen Abrahams zuteil wird und wir so aufgrund des Glaubens den verheißenen Geist empfangen« (Gal 3, 14[24]).

Die Sühnetod-Deutung nimmt den »Gott der Väter« in Anspruch, der nicht etwa das Urteil der Juden und seine Vollstreckung an Jesus von Nazaret sanktioniert, sondern es – mit der Auferweckung des Gekreuzigten – ins Gegenteil wendet: Der von Israels Führern Verurteilte sitzt nun zur Rechten Gottes; und sein Tod – Inbegriff und äußerste Zuspitzung seiner Ablehnung durch »die Juden« – wird vom Gott der Väter zur Heilswirklichkeit seiner endzeitlichen Zuwendung umdefiniert, mit der er diese Ablehnung in seiner *grundlosen* Liebe überbietet und Israel noch einmal Umkehr und Sündenvergebung anbietet. Gott läßt sich nicht das letztinstanzliche Urteil aus der Hand nehmen. Aber sein Urteil bedeutet nicht einfach Verurteilung der Verurteiler, sondern Nachlaß der Sünde – wenn sie sich Gottes endzeitlicher Zuwendung öffnen. Die Sühnetod-Deutung steht offenkundig zumindest anfangs im Dienst eines Gottesglaubens, der es dem Vater Jesu Christi zutraut, den Weg des Gekreuzigten in den Tod zum Heilsweg zu machen – auch für die noch, die an der Kreuzigung des Sohnes mitwirkten: der Sühnetod als »Realsymbol« und als die eschatologisch gültige Urwirklichkeit der Entfeindungsliebe Gottes, der noch einmal im Blut Vergebung und Befreiung schafft und den Geist ausspendet, der die Lebenskraft dieses Blutes – seine Heilswirksamkeit – ausmacht.

---

[24] Gal 3, 13 nimmt ausdrücklich auf Dtn 21, 23 Bezug.

2.8 Das neue Pessach – der neue Exodus

Es lag durchaus in der assoziativen Logik dieser Sühnetod-Deutung, daß das Blutvergießen Jesu am Kreuz dann auch als Bundeserneuerung – so in den Abendmahlsüberlieferungen – oder im Sinne des Pessachopfers als Eröffnung des endzeitlichen Exodus in die Gottesherrschaft verstanden werden konnte. Im Johannesevangelium assoziiert die Rede vom Pessach-Lamm Gottes (Joh 1, 29.36), »das die Sünden der Welt hinwegnimmt«, über den gemeinsamen aramäischen Wortstamm die deuterojesajanische Figur des Gottes-Knechts, der wie »ein Lamm, das man zum Schlachten führt«, »seinen Mund nicht auftat« (Jes 53, 7), »wegen unserer Verbrechen durchbohrt« und »wegen unserer Sünden zermalmt« wurde, durch dessen Wunden »wir geheilt« sind, da Gott ihm »die Schuld von uns allen« auflud (Jes 53, 5 f.).

Auch diese Assoziation ruft noch einmal den Widerspruch ins Gedächtnis zwischen dem, was man sieht – »Wir meinten, er sei von Gott geschlagen« (Jes 53, 4b) – und dem, was Gott an ihm und durch ihn wirkte – »Ich habe dich geschaffen und dazu bestimmt, der Bund zu sein für das Volk« (49, 8).[25] Er ist im Johannesevangelium aufs Äußerste verschärft: Am Kreuz wird der Sterbende vom Vater »verherrlicht«; in ihm verherrlicht der Vater »seinen Namen« (Joh 12, 23.28; 17, 1). Der Weg ans Kreuz bedeutet, daß der Menschensohn »über die Erde erhöht« wird und als der Erhöhte alle zu sich »ziehen« kann (12, 32 f.). Er geht ihnen den Weg zum Vater voran; auf diesem Weg werden ihm seine Jünger nachfolgen, damit auch sie dort sind, wo er ist (14, 2 f.). Er selbst ist dieser Weg, der Weg der Wahrheit zum Leben (vgl. 14, 6). In seinem Dahingang wird er ihnen den Geist mitteilen, der sie den Weg der Verherrlichung führt (vgl. 14, 16 f.), wird er ihnen sterbend sein lebenspendendes Pneuma zuhauchen.[26]

Das Auge des Glaubens sieht am Kreuz das neue Osterlamm, das mit seinem Blut den Weg in die Freiheit eröffnet; das Lamm, das den Sieg über die Welt davongetragen hat (Joh 16, 33; vgl. Offb 17, 14) und alle an seinem Sieg teilhaben läßt, die ihm glauben und nachfolgen (vgl. 1 Joh 5, 1–8). Der neue Exodus ist der Exodus »aus der Welt«, der Weg der Befreiung aus der Gewalt der finsteren Mächte (Joh 8, 12; 12, 46) in das »wahre Licht«, das sich als die Macht der Liebe im Leben der Glaubenden ausbreitet (1 Joh 1, 5; 2, 8.11). Der Exodus in der Nachfolge Christi führt aus der Umschlossenheit der Welt, dem Gefangensein in ihren »Bedrängnissen« (Joh 16, 33), zum »Licht«, will heißen zu einem »Leben in Fülle« (Joh 8, 12; 10, 10), das den »Tod« hinter sich gelassen (Joh 5, 24) und die Finsternis der Sünde überwunden hat. Der Menschensohn muß – wie einst das lebensrettende Zeichen der Schlange auf dem Wüstenzug – »erhöht

---

[25] Offenkundige Anklänge an die Gottesknechtsvorstellung finden sich wieder in einer der Petrus-Reden der Apostelgeschichte (3, 13; vgl. auch 3, 27 f.) sowie Mt 12, 15–21, dort mit einem ausführlichen Zitat aus dem Ersten Gottesknechtslied Jes 42, 1–4; vgl. ebenfalls die Taufszene Mt 3, 17.

[26] Vgl. auch 19, 34, wo dieses Übergeben in den Symbolen von Blut und Wasser dargestellt ist, die der Lanzenstich des Soldaten aus seiner Seite fließen läßt.

werden, damit jeder, der (an ihn) glaubt, in ihm das ewige Leben hat« (Joh 3, 14 f.; vgl. Num 21, 8 f.). In ihm ist dieses ewige Leben: »Wer den Sohn hat, hat das Leben« (1 Joh 5, 12).[27] Auffällig ist bei Johannes die Verknüpfung der Exodus- bzw. Pessachthematik mit dem Sühnethema (vgl. 1, 29.36). Diese Verknüpfung ist für die zeitgenössische Literatur ebenfalls belegt, so in einem Targum (zu Ex 24, 8) aus dem Ersten Jahrhundert, der den Exodusbericht als Sühnefeier erzählt.[28] Sie ergibt sich außerdem zwanglos aus der Assoziation »Lamm – Gottesknecht« und ist schließlich dem johanneischen Gedanken begründet, das Blut Jesu teile denen, die es trinken, ewiges Leben mit (Joh 6, 54). Hier ist zwar die Vorstellung des Blutgenusses im Traditionskontext ungewöhnlich oder gar anstößig, nicht jedoch die der lebenerneuernden Kraft des vergossenen Blutes; sie verweist auf den Kontext der Sühnevorstellungen.

Daß Exodusthematik und Sühnevorstellung in der christlichen Soteriologie immer enger miteinander verknüpft werden und dann auch noch die Vorstellung vom Bundes- oder Gemeinschafts-Opfer an sich binden konnten (vgl. Hebr 9, 19 f.) hat gewiß auch einen gewichtigen Sachgrund: Die eucharistisch erweiterte »Exodus-Memoria«[29], die an die Befreiung aus der ägyptischen Sklaverei erinnert und sie in immer wieder neuen Situationen der Gefangenschaft als Heilshoffnung vergegenwärtigt, schließlich mit der Messias-Hoffnung verknüpft[30], feiert den Gott, der sein Volk je neu »aus einer tödlichen Krise« befreit, »damit sein Leben sich durchsetze«. Sie erinnert schon für das Judentum der Zeit Jesu ein rettendes Handeln Gottes, das einer »vom Menschen errichteten schuldverstrickten Ordnung … die zu Unterdrückung, Sklaverei und Ohnmacht führt«, ein Ende setzt und »es dem unterdrückten Leben ermöglicht, in Freiheit neu aufzublühen.«[31] Die Feier des Exodus verheißt und vergegenwärtigt eine Befreiung, die an die tiefsten Wurzeln der Unfreiheit heranreicht: an jene Gefangenschaft, in der Sünde und Unheil sich mit ihrer geradezu unbesiegbaren Macht des Menschen bemächtigt haben. Hier steht die Sühnepraxis für die von Gottes Bundestreue allein erwartbare Auslösung aus der Gefangenschaft in einem alles umgreifenden Sünde-Unheils-Zusammenhang.

Vielleicht erschließt sich heutigem Verstehen die Sühne-Thematik gerade von dieser Intention auf Befreiung hin, in der sich Pessach- und Sühnemotiv christologisch-soteriologisch verbinden. Daß in Jesus Christus der Exodus aus dem Machtbereich der Sünde und des Unheils eröffnet ist und denen offensteht,

---

[27] Zur Soteriologie des Johannesevangeliums vgl. I. Broer, Auferstehung und ewiges Leben im Johannesevangelium, in: I. Broer – J. Werbick, »Auf Hoffnung hin sind wir erlöst« (Röm 8, 24). Biblische und systematische Beiträge zum Erlösungsverständnis heute, Stuttgart 1987, 67–94.
[28] Zitiert bei X. Léon-Dufour, Abendmahl und Abschiedsrede im Neuen Testament, dt. Stuttgart 1983, 193.
[29] Vgl. K. Löning, Der gekreuzigte Jesus – Gottes letztes »Opfer«. Zur Bedeutung der Kultmetaphern im Zusammenhang der urchristlichen Soteriologie, in: Bibel und Kirche 49 (1994), 138–143, hierzu 140.
[30] Vgl. den Beleg bei X. Léon-Dufour, op.cit., 248.
[31] So X. Léon-Dufour, op.cit., 249.

die in den Fußspuren des Gekreuzigten ihren Weg finden wollen (vg. 1 Petr 2, 21), das läßt sich befreiungstheologisch wie traditionell-sakramententheologisch nachvollziehen. Aber löst sich das anfängliche Verstehen dieser soteriologischen Motive nicht schnell auf, sobald man genauer nachfragt, wie diese Auslösung aus einem so tiefreichend und umfassend gedachten Verhängniszusammenhang sich konkret in Christus ereignet hat und von ihm her ereignen soll?

Die politische Konkretion, die der Exodus aus Ägypten nahelegt, ist zwar in der Christentumsgeschichte immer wieder versucht worden. Aber sie hat sich als in hohem Maße mißbrauchsanfällig herausgestellt. Und sie scheint – nimmt man sie isoliert für sich – die eschatologischen Dimensionen, die dem Befreiungswerk Jesu soteriologisch zugesprochen werden müssen, nicht einholen zu können. Die Sühne-Konkretion, die der kultische Hintergrund nahelegt, muß die Auslösung auf einen Tun-Ergehens-Zusammenhang beziehen, der von Gottes im Sühne-»Ritual« neu zugänglicher, heilbringender Nähe deshalb aufgebrochen werden kann, weil Gott selbst es ist, der das Unheil über die Sünder kommen läßt und es so auch abwenden kann. Hier liegen gewiß die entscheidenden Verstehensschwierigkeiten für Zeitgenossen; Nietzsche hat sie mit seiner Kritik an der »moralischen« Weltsicht des biblischen Glaubens nachdrücklich geltend gemacht.

Wie kann das Sühnedenken christlich-soteriologisch reformuliert werden, wenn die Voraussetzung eines quasi-automatischen bzw. von Gott gleichsam in Kraft gesetzten und deshalb auch aufhebbaren Tun-Ergehens- bzw. Sünde-Gerichts-Zusammenhangs weggefallen ist? Man könnte darauf hinweisen, daß die Erfahrung der mehr oder weniger zwangsläufig eintretenden bösen Tatfolge geblieben ist und sich noch zugespitzt hat. Dabei ist an die Stelle der archaischen Erfahrung der in einer Unheilssphäre sich fortzeugenden bösen Tat die Erfahrung konkret politisch, gesellschaftlich wie individuell gelebter und geradezu aufgedrängter *unheilwirkender Lebensentwürfe* getreten, die das Unheil mit innerer Handlungskonsequenz über die Welt und die in ihrem »Machtbereich« Lebenden bringen. Die böse Tatfolge ist nicht mehr das von überirdischen Mächten zugefügte, lebenzerstörende Verhängnis, sondern die dem bösen Handeln inhärente, unmittelbar von ihm aufgehäufte Folgelast, die Unheilswirkung unheilvoller Lebens- und Weltentwürfe. Herauslösung kann hier offenkundig nicht einfach auf die *causa efficiens*[32] einer etwa am Kreuz Jesu quasi-rituell erwirkten Entsühnung zurückgeführt werden – auf einen Strafverzicht von seiten dessen, in dessen Entscheidung es steht, die bösen Tatfolgen zur Auswirkung kommen zu lassen oder aufgrund eines stellvertretenden Sühneleidens aufzuhalten. Sie wäre zu denken als vom Glauben ermöglichte Umkehr, als Herauslösung aus den unheilwirkenden Lebens- und Weltentwürfen, als deren Überwindung im Geist und in der Nachfolge Christi.

Zu denken wäre, wodurch Menschen und Gesellschaften in diesen unheil-

---

[32] Noch das Tridentinum spricht in diesem Sinne vom Kreuz als der »Verdienstursache« unserer Erlösung (DH 1529).

wirkenden Lebens- und Weltentwürfen festgehalten werden, geradezu in ihnen gefangen sind: etwa durch die von der Existenzangst gespeiste Selbstbehauptungsdynamik, von der her sich die unheilwirkenden Lebens- und Weltentwürfe auch als Angstabwehr- bzw. Angstverarbeitungssysteme beschreiben lassen[33]; durch unheilvolle Verabsolutierungen – »Vergötzungen« –, die Menschen und gesellschaftliche Systeme zur Rücksichtslosigkeit gegenüber den Opfern ihrer Absolutheits-Projekte geradezu zwingen; durch falsche Versprechen und Verheißungen, die die Einsicht verstellen in die Heillosigkeit ihrer »Visionen«. Zu denken wäre, wie Umkehr und Erlösung in der Gemeinschaft derer konkret werden können, die sich allein vom Gott der Bibel das Heil verspricht und in Jesus Christus, dem Gekreuzigten und Auferweckten, den ἀρχηγός zum Heil erkennt: durch Widerstehenlernen gegen falsche Verheißungen und unheilvolle Verabsolutierungen; durch die Erfahrung einer Liebe, die in sich die Verheißung einer Vollendung der Menschen in der Liebe trägt und herausfordert, dieser Vollendung auf der Spur zu bleiben. Auf all das wird zurückzukommen sein.

Zu denken wäre aber auch, wie solche Herauslösung durch Jesus Christus, den Gekreuzigten und Auferweckten, vermittelt sein kann; in welchem Sinne man theologisch sagen kann, sie sei von ihm »bewirkt«. Hierzu bieten das Markus- und das Matthäusevangelium einen Interpretationsansatz im Umfeld der Sühne-Thematik, der geeignet sein könnte, das zur Sühne-Soteriologie Ausgeführte noch einmal zu fokussieren.

2.9 Der Dienst des Menschensohns, Lösegeld zu sein

Der Menschensohn ist »nicht gekommen, sich dienen zu lassen, sondern zu dienen und sein Leben zu geben als Lösepreis (koper) für viele« (Mk 10,45/Mt 20,28). Die »Diakonie« des Menschensohns schafft Befreiung, Auslösung. So ist sie im doppelten Sinne Gegenbild: Gegenbild zur Herrschaft der Großen dieser Welt, die als Herren ihre Völker unterdrücken und »ihre Macht über die Menschen mißbrauchen« (Mk 10,42/Mt 20,25); Gegenbild aber auch – das wäre aus heutiger Perspektive hinzuzufügen – zu einem Dienen, das die »Betreuten« eher in Abhängigkeiten verstrickt, statt zu ihrer Befreiung beizutragen.[34] Jesu Diakonie ist nicht mehr Machtausübung; sie ist in einem Sinne »selbstlos«, der auf den Lippen der an seinem Kreuz vorübergehenden Schriftgelehrten und Ältesten die unfreiwillige Prophetie – die Heilswahrheit dieses Kreuzes – laut werden läßt: »Anderen hat er geholfen (ἔσωσεν), sich selbst kann er nicht helfen …

---

[33] Dieser Denkansatz findet sich etwa bei E. Drewermann vielfältig konkretisiert; vgl. auch meinen Beitrag: Sünde und Sühne – Wie und warum Christen von Erlösung sprechen, in: H. Frankemölle u.a., Schuld und Versöhnung zwischen Juden und Christen, Minden 1989, 92–117.

[34] Die Sozialpsychologie spricht in diesem Zusammenhang vom Helfer-Syndrom; vgl. W. Schmidbauer, Die hilflosen Helfer. Über die seelische Problematik der helfenden Berufe, Reinbek 1977 und meine Überlegungen in: Bilder sind Wege. Eine Gotteslehre, München 1992, 130ff.

Er hat auf Gott vertraut, der soll ihn jetzt retten, wenn er an ihm Gefallen hat ...« (Mt 27, 42 f.; vgl. Mk 15, 31 f.).

Wie ist diese Diakonie zu verstehen, in der ein wohl ursprünglich zur Abendmahlsparadosis zählende Wort (Mk 10, 45/Mt 20, 28) den Sinn der Sendung Jesu gegeben sieht? Der Sinn dieser Sendung ist nicht die Darbringung eines am Kreuz vollendeten Kult-Opfers, sondern die zutiefst menschliche und gerade deshalb in göttlicher »Selbstlosigkeit« befreiende Diakonie, die Jesu ganzes Leben – eben nicht erst sein Kreuz – zum Lösegeld macht, zum Inbegriff und Sinn-Bild eines wahrhaft befreienden Dienstes, den niemand sonst leisten konnte, der aber allen zugute kommt, die ihn sich gefallen lassen und dann in ihn eintreten.

So ist der Lösegeldspruch ein Fingerzeig, die Erlösung, die Jesu Sterben am Kreuz zugeschrieben wird, von jener Diakonie her zu verstehen, der sein Leben gegolten und für die er es eingesetzt hat: als Lösegeld, das aus einer Gefangenschaft freikauft, die weiter und tiefer reicht als die Macht der Großen dieser Welt. Es ist der Dienst dessen, der von den Gefangenschaften zu reden wagt, die sonst nicht zur Sprache kommen, weil sie selbstverständlich geworden sind: die Gefangenschaft in falschen Rücksichten und falschen Hoffnungen, die Gefangenschaft in der Enge des eigenen Herzens, in den Automatismen religiösen und gesellschaftlichen Effektivitätsdenkens. Sein Dienst, das ist zuerst seine Frage an die Zuhörer: Was bindet dich, was bindet euch so tief und selbstverständlich, daß sich dieser Gefangenschaft nicht einmal euer Denken und Fühlen entziehen kann und ihr euer Gefangensein nicht mehr spüren und begreifen könnt? Jesu *stellt* diese Frage nicht nur, er *ist* sie. Weil er der Außenseiter ist, der nicht vom Selbstverständlichen gefangengenommen wird, zeigt er durch sich selbst, was es heißt, nicht gefangen zu sein. Was er zeigt, das stellt in Frage, weil es zeigt, daß es ein Außerhalb gibt zu den selbstverständlichen Gefangenschaften.

Aber was zeigt er – und was gibt es da zu sehen? Die Evangelien nennen es *Gottes Herrschaft*. Wo Gott herrscht, da löst sich der Bann, der auf der Schöpfung liegt; da wird sichtbar, wohin sie unterwegs ist. Jesus zeigt, wie Gottes Herrschaft mitten in der Welt – mitten in den kleinen Alltagsverhältnissen seiner Zeit – anfängt, wie die Saat, die er und seine Jünger aussäen, vielfältige Frucht bringt, wie Gottes Herrschaft daraus wächst (vgl. Mk 4, 1–9 parr., 4, 26–29; 4, 31 f. bzw. Joh 12, 24). Er zeigt, was aus Gottes Schöpfung wird und was aus Menschen wird, wenn in ihr – in ihnen – Gottes guter Wille geschieht, weil ein Mensch sich ihm anvertraut und ihn so geschehen läßt.

Nach den Selbstverständlichkeiten dieser Welt kann daraus nicht viel werden. Was kann schon daraus werden, wenn man damit anfängt, der Güte, der Treue und der Gerechtigkeit etwas zuzutrauen – in einer von Mißgunst, Vorteilskalkül und Ungerechtigkeit beherrschten Welt? Was kann schon daraus werden! Erst müßte alles ganz anders werden, dann könnte aus all dem vielleicht etwas werden. Jesus entlarvt diesen Satz als Alibi, indem er es mit seinem Leben darauf ankommen läßt, was aus der Güte, aus der Treue zu Gottes gutem

Willen, aus der Gerechtigkeit wird. Er lebt das Versprechen, daß daraus hier und jetzt schon Gottes Herrschaft wächst; er vertagt sie nicht, damit jetzt noch alles beim alten bleiben kann. Weil Jesus zeigt, was *jetzt* geschehen kann, und davon spricht, deshalb findet er Widerspruch. Er bestreitet rundheraus, daß der Alibi-Satz der Resignierten und Systemprofiteure mehr ist als eine Ausrede. Wer läßt sich das schon auf den Kopf zusagen? Wer würde sich da nicht zu retten versuchen in den zweiten Alibisatz: Laßt uns erst einmal zusehen, worauf das alles hinausläuft: ob der Vater, auf den er vertraut hat, ihn »retten« wird (vgl. Mt 27,42 f.).

Und es ist tatsächlich so: Wer sich dazu gesandt weiß, zu zeigen, was von Gott her möglich ist, der wird zu zeigen haben, ob das, was er zeigt und durch sein Zeigen verspricht, auch im Äußersten hält, was er verspricht. Das ist die Probe aufs Exempel, das *experimentum crucis*, dem er nicht ausweichen kann. Er muß es darauf ankommen lassen, daß sich als wahr erweist, was er gezeigt – und versprochen – hat, daß Gott es als wahr erweist. So ist Jesu Diakonie seine bis in dieses *experimentum crucis* durchgehaltene Bereitschaft, Gottes herausfordernde Nähe zu leben und an sich selbst für seine Mitmenschen greifbar zu machen, was es bedeutet, es auf Gottes guten Willen ankommen zu lassen, darauf, daß er geschehen wird und Gottes Herrschaft anbricht. Sein Opfer ist das Sich-Hineingeben in diese Sendung, in die befreiende Diakonie zugunsten derer, die sich von seinem Zeugnis irritieren, vielleicht sogar bewegen lassen, auf das zu schauen, was es zeigt; Opfer also allenfalls im Sinne des aufdeckend-offenbarenden Sich-Darbringens dafür, daß offenbar und ergreifbar wird, was das Gefangensein im Bannkreis des heillos Selbstverständlichen aufbrechen kann.

Die ersten Christen haben in Jesus den Erlöser gesehen, *weil* er der rückhaltlos-vorsichtslose Offenbarer war, der mit seinem ganzen Leben zeigte und »herauskommen« ließ, wie es sich mit Gott und mit seinem Reich verhält, das hier und jetzt beginnen will. Was er zeigte, das konnte geschehen, weil er zeigte, was *von Gott her* geschehen kann – wenn »der Vater« das Gezeigte nicht wieder zurückfallen lassen würde in die Aussichtslosigkeit und Unsichtbarkeit angesichts der übermächtigen Verhältnisse, die Jesu Zeigen zunächst einmal widerlegen und sein Versprechen zum Schweigen bringen. Die Osterverkündigungen sind ein einziger Jubel darüber, daß die Verhältnisse so stark nicht sind – daß keine Macht der Welt so stark ist, uns noch von der Liebe abzutrennen, die in Jesus Christus erschienen ist (vgl. Röm 8,35).

Das ist der Anfang der neutestamentlichen Christologie: Jesus konnte zeigen, was in ihm »erschienen« ist. Er konnte Zeugnis geben von Gottes gutem Willen, weil er diesen Willen – diesen Gott – gleichsam von innen heraus kennt und weil er mit ihm eins geworden war (vgl. Mt 11,25–27 und Joh 10,10). So wurde er zum διάκονος, der den Menschen mit seinem Leben und seinem Sterben zeigte, wohin sie selbst unterwegs sein dürfen – wenn sie diesem Versprechen trauen, wenn sie glauben.

Der Sohn ist der Zeigende; und er ist es mit seiner ganzen Existenz: als der vom Vater Gesandte. So wird er selbst der, an dem man den Sendenden »sehen«

kann. Auf die Bitte: »Herr, zeig uns den Vater!« kann der johanneische Jesus ohne Umschweife antworten: »Wer mich gesehen hat, hat den Vater gesehen« (Joh 14, 8 f.). Ihn – seinen guten Willen – sichtbar und greifbar zu machen, darin besteht die befreiende Diakonie Jesu Christi, die sich am Kreuz in der Hingabe des Lebens zu erfüllen hatte. Es war freilich aufs höchste anstößig, auch das Kreuz noch in diese Diakonie einbezogen zu sehen. Was man sah, war Gottverlassenheit. Wie konnte behauptet werden, daß dieser »am Holz Aufgehängte« (Dtn 21, 23) nicht der von Gott Verfluchte, sondern der von ihm Erwählte und Gesandte war? Daß Gott sich nicht von den Leidenden und Sterbenden distanziert, daß er sich vielmehr mit ihnen als den »Gerechten« identifiziert, das war in den späten alttestamentlichen Traditionen immerhin vorgedacht und an der Figur des leidenden Gerechten – des »Sohnes« – entwickelt worden.

2.10 Der leidende Gerechte

Der Gerechte leidet nicht wegen eigener Sünden, wie es das Modell des Tun-Ergehen-Zusammenhangs vermuten ließe – die Freunde des Ijob sprechen diese Vermutung ja in geradezu verletzender Weise aus. Er leidet, obwohl er gerecht ist und sich doch eigentlich des Wohlwollens JHWHs erfreuen müßte. Aber ist das unbegriffene, ratlos machende *Obwohl* hier wirklich das letzte Wort? Ist es nicht genau besehen gerade so, daß er *wegen* seiner Gerechtigkeit und Gesetzestreue verfolgt wird (vgl. Pss 34; 37; 119)? Das böse Ergehen ist nicht das Offenkundigwerden einer strafwürdigen und jetzt bestraften Verfehlung. Der leidende Gerechte und sein ungerechtes Schicksal provozieren die Frage, ob das böse Ergehen nicht etwa um der Straf-Gerechtigkeit willen von Gott zugefügt ist, sondern gerade die Ungerechtigkeit derer manifestiert, die es als Verfolger und Leidverursacher ganz konkret zufügen. Gott wäre dann nicht die Instanz, der man sich im Unglück demütig zu beugen hätte, sondern die höchste »Revisionsinstanz«, an die der Gerechte wegen der ihm zugefügten Ungerechtigkeit appellieren dürfte. »Der Gerechte muß viel leiden« – weil er auf den bösen Willen der Ungerechten trifft. Aber er darf JHWH auf seiner Seite wissen. So bringt es etwa Psalm 34 (16.18–20) zum Ausdruck, auf den dann im Markusevangelium (8, 31) deutlich Bezug genommen wird.

Es ist Anlaß der Klage, daß den Gerechten ihr Recht bestritten wird – aber auch Anlaß bittender Zuversicht, die Rechtsbeugungen der Menschen könnten vor dem gerechten Gott keinen Bestand haben. So darf der ungerecht Verfolgte sich sagen lassen: »Er bringt deine Gerechtigkeit heraus wie das Licht und dein Recht so hell wie den Mittag« (Ps 37, 6). Der Herr überläßt den Gerechten nicht der Hand der Rechtsbrecher; er »läßt nicht zu, daß man ihn vor Gericht verurteilt« (Ps 37, 33). Aus dieser Zuversicht darf der ungerecht Verfolgte um seine »Erlösung« – seine Auslösung aus dem Verhängnis ungerechter Verfolgung –

bitten (vgl. Ps 119, 154). Geradezu dramatisch inszeniert begegnet dieses Motiv in der Weisheitsliteratur, wenn etwa den »Frevlern« in den Mund gelegt wird:

> »Unsere Stärke soll bestimmen, was Gerechtigkeit ist; denn das Schwache erweist sich als unnütz. Laßt uns dem Gerechten auflauern! Er ist uns unbequem und steht unserem Tun im Weg. Er wirft uns Vergehen gegen das Gesetz vor … Er rühmt sich, die Erkenntnis zu besitzen, und nennt sich einen Knecht des Herrn. Er ist unserer Gesinnung ein lebendiger Vorwurf …
> Wir wollen sehen, ob seine Worte wahr sind, und prüfen, wie es mit ihm ausgeht. Ist der Gerechte wirklich Gottes Sohn, dann nimmt sich Gott seiner an und entreißt ihn der Hand seiner Gegner …
> Zu einem ehrlosen Tod wollen wir ihn verurteilen; er behauptet ja, es werde ihm Hilfe gewährt« (Weish 2, 11–20; vgl. 5, 1–7).

Es ist das »Herausgerissenwerden«, die Auslösung aus der Herrschaft des Unrechts, die *Erlösung*, auf die der Gerechte – der Knecht oder Sohn Gottes – setzt, um die er den Herrn anfleht. Aber gewiß war es auch so, daß die Errettung des Gerechten und die Wiedereinsetzung in sein Recht den mit ihm Verbundenen zur Ermutigung wurde, auch für sich auf den Herrn der Gerechtigkeit zu setzen, daran zu glauben, daß er sich das Recht der letzten Instanz nicht streitig machen läßt – selbst wenn die Ungerechten die Macht haben sollten, in dieser Welt das letztentscheidende Wort zu sagen.

Die frühen Erzählungen der Passion Jesu artikulieren diesen Glauben; und sie begründen ihn mit der Auferweckung des Gekreuzigten. Was Menschen gegen Gott als Wirklichkeit setzen, das hat – selbst wenn es die Wirklichkeit des Todes sein sollte – keinen Bestand. Erzählt wird, wie Gott menschlichem Endgültigkeits- und Definitionsanspruch widersteht. Erzählt wird, wie das, was nach dem Urteil von Menschen definitiv gelten sollte, vor Gott keine Gültigkeit behält, weil *er* sich als die letzte Instanz erweist. Die theologisch verdichtete Kurzerzählung der Passion Jesu in den Petrusreden der Apostelgeschichte ist untergründig ganz von dieser Erzähllogik bestimmt (vgl. Apg 2, 22–24; 4, 10; 5, 30; 10, 39 f.). Das Gegensatzschema, das hier greifbar wird – »ihr, Gott aber« – nimmt Gott, den Vater Jesu Christi, in Anspruch als den, der die Urteile der Menschen als Fehlurteile überführen und den ungerecht Verurteilten ins Recht setzen wird. Aber darf man aufgrund der Erfahrung, daß der Vater ihn der Macht des Unrechts und des Todes entrissen hat, nicht auch sagen, sein Tod sei – weil er nicht das Letzte war – heilsam für die Menschen, die wie er den Weg der Gottesgerechtigkeit gehen wollen? Mit einer vorpaulinischen Formel spricht der Römerbrief von der Heilsbedeutung des Glaubens an Jesus Christus, den Gekreuzigten und Auferweckten: Weil er nicht im Tod geblieben ist, deshalb ist in ihm Heil; deshalb dürfen die, die sich zu ihm bekennen, sich in der Gemeinschaft mit ihm Heil erhoffen: »Wenn du mit deinem Mund bekennst: ›Jesus ist der Herr‹ und in deinem Herzen glaubst: ›Gott hat ihn von den Toten auferweckt‹, so wirst du gerettet werden« (Röm 10, 9).

Die Heilshoffnung verbindet sich hier mit der Glaubenseinsicht, daß die Auferweckung des Gekreuzigten – seine »Einsetzung in die Herrschaft« –

gleichbedeutend ist mit der Überwindung des Todes und der Ungerechtigkeit auch für die an ihn Glaubenden.[35] *Seine* Errettung ist auch *ihre* Errettung. Und das heißt dann auch, daß das Leiden dieses ungerecht Verurteilten von seiner Errettung her als Anbahnung des Heils für alle verstanden werden darf, daß es sich im Glauben an die Auferweckung des Gekreuzigten als für uns heilsam erweist. In diese soteriologische Deutung der Leiden und der Errettung des Gerechten ist dann von den Leidensgeschichten der Evangelien der Weg Jesu ans Kreuz und zum Vater hineinerzählt, beginnend in der theologischen Koppelung der die Heilsbedeutung des Todes Jesu am Kreuz deutenden Abendmahlsüberlieferung mit dem Bericht über den Kreuzweg und das Sterben Jesu. Die soteriologische Bedeutung des Kreuzes ist vor allem im Kelchwort der Abendmahlsüberlieferung ausgesprochen und dort – wie dargestellt – zum einen als Bundeserneuerung, zum anderen als im Blut Jesu erwirkter eschatologischer Exodus bzw. als eschatologisch wirksame Sühne gedeutet. Diese soteriologische Qualifikation erscheint im Bericht über Leiden und Sterben Jesu gleichsam dadurch »eingeholt«, daß hier mit zahlreichen Zitaten aus der Passio-iusti-Tradition der Opfergang eines Gerechten erzählt wird.[36] Vor allem Psalm 22 wird wiederholt zitiert.[37] So kann man sagen, »daß das ganze Passionsgeschehen dem Bild des leidenden, nach Recht und Hilfe schreienden alttestamentlichen Gerechten entspricht«, dem Gott gegen seine Peiniger Recht geben wird, ja – wie Jesu Auferweckung zeigt – Recht gegeben hat.[38]

Liest man die Passionsgeschichten der Evangelien mit Aufmerksamkeit für ihren Erzählstil, so kann einem aufgehen, wie zumindest in den frühen Überlieferungsstufen noch nicht die weit ausgreifende Deutung des Geschehenen als Realisierung eines Heilsplans die Erzähllogik bestimmt, sondern die tastende Frage danach, wie der Tod des Messias so zu seiner Sendung hinzugehört, daß er sie nicht widerlegt; so kann man auf die tastenden, immer wieder neu ansetzenden Versuche aufmerksam werden, dieses Zusammengehören nicht nur festzuhalten, sondern irgendwie in dem, was geschehen ist, aufzufinden und aufgrund dessen, was die Heiligen Schriften vom Gott Israels überliefern, wenigstens anfänglich verstehbar zu machen.

---

[35] Vgl. P. Fiedler, Jesu Leiden – uns zugute, in: Religionsunterricht an höheren Schulen 29 (1986), 8–12, hier 9.

[36] Zum soteriologischen Motiv des leidenden Gerechten und seiner christologischen Reformulierung vgl. L. Ruppert, Jesus als der leidende Gerechte, Stuttgart 1972; E. Lohse, Märtyrer und Gottesknecht. Untersuchungen zur urchristlichen Verkündigung vom Sühnetod Jesu, Göttingen ³1963.

[37] V. 2 in Mk 15,34: der Ruf des sterbenden Jesus; V. 8 in Mk 15,29: das Lästern und Kopfschütteln der Vorübergehenden; V. 16 in Joh 19,28: das Motiv des Durstes; V. 19 in Joh 19,24: die Verteilung und Verlosung der Gewänder. Weitere Anspielungen finden sich etwa in Mk 14,1 (Ps 37,32: Verfolgung des Gerechten durch den Gottlosen), Mk 14,18.66 ff. (Pss 41,10; 55,13–15: der Verräter ißt mit dem Verratenen; der Verrat durch die Freunde), Mk 14,60 (Pss 38,14–16; 39,10: der ungerecht Angeklagte bleibt stumm), Mk 15,36 (Ps 69,22: die Essiggabe für den Sterbenden), Lk 23,34 (Ps 109,4: Gebet für die Quäler) sowie Joh 19,37 (Ps 34,20f.: dem Gerechten werden die Glieder nicht zerbrochen; als Bezugsstelle kommt hier auch Ex 12,46 in Frage; in diesem Falle wäre – was der Theologie des Johannesevangeliums entspräche – eine Anspielung auf das Pessachlamm enthalten).

[38] Vgl. U. Wilckens, Auferstehung, Stuttgart 1979, 60.

Die Erzählung ist hier gleichsam ein Akt des Widerstands gegen die so selbstverständliche Macht der Fakten, gegen die Definitionsmacht derer, die sie setzen. Die von den Begegnungen mit dem Auferstandenen ausgelösten Versuche, im Weg Jesu bis in seinen Tod hinein eine innere Folgerichtigkeit – »Mußte es nicht so kommen?«(Lk 24, 26 f.) – aufzuspüren, an der Gottes guter, erlösender Wille offenbar wurde, ging von der Diakonie des Menschensohnes aus und fand in den biblischen Überlieferungen »Figuren« und Verweise, die die soteriologische Bedeutung seines Todes aussagbar machten: im Widerspruch gegen die Befürchtung, das Auftreten des Nazareners werde sein Volk ins Verderben stürzen, wenn man ihm nicht ein gewaltsames Ende setze.[39]

Das *Für uns* ließ sich in Sühnevorstellungen und Hoffnungsbildern eines endzeitlichen Exodus artikulieren. Sie nahmen den Vater Jesu Christi in Anspruch als die letzte Instanz nach allem menschlichen Verurteilen und Vollstrecken, da er – wie in Jesu Auferweckung erwiesen – »die Toten lebendig macht« und dem Tod die Macht nimmt, die Gestorbenen endgültig von seiner Liebe zu trennen. Diese Liebe ist unwiderruflich in Jesus Christus gegenwärtig (vgl. Röm 8, 39); sie ist auch in seinem Sterben erschienen, in dem sich die Liebe des Freundes manifestiert, der in der Verbundenheit mit dem Vater »sein Leben für seine Freunde hingibt« (Joh 15, 13). Der Tod Jesu wird gegen den Augenschein als ein Ereignis behauptet, in dem sich Gottes Heilsgegenwart – seine »Liebe« – manifestiert: Er sühnt, da in ihm der Tod zum Ursprung göttlichen Lebens wird; er führt in die Freiheit, da er den Geist der Freiheit mitteilt, der Jesus nachfolgen läßt.

2.11 Bloße Deutung?

Die hier versuchte Rekonstruktion der Sühne-Soteriologie von ihren biblischen Wurzeln her mag als deren Gravitationszentren Vorstellungskomplexe herausgearbeitet haben, die nichts mit der Unterstellung zu tun haben, der Zorn des göttlichen Vaters hätte sich das Kreuz Jesu als stellvertretende Todesstrafe zugunsten des satisfaktionsunfähigen Menschengeschlechts ausersehen. Ebenso wenig haben sie zu tun mit *Nietzsches* Décadence-Kritik, nach der christlich nur in der Kreuzigung des Lebenswillens und der Verneinung *dieser* Welt Heil sein kann. Aber sind sie nicht doch nur – wie Nietzsche dies für die ganze christliche Soteriologie unterstellt – hilflose Antwortversuche auf die »absurde« Frage: »Wie *konnte* Gott das zulassen«?[40] Der ressentimentgeladene Versuch, im Reich der interpretierenden Phantasie zu gewinnen, was in der Realität die-

---

[39] Vgl. Joh 11, 50–52, wo die Argumentation des Synhedriums vom Evangelisten zu einer »Prophetie« umgedreht wird: Jesus stirbt *für das Volk*, aber nicht weil seine Sendung es gefährdet, sondern weil sie es in die endzeitliche Sammlung führen wird.

[40] Der Antichrist, Aphorismus 41, KSA 6, 214.

ser Welt verloren war, ein hilfloser Versuch, geboren aus der Unfähigkeit, es mit dieser enttäuschenden Todes-Realität aufzunehmen? Nietzsches Kritik in der bereits zitierten Nachlaßnotiz geht aufs Grundsätzliche:

> »Wer seinen Willen nicht in die Dinge zu legen vermag, der Willens- und Kraftlose, der legt wenigstens noch einen *Sinn* hinein: d.h. den Glauben, daß schon ein Wille da sei, der in den Dingen will oder wollen soll. Es ist ein Gradmesser von Willenskraft, wie weit man des Sinnes in den Dingen entbehren kann, wie weit man in einer sinnlosen Welt zu leben aushält: weil man ein kleines Stück von ihr selbst organisirt.«[41]

Was mir überwältigend widerfährt, das werde ich auf eine mir geltende Intention zurückführen, zu der ich mich in aller Hilflosigkeit noch in Beziehung setzen kann – wenn ich mich nicht in der Lage sehe, das mir Widerfahrende schöpferisch »umzuschmieden«, ihm meinen Willen doch noch aufzuzwingen.[42] Der vermeintlich in ihm gefundene Sinn soll es – so Nietzsche – ermöglichen, daß ich mich mit der Aggression des mir Widerfahrenden – mit der Übermacht des darin wollenden und sich durchsetzenden Willens – identifiziere, da ich es aufgegeben habe, ihr in der Macht *meines* Wollens gewachsen zu sein. So hätten die Jünger nach Jesu Scheitern, dem objektiven Scheitern ihrer eigenen Identifikation mit der Sendung Jesu, den Zusammenbruch ihrer Jünger-Identität nur so bewältigen können, daß sie das Kreuz Jesu als vom Sendenden *so* gewollt interpretierten: als das Heilsereignis, das die Sendung des Messias erst erfüllte und ihrer eigenen Sendung den eigentlichen Inhalt gab: Jesus Christus als den Gekreuzigten zu verkündigen (vgl. 1 Kor 1, 23; 2, 2; Gal 3, 1; 6, 14).

Nietzsches Verdacht ist nicht vollständig zu entkräften. Aber es lassen sich doch einige Gegen-Gründe gegen seine Verdachtsgründe anführen. Der Osterglaube der Jünger und Jüngerinnen legte in die Katastrophe des Kreuzes nicht eine der Sendung und Reich-Gottes-Praxis Jesu fremde Intention hinein, wie Nietzsche unterstellt – wie allerdings auch in der traditionellen Soteriologie des Westens weithin angenommen wurde. Hier erschien es so, als sei die stellvertretende Sühneleistung eine zur Verkündigung und zum geschichtlichen Wirken Jesu einigermaßen beziehungslos hinzukommende, allenfalls in der Abendmahlsfeier damit verknüpfte Heilstat, die dann auch als das Entscheidende genommen werden durfte: als das eigentliche Ziel der Sendung Jesu. Nietzsche hat demgegenüber sehr zu Recht darauf hingewiesen, daß Jesus seine Sendung keineswegs als eine einzige Vorbereitung des am Kreuz zu erbringenden stellvertretenden Sühnopfers, sondern als Ankündigung bzw. Zueignung der Gottesherrschaft verstanden hat. *Diese* Intention Jesu steht nun aber für die christliche Soteriologie keineswegs beziehungslos neben einer göttlichen Heils-Intention, nach der am Kreuz den Menschen zugute ein stellvertretendes Sühnopfer darzubringen war. Es ist vielmehr die Intention der Sendung Jesu, die am Kreuz entweder noch einmal – und zwar definitiv, weil von Gott als seine

---

[41] Nachgelassene Fragmente Herbst 1887, KSA 12, 366.
[42] Vgl. Also sprach Zarathustra, II, KSA 4, 179 bzw. III, KSA 4, 209.

eigene *geoffenbart* – zur Geltung kommt oder ebenso definitiv durchkreuzt wird. Die Ostererfahrung überzeugte Jünger und Jüngerinnen davon, daß Gott sich definitiv mit der Intention und der Sendung Jesu identifizierte, daß er sich mit der Auferweckung des Gekreuzigten darüber hinaus selbst als der ihn Sendende erwies.

War das nur der Versuch der Jünger, sich die Katastrophe des Kreuzes so zurechtzuinterpretieren, daß sie sich damit abfinden konnten – eine Reaktion der Schwäche, die sich dem Zusammenbruch ihrer Hoffnungen nicht zu stellen vermochte? Zumindest dies wird man einwenden dürfen: Der Osterglaube markiert die Glaubens-Entschlossenheit der Zeugen, der Intention Jesu neu zu trauen, sich von seiner Sendung – seiner befreienden Diakonie – so vorbehaltlos in Dienst nehmen zu lassen, daß auch sie gefordert sein konnten, ihr Leben zu geben für *ihre* Sendung. Gottes Identifikation mit der Sendung Jesu ermöglichte ihnen ihre eigene Identifikation mit dieser Sendung bis dahin, daß sie sich in Jesu Tod, aber auch in seine Auferweckung »hineingetauft«, geradezu mit ihr zusammengewachsen wußten (vgl. Röm 6, 3–5). Man wird hier kaum von einer Reaktion der Schwäche reden können oder von einer interpretativen Rettungsmaßnahme angesichts des drohenden Zusammenbruchs der eigenen Glaubens-Identität.

Aber soviel ist fundamentaltheologisch immer noch einzuräumen: Die im Neuen Testament bezeugten Begegnungen mit dem auferweckten Gekreuzigten, die offenkundig zur Folge hatten, daß man das Kreuz in die Heilssendung Jesu einbezogen verstehen konnte, sind allen nicht unmittelbar Beteiligten »nur« in den Zeugnissen der Beteiligten gegeben. Glaubwürdig sind sie allein aufgrund dessen, daß die Zeugen sich *daraufhin* mit letztem Glaubens-Einsatz in die Diakonie Jesu einbeziehen ließen, sie offenkundig als identifikationswürdig und als identifikationsfähig erlebt haben, als eine Sendung, die sie in der Begegnung mit dem Auferweckten als eschatologisch gültige – vom Kreuz eben nicht unmöglich gemachte – zur Nachfolge drängte und inspirierte. Ihnen erschien es zutiefst realistisch, in der Nachfolge Jesu, des Gekreuzigten und Auferweckten, Gottes Herrschaft in *dieser* Welt auf der Spur zu bleiben, ihr hier schon Raum zu geben und so zu bezeugen, woraufhin diese Welt unterwegs sein darf, was in ihr so anfangen kann, daß es nicht mehr aufhören wird anzufangen – bis zur Wiederkunft des Gekreuzigten und Auferweckten.

Man kann wiederum kaum davon sprechen, daß damit eine – in Nietzsches Verständnis – nihilistische Option beschrieben ist, die *diese* Welt gering achtete oder drangäbe, um eine jenseitige zu erlangen. Die erlösende Diakonie dient dem Freiwerden dafür, den guten Anfang der Gottesherrschaft hier und jetzt zu ergreifen, das Versprechen zu ergreifen, das sich in Jesu Vergegenwärtigung der Gottesherrschaft wahrnehmen läßt – und wahr werden will im Zeugnis der ihm Glaubenden, wahr werden soll über all das hinaus, was Menschen selbst verbürgen oder hervorbringen können.

Das Kreuz Jesu stellt abgründig in Frage, ob dieses Versprechen Glauben verdient – und den ganzen Einsatz der Glaubenden, seinem Wahrwerden zu dienen. Ostern gilt den Jüngern und Jüngerinnen als verläßliche Antwort, als Gottes Antwort, auf die hin sie sich in die Diakonie Christi einfügen ließen. Es gibt gewiß keine Möglichkeit, in irgendeinem Sinne zu beweisen, daß Gott selbst in seinem Geist an ihnen gehandelt, daß er zuvor am Menschensohn gehandelt hat, indem er ihn auferweckte und den erwählten Zeugen als den Erhöhten offenbarte, als den »lebendigen Weg«, der den ihm Nachfolgenden nun offensteht. Aufweisen läßt sich immerhin, daß die Osterüberlieferungen keinen historisch oder psychologisch überzeugenden Rückschluß nahelegen auf eine kollektive Selbstsuggestion der Osterzeugen, auf halluzinative Phänomene, auf irgendwelche betrügerische Absichten oder auch nur auf einen schöpferischen Prozeß, in dessen Verlauf man sich zu der bloßen Interpretation durchgerungen hätte, der Tod Jesu dürfe »in Wirklichkeit« als Erhöhung gedacht werden.[43] Die Überzeugung der Osterzeugen, dem Auferstandenen als dem Erhöhten begegnet zu sein und *deshalb* das Glaubenswagnis eingehen zu dürfen, an der Diakonie Jesu Christi teilzunehmen, ihre Überzeugung, der Vater werde sich zu ihnen bekennen, wie er sich zu seinem Sohn bekannt hat, ist den Glaubenden der späteren Jahrhunderte ein hinreichender Beweggrund gewesen, die Nachfolge Christi als verläßlichen Weg zum Vater zu wählen und es darauf ankommen zu lassen, daß ihnen auf diesem Weg Gottes Herrschaft nahekommt. Das Zeugnis, dem Auferstandenen begegnet zu sein, wurde für Spätere glaubwürdig durch die Bereitschaft der Erstzeugen, den Weg selbst zu gehen, der im Kreuz Jesu nicht abgebrochen, sondern neu eröffnet war. Es kann immer wieder von neuem glaubwürdig werden, wo Menschen sich davon überzeugen, daß es der Weg zu einem Leben »in Fülle« ist (Joh 10,10), der verheißungsvolle Exodus aus dem Machtbereich der selbstgeschnitzten Götzen.

2.12 Erlösung durch Leiden?

Die eben skizzierte Zentrierung der Sühnesoteriologie auf die Motive des heilvollen Nahekommens Gottes und der Auslösung aus unheilwirkenden Welt- und Lebensentwürfen mag die Frage aufwerfen, ob hier nicht doch das Moment der quasi-kultischen Tilgung einer Sündenlast vernachlässigt werde. Ist davon die Rede gewesen, daß die Erlösung *durch* das Leiden des Gekreuzigten erwirkt wird, wie es etwa vom Tridentinum geltend gemacht wurde (vgl. DH 1529)? Ist die sühne-soteriologische Interpretationslinie des Neuen Testaments nicht zu schnell auf die sendungs-soteriologische zurückgeführt worden?[44] In der sühne-soteriologischen Interpretationslinie wird vor allem die Metaphorik des Tragens

---

[43] H. Kessler zeigt (Sucht den Lebenden nicht bei den Toten. Die Auferstehung Jesu Christi in biblischer, fundamentaltheologischer und systematischer Sicht, Würzburg ³1995), wie wenig für diese reduktiven Erklärungen des Osterglaubens spricht.
[44] Vgl. zu dieser Unterscheidung K. Löning, Der gekreuzigte Jesus – Gottes letztes »Opfer«, a.a.O., 138.

und damit des Sündenbocks leitend, die die Vorstellung fast zwingend zu machen scheint, der Gekreuzigte habe mit und in seinem Leiden die Folgen menschlicher Sünde stellvertretend getragen – im Sinne von *ertragen* – und damit getilgt. Neutestamentlich sind die johanneische Formel des Gotteslamms, das »die Sünde der Welt hinwegnimmt« (1, 29.36), oder die soteriologische Aussage im Ersten Petrusbrief einschlägig, Christus habe »unsere Sünden mit seinem Leib auf das Holz des Kreuzes getragen« (2, 24).

Motivgeschichtlich steht im Hintergrund der Ritus des zweiten Bockes am großen Versöhnungstag, bei dem es sich freilich nicht um einen Sühneritus im engeren Sinn handelte, sondern eher um Reste eines alten Eliminationsritus (vgl. Lev 16, 21–22). Mit dem Bock »für Asasel« soll das Böse aus der Mitte des Volkes weggeschafft und in den Bereich der Wüstendämonen *fortgetragen* werden, damit das Volk von ihm befreit werde und unbelastet mit JHWH zusammenwohnen kann. In diesem Ritus wird durch die dramatisch inszenierte Elimination die Grenze zwischen JHWHs Eigentumsvolk und dem Gebiet des Dämonischen neu aufgerichtet, das Volk neu um den Gnadenthron JHWHs versammelt und das Abstandnehmen von den dämonischen Mächten der Wüste neu vollzogen. Der Sündenbock hat Stellvertreterfunktion. Ihm wird aufgeladen, was auf dem Volk lastet, damit es – durch die vom Ritus geradezu sakramental dargestellte, aber nicht ersetzte Umkehr – von ihm genommen werde.[45] In die Rolle des Sündenbocks, der durch sein Tragen die Last des Volkes wegschafft, der sie stellvertretend er-trägt, rückt der Gottesknecht (vgl. Jes 53, 3–12), der in einem eschatologischen Sündenbockritus durch sein Leiden die Sünden des Volkes auf sich nimmt.

Die Sündenbockassoziationen vermischen sich hier mit denen des geschlachteten Lammes, die Eliminationsvorstellung mit der des sühnenden Ertragens durch den Gerechten bzw. der stellvertretend erlittenen Strafe, die die Sünder straflos stellt – ihnen zum Heil wird (vgl. Jes 53, 5b). In diesem Motiv ist die Sühneidee des stellvertretend erlittenen Gerichts mit angesprochen: Den unschuldig Leidenden trifft das Zorngericht, das den wegen seines Strafleidens von der Verurteilung Bewahrten zum Gnadengericht wird.

Die neutestamentliche Rezeption dieser Gottesknechtsmotive hat die prekäre Vorstellung nahegelegt, Jesus habe am Kreuz den Zorn des Vaters stellvertretend für die Sünder, denen er eigentlich gilt, erleiden müssen. Diese Vorstellung hat zwar im Neuen Testament wenig Anhalt (vielleicht 1 Thess 5, 9; Offb 19, 15), aber in der Theologiegeschichte reichlich Widerhall gefunden. Schon Tertullian behauptet, Gottes Zorn über die Sünde müsse durch Buße – durch die in Jesu Kreuz eröffnete satisfactio des Sünders – besänftigt werden. Und Augustinus spricht davon, daß wegen des Zorns, der auf dem Menschengeschlecht lastete, »ein Mittler notwendig« war, »ein Versöhner, der diesen Zorn

---

[45] Vgl. dazu die anregende und erhellende Theorie R. Girards und R. Schwagers Kommentar zu ihr in seinem Buch: Brauchen wir einen Sündenbock? Gewalt und Erlösung in den biblischen Schriften, München 1978.

versöhnte durch die Darbringung eines einzigartigen Opfers, das alle Opfer des Gesetzes und der Propheten nur schattenhaft darstellten.«[46]

Noch *Hans Urs von Balthasar* legt entschieden Wert darauf, daß Jesus Christus die Liebe seines Vaters nur offenbaren konnte, weil er zugleich den Zorn des Vaters über die Zurückweisung seiner Liebe offenkundig machte, sich von ihm *treffen* ließ. In der »Stunde«, in der sich am Kreuz alles entschied, hat er »diesen ganzen Zorn über die Untreue der Welt auf sich abgelenkt, den Kelch selbst getrunken und die Fülle dessen an sich erfahren, was in Ansätzen und Vorzeichen den alttestamentlichen Propheten widerfahren ist«; in ihr hat sich Gottes Zorn über ihn, der die Stelle Gottes bei den Menschen, aber eben auch die Stelle der Menschen bei Gott vertrat, »entleert«.[47] Man müsse deshalb »ernstlich von einer Entladung des Zornes Gottes über den am Ölberg Ringenden sprechen«.[48] Der Zorn des Vaters trifft ihn »anstelle der Unzähligen« und »zerspaltet ... ihn wie ein Blitzstrahl in die Unzähligen hinein: hier erschafft Gott der Vater im Heiligen Geist die Eucharistie des Sohnes, die seine Inkarnation erst wirklich vollendet«.[49]

Es ist nach von Balthasar gewiß nicht buchstäblich so, daß der Sohn durch sein stellvertretendes Sühneleiden den Zorn des Vaters habe besänftigen, ihn zum Wohlwollen gegenüber den Sündern hätte umstimmen müssen. Aber es ist eben doch so, daß Gottes »Pathos« – seine Liebe wie sein Zorn – sich an Jesus Christus bis zur letzten Konsequenz auswirkte und manifestierte. Das Kreuz gilt hier als Offenbarung entschiedenster und zum Letzten entschlossener Liebe, aber auch als Offenbarung des göttlichen Zorns. Und Gottes Zorn wird am Kreuz so offenbar, daß er – stellvertretend für die Sünder, denen er eigentlich gilt – den Sohn trifft und tötet, sich in seinem Tod am Kreuz als das unduldsame Engagement Gottes gegen die Sünde auswirkt. Dem Menschen – auch dem Sünder – gilt das Pathos seiner Liebe, der Sünde das Pathos seines Zornes über die verweigerte Liebesantwort. Und der Sohn lebt und erleidet dieses Pathos, in dem die Liebe »eifersüchtig« sich selbst will, bis zur letzten Konsequenz – bis zum Erleiden nicht nur der Verweigerung der Menschen, sondern auch bis zum Erleiden des göttlichen Zorns über diese Verweigerung. Er hält – so von Balthasars Schüler *Norbert Hoffmann* – die »Gewalt der Vaterliebe Gottes aus«.[50]

---

[46] Zu Tertullian vgl. De paenitentia 9,2: »Paenitentia deus mitigatur«. Für Augustinus wäre einschlägig Enchiridion 33. Freilich weiß Augustinus, daß das Wort »Zorn« von »menschlichen Gemütsbewegungen ... übertragen« wird »auf die durchaus gerechte Strafe, die hier den Namen ›Zorn‹ erhält« (ebd.). In Enchiridion 41 ist dann ausdrücklich davon die Rede, daß der Sündelose »ein Opfer zur Tilgung der Sünden werden sollte.«

[47] H. U. von Balthasar, Theodramatik III: Die Handlung, Einsiedeln 1980, 319 f.

[48] Vgl. ebd., 322.

[49] Ebd., 324 f. H. U. von Balthasar räumt freilich ein, daß man mit solchen Formulierungen an die Grenzen des theologisch Sag- und Denkbaren gerät; vgl. ebd., 326.

[50] N. Hoffmann, Sühne. Zur Theologie der Stellvertretung, Einsiedeln 1981, 62 f. Zur Kritik an Hoffmanns (und entsprechend auch an H. U. von Balthasars) Entwurf vgl. B. Grümme, Von der Destruktivität der Begriffe. Zu Norbert Hoffmanns Sühnetheologie im Lichte des jüdisch-christlichen Gesprächs, in: Theologie der Gegenwart 40 (1997), 134–143.

Muß man Hans Urs von Balthasar und Norbert Hoffmann bis in diese Konsequenz hinein folgen? Muß man die »Dahingabeformel« in der Apostelgeschichte und im Corpus Paulinum, nach der der Vater den Sohn nicht geschont und für unsere Verfehlungen als »Gabe und Opfer« (vgl. Eph 5, 2) dahingegeben habe (vgl. Apg 2, 23; Röm 4, 25; 8, 32; Gal 1, 4), so verstehen, als habe der Sohn tilgen müssen, was des Vaters Zorn hervorrief? Was hatte er – um seiner Sendung willen – zu »ertragen«?

Gerade die hier im Hintergrund stehende deuterojesajanische Theologie stellt JHWH selbst in der Rolle des Ertragenden vor. Das beim Sündenbock dramatisch inszenierte, befreiende Forttragen wird hier assoziiert mit dem Bild des für seine Herde sorgenden »guten Hirten«: Der Hirt JHWH will sein Volk trotz seiner Treulosigkeit und Hartherzigkeit nicht etwa loswerden; er nimmt es auf sich und will es ertragen:

> »Hört auf mich, ihr vom Haus Jakob,
> und ihr alle, die vom Haus Israel noch übrig sind,
> die mir aufgebürdet sind vom Mutterleib an,
> die von mir getragen wurden,
> seit sie den Schoß ihrer Mutter verließen.
> Ich bleibe derselbe, so alt ihr auch werdet,
> bis ihr grau werdet, will ich euch tragen.
> Ich habe es getan und ich werde euch weiterhin tragen,
> ich werde euch schleppen und retten« (Jes 46, 3 f.; vgl. 63, 9).

Der Gott Israels »ist ein Gott, der uns Rettung bringt, Gott, der Herr, führt uns heraus aus dem Tod«, denn er »trägt uns, er ist unsere Hilfe« (Ps 68, 21.20; vgl. 28, 9). Dieses Tragen ist ein *Ertragen*, das den Getragenen und Ertragenen die Möglichkeit – den Raum – geben soll, wieder »auf die Beine zu kommen«, den Weg selbst zu gehen, den JHWH, der gute Hirt, ihnen eröffnet und vorangeht (vgl. Ps 23). Es ist ein Ertragen des geradezu Unerträglichen, das die Menschen einander antun, weil sie sich selbst und einander nicht ertragen wollen. Es gilt der Last, die das Volk sich durch seine Sünde auflädt. Wenn der Gottesknecht sie auf sich nimmt (Jes 53, 4.12), so gilt von ihm, daß er ausleidet, was gelitten werden muß, was nicht wieder auf andere abgeladen werden darf, wenn das Böse endlich aufgefangen statt bloß weitergegeben werden soll. Gewiß steht hier die Vorstellung des Tun-Ergehen-Zusammenhangs im Hintergrund: Einer muß erleiden, was das Volk an Bösem in Gang gesetzt hat, damit das Volk gerettet sei; einer muß tragen, damit nicht alle von der Last erdrückt werden.[51]

Wenn die Sendung Jesu als Tragen und Ertragen dargestellt wird (vgl. Joh 1, 29.36), so ist sein Erlösungswerk mit jenem »Tragen« in Zusammenhang gebracht, in dem der gute Hirt JHWH das erwählte Volk zu ihm und zu seiner Erwählung zurückbringt, sein Abirren erträgt und es überwindet (vgl. Lk 15, 4–6; Joh 10, 1–18). Jesus gibt sein Leben, damit die ihm Anvertrauten nicht

---

[51] Vgl. M. Limbeck, Die Sühne der Sünden. Eine verhängnisvoll vernachlässigte Möglichkeit, in: Bibel und Kirche 33 (1978), 15–19.

dem Feind in die Hände fallen und verloren gehen (Joh 10, 11–15). Aber auch die Glaubenden sind in dieses Tragen und Ertragen hineingenommen. Darin realisiert sich ihr Zeugnis für das in Jesus Christus geschehene und in seiner Nachfolge geschehende Heil; in ihm wird das von Jesus Christus erfüllte, wahrhaft erlösende Gesetz im Heiligen Geist immer wieder neu erfüllt: »Einer trage des anderen Last; so werdet ihr das Gesetz Christi erfüllen« (Gal 6, 2).

Dieses Gesetz verbietet, einfach loswerden zu wollen, was getragen werden muß. Es gebietet freilich nicht, sich alle denkbaren Zumutungen gefallen zu lassen. Das Zeugnis und das Gesetz Christi sprechen vom Tragen, vom »Hereinholen« all der Lasten, die getragen werden müssen, damit sie sich nicht – als abgespaltene und verdrängte, auf andere abgeladene – zur menschen- und schöpfungszerstörenden Sündenlast auftürmen. An diesen Lasten, an dem fast untragbar Aufgehäuften vorbei, kann es keine Erlösung geben. Aber in das Tragen läßt Gott sich mit hineinziehen. Er ist es, der mitträgt, letztlich erträgt, der die trägt, die dem Unerträglichen hilflos ausgeliefert scheinen. Sein Ertragen trägt auch die, die im Unerträglichen untergehen, weil sie sich dem Mittragen nicht entzogen haben. Das wäre die Botschaft des Kreuzes Jesu Christi – mit den Augen derer gelesen, die im Kreuz nicht nur die »Torheit« der Richter und der Vollstrecker, sondern »Gottes Kraft« sich offenbaren sehen (vgl. 1 Kor 1, 18).

Das Mittragen ist das Gesetz Christi, das er selbst erfüllt und deshalb zum Weg des Lebens gemacht hat. Mitzutragen ist und von Gott mitgetragen wird die Last des Menschseins, der Sünde. Das Mittragen unterscheidet nicht zwischen der Unerträglichkeit des Übels und der Untragbarkeit des Bösen, sondern zwischen dem, was der solidarische Mittragende »auf sich nehmen« kann, und dem, was dem Beladenen nicht abgenommen werden darf, weil ihm darin die Berufung zur Menschwerdung übertragen ist. Eine Soteriologie, die den Spuren dieses Bildes folgt, wird nicht einfachhin unterstellen, der Erlöser habe die Lasten getilgt, die die Sünden der Menschen aufgehäuft hätten. Sie wird Erlösung auch nicht nur auf Sünden und Sündenfolgen beziehen, sondern eben auf die Lasten, unter denen Menschen zusammenzubrechen drohen. Sie wird danach fragen, wie Gott selbst, wie der Erlöser sich vom Mittragen in Anspruch nehmen läßt – und die Glaubenden dafür in Anspruch nimmt.

Das Bild des Mittragens bezeugt die Erfahrung einer Leben ermöglichenden Solidarität, die Hoffnung auf eine Solidarität, die der Last des Lebens und der Sünde gewachsen ist. In dieses Hoffnungsbild durfte der Zusammenbruch des Gekreuzigten eingezeichnet werden, weil der göttliche Vater seinen »Knecht« zum »Bund für mein Volk« (Jes 42, 6), zum Offenbarer der endzeitlich-endgültigen Zuwendung zu seinem Volk gemacht hat. Die Logik dieser Solidarität läßt sich nicht in die kapitalistische Logik des Bezahlenmüssens überführen. Es sind ja nicht die Gott gegenüber aufgehäuften »Kosten« menschlichen Fehlverhaltens, die hier zu tilgen sind – und letztlich von dem übernommen werden könnten, dem sie geschuldet sind. Es geht nicht um eine Äquivalenzforderung, nach der – wenigstens von einem Stellvertreter – die Schulden übernommen werden müßten, die die Sünde der Menschen verursacht hat. Es geht vielmehr um die Glaubens-Einsicht, daß Beladene und Sünder sich von ihrem Menschen-bruder Jesus Christus, dem exemplarisch Mittragenden, zum Vater führen las-sen dürfen und bei ihm mit ihrer Last angenommen sein werden.

Die *Äußerlichkeit* einer Sühne-Soteriologie, nach der ein Stellvertreter je-ne Lasten übernimmt und tilgt, die die Berufung zur Seligkeit bei Gott hätten vereiteln müssen, ergibt sich aus der Äußerlichkeit eines Sündenverständnisses, die es erlaubte, einen anstelle der Sünder Leidenden für die Sünde und die Sündenfolgen zur Rechenschaft zu ziehen. Die Überlegungen zur neutesta-mentlichen Inanspruchnahme des Sühnegedankens für die Soteriologie dürften gezeigt haben, daß hier nicht die quantitative Logik der Tilgung im Vordergrund steht, nach der dann auch die Erlösung durch *den Anderen* – den Stellvertreter – eine den Menschen nur betreffende, letztlich nur zugerechnete Wirklichkeit hätte sein können. Vielmehr war zu beobachten, daß Erlösung hier im Entschei-denden als jenes Geschehen verstanden wurde, in welchem Gottes Herrschaft durch die befreiende Diakonie des Menschensohnes seinen Menschenbrüdern und Menschenschwestern zuinnerst nahe kommt, so daß sie selbst in den Dienst des Menschensohns eintreten konnten, als er am Kreuz für sie sein Leben hin-gab (vgl. Mk 10,45). Die Sendung des Erlösers ist es deshalb nicht, eine für die Menschen untilgbare Schuldverpflichtung abzubüßen und sie damit von den rechtmäßigen Ansprüchen des Anspruchsberechtigten freizustellen, sondern zu jenem Dienst zu *befreien*, durch den der göttliche Vater seine eschatologisch heilsame Herrschaft in dieser Welt aufrichten will.

Aber warum muß diese Herrschaft als *Gottes* Herrschaft begriffen und herbeigebetet werden? Kann der Mensch sie nicht von sich aus aufrichten? Muß sie nicht als die Herrschaft des endlich Mensch gewordenen *Menschen* – unter vielen Opfern – herbeigelitten und gegen entfremdende Menschenherr-schaft, aber gerade auch gegen die Träume von einem über-menschlichen Got-tesreich, geschichtlich durchgesetzt werden? Was zwingt dazu, um der Hoff-nung auf eine wirklich umfassende und unverkürzte Erlösung willen an der »Theosoterik« – dem Glauben an die von Gott ausgehende und zu ihm zurück-führende Erlösung – gegen die »autosoterischen« Konzepte einer Selbsterlö-sung des Menschengeschlechts in Neuzeit und Moderne festzuhalten?[52] Dieser Frage soll nun anhand vor allem neuzeitlicher Transpositionen des Opfer-Be-griffs nachgegangen werden.

---

[52] Die Unterscheidung in Theosoterik und Autosoterik und die Option für Theosoterik ist vor allem von M. Seckler als Grundbestimmung des Christlichen herausgearbeitet worden; vgl. seinen Aufsatz Theosoterik und Autosoterik, in: Theologische Quartalschrift 162 (1982), 289–298.

3. Die Sünde, die Opfer fordert

3.1 Die Zeit-Perspektive des Opfers

Die soteriologischen Modelle »Sühne« und »Opfer« sind vielfach einander eingeschrieben. Vom religionsgeschichtlichen oder biblischen Befund her wäre es nicht zwingend, sie zu unterscheiden. Die Unterscheidung drängt sich erst mit der neuzeitlichen Säkularisierung des Opfermotivs auf. Hier wird eine Perspektivenverschiebung offenkundig, die im biblischen Sühnedenken bereits angelegt war und sich in seiner Öffnung für das Exodusmotiv abzeichnete. Sühne ist, wo der kultische Aspekt im Vordergrund steht, eher *räumlich* gedacht: in Kategorien der Annäherung, der rettenden Nähe Gottes und des heilvollen Zusammenwohnens mit ihm. Die Sündensphäre, die sich zwischen Gott und sein Volk schiebt, soll *gereinigt*, das Beflecktsein von ihr abgewaschen werden; die Last, die die Sünde aufhäufte, soll *weg*-getragen werden. Diese Dominanz einer sphärischen Logik ist ausschlaggebend für den »Archaismus« der Äußerlichkeit, der unter veränderten Verstehensbedingungen in der Äußerlichkeit eines an quantitativen Äquivalenzverhältnissen orientierten Erlösungsverständnisses wiederkehren konnte. Der Archaismus der Äußerlichkeit verhinderte aber nicht, daß die heilsame Gottes-Nähe alttestamentlich als im Exodus eröffnete und auf dem Weg gehorsamer Nachfolge erreichbare Heils-*Zukunft* verstanden wurde: als Nahekommen in der Geschichte – *denen* ein Heilsziel, die sich aus der Gefangenschaft in Ägypten herausführen lassen wollen und das Pessachlamm schlachten, das mit seinem Opfertod den rettenden Exodus mit ermöglichte.

Das Opfer verweist generell eher auf eine Zeit-Logik. Es soll nicht im räumlichen Sinne Nähe schaffen, sondern Zukunft eröffnen, das Nahekommen der Heils-Zukunft vermitteln. Eine belastende, vielleicht auch nur vorgeschichtliche, noch den Naturzwängen unterworfene Vergangenheit soll in der Gegenwart aufgebrochen – aufgelitten – werden auf eine Zukunft hin, in der das Dunkle und Versklavende der Herkunft überwunden, ja in gewisser Hinsicht aufgehoben wäre. Die Opfer-Logik konstituiert eine Teleologie, nach der das in der jeweiligen Gegenwart zu bringende Opfer die Heilszukunft als jetzt schon anfangende präsent macht und so das Gefangensein in einer als heillos erfahrenen oder definierten Vergangenheit aufsprengt. Aber wie ist das Opfer zu denken, das die Heilszukunft zugänglich macht? Und wie die Sünde, die durch das Opfer auf das Heil hin überwunden wird?

Diese Fragen markieren Brennpunkte der nun darzustellenden Diskussionen und Optionen im 19. und 20. Jahrhundert, die durchweg bestimmt sind von der Ethisierung und der Säkularisierung der Opfer- wie der Sündenthematik. Und so ziehen sie die fundamentaltheologisch zentrale Frage nach sich, ob die tiefe Zwiespältigkeit dieser Ethisierungs- und Säkularisierungsprozesse den Rückbezug auf die dabei »verdrängte« religiöse Dimension motiviert oder gar aufnötigt.

Ethisierung und Säkularisierung des Opfers machen den Menschen zum Subjekt des Opfers und zum »Opferherrn«: Er selbst verbürgt nun das Unbedingte, dem das als bloß bedingt und relativ Definierte zum Opfer gebracht werden muß. Es ist sein *eigenes Unbedingtes:* die von ihm – unter größten Opfern – »aufzuleidende« oder zu erringende Zukunft. In welchem Sinne ist hier von einem Säkularisierungsprozeß zu sprechen: von einer Transposition des Opferthemas in den Bereich der Alleinzuständigkeit des Menschen, mit der dann – wegen der »Illegitimität« dieser Transposition – tief zwiespältige und krisenhafte Folgewirkungen verbunden wären?[1]

3.2 Das Opfer des »Helden«: Vorbild und Ansporn

Was die Ethisierung des Opfergedankens und entsprechend der Sündenvorstellung angeht, so ist an Kants Versuch zu erinnern, das christologisch-soteriologische Opfer als den Schmerz der »Sinnesänderung«, des »Ablegens des alten und des Anziehens des neuen Menschen« zu verstehen, »da das Subject der Sünde ... abstirbt, um der Gerechtigkeit zu leben«. Dieses »Leiden, was der neue Mensch, indem er dem alten abstirbt, im Leben fortwährend übernehmen muß«, wird in der soteriologischen Symbolik »an dem Repräsentanten der Menschheit als ein für allemal erlittener Tod vorgestellt«.[2] Die ich-bezogenen, »sinnlichen« Handlungsantriebe sind fortwährend – ohne daß dies dem Menschen von einem Erlöser abgenommen werden könnte – dem Allgemeinen aufzuopfern, wie es sich in der sittlichen Forderung der Vernunft auferlegt. Vernunft wird praktisch, konkret lebensbestimmend als der »höchste Zweck«, den der Mensch als Vernunftwesen sich selbst setzen muß bzw. für sich gesetzt sieht. »Das Geheimnis eines im höheren Sinne sittlichen Lebens beruht« – so später *Ludwig Feuerbach* – »auf dieser Teleologie«, darauf, daß der Mensch einen »Punkt der Sammlung, des Zusammenhalts« heilig hält, auf den er sich in allen Entscheidungen und Vorhaben letztlich bezogen wissen darf:

---

[1] Mit der christlichen Unterstellung solcher illegitim-säkularisierenden Transposition als Signatur der Neuzeit setzt sich H. Blumenberg kritisch auseinander; vgl. sein Buch: Die Legitimität der Neuzeit, Frankfurt a. M. 1966, 9–200. Die von ihm ausgelöste Debatte kann hier nicht umfassend aufgerollt, wohl aber auf das Thema Opfer fokussiert werden.

[2] Die Religion innerhalb der Grenzen der bloßen Vernunft, Akademie Textausgabe, Bd. VI, 74 f.

»Wer einen Endzweck, hat ein *Gesetz über sich:* Er leitet sich nicht selbst nur; er wird geleitet. Wer keinen Endzweck, hat keine Heimat, kein Heiligtum. Größtes Unglück ist Zwecklosigkeit … Wer einen Zweck hat, einen Zweck, der an sich wahr und wesenhaft ist, der hat darum *eo ipso Religion* – wenn auch nicht im Sinne der gewöhnlichen, der herrschenden Religion, aber doch im Sinne der Vernunft, der Wahrheit, der universellen Liebe, der allein wahren Liebe.«[3]

Feuerbachs Religion ist eine Religion der Hingabe, der Selbstüberwindung egoistischer Vereinzelung gegenüber der Menschengattung, in deren Geschichte die Menschheit all jene Vollkommenheiten realisieren kann, die man als vermeintlich übermenschliche einer Gottes-Hypostase als vollkommener Trägerin dieser Vollkommenheiten beilegte. Die Hingabe des Einzelnen und Vereinzelten an diese Realisierungsgeschichte der Menschengattung ist konkret vermittelt durch die Hingabe an den Mitmenschen und die ihm entgegengebrachte, geradezu dargebrachte leidensbereite Liebe. Das »religiöse Opfer« mag im Unterschied dazu eher auf die Schadloshaltung einer beleidigten Gottheit und damit auf die Selbsterhaltung des sich als Sünder erfahrenden menschlichen Ichs fixiert gewesen sein. Man wird – so Feuerbach – sogar sagen müssen, daß das religiöse Opfer zunächst nichts anderes war als der Versuch, das im Opfer Aufgegebene in Gott, dem es gegeben wird, zu retten, so daß man es von ihm dereinst wieder erhält. »Der Mensch bejaht in Gott, was er an sich selbst verneint«; wo er »aus der Verneinung der Sinnlichkeit … ein gottwohlgefälliges Opfer macht, da wird gerade … die aufgegebene Sinnlichkeit unwillkürlich dadurch wiederhergestellt, dass Gott an die Stelle des sinnlichen Wesens tritt, welches man aufgegeben«[4]. So soll Gott die Hoffnung begründen, das Aufgegebene sei in Wirklichkeit nicht verloren, sondern in dem, was man dafür in der Ewigkeit erwarten darf, geradezu verewigt. Er steht dafür, daß im Opfer der Egoismus nicht wirklich aufgegeben, sondern vertagt und verabsolutiert wird. Die Religionsgeschichte kennt freilich neben diesen »eigentlichen religiösen« auch schon die »moralischen« Opfer: »Es sind dies die freiwilligen Selbstaufopferungen zum Besten anderer Menschen, zum Besten des Staats, des Vaterlandes. Der Mensch bringt sich hier den Göttern zwar auch als Opfer dar, um ihren Zorn zu beschwichtigen, aber das das Opfer Bezeichnende ist doch der moralische oder patriotische Heldenmuth.«[5]

Die anthropologische Wahrheit der religiösen Opferpraxis liegt in dieser Selbstaufopferung, die nun – bei Feuerbach deutlich sichtbar – auch außerhalb der traditionellen Religionssysteme als sittliche Pflicht einleuchtet. Die menschliche Verpflichtung zu der das Eigene hingebenden »Wohltätigkeit« ist »zu einer *inneren Notwendigkeit,* d.i. zum Herzen geworden«. In ihr offenbart sich das menschliche Herz selbst als Ursprung der Liebe, die sich im Leiden bewährt.

---

[3] L. Feuerbach, Das Wesen des Christentums, Werke in sechs Bänden, Bd. 5, 74 f.

[4] Vgl. die zweite Auflage des »Wesens des Christentums« von 1843, in: Sämtliche Werke, hg. von W. Bolin, Stuttgart – Bad Cannstatt ²1960, Bd. 6, 32–34.

[5] L. Feuerbach, Vorlesungen über das Wesen der Religion, Sämtliche Werke, hg. von W. Bolin, Bd. 8, 95.

Was das Herz des Menschen zutiefst ergreift, das ist ihm das Heilige, Göttliche. So heiligten die Christen die leidende Liebe, »setzten (sie) das Leiden selbst in Gott.« Gott nicht mehr primär als actus purus gedacht, vielmehr als »die passio pura – der höchste metaphysische Gedanke, das *être suprême des Herzens*.« Das »Leiden des Unschuldigen, des Sündenreinen, das Leiden lediglich zum Besten anderer, das freiwillige Leiden, das Leiden der Liebe, der Selbstaufopferung« – es entspricht dem Wesen und der Teleologie des menschlichen Herzens. So ist die Passionsgeschichte für es auch die »ergreifendste Geschichte« überhaupt. Daraus folgt aber für Feuerbach »aufs unwidersprechlichste, daß in ihr nichts ausgedrückt, nichts vergegenständlicht ist als *das Wesen des Herzens*«.[6] Die soteriologische Rede vom Opfer ist zu dechiffrieren als Aufdeckung dessen, was das Wesen des Menschen – seines Herzens – ausmacht; in kritischer Relecture kann sie nur den Status einer Beispielserzählung haben: »Die Religion spricht durch Exempel. Das Exempel ist das Gesetz der Religion. Was Christus getan hat, ist Gesetz. Christus hat gelitten für andere, also sollten wir dasselbe tun ...«.[7]

Feuerbach macht ernst mit dem Anspruch einer vernünftigen Rekonstruktion der christlichen Opfer-Soteriologie, wie er in der Philosophie der Aufklärungszeit vielfach erhoben wurde. Der Offenbarer und Erlöser wird zum beispielhaften Lehrer des göttlich Vernünftigen; und er hat uns auch in seinem Sterben aus Liebe noch ein Beispiel hinterlassen – das Beispiel eines *Menschen*, der lebte, was er verkündigte. Aber Feuerbach geht noch einen entscheidenden Schritt weiter: Das Opfer, das Christus brachte, ist für die Christen ja das Opfer des Gottmenschen. Davon hatte die Aufklärung abgesehen; für sie war Jesus nur der exemplarische Mensch und Lehrer göttlicher Weisheit. Auch die Vergöttlichung Jesu hat für Feuerbach einen entzifferbaren Sinn: Mit ihr wird zum Wesen Gottes, was den Menschen als ihr eigenes Wesen heilig ist. Die »Exemplarisierung« der Soteriologie greift nicht nur auf den gottmenschlichen Erlöser, sondern auf Gott selbst über: Was als *sein* Wesen religiös hypostasiert wird, das ist nichts anderes als »der Spiegel des Menschen«, der Spiegel, worin der Mensch sein eigenes Wesen erkennen kann, damit er es als eigenes ergreife, als das Prädikat, dessen Subjekt der Mensch sein soll.[8] Diese anthropologische *Einholung* des Gottes- und des Opfergedankens führt die Vorstellung eines durch Opfer erneuerten Bundesverhältnisses nicht einfach ad absurdum, sondern auf das Selbstverhältnis des Menschen zurück, insofern der Mensch nur bei sich – bei seinem »Wesen« – sein kann, wenn er seine Eigenliebe in der leidensbereiten Hingabe an den Mitmenschen auf die Selbstrealisierungsgeschichte der Menschengattung hin transzendiert.

Feuerbach sieht sich als kritischen Erben des Hegelschen Idealismus; seine Begriffe und Ideen sollen bei ihm jene sinnliche Realität finden, als deren Be-

---

[6] Vgl. L. Feuerbach, Das Wesen des Christentums, Werke in sechs Bänden, Bd. 5, 67.
[7] Ebd., 68, Fußnote.
[8] Vgl. ebd., 73; vgl. dazu ebd., 68: »Gott leidet – Leiden ist Prädikat –, aber für die Menschen, für andere, nicht für sich. Was heißt das auf deutsch? Nichts anderes als: *Leiden für andere ist göttlich;* wer für andere leidet, seine Seele läßt, handelt göttlich, ist den Menschen Gott.«

griff sie erst zu entwickeln wären. So ist auch Feuerbachs Verständnis des Opfers dem Hegelschen entlehnt und in der Entlehnung »vermenschlicht«, versinnlicht. *Hegel* spricht in seinen Vorlesungen über die Philosophie der Geschichte von der Freiheit als dem »Zweck, den sie (selbst; J. W.) ausführt«, als dem »einzige(n) Zweck des Geistes«. Und er fährt fort:

> »Dieser Endzweck ist das, worauf in der Weltgeschichte hingearbeitet worden, dem alle Opfer auf dem weiten Altar der Erde und in dem Verlauf der langen Zeit gebracht worden. Dieser ist es allein, der sich durchführt und vollbringt, das allein Ständige in dem Wechsel aller Begebenheiten und Zustände sowie das wahrhaft Wirksame in ihnen. Dieser Endzweck ist das, was Gott mit der Welt will, Gott aber ist das Vollkommenste und kann darum nichts als sich selbst, seinen eigenen Willen wollen.«[9]

Die Opfer sind Mittel zum Zweck, zu jenem Endzweck, worin Gott seinem Willen die vollkommene Realisierung gegeben haben wird. Dieser Zweck heiligt die Mittel, weil Gottes Wille die Freiheit will und deshalb alle Mittel im Endzweck mit-»bezweckt« sind: weil die Mittel ebenso um des Endzwecks willen Mittel – Opfer – sind wie der Endzweck um der Mittel – der vielen Einzelnen – willen seine Realisierung finden muß. Hegel versucht hier noch deutlich sichtbar, die Vorstellung »Gottesherrschaft« zu denken, jene göttliche Realität, deren Herbeiführung als Realisierung wahrer Freiheit begriffen werden muß – und dennoch Opfer fordert. Kann aber der Zwang, für einen Endzweck dasein zu müssen, für den dazusein Opfersein bedeutet, mit dem Sich-selbst-Hervorbringen der Freiheit vereinbar sein? Der Aporie, die hier aufbricht, kann Hegel nur ausweichen, indem er den Weltgeist als Subjekt dieses Selbstdurchsetzungsprozesses und alle Opfer in ihrer Negativität als von ihm umgriffen – im Vollzug der Selbstentäußerung Gottes aufgehoben – begreift. Im Opfer der Selbstentäußerung Gottes sind die um der Realisierung der Freiheit willen geforderten und auch erzwungenen Selbstentäußerungen einbegriffen und gerechtfertigt.

Hegels Konzept läßt den säkularisierten Opferbegriff – den Begriff der Opfer, die auf dem »Altar der Erde« um der wie auch immer gedachten Vollendung der Erde willen dargebracht werden – in seiner ganzen Abgründigkeit erkennen. Wo der eschatologische Heilsbegriff eines Zweckes, in dem alle Mittel mitbezweckt und deshalb gerettet sind, nicht mehr begründet wird in einer göttlichen Wirklichkeit, die das Opfer wirklich *annehmen* und es für den sich Opfernden selbst unendlich fruchtbar machen kann, da wird die Rede vom Zweck, der die Mittel heiligt, potentiell zur Verbrecherparole. Jedenfalls bleibt sie die offene Wunde von Ideologien und Bewegungen, die nur noch recht und schlecht *behaupten* können, die hier und jetzt zu bringenden Opfer würden von einem Zweck geheiligt, der nicht längst schon von den für ihn gebrachten und erzwungenen Opfern entheiligt ist.

In der Nachfolge Feuerbachs wird im Marxismus die ethische Größe eines

---

[9] Werke in zwanzig Bänden, hg. von E. Moldenhauer und K. M. Michel, Frankfurt 1969–71, Bd. 12, 33.

modernen leidenden Gerechten – des »roten Helden« *(Ernst Bloch)* – proklamiert, der sich für das im Klassenkampf zu erringende Reich der Freiheit opfert. Er »opfert sich ohne Hoffnung auf Auferstehung. Sein Karfreitag ist durch keinen Ostersonntag gemildert, gar aufgehoben, an dem er persönlich wieder zum Leben erweckt wird.« Dennoch stirbt der rote Held, »als wäre die ganze Ewigkeit sein. Das macht: er hatte vorher schon aufgehört, sein Ich so wichtig zu nehmen, er hatte Klassenbewußtsein.«[10] Er geht in den Tod mit der »Gewißheit, daß die, die überleben, daß die künftigen Generationen dank unseres Opfers glücklicher werden.«[11] Der rote Held gibt sich hin an die Sache des Klassenkampfes und der Arbeiterklasse, ohne die ichbezogene Hoffnung zu hegen, die Früchte seiner Hingabe doch noch selbst ernten zu können.[12] Aber er stirbt in der Gewißheit, daß das, wofür er lebte, wie in seinem Leben so auch in seinem Sterben geradezu sakramental gegenwärtig wird: »Sterben ist nur ein anderes Wort, um auszudrücken, daß wir aus der Sympathie mit allem leben und unmittelbar die Gegenwart des Ganzen in der partiellen Existenz der Individuen empfinden«.[13]

Das, wofür der rote Held *lebt*, wird sichtbar und greifbar, gerade wenn er dafür *sterben* muß. Er vergegenwärtigt es in einer diesem Wofür zutiefst feindlichen Welt. Er bezeugt als Märtyrer die schon gegenwärtig wirksame Macht des Eschaton; er bezeugt, daß es schon hineinragt in die ihm feindliche Gegenwart; er nimmt es als die letzte Revisionsinstanz in Anspruch, vor der das ihn jetzt treffende Todesurteil als das vergebliche Sich-Aufbäumen des Ewiggestrigen zur überwundenen Vergangenheit gehören wird. Der rote Held ist der leidende Gerechte, der für eine gerechte Sache stirbt und im Vertrauen darauf stirbt, daß er noch mit seinem Sterben diese gerechte Sache voranbringt. Dieses ethisch-politische Opfer in heldenhafter Selbstlosigkeit ist – so scheint es hier – die definitive Überholung des religiösen Opfers, das gerade nicht selbstlos war, sondern Ausdruck einer die Gottheit durch das eigene Heilsbedürfnis setzenden und für es vereinnahmenden Selbstbehauptung (Feuerbach).

Die Opfermythologie des Dritten Reiches liest sich wie eine Travestie auf den Mythos vom roten Helden. Der »braune Held« gibt sich hin, er überwindet sich selbst, um an sich die Abkehr von allem Profitinteresse, von der Oberflächlichkeit des bürgerlichen Lebens darzustellen. Er wird im Kampf der Bewegung gegen das Ewiggestrige, schließlich im Überlebenskampf des deutschen Volkes, zum Helden der Selbsthingabe an den Führer. Und er erfährt in dieser Selbsthingabe die Erlösung von einer Welt, in der der Krämergeist – schlimmer noch: das jüdische Finanzkapital und die jüdische Dekadenz – zur Herrschaft gekommen sind: »Ja, opfern muß man. Ich liebe es nicht, aber ich muß es. In die tiefste

---

[10] E. Bloch, Das Prinzip Hoffnung, Frankfurt a. M. 1959, 1378–79.
[11] So der am 14. April 1942 von Deutschen erschossene Henry Martel; vgl. Morts pour la France, Lettres de condamnés à mort, 18, zitiert nach: F. Ormea, Marxisten angesichts des Todes, in: Internationale Dialog Zeitschrift 3 (1970), 98–114, hier 107 f.
[12] Vgl. Das Prinzip Hoffnung, 1297.
[13] J. Vuillemin, Essai sur la signification de la mort, Paris 1948, 298, zitiert nach: F. Ormea, Marxisten angesichts des Todes, 111.

Tiefe muß ich steigen« (Josef Goebbels[14]). Das Opfer stößt in der Selbsthingabe durch zum Eigentlichen, zu jenem Ziel, das allen möglichen Zwecken übergeordnet ist. Es vereint in fast schon mystischer Intimität mit diesem Ziel. Im Höhepunkt der Opferszene – der heroischen Selbsthingabe – kommt es »zu einer Verschmelzung von Opferndem, Opfer und Gottheit«.[15] Erlösung geschieht in solcher Verschmelzung, in der Zurücknahme des Selber-etwas-sein-Wollens in das vom Führer repräsentierte, einzig zukunftsmächtige Wofür allen Einsatzes; und sie kommt auch den Volksgenossen zugute, für die der Weg zur Befreiung durch die ihren Tod nicht fürchtenden Helden freigekämpft wird.

3.3 Zwischen Opfersein und Sich-Opfern

Die Würde des Opfers wird denen nicht zuerkannt, die im mythischen Selbstbehauptungskampf der opferbereiten auserwählten Rasse dazu bestimmt sind, ausgelöscht zu werden. Die Deutschen hatten verboten, so berichten zwei Überlebende von Wilna in Claude Lanzmanns Filmdokumentation *Shoah*, »das Wort ›Toter‹ oder ›Opfer‹ auszusprechen, sie wären nichts als Holzklötze, nichts als Scheiße, es hätte überhaupt keine Bedeutung, es wäre Nichts. Wer das Wort ›Toter‹ oder ›Opfer‹ aussprach, bekam Schläge. Die Deutschen zwangen uns, von den Leichen zu sagen, daß es ›Figuren‹ seien, das heißt ... Marionetten, Puppen, oder Schmattes, das heißt Lappen.«[16] Die Auslöschung sollte von den Ausgelöschten nichts mehr übriglassen. Nicht nur die damnatio, sondern die annihilatio memoriae war das Ziel. So versuchte man auch das Wozu und Wofür auszulöschen, das im Selbstverständnis der in die Gaskammern Getriebenen als Opfer noch herbeigeklagt und herbeigezweifelt wurde. Ihr Tod sollte keinerlei Bedeutung mehr haben. Das einzige Problem, das er aufwarf, sollte die kostengünstige Entsorgung der nicht länger ausbeutbaren, definitiv nutzlosen Existenzen sein.

Noch an dieser äußersten Entwürdigung der Opfer, die sie nicht einmal mehr Opfer sein läßt, wird der hier in letzter Konsequenz bestrittene Sinnanspruch[17] sichtbar, wie er dem Wort »Opfer« als dem – wofür auch immer – *Dargebrachten* innewohnt. Das lateinische »offerre« – der Opfer-Terminologie zugehörig, wenn auch nicht als Stammwort des deutschen Lehnwortes identifi-

---

[14] Michael. Ein deutsches Schicksal in Tagebuchblättern, München 1934, 119. Als Kommentar und Deutung vgl. H.-M. Gutmann, Die tödlichen Spiele der Erwachsenen. Moderne Opfermythen in Religion, Politik und Kultur, Freiburg i. Br. 1995, 153 ff.

[15] Vgl. H.-M. Gutmann, Die tödlichen Spiele der Erwachsenen, 172. Gutmann bezieht sich auf die Opfertheorie bei H. Hubert – M. Mauss, Essay over the Nature and Function of Sacrifice, London 1898.

[16] Zitiert nach: V. Lenzen, Jüdisches Leben und Sterben im Namen Gottes. Studien über die Heiligung des göttlichen Namens, München – Zürich 1995, 80.

[17] Vgl. W. Kluxen, Opfer als Handlung, in: R. Schenk (Hg.), Zur Theorie des Opfers, Stuttgart – Bad Cannstatt 1995, 289–302, hierzu 290 f.

zierbar – pointiert diesen Sinnanspruch: Die Negativität des Aufgeben- und
Hergebenmüssens soll einem schlechthin Positiven – dem Absoluten – geschuldet sein; und sie verbindet mit ihm, so daß die Opfernden oder Sich-Opfernden
sich in ihm »aufgehoben« und von ihm angenommen wissen dürfen. Dieser
Sinnanspruch kann auch da, wo er längst nicht mehr traditionell-religiös vermittelt ist und sich auf Arbeiterklasse, Vaterland oder Rasse richtet, geradezu als
Glücksverheißung glorifiziert werden: »Das tiefste Glück des Menschen besteht« – so Ernst Jünger – »darin, daß er geopfert wird«.[18]

Das Opfer soll eine Heils-Ordnung oder Heils-Geschichte affirmieren, deren Geltung oder Realisierung durch das Opfer vermittelt ist. Das Opfer ist
freilich nicht einfach Mittel zum Zweck. Es stellt den Zweck – die heilshafte
Ordnung – als gegenwärtig dar und beansprucht ihn konkret in einer heillosen
Situation, so daß er zur Identifikationsgröße der Opfergemeinschaft werden
kann. Die Geopferten selbst können dabei in unterschiedlicher Weise als Mittel
auf den Zweck hin *aufgehoben* sein: Sie können als bloße Opfermaterie der
Gottheit zum »Verzehr« oder sonstiger Nutzung hingegeben, will heißen durch
Vernichtung der menschlicher Nutzung entzogen werden. In säkularisierten
Opfersystemen heißt das: Sie werden als in sich selbst unwertiges »Brennmate-
rial« – als bereitwillig gezahlter Preis für den angezielten Endzweck – aus dem
geschichtlichen Realisierungsprozeß dieses Zweckes ausgeschlossen und der
Vernichtung preisgegeben. Oder sie werden als »sakramentales« Realsymbol
des Heilszieles vorgestellt, worin sich das angestrebte Heil so vergegenwärtigt,
daß die sich Hingebenden es durch ihre *Selbst*-Hingabe darstellen und ihr Opfer
so in irgendeinem Sinne als von diesem Zweck *geheiligt* ansehen dürften. Man
kann diese Alternative vielleicht so formulieren: Die Opfer sind entweder wie
Stufen auf der Leiter, über die man hinauf- und hinaussteigt, im Extremfall
Hindernisse und Verhinderer, die man aus dem Weg räumen muß. Oder sie sind
Figuren der Verheißung – des Hinübergangs –, in denen das Heilsziel jetzt
schon in die Gegenwart hineinragt und zum Hinübergang, zur Selbsttranszendenz, herausfordert.

Friedrich Nietzsche hat dieser Logik des Opfers nachzudenken und sie bis
in die verschwiegensten Winkel hinein aufzudecken versucht. Zuerst entlarvt er
die halbherzige moralische Säkularisierung des Opfers, nach der das »Opfer des
Einzelnen« darin seinen Sinn habe, »sich als ein nützliches Glied und Werkzeug
des Ganzen zu fühlen«, wie auch immer der »Körper« zu bestimmen sei, als
dessen Glied man sich zu fühlen habe.[19] Nietzsche sagt den Predigern dieses
idealistischen Opfers auf den Kopf zu, welche Motive sie bewegen und mobilisieren wollen:

> »… indem ihr euch begeistert hingebt und aus euch ein Opfer macht, geniesst ihr
> jenen Rausch des Gedankens, nunmehr eins zu sein mit dem Mächtigen, sei es ein

---

[18] E. Jünger, Der Arbeiter, Hamburg 1921, 71.
[19] Vgl. Morgenröthe, Zweites Buch, Aphorismus 132, KSA 3, 124.

Gott oder ein Mensch, dem ihr euch weiht: ihr schwelgt in dem Gefühle seiner Macht, die eben wieder durch ein Opfer bezeugt ist. In Wahrheit *scheint* ihr euch nur zu opfern, ihr wandelt euch vielmehr in Gedanken zu Göttern um und geniesst euch als solche.«[20]

Kommt es nach dem von Nietzsche proklamierten Tod Gottes nicht endlich darauf an, ins Auge zu fassen, was es bedeutet, *wirklich* zu opfern und Opfer zu sein? Das setzte allerdings voraus, daß man um das Wofür des Opfers wüßte – und darum wüßte, daß dieses Wofür nicht ein Göttliches ist, mit dem man sich opfernd einfach nur quasi-rituell identifizieren könnte.[21] Auch für Nietzsche heißt Opfer-Bringen, dem fernen Ziel das Nächstliegende aufzuopfern; heißt, »auch über diese nächsten Folgen für den Anderen *hinwegzusehen* und entferntere Zwecke unter Umständen *auch durch das Leid des Anderen* zu fördern«. Wüßte man ein solches Ziel, gesetzt also, »wir hätten den Sinn der Aufopferung für uns: was würde uns verbieten, den Nächsten mit aufzuopfern? – wie es bisher der Staat und die Fürsten thaten …?« Kommt es nicht geradezu darauf an, den Nächsten zu »überreden«, »sich als Opfer (zu) fühlen«, »ihn zu der Aufgabe (zu überreden; J. W.), für die wir ihn benützen«? Nietzsche faßt genau dieses Opfer mit letzter Entschiedenheit ins Auge:

> »Wir … würden doch durch das Opfer – in welchem wir und die Nächsten einbegriffen sind – das allgemeine Gefühl der menschlichen Macht stärken und höher heben, gesetzt auch, dass wir nicht Mehr erreichten. Aber schon diess wäre eine positive Vermehrung des Glückes. – Zuletzt, wenn diess sogar – doch hier kein Wort mehr! Ein Blick genügt, ihr habt mich verstanden.«[22]

Was gilt es hier zu verstehen? Das Selbstbewußtsein »einer guten und gesunden Aristokratie«, die »mit gutem Gewissen das Opfer einer Unzahl Menschen hinnimmt, welche *um ihretwillen* zu unvollständigen Menschen, zu Sklaven, zu Werkzeugen herabgedrückt und vermindert werden müssen.«[23] Die Edlen haben das Gesetz der Selbstbehauptung der Menschengattung zu vollstrecken; und die Gattung besteht nur durch Menschenopfer. Aristokratische »ächte Menschenliebe verlangt das Opfer zum Besten der Gattung – sie ist hart, sie ist voll Selbstüberwindung, weil sie das Menschenopfer braucht.« Im Gegensatz dazu steht »diese Pseudo-Humanität, die Christenthum heißt«. Sie will durchsetzen, daß niemand geopfert wird, und betreibt in der Solidarität der Schwachen die »Verhinderung der Selektion«. Die »hohe Pflicht, Menschen zu opfern« – vom Christentum »heruntergebracht und abgeschwächt« – ist für die Edlen zunächst Verpflichtung dazu, das Gesetz der Selektion an den »Mißrathenen, Schwachen, Degenerirten« zu vollstrecken.[24] In diesem Sinne will Nietzsche »den Gedanken

---

[20] Ebd., Viertes Buch, Aphorismus 215, KSA 3, 192.
[21] Vgl. ebd.
[22] Ebd., Zweites Buch, Aphorismus 146, KSA 3, 137 f.
[23] Jenseits von Gut und Böse, Aphorismus 258, KSA 5, 206.
[24] Nachgelassene Fragmente Frühjahr 1888, KSA 13, 470 f.

lehren, welcher Vielen das Recht giebt, sich durchzustreichen – den großen *züchtenden* Gedanken.«[25]

Aber auch den edlen Aristokraten, diesen frei und auf Zukunft hin Denkenden, ist das Opfer abverlangt, nicht das Opfer, als Abfall der Selektion sich selbst durchzustreichen, wohl aber das Opfer, sich selbst als *Übergang* zu begreifen und anzunehmen – als Übergang zum *Übermenschen*, als Ermöglichung seiner Heraufkunft. Der Mensch ist eine Zwischenexistenz, »ein Seil, geknüpft zwischen Thier und Übermensch – ein Seil über einem Abgrunde ... Was groß ist am Menschen, dass er eine Brücke und kein Zweck ist: was geliebt werden kann am Menschen, das ist, dass er ein *Übergang* und ein *Untergang* ist.« Nietzsches Zarathustra liebt die, »welche nicht zu leben wissen, es sei denn als Untergehende, denn es sind die Hinübergehenden ... Ich liebe Die, welche nicht erst hinter den Sternen einen Grund suchen, unterzugehen und Opfer zu sein: sondern die sich der Erde opfern, dass die Erde einst des Übermenschen werde.«[26]

Opfer müssen sein, weil das falsche Gegenwärtige – das Sich-Sperren gegen die Realisierung des Heilsziels, das Beharren auf dem Status quo, auf der Befriedigung durch das jetzt schon mögliche kleine Glück – überwunden werden muß; und dies im tödlichen Konflikt mit den Apologeten und Nutznießern des Status quo, mit denen, die nicht hergeben und aufgeben wollen. *Sie* müssen »geopfert« werden. Aber auch diejenigen, die dieses Opfer erzwingen, sind zum Selbstopfer herausgefordert – dazu, daß sie sich als Mittel für einen sie transzendierenden Heilszweck in Dienst nehmen lassen. Für diese radikale Säkularisierung des Opfers ist gleichwohl ein tiefreichender Rangunterschied zu notieren: Die Opferherren, die andere und sich selbst als Opfer darzubringen bereit sind, verstehen sich nicht nur als Herren über Leben und Tod, sondern darüber hinaus als Herren des Sinns. Sie definieren, wofür Opfer zu bringen sind, und beanspruchen, dieses Heilssinnes – auch wo sie sich selbst für ihn hingeben – zumindest symbolisch mächtig zu sein, ihn normativ darzustellen. Denjenigen, über deren Opfersein von den Opferherren verfügt wird, kommt die Würde eines Realsymbols – einer sakramentalen Vergegenwärtigung des Heilsziels – nicht zu. Sie werden für das, was kommen soll, mitunter im wahrsten Sinn des Wortes verheizt; sie sind bloße Mittel zu einem ihnen selbst nicht zugänglichen Zweck – im Extremfall »Lappen«, die nach Gebrauch nur noch entsorgt werden müssen.

Die »Ethisierung« des Opfers, in der der Opfergedanke die Kritik der Aufklärung überlebte, gilt für die Opferherren. Ihnen ist die höchste menschliche Leistung – die der Selbsttranszendenz und Selbsthingabe an das Heilsziel – abverlangt. Opfer ist hier Erfüllung der Selbstbestimmung in der Selbsttranszendenz. Die, über deren Opfersein bestimmt wird, sind nicht zu ethischer Selbstverwirklichung herausgefordert, sondern zu bloßem Erleiden verurteilt – Jüngers Apotheose des proletarisch-soldatischen Opfers erweist sich als pure

---

[25] Nachgelassene Fragmente Frühjahr 1884, KSA 11, 73.
[26] Also sprach Zarathustra, KSA 4, 16 f.

Ideologie. Die Herren des Sinns können es *sich leisten*, ihr Leiden – ihr Scheitern – als höchste und ethisch wertvollste Leistung für sich in Anspruch zu nehmen. Die zum bloßen Opfermaterial Herunterdefinierten zahlen den Preis der reinen Passivität; sie sind zum Leidensschicksal verurteilt. Das Wozu, dem sie sich im Leiden hingeben könnten, gehört nicht ihnen, sondern den Opferherren.

So ist noch die Sinnbehauptung, die dem Darbringen des Opfers die »Richtung« auf einen Adressaten gibt, dem es dargebracht wird, den bloßen Opfern bestritten. Und es mag als letzter Akt geistig-religiöser Selbstbehauptung erscheinen, wenn die zum Opfersein – im radikalsten Sinn zum Nicht-dasein-Sollen – Verurteilten ihrem Leiden den Sinn der Selbsthingabe, des holocaustum, beilegen. Die Geopferten unterwerfen sich nicht den Herren des Sinnes, die ihnen jede Sinnteilhabe bestreiten. Sie verstehen ihren Opfertod als Martyrium zur Heiligung des Gottesnamens; sie bejahen in ihm eine Ordnung, die die Ordnung, nach der sie jetzt sterben müssen, »endzeitlich« ins Unrecht setzen wird; sie behaupten eine soteriologische »Fruchtbarkeit« innerhalb dieser Ordnung gegen die radikale Sinnberaubung, die mit ihrem Tod an ihnen vollstreckt werden soll:

> »Das Leiden im Lager als Martyrium al Kiddusch Haschem (zur Heiligung des Namens; J. W.) erlebt zu haben, mag äußerlich als politische Passivität erscheinen, und doch war es innerlich eine letztmögliche religiöse Aktivität und ein geistiger Akt der Freiheit, über den Sinn des eigenen Leidens, Sterbens und Todes selbst zu entscheiden. Es war gewissermaßen die Befreiung des *Nazi-Opfers* durch die Selbstbestimmung als *jüdisches Opfer*.«[27]

Vielfach wird das Wofür des Opfers – seine soteriologische »Fruchtbarkeit« und »Notwendigkeit« – in der Nacht des Grauens gestaltlos, wesenlos geworden sein. Der Tod war ja keineswegs die Wahl der Getöteten, nicht von ihnen mit letzter Bereitschaft gewählt, um den Namen des Herrn nicht durch Ungehorsam entweihen zu müssen.[28] Er war einfach verhängt über das Jude-*Sein*, nicht über das Jude-sein-Wollen und Nach-dem-Gesetz-leben-Wollen. Er bestritt gerade den ethischen Anspruch, dem ein Martyrium hätte Geltung verschaffen können. So ist die Sinnbehauptung der sich als Opfer Behauptenden nach dem Zeugnis Betroffener vielfach ein verzweifeltes Fragen nach dem Wozu, ein Herbeiklagen dessen gewesen, bei dem und durch den das Opfer in einem zutiefst verborgenen, kaum noch glaubbaren Sinn »fruchtbar« sein konnte. Aber selbst diese negative Soteriologie des holocaustum – die Sinnbehauptung des Martyriums gegen die, die das Opfer nur als Beseitigung sinnloser Existenzen verstehen wollten – war den Peinigern herausfordernd genug, auch noch den Gebrauch des Wortes Opfer zu verbieten. Den Schergen war schon immer verboten, Märtyrer zu produzieren.

---

[27] V. Lenzen, Jüdisches Leben und Sterben im Namen Gottes, 81.
[28] Zu diesem Verständnis des Martyriums vgl. ebd., 87–110.

3.4 Das Opfer eröffnet Zukunft. Für wen?

Es ist eine abgründige Dialektik der mit jeder Opferpraxis verbundenen Sinnbehauptung, die hier erahnbar wird: Opfer als die äußerste Selbstbehauptung
der Opferherren, die selbst da, wo auch sie sich opfern »müssen«, den Sinn der
Aufopferung *für sich* haben; im Gegensatz dazu: Opfern als die äußerste Mißachtung derer, die diesen Sinn nicht »für sich« haben können und nur noch seine
Verwirklichung behindern; die Selbstbezeichnung »Opfer« schließlich als letzter Widerspruch dagegen, sich der Sinndefinition der Opferherren zu unterwerfen, als die verzweifelte Behauptung eines Wofür, an dem in der Verzweiflung
festzuhalten immer noch Akt des Widerstands gegen die Zukunft des Übermenschen war. Ist hier nicht die Logik des Opfers in ihrer ganzen Unmenschlichkeit
und Absurdität offenbar geworden? Ist nicht mit dem, was zur Sprache kam,
auch die Unmöglichkeit offenkundig geworden, Jesu Sendung und sein Kreuz
dieser Logik unterworfen zu sehen? Oder ist dieser Sendung soteriologisch doch
jene Figur des leidenden Gerechten einzuzeichnen, die in Auschwitz vielen die
Kraft gegeben haben mag, den gerechten Gott Israels herbeizuklagen – oder zu
verfluchen, sich jedenfalls nicht von ihrem Anspruch auf Gerechtigkeit abbringen zu lassen?

Das theologische Recht, diese Figur aus der Tradition Israels christlich in
Anspruch zu nehmen, ist nicht schon dadurch verwirkt, daß die christliche Soteriologie von ihr in einem Sinne Gebrauch macht, der von Juden nicht nur nicht
nachvollzogen werden kann, sondern als Sinnhintergrund der christlichen Ju-
denfeindschaft unter Verdacht gestellt wird – solange christliche Soteriologie
nicht behauptet, in Jesus Christus habe diese Figur ihre allein wahre geschichtliche Erfüllung gefunden. Das Recht, sich auf diese Figur *soteriologisch* zu beziehen, ist heute freilich deshalb fraglich geworden, weil der leidende Gerechte
unserer Tage sich der Gerechtigkeit, die seine Sendung oder auch nur sein Leiden rechtfertigen könnte, kaum noch vergewissern kann, so daß er – als »Heiliger ohne Gott«[29] – gerecht sein müßte, ohne auf Gerechtigkeit, auf einen Sinn
seines Tuns und Leidens noch hoffen zu können. Besteht sein Opfer – das radikalste und wahrhaft selbstlose Opfer – nicht darin, auf das Wofür seines Opfers,
auf die Hoffnung, es sei *gut zu etwas*, endgültig zu verzichten – vielleicht gerade
noch in der vagen Hoffnung, es sei wenigstens gut für die, denen es die Leiden
für kurze Zeit lindert? Oder muß der radikale Soteriologie-Verzicht gar so weit
gehen, daß nicht einmal die Hoffnung auf zeitweilige Besserung durch die
Selbsthingabe der Sich-Opfernden festgehalten werden kann? Muß das Opfer
in der »hoffnungslosen Konfrontation zwischen der Frage des Menschen und
dem Schweigen der Welt«[30] erst zur Absurdität werden, ehe es ganz selbstlos

---

[29] Vgl. A. Camus, Die Pest, dt. Taschenbuchausgabe Hamburg 1994, 267: Für Tarrou, den Mitstreiter
des Arztes Rieux ist dies »das einzig wirkliche Problem«: »Kann man ohne Gott ein Heiliger sein«.
Rieux selbst fühlt sich »mit den Besiegten enger verbunden als mit den Heiligen«. Er kämpft, ohne
sich Hoffnungen machen zu können auf einen Sieg; vgl. ebd., 105.
[30] A. Camus, Der Mensch in der Revolte, Reinbek ⁴1964, 10.

werden kann, so aber auch den rückhaltlosen Verzicht auf ein soteriologisch erhebliches Wozu in sich schließt?

Man wird in der Tradition und Perspektive christlichen Erlösungsglaubens wenigstens einwenden dürfen, daß der Glaube, mein Einsatz werde Frucht bringen, er werde »gut sein für …«, die letzte Bastion des Widerstands gegen die Mächte des Todes ist: gegen die Macht des Todes, dem nicht die Über-Macht über jede Art von Zukunft zugestanden wird; gegen die Macht derer, denen hier nicht erlaubt wird, die Zukunft der Anderen ihren Projekten aufzuopfern. Ist der Erlösungsglaube nicht auch die letzte Widerstandslinie gegen die Rationalität eines Ausbeuterverhaltens, das sich für die zynisch eingestandene Absurdität des Daseins im Ganzen am Nächsten schadlos hält, so gut es geht, ihn zur Absurdität des Opfers verurteilt, das gerade noch dazu gut sein soll, für unsere zukunftslose Zukunft verbraucht zu werden?

Die Opferung der Opfer schreit zum Himmel:
- da, wo sie mehr oder weniger absichtsvoll inszeniert wird von den Opferherren, die *ihre* Zukunft auf dem Rücken derer durchzusetzen versuchen, die um ihre Zukunft gebracht werden;
- da, wo Menschen der Absurdität eines sie zynisch auslöschenden Verbrechens oder der Absurdität eines vollkommen rücksichtslosen Schicksals zum Opfer fallen.

Die Hoffnung des christlichen Erlösungsglaubens richtet sich darauf, daß wenigstens dieser Schrei gehört wird und von dem gehört wird, der nicht selbst der Absurdität der sinnlosen Opfer unterworfen ist – von dem, der nicht seinerseits Opfer fordert. Christlicher Erlösungsglaube hält sich an den, dessen heilvolle Zukunft nicht durch Opfer erkauft oder herbeigerufen werden muß, es sei denn durch solche der Treue zu dieser Zukunft und der Hingabe, in der sie offengehalten wird. So setzt christlicher Erlösungsglaube gerade nicht auf die *Logik der Opfer* und die Illusion einer Zukunft, die sie »aufleiden« oder sonstwie erkaufen müßten. Er versucht vielmehr, sie zu durchschauen als die absurde Konsequenz der Sünde, mit der die Absurdität eines die Menschen auf den Opfer-Status reduzierenden Todes-Schicksals[31] auch noch bestimmend wird für das Handeln der Menschen miteinander und aneinander. Sünde gibt die Gewalt weiter – und potenziert sie –, der Menschen immer schon ausgesetzt sind, die sie immer schon zu ihrem Opfer macht: die *Gewalt der Verneinung*, die keine Rücksicht auf mich nimmt und meine Sehnsucht nach Zukunft – mein Verlangen danach, *gewürdigt* zu werden – rücksichtslos durchkreuzt. Von welcher Macht dürfte erhofft werden, daß sie dieser Gewalt widersteht und den Menschen schenkt, ihr zu widerstehen? Und wie wäre solches Widerstehen zu denken? Wie wäre zu denken, daß Gott zu unserem Heil der Gewalt der Verneinung

---

[31] Mit dieser Absurdität hat Camus bis zuletzt gerungen. Ihretwegen hat er sich dem Glauben verweigert. Oder ihn auch nur zurückgestellt? Vgl. Die Pest, 104: »… da die Weltordnung durch den Tod bestimmt wird, ist es vielleicht besser für Gott, wenn man nicht an ihn glaubt und dafür mit aller Macht gegen den Tod ankämpft, ohne die Augen zu dem Himmel zu erheben, wo er schweigt.«

widerspricht und der Sünde ihren tödlichen, alles mit diesem Nein vergiftenden »Stachel« nimmt? Christliche Soteriologie tastet sich – provoziert vom »Opfer-Tod« Jesu von Nazaret – in diese Fragen vor; sie hat deshalb zuerst zu fragen, weshalb der Sünde eine zerstörerische Macht zukommt, der nur Gott selbst gewachsen sein könnte.

3.5 Die Sünde der Entwürdigung

Die Sünde wird hier nicht einfachhin als das »freie« Anfangen des Bösen in der Welt durch den Sünder bestimmt, sondern als ein Weitergeben: Sie gibt die Gewalt der Verneinung weiter, indem sie ihr zustimmt und sie selbst vollstreckt. Menschsein bedeutet offenkundig, sich dieser Gewalt – der Gleichgültigkeit der Welt gegenüber meinen Initiativen, meiner Sehnsucht, meinem Verlangen nach Zukunft – ausgesetzt zu sehen und *deshalb* zur Selbstbehauptung herausgefordert zu sein. Die außermenschliche Wirklichkeit scheint auf den Menschen keinerlei Rücksicht zu nehmen. Sie ignoriert seine Bedürfnisse und läßt sich – wenn überhaupt – nur mit erheblichem Kraftaufwand einen auskömmlichen Lebensraum abringen: einen Lebensraum, der dann auch noch zwischen denen, die ihn bewohnen, notorisch umkämpft ist. Soziale Institutionen wie etwa die Familie versuchen, Inseln der Bejahung gegen die Macht der Verneinung zu schützen, zumindest den zur Selbstbehauptung noch nicht Fähigen die Erfahrung des Erwünschtseins in dieser Welt zu vermitteln; sie sollen gleichsam das Zeugnis für die Bejahbarkeit des Menschenlebens – eines jeden menschlichen Lebewesens – institutionalisieren. Aber ihr Zeugnis scheint vom Leben selbst widerlegt zu werden. Alle soziale Anstrengung bringt offenkundig nur einen Aufschub; sie scheint dem unerbittlichen Nein der Wirklichkeit zu *meinem* Leben nicht gewachsen. Wenn dieses Nein wahr ist, so sind alle Beziehungen, in denen wenigstens ein anfanghaftes Ja der Beziehungspartner zueinander gelebt wird, hilflose Täuschung und Selbsttäuschung. Keiner ist bejahbar; niemand hat die Macht, mich mit seinem Ja der Verneinung durch die Wirklichkeit – der vollkommenen Bedeutungslosigkeit – zu entreißen. Ist nicht schon die Geburt ein abgründiges Nein zu dem, der da ausgestoßen und abgetrennt wird von der »Quelle« seines Lebens? Spricht dieses Ausgestoßensein nicht für die Grundwahrheit des Lebens: für das unwiderrufliche Ausgesetztsein und Verlassenwerden, das sich im Tod vollendet; für die Letztgültigkeit der Trennung, über die man sich in lebenslanger Suche nach Nähe und Beziehung doch nur hinwegbetrügen kann?

Der Sünder hört dieses Nein zuinnerst; er »internalisiert« es. So verneint und verachtet er sich selbst als den, zu dem niemand ja sagen kann, weil es in ihm offenbar keinen Grund gibt, ja zu sagen. Und die Selbstverachtung schlägt um in Verachtung, in die Wut auf die, die keinen Grund finden, zu mir ja zu sagen; in den Haß gegen ein Leben, das nicht wirklich bejahbar ist. Die Sünde herrscht, wo der Mensch sich dieser Dynamik der Verneinung überläßt und sich so weigert, an den Sinn von Beziehung zu glauben. Religionen sind der Versuch, der alles bestimmenden Wirklichkeit doch noch ein Ja abzuringen: durch »Leistungen« an bzw. für das Göttliche, mit denen man es zur Zustimmung, zur Mäßigung oder Zurücknahme seiner Verneinung zu bewegen versucht. Dieser Versuch kann dahin führen, sich selbst und den Mitmenschen Gott zum Opfer zu bringen. Und er wird regelmäßig dazu führen, besser – für Gott »akzeptabler« – sein zu wollen als die anderen und in der Beziehung zu ihnen nicht ihr Wohl, sondern Gottes Belohnung für das eigene Wohlverhalten zu erwirken. So kommt die beziehungsfeindliche Dynamik der Sünde hier nicht zur Ruhe; ja, sie wird sich Gott gegenüber sogar noch potenzieren: Der vieles oder alles für Gott Opfernde wird zutiefst – wenn auch uneingestanden – den hassen, der ihm solche Selbstverneinung abfordert. Der Gotteshaß speist – da ich ihn zu verleugnen suche – den Selbsthaß: den Haß gegen mich, der ich nicht so bin, wie ich sein sollte; und der Selbsthaß wird – da ich ihn nicht aushalten kann – im Haß gegen die anderen ausagiert, die mir das Nein weitergeben oder das Ja nicht glaubwürdig genug bezeugen können.

Mißachtung scheint das letzte Wort zu haben. So muß gegen sie die Selbstachtung durchgesetzt werden – als *Selbstbehauptung*, in der überboten und zum Schweigen gebracht wird, was gegen mich spricht, gegen meine »ewige Bedeutung«, gegen meinen »Sieg« über die Gleichgültigkeit der Welt. Selbstbehauptung soll mein Subjektsein erkämpfen, soll sicherstellen, daß ich nicht im Letzten nur Spielball bin. So rückt sie die Wirklichkeit mehr oder minder radikal in die Perspektive der Aneignung: des Gut-Seins – des Mittel-sein-Könnens – *für mich*. Die theoretisch eingeräumte und offensiv geltend gemachte Perspektivität postmoderner Welt- und Selbstwahrnehmung nimmt diesen Zwang zur perspektivischen Weltaneignung vielleicht nur illusionslos ernst. Sie müßte dann allerdings auch die Gewaltförmigkeit ernstnehmen, mit der die Perspektiven der Weltaneignung durchgesetzt und aus dem »Multi-Versum« nach Würdigung verlangender Selbst- und Welterfahrungen geradezu herausgeschnitten werden.

Die Schöpfungs- und Sündenfallerzählungen des Alten Testament vermitteln schon einen beziehungsreichen Eindruck von dieser Gewaltförmigkeit menschlicher Perspektivensetzung. Sie überliefern das rätselhafte Motiv von der Öffnung der Augen, die die Menschen in die Lage versetzt, gottgleich selbst zu wissen, was gut und schlecht ist (vgl. Gen 3, 5), zu unterscheiden, was ihrem Dasein förderlich und schädlich ist.[32] Hier geht es offenkundig um jene abgründige Zwiespältigkeit der menschlichen *Auto-Nomie*, die sie zum Ort der Selbstbehauptung werden läßt.[33] Menschen setzen sich als autonomes Hand-

---

[32] Vgl. C. Westermann, Schöpfung, Stuttgart 1983, 132.
[33] Im folgenden orientiere ich mich an Überlegungen, die ich in dem Aufsatz: Die biblische Rede von Sünde und Erlösung im Horizont der Grunderfahrungen des modernen Menschen (in: H. Frankemölle (Hg.), Sünde und Erlösung im Neuen Testament, Freiburg – Basel – Wien 1996, 164–184, hierzu 175 ff.) publiziert habe.

lungssubjekt, indem sie sich und anderen Ziele setzen und die »Ressourcen« der gemeinsamen Lebenswelt für die Realisierung dieser Ziele in Dienst nehmen. Selbstsetzung will in diesem Sinne als Fähigkeit der In-Anspruch-Nahme und als »autonome« Definitionsgewalt wirklichkeitsbestimmend werden. Autonomie ist dann die Fähigkeit, zu bestimmen, *was wofür* in Dienst genommen wird; die Fähigkeit, nicht nur das »Gesetz des Handelns«, sondern die Norm des Gutseins von meinem Vorhaben her zu bestimmen: Gut bedeutet tauglich für dieses Vorhaben. Damit gerät Auto-Nomie in ein prekäres Spannungsverhältnis zu dem in der priesterschriftlichen Schöpfungsüberlieferung pointiert erwähnten Blick des Schöpfers (vgl. Gen 1,4.10.12 u.ö.) auf seine Schöpfung, in dem das Geschaffene in all seinen Dimensionen »gut« und »schön« (tov) ist.

Menschliche Autonomie setzt Perspektivität, verdankt sich der Fähigkeit, Mittel-Zweck-Hierarchien zu entwerfen und durchzusetzen. Diese Fähigkeit macht menschliche *Kreativität* aus und kann sie – wie wir heute zu Genüge wissen – zur gegenschöpferischen Macht werden lassen. Im Herausschneiden einer Perspektive mit ihrer jeweiligen Mittel-Zweck-Hierarchie kann der Herausschneidende zum »Gott« der Geschöpfe und Schöpfungsgüter werden, die er hier als taugliche Mittel für *seinen* Zweck in Anspruch nimmt; kann er zum Zerstörer dessen werden, was sie – im Blick ihres Schöpfers – »sonst noch« sind. Nietzsches Perspektive des Über-Menschen, der sich selbst als ratio essendi alles Seienden setzt, ist der in der Paradiesgeschichte als Möglichkeit mit ausgesprochene Extremfall einer Definitions-Gewalt, die den Mittel und Zweck Bestimmenden wie Gott sein läßt.[34]

Die Inanspruchnahme dieser Definitionsgewalt begründet Autonomie und trägt zugleich den Keim der Selbstverabsolutierung in sich – der »Ablösung« der eigenen Kosten-Nutzen-Perspektive vom Blick des Schöpfers auf Gutheit und Schönheit der Schöpfung. Ihre Selektivität ermöglicht die Organisation von Lebens- und Schöpfungszusammenhängen nach Maßgabe selbstgewählter Prioritäten; ermöglicht aber auch den rücksichtslos zerstörenden Eingriff in die ungeschützten, das Zusammenleben ermöglichenden Lebensnetze, die Schaden leiden, wo man entschlossen ausblendet und verdrängt, was man mit seinem Eingriff an zerstörerischen Nebenwirkungen verursacht, verstärkt oder mitbewirkt. Es ist – wie die biblische Urgeschichte deutlich macht – der umfassende, heilvolle Lebenszusammenhang, worin alle lebenermöglichenden Zusammenhänge ihren Ort und ihren heilsamen Kontext haben, der hier ausgeblendet und bedeutungslos gemacht wird; der Lebenszusammenhang, worin nach den biblischen Traditionen Gott unser Leben, unsere Wahrheit, unsere Vollendung sein will. Solches Bedeutungslosmachen und Ausblenden, die Selbst-Gesetzgebung in angemaßter letzter Instanz, ist Urwirklichkeit der Sünde: letztlich *Gott-Verdrängung*, Nicht-wahrhaben-wollen der Schönheit und Gutheit, die jedem Geschöpf von Gott her zukommen und auf ihn hin wahr werden soll.[35]

---

[34] Vgl. Also sprach Zarathustra II, KSA 4, 110 bzw. IV, KSA 4, 357.
[35] Vgl. Streitfall Religion, Kap. 5.4.

Diese Schönheit und Gutheit wird bestritten, wo einzelne oder Menschengruppen sich selbst als ratio essendi des Seienden setzen und – der Tendenz nach – absolut setzen, wo sie sich selbst und ihre Selbstbehauptungsbedürfnisse zum Kriterium des Daseinsrechts anderer machen, wo sie ihnen das Wohnrecht in Gottes guter Schöpfung streitig machen. Selbstsetzung als Verdrängung; Vorkommenwollen, das zum Nicht-vorkommen-lassen-Wollen der anderen, zur Mißachtung und Bestreitung ihrer Präsenz, ja zu ihrer »Eliminierung« verführt: darin kommt die tiefe Ambivalenz menschlicher Autonomie – menschlicher Selbst-Gesetzgebung und Selbst-Setzung – zur Auswirkung. Die biblischen Überlieferungen beschreiben vielfach, wie die Menschen sich in dieser Ambivalenz ihrer Autonomie verfangen, wie sie sündigen und die Sünde zu einer überwältigenden Macht werden lassen. Die Sünde der Absolutsetzung des eigenen Blicks, der eigenen Perspektive, gewinnt sofort eine zerstörerische gemeinschaftlich-gesellschaftliche Realität; sie überflutet die Wahrnehmung und sperrt in egozentrische, ethnozentrische, auf Aneignung hin und gegen den Schöpfer-Gott zentrierte Perspektiven ein. Solche Gefangenschaft – das gemeinsame Gefangensein in verdrängungsintensiven, hochselektiven Perspektiven – begründet eine negative Solidarität des Sündigens, die eben nicht aus mehr oder weniger freiwilliger Nachahmung resultiert, sondern aus dem Hineingezogenwerden in gottverdrängende, gegengöttliche und gegenschöpferische Perspektiven, aus einer kollektiven Schwächung der Wahrnehmungs- und Vorstellungskraft, die man sich mehr oder weniger bereitwillig gefallen läßt. Die Ausbreitung einer schon weitgehend autonom gewordenen, nach eigenen Gesetzen funktionierenden und das diesen Gesetzen sich nicht Fügende entwirklichenden Medienweltgesellschaft illustriert diese sündige Dynamik des Hineinziehens und Hineingezogenwerdens mit verblüffender Deutlichkeit – für den, der nicht ganz in ihr gefangen ist. Und aufgrund dieser Illustration gewinnen altüberlieferte Glaubenslehren wie die von der *Erbsünde* oder biblische »Mythologeme« wie das von der *Macht der Sünde* eine überraschende Plausibilität.

Die skizzierte Ambivalenz menschlicher Autonomie ist freilich nicht in sich selbst schon Sünde. Sünde wäre vielmehr – nach dem Gesagten – jene Wirklichkeit, in der diese Ambivalenz dazu geführt hat, dem anderen das eigene »Gesetz« aufzuerlegen, ihm die eigenen selektiven Mittel-Zweck-Hierarchien aufzuzwingen. Der Schritt von der vor-sündlichen Ambivalenz der Autonomie – der sie unvermeidlich mitkonstituierenden Selektivität – zur sündigen Selektion ist theologisch entscheidend, aber in empirischer Betrachtung kaum identifizierbar. Die Sünde hat ihre Realität im Sündigen der einzelnen; aber sie wird ontologisch-strukturell ermöglicht von einer dem menschlichen Handeln vorgegebenen und auferlegten Bedingung.

Weil in menschlicher Selbsterfahrung nicht angemessen ermittelt werden kann, wo das Bestimmtsein von dieser Bedingung umschlägt in sündige menschliche Selbstbestimmung, deshalb gewinnt Sünde in der Selbstreflexion des Glaubens den Charakter eines Verhängnisses, von dem die Menschen sich

»von Anfang an« gefangennehmen lassen. Die Sünde kommt zur Macht, sie übt ihre Macht aus im zerstörerisch-verdrängenden Handeln der Menschen. Die einzelnen Menschen sind ihr nicht in jeder Hinsicht hilflos ausgeliefert; es ist ja immer auch *ihr* Handeln, durch das die Sünde ihre Herrschaft behauptet. Aber dieses Handeln ist in seinen faktischen Bedingungen unüberschaubar von der Sünde – dem Zusammenwirken geradezu unendlich weit zurückreichender und sich vernetzender sündiger Handlungssequenzen – mitbedingt; so ist ihm seine ontologisch-strukturelle Bedingung faktisch immer schon als von Sünde mitbedingte Situation des Unheils[36] gegeben, die freilich nicht in jeder Hinsicht und auf jede Einzelentscheidung hin gesehen unentrinnbare Sündenwirklichkeit ist. Auf diese Situation des Unheils bezieht sich christlicher Erlösungsglaube. Er richtet sich auf *Gottes* erlösendes Handeln, darauf, daß bei und durch Gott das Unheil, das aus dem zur Sünde umgeschlagenen menschlichen Selbstbehauptungswillen entsprungen, aber von menschlichem Handeln nicht mehr aufzuheben ist, seine Letztgültigkeit verliert. Er bezeugt, daß die die menschliche Autonomie konstituierende Unterscheidung von tauglich und untauglich, von Auszuwählendem und zu Vernachlässigendem nicht in die Hölle rücksichtsloser Selektion führen muß, wenn sie sich immer wieder neu »relativieren« – einbinden – läßt in die umfassende Rücksichtnahme auf die Gutheit und Schönheit der Schöpfung. Er erhofft, daß diese Gutheit in Gottes Herrschaft auch denen zugute kommen wird, die unter der Herrschaft menschlich-sündiger Perspektiven nur mehr oder weniger taugliche Mittel zum Zweck sein durften.

Wer im Sinn der biblischen Überlieferungen von Sünde spricht, der bringt das Unheil dieser Welt in Relation zu Gott – und zu den Menschen, den Sündern von Anfang an: als Mißachtung der von Gott gegebenen guten Schöpfungsordnung; als Durchkreuzen seiner Schöpfer-Intention durch gottgleich sein wollende Menschen, die der Welt, ihrer Umwelt und sich selbst ihr eigenes Projekt aufzwingen; als eine Macht, der nur Gott selbst gewachsen ist, obwohl sie durch das Unrecht der Menschen herrscht. Sünde ist also nicht gleichbedeutend mit moralischem Verschulden oder gesellschaftlich dysfunktionalem Verhalten; sie ist auch nicht gleichbedeutend mit dem »Bösen« oder »Üblen« der Nichtübereinstimmung eines Handelns bzw. Verhaltens oder von Strukturen mit dem vernunftgemäß Gesollten oder dem rational legitimierbaren Systemzweck. Sünde meint vielmehr den *Widerspruch* zu dem von Gott Gewollten – und Erlösung hieße, daß Gott diesen Widerspruch nicht einfach hinnimmt oder verurteilt, sondern von sich aus überwindet und so die Menschen aus der Verstrickung rettet, in der sie nicht mehr *von sich aus* aufhören können, Sünder zu sein.

---

[36] Vgl. dazu P. Schoonenbergs Sprechen von der »Sünde der Welt«: Der Mensch in der Sünde, in: J. Feiner – M. Löhrer, Mysterium Salutis, Bd. 2, Einsiedeln – Zürich – Köln 1967, 845–941, hier 886–898.

3.6. Die Opfer der Sünde

Die Definitions-, ja Wahrnehmungsgewalt der durchgesetzten eigenen Perspektive wird konkret in jenem »Blick« auf die anderen, der ihnen die Würde des Zwecks in sich selbst raubt, sie zum bloßen Mittel, zuletzt gar zu meinem Opfer erniedrigt. Geradezu unvermeidlich hole ich die anderen in meine Perspektiven und Projekt-Horizonte herein; ebenso unvermeidlich macht sie mein vereinnahmender, entfremdender Blick zu »Mitteln«, die in der Gefahr stehen, meine Opfer zu werden.[37] Gegen diese Egozentrik des Blicks bietet die neuzeitliche Philosophie die Vernunft als das Geltendmachen des Allgemeinen auf. Es erscheint ihr geradezu als Grundvollzug der praktischen – aber auch der theoretischen – Vernunft, die Perspektive betroffener bzw. signifikanter anderer einnehmen, schließlich die Perspektiven aller anderen nachvollziehen zu können, zu denen ich aktuell oder potentiell in Beziehung stehe. »Ich-Identität« (self) entsteht – so etwa *George Herbert Mead*, der »Vater des symbolischen Interaktionismus« – aus ursprünglicher sozialer Erfahrung, näherhin dadurch, daß das Individuum lernt, sich vom Standpunkt der signifikanten anderen aus wahrzunehmen: Das Individuum wird seiner selbst reflex bewußt, indem es den Ort und die Perspektiven internalisiert, die ihm die anderen zuweisen, und indem es von diesem Ort aus bzw. in diesen Perspektiven »vernünftig« – nach allgemein akzeptierten Regeln rationalen Verhaltens und in größtmöglicher Offenheit für andere relevante Perspektiven – handelt. Rationale Ich-Identität wird sich freilich darin zu bewähren haben, daß das Individuum eine auskömmliche Balance findet zwischen den Perspektiven, in die man es von Anfang an gleichsam »hereinholt« – Perspektiven der signifikanten anderen – und solchen Perspektiven, in denen es sich selbst als unverwechselbares, als es selbst bedeutsames Individuum sehen lernen kann. Im elementaren Sinne unvernünftig ist ein Selbst-Bewußtsein, das individuelle Perspektiven mehr oder weniger absolut setzt und aus der Unfähigkeit entspringt, perspektivenübergreifend – die eigene Perspektive auf alle anderen hin relativierend – zu denken. Im elementaren Sinne unmoralisch handelt, wer eigene Mittel-Zweck-Hierarchien anderen ohne Rücksicht auf deren Selbstzwecklichkeit auferlegt und sie so der eigenen Definitionsgewalt unterwirft.

Vernunft durchschaut die pragmatische Egozentrik perspektivischer Wahrnehmung; sie ist insofern die Fähigkeit zur Relativierung dieser Egozentrik, zur Beirrbarkeit durch die Perspektiven anderer, vor allem derer, denen in meiner und unserer pragmatisch-egozentrischen Perspektive keine Gerechtigkeit widerfahren kann. Diese Relativierung ist vernünftig – und nicht erst moralisch; sie antizipiert einen »Blick«, von dem wirklich gewürdigt werden könnte, was nach Würdigung verlangt. Sie *antizipiert* in diesem Sinne Totalität, aber sie *beansprucht* sie nicht. Die konkrete Realität ihres Antizipierens ist die Beirrbarkeit

---

[37] Vgl. Sartres Phänomenologie des Blicks, in: Das Sein und das Nichts, dt. Hamburg 1962, 338–397.

ihrer perspektivischen Aneignung von Wirklichkeit durch diejenigen, die von solcher Aneignung enteignet werden.

Aber ist die Antizipation von Totalität nicht in sich schon *totalitär*, dazu unterwegs, den Auto-Nomie-Anspruch meiner Selbstbehauptung dadurch unangreifbar zu machen, daß ich ihn als einem allgemein-gültigen Gesetz gehorchend ausgebe? Die Dialektik der Vernunft scheint genau darin begründet, daß sie nie wirklich aufhören kann, aus je meiner – je unserer – Verallgemeinerung hervorzugehen und deshalb mehr an Würdigung verspricht, ja beansprucht, als sie einlösen kann. Sie enthält in sich meinen oder unseren Zugriff, meine oder unsere Identifikation mit dem Allgemeingültigen und – gewissermaßen als Kehrseite – den Anspruch auf Unterwerfung, ohne den die Identifikation nicht gültig sein kann. Das Allgemeine der Vernunft – die Totalität – will *sanktioniert*, sie will geheiligt werden durch das Opfer derer, die sie anerkennen und sich dem Zwang unterwerfen, der von ihr ausgeht. Die Zustimmungspflichtigkeit zum Allgemeingültig-Vernünftigen fordert das Opfer des Eigen-Willigen; fordert, daß man in seinen Dienst tritt und sich ihm geradezu hingibt; fordert, daß man es *durchsetzt*. Wo man mit dem Anspruch auf Vernünftigkeit ein allgemeingültiges Wofür und Woraufhin – die wirklich umfassende Perspektive – zu identifizieren und zu konkretisieren sich anschickt, da ist man unterwegs dazu, diesem »Absoluten« sich selbst zum Opfer zu bringen, um sich mit ihm identifizieren zu können, und ihm andere zum Opfer zu bringen, wenn sie von sich aus nicht bereit sind, ihm die Ehre zu geben.

In diesem totalitären, Opfer fordernden Anspruch des »idealen« bzw. idealisierten Allgemeinen mag man die psychoanalytisch aufweisbare Dynamik des primären Narzißmus wiedererkennen. Von ihren entwicklungsgeschichtlichen Wurzeln her trägt die Idealisierung eine doppelte Identifikationsbereitschaft bzw. Identifikationsneigung in sich: Die Teilhabe am Idealen – ursprünglich an der Macht und »Vollkommenheit« der Eltern – soll durch Usurpation und/oder durch Hingabe erreicht werden; sie wird nach den gegenläufigen Maximen »Ich bin vollkommen« bzw. »Du bist vollkommen, aber ich bin ein Teil von Dir« gesucht und angestrebt.[38] Von Anfang an scheint die narzißtische Frustration des Selbstbewußtseins – die Enttäuschung, nicht in jeder Hinsicht erwünscht und vielleicht nicht einmal im Letzten bejaht zu sein – Identifikationsmechanismen zu provozieren, die sich an diesen gegenläufigen Intentionen Usurpation und Hingabe festmachen läßt:

• Identifikation als *Inanspruchnahme der Absolutheitsposition*, von der her man sich berechtigt weiß, eigene Zweck-Mittel-Hierarchisierungen zu verabsolutieren, Opfer zu fordern und darzubringen für das von mir affirmierte Absolute, in dem die ursprünglich-ontologische Verneinung meiner ewigen Bedeutsamkeit überholt sein soll;
• Identifikation als *Hingabe an ein Absolutes*, das mich aus meiner »Nichtig-

---

[38] Vgl. H. Kohut, Narzißmus. Eine Theorie der psychoanalytischen Behandlung narzißtischer Persönlichkeitsstörungen, Frankfurt a. M. 1973, 45.

keit« retten wird, wenn ich meinen Eigen-Willen ihm gegenüber aufgebe und so von mir aus jene »Inkorporation« in es ermögliche, die mir freilich erst von ihm eingeräumt werden muß.[39] Die Identifikation soll jeweils das Nein abwenden, dem der Mensch in letzter Instanz ausgesetzt scheint; soll es überholen durch die kleine Allmacht des Opferherrn, der sein eigenes Vorhaben und damit sich selbst in dem absoluten Wofür bestätigt weiß, für das er die anderen als Mittel in Anspruch nimmt; soll es überholen durch eine Opferbereitschaft, die dem absoluten Wofür alle eigenen Intentionen angleichen und aufopfern will. Es ist die Rettung vor der Bedrohung durch die ontologische Nichtigkeit, die jeweils mit Opfern erkauft werden muß; es ist die Selbst-Behauptung mit ihrem Festhalten an der Intention, endlich doch bejaht werden zu wollen, die die Bereitschaft, Opfer darzubringen oder zum Opfer zu werden, hervortreibt. Dabei mag es so sein, daß der Opfer-Modus »Identifikation durch Usurpation« sich eher der Säkularisierung des Opfers und seiner Transposition in gesellschaftliche – auch kirchliche – Machtansprüche verdankt, während der Opfer-Modus »Identifikation durch Hingabe« sich eher als religiöser erhalten hat und darüber hinaus in hochemotionalisierten, intimen Beziehungskonstellationen aufzufinden ist.

Für den zuletzt genannten Opfer-Modus gilt ja gleichsam noch in Reinkultur jene archaisch-religiöse Opferlogik, nach der das sühnende Opfer den bleibenden Lebens-Kontakt mit dem Heiligen vermitteln soll.[40] In gewisser Hinsicht ist hier die Aufopferung selbst der Preis – die causa efficiens –, wodurch die Rettung des von Nichtigkeit Bedrohten als erreichbar vorgestellt wird, so sehr dabei mehr oder weniger selbstverständlich und als Voraussetzung gilt, daß das Heilige von sich aus die Inkorporation des Opfernden – den rettenden Lebens-Kontakt mit sich – *gewähren* muß. Aber es ist tatsächlich das im Opfer »sanktionierte«, gleichsam konsekrierte *Leiden*, das der Opfernde sich und oder einer ihn vertretenden Opfermaterie auferlegt, womit hier die Lebens-Zukunft dessen »aufgelitten« wird, der sich der Gefahr ausgesetzt sieht, von der Nichtigkeit oder Sündenverfallenheit seines Lebens eingeholt zu werden.[41]

Im Blick auf die christologisch-soteriologische Inanspruchnahme des Opfer-Modells stellen sich hier einige weitreichende Fragen. Die alles entscheidende ist vielleicht schon die unmittelbar sich aufdrängende: Kann vom Opfer Jesu Christi wirklich – nach der Logik der Hingabe-Identifikation – gesagt werden, es erwirke durch das darin »konsekrierte« Leiden die Rettung derer, für die das

[39] In meiner Soteriologie (Düsseldorf 1990, 251) habe ich hier von »usurpativer« und »depressiver« Identifikation gesprochen. Die Rede von »depressiver« Identifikation erscheint mir heute als einseitig und verengend. Ich möchte deshalb nun lieber von »Hingabe-Identifikation« sprechen.
[40] Vgl. H. Gese, Die Sühne, a.a.O., 98f.
[41] Das Opfer soll die Gutheit der Schöpfung restituieren, indem es – pars pro toto – über das dem Schöpfer Geopferte dessen gnädige, heilende Anwesenheit herabruft, um die Annahme des Opfers bittet bzw. ihrer gewiß sein darf. So hat das Opfer die Aufgabe und die Kraft, »die verlorene Einheit des ganzen, ungeteilten Daseins« in Gottes heilsamer Präsenz zu »ersetzen« bzw. ihre Wiederherstellung zu vermitteln; vgl. E. Jüngel, Das Evangelium von der Rechtfertigung des Gottlosen als Zentrum des christlichen Glaubens, 133.

Opfer dargebracht wird? Ist das im Opfer affirmierte, rettende Woraufhin hier rettend vergegenwärtigt *durch* den ausgehaltenen Schmerz des ins Todesleiden hinein Gekreuzigten, durch die Leistung, die er durch sein Leiden erbrachte? Die Opfer-Kritik von Reimarus bis Nietzsche erblickt dies als die abzulehnende Grundausrichtung christlicher Soteriologie. Und sie dürften wenigstens mit ihrer Ablehnung im Recht sein. Es wird noch genauer auszuführen sein, weshalb christliche Soteriologie nicht unterstellen muß, daß irgend ein Leiden – und sei es das des Gottessohnes – *sein muß*, dafür gut sein muß, daß es die Bedrohung durch die Nichtigkeit und Sündigkeit des menschlichen Lebens wegleidet. Sobald man aber einräumt, daß nicht das Leiden als solches – bzw. als solches, das vom göttlichen Vater dazu ausersehen wäre und deshalb angenommen wird, die Sünde der Menschen zu tilgen – heilswirksam ist, kann auch erwogen werden, ob sich nicht gerade an der skizzierten Logik des Opfers die äußerste und gleichwohl sehr konkrete Auswirkung *der Sünde* identifizieren läßt. Muß man soteriologisch nicht genau davon ausgehen, daß jede Art von Opfer die Sünde zur Darstellung bringt, da im Opfern die Gewalt – wenn auch meist symbolisierend – weitergegeben wird, die der Mensch im Bedrohtsein von der ontologischen oder konkret gesellschaftlicher bzw. interpersonaler Verneinung an sich erfährt? Aber welche soteriologische Akzentsetzung ergäbe sich, wenn man diese Frage aus guten theologischen Gründen bejahen dürfte?

3.7 Die Perspektive der Opfer

Es wäre eine Akzentsetzung, die den biblischen Traditionen des Alten wie des Neuen Testaments durchaus nicht fremd ist: die Parteinahme für die Opfer, der Glaube daran, daß Gott selbst für sie Partei nimmt. Immer wieder neu wird hier eine Gegenperspektive gegen die Perspektive herrschender Definitions-Gewalten entworfen, eine Perspektive, in der das den Opfern Zugefügte sichtbar wird, in der es nicht einfach hingenommen und dem Vergessen anheimgegeben wird, in der vielmehr die Hoffnung darauf am Leben bleibt, daß nicht die Perspektive der »Opferer« letzte Instanz ist, sondern Gottes Perspektive: die Perspektive dessen, der ein Herz hat für die Unterdrückten und Ohren für ihre Klagen. Wer sich in diese Perspektive hineinziehen, wer sie sich – durch Gottes Geist – eröffnen läßt, an dem und durch den geschieht Gottes Herrschaft, die Wiederherstellung der Schöpfung in ihrem Gut- und Schönsein. Er vollzieht Gottes Option für die von menschlicher Definitionsmacht um ihr Selbstsein Gebrachten nach, Gottes Option zugunsten der »Verzweckten«, der in den herrschenden Perspektiven an den Rand Gedrängten oder ganz aus dem Blickfeld Verdrängten.

Die Glaubenstraditionen Israels verraten eine besondere Sensibilität für an den Rand Gedrängte und Heimatlose, für die, denen das Vorkommendürfen – die Präsenz – bestritten wird. Israel hat ja am eigenen Leib erfahren, was es bedeutet, wenn einem das Wohnrecht in Gottes guter Schöpfung von den Siegern nicht eingeräumt wird; und es erfuhr immer wieder neu, was es bedeutet, in deren Gewaltperspektive als die fremden Störenfriede wahrgenommen zu werden. Israels Zuflucht ist die Gewißheit, daß Gottes »Perspektive« und seine Entschlossenheit, ihr Geltung zu verschaffen, seinem Volk jene Präsenz gewährt, die ihm von den Machthabern hier und jetzt bestritten wird; die Erfahrung, daß sein Gott selbst ins Exil der Eliminierten mitgeht; die Hoffnung darauf, daß er diesem Exil ein Ende machen wird. Für die Christen wird Jesus Christus zum Paradigma der aus dem Land der Lebenden ans Kreuz Verdrängten. Und Gott offenbart sich als er selbst – so, wie er gesehen und bezeugt sein will –, indem er den so Eliminierten rechtfertigt und seine Perspektive als die eigene verifiziert.[42]

In diesen Kontexten gewinnt dann auch die »Goldene Regel« der Bergpredigt (vgl. Mt 7, 12) die ihr eigene Prägnanz: Wer sich in *der* Weise mit den von seinem Tun oder Unterlassen Betroffenen – dem eigenen Verdrängungs-Blick Ausgesetzten – identifiziert, daß er *ihren* Rechten und Bedürfnissen die gleiche Priorität einräumt wie den eigenen – sie ebenso gewahrt und befriedigt sehen möchte –, der achtet »Gesetz und Propheten«. In seiner Endgerichtsperikope (vgl. Mt 25, 31–46) spitzt Matthäus diese Maxime noch einmal zu: Die »Ungerechten« verdrängen aus ihrem Blickfeld, was sie angehen müßte, was sie aber nicht mit Gott und seiner andrängenden Herrschaft in Verbindung bringen; so verfehlen sie den, der ihnen hier begegnen wollte.

»Gerecht« und des Reiches teilhaftig sind die, die sich in *ihrer* Ausrichtung – *ihrer* Perspektive – auf das Himmelreich von der Not der Opfer beirren und in ihre Perspektive hineinziehen lassen; die das »religiöse Ziel« erst einmal aus dem Blick verlieren, weil sich die Not ihrer Nächsten ins Blickfeld drängt (vgl. Lk 10, 23–37). Wenn Gottesherrschaft und Reich der Himmel zuerst heißen soll: Wiederherstellung und Vollendung der Schöpfung in ihrem Schöpfungssinn[43], Ende des »Exils« für die, denen das Wohnrecht in Gottes guter Schöpfung bestritten wurde, so ist hier mit einem rituellen oder quasi-rituellen Opfer nichts wiederhergestellt und nichts gewonnen. Es sollen ja Menschen für Gottes Herrschaft gewonnen werden; und sie werden gewonnen, wenn sie sich die Augen öffnen lassen für die Perversion des Schöpfungssinnes durch menschliches Tun und Unterlassen – wenn sie sich die Augen öffnen lassen durch die Opfer, die Vertriebenen und Eliminierten, an denen die Perversion des Schöpfungssinnes offenkundig wird. Sie sind gewonnen für Gottes Herrschaft, wo sie sich in die Perspektive des heilsamen Gotteswillens hineinziehen lassen und sehen lernen, wie er hier und jetzt geschehen kann.

Sich in die Perspektive des heilsamen Gotteswillens hineinziehen zu lassen

---

[42] Vgl. D. Bonhoeffers Satz in seinem Gefängnisbrief vom 16. Juli 1944: »Gott läßt sich aus der Welt herausdrängen ans Kreuz, Gott ist ohnmächtig und schwach in der Welt und gerade und nur so ist er bei uns und hilft uns«; Widerstand und Ergebung, München – Hamburg [4]1967, 178.

[43] Vgl. dazu P. Hoffmann, Zukunftserwartung und Schöpfungsglauben in der Basileia-Verkündigung Jesu, in: Religionsunterricht an höheren Schulen 31 (1988), 374–384.

heißt aber nicht, über sie wie eine Superperspektive – ein »absolutes Wissen« – verfügen, sich gleichsam auf Gottes Standpunkt stellen zu können. Es heißt wahrzunehmen, wie in konkreten Widerfahrnissen Schöpfungssinn aufleuchtet, pervertiert begegnet, auf dem Spiel steht, zur Geltung gebracht, nur noch schmerzlich vermißt und herbeigeklagt werden kann. Es heißt wahrzunehmen, wie die rücksichtslos durchgesetzte Perspektive und der aussondernd-präparierende Blick das Netz-Werk der Schöpfung zerschneiden, damit man sich herausnehmen kann, was man sich ausgesucht hat. Sich in die Perspektive des heilsamen Gotteswillens hineinziehen zu lassen, das heißt den sündhaft-selegierenden Perspektiven ihr Herausschneiden – die »verlorene Einheit des ganzen, ungeteilten Daseins«[44] – mit anzusehen und so jener Heils-Wahrheit auf der Spur zu bleiben, die Gegenbild und Gegenmacht zu solchem Herausschneiden wäre: die Wahrheit des Reiches Gottes, in das Gott selbst durch seinen versöhnenden Geist hereinholt und vorkommen läßt, was die Sünde abschnitt und verdrängte. Die Bibel stellt vielfältig dar, wie Menschen sich in die Perspektive des heilsamen Gotteswillens hineinziehen lassen: indem sie sich hineinziehen lassen in die Perspektive der Opfer.

Die Sendung Jesu, des Christus, wird also im Neuen Testament zumindest *auch* beschrieben als Hineingezogenwerden und Sich-Hineinziehenlassen in die Perspektive und die Schicksalsgemeinschaft der Opfer. Von Gottes Geist läßt er sich dieser Schicksalsgemeinschaft einfügen; vom Geist inspiriert verkündet er den Opfern ein Gnadenjahr des Herrn (vgl. Lk 4, 18), das Ende ihres Eingesperrtseins in der ihnen aufgezwungenen Perspektive der Definitionsmächtigen, das Ende ihres Exils im Reich der Schatten, wo ihnen kein »Wohnrecht«, keine Stimme, keine Wünsche mehr zugebilligt werden. An ihm wird sichtbar, daß Gott sich von menschlicher Definitions- und Verdrängungsmacht nicht ausgrenzen oder vereinnahmen läßt, daß er seinem Hinausgedrängtwerden widersteht und sich einmischt, seine Wahrheit geltend macht, seinen Heilswillen, seine Zukunft geschehen läßt mitten in einer Menschenwelt, die nicht sehen und gelten lassen möchte, was er sichtbar machen will. Jesus, der Christus, bezeugt, daß Gott sich mit dem Ausgrenzen und Zerstören nicht abfindet, daß er mit seinem Geist Menschen anstiftet, Zerrissenes neu anzuknüpfen, Verdrängte und Verdrängtes hereinzuholen, Abgespaltenes zu leben, Ignoriertes geltend zu machen, also jenen heilvollen Zusammenhang neu wahrzunehmen, der in Gottes Schöpferwillen und Weisheit seinen Grund hat und in Gottes Herrschaft seine Vollendung finden soll.

Jesus Christus, der Erlöser – der »Auslöser« – steht für den verlorenen, eliminierten Schöpfungssinn; er klagt ihn ein, er vergegenwärtigt ihn für – gegen – die, die sich in ihren ausgrenzenden Perspektiven und Teleologien selbst eingesperrt haben. Ihnen will er Augen und Herz öffnen für das Mehr-Sein, den verdrängten Mehr-Wert der Schöpfung und der Berufung des Menschen. Sie

---

[44] E. Jüngel, Das Evangelium von der Rechtfertigung des Gottlosen als Zentrum des christlichen Glaubens, 133.

will er mit der Unruhe des Geistes und des Herzens anstecken, die ja nicht ruhen, ehe sie das »Heil« gefunden haben – die Wahrheit, für die nichts mehr wegdefiniert und verdrängt werden muß; die Wahrheit, in der gewürdigt werden kann, was nach Würdigung verlangt: die Wahrheit der Liebe. Die Unruhe – das »Seufzen« (vgl. Röm 8, 23.26) – des Geistes drückt das Hinaushoffen und Hinausdrängen des Gottesgeistes in den Menschen aus, sein Hinausdrängen über das nur scheinbar endgültige Zerstörungs- und Verdrängungswerk der Sünde. Ihm sich zu überlassen hieße Hereinholen der Verdrängten, des Ausgesperrten, Geltendmachen der mehr oder weniger absichtsvoll ignorierten Lebens- und Schöpfungszusammenhänge; hieße, lebendiges Instrument seines Versöhnungswerkes zu sein.

Erlösung wäre in diesem Kontext zur Sprache zu bringen als Auslösung aus dem Herrschaftsbereich jener Macht, die Menschen im Tiefsten zu Gefangenen und nicht zuletzt zu Gefangenen ihrer selbst macht: der ausgrenzenden, eigene Mittel-Zweck-Hierarchien und Teleologien durchsetzenden gegengöttlichen Definitionsmacht. Der durch Gottes Geist Ausgelöste wäre nicht mehr der Gefangene verdrängender Perspektiven und Opfer fordernder Lebensentwürfe. Er wäre hineingenommen in das durch Gottes Geist Anfangende, in Gottes Herrschaft, die niemals aufhört anzufangen; ihm wären die Augen geöffnet für das, was aus der Schöpfung werden kann, wo die abschätzend-abschätzige, entwürdigende Definitionsmacht von Menschen gebrochen ist, wo sie nicht mehr die Macht hat, den Schöpfungssinn der ihr Ausgelieferten hinwegzudefinieren und zu verdrängen.

3.8 Erlösung: das Geschenk der Würdigung

Die Logik des Opfers liegt der Dynamik des Sündigens zugrunde: Wer sich als Opfer erfährt, der braucht Opfer, die ihn aus dem Verhängnis des Opferseins loskaufen; stellvertretende, symbolische Opfer, die ihm die Würde des Subjektseins, der Auto-Nomie, zurückgeben sollen. Handelnd *seinen* Zweck durchsetzen oder wenigstens affirmieren können, das Gesetz des Handelns wiedergewinnen können: darin realisiert sich Auto-Nomie; darin herrscht der Definitionsmächtige, der um des gewählten Zweckes willen alles andere und sich selbst zu Mitteln – zur Opfermaterie – konsekriert. Opfer darbringen soll das Opfer-Sein abwenden, soll das Nein entkräften, dem das menschliche Dasein in geradezu ontologischer Abgründigkeit ausgesetzt ist. Erfahren wird dieser ontologische Abgrund an der Rücksichtslosigkeit eines Universums, das den Menschen allenfalls als Brennstoff für den Raketenmotor der Evolution »würdigt« – und damit gerade zum bloßen Opfer entwürdigt, dessen Sehnsucht und Leiden einen evolutionären Sinn haben mögen, aber in dem, wonach sie sich ausstrecken und was sie herbeiklagen, völlig bedeutungslos sind. Die Reduzierung auf die Funktion und das Ignorieren der Intention: das ist das Gesetz der

Natur, auf das sich auch noch die differenzierteste Systemtheorie festlegt; das ist die Entwürdigung des Menschen zum bloßen Opfer, im Extremfall: zum Hindernis, das möglichst aufwandsarm aus dem Weg geräumt werden muß.

Die Sünde vollstreckt dieses Gesetz an den anderen. Der Sünder will ein klein wenig Zukunft gewinnen, indem er die anderen auf ihren bloßen Funktionswert für den eigenen Handlungszweck reduziert und sich über ihre Intentionen hinwegsetzt. Sie sollen gut sein für ihn, ohne daß noch zu würdigen wäre, was sie selbst als das für sie Gute erkennen oder was als das gemeinsame Gute anzustreben ist. Die Sünde gibt die Macht der Verneinung weiter, der sich der Sünder ausgesetzt sieht und gegen die er sich mit der Sünde behaupten will. Die Sünde soll mir gegen die Übermacht der Natur, die mir meine Zukunft nimmt – sie zum bloßen Zersetzungsprozeß heruntergedefiniert –, Zukunft eröffnen: die Zukunft eines Projekts, das die anderen meinem Wollen zum Opfer bringt. Mein Projekt soll – gegen die Macht der Natur und all derer, die ihr Gesetz vollstrecken, gegen die Bedrohung, von dieser Macht einfach nur überholt und überrollt zu werden – die Zukunft zu *meiner* Zukunft machen: auf Kosten derer, die meine Opfer sein werden. Die »Selbst-Bestimmung« der Projekt-Herren, in der sie ihre Teleologien durchsetzen und zum Opfersein verurteilen, was nicht in sie aufgenommen werden kann, soll hier Zukunft öffnen: durch *Aneignung* der Zukunft.

Es liegt auf der Hand, daß diese Dynamik der Sünde nicht einfach dadurch aufgehalten würde, daß der göttliche Vater davon absieht, sie künftig als Sünde anzurechnen. Darin ist die Satisfaktionslehre durchaus im Recht. Erlösung – Herauslösung aus dieser Dynamik – müßte die Gegenwirklichkeit sein zur Unheils-Wirklichkeit der Entwürdigung, die die Menschen zu Opfern macht und deshalb dazu antreibt, andere zum Opfer zu entwürdigen. Erlösung müßte ein Ja zur Sprache bringen und beglaubigen, das der Rücksichtslosigkeit des Universums – seinem Nein zu meinen Intentionen – nicht das letzte Wort läßt und so von allen Antwortversuchen erlöst, in denen diese Rücksichtslosigkeit durch die eigene Rücksichtslosigkeit noch überboten werden soll.

Die Sendung Jesu wurde schon früh als Zeugnis für dieses göttliche Ja verstanden; nicht nur aufgrund seiner Verkündigung, sondern wegen der Botschaft seines Lebens, wegen der göttlichen Intention, die in dieser Sendung »Fleisch« geworden war. »Als die Zeit erfüllt war, sandte Gott seinen Sohn ... damit er die freikaufe, die unter dem Gesetz stehen und damit wir die Sohnschaft erlangen« (Gal 4, 4 f.). Gott will in seinem Sohn da sein, wo die Menschen sind, wo sie auch vom »Gesetz« nicht davor zurückgehalten werden können, sich den »Elementarmächten dieser Welt« zu versklaven (vgl. 4, 3) und dem zu folgen, was das »Fleisch« verlangt (vgl. Röm 8, 2–9). In dem, der sich »entäußerte und – den Menschen gleich – »wie eine Sklave« wurde (vgl. Phil 2, 7), suchte Gott die Nähe des Menschen, die erlösende Nähe, die alle Entfremdung und Verlorenheit umgreift (vgl. Röm 8, 39) und in eine Zukunft hineinführt, die »kein Auge gesehen«, kein Mensch sich je ausgedacht hat, die Gott aber »denen bereitet hat, die ihn lieben« (vgl. 1 Kor 2, 9). Der, in dem diese Nähe geschaffen und diese Zukunft eröffnet ist, ist das Ja Gottes zu den Menschen in Person; in ihm ist ihnen Gottes Ja Wirklichkeit geworden (vgl. 2 Kor 1,19).

Diese Deutung des Weges Jesu zu den Menschen versucht die Intention – den Geist – ins Bekenntniswort zu bringen, die den Sohn »beseelte«; sie versucht, den treuen und zuverlässigen Zeugen Gottes (vgl. Offb 1,5) in seinem Zeugnis ernstzunehmen, ihn, »der ›Amen‹ heißt« (vgl. Offb 3,14) und dessen Amen-Existenz auf Gottes Ja antwortet. Es ist das Zeugnis von Gottes endzeitlicher und endgültiger Zuwendung – abgelegt und gelebt von dem, der Gott lebte und lehrte als die Zukunft der Zukunftslosen, als das Heil der Armen, der Trauernden und Notleidenden, derer, die nach Gerechtigkeit hungern und dürsten. Ihnen spricht der Menschensohn Gottes Ja zu; und er lebt es in der Rückhaltlosigkeit, mit der er die Nähe der Ausgeschlossenen und Entwürdigten sucht und zu denen geht, von denen man sich zurückzieht. Aussätzige, Unreine, Besessene, die so offenkundig »Gottfernen«, von Dämonen Bewohnten: sie erfahren das Nein ontologisch und sozial ungemildert; bei ihnen ist Jesus zu finden. Er hat nicht die Angst der Frommen und Vorsichtigen, die im Leid der anderen gleichsam materalisierte Negativität könne bei allzu großer Nähe auf sie überspringen; er läßt sich vom Leid im buchstäblichen Sinn berühren (vgl. Mk 5,21–34). Nicht einmal von den Sündern distanziert er sich. Er hält es nicht mit den Frommen seiner Zeit und ihrer Regel, »sich abzusondern von allen Männern des Frevels, die auf gottlosem Wege wandeln«, da sie nicht zum Gottesbund zu rechnen seien.[45] Jesus steht zu den Sündern; er lebt, was er seinen Zuhörern in Gleichnissen nahebringt: Gottes bedingungslosen Gemeinschaftswillen, der die Verlorenen nicht ihrem Schicksal überläßt. Ihnen – den notorisch Abgelehnten und Zurückgewiesenen – gilt er zuerst, denn für sie ist unmißverständlich, was Paulus als zentralen Inhalt seiner Glaubens-Zuversicht so ausspricht: »Ist Gott für uns, wer ist dann gegen uns?« (Röm 8,31).

Der Menschensohn trägt die Namen Jesus und Immanuel: »JHWH wird retten« und »Gott mit uns«. Das Matthäusevangelium faßt darin den Sinn seiner Sendung zusammen (vgl. Mt 1,21.23): Er wird sein Volk von ihren Sünden erretten (vgl. Ps 130,8), weil in ihm Gott sich von neuem den Verlorenen zuwendet. Seine Zuwendung zu denen, die niemand sonst der Zuwendung für wert hält, bezeugt Gottes rettende Zuwendung zu seinem in Sünde geratenes Volk. Es sind nicht mehr Könige und andere »Gottessöhne«, die Gottes rettende Gegenwart darzustellen berufen sind; es sind vielmehr die Leidenden – die Opfer der selbsternannten Gottessöhne –, die den Sohn des göttlichen Vaters *repräsentieren* (vgl. Mt 25,31–46).[46] Seine rettende, zukunftserschließende Nähe kann nicht zu repräsentativer Selbsterhöhung mißbraucht werden; »Gott mit uns« ist keine Legitimationskategorie eines Herrschaftsanspruchs, der wie selbstver-

---

[45] Vgl. M. Limbeck, Was Christsein ausmacht, Stuttgart 1976, 16, mit Bezug auf Qumrans Sektenregel V, 10–18.

[46] Vgl. J. B. Metz, Bemerkungen zum »Katholischen Prinzip« der Repräsentation, in: M. J. Rainer – H.-G. Janßen (Hg.), Bilderverbot (Jahrbuch Politische Theologie, Bd. 2), Münster 1997, 303–307 und meinen Beitrag: Repräsentation – eine theologische Schlüsselkategorie?, ebd., 295–302.

ständlich Opfer fordert und darzubringen verlangt. Gott ist vielmehr dort, wo die ganze Last der Ablehnung und Zurückweisung getragen werden muß, von denen getragen werden muß, die nicht die Mittel haben und deshalb auch nicht die Illusion haben können, das ontologische und soziale Nein durch Strategien repräsentativer Selbststeigerung zu überholen. Mit ihnen, denen alle Möglichkeiten, sich mit dem Göttlichen usurpativ zu identifizieren, aus der Hand geschlagen sind, identifiziert sich Gott: nicht etwa deshalb, weil sie sich zuvor – ihre Nichtigkeit gleichsam religiös affirmierend – im Selbstopfer an ihn hingegeben hätten, um wenigstens so gerettet zu sein; vielmehr allein deshalb, weil Gott seine Ehre in die eschatologische Würdigung der um ihre Würde Gebrachten setzt: Honor et gloria Dei vivens homo.[47] Gottes Herrscherehre verlangt nicht Satisfaktion der Sünder oder ihres Stellvertreters, sondern die Würdigung derer, deren Würde niemand sonst verteidigt. Ihre Würdigung macht er zu *seiner* Sache. *Seine* Herrschaft ist das Zur-Geltung-Kommen ihrer Würde. Und sie kommt, wo die Würdigung des Abgelehnten und Verachteten geschieht; sie kommt – Gott kommt – auf dem Weg, der über die Würdigung der Opfer führt, derer, denen man die Würde des Zwecks in sich selbst nicht zuerkannte.

Das Kommen der Gottesherrschaft führt über die Opfer, weil *deren* Zukunft entscheidendes Kriterium menschlicher Zukunft ist, der Zukunft, die als Gottes Herrschaft kommen wird. Opfer sollen ja nur – bestenfalls – eine Funktion haben für die Zukunft, die sie heraufführen helfen oder der sie nicht länger im Weg stehen sollen; sie selbst sind ausgeschlossen von der Zukunft, die die Opferherren aller Zeiten auf ihrem Rücken heraufführen wollen und die deshalb nur deren Zukunft sein soll: die Zukunft der Sieger und »Opferer«. Gottes Zukunft aber ist Zukunft für die Opfer, Gegenwirklichkeit gegen eine Machtgeschichte, in der sie vielleicht gerade noch als Opfermaterie, nicht aber in ihren Intentionen – als Subjekte von Sehnsucht und Leiden – gewürdigt wurden.[48] An dieser Würdigung, an der Zukunft der Opfer, muß sich entscheiden, ob es eine Zukunft gibt, die diesen Namen verdient, eine Zukunft, die mehr und anderes ist als die mit dem Leid der Rechtlosen erkaufte Erweiterung des Spielraums der Mächtigen nach vorn. An der Würdigung der Opfer entscheidet sich die Zukunft *für alle*, denn alle sind dazu unterwegs, Opfer zu werden. Aller Opfer verursachende und Zukunft zerstörende Machtaufwand ist nur dem hilflosen Versuch geschuldet, das eigene Opfersein zu verdrängen oder wenigstens zu vertagen, die Zeit zu verlängern, in der ich meinen Intentionen Geltung verschaffen kann, in der meine Teleologien nicht überrollt werden von der Rücksichtslosigkeit eines Prozesses, der nicht mich meint, der überhaupt niemanden meint, sondern nur auf sein Ende zuläuft. So kann Zukunft tatsächlich nur die der Opfer sein. So kann sie da anfangen, wo ihnen hier und jetzt ihre Würde

---

[47] Vgl. für diese Formel Irenäus von Lyon, Adversus haereses IV, 20, 7 bzw. II, 20, 2: »Gottes Ehre ist der lebendige Mensch«.

[48] Vgl. H. Peukert, Wissenschaftstheorie – Handlungstheorie – Fundamentale Theologie, Düsseldorf 1976, 289 ff.; Streitfall Religion, Kap. 4.3.

zurückgegeben, wo ihren Intentionen und Leiden Achtung geschenkt wird – wo sie nicht immer nur ein ihnen auferlegtes Dafür erleiden müssen, sondern ein *Für-sie* erfahren dürfen.

Daß dieses Für-sie das Kommen der Gottesherrschaft markiert – Gottes Zustimmung zum Dasein und Subjektsein derer, die nicht immer nur ersetzbare Funktion sein sollen –, das erkennt der Glaube an Jesus Christus, an seiner »Pro-Existenz« (Heinz Schürmann), seinem Dasein für die »verlorenen Schafe des Hauses Israel« (Mt 10,6; vgl. Joh 10,1–39). »Pro-Existenz« bedeutet hier den durchgehaltenen guten Willen für die, die an diesem Gottes Heilswillen bezeugenden guten Willen ein Für-sie entdecken sollen, das ihnen die Umkehr zu Gottes Erwählung und Berufung ermöglicht; Pro-Existenz bedeutet für den, der sie lebte und als Gottes Pro-Existenz bezeugte, daß er »dieses ›heilende‹, ›Gutes tuende‹, ›segnende‹ und ›betende‹ Verhalten auch in der Stunde des Martyriums durchzuhalten gewillt war.«[49]

3.9 Jesu Tod: ein Opfer?

Diese Entschiedenheit muß auch den »Opfer-Tod« noch mit umfassen, weil Jesus mit dem Anspruch historisch scheitert, in seiner Pro-Existenz zugunsten der Entwürdigten sei Gottes Herrschaft schon im Kommen. An diesem Anspruch gegen seine Bestreitung festzuhalten hieß dann auch den Tod, der sein Zeugnis widerlegen sollte, als Ereignis des Nahekommens der Gottesherrschaft anzunehmen und so Gottes Willen geschehen zu lassen. Ob und in welchem Sinne Jesus selbst darauf vertraute, daß auch der ihm bevorstehende Tod vom Heilswillen des Vaters umgriffen sein würde und so seine Botschaft »nicht nur trotz, sondern vielleicht gerade dank dieses historischen Mißlingens … göttlich-souverän frei zu ihrem Recht« bringen würde[50], das ist historisch nicht hinreichend zu verifizieren. Immerhin enthält die älteste, wohl noch auf Jesus zurückgehende Schicht der Abendmahlstradition einen Hinweis darauf, daß Jesus auch angesichts seines Todes nicht die Gewißheit verlor, seine eschatologische Mahlpraxis werde ihre Erfüllung finden in der endzeitlichen Gottesherrschaft. In einem sicher umgeformten Amen-Wort sagt der Mahlherr Jesus: »Ich werde nun nicht mehr von dem Gewächs des Weinstocks trinken bis zu dem Tage, da ich es im Gottesreich neu trinken werde« (Mk 14,25; Mt 26,29[51]).

Wenn man aus diesem Wort die Zuversicht Jesu herauslesen darf, daß die Tischgemeinschaft mit ihm stärker ist als der Tod[52], da der Vater Jesu Mahl-

---

[49] H. Schürmann, Jesu ureigener Tod, Freiburg i.Br. 1975, 48f.; vgl. ders., Gottes Reich – Jesu Geschick. Jesu ureigener Tod im Lichte seiner Basileia-Verkündigung, Freiburg i.Br. 1983.

[50] Vgl. E. Schillebeeckx, Jesus. Die Geschichte von einem Lebenden, dt. Freiburg – Basel – Wien 1975, 268.

[51] Vgl. Lk 12,16–18, wo ein analog gebildetes Wort über die Feier des Passahlammes überliefert wird.

[52] Vgl. E. Schillebeeckx, Jesus, 268.

praxis und mit ihr seine ganze Sendung ratifizieren wird, so kann man in dieser Gewißheit einen Anhaltspunkt sehen für die bald schon ausformulierten, explizit soteriologischen Deutungen des Todes Jesu: Der Tod Jesu zerstört nicht seine Gottesverbundenheit; und er löst die Gemeinschaft mit den ihm Nachfolgenden nicht auf, sondern vertieft sie. Diese Intensivierung der gegenseitigen Verbundenheit, die sich im endzeitlichen Mahl der Gottesherrschaft erfüllen wird, drängt die in sie Einbezogenen zur Interpretation, zu einer Auslegung, die alttestamentliche und zeitgenössisch-jüdische Modelle einer heilsvermittelnden Pro-Existenz auf Jesu Todesgeschick übertrug.

Dabei steht im Vordergrund, daß dieser Tod nicht vergeblich war, daß er nicht die Vergeblichkeit der in ihm zum Ziel gekommenen Pro-Existenz dokumentierte, sondern ihre Fruchtbarkeit, wie sie exemplarisch im johanneischen Weizenkornwort ausgesprochen und mit der Überzeugungskraft eines Weisheitswortes behauptet ist: »Wenn das Weizenkorn nicht in die Erde fällt und stirbt, bleibt es allein; wenn es aber stirbt, bringt es reiche Frucht« (Joh 12, 24).

Die weisheitlichen Deutemuster artikulieren das Versprechen, das im Dienst und in der Selbsthingabe liegt. Sie artikulieren es auf eine Wirklichkeit hin, die diesem Versprechen Hohn zu sprechen scheint: Nicht als soterisch fruchtbarer Dienst, ja nicht einmal als Martyrium scheint dieser Tod denen, die ihn verhängen, in Frage zu kommen.[53] So stellt sich – wiederum weisheitlich verallgemeinert – die Frage: Dementiert die Wirklichkeit mit ihrem objektiv zynischen Lauf der Dinge nicht immerfort das Versprechen, das in dienender Selbsthingabe liegt? Spricht die »sündige« Wirklichkeit dieser Welt nicht eindeutig für die Nutzlosigkeit jeden Dienstes, für den definitiven und definitiv sinnlosen Verlust des in der Selbsthingabe Weggegebenen? Sprechen die Herren des Sinnes vielleicht doch nur ungeschminkt aus, was man sich realistischerweise selbst sagen müßte: daß der Glaube an das Fruchtbringen des Dienstes pure Illusion ist? Soteriologie beginnt schon neutestamentlich mit dem Widerspruch gegen die Plausibilität des Sichtbaren, gegen das Sich-Abfinden mit der Fruchtlosigkeit des Opfers; sie beginnt mit dem Glauben daran, daß das im Lebens-Opfer Hergegebene Frucht bringt; und dies deshalb, weil das Hergegebene *Gott* übergeben ist, der es zu unendlicher Fruchtbarkeit verwandelt.

Zugegeben: dieser Satz sieht einer verheerenden Ideologie zum Verwechseln ähnlich; einer Ideologie der Ausbeuter, die sich die Auszubeutenden mit der Verheißung einer jenseitigen Entschädigung gefügig machen. Was zum Verwechseln ähnlich ist, muß unverwechselbar markiert werden: Die Verheißung des Dienens – der Pro-Existenz – widerlegt die Ausbeuter und bestätigt sie nicht. Was hergegeben wird, damit es Frucht bringe, kann nicht angeeignet und ausgebeutet werden. Es kann nur Frucht bringen, wenn es dankbar angenommen und als Geschenk ernstgenommen wird, wenn es die Beschenkten verwandeln und fruchtbar machen darf.

---

[53] Vgl. aber immerhin das »soteriologische Zeugnis« des Kajaphas Joh 11,50 f., das dort als »prophetische Eingebung« gedeutet wird, die er gegen seinen Willen bezeugen muß.

Die Soteriologie des befreienden Dienstes – eines Dienens, das *herauslöst*, einer Selbsthingabe, die das Leben als Lösegeld gibt (vgl. Mk 10,45) – beansprucht eine alternative Ordnung zu der der Zwecke, die die Mittel heiligen, zur Ordnung der Ausbeutung, in der die triumphieren, die andere für sich als Mittel zum Zweck nutzen können. Die alternative Ordnung, in der das Dienen befreit, ist die Ordnung einer Bundesgerechtigkeit, in der der Herr des Bundes – JHWH selbst – durch seine Hingabe an das von ihm erwählte Volk jenseits der von Ausbeutung und hilflosen Rückzahlungsversuchen bestimmten Un-Ordnung der Sünde das neue Leben ermöglicht. Die Ordnung einer in Hingabe und Geschenk begründeten neuen Bundesgerechtigkeit wird nach dem Zeugnis der Jesusjünger und der frühen Christen in Jesu Opfer »heilseffektiv« – in der theologischen Sprache unserer Zeit sakramental – gegenwärtig. Das Heilsziel verlangt hier nicht danach, daß man ihm Opfer darbringe, um dadurch die Nichtgeltung der innerweltlichen Mittel-Zweck-Ordnung zu demonstrieren. Das Opfer stellt vielmehr dar, wofür es sich »dargebracht« weiß. Und dieses Wofür wird heilseffektiv gegenwärtig in denen, die sich von ihm herausfordern lassen, es im befreienden Dienst darzustellen; zuerst freilich in dem, dessen göttliche Sendung es war, die Ordnung der neuen Bundesgerechtigkeit in Leben und Lehre darzustellen: im göttlichen Logos, der die neue Bundesgerechtigkeit in Kraft setzte, da er sie – ein Mensch geworden – vorbehaltlos lebte.

Die Soteriologie des leidenden Bundesgerechten und seines Opfers behauptet im Blick auf das Kreuz Jesu das Wahrwerden des Weizenkornwortes in seiner ganzen, der neuen Heilsordnung entsprechenden Grundsätzlichkeit und Endgültigkeit: In Jesu Opfer wird das Versprechen wahr, das in der Selbsthingabe liegt: daß die Heils-Ordnung des befreienden Dienens von der Un-Ordnung der Ausbeutung nicht mehr außer Kraft gesetzt werden kann. Die Hingabe des Lebens als Lösegeld durch den Sohn im Gehorsam gegen seinen Vater kommt denen zugute, die sich durch diese lebenspendende Diakonie selbst zu befreiendem Dienst befreien lassen. Der Vater läßt die Selbsthingabe des Sohnes nicht ins Leere gehen; er setzt sie von neuem in Kraft als das Sakrament des Dienens, in dem die Heilsordnung der neuen Bundesgerechtigkeit die Lebenswirklichkeit der ihr Zugewandten zu verwandeln beginnt.

Das »Lösegeld« befreit die mit ihm Losgekauften aus der Sinnwidrigkeit des Dienens im Kontext der Un-Ordnung des Ausbeutens und Ausgebeutetwerdens. Das von sittlicher Weisheit Geforderte – der selbstvergessene, befreiende Dienst – ist nicht einfach in ethischer Selbstbestimmung *leistbar*.[54] Die sittliche Leistung setzt ja voraus, daß eine alles umgreifende Ordnung *geglaubt* werden kann, in der sie nicht vergebens, weil von der Un-Ordnung der Sünde immer schon überholt ist; in der die gebotene Selbsthingabe dazu *dient*, das Heilsziel bzw. das in ethischer Praxis Intendierbare effektiv zu vergegenwärtigen.

Dieser Glaube ist seit Kant vielfach in säkularen Plausibilitätsmustern re-

[54] So wird es von Kant unterstellt und zugleich – in der Postulatenlehre der Kritik der praktischen Vernunft – problematisiert.

formuliert worden: Die Überwindung des Egoismus durch die Selbsthingabe an die Menschengattung ist in ihrem Ertrag aufgehoben und aufbewahrt in der Selbsterzeugungsgeschichte der Menschengattung (Feuerbach); sie ist fruchtbar für den Befreiungskampf der Arbeiterklasse (Marx); sie ist im schlimmsten Fall das »unerläßliche« Opfer im Selbstbehauptungskampf der arischen Rasse (Goebbels, Hitler). Die historische Erfahrung mit diesen »Glaubens«-Formen hat deutlich werden lassen, was Nietzsche in seinem zutiefst ambivalenten Opfer- und Hingabebegriff vorgedacht hat: Wo die durch Opfer vergegenwärtigte Heilsordnung menschliches Handlungs- bzw. Kampf-Ziel wird, da heiligte noch immer dieser Zweck alle erdenklichen Mittel; da mußten – wegen der übermenschlichen Größe des zu erreichenden Heilsziels – die schrecklichsten Opfer gebracht und auferlegt werden, um die eschatologische neue Ordnung in der Gegenwart zur Geltung zu bringen. Das Lösegeld, die zum Kampf Herausgeforderten aus dem Verdacht, ihre Selbsthingabe müsse sinnlos bleiben, loszukaufen, mußten hier noch immer die bezahlen, die auf der falschen Seite standen – durch deren Opferung man die Gewißheit erlangen konnte, die Heilstendenz der Weltgeschichte selbst zu verkörpern. In den Geopferten findet die Gewalt ihre Opfer, mit der man die Heilszukunft in die unheile Gegenwart hineinzuzwingen versucht.

Die Bezüge zu religiösen und speziell biblischen Opfer-Traditionen sind hier komplex und spannungsreich. Das *Sühne*-Opfer sollte – so zeigte sich schon in Kapitel 2 – die mit der Nähe der Gottheit heraufbeschworene Todesgefahr beseitigen und ein heilvolles Zusammenleben des erwählten Volkes mit seinem Gott vermitteln; es »ermöglicht die tödliche Begegnung mit dem Heiligen – und siehe, wir leben«[55]: Gott selbst gewährt, daß seine Nähe – die Nähe seines Reiches – herausfordernd, aber gewaltfrei erlebt und begangen werden kann. Gottes Nähe stellt in Frage, fordert heraus, provoziert Umkehr; aber sie vernichtet nicht. Konkret geschieht sie im Sakrament des Dienens, der Selbsthingabe dessen, dessen Speise es war, den Willen des Vaters zu tun (vgl. Joh 4, 34). In *seinem* Dienst bezahlt Gott selbst den Preis der Nähe, der in religiöser wie in gesellschaftlicher Opferpraxis von denen bezahlt werden muß, die dieser Nähe nicht *würdig* sind. Im befreienden Dienst des Sohnes kommt es zu jener Gottesnähe, die vor die Entscheidung stellt, sich ihr zu öffnen oder zu verweigern.

Dieser Dienst verlangt das Opfer. Insofern es die letzte Zuspitzung der Selbsthingabe an die Sendung durch den Vater ist, wird es im Gehorsam gegenüber seinem Heilswillen dargebracht. Insofern Menschen den Wehrlosen zum Opfertod verurteilen, um sich seiner Herausforderung zu einem neuen Leben zu entziehen, darf er als Konsequenz eines Konflikts gelten, in dem es den Opferherren am Jerusalemer Tempel besser scheint, daß der eine Gottgesandte geopfert wird, als daß das ganze Volk sich durch erneuerten Bundesgehorsam in politische Gefahr bringt.

---

[55] E. Jüngel, Das Evangelium von der Rechtfertigung des Gottlosen als Zentrum des christlichen Glaubens, 137.

Als *Selbsthingabe* ist der erlösende Dienst Jesu aber gerade nicht im kultischen Sinn ein Opfer. Sie ist ja soteriologisch nicht als ein Leiden zu verstehen, das als solches – also dadurch, daß es dem zu Opfernden zugefügt wird – Unheil abwendet und Gottesnähe vermittelt.[56] Die kultische Opfer-Ordnung soll – so sehr sie von Gott, dem »Adressaten« der Opfer selbst gesetzt und ermöglicht ist – das Zu-Gott-Kommen durch die tötende Hingabe des Opfertieres ermöglichen[57], die im Sühnekult die Hingabe der Opfernden symbolisiert und so deren Inkorporation ins Heilige vermittelt. Demgegenüber ist – darauf hat *Ingolf U. Dalferth* zu Recht hingewiesen – das in Jesus Christus und seinem Dienst Geschehene Gottes Zu-uns-Kommen[58]. Und der Tod Jesu

> »markiert im Kontext des Lebens Gottes die Ankunft Gottes am tiefsten Punkt menschlicher Wirklichkeit, wie es der Philipper-Hymnus beschreibt. Eben durch diese göttliche Mitmenschlichkeit aber wird unsere auf den Tod hin orientierte Wirklichkeit durch Gott selbst in ihre eigentliche Bestimmung, das Leben in Gemeinschaft mit Gott transformiert.«[59]

Mit dem »Sühnopfertod« Jesu Christi hat »die Kategorie des Opfers ... ihren kultischen Sitz im Leben verloren. Der Opferbegriff wird zur Metapher.«[60] So ist auch nicht eigentlich der Dienst Jesu an sich – gewissermaßen als *seine Leistung*, sein Hingeopfertwerden – heilsvermittelnd, sondern die in diesem Dienst mit Vollmacht bezeugte Zuwendung Gottes, der in diesem Dienst sakramental vergegenwärtigte und geschehende Heilswille Gottes. In diesem Sinne gilt dann auch, was Dalferth zugespitzt, aber in der Sache zutreffend so formuliert: »Nicht in dem, was er getan hat (Werk), sondern in dem, was er ist (Person), liegt unser Heil. Eben deshalb ist Christus nicht nur *exemplum*, sondern *sacramentum* unseres Heils«.[61]

Weil der Weg Jesu, der ihn aus Treue zu seiner Sendung schließlich ans Kreuz führte, der Weg Gottes zu den Menschen war, deshalb ist er das Ur-Sakrament des Heils; deshalb kann er dann auch exemplum für die Jesus Nachfolgenden sein, ein exemplum, das die göttliche Zusage in sich trägt, die Hingabe an Gottes guten Willen sei der Weg in die Gottesherrschaft. Dabei sollte unbestritten bleiben, daß die »Augen des Glaubens« im exemplum – dem be-

---

[56] Dieses Opferverständnis ist gleichwohl tief in der christlichen Passionsfrömmigkeit verwurzelt. So heißt es etwa im Text der Kantate Nr. 92 (»Ich hab in Gottes Herz und Sinn«) von Johann Sebastian Bach (Textdichter unbekannt): »Tausendfaches Leiden« sei die »Quelle höchster Freuden«.

[57] Vgl. H. Gese (Die Sühne, a.a.O., 104), der hier – vielleicht schon christologisch-soteriologisch motiviert – vom rituellen Durchgang durch das »Todesgericht« spricht.

[58] Vgl. I. U. Dalferth, Die soteriologische Relevanz der Kategorie des Opfers, in: Jahrbuch für Biblische Theologie 6 (1991), 173–194, hier 190 f.

[59] Ebd., 193.

[60] E. Jüngel, Das Evangelium von der Rechtfertigung des Gottlosen als Zentrum des christlichen Glaubens, 142.

[61] I. U. Dalferth, Die soteriologische Relevanz der Kategorie des Opfers, a.a.O., 194; mit Bezugnahme auf E. Jüngel, Das Opfer Christi als sacramentum et exemplum, in: ders., Wertlose Wahrheit. Zur Identität und Relevanz des christlichen Glaubens. Theologische Erörterungen III, München 1990, 261–282.

freienden Dienst Jesu – aufgrund seiner Auferweckung das Sakrament entdeckten: Der Glaube hält sich an das »Vor-Bild«, weil es »Gottes-Bild« ist, »Abglanz«
der Herrlichkeit Gottes und »Ausprägung seines Wesens« (vgl. Hebr 1, 3), »Iko-
ne des unsichtbaren Gottes« (vgl. Kol 1, 15; 2 Kor 4, 4).

3.10 Der Mensch: Gottes Opfer?

Die Überlegungen dieses Kapitels werfen Überhangprobleme auf, die nicht
leicht auszuräumen sind. Das erste und auf der Hand liegende: Ist die Freiheit
des Menschen, zu sündigen oder nicht zu sündigen, noch hinreichend zur Geltung gebracht, wenn davon gesprochen wird, daß die Sünde die von der Wirklichkeit dieser Welt erfahrene Mißachtung nur *weitergibt*? Wird hier nicht die
Verantwortlichkeit des Sünders für die Sünde heruntergespielt oder gar in Abrede gestellt?

Man könnte darauf verweisen, daß die Schöpfungswirklichkeit nur da als
Abgrund der Mißachtung erfahren werden muß, wo das Vertrauen in den
Schöpfer zerfallen ist und die Sünde bereits ihre Auswirkungen zeitigte. Das
Mißtrauen in Gott hätte – folgt man diesem Hinweis – zur unvermeidlichen
Konsequenz, daß der Schmerz, den die Schöpfung ebenso unvermeidlich zufügt,
als Mißachtung erlebt und als solche in der Sünde weitergegeben wird. Traute
man dem Schöpfer den guten Schöpferwillen wirklich zu, so würde der Mensch
sich als Geschöpf eben nicht mißachtet, sondern zur Mitschöpfung oder Mitlie-
be herausgefordert erleben.[62]

Hier bleibt allerdings die Frage offen, warum der Mensch sein vorbehalt-
loses Vertrauen in die Schöpfung und den Schöpfergott – wie schon in der Sün-
denfallgeschichte der Genesis dargestellt – verliert und dann sündigt. Und es
wird eine Voraussetzung gemacht, die heute kaum noch aufrechterhalten werden kann, so sehr sie die christliche Schöpfungstheologie lange bestimmte: daß
erst die menschliche Sünde der Wirklichkeit jene »tragische Dimension« zugefügt habe, die das Scheitern in ihr und an ihr zur Grunderfahrung werden
ließ, welche nun ihrerseits die Menschen zur *Selbstbehauptung* gegen eine offenkundig feindliche Lebensumwelt und dann eben auch zu sündiger Selbstbehauptung gegen Gott und Mitgeschöpfe provozierte. Diese Voraussetzung
ignoriert die »Leidhaltigkeit« jeder denkbaren Schöpfung. Sie verkennt die
Grundambivalenz einer Schöpfungswirklichkeit, die – soweit man heute denken
kann – *immer schon* auch zu aggressiver Selbstbehauptung und Lebenssiche-
rung herausfordert, dann aber auch immer schon als bedrohlich erlebt wurde.
Daß menschliche Selbstbehauptung selbst zur Bedrohung wird, daß sie
gleichsam verstärkt weitergibt, was ihr von einer bedrohlichen Lebenswelt auf-

---

[62] Das ist offenkundig der Erklärungsansatz, den E. Drewermann in immer wieder neuen Anläufen
ausformuliert.

erlegt ist, muß aber nicht gegen die kreativen, mitschöpferischen Möglichkeiten menschlicher Freiheit sprechen. Die Herausforderung zur Freiheit ist die zum Mitschöpfersein, zum Ergreifen der Möglichkeiten, die der Mensch entdecken kann, wenn er sich seiner Schöpfungs-Berufung zur Liebe öffnet. Die Weigerung, sich auf das Wagnis einzulassen, in dem sie ergriffen werden könnten; die Weigerung, sich dem Wagnis der Freiheit zu öffnen und hinauszugreifen über die nächstliegenden Formen der Selbstbehauptung, mag theologisch als die Wurzel des Sündigens verstanden werden können. Erklärt ist damit nichts. Aber die Sünde ist vielleicht *denkbar* geworden als Nicht-wagen-Wollen, als die Weigerung, zu entdecken und zu verwirklichen, was die Schöpfung zur guten Schöpfung macht – trotz aller »Rücksichtslosigkeit«, mit der sie Leid zufügt und über die Lebenssehnsucht der Menschen hinwegzugehen scheint. Sünde verweigert das Wagnis des Guten angesichts der realen Gefahr, dem Wagnis der wehrlosen Liebe zum Opfer zu fallen. Ist sie dem, der dieses Wagnis nicht eingeht, vorwerfbar und in diesem Sinne *Schuld?* Jedenfalls läßt sie es nicht dazu kommen, daß das Gute geschieht, daß Gottes guter Schöpferwille geschieht. Deshalb ist sie das Nicht-sein-Sollende.

Ist nicht schon die Ambivalenz einer Schöpfung, in der das Gute zum Wagnis wird, das Nicht-sein-Sollende? Und ist der Schöpfer nicht selbst verantwortlich für *dieses* Nicht-sein-Sollen? Wo die Sünde in irgendeinem Sinne nicht allein auf den Freiheitsmißbrauch des Menschen zurückgeführt wird, sondern auch auf die menschlichem Handeln vorausliegende Lebenswelt, da ist unvermeidlich die *Theodizeefrage* aufgeworfen; da erscheint am theologischen Horizont die fatale Möglichkeit, der Mensch sei nicht nur einer ihn überfordernden Schöpfung ausgeliefert, sondern das Opfer eines Schöpfers, der ihm gar keine »reelle Chance« gab, nicht zu scheitern.

Die Theodizeefrage wird keine alles erklärende Antwort finden. Sie befragt und beklagt eine Unheilswirklichkeit, in der sich letztlich ununterscheidbar durchdringt, was man vielleicht noch begrifflich unterscheiden kann: *malum physicum* und *malum morale;* angesichts derer sich kaum angemessen entscheiden läßt, was auf welchen Wegen zu vermeiden gewesen wäre: wenn Menschen das Wagnis der Freiheit nicht gescheut und sich vor dem Anspruch des Guten nicht verschlossen hätten; wenn Gott es nicht dazu hätte kommen lassen. Angesichts der Undurchdringlichkeit des Miteinanders von menschlicher Verfehlung, Verhängnis, geschichtlicher Gewalt und einer unverfügbar endlichen conditio humana – angesichts dessen, was die apokalyptische Weltsicht des Neuen Testaments als unauflösliches Ineinander von Sünde, Sündenmacht und der Herrschaft der Mächte vorstellte und durch den Sieg des Erlösers bereits überwunden sah –, bleibt nur die so oft angefochtene Hoffnung des Glaubens auf jenes endzeitliche Gewürdigtwerden, das vom Erlöser bezeugt und an ihm selbst Wirklichkeit wurde. Es wird die Herrschaft des Unheils endgültig außer Kraft setzen und unüberholbar geschehen lassen, was in der Sünde nicht gewagt wurde. Es wäre die Vollgestalt von Erlösung, einer Erlösung, die nicht nur Sünden »tilgt«, sondern die Verheißungen wahr macht, an denen die von Gott aus ihrem

»wunschlosen Unglück«[63] Herausgerufenen festhalten, weil sie darin dem Versprechen ihres Menschseins auf die Spur kamen.

Wer diesen Verheißungen Glauben schenkt und an die Überwindung der ontologischen Mißachtung glaubt, wie sie in der Sünde weitergegeben wird, der wird sich auch dafür in Anspruch genommen sehen, das Böse »in die Bewegung der Verheißung« zurückzuholen[64], damit es nicht länger Opfer fordere. Für die Augen der Glaubenden wäre dies *Gegenwart der Erlösung:* die heilsame Unterbrechung des Zwangs zum bloßen Weitergeben, zur Verlängerung der unheilvollen Vergangenheit.

---

[63] Zitiert ist hier der Titel einer Erzählung von P. Handke, Frankfurt a. M. 1974.
[64] Vgl. P. Ricœur, Hermeneutik und Psychoanalyse, dt. München 1974, 281.

4. Sieg oder Versöhnung?
Wie Gottes Herrschaft anfängt

4.1 Der freie und der unfreie Wille

Befremdlich blieb an den Überlegungen des vorhergehenden Kapitels die Weigerung, Sünde eindeutig auf menschliche Kausalität aus Freiheit zurückzuführen. Damit schien die moralische Thematisierungsebene des Bösen, wie sie seit der Aufklärung selbstverständlich wurde, nicht erreicht. Hier galt als grundlegende Einsicht: Böse kann nur sein, »was unsere eigene *Tat* ist«[1], wozu man sich selbst aus Freiheit bestimmt hat. Vom Böse- bzw. Sündersein in einem anderen als dem moralischen Sinn dieser Worte zu reden, wäre hier verfehlt. Was der Mensch »im moralischen Sinne ist, oder werden soll, gut oder böse, dazu muß er *sich selbst* machen, oder gemacht haben«.[2]

Wird Soteriologie aber ausschließlich auf das Sittliche bezogen, also auf das, was der Mensch aus sich gemacht hat, müßte sie konsequenterweise selbst in die sittliche Selbstverwirklichung eingehen und in ihr aufgehoben sein. Erlösung geschähe, wenn der Wille des Menschen sich zum Tun des Guten bestimmt, was er nach dem Gebot der praktischen Vernunft *soll* und deshalb auch *kann*. Sie geschähe in jener wechselseitigen Anerkennung der Subjekte sittlicher Freiheit, in der sich das »Reich der Freiheit« realisiert. Die soteriologischen Grundkategorien Opfer und Stellvertretung werden hier ortlos oder ethisch interpretiert: Das Stellvertretersein erschöpft sich im Vorbildsein; Opfer sind allenfalls im Sinne der Selbsthingabe an das nach dem Sittengesetz Gesollte oder für die Vervollkommnung des Menschengeschlechts erforderlich.

Das Postulat der sittlichen Selbst-Mächtigkeit ist theologisch wie dann auch philosophisch nachhaltig in Zweifel gezogen worden. Schon *Martin Luther* hatte in seiner Auseinandersetzung mit Erasmus von Rotterdam die Fähigkeit des menschlichen Willens, sich aus der Beherrschung durch die Macht der Sünde selbst zu befreien und das vor Gott gültige Gute zu tun, generell bestritten.[3] Nur Gott selbst kann – so der Reformator – mit seinem Heilshandeln den Sünder aus der Knechtschaft der Sünde befreien. Die Sünde gibt einer Instanz – hier dem Teufel – Macht über den Sünder; sie zieht dem Sünder ein zutiefst

---

[1] I. Kant, Die Religion innerhalb der Grenzen der bloßen Vernunft, Akademie Textausgabe Bd. VI, 31.
[2] Ebd., 44.
[3] Vgl. De servo arbitrio, Bonner Ausgabe, Bd. 3, 94–293.

entfremdendes Herrschaftsverhältnis zu und zersetzt zugleich die Möglichkeiten seines Willens, sich diesem Herrschaftsverhältnis zu entziehen. Gott selbst muß einen Herrschaftswechsel herbeiführen. Er muß in seinem Sohn Jesus Christus die Freiheit eines Christenmenschen neu begründen.

Zwar hat die Aufklärungsphilosophie die soteriologische *Begründung* sittlicher Freiheit zur philosophisch irrelevanten Randbedingung des sittlichen Selbstvollzugs herunterdefiniert. Aber sie konnte dies nur um den Preis einer »Idealisierung« menschlicher Freiheit, der gegenüber die kritischen Theorien der Freiheit in Marxismus und Psychoanalyse von neuem die Voraussetzungen freier ethischer Selbstverwirklichung zum Thema machten. Eine auf sie bezogene Praxistheorie sollte gesellschaftliche und interpersonale Emanzipationsprozesse stimulieren und die Erringung menschlicher Freiheitsfähigkeit zielsicher organisieren können. In diesem Bereich waren wieder Opfer gefordert: die Opfer derer, die sich dem gesellschaftlichen Befreiungskampf verschrieben und ihr Leben in ihm hingaben; weniger dramatisch: die Opfer, die von Klient und Therapeut im Kampf gegen psychische und interpersonal-strukturelle Abwehrformationen zu bringen sind. Die Rede von Opfer und Stellvertretung zeigt hier gewiß keine Renaissance kirchlich-christlicher Erlösungslehre an. Aber sie betreibt die Zurücknahme der Freiheits-Idealisierung durch Einbindung der sittlichen Selbstverwirklichung in einen Macht-Kontext, dem sie erst abgerungen werden muß.

Friedrich Nietzsche sah die Freiheitsidealisierung durch die Aufklärung als Spätfrucht christlicher Soteriologie. Wer frei ist, der ist auch belangbar, der ist – als Sünder – verantwortlich zu machen für all das, wofür er sich in unendlicher Überschätzung seiner Freiheitsmöglichkeiten selbst verantwortlich macht. Je idealisierter Freiheit unterstellt wird, desto untilgbarer ist die Sündenlast, die der Mensch durch den Mißbrauch seiner Freiheit anhäufte; desto unausweichlicher ist er angewiesen auf stellvertretende Sündentilgung – auf Erlösung. Hier hilft nach Nietzsche nur die Einsicht in den unfreien Willen, in die radikale Unverantwortlichkeit und Nichtbelangbarkeit des in umfassende Determinationszusammenhänge eingebundenen Menschen. Nur im heroischen Versuch, dieser Zwangsläufigkeit gewachsen zu sein, sie in der Selbstermächtigung zum Übermenschen zu *relativieren*, erschließt sich für Nietzsche so etwas wie selbstschöpferische Freiheit, die Freiheit dessen, der im Übergang zum Übermenschentum den Untergang nicht scheut, sich selbst der Heraufkunft des Übermenschen opfert und auch die nicht schont, die seinem Kommen im Wege stehen.

Christliche Soteriologie wird herausgefordert sein, die Machtzusammenhänge im Blick zu behalten, aus denen heraus bzw. in denen Freiheit zu sich selbst befreit werden muß. Und sie wird alle Versuche, diese Machtzusammenhänge als politisch-revolutionär oder therapeutisch *beherrschbar* darzustellen, in ihrer inneren Widersprüchlichkeit wahrzunehmen haben. Soteriologie bezieht sich auf eine Herrschaft, in der Beherrschung nicht durch perfektere Beherrschung überwunden, in der die *Freiheit des Geistes* nicht einfach durch

Wiederherstellung der Selbstmächtigkeit im Sinne der Wiederherstellung von Arbeits- und Genußfähigkeit herbeigeführt wäre. Christliche Soteriologie weiß von einer Relativierung menschlich-gesellschaftlicher Machtsysteme, von einem »Jenseits« zum geschlossenen circulus vitiosus der wechselseitigen Bemächtigungsversuche, in denen die von ihm Umschlossenen oft genug zu bloßen Agenten – mitunter kaum noch unterscheidbar: zu Opfern *und* Tätern – werden. Soteriologie spricht von einer Heilswirklichkeit, in der die Omnipräsenz und Omnipotenz dieses Machtzirkels aufgebrochen und in einem theologisch qualifizierten Sinn aufgehoben ist; in der die Gegenwart eines Herrschaftsgeschehens behauptet und gelebt wird, das nicht auf Bemächtigung, sondern auf Befreiung abzielt.

Das Zeugnis des Messias für *dieses* Herrschaftsgeschehen zeichnet sich dadurch aus und fordert dadurch heraus, daß es sich der Bemächtigungslogik – der Logik, nach der die Mächte die ihnen Unterworfenen als Agenten handeln lassen – nicht fügt, daß es ihr gegenüber ein »Außerhalb« in Anspruch nimmt, von dem her *jetzt* schon nicht mehr gilt, was der Gehorsam gegen die Mächte noch verinnerlicht hat. Die Dynamik von Bemächtigungssystemen ist freilich gegen jedes Außerhalb gerichtet. Sie betreibt das Hereinholen in den circulus vitiosus; sie ergreift alles und geht über alle hinweg, auch wenn man ihr zu widerstehen versucht. Selbst der auserwählte Zeuge der Gottesherrschaft fällt ihr zum Opfer. Aber er unterliegt ihr nicht. Er macht seinen Tod zum Zeugnis dafür, daß die Gottesherrschaft von den Mächten nicht mehr vereitelt werden kann, daß sie gegenwärtig ist und die Zukunft bestimmen wird – so daß der Zeuge der Gottesherrschaft in sie hineinsterben kann. Sein Opfer ist ein Ja im Untergang, ein Ja zu jener Gotteswirklichkeit, auf die auch noch dieser Untergang hinführt; ein Ja gegen die Letztgültigkeit der Mächteherrschaft, die alles vernichten muß, was sich ihr nicht fügt; der *Sieg* für die noch von Mächten Gefangengehaltenen, da der Vater das Leben und Sterben des Sohnes für die Gottesherrschaft als Weg in die Gottesherrschaft bestätigte und damit den Heilsweg der Christusnachfolge eröffnete.

Solches Sprechen von »den Mächten« und ihrer Herrschaft ist für postmoderne Ohren äußerst befremdlich, jedenfalls mythologisch. Sind nicht auch alle soteriologischen Vorstellungen, die den Sieg über die Mächte jetzt schon errungen sehen und ein Jenseits zu den Systemzwängen der Bemächtigung behaupten oder in Aussicht stellen, in diesen Mythologieverdacht einzubeziehen? Damit stünde das Fundament christlicher Soteriologie selbst unter Ideologieverdacht: die Erfahrung der Machtübernahme Gottes, des Kommens seiner Herrschaft in der Sendung des Messias und derer, die in den Spuren Jesu Christi, des Gekreuzigten, ihren Weg der Nachfolge suchen.

Es sollte klar sein, was hier auf dem Spiel steht: Wäre dem Reden von Gottes Herrschaft und Machtübernahme soteriologisch kein nachvollziehbarer Sinn mehr beizulegen, so gäbe es für die Soteriologie keine Möglichkeit mehr, das Gegebensein des Erlösenden und Befreienden anders auszusagen als im Kontext sittlicher Selbstbestimmung, die hier – als Wechselwirkung sittlicher

Freiheiten auf dem Weg zum Reich der Freiheit – den Mächten der Unfreiheit *aus sich heraus* gewachsen sein muß. Gottes Über-Macht über die Mächte dieser Welt wäre hier sinnlos bzw. nur noch als eine freiheitsverhindernde, zur Selbstmacht sittlicher Selbstbestimmung *hinzu*kommende und sie deshalb einschränkende Gegen-Macht verstehbar. Sehen wir genauer zu!

4.2 Die Herrschaft der Mächte ist gebrochen – Grundlinien einer neutestamentlichen Befreiungssoteriologie

Jesu Ausrufung der nahegekommenen, in seinem heilenden Wirken schon ankommenden Gottesherrschaft bezeugt die Herrschaftsübernahme Gottes über die Welt als *jetzt* sich vollziehendes, wenn auch in seinen Auswirkungen sich erst abzeichnendes eschatologisches Geschehen: Gott ist dabei, diese Welt ganz zu seiner Welt zu machen, zu einer Welt, »in der die Letzten die Ersten sein werden, die Armen und Entrechteten Gottes Gerechtigkeit erfahren, die Hungernden satt werden und den Gequälten und Entwürdigten die Tränen für immer von den Augen gewischt sind.«[4] Wer sich von Gottes Herrschaftsübernahme ergreifen läßt, der anerkennt nicht mehr die Mächte, die die Welt Gottes unter ihre entfremdende Herrschaft versklaven. So ist Gottes Herrschaftsübernahme für die, die sie an sich geschehen lassen, Entthronung aller anderen Mächte, Gottes Sieg über die widergöttlichen Herrschaften, unter denen der Mensch wie alle Kreatur stöhnt und seufzt (vgl. Röm 8, 22). Ist nicht Jesus selbst schon Zeugnis der Herrschaftsübernahme Gottes? Sind nicht Kreuz und Auferweckung Jesu Gottes und Jesu Sieg über die Machthaber, die den »alten« Äon beherrschten?

Paulus konkretisiert diesen Grundgedanken in verschiedene Richtungen und auf verschiedene versklavende Herrschaften hin. Da ist zunächst die Herrschaft der Kosmosmächte. Nach jüdischer Dämonologie wie nach hellenistisch-synkretischen Vorstellungen gilt das Weltgeschehen als Herrschaftsbereich von stellaren Zwischenmächten oder Gott untreu gewordener Dämonen, die durch ihren Einfluß die Schicksale der Menschen bestimmen und Verhängnis über sie bringen; die herrschen, wo immer die Menschen Zwängen unterworfen sind. Die Mächte sind Statthalter jenes »Anführers«, »der über den Luftraum Vollmacht hat«, des Geistes, »der jetzt in den Söhnen des Ungehorsams am Werk ist« (vgl. Eph 2, 2). Ihr Wesen ist es, daß »sie sich der Welt im ganzen und im einzelnen, der Menschen, der Elemente, der politischen und gesellschaftlichen Institutionen, der geschichtlichen Verhältnisse und Situationen, der geistigen und religiösen Strömungen bemächtigen«[5], in all diesen Verhältnissen die Men-

---

[4] Vgl. P. Hoffmann, Er ist unsere Freiheit. Aspekte einer konkreten Christologie, in: Bibel und Kirche 42 (1987), 109–115, hier 109.
[5] H. Schlier, Mächte und Gewalten im Neuen Testament, Freiburg i. Br. ³1958, 63.

schen gefangenhalten und von sich abhängig machen. So waren auch nach dem Galaterbrief die Menschen – bevor Gott seinen Sohn sandte – rettungslos »unter die Herrschaft der Mächte dieser Welt versklavt« (Gal 4, 3). Jesus Christus aber hat »sich selbst für unsere Sünden dahingegeben … um uns herauszureißen aus der Macht dieser gegenwärtigen bösen Weltzeit nach dem Wollen Gottes, unseres Vaters« (1, 4). Die nun, die in der Taufe Christus gleichförmig werden, sind – so der Kolosserbrief – der »Botmäßigkeit unter den Weltmächten entronnen« (vgl. 2, 20); sie sind nicht mehr Sklaven, sondern Söhne und Töchter und damit auch Erben – »durch Gottes Tat«.

Christus, der Gekreuzigte, ist der Kyrios, Herr über alle Mächte. Ihm hat Gott »den Namen verliehen, der über alle Namen Macht hat; und wo Jesu Name ausgerufen wird, da sollen sich die Knie beugen aller himmlischen, irdischen und unterirdischen Mächte« (Phil 2, 9 f.), da sind sie von Grund auf und endgültig entmachtet. Aber von ihrer Entmächtigung in Jesus Christus her wird erst deutlich, wer diese Mächte wirklich sind, wo sie – zuvor unerkannt – ihre Macht entfalten und wer letztlich in ihnen herrscht. Die Mächte herrschen, indem sie den Menschen durch ihre Forderung unterjochen; durch eine Forderung, der der Mensch in allem, was er tut, nachzukommen versucht, ohne daß er damit dem unersättlichen Anspruch der Mächte genügen könnte. Die Mächte versklaven, indem sie den Menschen dazu antreiben, sein Leben durch Götzendienst – durch Opfer – zu sichern, so daß alles, was er tut, nur der Versuch ist, mit den Schicksalsmächten ins Reine zu kommen und sich gegen ihre Übermacht zu behaupten. So gesehen herrschen die Mächte auch in den Forderungen des Gesetzes: Auch das Gesetz, das den Menschen rebus sic stantibus immer nur anklagt und in hilflose Versuche verstrickt, seine unendliche Forderung zu erfüllen, ist Ausdruck eines »Herrschaftssystems«, in dem der Mensch sich einem Anspruch gegenübersieht, der sich bei allem Gesetzesgehorsam immer nur erneuert (vgl. Röm 7). Aber wer beherrscht die Menschen letztlich durch diese untilgbare Forderung? Wer gibt den Mächten ihre fordernde Macht über die Menschen? Hinter allen Mächten steht und in allen Mächten herrscht die Sünde und durch die Sünde der Tod (vgl. Röm 5, 12–21): Am Anspruch der Kosmosmächte und noch mehr des Gesetzes wird die Macht der Sünde greifbar, die alles menschliche Handeln zum hilflosen Versuch macht, diesem Anspruch zu entgehen – sich selbst zu behaupten und zu rechtfertigen. Die Sünde verlangt – im Gesetz – nach ihrer Überwindung; und sie beherrscht den Menschen gerade darin, daß alles, was er zu ihrer Überwindung tun kann, ihre Macht bestätigt und die Forderung des Gesetzes erneuert. Das Gesetz ist nicht zu erfüllen, es weckt mit seiner Forderung nur die gegen sie gerichteten Leidenschaften des Leibes – die Begierden. Und in den Begierden herrscht die todbringende Sünde, die Sünde, die alles menschliche Leben auf Vergeblichkeit und Tod hin ausrichtet.

So entmythisiert Paulus selbst die dämonologische Sichtweise des Kosmos, »wenn er die Vielzahl der Mächte auf die Sünden- und Todesmacht reduziert«[6],

---

[6] Vgl. P. Hoffmann, Er ist unsere Freiheit, a. a. O., 115.

wenn er schließlich die Herrschaft der Sünde und des Todes von ihrer Überwindung in Jesus Christus her als geschichtlich geworden und damit – allerdings nur durch Gott selbst – als aufhebbar qualifiziert (so in Röm 5,12–21). Mit Adams Übertretung sind Sünde und Tod zur Herrschaft gekommen, hat sich der Fluch über die Menschheit ausgebreitet (vgl. Gal 3,23 f.). Der zweite Adam, der für die Sünden der Menschen hingegeben und selbst zum Fluch wurde, um uns vom Fluch des Gesetzes freizukaufen (vgl. Gal 3,13), hat uns herausgerissen aus der Macht der gegenwärtigen bösen Weltzeit (vgl. Gal 1,4). In ihm hat die Herrschaft der Mächte, des Todes, der Sünde und des Gesetzes ihr Ende gefunden (vgl. Röm 10,4). Er »hat uns befreit, damit wir in Freiheit leben« (Gal 5,1).

Wie geschah diese Befreiung? Sie geschah so, daß die unendliche Forderung, die die Menschen versklavte, aufgehoben wurde (vgl. Röm 8,3 f.). Und sie wurde dadurch aufgehoben, daß Gott seinen Sohn zu den Menschen unter dem Gesetz sandte, ihr Los – ihren »Fluch« – teilen ließ und sie so mit sich unauflöslich verbunden hat. Das Gesetz, die Mächte, Sünde und Tod hatten sich gleichsam zwischen Gott und die Menschen geschoben. Ihr unendlicher Anspruch hielt die Menschen in unendlicher Entfremdung vom Ursprung des Lebens, von Gottes Liebe. Nun hat Gott selbst diese unendliche Entfernung überwunden, den unendlichen Anspruch »erfüllt«. Und die Mächte, die in dieser Entfernung und durch sie, in diesem Anspruch und durch ihn, herrschten, verlieren ihre Macht, zu entfernen und zu fordern, da Gottes Liebe in Jesus Christus unter den Menschen erschienen ist (vgl. Röm 8,38 f.). Weil Christus der Herr über die Mächte ist, deshalb sind die Glaubenden bei all dem, was ihnen widerfährt, siegesgewiß. Nicht die Mächte tragen den Sieg davon, sondern die mit Christus Verbundenen »durch den, der uns seine Liebe erwiesen hat« (Röm 8,37). Wer aber die Liebe Gottes und Jesu Christi im eigenen Leben Raum gewinnen läßt, der wird in der Liebe frei von aller Beherrschung durch Kosmosmächte und Gesetz. Er ist dem Gesetz und der Sünde gestorben, hat sich mit Jesus kreuzigen lassen und damit die Ansprüche des alten Äons erfüllt (vgl. Röm 6,2–10), um mit Jesus für das neue Leben auferweckt zu werden und in ihm eine »neue Schöpfung« (vgl. Gal 6,15) zu sein.

Der Sieg über die Mächte und den Tod, an dem die Glaubenden teilhaben, ist freilich eine in dieser Weltzeit unter seinem Gegenteil verborgene Realität: Die Glaubenden sind nicht die offenkundigen Triumphatoren, ihr Sieg ist vom Kreuz gezeichnet. Sie sind dazu bestimmt, dem Bild des Gekreuzigten gleichgestaltet zu werden (vgl. Röm 8,29) und den Weg des Sohnes zu gehen, in ihren Anfechtungen und Leiden die in Jesu Kreuz eröffnete Freiheit zur Liebe zu bewähren, bis die »herrliche Freiheit der Kinder Gottes« in der künftigen, alle Nichtigkeit endgültig aufhebenden Herrlichkeit offenbar (vgl. Röm 8,18–21) und als »letzter Feind der Tod zunichte wird« am Ende der Zeiten (vgl. 1 Kor 15,26). Die Metapher des Sieges ist also an die theologia crucis zurückzubinden. Das Kreuz ist Siegeszeichen, und die Herrschaft des Siegers Christus, an der die Glaubenden teilhaben dürfen, ist eine Herrschaft im Zeichen des Kreuzes: des Seufzens und Entgegenharrens, des geduldigen Aushaltens und des Dienstes.

An die Metapher des Sieges über die Mächte und des Kampfes gegen sie hat die Soteriologie schon im Neuen Testament und erst recht in der Väterzeit in vielfacher Variation angeknüpft. Bei Paulus selbst wird die Metapher nirgends verdinglicht oder durch einen mythologisch-dämonologischen Vorstellungsrahmen festgelegt. Sie verweist auf die vielfältigen entfremdenden Zwänge, die die Ungläubigen – den alten Äon – beherrschen, auf die Gefangenschaft im Zwangssystem des Gesetzes- oder Götzendienstes. Und sie bringt zugleich die Erfahrung zum Ausdruck, daß die den satanisch-dämonischen Mächten unterworfene Erde in den »göttlichen Befreiungsprozeß« hineingenommen ist, daß die Welt und Geschichte beherrschenden »Strukturen des Bösen ... von Gott her aufgebrochen« werden, durch Christi Sendung und von ihm her im Heiligen Geist aufgebrochen sind.[7] Jesus Christus ähnlich geworden, *seiner* Herrschaft unterworfen und von ihr in der Liebe ergriffen ist der Glaubende frei von allem, was sonst noch Macht hat; freigestellt von allen Ansprüchen, die ihn versklaven und entfremden könnten. Von dieser Erfahrung spricht die Metapher des Sieges über die Mächte. Und sie fordert dazu heraus, dieser Erfahrung in den sich wandelnden kulturellen Erfahrungswelten auf der Spur zu bleiben; danach zu fragen, wie die den Glaubenden mit der liebenden Zuwendung Gottes in Jesus Christus eröffnete Freiheit sich jeweils in der Entmachtung der widergöttlichen »Gewalten« realisiert.

4.3 Bloß innerliche Befreiung?

Die paulinische Befreiungssoteriologie legt alles Gewicht auf die Befreiung von einem lebenszerstörenden, den Menschen auf hilflose Selbstbehauptung fixierenden Anspruch, in dem der Tod *jetzt schon* seine tötende Macht zur Geltung bringt. Diesem Anspruch ist durch noch so viel Leistung nicht Genüge zu tun. Jesus Christus hat ihm Genüge getan, die unendliche Forderung erfüllt und abgewendet und so die Sünder, auf denen sie lastete, von ihr befreit. Aber ist damit – wie gerade von jüdischen Theologen eingewandt wird – das Erlösungs- und Befreiungsgeschehen nicht unerlaubt verinnerlicht? Ist die wirkliche Entmachtung nicht doch bloß auf das Eschaton vertagt – und der Sieg über die Mächte zum Sieg des Glaubens über die »Welt« (vgl. 1 Joh 5,5) spiritualisiert? Was bedeutet dieser Sieg in den fortdauernden alltäglichen Bedrängnissen »dieses« Äons?

Die Offenbarung des Johannes tritt der Anfechtung christlichen Heilsglaubens durch die fortdauernde, ja sich steigernde Bedrängnis der Glaubenden von Seiten der Mächte dieser Welt mit dem apokalyptischen Wissen um ein Endzeit-Szenario entgegen, das diese Bedrängnisse gleichsam als Nachhutgefechte gegen den schon besiegten Fürst dieser Welt begreift. In diesen Gefechten ist der

---

[7] Vgl. P. Hoffmann, Er ist unsere Freiheit, a.a.O., 110.

Glaubende zum Kriegsdienst gefordert. Der Sieg ist zwar schon errungen, das Heil schon »angebrochen, die Macht und Herrschaft unseres Gottes und die Gewalt seines Messias«. Die Glaubenden sind gerettet; ihr Ankläger ist »gestürzt«; sie »haben den Sieg über ihn errungen durch das Blut des Lammes und die Verkündigung dessen, was sie zu bezeugen hatten« (Offb 12,10f.). Der Kampf ist entschieden; aber er ist gleichwohl noch auszukämpfen. Die Mächte des Bösen werden »gegen das Lamm Krieg führen, doch das Lamm wird sie besiegen; denn es ist der Herr aller Herren und König aller Könige« (17,14). Christus herrscht dann mit seinen Getreuen, der Satan ist gefesselt, die Mächte des Bösen sind entmachtet – für die tausend Jahre des endzeitlichen Friedensreiches. Wenn die tausend Jahre vorüber sind, wird der Satan noch einmal aus dem Gefängnis losgelassen; aber auch jetzt wird er in dem nun entbrennenden Kampf nichts mehr gegen das »Lager der Heiligen« ausrichten können. Der letzte Krieg endet damit, daß Satan und alle, die sich von ihm verführen ließen, in den Feuer- und Schwefelsee geworfen werden (20,7–15). Wer treu geblieben ist, wer »gesiegt« hat, dem wird der neue Himmel und die neue Erde zum Erbe gegeben. Der Vater Jesu Christi wird ihm Gott sein und er wird ihm Sohn sein. Und Gott wird alle Tränen von seinem Angesicht abwischen, »der Tod wird nicht mehr sein und kein Leid, kein Jammer und keine Mühsal« (21,4.7).

Diese apokalyptische Prägung des Kampfes- und Siegesmotivs ist in der Glaubens- und Kirchengeschichte aufgegriffen worden, wo immer man sich in die endzeitliche Auseinandersetzung mit den Mächten des Bösen gestellt sah. Jesus Christus erschien dann als Kriegsherr, der die Erlösten zum Kriegsdienst an seiner Seite – unter seinem Banner – sammelt und sie in einen Kampf führt, dessen Ausgang schon entschieden ist, der gleichwohl durchgestanden werden muß, weil die Mächte des Bösen und all ihre Repräsentanten hier und jetzt niedergeworfen werden müssen. Die militärische Logik dieses Vorstellungsmodells begründet seine Zwiespältigkeit: Das Freund-Feind-Denken des Kämpfers an des Feldherrn Christus Seite sieht in denen, die nicht für uns sind, die Repräsentanten und Söldner des großen Feindes, für die es nach der Logik des Kampfes nur Vernichtung geben darf. Wer zu den Feinden gehört, an dem ist der Sieg Christi gegen den Satan zu vollstrecken; jede Nachsicht würde es ihm ja erlauben, in die Reihen der Auserwählten einzubrechen. Gegen diese abgründige Logik des Kampfes und Sieges wäre in der Soteriologie die authentisch apokalyptische Ausrichtung auf Gottes und Christi Sieg über den Tod wiederzugewinnen; auf jenen Sieg, der gerade denen Rettung bedeutet, die der Gewalt in der Geschichte zum Opfer gefallen sind; auf den Sieg, der die Opfer ins Recht setzt und ihnen alle Tränen abwischt; auf den Sieg des Lammes, der nicht noch einmal Leiden schafft und Vernichtung voraussetzt, sondern allem Leiden und aller Mühsal ein Ende setzt.

Menschliche Selbst- und Sozialerfahrung kennt keinen Sieg, der nicht mit Niederwerfung und erneuter Unterdrückung erkauft wäre; kein Zur-Macht-Kommen, das nicht die Züge gewaltsamer Selbstdurchsetzung an sich trüge. Kann denn aus dem Kampf Freiheit hervorgehen, da doch der Kämpfende niemals aufhört, Zwang auszuüben, da er bezwingen will, was er bekämpft? Im Metaphernfeld von Kampf und Sieg läßt sich Erlösung letztlich nur als Niederwerfung des schlechthin Bösen vorstellen – des letzten Feindes –, dem nur recht geschieht, wenn er besiegt und entmachtet ist, der nicht noch einmal »versöhnt« werden muß. Es ist schwierig, sich vorzustellen, wie die Glaubenden so in diesen Kampf und Sieg hineingenommen sind, daß sich dabei Erlösung als Befreiung zur Freiheit an ihnen ereignet. Die Versuchung ist hier groß, Erlösung als Teilhabe an, ja als Vereinnahmung jener Macht zu denken und in Geltung setzen zu wollen, in der Gott bzw. Jesus Christus ihre endzeitliche Herrschaft antreten. Es ist die *theokratische Versuchung*, in der man gesellschaftlich-politische oder kirchliche Machtstrukturen unmittelbar als Realitäten der Königsherrschaft Christi – des Kommens, Handelns, Richtens Gottes – versteht; in der dann heilige Kriege geführt werden, um das Böse auszutreiben und die in seinem Dienst stehenden Mächte niederzuwerfen.

Von dieser theokratischen Versuchung setzt sich die Neuzeit mit einer durchgreifenden *Säkularisierung der Macht* ab: Macht ist nicht göttlich; sie ist menschlich – und kann dämonisch werden, wenn sie von Über-Menschen zu Erlösungszwecken ausgeübt wird. Macht führt nicht zur Erlösung. Die in ihr liegende Utopie ist allenfalls die einer die Macht hemmenden Wechselwirkung, einer balance of power, bei der die Willkür der Machthaber gezähmt ist von der Gegenmacht anderer Machthaber; bei der jede Macht zum Kompromiß gezwungen ist – zu einem Kompromiß im Interesse eines lebenermöglichenden, gewaltfreien Austauschs, eines Interessenausgleichs. Das Verheißungsvolle dieses Zwangs zum Kompromiß liegt zweifellos darin, daß er den nach wie vor von den Mächten Beherrschten einen Spielraum der Selbstverwirklichung eröffnet: Keine Macht hat einen solchen Durchgriff, daß sie die Wahl-Freiheit der Beherrschten aufheben könnte. Gewaltenteilung mit dem Zwang zum Miteinanderauskommen der Mächte verhindert den totalitären Zugriff, ermöglicht partielle, *gewählte* Loyalitäten, eröffnet den Spielraum der Auswahlfreiheit, den Markt der Möglichkeiten; eröffnet den Spielraum einer Gerechtigkeit, die die Stärkeren Rücksicht nehmen läßt auf Schwächere – solange sie deren Interessen nicht ungestraft ignorieren können.

Aber man sollte sich nicht darüber täuschen, wieviel mehr oder weniger versteckte Gewalt in diese bürgerliche Utopie eingebaut ist. Der Grundkonsens der bürgerlichen Gesellschaft beruht darauf, daß Gewaltenteilung Macht wenigstens zähmt, solange man durch friedlichen Ausgleich in der Verfolgung der eigenen Interessen weiterkommt. Nietzsche hat noch gesehen, wie machtförmig dieses Kalkül bleibt, wie machtförmig der Begriff jener Gerechtigkeit geblieben ist, die ihm Geltung verschaffen soll:

> »Die Gerechtigkeit (Billigkeit) nimmt ihren Ursprung unter ungefähr *gleich Mäch-
> tigen* ... wo es keine deutlich erkennbare Uebergewalt giebt und ein Kampf zum
> erfolglosen, gegenseitigen Schädigen würde, da entsteht der Gedanke sich zu ver-
> ständigen und über die beiderseitigen Ansprüche zu verhandeln: der Charakter des
> *Tausches* ist der anfängliche Charakter der Gerechtigkeit ... Gerechtigkeit ist also

Vergeltung und Austausch unter der Voraussetzung einer ungefähr gleichen Machtstellung.«[8] »Insofern giebt es auch Rechte zwischen Sclaven und Herren, das heisst genau in dem Maasse, in welchem der Besitz des Sclaven seinem Herrn nützlich und wichtig ist. Das *Recht* geht ursprünglich *so weit*, als einer dem Andern werthvoll, wesentlich, unverlierbar, unbesiegbar und dergleichen *erscheint*. In dieser Hinsicht hat auch der Schwächere noch Rechte, aber geringere.«[9]

Es ist die Utopie des erzwungenen friedlichen Interessenausgleichs, der von ihm eröffneten Spielräume, die hier ausgesprochen und damit als Utopie demaskiert wird. Der Interessenausgleich funktioniert ja nur bis auf weiteres: solange die Interessen anderer im eigenen Interesse geachtet werden müssen; solange die Interessen auch der Kleinen und relativ Machtlosen noch als Nachfragepotential ernstgenommen werden müssen. Die Utopie des Ausgleichs läßt in Rechnung stellen, was um des eigenen Vorteils willen ins Kalkül gezogen zu werden verdient – und läßt die ignorieren, auf die man, weil sie nur als quantité négligeable ins Gewicht fallen, keine Rücksicht nehmen muß. So wird die Säkularisierung der Macht – ihre »Demokratisierung« – in Wahrheit zur Installierung einer Zweidrittel-Eindrittel-Wirklichkeit mit Machtbeteiligung für alle, die wenigstens Nachfragemacht in die Waagschale werfen können. Ist das gemeint mit dem vielfach proklamierten Ende der Utopien? Steht an diesem Ende die Anerkennung einer Übermacht der Verhältnisse, einer Übermacht des Egoismus, die sich zähmen, aber nicht heilen läßt? Oder darf am Ende der Utopien doch noch die klare Option für eine *Versöhnung* stehen, die die widersprüchliche Realität einer durch Teilung und Wechselwirkung gezähmten Macht, einer »Interessen-Gerechtigkeit«, nicht das Letzte sein läßt?

Die Soteriologie ist hier gefordert, die gesellschaftskritische Kraft christlichen Erlösungsglaubens zur Geltung zu bringen und die christliche Utopie einer Gerechtigkeit aus Liebe als den Horizont einer geschichtlichen Praxis zu entwerfen, die mehr sein will – und mehr sein könnte – als die Durchsetzung einer Gewalt zähmenden balance of power. Sie wird aber auch dabei darauf zu achten haben, daß christlich verstandene Erlösung nicht einfach das Resultat emanzipatorischer Praxis sein kann, daß sie nicht einer Praxis verdankt sein kann, die vom Geist der Gottes-Gerechtigkeit beseelt sein mag, sich aber darüber hinaus als Gottes »Statthalter« versteht und seinem Willen in der Niederwerfung seiner Gegner Geltung zu verschaffen sucht.

Hier ist ein durchaus empfindliches soteriologisches Gleichgewicht zu wahren. Einerseits darf Erlösung nicht auf »innere Befreiung« reduziert gedacht werden, wie es in der Christentumsgeschichte vielfach geschah – mit der unvermeidlichen Konsequenz, daß die gesellschaftliche Wirklichkeit den Mächten der Gewalt preisgegeben blieb bzw. gerade noch durch die Erzwingung eines »gerechten« Machtgleichgewichts zivilisierbar erschien. Für diese Sicht berief man sich auf das Wort des johanneischen Jesus: »Meine Königsherrschaft stammt

---

[8] Menschliches, Allzumenschliches I, Aphorismus 92, KSA 2, 89.
[9] Ebd., Aphorismus 93, KSA 2, 90 f.

nicht von dieser Welt« (Joh 18, 36), dem sich etwa auch Martin Luthers Zwei-Reiche-Lehre verpflichtet wußte. Sie bestimmte die politische Rolle der »Christperson« – des Christen, insofern er glaubend auf Gott und seine Gerechtigkeit bezogen ist – nach der Maxime: »Leiden, Leiden, Kreuz, Kreuz, das ist der Christen Recht«.[10] Gegen diese Neigung zur »Verinnerlichung« wäre geltend zu machen, daß Jesu Botschaft von der nahegekommenen Gottesherrschaft prophetische Züge trägt und den Weg zur Gottesgerechtigkeit hier und jetzt – gerade auch in der Praxis der Glaubenden – beginnen sieht: in der Solidarisierung mit Sündern und Notleidenden, mit den Opfern der Ungerechtigkeit; im Zeugnis für den Gott Israels, der Augen und Ohren hat für das Leiden und Klagen seines unterdrückten Volkes. Freilich wäre – andererseits – auch zur Geltung zu bringen, daß solche gesellschaftskritisch und politisch engagierte Solidarität nicht selbst Erlösung wirkt, sie vielmehr als von Gott her und auf ihn hin geschehende bezeugt, ihr dient im »Dienst der Versöhnung«, der die geschehene Versöhnung bis in die leibhaft-gesellschaftlichen Dimensionen hinein vergegenwärtigen darf (vgl. 2 Kor 5, 11–21).

In den letzten Jahrzehnten hat vor allem die *Befreiungstheologie* dieses soteriologische Gleichgewicht zu formulieren und zur Geltung zu bringen versucht. Sie versteht die Solidarität der Glaubenden mit den Leidenden nicht nur als aushaltende und mitleidende, sondern auch als kämpferische Solidarität. Sie glaubt, die im Neuen Testament genannten Mächte entmythologisieren und in den Unterdrückern der Armen wiedererkennen zu sollen. So gelte es, in der Solidarität der Unterdrückten und an ihrer Seite die Glaubensgewißheit zu bezeugen, daß die Herrschaft der Unterdrücker – der Mächte – zum Untergang verurteilt ist, da Jesus Christus seine Königsherrschaft angetreten hat. Das Zeugnis der Glaubenden macht geltend, was von Gott her gilt: daß jeder Mensch Gottes Ebenbild und deshalb Zweck in sich selbst ist. Es sucht diese Würde des Menschen gegen Machtstrukturen und Machthaber durchzukämpfen, die den Menschen als Mittel zum Zweck verheizen. Das Zeugnis der Glaubenden ist hier Zeugnis für den Herrn Jesus Christus, der in der Liebe herrscht und von den Mächten dieser Welt – von ihrer versklavenden Machtausübung – verhöhnt wird; Zeugnis für Gottes Solidarisierung mit den Menschen, die den Menschen ihre Würde als Zweck in sich selbst zurückgab; Zeugnis für die Unzerreißbarkeit dieser Solidarität, an der alle entzweienden Mächte zuschanden werden.

Die Metapher des Kampfes gegen die Dämonen ist hier zu neuer Relevanz gekommen: Die Dämonen herrschen, wo Menschen um ihre Würde gebracht werden. Gegen diese Entwürdigung gilt es zu kämpfen. Das kämpferische Eintreten für die Würde des Menschen bezeugt den Sieg der Solidarisierung Gottes mit den Menschen in Jesus Christus, bezeugt die Unvereinbarkeit der Königsherrschaft Christi mit der Herrschaft menschenfeindlicher Mächte. Befreiungstheologen lassen allerdings in der Regel keine Unklarheit darüber bestehen, daß der Kampf gegen die politisch-gesellschaftlichen Mächte der Entwürdigung und

---

[10] Vgl. Weimarer Ausgabe 18, 310, 10 f.

Mißachtung nicht einfach das Reich Gottes herbeiführt. Man versucht, Befreiungsgeschichte und Ankunft der Herrschaft Christi aufeinander zu beziehen, ohne diese endzeitliche Herrschaft auf ein innergeschichtliches Befreiungsprojekt zu reduzieren. In diesem Sinne stellt etwa *Gustavo Gutiérrez* klar:

> »Das Reich (Gottes; J. W.) nimmt Gestalt an in geschichtlichen Befreiungsversuchen, weist auf ihre Grenzen und Doppeldeutigkeiten hin, kündigt letztgültige Vollendung an und treibt sie wirksam bis zur Schaffung der vollen Gemeinschaft. Wir identifizieren nichts. Dennoch wird ohne geschichtliche Befreiungsinitiativen das Gottesreich nicht wachsen können, und der Befreiungsversuch wird die Wurzeln der Unterdrückung und Ausbeutung des Menschen durch den Menschen erst mit dem Advent des Reiches Gottes besiegen, das aber vor allem ein Geschenk bleibt … Man kann sagen, das politische und geschichtliche Befreiungsgeschehen *sei* Wachstum des Reiches, *sei* Heilsereignis. Jedoch ist es weder das Kommen des Reiches selbst noch die *ganze* Erlösung. In ihm realisiert sich historisch das Reich und, weil das so ist, kündigt es auch die Vollendung an.«[11]

Die Vollendung gehört gleichsam einer neuen Ordnung an, die sich in den »Siegen« der Geschichte bestenfalls ankündigt; einer Ordnung, die nicht schon in der Extrapolation der Resultate vorstellbar wird, zu denen die Macht-Ordnung der Wechselwirkungen führen kann; einer Ordnung, die sogar noch über das Ideal einer repressionsfreien kommunikativen Wechselseitigkeit hinausreicht. Biblisch ist sie mit der Metapher Versöhnung zur Sprache gebracht, in der das ganze theologische Gewicht der alttestamentlichen Schalom-Hoffnung mit aufgenommen ist.

4.4 »Er ist unser Friede«

Wo Gott inmitten seines Volkes wohnt, da ist Friede, Schalom; da kann die Schöpfung wieder so werden, wie sie vom Schöpfer »gemeint« ist: ein Geschenk, an dem alle in gerechter Verteilung Anteil haben sollen. Von Schalom kann keine Rede sein, wo noch Ungerechtigkeit herrscht, wo mit bloßen Schalom-Parolen gerechte Ansprüche zum Schweigen gebracht werden und Menschen unterdrückt bleiben sollen (vgl. Jer 6,14). Hier werden die Gottesboten – um des Gottes-Schalom willen – zu Ruhestörern. Jesus selbst versteht seine Sendung in diesem Sinne als Störung des falschen Friedens um des Schalom der kommenden Gottesherrschaft willen:

> »Ich bin gekommen, Feuer auf die Erde zu werfen. Wie froh wäre ich, es würde schon brennen! Ich muß mit einer Taufe getauft werden, und ich bin sehr bedrückt, solange sie noch nicht vollzogen ist. Meint ihr, ich sei gekommen, um Frieden auf die Erde zu bringen? Nein, ich sage euch, nicht Frieden, sondern Spaltung« (Lk 12,49–51; vgl. Mt 10,34).

---

[11] G. Gutiérrez, Theologie der Befreiung, dt. München – Mainz ⁸1985, 171.

Der Ruhestörer will gleichwohl Friedenstifter sein und den Schalom der Gottesherrschaft ansagen. Gottes Reich ist ein Reich des Friedens, weil Gott *ein Gott
des Friedens* ist (vgl. Röm 15,33; 16,20; 1 Kor 14,33; 1 Thess 5,23; Phil 4,9;
Hebr 13,20; 2 Thess 5,23; 1 Petr 5,14). Sein Heil geschieht, wo dem Schalom
der Weg bereitet wird. So sind es gerade die Friedensstifter, denen in den Seligpreisungen das Im-Heil-Sein zugesprochen wird; sie werden zu Recht »Söhne
Gottes« (vgl. Mt 5,9) und in einem Atemzug mit denen genannt, »die um der
Gerechtigkeit willen verfolgt werden« (5, 10).

Jesus Christus gilt den Texten des Neuen Testaments in besonderer, ja ein-
zigartiger Weise als der Friedensstifter, obwohl – eigentlich *gerade weil* – er um
der Gerechtigkeit willen verfolgt wurde. »Er ist unser Friede« (Eph 2,14); durch
ihn »haben wir Frieden mit Gott« (Röm 5,1); in ihm hat Gott »die Welt mit sich
versöhnt« (2 Kor 5,19). Der Kolosserbrief weitet die Perspektive ins Kosmische
aus: »Gott wollte mit seiner ganzen Fülle in ihm wohnen, um durch ihn alles zu
versöhnen. Alles im Himmel und auf Erden wollte er zu Christus führen, der
Friede gestiftet hat am Kreuz durch sein Blut« (1,19 f.).

Die Perspektive des Streits, der die Menschen gegeneinander und gegen
Gott aufbringt, des Widerstreits, in den die Menschen mit sich selbst hineingeraten sind – des Widerstreits zwischen dem, was sie wollen und dem, was sie tun
(vgl. Röm 7,15) – ist geöffnet auf die Gestalt eines Heilbringers, der Versöhnung stiftet oder eine Vermittlung zwischen den Streitparteien zustande bringt.
Der Hebräerbrief entwickelt eine in Kultmetaphern ausgearbeitete Soteriologie
der Vermittlung, die den Gekreuzigten als den wahren Hohenpriester und Mittler vorstellt, der alle künftigen Versuche zu kultischer Vermittlung gegenstandslos macht. Wo die Priester des ersten Bundes den durch die Sünde der
Menschen immer wieder neu entstehenden Konflikt mit dem Bundesherrn
JHWH durch neue Opfer auszuräumen versuchten, da hat »der Mittler eines
neuen Bundes« in seinem eigenen Blut endgültig Versöhnung erwirkt (vgl.
9,15; 12,24). Er ist der wahre Vermittler, der immerzu für die Menschen bei
Gott eintritt, als der Unschuldige und Makellose, über die Himmel Erhöhte (vgl.
7,25 f.), und zugleich seinen Menschenschwestern und Menschenbrüdern in
mitfühlender Solidarität verbunden bleibt. Er ist nicht eine himmlische Licht-
gestalt, die unbetroffen bliebe von der Not der Menschen; er hat ihre Not selbst
erlitten und bringt sie – als der wahre Hohepriester – vor Gott. Er bringt die
Menschen und Gott zusammen (vgl. 4,15 f.; 5,7–9).

Die Kultmetaphorik des Hebräerbriefs setzt mehr oder weniger deutlich
voraus, daß der im Opferkult zu schlichtende Streit ein Streit *mit Gott* ist. Gott,
dem das Opfer dargebracht wird, soll durch das Opfer *versöhnt* werden, damit er
in seinem Zorn nicht länger die Sünder mit Vernichtung bedrohe. Gott erscheint
als der Versöhnungsbedürftige; die Priester versuchen, seinen Zorn zu besänftigen, indem sie ihm Opfer darbringen. Zu wahrer Vermittlung kann es so aber
nicht kommen. Die hilflosen Versuche, Gottes Zorn abzuwenden, bereinigen
den Konflikt nicht, der Gott und Menschen gegeneinander aufbringt. Nur Gott

selbst kann hier die Initiative ergreifen; und er tut es in seinem Sohn, dem Hohenpriester des Neuen Bundes.

Wenn aber Gott selbst die Initiative zur Versöhnung ergreift und diese auch zustandebringt, so kann eigentlich nicht er selbst der Versöhnungsbedürftige sein. Bei Paulus kann man beobachten, wie sich durch das Christusereignis die Vorstellung eines in seinem Zorn zu besänftigenden Gott zu wandeln beginnt: Jesu Blut macht die Sünder aus »Feinden Gottes« zu Versöhnten; sie sind nun gerechtgemacht und entgehen dem Zorngericht Gottes (vgl. Röm 5, 9 f.; 1 Thess 1, 10). Aufgrund des Kreuzes Jesu kann Paulus sagen: »Gott hat uns nicht für das Gericht seines Zornes bestimmt, sondern dafür, daß wir durch Jesus Christus, unseren Herrn, das Heil erlangen« (1 Thess 5, 9).

Ist das so zu verstehen, daß das Opfer Jesu Christi Gottes Zorn befriedigt und den Menschen die Möglichkeit gegeben hätte, mit dem besänftigten und zufriedengestellten Gott friedlich zusammenzuleben? Diese Perspektive wird bei Paulus und in anderen Schriften des Neuen Testament noch eine Rolle gespielt haben. Sie ist aber korrigiert und auf ihr Gegenbild hin in Spannung gebracht, wenn in manchen Formulierungen deutlich der Mensch als der versöhnungsbedürftige Konfliktpartner angesprochen wird – am deutlichsten gewiß im Zweiten Korintherbrief, wo Paulus vom *Dienst der Versöhnung* spricht. Gott hat »in Christus die Welt mit sich versöhnt ... indem er den Menschen ihre Verfehlungen nicht anrechnete und uns das Wort von der Versöhnung anvertraute. Wir sind also Gesandte an Christi statt, und Gott ist es, der durch uns mahnt. Wir bitten an Christi statt: Laßt euch mit Gott versöhnen!« (5, 19 f.). Versöhnung geht hier von Gott aus und will die noch Unversöhnlichen und Unversöhnten ergreifen. Gott hat seine Feindesliebe denen erwiesen, die nicht wußten, was sie taten, als sie dem Menschensohn, seinem »letzten« Boten, Feind wurden bis in den Tod (vgl. Lk 23, 34). Und er ging in seiner Entfeindungsliebe so weit, daß er das Kreuz – das Schandmal, an dem die Feinde den zum Feind Erklärten ihrem Feind-sein-Wollen zum Opfer brachten – zum Versöhnungszeichen (kapporet) transsubstantiierte.[12]

---

[12] Die Theologie der Väter und die der Scholastik hat dieses differenzierte Schriftzeugnis unterschiedlich aufgenommen. Einerseits übersetzt sie καταλλαγή mit reconciliatio und akzentuiert damit die von Gott ausgehende Friedensstiftung, die die durch ihre Sünde zu Gottesfeinden gewordenen Menschen in die »Freundschaft« mit Gott zurückführt (Irenäus, Adversus haereses V, 14, 2 zu Kol 1, 21 f.; Origenes, Commentarii in epistulam ad Romanos, zu 5, 10 f. nach der Übersetzung Rufins). Die Übersetzung propitiatio assoziiert eher den Zusammenhang der Sühnethematik (Origenes, a. a. O., zu 3, 25 f.) und legt es spätestens seit Irenäus nahe, den göttlichen Vater als den durch den Mittler Versöhnten zu betrachten (Adversus haereses V, 17, 1). Diese Versöhnungs-»Richtung« kann allerdings auch durch reconciliatio ausgedrückt in ihrem Ziel als Besänftigung (placatio) des väterlichen Zornes beschrieben werden (vgl. Augustinus, Enchiridion X, 33). Daß die Sünder die Versöhnungsbedürftigen sind, wird nicht vollständig vergessen. Gott bleibt Subjekt der Versöhnung (Petrus Lombardus, Sententiae III d. 19 c. 6); er versöhnte die Menschen, indem er sie »noch mehr durch Liebe an sich gebunden hat«, durch den Mittler, der gekommen ist, »die wahre Freiheit der Liebe bei den Menschen zu verbreiten« (Abaelard, Commentarii in epistulam ad Romanos, zu Röm 5, 26); die Mittlerschaft Christi erwirkte die reconciliatio, ja die unio der Menschen mit Gott (vgl. Thomas von Aquin, Summa theologica III q. 26 a. 1). Die gleichwohl in den

Die Metapher Gottes-Feindschaft (vgl. Röm 5, 10) klingt gefährlich dramatisch. Und sie war vor allem für die gefährlich, die mit mörderischen Konsequenzen auf die Rolle der Gottesfeinde festgenagelt wurden. Ist es theologisch
dennoch aufschlußreich oder gar unerläßlich, von Gottesfeindschaft zu sprechen
– nicht zuerst im Blick auf diejenigen, die im historischen Sinn für Jesu Kreuz
Mitverantwortung trugen, sondern im Blick auf alle Erlösungsbedürftigen, auf
alle »Sünder«?

4.5 Streit mit Gott?

Der Metapher der Gottes-Feindschaft liegt die des Streitens mit Gott zugrunde.
Sie ist im Alten Testament herangezogen worden, um das von der Sünde belastete Verhältnis zwischen JHWH und seinem erwählten Volk zu beschreiben; so
bei Jeremia, der den Gottesspruch auszurichten hat: »Warum streitet ihr gegen
mich? Ihr alle seid mir untreu geworden« (2, 29). Im Ijobbuch ist die umgekehrte Streitkonstellation dramatisiert. Ijob wagt, wenn auch mit vielen Demuts-
bekundungen, den Rechtsstreit mit JHWH, seinem Bedränger:

> »Hab ich gefehlt? Was tat ich dir, du Menschenwächter? Warum stellst du mich vor
> dich als Zielscheibe hin? Bin ich dir denn zur Last geworden?« (7, 20)
> »Du bist kein Mensch wie ich, dem ich entgegnen könnte: Laßt uns zusammen
> zum Gericht gehen! Gäbe es doch einen Schiedsmann zwischen uns! Er soll seine
> Hand auf uns beide legen« (9, 32 f.).
> »Seht, ich bringe den Rechtsfall vor, ich weiß, ich bin im Recht. Wer ist es, der
> mit mir streitet? Gut, dann will ich schweigen und verscheiden … Warum verbirgst
> du dein Angesicht und siehst mich an als deinen Feind?« (13, 19.24).

Das Erstaunliche am Gebrauch dieser Metaphorik ist – bei Ijob deutlich greifbar – das Zutrauen, daß der Rangunterschied zwischen JHWH und einem Menschen bzw. dem Volk die Streitkonstellation nicht ausschließt, die ja eine gewisse
Gleichrangigkeit vorrauszusetzen scheint; mit einem schlechthin übermächtigen Machthaber zu *streiten*, wäre tollkühn. JHWH läßt sich auf den Streit ein:
Er muß sich fragen lassen, wie er verantworten kann, was dem Gerechten widerfährt. Und er zieht die zur Rechenschaft, die die ihnen angebotene Bundespart-
nerschaft mißachten und sich weigern, das Geschehen des guten Gotteswillens
in der Schöpfung zu ihrem Anliegen und zur Richtschnur ihres Handelns zu

---

Vordergrund tretende Perspektive, Gott hätte der Versöhnung seines Zornes durch die stellvertretende Sühneleistung Christi bedurft (so auch die Theologie der Reformatoren; vgl. Melanchthon,
Loci praecipui theologici, Corpus Reformatorum 21, 871 f.; Calvin, Institutio von 1559, II, 16, 6) ruft
erst im 18. und anfangs des 19. Jahrhunderts den exegetischen Einspruch hervor, das Neue Testament
kenne niemals Gott, sondern immer nur die Menschen als Versöhnungsbedürftige, Gott aber allein
als Initiator der in Christus verwirklichten und im Heiligen Geist zur Auswirkung gelangenden
Versöhnung (so J. C. Dippel u. G. Menken, vgl. G. Wenz, Geschichte der Versöhnungslehre in der
evangelischen Theologie der Neuzeit, Bd. 1, 165 bzw. 443 ff.).

machen. Ihre Untreue reizt JHWH bis zur Weißglut – er kann es nicht mehr mit ansehen, wie sein Volk vor den Völkern dasteht: als Ausbeutergesellschaft, die die Gerechtigkeit mit Füßen tritt, auf die er Israel verpflichtet hat und die es auszeichnen sollte (vgl. Jer 2).

Zum Streit kann es kommen, weil JHWH auf die Treue Israels setzt und enttäuscht wird. Israel soll und darf Verantwortung dafür übernehmen, daß »die Völker« JHWH erkennen und seine Gerechtigkeit achten. Aber es entzieht sich dieser Verantwortung; damit reizt es JHWH zum Streiten darüber, was das Volk aus seiner Berufung gemacht hat. So sehen es vor allem die Propheten zur Zeit des Exils. Der Streit geht darum, daß Israel sich weigert, seiner Berufung gerecht zu werden; und es ist der Streit mit dem, der es berufen hat. Der Streit geht darum, daß Israel sich anderen Loyalitäten verpflichtet: *untreu* wird. Noch Paulus wird diese Streitsituation im Blick haben, wenn er von der Zeit spricht, »als wir noch (Gottes) Feinde waren« (Röm 5, 10).

Immer wieder versucht JHWH, zur Versöhnung mit seinem Volk zu kommen; und immer wieder mißlingt ihm die versöhnende Annäherung – so stellen es wiederum vor allem die Propheten dar. In dieser »Streitgeschichte« erscheint Jesus den Christen als das letzte, eschatologische Versöhnungsangebot Gottes. Gerade durch seinen Tod, in dem die Feindschaft offenkundig und endgültig zu werden schien, wurden »wir ... mit Gott versöhnt« (vgl. Röm 5, 10). Am Kreuz siegt Gottes Entfeindungsliebe; hier erweist sie ihre Übermacht über das Feindsein-Wollen derer, die sich nicht einlassen wollen auf das, was Gott mit ihnen anfangen will. Daß hier die Juden angesprochen sind, stempelt sie nicht zu »Gottesmördern«, sondern bringt ihre Gottesfreundschaft zur Geltung, die es erst zum Streit kommen lassen konnte und JHWHs »Versöhnungsinitiativen« hervorrief. Daß Gottes Versöhnungswille auch »den Heiden« zugute kommen kann, das verdanken sie – in der Sicht des Paulus – der im Streit durchgehaltenen und selbst in der Verfeindung noch von JHWH her erneuerten Erwählung Israels.

Aber wie läßt sich – über diese Motivgeschichte hinaus – inhaltlich begründen, daß in der Metaphorik des Streits und der Versöhnung für die christliche Soteriologie Unverzichtbares zur Sprache kommt? Wo liegt die sachliche Berechtigung dafür, Erlösungsbedürftigkeit als *Versöhnungsbedürftigkeit* auszulegen und die Sendung Jesu Christi als eschatologisches Versöhnungsereignis zu begreifen? Dazu drei in zentralen biblischen Motiven begründete Hinweise:

- Gottesfeindschaft ist biblisch Götzendienst und zuletzt Selbst-Vergötzung: Dem Götzen wird das Recht und die Fähigkeit zugesprochen, den »Sinn« der Schöpfung zu verbürgen; so werden ihm auch Opfer dargebracht. Menschen wollen letztlich selbst Sinn verbürgen, sein wie Gott (vgl. Gen 3, 5): Sie reklamieren für sich das Recht, darüber verfügen zu dürfen, was für sie, für Mitmenschen und Mitgeschöpfe, für die Welt gut und schlecht ist. JHWH trifft hier auf »Konkurrenten«, die seinen Allein-Gott-Anspruch faktisch in Frage stellen und für sich Loyalität einfordern. So ist er geradezu genötigt, solchen konkurrierenden Ansprüchen Widerstand zu leisten und ihnen gegenüber die befreiende Kraft seines Anspruchs auf die Erwählungstreue seines Volkes zur Geltung zu bringen. Er streitet gegen die falschen Absolutheiten und ihre Gehorsamsansprüche um der Befreiung derer willen, die zu Sündern geworden sind, weil sie sich solchen Absolutheiten unterworfen haben. Aber in diesem Streit will er Versöhnung, will er, daß die Streitpartner – ohne daß Gottes-Konkurrenten es noch hindern – zusammenkommen.

- Der Streit mit Gott enthüllt da, wo er nicht verdrängt werden muß, den Verdacht, der Mensch sei in ein »unmögliches« Leben hineingeschaffen, hineingeworfen. Die Selbst-Auslieferung an falsche Absolutheiten und ihre unersättlichen Ansprüche scheint nur Reaktion zu sein auf die unerträgliche Erfahrung der Bedeutungslosigkeit all dessen, was in diesem Leben recht und schlecht gelingt. Die Unersättlichkeit der Ansprüche, denen man sich ausgesetzt sieht, spiegelt die Unmöglichkeit der Aufgabe, die Einsicht in das Gute und zutiefst Erstrebenswerte zusammenzuhalten mit dem fortwährenden Scheitern, in dem menschliches Leben zur Sisyphos-Existenz verurteilt scheint: zur bloßen Wiederholung des Vergeblichen in der endlos »gefräßigen«, jede Vergeblichkeit mit noch mehr Vergeblichkeit überbietenden Zeit. Die falschen Absolutheiten sollen diese Vergeblichkeit abwenden. Sie sollen gewährleisten, daß *zu etwas gut* ist, was vergeblich scheint. Aber sie leisten das nur, indem sie – wie Moloch-Gottheiten – unersättlich alles für sich selbst fordern und so die Unersättlichkeit der Zeit noch überbieten. Der unersättliche Anspruch, der die Vergeblichkeit abzuwenden verspricht, treibt die Vergeblichkeit aller Versuche hervor, ihm zu genügen.
- Es ist diese potenzierte Vergeblichkeit, der sich Paulus als dem Gesetz in seinen Gliedern ausgeliefert sieht und die ihn in Widerstreit bringt zu dem Gesetz seiner Vernunft, an dem er sich freut, weil es ihm das Gute und zutiefst Erstrebenswerte vorzeichnet: den guten, heilsamen Gotteswillen. Der Zwiespalt zwischen dem Wissen und Erfahrenhaben des Guten – dem vernünftigen Wollen – und der Erfahrung der Vergeblichkeit, mit der der unersättliche Anspruch konfrontiert und in dem sich die alles zur Vergeblichkeit verurteilende Macht des Todes niedergelassen zu haben scheint, kennzeichnet die Heillosigkeit und die Unfreiheit des Menschen von ihrem Ursprung her, verurteilt ihn selbst und all sein Beginnen zur Vergeblichkeit. Paulus zeichnet einen Menschen, der sich gleichsam selbst zum Feind wird und auf eine Versöhnung mit sich angewiesen ist, die die Verurteilung zur Vergeblichkeit von ihm nimmt (vgl. Röm 7,14–25). Und er sieht sich in der Lage, zu bekennen: »Jetzt gibt es keine Verurteilung mehr für die, welche in Christus Jesus sind« (Röm 8,1).

Das soteriologische Metaphernfeld Streit und Versöhnung lokalisiert die Widersprüchlichkeit menschlichen Lebens in einer theo-logischen Perspektive: Strittigkeit und Widersprüchlichkeit des Menschseins können eine heilvolle Versöhnung finden, wenn sie vom Gottesverhältnis des Menschen bzw. von dem in

Jesus Christus eschatologisch angebahnten Menschenverhältnis Gottes getragen – und in ihm »erträglich« – werden. Außerhalb dieses Verhältnisses ist der Mensch dazu verurteilt, sich in dem vergeblichen Versuch zu verbrauchen, die Ansprüche von Pseudo-Absolutheiten zu erfüllen, die die Widersprüchlichkeit der conditio humana heilen sollen. Aber ist nicht auch der Versuch vergeblich, sie im Menschenverhältnis Gottes aufgehoben zu *glauben?* Wird dieses Verhältnis nicht von Grund auf widersprüchlich, wenn als der Versöhner geglaubt werden soll, wer selbst für den »Riß« durch die Schöpfung Verantwortung trägt und alle Versuche der Menschen, ihn zu überwinden, vergeblich sein läßt?

Die verschiedensten religiösen Traditionen lassen sich als Versuch deuten, mit der Gottheit in ein heilvolles Verhältnis zu kommen, damit dieser »Riß« geheilt würde oder zumindest seine unheilvolle Letztgültigkeit verlöre; als den Versuch, mit Göttern ins Reine zu kommen, die doch in irgendeinem Sinne für ihn verantwortlich sein müssen und deshalb den gefährlichen Verdacht wecken, sie hätten den Menschen – weshalb auch immer – Entscheidendes vorenthalten. *Gefährlich* ist dieser Verdacht, weil er die Menschen zur offenen oder gut versteckten Rebellion verführt und dazu antreibt, sich zu nehmen, was die Götter ihnen nicht freiwillig geben. Dieser Übergriff auf das den Göttern Vorbehaltene setzt die Rebellen der unerträglichen Bedrohung aus, von der Rache der Götter vernichtet zu werden. So müssen sie nun auf Versöhnung hoffen und alles für die ersehnte Versöhnung tun. Sigmund Freud hat in dieser Konfliktkonstellation die Dynamik des Ödipuskomplexes als religionsstiftend am Werk gesehen.[13] Aber auch schon Feuerbach und Nietzsche verstanden Religion als hilflosen Versuch, den geschehenen Übergriff durch symbolische Rückerstattung irgendwie aus der Welt zu schaffen.[14]

Der Streit mit Gott reicht tief. Wer kann Gott den Riß zwischen »Wesen« und faktischer Existenz, zwischen dem, was man ist, und dem, was man nach Auskunft der eigenen Sehnsucht sein sollte, von Herzen verzeihen? Wer kann Gott den metaphysischen Skandal des Todes, der notorischen Nichtübereinstimmung von Sinn und Sein schon verzeihen? Wer ist nicht der geborene Rebell[15], das geborene Opfer dessen, der sich gegen die Rebellion zur Wehr setzen wird? Und wer möchte nicht darauf hoffen – an der Oberfläche des Bewußtseins oder in den tiefsten Regionen verdrängter Strebungen –, den Ausbruch des Konfliktes zu vermeiden? Die Religionsgeschichte bietet vielfältiges Anschauungsmaterial für das Streben, mit Gott zu einem friedlichen Ausgleich zu kommen, mit ihm zumindest handelseinig zu werden, damit er sich nicht holt, was man

---

[13] Vgl. S. Freud, Totem und Tabu, in: Studienausgabe des S. Fischer-Verlages, hg. von A. Mitscherlich u. a., Bd. IX, Frankfurt a. M. 1974, 291–444.

[14] Vgl. L. Feuerbach, Das Wesen der Religion, § 28, in: Werke in sechs Bänden, Bd. 4, 108; F. Nietzsche, Zur Genealogie der Moral, Zweite Abhandlung, Aph. 19–21, KSA 5, 327–331.

[15] Vgl. hierzu die »existentialistische« Position A. Camus' (Der Mensch in der Revolte, dt. Reinbek ⁴1964), die der verlorenen Übereinstimmung im »Modus des Protests« verpflichtet bleibt; M. Lauble, Einheitsideal und Welterfahrung. Zur Aporetik im Denken von Albert Camus, in: H. R. Schlette (Hg.), Der moderne Agnostizismus, Düsseldorf 1979, 110–136, hier 133 f.

ihm verweigert. Es soll ein adäquater Preis gezahlt und so ein Ausgleich geschaffen werden für die Übergriffe, derer man sich schuldig weiß – ein Ausgleich in der Währung des Verzichts, der Opfer, die man sich zur Befriedigung der noch nicht auf ihre Kosten gekommenen Gottheit auferlegt. Es soll zum friedlichen Kompromiß kommen, damit es nicht zu streitiger Schadloshaltung durch den Geschädigten komme.

4.6 Versöhnung?

Das griechische Wort καταλλαγή – auf deutsch mit »Versöhnung« wiedergegeben – verrät genau diesen Hintergrund[16] und verweist auf den friedlichen, Frieden stiftenden Handel, auf den Tausch, der an die Stelle des Übergriffs tritt und – wenn er *gerecht* abläuft – der kriegerischen Auseinandersetzung den Anlaß entzieht. Aber es läßt sich kaum auf Dauer übersehen, daß diese Friedenstiftung nach Art des Interessenausgleichs zwiespältig bleibt. Kommen hier tatsächlich beide auf ihre Kosten? Ist man nicht doch übervorteilt worden?

> »So ist der Tausch auch die Sphäre des argwöhnisch prüfenden, messenden und wägenden Blicks: der rationalisierten und domestizierten Feindseligkeit ... Der Tausch arbeitet mit doppeltem Boden: Gerechtigkeit und friedliche Ausgleichung sind seine Oberfläche, Feindseligkeit, Übervorteilung, Herrschaft sein Untergrund. Er verspricht viel mehr, als er bietet ... Keine Versöhnung kann ohne friedlichen Ausgleich verschiedener Geltungsansprüche sein, aber solcher Ausgleich ist deshalb noch nicht die ganze Versöhnung«.[17]

Frieden und Versöhnung stellen sich nicht ein, wo die Konfliktpartner trotz des gefundenen Kompromisses den Verdacht hegen, nicht genug geleistet oder nicht genug bekommen zu haben. Die Einigung über Leistung und Gegenleistung ist eben nur eine pragmatische Lösung: Hier und jetzt finden wir keine bessere, profitablere. Nietzsche hat diese prekäre Pragmatik der friedenstiftenden Tauschgerechtigkeit deutlich markiert; davon war schon die Rede. Versöhnung wird nicht erreicht, weil der »Friede« vom Mißtrauen bestimmt bleibt: Ist der Konfliktpartner wirklich »zufriedengestellt«? Habe ich genug geleistet, mich hinreichend vor ihm gedemütigt? Aber auch umgekehrt: Hat er mir nicht zuviel abverlangt? – Und überhaupt: Ist nicht *er* der eigentlich Schuldige, da er den Konflikt selbst heraufbeschworen hat?

Die neuzeitliche Verschärfung der Theodizeeproblematik wird nicht zuletzt daher rühren, daß sich die herkömmlich-pragmatische Regelung des untergründig konfliktbestimmten Gottesverhältnisses als nicht mehr tragfähig erwies: Gott verlangt zuviel an Opfer und Verzicht in der Kreuzesnachfolge, zuviel an Selbstentwertung und Hinnahmebereitschaft. Dennoch kann man nicht

---

[16] Vgl. Chr. Türcke, Religionswende. Eine Dogmatik in Bruchstücken, Lüneburg 1995, 99.
[17] Ebd., 100.

sicher sein, daß damit das ewige Unheil wirklich abgewendet ist. Ist *dieser* Gott wirklich ein *gutwilliger* Gott? Zeugt die Schöpfung von einem gutwilligen Schöpfer, der es auf das Glück seiner Geschöpfe abgesehen hat? Oder will er sie eher leiden und scheitern sehen? Dann müßte man mit Stendhal zu der Konsequenz kommen: »Die einzige Entschuldigung Gottes ist, daß er nicht existiert.«[18] Jedenfalls kann die Schuld, die Menschen auf sich geladen haben, keine Rechtfertigung dafür sein, sie dem Übermaß an Leiden auszusetzen, das ihnen unbestreitbar widerfährt. In *Georg Büchners* »Dantons Tod« begegnet dieses Argument für Gottes Nichtexistenz als Widerlegung Spinozas und der klassischen Metaphysik: Die Welt müßte wenigstens andeutungsweise die Vollkommenheit eines göttlichen Welturhebers erkennen lassen. Aber so abgründig unvollkommen, wie sie nun einmal ist, verbietet sie den Rückschluß auf eine vollkommene Ursache. Mit den Worten Paynes, in denen Büchner seine eigene Position darstellt:

> »Schafft das Unvollkommene weg, dann allein könnt ihr Gott demonstrieren; Spinoza hat es versucht. Man kann das Böse leugnen, aber nicht den Schmerz; nur der Verstand kann Gott beweisen, das Gefühl empört sich dagegen. Merke dir es, Anaxagoras: warum leide ich? Das ist der Fels des Atheismus. Das leiseste Zucken des Schmerzes, und rege es sich nur in einem Atom, macht einen Riß in der Schöpfung von oben bis unten.«[19]

Der Verdacht, daß Gott *schuld* sein könnte – so »niederträchtig«[20], daß ihm das Elend seiner Geschöpfe gefällt –, treibt den Konflikt mit einem so gänzlich unverantwortlich erscheinenden »guten« Schöpfergott auf die Spitze und »löst« ihn zugleich mit der Konsequenz, dieser dem Verstand unzumutbare und dem Gefühl widerwärtige Gott könne nicht existieren. Versöhnung kommt nicht mehr in den Blick; ja, sie darf gar nicht sein, denn sie wäre Versöhnung mit dem Elend, schlimmstenfalls: Identifikation mit dem Aggressor.

Müßte *diese* Versöhnung nicht gerade vom christlichen Versöhnungsglauben selbst verweigert werden, weil sie eine Versöhnung *Gottes* mit dem Elend voraussetzt und theologisch legitimiert?[21] Weil sie deshalb im Entscheidenden nicht Versöhnung ist, sondern doch nur Unterwerfung, mit der Schlimmeres

---

[18] Zitiert nach: F. Böckle u. a. (Hg.), Christlicher Glaube in moderner Gesellschaft, Bd. 37 (Quellenband 7), Freiburg – Basel – Wien 1984, 141; nicht genauer nachgewiesen. Auch Nietzsche bezieht sich auf dieses Diktum; er gesteht, daß er um seinetwillen Stendhal geradezu neidisch ist: »Er hat mir den besten Atheisten-Witz weggenommen, den gerade ich hätte machen können«; Ecce homo. Warum ich so klug bin 3, KSA 6, 286.

[19] G. Büchner, Dantons Tod, in: ders., Werke und Briefe, München 1965, 39 f.

[20] Vgl. H. Heine, Lazarus, in: Sämtliche Werke. Kritische Ausgabe, hg. von E. Elster, Leipzig 1887–1890, Bd. 2, 91 f.:
»Woran liegt die Schuld? Ist etwa
unser Herr nicht ganz allmächtig?
Oder treibt er selbst den Unfug?
Ach, das wäre niederträchtig.«

[21] Vgl. U. Hedinger, Wider die Versöhnung Gottes mit dem Elend. Eine Kritik des christlichen Theismus und A-Theismus, Zürich 1972, insbesondere 31–101.

abgewendet werden soll? Wäre Versöhnung nicht verraten, wenn man den Riß, der die »Schöpfung« so widersprüchlich macht, daß ein »Atheismus ad maiorem Dei gloriam«[22] angezeigt scheint, einfach als Widerspruch stehen ließe oder einfach nur – und weiterhin – dem Menschen dafür die Schuld gäbe? Erst eine Versöhnung, die nicht nur vordergründig die Dinge – so auch diesen Riß – auf sich beruhen läßt, sondern den Grund des Konflikts ebenso offenlegt wie überwindet, die deshalb danach verlangen muß, daß das »Seufzen der Kreatur« ein Ende finde (Röm 8, 18–24), verdiente diesen Namen wirklich.[23] Gibt man dem theologischen Begriff »Versöhnung« überhaupt noch eine Chance, schreibt man einen Gott nicht von vornherein ab, der es zu so viel Unversöhntheit kommen ließ, so scheint gerade noch die jüdisch-messianische Idee einer Versöhnung am »Ende der Zeit« vertretbar. Wie sollte man aber – christologisch-soteriologisch – von *geschehener* Versöhnung sprechen können, da der Riß in der Schöpfung nicht geheilt ist und die Tränen der an ihm Leidenden nicht abgewischt sind?

Will man unter Würdigung der neutestamentlichen Versöhnungsbotschaft die Sendung Jesu Christi doch in eine göttlich-menschliche Streit- und Versöhnungsgeschichte einzeichnen und ihr eine für diese Geschichte zentrale Bedeutung zusprechen, so hat man sich der »Streit-Lage« zu stellen, wie sie im neuzeitlichen Widerspruch gegen die Zumutung, einen guten Schöpfer dieser elenden Welt annehmen zu sollen, zutage tritt.

4.7 Versöhnung: das Ende der Beschuldigung

Der Streit geht um die Unzumutbarkeit der Schöpfung. Er wird – wie jeder Streit – immer nur fortgesetzt und von neuem entfacht, wo die Gegner sich wechselseitig die Schuld geben bzw. wo sie ihnen im Namen des jeweils unschuldig sein wollenden Kontrahenten zugesprochen wird. Der Schöpfer soll unschuldig sein – zu Lasten der Menschen, die das Böse in die Schöpfung bringen; die Menschen wollen unschuldig sein, jedenfalls unschuldig an dem Elend, das sie so unverhältnismäßig heimsucht – so »töten« sie den Gott, der an all dem Schuld trüge, wenn es ihn gäbe. Versöhnung setzte voraus, daß die Streit-Positionen der Beschuldiger des jeweils anderen geräumt werden könnten; setzt wohl auch voraus, daß die Ausweglosigkeit der entschuldigenden Rückfrage nach dem wahren Schuldigen eingesehen wird. Der »Gerichtshof« der menschlichen Vernunft vermag vielleicht gerade noch nachzuvollziehen, daß die Rückfrage nach der prima causa allen Elends nur dem Versuch geschuldet ist, einen anderen Schuldigen zu finden und außerhalb dieser »Streit-Rationalität«

---

[22] Vgl. O. Marquard, Grund und Existenz in Gott, in: O. Höffe – A. Pieper (Hg.), F. W. J. Schelling, Über das Wesen der menschlichen Freiheit (Klassiker Auslegen, Bd. 3), Berlin 1995, 55–59, hier 59.
[23] Vgl. Chr. Türcke, Religionswende, 101 ff.

schlechthin irrational erscheinen muß. Das hieße für den hier zu betrachtenden Streit um die Unzumutbarkeit der Schöpfung zweierlei:

- Die Sünde der Menschen ist nicht – zumindest nicht in jeder Hinsicht – die prima causa, sie ist vielmehr aufs Ganze gesehen eher »die Zweitursache des Elendes der jetzigen Welt«[24]; in der Sünde verweigern sich die Menschen der Herausforderung, dem Bösen kon-kreativ zu widerstehen, soweit sie es können; mit der Sünde geben sie das Elend weiter, das ihnen selbst widerfährt und das sie nicht einfach nur weitergeben oder gar verstärken müßten.

- Auch der Schöpfergott ist nicht in dem Sinne schuld am Elend dieser Welt, daß er einfachhin hätte vermeiden können, was zu ihm geführt hat. So müßte man mit *Leonhard Ragaz* sagen: »Es kommt nicht alles, was geschieht, von Gott«.[25]

Die Alternative: »Entweder ist Gott schuld am Elend der Menschen, oder die Menschen verschulden ihr Elend selbst« ist offenkundig nicht vollständig. Sie ist aber auch nicht nur *atheistisch* zu beseitigen – der Gott, der schuld sein müßte, existiert eben deshalb nicht; es existiert eine leidvolle conditio humana, die ausgehalten oder zur Erträglichkeit hin transformiert werden muß – oder *dualistisch* aufzulösen – weder Gott noch Menschheit sind schuld am Elend der Schöpfung, sondern eine Mitursache, die die Schöpfung von Anfang an verdarb. Es ist zumindest eine docta ignorantia *(Nikolaus von Kues)* denkbar, die die metaphysische Schuldfrage offenläßt und dabei zwei »Eckdaten« festhält: Die Menschen sind – als Sünder – vielfach an der Verschärfung und Steigerung der Übel dieser Welt beteiligt bis dahin, daß sie das Sterben in eigene Regie nehmen und sich zum Genozid bevollmächtigt wissen; aber sie haben die Übel nicht einfach selbst in die Welt gebracht. Auf den Schöpfer hin gesehen kann nicht mit guten Gründen unterstellt werden, er habe »mehr oder Besseres tun können«, das Elend der Welt zu vermeiden oder zu verkleinern. Angesichts dieser »Eckdaten« entzieht sich die docta ignorantia dem *Beschuldigungsdilemma* – und dies mit guten Gründen. Zwar mag die Unwissenheit über die letzten Gründe des Elends und über den Grund dafür, warum Gott das Unerträgliche nicht abwendet und nicht immer schon vermieden hat, einem Gerichtshof unerträglich sein, der zur Verurteilung des Schuldigen kommen will. Aber sie korrespondiert doch nur der Unwissenheit der Vernunft über alle »letzten Gründe« und so auch über die letzten Gründe von Handlungen, einer letzten Ungewißheit angesichts der juristisch und moralisch so wichtigen und letztlich ausweglosen Frage, ob eine Handlung hätte vermieden werden oder anders ausgerichtet sein können.

Es ist diese *Grund-Unwissenheit*, die Versöhnung nötig macht; und es ist der Verzicht auf das genau sein wollende Urteil über Schuldzurechnung, der sie möglich macht. Menschen werden zur Versöhnung fähig, wenn sie sich dem Beschuldigungsdilemma »entweder du oder ich; weil gewiß nicht ich, deshalb

---

[24] Vgl. U. Hedinger, Wider die Versöhnung Gottes mit dem Elend, 113.
[25] L. Ragaz, Die Botschaft vom Reiche Gottes. Ein Katechismus für Erwachsene, Bern 1942, 116.

du« entziehen und gemeinsam an einer Zukunft arbeiten wollen, die das Verstricktsein in eine leidvolle Verfeindungsgeschichte für alle Beteiligten überwinden soll. Die Schuldfrage ist nicht einfach suspendiert. Aber ihre vorgängige Klärung wird nicht mehr als Voraussetzung der Versöhnung angesehen. Die Beteiligten übernehmen gemeinsam Verantwortung für eine unheilvolle, sicher auch schuldbeladene Vergangenheit und wollen einander tragen helfen, was sich auf dem gemeinsamen Weg in die Zukunft als Belastung durch eine mehr oder weniger verschuldete Unheilsgeschichte herausstellen wird.

Versöhnung will den neuen Anfang setzen, will hinausgelangen über die wechselseitige Festlegung auf das Gewesene, zu Tilgende, zu Bereinigende. Der neue Anfang, auf den sie setzt, setzt freilich nicht das Vergessen voraus, sondern die Bereitschaft, jetzt die Zukunft zu wagen, jenseits einer sichernden Ordnung, in der die Äquivalenz von Leistung und Gegenleistung erwartet und Schuldiggebliebenes erzwungen oder wenigstens als solches eindeutig festgestellt werden kann. Versöhnung wagt sich hinaus in eine »neue Ordnung«, in der die Verheißung der gemeinsamen Zukunft mehr wiegt als offen gebliebene Rechnungen.

Vielleicht lassen schon diese Andeutungen erahnen, warum καταλλαγή (Versöhnung) zu einer Leitfigur neutestamentlichen Erlösungsglaubens werden konnte, zu einer soteriologischen Figur, die sich gerade dazu eignete, die schöpferische Unableitbarkeit der göttlichen Versöhnungsinitiative herauszustellen. Aber nicht nur dies. Man kann in den neutestamentlichen Überlieferungen des Versöhnungsglaubens auch schon sehen, wie dieser sich dem oben skizzierten Beschuldigungsdilemma entzieht. Es ist hier keineswegs so, daß einseitig der Mensch als Sünder die Verantwortung für das Elend der Schöpfung übernehmen muß. Die Schöpfung ist der Vergänglichkeit, der Sklaverei und der Verlorenheit unterworfen; sie seufzt in »Geburtswehen« und »wartet sehnsüchtig auf das Offenbarwerden der Kinder Gottes« (Röm 8, 19–24). Sie steht unter der Herrschaft der Mächte, die zwar seit dem Erscheinen der Liebe Gottes in Jesus Christus nicht mehr die Macht haben, die Glaubenden von der Teilhabe an dieser Liebe abzuschneiden (vgl. Röm 8, 38 f.), aber immer noch unheilvoll wirksam sind. Gerade Paulus weigert sich also, die Menschen mit systematischer Konsequenz für alles Übel der Welt verantwortlich zu machen. Seine apokalyptischen Vorstellungen von der zwar schon gebrochenen, aber noch nicht an ihr Ende gekommenen Mächteherrschaft könnte auch nach dem Zerfall dieser Vorstellungsmöglichkeiten als theologische »Leerstelle« einer durchaus gelehrten Grund-Unwissenheit ernstgenommen werden, die nicht vorschnell in Theodizee-Absicht – und das hieße zu Lasten der Sünder – ausgefüllt werden sollte.

Weil die Mächte – nach der apokalyptisch geprägten Vorstellungswelt der Zeit Jesu – von den Menschen allein nicht zu besiegen sind, deshalb ergreift Gott selbst die Initiative zur Rettung der Menschen, und das im genauen Wortsinn: Er vergegenwärtigt den *Anfang* einer neuen Machtsphäre, in der er selbst in dem, was er ist – Liebe – zur Herrschaft kommen wird, in der die Mächte ihre unheilvoll-entfremdende Gewalt über die Menschen einbüßen werden, da der

Gottesgeist, der schon Jesus von Nazaret ergriffen hat, im Glauben auf die Menschen übergreift. *In ihm* wollte Gott »mit seiner ganzen Fülle« – in der Fülle seines Geistes – wohnen, »um durch ihn alles zu versöhnen« (vgl. Kol 1,19 f.).

Gottes Geist ist die Gegen-Macht gegen die Mächte und Werke der »Finsternis« (vgl. Eph 5,11; 6,12; Kol 1,13); er hat »das Licht« entzündet, das »in die Welt gekommen ist«, damit jeder, der an ihn glaubt, »nicht in der Finsternis bleibt« (Joh 12,46). In ihm ergreift Gott die Initiative, mit der er seine Zukunft unter den Menschen anfangen läßt: die Zukunft der Gottesherrschaft. Sie ist nicht die Fortsetzung oder die bloße Transformation von Menschenherrschaft oder gar der Mächteherrschaft. Sie beginnt vielmehr in der Machtlosigkeit, mit der Erwählung des Schwachen (vgl. 1 Kor 1,27). Der vom Geist gesalbte und vom Vater gesandte Messias wurde »in seiner Schwachheit gekreuzigt, aber er lebt aus Gottes Kraft« (vgl. 2 Kor 13,4) So wurde er zur Offenbarung des »Schwachen an Gott«, das freilich »stärker ist als die Menschen« (vgl. 1 Kor 1,25) – der Schwäche Gottes »für den Menschen«, die deshalb stärker ist als der Mensch, weil sein »Herz … groß genug (ist; J. W.), um *alles* fähig zu sein«.[26]

Gottes Geist-Wirklichkeit ist eine Initiative, die »Gottes Schwäche für den Menschen« zur Geltung bringt, die sich nicht nach der Logik der Selbstdurchsetzung und nach Art der Menschenherrschaft ausbreitet, sondern angenommen werden will in μετάνοια – in der Umwandlung eines Lebens, das sich bisher von den Mächten der Finsternis beherrschen ließ; eine Macht-Initiative in Gestalt des wehrlosen Lichts, das man auslöscht wie ein Menschenleben – »die Finsternis hat es nicht angenommen« (vgl. Joh 1,4 f.) – das in seiner Schwäche aber mächtiger ist als alles, was Menschen tun könnten, da der Geist, der in ihm brennt, unauslöschlich ist; eine Initiative, die mit der Bitte um Versöhnung (vgl. 2 Kor 5,20) die Menschen als Gebetene für sich gewinnen will, da Versöhnung nicht gewaltsam durchgesetzt, sondern nur erbeten werden kann. Diese Versöhnungs-Initiative folgt der Ordnung und der Logik der Versöhnung, nach der der Stärkere sich verletzlich macht – schwach, geradezu abhängig wird –, damit die Autorität der Bitte ihre Kraft entfalten und den noch Unversöhnlichen verwandeln, in die μετάνοια hineinrufen kann.[27]

Der griechische Wortsinn von καταλλάσσω kann durchaus diesen Akzent tragen. Jedenfalls herrscht »im Sprachgebrauche von καταλλάσσω der Gedanke des Veränderns vor.«[28] Die Initiative der Veränderung des von Verfeindung bestimmten Verhältnisses zwischen Gott und den Menschen geht von Gott aus. Sie geschah konkret so, daß Gott »den, der keine Sünde kannte, für uns zur Sünde gemacht (hat; J. W.), damit wir in ihm Gerechtigkeit Gottes würden« (2 Kor 5,21 in Verbindung mit V. 20). Die von Gott ausgehende Veränderung vollzieht sich geradezu als ein *Tausch* – auch auf diese Bedeutung verweist der

---

[26] F. W. J. Schelling, Philosophie der Offenbarung, Bd. 2, Darmstadt 1974, 26.

[27] Vgl. E. Jüngel, Die Autorität des bittenden Christus, in: ders., Unterwegs zur Sache. Theologische Bemerkungen, München 1972, 179–188, hier 187.

[28] F. Büchsel, Artikel »αλλάσσω« und Derivate, in: Theologisches Wörterbuch zum Neuen Testament, Bd. 1, Stuttgart 1933, 252–260, hier 254.

griechische Wortstamm.[29] Die Sünder dürfen ihre Last dem Christus aufbürden und gewinnen im Glauben Anteil an seiner göttlichen Gerechtigkeit. So werden sie in eine Verwandlung ihrer Existenz einbezogen, die erst in der endzeitlichen Auferweckung zu ihrem Ziel kommen wird: im endgültigen Sieg des göttlichen Lebens über Sünde und Tod (vgl. 1 Kor 15, 51–57).

Dieser Tausch gehorcht gerade nicht der Logik der Tauschgerechtigkeit, wie sie sich in den westlichen Konzepten der Satisfaktionslehre dann doch wieder durchzusetzen beginnt; er überholt sie von Gott her im Messias, der »arm geworden (ist) obwohl er reich war«, um uns »durch seine Armut reich zu machen« (vgl. 2 Kor 8, 9). Die Kirchenväter des Ostens wie des Westens haben die Tauschmetaphorik im Zusammenhang der Lehre von der Menschwerdung des Gottesworts in Jesus Christus – der Zweinaturenlehre – weiter ausgebildet und metaphysisch radikalisiert. *Cyprian von Karthago* steht für viele, wenn er geradezu katechismusartig festhält: »Was der Mensch ist, das wollte Christus sein, damit der Mensch sein könne, was Christus ist« – »Christus erniedrigte sich, um das darniederliegende Volk aufzurichten. Er machte sich zum Knecht, um die Knechte zur Freiheit zu führen. Er nahm den Tod auf sich, um die Sterbenden zur Unsterblichkeit zu bringen«.[30] Der Friede ist erreicht, weil Gott in Jesus Christus da ist, wo die in Sünde Gefangenen und Sterblichen sind, damit sie sein können, wo Gott ist: Dieser Platztausch läßt *Athanasius* dann sagen: »Der Logos ist Mensch geworden, damit wir vergöttlicht werden«.[31]

Der Riß zwischen Himmel und Erde, zwischen Existenz und Wesen, zwischen Sinn und Sein, die Feindschaft zwischen Gott und Gott sein wollenden Menschen ist geheilt, weil er in Jesus Christus, dem Gottmenschen, aufgehoben ist. Er ist der *Ver-Mittler*, durch den die Versöhnung geschieht, da Gott sich mit den Menschen in ihrem Leid, ihrer Ausweglosigkeit, ja selbst ihrer Gottverlassenheit in der Sünde identifiziert, um sie so an seiner Göttlichkeit teilhaben zu lassen: Er nimmt Anteil, um Anteil zu geben. Gewiß eine großartige Versöhnungsvision! Aber ist sie nicht längst falsifiziert angesichts der nicht zuletzt vom Christentum selbst mit zu verantwortenden fortdauernden Verfeindungsgeschichten zwischen Erlösungstraditonen und Heilswegen, zwischen Gott und Götzen, zwischen Opfern und Tätern? Kann wirklich davon die Rede sein, daß der metaphysische Riß geheilt, die tiefe Strittigkeit und Zwiespältigkeit des den Menschen zugemuteten Daseins überwunden ist, da Gott in Jesus Christus zu den Menschen kam, an ihrer Leidensgeschichte Anteil zu nehmen? Es gibt kaum Anlaß, die elementaren Widersprüche menschlichen Daseins als überwunden anzusehen und die Wirklichkeit, in der wir zu leben haben, mit Hegel als im Grunde versöhnt zu begreifen[32]; es gibt keinen Anlaß, sich mit dem Elend und

---

[29] Vgl. ebd., 252.
[30] Quod idola dii non sint 11 und De opere et eleemosynis 1.
[31] De incarnatione 54.
[32] Hegel wird freilich nicht müde zu unterstreichen, daß die in Gott vollbrachte Versöhnung Gottes mit sich selbst in der Welt sich noch vollbringen muß, »nicht als ein Himmelreich, das jenseits ist; sondern die Idee muß sich realisieren in der Wirklichkeit ... Zuerst bei der Erscheinung heißt es:

denen, die es verschärfen, zu versöhnen – in dem Glauben, Gott selbst nähme an ihm Anteil.

Aber um eine Versöhnung mit dem Elend, die in Wirklichkeit doch nur Unterwerfung wäre, kann es in der Nachfolge des Gekreuzigten gar nicht gehen. Vielmehr um das Festhalten daran, daß das Feld der Versöhnung offensteht, daß Versöhnung in den Spuren Jesu Christi Wirklichkeit werden kann – weil in ihm offenbar wurde, daß Gott die Welt nicht verlorengibt und wie er sie mit sich zusammenbringt, wie sein Geist in und mit ihr, in und mit den Glaubenden, immer wieder neu den Schalom anfängt und wie der Schalom anfängt, wenn die Götzen ihre Macht verlieren.

Wer davon redet, daß der Riß in der Wirklichkeit »an sich« geheilt, der Schalom an sich angebrochen ist, der wird sich nicht verstecken dürfen angesichts der offenkundigen Tatsache, »daß wir davon so verdammt wenig merken«. Die Theologie trieb Versteckspiel; *Christoph Türcke* rechnet es ihr vor: Sie hat die Rechtfertigung Gottes angesichts des fortdauernden Skandals leisten wollen und »tausend gute Gründe im menschlichen Versagen und göttlichen Heilsplan« dafür namhaft gemacht, »daß die Welt nach Christus um keinen Deut besser geworden ist als vorher. Eine in Glaubensdemut daherkommende Bescheidwisserei über nicht Wißbares ist da am Werk«.

Bleibt nur, von vollbrachter Versöhnung und vom göttlichen Versöhner nicht länger zu reden und den Versöhnungsgedanken auf seine »Wahrheit«, auf die vernunftimmanente Versöhnungsidee zurückzuführen, »deren volle Verwirklichung nicht im Bereich des Menschenmöglichen liegt, keinen überirdischen Garanten hat und als Fluchtpunkt allen Denkens und Handelns gleichwohl nicht wegfallen darf«?[33] Theologische Bescheidwisserei hat in der Soteriologie genug Schaden angerichtet. Aber ist es Bescheidwisserei, wenn die Theologie versucht, die Hoffnungsperspektive des Versöhnungs-*Glaubens* nachzuzeichnen als des Glaubens daran, daß in Jesus Christus offenbar wurde, wie Versöhnung geschieht? Ist es Bescheidwisserei, wenn die Theologie nachzuzeichnen versucht, wie Glaubende in der Spur Jesu Christi, des Gekreuzigten, der Versöhnung auf der Spur bleiben, wie und warum sie nicht davon ablassen, Versöhnung in dieser Welt für möglich zu halten und über diese Welt hinaus zu erhoffen? Die Rechtfertigung des nicht zu Rechtfertigenden – daß Unversöhntheit herrscht, obwohl Versöhnung geschehen sein soll – ist nicht Aufgabe der Theologie. Sie kann am Versöhner nur abzulesen und in neue geschichtliche Situationen hineinzubuchstabieren versuchen, wie Versöhnung Wirklichkeit wird – und was der Versöhnung bedarf. Mit diesem Versuch mischt sie sich unvermeidlich in den Streit darüber ein, was Schalom genannt zu werden verdient und was zu ihm hinführt. Ob sie auch in diesem Streit noch Frieden zu stiften vermag, das wird man sehen.

›Mein Reich ist nicht von dieser Welt‹; aber die Realisierung hat weltlich werden müssen und sollen«; Vorlesungen über die Geschichte der Philosophie, Werke in zwanzig Bänden, Bd. 19, 501.
[33] Vgl. Chr. Türcke, Religionswende, 101 f.

4.8 Versöhnung als Herausforderung

Die neue theologische Ebene, die in der Soteriologie mit der Versöhnungsmetapher erreicht wird, läßt sich beim Rückblick auf die zuvor erläuterten deutlich markieren. Dieser Rückblick soll so etwas wie einen roten Faden nachzeichnen, an dem entlang sich mit der Ausdifferenzierung der jeweils gebrauchten Kategorien bzw. der ihnen zugrundeliegenden Metaphern weitere Horizonte des Erlösungsglaubens öffnen. Die Erlösungsmetaphern beschreiben eine je eigene Konfliktwirklichkeit und entwerfen eine darauf bezogene Plausibilität der Konfliktbereinigung. Die Konfliktwirklichkeit wird in räumliche Koordinaten eingezeichnet, wobei das räumliche Vorstellungsmuster zunehmend von einem zeitlichen mitbestimmt bzw. sogar überlagert wird. Entsprechend verschiebt sich der Akzent der Erlösungsvorstellungen von z. T. massiv äußerlichen zu stärker verinnerlichten Plausibilitäten.

Der Äußerlichkeit der Befleckungsvorstellung entspricht die relative Äußerlichkeit der damit gegebenen Konflikt-*Lokalisierung:* Gott wendet sich ab; er will nicht mehr dort sein, wo man ihn durch ein nicht gottgerechtes Handeln geradezu vertreibt. Die Entfernung Gottes von seinem Volk wird als Entzug der göttlichen Gunst und des von Gott gewährten Lebensschutzes erfahren: Die von Gott Verlassenen sind den lebenswidrigen Mächten nun schutzlos ausgeliefert. Gottes Abwendung ist sein Zorn; er trifft diejenigen, die sich ihrerseits der Nähe Gottes entzogen haben, da sie ihm nicht gehorchten.

Die kultische Bereinigung dieses Konflikts zielt auf die Erneuerung des Zugangs zu Gottes gnadenhafter Gegenwart. Der Kult erwirkt die Wiederherstellung der heilsamen Gottesnähe – der Gottesgerechtigkeit –, da er der vom Adressaten des Kultes selbst gewährte Weg der Wiederannäherung für umkehrbereite Sünder ist. Die Sünder zeigen ihre Umkehrbereitschaft durch die dargebrachte Versöhnungs-Gabe. Diese hat die ihr von Gott zugebilligte Kraft, den Makel zu *bedecken,* so daß Gott ihn nicht mehr ansieht, oder gar ihn *abzuwaschen.* Paulus greift auf diese Sühne-Plausibilität zurück, um soteriologisch zur Geltung zu bringen, daß das sühnende Annäherungsritual nun, da es in Jesu Kreuz endgültig vollzogen ist, Gottes gnadenhafte Nähe unwiderruflich vermittelt, seine Gerechtigkeit definitiv geoffenbart und seinen Zorn – seine Abwendung – ein für alle Mal gegenstandslos gemacht hat.

Sobald aber die ethisch-rechtliche Dimension des Konfliktgeschehens in den Vordergrund tritt, wird die *Leistung* der Wiedergutmachung (satisfactio) zur ausschlaggebenden Versöhnungswirklichkeit, da sie ausgleicht, was durch die Fehl-Leistung der Sünde aus dem Gleichgewicht geraten war. Der Konflikt kommt zum Stillstand, wenn die Forderung des um sein Recht Gebrachten befriedigt, wenn ihm Genugtuung gewährt worden ist – wenn die in ausgleichender Gerechtigkeit zu wahrende Schöpfungsordnung wiederhergestellt und dem Schöpfer die Ehre erwiesen ist. Der Prozeß der ethischen Verinnerlichung dieser Satisfactio-Konzeption läßt den Leistungsaspekt noch stärker dominant werden. Es ist jetzt nicht mehr einzusehen, warum das Opfer des Sohnes jene nur von ihm – dem Gottmenschen – zu erbringende Ersatz-Leistung sein soll, die für sich allein die Kraft in sich habe, die Fehlleistung der Sünde zu heilen und die gute Schöpfungsordnung wiederherzustellen. Die nun den Menschen selbst vorbehaltenen, ihnen zugetrauten und zugemuteten Opfer, in denen sich ihre Menschlichkeit erst aufs Höchste beweist, erreichen hier eine »übermenschliche« Größe, mit der sie dem immer bedrängender erfahrenen übermenschlichen Verhängnis der Geschichte gewachsen sein sollen. Was als Leistung des Sohnes kein Zutrauen mehr verdiente, das wird nun als geschichtliche Herausforderung des Menschengeschlechts selbst – der Arbeiterklasse, der auserwählten Rasse, der Starken u.ä. – reformuliert, geradezu *vereinnahmt*: in die menschliche Leistungsfähigkeit hereingeholt.

Gegen diesen Mythos der Leistbarkeit des Versöhnenden durch den Menschen steht die Erlösungsmetaphorik des Kampfes gegen und des vom gekreuzigten Messias errungenen Sieges über die Mächte. Der Konflikt ist hier so lokalisiert, daß seine Austragung nicht mehr Sache der Menschen allein sein kann. Die Mächte sind nicht vom Menschen zu besiegen, denn der Mensch selbst ist bis in sein Innerstes hinein das »Schlachtfeld«. Die Logik der Macht und ihre Zähmung oder Überwindung durch eine Gegen-Macht perpetuiert eine Machtausübung, die den Siegreichen immer wieder neu zum Unterdrücker werden läßt: zu dem, der des Guten mächtig sein will und es doch verrät, da die Macht, die ihm zu Gebote steht, von seiner eigenen Unversöhntheit angesteckt ist. So hat die Logik der Macht in der Soteriologie der Logik der Versöhnung zu weichen. Der versöhnungsbedürftige Konflikt ist und bleibt aber ein Konflikt des Menschen mit Gott, ein Konflikt, in dem es um Gottes Gottsein und das Nicht-Gott-Sein des Menschen geht, nicht mehr um Sieg und Niederlage, sondern darum, daß Konfliktpartner miteinander *ausgesöhnt* werden.

Die Konfliktregelung im Sinne der Annahme einer Versöhnungsleistung – der Schadloshaltung – ist beim Modell Versöhnung »abgelöst von einem Modell der intersubjektiven Anerkennung, das interpersonal auf Gleichheit und Gegenseitigkeit (*sich* versöhnen), intrapersonal auf Identität zielt«.[34] Versöhnung heilt eine *Beziehung*, die wegen beziehungsschädigender oder -zerstörender Handlungen oder Ereignisse in die Krise geraten ist; eine Beziehung, in der sich der die Sünde ausmachende, tödliche »Drang in die Verhältnislosigkeit« und »Beziehungslosigkeit« (Eberhard Jüngel[35]) ausgewirkt hat. Der versöhnungsbedürftige Konflikt provozierte Abgrenzung und Ausgrenzung, das Nichtwahrhaben-Wollen des Anderen, seiner Bedürfnisse, seines Denkens und Fühlens, seines In-der-Welt-Seins; er programmierte Mißachtung und Eliminierung, im Wort- und im übertragenen Sinne »Verdrängung«. Versöhnung soll diesen Ausgrenzungsprozeß, in dem sich die Sünde als Macht der Ab-Sonderung ausbreitet,

---

[34] E. Seidler, Versöhnung. Prolegomena einer künftigen Soteriologie, in: Freiburger Zeitschrift für Philosophie und Theologie 42 (1995), 5–48, hier 10.
[35] Vgl. von ihm: Tod, Stuttgart – Berlin 1971, 98 ff.; Das Evangelium von der Rechtfertigung des Gottlosen als Zentrum des christlichen Glaubens, 95.

zurücknehmen und umkehren – und dies im Feld des Sozial-Mitmenschlichen wie durchaus auch im Bereich der innerpsychischen Wirklichkeit. Sie soll Beziehung stiften im Feld eines Beziehungen auflösenden Konfliktgeschehens zwischen Opfern und Tätern der Sünde, die oft gar nicht *letztlich* voneinander unterschieden werden können. Entscheidend muß dabei der Versuch sein, »eine verbindende Perspektive neu herzustellen, in der die Erfahrungen mit der Tat seitens des Täters wie des Opfers interpretiert sind«, so interpretierbar sind, daß sie die Beziehung nicht mehr sprengen müssen.[36]

Zur Erarbeitung dieser gemeinsamen Perspektive können Reue und das Eingeständnis des Täters beitragen, den Konfliktpartner in nicht hinnehmbarer Weise in seiner Identität – in seinem *Da-Sein* – mißachtet zu haben. Dieses Eingeständnis müßte verbunden sein mit der glaubhaften Bereitschaft, das Da-Sein des Anderen der eigenen sündigen Verdrängungsbereitschaft gegenüber angemessen zur Geltung zu bringen, will heißen ihn *anzuerkennen*, seine Perspektive für die jetzt zu erarbeitende gemeinsame Perspektive maßgebend sein zu lassen.[37] Dem Schuld-Eingeständnis des Täters kann das Opfer mit seiner Bereitschaft antworten, nicht mehr seinerseits mit Ab- und Ausgrenzung zu antworten, den Menschen, der Täter war und es bleibt, als Mitmensch anzuerkennen und in seiner Identität zu achten; mit der Bereitschaft, mit ihm von neuem eine gemeinsame Geschichte zu wagen.

Die Versöhnungs-Arbeit an der gemeinsamen Perspektive setzt aber nicht die genaue Klärung der Schuldfrage voraus. Es wird vielmehr – um der Versöhnung willen – immer wieder nötig sein, die moralische Perspektive der Schuld-

---

[36] Vgl. E. Seidler, Versöhnung, a.a.O., 40. N. Schreurs spricht im Blick auf die südafrikanische Wahrheits- und Versöhnungskommission, aber nicht nur auf sie, sondern auf den oben verhandelten Sachzusammenhang davon, daß die »Suche nach der Wahrheit« im Versöhnungsprozeß »eine ganz eigene Stelle (hat). Wahrheit und Schuld sind hier nicht austauschbar. Die Wahrheit ist mehr als die Erledigung der Schuldfrage; und die festgestellte Schuld ist nicht die ganze Wahrheit … Versöhnung ist mit anderen Worten nicht darauf aus, die Schuld eindeutig (und) ausschließlich einer Partei zuzuschreiben und diese Schuldzuteilung auf ewig zu fixieren oder die Wahrheit über die Vergangenheit auf immer unveränderlich festzuschreiben. Eine derartige Hypostasierung von Schuld blockiert geradezu die Möglichkeit von Schuld und Vergebung.« Sie könnte »dazu führen, das Übel zu diabolisieren, was die Chance auf Aussöhnung minimalisiert«; N. Schreurs, Wahrheit und Versöhnung. Am Beispiel der Situation in Südafrika, in: ET-Bulletin 10 (1999), 69–78, hier 72f.
[37] Auch die von Gott in Jesus Christus eröffnete Versöhnung übergeht nicht die Sünde des Menschen. Sie mutet den Versöhnungsbedürftigen die Wahrheit – die Wahrnehmung ihrer Versöhnungsbedürftigkeit – zu. Versöhnung heißt eben nicht Vergessen und Verdrängen, sondern die Überwindung des sündigen Drangs in die »Beziehungslosigkeit«. Überwindung setzt Konfrontation und Konflikt voraus, damit nicht der »faule Friede« des Vergessens anstelle der Versöhnung das Feld beherrsche; setzt »Kritik« der »Entzweiung« und der Versuche, sie zu verleugnen, voraus. Die von Jesus Christus geleistete und von den Seinen mitzutragende Diakonie der Versöhnung (vgl. 2 Kor 5,18) dient in diesem Sinne prophetisch der »Kritik Gottes« an einer unversöhnten und ihre Unversöhntheit verdrängenden Welt. Man wird diese »Kritik« theologisch als das Wirksamwerden des »Zornes Gottes« qualifizieren dürfen (vgl. R. Frisch – M. Hailer, »Ich ist ein Anderer«. Zur Rede von Stellvertretung und Opfer in der Christologie, in: Neue Zeitschrift für Systematische Theologie 41 (1999), 62–77, hier 72f.), wenn man die Rede vom Zorn Gottes ausschließlich im Kontext einer göttlichen Logik der Versöhnung versteht und sie nicht »auch noch« in ihren aggressiv-destruktiven Konnotationen beizubehalten versucht.

zuweisung zu relativieren oder gar zu überwinden und die gemeinsame Vergangenheit als eine »Geschichte des Scheiterns« wahrzunehmen, in der es – durch Versöhnung – gleichwohl die Möglichkeit gibt, von neuem Gemeinsamkeit zu wagen.[38] Versöhnung löst aus der Determinationsmacht einer verhängnisvollen, gewiß auch von Schuld gezeichneten Ab- und Ausgrenzungsgeschichte. Sie überwindet die Entfernung, die durch die Ab- und Ausgrenzung provoziert wurde; sie kehrt die verhängnisvolle Dialektik von Nähe und Entfernung um, wie sie in der Sünde zum Tragen kommt: Das Zu-nahe-Treten dessen, der das »Für-sich-Sein« des Anderen mißachtet hat und sich deshalb seiner rücksichtslos bedienen wollte, wird überwunden durch eine verbindend-verbindliche Gemeinsamkeit, in der die Konfliktpartner einander anerkennen und würdigen.

Versöhnung bedeutet Konfliktbewältigung ohne Machteinsatz, ja sogar durch Machtverzicht. Wer den ersten Schritt tut und um Versöhnung *bittet*, der gibt sich in die Hand des Konfliktgegners. Er macht sich wehrlos, besonders da, wo er als durch das Tun des Anderen in Mitleidenschaft Gezogener auf Versöhnung setzt. Das Wagnis der Versöhnlichkeit liegt darin, sich nicht mehr auf rechtlich oder moralisch geschützte Ansprüche berufen bzw. ihre Durchsetzung anstreben zu wollen, sondern eine andere Kommunikationsebene anzubieten und sich mit dem Angebot dieser neuen Kommunikationsebene schon auf ihr zu *exponieren*. Der Konfliktgegner kann diesem Angebot folgen; aber er kann auch den Machtvorteil nutzen, den ihm der Verzicht seines Gegners auf Machtmittel einräumt.

Diese machtlose Form der Konfliktregelung ist also, wo sie wirklich rückhaltlos gewagt wird, extrem gefährdet, ihr »Erfolg« im konkreten Fall unwahrscheinlich bzw. an viele unwahrscheinliche Voraussetzungen geknüpft. Das Angebot, an einer gemeinsamen Perspektive arbeiten zu wollen und dabei alle unnötigen Rücksichten oder die einseitige Durchsetzung eigener Ansprüche zurückzustellen, kann vom Anderen immer als ein Zugeständnis mißbraucht werden, das es ihm doch noch ermöglicht, seine eigenen Setzungen durchzusetzen, oder als das Angebot, die unheilvolle Vergangenheit ignorieren zu dürfen und weiterzumachen, so als sei nichts geschehen. Versöhnlichkeit ist verwechselbar mit »Klein-Beigeben« um des lieben Friedens willen, mit der Hinnahme des Unannehmbaren. Und sie ist gegen diese Verwechslung nur geschützt, wo sie nicht an der *Wahrheit* der Beziehungssituation vorbei gesucht wird, wo sie – ohne ins Schuldzuweisungsdilemma zurückzuführen – den Blick auf die Versöhnungs-*Bedürftigkeit* zumutet.

Diese Zumutung ist das Nein zu dem Nicht-Hinnehmbaren, das den »Streit« zu Recht ausgelöst hat, angesichts einer verheißungsvollen Alternative, die nur wirklich bejaht und ergriffen werden kann, wenn Abschied genommen ist von der trügerischen Verlockung zum Unannehmbaren und Unheilvollen. Mit dem Angebot zur Versöhnung ist es nur wirklich ernst, wenn es die ernste, geradezu unnachsichtige Herausforderung zur μετάνοια mit sich bringt und

---

[38] Darauf weist E. Seidler in ihrem zitierten Aufsatz (S. 40) zu Recht hin.

dies – unter Menschen, bei denen sich die Täter und die Opferrolle oft so wenig unterscheiden lassen – verbunden mit der Zusage, sich dieser Herausforderung selbst zu stellen. Die Zukunft, die durch Versöhnung erreicht werden soll, kann nur ernsthaft ergriffen werden, wenn sie als die heilvolle Alternative zum bloßen Weitermachen ergriffen wird, wenn der Neuanfang – die Überwindung des unheilvoll weiterwuchernden Vergangenen – wirklich gewollt wird.

Der Versöhnliche läßt das Nichtannehmbare nicht auf sich beruhen; er rührt »wehrlos« an das schwer Erträgliche oder gar Unerträgliche, damit der, der es bisher nicht wahrhaben wollte, sich ihm um der gemeinsamen Zukunft willen stelle. Wird die Zusage der Solidarität für eine gemeinsame Zukunft stark genug sein und als hinreichend verheißungsvoll gehört werden können, so daß die Verdrängung nicht in die Aggression gegen den umschlägt, der an sie rührt? »Der Mangel an Schweigsamkeit über das allgemeine Geheimnis und der unverantwortliche Hang, zu sehen, was Keiner sehen will«, können – so ausgerechnet Nietzsche – durchaus todbringend sein.[39] Die Wahrheit ist mitunter so unerträglich, daß man kaum noch mit ihr leben kann[40] – oder nur noch mit ihr leben kann, wenn einem angesichts dieser Wahrheit eine Verheißung glaubbar wird, aufgrund derer man die Zumutung der Umkehr annehmen kann.

Die lebensgefährliche Dramatik der Versöhnung, die eben nicht an der Wahrheit vorbei zu erreichen ist, wird in der frühen Soteriologie an *der prophetisch-messianischen Sendung* Jesu nachgezeichnet. Der Messias, der Gottes erwähltes Volk in die Zukunft führen soll, ist der Prophet, der es mit der Wahrheit – mit seiner Situation vor Gott – konfrontiert. Aber er konfrontiert es mit der Wahrheit, indem er ihm die Zukunft der Gottesherrschaft zuspricht und darum wirbt, sich ihr zu öffnen. Was er ihm als Gottes Zukunft bezeugt, das manifestiert zugleich das ganze Ausmaß an Umkehr-Notwendigkeit, des Widerstandes gegen die Zumutung, in Gottes Zukunft die eigene Zukunft zu suchen. Was er bezeugt, das erscheint so wenig glaubbar, daß die Unerträglichkeit der prophetisch-kritisch geltend gemachten Wahrheit allein noch wahrgenommen wird – und dem Propheten aus Nazaret zum Prophetenschicksal ausschlägt.

Es ist gefährlich, so zu sprechen. Die Volks- und Zeitgenossen Jesu geraten dabei fast unvermeidlich in die Rolle der Umkehrverweigerer und Prophetenmörder, die mit der Wahrheit nicht leben konnten, die Jesus ihnen zumutete. Müßte man nicht stattdessen den Konflikt, der zu Jesu Tod führte, theologisch und soteriologisch entdramatisieren, nicht als einen Konflikt um Wahrheit darstellen, sondern als Konsequenz eines religiösen Mißverständnisses oder gar nur einer als politisch gefährlich eingeschätzten Situation? Könnte man denn überhaupt genauer sagen, welche religiöse Zumutung Jesu den »Gegenschlag« der »Juden« bzw. ihres Establishments hervorgerufen haben soll?

Die historischen Hintergründe des Prozesses Jesu sind tatsächlich kaum so

---

[39] Menschliches, Allzumenschliches I, Aphorismus 65, KSA 2, 80. Es ist keineswegs ausgeschlossen, daß Nietzsche hier Jesus von Nazaret im Blick hat.
[40] Vgl. Die fröhliche Wissenschaft, Aphorismus 110, KSA 3, 469.

genau aufzuhellen, daß man die soteriologische Unterstellung eines »Prophetentodes« – eines Todes um der Versöhnung Gottes mit seinem Volk willen – historisch verifizieren kann. Aber es gibt doch historische Indizien, die dafür sprechen, daß die todbringende Provokation Jesu mit seiner Versöhnungsbotschaft – der Botschaft von der nahegekommenen Gottesherrschaft – zu tun hatte: mit einer Auslegung des Gesetzes, die innerhalb des zeitgenössischen Judentums durchaus Parallelen hat, aber immer noch provokant genug war; entscheidend wohl mit einer Sicht der Versöhnung zwischen Gott und seinem Volk, die »in eine klare Konkurrenz zum Tempel und seinem Heilsanspruch« trat.[41] Jesus beanspruchte, das endzeitliche Heil in seinem Handeln zu vergegenwärtigen, ohne daß noch von einer über die Herzensumkehr hinaus zusätzlichen Heilsbedingung die Rede sein müßte. Er wandte sich gegen eine religiös-politische Konstellation, in der Gottes Heilszukunft geradezu eingesperrt schien in einen religiös-politisch-kultisch definierten Erwartungshorizont, vereinnahmt von den amtlichen Sachwaltern dieser Zukunft, den Verwaltern einer Erwählungstradition, die einen »neuen Anfang« offenbar weder nötig noch denkbar erscheinen ließ. Daß Jesus hier von einem neuen Versöhnungshandeln Gottes zu reden wagte, das Gottes endzeitliche Herrschaft nicht aus rigider Gesetzesobservanz oder einem erneuerten Tempelkult oder gar politischen Befreiungsaktionen, sondern aus der vorbehaltlosen Zuwendung der Gottesgläubigen zu den Opfern herauswachsen lassen würde, das mag herrschende Vorstellungen von Gottes Heilshandeln unerträglich relativiert und eine verbreitete Motivation religiösen Handelns auf unerträgliche Weise entlarvt haben.

Daß Jesus von Nazaret mit seiner Versöhnungsbotschaft einen religiösen Konflikt innerhalb seines Volkes auslöste, könnte aber soteriologisch nur dann wirklich relevant sein, wenn sich an diesem Konflikt exemplarisch die Versöhnungsbedürftigkeit aller Menschen und die Dramatik der von Gott initiierten Versöhnung manifestierte. Die Volks- und Zeitgenossen Jesu wären dann soteriologisch als die Repräsentanten aller Versöhnungsbedürftigen, als die Repräsentanten auch ihres Widerstandes gegen die Zumutung der Umkehr zu verstehen. Und Antijudaismus und Antisemitismus wären dann – zumindest auch – als gewalttätige Projektionen zu begreifen: als Projektion des eigenen Widerstands gegen Gottes Wahrheit auf »Gottesmörder« als Sündenböcke. Vielleicht wird man hier sogar noch einen Schritt weiter gehen müssen. Wenn Jesus tatsächlich von seinen Volks- und Zeitgenossen als schwer erträgliche Herausforderung empfunden worden ist, so könnte das genau darin seinen Grund haben, daß sie ihn an ihr Unerträgliches rühren ließen und seine Zumutung noch emp-

---

[41] Vgl. J. Blank, Weißt du, was Versöhnung heißt? Der Kreuztod Jesu als Sühne und Versöhnung, in: ders. – J. Werbick (Hg.), Sühne und Versöhnung, Düsseldorf 1986, 21–91, hier 72. In der Exegese ist umstritten, inwieweit die explizit tempelkritischen Passagen auf Jesus selbst zurückgehen. Spezielle Probleme wirft dabei die »Tempelsteuer-Perikope« Mt 17,24–27 auf. Vgl. dazu G. Dautzenberg, Jesus und der Tempel. Beobachtungen zur Exegese der Perikope von der Tempelsteuer (Mt 17,24–27), in: L. Oberlinner – P. Fiedler (Hg.), Salz der Erde – Licht der Welt (Festschrift für A. Vögtle), Suttgart 1991, 223–238.

funden haben, weil sie ihn und diese Zumutung religiös ernstgenommen haben – womöglich im Unterschied zu all denen, die sie zum Legitimationsgrund ihrer selbstzufriedenen Heilsgewißheit oder ihrer religiösen Herrschaftsansprüche mißbrauchen.

Christliche Soteriologie könnte jedenfalls nur glaubwürdig von der in Jesu Sendung sich darstellenden Dramatik der Versöhnung und vom Kreuz als ἱλαστήριον – als dem Zeichen der von menschlicher Unversöhnlichkeit nicht zu überwindenden Versöhnlichkeit Gottes – sprechen, wenn sie aufzuzeigen versucht, worin die so schwer erträgliche Herausforderung der Versöhnungs-Zusage Gottes liegt, wo sich Christen hier und heute als von der Dramatik der Versöhnung ergriffen und zum Widerstand gegen Gottes guten Willen provoziert entdecken können, ja müssen – wenn sie es denn ernst meinen mit ihrem Versöhnungsglauben. Die an der Sendung Jesu mit einiger Berechtigung ablesbare Versöhnungsdramatik wäre dabei als Paradigma und damit in gewissem Sinne auch als »Leerstelle« zu nehmen[42], in der je *meine* Versöhnungsbedürftigkeit eingetragen und damit überhaupt erst als solche sichtbar werden kann.

4.9 Gottes Herrschaft und die Herrschaft der Zeit

Schon Paulus beginnt damit, das Paradigmatische der an Jesu Sendung sich manifestierenden Versöhnungsbedürftigkeit herauszuarbeiten. Und er sieht es – zumindest auch – darin, daß die Unversöhnten mit Gott und mit sich selbst im Streit liegen, da sie sich einem unersättlichen Anspruch ausgesetzt, sich in ihm bzw. in den hilflosen Versuchen, ihm zu entsprechen, gefangen sehen. Dieser Anspruch – der Anspruch der Mächte, aber auch des Gesetzes – *tötet*. Er vernichtet jede Zukunft, die diesen Namen verdiente, da er alles, was noch kommen kann, von dem aussichtslosen Versuch gezeichnet sieht, ihm zu entrinnen – dem Tod zu entrinnen, der in diesem Anspruch über die Menschen herrscht und sie zur Aussichtslosigkeit all ihren Beginnens verurteilt: Es ist immer schon überholt von der Endlosigkeit der Konfrontation mit Mächten, die *mehr* verlangen, als zur Befriedigung ihres Anspruchs getan werden kann. Die Unersättlichkeit dieses Anspruchs schlägt bei denen, die sich ihr ausgesetzt sehen, »nach innen« und treibt sie in den Selbstwiderspruch: Sie begreifen ihr Handeln nicht. Sie wollen das Gute, von dem sie sehr wohl wissen. Aber sie tun faktisch, was sie hassen. Sie liefern sich dem unersättlichen Anspruch aus, der immer mehr verlangt, aber gerade so vom Guten wegführt, das man doch eigentlich will (vgl. Röm 7,14–24). Die Unheilsdynamik des Immer mehr schafft und nährt den

---

[42] Von »Leerstelle« ist hier im Sinne der Rezeptionsästhetik die Rede, die solche Leerstellen bzw. Unbestimmtheiten als Herausforderung an den Leser begriff, sich in den Mitvollzug der »möglichen Intentionen« von Texten »einzuschalten«, zu entdecken, daß sie selbst hier gemeint sind. Vgl. W. Iser, Die Appellstruktur der Texte, Konstanz 1970 bzw. meine Überlegungen zu Isers Ansatz in: J. Werbick, Glaubenlernen aus Erfahrung, München 1989, 223–229.

Unfrieden, der Menschen und Gott auseinanderbringt, der die Menschen in sich selbst entzweit.

Die Zumutung, die von Gottes Versöhnungsangebot ausgeht, besteht darin, sich dieser Unheilsdynamik an der historischen Konkretheit der von ihr jeweils hervorgebrachten Entzweiung zu stellen und sich die Heillosigkeit der zu ihrer Abwendung verfolgten Versöhnungskonzepte nicht zu verheimlichen. Die bei Paulus beschriebene Unheilsdynamik des uneinholbaren Anspruchs läßt sich unschwer an der modernen Zeiterfahrung verifizieren[43]: am Ausgeliefertsein an ihre *Herrschaft*, an die Herrschaft des Vergehens und Verlierens, der – wie es scheint – nur standzuhalten ist mit dem Anspruch, sie wenigstens nicht unnütz zu verlieren: die Knappheit der verrinnenden Zeit dadurch auszugleichen, daß sie zur erfüllten Erlebnis-Zeit wird.

Die Zeit wird gewiß nicht erst seit der Neuzeit als vergehende und entreißende erfahren, als Statthalterin des Todes. Zeit und Tod gehören von altersher zusammen. Die Zeitmessung steht von Anfang an unter dem Vorzeichen des »mors certa, hora incerta« – jede Stunde kann tödlich sein und ist eine weniger an Lebenszeit, weil eine gewiß die letzte sein wird. Chronos, der Gott der Zeit, wird in der griechischen Antike als der seine Kinder selbst verschlingende Nimmersatt vorgestellt, gleichsam als das Verschlingen, die Macht des Vergehens in Person: »... nicht *in* der Zeit entsteht und vergeht alles, sondern die Zeit selbst ist dies *Werden*, Entstehen und Vergehen, das *seiende Abstrahieren*, der alles gebärende und seine Geburten zerstörende Kronos.«[44]

Die heraufziehende Moderne und das Dominantwerden der »gemessenen Zeit« haben diese Erfahrung nicht relativiert, sondern verschärft: Durch Unterteilung in genau definierte Zeitquanten wird die Zeit nicht etwa zur bloßen Anschauungsform – zur »formale(n) Bedingung a priori aller Erscheinungen«[45] – neutralisiert, sondern als Ressource definiert, als Zeit-Vorrat, der zur Knappheit tendiert und deshalb möglichst effektiv zu nutzen ist. Zeit ist *Möglichkeit*, Realisierungsraum, der Raum, Intentionen zu verwirklichen und

---

[43] W. Pannenberg hat die in der Sünde unversöhnt bleibende bzw. unversöhnlich werdende Widersprüchlichkeit des Menschen mit guten Gründen auf die Spannung zwischen Zentralität und Exzentrizität bzw. Selbsttranszendenz im menschlichen Daseinsvollzug zurückgeführt. Die in der Sünde zur Unheilswirklichkeit gewordene »fundamentale *Gebrochenheit* der menschlichen Daseinsform« besteht für ihn »darin, daß die Spannung zwischen zentraler Organisationsform und Exzentrizität immer schon zugunsten der ersteren, zugunsten des Ich, aufgelöst ist, statt umgekehrt durch Aufhebung des Ich in den Vollzug seiner wahren, exzentrischen Bestimmung« (W. Pannenberg, Anthropologie in theologischer Perspektive, Göttingen 1983, 102 f.). Sünde bedeutet hier die gewollte »Perpetuierung der natürlichen Zentralität«, die Verweigerung jener Selbsttranszendenz, in der die »Naturbedingungen des Daseins« auf die Bestimmung des Menschen hin im mehrfachen Hegelschen Wortsinne *aufgehoben* werden müssen (vgl. ebd., 105 f.). Man kann freilich weiterfragen, ob diese Verweigerung der »Sorge« um sich selbst nicht entscheidend mit der Zeitlichkeit des menschlichen Daseins zu tun hat. So hat es M. Heidegger in »Sein und Zeit« (Tübingen ¹⁰1963) gesehen und analysiert. Seine Analysen spielen noch für J. P. Sartres Werk »Das Sein und das Nichts«, auf das noch Bezug genommen wird, eine ausschlaggebende Rolle.
[44] G. W. F. Hegel, Enzyklopädie der philosophischen Wissenschaften, § 258, Werke in zwanzig Bänden, Bd. 9, 49.
[45] I. Kant, Kritik der reinen Vernunft A 34/B 50.

Teleologien durchzusetzen. Das Vergehen der Zeit ist das Schwinden der Möglichkeit, der Verbrauch des Möglichkeits-Vorrats, Inbegriff des Todes, der aller von Menschen gesetzten Teleologie spottet: »Nichts steht so finalistisch wie er am Ende, und nichts zerschmettert zugleich den Subjekten der historischen Zwecksetzung ihre Arbeit so antifinalistisch zum Fragment. Die Kiefer des Todes zermalmen alles, und der Schlund der Verwesung frißt jede Teleologie«.[46] Die Zeit eröffnet die Möglichkeit, anzufangen; aber jeder Anfang in ihr ist der Anfang vom Ende, an dem, was das Leben an Möglichkeiten bieten konnte, aufgebraucht sein wird, an dem bedeutungslos wird, was man beabsichtigte und realisieren wollte.

Wird die Zeit unter dem Vorzeichen sich erschöpfender Möglichkeitsressourcen wahrgenommen, so treibt diese Wahrnehmung zugleich den *Anspruch* hervor, das sich Erschöpfende auszuschöpfen und im zeitlich befristeten Leben – der einzigen und »letzten« Gelegenheit – dem unerschöpflichen Lebensreichtum wenigstens auf der Spur zu bleiben.[47] Dazu muß Zeit zum Projekt-Zeitraum umdefiniert werden mit der Folge, daß das in der Zeit Begegnende als für das Projekt jeweils Förderliche oder aber als mehr oder weniger hinderliche Randbedingung in den Blick kommt. Der Projekt-Zeitraum umspannt ein »Mittel-Universum« (Günther Anders[48]), in dem alles »sich daran bewähren« muß, »daß es gut für menschliche Zwecke ist«[49], zur Welt- und Erlebnisausbeute beitragen kann. Der durchschlagende technisch-wissenschaftliche Erfolg bei der Aufbereitung des in Welt und Zeit Gegebenen bzw. Begegnenden zu projekttauglichen Ressourcen verschärft den Anspruch an die je eigenen Lebens-Projekte bis zur Unersättlichkeit. Wo so vieles prinzipiell möglich ist, da wird die Begrenzung der *eigenen* Möglichkeiten durch die zugemessene Lebenszeit zum eigentlichen Problem:

> »Die Kluft zwischen Lebenszeit und Weltmöglichkeit ist so tief beunruhigend, daß er (der ›moderne Mensch‹; J. W.) darüber in Panik zu geraten droht. Angesichts des Überangebots der Welt erfährt er seine Zeitknappheit erst recht quälend, und die Angst, das Meiste, das Wichtigste oder das Beste zu versäumen, wird zum peinigenden Grundgefühl des Lebens … Durch ›Techniken und Kunstgriffe‹ der Selbstbeschleunigung sucht das Individuum ›Zeit zu gewinnen, um mehr vom Leben zu haben‹.«[50]

Der unersättliche, unablässig fordernde Anspruch ist nun der eigene geworden und doch zugleich in tief widersprüchlicher Weise der nicht-eigene geblieben, dem man sich ausgeliefert, an den man sich geradezu gefesselt erfährt: Die Lebens- und Erlebnisbilanz soll positiv sein, »die genutzten Gelegenheiten sollen

---

[46] E. Bloch, Das Prinzip Hoffnung, Frankfurt a. M. 1959, 1301.
[47] Vgl. dazu M. Gronemeyer, Das Leben als letzte Gelegenheit. Sicherheitsbedürfnisse und Zeitknappheit, Darmstadt 1993, hier 24 f.
[48] Vgl. Die Antiquiertheit des Menschen, Bd. 2: Über die Zerstörung des Lebens im Zeitalter der dritten industriellen Revolution, München ⁴1988, 364 f.
[49] M. Gronemeyer, Das Leben als letzte Gelegenheit, 47.
[50] Ebd., 103, mit Bezugnahme auf H. Blumenberg, Lebenszeit und Weltzeit, Frankfurt a. M. 1986, 73.

die verpaßten in den Schatten stellen.«[51] Diesem Anspruch haben sich alle Projekte, hat sich schließlich das Leben selbst zu fügen – hat sich die Welt zu fügen, so lange und soweit sie mir als »Lebens-Mittel« zur Verfügung steht. Versäumnisangst läßt zum Ausbeuter werden, der es darauf abgesehen hat, »die Welt abzukassieren, anstatt sich mit ihr einzulassen, auf leichte *Einnahmen* zu spekulieren, statt die unabsehbaren Folgen der *Hingabe* zu riskieren.« Weltverhältnisse – Verhältnisse zum Anderen und zu den Anderen – drohen »unter Zeitdruck banal und utilitarisch (zu) werden«, der Achtung des Anderen in seinem Anderssein weder Raum noch Zeit zu lassen.[52] Wo die Zeit zur Ressource wird, da wird es der Tendenz nach auch die mit Anderen zu teilende Welt; da werden die Lebens- und Erlebnismittel zu knappen und umkämpften Gütern, da sie gegenüber der Unersättlichkeit der Ansprüche, möglichst nichts zu versäumen, notorisch *zu wenig* sind.

So gibt es gute Gründe, die Erlösungs- und Versöhnungsbedürftigkeit des Menschen im Blick auf sein Beherrschtwerden durch die Zeit zu identifizieren:

- als Ausgeliefertsein an einen Anspruch, für den alles zu wenig ist;
- als Ausgeliefertsein an den Konkurrenzkampf um das Mehr oder Weniger;
- als Zwang zur Reduktion des Anderen auf sein Mittel-sein-Können für mein oder unser Projekt;
- als der versöhnungsbedürftige Selbstwiderspruch eines Menschseins, das von seinen Möglichkeiten notorisch überfordert ist, statt sie als Spielraum seiner Freiheit entdecken zu können.[53]

Die Herrschaft der Zeit zwingt zum Beherrschen- und Behaltenwollen des Vergehenden und Sich-Entziehenden; sie macht es zum Umkämpften, zur umkämpften Möglichkeit, zur auszubeutenden Ressource. Diese Perspektive ist im Blick auf die Zeit durchaus auch die des Glaubens. Der Glaube ist ein Kampf, da er, »wenn man so will, verrückt für Möglichkeit kämpft« (Kierkegaard), dabei aber immer schon weiß, daß das, worum er »kämpft«, für Menschen unmöglich und nur bei Gott möglich ist.[54]

Wie kann der Glaube »verrückt« für etwas kämpfen, das er gar nicht erobern kann, da es nicht menschenmöglich ist? *Søren Kierkegaard* greift auf die Metapher des Kampfes zurück, um den Ort zu identifizieren, an dem geglaubt

---

[51] M. Gronemeyer, Das Leben als letzte Gelegenheit, 103. Zum kultursoziologisch erhebbaren Hintergrund dieser Er-Lebenszentrierung vgl. G. Schulze, Die Erlebnisgesellschaft. Kultursoziologie der Gegenwart, Frankfurt a. M. 1992, hier insbesondere das 1. Kapitel, 33–78.

[52] Vgl. M. Gronemeyer, Das Leben als letzte Gelegenheit, 136 f.

[53] Es ist also offenkundig mehr als eine hilflos-verschleiernde Metapher, wenn man von der *Herrschaft* der Zeit spricht. Die Zeit »herrscht über uns, über uns Menschen ebenso wie über die Dinge. Und zwar richtet sie eine entfremdende, keine befreiende Herrschaft über uns auf. Wohl herrscht sie so über uns, daß sie zugleich in uns und letztlich durch uns herrscht. Aber ihre Herrschaft in uns verlängert und vertieft nur ihre Herrschaft über uns … Genauer: Zeit ist die ausgezeichnete Weise, wie das Ganze der Welt über uns herrscht, vor dem Raum, der anderen Weise dieses Herrschens, dadurch ausgezeichnet, daß sie auch *in* uns herrscht«; M. Theunissen, Negative Theologie der Zeit, Frankfurt a. M. 1991, 41.

[54] Vgl. S. Kierkegaard, Die Krankheit zum Tode, Gesammelte Werke, hg. von E. Hirsch und H. Gerdes, 24. und 25. Abteilung, Taschenbuchausgabe Gütersloh 1981, 35.

werden *muß*, weil der Mensch sich hier selbst unmöglich wird, weil er sich selbst und weil ihm seine Möglichkeiten unbegreifbar – unergreifbar – werden. Es ist der Ort, an dem der Kampf um Möglichkeit in die Unmöglichkeit führt, an dem die Zeit selbst menschliches Existieren unmöglich macht. Die drei Zeithypostasen brechen hier unheilbar auseinander: die Vergangenheit hat die Zukunft unmöglich gemacht, da alles, was noch kommt, das Vergangene nicht ungeschehen machen kann, »zu wenig« ist, um mehr zu sein als die »Abwicklung« des Vergangenen, als die hilflose Fortsetzung seiner Unmöglichkeit. So kann der Mensch das Vergangene in seiner Gegenwart auch nicht mehr existierend mit der Zukunft »zusammenhalten«, will heißen das Gewordene im geschichtlichen Vollzug auf das *nun* Mögliche hin öffnen.[55] Der »Kampf um Möglichkeit« kann nur in die Niederlage führen, wenn nicht Gott selbst möglich werden läßt, was der Mensch sich nicht erkämpfen kann: die »Wiederholung«[56], in der das Vergangene und Verlorene gerettet wäre; den »Augenblick«, in dem die Vergangenheit ihre Macht über die Zukunft verliert, da das Vergangene »augenblicklich« in den unendlichen Möglichkeiten der *göttlichen* Freiheit – im mehrfachen Hegelschen Wortsinn – aufgehoben ist. Gottes Zukunft kann allein jene Zukunft vergegenwärtigen, die – weil sie Gottes Zukunft ist – die Vergangenheit überholt und das Vergangene im Zukünftigen versöhnt.

Kierkegaard entwirft damit einen formalen Begriff von Erlösung bzw. Versöhnung im Ausgang von der modernen Wahrnehmung der Zeit als der menschliches Existieren zugleich möglich und unmöglich machenden Herausforderung zur Freiheit. Erlösung bzw. Versöhnung bedeutet das Ende der Beherrschung durch die Zeit – durch den unersättlichen Anspruch, der das Kommende immer schon *zu wenig* sein läßt – in der Ankunft der Gottesherrschaft, deren Zukunft sich nicht dem Gesetz des »Mehr« und »Zuwenig« fügt, sondern den Anspruch außer Kraft setzt, der in diesem Gesetz alles zum Anfang vom Ende macht. Der Anspruch und sein Zeit-Gesetz verlieren ihre Kraft, wenn Gottes Zukunft einen neuen Möglichkeitsraum eröffnet, in dem die aus der Zukunft sich uns vergegenwärtigende Zeit nicht als Macht erfahren werden muß, die uns unabwendbar mit in die Vergangenheit nimmt und damit aus der Zukunft ausschließt.

Dieser formale Vorbegriff einer erlösenden Versöhnung könnte das theologische Sprechen von Erlösung vor der Vernunft wenigstens insoweit legitimieren, als es ihm einen möglichen Ort zuweist, gleichsam eine »Leerstelle« ausmißt, die von der Vernunft nicht immer schon ausgefüllt ist oder als nichtexistent dementiert wäre. Die fundamentaltheologische Reflexion müßte freilich genauer zeigen, daß dieser Ort kein philosophisches Niemandsland ist, auf das deshalb jedermann ohne weiteren argumentativen Aufwand Besitzansprüche anmelden könnte. Das theologische Recht, an diesem Ort soteriologisch zu

---

[55] Kierkegaard versucht hier offenkundig eine Reformulierung der kirchlichen Erbsündenlehre. Es muß dahingestellt bleiben, inwieweit er mit seiner Reformulierung deren Intentionen wirklich trifft.
[56] Zu diesem Begriff vgl. D. Glöckner, Kierkegaards Begriff der Wiederholung, Berlin 1998.

sprechen, soll im folgenden wenigstens andeutungsweise im Blick auf Sartres Bestreitung dieses Rechts verteidigt werden.

4.10 Gottes Zukunft: die Rettung der Opfer

Jean Paul Sartres frühes Hauptwerk »L'être e le néant«[57] kommt mit dem eben im Anschluß an Kierkegaard Entwickelten darin überein, daß es die Zeitlichkeit menschlichen Daseins als Signatur der conditio humana voraussetzt und die Zeit als Trennendes versteht, das letztlich »mich von mir selbst« trennt[58], somit zumindest die Frage nach der Versöhnung dieser Trennung von mir selbst unabweisbar macht. Der Mensch ist als Existierender – muß heißen als vom bloß vorhandenen An-sich sich unterscheidendes, reflexives Für-sich – der Zeit und ihrer »Nichtung« (néantisation) unterworfen, da er sich als Für-sich nur setzen kann im Sich-Absetzen vom An-sich, im Vollzug jenes Freiwerdens vom An-sich – dem bloß Gegebenen und Gewesenen –, worin er von der frei antizipierten Zukunft her auf sich selbst als An-sich zurückkommen kann. Freiheit bedeutet und setzt voraus »ein nichtendes Abrücken vom Gegebenen«[59], ein Sich-Losreißen von der Welt wie von sich selbst[60], worin Freiheit sich als das Setzen eines neuen Anfangs realisiert. Der Zeitbezug liegt hier »unmittelbar in der Bestimmung ›neuer Anfang‹.«[61] Der neue Anfang sistiert die Fortdauer des Gegebenen; er »nichtet« die Macht des An-sich. Insofern trifft eine Definition in den Tagebüchern von 1939/40 – vor der Erarbeitung von L'être et le néant – den Kern der Sache: »Die Zeit ist die Faktizität der Nichtung«.[62] Ihre Extension wird zugleich als Nacheinander und Ineinander erfahren; das Bewußtsein ist selbst dieses Zugleich von Nacheinander und Ineinander: »darin, daß es nicht ist, was es ist, und ist, was es nicht ist.«[63]

Das Bewußtsein ist nicht, was es ist, da es als Für-sich sein An-sich negiert, sich von seinem Gewordensein – seiner *Vergangenheit* – losreißt und so den neuen Anfang setzt. Vergangenheit ist hier »überschrittene Faktizität«[64], deren Fortgeltung sich die Freiheit verweigert, von der sie sich losreißt und in ihre eigene Zukunft »flieht«, so sehr sie als Übernahme der Verantwortung für das

---

[57] Hier zitiert nach der dt. Übersetzung »Das Sein und das Nichts« von J. Streller, Hamburg 1962.
[58] Vgl. ebd., 191.
[59] Vgl. ebd., 63.
[60] Vgl. ebd., 66.
[61] So die Erläuterung M. Theunissens, Negative Theologie der Zeit, 140.
[62] Zitiert nach: M. Theunissen, Negative Theologie der Zeit, 146.
[63] So die Zusammenfassung von M. Theunissen, a. a. O., 164. Theunissen arbeitet das Zugleich von Nacheinander und Ineinander zur »Theorie einer ›Verschränkung der Zeiten‹« aus (a. a. O., 152 ff.) und bezieht sich dabei auf J. Moltmann, Verschränkte Zeiten der Geschichte. Notwendige Differenzierungen und Begrenzungen des Geschichtsbegriffs, in: Evangelische Theologie 44 (1984), 213–228.
[64] Das Sein und das Nichts, 200.

Vergangene, als ihr »Wiederaufnehmen« (reprise[65]), gedacht werden müßte. Wenn aber die »Nichtung« der Vergangenheit im Sinne des Sich-Losreißens die Beziehung des Subjekts zum Vergangenen als dem An-sich bestimmt, so wird man sich fragen müssen, ob hier das Neben- bzw. Außereinander der Zeiten so dominant wird, daß ihr Ineinander gar nicht mehr zum Tragen kommt, weshalb das Subjekt sich dann auch nicht mehr der Gegenwart öffnen, sondern nur noch bei der von ihm ergriffenen Zukunft seine Zuflucht finden kann. Wenn im Gedanken der Beziehung »Zuwendung« mitgedacht werden muß, »also das Gegenteil von Flucht und Abwendung«, so wird man sich weiterhin fragen müssen, wie der Abstand nehmenden Nichtung der Vergangenheit – dem Sich-Losreißen von ihr – noch eine Beziehung zu ihr immanent sein kann.

Denkbar wäre diese Beziehung als bloß bewußtseinsimmanente: Im Sich-Losreißen setzt das Bewußtsein das Vergangene als das, was es nicht mehr ist und mit dem es gleichwohl »leben muß«, auf das es deshalb zurückkommen muß – aber eben im Modus des Sich-Losreißens. Man wird hier den Akzent der Nichtung vielleicht ausgeprägter vorfinden als in Martin Heideggers fundamentalontologischer Analyse der Zeitlichkeit, nach der sich das Dasein im Angesicht des ihm bevorstehenden Todes »in seiner Geworfenheit ganz zu übernehmen« hat, indem es sich auf ihm überlieferte Möglichkeiten des Daseins hin entwirft und sein »Erbe« in diesem Sinne »wiederholt«.[66] Aber Sartre verschärft nur die schon hier zu beobachtende Aporie einer bewußtseinstheoretisch gefaßten Zeitanalyse, die sich in die Frage fassen läßt: Wie kann das Dasein – das Subjekt – auf *seine* Vergangenheit zurückkommen, wenn es sich doch in *Absetzung* von ihr zu setzen hat? Wie kann es übernehmen und als Erbe aufnehmen, was der Freiheit so vorausliegt, daß sie sich *gegen es* realisieren muß: in der Verweigerung seiner Fortgeltung als gegenwartsbestimmend? Wie kann das Subjekt Verantwortung übernehmen nicht nur für ein Erbe, das ihm Möglichkeiten für ein Sich-Entwerfen überliefert, sondern – und das steht ja bei Sartre im Vordergrund – für die als Vergangenheit gleichsam »sedimentierte« Verunmöglichung von Zukunft, von der es sich dann eben nur noch losreißen könnte? Hat Kierkegaard mit seiner Bezugnahme auf Erbsünden- und Erlösungslehre nicht doch die besseren Argumente für sich?

Ähnliche Probleme bereitet Sartres Analyse der Zukunftsbezogenheit. Sie liegen – analog zu denen, die die Gegenwart einer Vergangenheit aufwirft, der sich Freiheit offenbar nur noch verweigern kann – in der Gegenwart einer Zukunft, die nicht nur der Entwurf der Freiheit selbst kann, das »Noch-nicht-Sein« des Subjekts, zu dem es sich flüchtet im Sich-Losreißen von dem, was es nicht mehr ist und sein will.[67] Kann Zukunft letztlich als Selbstbeziehung gedacht werden: als Auf-sich-selbst-Zukommen des Subjekts? Was geschieht mit einer Auslegung der Zukunft als einer »Kunft, in der das Dasein in seinem eigensten

---

[65] Vgl. ebd., 176.
[66] Vgl. M. Heidegger, Sein und Zeit, 382–385.
[67] Vgl. Theunissens Referat a.a.O., 173 f.

Seinkönnen auf sich zukommt«[68]; was bedeutet diese »Verselbstung« der Zukunft, die doch offenkundig »die Zukunft in den Radius des Ausgreifens auf sie einschließt«?[69] Außer Betracht bleibt hier der Gedanke »einer zukunftseigenen, auf der Selbstpräsentation der Zukunft beruhenden Gegenwart«[70]; und ungeklärt bleibt, »wie menschliches Dasein, indem die Zukunft auf es zukommt, seinerseits zu sich« kommen kann.[71] Aber erst dieser Gedanke einer Zukunft, die mit ihrem Auf-mich-Zukommen mich gleichsam mit sich nimmt und so auf eine Vergangenheit zurückkommen läßt, von der mich nur »loszureißen« Verantwortungslosigkeit bedeutete, begründet letztlich ein heilsames Ineinander der »Zeiten«. Es kann jedenfalls nicht vom Subjekt selbst geleistet werden. Wo es doch als seine Leistung – bewußtseinsimmanent – gedacht werden soll, da kann sich das »Dasein« doch nur in die Ganzheit eines entschlossen-geschichtlichen Existierens retten, das sich von der Geschichte selbst – *ihrer* Vergangenheit und *ihrer* Zukunft – abgelöst hat (Heidegger) oder in eine »verselbstete« Zukunft flüchten, in der es zu einem Engagement finden mag, das seinem Sich-Losreißen von der Vergangenheit Sinn geben muß (Sartre).[72] So oder so: Die Herrschaft der Zeit, die das Dasein antreibt, in der Zukunft zu suchen, was die Vergangenheit schuldig blieb und Zukunft nur erfahrbar werden läßt als das Wohin einer Flucht, das von der Vergangenheit schließlich doch eingeholt – also selbst vergangen sein – wird, ist nicht gebrochen, sondern nur philosophisch reflektiert zum Ausdruck gebracht.

Die Herrschaft der Zeit übt Gewalt aus, weil sie unter dem Vorzeichen der Beraubung steht, der Beraubung durch das Vergehen, das durch keine Zukunft wieder gut gemacht werden kann und deshalb alles, was noch kommt, mit dem Index des *Zu wenig* versieht. Die Zukunft kann das Vergangene und damit auch Entgangene nicht ausgleichen oder gar rechtfertigen. Sie kann es schon deshalb nicht, weil sie so überhaupt nur als die mögliche bzw. eben unmögliche Kompensation in den Blick kommt, also in einem bloß äußerlichen Verhältnis zum Vergangenen gedacht werden kann. Nichtung (néantisation) erscheint dann als die einzige Möglichkeit, ein Anfangen in Freiheit – als Unterbrechung der Macht des Vergangenen und des Vergehens – zu denken. Aber dieses Anfangen nimmt die Gewaltsamkeit des Sich-Losreißens mit in eine Zukunft, von der man schließlich nicht mehr weiß, wovon sie Zukunft sein und wem sie Zukunft geben soll.

Natürlich liegt es hier nahe, die im Auseinanderbrechen der Zeithyposta-

---

[68] Vgl. Sein und Zeit, 325–330.
[69] Vgl. M. Theunissen, Negative Theologie der Zeit, 174 f. Entsprechend wäre bei Sartre dann auch von einer – die negationstheoretische Distanzierung des Vergangenen als An-sich überholenden – »Verselbstung« der Vergangenheit zu sprechen. Selbstheit – so Sartre – »heißt, zu sich kommen«. Solches »Zu-sich-Kommen« ist ein »Grenzzustand« der Vollkommenheit »vom Typus ›An-und-für-sich‹ ... Durch diesen letzten Grenzzustand erfolgt die Wiederaufnahme unserer Vergangenheit ein für allemal«; Das Sein und das Nichts, 502.
[70] M. Theunissen, Negative Theologie der Zeit, 170.
[71] Ebd., 174.
[72] Vgl. ebd., 186.

sen gründende Herrschaft der vergehenden Zeit von *Gottes Zeitüberlegenheit* überwunden und die der Zeitherrschaft Unterworfenen, zur hoffnungslosen Jagd nach Kompensation Getriebenen, in ihr erlöst zu sehen. *Friedrich Nietzsche* hat diese Lösung als Ausflucht verstanden und sich ihr mit äußerster Denk-Konsequenz verweigert. Dabei entzieht er sich der Dramatik dieser Zeitherrschaft keineswegs:

> »Nicht zurück kann der Wille wollen; dass er die Zeit nicht brechen kann und der Zeit Begierde, – das ist des Willens einsamste Trübsal …
>   Dass die Zeit nicht zurückläuft, das ist sein Ingrimm; ›Das, was war‹ – so heisst der Stein, den er nicht wälzen kann.«[73]

Bleibt nur der Ausweg des Vergessens, das alles Vergangene begraben sein läßt und den Stein vor dem Grab der Vergangenheit gar nicht mehr wegwälzen will; bleibt nur der »Wahnsinn« mit seiner Predigt: »Alles vergeht, darum ist Alles werth zu vergehn«[74] – also das bloße Sich-Losreißen? Nietzsche kennt die Alternative:

> »Die Vergangnen zu erlösen und alles ›Es war‹ umzuschaffen in ein ›So wollte ich es!‹ – das hiesse mir erst Erlösung!«[75]
>   »Alles ›Es war‹ ist ein Bruchstück, ein Räthsel, ein grauser Zufall – bis der schaffende Wille dazu sagt: ›aber so wollte ich es!‹
>   – Bis der schaffende Wille dazu sagt: ›Aber so will ich es! So werde ich's wollen!‹«[76]

Die Herrschaft der vergehenden Zeit ist nur gebrochen, wenn ihr Vergehen nicht mehr als das Nicht-sein-Sollende wahrgenommen wird, wenn es nicht mehr als Beraubung verstanden werden muß, sondern als ein Geschehen, das ich genau so wollen und ohne jede Einschränkung *bejahen* kann – das mir immer wieder neu willkommen wäre, wenn es in meiner Verfügung stünde; ein Geschehen, das mir nichts schuldig bleibt, so daß ich nicht danach zu fragen habe, was mir die Zukunft an Neuem, das »Alte« Überholendem, bringen kann. So liegt Erlösung hier in der Theorie von der ewigen Wiederkunft des Gleichen, die sich entschieden davon abwendet, der Zukunft die Erlösung von einer unheilvollen Vergangenheit zuzutrauen. Aber ist damit wirklich mehr erreicht und mehr gedacht als die Identifikation mit dem Aggressor, als eine Identifikation, die die Zeitherrschaft bricht, indem sie sie selbst vollstreckt: all jene in eine absolut bedeutungslose Vergangenheit hineinstoßen will, die nicht selbst der Übermensch sein wollen, der sich selbst von der Herrschaft der Zeit erlöst – all jene, die hinreichend und »ewig« Grund haben werden, mit dem ihnen Widerfahrenen nicht einverstanden zu sein? Hat Nietzsche mit seiner »Utopie« der Erlösung vom »Ressentiment« und dem schwächlichen Hängenbleiben am

---

[73] Also sprach Zarathustra II, KSA 4, 180.
[74] Ebd.
[75] Ebd., KSA 4, 179.
[76] Ebd., 184.

Nichthinnehmbaren durch rückhaltlose Bejahung des Geschehenen nicht – konsequent, wie er nun einmal dachte – der Zukunft die Möglichkeit des Neuen bestritten und so Kierkegaards Erlösungshoffnung auf Gottes »Wiederholung« durch die ewige Wiederkunft des Gleichen ersetzt? Was sollte denn noch verheißungsvoll anfangen und das Vergangene erlösend-versöhnend »überholen« können, wenn das Vergangene als das ewig Willkommene hinzunehmen ist?

Wo die Bejahung des Geschehenen vom Menschen selbst verbürgt sein soll, da muß sie gewaltsam werden und Gewalt üben gegen die, die von der Zukunft die »Erlösung« der Vergangenheit erwarten, weil sie der Bejahung des Geschehenen Erlösung nicht zutrauen können; gewaltsam gegen die Frage nach dem guten Anfang, der in eine Zukunft führt, die mehr wäre als die ewige Wiederkunft des Gleichen. Diese Gewaltsamkeit macht die Frage nach dem guten, heilsam überholenden Anfang unabweisbar, nach einem Anfang also, der das Vergangene nicht einfach »draußen« ließe, es nicht definitiv als das bloße An-sich – wie »abgelegte Sachen« – hinter sich ließe; die Frage nach einer Macht, die das Ineinander der Zeiten über ihrem Außereinander und Nebeneinander heilsam zur Geltung bringen könnte. Es wäre die Macht, in der Gott gegen die Herrschaft der Zeit seine endzeitliche Herrschaft heraufführt. Von ihr sagt der theologisch reflektierte christliche Heilsglaube: Sie

> »befreit nicht nur die Zukunft von der hypostasierten Gewalt der Vergangenheit. Sie kehrt die ganze Rangordnung im Verhältnis von Vergangenheit und Zukunft um. Denn im Vertrauen auf sie wird, unbegreiflich für alle Metaphysik und Mythologie, auch das Vergangene noch veränderbar, veränderbar durch Reue. Erlösung gibt, als Handeln Gottes, der Zukunft ihre Souveränität gegenüber der Vergangenheit zurück. In der von ihr freigesetzten Wirklichkeit verschlingt sich die Zukunft mit der Vergangenheit in der bestimmten Weise, daß sie über das Geschehene eine Macht gewinnt, in der die Macht Gottes sich manifestiert.«[77]

Zeit wäre unter der Herrschaft dieser *Macht der Versöhnung* nicht mehr – wie für die klassische Metaphysik – der Raum eines an sich bedeutungslosen Wechsels (μεταβολή[78]), in dem es neuzeitlich nur noch darum gehen konnte, durch das Ergreifen von möglichst viel und immer mehr an Abwechslung das Verlorene zu vergessen; ein Zeit-*Raum* im genauen Wortsinn, in dem das Neben- und Außereinander von Zeitquanten nur noch den Übergang von einem zum anderen denkbar erscheinen[79] und im Ausgreifen auf das noch nicht Ergriffene einen Ausgleich für das Entgangene erstreben läßt. Zeit wäre, wo Gottes befreiende Herrschaft *anfängt*, die Zeit der Versöhnung, die nicht nur vom Einen zum Nächsten übergeht und das Eine um des Nächsten willen zurückläßt, sondern dem Vergessenen oder auch nur aus der Gegenwart Verdrängten Zukunft gibt,

---

[77] M. Theunissen, Negative Theologie der Zeit, 371.
[78] Vgl. Platons Politeia 381a.
[79] Zu erinnern ist hier noch einmal an Hegel, der die Zeit als »die negative Einheit des Außersichseins« bestimmt und sie dann in einer von Sartre der Sache nach aufgenommenen Formulierung begreift als »das Sein, das, indem es *ist*, *nicht* ist, und in dem es nicht ist, ist«, als »das angeschaute Werden«; Enzyklopädie § 258, Werke in zwanzig Bänden, Bd. 9, 48.

nicht die Zukunft eines unendlichen Fortwucherns, sondern eine Zukunft, in der wahr wird, was von der Unwahrheit niedergehalten war, in der befreiend und befreit anders werden darf, was zum bloßen Weitermachen bis zur Erschöpfung verurteilt schien. Von der Macht der Versöhnung dürfte erhofft werden, daß sie das bloße Außereinander heilvoll zusammenbringt, so daß *ganz* werden kann, was im bloßen Wechsel und der Sucht nach Mehr seine Ganzheit gerade verfehlte; sie wäre »Zeit der Ewigkeit«, also nicht bloß das Andere der vergehenden Zeit, sondern in dieser als Gottes Zeit anfangende und Geschichte ermöglichende, die ja »erst sein könnte, was sie ist, wenn sie dem Verhängnis einer ewigen Wiederkehr des Gleichen entginge«[80], wenn sie der »Raum« einer Freiheit wäre, von der her und auf die hin Andersswerden Zu-sich-selbst-Kommen sein könnte.

Die Macht der Versöhnung wäre die des versöhnend-heilbringenden Erinnerns, einer machtvollen »memoria passionis«, die den Opfern mehr an Zukunft schenkt, als ihnen von den Opferherren weggenommen werden konnte; die Macht einer »anamnetischen Solidarität«, die nicht vergangen sein läßt, wen sie sich erwählt hat.[81] Der Glaube an solche endzeitliche und doch in jeder versöhnenden Zuwendung schon anfangenden Versöhnung ist selbst eine Praxis, die diese Macht im konkreten kommmunikativen Umgang als rettend »für die anderen behauptet und diese Behauptung im Handeln zu bewähren versucht«[82], eine Praxis der Communio, die in die Communio sanctorum und damit in die gemeinsame Zukunft hereinholen will, was in einer Praxis der Verdrängung und Verleugnung als vergangen und vergessen gesetzt sein sollte. Diese Glaubens-Praxis darf mitwirken an der Communio-Praxis Gottes, in der er heilsam erinnernd in die Communio sanctorum hereinholt, was auch unter den Glaubenden oder unter denen, die sich als solche sehen, lieber ausgeschlossen und verdrängt wird. *Er* allein könnte in seinem Erinnern die Gegeninstanz sein zu einer Wirklichkeit, in der man – wie Bertolt Brecht in seinem »Großen Dankchoral«[83] – das Vergessen lobpreisen müßte; die Instanz, die der Herrschaft der Zeit gewachsen ist.

---

[80] M. Theunissen, Negative Theologie der Zeit, 315.
[81] Vgl. dazu die Arbeiten von J. B. Metz sowie H. Peukerts Wissenschaftstheorie – Handlungstheorie –Fundamentale Theologie, 273 ff. Zu erinnern wäre an die von Adorno geltend gemachte Denk-Erfahrung, wonach »der Gedanke, der sich nicht enthauptet, in Transzendenz mündet, bis zur Idee einer Verfassung der Welt, in der nicht nur bestehendes Leid abgeschafft, sondern noch das unwiderruflich vergangene widerrufen wäre« (Negative Dialektik, Frankfurt a. M. 1966, 393,). Zu erinnern bliebe freilich auch, daß Adorno sich hier entschieden von Kants Postulatenlehre abgrenzt.
[82] H. Peukert, Wissenschaftstheorie – Handlungstheorie – Fundamentale Theologie, 301. In ganz anderer, aber für den angesprochenen Zusammenhang höchst belangvoller Weise spricht K. Barth von Gott als dem *Herrn* der Zeit, der die Herrschaft des Vergehens bricht, und von der durch ihn beherrschten als der »erfüllten« Zeit; vgl. Kirchliche Dogmatik I/2, 54 ff.
[83] Darin heißt es:
»Lobet von Herzen das schlechte Gedächtnis des Himmels!
Und daß er nicht
Weiß euren Nam' noch Gesicht
Niemand weiß, daß ihr noch seid.
Lobet die Kälte, die Finsternis und das Verderben!

4.11 Zeit als Geschenk

Daß die Herrschaft der Zeit gebrochen sei, darauf richtet sich nicht nur die Hoffnung der Glaubenden; das bezeugt ihre Glaubenspraxis, wo immer der Glaube daran lebensbestimmend wird, daß Gott die Zeit »in seinen Händen hält«. Das wird aber auch dort schon zur Erfahrung aus Glauben, wo das unauflösbare Ineinander der Zeiten – der Zeithypostasen – den guten Anfang nicht verhindert. Menschen schenken einander Zukunft, wo sie einander *vergeben* können: Nicht das Sich-Losreißen vom Vergangenen oder das bloße Vergessen, das Vergangenes doch nur weiterwuchern läßt, ermöglichen das Freiwerden für den guten Anfang, sondern die Zusage der Solidarität angesichts des nicht ungeschehen zu Machenden durch den, der darunter zu leiden hatte, gegenüber dem, der dafür Verantwortung trägt. Die Vergangenheit verliert hier nicht ihr Gewicht, aber ihre Macht, den guten Anfang unmöglich zu machen.

Daß auch die Zukunft nicht die Macht haben wird, den guten Anfang zum Anfang vom Ende zurückzudefinieren, darauf setzt das *Versprechen*. Es bietet die Treue des Versprechenden gegen die Macht der Umstände auf, die seiner Entschlossenheit, das Versprechen zu halten, zur Anfechtung werden. Jedes menschliche Versprechen verspricht mehr, als der Versprechende halten kann: Zeitüberlegenheit, das Sich-behaupten-Können der Treue gegen die Unvorhersehbarkeit des sie in Frage Stellenden. Und die Vergebung verspricht mehr, als der zur Vergebung Entschlossene selbst einlösen kann: daß die Vergebungsbereitschaft der Last des Vergangenen auch in Zukunft gewachsen sein wird.

Vergebung und Versprechen machen der Zeit die Alleinherrschaft streitig. Sie bestreiten, daß geschehenes Unheil nur ewig fortwuchern kann oder durch Vergeltung aus der Welt geschafft werden muß; sie begnügen sich aber auch nicht mit der Ausflucht, man könne es durch Vergessen oder Verdrängen auf sich beruhen lassen, da es durch das auf uns Zukommende sowieso überholt und bedeutungslos gemacht werde. Die Vergebung verspricht die Treue über den Augenblick und die gegenwärtigen günstigen Umstände hinaus; das Versprechen vergibt gleichsam im Vorhinein Zweifel und Anfechtung, denen gegenüber es sich zu bewähren verspricht. Aber diese Bestreitung der Zeitherrschaft bliebe hilflos und haltlos, wenn sie sich nicht dessen vergewissern könnte, der so folgenreich befreiend vergeben hat, daß die Vergangenheit uns nicht mehr einholen wird, und der sich uns so machtvoll zukunftsverbürgend versprochen hat, daß nichts, was noch kommen wird, uns von seiner treuen Liebe wird trennen können (vgl. Röm 8, 38 f.).

Erst diese Treue befreit vom Moloch Zeit. Sie erlöst von der *Forderung* der vergehenden Zeit, einzuholen, was sich uns immer schon entzogen hat und zu überholen, was uns immer schon eingeholt hat. Sie *schenkt* Zeit, da sie das

---

Schauet hinan:
Es kommt nicht auf euch an
Und ihr könnt unbesorgt sterben«; B. Brecht, Gesammelte Gedichte, Frankfurt a. M. 1976, 216.

Uneinholbare – das Schuldigbleiben – vergibt, da sie den guten Anfang setzt, der nicht aufhören wird anzufangen und alles, was ihm noch widerfahren wird, auf die ihm verbürgte Erfüllung hin relativieren kann. Wo Gottes Herrschaft anfängt, da greift das die Menschen unbedingt Angehende nicht als die unbedingt-überfordernde Forderung nach ihnen, sondern als die unbedingte Zusage, daß diesem guten Anfang die Erfüllung verbürgt ist; »dann erst« als die Forderung, das Geschenk der Zeit und des guten Anfangs anzunehmen und Gottes guten Willen für mich – den Anfang seiner Herrschaft an mir – geschehen zu lassen.[84] Gott schenkt Zeit, indem er von *seiner* Zukunft her in der Gegenwart die Möglichkeit eines Anfangs gewährt, in dem die Gefangenschaft in einem rettungslos zur bloßen Vergangenheit sich entziehenden Leben aufgebrochen wird und dem die Gott eigene Zukunft als Erfüllung des mit ihm Beginnenden verbürgt ist. Das Einbezogensein in diesen Anfang schenkt eine Freiheit, die sich nicht als »néantisation« ins Unverhältnis zum Vergangenen und doch Fortgeltenden setzt und als »Furie des Verschwindens« von ihm sich losreißt[85]; eine Freiheit vielmehr, die sich von Gottes Freiheit zur Versöhnung ergriffen und herausgefordert weiß. *Diese* Herausforderung steht nicht unter dem Anspruch des »Immer mehr«, der »einen Keil zwischen das Wirkliche und das Mögliche« getrieben hat: zwischen das, was ist, und das, was sein soll, weil es möglich ist.[86] Sie befreit vom Realisierungsdruck, in dessen Perspektive das schon Erreichte immer zu wenig ist und es mit der Flucht in das so verheißungsvoll vor uns Liegende gar nicht schnell genug gehen kann. Und so befreit sie von der verheerenden Mißachtung des Mit-Gegebenen – des »An-sich« –, die in ihm nur noch die »abgelegten Sachen« oder die Ressourcen sehen kann, aus denen die »schöne neue Welt« hervorgebracht werden soll. Gottes Herausforderung in dem Anfang, den er schenkt und der im Glauben ergriffen wird, gibt die Freiheit zu würdigen, was bleiben soll und nicht als Ressource verheizt werden darf, weil es in sich gut ist, trotz aller Zwiespältigkeit, der es ausgesetzt ist und die es sich zugezogen hat. Gott ist so frei, es *sein* zu lassen, weil *seine* Zukunft das *ihm* Mögliche nicht auf Kosten des jetzt noch Wirklichen realisiert, sondern als dessen Rettung.

Das Geschenk der Zeit, des Anfangs, der nicht aufhören wird anzufangen und deshalb nicht von einer unheilvollen Vergangenheit überholt wird, sie vielmehr mit der Heilszukunft *versöhnen* wird, ist das Geschenk der Gottesherrschaft. Das *Gegebenwerden des Erlösenden* darf hier gedacht werden als das Nahekommen und die Ankunft der Gottesherrschaft: Wo Gottes Herrschaft anfängt, da ist die Herrschaft der vergehenden und beraubenden Zeit gebrochen; da ist das einzige »Heil«, das man sich in ihr vorstellen konnte – die Erringung

---

[84] Vgl. Streitfall Offenbarung, Kap. 5.5.

[85] Vgl. G. W. F. Hegel, Phänomenologie des Geistes, Werke in zwanzig Bänden, Bd. 3, 436.

[86] P. Gross, Die Multioptionsgesellschaft, Frankfurt a. M. 1994. P. Gross zitiert für dieses neuzeitliche »Paradigma der aufholenden Entwicklung« (ebd., 372) Z. Bauman: »Nicht zu sein, was sie sein soll, ist die unverzeihliche Ursünde der Gegenwart«; Moderne und Ambivalenz. Das Ende der Eindeutigkeit, Hamburg 1992, 24.

der Zukunft als Zukunft universaler Beherrschbarkeit – als Verewigung des Unheils entlarvt. *Gottes* Herrschaft gründet sich nicht auf die Logik der Macht, nach der Herrschaften sich stabilisieren, indem sie selbst die Übermacht gewinnen oder wenigstens eine balance of power erreichen wollen. Sie ist keine verhindernde, sondern *ermöglichende*, kreative Herrschaft. Sie läßt möglich werden, was nicht in der Macht der Menschen steht: Zukunft für das Vergehende und Vergangene, verheißungsvolle Zukunft. Sie ist *Bedingung der Möglichkeit* solcher Zukunft; und sie ist es als *versöhnende* Herrschaft. Aber sie ergreift die, die sich von ihr unbedingt angehen lassen, nicht als Bedingung, sondern als die verheißungsvolle Zukunft selbst.

5. Erlösung im Absoluten?

5.1 Heil in Beziehung

Im Metaphernfeld Versöhnung wird das Grundmotiv der Soteriologie – das Kommen Gottes, seine heilvolle *Annäherung* an die in der Gottferne der Macht der Sünde Ausgelieferten – nach der Logik der Beziehungsstiftung als durch Gottes versöhnende Zuwendung eröffnete Heilszukunft aussagbar. Ganz selbstverständlich wird vorausgesetzt,
- daß Gott und sein Heil in Beziehungskategorien thematisierbar sind;
- daß die räumlich und zeitlich vorgestellte Nähe Gottes als In-Begriff der Erlösung verstanden werden darf.

Die erstgenannte Voraussetzung wurde zumindest seit der europäischen Aufklärung nachhaltig problematisiert; die zuletzt genannte ist schon neutestamentlich-christologisch alles andere als selbstverständlich.

Die von der biblischen Bundestheologie und theologisch durchweg in Anspruch genommene Interpersonalitätsvorstellung ist seit Spinoza und vor allem seit *Fichte*[1] immer wieder als unangemessen kritisiert worden. Gott kann nicht – so versuchte man hier klarzustellen – als Du des Menschen und damit als begrenztes, geschichtlich konkretes Gegenüber verstanden werden; er kann nicht verstanden werden als ein Beziehungspartner, der auf mich zukommt, mir nahekommt oder sich von mir entfernt. Solche Vorstellungen waren natürlich auch im Kontext der klassischen, metaphysisch geprägten Gotteslehre nur als bildhafte Illustration zugelassen; sie erscheinen nun als bloße Projektion menschlicher Verhältnisse in die Sphäre des Göttlichen. Stellt man sich Gott in den Kategorien »Persönlichkeit und Bewusstseyn« vor, ist man genötigt, einzuräumen, daß man »dieses ohne Beschränkung und Endlichkeit schlechterdings nicht denkt«, noch denken kann. So hat man aber, wie Fichte seinen Gegnern entgegenhält, Gott »durch die Beilegung jenes Prädicats zu einem endlichen, zu einem Wesen eures Gleichen« gemacht; »und ihr habt nicht« – so Fichte – »wie ihr wolltet, Gott gedacht, sondern nur euch selbst im Denken vervielfältigt.«[2] Weit angemessener wäre es, Gott und sein Heil überpersonal zur Sprache zu bringen, als die Heilsordnung, in der der Mensch zu seiner sittlichen Bestim-

---

[1] Von letzterem vgl. vor allem seine Schriften im Kontext des sog. Atheismusstreits; Fichtes Werke, hg. von I. H. Fichte, Berlin 1971, Bd. V, 177–373.
[2] Über den Grund unseres Glaubens an eine göttliche Weltregierung, ebd., 175–189, hier 187.

mung findet: »Jene lebendige und wirkende moralische Ordnung ist selbst Gott; wir bedürfen keines anderen Gottes, und können keinen anderen fassen.«[3] Wenn man Gott von dieser Ordnung unterscheiden will, so könnte man ihn »Regent der übersinnlichen Welt« – der moralischen Weltordnung – nennen[4], oder den Willen, der in ihr das wahrhaft Moralische erkennt, will und wirkt.[5]

Gott als Gegenüber, ausgesagt und vorgestellt in Raum- und Zeitmetaphern, wäre vermenschlicht, gleichsam auf dem Niveau des Menschen gedacht. Und doch kann man sich der Raum- und Zeitmetaphorik auch mit dieser Einsicht nicht einfach entziehen. Gott wird – folgt man Fichte – zu dem, worin man sich einbezogen findet, wenn man sich dem guten, moralischen Wollen überläßt; schon die Areopagrede des Paulus hat diese Metapher vorgegeben: »in ihm leben wir, bewegen wir uns und sind wir« (vgl. Apg 17, 28). In ihm zu *leben*, das allein könnte doch Heil sein und Zukunft schenken.

Das Metaphernfeld des erlösenden Einbezogenseins und -werdens, des In-Seins und – als Gegen-Entsprechung – des Getrennt- und Ausgeschlossenseins hat sich bis in die Gegenwart eine geradezu suggestive Plausibilität bewahrt: Gott als das »Umgreifende«, als »Transzendenz«[6], auf die hin sich transzendierend der Mensch erst er selbst werden kann, in die eingehend, ja in der aufgehend er des Heils teilhaftig wird – so scheint allenfalls noch von Gott gesprochen werden zu können. Und wie wäre von Versöhnung zu sprechen? Ist sie nicht allenfalls das identitätsstiftende Sich-Versöhnen mit dem Wirklichen im Sinne des Sich-Einlassens in eine Wirklichkeit, die als unbedingt verläßliche nicht mein Untergang, sondern in unausdenkbarer Transzendenz meine Zukunft und Vollendung ist?

Der soteriologischen Inanspruchnahme dieser Metaphorik des Umgreifenden, von dem ergriffen und aus der Vereinzelung herausgeholt zu sein Heil bedeutet, soll hier nicht widersprochen werden. Aber sie bezieht sich durchaus auch auf interpersonal geprägte Erfahrungsschemata. Sie assoziiert die heilvolle Erfahrung des Sich-verlassen-Dürfens, einer tragenden Verläßlichkeit, auf die der Glaube sich einläßt und verläßt, einer tragenden Wahrheit (emet), die das *Amen* als das Grundwort des Glaubens herausfordert: Ja, so ist es und so soll es sein, weil es gut ist. Das Zugänglichwerden solcher Verläßlichkeit und das glaubende Sich-auf-sie-verlassen-Können sind die elementaren Wirklichkeiten von

---

[3] Ebd., 186.
[4] Appellation an das Publicum gegen die Anklage des Atheismus, ebd., 191–238, hier 220.
[5] Fichte zitiert in diesem Sinne einen ungenannten Dichter mit den folgenden Versen:
»ein heiliger *Wille* lebt,
Wie auch der menschliche wanke;
Hoch über der Zeit und dem Raume webt
Lebendig der höchste *Gedanke*;
und ob alles in ewigem Wechsel kreist,
Es beharret im Wechsel ein ruhiger Geist«
(Über den Grund unseres Glaubens an eine göttliche Weltregierung, a. a. O., 189).
[6] Vgl. K. Jaspers, Der philosophische Glaube, München 1963, 31; vgl. dazu W. Weischedel, Der Gott der Philosophen II, Darmstadt 1972, 126 ff.

Heil und Erlösung. So stellt sich neu die Frage, wie solche Verläßlichkeit glaubbar wird und welche Verläßlichkeiten jeweils herausfordern und glaubbar werden; biblisch gesprochen: die Frage der Unterscheidung Gottes von den Götzen. Christliche Soteriologie legte die Sendung des Messias Jesus schon früh als die von Gott gewirkte Neubegründung solcher Verläßlichkeit aus – und damit als ihr Glaubbarwerden: Der Messias Jesus bezeugt in seiner Solidarisierung mit den Notleidenden und Sündern, mit all denen, denen die Verläßlichkeit, die sie noch tragen könnte, abhanden gekommen war, eine Beziehungsmächtigkeit und Beziehungswilligkeit, die sie nicht *draußen* lassen will; die ihnen Anteil gibt an der heilvollen Gottesnähe, da Gott selbst sie in seinem Messias aufsucht, da er Anteil nimmt an ihrer Gottverlassenheit Der Messias Jesus nimmt *das Ihre* auf sich, um ihnen *das Seine* zu schenken. Er schenkt Ihnen das Seine: das Lebenkönnen in der Gottesnähe, in einer Verläßlichkeit, die es den Sündern ermöglicht, ihre Verweigerungshaltung zu verlassen. Er nimmt das Ihre auf sich: die Verweigerung, die hier den trifft, der sie grundlos macht und aus ihr heraus-fordern will.[7]

Das Anteilnehmen ist hier der Weg des Anteilgebens. Aber das Anteilgeben greift über das Anteilnehmen hinaus. Das Anteilgeben vergegenwärtigt die verläßliche göttliche Beziehungswilligkeit am Ort der Sünde, inmitten des »Drangs in die Verhältnislosigkeit« (Eberhard Jüngel), der den Tod – die definitive Verhältnis- und Beziehungslosigkeit – zur letzten Wirklichkeit des Menschenlebens macht. Das Zeugnis des Sohnes, der das Todesschicksal und die »Verfluchung« der Todgeweihten (vgl. Gal 3,13) bis zum Letzten teilt, bezeugt eine Macht der Solidarität, die auch diese äußerste Ausweglosigkeit auf neues Leben hin zu öffnen vermag. In diesem Sinne also war Jesus Christus der Immanuel:

> »Gott war mit uns, so real und vollständig, wie Gott das tut, was er tut; er war mit uns als unseresgleichen. Sein Wort ward Fleisch von unserem Fleisch, Blut von unserem Blut. Seine Herrlichkeit wurde gesehen hier in der Tiefe unserer Situation, und was die tiefste Tiefe unserer Situation ist, das wurde ja erst offenbar, als sie dort und damals von der Herrlichkeit des Herrn erleuchtet wurde; als er in seinem Wort hinabfuhr in die untersten Örter der Erde (Eph 4,9), um daselbst und so dem Tode die Macht zu nehmen und das Leben und ein unvergängliches Wesen ans Licht zu bringen (2 Tim 1,10)«.[8]

Der Sohn bezeugt den Vater. Sein Zeugnis ist nur wahr, wenn auch der Leidende und Sterbende noch den Vater bezeugt: als den Mitleidenden und dem Tod sich Aussetzenden. Da der Vater mit dem sterbenden Jesus war und mit ihm sich identifizierte, setzte er sich selbst der aggressiven Gottfeindlichkeit und der alle Beziehung zerstörenden Aggressivität des Todes aus, setzte er – so *Eberhard Jüngel* – »die eigene Gottheit der Macht des Negativen aus. So schafft er mitten aus der Verhältnislosigkeit des Todes ein neues Verhältnis Gottes zum Men-

---

[7] Zu dieser »Platztauschmetaphorik« vgl. im einzelnen H. U. von Balthasar, Theodramatik III, 247 ff. Zu fragen wäre hier allerdings, ob von Balthasar die Metaphern wirklich als *Metaphern* würdigt.
[8] So K. Barth in seiner Kirchlichen Dogmatik I/1, Studienausgabe Zürich 1986, 118.

schen«. Dieses neue Verhältnis aber hat darin seinen Grund, »daß Gott die von
ihm entfremdende Verhältnislosigkeit des Todes selber erträgt. Wo die Verhältnisse abbrechen und die Beziehungen enden, genau eben da setzt Gott sich selber ein«. Und so »offenbart er sich als ein den endlichen Menschen unendlich
liebendes Wesen. Denn wo alles verhältnislos geworden ist, schafft nur die Liebe
neue Verhältnisse«. Da des Vaters Mit-Sein mit dem sterbenden Menschensohn
auch und gerade den Tod umgreift, darf man sagen, daß er mit ihm in den Tod
geht[9], um »mitten im Tod« neues Leben, neue Beziehung zu schaffen; um den
Sterbenden im Tod als der sie in seine liebende und rettende Lebensgemeinschaft Heimholende zu begegnen. Im Mit-Sein und »Mit-Gehen« mit dem sterbenden, von den Sündern zu Tode gebrachten Sohn hat er »dem Tod seinen
Wesensakt entzogen«, hat ihn um sein Wesen als letztgültige Negation gebracht. »In diesem Sinne gilt, daß er dem Tod die Macht genommen hat. Der
Tod ist in der Ohnmacht des Gottessohnes entmächtigt worden. Die Negation,
die der Tod an Gott« – an der Beziehung des Sohnes zum Vater – »zu vollziehen
hatte, ging ontologisch über seine Kräfte. Das aber heißt: das Wesen des Todes
ist mit seinem Wesensakt in Gottes Gewalt.«[10]

Die Auferweckung des Gekreuzigten offenbart, daß die im Tod scheinbar
definitiv zur Macht kommende Beziehungsfeindschaft nicht das Letzte, daß das
Nein als das »Wesenswort« des Todes nicht das letzte Wort ist, weil Gott sein
Wort spricht: den Logos in Jesus Christus. Weil Gott sein Wort spricht, sich in
seinem Wort den Menschen zuspricht und verspricht, deshalb spricht auch der
Tod nicht mehr für das Nein der Wirklichkeit, sondern für das letzte Sich-verlassen-Müssen und Sich-verlassen-Dürfen, in welchem Gottes Beziehungs-
macht nach dem Sterbenden greift. Weil Gott mit seinem sterbenden Sohn mit-
ging und auf alle Zeit mit denen mitgeht, die ihm angehören, deshalb ist er im
Tod gegenwärtig; deshalb sterben die Glaubenden nicht in das Nichts, sondern in
Gott hinein: in die absolute Bejahung ihres Daseins, die Gottes Wesenswort ist.
Der Tod stellt Gottes in Jesus Christus erschienene Beziehungsmächtigkeit nicht
mehr in Frage. Paulus macht das mit Nachdruck deutlich. Ob wir leben oder ob
wir sterben – wir gehören unwiderruflich zum Herrn; dazu ist er ja »gestorben
und wieder zum Leben gekommen: um über Tote wie Lebendige der Kyrios zu
sein« (Röm 14, 8 f.); um auch an denen seine Herrschaft – seine Zukunft – in
Geltung zu setzen, die mit ihrem Sterben aus der lebenspendenden Gottesbeziehung ausgestoßen schienen.

So hat die neutestamentliche und die altkirchliche Soteriologie den Weg
des Immanuel als Ereignis einer auch dem Tod noch überlegenen göttlichen
Beziehungsmächtigkeit und Beziehungswilligkeit ausgelegt; als Beziehungs-

---

[9] E. Jüngel, Tod, 139. Gleichwohl kann ich mich E. Jüngels Formulierung, in und mit dem Menschen
Jesus Christus sei Gott selbst *gestorben*, nicht anschließen; vgl. ders., Das Sein Jesu Christi als
Ereignis der Versöhnung Gottes mit einer gottlosen Welt: Die Hingabe des Gekreuzigten, in: ders.,
Entsprechungen, München 1980, 276–284, hier 283; ders., Vom Tod des lebendigen Gottes. Ein
Plakat, in: ders., Unterwegs zur Sache, München 1972, 105–125.
[10] Vgl. ders., Vom Tod des lebendigen Gottes, a.a.O., 120.

ereignis, das der guten – allzu oft aber auch zerstörerischen – Wechselseitigkeit menschlicher Beziehung einen Raum öffnet, worin sie eine über den Tod hinaus reichende Zukunft haben kann. »Stark wie der Tod ist die Liebe« (Hld 8, 6). Aber dem Tod gewachsen ist sie eben nur, weil sie ihre Beziehungsmächtigkeit aus Gott hat – weil seine Beziehungsmächtigkeit wahr macht, was die Liebe verspricht: daß die, die sich liebend verlassen, jenseits ihrer selbst ihr Heil und darin sich selbst finden.

Der Anthropomorphismus der heilvollen Beziehung ist soteriologisch von der *Absolutheit* einer Beziehungs-Macht relativiert, deren Zum-Ziel-Kommen keiner äußeren Bedingung mehr unterliegt, ausgenommen der von ihr selbst unabdingbar geforderten: daß die, denen sie gilt, sich in sie einlassen, sich auf sie *verlassen*. So erst er-löst sie, da sie den In-sich-Gefangenen als heilvolle Herausforderung begegnet, sich zu verlassen; so ermöglicht sie die Aufhebung jener elementar sündigen Innen-Außen-Differenzierung, wonach das Innen und das Drinnen- bzw. Bei-sich-Bleiben gut und rettend, das Außen feindlich und heillos ist. Heilswirklichkeit ist der Geist, der die Sünder zuinnerst herausfordert, damit sie sich auf den verlassen können, der auf sie zukommen will; damit sie sich auf die hin verlassen können, die ihres Mitseins bedürfen, weil sie ausgegrenzt sind.

5.2 Gottes Nähe und Gottverlassenheit

Wenden wir uns der zweiten vorhin genannten Voraussetzung zu, die schon in der Bibel problematisiert erscheint. Einerseits ist es biblisch geradezu selbstverständlich, daß Gottes Nähe Inbegriff einer heilvollen Zukunft ist. JHWHs Wohnen inmitten des erwählten und dennoch sündigen Volkes bedeutet Erlösung (vgl. Ps 69, 19). JHWH ist nahe den gebrochenen Herzen (vgl. Ps 34, 19); wohl denen, die er erwählt und in seine Nähe holt (vgl. Ps 65, 5). Und es ist der Immanuel Jesus, in dem Gottes rettende Nähe eschatologisch-endgültig wahr wird – so sehen es die Christen. Diese Nähe ist die Verläßlichkeit eines Mitseins, das auch in Sünde und Tod nicht mehr aufgekündigt wird; deshalb auch die Verläßlichkeit eines Wofür, eines Woraufhin, das die unendliche Sehnsucht des Menschen zum Ziel kommen läßt, so daß er sich mit seiner Sehnsucht nicht in Endlichem festmachen muß.

Andererseits ist gar nicht zu übersehen, daß das Sprechen von heilvoller Gottesnähe von der Leidensgeschichte des Messias Jesus im denkbar wörtlichsten Sinn durchkreuzt ist. Sein Immanuel-Sein ist von der Erfahrung äußerster Gottferne, ja Gottverlassenheit gezeichnet. Die theologische Deutung seiner Passion durch den Klageteil des Psalms 22 bis hin zur Klage des Gottverlassenen am Kreuz (vgl. Mk 15, 34/Mt 27, 46) verbietet es, sein Immanuel-Sein in Kategorien idyllischer Vertrautheit und Vertraulichkeit auszusagen.

Das gelassene Verweilen in Gottes Nähe ist schon alttestamentlich von den

Propheten in Spannung gesetzt zu dem Nicht-zueinander-Passen der Bundes-
partner, das von Utopien und Ideologien der Vertrautheit nicht verschleiert
werden darf. Neutestamentlich steht es in Spannung zu den Erfahrungen der
Gottverlassenheit, die in der Ölbergsituation des Messias Jesus ihr Glaubens-
Paradigma haben. Hier ist das Ereignis heilvoll-verläßlicher Gottesnähe gezeichnet vom Sich-selbst- und Alles-Verlassen-Müssen, von der Begegnung
mit dem unbedingt Heraus-Fordernden, der nicht noch einmal in die vertraut-
vertrauliche Nähe herangeholt und vereinnahmt werden kann. Daß diese Herausforderung zugleich die unbedingt verheißungsvolle ist, die anzunehmen
Vollendung in Gott bedeutet, das ist für die, die von ihr getroffen werden, noch
nicht sichtbar und muß – darf – *geglaubt* werden. Wer der Verläßlichkeit dieser
Herausforderung traut, der wagt den Weg, den der Messias Jesus ihm voraus-
gegangen ist und den er – als der ἀρχηγός – geöffnet hat.

Die Zwiespältigkeit der soteriologischen Zentralmetapher der Nähe Gottes
liegt zweifellos in der Assoziation des Vertraut-Vertraulichen, von der man den
Raum des Verläßlichen fast unvermeidlich bestimmt sieht. Gerade hier schlägt
die Heils-Metapher Nähe leicht in die Unheils-Metapher *Enge* um. Es ist die
Enge der krampfhaft festgehaltenen Kinderstube, aus der man die wirklichen
Herausforderungen einer den menschlichen Illusionen sich nicht mehr fügenden Welt heraushalten möchte.[11] Es ist die Enge einer Beziehung, in der Freiheit
keinen Raum mehr hat; die Enge, in der man einer übermächtigen, sei es offen
feindseligen, sei es vordergründig besorgten, in Wahrheit vereinnahmenden
Präsenz ausgeliefert ist. Solche Enge mag sich als heilvolle Nähe maskieren
und in religiösen Überzeugungen als zentrales Abwehrmotiv gegen alle »von
draußen« eindringenden Infragestellungen zur faktisch beherrschenden soteriologischen Größe werden; sie mag inszeniert sein in einer ekklesiologischen Bin-
nenfixierung, die die Kirche als Kinderstube zum heilvollen Innenraum zu sti-
lisieren und alles Draußen als heillos-feindliche Welt zu denunzieren versucht.
Neutestamentlich sind Gottes-Nähe und Enge nicht verwechselbar. Gottes Nähe
eröffnet die Freiheit zur Nachfolge, aber auch den Frei-Raum, sich zu verweigern. Sie mutet die Welt mit all ihren Abgründen und Aporien zu; sie ist Selbstmitteilung Gottes als des Nicht-Vereinnahmbaren und die sich selbst suchenden
Sünder in seine göttlich-unumgreifbare Unendlichkeit *Hineinfordernden;* sie ist
Selbstoffenbarung und Selbstmitteilung des absoluten Geheimnisses, des Absoluten als Geheimnis.

Wer sich in das absolute Geheimnis des Göttlichen hinein verläßt, der wagt
sich damit nicht in eine Nacht hinein, in der alles ununterscheidbar würde. Was
es bedeutet, sich in dieses Geheimnis hineinfordern – hineinrufen – zu lassen,

---

[11] In diesem Sinne sagt S. Freud: »Religion ist ein Versuch, die Sinneswelt, in die wir gestellt sind,
mittels der Wunschwelt zu bewältigen, die wir infolge biologischer und psychologischer Notwendig-
keiten in uns entwickelt haben. Aber sie kann es nicht leisten ... Ihre Tröstungen verdienen kein
Vertrauen. Die Erfahrung lehrt uns: Die Welt ist keine Kinderstube«; Vorlesungen zur Einführung in
die Psychoanalyse. Neue Folge, Studienausgabe des S. Fischer Verlages, Bd. 1, Frankfurt a. M. 1969,
595.

das wird in der Nachfolge des Messias Jesus hinreichend deutlich und konkret. Es ist das Herausgefordertwerden aus der Komplizenschaft mit den Mächten dieses Äons, aus dem Aufgehen in den Geschäften, bei denen man mit ihnen gemeinsame Sache macht. Es ist das Wagnis, aus einer Wirklichkeit – und auf sie hin – zu leben, die sich hier und jetzt noch nicht als machtvoll und alles bestimmend erweist, sondern als das »Außerhalb« zum Eingebundensein in die Logiken, Loyalitäten und Prioritäten dieser Welt ergriffen werden will. Glaubende bezeugen, daß das Drinnensein – in dem, was auch sie tagtäglich in seinen Bann zieht – nicht alles ist und sein darf; sie bezeugen das Lebenkönnen außerhalb der Mächte-Herrschaft als alternative Lebensmöglichkeit im Kraftfeld des guten Gottesgeistes. Wenn Erlösung nicht nur als zukünftige erhofft, sondern schon als gegenwärtig wirksam erfahren werden kann, so in diesen Erfahrungen des Sich-Entziehen-Könnens, in denen sich die Gefangenschaft im Herrschaftsbereich der diese Welt bestimmenden Mächte und Selbstverständlichkeiten als nicht unentrinnbar erweist. Es sind Erfahrungen der nahegekommenen Gottesherrschaft, deren Ankunft öffnet, was hilflos in sich verschlossen war und Zukunft schenkt statt des erschöpften und erschöpfenden Weitermachens.

5.3 Horror externi

Gottes Nähe als Gottes Heraus-Forderung: so ließe sich Erlösung – wenn auch noch ziemlich formal – umschreiben. Diese Formel signalisiert die Dramatik, die aus dem biblischen Erlösungsverständnis nicht hinweggedacht werden darf: Gottes verläßliche Nähe ist das Nahekommen seiner Nichtvereinnahmbarkeit; Gott »nähert« sich, indem er herausfordert, in eine Fremdheit hineinfordert, die den Glaubenden das Wagnis des Sich-Verlassens abverlangt. Aber ist dieses Glaubenswagnis nicht doch nur Restbestand eines archaischen Weltverhältnisses, in dem man noch nicht hinreichend durch Wissen sichern konnte, worauf man sich einlassen mußte?

Die Verläßlichkeit des durch Wissen Gesicherten liegt unserer wissenschaftlich-technischen Lebenskultur als regulative Idee zugrunde. Wissen erzeugt Sicherheit, insoweit es die Bedingungen erfaßt und im Zusammenhang verstehbar macht, unter denen unser Welt- und Selbstverhältnis sich im konkreten Fall herstellt. Wenn man weiß, womit man zu rechnen hat, kann man sich so darauf einstellen, daß man auch wirklich damit rechnen darf, an das ins Auge gefaßte Ziel zu kommen. Das Feld der Abhängigkeit von Bedingungen – das Außerhalb, worin ich mich möglichst enttäuschungsfrei und zielstrebig bewegen können will – wird durch Wissen in mein Kalkül *hereingeholt*, so daß ich mich mehr oder weniger darauf verlassen kann, bei der Verfolgung meiner Vorhaben all jene Variablen im Blick zu haben, von denen ihr Erfolg abhängig scheint. Das wissenschaftliche Vorgehen sondiert jeweils mit seinen trial-and-error-Versuchsanordnungen das Feld von Verläßlichkeit, indem es die Irrtümer in relativ ungefährlichen experimentellen »Probehandlungen« abarbeitet und nur noch die Versuche – als zielführend – übrigläßt, die in erfolgreicher Weise mit den jeweils zu berücksichtigenden Bedingungen umgegangen sind. Das wissenschaftliche Vorgehen erobert einen Raum der Verläßlichkeit, und es versucht ihn auszudehnen. Sein Expansionsdrang ist nicht zu bremsen. Es zielt mit letzter Konsequenz darauf ab, schließlich alle Bedingungen zu ermitteln, die in Handlungshorizonte aufgenommen werden und den Erfolg menschlichen Handelns sichern könnten. Das Gegenbild zu diesem Expansionsdrang wäre die Vorstellung eines *Draußen*, das nicht ins Wissen hereingeholt, nicht mehr wissenschaftlich sondiert und gesichert werden kann.

Der Expansionsdrang des Wissens ist schrankenlos; was ihm Widerstand leistet, ist definiert als das Noch-nicht-Gewußte, aber Wißbare. Gibt es aber nicht auch Grenzen des Wissens, die sich prinzipiell nicht überschreiten lassen – von denen man eben nur wissen kann, daß es ein Jenseits dieser Grenze gibt? Weiß das Wissen darum, daß das Wißbare nicht identisch ist mit dem, was den Wissenden betreffen und angehen kann; daß das wissenschaftlich klar Sagbare nicht alles umfaßt, was den auf Klarheit und Eindeutigkeit verpflichteten Wissenschaftler zur Stellungnahme und Antwort herausfordert? Ist nicht sehr viel mehr fraglich und ungewiß, als durch Wissen eingeholt – hereingeholt – werden kann? *Kants* transzendentale Grundlegung des Erfahrungs-Wissens unterscheidet zwischen Grenzen und Schranken des Wissens. So kennt menschliche Vernunft in der Mathematik und den Naturwissenschaften

> »zwar Schranken, aber keine Grenzen, d. i. zwar daß etwas außer ihr liege, wohin sie niemals gelangen kann, aber nicht daß sie selbst in ihrem inneren Fortgange irgendwo vollendet sein werde. Die Erweiterung der Einsichten in der Mathematik und die Möglichkeiten immer neuer Erfindungen geht ins Unendliche; eben so die Entdeckung neuer Natureigenschaften, neuer Kräfte und Gesetze durch fortgesetzte Erfahrung und Vereinigung derselben durch Vernunft. Aber Schranken sind hier gleichwohl nicht zu verkennen, denn Mathematik geht nur auf Erscheinungen, und was nicht Gegenstand der sinnlichen Anschauung sein kann, als die Begriffe der Metaphysik und Moral, das liegt ganz außerhalb ihrer Sphäre, und dahin kann sie niemals führen; sie bedarf aber derselben auch gar nicht.«[12]

Die »Schranken« des Erfahrungswissen sind hier keine wissenschaftlich hinwegzuarbeitenden. Sie verweisen vielmehr auf das nach den Prinzipien der Erfahrungserkenntnis nicht Wißbare. Ähnlich beim frühen *Wittgenstein*, der freilich »Grenze« sagt, wo Kant von Schranke spricht. Sein Tractatus logico-philosophicus will »dem Denken eine Grenze ziehen, oder vielmehr nicht dem Denken, sondern dem Ausdruck der Gedanken.« Der klare Ausdruck der Gedanken verweist auf Unsagbares; genauer noch: der Tractatus will »das Unsagbare bedeuten«, indem er »Sagbares klar darstellt« (Satz 4.115). So findet er seine

---

[12] I. Kant, Prolegomena zu einer jeden künftigen Metaphysik, die als Wissenschaft wird auftreten können, Akademie Textausgabe, Bd. IV, 352 f.

unüberschreitbare Grenze im abschließenden Satz: »Worüber man nicht sprechen kann, darüber muß man schweigen« (Satz 7).[13]

Kants Unterscheidung von Schranke und Grenze scheint in der Sache einleuchtend, auch wenn man die Begriffe austauschen mag. Das Wissen hat sich als möglichst unbeschränkt zu erweisen, hat aufzulösen, was ihm als ignotum x in seinen Gleichungen begegnet. Aber es hat auch seine Grenzen anzuerkennen, die Grenzen des Bereichs, worin ihm lösbare Probleme begegnen und »klar sagbare« Tatsachen formulierbar werden. Die Insel des Wissens muß vermessen werden; hier soll es keine terra incognita geben. Der Forscherdrang stößt indes auf die Grenzen, die das – potentiell – verläßliche Gebiet der Insel vom wilden, unberechenbaren Meer abgrenzen; das ist ja schon Kants eigenes Bild für die Intention seiner »Kritiken«.[14]

Aber ist die Selbstbegrenzung des Denkens nicht doch nur die Immunisierung einer transzendenten »Hinterwelt«, in der das Eigentliche zu finden, dem vorurteilslos-prüfenden Denken jedoch nicht zugänglich sein soll? Ist nicht doch alles für den Menschen Belangvolle von ihm letztlich erfahrbar und damit auch prinzipiell erkennbar – wenn er nur von seinen Vorurteilen läßt? *Nietzsche* setzt sich geradezu polemisch von Kants Insel-Bild ab. Die wirklich *freien* Geister »haben das Land verlassen und sind zu Schiff gegangen«. Zu seinen Brüdern im freien Geist gewandt malt Nietzsche die Dimensionen dieses Wagnisses aus:

> »Wir haben die Brücken hinter uns, – mehr noch, wir haben das Land hinter uns
> abgebrochen! Nun, Schifflein! Sieh' dich vor! Neben dir liegt der Ocean, es ist wahr,
> er brüllt nicht immer, und mitunter liegt er da, wie Seide und Gold und Träumerei
> der Güte. Aber es kommen Stunden, wo du erkennen wirst, dass er unendlich ist
> und dass es nichts Furchtbareres giebt, als Unendlichkeit … Wehe, wenn das Land-
> Heimweh dich befällt, als ob dort mehr *Freiheit* gewesen wäre, – und es giebt kein
> ›Land‹ mehr!«[15]

Es war die alte Vorstellung eines Gottes, der hinterm Horizont – unerreichbar für die Ausfahrten des Erkennens – sein Reich hatte, die den menschlichen Geist an die Insel erlaubter Erkenntnis fesselte. Nun, da dieser Gott tot ist, sind der Ausfahrt ins Unendliche keine Grenzen mehr gesetzt:

> »… wir Philosophen und ›freien Geister‹ fühlen uns bei der Nachricht, dass der ›alte
> Gott todt‹ ist, wie von einer neuen Morgenröthe angestrahlt; unser Herz strömt

---

[13] Werkausgabe Bd. 1, Frankfurt a. M. 1984, 33 bzw. 85.
[14] Vgl. Kritik der reinen Vernunft A 235 f./B 249 f., wo Kant auf sein kritisch-erkenntnistheoretisches Unternehmen so zurückblickt: »Wir haben jetzt das Land des reinen Verstandes nicht allein durchreist, und jeden Teil davon sorgfältig in Augenschein genommen, sondern es auch durchmessen, und jedem Ding auf demselben seine Stelle bestimmt. Dieses Land aber ist eine Insel, und durch die Natur selbst in unveränderliche Grenzen eingeschlossen. Es ist das Land der Wahrheit (ein reizender Name), umgeben von einem weiten und stürmischen Ozeane, dem eigentlichen Sitze des Scheins, wo manche Nebelbank und manches bald wegschmelzende Eis neue Länder lügt, und indem es den auf Entdeckungen herumschwärmenden Seefahrer unaufhörlich mit leeren Hoffnungen täuscht, ihn in Abenteuer verflechtet, von denen er niemals ablassen und sie doch auch niemals zu Ende bringen kann.«
[15] Die fröhliche Wissenschaft, Aphorismus 124, KSA 3, 480.

dabei über von Dankbarkeit, Erstaunen, Ahnung, Erwartung, – endlich erscheint uns der Horizont wieder frei, gesetzt selbst, dass er nicht hell ist, endlich dürfen unsre Schiffe auslaufen, auf jede Gefahr hin auslaufen, jedes Wagniss der Erkennenden ist wieder erlaubt, das Meer, *unser* Meer liegt wieder offen da, vielleicht gab es noch niemals ein so ›offnes Meer‹.«[16]

Die wagemutigen Freibeuter der Erkenntnis suchen nicht nach vertrauter, risikoloser Nähe; sie wagen sich ins Unbekannte, Unendliche hinaus – und dies auch auf die Gefahr des Schiffbruches. Ihre Ausfahrt in die lockende Ferne kann sie überall hinführen; nichts muß außerhalb ihres Horizonts bleiben. Die Ausfahrt der Erkenntnis bedeutet *Hereinholen* in ihren Horizont – ohne Schranken und Grenzen. Jenseits der Unendlichkeit des Erkennens, jenseits der Fernen, die es prinzipiell zu erreichen vermag, gibt es kein unerreichbar Jenseitiges, kein absolut Unendliches mehr.

Die Metapher der Ausfahrt ist geistes- wie religionsgeschichtlich beziehungsreich; Nietzsche bezieht sich virtuos assoziierend auf diesen Beziehungsreichtum. Das Wagnis der Ausfahrt steht in der Antike immer in der Gefahr, sich zu weit hinauszuwagen und damit in den vorbehaltenen Bereich der Götter einzudringen. So wird die Ausfahrt Inbegriff der Hybris, des Zu-weit-Greifens und Zu-weit-Gehens. Wer zu viel wagt, erleidet Schiffbruch, provoziert den Gegenschlag der Götter. Religionen standen immer für das »Bis hierher und nicht weiter«, für die Abgrenzung des den Menschen und ihrem Eroberungsdrang Überlassenen zu dem ihnen Entzogenen, dem Heiligen. Wo Menschen sich der Grenzüberschreitung schuldig machten, da vergriffen sie sich am Göttlichen, da wurden sie maßlos und für ihre Maßlosigkeit bestraft.

Dem Zugriff des Menschen werden religiös Grenzen gesetzt. Und nur wenn die Menschen diese Grenzen respektieren, sie immer wieder »sanktionieren« – heiligen –, ist ihnen ein heilvolles Zusammenleben mit den Göttern in Aussicht gestellt. Nietzsche spielt auf dieses religiöse Vorstellungsmuster an, wenn er den Tod des Göttlichen mit der Erlaubnis, ja der Herausforderung zur unbegrenzten Ausfahrt zusammenbringt: Nur solange kann es verboten sein, ins Geheiligte und Vorbehaltene einzudringen, als man die Götter noch verehrt, die sich gegen die Zudringlichkeit menschlichen Erkenntnisdrangs schützen müssen. Sind sie gestorben, so ist nichts mehr heilig, vorbehalten und alles hereinholbar. Es will hier so scheinen, als arbeite dieses Hereinholen in unendlicher Anstrengung die Risiken weg, die das Sich-Einlassen auf die *Außen*-Welt mit sich bringt. Liegt das Heil der Erkenntnis nicht darin, daß ihr und damit auch menschlichem Sicherungsstreben prinzipiell nichts mehr *draußen* – unbegriffen und unkalkulierbar – bleiben muß?

Die Ausfahrtmetapher läßt auch in ihrer Umprägung noch das Bedrohliche des Außerhalb ahnen – des Nicht-Durchmessenen, Nicht-Gezähmten. Was sich meinem Zugriff entzieht, ist mir gefährlich, setzt mich der Bedrohung durch Mächte aus, die mich ganz und gar »in der Hand« haben können; setzt meine

---

[16] Ebd., Aphorismus 343, KSA 3, 574.

Innenwelt einer so durchgreifenden Relativierung aus, daß ich nicht mehr wissen kann, ob sie noch irgendeine Bedeutung hat. Das Innen-Außen-Verhältnis ist immer und überall zutiefst prekär: Was mich von außen betrifft, mir geschenkt wird oder sich entzieht, das entscheidet über mich. Was ich von mir aus tun oder sein kann, findet seine Bedeutung – jedenfalls zunächst einmal – in einem mir selbst unverfügbaren Umfeld, einem Kontext, in dem es zum Tragen kommen oder absolut bedeutungslos bleiben kann. Der horror externi ist der Horror davor, in einer mich umgreifenden Leere absolut bedeutungslos zu sein, vom umgreifenden Absoluten bis zur Bedeutungslosigkeit relativiert zu sein. Dieser horror externi provoziert – so kann man vermuten – die Schrecklichkeit eines Zugriffs, der kein Außerhalb mehr kennen, der selbst relativieren und nicht noch einmal relativiert werden will. Der Imperialismus der Freibeuter auf den Meeren der Erkenntnis darf nichts unerobert, nichts draußen lassen. Was auf Dauer draußen bliebe, wäre ja das Umgreifende, das man nicht mehr in den Griff bekommen kann, aber das Umgreifenwollen womöglich selbst umgriffe – es hilflos, letztendlich bedeutungslos machte.

Religiöse Grenzziehungen wollen auf ein schiedlich-friedliches Nebeneinander hinaus. Aber schon das Christentum hat sich damit nicht abfinden können: Gott und die Menschen können nicht als auf der gleichen Ebene *nebeneinander* existierend gedacht werden. Sie konkurrieren um die Rolle des Umgreifenden oder Umgriffenen: Das Denken greift nach Gott, umgreift ihn, um ihm die ihm zukommende Bedeutung oder Funktion zuzuweisen, so daß er ein Gott der Menschen wird, nach ihrem Bild geschaffen. Was bleibt Gott da noch anderes übrig, als den menschlichen Bedürfnissen zu entsprechen? Schließlich bleibt nichts mehr von ihm übrig als die Projektionsthese Feuerbachs, wonach das menschliche Bedürfnis sich den setzt, nach dem es verlangt, irgendwann aber nicht mehr brauchen wird, wenn es sein Setzen durchschaut hat. Und was bleibt der religiösen Erfahrung noch übrig, als den Zugriff des Denkens und Entlarvens in die Schranken zu weisen, seinem »nichts als« das »ganz anders als« seines Gottes entgegenzusetzen? Was man begreift, das ist nicht Gott – so wußte es schon Augustinus.[17] Der Umgreifende ist auch denkend nicht zu umgreifen. Muß dann aber nicht die Bedeutungslosigkeit des Denkens gegenüber dem es Umgreifenden gefolgert und der Rückzug auf den blinden Glauben gefordert werden?

Das Zugreifen- und Hereinholenwollen des Denkens erwies sich offenbar als stärker; es brachte Gott ums Leben, indem es sich als seiner mächtig erwies. Das Erkennen kennt kein Umgreifendes, das nicht endlich doch zum von ihm Umgriffenen würde. Oder liegt dieser Selbststeigerung des Denkens nicht eine abgründige Illusion zugrunde, die Illusion der grenzenlosen Hereinholbarkeit und Durchschaubarkeit, der Ent-Äußerung und Ent-Anderung des in seinem Außenbleiben so bedrohlichen Anderen? Die Energie des hereinholenden Zu-

---

17 Wörtlich: »Wenn du meinst, du hättest verstanden, kannst du sicher sein, daß du es nicht mit Gott zu tun hast«; Sermo 117, 35.

greifens, der Selbststeigerung des Denkens zum Umgreifenden, hat mit der Bedrohung zu tun, der hier begegnet werden muß, mit der totalen Relativierungsgefahr, die von einem nicht mehr umgriffenen Äußeren ausginge. So suchte man das Heil im Denken, im Umgreifenwollen des vielleicht doch nicht Hereinholbaren, schließlich im Mythos, der noch die Nichtbegreifbarkeit begreift, sie wenigstens erzählend herleitet. Die Gnosis ist in all ihren Spielarten Erschleichung eines Wissens vom Umgreifenden im Sinne eines Wissens-Mythos, in dem sich festzumachen bedeutet, heraus zu sein aus der Welt des Relativen, eingeborgen zu sein ins Umgreifende, von dem man doch wissen kann, daß es das Umgreifende ist.

Für *Nietzsche* läßt sich das Problem so nicht lösen. Immerhin hat er das Problem noch; und er setzt sich ihm vielleicht ungeschützter aus als je ein anderer Philosoph: Was das Erkennen im Vollzug des Durchschauens in sich hereinholt, ist das denn tatsächlich das »Wirkliche«, die »Außen-Welt«? Wissenwollen heißt Hereinholen- und Einverleibenwollen.[18] Ist die Wahrheit des Wissens nicht infragegestellt, geradezu gegenstandslos geworden, sobald man auch noch durchschaut, daß der Zugriff des Erkennens ins Leere greift – und das Hereinholenkönnen der »Realität« ins erkennende Ich pure Illusion bleibt? Oder liegt die Wahrheit des Erkennens darin, daß es die *Außen*-Welt nicht begreift, sondern sie allenfalls *er-greifen* hilft, daß es in Wahrheit eine bloße Funktion des sich in seiner Umwelt behauptenden Lebens ist, eine Funktion des Willens zur Macht, der sich gegen die Welt des ihm Äußeren behaupten muß, indem er es soweit als möglich mit einem Zugriff zähmt?

Nietzsche sieht es so: Der das Fremde überwältigende, sich einverleibende und es ausbeutende Zugriff des Lebens[19] ist »in Wahrheit« die Dynamik des menschlichen Geistes; *sein* Gesetz ist das Gesetz des Lebens, sich zu unterwerfen und anzueignen, was ihm begegnet. Bringt Nietzsche damit nicht tatsächlich den Sinn allen Begreifens auf den Begriff; den Sinn der reditio completa in seipsum, die alles ins ipse hereinholen will; den Sinn des Denkens, das nicht ruht, bis es sich alles unterworfen hat?

5.4 Der Horror des Absoluten

Die philosophische und theologische Tradition hat bis Hegel und Schelling nirgends gewagt, das biologische Gesetz des Lebens mit dem des Geistes zu identifizieren oder es ihm überzuordnen. Aber auch sie hat den Geist als Bewegung des Hereinholens und der Aneignung verstanden. Die Dynamik des Geistes ist auf das Absolute ausgerichtet; und dessen »Natur« ist bestimmbar als die »in die Selbstbeziehung aufgenommene Fremdbeziehung« bzw. als »in die Fremdbezie-

---

[18] Die fröhliche Wissenschaft, Aphorismus 110, KSA 3, 471.
[19] Vgl. Jenseits von Gut und Böse, Aphorismus 259, KSA 5, 207f.

hung ausgedrückte Selbstbeziehung«.[20] Der Geist erfaßt sich selbst, indem er sich – nach einer bekannten Formel *Hegels* – »im andern seiner selbst« erfaßt, so daß die Beziehung zum anderen die Selbstbeziehung konkretisiert, aber nicht durchbricht. Grundvollzug des Geistes ist – Hegel bleibt hier durchaus noch im Rahmen der Tradition – »seine Rückkehr in sich«. Es ist der »Grundbegriff des absoluten Geistes« – des Geistes also, in dem alle anderen Dimensionen des Geistes, des subjektiven wie des objektiven, aufgehoben und in ihrer Konsistenz verbürgt sind –, »die versöhnte Rückkehr aus einem Anderen zu sich selbst« zu sein.[21] Erkennend und wollend ist der Geist – so ja schon die Tradition – reditio completa in seipsum: Erkannt ist nur, was dem Wissen, in dem sich der Geist selbst auslegt und erkennt, in nachvollziehbarer Weise eingegliedert ist; in geistiger Weise gewollt werden kann nur, worin das Wollen sich als geistiges – als Wollen des Guten – selbst vollzieht. So muß das Sein des Geistes beim Anderen als die Vollendung seines Bei-sich-selbst-Seins begriffen werden. Und Hegel zieht hier zur Veranschaulichung dieses Geist-Verhältnisses die Liebe heran, in der »nach seiten des *Inhalts* die Momente vorhanden (seien), welche wir als Grundbegriff des absoluten Geistes angaben.« Das »wahrhafte Wesen der Liebe« besteht – nach Hegel – »darin, das Bewußtsein seiner selbst aufzugeben, sich in einem anderen Selbst zu vergessen, doch in diesem Vergehen und Vergessen sich erst selber zu haben und zu besitzen.«[22] In der Liebe wird als Grundzug des Geistes erfahrbar und erkennbar das Zugleich von Selbstbeziehung und Beziehung zum anderen, noch schärfer: das Setzen der Beziehung zum Anderen als Realisierung der Selbstbeziehung.

Ist das nicht eine bis in die letzte Konsequenz getriebene Metaphysik der Vereinnahmung, der Ent-Anderung des Anderen? So ist es im zwanzigsten Jahrhundert vielfach gesehen worden, am pointiertesten vielleicht durch *Emmanuel Lévinas*.[23] Ist damit nicht auch die Unwahrheit einer Versöhnung aktenkundig, die in der vom Anderssein des Anderen nicht länger unterbrochenen »Rückkehr in sich« Realität werden soll?

Der Begriff des Absoluten steht für die im Letzten – im absoluten Subjekt – verbürgte Versöhnung, ja Identität von Subjekt und Objekt. Mit diesem Begriff wird der Vernunft »zugeflüstert, die Totalität des Seienden konvergiere doch mit ihr.« Aber ist er aufgebbar? Muß man nicht wenigstens an der »Idee des Absoluten« festhalten, »ohne die Wahrheit nicht zu denken wäre«[24]; Wahrheit als die Versöhnung des Widerspruchs zwischen Subjekt und Objekt, als Erfüllung der Sehnsucht, das Erkennen möge im All des ihm Entzogenen nicht ganz

---

[20] So D. Korsch, Das doppelte Absolute. Reflexion und Religion im Medium des Geistes, in: Neue Zeitschrift für systematische Theologie 35 (1993), 28–56, hier 50.
[21] Vgl. G. W. F. Hegel, Phänomenologie des Geistes, Werke in zwanzig Bänden, Bd. 3, 38 und Vorlesungen über die Ästhetik II, Werke in zwanzig Bänden, Bd. 14, 155.
[22] Werke in zwanzig Bänden, Bd. 14, 155.
[23] Vgl. Streitfall Offenbarung, Kap. 5.3.
[24] Th. W. Adorno, Negative Dialektik, 242.

und gar verloren, in seinen Träumen von Erkenntnis nicht ganz und gar gefangen sein?

Diese Sehnsucht ist die Sehnsucht nach Erlösung und Versöhnung schlechthin, der Erlösung aus einer letzten *Gleichgültigkeit* der Welt-Wirklichkeit gegenüber denen, die sich in ihr behaupten wollen, ja noch abgründiger: aus einer Zerstörungsdynamik, die das menschliche Ergreifenwollen nur noch potenziert. Der zweite thermodynamische Hauptsatz – das Entropie-Gesetz – ist zum Inbegriff dieser letzten, alles umfassenden Perspektive geworden, einer Perspektive der Zersetzung von Strukturen, der Entstrukturierung alles Wirklichen im Prozeß des Auseinanderstrebens des vor dem Urknall unendlich Konzentrierten.[25] Das Strukturieren der Vernunft als der hilflose Versuch *hereinzuholen*, was in die Dunkelheit und Kälte des Nichts zerfällt? Gar als Beschleunigung des Zerfalls durch Zerstörung von Strukturen, die das Zugreifen der Menschen rücksichtslos aufbricht? Der Begriff – die Idee – des Absoluten als Utopie eines heilvoll – weil vernünftig – Umfassenden angesichts der Realität eines heillosen Zerfalls?

Die Erlösungssehnsucht geht darauf, daß die Bewegung *nach außen* doch noch eingeholt und hereingeholt sei in den *Binnenraum* einer Beziehung, der Beziehung zu jenem Absoluten, aus dem niemand herausfällt, der in der heilvoll-relativierenden Beziehung zu ihm lebt – und stirbt: als Lebewesen *dieser* Welt zerfällt. Solcher Erlösungssehnsucht sind noch all jene Projekte des Hereinholens verdankt, die die metaphysisch gedachte reditio completa in seipsum des Geistes in der Unterwerfung des Objekts durch das Subjekt, im Hereinholen des *Anderen* in die Herrschaft des *Einen* verwirklichen wollen.[26] Zur Weltreali-

---

[25] Vgl. J. Werbick, Das Christentum am Ende? Wovon?, in: M. von Brück – J. Werbick (Hg.), Traditionsabbruch – Ende des Christentums? Würzburg 1994, 153–173, hierzu 156 f.
[26] Zur phänomenologischen Beschreibung dieses Hereinholens vgl. E. Lévinas' frühe Versuche, in Auseinandersetzung mit Heideggers Fundamentalontologie und gewiß auch mit dem von Lévinas hier aber nicht genannten J. P. Sartre, das Ich bzw. das Subjekt als »Hypostase« darzustellen – als Dynamik der Aneignung des Seins, verstanden als das »il y a«, als das bloße »es gibt«. Subjektivität bedeutet hier »Herrschaft des Ich über das anonyme Es-gibt des Seins, die alsbald zur Rückwendung des Sich auf das Ich, zur Blockierung des Ich durch das Sich-Selbst wird« (E. Lévinas, Die Zeit und der Andere, Vorwort zur Neuauflage, dt. Hamburg 1989, 12). Wie ist das zu verstehen? Der Begriff des »Es-gibt« meint jenen »anonyme(n) Strom des Seins«, der jedes Subjekt oder Ding immer schon »überschwemmt« und »untergehen« läßt (Vom Sein zum Seienden, dt. Freiburg – München 1997, 69). Ein Bewußtsein sein heißt dann, »daß man sich aus dem *es gibt* losgerissen hat; denn die Existenz eines Bewußtseins konstituiert eine Subjektivität, sie ist Subjekt des Seins, das heißt, in einem gewissen Maß Herrscherin über das Sein« (ebd., 72). Zugleich bleibt das Subjekt noch im Sich-Losreißen von ihm an das Sein gebunden: Seine Rückkehr zu sich selbst ist ja sein *Zurückkommenmüssen* auf das vom Sein bestimmte Selbst bzw. »Mich«: »Das *Ich* steht immer mit einem Fuß in seinem eigenen Sein. Außerhalb im Verhältnis zu allem, ist das Ich immer in Verhältnis zu sich selber, an sich selbst gebunden. Es ist immer gefesselt an das Sein, das es übernommen hat. Diese Unmöglichkeit für das Ich, nicht es selbst zu sein, kennzeichnet die grundlegende Tragik des Ich, die Tatsache, daß es an sein Sein gekettet ist« (ebd., 103). Die *Herrschaft* über das Sein, in die sich das Subjekt einsetzen will, scheitert daran, daß das Subjekt sich nicht unterwerfen – nicht in sich hereinholen – kann, woran es »gekettet« ist und genau dies mit bis zum Letzten gesteigerter Intensität will – um frei zu sein. Darin zeigt sich für Lévinas die Dialektik des Augenblicks, der Gegenwart: »Die Gegenwart zerreißt und knüpft wieder neu an«; so ist sie »der Anfang selbst«, worin

tät wird das Erlösungsmodell des heilvollen Umfaßtwerdens jedoch allenfalls im hilflosen, alles umgreifenden Zwang. Die Projekte des Hereinholens – der Menschen- und Naturbeherrschung – »hypostasierten den Zwang selbst als Absolutes«; so *Theodor W. Adornos* These.[27] Der Identitätszwang, in dem das Subjekt das ihm sich Entziehende unterwerfen und ihm gegenüber seine Herrschaft behaupten will, hat seinen In-Begriff im »Trug des zum Absoluten sich stilisierenden Subjekts«[28]. Und dieser Trug erscheint konkret in der Universalität eines Verblendungszusammenhangs, der die von ihm Umgriffenen die wahre, heilvolle Absolutheit mit der falschen Absolutheit allumfassender Ausbeutungssysteme vertauschen läßt. Absolutheit ist dann nur vorstellbar als die Totalität der Vereinnahmung, des Hereinzwingens in jene Ausbeutungssysteme, in denen sich die Ausbeutung selbst absolut setzt und das Subjekt durch Ausbeutenkönnen, das Objekt – das Andere – aber als Ressource definiert ist. Der System gewordene Zugriff des Ausbeuters ist – christlich verstanden – die Urwirklichkeit der Sünde.[29] Mit ihm soll als Leistung des Systems wahr werden, was das Heil verspräche: ein Umgreifendes, das von nichts umgriffen wäre. Das Wahre wird freilich nur als das Unwahre wirklich, so daß, was Heil verspricht,

---

sich das Subjekt als von sich selbst ausgehendes, mit sich anfangendes setzt. Indes: »man kann nur dann von sich selbst herkommen, wenn man nichts von der Vergangenheit erhält« (ebd., 27), wenn man nicht weitermachen will. Aber ist dieses Sich-Losreißen, um anfangen zu können, nicht eine Illusion? Lévinas greift hier offenkundig – ohne explizit darauf Bezug zu nehmen – Sartres Analyse der Gegenwart auf (vgl. oben Kap. 4.9). Und er führt sie weiter, indem er deutlich macht, wie sich das Subjekt bei dem Versuch, den Anfang zu setzen – sich als Anfang zu setzen – in sich verschließt und totalitär wird: Der beanspruchte neue Anfang muß die fortdauernde Herrschaft des Seins niederkämpfen, muß das Fortdauernde in seinen – um mit Nietzsche zu reden – umschmiedenden Griff nehmen und scheitert genau daran. So drängt sich die Frage auf: »Unterhält der Mensch ... keine andere Beziehung zum Sein als die der Herrschaft über es oder der Knechtschaft, des Tuns oder des Erleidens?« (Die Spur des Anderen, dt. Freiburg – München ³1992, 80). Kann der Anfang nur gedacht werden als der des Subjekts, das von sich ausgeht, sich ein Subjekt des Anfangens macht und die Zeit in sich hineinnehmen will (vgl. Vom Sein zum Seienden, 116)? Oder ist das Ereignis des Neuen, das von der Herrschaft des Seins wirklich erlöst, eben doch anders zu denken? Freiheit und Erlösung bestehen für Lévinas darin, »sich sein Sein *verzeihen* zu lassen von der Andersheit selbst des anderen« (ebd., 116). »Der andere erlöst das Ich aus der Bindung an das Sein, indem er ihm eine neue Zeit eröffnet«; so W. K. Krewani in seinem Nachwort zur dt. Ausgabe von Vom Sein zum Seienden, 162.

[27] Vgl. seine Negative Dialektik, 396. Das »Erwachen des Subjekts« wird – so Th. W. Adorno und M. Horkheimer in ihrem gemeinsam verfaßten Buch: Dialektik der Aufklärung (Frankfurt a. M. 1969, 15) – geradezu »erkauft durch die Anerkennung der Macht als des Prinzips aller Beziehungen. Gegenüber der Einheit solcher Vernunft sinkt die Scheidung von Gott und Mensch zu jener Irrelevanz herab, auf welche unbeirrbar Vernunft gerade seit der ältesten Homerkritik schon hinwies. Als Gebieter über Natur gleichen sich der schaffende Gott und der ordnende Geist. Die Gottebenbildlichkeit des Menschen besteht in der Souveränität übers Dasein, im Blick des Herrn, im Kommando.« Gegen diese Diagnose – vielleicht auch gemäß ihrer eigenen, hier jedoch verschwiegenen Intention – wäre herauszuarbeiten, daß die Herrschaftsvernunft nicht die »ganze« Vernunft ist und daß gerade in der vernünftigen Unterscheidung von Gott und Mensch die Möglichkeit begründet wäre, ein anderes Prinzip der Vernunft wie der Beziehung zu denken.

[28] Vgl. Negative Dialektik, 185.

[29] Als Versuch, Adornos Negative Dialektik mit der christlichen Erbsündenlehre ins Gespräch zu bringen, vgl. M. Knapps Buch: »Wahr ist nur, was nicht in diese Welt paßt«. Die Erbsündenlehre als Ansatzpunkt eines Dialoges mit Th. W. Adorno, Würzburg 1983.

eben noch wahrgenommen und gehört werden kann in der Parteinahme für das vom falschen Absoluten Ergriffene und Zugerichtete, im Widerstand gegen den Identitätszwang eines Geistes, der sein Geistsein an den Ungeist der Ausbeutung verraten hat.

In dem, was das falsche Absolute dem von ihm Vereinnahmten antut, enthüllt es sich selbst. Und dieser Enthüllung will Adornos Negative Dialektik auf der Spur bleiben; auf der Spur vielleicht doch auch dem »ganz« Anderen, das sich anmeldet, wo – etwa in flüchtigen Erfahrungen des Glücks – der Identitätszwang doch einmal seine Kraft verliert. So sehr – wiederum Adorno – »alles Glück durch seine Widerruflichkeit entstellt ist, das Seiende wird doch in den Brüchen, welche die Identität Lügen strafen, durchsetzt von den stets wieder gebrochenen Versprechungen jenes Anderen«, jener »Konvergenz«, als die sich »das menschlich verheißene Andere der Geschichte« ankündigt – und »sich versagt«. Im Licht dieser »Versprechungen« sieht Vernunft das Anderswerdenkönnen des hier und jetzt so heillos in der totalen Immanenz Identifizierten. »Kein Licht ist auf den Menschen und Dingen, in dem nicht Transzendenz widerschiene.«[30] Aber was meint hier das Andere; was ist gemeint, wenn von Transzendenz gesprochen wird? Zunächst einfach dies: »Nicht absolut geschlossen ist der Weltlauf, auch nicht die absolute Verzweiflung«.[31] Der Identitätszwang der Ausbeutungssysteme darf nicht als das Letzte hingenommen werden, zu dem es kein Außerhalb mehr gäbe, kein wahrhaft umfassendes Absolutes: »Das Absolute jedoch, wie es der Metaphysik vorschwebt, wäre das Nichtidentische, das erst hervorträte, nachdem der Identitätszwang zerging.«[32]

Adorno weigert sich, diesem Absoluten abzuschwören. Aber ebenso weigert er sich, das Absolute – etwa im Kontext der Hoffnung auf eine transzendente Versöhnung – zu denken, ehe es mit der endlich erreichten Überwindung des Identitätszwangs *hervortritt*: »Hoffnung auch nur zu denken frevelt an ihr und arbeitet ihr entgegen«; von Versöhnung läßt sich nur bildlos sprechen, als Grenzbegriff einer negativen Dialektik, für die das unversöhnt Zusammengezwungene nicht das Letzte sein darf.[33]

Soteriologie verstößt gegen dieses *Bilderverbot*, spricht gar von geschehener Erlösung. Gibt sie nicht als ein Wissen vom Absoluten – von wahrhafter Versöhnung – aus, was allenfalls als Hoffnung wider alle Hoffnung festgehalten, aber noch nicht einmal bildhaft vorgestellt werden dürfte? Kettet sie das Absolute, das diesen Namen nur verdient, wenn es in Denken und Vorstellen nicht hereingeholt ist, von ihm vielmehr *abgelöst* bleibt, nicht doch »an ihr endlich menschliches Modell«[34], an den Verblendungszusammenhang, dessen Auflösung es bedeuten würde?[35] In die Negative Dialektik, der Adorno auf der

---

[30] Vgl. Negative Dialektik, 394.
[31] Ebd.
[32] Ebd., 396.
[33] Vgl. ebd., 392–396.
[34] Vgl. ebd., 395.
[35] Vgl. J. A. Zamora, Erlösung unter Bilderverbot. Zu Th. W. Adornos Idee der Versöhnung nach

Spur bleiben will, leuchtet die Ahnung eines Absoluten herein; das Licht der Versöhnung fällt aufs dialektische Begreifenwollen des Unversöhnten, ohne daß man sich dieser Ahnung und ihres Wahrwerdens vergewissern, ohne daß man sich des Lichtes bemächtigen könnte. Die Ahnung eines Absoluten, das »hervortritt« und nicht hereingeholt ist, macht das Absolute als Gegeninstanz gegen das Vereinnahmen geltend und nimmt das biblische Bilderverbot ernst, da sie sich auch seiner Vergegenständlichung in Bildern enthält. Erlösung und Absolutheit müssen, wenn sie nicht nur das Negativ der konkret erfahrenen Unversöhntheit sein sollen, hervortreten; hervortreten als vollbrachte Befreiung des Anderen aus dem verfügenden Zugriff des Subjekts, als die wahre Versöhnung von Subjekt und Objekt, die sie jenseits aller Gewaltzusammenhänge füreinander dasein ließe. Jede Vorwegnahme dieses Hervortretens verbietet sich, da sie ein Gegenwärtiges, ein Ereignis in *dieser* durch und durch unwahren Wirklichkeit als das wahre Zukünftige nähme, da sie die Idee der Versöhnung mit Vorstellungen einer falschen, welthaft-illusionären Versöhnung kontaminierte. Adorno weiß sich hier jüdischer Religiosität und ihrer Weigerung verpflichtet, »das Falsche als Gott anzurufen, das Endliche als das Unendliche, die Lüge als Wahrheit.«[36]

Jean-François Lyotard teilt diese Option für das radikale Bilderverbot in jüdischer Religiosität, und er schärft sie zu einer Radikalkritik an der Vergegenständlichung bzw. Vergegenwärtigung des Absoluten im christlichen Erlösungsglauben. Das Absolute ist gegeben – bzw. es gibt sich – allein in einer absoluten Verpflichtung, in dem an mich ergehenden Ruf des unbedingten Sollens; es »ist nicht Gott, sondern die Verpflichtung selbst bzw. die Absolutheit des Ereignisses, das mich verpflichtet.«[37] So ist es schlechthin *unvorstellbar*[38], auffindbar nur in der *Spur*, die sich etwa in der Heiligen Schrift, der einzig möglichen »Verkörperung« des Absoluten, abzeichnet.[39] In ihr, in der Forderung, mit der sie konfrontiert, wird das Absolute als das schlechthin verborgene und Sich-Entziehende gegenwärtig, wird es gerade so gegenwärtig, daß es jede Metaphysik der Präsenz durchbricht.[40]

Im Unterschied dazu bezieht sich das Christentum auf eine direkte Präsenz des Absoluten in der Geschichte, auf seine »Fleischwerdung« in einem geschichtlichen Menschenleben, an der es sich der geschehenen Versöhnung vergewissert. Es sieht das Nicht-Darstellbare in Jesus Christus, im Opfer des Sohnes dargestellt, einem Bild eingezeichnet, in dem das »Wesen« des Absoluten präsent wird, in dem die unvollendete, noch ausstehende Erlösung als gegen-

Auschwitz, in: M. J. Rainer – H.-G. Janßen (Hg.), Bilderverbot (Jahrbuch Politische Theologie, Bd. 2), Münster 1997, 121–141.
[36] Th. W. Adorno – M. Horkheimer, Dialektik der Aufklärung, 30.
[37] So die Zusammenfassung bei S. Wendel, Absenz des Absoluten. Die Relevanz des Bilderverbots bei Jean-François Lyotard, in: Jahrbuch Politische Theologie 2, 142–155, hier 144.
[38] Vgl. J.-F. Lyotard, Vorstellung, Darstellung, Undarstellbarkeit, in: ders., Immaterialität und Postmoderne, Berlin 1985, 98.
[39] Vgl. S. Wendel, Absenz des Absoluten, a.a.O., 145f.
[40] Vgl. ebd., 143.

wartsbestimmend und deshalb als gewiß wahrgenommen wird. Im Judentum gibt es allenfalls »die Gewißheit des Versprechens, aber keine Gewißheit darüber, wie dieses Versprechen realisiert wird«. Erlösung bleibt hier »offen, unvollendet, eben weil sich das Absolute nicht direkt verkörpern kann.«[41]

Nimmt man – wie im Christentum – eine Verkörperung des Absoluten inmitten des Präsenten an, so ist man schon unterwegs dazu, sich seiner zu bemächtigen und in seinem Namen die Alleinherrschaft einzufordern, will heißen die Alleingeltung des in ihm Angeschauten zu proklamieren; so wird man der Option für Offenheit und Pluralität, wie sie einer Hermeneutik des in der Spur als verborgen sich Abzeichnenden entspräche, um des allein Geltenden willen entgegentreten.[42] Der christliche Heilsglaube macht in der Geschichte fest, wozu man allenfalls unterwegs sein könnte; und er unterlegt der Geschichte eine Teleologie der Vergegenwärtigung des Absoluten, die religiöse Institutionen dann auch für ihr eigenes Handeln als absoluten, unangreifbaren Legitimationsgrund in Anspruch nehmen können.

Adornos und Lyotards Einschärfung des biblischen Bilderverbots sind entscheidend motiviert von der Weigerung, dem Immanenten einen positiven Sinn zu unterlegen und es an irgendeinem Punkt für »bildfähig« zu halten: als möglichen Ort der Abbildung eines Absoluten in Erwägung zu ziehen. Wo dies versucht wird – und die christliche Soteriologie könnte diesen Befund wider willen stützen –, geschieht es zuletzt auf dem Rücken der Opfer, da »aus ihrem Schicksal ein sei's noch so ausgelaugter Sinn gepreßt wird.«[43] Wird nicht gerade der Opfertod Jesu für solchen Sinn »ausgepreßt«, damit die anderen Opfer an ihm teilhätten und sich mit ihrem Opfersein zufriedengeben könnten? Oder ist er im Gegenteil die Spur – das Vernehmbarwerden – des Widerspruchs Gottes gegen den Sinn der Opfer? Setzen sich Soteriologie und Ekklesiologie mit ihren Deutungen in den Besitz eines positiven Sinnwissens, das die Gemeinschaft der Glaubenden zu Herren des Sinns machen und zu Subjekten der Sinn-Verwirklichung im Diesseits einsetzen soll? Soteriologie und Ekklesiologie haben keinen Anlaß, diese Versuchung zum Sinn-Absolutismus zu bagatellisieren. So haben sie sich immer wieder neu der Nötigung zu stellen, das christliche Verständnis einer heilshaften Verkörperung des Absoluten in der Geschichte gegen den Mißbrauch zu schützen, den religiös verbrämter Absolutismus von ihr zu machen geneigt ist.[44]

---

[41] Ebd., 150.
[42] Vgl. J. F. Lyotard – E. Gruber, Ein Bindestrich. Zwischen »Jüdischem« und »Christlichem«, Düsseldorf – Bonn 1995, 49; als Kommentar: S. Wendel, Absenz des Absoluten, a. a. O., 151 f.
[43] Th. W. Adorno, Negative Dialektik, 353.
[44] Vgl. dazu auch die hilfreichen Klarstellungen, die S. Wendel in ihrer Lyotard-Kritik geltend macht; Absenz des Absoluten, a. a. O., 152–155.

5.5 Präsenz oder Absenz der Versöhnung?

Wenn hier von Verkörperung und Präsenz die Rede sein soll, dann nur im Blick auf das Kreuz Jesu Christi, im Hören auf die Klage des Gekreuzigten über Gottes – seines Vaters – *Abwesenheit*. Jesu Kreuz ist die Verweigerung eines Sinnes, von dem man Gebrauch machen könnte, um das Leiden der Opfer mit einer höheren Weihe zu versehen. Nur so – in der Abwesenheit des Sinnes – ist der Gekreuzigte Gottes Bild, Präsenz und Geschehen des guten versöhnenden Gotteswillens. Im Gekreuzigten manifestiert sich die Freiheit Gottes, der sich nicht nötigen läßt, von seinem Versöhnungswerk abzulassen und nur noch darauf zu reagieren, was ihm an Widerstand entgegengesetzt wird. An ihm manifestiert sich aber zugleich Gottes Getroffensein von diesem Widerstand, von der Unversöhntheit der Menschenwelt, der er eben nicht unvermittelt seinen »stärkeren« Versöhnungswillen entgegensetzt.

Versöhnung kann nur das Werk einer göttlichen Freiheit sein, die andere – endliche – Freiheit achtet und sich von ihr betreffen läßt, für die deshalb nicht gleichgültig sein kann, was ihr an Widerstand entgegengesetzt wird. Als Freiheit zur Versöhnung läßt sie sich herausfordern, dem ihr entgegengebrachten, »sinnlosen« Widerstand zu widerstehen und den ihr Widerstehenden dadurch die Möglichkeit zu geben, sich von Gottes schöpferisch-versöhnender Freiheit überwinden zu lassen. Aber dieser »Sieg« der schöpferisch-versöhnenden Freiheit Gottes bleibt im Gegenteil – dem Kreuzestod des eschatologischen Versöhnungsboten – *verborgen*, denn Gottes Widerstehen kann – nach der Logik der Versöhnung gedacht – nur in der Gestalt des Leidenden gelebt und nur so abgebildet werden; in der Gestalt dessen, der vom Widerstehen der Unversöhnten zutiefst betroffen ist, sich von ihm zu-*innerst* betreffen läßt. Im Gottesknecht nimmt er dieses Widerstehen auf sich. Der Gekreuzigte stellt den Gott dar, der das seinem Versöhnungswerk Widerstehende in sich hineinnimmt, damit es nicht mehr im heillosen Draußen sich selbst überlassen bleibe. Nur so ist Gottes Freiheit das in dieser Welt sich vergegenwärtigende Absolute, das »Umgreifende«, das dem ihm Widerstreitenden den Raum gibt, sich von Gottes unbedingter Beziehungswilligkeit und Beziehungsfähigkeit überwinden zu lassen, ohne von ihr überwältigt zu werden.

Gottes Hereinholen geschieht nicht in der Geste des Unterwerfens, des herrscherlichen Zugriffs, der nur einen alles einbegreifenden Zwangs- und Entfremdungszusammenhang, niemals aber Versöhnung bewirken könnte. Gott gewährt Freiheit und Zukunft, da er – in seinem Geist – hereinholt, was draußen abgespalten und hinausgedrängt bliebe. Er läßt seine göttliche Freiheit, die von nichts, was ihr äußerlich wäre, überholt und außer Kraft gesetzt werden kann, denen zugute kommen, über die die Welt rücksichtslos hinweggeht – die sie von *ihrer* Zukunft ausschließt. Gottes Freiheit ist vollkommene Freiheit. Vollkommen ist sie darin, daß sie keine Zukunft außer sich hat, »sondern selber die

Zukunft seiner selbst« ist.[45] Kraft dieser Freiheit eignet Gott das Vermögen, niemals am Ende seiner Möglichkeiten zu sein, sondern in jedem Telos so bei sich selbst zu sein, daß dieses Telos sein Anfangen – sein Anfangen mit sich und durch sich selbst – sein kann.[46] Gottes Absolutheit realisiert sich als die Absolutheit einer Freiheit, die sich kein Ende setzen läßt und keinen Ausgang vergangen sein lassen muß. Sie kommt den Menschen in der Kreativität des Gottesgeistes zugute, worin »Gott so zu sich selbst (kommt; J. W.), daß er der ursprünglich Anfangende bleibt und also mit sich selbst und eben deshalb auch mit uns etwas anzufangen vermag«, zu welchem Ende und Ausgang es mit dem Menschen und seinen Möglichkeiten auch gekommen sein mag. In diesem Sinne gilt von Gott als dem Absoluten, daß er »nicht aufhört, der Anfangende zu sein. Er bleibt der in Freiheit Anfangende«[47]. Er bleibt das jedes Ende mit seinem Anfangen Umgreifende und in seine Freiheit Einholende.

Gottes Anfangen ist der *absolute Anfang*, nicht noch einmal Resultante im Kraftfeld der Wechselwirkungen, in dem die Menschen allenfalls ein Gleichgewicht des Gebens und Nehmens – Gerechtigkeit – anstreben können und doch in der Regel verfehlen. Gott »aber, was man wirklich Gott nennt ... ist nur der, welcher Urheber seyn, der etwas anfangen kann«.[48] Er ist der aus sich und mit sich und auf sich hin Anfangende, in neben-absichtsloser Freiheit sich Schenkende, der den absoluten Anfang setzt, da er sich selbst einsetzt und so in der Lebensordnung der Wechselseitigkeit, des in ihr verheißenen und immer wieder verfehlten »gerechten Ausgleichs«, das Geschenk seines Anfangs gegenwärtig setzt; das Geschenk eines Anfangs, der nicht – wie menschliches Anfangen – dem Weitergehen »entrissen« (Sartre) werden muß, sondern es »versöhnend« in sich aufzunehmen vermag. Wenn Gott mit sich anfängt, so ist sein Anfangen *Versöhnung:* Es verneint nicht einfach, worauf es sich bezieht; es erlegt ihm nicht das eigene Vorhaben auf, um es als bloßes Mittel für den eigenen Zweck anzueignen. Gottes Anfangen ist zwar selbstbezüglich; es ist ein Anfangen auf Gott hin, aber doch so, daß der Mensch, an dem und mit dem es sich ereignet, diese Selbstbezüglichkeit als das Einbezogenwerden in die eigene Vollendung erfahren wird. Gottes Selbstbezüglichkeit – seine Absolutheit – realisiert sich geschichtlich als *Entäußerung*, als absolute Beziehungswilligkeit und Beziehungsmächtigkeit, in der Gott bei denen und mit denen ist, die mit sich selbst und ihren Mitmenschen nichts oder doch nur das zum Ende Verurteilte anfangen können.

Aber wie kann diese absolute Freiheit des versöhnenden Anfangs den Menschen zugute kommen; wie kann Gottes Anfangen *Gegenwart* werden in einer Welt, die vom Telos des Beherrschens bestimmt ist, von der Dynamik des Aus-

---

[45] So W. Pannenberg, Systematische Theologie, Bd. 1, Göttingen 1988, 443.

[46] Und dies im Unterschied zu den Menschen, die – nach einem Wort des Vorsokratikers Alkmaion – deshalb vergehen, »weil sie nicht die Kraft (das Vermögen) haben, die ἀρχή an das τέλος anzuknüpfen«; H. Diels–W. Kranz (Hg.), Die Fragmente der Vorsokratiker I, Berlin ¹³1968, 24[14]B2.

[47] So E. Jüngel, Das Entstehen von Neuem, in: ders.: Wertlose Wahrheit. Theologische Erörterungen III, München 1990, 132–162, hier 148.

[48] F. W. J. Schelling, Philosophie der Offenbarung, Bd. 1, 172.

schließens und Schlußmachens? Sie kann ihnen nur als die vom Kreuz gezeichnete zugutekommen: nicht in herrscherlicher, erobernder Präsenz, bei der der Vernichtung oder Mißachtung preisgegeben wird, was sich nicht erobern läßt; vielmehr in der Präsenz des selbst Ausgestoßenen, an dem Gottes Geist, der ihn auferweckte, das *Außerhalb* zum unheilvoll Herrschenden vergegenwärtigte: den Anfang, der nicht aufhören wird anzufangen, Gottes Anfangen im Tod, mit dem auch der Tod nicht außerhalb der schöpferisch neu anfangenden Freiheit Gottes bleibt.

So kann die vom Kreuz gezeichnete Präsenz der göttlichen Freiheit nicht in Anspruch genommen werden für Herrschaftstitel und Sinnbesitzansprüche; sie könnte nicht repräsentiert werden von einer Institution, die dabei noch immer in der Versuchung stünde, ihre eigene Herrschaft als Gegenwart der göttlichen Freiheit auszugeben. Die vom Kreuz gezeichnete Präsenz der göttlichen Freiheit ereignet sich, sie »tritt hervor«, wo der den Mächten der Erschöpfung und der Ausbeutung, des Aussperrens und Schlußmachens abgerungene Anfang ergreifbar wird, wo er gefeiert und geteilt werden kann. Sie ereignet sich, wo Menschen die Freiheit gewinnen, sich auf solche Anfänge *zu verlassen,* obwohl sie nicht wissen können, ob das in ihnen aufscheinende Versprechen nicht doch wieder und zuletzt noch gebrochen wird[49]; obwohl sie noch nicht sehen, sondern nur glauben können, was aus den guten Anfängen wächst: daß in ihnen *der* anfängt, dessen Anfangen nicht aufhört anzufangen.

Menschen dürfen, wo Gottes Geist mit ihnen und an ihnen das Werk der Versöhnung anfangen und vollbringen will, nicht das Ihre anfangen wollen. Sie können hier immer nur mit sich anfangen lassen, was Gott mit ihnen anfangen will, das also, was Gottes Geist anfängt, was er mit dem anfing, der sich ihm rückhaltlos öffnete: mit dem Menschensohn Jesus Christus. Gottes Anfangen zeichnet sich den Opfern ein, die das Mit-sich-selbst-anfangen-Wollen der Menschen fordert: ihr Versuch, mit anderen das Ihre anzufangen, in Wahrheit durch sie hindurch und über sie hinweg das Eigene weitergehen zu lassen. Gottes Anfangen zeichnet sich der Forderung ein, die vom Anderen ausgeht und mich zum Angesprochenen macht: seiner Forderung, mein Weitermachen unterbrechen zu dürfen und mir *sein* Anfangen zumuten und schenken zu lassen. Daß diese Heraus-Forderung nicht in den Selbstverlust führe – in das Verschlungenwerden vom Anfang meines und seines Endes –, das kann nur von Gott erhofft werden, der das Seine mit uns anfängt und der es anfängt, wo mit mir anfängt, was ich nicht aus mir selbst habe.

Diese Herausforderung zu bezeugen und dafür Sorge zu tragen, daß Gott die Souveränität des Anfangens vorbehalten bleibt, macht die »ekklesiale Substanz«[50] der Kirche – ihre Sendung – aus: Der Anfang der Versöhnung, den sie

---

[49] Auch für die Welterfahrung Glaubender und den Glauben Suchender gilt ja, daß »alles Glück durch seine Widerruflichkeit entstellt ist«, »durchsetzt von den stets wieder gebrochenen Versprechungen«; Th. W. Adorno, Negative Dialektik, 394.
[50] Vgl. J. Sobrino, Gemeinschaft, Konflikt und Solidarität in der Kirche, in: I. Ellacuria – J. Sobrino

bezeugen und feiern darf, ist nicht ihrem Anfangen verdankt; oft widersprach er dem, was sie anzufangen versuchte. Was Gottes Geist in ihr und mit ihr anfängt, das nötigt auch die Kirche, das Ihre zurückzulassen und mit sich anfangen zu lassen, was sie nicht zu sich selbst zurückführen wird, sondern zu denen hinführt, von denen sie sich gerade abwenden wollte – und so zu dem hinführt, der ihr in ihnen begegnen will (vgl Mt 25, 31–46).

5.6 Das Absolute als Inbegriff der Versöhnung?

Wie läßt sich dann aber Versöhnung – als geschehene, als gegenwärtige und als noch anstehende – mithilfe der Kategorie des Absoluten denken, die seit den Entwürfen des Deutschen Idealismus immer wieder zur begrifflichen Artikulation des Versöhnungsgeschehens herangezogen wurde? Das Absolute hat zu seiner »Natur« – so *Schelling* –, »als das absolut Ideale auch das absolut Reale zu sein«.[51] So ist mit diesem Begriff tatsächlich die Versöhnung des Realen mit dem Idealen, des Seienden mit dem Seinsollenden ausgesprochen, die Heilung des Schmerzes, in dem sich der »Riß in der Schöpfung von oben bis unten« zur Erfahrung bringt: der Riß zwischen dem, was sie sein sollte, und dem, was an Qual, Unrecht und Zynismus in ihr begegnet.[52]

Daß diese Versöhnung immer schon vollbracht und vom Begreifen des Absoluten in der Geschichte als sich realisierende nachzuzeichnen sei, daß also das faktisch Geschehende in seiner Substanz nichts anderes sei als die Selbstkonkretisierung des Absoluten, das ist – jedenfalls auf den ersten Blick – *Hegels* These gewesen. Das »Auslegen des Absoluten«, der Versöhnung, wäre dann »sein *eigenes* Tun ... das *bei sich anfängt*, wie es *bei sich ankommt*.«[53] Diese Bestimmung des Absoluten ließ sich in der Folge – beginnend bei Marx – nur als Inbegriff des Unheils und der erzwungenen falschen Versöhnung verifizieren. Es ist das alles mit sich »versöhnende«, kapitalförmig machende und unter seine Logik zwingende Kapital, das ebenso bei sich anfängt, wie es bei sich ankommt, das *alles* – Natur, menschliche Beziehungen und menschliche Schöpferkraft – seiner Teleologie unterwirft, in der es sich selbst verwirklicht und so fortwährend den Widerspruch zwischen ihm selbst und allem, was noch nicht Kapital ist, aufhebt. Besteht angesichts der offenkundigen Triftigkeit dieser kritischen Inanspruchnahme der Absolutheits-Kategorie noch eine Chance, theologisch,

---

(Hg.), Mysterium Liberationis. Grundbegriffe der Theologie der Befreiung, Bd. 2, Luzern 1996, 851–878, hier 858 ff.

[51] F. W. J. Schelling, Vorlesungen über die Methode des akademischen Studiums (1803), in: Ausgewählte Werke. Schriften von 1801–1804, Darmstadt 1968, 441–586, hier 453.

[52] Vgl. G. Büchner, Dantons Tod, in: Werke und Briefe, München 1965, 39 f.

[53] G. W. F. Hegel, Wissenschaft der Logik. Zweiter Teil: Die subjektive Logik, Werke in zwanzig Bänden, Bd. 6, 190.

und das hieße ja *auch affirmativ,* von ihr Gebrauch zu machen: mit ihrer Hilfe dem Werk der göttlichen Versöhnung nach-zudenken?

Dieses Nach-Denken kann gewiß nicht so vorgehen, daß es den Riß in der Schöpfung mit einer alles umfassenden und in Gott »unterbringenden« Theodizee-Theorie der Selbstbestimmung eines absolut Göttlichen zu überholen versucht. Der Schmerz derer, die am Widerspruch zwischen Seiendem und Seinsollendem zerbrechen oder dem Nicht-sein-Sollenden konkret zum Opfer fallen, wäre sonst nur ein Durchgangsmoment, das dann unvermeidlich die Frage aufwirft, warum es sein muß, warum dieses Opfer für die Selbstbestimmung des Absoluten gebracht werden muß. Mit der Versöhnung wäre es theologisch nicht wirklich ernst, wenn der Versöhnende sich letztlich nur mit sich versöhnte oder das handelnd Aus-sich-Herausgesetzte im Versöhnungsprozeß einfach in sich zurücknähme. Versöhnung meint den Ernstfall: die Überwindung eines Widerstreits, der nicht sein soll, auch als Durchgangsmoment nicht sein soll; die Heilung des Schmerzes der von diesem Widerspruch Gezeichneten, der ins Nicht-sein-Sollende Hineingezogenen und an ihm Scheiternden.

Der gekreuzigte Messias ist nach christlicher Soteriologie die Offenbarung und in einem damit das Geschehen eines göttlichen Versöhnungshandelns, in dem Gott selbst sich dem Nicht-sein-Sollenden aussetzt, damit ihm nicht das letzte Wort bleibt – damit die ihm Ausgesetzten und an ihm Mitwirkenden nicht vom Sein-Sollenden ausgeschlossen bleiben. Gottes Absolutheit »konkretisiert« und »realisiert« sich nicht, indem sie »aus sich entläßt«, was sie dann ins Ich Gottes zurückholt, sondern indem sie schöpferisch-versöhnend dem widersteht, was nicht sein soll; indem sie denen, die das Sein-Sollende mit sich anfangen lassen, gibt, dem Nicht-sein-Sollenden schöpferisch – und wenn es sein muß leidend – zu widerstehen, damit es *anders* werden, von der Versöhnung ergriffen werden kann.

So liegt über dem soteriologischen Sprechen, von der in Jesus Christus geschehenen Erlösung ein »Hauch von Unversöhntheit«[54]: Es kann nicht erklären – theoretisch mit dem Denken versöhnen –, was immer noch an Unversöhntheit erlitten werden muß. Es kann im Blick auf Gottes adventus in Jesus Christus »nur« zu einem christologischen Satz seine Zuflucht nehmen, in dem sich dann doch noch einmal die Hoffnung auf den Gott ausspricht, dessen Zukunft seine eigene ist und unsere Zukunft zu der seinen machen kann: »Gottes Gekommensein ist im Kommen«.[55] Soteriologie wird sich deshalb in einer Praxis zu bewähren haben, die die oft so angefochtene Glaubensgewißheit vom adventus Gottes in Jesus Christus in eine Glaubens-Praxis des Widerstehens gegen die

---

[54] Vgl. J. B. Metz, Theologie als Theodizee?, in: W. Oelmüller (Hg.), Theodizee – Gott vor Gericht?, München 1990, 103–118, hier 105 und 116.
[55] Vgl. ders., Theologie versus Polymythie oder Kleine Apologetik des biblischen Monotheismus, in: O. Marquard (Hg.), Einheit und Vielheit, Hamburg 1990, 170–186, hier 179.

Mächte des Todes und der Unversöhntheit – gegen die Rechtfertigungen des Nicht-sein-Sollenden – investiert.[56]

Daß Gottes versöhnendes Gekommensein »im Kommen« ist, meint soteriologisch – und dann auch ekklesiologisch – genau: Es kann nicht überholt werden von einer Theologie, die sich am Ende – am Ende des Gekommenseins Gottes – wähnt und von dort her den Weg des Kommens Gottes denken möchte. Theologie kann vom Gekommensein Gottes in Jesus Christus her immer nur hinter dem Kommen Gottes »herdenken«, will heißen den Weg in den Spuren Christi des Gekreuzigten (vgl. 1 Petr 2, 21) zu bedenken versuchen, auf dem Gottes Geist die Glaubenden und den Glauben Suchenden »nachkommen« läßt. Die Theologie wird Gottes Kommen nicht einholen und Versöhnung als eschatologisch geglückte dingfest machen und damit einen Sinnstiftungsanspruch begründen können. Versöhnung bleibt das heilsame *Außerhalb*[57] und als geschehene doch das *Vor-uns*, zu dem hin sich die Glaubenden verlassen und auf das sie sich in ihrer Glaubenspraxis beziehen dürfen. In der fundamentaltheologischen Ekklesiologie wird sich erweisen müssen, ob dieses extra nos gegen die Neigung geschützt werden kann, Gottes Handeln in ekklesialer Praxis zu vereinnahmen.

5.7 Absolute Freiheit – versöhnende Freiheit

Erlösung im Absoluten? – So lautet die Frage über diesem Abschlußkapitel des fundamentaltheologischen Erlösungstraktats. Weist sie der Soteriologie *aufs Ganze gesehen* den richtigen Weg, so ist es theologisch geboten, Gott und seine Absolutheit von der Absolutheit der Versöhnung her zu denken, die er – so die Kernbotschaft des biblischen Zeugnisses – den Menschen zugänglich macht; so wird sich auch der fundamentaltheologische Ertrag der hier versuchten Apologie christlichen Erlösungsglaubens an der Zwiespältigkeit wie der Unerläßlichkeit einer soteriologischen Fassung dieses Begriffs aufweisen lassen.

Absolutheit ist hier als *Freiheitsprädikat* zu denken. Sie käme einer Freiheit zu, die in ihrem Selbstvollzug nicht mehr von ihren Realisierungsbedingungen abhängig ist. Sie hat sich von ihnen »abgelöst« und kommt so auf sie zurück, daß ihre Intention *in ihnen* Wirklichkeit wird oder genauer noch: ihren Ausdruck findet. Absolut frei wäre, wer in seiner Selbst-Bestimmung nicht am Be-

---

[56] Vgl. H.-G. Janßen, Dem Leiden widerstehen. Aufsätze zur Grundlegung einer praktischen Theodizee, Münster 1996.

[57] Dieses uneinholbare extra nos der Rechtfertigung ist vor allem von Luther und der ihm verpflichteten Rechtfertigungstheologie unterstrichen worden; vgl. bei Luther: Weimarer Ausgabe 56, 264, 16–21 oder 40/1, 589, 8 sowie als Kommentare G. Ebeling, Luther. Einführung in sein Denken, Tübingen 1964, 183 bzw. 197 und E. Jüngel, Gott als Geheimnis der Welt, Tübingen 1977, 246: »Der Glaube wahrt also die Entzogenheit dessen, der als Gott mein Nächster ist. Ohne ein fundamentales extra nos kennt der Glaube auch keinen deus pro nobis und schon gar keinen deus in nobis.«

stimmtwerden durch das Andere seiner selbst Ohnmacht und Grenze seiner Selbstmächtigkeit erfahren müßte, wer sich nicht als der Situation seiner Freiheit ausgeliefert, sondern als der frei – initiativ – Setzende und *sich* Setzende wissen könnte. Grundvollzug der Freiheit ist die Affirmation[58]: Freiheit bejaht das von ihr Gewollte wie das *ihr Gegebene*, insofern sie das von ihr bedingungslos Gewollte in ihm realisieren kann und ausdrücken will; und sie bejaht die Handlung, die dieser Affirmation Geltung verschafft. Der frei Handelnde ergreift und eignet sich zu, worin er seine Intention realisiert; weder bleibt er – insofern seine Handlung frei gesetzt ist – von einer ihr vorausgesetzten Bedingung abhängig, noch wird sein freies Handeln überholt und bedeutungslos gemacht durch »zufällige« Widerfahrnisse und Umstände. Die freie Handlung verwandelt gleichsam das bloß Gegebene in das *so* Gewollte; sie setzt die Identität von Sinn und Sein, von Intention und Faktum. Absolute Freiheit wäre unbedingte, nur durch sich selbst bedingte und bestimmte Freiheit.

Als bedingte, nicht-absolute ist *menschliche* Freiheit aber gerade davon gekennzeichnet, daß sie hinnehmen und aufnehmen muß, was ihr widerspricht und ihre Intentionen immer schon durchkreuzt; daß sie versuchen muß, ihrer Affirmation durch die Selbst-Behauptung gegen das sie Durchkreuzende Geltung zu verschaffen. Sie ist nicht immer schon »ausgesöhnt« mit dem, was ihr gegeben ist. Ja, sie gründet offenkundig im Abgrund einer Gegebenheit, die gerade nicht so ist, wie ich sie von mir aus gewollt hätte, die mir deshalb nicht bejahenswert erscheint und auch angesichts dessen, was ich als das von mir schlechthin Bejahbare frei affirmieren kann, nicht einfach zur quantité négligeable wird. Kann das freie Wollen und Bejahen zuletzt doch nur auf dieses meinem Wollen und Bejahen gegenüber bestenfalls Gleichgültige zurückkommen und gerade noch darauf hoffen, daß es hinnehmbar ist und ich mich mit ihm werde aussöhnen können, da »die Leiden der gegenwärtigen Zeit nichts bedeuten im Vergleich zu der Herrlichkeit, die an uns offenbar werden soll« (Röm 8,18)?

Es ist das ungestillte Verlangen der endlichen Freiheit, sie möge nicht zuletzt noch am absurden Auseinanderbrechen von Sinn und Sein scheitern, ihre Affirmation möge »in letzter Instanz« Recht behalten gegenüber allem, was sich ihr *jetzt noch* als Nicht-Bejahbares auferlegt. Sie gründet in jenem geradezu vitalen »conatus essendi« (Seinsstreben; Baruch de Spinoza[59]), der in die geistig-vernünftige Selbstbestimmung des menschlichen Freiheitssubjekts überführt werden soll. Der conatus essendi gibt der freien Selbstbestimmung aber faktisch die geradezu hilflose Selbstbehauptung des Subjekts gegen die Instanzen der Gleichgültigkeit und der Seinsminderung als »dunklen Urgrund« mit.[60] Die

---

[58] Vgl. hierzu das von P. Ricœur zur »ethischen Affirmation« Ausgeführte; Das Selbst als ein Anderer, dt. München 1996, 331.

[59] Vgl. Ethica Ordine Geometrico Demonstrata, pars III, propositiones 6 u.7; Opera – Werke, Bd. 2, hg. von K. Blumenstock, Darmstadt 1967, 272 f.

[60] Diese Abgründigkeit der Freiheit ist etwa in Schellings Schrift: Philosophische Untersuchungen über das Wesen der menschlichen Freiheit und die damit zusammenhängenden Gegenstände (in:

Selbstbehauptung bezeugt als den in ihr liegenden Abgrund die Reaktion gegen eine nicht in freier Selbstsetzung anzueignende Gleichgültigkeit, gegen eine Ur-Ablehnung, gegen die sie sich durchsetzen muß, damit die Affirmation der Freiheit nicht grund- und sinnlos bleibt: damit das Ich sich als ein das Ja verdienendes, nicht mehr letztlich von Ablehnung bedrohtes oder ihr gar hilflos ausgeliefertes Dasein bejahen kann. Weil die Selbstbehauptung das Nein, gegen das sie sich wendet, damit in sich selbst hat und in den Ursprung der Freiheit einbringt, weil sie gleichsam von Anfang an Ablehnung der Ablehnung ist, deshalb kann in ihr die Ablehnung die Oberhand gewinnen und gerade so die Erfahrung einer Ur-Ablehnung immer wieder neu gegen die Sehnsucht nach Ur-Bejahung[61] mobilisieren. *Versöhnungsbedürftig* ist, wer sich als ablehnenswert erfährt, wem das Scheitern der Selbstbejahung an dem ihm unheilvoll Zustoßenden gar noch die Schuld bezeugt, die er in seiner Selbstbehauptung auf sich geladen hat. Der Versuch, dem Ja zu mir selbst Wirklichkeit zu geben im bloßen Nein zu dem, was ihm zu widersprechen scheint, schlägt auf den Ablehnenden zurück: Was er nicht in die Affirmation seiner Freiheit hereinholen kann, das widerfährt ihm als das Nein, das seine Selbstbejahung unwirksam zu machen oder ihr Unrecht zu geben droht; das wird ihm zum feindlichen, seinem Wollen widersprechenden Draußen, an das er in hilfloser Selbstbehauptung gekettet bleibt.

Daß die der Selbstbejahung durch die Selbstbehauptung mitgegebene Unversöhntheit überwindbar ist, das bezeugen die religiösen Versöhnungsriten – etwa auch die des alttestamentlichen Sühne-Typs –, in denen das Göttliche als jene Letzt-Wirklichkeit in Anspruch genommen werden darf, die den Menschen die Möglichkeit schenkt, von neuem Bejahung zu finden in einer alles Scheitern überdauernden und überholenden Gottesgemeinschaft (vgl. Kapitel 2). Aber dieser Modus der Versöhnung affirmiert noch einmal die Unverfügbarkeit – die *Bedingtheit* – der Selbstbejahung. Die vom Göttlichen bzw. in ihm versöhnte Freiheit ist ihrer selbst nicht mächtig; wo sie sich als selbstmächtige zu behaupten und als unbedingte zu setzen versucht, da bleibt sie gerade unversöhnt. Muß sie sich nicht auch dieser »Heteronomie« gegenüber noch selbst behaupten und als die rücksichtslos sich selbst behauptende schuldlos werden? Muß sie nicht die Mißachtung abschütteln, die ihr religiös zugeschrieben wird, indem sie für das Ja zu sich selbst – für ihr Absolutwerden – alles andere in Anspruch nimmt und gegebenenfalls zum Opfer bringt? Nietzsche hat Versöhnung mit dem Ge-

---

Ausgewählte Werke. Schriften von 1806–1813, Darmstadt 1976, 275–360) das »ostinate« Thema. Die Problematik dieser Schrift liegt darin, daß sie auch Gottes Freiheit noch als im dunklen Urgrund der Freiheit gründend erfassen und so schließlich die Theodizee-Frage beantworten will. Vgl. dazu meinen Aufsatz: Gelingen und Scheitern – Kennzeichen menschlicher Freiheitserfahrung, in: H.-G. Gruber – B. Hintersberger (Hg.), Das Wagnis der Freiheit (Festschrift für J. Gründel), Würzburg 1999, 88–103.

[61] Dieser Terminus hat eine zentrale praktisch-philosophische Bedeutung bei J. Nabert; er ist von P. Ricœur als Grundbegriff seiner Subjekttheorie übernommen worden. Vgl. dazu S. Orth, Das verwundete Cogito und die Offenbarung. Von Paul Ricœur und Jean Nabert zu einem Modell fundamentaler Theologie, Freiburg – Basel – Wien 1999.

gebenen in diesem Sinne konsequent als den Überschritt zum selbstherrlichen Übermenschen zu denken versucht. Er hat jene Logik des Opfers ausformuliert, die die Freiheit als das eigene, rücksichtslos entschiedene Ja zu *meinem* Zweck verstehen und ihm alles andere als bloßes Mittel aufopfern läßt.

Endliche Freiheit, die sich in sich selbst zu gründen versucht, muß sich als Verfügungsmacht behaupten und wenigstens so sicherzustellen versuchen, daß sie nicht an dem ihr Gegebenen – und sich Entziehenden – scheitert. So realisiert sie sich »bürgerlich« – weniger heroisch als Nietzsches »Übermenschen-Freiheit«, aber zumindest ebenso entschlossen – als Eigentum. Im Eigentum gibt sich die Freiheit eine »äußere Sphäre«; es ist – so Hegel – »das erste *Dasein* derselben«.[62] In seiner Form als Eigentumsstreben bestimmt die Dynamik der Gier das Streben nach erfüllter Freiheit: Nichts darf ihr unerreichbar sein, denn die Aneignung soll garantieren, daß Freiheit nicht scheitert. Aber sie scheitert ja schon daran, daß andere Freiheit sich nicht aneignen läßt – es sei denn, sie würde als Freiheit gerade negiert. Selbstbejahung in der äußeren Sphäre des Eigentums gelingt *und scheitert*, da sie es vermag – und nötig hat –, die erfahrene Ur-Mißachtung durch die Mißachtung des Nicht-Eigenen in seinem Eigensein zu überholen. Was hier nach Versöhnung verlangt, das ist nach wie vor das meiner Freiheit nicht Verfügbare, ihr gleichsam immer schon Entzogene, für das sie sich nach der Logik der Aneignung und des Eigentums immer schon – bei den anderen – schadlos zu halten versucht, weshalb sie ihnen gegenüber in Schuld gerät (vgl. Kapitel 3.5). Das ihnen Weggenommene ist elementar – schon Kant hat es so gesehen – die Würde des Zweckseins in sich selbst, die Würde des Subjekts, dessen Intentionen, dessen Sehnsucht und dessen Leiden keine quantité négligeable sein dürfen. Diese Würde ist mißachtet, wo es nur noch auf die mehr oder minder erhebliche Funktion für anderes ankommt: auf das Mittelsein für einen Zweck, der eben nicht der meine ist, für das Projekt einer Subjektivität, die sich aneignet, worin sie sich realisiert, und mißachtet, was sich ihrer Selbstbehauptung und Selbstsetzung nicht fügt.

Wer die Projekt-Hoheit hat, der definiert zum Objekt, was er in sein Vorhaben als Ressource einrechnet; der verurteilt sich zur Rücksichtslosigkeit für die Würde des Anderen, zur Rücksichtslosigkeit gegenüber dem, was die Anderen für sich selbst sein wollen. Das ist die elementare Schuld des Weggenommenhabens; ein Schuldigbleiben, das nach Ausgleich ruft, zumindest danach verlangt, daß es nicht zu grenzenloser Ausbeutung gesteigert werde. Darin wird der Anspruch der Gerechtigkeitsforderung hörbar: Jedem das Seine (Ulpian) – das Wegnehmen soll durchs Zurückgeben ausgeglichen sein; das Prinzip der Wechselseitigkeit soll ausgleichen oder eindämmen, was wir einander an Entsubjektivierung – an Entwürdigung – antun, weil wir einander uns selbst behauptend zum Objekt erniedrigen.

Gerechtigkeit im Sinne der ausgleichenden Gerechtigkeit kann aber nur auf

---

[62] Vgl. Grundlinien der Philosophie des Rechts, §§ 45 bzw. 41, Werke in zwanzig Bänden, Bd. 7, 107 bzw. 102.

Kompensation abheben. Sie kann schließlich Gott ins Spiel bringen als den, dem sie – stellvertretend – geleistet wird, wo die, denen man Rückerstattung schuldet, nicht Empfänger der Rückgabe sein können. Die Religionskritik hat dieses Ins-Spiel-Bringen Gottes als Ursprung der Religion zu dechiffrieren gewußt[63]: Man hat sich immer schon zuviel »herausgenommen«, zu bedenkenlos von denen gelebt, die für uns dasein mußten. Diese Schuld ist zu sühnen – von uns bei Gott; und, weil uns das »alles« kosten würde und »mehr als alles«, gnadenhalber durch Gott für uns: Gottes größere Gerechtigkeit besteht dann in seiner unendlichen, Ersatz leistenden »Rückerstattungsfähigkeit«, in der er da genug tut, wo wir ganz und gar nicht genug tun könnten; in der *er* würdigt, wo wir entwürdigt haben.

Noch in der Verzeichnung durch die Rückerstattungslogik zeichnet sich ab, was Versöhnung im Absoluten heißen dürfte: das Durchdrungenwerden von einer »Ur-Bejahung«, die die Selbstbejahung von dem Verhängnis befreit, Selbstbehauptung gegen andere und in diesem Sinne Ablehnung oder gar Mißachtung des Anderen sein zu müssen. Diese Ur-Bejahung müßte zu einer Affirmation ohne Ablehnung befreien, indem sie dem von der Selbstbehauptung Mißachteten Gerechtigkeit widerfahren läßt und den die Selbstbehauptung provozierenden Ab-Grund der Mißachtung in menschlicher Freiheit *in sich* aufhebt. Für diese Ur-Bejahung könnten die Menschen die Gewähr nicht selbst übernehmen. *Ihre* Selbstbejahung trug noch immer die Züge des Absolutheitsanspruchs, der die Bejahbarkeit des eigenen Projekts und seiner letztgültigen Heilsamkeit an den ihm sich nicht Fügenden gewaltsam zu verifizieren zwang; Züge des Besitzanspruchs, der sich in seiner Unersättlichkeit selbst bestätigte. Der Abgrund der Freiheit, der sie Selbstbehauptung sein läßt, realisiert sich als Ablehnung, wo sie nicht auf jene Freiheit trifft, deren Ja gerade dem von menschlicher Selbstbehauptung Mißachteten gilt, aber auch die der Sünde der Mißachtung Verfallenen nicht von sich ausschließt. Versöhnende – absolute – Freiheit vermag sich dem zu stellen, was Menschen an Ablehnung und Mißachtung in die Welt gebracht haben, und es mit ihrem Ja zu durchdringen. Sie ist absolut, weil sie das Nein der Selbstbehauptung nicht noch einmal von sich abstößt und es so bestätigt, sondern es »auf sich nimmt«, es in sich hineinnimmt, damit es nicht von ihm abgelöst und in diesem Sinne »absolut« bleibe.

Aber wie kann die sich selbst heillos verabsolutierende endliche Freiheit auf die versöhnende Freiheit treffen – und so auf sie treffen, daß sie von ihrer Bejahung durchdrungen wird? Die versöhnende Freiheit müßte ihr als wahrhaft absolute begegnen: als eine Freiheit, die sich selbst unabhängig gemacht hat von bloßer Selbstbehauptung; als Freiheit der *Vergebung*. Selbstbehauptung kann nur erlöst – von der Dynamik der Ablehnung erlöst – werden, wenn sie sich als schlechthin sinnlos, ja sinnwidrig erweist; wenn sie an einem Entgegenkommen »scheitert«, das sie nicht noch einmal zur Selbstbehauptung provoziert, sondern

---

[63] Vgl. L. Feuerbach, Das Wesen der Religion, § 28, Werke in sechs Bänden, Bd. 4, 108; F. Nietzsche, Zur Genealogie der Moral. Zweite Abhandlung, Aphorismen 19–21, KSA 5, 327–331.

zur Umkehr. Selbstbehauptung erweist sich als offensichtlich sinnlos, wo sie *dem* Gewalt antut, der sich den in Selbstbehauptung Gefangenen schenken will. Hier verdirbt sie das Geschenk; sie bringt den Sich-selbst-Behauptenden und aufs Besitzenwollen Fixierten um die Freude, beschenkt zu sein. Im frei gewährten Geschenk ist die Logik der Selbstbehauptung durchbrochen, aber die Dynamik der Selbstbehauptung noch nicht gebrochen. Das Geschenk ist wehrlos dagegen, angeeignet und mißbraucht zu werden. Und es wird auch da noch mißbraucht, wo es den Schenkenden und den Empfangenden in einer »Selbstbehauptung zu zweit« zusammenschließt. Umkehr geschieht nicht, wo die wechselseitige Bejahung die sich Bejahenden nur in ihrer Selbstbehauptung stabilisiert. Die Logik des Eigentums ist nicht wirklich aufgehoben, wo endliche Freiheiten nur ihren Verfügungsraum miteinander teilen und ihn so erweitern wollen. Die Freiheitsordnung der Wechselseitigkeit bleibt gezeichnet davon, daß die Selbst-Gabe der Selbstbehauptung nicht gewachsen ist, daß sie noch dazu benutzt werden kann – und benutzt wird –, der Selbstbehauptung gegen »die draußen« zum Sieg verhelfen. Die Einseitigkeit der Gabe kommt gleichsam immer schon zu spät, weil sie dazu verurteilt scheint, als Potential der Selbstbehauptung in einer Ordnung wechselseitiger Stabilisierung genutzt zu werden. Scheitert also die Selbstbehauptung, indem sie ihre Sinnlosigkeit definitiv durchsetzt und zur Letzt-Wirklichkeit macht, indem sie sich zu Tode siegt?

Das ist offenkundig die letzte und noch einmal alles in Frage stellende Grund-Frage der Soteriologie: Kann die »Ökonomie der Gabe«[64] auch gegen die Ausbeutung der Gabe in der Freiheitsordnung der Wechselseitigkeit befreiend zur Geltung kommen? Sie könnte es, wenn sich *der* selbst gibt und an sich Anteil gibt, der die Intention seiner Selbst-Gabe noch denen zugute kommen lassen kann und will, die sich an ihr vergreifen. Seine Selbst-Gabe hat die Gestalt der Vergebung: Sie unterläuft die Selbstbehauptung der Schuldiggewordenen, da sie an sich selbst darstellt, wozu gerade der Schuldiggewordene berufen ist. Sie ist Unterpfand eines Entgegenkommens, das nicht als Ressource der Selbstbehauptung vereinnahmt werden kann, weil der, der den Schuldiggewordenen hier entgegenkommt, die Freiheits-Macht hat, der Intention seines Entgegenkommens Geltung zu verschaffen.

Sein Entgegenkommen gibt ihn in die Hand derer, die es für ihre Selbstbehauptung nutzbar machen wollen. Die historische Kreuzigung steht hier nur für einen Mißbrauch, dem Gottes Entgegenkommen unablässig ausgesetzt ist. Dann darf die Auferweckung des Gekreuzigten aber auch für eine Freiheits-Macht stehen, die sich selbst angesichts des äußersten Mißbrauchs nicht von der Logik der Selbstbehauptung und der Gegenseitigkeit bestimmen läßt. Sie überbietet das dem wehrlos-freien Entgegenkommen Zugefügte, indem sie sich ihm als schlechthin überlegen erweist, sich eben nicht von ihm bestimmen läßt,

---

[64] Ich greife hier Terminologie und Gedankengänge auf, die P. Ricœur in seinem Werk geprägt und ausgeführt hat; vgl. Die Freiheit im Licht der Hoffnung, in: ders., Hermeneutik und Strukturalismus, dt. München 1973, 199–226.

sondern die göttliche Ökonomie der Selbst-Gabe von neuem zur verheißungsvollen Herausforderung macht. Die Überlegenheit der versöhnenden absoluten
Freiheit erweist sich darin, daß sie erträgt, abgelehnt zu werden, und diese Ablehnung vergibt, indem sie ihre Selbst-Gabe erneuert und denen, denen sie gilt,
auch noch gibt, sie in rechter Weise zu empfangen und an ihr Anteil zu erlangen. Die versöhnende Selbst-Gabe der absoluten Freiheit gelangt erst zu ihrem
Ziel, wo sich endliche Freiheit ihrer Intention öffnet und von ihrer affirmativen
Entschiedenheit ergreifen läßt, mit der sie die Vollendung des von ihr Bejahten
in ihrem schöpfungsgemäßen Gutsein will (vgl. Kapitel 4.6 und 4.7).

Gottes Freiheit ist absolut, weil sie die endliche, ihr widersprechende Freiheit nicht nach der Logik der Selbstbehauptung überwindet, sondern durch die
Entschiedenheit, mit der sie dem Mißbrauch ihrer Selbst-Gabe widersteht und
endlicher Freiheit immer wieder von neuem die Möglichkeit schenkt, sich von
der Intention dieser Selbstgabe ergreifen zu lassen.

So meint der mißverständliche Begriff Absolutheit in soteriologischer
Konsequenz die Überholung des Zwangs zur Selbstbehauptung im »wahrhaft
Unendlichen«; jene Versöhnung des Endlichen mit dem Unendlichen, die das
Endliche zu würdigen, zu sich selbst zu befreien und gerade darin die wahrhafte
Unendlichkeit Gottes zur Geltung zu bringen vermag: als des »Nicht-Anderen«
(Nikolaus von Kues) zum Endlichen, welches *für es* und *in ihm* es selbst sein
kann. Hegels Absolutheitsbegriff des »wahrhaft Unendlichen«[65] ist geradezu
der Gegenbegriff zur Selbstbehauptung und Selbstaffirmation gegen das Andere: Das Endliche ist das Andere zum Unendlichen, aber eben nicht dessen Grenze; das wahrhaft Unendliche ist es selbst nicht *gegen* das Endliche, sondern *für* es
und in ihm. Mit diesem Begriff ist – so sah es jedenfalls Hegel – die eigentliche
und alles entscheidende Herausforderung für das Denken markiert. Sie ist schon
in den mystischen Traditionen des Judentums[66] und des Christentums gespürt
und aufgenommen worden. Theologisch aufzunehmen ist sie in der Ausarbeitung der Lehre vom Wesen Gottes als Geist und Liebe[67] und dann vor allem in
der Trinitätslehre. Hier wäre weiter zu konkretisieren und theologisch zu begründen, was innerhalb der Fundamentaltheologie eher programmatisch formuliert werden darf: daß Gott, der Absolut-Unendliche, ein dem Endlichen zu-
gewandter Gott sein kann und es tatsächlich ist; daß deshalb Gottes Gottsein –
seine Würde und Ehre – anerkannt wird und zur Geltung kommt, wo Versöh-

---

[65] Vgl. Die Wissenschaft der Logik, Theorie Werkausgabe, Bd. 5, Frankfurt a. M. 1969, 163–170
sowie Enzyklopädie der philosophischen Wissenschaften, §§ 94–95, Werke in zwanzig Bänden, Bd. 8,
199–203.
[66] So bei Isaak von Luria mit seiner Lehre vom »Zimzum«, der Selbsteinschränkung Gottes
zugunsten seiner Schöpfung; vgl. J. Moltmann, Gott in der Schöpfung, München 1985, 99, mit
Bezugnahme auf G. Scholem, Schöpfung aus Nichts und Selbstverschränkung Gottes, Eranos
Jahrbuch 1956, 87–119, bes. 115 ff.
[67] Vgl. W. Pannenberg, Systematische Theologie, Bd. 1, Göttingen 1988, 433; F. Wagner, Die
christliche Revolutionierung des Gottesgedankens als Ende und Aufhebung menschlicher Opfer, in:
R. Schenk (Hg.), Zur Theorie des Opfers, 251–278, bes. 277 f.

nung geschieht und seinen Geschöpfen die ihnen vom Schöpfer zugesprochene Würde nicht länger streitig gemacht wird.

Endliche Freiheit bedarf der Versöhnung, da sie die Versöhnung mit ihrem eigenen Abgrund nicht in sich selbst, sondern nur in Gott findet; da sie »außerhalb Gottes« das je Ihre – das für sie Gute und Nützliche – auf den Wegen der gegen das Andere in seinem Anderssein gerichteten Selbstaffirmation sucht. Das »Band«, mit dem das Wollen des je mir Zugutekommenden an die handelnd realisierte Bejahung des für alle Guten geknüpft und das selbstaffirmative Ja der Freiheit mit dem Ja zu dem für alle Guten verbunden ist, kann offenbar nur »ein göttliches seyn«.[68] Heißt das aber nicht, daß menschliche Freiheit *in sich* heillos ist und zuletzt der Schöpfer anzuklagen wäre, der ihr ihren Abgrund »mitgegeben« hat? Manifestiert sich im Abgrund der Mißachtung, gegen die sich die Selbstbehauptung zur Wehr setzen »muß«, nicht eine zwiespältige Schöpferintention (vgl. Kapitel 3.10)?

Daß menschliche Freiheit sich nur als in Gottes Versöhnungshandeln mit sich versöhnte entdecken und verwirklichen kann, ist auch vom Philosophen nur im Bekenntnis und als darin mit ausgesprochene Glaubens-Hoffnung aussagbar. Weil geschehen ist, worüber Größeres nicht geschehen kann, weil Gottes versöhnende Freiheit sich als die Ur-Bejahung geoffenbart hat, die das Ja der menschlichen Freiheit davon befreit, sich als bloße Selbstbehauptung realisieren zu wollen, deshalb darf gesagt werden, daß in diesem Grund der Abgrund menschlicher Freiheit »aufgehoben« ist und menschliche Freiheit als Freiheit zur liebenden Wertschätzung des Anderen in seinem Anderssein möglich wird. Der Umkehrschluß, aus sich selbst sei menschliche Freiheit dazu nicht imstande, da sie sich immer schon gegen das ursprünglich als Ablehnung erfahrene Andere behaupten müsse, ist philosophisch weder möglich noch nötig; er ist theologisch – in der Rechtfertigungslehre – erst im Blick von der geschehenen Versöhnung »zurück« auf die von der Sünde bestimmte Situation menschlicher Freiheit unumgänglich.[69] Was menschliche Freiheit aus sich selbst *kann*, ist nicht zu definieren oder definitiv zu begreifen. Philosophisch zu erfassen ist nur, was sie *soll* – und worin sie gründet.

Als formal unbedingte ist Freiheit die Fähigkeit des Menschen, sich zu allen Bedingungen ihres Daseins verhalten und im Blick auf sie als die ihr gegebenen Voraussetzungen *initiativ*[70] werden zu können. Insofern gründet menschliche Freiheit im Sich-verhalten-Können zu allem ihr Gegebenen. Aber ist dieses Sich-Verhalten-Können nicht seinerseits schon bedingt durch seinen Abgrund, der es letztlich nur reagieren läßt und auf Selbstbehauptung festlegt[71], durch

---

[68] Vgl. F. W. J. Schelling, Philosophische Untersuchungen. Über das Wesen der menschlichen Freiheit und die damit zusammenhängenden Gegenstände, a. a. O., 336.

[69] Hier gilt allerdings, daß der Glaube sein eigentliches, weil verheißungsvolles »Problem ... nicht im Anfang des Bösen, sondern in dessen *Ende*« hat; vgl. P. Ricœur, Hermeneutik und Psychoanalyse, 282.

[70] Für dieses Verständnis von Freiheit als Initiativ-werden-Können vgl. P. Ricœur, Das Selbst als ein Anderer, 180 ff.

[71] Diese Rückfrage markiert – das sei hier eingeräumt – einen Vorbehalt gegen theologische

einen Abgrund, der in irgendeinem Sinne doch letztlich im Schöpfer gründen müßte? Ist nicht philosophisch und schließlich auch theologisch zu unterstellen, daß die Initiative des Menschen, in die er die affirmative Entschiedenheit seiner Freiheit »investiert«, endlich doch von dem eingeholt und überholt wird, was sich ihr als abgründige Herkunft der Freiheit entzieht? Wenn so gesprochen werden muß, dann nur im Blick auf ein Faktum, das als Faktum gerade nicht als notwendigerweise eintretend qualifizierbar ist: das Faktum der Sünde.[72] In der Sünde manifestiert sich die nicht zu leugnende Unfähigkeit menschlicher Freiheit, ihren eigenen Abgrund zu unterfangen und sich als *Freiheit zur Liebe* selbst zu begründen. Daß menschliche Freiheit faktisch nur als erlöste und begnadete das Bestimmtwerden von ihrem Abgrund in sich aufheben kann, daß sie faktisch erst als von Gottes Heilsinitiative ergriffene zum Initiieren des Guten befreit und in schöpferisch-versöhnender Liebe ihrer abgründigen Herkunft gewachsen ist, berechtigt aber nicht zu der Unterstellung, »zuvor« sei sie mit vom Schöpfer verhängter Notwendigkeit hilflos in ihrer Herkunft gefangen gewesen. Es läßt sich weder philosophisch noch theologisch – im Blick auf »früher« – sinnvoll danach fragen, wie weit »damals« ihr Vermögen, das Gute anzufangen, gereicht hätte, da doch »jetzt« menschliche Freiheit an Gottes Initiative teilnehmen und dieser Initiative das Verheißungsvolle ihrer eigenen Initiativen verdanken darf. Der felix culpa sieht man theologisch die Gott verdankte Versöhnung, aber nicht die Möglichkeiten menschlicher Freiheit an, die in ihr ja gerade nicht in Erscheinung traten.

Gottes unbedingte, absolute Freiheit realisiert sich geschichtlich als Heils-Initiative, in der der gute Anfang gesetzt ist, der nicht mehr aufhören wird anzufangen und denen, die sich zu ihm bekehren, eine Zukunft für ihre Vergangenheit erschließt (vgl. Kapitel 4.9 und 4.10). Gottes Initiative ist nicht von der Selbstbehauptung gezeichnet, die ihre Intention den Anderen zum Schicksal macht und sie nur noch mehr oder weniger nützliche Mittel sein läßt. Ihre Intention schließt sich nicht gegen die der Menschen ab – gegen das, was sie

---

»Letztbegründung« durch transzendentale Freiheitsanalyse. Sie bezweifelt, ob die formale Unbedingtheit menschlich-endlicher Freiheit – das Sich-Verhalten-Können zu allem, was die menschliche Freiheit bedingt – als Letztgegebenheit zum Ausgangspunkt der theologischen Argumentation werden kann. Sie rechnet damit, daß das Sich-Verhalten-Können letztlich in jenem Sich-Distanzieren-Müssen gründet, das sich den Menschen »immer schon« als Reaktion gegen das Überwältigtwerden von den Umständen auferlegt und es so »immer schon« in der abgründigen Ambivalenz der Selbstbehauptung gegeben sein läßt. Diese Rückfrage rechnet also mit jener Selbst-Ohnmächtigkeit endlicher Freiheit, wie sie in Schellings Freiheitsschrift in gewiß recht mißverständlicher Weise geltend gemacht wird. Und sie rechnet – W. Pannenberg folgend – damit, daß die menschliche Freiheit nicht immer schon ist bzw. real sein kann, was sie sein soll, sondern die naturbedingte, egozentrische Selbstbehauptungsintention in ihre »exzentrische« Bestimmung zur Freiheit als Liebe aufzuheben hat (vgl. W. Pannenberg, Anthropologie in theologischer Perspektive, 103 ff.). Sie rechnet damit, daß die transzendentale Geltungsanalyse die genetische Perspektive nicht als abgeleitete überholen kann.

[72] Das Faktum Sünde ist *als solches* kein philosophisches Thema. Philosophen werden allenfalls von der »Fehlbarkeit« des Menschen und den »Einbruchstellen« des Bösen in den Selbstvollzug menschlicher Freiheit sprechen; vgl. P. Ricœur, Die Fehlbarkeit des Menschen, dt. Freiburg ²1989.

zuinnerst suchen und in ihrer Selbstbejahung mit bejahen möchten –, sondern hat sich immer schon dafür geöffnet.[73] So realisiert sie sich, da sie wahr macht, wonach die menschliche Sehnsucht nach dem ohne Einschränkungen Bejahbaren, nach einer meinen Nächsten wie mir selbst geltenden endzeitlich-endgültigen Bejahung, sich immer schon ausstreckt.

---

[73] Vgl. Streitfall Religion, Kap. 5.5.

Zwischenreflexion:
Glaube und Sinn

1. Selbst-Bejahung

Die soteriologische Grund-Frage, mit der die Abgründigkeit menschlicher Selbstbegründung in den Blick trat, wurde im Erlösungs-Traktat als die Frage nach einem Ja identifiziert, das der Verneinung durch eine meiner Existenz gegenüber vollkommen gleichgültige Welt-Wirklichkeit gewachsen wäre und mich davon befreit, den Schmerz der Gleichgültigkeit an andere weiterzugeben zu »müssen«. Ist diese Frage selbst schon – wie etwa *Nietzsche* geltend machte – Symptom einer Decadence, die die Fähigkeit zur vitalen Selbstbejahung im Menschen zersetzt und deshalb problematisch erscheinen läßt, was selbstverständlich sein dürfte, wenn der Mensch sich als Lebewesen begreift und als Willen zur Macht ergreift?

Zumindest dies wäre einzuwenden: Die Selbstbejahung kann angesichts der gerade von Nietzsche rücksichtslos eingeschärften Gleichgültigkeit der Welt nicht einfachhin selbstverständlich sein; oder sie könnte es nur, wenn man sie auf einen blinden »élan vitale« reduzierte. Wo sie das Verneinende nicht nur bezwingen will – und dabei notwendig scheitert –, wo sie sich ihm vielmehr sehenden Auges aussetzt, da wird ihre Selbst-Begründung problematisch. Und diese Problematik reflektiert ja nur die Zustimmungsbedürftigkeit des eigenen Daseins, wie sie mit der conditio humana unausweichlich gegeben ist. Der Mensch wird, ohne daß er seine Zustimmung dazu hätte geben können, ins Dasein gesetzt und ist in seinem Existenzvollzug elementar darauf angewiesen, daran glauben zu können, daß es für ihn gut ist, da zu sein. Eltern und andere Bezugspersonen verbürgen ihm die Zustimmungsfähigkeit seines Da-Seins mehr oder weniger vertrauenerweckend; und in der mitmenschlichen Partnerliebe bezeugen die Liebenden einander die Wertschätzung des oder der Geliebten in seinem bzw. ihrem Da-Sein. Einen Menschen lieben heißt: ja zu ihm sagen, »gut, daß es dich gibt und daß du bist, wie du bist«; ja zu ihm sagen auch angesichts all dessen, was man doch lieber anders hätte. Geliebtwerden heißt: hören und spüren dürfen, daß mein Dasein möglicherweise über meine Selbst-Wertschätzung hinaus – aufgrund der Zustimmung des oder der mich Liebenden – zustimmungsfähig ist.[1]

---

[1] Vgl. P. Sloterdijk, Eurotaoismus. Zur Kritik der politischen Kinetik, Frankfurt a. M. 1989, 174–197 und ders., Weltfremdheit, Frankfurt a. M. 1993, 267–286.

Die Emphase und Überzeugtheit, mit der Liebende einander die Zustimmungsfähigkeit des Da-Seins bezeugen, verbürgt freilich nicht ohne weiteres die *Glaubwürdigkeit* dieses dem anderen zugesprochenen Ja-Wortes. Es bedarf der Beglaubigung angesichts einer Wirklichkeit, die mein Da-Sein wie auch das Da-Sein des von mir bejahten und mich bejahenden Anderen immer wieder neu zur »Überflüssigkeit«, zumindest zur Bedeutungslosigkeit zu verurteilen scheint. In der religiösen Beziehung wird Gott als Garant der Zustimmungsfähigkeit seines und meines Da-Seins in Anspruch genommen und bejaht: als jene »letzte Instanz«, deren Urteil mein und sein Ja-Wort zum Da-Sein des jeweils anderen ins Recht setzt und als berechtigt erweisen wird. So wäre die Zustimmung zu seinem und meinem Da-Sein – der Glaube daran, daß es gut ist, da zu sein – im Entscheidenden Zustimmung zu dem, der diesen Glauben allein rechtfertigen kann; Einverstandensein mit dem, der das Da-Sein letztlich zumutet und zutraut – und sich selbst dafür verbürgt, daß diese Zumutung nicht mit Zynismus oder Resignation quittiert werden muß.[2]

Diese Zustimmung ist aber zugleich die Weigerung, anderen Instanzen zuzubilligen, sie könnten die Zustimmungsfähigkeit des Da-Seins in letzter Instanz verbürgen. Es herrscht durchaus kein Mangel an Instanzen, die einem das Jasagen leicht machen, ja allererst ermöglichen wollen. Wer *ihnen* glaubt, sich von *ihnen* das Jasagen leicht machen läßt, der muß freilich zu ihrem Komplizen werden – und das im ganz wörtlichen Sinn: Ihm muß gefallen, was ihnen gefällt, was sie zum alleinigen Anlaß und Grund der Zustimmungsfähigkeit emporstilisieren. Der Komplize verrät zuerst schon sein kritisches Bewußtsein, da er sich auf Kosten anderer bestätigen läßt, etwa durch Privilegierung in einer Oben-unten-Hierarchie, in der das eigene »Spitze-sein« das »Unten-Sein« der anderen festschreibt. Die religiöse Beziehung läßt sich – wenn sie authentisch bleibt – nicht auf Arrangements ein, in denen die Bestätigung des Daseinssinnes durch Komplizenschaft – durch Sich-Verstricken-Lassen in Privilegierungskumpaneien – erkauft werden müßte. So ist Religion, zumal unter den Bedingungen zerfallender »naturwüchsiger« religiöser Bindungen, entscheidend auch eine »Kultur des Nichteinverstandenseins«, der Verweigerung von Komplizenschaft. Das religiös ermöglichte Einverstandensein mit meinem Da-Sein, mit dem Dasein des Anderen und mit der »›Richtigkeit‹ des Wirklichen im ganzen« *(Heinz Robert Schlette)*, worin ich ihn und mich selbst als zustimmungsfähig vorfinde, steht oft genug in einem geradezu unauflösbaren Konflikt mit der Falschheit von Verhältnissen, mit der einverstanden zu sein einen zum Komplizen machte. So kann man Religion – *philosophisch* – geradezu definieren als »Verweigerung des Einverständnisses mit der Verfaßtheit der Wirklichkeit im ganzen«, als eine

---

[2] Ich greife hier auf Überlegungen zurück, die ich weiter ausgeführt habe in meinem Beitrag: Was das Beten der Theologie zu denken gibt oder: Ein Versuch über die Schwierigkeit, ja zu sagen, in: J. B. Metz – J. Reikerstorfer – J. Werbick, Gottesrede, Münster 1996, 59–94, hier 67 ff.

»Beziehung aufs Unbedingte, in der allerdings das Einverständnis mit dem, was ist, verweigert wird«.[3]

Dieses konflikthafte Beieinander und Miteinander der Affirmation und ihrer Verweigerung, von Jasagen und Neinsagen wird theologisch in der *Rechtfertigungslehre* ausgetragen. Es ist offenkundig rechtfertigungsbedürftig, menschliches Dasein für zustimmungsfähig zu halten; und diese Rechtfertigungsbedürftigkeit steigert sich dramatisch, wenn Menschen sich als scheiternd oder ablehnenswert beurteilen bzw. so beurteilt werden und nach einem Grund suchen, sich dennoch als bejahenswert und als sie selbst gerechtfertigt ansehen zu dürfen. Solches Ansehen muß ihnen widerfahren, von dem her widerfahren, der die Rechtfertigung ihres Daseins verifizieren – wahr machen – kann und den Rechtfertigungsbedürftigen so die Möglichkeit schenkt, sich als gerechtfertigt zu bejahen, sich zu bejahen unabhängig von den zufälligen Gegebenheiten, die nicht rechtfertigen, sondern allenfalls »bestätigen« könnten.[4]

Selbstbejahung ist – und darauf bezieht sich die Rechtfertigungslehre – unverfügbar; sie ist nicht allein von dem zu verbürgen, der nach hinreichenden Gründen sucht, sie vollziehen zu können – und sich diese Gründe eben nicht selbst begründen kann. Es besteht angesichts dessen, was mich zur quantité négligeable zu entwerten scheint und angesichts der Selbst-Entwertung, die ich mir durch moralische Selbstverfehlung zufüge, mehr als genug Anlaß, an der Begründbarkeit von Selbstbejahung zu zweifeln; es besteht Anlaß, nach glaubwürdigen Gründen der Selbstbejahung zu suchen, nach einem – mit *Paul Tillich* gesprochen – »System von Symbolen, das dem einzelnen den Mut gibt, sich anzunehmen, obwohl es ihm bewußt ist, daß er unannehmbar ist«.[5] In einem solchen Symbolsystem müßte eine Zustimmung zu meinem Dasein symbolisiert sein und glaubbar werden, die mich mein Dasein bejahen läßt als von einer letzten Instanz – vor dem letztlich ausschlaggebenden Forum – bejaht. Der Glaubende wird bejahen können, »daß er von Gott bejaht ist«; er wird »die Bejahung bejahen« können.[6]

Aber ist die Begründung der Selbst-Bejahung damit nicht unnötig »theologisiert«? Findet der Mensch nicht doch hinreichende Gründe im Menschlichen, sich selbst – sein In-der-Welt-Sein, sein endliches Leben zwischen Geburt und Tod, von Schuld gezeichnet und besserungsbedürftig, wie es nun einmal ist – zu bejahen, Orientierungen, Optionen und Lebensentwürfe zu bejahen, die es für ihn *sinnvoll* machen, zu leben, und ihn so zu einer sinnhaften Identität finden lassen? Sinn-Bejahung setzt zwar voraus, daß der bejahte Sinn in gewisser Hinsicht nicht einfach vom Bejahenden allein hervorgebracht und

---

[3] H. R. Schlette, Artikel »Religion«, in: H. Krings u.a. (Hg.), Handbuch philosophischer Grundbegriffe, München 1974, 1233–1250, hier 1247; vgl. Streitfall Religion, Kap. 5.8.

[4] Vgl. E. Jüngel, Das Evangelium von der Rechtfertigung des Gottlosen als Zentrum des christlichen Glaubens, Tübingen 1998, 4 ff.

[5] P. Tillich, Systematische Theologie, Bd. 2, Stuttgart ⁴1973, 186.

[6] Vgl. ebd., 192.

verbürgt ist, setzt so etwas wie »Sinn-Transzendenz« voraus. Aber setzt sie tatsächlich eine göttliche, über-menschliche Transzendenz voraus?

Wenn alltäglich-lebensweltlich vom »Sinn des Lebens« gesprochen wird, so scheint ja genau dies gemeint: eine über mein eigenes Leben hinausreichende Perspektive, in der ich mein Leben als bedeutsam wahrnehmen, die Aufgaben, die mir gestellt sind oder die ich mir stelle, als wichtig wertschätzen und mich selbst als hingeordnet auf jenen »größeren Zusammenhang« bejahen kann, der meinen Einsatz verdient und die Mühe des Lebens rechtfertigt. Aber müßte das nicht je *meine* Perspektive sein, von mir entworfen und individuell verantwortet? Muß, was *meine* Selbstbejahung tragen soll, nicht auf *meine* Wertsetzungen zurückgehen, auf *meine* Entscheidung darüber, was mir hier und jetzt sinnvoll erscheint, was hier und jetzt die Möglichkeit bietet, »etwas Sinnvolles zu tun«? Daß diese Möglichkeit, etwas Sinnvolles zu tun, durch eine als »Gottes Erwählungsgeschichte« ausgezeichnete Ereignisfolge begründet sein soll, die so weit zurückliegt, daß sie – wie schon Hegel räsonnierte – »bald nicht mehr wahr ist«[7]; daß sie zudem als gemeinschaftlich – *kirchlich* – normierte Sinn-Welt vorgegeben sein soll, in der individuelle Sinnfindung nur die Übernahme eines kollektiven »Sinn-Standards« sein könnte, das leuchtet offenkundig je länger, desto weniger ein. Die »Individualitäts-Transzendenz« könnte doch individualitätszentriert bleiben; sie müßte jedenfalls nicht unbedingt in so weit zurückliegende Zeitdimensionen und in über-menschliche Dimensionen hineinreichen. Welche Notwendigkeit besteht also, im Blick auf die Sinnfrage *theologisch* zu argumentieren?

2. Radikale Sinn-Anthropozentrik?

Es gibt gegenwärtig eine ganze Reihe von Versuchen, gegen einen platten Naturalismus oder Materialismus die »Sinnfrage« neu zur Diskussion zu stellen – jedoch in deutlicher Abgrenzung zur Theologisierung des Sinnes.[8] Ihnen ist das Bemühen gemeinsam, eine Individualisierung und »Vermenschlichung der Transzendenz«[9] zu legitimieren und so einen dritten Weg zu finden zwischen den »autoritär vorgegebenen«, in Offenbarungen begründeten Sinnsystemen und einer sensualistischen Transzendenz-Bestreitung.

Daß Menschen Transzendenz realisieren und in dieser Realisierung von

---

[7] Vgl. J. Hoffmeister, Dokumente zu Hegels Entwicklung, Stuttgart – Bad Cannstatt ²1974, 358. Dort wird folgendes Hegel-Diktum überliefert: »In Schwaben sagt man von einem längst Geschehenen: es ist so lange her, daß es bald nicht mehr wahr ist. So ist Christus schon so lange für unsere Sünden gestorben, daß es bald nicht mehr wahr ist.«

[8] Dies war vor 30 Jahren auch das Anliegen von Neomarxisten; vgl. etwa das Buch von M. Machovec, Vom Sinn des menschlichen Lebens, dt. Freiburg i. Br. 1971.

[9] L. Ferry, Von der Göttlichkeit des Menschen oder Der Sinn des Lebens, dt. 1997, 130; ich beziehe mich im folgenden exemplarisch auf dieses Buch.

(Selbst-)Transzendenz die Erfahrung machen, unbestreitbar Sinnvolles zu tun, das ergibt sich für *Luc Ferry* entscheidend aus der Feststellung, daß Menschen nach wie vor bereit sind, Opfer zu bringen: ihre Selbstverwirklichung an der Realisierung von Werten festzumachen, die ihnen das Aufgeben ihrer Selbstzentrierung und die Relativierung selbstbezogener Präferenzen abverlangt. Für Ferry gilt selbstverständlich: »sobald es ein Opfer gibt, gibt es auch die Vorstellung höherer Werte«, wobei aber für die Gegenwart gilt, »daß diese Werte nicht als vertikale Transzendenz wahrgenommen werden, sondern als Bestandteil des Wesens der Menschheit … Die neue Transzendenz ist nicht weniger verbindlich als die alte, auch wenn sie es auf eine andere Art ist: Sie ist und bleibt ein Appell an einen Sinngehalt, der, obwohl er im Menschen selbst verankert ist, sich trotzdem auf eine radikale Äußerlichkeit bezieht«, auf den Anderen, auf die »Sorge um den Andern als ein unabdingbares Gegengewicht zur Selbstsorge.«[10]

Das »Heilige«, um dessentwillen nun Opfer gebracht werden, ist das bedrohte Humanum; so wird »die humanitäre Aktion … von denjenigen, die sich an ihr beteiligen, als eine Erfahrungs-, Wissens- und Sinnlieferantin wahrgenommen«, deren Transzendenz auf das »Heilige« hin die hier engagierten Subjekte gerade nicht negiert, sondern »in der Immanenz der Subjekte gelebt« wird.[11] Das ist möglich, weil in einem »transzendentalen Humanismus« das Heilige, dessen Transzendenz er sich auch unter Opfern verpflichtet weiß, »nicht mehr in einer Tradition wurzelt, deren Legitimität aus einer dem Bewußtsein vorgängigen Offenbarung resultiert«, sondern »dem Inneren des Menschen selbst zugeordnet« werden darf. Der transzendentale Humanismus ist »ein Humanismus des Menschengottes: Wenn die Menschen nicht auch in irgendeiner Form Götter wären, wären sie auch keine Menschen.«[12]

Das Heilige im Menschen, zugleich aber als das »Jenseits des menschlichen Lebens«, auf das der Mensch sich transzendiert und so Sinn realisiert, sich als nicht nur materielles Wesen zu setzen vermag; die Realisierung von »Transzendenzen, die dem Selbst immanent sind« – Ferry weiß, daß es sich um ein Paradox handelt, »das letzte Paradox des Humanismus des Menschengottes«, der sich »im Innern einer Zeitlichkeit, in die er sich zurückgezogen hat … von einem Außen beansprucht (fühlt; J. W.), von dem er nichts weiß, außer daß es ihn beansprucht.«[13] Er weiß von ihm noch dies, daß das Beanspruchtwerden von diesem Außen in »nicht dogmatisch zu bezeichnenden Transzendenzen« menschlich vollzogen wird, daß in ihm »Werte« realisiert werden, die »trotz ihrer Verwurzelung im Bewußtsein der Menschen und nicht in einer wie auch immer gearteten autoritären Erfahrung, unleugbar einen rätselhaften Anteil beibehalten«.[14] Ferry weiß schließlich auch, daß die Liebe der »offensichtlichste und stärkste dieser Werte« ist, als deren Kennzeichen anzugeben wäre, daß sie

---

[10] Ebd., 129 bzw. 127.
[11] Ebd., 209 bzw. 165.
[12] Ebd., 248.
[13] Ebd., 244 bzw. 248.
[14] Ebd., 247 bzw. 245. Rätselhaft selbstverständlich ist wohl auch, daß nach Ferry Offenbarung

»dem Leben übergeordnet sind«, weshalb »es sich jedenfalls lohnt«, für sie sein Leben aufs Spiel zu setzen.[15]

Sinnvoll ist ein Leben offenkundig dann, wenn sich an irgend etwas – an Werten, an einem »Außen«, das freilich im Bewußtsein des Menschen »verwurzelt« sein muß – festmachen läßt, daß das menschliche Leben »sich lohnt«. Und es scheint sich vor allem in der Liebe zu lohnen, im Dasein für andere. Aber weshalb darf man sagen – und in welchem Sinn kann man sagen –, daß sich die Liebe lohnt, daß sich ein der Liebe geweihtes Leben lohnt? Wird hier nicht die Vorstellung nahegelegt, das Leben müsse sich »auszahlen«, und die Rückfrage erzwungen, ob ein Leben, »das sich nicht (mehr) lohnt«, dann auch »keinen Sinn (mehr)« habe?[16]

Verraten solche Formulierungen, daß das Sprechen von »Sinn«, »Werten« und »Transzendenzen« hier letztlich doch auf die Vorstellung einer Lebens-Bilanz zurückverweist und darin den entscheidenden »Positiv-Posten« nennen soll? Dafür spräche etwa die unverkennbare ökonomische Prägung des Wertbegriffs.[17] Das Transzendieren – die Verwirklichung eines Wertes – wäre hier eine »Investition in Sinn«, die dazu dienen soll, eine positive Lebens-Bilanz zu erreichen. Wenn diese Investition erfolgreich ist, so *hätte* das Leben Sinn; der sein Engagement auf ein bestimmtes Sinn-Angebot Richtende könnte mit diesem Engagement sein Bedürfnis nach einem sinnvollen Leben befriedigen. Sinn wäre das Objekt des Menschen – der Mensch hat ihn oder vermißt ihn; der Mensch wäre das Subjekt, das auf Sinnressourcen zugreift oder nach ihnen sucht, jedenfalls darüber entscheiden muß, welche »Sinn-Kandidaten« ihm zu einer positiven Lebensbilanz verhelfen können.[18]

Man wird unterstellen dürfen, daß die Konjunktur des Begriffs »Sinn des Lebens« seit dem Ausgang des 19. Jahrhunderts, wie sie ja auch in der Theologie ihren Niederschlag gefunden hat[19], genau diese Anthropologisierung und Sub-

---

immer als »autoritär« verstanden werden muß. Aber auf nachvollziehbare Begründungen kommt es in diesen Bereich des Rätselhaften ja nicht mehr an.

[15] Ebd., 243.

[16] So bei R. Marten, Lebenskunst, München 1993, 260.

[17] Vgl. C. Schmitt, Die Tyrannei der Werte, in: C. Schmitt – E. Jüngel – S. Schelz, die Tyrannei der Werte, hg. von S. Schelz, Hamburg 1979, 9–43, hier 14 mit seiner Einschätzung, zumindest im »Deutschen haben hundert Jahre rapider Industrialisierung den Wert zu einer wesentlich ökonomischen Kategorie gemacht«.

[18] Auf diese Vertauschung von Subjekt- und Objektposition, die ja auch Gott, die Urwirklichkeit des Sinnstiftenden, zum Objekt des souverän wählenden Subjekts Mensch mache, beruht nach K. Barth die etwa schon bei Schleiermacher greifbare, neuzeitlich-moderne Anthropologisierung des christlichen Gottesglaubens, damit aber auch die Pervertierung der Gottesbeziehung zu einer bloßen Modifikation der Beziehung des Menschen zu sich selbst. Vgl. dazu die Analysen von M. Menke-Peitzmeyer, Subjektivität und Selbstinterpretation des dreifaltigen Gottes. Eine Untersuchung zur Genese und Explikation des Paradigmas »Selbstoffenbarung Gottes« in der Theologie Karl Barths, Inaugural-Dissertation Münster 1999, Kap. 1.

[19] Vgl. als Überblick: H. Döring – F.-X. Kaufmann, Kontingenzerfahrung und Sinnfrage, in: F. Böckle u. a., Christlicher Glaube in moderner Gesellschaft, Bd. 9, Freiburg – Basel – Wien 1981, 5–67.

Zwischenreflexion

jektivierung von Transzendenz markiert, damit aber auch in den Spuren *Feuer-bachs* einem »Nichts-als«-Reduktionismus Vorschub leistet.[20] Es ist tatsächlich Feuerbach, der den Begriff »Sinn des Lebens« in dem heute noch geläufigen Verständnis eingeführt zu haben scheint und ihn sofort gegen die »radikale Transzendenz« auf ein Jenseits hin in Stellung bringt, da Sinn unauflöslich an Sinnlichkeit gebunden sei.[21] Die Sinn-Transzendenz des Menschen ist die des Endzwecks, des Gesetzes »über sich: Er leitet sich nicht selbst nur, er wird geleitet. Wer keinen Endzweck hat, hat keine Heimat, kein Heiligtum. Größtes Unglück ist Zwecklosigkeit«[22], das Entbehren eines »höchsten Zweckes«, dem sich der Mensch als Individuum aufopfern kann.[23] Ist dieser höchste Zweck nun, da er nicht mehr ein jenseitiger ist, etwa ein geschichtlich sich realisierender? *Nietzsche* sieht in diesem Sinnkonzept noch einen Rest Theologie, den Versuch, Geschichte zu »interpretieren zu Ehren einer göttlichen Vernunft, als beständiges Zeugnis einer sittlichen Weltordnung und sittlicher Schlussabsichten«. Damit sei es nun vorbei; und deshalb stelle sich – etwa bei Schopenhauer – die zum »Pessimismus« verführende Frage:»hat denn das Dasein überhaupt einen Sinn? – jene Frage, die ein paar Jahrhunderte brauchen wird, um auch nur vollständig und in alle ihre Tiefen hinein gehört zu werden.«[24] Auch der Pessimismus muß aber überwunden werden; er kann überwunden werden mit der Einsicht:

> »Unsere Werthe sind in die Dinge *hineininterpretiert*.
> Giebt es denn einen Sinn im An-sich?
> Ist nicht nothwendig Sinn eben
> Beziehungs-Sinn und Perspektive?
> Aller Sinn ist Wille zur Macht (alle Beziehungs-Sinne lassen sich in ihn auflösen).«[25]

Sinn ist für Nietzsche – gerade darin an die Sinne gebunden – perspektivische Setzung des Menschen, insofern er sich als Willen zur Macht setzt und in dieser Setzung seine Welt auf seine Selbstsetzung hin finalisiert. Sein Willen zur Macht setzt die Sinn-Perspektive, in der allem anderen Sinn zukommen kann, denn nichts ist *an sich* sinnvoll – es sei denn der Wille zur Macht selbst. Der Lebens-Wille ist Zweck in sich selbst. Was »sinnvoll« ist, ist sinnvoll, weil er es sich dienstbar macht.

Damit ist gewiß eine extreme Akzentuierung des Sinnbegriffs erreicht;

---

[20] Diese Diagnose trifft selbstverständlich nicht auf den Sinnbegriff zu, wie er etwa von H. Krings und Th. Pröpper im Kontext eines freiheitsanalytischen Ansatzes ausgearbeitet wurde. Zur Problematik des »Nichts-als«-Reduktionismus vgl. Streitfall Religion, Kap. 1.15.

[21] Vgl. L. Feuerbach, Die Unsterblichkeitsfrage vom Standpunkt der Anthropologie, Gesammelte Werke, hg. von W. Schuffenhauer, Bd. 10, Berlin 1971, 192–284, hier 262 f.

[22] Vgl. Das Wesen des Christentums, Werke in sechs Bänden, hg. von E. Thies, Frankfurt a. M. 1975–76, Bd. 5, 75.

[23] Vgl. Streitfall Erlösung, Kap. 3.2.

[24] Die fröhliche Wissenschaft, Aphorismus 357, in: F. Nietzsche, Kritische Studienausgabe der Sämtlichen Werke (KSA), München – Berlin 1980, Bd. 3, 600.

[25] Nachgelassene Fragmente Herbst 1885–Herbst 1886, KSA 12, 97.

eine Akzentuierung allerdings, die seine Diskussion seither weitgehend bestimmt. So etwa angesichts der Frage nach dem »Sinn der Geschichte«, die seit *Theodor Lessing* nur die Antwort zu erlauben scheint, die Geschichte selbst habe keinen Sinn; sie sei nichts anderes als eine blinde Kette von Machtwechselzufällen in der Zeit, an der die Geschichtswissenschaft sich immer nur als »Sinngebung des Sinnlosen versuchen kann.[26] Weniger »nietzscheanisch«, dabei deutlicher Karl Marx und seiner Kritiktheorie humaner Praxis verpflichtet, kann *Milan Machovec* sagen: »Das menschliche Leben hat ... dann einen Sinn, wenn der Mensch in der Lage ist, ihm einen solchen zu geben. Mehr wollen wäre Fiktion, Idealismus und Selbsttäuschung.« Bei solcher Sinn-*Gebung* kann man sich freilich auf Sinn-Antworten beziehen, »die in der Vergangenheit gegeben und akzeptiert werden«. Sie sind – so Machovec – nicht nur »Phantastereien«, sondern »ein unersetzliches Baumaterial für die heutige Antwort.«[27]

Das Sprechen von »Sinngebung« ist so allgemein verbreitet, daß kaum noch auffällt, welches wahrhaft »dialektische« Verhältnis des sinngebenden Menschen zum Sinn hier artikuliert wird. Der Sinn *Gebende* müßte ja ein Sinn *Empfangender* sein, wenn Sinn mehr sein sollte als bloß individuelle Projektion auf eine dieser Projektion gegenüber absolut indifferente Wirklichkeit. Aber dieses Empfangen kommt gerade noch als das Zugreifenkönnen auf »Baumaterial« zur Sprache. Am Baumaterial muß sich der Sinn-Konstrukteur irgendwie orientieren; seine Konstruktion muß auf es Rücksicht nehmen. Würde man nicht »materialgerecht« bauen, so wären Dauerhaftigkeit und Funktionalität der Konstruktion nicht gewährleistet. Aber was verdankt die Sinn-Gebung nun tatsächlich dem Empfangenen? Die Metapher des Materials oder auch die der Ressource bleiben hier eine genauere Antwort schuldig, denn jede Antwort müßte die Frage aufwerfen, ob der Mensch letztlich *Subjekt* des Sinnes – der Sinn-Beilegung – sein kann oder eben doch im Entscheidenden nur der vom Sinn unbedingt in Anspruch Genommene, ja *Ergriffene* – und wie solches Ergriffensein unter den Prämissen der geläufigen Sinn-Diskussionen überhaupt denkbar sein soll.

Sinn-Beilegung verdankt sich einer *Option*, die eine Perspektive eröffnet, in der möglichst »alles« als sinnvoll angesehen werden kann und Möglichkeiten sinnvollen Handelns wahrgenommen werden können. Die Sinn-Perspektive arrangiert das mir bzw. uns Begegnende so, daß wir damit »sinnvoll« umgehen können. Sie weist uns eine sinnvolle Rolle an. So mag man hier für »Perspektive« eher die Metapher Skript oder Drehbuch vorziehen und dann

> »von einer ›Rolle‹ reden, die wir gegenüber der Welt spielen, aber auch von der Rolle, die wir die Welt in diesem Spiel des Lebens spielen lassen. Je nach der Rolle, die der Mensch übernimmt und die er die Welt spielen läßt, gestaltet sich das Rol-

---

[26] Th. Lessing, Geschichte als Sinngebung des Sinnlosen oder die Geburt der Geschichte aus dem Mythos, Neuausgabe München 1983.
[27] Vom Sinn des menschlichen Lebens, 25 f.

lenspiel verschieden. Es gibt verschiedene Varianten, in denen das Drama des Lebens aufgeführt werden kann. Das Buch zu diesem Spiel ist der Sinn des Leben.«[28]

Die Rolle, die dieses Drehbuch vorgibt oder ermöglicht, macht den »Kern« der *Ich-Identität* oder der *Gruppen-Identität* all derer aus, die sich an der jeweils entworfenen Rolle als sie selbst definieren. Aber wer »schreibt« dieses Skript? Wer entwirft das Spiel so, daß man eine – sinnvolle – Rolle spielen kann? Mit dem Zerfall des herkömmlichen Vorsehungsglaubens wird die Frage nach dem Autor bzw. dem Arrangeur des Spiels, das einem das Spielen sinnhafter Rollen ermöglicht, ausweglos, ohne daß diese Ausweglosigkeit als besonders problematisch wahrgenommen würde: Die Autoren des Skripts – und im Grunde kann jeder und jede Autor eines Skripts sein – sind die Subjekte des Sinns. Sie haben freilich auf mehr oder weniger unabdingbar kontingente Gegebenheiten Rücksicht zu nehmen – deshalb ist dieses Spiel immer auch »Kontingenzbewältigungspraxis« *(Hermann Lübbe)*. Außerdem müssen sie auf gegebene »Stoffe« oder »Baumaterialien« zurückgreifen, die den Spannungsbogen des Spiels irgendwie mittragen. Ansonsten scheint es ihrem Geschick und ihrer Kreativität überlassen, Rollen zu entwerfen, mit denen man sich *identifizieren* kann.

Eine sinnvolle Rolle zu spielen, das setzt zumindest die »kleine« Sinntranszendenz voraus, Transzendenzen, »die dem Selbst immanent« sein mögen und deshalb nicht als »radikale Transzendenzen« zu bezeichnen wären.[29] Man müßte eine Rolle spielen können für ... Dies freilich nicht in dem Sinne, daß der einzelne Rollenspieler nur Mittel zum Zweck wäre, zu einem Zweck, der ihm äußerlich bliebe. Es ist in einem Spiel ja vielmehr so, daß das Mitspielenwollen die Identifikation mit dem Sinn des Spiels voraussetzt: Die Mitspieler leisten ihren Beitrag zur Erreichung eines Zieles, in das sie sich selbst einbringen wollen, so daß sie sich mit der Rolle, die der Erreichung dieses Ziels dient, identifizieren können. Wo ich in einem Spiel nicht mehr wirklich mitspielen kann, das Spiel über mich hinweggeht und mich bloß noch Opfer sein läßt, da eröffnet es mir keine Rolle mehr, mit der ich mich identifizieren könnte; da zwingt es mich zu der kritisch-distanzierenden Frage: Welches Spiel wird hier eigentlich gespielt – und *wessen* Spiel?

3. Sinn-Transzendenz?

Das, worum das Spiel geht, die Spiel-Intention, die dem Skript zugrundeliegt, ist – im Rahmen des Spiels – der *Selbst-Zweck*, der, solange das Spiel gespielt wird, nicht relativiert oder in Frage gestellt werden kann. Der Selbst-Zweck ist die dem Spiel imanente Transzendenz. Er steht im Spiel nicht auf dem Spiel; er gibt die Sinn-Perspektive vor, in der Rollen sinnvoll gespielt werden können. Aber

---

[28] P. Tiedemann, Über den Sinn des Lebens. Die perspektivische Lebensform, Darmstadt 1993, 5.
[29] So L. Ferry, Von der Göttlichkeit des Menschen, 244.

was könnte dazu motivieren, *dieses* Spiel mitzuspielen, sich mit *diesem* Selbst-Zweck zu identifizieren? Warum sollte es *mein* Spiel sein? Die »Sinn-Frage« ist die Frage danach, in welchem Spiel wir mitspielen dürfen, ohne daß uns hier letztlich doch übel mitgespielt wird, die Frage nach einem sinn-verbürgenden Selbst-Zweck, mit dem man sich im Letzten identifizieren dürfte und damit schließlich doch die Frage nach dem Autor dieses Spiels, der den Selbst-Zweck vorgibt, so daß es entscheidend *sein* Spiel ist.

Modern oder postmodern spitzt sich die Frage noch einmal zu: Muß mein Spiel nicht letztlich doch nur *mein* Spiel sein, mich zum Autor und Selbst-Zweck haben, das Spiel *meiner* Freiheit und Selbstbestimmung sein? Ist mein Ja zum Mitspielen nicht allein da gerechtfertigt, wo es um mich geht, den sinn-stiftenden Selbst-Zweck dieses Spiels meines Zu-mir-selbst-Kommen-Dürfens? Ich sage ja zum Mitspielen, wenn das Spiel mir gilt, mich bejaht, mir die »Hauptrolle« vorbehält – und um meinetwillen gespielt wird. Schon Aristoteles hat Freiheit im Ansatz so bestimmen können: »Frei ist der Mensch, der um seiner selbst willen ist (ὁ ἑαυτοῦ ἕνεκα ὄν).«[30]

Bei näherem Zusehen wird freilich schnell deutlich, daß hier nur ein »negativer« Freiheitsbegriff angezielt ist: Frei ist *nicht*, wer nicht als Zweck in sich selbst vorkommen darf. Aber darin ist gerade nicht mitbehauptet, daß je meine Selbstzwecklichkeit der Sinn des Spiels sein müßte, in dem ich frei mitspiele, mitspielen *will*, weil ich hier *meine* Rolle spielen kann. Ähnliches ist zu sagen von der Möglichkeit, den auf mich angewiesenen, notleidenden anderen zum sinnstiftenden Selbst-Zweck des identitätsverbürgenden Spiels zu machen.[31] Auch hier ist die »Selbstzwecklichkeit« des Anderen negatives Freiheitskriterium; er darf nie nur Mittel zum Zweck sein und muß in allem Handeln, in das er einbezogen ist, auch als Zweck in sich selbst gewürdigt werden. Kants kategorischer Imperativ bringt diese Intention genau zur Geltung: Das Spiel, das ihn einbezieht, muß auch *sein* Spiel sein können; ihm darf nicht so mitgespielt werden, daß er – falls er das Spiel durchschaute – nicht zu ihm ja sagen könnte.[32]

Aber noch einmal gefragt: Kann das Spiel selbst der Zweck sein. Könnte sein Zweck etwa darin liegen, daß wirklich alle, die in es einbezogen sind, *Mit-Spieler* sein dürfen – und eben nicht solche, denen bloß noch mitgespielt wird? So verstehen es die großen Emanzipationstheorien des 19. Jahrhunderts: Nur das Mitspielenkönnen »macht Sinn«, wie freilich erst die Postmoderne sagen wird. Die Spiel-Metapher erscheint dem 19. Jahrhundert indes – mit der bezeichnenden Ausnahme *Nietzsche* – der Größe dessen, was auf dem Spiel steht und deshalb über Sinn oder Unsinn entscheidet, nicht angemessen. Kann ein Spiel ernsthaft genug sein, so daß gesagt werden kann, in ihm stehe alles – der Sinn des »Ganzen« – auf dem Spiel? Ist hier nicht eher an »ernsthafte« Arbeit

---

[30] Metaphysik 982b 25 f.
[31] Das ist offenkundig die von L. Ferry favorisierte Sinn-Option; vgl. op.cit., 175 ff. bzw. 207 ff.
[32] Vgl. die Umformulierung des kategorischen Imperativs zur Grundmaxime einer Theorie der Gerechtigkeit bei J. Rawls, Eine Theorie der Gerechtigkeit, dt. 1979, 27 ff.

Zwischenreflexion

zu denken? Das Spiel ist – so sagt es *Hegel* im Blick auf die Spiele des klassischen Griechentums – »dem Ernste, der Abhängigkeit und Not entgegengesetzt ... es lag darin keine Not des Sichwehrens, kein Bedürfnis des Kampfes.« Und dennoch kann Hegel von einem höheren Ernst des Spiels sprechen:

> »Gegen diesen Ernst (der Arbeit und ihres Kampfes; J. W.) nun gehalten ist aber das Spiel dennoch der höhere Ernst, denn die Natur ist darin dem Geiste eingebildet, und wenn auch in diesen Wettkämpfen das Subjekt bis zum höchsten Ernste des Gedankens nicht fortgegangen ist, so zeigt doch der Mensch in dieser Übung der Körperlichkeit seine Freiheit, daß er den Körper nämlich zum Organ des Geistes umgebildet habe.«[33]

Im Spiel geht es um das Freiwerden von den Zwängen der Natur; in ihm *erscheint* dieser Zwang als bezwungen. Aber die Erscheinung ist bzw. war nur Vor-Schein, Vorschein jener in der Geschichte sich durchsetzenden und zu erkämpfenden realen Freiheit, wie sie sich dann im »höchsten Ernste des Gedankens« reflektiert; allenfalls Vorschein der im geschichtlichen Kampf zu erringenden Befreiung von den realen, vorgeschichtlichen Mächten der Unfreiheit, so *Karl Marx*. Das Drama des geschichtlichen Kampfes um die Durchsetzung einer der Geschichte selbst – und schon der Natur – immanenten Teleologie ist hier der Sinnspender; die Einzelnen, die Klasse oder das Menschengeschlecht sind dafür in Dienst genommen bzw. in Dienst zu nehmen, daß diese Teleologie sich zur Geltung bringen kann. Das gibt dem menschlichen Handeln emanzipatorischen Sinn und Ernst. Oder ist das alles nur die Selbsttäuschung eines Menschengeschlechts, das sich nach dem Zerfall der sinnstiftenden traditionellen Religion eines Ersatz-Sinnes vergewissern will?

Friedrich Nietzsche hat es so gesehen und gerade deshalb das zweckfreie Spiel gegen die Zweckfixiertheit von Weltgeschichts-Dramaturgien ins Recht setzen wollen. Den »steifen Weisen« hält er entgegen: »mir ward alles Spiel«.[34] Heraklit habe ihn mit seiner Sentenz, die Zeit (αἰών) sei ein spielendes Kind, das die Brettsteine setzt und die Königsherrschaft innehat[35], zu der Einsicht verholfen, »daß die Welt ein göttliches Spiel sei«[36], daß es »Schuld Ungerechtigkeit Widerspruch Leid in dieser Welt« folglich »nur für den beschränkten Menschen« gebe, »der auseinander und nicht zusammen schaut«. Für den, der alles im großen Zusammenhang zu sehen versteht, dränge sich das Spiel als ein »erhabnes Gleichniß« auf:

> »Ein Werden und Vergehen, ein Bauen und Zerstören, ohne jede moralische Zurechnung, in ewig gleicher Unschuld, hat in dieser Welt allein das Spiel des Künstlers und des Kindes. Und so, wie das Kind und der Künstler spielt, spielt das

---

[33] G. W. F. Hegel, Vorlesungen über die Philosophie der Geschichte, Werke in zwanzig Bänden, hg. von E. Moldenhauer u. K. M. Michel, Frankfurt a. M. 1969–71, Bd. 12, 297 f.
[34] Nachgelassene Fragmente Sommer 1888, KSA 13, 556.
[35] H. Diels – W. Kranz (Hg.), Die Fragmente der Vorsokratiker, Berlin [13]1968, B 52.
[36] Nachgelassene Fragmente Sommer–Herbst 1884, KSA 11, 201.

ewig lebendige Feuer, baut auf und zerstört, in Unschuld – und dieses Spiel spielt der Aeon mit sich.«[37]

Die unschuldige Laune des Aufbauens und Zerstörens verbietet die Frage nach einem darin oder darüber hinaus liegenden Sinn; verbietet sinngestützte Imperative, verbietet die Frage nach dem Warum: »Warum das so ist, wird nicht gefragt … Heraklit hat ja keinen Grund nachweisen zu *müssen* (wie Leibniz ihn hatte) daß diese Welt die allerbeste sei, es genügt ihm daß sie das schöne unschuldige Spiel des Aeon ist.«[38]

Nietzsche kennt und attackiert die hilflosen Rechtfertigungsversuche, die der Begriff des Sinnes allzu oft hervortreibt: Das Leiden *muß* einen Sinn haben; im grausamen Schicksal muß ein Sinn liegen, ein sinnvoll Zugefügtes sich ereignen[39]; die Welt, so wie sie ist, soll sinnvoll, also die beste mögliche sein. Was als sinnvoll gilt, soll gerechtfertigt sein durch das, was damit erreicht werden kann, soll gerechtfertigt sein durch seine Perfektionierung, zu der es menschlich-moralischem Handeln die Möglichkeit biete. Da hält es Nietzsche lieber mit Heraklit, wenn dieser an die Stelle eines sinnfixierten Moralismus der Welt-Verbesserung »das beschauliche Wohlgefallen« setzt, »mit dem der Künstler auf sein werdendes Werk schaut« und – so wäre konsequenterweise zu ergänzen – es wieder vergehen sieht.[40] Das »beschauliche Wohlgefallen« des Künstlers ist schon unterwegs zu jener Lehre von der »ewigen Wiederkunft des Gleichen«, die damit ernst macht, daß die Welt nicht auf einen idealen Endzustand hin unterwegs sein kann[41] und deshalb auch einer sinnspendenden geschichtsphilosophischen oder revolutionären Emanzipationstheorie die Grundlage entzieht.

Die Nietzsche in vielem verpflichtete französische Postmoderne hat zwar wenig anfangen können mit seiner Lehre von der »ewigen Wiederkunft des Gleichen«. Aber sie hat mit ihm allen Entwürfen einer sinnstiftenden »Meta-Erzählung« *(Jean-François Lyotard*[42]*)* den Abschied gegeben. Wenn von Sinn noch die Rede sein soll, dann allenfalls so, daß die eigene »Bastel-Biographie« oder kleinteilige Geschichten einen Referenzrahmen bieten, in dem jeder oder

---

[37] Die Philosophie im tragischen Zeitalter der Griechen 7, KSA 1, 830.

[38] Ebd., 831.Vgl. aus den Liedern des Prinzen Vogelfrei (Anhang zur Fröhlichen Wissenschaft, KSA 3, 639) das Lied an Goethe:
»… Weltrad, das rollende,
Streift Ziel auf Ziel:
Noth – nennt's der Grollende
Der Narr nennt's Spiel …
Welt-Spiel das herrische,
Mischt Sein und Schein: –
Das Ewig-Närrische
Mischt *uns* – hinein …«

[39] Außer den zitierten Stellen wäre hier noch aus Nietzsches Nachgelassenen Fragmenten aus dem Herbst 1887, KSA 12, 366 heranzuziehen.

[40] KSA 1, 832.

[41] Vgl. etwa Nachgelassene Fragmente Frühjahr 1888, KSA 13, 375.

[42] Vgl. Streitfall Religion, Kap. 5.4.

Zwischenreflexion

jede seine bzw. ihre Rolle immer wieder neu definiert und konzipiert, das Skript immer wieder umschreibt, in dem er bzw. sie sich die Bedeutung seiner Rolle »zuschreibt«. Sinn wird hier einem Verhalten beigelegt, das der jeweils zuge-schriebenen Rolle entspricht; Sinn-»Angebote« haben sich daran zu bewähren, daß sie die Zuschreibung sinnrealisierender Rollen bzw. eines ihnen entspre-chenden sinnvollen Verhaltens ermöglichen. Alternativ dazu wird Sinn system-theoretisch bestimmbar: als Motivationspotential aus dem geschöpft werden muß, um bestimmte Funktionsweisen eines Systems oder entsprechende syste-merhaltende oder systemtransformierende Verhaltensweisen als *nicht-beliebig* zu markieren.[43]

Der Zerfall der großen Teleologien macht das Sinnproblem zum Leistungs-problem. Sinn ermöglicht Menschen oder Systemen sinnvolle Verhaltensweisen oder sinngesteuerte Komplexitätsreduktion; Sinn bezeichnet eine Leistung, die dazu beiträgt, daß Motivation entsteht bzw. erhalten bleibt, daß Menschen oder gesellschaftliche Einheiten eine motivationsrelevante Identität aufbauen und in entsprechenden Verhaltens- oder Funktionsweisen darstellen können. So bleibt Sinn hier im wesentlichen identitätsreferent, je nachdem subjektreferent oder systemreferent. Den ihre Identität aufbauenden oder stabilisierenden Subjekten wird die Entscheidung darüber zugewiesen, welche Sinn-Kandidaten die ange-sichts der aktuellen Identitäts-Probleme jeweils erforderliche Motivationslei-stung erbringen; in gesellschaftlichen Systemen erweist sich jeweils neu, wel-cher Sinnorientierung man die Herstellung der Motivation zur Mitwirkung an den systemrelevanten Prozessen zutraut: »Was sinnvoll ist, ist Sinn *für den Menschen*. Die Frage nach dem Sinn zitiert dementsprechend die Welt« – und wenn dabei von ihm noch die Rede sein sollte – »gleich auch noch Gott vor das Forum der Vernunft. Nur was sich vor mir zu rechtfertigen vermag, hat Sinn.«[44]

Eberhard Jüngel weist zu Recht darauf hin, wie dieser leistungs- und ent-sprechend auch handlungsorientierte Sinnbegriff der Gegenwart dem christli-chen Glaubensverständnis und speziell der Rechtfertigungslehre diametral wi-derspricht: Nicht wie Gott und ich selbst bzw. meine Welt aufgrund eines leistungsfähigen Sinnangebots bzw. der auf dieses Sinnangebot zurückgreifen-den sinnhaften Leistungen, »sondern wie ich – und insofern meine Welt – *vor Gott* bestehen kann, ist gefragt, wenn es um die Rechtfertigung des Menschen geht.« Es geht hier nicht um Leistung, sondern um das Sein des Menschen in seiner Relativität zu jener Wirklichkeit, durch die der Mensch allein so tiefrei-chend bejaht sein könnte, daß er sich selbst in seinem Dasein und Handeln bejahen kann. »Der Frage nach dem *Sein* des Menschen korrespondiert aber nicht« – so Jüngel – »die Frage nach dem *Sinn*, sondern die Frage nach der *Wahrheit* des menschlichen Lebens.«[45] Ist die Sinnfrage damit theologisch ob-solet geworden?

---

[43] Vgl. Streitfall Religion, Kap. 1.12.
[44] E. Jüngel, Das Evangelium der Rechtfertigung des Gottlosen als Zentrum des christlichen Glaubens, 222.
[45] Ebd.

Zunächst wäre jedenfalls einzuräumen, daß christlicher Glaube im be-schriebenen Sinne als Sinnangebot in Anspruch genommen wird, dies gerade auch in kritischer Auseinandersetzung mit anderen Sinnstiftungskonzepten, die sich selbst als Religionen, als wissenschaftliche Weltorientierung oder auch nur als gesellschaftlich-politisch-ökonomisches Optimierungskonzept verstehen mögen. Gerade die Notwendigkeit einer prophetischen Auseinandersetzung mit solchen Sinnstiftungs-Ansprüchen und mit den in ihnen als Selbstzweck – theologisch als Götzen – angesetzten Größen sollte davon abhalten, das Sinnangebot des christlichen Glaubens theologisch zu vernachlässigen und den christlichen Glauben als sinnvermittelnde und identitätsstabilisierende Instanz zu verabschieden.[46] Aber ebensowenig ist zu bestreiten, daß die Sinnkategorie unter modern-postmodernen Bedingungen dazu verführt, den subjekt- oder systemreferenten Leistungsaspekt von Sinnangeboten zu isolieren und zu verabsolutieren, damit aber letztlich auch die Sinn-Transzendenz zur nicht mehr vernünftig beurteilbaren Randbedingung oder zum »rätselhaften Anteil« zu marginalisieren, den die humanen Werte »trotz ihrer Verwurzelung im Bewußtsein der Menschen« behalten.[47] Woher die Menschen ihren Sinn letztlich nehmen, darf ihr Geheimnis bleiben, ja es darf ihnen rätselhaft bleiben; Hauptsache ihr Sinn hilft leisten, was Sinnsysteme leisten müssen. Über alles andere läßt sich sowieso nicht mehr sinnvoll – mit Argumenten – streiten; so wird hier mehr oder weniger ausdrücklich unterstellt. Damit wird dann auch das sinnbeilegende Subjekt endgültig zur letzten Instanz, die selbst entscheidet, was dieses oder jenes Sinnangebot »letztlich bringt«: was es nach Einschätzung des kompetenten Beurteilers für ihn selbst an sinnvermittelnder und identitätsstiftender Leistung erbringt. Unvermeidliche Konsequenz solcher Subjektzentrierung wäre u. a. die radikale Individualisierung der Sinnverantwortung nach Leistungskriterien: Zwar spielt nicht jeder sein eigenes Spiel; das würde die Kohärenz sozialer Praxis auflösen und es unmöglich machen, für andere und anderes »eine Rolle zu spielen«. Aber jeder wählt und interpretiert sein Mitspielen in diesen oder jenen Spielen nach eigenen, individuell nach Leistungskriterien zusammengestellten Sinnvorgaben, nach seiner eigenen »Lebensphilosophie«.[48] Ist die Sinnfrage dann noch mehr als ein Geschmacksproblem? Hat sie noch irgendeinen Zusammenhang mit der Wahrheitsfrage? Oder nähert sich auch die Wahrheitsfrage den individuell zu entscheidenden Geschmacksfragen?

---

[46] Vgl. Streitfall Religion, Kap. 5.2.

[47] Vgl. L. Ferry, Von der Göttlichkeit des Menschen, 245.

[48] »Jeder Mensch hat das Recht auf seine eigene Weltanschauung«, so stellt das Magazin der Süddeutschen Zeitung vom 11.6.99, (S. 7) unter dem Kolumnentitel »Was ist ihre Philosophie?« fest. Immerhin wird noch die alte »Luther-Frage« gestellt: »woran du dein Herz hängst, das ist dein Gott?« Die Antwort des hier befragten Architekten ist aber durchaus sinnkompetent postmodern: »Es tut sauweh, wenn du dich an so ein ›ein und alles‹ hängst und es kaputt geht. Manche verlieren sich dann selbst«, weshalb der Befragte lieber an vieles sein Herz hängt: »Die Familie, das Zuhause, ganz klar. Fußball, Fahrrad, Tennis, Ski, Skilanglauf, Skispringen, Gitarre.«

Zwischenreflexion

4. Sinn und Wahrheit

Gotthard Fuchs hat geltend gemacht, die Sinnfrage sei, »nicht nur begriffs-geschichtlich, eine notwendige Begleiterscheinung der Neuzeit und ein Spalt-produkt des zerfallenden metaphysisch-christlichen Weltverständnisses«.[49] Ge-wiß ist sie auch »Spaltprodukt« des Zerfalls eines fraglos gültigen und in jeder Hinsicht normativen christlichen Wahrheitsanspruchs; eines Wahrheitsan-spruchs, der »solo verbo« – allein durch das Wort – die Gläubigen erreichte, sie zum Glauben herausforderte, aber auch befähigte, und sie unter sein »Gericht« stellte. »Im Anfang war das Wort« – Faust kann sich mit dieser Übersetzung des ersten Verses des Johannesprologs nicht mehr zufriedengeben. Er »kann das Wort so hoch unmöglich schätzen«. Die initiative und gründende Bedeutung des Logos verlangt nach einem anderen Schlüsselbegriff:

> »Wenn ich vom Geiste recht erleuchtet bin.
> Geschrieben steht: im Anfang war der Sinn.«

Aber auch dabei will Faust nicht bleiben. Es drängt ihn offenkundig, zum Aus-druck zu bringen, worauf die damals ja durchaus »innovative« Rede vom Sinn zurückverweist, was ihr noch einmal zugrundeliegt:

> »Ist es der Sinn, der alles wirkt und schafft?
> Es sollte stehn: Im Anfang war die Kraft!
> Doch, auch indem ich dieses niederschreibe,
> schon warnt mich was, daß ich dabei nicht bleibe.
> Mir hilft der Geist: auf einmal seh' ich Rat
> Und schreibe getrost: Im Anfang war die Tat!«[50]

Wer sich mit dem »Geist« der neuen Zeit im Bunde weiß, für den kann es keinen Zweifel geben: Der Sinn ist auf die Tat hingeordnet; in der Tat sollen sich Sinn und Kraft verschwistern, soll der Sinn die Kraft beseelen und die Kraft den Sinn realisieren. So erst wird das Wort wahr, bleibt es nicht bloßes Wort, kraftloser Anspruch.

Es ist – so stellt *Goethe* es dar – eine Versuchung, der Faust hier nachgibt. Aber mit ihm gibt die neue Zeit dieser Versuchung nach. Hat sie denn eine andere Möglichkeit? Kann sie anders, als den Wahrheitsanspruch des Wortes durch die Tat einholen zu wollen, die, was wahr sein soll, *verifiziert*, durch Ver-wirklichung als wahr erweist? Kann sie anders, als dem Sinn eine Zentralbedeu-tung, aber nicht Letztbedeutung beizumessen: als dem Kriterium einer »sinn-vollen« Kraftentfaltung in der Tat? Warum also von Versuchung sprechen? Weil diese Sinn-Zentrierung das *gegebene* Wort und seine Wahrheit in dem Sinn *aufgehoben* und bewährt sieht, der menschliche Praxis sinnvoll macht; weil Sinn selbst da, wo es um den Sinn des Lebens und damit auch um Kontingenzbe-wältigungspraxis geht, als menschliche Möglichkeit konkret wird, mit Vorgaben

---

[49] Sinnfalle und Gottesfrage, in: Diakonia 15 (1984), 303–311, hier 306.
[50] J. W. von Goethe, Faust. Erster Teil, Studierzimmer.

und unabdingbaren Bedingungen sinnvoll umzugehen; weil die Triftigkeit von Sinnangeboten und Sinnantworten sich letztlich daran erweisen muß, daß sie diese menschliche Leistung des »Umgehen-Könnens-mit …« ermöglichen, sie »mit-leisten«, ja überhaupt erst leistbar machen; weil schließlich das Urteil über diese Leistungsfähigkeit unabdingbar und allein in die Kompetenz dessen fällt, der immer wieder neu zu beurteilen hat, ob das jeweilige Sinnangebot hält, was es verspricht, oder ob es auf neue Leistungsanforderungen hin optimiert oder gar ausgewechselt werden muß.

Der Leistungsanspruch des Individuums entthront den Wahrheitsanspruch des Logos, des gegebenen Wortes; und die Sinnkategorie markiert genau die Vertauschung der Subjekte des aufs entscheidende gehenden Anspruchs. Darüber sollte auch nicht die Emphase hinwegtäuschen, mit der Theologie und kirchliche Lehrverkündigung die Frage nach dem Sinn des Lebens als Anknüpfungspunkt für eine vernünftig argumentierende Theologie und eine den »letzten Fragen« der Menschen zugewandten Verkündigung favorisieren.[51]

Die Dialektik der Kategorie Sinn, die auch ihre theologische Problematik markiert, liegt in der zumindest ihren alltäglichen Gebrauch bestimmenden Korrelation von Sinn und »Sinnstiftungs-Leistung«. Eine Leistung bzw. die Effektivität, mit der sie erbracht wird, kann nicht der ausschlaggebende Grund sein, sich auf ein Sinnangebot einzulassen und das in ihm als Quelle des Sinns Vorgestellte zu bejahen. Die Sinnstiftungs-Leistung ist ja offenkundig nicht Selbstzweck. Leistung kann nie Selbstzweck sein. Wenn sie sich verabsolutiert oder verabsolutiert wird und Sinngarant sein soll, so generiert sie den Zwang, immer mehr leisten zu müssen – und die ausweglose Zwangslage, nie so viel leisten zu können, daß Leistung sich selbst rechtfertigt und die rechtfertigt, die auf sie setzen. Wird Leistung nicht von ihrem Wofür relativiert und gerechtfertigt, so könnte sie sich allenfalls als Höchst-Leistung rechtfertigen. Aber kann das Erreichen des Maximums Selbstzweck sein; darf das Maximum als gleichbedeutend mit Absolutheit angesehen werden?

Der Versuch, diese Identifikation selbstverständlich erscheinen zu lassen, kennzeichnet die Ideologien des Marktes ebenso wie deren »spielerisches« Pendant: die Liturgien und Ideologien des Sports. Die Metapher des Spiels scheint ja auch bestens geeignet, die Wofür-Frage gegenstandslos zu machen: Spielt man nicht, um zu spielen? Würde es das Spiel nicht zerstören, wenn es seinen Sinn nicht in sich selbst hätte, wenn es die Frage nach einem es relativierenden Wofür nicht vergessen ließe? Spiel als Paradigma eines selbstreferenten Sinnes, der nach Sinn nicht mehr fragen läßt: das war ja schon Nietzsches Fundamentaloption. Aber dieses Paradigma funktioniert nur für die Mitspieler, nicht für die, denen mitgespielt wird. Wenn Dabeisein Sinn verbürgt oder die Sinnfrage vergessen läßt, so kann das Nicht-Dabeisein nur letzte Sinnlosigkeit bedeuten, die traumatische Wiederkehr einer sinnlos gewordenen – weil nicht beantwort-

---

[51] So geschieht es offenkundig auch in der Enzyklika Fides et ratio vom 14. September 1998; vgl. hier vor allem die Einleitung und Kap. I.

Zwischenreflexion

baren – Sinnfrage. Kehrt darin nicht auch die Dialektik des Sinnes wieder, eines Sinnes, der ein sinnvolles Leben über das Leistungsvermögen des nach Sinn Verlangenden gewähr-leisten soll? Eines Sinnes, der Sinnstiftung leisten soll, aber nicht in seiner Leistung aufgehen kann, weil ansonsten wenigstens in diesem Falle eine Leistung *als solche* sinnvoll wäre?

Wenn es zutrifft, daß Sinnangebote letztlich nicht wegen ihrer Sinnstiftungs-Leistung Zustimmung finden können, dann kann die Sinnstiftung – das Sein-Leben-als-sinnvoll-erfahren-Können – auch nicht das von der Bejahung direkt Intendierte, das von ihr eigentlich Gemeinte sein. Daß die Identifikation mit einem Sinnangebot »Sinn macht« kann nur ein Geschenk sein, das Geschenk einer Bejahbarkeit, die nicht als solche intendiert werden, sondern nur einer Wirklichkeit verdankt sein kann, die *als sie selbst Bejahte* der Grund des Glaubens daran sein kann, daß die Existenz des sie Bejahenden selbst bejahenswert – sinnvoll – ist. Sinn begründet sich nicht selbst, sondern läßt nach dem Grund der Bejahbarkeit fragen, die er vermittelt. Würde man »nur« Sinn an sich und als ihn selbst wollen – die von ihm vermittelte Bejahbarkeit – und würde man zu ihm Stellung nehmen wollen im Blick auf die jeweils erbrachte Leistung, Bejahbarkeit zu vermitteln, so entzöge man sich der Frage nach dem Grund der Bejahbarkeit. Ist das überhaupt möglich? Es wäre nur denk-möglich, könnte man den Grund der Bejahbarkeit darin finden, daß ich wegen der Sinnstiftungs-Leistung des von mir favorisierten Sinnangebots *für mich* hinreichend Grund finde, mich für dieses und nicht für irgendein anderes Sinnangebot zu entscheiden.

Die Subjektivierung des Sinnes beruht offenkundig auf der Identifikation des Grundes der Bejahbarkeit mit den Motiven, die ich haben könnte, mich für ein bestimmtes Sinnangebot zu entscheiden. Mit dieser Identifikation wird Sinn grundlos, selbstreferent, und damit zum Gegenstand meiner Wahl, die aufgrund seiner wie immer »begründeten« Leistungsfähigkeit vollzogen wird. Das Sinnangebot erscheint als *Angebot*, in seiner Realisierung davon abhängig, daß ich dieses Angebot anderen vorziehe, sinnlos, wenn es nicht gewählt wird. Tritt die Frage nach dem Grund der Bejahbarkeit, die Sinnsysteme vermitteln, in Differenz zur Frage nach den Gründen, die mich motivieren, auf ein Sinnangebot einzugehen, so stellt sich über die Sinnfrage hinaus die Wahrheitsfrage. Nicht ob ich Gründe für meine Wahl vorweisen kann, ist dann die ausschlaggebende Frage, sondern ob diese Gründe sich am Grund der Bejahbarkeit ausrichten und deshalb einen Wahrheitsanspruch erheben können. Einen Wahrheitsanspruch aber könnten sie nur anmelden, wenn sie eine Wirklichkeit anerkennen und zur Geltung bringen wollen, die von sich aus über Bejahbarkeit und Sinn entscheidet, die deshalb niemals zum Objekt der »sinnverwendenden« Subjekte werden kann; die auch nicht darin aufgehen kann, Sinn zur Verfügung zu stellen oder zu generieren. Wahrheit ist nicht wählbar; sie ist nicht bloßes Angebot, sondern der Anspruch, ihr gerecht zu werden. Wer sich diesem Anspruch stellt, der wird genau darin die Herkunft allen Sinnes wahrnehmen und deshalb auch nicht mehr von disponiblen und zur Auswahl stehenden Sinnangeboten sprechen können, sondern allenfalls von Möglichkeiten, sich dem Anspruch der Wahrheit »sinnvoll« zu stellen.

5. Sinn und Verheißung

Von einer Selbstreferenz des Sinnes kann offenkundig nicht die Rede sein, wenn sinnvolles Handeln oder Verhalten das In-Anspruch-Genommen-Sein von einer Wahrheit bedeutet, der zu entsprechen mein Handeln oder Verhalten zu einem sinnvollen macht. Das In-Anspruch-genommen-Sein ist von einer Verheißung hervorgerufen. Wer sich von Wahrheit in Anspruch nehmen läßt, bezieht das Sinnkriterium, das in ihr gründet, auf die Wirklichkeit, von der erhofft werden darf, daß sie die sinngründende Verheißung wahrmacht; von der geglaubt werden darf, daß sinnhaftes In-Anspruch-Genommen-Sein auf ihren verheißungsvollen Anspruch zurückgeht. »Sinn-Transzendenz« meint die Gegründetheit aller Sinn-Beilegung in diesem verheißungsvollen Anspruch. Wer Sinn-Transzendenz auf die »kleine Transzendenz« eingrenzen will, wie Luc Ferry, der gibt damit nur zu verstehen, daß er sie in der Reichweite menschlicher Selbstbestimmung halten und Sinn als Angebot der freien Auswahl durch »autonome« menschliche Subjekte unterstellen will. Wo die Sinntranszendenz nicht »verkleinert« wird, da entthront sie den Menschen als souveränes Sinnbeilegungs-Subjekt; da unterstellt sich der Sinn Zusprechende einer Norm des Sinnvollen, die er zwar vernünftig zu verantworten hat, aber zugleich als ihm *gegeben* anerkennen muß.

Sinn-Transzendenz bezieht den, der sich von ihr ergreifen läßt, auf eine Relation, die nicht einfachhin um *seiner* willen besteht, in der er sich vielmehr auf eine »sinn-stiftende« Wirklichkeit hingeordnet erfährt, auf die hin ausgerichtet er sinnvoll handeln und seine Lebensrichtung – seine Identität – bestimmen kann. Die Sinn-Transzendenz-Relation macht ein unbedingt Bejahbares zugänglich, das nie nur als das mich Bejahende und um meinetwillen Bejahenswerte bejaht wird, von dem aber gleichwohl gilt, daß ich mich selbst bejahen kann, weil ich mich von ihm bejaht weiß.

Wenn die Sinn-Transzendenz-Relation den »sinnbeilegenden« Menschen als Subjekt des Sinnes relativiert, seine Sinn-Verantwortung ebenso einfordert wie seine Selbst-Transzendenz, so ist damit auch die Sinn-Souveränität der sinnbeilegenden Individuen von Grund auf relativiert. Die Möglichkeit, menschliche Handlungsweisen, Lebensvollzüge bzw. das menschliche Leben im Ganzen als sinnvoll anzusehen, wird zwar in individuellen Urteilen realisiert oder negiert. Aber solche Urteile können nur Gegebenes nachvollziehen oder Fehlendes als solches ansprechen wollen. Es geht in ihnen letztlich nicht um das nur individuell gültige Urteil darüber, ob ein bestimmtes Sinnkonzept sich mir angesichts der Herausforderungen und Krisen menschlichen Lebens als leistungsfähig genug erweist, auf es hin mein Leben und die es tragenden Vollzüge als sinnvoll ansehen zu können. Es geht in ihnen vielmehr um das von mir zu verantwortende Glaubens-Urteil darüber, ob jene Wirklichkeit *ist*, die alle Menschen, *wenn* sie ist, unbedingt-verheißungsvoll in Anspruch nimmt und dafür einsteht, daß die Verheißung, die in ihrem Anspruch liegt, wahr wird.

Dieses Glaubensurteil ist individuell zu verantworten. Aber der Vollzug dieser Verantwortung bezieht mich ein in die Gemeinschaft der Glaubenden, nach dem Glauben Suchenden, unentschieden Bleibenden, gegen den Glauben Entschiedenen oder für eine andere Glaubens-Option sich Entscheidenden. In den jeweiligen Gemeinschaften des Glaubens oder der Glaubensverweigerung geht es um die Verständigung darüber, was es bedeutet, sich für oder gegen bestimmte Sinn-Optionen zu entscheiden und damit die Herausforderung zur Selbsttranszendenz auf eine – bzw. genau *diese* – unbedingt-verheißungsvolle Wirklichkeit hin als gegeben zu bejahen oder sie für nicht gegeben und deshalb belanglos zu halten oder die Frage ihres Gegebenseins unentschieden lassen zu müssen. Vielleicht darf man mit *Nietzsche* unterstellen, daß die Arbeit des »Maulwurfs«, in die Tiefe zu steigen und in den Grund zu bohren, damit falsches Vertrauen untergraben werde und die darauf gegründeten Gebäude endlich einstürzen, in die Einsamkeit der »eignen Wege« führt.[52] Das »untergrabende« Argument und die entwertende Invektive säen den Zweifel; sie mögen er-litten sein in einsamer Desillusionierung. Wo man sich aber eines Wofür vergewissern will, da wird auch der »Maulwurf« zum Zeugen und Verkünder, der sich nach Jüngern sehnt, die er lehren und von denen er getragen werden will, so sehr er sich von ihrem Unverständnis immer wieder neu abstoßen muß; Nietzsches Zarathustra bietet dafür – vielleicht wider Willen des Autors – ein eindrückliches Paradigma.

Wer Zeuge sein *will* für eine Verheißung, der er auf die Spur gekommen ist und der er die Möglichkeit verdankt, in dem, was sein Leben ausmacht, eine sinnvolle Selbsttranszendenz zu erkennen, der wird sich auf andere Zeuginnen und Zeugen angewiesen erfahren, die ihm mit ihrem Zeugnis die Bedeutung *seines* Zeugnisses spiegeln und re-lativieren, es beziehungsreich einbinden. Die Zeugnisse legen füreinander aus, wohin die sinnstiftende, unbedingt-verheißungsvolle Herausforderung die von ihr Ergriffenen führt.

So ist die soziale »Verankerung« von Sinn nicht gleichbedeutend mit der »Produktion von Unbeliebigkeit« durch gesellschaftliche Instanzen[53], die den Gliedern der jeweiligen gesellschaftlichen Einheit als sinnvoll erlebte oder gar als unausweichlich legitimierbare Zustimmungen ermöglicht. Sinn ist vielmehr – offenkundig auch in Zeiten der vielbeschworenen Individualisierung – als kommunikative Rollenzuweisung zu denken, die nicht nur auf eine bloße »Spielanleitung« zurückgeht, sondern darüber hinaus den Sinn des Spiels verbindlich zum Ausdruck bringt. Dieser Sinn legt sich in den zugewiesenen Rollen konkret aus, er wird durch ein entsprechendes Rollenspiel ausgelegt und *be-*

---

[52] Vgl. Morgenröthe, Vorrede 1 und 2, KSA 3, 11 f.
[53] Vgl. Streitfall Religion, Kap. 1.12.

zeugt: Was die Mitspieler aus ihrer Rolle machen, vergegenwärtigt die sinnvoll-verheißungsvolle Herausforderung, mitzuspielen und sich als Mitspieler in seiner Identität zu identifizieren bzw. identifizieren zu lassen.

Die Verbindlichkeit der Sinnvorgabe beruht nicht nur darauf, daß das Spiel funktioniert, daß die Sinnvorgabe es ermöglicht, die Mitspieler zum gemeinsamen Spiel zu motivieren und in es zu integrieren. Sie liegt vielmehr darin, daß sie die zugewiesenen Rollen nicht nur funktional – als unerläßliche Bedingung für das Zustandekommen des Spiels –, sondern als wahrheitsnormierte Zeugnisrollen zuweist und damit auch *füreinander* verbindlich macht: Es sind Rollen, die für die Vergegenwärtigung, die Auslegung und Konkretisierung des verbindlich Wahren hier und jetzt eine unverzichtbare Rolle spielen. Das Rollenspiel des Zeugen vergegenwärtigt, was für ihn nicht in dieser oder jener Hinsicht, sondern im Blick auf die Wahrheit – das Wahrwerden – seines Lebens auf dem Spiel steht. So bezeugt es zugleich, was es bedeutet, sich von dem ergreifen zu lassen, was den Menschen unbedingt angeht und – als das Unbedingte, das nicht nur *diesen* Zeugen verbindlich in Anspruch nahm, sondern alle Menschen verbindlich in Anspruch nehmen will – in diesem konkreten Zeugnis unbedingt angeht.

Zeugen und Zeugnisgestalten vergegenwärtigen die Verheißung, indem sie das Sich-Verlassen auf jene Wirklichkeit sichtbar machen, die für diese Verheißung einsteht.[54] Ihre Vergegenwärtigung bezieht sich auf »Rollenvorgaben« und Zeugnisgestalten, in denen bzw. durch die die herausfordernde Verheißung in der Geschichte zugänglich und gemeinschaftlich »begangen« wurde: die *Anfänge* begangen wurden, die als das Wahrwerden der Verheißung im Zeugnis der von ihr Ergriffenen gelten durften. So ist das Rollenspiel der Zeugen verbindlich eingefügt in eine Zeugnisgeschichte, die sich im hier und jetzt möglichen und deshalb auch geforderten Zeugnis fortsetzen will, die als ganze wie als hier und jetzt sich fortsetzende den Anfang bezeugt, der nicht aufhören wird anzufangen: die Verheißung, die jene Sinn-Transzendenz zugänglich macht, in die einbezogen zu sein Sinn stiftet. Im gemeinschaftlichen – ekklesialen – Begehen dieses Anfangs wird die Verheißung konkret zugänglich, die Sinn-Transzendenz werde nicht ins Leere gehen. So zeigt sich der Sinnzusammenhang, der *Dietrich Bonhoeffer* zu der Feststellung veranlaßte, der »unbiblische Begriff des ›Sinnes‹« sei »ja nur eine Übersetzung dessen, was die Bibel ›Verheißung‹ nennt.«[55] Er zeigt sich als ekklesial begangener und im gemeinschaftlichen Zeugnis zu realisierender Sinnzusammenhang.

Das gemeinschaftliche Zeugnis bezeugt das die Menschen unbedingt Angehende als das zur Freiheit – zur frei verantworteten Zeugnisgestalt – Herausfordernde. Als frei verantwortete, kreative Antwort auf die Herausforderung,

---

[54] Für die Zeugnisgemeinschaft Kirche muß immer im Blick bleiben, daß diese Vergegenwärtigung nicht einfach durch die Leistung der Zeugen, sondern von Gottes Geist selbst hervorgerufen ist.
[55] Widerstand und Ergebung, München ⁴1967, 196; vgl. G. Fuchs, Sinnfalle und Gottesfrage, a.a.O., 308 ff.

die sie hervorruft, weiß sie sich selbst als »sinnvoll« und wird sie für andere zum Zeugnis, in dem ihnen selbst das sie unbedingt Angehende widerfahren kann, in dem ihnen freilich auch der Widerspruch begegnen kann gegen die eigene Neigung, sich der Verbindlichkeit des hier Bezeugten zu entziehen.

Wer sich in die Gemeinschaft der Zeugen rufen läßt, der wird sich in ihr auch einer Instanz ausgesetzt sehen, die die individuelle Zeugnisgestalt relativiert, ihr die verbindliche Rückbindung an das Bezeugte auferlegt und diese Verbindlichkeit gegen verdrängende und verfälschende Individualisierungen einklagt. Der Individualismus des Sinnes findet hier sein unverzichtbares Korrektiv in der *verbindlichen* Gemeinschaftlichkeit des Zeugnisses. Von ihr ist im fundamentaltheologischen Ekklesiologietraktat zu sprechen.

Aber noch einmal erhebt sich hier die Frage, ob das in der Kirche als verbindlich Angesehene und Anerkannte seine Verbindlichkeit von der Wahrheit hat, deren Geltung die Glaubenden hier unbedingt angeht, oder sich doch letztlich kirchlichen, vielleicht auch nur individuellen Selbstbehauptungsinteressen verdankt. Was *bindet* die Glaubenden wirklich, wenn sie sich in die Zeugnisgemeinschaft der Kirche einbinden und von der Verbindlichkeit der dort anerkannten Geltungsansprüche in Anspruch nehmen lassen: die Verbindlichkeit einer wahren und wahr machenden, in sich »sinnvollen« Verheißung oder die Ideologie einer Weltanschauungsgemeinschaft, die Menschen bei ihren ungelösten Konflikten packt und diese so bearbeitet, daß die Gläubigen in der undurchschauten Dynamik psychisch-gesellschaftlicher Funktionszusammenhänge gefangen bleiben?

Das gemeinschaftliche Zeugnis der Glaubenden, in dem sie einander und der Welt das sie unbedingt und verbindlich Angehende bezeugen, muß in der Gemeinschaft der Glaubenden als in *freier Überzeugung* gründend verantwortet werden. Was in freier Überzeugung gründet, ist eben nicht nur von Funktionszwängen oder individuellen oder gesellschaftlichen Interessenlagen »produziert«. Daß Zeugnistexte und Zeugnisrollen von solchen Zwängen und Interessenlagen determiniert sind, läßt sich freilich nie definitiv ausschließen; daß sie von ihnen zumindest mitgeprägt sind, liegt auf der Hand. So kann die gemeinschaftliche Zeugnis-Verantwortung nicht nur »Hermeneutik des Sinnes« sein; sie muß immer auch der »Hermeneutik des Verdachts« Raum geben: nicht um dem Verdacht das Feld zu überlassen, sondern um sich von ihm zu je neuer kritischer Unterscheidung von Sinn und Interesse, zur Unterscheidung der Bindung durch Wahrheit vom Gefangensein in undurchschauten Identitätszwängen anleiten zu lassen. Die Zeugnistexte und Zeugnisfiguren, anhand derer die Gemeinschaft der Glaubenden und den Glauben Suchenden ihre in Gottes Selbstmitteilung gründende Identität bestimmt und ihr Eingebundensein in Gottes Heilshandeln verstehen lernt, provozieren unvermeidlich einen »Konflikt der Interpretationen« (Paul Ricœur[56]), In ihm muß sich die »Prophetie des

---

[56] Vgl. Die Interpretation. Ein Versuch über Freud, dt. Frankfurt a. M.1969, 33–49; ders., Hermeneutik und Psychoanalyse, dt. München 1974, 196–216.

Bewußtseins«, die sich vom Unbedingten verbindlich in Anspruch genommen und herausgefordert weiß, abarbeiten am Verdacht, von der »Wiederkehr des Verdrängten« (Sigmund Freud) determiniert oder von den Illusionen eines Trostes angesichts einer im letzten trostlosen Wirklichkeit verführt zu sein.[57] In ihm muß der Glaube an die dem menschlichen Bewußtsein sich ankündigende Befreiung durch Einbindung in die heilvolle Gotteswirklichkeit sich behaupten gegen die so naheliegende Vermutung, hier werde doch nur aus der religiös dramatisierten Not eine Verheißung gemacht.

Der Konflikt der Interpretationen ist unauflösbar. Aber er kann produktiv werden. Die Hermeneutik des Sinnes – der Zeugnisse – ist auf den Verdacht geradezu angewiesen. Ohne auf ihn zu hören bliebe sie in der fundamentalistischen Naivität gefangen, die nicht mehr unterscheiden will, was in den Zeugnistexten und Zeugnisfiguren Gottes Botschaft *bezeugt* und was die menschlich-allzumenschliche Befangenheit in Zwängen und Abhängigkeiten *verrät*. Aber die Hermeneutik des Verdachts darf sich auch nicht in sich selbst einschließen, weil sie ansonsten gar nicht mehr damit rechnet, daß es eine Botschaft geben könnte, auf die zu hören und deren Anspruch als verbindlich anzuerkennen für den Menschen schlechthin bedeutsam – und in diesem Verständnis »sinnvoll« – ist. Wo die Hermeneutik des Verdachts sich in sich selbst einschließt, da macht sie auf fatale Weise ernst mit der Subjektivierung des Sinnes: Das angeblich Sinnvolle wäre nur noch das, was der Mensch braucht – und deshalb »projiziert«; was er aber nur deshalb braucht, weil er sich selbst nicht als bloßes Naturwesen durchschaut, das eben nur darin seinen Sinn haben kann, sich mit seinem Schicksal auszusöhnen, dem grausam-schönen Spiel der Natur ausgeliefert zu sein.

Der sich absolut setzende Verdacht macht sich zum Subjekt des Textes und seines möglichen Sinnes. Die Botschaft der Zeugnistexte kann für ihn nur diese sein: Sie verraten, welche Fluchtwege aus der Realität Menschen ersonnen, welche Ideologien sie entwickelt haben, um sich zu trösten, sich in einer frustrierenden Realität einzurichten und dabei auf ihre Kosten zu kommen, indem sie andere beherrschen und ausbeuten. Aber wird man solchen Texten wirklich gerecht, wenn man sie als kontextrelative Problemlösungs- und Selbsttäuschungsversuche versteht, an denen letztlich nur noch interessiert, wie sie funktionierten und eine Zeit lang erfolgreich blieben? Muß die Hermeneutik des Verdachts nicht auch ihrem Verdacht gegenüber kritisch sein und damit rechnen, daß sie den Texten mit ihrem entlarvenden Zugriff Gewalt antut, sich so unfähig macht, auf sie zu hören?

Die Gemeinschaft der Glaubenden und den Glauben Suchenden lebt davon, daß die Zeugnisse vom In-Anspruch-genommen-Sein durch das unbedingt Angehende als *Zeugnisse* sprechen und das Verstehen ihres Sinnes immer wieder neu stiften. Und sie überlebt nur, wenn sie sich auch zum Verdacht anstiften läßt gegen den Mißbrauch, dem diese Texte für sich allein – auch in der Kirche –

---

[57] Vgl. Hermeneutik und Psychoanalyse, 215 f.

immer schon wehrlos ausgeliefert waren, der sie von Anfang an immer schon mit- und umgeschrieben hat. Der Verdacht wird im Konflikt der Interpretationen produktiv, wenn er genauer hinhören und den Ideologien widerstehen läßt, die weniger hören als benutzen wollen. Gerade die Ekklesiologie kann den Verdacht niemals loswerden, daß in der Zeugnisgemeinschaft Kirche das die Glaubenden unbedingt Angehende vereinnahmt und zum Herrschaftsanspruch verfälscht wird. Sie muß ihn im konkreten Fall immer wieder neu prüfen und darf sich von ihm doch nicht verführen lassen, den Zeugnissen nur noch zu mißtrauen. Sie muß sich von der Hermeneutik des Verdachts herausfordern lassen, im Konflikt der Interpretationen fundamentaltheologisch nach Kriterien zu suchen und Stellung zu beziehen, damit die Unterscheidung von Sinn und Funktion, von Wahrheit und Effektivität, von Zeugnis und »Symptom« aufgegeben bleibt.

Streitfall Kirche

1. Kirchenkritik

1.1 Um die Glaubwürdigkeit der Kirchen

Die Fundamentaltheologie reflektiert die *Glaubbarkeit* des christlichen Glaubens. Sie versucht zu zeigen, in welchem Sinne jeweils – im Blick auf Glaube und Religion selbst, auf geschichtliche Heilsoffenbarung, auf die Kirche und ihr heilsvermittelndes Zeugnis – von göttlichem »Beziehungs-Handeln« gesprochen und mit welchen Argumenten die behauptete Göttlichkeit bzw. Gottbezogenheit dieser Handlungszusammenhänge gegen die Kritik der Religion, des christlichen Heilsglaubens und der Kirche verteidigt werden kann. Um den Aufweis der »Göttlichkeit« bzw. wenigstens Gottbezogenheit der Kirchen scheint es besonders schlecht bestellt. Ihre Glaubwürdigkeit ist offenkundig an einem Tiefpunkt angelangt; kirchenkritische Veröffentlichungen haben einen immer noch wachsenden Markt – und dies gilt gerade für solche Publikationen, die Kirche nur noch als von Anfang an mafiose Veranstaltung präsentieren. So breitete *Karlheinz Deschner* in mehreren Bänden seit 1986 eine Kriminalgeschichte des Christentums aus. Von der Beweislast seiner geradezu tödlichen Zeugnisse für die kriminelle Energie der Kirchen, vor allem der römischen gedrängt, fragt er sich und seine Leser:

> »Warum beachten wir noch eine Leiche? Den Riesenkadaver eines welthistorischen Untiers? Die Reste eines Monstrums, das ungezählte Menschen (Brüder, Nächste, Ebenbilder Gottes!) verfolgt, zerfetzt und gefressen hat, mit dem besten Gewissen und dem gesündesten Appetit, eineinhalb Jahrtausende lang, wie es ihm vor den Rachen kam, wie es ihm nützlich schien, alles zur höheren Ehre eines Molochs und zur immer größeren Mästung seiner selbst ...«[1]

Auch wenn es im einzelnen nach dem Urteil der Fachhistoriker nicht immer gut um Deschners »Aufbereitung« der geschichtlichen Zeugnisse steht[2]: Man wird als historisch Informierter schlecht bestreiten können, daß durch die Kirchen und in ihrem Namen unendlich viel Unheil über die Menschen verschiedenster Weltteile und Epochen gebracht worden ist. Man wird sich schwer tun, in und an der Kirche, so wie sie sich dem Blick der Zeitgenossen, vor allem aber dem der

---

[1] K. Deschner, Ecrasez l'infâme oder Über die Notwendigkeit, aus der Kirche auszutreten, in: ders. (Hg.), Warum ich aus der Kirche ausgetreten bin, München 1970, 7–19, hier 7.
[2] Zur Auseinandersetzung mit K. Deschner vgl. H. R. Seeliger (Hg.), Kriminalisierung des Christentums. Karlheinz Deschners Kirchengeschichte auf dem Prüfstand, Freiburg – Basel – Wien 1993.

Historiker darbietet, Gott selbst am Werk zu sehen. So sind für viele Menschen die Kirchen zu einem entscheidenden Indiz gegen die Glaubbarkeit des Christlichen geworden. Und sie würden wohl allenfalls als Resultat einer gegen alle Anfragen sorgfältig abgedichteten Selbstimmunisierung verstehen können, was das 1. Vatikanische Konzil vor 130 Jahren über die katholische Kirche als Glaubwürdigkeitsmotiv meinte feststellen zu können:

>»Ja, auch die Kirche selbst ist durch sich – nämlich wegen ihrer wunderbaren Ausbreitung, außerordentlichen Heiligkeit und unerschöpflichen Fruchtbarkeit an allem Guten, wegen ihrer katholischen Einheit und unbesiegten Beständigkeit – ein mächtiger und fortdauernder Beweggrund der Glaubwürdigkeit und ein unwiderlegbares Zeugnis ihrer göttlichen Sendung« (DH 3013).

Daß man, wenn man sich die Kirche in all den genannten Aspekten anschaut, nur auf ihre göttliche Sendung zurückschließen kann, das ist jedenfalls eine starke Behauptung; eine Behauptung, die schon zur Zeit des 1. Vatikanischen Konzils eine enorme Verdrängungsleistung voraussetzte. Gleichwohl – oder gerade deshalb – ist sie mit einer heutige Leser verblüffenden Selbstsicherheit vorgetragen und in der Fundamentaltheologie bzw. der damals so genannten Apologetik mitunter sogar zum Ausgangspunkt ihrer Glaubwürdigkeitsargumentation genommen worden. So etwa in *Franz Hettingers* weit verbreiteter »Apologie des Christentums«.[3] Die Einführungsüberlegung gilt hier – und insofern ist dieses Werk eben doch schon von der Moderne geprägt – dem religiösen Zweifel. Und Hettinger fragt sich, wie es angesichts des segensreichen Wachstums und Wirkens der Kirche überhaupt dazu kommen konnte:

>»Wie ist der unermeßlichen Thatsache des Christenthums gegenüber der religiöse Zweifel überhaupt nur möglich? Da steht die christliche Wahrheit mit ihrer Machtentfaltung und Segenswirkung, wie sie nur einmal die Erde gesehen, und dies seit Jahrtausenden und bis zur Gegenwart herab; sie ist in vollster Wahrheit jener Baum geworden, welcher die ganze Welt überschattet – die Mutter der Völker, die sie alle in ihrem Schoße getragen und an ihrer Brust zu höherem Leben genährt hat.«[4]

Wo die machtvolle Erscheinung so eindeutig und überzeugend für ihre göttliche Sendung spricht, da ist der Zweifel an der von ihr verkündeten Wahrheit nur auf Unkenntnis, Oberflächlichkeit und Leidenschaftlichkeit zurückführbar[5], darauf, daß man aus moralisch verwerflichen Motiven nicht zur Kenntnis nimmt, was doch unübersehbar wahr – und göttlich gewirkt – ist.

Dieses moralische Verdikt war, wie jeder Informierte sehen konnte, schon auf es selbst zurückgefallen, noch ehe es mit Hettingers Selbstsicherheit ausformuliert war. Und es spricht endlich doch für die Kirche und ihren selbstkritischen Realismus, daß die Kritik an ihrer häufig so zwiespältigen geschichtlichen Erscheinung immer wieder in ihrem »eigenen Schoß« lautgeworden ist. Von

---

[3] 5 Bde., in der 7. Auflage, Freiburg i. Br. 1895–1898, hg. von E. Müller.
[4] Ebd., Bd. 1, 5 ff.
[5] Vgl. ebd., 6–44.

früh an ging es dabei um die Schicksalsfrage, ob in der Kirche tatsächlich authentisch weitergeht, was in Jesus Christus seinen heilvollen Anfang genommen hatte. Die »Christ-lichkeit« der Kirche war offenkundig schon früh dadurch gefährdet, daß man ihr angehören konnte, ohne wirklich *umgekehrt* zu sein und die Christusnachfolge hinreichend ernstzunehmen. *Origenes*, der große Kirchenlehrer des Ostens, gibt unumwunden zu:

> »Und wahrhaftig, wenn wir den Zustand der Christenheit nach der Wahrheit und nicht nach der Menge beurteilen, und wenn wir denselben nach der Gesinnung und nicht nach dem Anblick der vielen Versammelten betrachten, so werden wir sehen, daß wir jetzt nicht Gläubige sind. Aber damals waren wir gläubig, als die Martyrien unserer Generation widerfuhren ... und die Katechumenen ihren Unterricht bei den Martyrien und bei dem Tode der Bekenner empfingen, die die Wahrheit bis zum Tode bezeugten ... Damals erlebten wir Zeichen vom Himmel und Wunder von der Erde her. Damals gab es zwar wenige Getreue, aber in Wahrheit Gläubige, die den steilen und beschwerlichen Weg gingen, der zum Leben führt. Jetzt aber, da wir zahlreich geworden sind, ist es nicht möglich, daß viele auserwählt sind ...«[6]

Es ist nicht einfach das Klischee, daß früher alles besser war, das Origenes hier die Feder führt. Aus seiner Homilie spricht die Unsicherheit, wie eine authentisch kirchliche Christusnachfolge aussehen wird, die nicht durch Verfolgung und Martyrium beglaubigt ist. Eine Antwort auf diese Frage war die Asketenbewegung im Osten gewesen. Nicht die Gewalt, die man von den Verfolgern litt, war hier als die glaubwürdige Beglaubigung der Christusnachfolge gesucht, sondern die »Gewalt«, mit der man das Himmelreich »an sich reißen« wollte (vgl. Mt 11, 12), mit der man sich von den Freuden eines Lebens auf dieser Erde losriß. Aber das konnte nun einmal nicht der »Normalfall« sein. Der Normalfall: das waren die Vielen, die – vor allem seit der Konstantinischen Wende – auch mit Blick auf irdische Vorteile in die Kirche strömten; der Normalfall: das war nun eine prekäre »Christentümlichkeit«, eine in ihrem Zeugnis geschwächte Kirche. *Salvian von Marseille* macht aus seiner Skepsis keinen Hehl:

> »Verschwunden und längst vorbei ist ja jene herrliche, alles überragende, beseligende Kraft der Frühzeit deines Volkes, da alle, die sich zu Christus bekannten, den vergänglichen Besitz an irdischem Vermögen verwandelten in die ewigen Werte himmlischer Güter; sie beraubten sich der Nutznießung am Gegenwärtigen im herrlichen Ausblick auf das Zukünftige; sie erkauften sich unsterblichen Reichtum um einen Augenblick der Armut. Und jetzt? Jetzt ist auf all das dies gefolgt: Habsucht, Begehrlichkeit, Raubgier und ... Neid und Haß und Grausamkeit, Verschwendung und Schamlosigkeit und Verworfenheit ... Je stärker sich deine Anhänger mehrten, desto mehr wuchsen auch die Laster; je mehr deine Macht zunahm, desto mehr nahm die Zucht ab, und deine wirtschaftliche Blüte kam in Begleitung innerer Verluste. Denn als die Masse der Gläubigen sich vervielfachte, ward der Glaube selbst verringert, und mit dem Wachstum ihrer Kinder wird die Mutter krank; und so bist du, o Kirche, durch deine gesteigerte Fruchtbarkeit schwächer geworden ... Wo ist

---

[6] Homiliae in Hieremiam IV, 3 (zu Jer 3, 6–11); zitiert nach: P. Meinhold, Geschichte der kirchlichen Historiographie, 2 Bde., Freiburg – München 1967, Bd. 1, 71 f.

jetzt deine ehemalige wundervolle Gestalt, die Schönheit deines ganzen Leibes? ...
Sind doch heute deine Kinder zum größten Teil Händler mit todbringender Ware,
irdischen – nein! – teuflischen Krämern und Schankwirten gleich ...«.[7]

Die Kirche war offenkundig keine Insel der Seligen. Sie war vielfach hineingezogen in die Händel dieser Welt, den Kampf um Reichtum und Macht; sie hatte
sich prostituiert mit den Göttern dieser Welt und dabei ihrem Gemahl und
Herrn Jesus Christus die Treue aufgekündigt. Vielfältig wird diese Untreue anhand der Brautmetaphorik nach 2 Kor 11, 2 f. und Eph 5, 25.27 durchmeditiert
und beklagt. Sie scheint zudem bei Hosea und seiner Anklage gegen die Hure
Israel wie in der Johannesapokalypse und der dort auf Rom gedeuteten Hure
Babylon vorgebildet. Dieses Bildmaterial erlaubte der Kritik, das heilsgeschicht-
liche Gewicht des Abfalls – der »Prostitution« – inmitten der Kirche, ja der
Kirche selbst hinreichend dramatisch zum Ausdruck zu bringen. *Hildegard von
Bingen* sieht die Kirche ihrer Zeit mit Schmutz bedeckt und in zerrissenem
Gewand; sie klagt die »Unzucht treibenden und räuberischen« Priester an, die
die im Blut des Menschensohnes zur makellosen Braut Erwählte in den Schmutz
gezogen zu haben.[8] Ihr Zeitgenosse *Gerhoh von Reichersberg* beklagt das elende
Antlitz der Kirche, die sich von ihrem Gemahl und Herrn lossagte, »die Liebe
Christi in sich erkalten läßt und dieser Welt oder ihren Fürsten, dem Teufel, in
der Hausgemeinschaft des Unglaubens oder der schlechten Sitten sich zuge-
sellt«. Von denen, die sich der Sakramente um Gewinnes willen bemächtigen,
wird ihr so übel mitgespielt, »daß sie gestorben ist, das heißt in äußerster Todes-
not sich befindet«. Ja, in manchen Gemeinden sei – so Gerhoh – das sakramentale Lebensfeuer schon gänzlich erloschen.[9]

1.2 Kirchenkritik als Romkritik

Daß sich die Kirche mit Reichtum und weltlicher Macht prostituierte, das rief
nicht nur den prophetischen Widerspruch von Laien und Klerikern hervor, sondern auch den Versuch einer grundlegenden Reform »von oben« – der Gregoria-
nischen Reform – sowie das Wiedererwachen des asketischen Ideals eines wahrhaft apostolischen Lebens in den Bettelorden. Das Papsttum war nach dem
römischen saeculum obscurum selbst Träger und Nutznießer der von Cluny
ausgehenden Reformbewegung, geriet dann aber – im Kontext seiner Auseinandersetzung mit den Kaisern und der Radikalisierung des Armutsideals – selbst
ins Fadenkreuz der Kritik. Die Hure Babylon wird nun als die römische Kirche
identifiziert. Von ihr habe sich – so in einem Vernehmungsprotokoll als Aussage

---

[7] Timothei ad ecclesiam libri IV, I, 1; zitiert nach: P. Neuner, Ekklesiologie I, Texte zur Theologie,
Graz 1994, 88 f.
[8] Brief 52; Patrologia Latina 197, 269 f.
[9] Syntagma de statu Ecclesiae c. 12; Patrologia Latina 194, 1458 f.

eines Katharers festgehalten – die Kirche der Gerechten, der Guten und Heiligen abzusondern. In dieser seien die wahrhaft Glaubenden versammelt, die »viele Verfolgungen um Christi willen (erlitten; J. W.), während die Katholiken überhaupt keine Verfolgung zu erleiden hätten, sondern die Freuden der Welt besäßen.«[10] Die Waldenser lehrten offenkundig, »daß die römische Kirche sich seit der Zeit des Papstes Silvester (zur Zeit Konstantins; J. W.) befleckt habe und daß, wer ihrem Glauben folge, nicht selig werden könne«. Der Sündenfall der römischen Kirche habe mit Silvester begonnen, weil dieser sich von Konstantin verführen ließ, den Weg der Armut zu verlassen und nach Reichtum und Macht zu streben.[11]

Der apostolische Anspruch Roms gerät in dieser Kritik – und sie ist in abgemilderter Form vielfach geübt worden – in eklatanten Widerspruch zum apostolischen Leben nach dem Evangelium; die heilsgeschichtliche Rolle der Braut Christi ist um Dirnenlohns willen verraten. *Wyclif* und *Hus* ziehen daraus die Konsequenz, einem unapostolischen Papst den Gehorsam aufzukündigen. Wyclif schließt, »daß jeder Gläubige dem Papst … nur insoweit nachfolgen darf, als dieser seinerseits dem Herrn Jesus Christus Nachfolge geleistet hat«.[12] Hus stellt klar, daß der Papst nur »in dem Maße apostolisch genannt« werden darf, »wie er die Lehre der Apostel lehrt und tut. Wenn er aber die Lehre der Apostel hintansetzt und mit Wort und Tat das Gegenteil lehrt, so wird er ›falscher Apostel‹ oder ›Abtrünniger‹ genannt …«[13] Und der Bußprediger *Savonarola* fordert die Hure Rom selbst in die Schranken: »Tritt her, verruchte Kirche! Ich hatte dir, spricht der Herr, schöne Gewänder verliehen, aber du hast Götzendienst damit getrieben. Die Gefäße hast du zur Hoffart mißbraucht, die Sakramente zur Simonie. In der Wollust bist du zur schamlosen Hure geworden.«[14]

Noch ein anderes apokalyptisches Motiv war seit Wyclif als Speerspitze der Papstkritik scharf gemacht worden; und es sollte bald die Bühne der Polemik beherrschen: das des *Antichrist*. Es gehörte in das Endzeitszenario verschiedener neutestamentlicher Überlieferungsstränge, der bedrängten Gemeinde mit der Ankündigung eines vor dem Jüngsten Tag auftretenden, in die Gemeinden der Gläubigen selbst eindringenden, aber mit der Wiederkunft Christi endgültig besiegten Falsch-Messias, Widersachers oder eben »Antichristus« eine Deutung ihrer Verfolgungssituation anzubieten. Es *muß* – vor den letzten Dingen – »der Abfall von Gott kommen und der Frevelmensch hervortreten, der Sohn des Verderbers, der Widersacher, der sich gegen alles erhebt, was Gott und Gottesverehrung heißt, und zuletzt gar im Tempel Gottes Platz nimmt und sich als Gott selbst ausgibt« (2 Thess 2, 3 f.; mit Rückgriff auf Dan 11, 36 und Ez 28, 2). Es ist –

---

[10] Zitiert nach: P. Meinhold, op.cit., Bd. 1, 212.
[11] Vgl. die von P. Meinhold (op.cit., Bd. 1, 213 f.) zitierten Quellen.
[12] Sendschreiben an Papst Urban VI. von 1378; zitiert nach: G. A. Benrath (Hg.), Wegbereiter der Reformation (Klassiker des Protestantismus, Bd. 1), Bremen 1967, 263.
[13] Über die Kirche; zitiert nach: G. A. Benrath, op.cit., 347 f.
[14] Predigt 32 über Ezechiel; zitiert nach: H. U. von Balthasar, Casta meretrix, in: ders., Sponsa verbi, Einsiedeln ³1971, 203–305, hier 276.

so auch die johanneische Tradition – geradezu ein bei aller Bedrängnis tröstliches Vorzeichen, daß nun die Gegenmessiasse und Antichristen am Werk sind und den Messias Jesus lügnerisch verleugnen (vgl. 1 Joh 2,18–23 und 2 Joh 7). Sie sind vom bösen Geist Besessene, können aber denen nichts anhaben, die das »Salböl« – die »Gabe des Heiligen« (Geistes) – empfangen haben. Das Auftreten der Antimessiasse ist die letzte, äußerste Versuchung; sie ist aber auch die letzte Prüfung, nach der die Vollendung naht. Die Johannesapokalypse identifiziert die Gegenspieler Christi und Werkzeuge der Verfolgung durch Satan, den Versucher von Anfang an, in der die Gemeinden verfolgenden staatlich-teuflischen Macht: Der Drache – das römische Weltreich (vgl. Offb 13,11 ff.) – führt Krieg gegen das Lamm, läßt sich selbst als Gott huldigen (vgl. 13,14 ff.); seine Priester verführen zu diesem Götzendienst und benutzen die Machtmittel des Reiches, ihn zu erzwingen. Aber das Lamm triumphiert über die antichristlichen Ungeheuer; sie werden in den feurigen Schwefelsee geworfen (vgl. Offb 19,20; 20,10).

Das Antichristmotiv eignete sich vor allem dazu, die Verführer mitten in – ja sogar im Zentrum – der Kirche auszumachen und die Frage zu beantworten, weshalb die Kirche nicht von solchen Heimsuchungen verschont bleiben konnte. Als *ecclesia permixta* (Augustinus) war sie eben vor der endgültigen Scheidung im Jüngsten Gericht nicht eindeutig vom corpus diaboli abgegrenzt.[15] Vor allem in Krisenzeiten, die das frühchristlich-apokalyptische Bewußtsein revitalisierten, war man dem Antichristen auf der Spur, der die Kirche zuinnerst bedrohte, aber auch als Vorzeichen der letzten Dinge verstanden werden durfte. Als innerkirchliches Kritikmotiv bedeutete die Rede vom Antichristus eine unerhörte Zuspitzung: Die jetzt im »Tempel« – in Rom – regierten, waren teuflische Verführer, die genau das Gegenteil dessen im Sinn hatten, was Jesus Christus seiner Kirche als ihren Auftrag und ihre Sendung zugedacht hatte. Diese Verkehrung des Christlichen ins Gegenteil geschah auch nicht durchweg bona fide – durch verführte Verführer. Es war zumindest damit zu rechnen, daß die Verführer auf den Thronen um das Teuflische ihres Verführungswerkes wußten; allzu offensichtlich widersprach ja, was sie aus dem Christentum gemacht hatten, dem, was Jesus Christus selbst seiner Kirche als Maßstab der Christusnachfolge vorgegeben hatte.

Es war wiederum *Wyclif*, der die Antichrist-Polemik in diese Richtung vorantrieb. In seiner Streitschrift »De Christo et adversario suo Antichristo«[16] stellt er das zwölffache Laster des Papstes und der Hierarchie den zwölf Tugenden Christi gegenüber: Wahrhaftigkeit, Armut, Demut, wahre Gesetze, Wanderpredigt, Weltflucht, Unterordnung unter die weltliche Macht, Umgang mit einfachen Leuten, Gewaltlosigkeit, Anspruchslosigkeit, Selbsterniedrigung und Genügsamkeit Christi seien bei denen, die seine Nachfolger zu sein beanspruchten, der Lüge, der Habsucht und Hoffart, schriftwidriger Gesetzgebung, der

---

[15] Vgl. Augustinus, De civitate Dei XX und De doctrina Christiana III.
[16] John Wyclif's Polemical Works in Latin II, ed. R. Buddensieg, London 1883, 633–692; vgl. den Artikel »Antichrist« in der TRE, Bd. 3, 20–50, hierzu 27 f.

Untätigkeit, der Weltliebe und dem Eroberungsdrang, dem Gefallen am Umgang mit den Großen dieser Welt, der Kriegslust, unmäßigen Rechtsansprüchen, der Prachtentfaltung und Ruhmsucht gewichen. So wird dem Antichrist der Spiegel Christi vorgehalten, damit er sich in ihm als der Anti-Christus erkenne und umkehre. Bleibt er verstockt und bleibt der Bußruf vergebens, so muß die Gemeinschaft mit ihm und seiner Antikirche aufgekündigt werden. Diese bei Wyclif und Hus durchaus in Erwägung gezogene Konsequenz macht die Sprengkraft der Antichristpolemik aus: Es geht bei ihr um eschatologische Scheidung zwischen der Heilsgemeinschaft Christi und der Gemeinschaft der Verführten mit den endzeitlichen Verführern an der Spitze; es geht um Entlarvung der Verführer, um moralisch-religiöse Vernichtung ihrer Legitimation, im Namen Christi zu sprechen und zu handeln; es geht um eine endzeitliche Entscheidung, der gegenüber man nicht unentschieden bleiben kann. So hat dieses Motiv in der Papst- und Kirchenkritik der Reformation weitergewirkt; so hat es noch Nietzsches antichristliche Polemik in seinem »Antichrist« von Ferne mitgeprägt und – wie wir sehen werden – durchaus doppelbödig ausfallen lassen.

1.3 Der Antichrist und die sichtbare Kirche – Christus und die unsichtbare Kirche

Luther ist zumindest seit 1520 mit zunehmender Deutlichkeit davon überzeugt, im römischen Papst den endzeitlichen Gegenspieler Christi – den »Endchrist« – sehen zu müssen; nicht einen bestimmten Papst, der etwa durch seinen Lebenswandel sein Amt diskreditierte, sondern das Papsttum als eine der Heiligen Schrift und dem rechten Glauben feindliche Institution. In seiner Schrift »Von dem Papsttum zu Rom wider den hochberühmten Romanisten zu Leipzig« von 1520 treibt Luther seine Auseinandersetzung mit dem Papsttum in diese »fundamentaltheologische Grundsätzlichkeit« voran. An zwei essentials, die er vom Papst anerkannt wissen möchte, entscheidet sich für Luther, ob er ihn anzunehmen oder vielleicht auch nur als Gottes Heimsuchung für die Kirche hinzunehmen bereit ist:

> »Das erste, ich wills nicht leiden, daß Menschen neue Glaubensartikel aufstellen und alle anderen Christen in der ganzen Welt schelten, lästern und als Ketzer, Abtrünnige und Ungläubige beurteilen allein deshalb, weil sie dem Papst nicht untertan sind ... er (der Papst) soll mir unter Christus bleiben und sich richten lassen durch die Heilige Schrift. Nun kommen die römischen Buben daher und setzen ihn über Christus und machen aus ihm einen Richter über die Schrift, sprechen, er könne nicht irren, und alles, was ihm nur zu Rom träumt, ja alles, was sie nur (aus seinem Mund; J. W.) vernehmen dürfen, wollen sie zu Glaubensartikeln machen.«[17]

---

[17] Bonner Ausgabe, Bd. 1, 359, 19–31; Weimarer Ausgabe Bd. 6, 322; eigene Übersetzung in modernes Deutsch.

Hier ist für Luther die Grenze des Hinnehmbaren auch deshalb erreicht – und das ist sein zweites essential –, weil damit eine »neue Weise des Glaubens« behauptet wird, der Glaube an eine sichtbare Instanz und deren Macht, Glaubensgesetze zu geben und die Bedingungen wahren christlichen Glaubens vorgeben, will heißen die Grenzen der Kirche als einer Gemeinschaft der in rechter Weise Glaubenden bestimmen zu können. Der Glaube geht aber auf das Unsichtbare. Und so ist – nach Luther – die Kirche als Glaubenswirklichkeit eine *unsichtbare Größe*. Wo der Papst die Kirche als Heils- und Glaubenswirklichkeit zu einer seiner Gesetzgebung unterworfenen und von ihm in diesem Sinne beherrschten Größe machen will, da sind die äußersten Konsequenzen gefordert:

> »Wo der Papst dahin käme, so würde ich frei heraus sagen, daß er der wahre Antichrist (Endchrist) wäre … so soll er mir weder Papst noch Christ sein. Wer es nicht zulassen will (was Luther als Bedingung seiner Anerkennung des Papsttums formulierte; J. W.), macht einen Abgott draus; ich will ihn aber nicht anbeten.«[18]

Das ist hier offenkundig die Spitze des Arguments: Antichrist ist der Papst, wenn er sich an die Stelle Christi setzen (anti = anstelle) und sichtbares Haupt einer sichtbaren Kirche sein will. Luther versteht die Kirche als »congregatio fidelium«. So zeichnet sie aus, daß in ihr *Glaubende* zusammenfinden, die als solche ja nicht unzweideutig »äußerlich« identifizierbar sind. Damit ist Kirche aber ihrem Wesen nach *unsichtbar:* »absconditus est Ecclesia, latent sancti«[19]. Was an der Kirche sichtbar ist, das macht sie jedenfalls nicht – als Glaubens- und Bekenntniswirklichkeit – in ihrem Wesen aus. Haupt dieser unsichtbaren Kirche ist der unsichtbare Christus, der der Kirche sein göttliches Leben mitteilt und in ihr heilvoll handelt.[20] Luthers Fazit:

> »Was man glaubt, das ist nicht leiblich oder sichtbar. Die römische Kirche sehen wir alle, darum kann sie nicht die rechte Kirche sein, die geglaubt wird (die Kirche als Glaubenswirklichkeit; J. W.). Diese ist die Gemeinde oder die Versammlung der Heiligen. Niemand aber sieht, wer heilig oder gläubig ist.«[21]

Das heißt nun nicht, daß nach Luther die Kirche in jeder Hinsicht unsichtbar wäre und sein müsse. Sie ist keine »civitas platonica«[22]; in ihr gibt es Zeichen des Handelns Gottes, in dem das Haupt der Kirche den Glauben der Christen begründet und nährt.

> Diese »Zeichen, an denen man merken kann, wo die Kirche in der Welt ist, das sind die Taufe und die Verkündigung des Evangeliums. Wo die Taufe und das Evangelium sind, da soll niemand zweifeln, daß da Heilige (Gläubige; J. W.) sind … Rom aber und die päpstliche Gewalt sind nicht ein Zeichen der Christenheit (des Christseins, der congregatio fidelium; J. W.). Denn diese Gewalt bringt keine Christen

---

[18] Ebd., 359, 36–40.
[19] De servo arbitrio, Weimarer Ausgabe, Bd. 16, 652, 23.
[20] Vgl. Von dem Papsttum zu Rom …, Bonner Ausgabe, Bd. 1, 336 f.; Weimarer Ausgabe, Bd. 6, 297 f.
[21] Ebd., Bonner Ausgabe, Bd. 1, 339, 11–15; Weimarer Ausgabe, Bd. 6, 300 f.
[22] So ausdrücklich Melanchthon, Loci praecipui theologici; Corpus Reformatorum 21, 825.

hervor, wie die Taufe und das Evangelium es tut. Darum gehört sie auch nicht zur rechten Christenheit (zur Kirche als Glaubenswirklichkeit; J. W.) und ist eine menschliche Ordnung.«[23]

Was den Papst zum Antichrist macht, das ist die Vertauschung der menschlichen Macht-Ordnung mit der göttlichen Gnaden-Ordnung. Sie hat ihre Konsequenz darin, daß sich der Papst zum Herrn einer Glaubenswirklichkeit und damit des Glaubens selbst machen will, daß er sich die Herrschaft Christi über die Glaubenden selbst anmaßt. So erhebt er sich selbst zu einem Gott, der im Tempel thront, von niemandem gerichtet werden will und seine »schrecklichen Irrtümer … mit größter Grausamkeit verteidigt«. Er hat sich »Christus gleich und noch über Christus setzen müssen, sich als Herrn der ganzen Welt und geradezu als einen irdischen Gott rühmen lassen, bis er sogar den Engeln im Himmel zu gebieten sich unterstand.«[24]

Luthers Antichrist-Polemik hat in ihrer Grundsätzlichkeit die Ansatzpunkte ernsthafter Kirchenkritik für die Folgezeit vorgegeben, einer Kirchenkritik, die sich durchaus auch gegen die nun entstehenden Kirchentümer der Reformation wenden konnte. Gegen die »Verkirchlichung« des Christentums wird geltend gemacht:

• Die Kirche prostituierte sich immer wieder mit den Mächtigen und wird so selbst zu einem Machtgebilde, das sogar Herrschaft über den Glauben auszuüben versucht und sich damit am Herrsein Jesu Christi über seine Kirche vergreift.
• Damit verbunden ist eine *Veräußerlichung* der Kirche und des Glaubens. Wo der Glaube sich an Unsichtbares halten müßte – an die Verheißung Gottes in Jesus Christus –, versucht er sich hier festzumachen in kirchlichen Strukturen. Sie sollen ihm garantieren, was nicht menschlich zu garantieren ist. In der – äußerlich greifbaren – Unterwerfung unter den Papst soll gesichert sein, was nur in Umkehr und Gottvertrauen Wirklichkeit werden kann: der heilsverbürgende Glaube, die Zugehörigkeit zur congregatio fidelium.
• Diese Versuchung ist nicht einfach in die Kirche hineingetragen durch moralisch verkommene Kirchenfürsten. Sie ist vielmehr die endzeitliche Versuchung, bei der Gottes Heilswirken auf dem Spiel steht, die endzeitliche Verführung durch Falschpropheten und Falschmessiasse, die Gefahr des Abfalls zu einem Götzen, der mitten in dem, was sich Kirche nennt, sein Unwesen treibt und die Kirche zum Gegenteil dessen machen will, was sie nach dem Willen ihres wahren und einzigen Herrn sein soll.

Es waren dann vor allem pietistische Theologen, die diese Kirchenkritik gegen

---

[23] Von dem Papsttum zu Rom …, Bonner Ausgabe, Bd. 1, 339, 16–23; Weimarer Ausgabe, Bd. 6, 301.
[24] Vgl. Traktat (der 1537 in Schmalkalden versammelten Theologen der Reformation) »Über die Gewalt und den Primat des Papstes«, 40 f. und Artikel 4 der Schmalkaldischen Artikel; zitiert nach: Unser Glaube. Die Bekenntnisschriften der evangelisch-lutherischen Kirchen, Taschenbuchausgabe Gütersloh 1986, 516 und 467.

die katholische wie gegen die protestantischen Kirchen zuspitzten und damit der Kirchenkritik in der Moderne die Leitkategorien bereitstellten.

1.4 Die Unmöglichkeit von Kirche

Für den Radikalpietisten *Gottfried Arnold* ist die Kirchengeschichte – zumindest seit Konstantin – eine Geschichte des Zerfalls und der Zerstörung wahren Glaubens. Er ist – weit radikaler als Luther – davon überzeugt, »daß Glaube und Kirche, Geist und Recht, Erlebnis und Dogma unvereinbar miteinander sind«, daß also christlicher Glaube »seinem Wesen nach undogmatisch, unkirchlich, unjuristisch, unkultisch« ist.[25] Wo Dogma, Kult und Recht die Oberhand gewannen, da begann die Pervertierung des Glaubens; da begann auch eine Geschichte fortwährender Rechthaberei, Verketzerung und kirchlicher Zersplitterung. Arnold bringt seine Sicht der Christentumsgeschichte in ein Bild, das dem heutigen Leser als das genaue Gegenbild zur oben zitierten apologetischen Baum-Metapher vorkommen mag:

> »Aus dieser bitteren wurtzel der eigenen Liebe und ehre hat sich der gantze baum des irrthums und falschen Christentums in so viel hundert äste, zweige und früchte der ketzereyen, spaltungen, secten und hauffen durch die gantze welt ausgebreitet … Das Elend derer, welche unter einigem Schein der warheit oder Gottseligkeit, dannach Christum um haß und hadders willen in eigener erhebung disputiren, verketzern, und in verwerffung des allgemeinen unpartheyischen Meisters geprediget haben, oder noch predigen, ist desto grösser, je weniger es erkandt, oder entdekket wird. Solche sectirer haben gemeiniglich die einfalt und den blinden gehorsam gutwilliger gemüther mißbrauchet, und die leichten seelen an sich gelocket, ihren eigenen Weg zur allgemeinen regel aller anderen gemachet, diejenigen, welchen er unzulänglich und zu kurtz gewesen, als irrige eigenwillige und ketzer verworffen. Woraus dann ferner erfolget ist, daß solche armen seelen durch einen subtilen gewissens-zwang in die gesetzten schrancken der menschlichen meynungen und satzungen eingeschlossen, und nicht weiter, als ihre meister, vielweniger an das ziel und kleinod selbsten gelangt sind. Niemand kan diesen und dergleichen irr- und umwegen entgehen, er risse sich dann mit solcher gewalt, welche man dem himmelreich thun soll, von allen menschlichen respecten loß, und lasse in seinem hertzen den geist Jesu Christi eine solche hungerige begierde des glaubens erwecken, die mit vergessung alles, was hinter ihm gehöret, sich nur nach Christo strecke, und ihm allein zu folgen muthig resolvirte.«[26]

Der Geist Jesu Christi ist der Geist der Freiheit. Er ist jedem, der sich nach ihm ausstreckt, in unmittelbarer innerer Erfahrung gegeben. Man sündigt gegen ihn, wo man »geistlichen« Gewissenzwang ausübt, wo man Dogmen, Gesetze

---

[25] So P. Meinhold in seiner Einführung; vgl. op.cit., Bd. 1, 431.
[26] G. Arnold, Unpartheyische Kirchen- und Ketzerhistorie, Frankfurt a. M. 1729, 1201; zitiert nach: P. Meinhold, op.cit., Bd. 1, 437f.

und Riten zu Bedingungen des rechten Glaubens macht, damit aber der Rechthaberei und der Verketzerung Tür und Tor öffnet. So sind die äußerlich-institutionellen Kirchentümer – auch das lutherische – der Sündenfall der Christentumsgeschichte. Sie trieben – jedes auf seine Weise – den Geist aus, auf den sie sich beriefen. In der Spur Gottfried Arnolds hat *Gerhard Tersteegen* diese geschichtliche Selbstwiderlegung des verkirchlichten Christentums pointiert nachgezeichnet. Die Verfallsgeschichte beginnt auch bei ihm mit der Konstantinischen Wende. Seitdem nahmen viele das Christentum

> »mit dem Munde an; aber meistens nur um Nutzens, Ehre und anderer fleischlichen Absichten willen: und so wurde denn die enge Pforte der Kirche so weit gemacht, daß die Welt, mit all ihrer Weltweisheit, Eitelkeit, Überfluß, Reichthum, Ehre und Staat hineingegangen – Christus aber und seines Geistes Kraft allgemach hinaus gewichen ist ... Der wahre inwendige Gottesdienst ward vergessen; und man fiel dagegen auf allerhand äußere Ceremonien, Satzungen und Aberglauben: und so ist denn der große Abfall erfolgt, wovon Christus und seine Apostel geweissagt hatten ... Kurz: das Christenthum war nun ein abgöttisches, wüstes Heidenthum, und ein gräuliches Antichristenthum und Babel geworden.«[27]

Die Tendenz dieser radikal-pietistischen Kirchenkritik ist klar: Der Sündenfall der Kirche, das ist die Veräußerlichung und Verweltlichung. Die Kirche wird Teil der Welt, statt *im Widerspruch* zu ihr aus dem Geist Christi zu leben. Was diese geistlich-fromme Sichtweise – bei aller Gegensätzlichkeit – in die Nähe der frühmodern-aufgeklärten Kirchendistanz rückt, ist ihre tiefe Skepsis gegen alles Institutionelle und damit auch Partikulare, die Ablehnung jeden Gewissens-Zwangs, mit dem das partikular Äußerliche – des Ritus, des Dogmas, des Gesetzes – *allgemein verbindlich* gemacht werden soll und die Freiheit des Geistes – die Freiheit des inneren religiösen Lebens – ausgetrieben wird. Das geistliche Christentum läßt die Fixierung aufs äußerlich Institutionelle hinter sich, betet Gott, den Vater, im Geist und in der Wahrheit an (vgl. Joh 4, 23 f.).

Im Hintergrund steht hier immer noch – oder von neuem – die Lehre von den drei Stadien oder Weltordnungen des *Joachim von Fiore*: Die dritte Ordnung ist die Ordnung des Heiligen Geistes, von der Paulus sagt: »Wo der Geist des Herrn ist, dort ist Freiheit« (2 Kor 3, 17). Diese Geist-Ordnung – die Ordnung der Vollkommenheit, der Kontemplation und der Liebe – wird als die endzeitliche dritte die zweite ablösen, die der Unmündigen und des kindlichen Dienstes; diese wiederum – die Ordnung des Sohnes – war schon die Überwindung der ersten Ordnung – der des Vaters – gewesen, in der das Gesetz und die sklavische Knechtschaft mit ihren Züchtigungen herrschten. Joachim konzipierte also ein heilsgeschichtlich-trinitarisches Aufstiegsmodell, dessen Pointe allerdings darin lag, daß das Zeitalter der gegenwärtigen Kirche – des Sohnes – bald

---

[27] G. Tersteegen, Unpartheiischer Abriss christlicher Grundwahrheiten, in: Gesammelte Schriften, Bd. 2, Stuttgart 1844, 319 ff.; zitiert nach: P. Meinhold, op.cit., Bd. 1, 449 f.

von dem des Geistes abgelöst würde, so daß die äußerlich-juridische Gestalt der Kirche als bald schon überwundene Unvollkommenheit erschien.[28]

Pietismus und Aufklärung beerbten dieses trinitarische Aufstiegsmodell, so daß hier dem Verfallsschema der Kirchenkritik ein Fortschrittskonzept zugrundelag: Die sichtbaren Kirchentümer sind nach einer langen Phase der Veräußerlichung und Zersplitterung zu ganz und gar überholten Größen geworden. Theologisch und christentumsgeschichtlich können sie nur noch insoweit von Bedeutung sein, als auch in ihnen endlich das Zeitalter des reinen Geistes anbricht und sie sich nicht länger auf der Partikularität und Äußerlichkeit ihrer institutionellen Festlegungen versteifen.

Johann Salomo Semler nimmt – hierin typischer Aufklärer – nicht mehr den Verfallsgedanken zum Grundschema seiner Kirchenkritik, sondern die Fortschrittsidee. Es gibt keine »idealen« Phasen der Kirchengeschichte, zu denen man zurück müßte, damit Kirche und Christenheit wieder das würden, was sie eigentlich sein sollten und zu diesen Zeiten noch gewesen seien. Weder die Urchristenheit noch die Zeit der Reformation dürfe in diesem Sinne als normativer Ursprung absolut gesetzt werden. Vielmehr gilt es – so Semler – die Prozesse der Vertiefung und der Befreiung des Christentums aus klerikaler Vormundschaft nachzuzeichnen, wie sie sich gerade im aufgeklärten 18. Jahrhundert deutlich sichtbar durchsetzten. Allerdings seien es eher Einsichten und Impulse des »privaten« und eben nicht des kirchlichen Christentums gewesen, die solche Prozesse eingeleitet und getragen hätten, da »dieses sich die Freiheit des Urteils und die Selbständigkeit des geistigen Lebens gegenüber der offiziellen Kirche und ihren Lehren bewahrt hat.«[29]

Die verfaßten Kirchentümer sind danach immer in der Gefahr, eine »äußerliche, buchstäbliche, stets geistlich unfruchtbare Vereinigung« zu sein. Zumindest diese Gefahr war in der frühen Christenheit noch nicht virulent. Christus selbst hat »eine Kirche zu bauen angefangen, welche die wahre allgemeine Religion, die in dem Gewissen der Christen ihren Sitz hat, stets lehren und empfehlen sollte, zur moralischen größten Vereinigung aller Menschen«. Erst nach dem vierten Jahrhundert nimmt sich die nun *konföderierte* Kirche heraus, »ein allgemein gültiges *festes Maß* der christlichen Begriffe für alle Christen aufzustellen.« Der Religion, die Christus selbst gebracht hat, eignete die Unendlichkeit – die Weite und Freiheit – des Geistes selbst; sie ist »von ausgemachten Feinden der wahren geistlichen Religion« einer »fürchterliche(n) Knechtschaft« unterworfen worden, in der nur noch *eine* normierte Lehrbildung zugelassen und zum Maß privat-innerlicher Frömmigkeit gemacht wurde. Das »innere geistliche Leben, welches durch Christum, an den sie alle, aber eben deshalb *verschieden* glaubten, alle Christen als stets verschiedene Glieder eines moralischen Körpers wirklich und wahrhaftig vereiniget: hat die große äußerliche

[28] Vgl. J. von Fiore, Concordia Novi ac Veteris Testamenti, Venedig 1519, II tract. V. cap. 84, fol 112 b; übersetzt bei P. Neuner, Ekklesiologie I, 115 f.
[29] P. Meinhold in seiner Einführung, op.cit., Bd. 2, 41.

Kirche fast gar nicht gekannt oder doch nicht vornehmlich als den Zweck und die Folge der von Gott veranstalteten Offenbarung Christi vor Augen behalten«. Vielmehr

> »hat die Kirche, die sich über das Gewissen der Christen erhub, diese freie Lage der gemeinnützigsten Religion (keineswegs im Geiste Christi, oder in apostolischer christlicher Gesinnung) eigenmächtig abgeändert und durchaus nur eine allereinzige Bestimmung der Gottheit Christi so eingeführet, als wenn Gott selbst es durch Christum selbst ganz entschieden geoffenbaret hätte, daß die moralische Wohlfahrt und Seligkeit aller Christen und aller Menschen eben an dieser einzigen Bestimmung hinge.«[30]

An Semlers Kritik ist zweierlei bezeichnend und bemerkenswert:
Zum einen: Luthers Kritik der sichtbaren Kirche, insofern sie sich zur Herrin des Glaubens macht und damit den rechten Glauben von institutionellen Bedingungen abhängig macht, findet sich bei Semler zugespitzt zum Gegensatz zwischen dem »inneren geistlichen Leben«, in dem – der Unendlichkeit und Allgemeinheit Gottes entsprechend – unendlich viele Ausprägungen der wahrhaft christlichen Religion möglich sind, und einer »konföderierten« äußerlichen Kirche, die nur aus äußerlichen Gründen und iure humano Glaubenformeln festsetzen und niemals die Absicht haben dürfte, die »freien moralischen Stufen des eigenen Glaubens aller einzelnen Christen aufzuheben und zu hindern«.[31] Die aufgeklärte Freiheit des Selber-Denkens muß sich in der Freiheit des *eigenen* Glaubens spiegeln, und dies um so mehr, als dem unendlichen, »allgemeinen« Gott die Gewissens-Freiheit zur je eigenen Ausprägung des inneren geistlichen Lebens entspricht.
Zum anderen: Die verfaßte Kirche wird in ihrer Dienstfunktion für die »moralische größte Vereinigung aller Menschen« herausgestellt. Sie hat mit ihrer Lehre »das so herrliche Reich Gottes auf Erden, in freiem heiligen Gebrauche des eigenen immer geistlichen Verstandes und Willens aller Christen, mit Beibehaltung der unendlichen Stufen ihres eigenen Christentums« zu befördern und auszubreiten.[32] Sie ist eben nicht selbst dieses Reich Gottes auf Erden, sondern – bestenfalls – auf es hingeordnet.
Beide Intentionen der Kritik an der institutionell verfaßten Kirche treffen sich darin, daß die sichtbare Verfaßtheit der Kirche mit ihrem Hang zum Partikularen, zur Abgrenzung und zum geistlichen Zwang illegitim wird, wo sie die größere moralisch-religiöse Vereinigung aller Menschen im Geist Jesu Christi – im Reich Gottes auf Erden – behindert und wo sie der freien Vereinigung der in je eigener Weise Glaubenden Abbruch tut.
Die hier geforderte und von den verfaßten Kirchentümern meist verwei-

---

[30] Vgl. J. S. Semler, Vorbereitung auf die Königlich-Großbritannische Aufgabe von der Gottheit Christi, Halle 1787, Vorrede, Nachdruck unter dem Titel: Christologie und Soteriologie, hg. von G. Hornig und H. R. Schulz, Würzburg 1990, hier 82–93.
[31] Ebd., 87.
[32] Ebd., 88.

gerte *Selbsttranszendenz* auf die größere Wirklichkeit eines freien sittlich-religiösen Zusammenschlusses zum unsichtbaren Gottesreich auf Erden ist das religionsphilosophische Grundmotiv des Semler-Zeitgenossen *Immanuel Kant*. Der »despotisch gebietende Kirchenglaube« hat so viel Unheil über die Welt gebracht, daß man »wohl den Ausruf rechtfertigen (könnte; J. W.): tantum religio potuit suadere malorum!, wenn nicht aus der Stiftung desselben (des Christentums; J. W.) immer noch deutlich genug hervorleuchtete, dass seine wahre erste Absicht keine andere als die gewesen sei, einen reinen Religionsglauben, über welchen es keine streitenden Meinungen geben kann, einzuführen«.[33] Der Streit um die verschiedenen Lehrbildungen setzt absolut, was doch nur als Mittel der »Introduktion« des reinen Vernunftglaubens seine inzwischen überholte Bedeutung hatte: die Bindung an eine historisch begründete Glaubensüberlieferung und deshalb auch an eine diese partikulare Überlieferung auslegende und verteidigende sichtbare Kirche. In der Gegenwart ist – so Kant – insofern eine neue und günstigere Lage eingetreten, als diese partikular-strittigen Glaubensüberlieferungen in dem, was sie vom allgemeinen Vernunftglauben unterscheidet, deutlich an Observanz verlieren. So meint Kant feststellen zu dürfen:

> »Fragt man … welche Zeit der ganzen bisher bekannten Kirchengeschichte die beste sei, so trage ich keine Bedenken zu sagen: es ist die jetzige, und zwar so, dass man den Keim des wahren Religionsglaubens, so wie er jetzt in der Christenheit zwar nur von einigen, aber doch öffentlich gelegt worden, nur ungehindert sich mehr und mehr darf entwickeln lassen, um davon eine kontinuierliche Annäherung zu derjenigen alle Menschen auf immer vereinigenden Kirche zu erwarten, die die sichtbare Vorstellung (das Schema) eines unsichtbaren Reiches Gottes auf Erden ausmacht.«[34]

Das Reich Gottes wird hier nicht mehr als ein »messianisches«, sondern als moralisches vorgestellt; es ist der moralisch-religiöse Zusammenschluß all derer, die sich aus reiner Vernunft dem allgemeingültigen Sittengesetz als Gottes Gebot unterwerfen und so an der Erreichung des höchsten moralischen Endzwecks mitwirken. Ein solches moralisches Volk Gottes zu stiften, ist »ein Werk, dessen Ausführung nicht von Menschen, sondern nur von Gott selbst erwartet werden kann. Deswegen ist aber doch dem Menschen nicht erlaubt, in Ansehung dieses Geschäftes unthätig zu sein und die Vorsehung walten zu lassen … Er muß vielmehr so verfahren, als ob alles auf ihn ankomme«.[35] Die unsichtbare Kirche ist dieses moralische Volk, hier verstanden als »eine bloße Idee von der Vereinigung aller Rechtschaffenen unter der göttlichen unmittelbaren, aber moralischen Weltregierung«, die Idee einer allgemeinen, auf den reinen Religionsglauben allein gegründeten Kirche. Aber die »Schwäche der menschlichen Natur (ist; J.W.) daran Schuld, daß auf jenen reinen Glauben niemals so viel gerechnet werden kann, als er wohl verdient, nämlich eine Kirche auf ihn allein zu gründen.«

---

[33] Die Religion innerhalb der Grenzen der blossen Vernunft, Akademie Textausgabe, Berlin 1968, Bd, VI, 131.
[34] Ebd., 131 f.
[35] Ebd., 100 f.

Sie macht die sichtbare Kirche erforderlich. Sichtbarkeit bedeutet hier immer Rückbindung an eine partikulare Tradition, die die Menschen zusammenschließt. Diese Partikularität ist nicht nur Wurzel allen Streits, sondern auch Resultat der Beimischung nicht aus reiner Vernunft, sondern mit bloß historischer Begründung übernommener Lehren. Die sichtbaren Kirchentümer müssen sich immer ausdrücklicher und nachhaltiger aus ihrer Partikularität zum reinen und allgemeinen Religionsglauben erheben und so *wahre* sichtbare Kirche werden. »Die wahre (sichtbare) Kirche ist« – nach Kant – »diejenige, welche das (moralische) Reich Gottes auf Erden, so viel es durch Menschen geschehen kann, darstellt.«[36]

Hier ist endgültig mit einer Tradition gebrochen, die seit Papst Gregor dem Großen das Verhältnis von Kirche und Reich Gottes weitgehend so bestimmen ließ, daß die Kirche selbst das Reich Gottes auf Erden ist.[37] Augustinus' relativ differenzierte Verhältnisbestimmung[38] wurde in der lehramtlichen Alltagstheologie häufig im Sinne einer oberflächlichen Bild-Abbild-Theologie ekklesiologisch entdifferenziert: Kirche ist das Abbild des himmlischen Urbilds; sie ist hierarchisch geleitet, wie die Kirche der Vollendeten im Himmel, an der sie sakramental Anteil hat – die sie auf Erden repräsentiert.[39] Aus diesem Repräsentationsanspruch resultierten dann auch die heftigen Auseinandersetzungen um die Suprematie in der Christenheit zwischen Papsttum und Kaisertum. Nur wo sich der Papst als Statthalter Christi und legitimen Inhaber seiner Herrschergewalt verstehen konnte, ließ sich seine Oberherrschaft über den Kaiser theologisch legitimieren (vgl. DH 872).

Anknüpfend an die mystische Tradition des Reich-Gottes-Verständnisses betont Luther die Innerlichkeit dieses Reiches: »Gottes Reich, das ist ein Reich der Gerechtigkeit und Wahrheit ... Das ist: wenn keine Sünde mehr in uns ist, sondern alle unsere Glieder, unsere Kraft und unsere Macht Gott untertan und in seinem Gebrauche sind, daß wir mit Paulus sagen können: ›Ich lebe jetzt, aber nicht ich, sondern Christus in mir.‹«[40] Luthers theozentrische bzw. christozentrische Reich-Gottes-Vorstellung ist zumindest indirekt Auseinandersetzung mit einer ekklesiologischen Reich-Gottes-Idee.[41] Unmittelbar und direkt kir-

---

[36] Zitate ebd., 101–103.
[37] Vgl. die Belege bei E. Staehelin, Die Verkündigung des Reiches Gottes in der Kirche Jesu Christi, Bd. 2, Basel 1955, 75, 77, 83. Noch M. Bucer konnte – freilich von der »wahren« Kirche – sagen: »Das Reich der Himmel ist die Kirche Christi ...«; zitiert nach: Staehelin, op.cit., Bd. 4, Basel 1957, 187.
[38] Vgl. etwa De civitate Dei XX, 9: »Also ist auch jetzt die Kirche Reich Christi und Himmelreich. Es herrschen demnach jetzt schon seine Heiligen, anders freilich, als sie dereinst herrschen werden. Dagegen herrscht nicht mit ihm das Unkraut, obschon es in der Kirche mit dem Weizen wächst.«
[39] Vgl. T. Koch, Gesellschaft und Reich Gottes, in: F. Böckle u.a. (Hg.), Christlicher Glaube in moderner Gesellschaft, Bd. 28, Freiburg – Basel – Wien 1982, 8–60, hier 41 f.; H. Hattenhauer, Die geistesgeschichtlichen Grundlagen des deutschen Rechts, Karlsruhe ²1980, 7–9.
[40] Auslegung des Vater Unsers, Weimarer Ausgabe, Bd. 2, 96 f.; zitiert ist Gal 2, 20.
[41] Deutlicher wird hier Melanchton mit Bezugnahme auf Joh 3, 2: Auch diese Schriftstelle lehre, daß das Reich Gottes »geistlich« ist, »daß die Herrlichkeit des Reiches Christi nicht eine weltliche Herrschaft sei, sondern eine geistliche, das heißt, daß wir als Auferweckte eine neue und ewige Gerechtigkeit und ein Leben von der Art der Herrlichkeit des auferweckten Christus haben sollten«; Loci theologici von 1559, St A 2/2, 604 ff.

chenkritisch wird die Reich-Gottes-Vorstellung mit ihrer apokalyptisch-messianischen Inanspruchnahme durch die Täuferbewegung und die gesamte »reformatorische Linke«. Hier erwartete man den kurz bevorstehenden Herrschaftsantritt Christi, der ein tausendjähriges Reich des Friedens auf Erden errichten und die ihm treu Gebliebenen zu Mitherrschern einsetzen würde. Die Täufer in Münster lebten in der Gewißheit, daß Christus demnächst auf Erden sein zeitliches Reich anbrechen lassen und das neue sündenfreie Jerusalem errichten werde.

Mit weitaus höherem theologischem Anspruch hatte schon *Thomas Müntzer* diese kirchen- und herrschaftskritische Konsequenz gegen eine rein herrschaftslegitimierende Inanspruchnahme der Reich-Gottes- bzw. Reich-Christi-Idee scharf gemacht. Die Kirche der Hierarchen und Fürsten hat sich in ihrem Wohlleben »Gottes Werk und Wort« – dem »Regiment Christi« – entzogen; sie weigert sich, »empfänglich« zu werden für das Kreuz. Sie sind Christi »Feinde«, weil sie »in Christi Namen sein Regiment verdorben haben und dann noch obendrein ihre Schalkheit unter der Gestalt des Christenglaubens verteidigen wollen und mit ihrem hinterlistigen Schanddeckel die ganze Welt arg machen«. Sie geben »Aergernis«, da sie die Menschen »vom rechten Christenglauben abtrünnig machen.« Wollen die Fürsten aber »rechte Regenten sein«, so müssen sie »das Regiment bei der Wurzel anpacken« und die Feinde von den Auserwählten trennen. Sie müssen sich mit ihrem Schwert dem Werk Christi zur Verfügung stellen, denn die »Kraft Gottes« wird es nicht ohne ihr Zutun mit dem Schwert vollbringen. Man darf »die Übeltäter nicht länger leben (lassen), die uns von Gott abwenden (Dtn 13), denn ein gottloser Mensch hat kein Recht zu leben, wenn er die Frommen hindert.« »Anders kann die christliche Kirche nicht wieder zu ihrem Ursprung kommen. Man muß das Unkraut ausraufen aus dem Weingarten Gottes in der Zeit der Ernte, dann wird der schöne rote Weizen beständige Wurzeln bekommen und recht aufgehen (Mt 13). Die Engel aber, die ihre Sicheln dazu schärfen, sind die ernsten Knechte Gottes, die den Eifer göttlicher Weisheit vollführen (Mal 3).« Die Zeit der Ernte steht bevor; deshalb darf man nicht – wie mit Augustinus ja auch Luther, der sich hier selbst als »Widerchrist« bezeichnet findet – dem Wachsenlassen das Wort reden, sondern muß »die Sichel« – das Schwert – in die Hand nehmen. Müntzers Aufforderung ist eindeutig: »Seid nur keck! Der wird das Regiment selber haben, dem alle Gewalt gegeben ist im Himmel und auf Erden (Mt am letzten)«.[42] Die zukünftige Kirche, in der Christus wirklich regiert, ist die, »in welcher die Kenntnis des Herrn im vollen Maße aufgehen wird«; die Verführung durch die »Gottlosen« wird in ihr überwunden sein: »Das machte wohl eine rechte christliche Kirche aus, die Gottlosen von den Auserwählten zu sondern«. Die Auserwählten unter-

---

[42] Th. Müntzer, Von dem angedichteten Glauben auf jüngst erschienene Protestation bzw. Auslegung des andern Unterschieds Danielis, des Propheten, in: Schriften, Liturgische Texte, Briefe, hg. von R. Bentzinger u. S. Hoyer, Berlin 1990, 27–36, hier 27 bzw. Auslegung des andern Unterschieds Danielis des Propheten, ebd., 64–86, hier 81–86.

stellen sich der Herrschaft Gottes, da sie »neben Gott ... nichts fürchten« und anbeten. Zur Hure ist die Kirche geworden, weil sie andere Herren und Herrschaften gefürchtet und angebetet hat.[43]

Die bürgerliche Aufklärung in Deutschland hatte keinerlei Sympathien für die apokalyptische Gewaltbereitschaft, mit der man sich im 16. Jahrhundert dem bald anbrechenden *sichtbaren* Reich Gottes oder Christi zur Verfügung stellen wollte. Zielgröße war das unsichtbare Gottesreich der reinen Sittlichkeit. Medium seiner Beförderung war nicht der bewaffnete Aufstand, sondern die »Erziehung des Menschengeschlechts« *(Lessing)* zu einer sittlichen Vernunftreligion, in der die sichtbaren Kirchentümer endgültig als das überholt wären, als was sie jetzt schon begriffen werden konnten: als ihrer eigentlichen geschichtlichen Aufgabe gar nicht bewußte, auf partikulare Überlieferungen sich versteifende, in ihrer konkreten Erscheinung der sittlichen Botschaft ihres Gründers mehr oder weniger diametral widersprechende und mit den alten Mächten verbündete Zwangssysteme. Von ekklesiologischer Relevanz erwies sich, daß hier die Hinordnung der Kirchen auf eine eben nicht einfach jenseitige und im Diesseits abgebildete, sondern geschichtlich bevorstehende Realität des Reiches Gottes zu einer entschiedenen Abwertung ihrer institutionellen Erscheinung führte. Die Wiederentdeckung des apokalyptischen Gehalts der Reich Gottes-Botschaft Jesu wird dann gegen Ende des 19. Jahrhunderts zu einer noch tiefer greifenden Problematisierung der Kirche als Institution führen.

1.5 Kirche: das Gegenteil des von Jesus Christus Gewollten?

Ein zentraler Topos der Kirchenkritik seit der Reformationszeit ist die Behauptung, die Kirche sei nicht als Gottes bzw. Christi Stiftung und Werk anzusehen, als die auf Jesu Auftrag zurückgehende und sein »Testament« ausführende Gemeinschaft der Christusgläubigen; in ihr sei vielmehr das genaue Gegenteil dessen, was Jesus von Nazaret gewollt habe, geschichtliche Realität geworden. Dieses Kritikschema gewinnt im ausgehenden 18. und im 19. Jahrhundert – nicht zuletzt durch historisch-kritische Untermauerung – zusätzliche Brisanz. Es findet seine theologisch bedeutsamste Ausprägung bei *Søren Kierkegaard.* Er führt den Abfall von dem, was Jesus Christus gewollt hat, auf den historischen Kompromiß zurück, der die Kirche schließlich zu einer dem bürgerlichen Leben und seinen Prioritäten eingepaßten Wirklichkeit *dieser* Welt gemacht hat. Das Fatale am kirchlich-bürgerlichen Kompromiß ist, daß er den Ernst des Christseins nur noch als Maskerade vorkommen läßt, so daß er im Grunde Heuchelei ist. Die Christentumsgeschichte zeigt – so Kierkegaard –, wie sich die, die sich Christen

---

[43] Ausgedrückte Entblößung des falschen Glaubens der ungetreuen Welt, ebd., 87–119, hier 114 bzw. Brief an Melanchthon vom 27. März 1522, ebd., 169–171, hier 169 sowie Brief an die verfolgten Christen in Sangerhausen, ebd., 188–193, hier 190f.

nennen, erlaubten, »das Christentum mehr und mehr abzumildern, bis wir es zuletzt gerade zum Gegenteil dessen gemacht haben, was es im neuen Testament ist«. Endlich wäre einzugestehen:

> »Das Christentum des neuen Testaments ist gar nicht da. Hier gibt es nichts zu reformieren; es geht darum Licht zu bringen in ein Jahrhunderte hindurch fortgesetztes, von Millionen (mehr oder minder schuldvoll) begangenes christliches Kriminalverbrechen, wodurch man scharfsinnig, unter dem Namen einer Vervollkommnung des Christentums, versucht hat, das Christentum Stück für Stück Gott abzulisten, und es dahin gebracht hat, daß das Christentum genau das Gegenteil dessen ist, was es im neuen Testament ist.«[44]

Das Christentum so, wie es jetzt als kirchlich-christlich gilt, hat nichts mehr von Opfer, Kreuz und Leidenmüssen an sich; es »geht nach einer ganz andern Melodie ... so freudenvoll, rundherum und rundherum – das Christentum ist Lebensgenuß, beruhigt ... dadurch, daß die Frage der Ewigkeit entschieden ist, entschieden eben, damit wir recht Lust bekommen sollten ... dies Leben zu genießen.«[45] Christentum, das bedeutet längst nicht mehr jene »Wahrheit, für die man stirbt«; es ist »zu der Wahrheit geworden, von der man (›Freut euch des Lebens, weil noch das Lämpchen glüht‹) mit Familie lebt, unter glattem Fortkommen.« In dieser seiner bürgerlich-amtlichen Gestalt ist das Christentum dem neutestamentlichen »nicht ähnlicher als das Viereck dem Kreis, nicht ähnlicher als die Freude dem Leide, die Eigenliebe dem Selbsthaß, das Weltbegehren der Weltentsagung, das völlige Zuhausesein in der Welt der Fremdling- und Pilgrimschaft in der Welt, die Geschäftemacherei, das Tanzen und Freien der Nachfolge Christi«.[46]

Immer wieder polemisiert Kierkegaard gegen das »Verbrechen«, die Christus- und Kreuzesnachfolge in Anspruch zu nehmen, es aber nicht wirklich ernst mit ihr zu meinen. Wo es um die Verbindlichkeit einer Nachfolge unter dem Zeichen des Kreuzes – der Selbstlosigkeit – ginge, da weiß man im Gegenteil das Angenehme und Vorteilhafte des Christseins zu schätzen: »Christsein, hieß es nun, sei eitel Seligkeit: ›was wäre ich, o was wäre ich, wenn ich nicht Christ wäre; welch unschätzbares Gut, Christ zu sein, ja, das Christsein gibt dem Leben erst wahrhaft Bedeutung, es würzt die Freuden und lindert die Leiden!‹«[47] Mit einem Wort: Es verspricht *Gewinn*. Diese Form christlich-bürgerlicher Kirchlichkeit bringt das Kunststück fertig, ständig Geld und Christentum zusammenzusetzen.[48] Aber was dabei als Christsein herauskommt, ist nichts als Heuchelei; man spielt in der »Christenheit« Christsein:

---

[44] S. Kierkegaard, Der Augenblick, Gesammelte Werke, hg. von E. Hirsch u. H. Gerdes, 34. Abteilung, Taschenbuchausgabe Gütersloh 1981, 51 bzw. 43.
[45] Ebd., 45.
[46] Ebd., 54.
[47] Ebd., 187.
[48] Vgl. ebd., 141.

»Dramatisch kostümierte Künstler treten in Kunstbauten auf – in Wahrheit ist da gar keine Gefahr, nichts weniger, der Lehrende ist königlicher Beamter, kommt glatt voran und macht Karriere – und nun spielt er dramatisch Christentum, kurz er spielt Komödie; er redet von der Entsagung, aber er selbst kommt glatt voran; er lehrt, weltlichen Titel und Rang zu verachten, aber er selbst macht Karriere«.[49]

Im Kern besteht das »Verbrechen« des kirchlich-bürgerlichen Christentums darin, daß man den religiösen Gewinn des Christseins einstreichen, aber den Anforderungen der Christusnachfolge sich entziehen will. So greift Kierkegaard auf Luthers Protest gegen die »billige Gnade« zurück. Sie ist billig geworden, weil sie nun darin besteht, »daß der Mensch ganz einfach Gewinn von Gott hat, und der Pfarrer Gewinn von den Menschen, denen er dies einbildet«. Der »Gewinn«, das ist in Wahrheit die Einladung zur Nachfolge Christi, dazu also, in seiner Nachfolge »ein Geopferter zu werden« und ihm so *gleichzeitig* zu werden, will heißen von der Herausforderung, die ihn traf und die er lebte, selbst getroffen zu werden. Die unbeschreibliche Gnade, von Gott geliebt zu werden und ihn lieben zu dürfen, wird – so Kierkegaard – dem zuteil, der mit seinem geliebten Sohn gleichzeitig wird, die Einladung zur Nachfolge ernstnimmt; »denn das ist ja die einzige Art, auf die Gott einen Menschen lieben und von einem Menschen geliebt werden kann«.[50] Wer von der Gottzugehörigkeit nur profitieren will und die Nachfolge getrost auf sich beruhen läßt, der ist dem zu vergleichen, der »sich unberechtigterweise ein Erbe aneignen« will:

»Die Gaunerei der ›Christenheit‹ liegt … darin, daß man die Gabe entgegennimmt – und der Verpflichtung ein Gottbefohlen wünscht, daß man Erbe der Gabe sein will, aber ohne die Verpflichtung zu übernehmen … Doch heuchlerisch wie mit allem in der Christenheit hat man so getan, als ob die Christenheit ja auch daran festhalte, daß Christentum eine Verpflichtung sei – man muß sich taufen lassen. Ah! das heißt eigentlich verflixt schnell mit der Verpflichtung fertigwerden! … Nein, die Verpflichtung heißt: Jesu Christi Nachfolge.«[51]

Darin liegt die »gaunerhafte Abschaffung des Christentums«: die »Absicht des Christentums: Alles zu verändern«, hat zu dem Ergebnis geführt, »daß alles, unbedingt alles, geblieben ist, wie es war, nur daß alles den Namen ›christlich‹ angelegt hat«.[52] Die Lehrer und Prediger, die diese Gaunerei auf dem Gewissen haben, würde Christus, wenn er in eine gottesdienstliche Versammlung dieser Kirche einträte, Heuchler, Schlangen und Otterngezücht nennen und mit einer Geißel aus Stricken zum Tempel hinaustreiben.[53] Und es ist für Kierkegaard gerade die Verkirchlichung des Christlichen – »die Christenheit«, die »christliche Welt« –, die für die »Fäulnis des Christentums«, den »Abfall vom Christentum«, verantwortlich zu machen ist:

---

[49] Ebd., 138.
[50] Ebd., 334.
[51] Ebd., 325 f.
[52] Vgl. ebd., 186 bzw. 182.
[53] Vgl. ebd., 140 f.

»Nein, man kann gut allein bleiben, um Christ zu sein ... Denn schließlich liegt gerade im Begriff ›Kirche‹ die Grundverwirrung der Christenheit, sowohl des Protestantismus als auch des Katholizismus, oder sie liegt in dem Begriff ›Christenheit‹. Christus hat Nachfolger verlangt, und ganz genau bestimmt, was er meinte: Sie sollten Salz sein, bereit, geopfert zu werden ... Aber Salz zu sein und geopfert zu werden, dazu eignen sich weder Tausende oder (noch weniger!) Millionen, oder (noch weniger!) Lande, Reiche, Staaten, oder (auf keinen Fall!) die ganze Welt. Geht es hingegen um Gewinn und um Mittelmäßigkeit und um das, was der Gegensatz zum Salz ist, nämlich Geschwätz zu sein, da beginnt die Möglichkeit dazu schon mit den 100 000, wächst mit jeder Million und erreicht den Gipfel, wenn die ganze Welt Christ geworden ist.«[54]

Kierkegaards Kirchenkritik ist so radikal, wie christlich überhaupt denkbar. Sie trifft die Kirche als »gesellschaftliche« Größe, die Ambivalenz ihrer Vergesellschaftung. Diese Zwiespältigkeit liegt offenkundig darin, daß die Vergemeinschaftung, ja Vergesellschaftung des Christlichen das Christsein selbst – die Nachfolge – unmöglich zu machen droht. Verbreitung steht gegen Vertiefung und Intensivierung[55]; wer auf die Zustimmung des »Publikums« setzt, der verrät, was nicht Beifall finden, sondern Umkehr und Weltverzicht provozieren will, der macht zur Sache eines wohlerwogenen Kalküls und der Bequemlichkeit, was in Wahrheit ein verrücktes Wagnis ist. So hat man im bürgerlichen Christentum fertiggebracht, zwei Dinge »in eins zusammenzuwerfen«: »Das Bequeme – und die Sorge um die ewige Seligkeit«. Das die Loyalität der Bürger durch seine Leistungsfähigkeit erkaufende System der staatlich und kirchlich zu sichernden Rundumversorgung erstreckt sich auch auf die sogenannten religiösen Bedürfnisse. Auch das Bedürfnis nach einer »ewige(n) Seligkeit im Jenseits« soll befriedigt werden und zwar »auf eine so billige und bequeme Weise wie möglich«. Daß diese Art der religiösen Bedürfnisbefriedigung dem nur Hohn sprechen kann, wonach der Mensch sich hier ausstreckt – und wozu er hier herausgefordert ist –, das zu ignorieren machte die Verfassung einer bürgerlichen Volks- oder Staatskirche aus.[56]

Man wird Kierkegaards schroffe Entgegensetzung von Christus-, also Kreuzesnachfolge und Lebens-, also Schöpfungsgenuß kritisieren dürfen: Die gut augustinische Alternative zwischen Selbstliebe, also Gotteshaß, und Gottesliebe, also Selbsthaß, ist hier noch einmal christologisch zugespitzt und damit wohl überdehnt worden. Christsein ist eben nicht unvereinbar mit der Freude an den Gaben der Schöpfung, hat seine Sinnbestimmung nicht einfachhin im Selbstopfer. Gleichwohl hat Kierkegaard die Gefährdung des Christlichen durch

---

[54] Ebd., 44 f.
[55] Vgl. ebd., 44 f. (Fn.): »Als das Christentum in die Welt kam, da galt es, die Lehre zu verbreiten. In der ›Christenheit‹, wo das Böse gerade die unwahre Ausbreitung ist, zuwegegebracht durch eine unwahre Verbreitung, muß das, was dem Bösen (der Ausbreitung) entgegenwirken soll, vor allem darauf achten, daß es nicht selber die Form der Ausbreitung hat – deshalb je weniger, desto besser, am besten buchstäblich ein Einzelner; denn von der Ausbreitung (dem Extensiven) rührt das Böse her, so muß die Gegenwirkung von dem Intensiven kommen.«
[56] Vgl. ebd., 114–117.

Verkirchlichung zutreffend und schärfer als jeder andere in seiner Zeit gesehen: Wo kirchliches Christsein nicht mehr gleichsam naturwüchsig von Generation zu Generation weitergegeben wird – unter dem gelinden oder deutlichen sozialen Druck kirchlicher und gesellschaftlicher Institutionen –, wo es Beifall finden und die Massen gewinnen will, da ist der Verrat des Herausfordernden an das Erfreuliche und Angenehme, da ist auch das Überflüssigwerden der vom Christentum angebotenen Annehmlichkeiten vorprogrammiert. Kierkegaards Analyse des bürgerlichen Christentums ist schonungslos und durch die Christentumsgeschichte seither in vielem bestätigt worden. Sie weist auf eine conditio sine qua non der Moderne, der sich die Kirche nicht entwinden kann, die sie aber zu einer paradoxen Veranstaltung zu machen droht.

Diese conditio sine qua non ist der Zustimmungsdruck, dem alle auf loyale Mitglieder angewiesenen Institutionen ausgesetzt sind – und der sich notwendigerweise als Transformationsdruck auf das »Angebot« der jeweiligen Institution auswirkt: Wer sich auf die Nachfrage nicht einzustellen weiß, der findet keine »Abnehmer«; wer andere nicht vom eigenen Anliegen überzeugen kann, der findet keine Akzeptanz. *Wladimir Solowjew* hat diesen Transformations- und Anpassungsdruck, dem die Religion, speziell das Christliche, in der Moderne ausgesetzt ist, in seiner »Kurzen Erzählung vom Antichrist« an der Gestalt des im 20. Jahrhundert auftretenden Antichrist eindrücklich dargestellt.[57] Er ist die endzeitliche Gestalt, um die sich nach vielen Kriegen endlich alle Völker im großen endzeitlichen Frieden versammeln; er weiß jene Zustimmung zu erwecken, die eine friedliche Gemeinsamkeit nicht erzwingen, sondern im Herzen der Menschen gründen kann. Er ist der Wohltäter aller, der die Widersprüche zu versöhnen versteht, so daß jedermann seine eigene Sicht der Dinge in der von ihm vorgetragenen umfassenden Wahrheit aufgehoben sehen kann und dies, »ohne daß er der *Wahrheit selbst* irgendwelche Opfer zu bringen« hätte.[58] So ist er »einem jeden angenehm«, getreu der Maxime: »… um *angenommen* zu werden, dazu muß man *angenehm* sein«.[59]

Die verführerische Gestalt des Antichrist verkörpert die endzeitliche Verführung nicht zuletzt des Christentums selbst. So schickt der Antichrist sich an, Christi Seligpreisungen auf seine Weise wahrzumachen. Er weiß sich nicht nur als den Bringer des umfassenden Friedens, der der Welt *seinen* Frieden gibt[60]; er macht auch die Hungrigen – die nach Brot und die nach Spektakulärem Hungernden – satt. Er garantiert »die feste Herstellung der wichtigsten, grundlegenden Gleichheit: der *Gleichheit des allgemeinen Sattseins*«[61], die mit dem Hunger – eben auch dem nach Gerechtigkeit, nach der Wiederkunft des Messias – endgültig Schluß macht. So fehlt nur noch, daß der Antichrist auch die Kirchen mit seinen Wohltaten zu sich verführt; und sie lassen sich auf dem letzten öku-

---

[57] W. Solowjew, Deutsche Gesamtausgabe, hg. von L. Müller, Bd. 8, München 1979, 259–294.
[58] Vgl. ebd., 266–270.
[59] Ebd., 270.
[60] Vgl. ebd., 272.
[61] Ebd., 274.

menischen Konzil in Jerusalem bis auf einen kleinen Rest mit der Gewährung von Privilegien und der Garantie einer auskömmlichen Nischenexistenz dazu bestechen, eine Einheitskirche von seinen Gnaden zu werden. Die Pointe der Geschichte ist, daß der Antichrist an den Juden scheitert: Sie durchschauen das Verführungswerk, dem sie selbst zum Opfer gefallen waren, und erinnern sich der »Seele Israels in ihrer Tiefe«, die »nicht vom Rechnen und vom Verlangen nach Mammon lebt, sondern von der Kraft eines in seinem Herzen lebenden Gefühls – von der Hoffnung und dem Zorn seines uralten messianischen Glaubens.«[62]

Das apokalyptische, mit vielen Anspielungen auf die Johannesapokalypse ausgestaltete Szenario darf mit seiner Absonderlichkeit nicht ablenken von der Zeit- und Kirchendiagnose Solowjews, von seiner Analyse der endzeitlichen Verführung, in der die Kirche bis auf einen minimalen Rest sich selbst aufgibt und ihr Christuszeugnis verrät. Sie läßt sich vereinnahmen von einem System – der Antichrist personalisiert es –, in dem endzeitlicher Friede und endzeitliche Gerechtigkeit durch die »Gleichheit des allgemeinen Sattseins« hergestellt werden sollen; sie läßt sich zur Anpassung an die Diktatur des Angenehmen und deshalb Annehmbaren verführen, zur Unterwerfung unter die Akzeptanzdiktatur, in der Wahrheit *ankommen*, allen nach dem Mund reden muß, so daß für sie keine Opfer zu bringen sind. Diese Kirche der Anpassung ist nicht einmal mehr in der Lage, den Antichrist vom Christus zu unterscheiden, den Weg des Kreuzes von dem des Bestochenwerdens; denn sie schielt nur darauf, so angenehm und attraktiv zu sein, wie man es unter der Wohlfahrtsdiktatur des Antichrist sein muß.

Solowjews apokalyptisch ausgestaltete Kirchenkritik ist zutiefst konservativ, darin ist sie Kierkegaards Polemik verwandt: Sie ist elitär, vielleicht sogar antidemokratisch. Und man sollte diese hochproblematische Tendenz nicht aus dem Blick verlieren, wenn man sich fragt, wo und warum sie gleichwohl trifft, was sie vielleicht gar an Entwicklungen vorwegnimmt. Die Verführung ist ehrenwert und human, ja vernünftig geworden. Sie wohnt in der Neigung, Menschen »glücklich« machen, ihren religiösen Bedürfnissen Befriedigung verschaffen zu wollen ebenso wie in jenem intellektuell-relativierenden Zweifel, der das Gegensätzliche in seinen Geltungsansprüchen »wohltuend« ermäßigt, es nicht mehr zur Konfrontation des einander Widersprechenden kommen läßt, sondern einem fair ausgehandelten Interessenausgleich den Weg bereiten will.

Es war *Carl Schmitt*, der – nur wenig später – diese Versuchung ebenfalls mit der Antichrist-Vorstellung in Zusammenhang brachte. Der neue Antichrist ist nach Schmitt der Mann der »fabelhaften Effekte«, dem nichts anderes als das »Glück der Menschheit« am Herzen liegt. Er kann Zustimmung mobilisieren, weil er – als rhetorisches Genie – Ideen attraktiv zu machen und zu zersetzen, zu »erneuern« und zu banalisieren versteht. Er trägt gerade auch den »höheren kulturellen Bedürfnissen Rechnung« und verkleinert alles »menschlich Hohe«

---

[62] Ebd., 293.

in die Größenordnung der von ihm attraktiv oder obsolet gemachten Ideen hinein. An die Stelle der Grundunterscheidung von Gut und Böse tritt bei ihm »eine sublim differenzierte Nützlichkeit und Schädlichkeit«; und er weiß das Nützliche so zu gebrauchen, daß ein Zeitalter der »Sekurität« für alle anbricht, die endzeitliche Herrschaft des Antichrist, des Nachäffers Christi.[63]

Zugegeben: dieses apokalyptische Szenario ist selbst eine Versuchung[64], eine Verführung in falsche Alternativen hinein. Und so war es ja noch bei jeder Inanspruchnahme apokalyptischer Dualismen in der Christentumsgeschichte: Der Freiheitsgewinn, den es bedeutet, wenn mit allen »Ideen« auch das Christliche einem auf rationale *Überzeugung* zielenden Diskurs unterworfen wird und nun nicht mehr einfach das sacrificium intellectus fordern kann, wird diskreditiert mit dem Hinweis auf eben diese – antichristliche – *Unterwerfung*, die die fordernde Wahrheit des Christlichen nun der Diktatur der Akzeptanz unterstelle. Damit kann man dann alle Forderungen nach Mitsprache und nach Demokratisierung mancher kirchlicher Strukturen gleich als Versuchung zur Anpassung an die Logik der Akzeptanzerzeugung brandmarken. Und genau von diesem »Argument« wird ja heute im Übermaß Gebrauch gemacht; *heute:* in der Zeit dramatisch schrumpfender Kerngemeinden, die von den Ideologen der Gesundschrumpfung gern mit dem apokalyptischen Rest derer verwechselt werden, die sich gegenüber der Versuchung zur Anpassung als immun erwiesen habe und treu bei der so vieles abverlangenden, so wenig »akzeptablen« und angenehmen Wahrheit geblieben sei.

Gleichwohl: der Anpassungs- und Transformationsdruck, der von der religiösen Marktsituation in der Spät- und Postmoderne ausgeht, ist nicht zu verkennen. Wie kann dann aber zwischen reaktionär-antipartizipativer und traditionalistischer Anpassungskritik einerseits und der prophetischen Kritik an der Verbürgerlichung der Kirche andererseits unterschieden werden? Wie kann die Parteinahme für das hohe Gut der vernünftig verantworteten Glaubensüberzeugung und für die Mitsprache in der Kirche vereinbart werden mit der Skepsis gegenüber den Logiken der Akzeptanzerzeugung? Die Arsenale der Kirchenkritiker sind wohlgefüllt mit Vorwürfen, die Kirche habe sich jeweils zur Anpassung an die »falschen« gesellschaftlichen Mächte und Trends verführen lassen und dabei ihren Ursprung verraten, ja radikaler noch: sie repräsentiere die geschichtlich unter Beweis gestellte Unmöglichkeit jener Vermittlung, die sie für ihren ureigenen Auftrag halte, der Vermittlung zwischen dem prophetischen Aufbruch Jesu – seiner Infragestellung der Welt und jeder religiösen Institution – und der »Welt«, in die hinein die Kirche wachsen, in der sie Akzeptanz finden wollte.

Der fundamentaltheologische Kirchentraktat hat sich – in sehr selektiver

---

[63] Vgl. C. Schmitt, Theodor Däublers ›Nordlicht‹. Drei Studien über die Elemente, den Geist und die Aktualität des Werkes, München 1916, 64–67; vgl. auch den kritischen Kommentar bei F. Balke, Der Staat nach seinem Ende. Die Versuchung Carl Schmitt, München 1996, 60–72.
[64] Vgl. den treffenden Untertitel der Untersuchung von F. Balke.

Bearbeitung der von den Kirchenspaltungen in der Reformationszeit aufge-
worfenen Legitimitätsprobleme – weithin der vergleichsweise wenig radikalen
kontroverstheologischen Frage nach der *richtigen* Kirche gewidmet. Die Kirchenkritik des 19. und 20. Jahrhunderts stellt aber *alle* Kirchen vor die Legi-
timitätsfrage, vor die Frage, ob nicht in sich unmöglich ist, was sie versuchen, so
daß sie fast gezwungen sind, zu verraten, worauf sie sich berufen. Dieser Frage
muß die Fundamentaltheologie zuerst nachgehen. Wo man ihr nicht genügend
Raum läßt, da bleiben auch die traditionellen kontroverstheologischen Fragen,
was sie in den Augen der meisten Zeitgenossen sind: bedeutungslose Randpro-
bleme, aufgeworfen von unbelehrbaren Rechthabern. Der Dramatik dieser zuerst anstehenden Fragen wird man – wie so oft – bei einer Auseinandersetzung
mit *Friedrich Nietzsche* ansichtig; und bei der Kenntnisnahme jener historisch
argumentierenden Kirchenkritik des ausgehenden 19. Jahrhunderts, wie sie am
schärfsten von Nietzsches Freund *Franz Overbeck* ausformuliert wurde.

1.6 Die Kirchen: zwischen Verrat und Paradoxie

Das geschichtlich gewordene Christentum ist nach *Nietzsche* überhaupt nur als
Phänomen der Verführung angemessen zu verstehen. Es ist eine »Heerdenreli-
gion«.[65] Nie liegt das Gewicht darauf, »*ob etwas wahr ist*, sondern wie es wirkt«.
So »wird beständig spekulirt auf die ressentiments« der vielen am Leben Leidenden und Zu-kurz-Gekommenen gegen die wenigen Starken und Lebenstüchtigen. Die Massen werden gewonnen, indem man ihr Leben in Armut zum
Ideal umlügt und so die Edlen und Starken ideologisch ins Unrecht setzt. Die
kirchliche Lehre »überredet die Ausgestoßenen und Schlechtweggekommenen
aller Art, sie verspricht die Seligkeit, den Vorzug, das Privilegium den Un-
scheinbarsten und Demüthigsten; sie fanatisiert die armen kleinen thörichten
Köpfe zu einem unsinnigen Dünkel, wie als ob sie der Sinn und das Salz der Erde
wären.«[66] Quintessenz des Christlichen als der den kleinen Leuten, die im
»Diesseits« nichts erreicht haben, schmeichelnden Dekadenzideologie ist – nach
Nietzsche – »die Steigerung des Egoismus, des Individual-Egoismus bis ins Extrem (– bis zum Extrem der Individual-Unsterblichkeit).«[67] Die Christentumsgeschichte belegt »die Nothwendigkeit, daß ein Glaube selbst so niedrig und
vulgär wird, als die Bedürfnisse sind, die mit ihm befriedigt werden sollen«.[68]
Es sind im Falle des Christentums die untersten Bedürfnisse der breitesten,
rohesten Masse:

---

[65] Nachgelassene Fragmente Herbst 1887, Kritische Studienausgabe der Sämtlichen Werke, hg. von
G. Colli u. M. Montinari, München – Berlin 1980 (KSA), Bd. 12, 569.
[66] Ebd., 566.
[67] Nachgelassene Fragmente Frühjahr 1888, KSA 13, 470.
[68] Nachgelassene Fragmente November 1887–März 1888, KSA 13, 156.

»mit jeder Ausbreitung des Christenthums über immer breitere und rohere Massen, die den Ursprungs-Instinkten des Christenthums fern standen … ist eine Legenden-geschichte, eine Theologie, eine Kirchen-Gründung zum Vorschein gekommen – das Bedürfnis der niedrigsten, später der barbarischen Schichten brachte die Noth-wendigkeit mit sich, das Christenthum erst zu *vulgarisieren*, dann zu barbarisi-ren …«[69]

Das Christentum als Verführungsphänomen, als eine zum Zweck der Wirkung auf die Massen verfälschte Überlieferung: es ist für Nietzsche geradezu das Pa-radigma der kalkulierten Vertauschung von Wahrheit und Wirkung, des Über-zeugen- und Gewinnenwollens durch Anpassung an die Massenbedürfnisse, und seien es die niedrigsten. Das Christentum und eine verchristlichte Philo-sophie bestätigten die Menschen in dem, wonach sie sich im tiefsten sehnten; sie affirmierten »Jahrhunderte lang die naivsten und überzeugendsten Wünschbar-keiten (– aber eine Sache, die überzeugt, ist deshalb noch nicht wahr: sie ist bloß *überzeugend*. Anmerkung für Esel)«[70]. Die Überzeugungskraft des Christlichen ist zwar – so Nietzsche – inzwischen dahingeschwunden. Aber noch hält man in einer fast schon »hedonistischen« Neigung am Christentum fest; »es scheint …, daß gerade um seiner beruhigenden Wirkungen willen dieser Glaube aufrecht-erhalten werden solle«. Aber in dieser letzten Umdeutung nähert sich »das Christenthum der Erschöpfung: man begnügt sich mit einem *opiatischen* Chri-stenthum«.[71] Die Wirkung, auf die es das Christentum immer schon abgesehen hatte, liegt nur noch in der Betäubung oder in sanften Halluzinationen. Der Christ ist kaum noch an seiner Lebenspraxis als solcher kenntlich; er »*handelt wie alle Welt* und hat ein Christenthum der Ceremonien und der Stimmun-gen –«.[72]

Dabei war es doch genau die neue »*Praktik* des Lebens«, die Jesus von Nazaret in die Welt gebracht hat, eine Praktik, »mit der man sich ›göttlich‹, ›selig‹, ›evangelisch‹, jeder Zeit ein ›Kind Gottes‹ fühlt … – Ein neuer Wandel, *nicht* ein neuer Glaube …«.[73] Der »neue Glaube« ist nichts als ein den Missions-bedürfnissen seiner Anhänger geschuldetes Mißverstehen der jesuanischen Symbole für diese neue Lebenspraxis:

»Nichts ist unchristlicher als die *kirchlichen Cruditäten* von einem Gott als *Person*, von einem ›Reich Gottes‹, welches *kommt*, von einem ›Himmelreich‹ *jenseits*, von

---

[69] Ebd.
[70] Nachgelassene Fragmente Herbst 1887, KSA 12, 540.
[71] Nachgelassene Fragmente Herbst 1885–Herbst 1886, KSA 12, 138.
[72] Nachgelassene Fragmente November 1887–März 1888, KSA 13, 95. »Resignation und Beschei-denheit« kennzeichnen – so Nietzsche in der »Morgenröthe« (Aphorismus 92, KSA 3, 85 f.) – den »sanften Moralismus« einer Überlieferung, deren »Euthanasie« gerade von ihren öffentlichen Verteidigern betrieben wird. Was einstweilen noch überlebt, ist eine »Religion der Behaglichkeit« (Die fröhliche Wissenschaft, Aphorismus 338, KSA 3, 567), in der die Gutmütigen dem Mitleid das Wort reden und darin ihre Befriedigung finden.
[73] Der Antichrist, Aphorismus 33, KSA 6, 205 f.; vgl. als Kommentar: U. Willers, »Die evangelische Praktik allein führt zu Gott, sie eben ist Gott«. Friedrich Nietzsches hintergründige theologische Aktualität, Regensburg 1994.

einem ›Sohne Gottes‹, der *zweiten Person* der Trinität. Dies Alles ist – man vergebe mir den Ausdruck – die *Faust* auf dem Auge – oh auf was für einem Auge! des Evangeliums; ein *welthistorischer Cynismus* in der Verhöhnung des Symbols«.[74] Dass die Menschheit vor dem Gegensatz dessen auf den Knien liegt, was der Ursprung, der Sinn, das *Recht* des Evangeliums war, dass sie in dem Begriff ›Kirche‹ gerade das heilig gesprochen hat, was der ›frohe Botschafter‹ als unter sich, als hinter sich empfand – man sucht vergebens nach einer grösseren Form *welthistorischer Ironie* –«.[75] Und *noch* deutlicher: »– die *Kirche* ist exakt das, wogegen Jesus gepredigt hat – und wogegen er seine Jünger kämpfen lehrte –«.[76] »Das ganze Leben des Christen ist ... genau das Leben, *von dem Christus die Loslösung predigte* ... Die *Kirche* gehört so gut zum *Triumph* des Antichristlichen, wie der moderne Staat, der moderne Nationalismus ...«[77]

Der Typus »Jesus von Nazareth« ist in allem das Gegenteil von dem, was die Kirche aus ihm gemacht hat: Jesus »redet bloss vom Innersten«.[78] Er mißachtet das Kirchentum der Juden, das »Volk der Auserwählten«; sein »Christenthum *verneint* die Kirche«.[79] Man kann »das neue Testament gar nicht gründlicher mißverstehen als es die Kirche mißverstanden hat ... Die Kirche hat nie den guten Willen gehabt, das neue Testament zu verstehen: Sie hat sich mit ihm beweisen wollen.«[80] So ist sie »nicht nur die Carikatur des Christenthums, sondern der organisierte Krieg gegen das Christenthum«.[81]

Um nicht mißverstanden zu werden: Nietzsche hegt für den Jesus, so wie er ihn sieht, und für sein »Christenthum« nur begrenzte Sympathien. Er nennt ihn einen »unheilvollen Querkopf«[82], einen »Idioten«, der nur die innere Welt für die wahrhafte hält und deshalb einen Widerwillen hat »gegen jede Formel, jeden Zeit- und Raumbegriff, gegen alles, was fest, Sitte, Institution, Kirche ist, als zu-Hause-sein in einer Welt«.[83] Da das »*Verneinen* ... das ihm ganz Unmögliche« war[84], waren auch der Kampf und die Selbstbehauptung in dieser Welt das für ihn gänzlich Unmögliche. Wer die äußere Realität mißachtet, über den geht sie rücksichtslos hinweg; der hat es von vornherein aufgegeben, ihr gewachsen sein zu wollen. Wenn Nietzsche sich selbst den »Antichrist« nennt[85], so wird er sich gewiß auch als endzeitlichen Gegenspieler des ganz in seine Innenwelt zurückgezogenen »Idioten« Jesus Christus verstanden haben; aber mehr noch als den endzeitlichen Zerstörer jenes Antichrist, der das Christliche zu seiner Sache gemacht und sie ins Gegenteil verfälscht hat: der christlichen Kirche, die

---

[74] Der Antichrist, Aphorismus 34, KSA 6, 206.
[75] Ebd., Aphorismus 36, KSA 6, 208.
[76] Nachgelassene Fragmente November 1887–März 1888, KSA 13, 98.
[77] Ebd., 161.
[78] Vgl. Der Antichrist, Aphorismus 32, KSA 6, 204.
[79] Ebd., Aphorismus 27, KSA 6, 197.
[80] Nachgelassene Fragmente November 1887–März 1888, KSA 13, 128.
[81] Ebd., 104.
[82] Ebd., 103.
[83] Der Antichrist, Aphorismus 29, KSA 6, 200.
[84] Der Antichrist, Aphorismus 32, KSA 6, 204.
[85] Ecce homo. Warum ich so gute Bücher schreibe, Aphorismus 2, KSA 6, 302.

Streitfall

er – in seiner Schrift »Der Antichrist« – der »höchste(n) aller denkbaren Corruptionen« beschuldigt: Sie habe »Nichts mit ihrer Verderbniss unberührt« gelassen, habe der Menschlichkeit wie ein Parasit »jedes Blut, jede Liebe, jede Hoffnung zum Leben« ausgetrunken.[86] Diese höchste aller denkbaren Korruptionen ist aber auch deshalb die höchste, weil sie das Christliche durch und durch verdorben hat – weil sie in diesem Sinn *das Werk des Antichrist* ist.

Die Kirche, das ist für Nietzsche die Paradoxie einer Institution, die auf Dauer stellt, was keine geschichtliche Dauer haben kann: Jesu Auszug aus der Geschichte – aus der realen Welt der Selbstbehauptung und des Willens zur Macht. Die Kirche will zur Macht. Und sie kommt zur Macht, indem sie »ihren Herrn« verrät; indem sie die Ressentiment-Bedürfnisse der Massen bedient und so – im Zeichen des Kreuzes – über die Edlen und Lebenstüchtigen siegt.

Der Sieg der »décadence«, der Schwachen und Unedlen[87]: das ist für Nietzsche die Paradoxie der Kirche, das Unglück der Menschheit, eine erklärliche Paradoxie, denn die Kirche siegte gegen die Edlen und Starken so, wie sie allein siegen konnte: durch die rücksichtslos-nihilistische Entwertung *dieses* Lebens, seiner Herausforderung, seiner Größe. Der Preis für ihr geschichtliches Überleben war dieses Menschheitsunglück. Jesus selbst ging es zu allerletzt um diesen Sieg, um eine Überlieferung, in der er durch die Macht einer Kirche als der Gekreuzigte und als Gnadenquell vergegenwärtigt würde. Sein »›Evangelium‹ *starb* am Kreuz. Was von diesem Augenblick an ›Evangelium‹ heißt, war bereits der Gegensatz dessen, was er gelebt: eine ›*schlimme* Botschaft‹, ein Dysangelium.« Die christliche Kirche setzt nicht fort, was er begonnen hat; sie pervertiert es im Kampf um Anhänger; »im Grunde gab es nur *Einen* Christen, und der starb am Kreuz.« Das heißt nicht, daß seine »evangelische Praktik« des Rückzugs aus der Welt in den erfüllten Frieden der Innerlichkeit nicht immer noch und immer wieder möglich sei: »das echte, das ursprüngliche Christenthum wird zu allen Zeiten möglich sein ... *Nicht* ein Glauben, sondern ein Thun, ein Vieles-*nicht*-Thun vor allem, ein anderes Sein ...«[88] Jesu Christlichkeit aber ist »die vollkommene Gleichgültigkeit« gegen alles, womit man das sogenannte »Christliche« auf Dauer gestellt hat: »gegen Dogmen, Cultus, Priester, Kirche, Theologie.«[89]

Überdauern und eine Geschichte haben wollen, heißt herrschen müssen. Christus wollte nicht herrschen. Sein Herrschafts- und Weltverzicht ist jederzeit wiederholbar. Die Kirche will herrschen. Es geht ihr nicht um Wiederholung des Christlichen, sondern um ihren »christlichen« Glauben als *geschichtliche Macht* in dieser Welt. Die Pointe dieser Kirchenkritik liegt nicht darin, daß die Kirche das authentisch Christliche ins Gegenteil – ins Antichristliche – verkehrt hätte, sondern darin, daß sie dies *mußte*, wenn es Kirche – Christentum als

---

[86] Vgl. Der Antichrist, Aphorismus 62, KSA 6, 252 f.
[87] Vgl. ebd., Aphorismus 51, KSA 13, 232.
[88] Ebd., Aphorismus 39, KSA 6, 211; vgl. Nachgelassene Fragmente November 1887 –März 1888, KSA 13, 162.
[89] KSA 13, 162.

Dauer, als geschichtliche Macht – geben sollte. Das Jesuanische und die Kirche schließen sich nicht nur de facto aus; sie sind auch von der Sache her unvereinbar. Diesen Schluß zieht Nietzsches Weggefährte, der Theologe bzw. Religionsphilosoph *Franz Overbeck;* sein historischer Befund:

>»Das Christentum hat eine Geschichte nur wider Willen gehabt, und es fragt sich, ob es anders überhaupt möglich war. Es hat sich von vornherein mit der Welt so verfeindet, daß es den Weg zu ihr zurück gar nicht mehr finden konnte und es darum wohl auch dazu verurteilt ist, am Ende jedes neuen Versuchs sich mit der Welt wieder einzulassen, in Jesuitismus zu geraten.«[90] »Wer mit der ›Welt‹ so entschieden gebrochen hat, wie das Christentum bei seinem Eintritt in dieselbe, hat auch keinen Anspruch darauf, sich in ihr zu behaupten, es ist zum Untergang darin prädestiniert. Denn es hat eine Geschichte gar nicht haben wollen, an seinen Bestand in der Welt selbst gar nicht gedacht.«[91]

Seine Geschichte wider Willen hat das Christentum »in der Kirche« gehabt. In ihr hat es sich Geschichte »gefallen lassen«, und das »hieß nichts anderes als den Kampf mit der Welt, der es den Krieg erklärte, aufnehmen.«[92] Durch »die Institutionen, die es begründet und durchgesetzt hat, die Kirche und ihre faktische Macht«, sicherte sich das Christentum »eine beständige Vertretung in der Geschichte«.[93] Aber eben eine dem Christlichen widersprechende Vertretung *in der Welt,* denn – daran läßt Overbeck keinen Zweifel – seine »Weltverneinung« ist geradezu die »Seele« des ursprünglichen Christentums.[94] Diese Weltverneinung gründet aber nicht einfach in »asketischen Idealen« – so Nietzsche –, sondern in der Apokalyptik des Urchristentums. Overbeck bezieht schon früh die Erkenntnisse zur konsequenten Eschatologie der Jesupredigt in seine Kirchen- und Theologiekritik ein.[95] Er macht geltend, daß Jesus in seiner Verkündigung ganz offenkundig auf ein nahes Weltende Bezug genommen und etwa seine Paränese darauf ausgerichtet habe. So sei die Aufforderung an seine Jünger, zu werden wie die Kinder (vgl. Mt 18,3), eine in *dieser* Welt sinnlose, aber durchaus nachvollziehbare Maxime, wenn es mit ihr bald vorbei sein würde.[96] Es ist eine Forderung »für eine andere Welt ... als für die, in welcher gegenwärtig Kirche und Christentum existieren«; eine Forderung, die mit ihrer

---

[90] F. Overbeck, Artikel »Christentum und Geschichte«, in: ders., Werke und Nachlaß, Bd. 4: Kirchenlexicon, Texte. Ausgewählte Artikel A–I, hg. von B. von Reibnitz, Stuttgart – Weimar 1995, 199.

[91] F. Overbeck, Artikel »Christentum und Welt«, a. a. O., 265. Die Texte sind hier ausgeschrieben und orthographisch modernisiert.

[92] Vgl. Werke und Nachlaß, Bd. 6/1: Kirchenlexicon. Materialien »Christentum und Kultur«, hg. von B. von Reibnitz, Stuttgart – Weimar 1996, 315 f.

[93] Ebd., 96. Vgl. auch F. Overbecks Bemerkung zur Theologisierung des Christentums. Für ihn ist es offenkundig, »dass sich das Christenthum mit einer Theologie ausgestattet hat, erst als es sich in einer Welt, die von ihm eigentlich verneint wird, selbst möglich machen wollte«; Über die Christlichkeit unserer heutigen Theologie, Nachdruck der Ausgabe von 1903, Darmstadt 1989, 33.

[94] Vgl. Über die Christlichkeit unserer heutigen Theologie, 110.

[95] Vgl. etwa: J. Weiss, Die Predigt Jesu vom Reiche Gottes, Göttingen 1892.

[96] Vgl. F. Overbeck, Werke und Nachlaß, Bd. 6/1, 81.

Weltunmöglichkeit dann auch so etwas wie eine »Kirche in der Welt aus den Angeln hebt.«[97]

Der unmögliche Kompromiß, den die Kirche zwischen Jesus und *dieser* Welt vermitteln will und der sie – so mit Kierkegaard die klarsichtigsten Kirchenkritiker des 19. Jahrhunderts – selbst unmöglich macht, ist nun nicht mehr der zwischen jesuanischer Weltentsagung und kirchlicher Weltzuwendung, ja Weltherrschaft, sondern der zwischen apokalyptischer Naherwartung und geschichtlicher Selbstbehauptung unter Vernachlässigung des apokalyptischen Erbes der authentischen Jesus-Überlieferung. Von diesem Erbe kann eine Kirche nicht geschichtlich überleben, an ihm kann sie nur sterben; und dies gerade in einer Moderne, die sich durch und durch geschichtlich und zukunftsoffen versteht, die gerade deshalb – mit ihren historischen Methoden – auf die befremdliche Apokalyptik Jesu aufmerksam wurde: »Der Widerspruch der altchristlichen Eschatologie und der Zukunftsstimmung der Gegenwart ist ein fundamentaler und vielleicht die Grundursache der Zerfallenheit der Gegenwart mit dem Christentum. Dieses begann mit dem Glauben an ein nahes Weltende. Nichts liegt der Gegenwart ferner als dieser Glaube.«[98]

Liegt etwa auch der Kirche nichts ferner als dieser Glaube? Ist sie nicht gerade seine Institution gewordene, auf Dauer gestellte Verdrängung? Wenn eine apokalyptisch gefärbte Reich-Gottes-Ankündigung – die Ankündigung des nahen Weltzusammenbruchs, nach dem Gott seine Herrschaft errichtet – wirklich im Zentrum der Predigt und der religiösen Vorstellungswelt des Jesus von Nazaret gestanden hat, so wäre die Kirche nicht nur in der Predigt Jesu, sondern auch in seiner religiösen Vorstellungswelt im wahrsten Sinn des Wortes *ortlos*. Und aus dieser Ortlosigkeit ergäbe sich die ganze Unmöglichkeit der Kirche, an der die Kritiker sich Jahrhunderte lang abgearbeitet haben. Kirche wäre der Versuch, die Nähe des von Jesus angekündigten Anbruchs der Gottesherrschaft ins Unermeßliche zu dehnen und schließlich vergessen zu machen – sich auf Jesus zu berufen und zugleich zu verheimlichen, was er eigentlich wollte, weil man damit schon bald kein Gehör mehr hätte finden können.

Im Grunde ist dieser Verdacht bis in die Gegenwart hinein virulent geblieben: Die Kirche hat etwas zu verheimlichen, was ihr die eigene Basis wegzieht; sie unterdrückt mit allen Mitteln, was da ans Licht kommen will – es würde ihr ja an die Existenz gehen. Man traut ihr fast alles zu. Denn in der Vergangenheit hat sie es ja schon mit der Wahrheit nicht allzu ernst genommen und gefälscht, wo immer sie sich davon einen Vorteil versprach. So sieht das Glaubwürdigkeitsproblem der Kirche(n) heute aus, jedenfalls an der Oberfläche. Der Durchgang durch die Kritikgeschichte hat deutlich werden lassen, wie ernst *dieses* Glaubwürdigkeitsproblem zu nehmen ist – und daß von ihm her alle christlichen Kirchentümer abgründig zweifelhaft geworden sind.

---

[97] Vgl. ebd., 97.
[98] Ebd., 99.

1.7 Fundamentaltheologische Zwischenbilanz

Overbecks These beruht auf der Voraussetzung, daß die geschichtliche Dauer in der Kirche und die Mittel, mit der das geschichtliche Überleben von ihr ermöglicht oder gar erzwungen wurde, den Anfangsimpuls des Christlichen in Jesu Verkündigung und Lebenspraxis widerrufen hat, ja widerrufen mußte. Die im 19. Jahrhundert auch dramatisch-fiktional ausgestaltete Konfrontation der Kirche mit ihrem Herrn[99], die die Kirche als Fälscherin und Verderberin des ihr von ihrem Herrn Anvertrauten überführte, ist längst nicht mehr ein Motiv kontroverstheologischer Auseinandersetzung, wie in der spätmittelalterlichen Antichrist-Polemik. Die Kirchen sind vielmehr *antichristlich*, sie haben sich an Christi Stelle gesetzt und sein »Erbe« usurpiert, weil sie um ihres geschichtlich-einflußreichen Überdauerns willen gar nicht anders konnten. Mit dem, was Jesus von Nazaret verkündigt und gewollt hat, ist Kirche nicht zu machen. Deshalb mußte sich die Kirche dieses Erbe so aneignen, daß sie selbst als dessen Sachwalterin auftreten und sich geschichtlich durchsetzen konnte.

Die Fundamentaltheologie wird die Voraussetzungen dieser These von der inneren Unmöglichkeit von Kirche zu überprüfen haben, ehe sie auf die klassischen konfessionellen Kontroversen eingeht. Es wird dabei entscheidend um die Frage gehen, ob die Ekklesiogenese tatsächlich eher der Logik geschichtlich-sozialer Machtentfaltungs- und Identitätsstabilisierungsinteressen folgt als der Logik einer göttlichen Oikonomia – eines geschichtlich-sozial sich realisierenden göttlichen Heilshandelns. Diese Frage gewann seit Overbeck und der Neuentdeckung des Apokalyptischen in den Anfängen des Christentums ihre Schärfe vor allem dadurch, daß die apokalyptische Logik offenkundig Gottes Heilshandeln mehr oder weniger stringent und ausschließlich auf das kosmisch-universale Ende der Geschichte bezog und *deshalb* eine sozial-geschichtliche Vermittlung bzw. Erstreckung des Handelns Gottes zum Heil der Menschen etwa durch die Erwählung eines aus den Völkern zum Zeugnis ausgesonderten Eigentumsvolks kaum noch in Betracht zu ziehen erlaubte.

Die wie auch immer zu verstehende Ablösung des göttlichen Heilshandelns von der exklusiven Erwählungsgemeinschaft Israel war im apokalyptischen Milieu der Urchristenheit offenbar bedingt durch die apokalyptische Universalisierung der Heils- und Unheilsperspektiven. Damit verbunden war das Zurücktreten einer geschichtlich-sozialen Vermittlung des göttlichen Heilshandelns, die mehr gewesen wäre als ein Sich-Sammeln der Gläubigen um das endzeitliche Evangelium und die gegenseitige Stärkung im Geist Gottes zum Ausharren bis zum Einbruch des endzeitlichen Gerichts- und Heilshandeln Gottes. Kirche konsolidiert sich als gruppenübergreifender sozialer Verband im doppelten Gegenüber zur apokalyptischen Entwertung des Geschichtlich-Sozialen – der »Welt«, wie Overbeck mißverständlich genug sagen konnte – und zu jener ge-

---

[99] Vgl. etwa F. Dostojewskis Parabel vom Großinquisitor, in: Die Brüder Karamasoff, Darmstadt 1968, 401–432.

schichtlich-sozialen Größe, die sich zuvor als mehr oder weniger exklusive, geschichtlich-soziale Realität göttlichen Heilshandelns verstanden hatte: *Israel.* Das macht einerseits – so die kirchenkritische These – die innere Widersprüchlichkeit der Kirche wie auch andererseits die gefährliche Entwertungsdynamik aus, die ihr Verhältnis zum »ersten« Gottesvolk weithin prägte.

Wie auch immer man die Bestimmtheit der christlichen Anfänge durch die Apokalyptik in ihrer Tragweite einschätzen und wie weitgehend man die apokalyptischen Überzeugungen gegenüber den Rekonstruktionen des 19. Jahrhunderts differenzieren wird: als fundamentaltheologische Grundfrage bleibt die nach der Legitimität der theologischen Annahme eines Heilshandelns Gottes am »neuen« Volk Gottes und durch es, wobei diese Legitimität sowohl im Blick auf das von der Kirche in Jesus Christus angenommene Heilshandeln – gleichsam als dessen wie auch immer zu verstehende »Fortsetzung« – wie im Blick auf Israel als geschichtliche Vermittlungsgestalt göttlichen Heilshandelns zu erweisen wäre. Die Schwierigkeit, das in Jesus Christus Geschehene einfachhin als ersten Anfang der Ekklesiogenesis und die Kirche selbst als seine in jeder Hinsicht darin angelegte »Fortsetzung« zu verstehen, läßt sich natürlich mit Hinweis auf die durch Jesu Tod und Auferweckung radikal veränderte Situation erleichtern; und sie ist theologisch durch die Unterscheidung des Handelns Gottes durch seinen Geist von seinem Heilshandeln in und an Jesus Christus trinitätstheologisch aufgefangen. Aber es ist wohl deutlich geworden, daß diese Unterscheidung fundamentaltheologisch nur aufgenommen werden kann, wenn sie sich nachvollziehbar aus der Zuordnung des Unterschiedenen ergibt – wenn sich zeigen läßt, daß die »Situationsveränderung«, die Kirche möglich und erforderlich machte, auf die christologische Heilsvermittlung authentisch zurückzukommen und von ihr eine pneumatologisch-ekklesiologische zu unterscheiden *erlaubte.* An einer theologisch befriedigenden Verhältnisbestimmung der Kirche zu Israel müßte sich dann noch erweisen, daß in Pneumatologie und Ekklesiologie von einem geschichtlich-sozial vermittelten Heilshandeln gesprochen wird, das nicht nur die apokalpytische Entgeschichtlichung, sondern auch die so verheerend wirksam gewordene »endzeitliche« Konkurrenz des »alten« und des »neuen« Gottesvolkes übergreift.

2. Gottes Volk: das Volk seiner Königsherrschaft

2.1 Gott und sein Eigentumsvolk

Die Unverträglichkeit des Apokalyptischen mit kirchlicher Institutionalisierung – mit der Weltexistenz von Kirche – macht bei Overbeck die innere Unmöglichkeit der Kirche aus. Vielfach ist seither versucht worden, sie aufzulösen; in kennzeichnender Zwiespältigkeit von dem dann als »Modernist« verurteilten *Alfred Loisy*. Sein bekannter Satz: »Jesus verkündigte die Königsherrschaft Gottes, gekommen ist die Kirche«[1], wollte nicht die Legitimität dessen bestreiten, was dann kam: die Kirche, sondern eine Argumentation vorbereiten, in der für das Thema Kirche – durchaus in Spannung zur Verkündigung Jesu – theologisch Platz wäre. Man wird, das ist für Loisy klar, dem historischen Jesus nicht die Absicht zurechnen dürfen, eine Kirche zu stiften, wie sie dann in der Geschichte gewachsen ist. In seinem »intentionalen Horizont« sei allenfalls eine Interimsgemeinschaft derer vorstellbar, die die Verkündigung von der nahegekommenen Gottesherrschaft hörten und sich auf ihre nahe Ankunft ausrichteten. Freilich dürfe man annehmen, daß die dann geschichtlich gewachsene Kirche in den Anfängen der Jesus-Bewegung angelegt gewesen und aus ihnen zu ihrer jetzigen Gestalt herangewachsen sei: »Die heutige Kirche gleicht« – so Loisys Resümee – »der Gemeinde der ersten Jünger nicht mehr und nicht weniger als ein erwachsener Mensch dem Kinde gleicht, das er früher gewesen ist.«[2] Mehr wäre auch gar nicht zu erwarten, da sich die Situationen und Herausforderungen, in denen der Glaube an das Evangelium gelebt werden mußte, mit Tod und Auferweckung Jesu und seither immer wieder einschneidend veränderten:

> »Sie (die Kirche; J. W.) kam und erweiterte die Form des Evangeliums, die unmöglich erhalten werden konnte, wie sie war, seitdem Jesu Aufgabe mit dem Leiden abgeschlossen worden war ... Eine Absurdität würde es sein zu verlangen, daß Christus die Interpretationen und Anpassungen, welche die Zeit fordern mußte, im voraus schon bestimmt hätte, denn sie hatten keine Berechtigung, früher als notwendig da zu sein. Daß die Zukunft der Kirche durch Jesus seinen Jüngern geoffenbart wurde, war weder möglich noch nützlich. Der ihnen vom Heiland hinterlassene Gedanke bestand darin, das Reich Gottes fortdauernd zu wollen, vorzubereiten, zu

---

[1] Evangelium und Kirche, dt. München 1904, 113.
[2] Ebd., 116.

erwarten und zu verwirklichen. Die Perspektive des Reiches hat sich erweitert und verändert, die seiner endgültigen Ankunft ist zurückgetreten, aber der Zweck des Evangeliums ist der Zweck der Kirche geblieben.«[3]

Loisy entschärft noch das von der ihn verurteilenden lehramtlichen Instanz gar nicht gesehene Problem: Die zu Hilfe genommene Wachstumsmetapher unterstellt einfach, daß sich die Kirche in ihrer späteren Gestalt angesichts neuer geschichtlicher Möglichkeiten und Herausforderungen mit der dann fälligen Umakzentuierung der Reich-Gottes-Botschaft Jesu aus den Anfängen einer apokalyptischen Jesus-Bewegung herausbilden *konnte*, wenn nicht *mußte*. War denn mit dem Zurücktreten der Naherwartung die Reich-Gottes-Botschaft Jesu nicht ums Wesentliche gebracht, so daß die Kirche als Ersatzgröße für die ausgebliebene Gottesherrschaft Karriere gemacht hätte?

Die Argumentation, die hier für die »jesuanische« Legitimität von Kirche zu führen wäre, müßte in zwei Richtungen ausgeführt werden. Sie müßte zum einen klären, in welchem Sinne Jesus selbst Apokalyptiker gewesen ist und wie die apokalyptische Naherwartung seine Botschaft von der nahegekommenen Gottesherrschaft bestimmt hat. Sie müßte zum anderen aufzuweisen versuchen, daß apokalyptische Konzepte im Judentum der Zeit von ca. 200 vor bis 100 nach Christi Geburt durchaus endzeitliche *soziale* Realitäten kannten, die als Repräsentanten des von Gott erwählten Volkes eschatologische Bedeutung gewinnen und so Bezugsgröße hätten sein können für eine Ekklesiogenese im apokalyptischen Vorstellungshorizont.

Daß Jesus nicht in dem etwa von Overbeck unterstellten Sinne Apokalyptiker war, daß er seine Reich-Gottes-Botschaft zwar im Kontext der Naherwartung formulierte, die Erwartung des nahe bevorstehenden und von Gott selbst herbeigeführten Endes dieses Äons aber nicht das Zentrum seiner Verkündigung ausmachte, davon war im fundamentaltheologischen Erlösungstraktat ausführlich die Rede.[4] Gottesherrschaft meint bei Jesus von Nazaret jene endzeitliche Wiederherstellung der Schöpfung in dem ihr vom Schöpfer mitgeteilten Schöpfungs-Sinn, die in der Reich-Gottes-Praxis Jesu wie seiner Jünger antizipiert und *dargestellt* wird. Die Schöpfung ist – abweichend von anderen, radikaleren apokalyptischen Konzepten – nicht dem Satan und seinen Unheilsmächten anheimgegeben gedacht, so daß die »Treuen« hier nur noch in geduldiger Bewährung ihres Glaubens die letzten Dinge passiv erwarten könnten. Der Herrscher dieses Äons ist vielmehr schon vom Himmel gestürzt, aus seiner Herrscherposition entfernt (vgl. Lk 10,18). So sind ihm die Glaubenden nicht mehr hilflos ausgeliefert. Vielmehr sind sie dazu herausgefordert und in der Lage, den »eschatologischen Befreiungsprozeß« mitzutragen, »in dem der Mensch sich wieder als Gottes Geschöpf erfahren kann, dem die Erde als Gottes

---

[3] Ebd., 113 f.
[4] Hier darf ein weitgehender Konsens in der Forschung vorausgesetzt werden; vgl. dazu etwa H. Merklein, Jesu Botschaft von der Gottesherrschaft, Stuttgart 1983.

gute Schöpfung anvertraut ist.«[5] Gott ist schon dabei, diese Welt ganz zu seiner Welt zu machen und seiner heilbringenden Herrschaft zu unterwerfen; zu einer Welt, »in der die Letzten die Ersten sein werden, die Armen und Entrechteten Gottes Gerechtigkeit erfahren, die Hungernden satt werden und den Gequälten und Entwürdigten die Tränen für immer von den Augen gewischt sind.«[6] So kommt auch den Jüngern Christi die Aufgabe und die Berufung zu, die neue, »größere Gerechtigkeit« der Gottesherrschaft jetzt schon zu leben (vgl. Mt 5, 20), wie sie etwa in der Bergpredigt ihre paradigmatische Darstellung findet.

Aus dieser jesuanischen Akzentuierung der Apokalyptik ergibt sich, daß Welt und Geschichte für die Glaubenden nicht von vornherein verloren sind und deshalb nur noch in treuer Beharrlichkeit »überstanden« werden könnten. In Welt und Geschichte beginnt vielmehr konkret, was Gottes Herrschaft ausmacht: die Wiederherstellung der guten Schöpfung (vgl. Gen 1, 1–2, 4a); und es beginnt im Handeln der mit Jesus, dem Christus, Verbundenen. Damit ist schon in mehrfacher Hinsicht ein theologischer Ort für Kirche vorgezeichnet: Kirche »beginnt« gleichsam in der Sendung derer, die mit Jesus das Volk Israel für das Anfangen der heilvollen Gottesherrschaft in Dienst nehmen, es zum endzeitlichen Gastmahl JHWHs einladen sollen. Und sie beginnt in denen, die sich jetzt schon der Gottesherrschaft und ihrer größeren Gerechtigkeit unterstellen. Sie beginnt in der Sendung des Messias Jesus und der von ihm Ausgesandten, die Verlorenen und Zerstreuten, an ihrer Erwählung Zweifelnden oder Verzweifelten zu sammeln und aufzurichten (vgl. Mt 10, 5–8). Sie beginnt damit, daß der Messias für das Volk stirbt, »um die versprengten Kinder Gottes wieder zu sammeln« (Joh 11, 52). Dieser Tod ist Ursprung der endzeitlichen Sammlung wie der endzeitlichen Zerstreuung und Scheidung; er ist der Tod des Propheten der Endzeit, der von Matthäus in eine Reihe gerückt wird mit vielen gescheiterten Versuchen JHWHs, sein Volk um sich zu versammeln: »Jerusalem, Jerusalem, du tötest die Propheten und steinigst die Boten, die zu dir gesandt sind. Wie oft wollte ich deine Kinder um mich sammeln, so wie eine Henne ihre Küken unter ihre Flügel nimmt, aber ihr habt nicht gewollt« (Mt 23, 37).

Am Messias Jesus vollzieht sich die Scheidung innerhalb des von JHWH erwählten und immer wieder gerufenen Volkes. Er wird zum Stein des Anstoßes, »zum Felsen, über den man stürzt« (1 Petr 2, 8). Aber als solcher – als der von den Bauleuten verworfene – wird er zum »Eckstein« bzw. Schlußstein, in dem das jetzt aufzubauende Haus Gottes seinen Zusammenhalt findet (vgl. Mt 21, 42 f.). Von ihm her und auf ihn hin werden die, die sich jetzt rufen und versammeln lassen, als »lebendige Steine zu einem geistigen Haus« auferbaut (vgl. 1 Petr 2, 4–6). Denen aber, die ihn »verworfen« haben, wird das »Reich

---

[5] P. Hoffmann, Zukunftserwartung und Schöpfungsglauben in der Basileia-Verkündigung Jesu, in: Religionsunterricht an höheren Schulen 31 (1988), 374–384, hier 383.
[6] Ders., Er ist unsere Freiheit. Aspekte einer konkreten Christologie, in: Bibel und Kirche 42 (1987), 109–115, hier 109.

Gottes ... genommen und einem Volk gegeben werden, das seine Früchte bringt« (Mt 21,43).

Auf Stellen wie diese hat sich die in der Geschichte zwischen Judentum und Christentum so verhängnisvolle *Substitutionstheorie* berufen können – die theologische Unterstellung, wegen der Verwerfung des Messias Jesus habe Gott seinem ersterwählten Eigentumsvolk den Bund aufgekündigt, es selbst verworfen, und sich ein neues Volk erwählt. Von einem *neuen* Volk Gottes ist nun aber in den Schriften des Neuen Testaments nicht ausdrücklich die Rede; allenfalls indirekt ist die Vorstellung einer neuen Erwählung unter Zurückstellung der ersten im besonders israelkritischen Ersten Petrusbrief erkennbar. Im oben bereits zitierten Kontext wird die Erwählungsformel JHWHs am Sinai (Ex 19,5 f.: »... wenn ihr auf meine Stimme hört und meinen Bund haltet, werdet ihr unter allen Völkern mein besonderes Eigentum sein ... ihr aber sollt mir als ein Reich von Priestern und als ein heiliges Volk gehören«) auf die Gemeinden der Christusgläubigen übertragen: Sie waren einst »nicht sein Volk, jetzt aber seid ihr Gottes Volk; einst gab es für euch kein Erbarmen, jetzt aber habt ihr Erbarmen gefunden« (1 Petr 2,9 f.).

Zu einer regelrechten Theorie der Enterbung des ersten Bundesvolkes durch ein neues Volk Gottes werden diese Ansätze erst im Barnabasbrief ausgearbeitet. Diese Theorie geht so weit, Israel auch seine Bibel streitig zu machen. Sie gehört nicht etwa »jenen und uns«, sondern ausschließlich den Christen (4,6; vgl. 9,6). Für Israel war sie nur toter, unverstandener Buchstabe; hier habe man sie ja nicht als das gelesen, was ihren eigentlichen Sinn ausmache, Vorausoffenbarung Christi zu sein (vgl. 6,8 f.; 8,7; 9,1.3; 10,12). Sie gehöre also in Wahrheit denen, die sie dem in ihr liegenden Sinn entsprechend verstünden, dem neuen Volk Gottes (vgl. 5,7; 7,5; vgl. 14,1 ff.). Die eschatologisch-apokalyptische Situation wird hier als eine der Zuspitzung und der Entscheidung bestimmt, in der sich an der jeweiligen Stellungnahme zum gekreuzigten Messias die Zugehörigkeit zu den von Gott Erwählten und deshalb auch der eschatologischen Drangsal Gewachsenen entscheidet: In der Endzeit muß sich erweisen, wem die heilsgeschichtlichen Verheißungen wirklich gelten; muß sich zeigen, wer sich als ihr Träger verstehen darf.

Mit dieser Enterbung Israels ist gewiß zunächst der Versuch gemacht, die eigene Gemeinde in ihrer Verfolgungssituation zu stärken und – was den Barnabasbrief angeht – gegen Israel zu profilieren, dessen Katastrophe christlichen Gemeinden hier die Möglichkeit geben soll, sich von der »heilsgeschichtlichen Widerlegung« Israels nicht nur unbetroffen, sondern als die in der Heilsgeschichte von Anfang an eigentlich Gemeinten zu verstehen. Damit ist freilich nur ein Reaktionsschema aufs Äußerste zugespitzt, das in der exilischen und nachexilischen Zeit bis in die apokalyptisch geprägte Literatur hinein immer wieder in politischen Krisen aktiviert worden war, von dem her sich dann auch jene apokalyptisch-ekklesiologischen Modellvorstellungen nahegelegt haben, wie sie in der frühen Christenheit zur Stabilisierung einer eigenständigen ekklesialen Identität in Anspruch genommen wurden.

Das Exil in Babylon war für Juda die einschneidenste Krise seines Glaubens an die Auserwählung zum besonderen Eigentumsvolk JHWHs. Sollte sich JHWH um sein Eigentum so wenig kümmern, daß er es verlorengibt und der Zerstreuung überläßt? Ezechiel entwickelt die Vision einer neuen Sammlung der Zerstreuten und der Erneuerung des Bundes durch JHWH:

>So spricht Gott, der Herr: Ich führe euch aus allen Völkern zusammen, sammle euch aus den Ländern, in die ihr zerstreut seid, und gebe euch das Land Israel … Ich schenke ihnen ein anderes Herz und schenke ihnen einen neuen Geist. Ich nehme das Herz von Stein aus ihrer Brust und gebe ihnen ein Herz von Fleisch, damit sie nach meinen Gesetzen leben und auf meine Rechtsvorschriften achten und sie erfüllen. Sie werden mein Volk sein, und ich werde ihr Gott sein« (Ez 11,17.19f.).

Diese Sammlung wird als Reinigung vom Götzendienst (vgl. 36,24f.; es folgt die Parallelstelle zu 11,19f.), aber auch als Läuterung im Zorngericht verstanden (vgl. 20,33–36). Die Heilsperspektive setzt die Reinigung und das Gericht voraus, ist nur denen angeboten, die die Erneuerung des Bundes an sich geschehen lassen wollen (vgl. 11,21). Die nachexilische Fortbildung der Jeremiatradition entfaltet dann ausdrücklich diese Heilsperspektive einer neuen Sammlung zu JHWHs Eigentumsvolk nur noch für einen *Rest* Judas und Israels. Zwar darf nun wieder gelten:

>Seht, ich sammle sie aus allen Ländern, wohin ich sie in meinem Zorn und Grimm und in großem Groll versprengt habe. Ich bringe sie wieder zurück an diesen Ort und lasse sie in Sicherheit wohnen. Sie werden mein Volk sein und ich werde ihr Gott sein … Ich schließe mit ihnen einen ewigen Bund, daß ich mich nicht von ihnen abwenden will, sondern ihnen Gutes erweise. Ich lege ihnen die Furcht vor mir ins Herz, damit sie nicht von mir weichen« (Jer 32,37f. 40; vgl. 31,31–33).

Aber es zeichnet sich schon deutlich sichtbar die Frage ab, wem dieser ewige Bund gelten wird, da sich doch nicht das ganze Volk das »neue Herz« schenken, zur Gerechtigkeit und zur Gottesfurcht rufen läßt, so daß dem Volk weitere »Prüfungen« und Heimsuchungen nicht erspart bleiben. Die Schuld, die das Unglück auf das Volk zieht, ist denen vergeben, die JHWH von neuem sammelt; sie ist bei ihnen »nicht mehr vorhanden«. Aber – so Jeremia – es wird nur ein Rest sein, der diese Vergebung findet: »… ich verzeihe dem Rest, den ich übriglasse« (50,20).

Dieser Gedanke gewinnt in der späten Literatur des Alten Testaments an eschatologischer Dramatik. Die wohl erst in hellenistischer Zeit verfaßten oder überarbeiteten Partien des Sacharjabuches[7] künden das Kommen des endzeitlichen Friedenskönigs, der in Gerechtigkeit und Demut den Frieden bringt und seine Herrschaft »von Meer zu Meer und vom Eufrat bis an die Enden der Erde ausbreitet« (9,9–11). Vor Anbruch dieser Herrschaft müssen die bösen Hirten, die das Volk auf die Schlachtbank verkaufen, beseitigt werden (vgl. 11,4–17).

---

[7] Zur Datierung und Einordnung vgl. R. Albertz, Religionsgeschichte Israels in alttestamentlicher Zeit, 2 Bde., Göttingen 1992, 642.

Aber das Gericht wird auch über das ganze Volk kommen, damit es für die endzeitliche Königsherrschaft gereinigt werde:

> »Im ganzen Land – Spruch des Herrn – werden zwei Drittel vernichtet, sie werden umkommen, nur der dritte Teil wird übrigbleiben. Dieses Drittel will ich ins Feuer werfen, um es zu läutern, wie man Silber läutert, um es zu prüfen, wie man Gold prüft. Sie werden meinen Namen anrufen, und ich werde sie erhören. Ja, ich werde sagen: Es ist mein Volk. Und das Volk wird sagen: JHWH ist mein Gott« (Sach 13,8 f.).

In spezifischer Weise verbindet Zefanja das Motiv des Gott gehorsamen Restes mit einer Theologie der Armen: »Die Armen werden potentiell zu den Frommen des Landes (ʾanwé ha ares), die als die letzte noch verbleibende Bevölkerungsgruppe vom Propheten aufgefordert werden kann, JHWH, sein Recht (mispat), Gerechtigkeit (sedeq) und Demut (ʾanawa) zu suchen. Hier kündigte sich – so *Rainer Albertz* – »erstmals die Verknüpfung von sozialem und religiösem Bereich in der israelitischen Gesellschaft an, die in der Folgezeit große Bedeutung bekommen sollte.«[8] Und es zeichnet sich ein theologisches Modell ab, in dem das Bewußtsein sozialer Unterdrückung mit einem spezifischen Erwählungsbewußtsein korreliert; so etwa in Zef 3,12–13a.15:

> »Und ich lasse in deiner Mitte übrig ein demütiges und armes Volk, das seine Zuflucht sucht beim Namen des Herrn. Der Rest von Israel wird kein Unrecht mehr tun und wird nicht mehr lügen, in ihrem Mund findet man kein unwahres Wort … Der Herr hat das Urteil gegen dich aufgehoben und deine Feinde zur Umkehr gezwungen. Der König Israels, der Herr, ist in deiner Mitte; du hast kein Unheil mehr zu fürchten.«

Die schon angesprochene Sacharja-Prophetie spricht von einer neuen Zuwendung JHWHs zum »Rest des Volkes«, das nun nicht mehr ein »Fluch unter den Völkern«, sondern »ein Segen sein wird«, damit allerdings auch von neuem in die Pflicht genommen ist, das Heil, das JHWH im Weinberg des Volkes sät, in Nächstenliebe und Gerechtigkeit aufgehen zu lassen (vgl. Sach 8,6.11–17). Wenn der »Rest« sich als »fruchtbar« erweist, so werden auch die Völker sehen und hören: »Gott ist mit euch«, und JHWHs heilvolle Nähe in Jerusalem suchen – so die an Deuterojesajas Vision von der Völkerwallfahrt angelehnte Endzeitperspektive einer sicherlich späteren Sacharja-Redaktion (vgl. 8,20–23). In anderem Zusammenhang wird dann die Kategorie des geretteten Restes ausdrücklich auch auf Nachbarvölker angewandt. Aus ihren Reihen werden Menschen »zu dem Rest gehören, der unserem Gott zu eigen ist« (9,7).

In der apokalyptischen Literatur ist die schon bei Sacharja und Deuterojesaja vorgezeichnete Universalisierung der Perspektive weiter ausgestaltet und mit dem Motiv des Gerichtstags JHWHs zusammengebracht: JHWHs endzeitliches Königtum, das die in immer tiefere Korruption gefallenen menschlichen Herrschaften ablöst, befreit die Treugebliebenen endgültig von jeder Unter-

---

[8] Ebd., 304.

drückung. Sie werden nun das erwählte Volk dieses Königtums sein: »Die Herr-schaft und Macht und die Herrlichkeit aller Reiche unter dem ganzen Himmel werden dem Volk der Heiligen des Höchsten gegeben. Sein Reich ist ein ewiges Reich, und alle Mächte werden ihm dienen und gehorchen« (Dan 7, 27).

In den Kreisen des Judentums der zwei Jahrhunderte vor Christi Geburt, bei denen die »Apokalyptik als soziale Widerstandstheologie« Verbreitung fand[9], lebte die Armentheologie der nachexilischen Traditionsbildungen radikali-siert fort: In der gemeinschaftlichen Vertiefung in das geoffenbarte Wissen um die Errettung des geheiligten Rest-Volkes aus der gegenwärtigen Drangsal und in »der gemeinschaftlichen Antizipation des jenseitigen Gerichts können die Frommen sich verbal schon eine Gegenwelt aufbauen, in der die Gerechtigkeit Gottes voll zum Zuge kommt.«[10] Diese »Gegenwelt« kann auch als real – in der Gemeinschaft der Frommen – in *diese* Welt hereinragend vorgestellt sein und zum inneren Sinnzentrum jenes Erwähltheitsbewußtseins werden, aus dem her-aus die eschatologischen Drangsale – das Anstürmen der teuflischen Mächte – bestanden werden können.

Dieses fast schon elitär-exklusive Erwähltheitsbewußtsein der Apokalypti-ker und ihrer Gruppen steht in Spannung zu jener Endzeitvision, in der – die Deuterojesa-Tradition aufnehmend – die Völker schließlich von der Heiligkeit des geretteten Restes zur Umkehr und zur endzeitlichen Sammlung um JHWH gerufen werden. Endzeitvorstellungen der vorchristlichen Zeit oszillieren of-fenkundig zwischen einem Erwähltheitsbewußtsein, das die kleine Schar der Unterdrückten (der Armen und Demütigen) *jetzt schon* aus der Wirklichkeit der Gottesherrschaft nach dem endzeitlichen Umsturz leben läßt, und einer uni-versalistischen Perspektive, in der die Endzeit gerade damit beginnt, daß sich die Völker zum Gott Israels bekehren. Albertz hat gezeigt, wie diese Spannung mit unterschiedlichen Interessen in der apokalyptischen Literatur selbst ausgetra-gen wird.[11] Es ist alles andere als zufällig, daß sich auch die frühe Christenheit in dieser Spannung vorfindet, wobei freilich der Aspekt der endzeitlichen Sammlung der Völker dominant wird.

2.2 Das Volk aus den Völkern

Vor allem die lukanische Apostelgeschichte stellt die Kirche als den in der Endzeit geöffneten Weg des Evangeliums von Jerusalem zu den Völkern dar – gewissermaßen als Fortsetzung des Weges Jesu nach Jerusalem im endzeitlich ausgegossenen Geist des Auferstandenen. Pfingsten, das bedeutet schon ange-brochene Endzeit. Am Pfingsttag sind ja schon – wenigstens stellvertretend –

---

[9] Vgl. ebd., 675 f.
[10] Ebd., 676.
[11] Vgl. ebd., 633 f.

»fromme Männer aus allen Völkern unter dem Himmel« versammelt (vgl. 2, 5); und sie werden Zeugen der Erfüllung jener Joël-Verheißungen, nach denen in der Endzeit der Gottesgeist über »alles Fleisch« ausgegossen wird und alle rettet, die in ihm »den Namen des Herrn« anrufen (vgl. 2, 17.21). Paulus wird der Protagonist auf diesem Weg zu den Völkern. Auf seine Erzählung davon, »welch große Zeichen und Wunder Gott durch sie (Barnabas und Paulus) unter den Heiden getan hatte«, kann Jakobus auf dem »Apostelkonzil« nicht umhin einzuräumen, »daß Gott selbst zuerst eingegriffen hat, um aus den Heiden ein Volk für seinen Namen zu gewinnen« und daß er so die Verheißung (vgl. Am 9, 11 f.G) wahrmacht, er werde die zerfallene Hütte Davids im Auferstandenen wieder aufrichten, »damit die übrigen Menschen den Herrn suchen, auch alle Völker, über denen mein Name ausgerufen ist« (Apg 15, 14.16 f.).

Paulus selbst greift für das Verhältnis der Christusgläubigen zu Israel ausdrücklich auf die Rest-Metapher zurück. Diese Metapher dient ihm zum einen dazu, die ungekündigte Erwählung Israels zum Volk Gottes hervorzuheben, aber auch – zum anderen – die Scheidung in diesem Volk in Christusgläubige und »Verstockte« zu erklären. Mit Berufung auf die Eliageschichte (1 Kön 19, 10–14.18) spricht Paulus auch für seine Gegenwart von einem »Rest, der aus Gnade erwählt ist«. Und er fährt fort: »Was Israel erstrebt hat, hat nicht das ganze Volk, sondern nur der erwählte Rest erlangt; die übrigen wurden verstockt …« (Röm 11, 5.7).

»Verstockung« bedeutet hier nicht moralisch begründete Verworfenheit, sondern von Gott verhängte Blindheit und Taubheit, Nichtwahrnehmenkönnen dessen, was in Jesus Christus geschah. Dieses Nichtwahrnehmenkönnen hat aber einen heilsgeschichtlichen Sinn, denn »durch ihr Versagen (kam) das Heil zu den Heiden«. Die Nichthörenden und Nichtsehenden Israels sind eben nicht »gestrauchelt, damit sie zu Fall kommen«, sondern – und Paulus greift hier zu einer eigentümlichen Drehung des Stellvertretungsmotivs, wie es etwa in den Gottesknechtsliedern bei Deuterojesaja begegnet – deshalb, weil sie mit ihrem Straucheln die Teilhabe der Heiden am Heil ermöglichen »müssen«. Diese positive heilsgeschichtliche Bedeutung ihres Strauchelns begründet nun aber die Zuversicht, daß – von dem Reichtum, der durch sein Versagen der Welt zuteil wurde, eifersüchtig gemacht – in der letzten Zeit »ganz Israel zum Glauben kommt« (vgl. Röm 11, 8–12). Das apokalyptische Endzeitwissen des Paulus läßt ihn durchschauen, wie Gott auch die jetzt sich vollziehende Scheidung in Israel zum Guten wendet: Zum Weg, auf dem die Heiden das Heil erreicht, wobei dieser Weg dann eben doch endlich nach Jerusalem zurückführt, weil das Wunder der Bekehrung der Heiden schließlich auch Israel bekehren wird.

Man wird dieses bundestheologische Modell nicht überstrapazieren dürfen. Aber es läßt doch hinreichend erkennen, daß Paulus die Erfüllung der endzeitlichen Verheißungen, insofern sie sich auf die Bekehrung der Heiden beziehen, die dem »Rest« des Volkes eingegliedert werden, mit der endzeitlichen Vision überbietet, diesem Rest-Volk aus Juden und Heiden würde dereinst das ganze Volk wieder eingegliedert, so daß gerade die Not seines Nichthörens und Nichtsehens durch Gottes Gnade *allen* zum Heil wird. Der Rest-Gedanke verweist auf eine doppelte Stellvertreterfunktion: Als »Verstocktes« erträgt Israel seine heilsgeschichtliche Rolle, nicht gleich am Heil Anteil zu erhalten, sondern den Weg des Heils zu den Heiden zu eröffnen, ihn nachgerade und wider Willen zu erzwingen. Das Restvolk aus Heiden und Juden aber hat für Rest-Israel Stellvertretungsfunktion insofern, als es ihm Gottes Gnade in Jesus Christus bezeugt, es damit »eifersüchtig« macht, die *ihm* – Israel – gegebene Verheißung neu zu entdecken. Es liegt – über die von Paulus reflektierte Situation der zeitweiligen Scheidung im Volk Israel seiner Tage hinausgreifend – nahe, die tiefe katastrophale Zwiespältigkeit der an das 11. Kapitel des Römerbriefes sich anschließenden Wirkungsgeschichte von der tiefen, jetzt aber heilvollen Zwiespältigkeit des Erwählungs- und des Stellvertretungsgedankens her zu thematisieren.

2.3 Zum Zeugnis erwählt

Erwählung ist biblisch zunächst zweifellos eine Legitimationskategorie: David weiß sich, anstelle Sauls, vom Herrn erwählt »zum Fürsten über das Volk des Herrn« (2 Sam 6, 21). Die *Erwählung des Volkes* tritt in der Bundestheologie der deuteronomistischen Reform in den Vordergrund: Der König sollte eben nicht das privilegierte Medium des göttlichen Erwählungshandelns sein; es gilt letztlich nicht ihm, sondern dem erwählten Volk – und nimmt es in die Pflicht:

> »Weil er deine Väter liebgewonnen hatte, hat er alle Nachkommen eines jeden von ihnen erwählt und dich dann in eigener Kraft aus Ägypten geführt, um bei deinem Angriff Völker zu vertreiben, die größer und mächtiger sind als du, um dich in ihr Land zu führen und es dir als Erbbesitz zu geben, wie es jetzt geschieht. Heute sollst du erkennen und dir zu Herzen nehmen: JHWH ist der Gott im Himmel droben und auf der Erde unten, keiner sonst. Daher sollst du auf seine Gesetze und seine Gebote achten, auf die ich dich heute verpflichte, damit es dir und später deinen Nachkommen gut geht und du lange lebst in dem Land, das der Herr, dein Gott, dir gibt für alle Zeit« (Dtn 4, 37–40).

JHWH hat »das kleinste unter allen Völkern« »ins Herz geschlossen und auserwählt«. Er erweist »denen seine Huld, die ihn lieben und auf seine Gebote achten« (Dtn 7, 7–9; vgl. 10, 14 f.). Dieses kleine Volk ist ihm heilig; es gehört ihm als ein Eigentumsvolk und muß sich deshalb heilig halten: sich absondern vom Götzendienst, wie er in seiner Umgebung gepflegt wird (vgl. Dtn 14 ff.).

Die Erwählungsmetapher ist hier stark emotional, ja intim eingefärbt. Sie nimmt darin offenkundig hoseanische Traditionselemente in sich auf: Der Bund ist geradezu eine Liebesbeziehung (vgl. Dtn 6, 4 f.), die aber eben deshalb eine exklusive Zugehörigkeit voraussetzt und einfordert. Das treulose Israel ist JHWH nicht mehr die erwählte Partnerin, sondern Dirne; er macht es »der

Wüste gleich« und läßt es verdursten. Aber er kann doch nicht von seiner Geliebten lassen. Er »will sie in die Wüste hinausführen und sie umwerben« (vgl. Hos 2, 4–17). JHWH kann seine große Liebe nicht preisgeben: »Mein Herz wendet sich gegen mich, mein Mitleid lodert auf. Ich will meinen glühenden Zorn nicht vollstrecken und Efraim nicht noch einmal vernichten. Denn ich bin Gott, nicht ein Mensch, der Heilige in deiner Mitte. Darum komme ich nicht in der Hitze des Zorns« (Hos 11, 8 f.).

Es ist deutlich: Die wunderbare Tatsache der Erwählung eines so kleinen, hilflosen Volkes soll diesem die überströmende Liebe des Erwählenden zu Bewußtsein bringen und es dazu bewegen, dem Erwählenden, dem es alles verdankt, treu zu bleiben, die Ordnung des Zusammenlebens mit ihm in Ehren zu halten. Damit würde es JHWH, dem Erwählenden, die Ehre geben und zugleich vor den Völkern bezeugen, was es bedeutet, aus JHWHs Liebe zu leben und seiner Gerechtigkeit den Weg zu bereiten. Die kultische und ethische Abwendung vom »Partner« JHWH zwingt diesen gleichsam dazu, sich die Untreue des Volkes nicht gefallen zu lassen, sie ihm zu vergelten. Aber selbst in der Wüste umwirbt er noch die untreue Geliebte. Zwar muß sich am Schicksal des erwählten Volkes zeigen, wohin die Untreue führt. Aber der Liebhaber JHWH hält auch der ins Elend geratenen Geliebten noch die Treue; ja gerade im Elend bringt er ihr seine Liebe neu zur Erfahrung. Das Volk soll von neuem »erkennen, daß ich der Herr bin. Dann sollst du dich erinnern, sollst dich schämen und vor Scham nicht mehr wagen, den Mund zu öffnen, weil ich dir alles vergebe, was du getan hast« (Ez 16, 62 f.). Um seines Namens willen – um sich als der Herr dieses untreuen und von ihm doch erneut geretteten Volk allen Völkern zu offenbaren – setzt er das Volk wieder in seine Würde als seine Wohngenossin ein: »… bei ihnen wird meine Wohnung sein. Ich werde ihr Gott sein, und sie werden mein Volk sein. Wenn mein Heiligtum für alle Zeit in ihrer Mitte ist, dann werden die Völker erkennen, daß ich der Herr bin, der Israel heiligt« (Ez 37, 27 f.).

Die Erwählung des Volkes begründet seinen unverlierbaren »Vorzug«. Aber dieser Vorzug vor allen Völkern ist zugleich seine Beanspruchung dafür, JHWHs Zuneigung und die Möglichkeiten eines Volkes, aus ihr zu leben, vor den Völkern zu bezeugen. Die Erwählungsgeschichte ist – so Ezechiel (Kap. 37) – geradezu ein Ringen darum, ob das erwählte Volk seine Vorzugsstellung als Privilegium ausnützt und zur Selbstlegitimierung mißbraucht – oder sich von ihr so in Anspruch nehmen läßt, daß man ihm den erwählenden JHWH »ansieht«.

Die Gefährdung des Erwählungs-Glaubens besteht offensichtlich darin, daß die *Exklusivität* der Erwählung – hier der JHWH-Zugehörigkeit – vor allem als Vorrangstellung wahrgenommen wird: als eine Gottes-Nähe, die den oder die Erwählten geradezu in die Aura der Herrlichkeit Gottes taucht, an dieser Herrlichkeit Anteil haben läßt und zur Überlegenheit über alle anderen privilegiert. Religiöse Identitätsstiftung kann genau so funktionieren: Die Erwählten sind die Bevorzugten, durch die Gott seine Herrschaft unter den Völkern zur

Geltung bringen will; und sie sind deshalb auch dazu berufen, als »heiliges Volk« der heillosen, gottfernen bzw. anderen Göttern dienstbaren Welt entgegenzutreten. Die Erwählung wird zum Rechtstitel, aufgrund dessen dieses und kein anderes Volk – dieser und kein anderer Machthaber – Gottes Willen kennt und ihn zu vollstrecken sich anschickt. Erwählung wird hier als Vereinnahmung des Erwählenden geschichtlich konkret; oder sie ist – wie in funktionalistischen Religionstheorien vielfach analysiert oder unterstellt – überhaupt nur noch eine ideologiepolitische Selbstprivilegierungskategorie nach dem Schema: Wir sind – obwohl »in der Welt« und nach ihren Kriterien eher unbedeutend – etwas ganz Besonderes und den andern gegenüber im Recht. Es besteht durchaus Anlaß, diesen Selbstlegitimierungsmechanismus als *den* entscheidenden Faktor der Zwiespältigkeit religiöser Vergesellschaftung anzusehen und sich die Frage zu stellen, ob nicht die reflektiert religiöse Re-Konstruktion eines naturwüchsigen, völkisch-gesellschaftlichen Mittelpunktsbewußtseins das Profil vieler Ekklesiogenesen der Religionsgeschichte bestimmte.

Israel hat diese Ambivalenz und Mißbrauchbarkeit des Erwählungsgedankens in der Auseinandersetzung um den »theokratischen« Anspruch des Königtums, von JHWH in besonderer Weise erwählt und zum Medium des göttlichen Handelns privilegiert zu sein, erfahren und durchgearbeitet. Und es hat gerade aus dem Zusammenbruch dieser theokratischen Illusion im Exil die Konsequenz gezogen, daß Erwählung keine Exklusivansprüche begründet, sondern in Anspruch nimmt, JHWHs Bundesordnung zu leben und zu bezeugen und so unter den Völkern ein werbendes Zeichen zu sein für die heraus-fordernde Treue JHWHs zu seiner Schöpfung.

Wie wenig Erwählung »Vorzugsbehandlung« verheißt und Herrschaftsansprüche legitimierbar macht, das ist nicht zuletzt in den Gottesknechtsliedern durchmeditiert worden. Wenn sich das leidgeprüfte erwählte Volk im Gottesknecht, seinem Leid und seiner Erwählung, wiedererkennen sollte, so wäre dieser Gottesknecht Identifikationsgestalt eines Erwählungsbewußtseins, das endgültig davon Abschied genommen hat, sich »Nichterwählten« gegenüber privilegieren zu wollen.

Die Erinnerung an das bleibende Erwähltsein angesichts der gegenwärtigen Katastrophe ist gewiß auch eine Trostfigur: Der »Knecht Israel«, der »arme Wurm Jakob«, darf sich auf die Hilfe des »Heiligen Israels« verlassen. Er wird ihn auslösen (vgl. Jes 41,8.14). Aber der Knecht Israel wird in seinem Leid nicht nur getröstet und auf ein neues Heilshandeln JHWHs verwiesen. Ihm wird gerade in seinem Leiden die Erwählung neu zugesprochen, die Erwählung zum Zeugnis für die Völker:

> »Seht, das ist mein Knecht, den ich stütze; das ist mein Erwähler, an ihm finde ich Gefallen. Ich habe meinen Geist auf ihn gelegt, er bringt den Völkern das Recht … Er wird nicht müde und bricht nicht zusammen, bis er auf der Erde das Recht begründet hat. Auf sein Gesetz warten die Inseln. So spricht Gott, der Herr, der den Himmel erschaffen und ausgespannt hat, der die Erde gemacht hat und alles, was auf ihr wächst, der den Menschen auf der Erde den Atem verleiht und allen, die auf ihr

leben, den Geist: Ich, der Herr, habe dich aus Gerechtigkeit gerufen und dazu bestimmt, der Bund für mein Volk und das Licht für die Völker zu sein ...« (Jes 42,1.4–6).

Daß Jesus von Nazaret im Neuen Testament nach der Gestalt dieses erwählten Gottesknechts gezeichnet wird, liegt auf der Hand. Das zeigt schon ein Blick auf die Taufproklamation der »Stimme aus dem Himmel« (vgl. Mt 3,17 parr.), in der Deuterojesaja zitiert wird (42,1; vgl. auch die Zitate aus Jes 42 in Mt 12,15–21), und auf die deuterojesajanischen Konnotationen in der Antwort Jesu auf die Täuferfrage (Jes 42,7 bzw. tritojesajanisch 61,1 ff.). Die christologisch-messianische Zuspitzung der Erwählungs- wie der Gottesthematik ist angesichts des Kreuzes formuliert – im Mund derer, die den Gekreuzigten »verlachten und sagten: Anderen hat er geholfen, nun soll er sich selbst helfen, wenn er der erwählte Messias Gottes ist« (Lk 23,35).

Die Erwählung des Messias Jesus ist die zum Gottesknecht. Sie ist darauf ausgerichtet, daß durch ihn die eschatologische (Ent-)Scheidung geschieht (vgl. Lk 12,51 ff.). Er ist gekommen, »Feuer auf die Erde zu werfen«, diese Welt ins Gericht zu bringen; aber er selbst muß ins Feuer des Gerichts hineingeraten, mit »einer Taufe getauft« werden, in der ihn die eschatologische Drangsal heimsucht (vgl. Lk 12,49f.). So wird Gottes erwählendes Handeln an ihm, da es ihn in die äußerste Hilflosigkeit hineinführt, verwechselbar mit dem Handeln derer, die ihn – unter Inanspruchnahme göttlichen Rechts – dem Tod überliefern. Als Gottes *treues* Erwählungshandeln wird es nur identifizierbar aufgrund der Auferweckung des Gekreuzigten. Auch die von ihm Erwählten (vgl. Lk 6,13; Joh 6,70) werden diesem Feuer ausgesetzt sein, in ihm die Kraft des Salzes erlangen müssen (vgl. Mk 9,40). Darin liegt ja der Sinn *ihrer* Erwählung:

> »Ihr seid das Salz der Erde. Wenn das Salz seinen Geschmack verliert, womit kann man es wieder salzig machen? Es taugt zu nichts mehr; es wird weggeworfen und von den Leuten zertreten. Ihr seid das Licht der Welt. Eine Stadt, die auf einem Berg liegt, kann nicht verborgen bleiben. Man zündet auch nicht ein Licht an und stülpt ein Gefäß darüber, sondern man stellt es auf den Leuchter ...« (Mt 5,13 f.).

Durch die »Gemeinschaft mit Christus im Himmel«, »in ihm« sind die Christusgläubigen erwählt, damit sie »heilig und untadelig leben vor Gott« (Eph 1,4). Aber – so ja schon der Erste Korintherbrief – die Gemeinschaft der in Christus und mit ihm Erwählten steht unter dem Zeichen des Kreuzes, seiner Torheit und Schwäche. Die »Schwäche Gottes« (τὸ ἀσθενὲς τοῦ θεοῦ) ist freilich machtvoller als die Menschen es sein könnten, und das Törichte Gottes hat mehr Weisheit in sich als alle Menschenweisheit (vgl. 1 Kor 1,25). So ist auch die Schwäche der von ihm Erwählten, weil sie Gottes Schwäche abbildet, stärker als alles Menschliche; ihre Torheit ist, weil Gottes Torheit, weiser als Menschenweisheit. Darin zeigt sich so etwas wie eine göttliche Logik der Erwählung:

> »... das Törichte in der Welt hat Gott erwählt, um die Weisen zuschanden zu machen, und das Schwache in der Welt hat Gott erwählt, um das Starke zuschanden zu machen und das Niedrige in der Welt und das Verachtete hat Gott erwählt: das, was

nichts ist, um das, was etwas ist, zu vernichten, damit kein Mensch sich rühmen kann vor Gott« (1 Kor 1, 27–28).

Spricht sich darin mehr aus als die ideologische Selbstbehauptung der hoffnungslos Unterlegenen, das Ressentiment der Schwachen gegen die Starken *(Nietzsche)*, freilich: ein in verquerer Weise geschichtlich erfolgreiches Schwachsein, eine gelungene Selbstbehauptung? Es spricht sich hier jedenfalls die eschatologische Zuspitzung eines Erwählungsglaubens aus, der um seine eigene Zwiespältigkeit weiß und deshalb jedes Rühmen vor Gott verbietet (vgl. V. 29.31). Die Erwählung des von sich aus Unansehnlichen und Niedrigen entzieht dem Großeinwollen der Erwählten vor Gott und den Menschen jeden Anhalt. Erwähltheit heißt ein für allemal nicht mehr Ermächtigung zur Teilnahme an Gottes Herrscher-Allmacht, sondern Teilhabe an *seiner* Schwäche und Torheit, an der Torheit und Unvorsichtigkeit seiner Liebe. Erwähltheit hat jetzt das Merkmal des Salzes und des Lichtes: Die kleine Prise durchdringt, wenn das Salz seine Kraft nicht verloren hat, die ganze Speise und teilt ihr jene Güte mit, die sie »genießbar« macht; das kleine Licht verströmt sich in die weite Dunkelheit und besiegt sie bei all seiner Schwäche. Die Schwäche des Sich-Verlierens ist die Schwäche und Stärke Gottes selbst: Die Erwählten können und müssen Salz und Licht sein, den Vielen Geschmack und Helligkeit spenden. Dazu sind sie erwählt.

Noch einmal – in apokalyptischer Zuspitzung – gewinnt die Vorstellung des Restes als Verheißungsträger eine zentrale Bedeutung: Die kleine Schar kann sich nicht auf die Macht- und Einflußgrößen dieser Welt verlassen. Aber sie wird ihnen überlegen sein, wenn sie sich ihnen nicht angleicht. Ihr Sieg ist nicht *ihr* Sieg, erkämpft mit den Waffen dieser Welt; er ist der Sieg des Lammes (vgl. Offb 22, 4), das als hingeopfertes einen Sieg erringt, der nicht noch einmal Opfer kostet, sondern alle Tränen abwischt.

Der Ort der Kirche ist damit durchaus auch innerhalb eines apokalyptischen Horizonts bestimmbar geworden: Kirche ist die kleine Schar der an der Erwählung des Messias Teilhabenden und auf *seinen* Sieg Hoffenden; der erwählte Rest, der zum Salz und zum Licht werden soll; die bedrängte Gemeinde, die am Geschick des Gottesknechts teilhat und wie er Gottes neue Gerechtigkeit, sein Evangelium zu den Völkern bringen darf. Sie ist in dieser Welt, ohne sich in ihr als Machtfaktor einzurichten. Sie überläßt es ihrem Herrn, wie aus ihrer Schwäche Stärke wird, wie sich in ihrem Unterliegen die Kraft des Gottesgeistes manifestiert.

Diese apokalyptische Gespanntheit war gewiß nicht auf Dauer durchzuhalten. Die »ekklesiologische Selbstlosigkeit«, die es Gott anheimstellen konnte, wie das Senfkorn aufgeht, das Salz würzt, das Licht den Menschen leuchtet, wie der endzeitliche Sieg das vollendet, was in der Sendung der in Christus Erwählten seinen Weg nimmt – sie wich ekklesialem Überlebens- und Organisationssinn. Aber sie ist bleibend die in der Überlieferung Israels gewachsene und in die Ekklesiogenese des Christlichen eingegangene Gegen-Wirklichkeit zu einer Erwähltheitsideologie, mit der man sich bei Gott und durch ihn einen Vorsprung oder gar Exklusivität zu verschaffen sucht.

2.4 Wie Gott an seinem Volk und durch es handelt

Gottes Volk ist weder aus sich noch für sich »Volk«. Es verdankt sich dem Wunder der Erwählung, der Erwählung des von sich her Hilflosen und Bedeutungslosen. Und es hat seinen Existenzsinn im Zeugnis für seinen Gott, in der Darstellung der heilsamen Gemeinschaft mit seinem Gott, durch die JHWHs Gerechtigkeit und Schöpferengagement zum Leuchten kommen. Wollte dieses Volk aus sich und für sich »Volk« sein und den es auszeichnenden Bezug zu JHWH faktisch nur noch als Legitimation seines Vorrechtes in Anspruch nehmen, so durchkreuzte es seinen Existenzsinn. Die prophetische Kritik hat die politische und moralische Katastrophe des Volkes auf diese faktische Selbst-Aufhebung zurückgeführt und angesichts ihrer alle Hoffnung auf eine von JHWH ausgehende Neukonstitution *seines* Volkes gesetzt.

Näherhin betrachtet geht die Kritik dahin, daß das Volk bzw. diejenigen, die sich in ihm in besonderer Weise zur Herrschaft erwählt wissen, die *Heilsfrucht* der Erwählung – des guten Lebens im Land, das JHWH seinem Volk schenkte – der eigenen Verfügung unterwarfen und ihren Auftrag nicht mehr darin sahen, durch ihr Leben mit JHWH den Völkern Zeichen jenes Heils zu sein, zu dem der Schöpfer seine Schöpfung berufen hat. Der Gottesknecht ist dann jenes Heilszeichen, dessen Heilsteilhabe bis zur Unkenntlichkeit entleert scheint und doch darin erkennbar bleibt, daß er den Völkern Gerechtigkeit bringt.

Die Christen verstehen den Messias Jesus als diesen Gottesknecht. In ihm können die Glaubenden Israels – im Lukasevangelium von Simeon repräsentiert – »das Heil« sehen, das JHWH »allen Völkern bereitet« hat, »ein Licht, das die Heiden erleuchtet und Herrlichkeit für dein Volk Israel« (Lk 2,30–32; nach Jes 40,5G; 52,10; 49,6; 42,6; 46,13). Aber er muß Heilszeichen im Sinne des Gottesknechts sein, der dazu bestimmt ist, »daß in Israel viele durch ihn zu Fall kommen und viele aufgerichtet werden«, »ein Zeichen, dem widersprochen wird. Dadurch sollen die Gedanken vieler Menschen offenbar werden« (Lk 2,34–35a).

Die Gottesgemeinschaft des Messias Jesus ist dieses Zeichen, dem widersprochen wird, an dem sich die endzeitliche Scheidung vollzieht, aber nur deshalb vollzieht, weil so das Zeichen des Heils – als das Zeichen des Kreuzes – aufgerichtet bleibt zur Versöhnung *aller,* der Juden wie der Heiden. Solange es nur ein Zeichen des Widerspruchs bleibt, ist – nach Paulus – die Endzeit noch nicht wirklich da. Die Christusgläubigen sind aufgrund ihres In-Christus-Seins dazu erwählt, dafür Mitsorge zu tragen, daß dieses Zeichen, das ihnen selbst aufgeprägt ist, allen zum Heilszeichen werde, daß allen die in ihm aufscheinende Heilsfrucht der Versöhnung zugänglich werde.

Der *Dienst der Versöhnung* (vgl. 2 Kor 5,11–21) ist zuerst der Dienst des Messias Jesus selbst, zu dem er befähigt war, weil er selbst der Gottesgemeinschaft teilhaftig war, an der er Anteil geben sollte. In ihm wollte »Gott ... mit seiner ganzen Fülle ... wohnen, um durch ihn alles zu versöhnen« (Kol 1,19). Aber mit diesem Dienst war er – so wiederum der Kolosserbrief – »das Haupt des Leibes, der Leib aber ist die Kirche« (1,18). In ihr ist er gegenwärtig als die »Hoffnung auf Herrlichkeit« (1,27). So ist sie selbst Heilsfrucht – Wohnort des Erhöhten, der sie in seinem Geist durchdringen will, damit dieser Geist auch von ihr ausgehe und in ihrem Zeugnis die Versöhnung bezeichne, die an allen und an der ganzen Schöpfung Wirklichkeit werden soll.

Die Korrelation von *Heilsfrucht und Heilszeichen*[12], die ja schon für den alttestamentlichen Volk-Gottes-Gedanken entscheidend war, bestimmt nun auch die ratio essendi der Kirche: Heilsfrucht – im Sinne der Teilhabe an der Gottesgemeinschaft Jesu – ist die Kirche nicht aus sich, in sich und für sich, sondern als Heilszeichen, damit allen be-greifbar werde, wozu die Schöpfung in der heilbringenden Gemeinschaft mit ihrem Schöpfer berufen ist und sie sich dieser Berufung öffnen. So ist auch der Modus des Handelns Gottes, wie er in der Ekklesiologie im Blick auf das Handeln der Kirche auszuarbeiten wäre, in einer ersten grundlegenden Differenzierung bestimmbar:

Gottes Heilshandeln in und durch Jesus, dem Christus, ist in der christologischen Lehrtradition so beschrieben worden, daß hier eine menschliche Wirklichkeit ganz von Gottes Geist in Besitz genommen, zur vollkommenen Gottesgemeinschaft vollendet und *deshalb* zum unverfälschten Zeugnis für den erwählenden Gott befähigt wurde. Christologisch bedeutet das: Gottes Handeln ist durch das Handeln des Messias Jesus *vermittelt;* es geschieht in ihm zum Heil der Menschen und ist deshalb in bestimmter Hinsicht Christi – des Mittlers – *eigenes* Handeln. Die Einwohnung des Gottesgeistes in der Kirche macht sie zwar zum neuen »Tempel Gottes« (1 Kor 3,16 f.; vgl. Eph 2,19 ff.), in dem der Erhöhte Wohnung nimmt und für den er, obwohl von den Bauleuten verworfen, der Schlußstein geworden ist (vgl. Mt 21,42 f.), so daß sie in ihm ihren Bestand hat. Aber die Heilswirklichkeit dieser Einwohnung läßt die Kirche ganz und gar *im Anderen ihrer selbst* gegründet und von ihm je neu hervorgebracht – als Tempel bewohnt – sein. Der Geist ist ihr geschenkt und verheißen, damit sie aus ihm lebe, ihn in ihrem Handeln verleibliche; damit sie, indem sie aus ihm lebt, anderen bezeuge, was es heißt, vom Geist des Erhöhten und seines Vaters ergriffen und zur neuen Schöpfung gemacht zu werden (vgl. 2 Kor 5,17; Gal 6,15). Wo Kirche dazu unterwegs ist – als Heilsfrucht und Heilszeichen –, da ist sie »das Israel Gottes« (Gal 6,16), nicht in Ersetzung des ersterwählten Israel, sondern für es – wie für die Völker – und aus ihm, *seiner* Erwählung eingefügt. Die endzeitliche Qualität dieses Israels Gottes liegt nicht darin, daß es nun selbst – wie der Gottesknecht Jesus – Vermittlung des göttlichen Heilshandelns wäre

---

[12] Die Ekklesiologie S. Wiedenhofers (Das katholische Kirchenverständnis, Graz 1992, 52 f. u. ö.) hat die für das Kirchenverständnis grundlegende Bedeutung dieser Korrelation herausgestellt.

und in diesem Sinne das eigene Handeln mit Gottes Handeln identifizieren dürfte. Sie liegt zunächst darin, daß es in Dienst genommen ist, Gottes Erwählung allen sichtbar und be-greifbar zu machen. Dieser Dienst geschieht in Gottes Geist und aus ihm; er wird verfehlt, wo der Geist nicht seiner Intention gemäß in Anspruch genommen und Gott deshalb nicht bezeugt, sondern um der eigenen Machtvollkommenheit willen verraten, wo nicht die Zeugnisexistenz des Gottesknechts, sondern die Eigen-Mächtigkeit eines Königtums mit theokratischen Ansprüchen zum Vor-Bild kirchlichen Daseins wird. Die Kirche des Neuen Testaments dürfte sich in diesem Fall ebensowenig der »Wohngemeinschaft« mit ihrem Herrn auf Dauer rühmen können, wie die im Exil untergegangene Jerusalemer Königs-Theokratie. Sie hätte die Lektion noch zu lernen, die Jeremia in JHWHs, des Erwählenden, Auftrag Jerusalem aufgab:

> »Vertraut nicht auf die trügerischen Worte: Der Tempel des Herrn, der Tempel des Herrn, der Tempel des Herrn ist hier! ... Als ich immer wieder zu euch redete, habt ihr nicht gehört; als ich euch rief, habt ihr nicht geantwortet. Deshalb werde ich mit dem Haus, über dem mein Name ausgerufen ist und auf das ihr euch verlaßt, und mit der Stätte, die ich euch und euren Vätern gegeben habe, so verfahren, wie ich mit Schilo verfuhr« (Jer 6, 4.14).

Wo die Zugehörigkeit zu JHWH, zum Gott Jesu Christi, nicht mehr wahrnehmbar, das Zeugnis für seine Erwählung nicht mehr Existenzgrund des Volkes Gottes ist, da verliert das erwählte Volk auch die Möglichkeit, sich auf JHWHs Gegenwart zu berufen. Sie läßt sich nicht vereinnahmen und zum bloßen Legitimationstitel umfälschen. Sie gewährt sich, wo man ihr Gegenwärtigwerden zuläßt, wo man JHWH und seine Gerechtigkeit wohnen läßt. Erst auf diesem Erfahrungshintergrund Israels wäre sinnvoll davon zu sprechen, daß die Erwählung nicht zurückgenommen wird, daß – so das Selbstverständnis der Kirche – Gottes Geistgegenwart in ihr in bestimmter Hinsicht unverlierbar bleibt, da der Geist denen, die ihn erbitten und von ihm zu Zeugen verwandelt werden wollen, nicht vorenthalten wird (vgl. Lk 11, 13).

2.5 Der Prozeß der Institutionalisierung

Daß JHWH sich aus der »Wohnung« zurückziehen kann, in der man ihn als »Wohngenossen« bei sich wußte, das ist für Israel die äußerste Infragestellung seines institutionellen Gottvertrauens gewesen: Gottes Erwählung läßt sich nicht als Rechtsgrund institutioneller Privilegierungen vereinnahmen; JHWH distanziert sich von den Heilsinstitutionen, in denen seine heilshafte Gegenwart geradezu greifbar sein sollte. Die apokalyptische Zuspitzung in einer die traditionellen Heiligungsinstitutionen des erwählten Gottesvolkes nicht mehr ausnehmenden Verhängniserfahrung provoziert die frühen Christen offenkundig zu einer immer deutlicher vollzogenen Distanzierung vom Jerusalemer Tempel.[13] Jesus Christus selbst ist ihnen die erlösende Gottesgegenwart; er ist »größer ... als der Tempel« (Mt 12,6). Von ihm, nicht vom Tempel, geht die endzeitliche Sammlung des Gottesvolkes aus; vom Tempel geht vielmehr die Verfolgung derer aus, die Gottes Volk zum Einverständnis mit Gottes gutem Willen versammeln wollen (vgl. Mt 23,37 f.).

So wird die Tempelrede des Jeremia von neuem aktuell. Aber das Weggehen JHWHs aus seinem Tempel geschieht zugleich mit seiner Wohnungnahme in Jesus Christus, dem nun von Gott erwählten Ort seiner Anwesenheit (vgl. Mt 14,58 parr.). Die ihm Verbundenen und dem Erhöhten durch den Gottesgeist Eingegliederten sind nun selbst der wahrhaft geheiligte Tempel, Tempel des Heiligen Geistes (vgl. 1 Kor 3,16 f.; 6,19; 2 Kor 6,16). Der anti-institutionelle Impuls dieser Metaphorisierung der Tempeltheologie kommt in der paulinischen Rede vom οἰκοδομεῖν – der Auferbauung der Gläubigen im Geist zum wahren Gottestempel – und in der Charismenlehre insgesamt (vgl. 1 Kor 14,4; Eph 4,12) zum Ausdruck, wie dann auch in der Vorstellung von den lebendigen Steinen (vgl. 1 Petr 2,5–6), die ein geistiges Haus auferbauen und eine heilige Priesterschaft bilden, »um durch Jesus Christus geistige Opfer darzubringen, die Gott gefallen.«

Aber schon im Epheserbrief und den Pastoralbriefen zeichnet sich die Tendenz zur Ekklesia als einer neuen, eigenständigen Heils-Institution ab. Die Mitglieder der Gemeinde sind »auf das Fundament der Apostel und Propheten gebaut« (Eph 2,20); in ihr gilt eine Hausordnung, die dem Timotheus ans Herz gelegt wird, damit er weiß, »wie man sich im Hauswesen Gottes verhalten muß, das heißt in der Kirche des lebendigen Gottes, die die Säule und das Fundament der Wahrheit ist« (1 Tim 3,15). Damit ist eine Entwicklung angebahnt, in deren Verlauf der apokalyptisch-charismatische Aufbruch der »Jesusbewegung« von einer Institutionalisierung des Geistlichen abgelöst wurde. Der Geisttempel der Gemeinde ist nun auf das Fundament der bischöflichen Amtsträger und der von ihnen zuverlässig weitergegebenen apostolischen Lehre gegründet; er ist nun wieder ein nach vorgegebenen Konstruktionsprinzipien errichteter heiliger Raum, ein Kultort, in dem die Priesterschaft des Neuen Bundes – hier nun eben nicht mehr alle Glaubenden als heiliges Priestergeschlecht, sondern die dazu speziell erwählten Gemeindevorsteher – das Gedächtnis des Leidens und der Auferstehung Christi als Kult des Neuen Bundes für die Gemeinde vollziehen.[14]

Diese Institutionalisierung markiert die Vergeschichtlichung der Endzeit zur *Zeit der Kirche*, wie sie etwa im Diptychon des Lukas ausdrücklich vollzogen wird, damit aber auch die Zähmung des apokalyptischen Impulses. Charakteristikum der Endzeit war ja – und die Apostelgeschichte des Lukas bezieht sich mit dem Joёlzitat der Pfingstpredigt (2,17 f.) ausdrücklich darauf – die Überwindung

---

[13] J. Blank, Weißt du, was Versöhnung heißt. Der Kreuzestod Jesu als Sühne und Versöhnung, in: J. Blank – J. Werbick (Hg.), Sühne und Versöhnung, Düsseldorf 1986, 21–91, hier 65 ff. Man wird hier freilich auch auf vergleichbare, wenn auch anders motivierte Distanzierungen wie etwa in Qumran zu achten haben.

[14] Vgl. Y. Congar, Das Mysterium des Tempels, dt. Salzburg 1960, 166 ff.

der institutionellen Differenzierungen im Gottesvolk durch den in der Endzeit ausgegossenen Geist. Jeremia (vgl. 31, 31–34) spricht davon noch deutlicher als Joël (vgl. Kap. 3): Der eschatologische neue bzw. erneuerte Bund wird sich vom alten dadurch unterscheiden, daß das Gesetz in die Herzen *aller* geschrieben ist, so daß keiner mehr den andern belehren oder Belehrung empfangen muß. Alle nämlich – groß und klein, hoch und niedrig, Frau und Mann – werden Gott erkennen und Vergebung ihrer Sünden erlangen.

Daß sich diese Vision eines eschatologisch-charismatischen Aufbruchs, wie sie die Ekklesiologie des Paulus gewiß noch bestimmte, nicht auf Dauer stellen ließ, daß sie ihre Grenze fand in der Notwendigkeit, die Weitergabe des mit endzeitlicher Dynamik Empfangenen sicherzustellen, dafür spricht schon die nüchterne religionssoziologische Betrachtung, die zwischen »heißen« und »abgekühlten« Überlieferungsphasen zu unterscheiden gelernt hat. Zu Beginn unseres Jahrhunderts hat *Max Weber* mit Prägnanz und Nachdrücklichkeit auf die darin liegende soziologische Konsequenz hingewiesen. Der »einmaligen äußerlich vergänglichen freien Gnadengabe außerordentlicher Zeiten und Personen« kann nur Dauer verliehen werden, wenn sie als Gründungsimpuls gesichert und zu fortdauernd verbindlicher Normativität gebracht wird. Die Tendenz zur Sicherung des gerade gegen die traditionellen Absicherungen opponierenden charismatischen Anfangs zwingt die sich institutionell konsolidierende charismatische Bewegung in eine nahezu unausweichliche Paradoxie. Sie muß das Bündnis mit Traditionssicherungsmechanismen eingehen, die dem Aufbruchsimpuls der ursprünglichen Jesusbewegung nur noch wenig Raum lassen können. Dieses »Bündnis mit der Tradition« ist zwar – so schränkt Max Weber ein –

> »nicht das einzig Mögliche, wohl aber, zumal in Perioden mit unentwickelter Rationalisierung der Lebenstechnik, das unbedingt Nächstliegende, meist unvermeidlich. Damit scheint nun das Wesen des Charismas endgültig preisgegeben und verloren, und das ist, soweit sein eminent revolutionärer Charakter in Betracht kommt, auch in der Tat der Fall. Denn es bemächtigen sich seiner nunmehr … die Interessen aller in ökonomischen oder sozialen Machtstellungen Befindlichen an der Legitimierung ihres Besitzes durch Ableitung von einer charismatischen, also heiligen, Autorität und Quelle. Statt also, seinem genuinen Sinn gemäß, allem Traditionellen oder auf ›legitimen‹ Rechtserwerb Ruhenden gegenüber revolutionär zu wirken, wie in statu nascendi, wirkt es nun seinerseits gerade umgekehrt als Rechtsgrund ›erworbener Rechte‹ und in eben dieser, ihm innerlich wesensfremden Funktion wird es nun Bestandteil des Alltags.«[15]

Die Traditionssicherung macht das Tradierte zur Legitimationsinstanz des hier und jetzt Geltenden bzw. gegen Widerstände mit »apostolischer Autorität« Durchzusetzenden. Traditionen mit Vollmacht auslegende charismatische Auto-

---

[15] M. Weber, Wirtschaft und Gesellschaft, Tübingen ⁵1971, 661 f.; vgl. dazu als »Kommentar« P. Hoffmann, Das Erbe Jesu und die Macht der Kirche. Rückbesinnung auf das Neue Testament, Mainz 1991, 41–44. Ich orientiere mich hier an Überlegungen, die ich in meinem Buch: Kirche, Freiburg – Basel – Wien 1994, 192 f. angestellt habe.

ritäten, die sich – als wandernde Propheten – eher auf Jesu Lebensform und Lebenspraxis berufen könnten, werden mit Berufung auf die »gesunde« und rein zu erhaltende Lehre über Jesus von den lokalen und regionalen Vertretern der alltäglichen Traditionsweitergabe im »Haushalt Gottes« zurückgedrängt und schließlich ausgeschaltet. Es ist schwer, diesen »Normalisierungsprozeß« positiv zu würdigen, besonders schwer in der Endphase eines Institutionalisierungsprozesses, da der kaum erträgliche Widerspruch des in der Kirche Durchgesetzten zu den historisch erkennbaren Intentionen und zur Lebenspraxis Jesu die Kirchenwahrnehmung weithin bestimmt. Kann diesem Normalisierungs- und Institutionalisierungsprozeß auch theologisch Gerechtigkeit widerfahren?

Einerseits: Die Kirche hat unter Berufung auf die Tradition des Volk-Gottes-Gedankens – diesen metaphorisierend, da sie sich als Gottes Volk aus den Völkern zu verstehen begann – ihrem Volk-Sein Dauer zu verleihen gesucht, als die apokalyptische Naherwartung im weiteren Fortgang der Geschichte nicht eingelöst wurde und deshalb den Bedingungen geschichtlicher Überlieferung Rechnung getragen werden mußte. Die Kirche wurde Institution; und sie wurde es in dem Maße, in dem der Endzeitenthusiasmus mit seiner überwältigenden Erfahrung des *jetzt* wirksamen Geistes, der alle von ihm Ergriffenen *unmittelbar* mit Jesus, dem Christus, verbindet, in den Hintergrund trat. Christusgemeinschaft bedarf nun der institutionellen Vermittlung in einer geordneten Gemeinschaft der Glaubenden. Sie hat den Aufbruch Jesu aus einer erstarrten und in gesellschaftlichen Selbstverständlichkeiten geronnenen Religiosität umgesetzt in ein System von Rollen, Traditionen, Organisationsstrukturen und Verhaltenserwartungen, das – zumindest im römisch-katholischen Bereich – der zeitgenössischen jüdischen Hierokratie, gegen die Jesus sich wandte, gar nicht so unähnlich zu sein scheint. Gerade deshalb klingen Jesu Anklagen gegen die Pharisäer so bedrückend aktuell. Aber konnte der Impuls Jesu überhaupt anders weitergegeben werden? Sobald der lebendige, alles Organisierte in Frage stellende Aufbruch selbst zur Tradition wird, braucht er die Institution, um authentisch weiterwirken zu können. Geschichtliche Wirksamkeit ist eben ohne geschichtliche Wirkweisen nicht denkbar; und in die Geschichte hinein wirkt nur, was sich im Kontext von Machtstrukturen und Institutionen behaupten kann. Die geschichtliche Wirksamkeit des Christentums ist nicht zu verachten; ihr verdanken auch die Christen gegenwärtig noch die unverzichtbare »Vorgabe« ihres Glaubens.

Aber *andererseits:* der Preis, der für geschichtliche Wirksamkeit bezahlt werden muß, ist hoch. Institutionalisierter Glaube ist mitgeprägt und in Mitleidenschaft gezogen von den Methoden, mit denen Einfluß und Machtansprüche durchgesetzt werden, mit denen Organisationen ihre Mitglieder disziplinieren und auf die maßgebenden Traditionen verpflichten, mit denen sie schließlich immer wieder neu ihr »Überleben« sichern. Ist sich die Kirche dieses Preises bewußt? Gesteht sie sich ein, was sie als Institution der Botschaft Jesu schuldig bleibt, oder macht sie aus der Not allzu schnell die Tugend eines wohlorganisierten Gottesvolkes? Dies wäre der Kirche fairerweise zuzugestehen: Sie kann gar nicht umhin, eine Institution zu sein und den Glauben zu institutionalisieren. Dies aber wäre der Kirche abzuverlangen: daß sie sich die Schuld eingesteht, in die sie sich dabei je neu verstrickt. Und auch dies wäre ihr abzuverlangen: daß sie in all dem, was da auf ihrem Weg durch die Geschichte an Versuchen und Impulsen zurückgewiesen wurde und verlorenging, eben auch den Verlust eingestehen lernt; und die Schuld die es bedeutete und bedeutet, den Widerspruch – die »charismatische Extravaganz« – nicht geduldig und hörbereit genug ausgehalten zu haben, auszuhalten.

Die Institutionalisierung des »neuen« Volkes Gottes gegenüber dem »alten« – so ja erst der Barnabasbrief – macht die es begründende Überlieferung verwechselbar mit einer abgrenzend-exklusiven Auserwähltheitsideologie, der man dann auch noch die Kriterien des »wahren« – »richtig institutionalisierten« – Volk-Gottes-Sein zu entnehmen hätte. Die Erwähltheitserfahrung gerät leicht zum exklusiven Erwähltheitsanspruch, wo die religiös-sozialen Wirklichkeiten, die in Erwählung begründet sein sollen, sich zu konkurrierenden, institutionellen und deshalb auch klar voneinander abgegrenzten Gebilden verselbständigen.

Der Prozeß der Institutionalisierung wird selbstreflexiv, wo er in seiner internen Legitimation bestritten wird. Dies geschieht nicht erst mit der kritischen Abwertung der Institutionalisierungsprozesse während der ersten Christengenerationen als *Frühkatholizismus*, wie sie unter dem Eindruck eines »liberalen« Christentumsverständnisses etwa bei Albrecht Ritschl und Adolf von Harnack oder der konsequent eschatologischen Deutung der christlichen Anfänge Ende des 19. Jahrhunderts üblich wurde.[16] Es geschieht bereits – zumindest ansatzweise – im Kontext der verschiedenen Kirchenspaltungen, die unvermeidlich die Frage aufwarfen, welches Kirchentum tatsächlich auf die Anfänge des Christentums zurückgeführt werden darf.

2.6 Kirchen-Gründung?

Es ist freilich keineswegs selbstverständlich, daß man die Frage nach der *Legitimität* eines Kirchentums durch Rückgang auf seinen geschichtlichen Ursprung zu klären versucht, zumal nicht von vornherein eindeutig ist, welche Herleitung aus diesem Ursprung die Argumentation für die Legitimität dieser einen Kirche und die Illegitimität aller anderen Kirchentümer tragen soll. Die Herleitung aus einem göttlichen und deshalb normativen Ursprung gehört sicherlich zu den religionsgeschichtlich prominenten Legitimationsfiguren. Das Volk bzw. seine Herrscher wissen sich durch ihre göttliche Herkunft im Heiligen gegründet und deshalb von dessen schöpferischer Kraft getragen, im Dasein gehalten. In der

---

[16] Über die Vorgeschichte dieser Problematisierung orientiert H. Wagner, An den Ursprüngen des frühkatholischen Problems. Die Ortsbestimmung des Katholizismus im älteren Luthertum, Frankfurt a. M. 1973.

Erinnerung – der kultischen Begehung, der Feier – dieses Ursprungs wird ein Volk seines *principium* inne, versammelt es sich in dem, was es zum Volk macht und als Volk *handlungsfähig* werden läßt. *Emile Durkheim* sah in dieser elementar sozialisierenden kultischen Erinnerung der Anfänge die gesellschaftliche Wurzel des Religiösen überhaupt, nicht nur für archaische, sondern durchaus auch für moderne und säkularisierte Religiosität:

> »Welchen wesentlichen Unterschied gibt es zwischen einer Versammlung von Christen, die die wesentlichen Stationen aus Christi Leben feiern, oder von Juden, die den Auszug aus Ägypten oder die Verkündigung der Zehn Gebote zelebrieren, und einer Vereinigung von Bürgern, die sich der Errichtung einer neuen Moralcharta oder eines großen Ereignisses des nationalen Lebens erinnern?«[17]

Ob es nicht doch wesentliche Unterschiede in der erinnernden Begehung der Ursprünge gibt, Unterschiede zumal der Legitimitationsformen, nach denen die Normativität und die prägende Kraft des Ursprungs hier und jetzt gegenwärtig werden soll? Die Legitimation durch einen archaischen Ursprungsmythos, der im religiösen Ritus abgebildet und dramatisiert wird, weshalb der Ritus die Gegenwart immer wieder neu an die mythischen Ursprünge zurückbinden und in ihnen verankern kann[18], ist doch wohl nicht einfach gleichzusetzen mit der »gefährlichen Erinnerung« *(Johann Baptist Metz)* der Exoduserfahrung, in der die Legitimität einer theokratischen Königsideologie bestritten und die Solidaritätserfahrung der »Wüstenzeit« beschworen wurde; nicht einfach gleichzusetzen mit dem prophetischen Einklagen der Anfänge, in denen die Hartherzigkeit und Machtbesessenheit der Menschen noch nicht Gottes Schöpferintention durchkreuzt hatte (vgl. Mt 19, 8).

Die Berufung auf den Anfang kann den Status quo legitimieren, den Anfang als Kritikmaßstab gegen den Status quo in Anspruch nehmen oder eine hier und jetzt mögliche schöpferische Rückbesinnung auf den Gründungsimpuls initiieren wollen. In der Geschichte Israels geschah die Rückbesinnung auf die Ursprünge des Volkes in JHWHs Erwählung um der Stabilisierung oder Rekonstruktion religiös-staatlicher Institutionen wie um der Kritik an all dem willen, was *seither* wegen der Untreue des Volkes gegenüber seinem Ursprung aus den Anfängen geworden ist. Zur priesterlichen Vergegenwärtigung des Mitseins JHWHs – seines heilsverbürgenden Wohnens inmitten seines Volkes – trat immer wieder die prophetisch-kritische Rückerinnerung an das vom Erwählenden ursprünglich Gemeinte in Spannung – schließlich auch die Gerichtsbotschaft für das seinen Ursprung nur noch formal-legitimatorisch und nicht mehr wirklich inhaltlich erinnernde Volk. Solange diese Spannung aufrechterhalten blieb, provozierte sie die Kritik an der Usurpation der Ursprünge etwa durch das Königtum und einen dem Königtum widerspruchslos willfährigen Priesterstand, ermöglichte sie aber auch institutionelle Reformen oder gar Neu-

---

[17] E. Durkheim, Die elementaren Formen des religiösen Lebens, dt. Frankfurt a. M. 1981, 571.
[18] Vgl. M. Eliade, Die Sehnsucht nach dem Ursprung, dt. Frankfurt a. M. 1972.

entwürfe, als das überkommene institutionelle Schema in der politischen Katastrophe des Exils zerbrach.

Die christlich-kirchliche Berufung auf die Ursprünge erscheint auf den ersten Blick weniger spannungsreich. Aber der Durchgang durch die Geschichte der Kirchenkritik hat ja deutlich gemacht, wie schon im Altertum und verstärkt seit dem hohen Mittelalter das Institutionengefüge der Kirche und ihr konkretes Erscheinungsbild durch Berufung auf den normativen Ursprung in die Kritik gerieten. Das Ideal der *vita apostolica* wurde denen vorgehalten, die die apostolische Vollmacht und die Stellung eines irdischen Stellvertreters des himmlischen Oberhauptes der Kirche für sich beanspruchten. Die Reformation schließlich glaubte, den Gründungsimpuls der Kirche – das Evangelium – als alleinige Rechtfertigungsinstanz der congregatio fidelium gegen eine durch und durch menschlich verdorbene und von Machtansprüchen der Hierarchen pervertierte Kirche in Anspruch nehmen zu können. Das Prinzip »sola scriptura« stellte alles in Frage, was in der Kirche an Bräuchen oder Organisationsformen gewachsen war, ohne in der Schrift selbst vorgezeichnet zu sein.

Die katholische Reaktion verschärfte einen Legitimationsmodus, der schon im Mittelalter gegen kirchenkritische Anfragen entwickelt und nach den Prinzipien des römischen Rechts ausgearbeitet worden war: Die Rückbindung an die apostolischen Anfänge ist hier garantiert durch formal einwandfreie, ununterbrochene Bevollmächtigungsketten von den Anfängen bis in die Gegenwart, durch die *successio apostolica* der hierarchischen Amtsträger. Die Bischöfe sind – so das Konzil von Trient – »auf die Stelle der Apostel nachgerückt (in Apostolorum locum successerunt)«; sie gehören zu einer von Gott selbst geordneten Hierarchie und sind »vom Heiligen Geist eingesetzt … ›die Kirche Gottes zu lenken‹ (Apg 20, 28)« (DH 1768; vgl. 1767). Die Begründung der successio im apostolischen Amt kann dann als der eigentliche – auch rechtliche Verbindlichkeit schaffende – Stiftungsakt der Kirche gelten.[19] Diese hierarchologische Verengung der Kirchengründungsproblematik ist vor allem im 19. Jahrhundert als Abwehrmodell gegen demokratisches Mitspracheverlangen forciert, aber auch schon theologisch kritisiert worden. *Johann Adam Möhler* überzeichnet nur wenig, wenn er sie ironisch karikierend wie folgt zusammenfaßt: »Gott schuf die Hierarchie, und für die Kirche ist nun bis zum Weltende mehr als genug gesorgt.«[20] Ein Nachklang solcher Kirchengründungsvorstellungen findet sich immerhin noch in der Dogmatischen Konstitution *Lumen gentium* des 2. Vatikanischen Konzils, wo – unter Berufung auf das 1. Vatikanum (DH 3050 f.) – erklärt wird, »daß Jesus Christus, der ewige Hirte, die heilige Kirche dadurch

---

[19] Zur ökumenischen Problematik der sucessio apostolica vgl. den Überblick und den Lösungsvorschlag bei H. Jorissen, Erwägungen zur Struktur des geistlichen Amtes und zur apostolischen Sukzession in ökumenischer Perspektive, in: Concilium 32 (1996), 442–448.

[20] In einer Rezension in: Theologische Quartalschrift 5 (1823), 497; zitiert nach: P. Neuner, Ekklesiologie II, Texte zur Theologie, Graz – Wien – Köln 1995, 102. Möhler setzt dagegen seine »katholische« Auffassung, der Geist Gottes sei »das immerwährend in der Kirche waltende, sie ihrem Zweck entgegenführende Prinzip; alles Übrige ist Organ dieses Geistes, Mittel u. s. w.«.

erbaut hat, daß er die Apostel sandte, so wie er selbst vom Vater gesandt war; er wollte« aber – so das Konzil – »daß deren Nachfolger (successores), nämlich die Bischöfe, in seiner Kirche bis zur Vollendung der Welt Hirten seien« (DH 4142).[21]

Das 2. Vatikanum hat aber aufs Gesamte gesehen das hierarchologische Kirchengründungskonzept zumindest relativiert. Der Vorgang der Ekklesiogenese wird auf die Sendung Jesu Christi im Ganzen und nicht mehr nur auf einige kirchenstiftende Akte zurückgeführt:

> »Das Geheimnis der heiligen Kirche wird in ihrer Gründung offenbar. Denn der Herr Jesus machte den Anfang seiner Kirche, indem er frohe Botschaft verkündigte, die Ankunft nämlich des Reiches Gottes, das von alters her in den Schriften verheißen war.« Der Auferstandene sandte der Kirche vom Vater her den Heiligen Geist, in dem sie »die Sendung (empfängt), das Reich Christi und Gottes anzukündigen und in allen Völkern zu begründen. So stellt sie Keim und Anfang dieses Reiches auf Erden dar« (Lumen gentium 5).

Daß Jesus mit seiner Reich-Gottes-Verkündigung und Reich-Gottes-Praxis den Anfang seiner Kirche macht (»ecclesiae suae initium fecit«), sagt nicht ausdrücklich, daß er sie als Institution mit allen entscheidenden Merkmalen definiert und als so definierte zur Fortsetzung seiner Verkündigungs- und Heilsvermittlungspraxis vor Ostern angeordnet habe. Die Formulierung von *Lumen gentium* läßt hier eine Deutung zu, nach der die Entwicklung, die die Kirche faktisch genommen hat, in offener, durchaus immer wieder auch mißlingender Korrespondenz zu jenem Anfang zu sehen ist, den Jesus »mit ihr gemacht hat«. Diese Korrespondenz läßt sie selbst in das Ereignis des Anbruchs der Gottesherrschaft in dieser Welt hineingenommen sein, das den Weg und die Sendung Jesu entscheidend ausmachte. Kirche tritt in diese Sendung ein, und deshalb kann sie »Keim und Anfang dieses Reiches auf Erden« oder »das im Mysterium schon gegenwärtige Reich Gottes« genannt werden (Lumen gentium 3). Wenn hier von offener Korrespondenz die Rede ist, so soll damit die Wesensdifferenz zwischen dem, der mit seiner Reich-Gottes-Verkündigung und Reich-Gottes-Praxis den Anfang machte, und denen, die sich als Gemeinde diesem Anfang verdanken und ihn aufzunehmen versuchen, festgehalten werden; so soll damit aber auch die Verbindlichkeit des Anfangs für diejenigen, die ihn aufnehmen, klargestellt werden. Es ist die Verbindlichkeit der Nachfolge in der Sendung Jesu, eine Verbindlichkeit, die gewiß nicht zuerst mit der Einhaltung struktureller Vorgaben, sondern im Gehorsam gegen den Inhalt der Sendung einzulösen ist. Die Kirchen-»Gründungs«-Problematik wird sich dann auch aus dieser offenen Korrespondenz als die Frage nach jenen Vorgaben stellen, mit denen Jesus Christus den ihm Nachfolgenden die Richtung gewiesen und die Gestalt ihrer gemeinschaftlichen Nachfolge vorgezeichnet hat. Zu »beweisen« ist dann nicht, daß sich der Anfang, den Jesus mit seiner Kirche machte, in der Kirche so und

---

[21] Die deutsche Übersetzung »dadurch erbaut« ist von der lateinischen Partizipialkonstruktion her zwar naheliegend, aber nicht zwingend.

nicht anders strukturell fortsetzen mußte. Zu zeigen wäre vielmehr, wo und wie die Kirche den Anfang in der Kraft des Heiligen Geistes schöpferisch aufgenommen und zum Maßstab ihrer Sendung gemacht hat.[22]

2.7 Societas perfecta?

Das 2. Vatikanum versucht vorsichtig eine Entwicklung zu korrigieren, die auch die ekklesiologische Apologetik in der Argumentation gegen die Legitimität nichtkatholischer Kirchentümer nachvollzogen hatte: die *Juridisierung* der Nachfolgeproblematik. Versteht man Kirche als eine rechtlich geordnete »Gesellschaft«, so ist in ihr vor allem Rechtssicherheit zu gewährleisten. Rechtssicherheit aber beruht auf der klaren Abgrenzung der gültig gesetzten und deshalb rechtswirksamen Akte von solchen Vollzügen, die nicht nur unerlaubt, sondern ungültig und deshalb ohne positive Rechtswirkungen gesetzt sind. Ein Grundbestand von Rechtssicherheit wird in dieser Sicht durch die klare Ordnung der Zuständigkeiten für die gültige Setzung kirchlicher Handlungen erreicht. Und diese Ordnung der Zuständigkeiten wird hier verankert gesehen in der rechtsgültigen Übertragung entsprechender Amtsvollmachten durch den, der diese Vollmachten selbst in Fülle besaß und – von seinem göttlichen Vater – dazu bevollmächtigt war, an ihnen Anteil zu geben. Die »rechtliche Substanz« der apostolischen Sendung begründet hier die Handlungsfähigkeit der *successores in persona Christi*, als vollmächtige Beauftragte des sie sendenden Herrn der Kirche. Diese Handlungsfähigkeit ist nun gleichsam die Grundbedingung des Handelns Gottes in der Kirche und durch sie; sie ist *nach innen* und – je deutlicher sich kirchliche und staatliche Handlungssphären seit dem hohen Mittelalter als eigenständige und gegeneinander abzugrenzende Rechtssysteme ausdifferenzieren – auch *nach außen* rechtlich zu sichern.

Die interne Sicherung geschieht durch immer deutlichere Trennung der Zuständigkeiten von geweihten Amtsträgern und Laien. Schon *Tertullian* hatte unter Bezugnahme auf das römische Modell der Unterscheidung von »einfachen Bürgern« und der dem Ordo – der Ämterlaufbahn – angehörenden festgestellt: »Differentiam inter ordinem et plebem constituit Ecclesiae auctoritas.«[23] Diese Differenz gliedert das Volk Gottes in die *plebs*, das einfache Volk ohne spezifisch geistliche Handlungsvollmachten, und den Klerus, dem jene Handlungen vorbehalten waren, die die Kirche konstituierten und je neu aktualisierten. Nach der Konstantinischen Wende und der danach vollzogenen Parallelisierung von Reichsverwaltung und kirchlicher Ämterstruktur bildete sich ein zunehmend deutlich abgegrenzter, auch an Insignien erkennbarer und durch eine spezifische

---

[22] Ich schließe mich hier an Argumentation und Formulierungen meines Buches: Kirche, 78 f. an.
[23] De exhortatione castitatis 7: »Die Unterscheidung von ordo und einfachem Volk konstituiert die Autorität der Kirche.«

Lebensform gekennzeichneter Kleriker-*Stand* heraus, dem die geistlichen Belange zur Wahrnehmung übertragen waren. So gibt es nun zwei »genera christianorum«. Das Genus der Kleriker hat teil am göttlichen Amt, ist der Beschauung und dem Gebet hingegeben, hat die sancta – die Gnadenmittel – zu verwalten und deshalb die Umtriebe des zeitlich-irdischen Lebens zu meiden. Das zweite Genus ist das der Laien. »Ihnen ist es erlaubt, irdische Güter zu besitzen ... Sie sind ermächtigt zu heiraten, Land zu bebauen ... Rechtshändel zu führen, Opfergaben auf dem Altar niederzulegen, den Zehnten zu bezahlen«.[24] *Humbert von Silva Candida* schreibt dann im Kontext des Investiturstreits diese klare Trennung von geistlicher und weltlicher Zuständigkeit ekklesiologisch fest: »Laici sua tantum, id est saecularia, clerici autem sua tantum, id est ecclesiastica negotia disponant et provideant ... Sicut clerici saecularia negotia, sic et laici ecclesiastica praesumere prohibeantur.«[25]

Die spezifische, den Laien in jedem Falle unzugängliche geistliche Vollmacht ist die priesterliche potestas consecrandi, die Weihevollmacht (potestas ordinis); von ihr ist aber – wie mit zunehmender Ausdrücklichkeit behauptet wird – die Leitungsvollmacht (potestas iurisdictionis) unablösbar. Wirkliche Leitungsvollmacht kann in der Kirche nur ausüben, wem auch durch die Weihe die potestas consecrandi übertragen ist. Diese umfassende Vollmachtsausstattung macht den Stand der geweihten Priester zu jenem geheiligten Gegenüber des einfachen Volks der Laien, das – da von ihm das Heilige im Volk Gottes vollmächtig vergegenwärtigt wird – selbst als geradezu übermenschliche Wirklichkeit angesprochen werden darf. Der *Römische Katechismus*, der im Anschluß an das Konzil von Trient für die Hand der Seelsorger erarbeitet wurde, spricht das mit verblüffender Deutlichkeit aus:

> »... da die Bischöfe und Priester gleichsam Gottes Dolmetscher und Botschafter sind, welche in seinem Namen die Menschen das göttliche Gesetz und die Lebensvorschriften lehren und die Person Gottes selbst auf Erden vertreten: So ist offenbar ihr Amt ein solches, dass man sich kein höheres ausdenken kann, daher sie mit Recht nicht nur Engel, sondern auch Götter genannt werden, weil sie des unsterblichen Gottes Kraft und Hoheit bei uns vertreten.« Sie stehen anderen Priestern – etwa denen des Alten Bundes – »an Würde weit voran; denn die Gewalt, sowohl den Leib und das Blut unseres Herrn zu wandeln und zu opfern, als auch Sünden nachzulassen, welche ihnen übertragen ist, übersteigt selbst die menschliche Vernunft und Fassungskraft, geschweige denn, dass etwas ihr Gleiches oder Ähnliches auf Erden gefunden werden könnte.«[26]

---

[24] Decretum Gratiani C. 7, C. XII, q. 1.

[25] Adversus Simoniacos III, 9: »Die Laien sollen nur das Ihre, also die weltlich-zeitlichen Dinge, und die Kleriker ebenso das Ihre, also die kirchlichen Verrichtungen, ordnen und besorgen. Wie den Klerikern verboten ist, der weltlich-zeitlichen Dinge sich anzunehmen, so ist es den Laien verboten, sich der kirchlichen anzunehmen.«

[26] Römischer Katechismus nach dem Beschluss des Konzils von Trient, Übersetzung der 1855 in Rom erschienenen Ausgabe, Kirchen/Sieg 1970, 237; 7. Hauptstück des Zweiten Teiles, 2. Zur historischen und theologischen Problematik des Verhältnisses von Laien und Klerus vgl. Y. Congar, Der Laie, dt. Stuttgart ³1964; P. Neuner, Der Laie und das Gottesvolk, Frankfurt a. M. 1988.

Die Sakralisierung des Priestertum resultierte natürlich auch aus dem Bestreben, den Zugriff weltlich-staatlicher, also laikaler Gewalten auf die Regelung kirchlicher Angelegenheiten zu unterbinden, war also auch der Versuch, die Handlungsfähigkeit der Kirche ad extra – in ihrem Außenverhältnis zu staatlichen Instanzen – zu sichern. Diesem Bestreben ist im wesentlichen auch schon die Einschärfung der Laien-Priester-Differenzierung seit der cluniazensischen Reform zuzurechnen: Der Mitwirkung von Laien – des Kaisers oder lokaler Hoheitsträger – bei der Regelung kirchlicher Angelegenheiten sollte mit einer prinzipiellen Trennung der Zuständigkeiten begegnet werden. Auf dem Höhepunkt dieser Auseinandersetzung beansprucht *Papst Gregor VII* für den Papst – gegen den Kaiser – das alleinige Recht der Bischofseinsetzung und -absetzung (Dictatus papae, Satz 3), das Recht, Kaiser abzusetzen (Satz 12) sowie die Rechtssetzung in letzter Instanz (Satz 18), so daß sein Entscheid »von niemandem aufgehoben werden, er selbst aber ... Urteile aller anderen Instanzen aufheben« kann.

Diese Behauptung der Letzt- und Höchstinstanzlichkeit übergreift die sonst proklamierte Bereichstrennung in weltliche und geistliche Angelegenheiten. Sie schien geboten, weil die Bereichstrennung nicht vollständig durchführbar schien und der Papst sich auch in den »gemischt« erscheinenden Angelegenheiten der ganzen Christenheit nicht in irgendeiner Abhängigkeit sehen wollte. Mit der fortschreitenden Ausdifferenzierung geistlich-kirchlicher und nationalstaatlicher Instanzen bildet sich in der Ekklesiologie das Ideal einer in jeder ihrer Angelegenheiten souverän entscheidenden und gestaltenden Gesellschaft auch für die Kirche aus, das Ideal der *societas perfecta*.

Societas bzw. communitas perfecta ist schon nach Thomas von Aquin eine Körperschaft, der all das zu eigen ist, was zum Funktionieren einer politischen oder staatlichen Einheit hinzugehört, so daß sie als autonome politische Einheit voll handlungsfähig ist.[27] *Pius IX.* beanspruchte diese rechtlich-politisch-exekutive Autonomie einer societas perfecta erstmals ausdrücklich für die katholische Kirche. Er behauptet, die katholische Kirche habe »kraft ihrer göttlichen Einsetzung die Gestalt einer vollkommenen Gesellschaft erhalten.«[28] Dieser Anspruch wird in einer Zeit angemeldet, in der das Papsttum infolge der italienischen Einigungsbewegung den Verlust des Kirchenstaates und damit auch den Verlust des Status eines zwischenstaatlich rechtsfähigen Souveräns befürchten muß, in der sich zudem weltliche Regierungsinstanzen in nationalstaatlichem Souveränitätsbewußtsein zu Eingriffen in kirchliche Angelegenheiten berech-

---

[27] Thomas von Aquin, Liber I Politicorum, lect. I.n.31.
[28] Allocutio Singulari quadam aus dem Jahre 1854; vgl. K. Walf, Die katholische Kirche – eine »societas perfecta«?, in: Theologische Quartalsschrift 157 (1977), 107–118, hier 108 f. Vgl. den Syllabus errorum vom 8. Dezember 1864, der den Satz verurteilt: »Die Kirche ist keine wahre und vollkommene Gesellschaft, die völlig frei ist; sie verfügt auch nicht über ihre eigenen und beständigen Rechte, die ihr von ihrem göttlichen Gründer übertragen wurden, sondern es ist Aufgabe der bürgerlichen Gewalt, festzulegen, welches die Rechte der Kirche und die Grenzen sind, innerhalb derer sie diese Rechte ausüben kann« (DH 2919).

tigt wußten. Die Reaktion der päpstlichen Ekklesiologie ist eine doppelte: Einerseits ist man bemüht, die weltliche Territorialherrschaft des Papsttums als in der Einsetzung des Petrusamtes durch Christus mitgegeben nachzuweisen. Andererseits versucht man bereits vorsichtig, den Anspruch der römischen Kirche, eine rechtlich-politisch autonome societas perfecta zu sein, von der weltlichen Territorialherrschaft des Papsttums unabhängig zu machen, um sich so die rechtliche Möglichkeit der Abwehr nationalstaatlicher Einflußnahmen auf die Ortskirchen auch für die Zukunft zu sichern. Das Papsttum erscheint zudem als das vollkommene Urbild einer Monarchie, das leider in der weltlich-politischen Landschaft der Mitte des 19. Jahrhunderts kaum noch unangefochten realisiert, von Demokratismus, Liberalismus und Sozialismus offen bekämpft werde. Die Papstmonarchie mit ihrem innerkirchlichen Macht- und Entscheidungsmonopol für alle wichtigeren Angelegenheiten der Weltkirche wird als Vorbild angeboten, von dem her die politische Zersplitterung der Moderne und die Auflösung klarer Herrschaftsstrukturen geheilt werden könnten. Das setzte allerdings voraus, daß man den Papstzentralismus der katholischen Kirche theoretisch und praktisch möglichst umfassend zur Geltung brachte, daß man dem Papst – ohne daß seine territorialstaatliche Souveränität dafür in Anspruch genommen werden mußte – die gegen jeden nationalstaatlichen Eingriff abgesicherte vollkommene Autonomie einer Legislative und Exekutive, der rechtlichen und der ausführenden Gewalt in allen die kirchlichen Belange angehenden Materien sicherte, eben die monarchische Oberherrschaft über die societas perfecta der Kirche. So wurde der Papst in der Zeit vor dem 1. Vatikanum zum »Vice-Gott der Menschheit« oder zur dritten Inkarnation des Gottessohnes – nach der ersten im Schoß der Jungfrau Maria und der zweiten in der Eucharistie – stilisiert.[29] Das 1. Vatikanum verfolgt – im Vergleich zu solchen Stilisierungen – einen durchaus gemäßigten Papstzentralismus, bleibt aber mit seiner Definition der Universaljurisdiktion des Papstes (DH 2060) weitgehend dem Bild einer vom Papst-Monarchen in ihrer Autonomie gesicherten societas perfecta verpflichtet. Pius IX. entwirft noch 1874 das Bild vom »Reich Gottes, das auf Erden das Reich einer vollkommenen Gesellschaft ist, welches zusammengehalten und verwaltet wird durch seine eigenen Gesetze, seine Rechtsnormen, seine Vorgesetzten, die für sie wachen, wie wenn sie Rechenschaft ablegen werden nicht den Leitern der weltlichen Gesellschaft, sondern dem Fürsten der Hirten, Jesus Christus, von dem die Hirten und Gelehrten keiner weltlichen Macht in der Ausübung ihres Dienstes zu Untertanen gegeben worden sind.«[30]

Diese »Perfektionierung« einer zentralistisch gesicherten kirchlichen Handlungsfähigkeit, wie sie vom 1. Vatikanum verbindlich ausformuliert wurde, war von dem Gedanken getragen, auf diesem Weg dem Handeln Gottes durch seinen Heiligen Geist in der Kirche und durch sie eine möglichst hohe »Durchschlags-

---

[29] Vgl. die Übersicht bei R. Aubert, Vaticanum I (Geschichte der ökumenischen Konzilien, Bd. XII), dt. Mainz 1965, 37 ff.
[30] CIC Fontes III 88; zitiert nach: K. Walf, a. a. O., 110.

kraft« zu verleihen: War die Kirche in einer immer mehr als kirchenfeindlich angesehenen Umgebung wenigstens intern handlungsfähig, so waren doch wohl die bestmöglichen Voraussetzungen dafür geschaffen, daß Gott mit seinen Handlungsabsichten in ihr und dann auch in der Welt zum Ziel kommen konnte.

Gerade die Demokratisierung vieler Lebensbereiche schien die Kirche des 19. Jahrhunderts dazu zu zwingen, eine Ekklesiologie zu perfektionieren, die die Nicht-Amtsträger aller innerkirchlichen Einflußnahme beraubte. Sie hätten ja nur das göttliche Handeln konterkarieren können, das – kraft klar geordneter Zuständigkeiten – die geweihten Amtsträger zum *Mitsubjekt*, die Laien aber eben ausschließlich zu seinem *Objekt* hatte. Es ist eine konsequent ausgestaltete *Ekklesiologie von oben*, die umso selbstverständlicher schien, als in der Kirche alle Macht von oben – von Gott selbst – und eben nicht – wie in der Demokratie, so wie man sie sah – von unten, vom Volk ausging. Die Funktionseinheit göttlichen mit hierarchischem Handeln war zwar nie als vollständige behauptet und zudem unter mehr oder weniger eindeutige Bedingungen gestellt worden. Aber sie war doch zunächst einmal – bis zum Erweis des Gegenteils, der in bestimmten Fällen nicht geführt werden konnte[31] – selbstverständlich anzunehmen.

Der Preis für diese Perfektionierung einer Ekklesiologie von oben war hoch. Vielen Katholiken erscheint er zu hoch. Sie erinnern an geschichtlich verdrängte und neu zu entdeckende Aspekte der Volk-Gottes-Ekklesiologie, wie sie gerade vom 2. Vatikanum schon angesprochen worden seien (vgl. Lumen gentium 9). Einige dieser Aspekte erschließen sich neu, wenn man die alttestamentliche Prägung des Volk-Gottes-Gedankens im Blick behält. Erwählung ist hier nachexilisch als Erwählung des *Volkes* verstanden worden, und dies in Abgrenzung zu einer Erwählungstheologie, die Einzelne – zunächst den König, dann aber auch nachexilisch priesterliche Amtsträger – durch Erwählung privilegiert und in ihrem Amt als exklusive Träger des Heilshandelns Gottes dem Volk gegenübergestellt sah. Die christliche Ekklesiologie wird sich angesichts dieser alttestamentlichen Geschichte einer Theologie der Erwählung nicht einfach darauf zurückziehen dürfen, daß die christologische Prägung des Amtes eine neue Qualität des amtlichen Handelns im Namen Gottes und in persona Christi begründet habe. Diese neue Qualität sei unbestritten. Sie erfordert – wie im Communio-Kapitel zu zeigen sein wird – aber nicht die Privilegierung des Amtes zum alleinigen Mitsubjekt des göttlichen Handelns in der Kirche und durch sie. Sie erfordert nicht die Verweigerung der Partizipation aller Glieder des Gottesvolkes an den ekklesialen Grundvollzügen, die den Auftrag der Kirche ausmachen und deshalb als von Gottes Geist selbst initiiert angesehen werden dürfen.

Die entsprechenden Forderungen etwa des »Kirchenvolksbegehrens« im Jahre 1995 erinnern und konkretisieren etwas für die Kirche in der Nachfolge Jesu Christi an sich Selbstverständliches. Die Glieder des Volkes Gottes – auch

---

[31] Vgl. dazu die Definitionen des Jurisdiktionsprimats und der Unfehlbarkeit des Papstes durch das 1. Vatikanum.

die in der Kirchengeschichte schon früh zur *plebs* heruntergestuften Laien – sind nicht nur Objekte, sondern Mit-Subjekte des Handelns, in welchem die Kirche ihren Daseinssinn realisiert, Mithandelnde mit dem Geist, der sie als Kirche schafft und in ihrer Sendung stärkt. Deshalb ist die Distanzierung von der neuzeitlich-demokratischen Grundüberzeugung, derzufolge die Mitglieder des jeweiligen Staatsvolkes Mitsouveräne sind und ihre Volks-Souveränität an die politischen Amtsträger delegieren, nur partiell zwingend.

Seit der Französischen Revolution und ihrer gerade auch gegen die Kirche gewendeten Forderung nach Volkssouveränität hat die katholische Kirche darauf hingewiesen, daß die demokratische Delegationsvorstellung nicht auf den Bereich der Kirche übertragen werden könne, da die Amtsträger ihre Vollmacht hier nicht durch Übertragung *von unten*, sondern durch Sendung *von oben* – durch den sendenden Herrn der Kirche – hätten.[32] An dieser Abgrenzung ist soviel richtig, daß die Sendung, der die Kirche gehorcht und für die die hierarchischen Amtsträger – wie noch zu zeigen sein wird – die menschliche Letztverantwortung tragen, nicht in der Verfügungsmacht des Volkes Gottes steht, das sich der in dieser Sendung liegenden Herausforderung zum Zeugnis zu stellen hat. Die Einrede gegen »Demokratisierung« wird aber ideologieverdächtig, wenn sie mehr oder weniger ausdrücklich unterstellt, fast alles ergebe sich in kirchlichen Angelegenheiten mit Notwendigkeit und alternativlos aus der ihr vom Herrn der Kirche mitgeteilten und autoritativ vorgegebenen Sendung und beanspruche daher nicht die Mitgestaltung, sondern nur den gehorsamen Nachvollzug durch die »einfachen« Glieder des Volkes Gottes. Innerhalb der Vorgabe, der die Kirche sich in ihrem Zeugnis verpflichtet weiß, sind in vielen konkreten Fragen unterschiedliche Gestaltungsmöglichkeiten theologisch denkbar. Die Entscheidung über die jeweils vorzuziehende ist oft genug eine Frage kircheninterner Machtausübung. An ihr ist das Volk Gottes angemessen zu beteiligen.

Die Machtfrage wird in der ekklesiologischen Theorie aber weithin tabuisiert – und dies mit einer gut erkennbaren Absicht: Diese Tabuisierung dient der Verschleierung der Gestaltungsspielräume. Wer die Bedeutung der Machtausübung in der Kirche bagatellisiert, der will damit offenkundig in Abrede stellen, wie vieles in der konkreten Gestaltung der Kirche so oder anders geregelt sein kann und deshalb *entschieden* werden muß; und er stellt es in Abrede, weil ansonsten die Frage nach der »demokratischen« Mitentscheidung des Volkes Gottes in allen Fragen, die um der Sendung der Kirche willen nicht notwendig so und nicht anders zu beantworten sind, akut wird. Die katholische Kirche hat neu zu lernen, was Augustinus in die Sentenz kleidete: Im Notwendigen Einheit, im Unsicheren und Nichtnotwendigen Freiheit, in allem aber die Liebe – »in necessariis unitas, in dubiis libertas, in omnibus caritas«. Es ist immer wieder genau zu prüfen, ob Amtsträger bei Berufung auf ihre gegenüber der

---

[32] In diesem Sinne formuliert Pius VI. gegen die Synode von Pistoia (1794), es sei häretisch anzunehmen, »die Vollmacht des kirchlichen Amtes und der Leitung (werde) von der Gemeinschaft der Gläubigen auf die Hirten übergeleitet« (DH 2603).

Meinungsbildung im Volk Gottes unableitbare Lehr- und Leitungsvollmacht tatsächlich geltend machen, was die normativen Traditionen zwingend vorgeben oder ob sie mit ihrem Gestaltungsanspruch über das normativ zu Regelnde hinausgreifen und normative Traditionen zur Legitimation eines immer weiter reichenden und immer rigider eingreifenden Regelungsanspruchs mißbrauchen.

Unverfügbar – also nicht Gegenstand von Mehrheits-Entscheidungen – ist der Sinn des Kircheseins, die Sendung zum Zeugnis für den Gott, der den Menschen in Jesus Christus begegnete. Kirche ist in all ihren Gliedern und Gemeinschaftsbildungen zum Zeugnis erwählt. Sie hat – wie noch auszuführen sein wird – die Aufgabe und die Auszeichnung, *Leib Christi* zu sein, um es immer mehr zu werden. Sie ist dazu berufen und verpflichtet, Gottes in Jesus Christus unüberholbar lebendigen Geist hier und jetzt zu verleiblichen, »greifbar« und »sichtbar« zu machen. Jedes Glied des Volkes Gottes hat diese Sendung mitzutragen und zu konkretisieren. Sie ist dem Volk Gottes vorgegeben und aufgegeben. Das kirchliche Amt hat maßgeblich dafür Sorge zu tragen, daß diese Vorgabe nicht ins Belieben der hier und jetzt Entscheidungen Treffenden gerät; die Mitglieder des Volkes Gottes aber haben die Sendung, die Vorgabe als das je ihnen Geschenkte und Aufgegebene in je ihrer Zeugnisgestalt möglichst authentisch und überzeugend auszulegen.

2.8 Die hierokratische Versuchung im Volk Gottes

Der Volk-Gottes-Gedanke ist von Anfang an zwiespältig gewesen, weil er anfällig war für theokratische Auserwähltheitsideologien. Ihnen galt der Herrscher bzw. der Priester als das auserwählte Instrument des Handelns Gottes an seinem Volk; für sie war der Priester in seinem kultischen Handeln einziger Garant der heiligen und heiligenden Gottespräsenz inmitten des Volkes. Die Kontaminierung herrschaftlicher und priesterlicher Prärogative ließ die »Söhne Gottes« und »Heiligen Väter« in die Rolle derer einrücken, von denen die herrscherlichheiligende Macht Gottes ausging, um das oft so widerspenstige Volk dem heiligen Gotteswillen zu unterwerfen.

Das priesterlich-herrscherliche Amt war hier jenes *Gegenüber* zum Volk Gottes, das die fordernde Heiligkeit Gottes repräsentierte, vergegenwärtigte und konkret zur Geltung brachte; seine Inhaber waren gleichsam die Ersterwählten, dazu bestimmt, als Repräsentanten des Heiligen inmitten des Volkes *das Andere* des Volkes – die es begründende und erwählende Wirklichkeit – sichtbar und greifbar zu machen. Gottes Gegenübersein zu seinem Eigentumsvolk bildet sich gleichsam ab und wird konkret im Gegenübersein der priesterlich-herrscherlichen Amtsträger zum einfachen Volk. Die Unableitbarkeit des Amtlichen aus dem, was das Volk aus sich selbst vermag und als seinen – oft so fehlgeleiteten – Willen erkennt, findet ihre Legitimität in einer spezifischen *Ausgesondertheit* aus der Welt. Sie zeichnet den heiligen oder göttlichen Menschen als einer anderen Welt zugehörig aus und wird mitunter – in alttestamentlicher Zeit aber nur ausnahmsweise oder zeitweise – durch eine spezifisch asketische Lebensweise verifiziert.

In Israel und Juda ist diese Sakralisierung des Amtlichen immer wieder einer durchgreifenden Kritik unterzogen worden. So haben sich die Schriftpropheten mit ihrer oft herrschaftskritischen Inanspruchnahme des Gotteswortes als eine Instanz zu etablieren vermocht, die dem Volk und den Herrschern gegenübertrat, um sie des Verrats an ihrer Erwählung zu überführen. Die Christentumsgeschichte ist ebenfalls von der Spannung zwischen hierokratischer Versuchung und herrschaftskritischer Inanspruchnahme des Gotteswortes im Volk Gottes durchzogen. In der katholischen Tradition wurde freilich die Tendenz vorherrschend, die prophetische Inanspruchnahme des Wortes Gottes gegen seine hierokratische Vereinnahmung aus der vom hierarchischen Amt beherrschten Kirche heraus- und in die Häresie abzudrängen oder in asketischer Ordensspiritualität zu verkirchlichen. Das Amt wird hier – der Tendenz nach – so weitgehend von der Selbstvergewisserung des Volkes in seiner göttlichen Erwählung unabhängig, daß die Kategorie »Erwählung« fast mit der spezifischen Erwählung zur Wahrnehmung kirchlicher Ämter oder zum Leben im Ordensstand zusammenfällt.

Die »Veramtlichung« der Erwählung hat gewiß mit der christologischen Konzentration der Erwählung zu tun. Schon im Neuen Testament wird Jesus Christus – der *Messias* und *Gottesknecht* – Inbegriff, ja Überbietung des Priesterlichen und des Prophetischen. Hier »ist einer, der größer ist als der Tempel« und als Prophet den wahren Gottesdienst lehrt – nach dem von den Propheten immer wieder eingeschärften Gotteswort »Barmherzigkeit will ich, nicht Opfer« (Hos 6,6). Hier tritt der eschatologische Menschensohn auf, der »Herr (ist) über den Sabbat« (vgl. Mt 12,6–8) und gegen eine sich verselbständigende kultische Logik als Sinn der Schöpfung neu geltend macht: »Der Sabbat ist für den Menschen da, nicht der Mensch für den Sabbat« (Mk 2,27). Er ist in neuer Weise Prophet, da er am Ende einer Geschichte des gewalttätigen Widerstands gegen die Propheten (vgl. Mt 23,37; Lk 13,34) diesen Widerstand auf sich nimmt und in einem priesterlichen Opfer, das nunmehr alle anderen Opfer überflüssig macht, zum Heil für das Volk Gottes »umleidet«, so die Hohepriestertheologie des Hebräerbriefs. Dieser eschatologisch neuen Weise, Priester zu sein, entspricht seine Weise, »Knecht Gottes« – also herrscherlicher Mandatar Gottes in seinem Volk und für die Völker – zu sein. Er ist der Knecht Gottes im Sinne der Gottesknechttheologie Deuterojesajas: Er bringt den Völkern das Recht (vgl. Mt 12,15–21 nach Jes 42,1–4); er bringt sich selbst als Lösepreis dar, damit die Menschen Leben in Freiheit haben (vgl. Mk 10,45 nach Jes 53,10–12).

Diese christologische Konzentration der dem Volk Gottes geschenkten Ämter steht unter dem Vorzeichen ihrer *eschatologischen Verwandlung*. Mit der christologischen Konzentration ist zugleich die Geistbegabung des einen »Amtsträgers« der Endzeit in dem Sinne »zu Ende gedacht«, daß der Christus ganz aus Gott, ja aus Gottes Geist gezeugt ist. Seine endzeitliche Geistbegabung bedeutet aber zugleich die Radikalisierung seiner Stellvertretung: Sein Weg zum Kreuz, sein Auferwecktwerden machen ihn zum neuen Tempel, zur erlösenden Gegenwart Gottes in seinem Volk.

Das dreifache Amt des Messias begründet – als endzeitliches – eine dreifache Auszeichnung des ganzen messianischen Gottesvolks. In Wiederaufnahme alttestamentlicher, durchaus damals schon amtskritischer Prophetenworte wird die Gemeinde der Christusgläubigen »königliche« und »heilige Priesterschaft« genannt, »ein Volk, das sein besonderes Eigentum wurde, damit ihr die großen Taten dessen verkündet, der euch aus der Finsternis in sein wunderbares Licht gerufen hat« (1 Petr 2, 5.9 nach Jes 43, 21). Aber es konnte verständlicherweise nicht ausbleiben, daß die Ekklesiologie schließlich auch das kirchliche Amt in spezifischer Weise auf das dreifache Amt Jesu Christi zurückführte. Ausdrücklich ist die Lehre von den drei Ämtern Christi erst von Calvin entwickelt und seit dem 18. Jahrhundert auch in der katholischen Dogmatik rezipiert worden. Im 19. Jahrhundert wird die Dreiämterlehre dann auch in der Ekklesiologie üblich und schließlich in der Enzyklika »Mystici corporis Christi« von 1940 vom Lehramt zur Unterscheidung der drei »potestates« – docendi, regendi, sanctificandi – des kirchlichen Amtes verwendet.[33] Das 2. Vatikanum greift die Dreiämterlehre kennzeichnenderweise gerade auch im Blick auf die Teilhabe aller Glieder des Gottesvolkes an den drei Ämtern Christi auf. Alle Gläubigen sind – so das Konzil – »durch die Taufe Christus einverleibt, zum Volk Gottes gemacht und des priesterlichen, prophetischen und königlichen Amtes Christi auf ihre Weise teilhaftig«, da sie »zu ihrem Teil die Sendung des ganzen christlichen Volkes in der Kirche und in der Welt ausüben« (Lumen gentium 31).[34] Freilich überträgt die Weihe – und in ganzer Fülle erst die Bischofsweihe – das besondere Amt mit all seinen Vollmachten (potestates): »mit dem Amt der Heiligung auch die Ämter der Lehre und der Leitung, die jedoch ihrer Natur nach nur in der hierarchischen Gemeinschaft mit Haupt und Gliedern des (Bischofs-)Kollegiums ausgeübt werden können« (Lumen gentium 21).

Die Ekklesiologie behält im Blick, daß diese Ämter durch ihre christologische Prägung gegenüber den Ämtern Israels oder innerhalb anderer religionsgeschichtlicher Zusammenhänge tiefgreifend verändert worden sind. Aber diese Einsicht reduziert sich weithin auf die theologische Klarstellung, die Ämter würden nun unvergleichlich heilswirksam und in der eschatologischen Autorität Christi mit jenem Beistand des Heiligen Geistes ausgeübt, der die Kirche und speziell das kirchenleitende Amt vor Irrtum in Glaubens- und Sittenfragen bewahrt und deshalb den Gehorsam der Gläubigen gegenüber den mit Christi Lehrvollmacht Sprechenden anfordert.[35]

---

[33] Vgl. Acta Apostolicae Sedis 35 (1943), 209.
[34] Vgl. das Apostolische Rundschreiben Johannes Pauls II. Christifideles Laici über die Berufung und Sendung der Laien in Kirche und Welt von 1988, Ziffer 14. Zum gemeinsamen Priestertum aller Gläubigen äußert sich Lumen Gentium schon in Nr. 10.
[35] Vgl. Lumen gentium 25 sowie die Definition des 1. Vatikanums, auf die sich das 2. Vatikanum hier beruft (DH 3074).

Eine Rückbindung der Amtstheologie an die biblischen Überlieferungen würde dazu anregen, die eschatologische *Neuheit* der Amtswahrnehmung durch den Messias Jesus deutlicher auf die Wahrnehmung kirchlicher Ämter zu beziehen. Die formale Berufung auf die Amtsvollmacht, die den kirchlichen Amtsträgern von dem Inhaber dieser Vollmacht in Fülle – Jesus Christus – in rechtlich geordneter Sukzession übertragen sei, müßte sich stärker davon beirren lassen, wie der »Vollmachtgeber« selbst sich zum Dienst gesandt wußte. Wo aber – mit durchaus nachvollziehbaren, in der Logik institutioneller Selbstvergewisserungs- und Selbstbehauptungsprozesse begründeten Argumenten – auf die Notwendigkeit verwiesen wird, die Kirche mithilfe ihrer Ämterorganisation handlungsfähig zu erhalten und die in ihr weitergegebene Heilswahrheit authentisch weiterzugeben, da wird man einräumen müssen, daß die in der Sendung Christi gegebene eschatologische Einheit der Ämter nicht bruchlos auf die Ämter einer in der Geschichte ihre Identität wahrende Kirche übertragen werden kann.

Unter den »normalen« Bedingungen der fortdauernden Kirchengeschichte, unter denen die endzeitliche Amtswahrnehmung Christi abgelöst wird vom Amtssystem einer Societas perfecta, neigen die Ämter dazu, ihr Handeln mit Gottes Handeln in und an der Kirche zu identifizieren und deshalb ein Zuständigkeitsmonopol auf alle kirchlich-geistlich relevanten Handlungsfelder in der Kirche für sich zu reklamieren. Das 2. Vatikanum hat dieser Neigung entgegengesteuert. Will man ihr aber theologisch grundsätzlich begegnen, so wird man zu berücksichtigen haben, daß die christologisch-eschatologische Prägung und Verwandlung des Amtlichen es nicht erlaubt, institutionelle Handlungsfähigkeit und Durchschlagskraft zum Hauptkriterium kirchlicher Amtswahrnehmungen zu machen.

Die christologische Konzentration des Amtlichen war verbunden mit der eschatologischen Ausnahme-Wirklichkeit der messianischen Sendung. Sie ist auf die kirchliche Ämterstruktur nur bedingt übertragbar: Die Ämter dienen hier der Vergegenwärtigung des in Jesus Christus Geschehenen. Für diese Vergegenwärtigung im Geist Gottes und Christi tragen die Amtsinhaber eine spezifische aber keine Exklusiv-Verantwortung.[36] Die Kirche als ganze ist Mit-Sub-

---

[36] In der dogmatischen Ekklesiologie ist im einzelnen auszuarbeiten, in welchem Sinne die christologisch präfigurierte Konzentration des Amtlichen die ekklesiale Identität des Amtes in der Kirche doch bestimmen muß. Das durch Ordination übertragene Amt umfaßt in seiner Sendung von der zentralen Aufgabe der Gemeindeleitung her auch die anderen Dimensionen des Amtlichen: die Sendung des Priesters und des Propheten; dies aber in der die Sendung Christi kennzeichnenden Umprägung: Die Leitungs-Aufgabe ist als Dienst zu verstehen, und zwar nicht nur in ideologischer Selbststilisierung. Die priesterliche Aufgabe ist nicht die schon von Gott her in Jesus Christus geleistete Versöhnung der Menschen mit Gott, sondern Christusnachfolge in der befreienden Diakonie (Mk 10,45), die sich die Befreiung der in ihren Befangenheiten Verstrickten und in falschen Loyalitäten Gefangenen angelegen sein läßt (vgl. Streitfall Erlösung, Kap. 2.9); sie ist in diesem Sinn pastoral und diakonal konkretisierte priesterliche Sendung. Das Propheten-Charisma schließlich hat hier die mit der Wahrnehmung eines Amtes durchaus »verträgliche« Gestalt des Bestelltseins zu geistlicher

jekt der vom Geist Gottes gewirkten Vergegenwärtigung des Erhöhten. So sind im Kommunikationsgeschehen Kirche die Stimmen all derer zu achten, die die *Successio Christi* inhaltlich bestimmt vorleben und mit ihrer Nachfolge-Erfahrung die Kirche an ihren Ursprung erinnern; die Stimme auch derer, die aufgrund spezifischer Kompetenzen daran mitzuwirken berufen sind, daß Gottes in Jesus Christus greifbar gewordener und von ihm her geschehender Heilswille in den konkreten Herausforderungen der Kirche identifiziert werden kann. Von besonderer Relevanz wäre hier die herrschafts- und priesterkritische Prophetie, die in Verantwortung für die *ganze* Überlieferung vor allem jene Traditionen neu lebendig zu machen versucht, die im Laufe der Jahrhunderte von ekklesialer Herrschaftsrationalität an den Rand des kirchlichen Überlieferungsgeschehens oder gar aus der Kirche herausgedrängt wurden. Es ist Indiz für eine falsche Allzuständigkeitserklärung des Amtes, wenn gerade diese prophetisch-herrschaftskritische Stimme mit der christologischen Konzentration des Amtlichen als in ihrer Eigenständigkeit überholt und im wesentlichen dem Amt selbst vorbehalten verstanden wird.

Für die fundamentaltheologische Ekklesiologie ergibt sich daraus die zwingende Konsequenz, die herkömmliche theologische Fixierung der kirchlichen Nachfolge auf den strukturellen Aspekt der Successio apostolica – auf die Legitimation von amtlichen Vorrechten und Vollmachtsansprüchen – zu überwinden. Ekklesiologie hat den wissenschaftlich verantworteten Rahmen anzubieten für eine inhaltlich orientierte *Hermeneutik der Nachfolge*, die je neu herauszufinden versucht, woran das entscheidend und unterscheidend Christliche – die »apostolische« Botschaft und Praxis – hier und jetzt sichtbar und identifizierbar werden könnte und wie es zu bezeugen ist; wozu die Herausforderung der nahegekommenen Gottesherrschaft die Gemeinden und Kirchen hier und heute provoziert.

Die Ekklesiologie kann dafür Mitsorge tragen, daß diese Hermeneutik der Nachfolge bei ihrer Sache bleibt, wenn sie verstanden hat, daß Nachfolge und Zeugnis, nicht aber Imitation und Abbildung der Grundvorgang des Kirche-Seins ist; wenn sie verstanden hat, daß Nachfolge Distanz und Vermittlung nicht überspringt, sondern wahrnimmt und bewußt vollzieht: Distanz zwischen dem Kontext des historischen Jesus und dem Kontext der gegenwärtigen Erfahrung und Praxis; eine Distanz, die ausgehalten und zu offener Korrelation gebracht werden kann. Dabei ist selbstverständlich zu berücksichtigen, »daß angesichts dieser Distanz jede Nachfolge durch das vorhergehende Zeugnis von der Bedeutung Jesu und von der vorhergehenden Rezeption vermittelt ist.« Gerade

---

Inspiration für den individuellen und gemeinschaftlichen Weg der Nachfolge. Die einzelnen amtlichen Dimensionen können, z. T. auch in Verbindung miteinander, Aufgabenfelder von haupt-, neben- oder ehrenamtlichen Laienmitarbeitern bestimmen und dann noch einmal ganz eigene Ausprägungen finden. Wo sie aber von der Leitungsaufgabe her zu einer in sich einheitlichen Berufungs-Figur zusammengefaßt sind, da sollten die so ins Amt Berufenen ordiniert sein, wobei die Frage nach der Lebensform für die Zulassung zur Ordination keine entscheidende Rolle spielen sollte.

deshalb »ist Nachfolge keine Imitation, sondern sie bedeutet eine neue Rezeption und Interpretation der Bedeutung und Signifikanz Jesu.«[37]

Nimmt man Nachfolge in diesem umfassenden und spannungsreichen Sinn, so ist eben auch die Ekklesiologie vor die folgenschwere Entscheidung gestellt, ob sie sich vorrangig als Legitimationsbeschafferin für die jeweils als wesentlich angesehenen Strukturmerkmale – gleichsam als Legitimationswissenschaft des gottgegebenen »Grundgesetzes« des neuen Gottesvolkes – oder als Hilfswissenschaft für die der Kirche unabdingbar und immer wieder neu aufgegebene Hermeneutik der Nachfolge verstehen will. Versteht sie sich primär als Legitimationswissenschaft, so steht sie – wie jede Staatsrechtswissenschaft – immer in der Gefahr, zur bloßen Legitimationsideologie zu werden. Versteht sie sich primär im Blick auf die Hermeneutik der Nachfolge, so begibt sie sich immer wieder neu in die Gefahr, in vermeintlich prophetischer Unvermitteltheit die Radikalität des Anfangs gegen die vielfältigen institutionellen Vermittlungen eines differenzierten Sozialgebildes auszuspielen. Vielleicht ist die Verführung der Ekklesiologie zur Legitimationsideologie angesichts einer äußerst prekären Ekklesiologiegeschichte ernster zu nehmen als die Verführung zum mehr oder weniger hohlen prophetischen Gestus. Die katholische Ekklesiologie hat sich in der Vergangenheit so sehr an den hochselektiven Blick der Legitimationsideologie auf den Anfang gewöhnt, daß sie in diesem Anfang kaum noch die wahrhaft grenzenlose und über alle Maßen verheißungsvolle Herausforderung der Kirche zu einer Christusnachfolge in Christusförmigkeit wahrnehmen konnte. Das war in der Regel nicht ihr Thema; sie schob es ab auf Moraltheologie und Aszetik, weil ihr Blick eingeengt war auf das, was sich an strukturell-ekklesialer Kontinuität schon in den Anfängen greifen – oder in sie hineinlesen – läßt.

Sieht sich die Ekklesiologie hingeordnet auf eine Hermeneutik der Nachfolge, so wird es ihr zuerst darum gehen, herauszuarbeiten, was Jesus seinen Jüngern und Jüngerinnen an Erfahrung der Nähe Gottes und seiner Herrschaft mit auf ihren Weg gegeben hat, wie er Gottesnähe mit ihnen gelebt, wie er ihnen die Sichtbarkeit und Greifbarkeit der ankommenden Gottesherrschaft vorgelebt hat, welche Gestalt des Zeugnisses für die ankommende Gottesherrschaft er ihnen »be-greiflich« und für ihr eigenes gemeinschaftliches Zeugnis zur Norm gemacht hat. Nur so wird Ekklesiologie der Herausforderung und der Normativität des Anfangs, den Jesus mit seiner Kirche gemacht hat, einigermaßen gerecht. Wenn sie so verfährt, dann fällt ihr Blick nicht nur auf wenige, mit einiger exegetischer Verrenkung als »kirchenstiftende« Akte Jesu ermittelbare Vollzüge, sondern auf all das, was die Kirche als die ihr von Jesus Christus selbst mitgegebene Verheißung und Herausforderung der Nachfolge immer wieder neu entdecken und auf ihrem Weg mitnehmen darf; auf all das, woran Gottes

---

[37] Vgl. F. Schüssler-Fiorenza, Fundamentale Theologie. Zur Kritik theologischer Begründungsverfahren, dt. Mainz 1992, 219 f.; im folgenden orientiere ich mich wieder an meinem Buch: Kirche, 90 f.

und Jesu Christi Geist spürbar und sichtbar wird, worin er die Kirche auf *seinem* Weg durch die Zeit mitnehmen will.

2.9 Erwählung zu Diakonie und Stellvertretung

Die Erwählung Israels als des Volkes Gottes bleibt gezeichnet von den Stationen, an denen sich Gottes Eigentumsvolk der grundlegenden Differenz seiner Erwählung von aller herrschafts- und überlegenheitsbegründenden Privilegierung vergewisserte – vergewissern mußte. Die Katastrophe des Exils ist hier ebenso zu nennen wie die gescheiterte nationale Restitution nach der Rückkehr aus dem Exil. Hier bildete sich etwa an der Gestalt des deuterojesajanischen Gottesknechts eine Figur der Erwählung heraus, die die Diakonie des Erwählten – sein Einstehen für die von Leid, Unglück und Sünde Betroffenen – ins Zentrum seiner Sendung rückte. Wo sich Rest-Israel selbst in der Erwählung dieses Gottesknechtes wiedererkannte, da erkannte es sein leidvolles Geschick als heilbringende Stellvertretung, als Eröffnung einer Zukunft für ganz Israel und die Völker, in der alle Gottes endzeitlicher Einladung folgen würden.

Die Erwählung des Christus war in diesem Sinne eine zum Dienst an der Vergegenwärtigung der Gottesherrschaft. Er sammelte Jünger um sich zum unsteten Leben von Wandercharismatikern – zur »Familie Gottes«. In ihr galt eine andere Art des Zusammenlebens, eine Art gemeinsamen Leben, wie sie der anbrechenden Gottesherrschaft entsprach, ein Leben nach anderen, geradezu umgekehrten Prioritäten: »Armut statt Reichtum, Knecht-Sein statt Herr-Sein, die Kraft des Dienens statt der Macht des Herrschens, Letzter statt Erster zu sein, Kind statt Erwachsener«[38] (vgl. Mk 8, 27–10, 52).

Die Gemeinschaft der Jünger war in den Dienst Jesu mit hineingenommen, aus der größeren Gerechtigkeit der Gottesherrschaft jetzt schon zu leben und – so die Seligpreisungen – das endzeitliche Heil für die Unglücklichen und Ausgestoßenen, die Trauernden und Verfolgten jetzt schon zu antizipieren, es darzustellen in der Verkündigung, zu der sie ausgesandt wurden, und durch ihre Solidarität mit denen, denen ihre Verkündigung Frohbotschaft war. Sie waren auch hineingenommen in den Weg zum Kreuz (vgl. das Wort vom Kelch Mk 10, 38 und Mt 20, 22 f.), der die Treue des Messias zu denen ausdrückte, zu denen er sich gesandt wußte, die ihn aber nicht in seinem Auftrag anerkannten; hineingenommen schließlich auch in die Treue seines Vaters, der an seiner Erwählung selbst angesichts des Kreuzes Jesu festhielt, sie gleichsam noch überbot, da er sie nun auf alle Völker hin öffnete.

Der Weg des Kreuzes ist für die Successores der ersten Jünger konkret die verheißungsvolle Verpflichtung gewesen, aus der ihnen und allen Menschen guten Willens zugesagten neuen Gerechtigkeit zu leben, ihr gegen Herrschafts-

---

[38] Vgl. F. Schüssler-Fiorenza, Fundamentale Theologie, 173.

und Ausbeutungsinteressen, gegen ihre eigene Neigung, ihre Erwählung zum Privileg zu machen, einen Ort in der Kirche und von ihr aus in der Welt zu bereiten. Die Erwählung der Kirche war deshalb immer die Erwählung zum Zeugnis für die Gutheit des heilbringenden Gotteswillens, der im Eschaton endgültig und umfassend geschehen wird. Und diese Gutheit war zu bezeugen durch die Zuwendung zu denen, die vom Geschehen des guten Gotteswillens die Wendung ihres Unheils erhofften. Sie war zu bezeugen im Eintreten für die, denen entgegen der Botschaft der Seligpreisungen der Zugang zur Gutheit der Schöpfung immer noch versperrt war.

Die Hermeneutik der Nachfolge wird vor allem darauf zu achten haben, wie Gottes erwähltes Volk – inmitten übermächtiger Systemzwänge und Ausbeutungszusammenhänge im großen und im kleinen – gegen das sich ausbreitende Verhängnis einer zerstörten Schöpfung den von diesem Verhängnis am meisten Betroffenen die Gutheit Gottes und seinen heilschaffenden Willen bezeugen kann. Es ist vielleicht zu viel verlangt, wollte man die Kirche darauf verpflichten, »Kontrastgesellschaft« zu sein.[39] Aber sie wird mit ihrem Dasein in der Welt, in ihrer institutionellen Präsenz inmitten der geschichtlichen Mächte, die das geschundene Antlitz dieser Welt mitzuverantworten haben, eschatologische Christusnachfolge zu konkretisieren haben; nicht einfach im Binnenraum einer »Insel der Seligen«, sondern als Institution in *dieser* Welt, auf sie bezogen und von der Sünde, die in der Welt »herrscht«, ja selbst in Mitleidenschaft gezogen.[40] Kirche muß sich auf die Realitäten dieser Welt einlassen, um in dieser Welt vorkommen zu können; und zugleich muß sie sich den Dynamiken und Mächten zu entziehen versuchen, die über das Vorkommendürfen in dieser Welt entscheiden. Sie hat das *Außerhalb* der Welt – jedenfalls das Außerhalb zum Machtbereich der Mächte und der Sünde – *innerhalb* dieser Welt zu bezeugen und in gewisser Hinsicht auch zu repräsentieren; und gerade deshalb ist sie immer wieder versucht, in falscher Weise *drinnen* und in kurzschlüssiger Weise *draußen* sein zu wollen. Sie darf sich nicht heraushalten, wenn es in *dieser* Welt um Rettung oder Untergang, Leben oder Tod, Gerechtigkeit oder Ausbeutung geht. Aber sie darf sich nicht vereinnahmen lassen, wenn es in ihr nur noch um die Optimierung menschlich-gesellschaftlichen Wohlbefindens geht. Ihr Platz ist drinnen und draußen zugleich, und dies in christusspezifischer Zuspitzung:

• *drinnen:* bei denen, die in dieser Welt unter die Räder kommen, um ihnen Gottes gute Herrschaft zu bezeugen und den Rädern in die Speichen zu greifen, wo immer sie kann; bei denen, die das Geschäft der Götzen und Mächte betreiben, um ihnen die Umkehr dringlich und Gottes Herrschaft verheißungsvoll zu machen;

---

[39] Vgl. G. Lohfink, Wie hat Jesus Gemeinde gewollt?, Freiburg i. Br. ⁸1989.
[40] Im folgenden greife ich auf, was ich in meinem Aufsatz: Fundamentaltheologische Ekklesiologie: der Streit um die »unmögliche Institution« Kirche, in: K. Müller (Hg.), Fundamentaltheologie – Fluchtlinien und gegenwärtige Herausforderungen, Regensburg 1998, 389–409, besonders 405 ff. ausführlicher dargestellt habe.

- *draußen:* bei denen, die in dieser Welt, so wie sie ist, nicht so vorkommen dürfen, wie sie sind, mit ihren Ängsten und Niederlagen, ihrer »unrealistischen« Sehnsucht nach Leben und Auferstehung;
- *draußen:* bei all dem, was ausgegrenzt und verdrängt werden mußte von denen, die es nicht wahrhaben wollten.

Kirche wird christusförmige Nachfolgegemeinschaft, wenn sie nicht fehlt, wo sie unersetzlich ist, weil hier nicht nur politisches Machtkalkül gefragt ist, sondern die Leidenschaft für Gottes größere Gerechtigkeit – und dafür, daß sie endlich geschieht. Kirche wird christusförmig, wo sie nicht in diese Welt paßt und deshalb auch Asylort ist für die Hinausgedrängten, für Verdrängtes, für all das, was in *dieser* Welt unrealistisch scheint oder unansehnlich, wessen man sich schämt und womit man sich nicht sehen lassen möchte. So kann sie für das Daseinsrecht der als Gottes Geschöpfe Erwählten Zeugnis ablegen und eine Kirche des Volkes sein, Gemeinschaft derer, die Erwählung nicht als Privileg, sondern als die Herausforderung begreifen, den Mächten der »Aussonderung« zu widerstehen.[41] Hier ist die Kirche gerade auch als Institution gefragt: nicht eine U-Topie, sondern konkreter, raum-zeitlich bestimmbarer Ort in dieser Welt, an dem der Zugriff der Mächte gewiß noch nicht völlig außer Kraft gesetzt ist, aber auch nicht mehr einfach wehrlos hingenommen wird. Kirche, das sind Orte, an denen in, mitten und unter den Ängsten, Klagen, Hoffnungen und Freuden der Menschen Gottes Wort als heilsame Herausforderung vorkommen und zu Wort kommen darf.

Ist *diese* Kirche nicht doch Utopie, utopisch angesichts dessen, was man gemeinhin Kirche nennt? Ist sie nicht innerhalb dieser Welt als Institution geradezu unmöglich? Möglich ist sie nur, wenn sie nicht von dieser Welt ist und eben deshalb in ihr Gottes Wohnstatt sein kann; wenn Gottes Geist sie immer wieder neu hervorbringt, der Geist, der sie in die Wahrheit – in Gottes Zukunft – hineinführt und der Welt aufdeckt, was es mit der Sünde, mit Gerechtigkeit und Gericht auf sich hat (vgl. Joh 16,7.13).

2.10 Der Herr des Volkes Gottes und die Verführung zur Herrschaft

Gottes Volk ist – auf seine ratio essendi hin gesehen – eine *theonome* Wirklichkeit. Es gründet in Gottes Erwählung und hat sie zu bezeugen: Gott erwählt sich ein Eigentumsvolk, damit es seine Gerechtigkeit vor den Völkern zum Leuchten bringe. Er handelt an ihm – im Gericht wie in der Neu-Konstitution der Exilierten zum Volk seiner Herrschaft –, damit am Volk der Erwählung das ihm verdankte Leben, die in seiner Gegenwart begründete Lebensfülle sichtbar werde.

---

[41] Die Ekklesiologie des Volkes Gottes ist in diesem Sinne – wie in der Theologie der Befreiung ausformuliert – eine Theologie des Volkes, der Option für die Unterdrückten; vgl. in meinem Buch: Kirche, 143–149.

So ist das Volk Gottes auf ein doppeltes *Gegenüber* bezogen: Es ist konstituiert im Gegenüber zum Erwählenden und im Gegenüber zu denen, denen das Zeugnis der Erwählten gelten darf. Das bezeugende Handeln des Volkes Gottes weiß sich in Gottes Erwählungshandeln gegründet und auf die Adressaten des Zeugnisses hingeordnet.

Noch eine dritte konstitutive Differenz kennzeichnet den Volk-Gottes-Gedanken in der Bibel: Gottes erwähltes Volk ist das zur Teilhabe an der endzeitlichen Gottesherrschaft erwählte, dieser Herrschaft jetzt schon sich unterstellende, aber in den Sünden- und Unheilszusammenhängen dieser Welt lebende und deshalb auch von ihnen in »Mit-Leidenschaft« gezogene Volk. Es ist nicht identisch mit der Gottesherrschaft, sondern kraft der Erwählung durch den Herrn dieser Herrschaft auf sie hingeordnet. Die Hinordnung impliziert schon eine gewisse – antizipative – Teilhabe. Das zum Zeugnis erwählte Volk ist schon anfanghaft hineingenommen in das Heil, das es bezeugen darf, denn der Geist dieser Herrschaft hat es ergriffen und zum Zeugnis befähigt. Niemand bezeugt ja, was ihm nicht schon – wenigstens als »Angeld« und »erster Anteil« (vgl. Röm 8, 23; 2 Kor 1, 22; 5, 5; Eph 1, 14) – zugänglich geworden ist. Aber Gottes endzeitliche Herrschaft steht eben noch aus; die Kirche darf sich mit ihr nicht einfachhin identifizieren; sonst erliegt sie der theokratischen Versuchung, sich selbst im *falschen Gegenüber* zur Welt als hierarchisches Herrschaftsinstrument Gottes auszugeben und seine Herrschaft konkret ausüben zu wollen.

Die Hinordnung auf Gottes Herrschaft konstituiert Volk Gottes als *Beziehungswirklichkeit:* Es hat seine geschichtlich-institutionelle Wirklichkeit im »Angegangensein« von einer unbedingten Zusage und einer ebenso unbedingten Herausforderung, in der freilich die Zusage konkrete Geltung erlangen soll. Was die Gemeinschaft der im Glauben zu Gottes Volk Verbundenen »unbedingt angeht« *(Paul Tillich),* das ist *Gottes Handeln* zum Heil der Menschen, für das Gottes Volk in gewisser Hinsicht Instrument sein darf, weil es selbst schon durch Gottes Heilshandeln zu seinem Instrument bereitet – erwählt – ist.

Die Volk-Gottes-Metapher akzentuiert das theonome *Gegenüber* der Kirche zu ihrem Herrn, zu dem, der sie beruft und unbedingt in Anspruch nimmt. Er übt über sie seine Herrschaft im Geist aus, der sie auf dem Weg des Christuszeugnisses für die herausfordernd nahegekommene Gottesherrschaft halten will. Die institutionelle Gefährdung von Kirche liegt – wie sich gezeigt hat – genau darin, daß dieses theonome Gegenübersein der Kirche zu ihrem Herrn in innerkirchlichen Herrschaftsstrukturen oder Herrschaftsansprüchen der Kirche gegenüber der Gesellschaft abgebildet wird. Das unbedingte Angegangensein von einem Gott, dem nur in gehorsamer Sorgfalt für das, was er seinem Volk schenkt, damit es allen zugute komme, entsprochen werden kann, wird dann institutionalisiert im geistlichen Herrschaftsanspruch eines theokratisch überlegitimierten Amtes, das unbedingten Gehorsam für seinen auf Gottes Anordnung zurückgehenden, mehr oder weniger umfassenden Regelungsanspruch einfordert.

Wo sich solcher Gehorsamsanspruch im menschlichen Bereich gegen die

Bedingungen wendet, an deren Würdigung sich der verantwortete gegenüber dem blinden Gehorsam unterscheidet, wo er den Eindruck erweckt, solche Bedingungen könnten ihm gegenüber nicht mehr legitim geltend gemacht werden, da ist er selbst totalitär geworden. Gottes heilsame und als solche ja durchaus vernünftig verstehbare Unbedingtheit ist hier ekklesiologisch »internalisiert«, zur totalen Institution pervertiert. Ist deshalb nicht eine tiefreichende Skepsis gegen kirchliche Institutionalisierung angezeigt, wie sie Ekklesiologien und Kirchenordnungen in den reformatorischen Traditionen ja vielfach kennzeichnet?

Auch diese Skepsis hat ihren Preis: Verkennt man die Notwendigkeit der Institutionalisierung auch im kirchlichen Bereich, so kommt der kirchliche Vergemeinschaftungsprozeß schnell unter die Regie staatlich-gesellschaftlicher Herrschaftsinstanzen. Die Kirche findet dann ihre konkret sichtbare Gestalt nicht mehr aus ihrer Dienstfunktion für Gottes endzeitliche Herrschaft, sondern aus ihrer Service-Funktion für andere Teilsegmente des gesellschaftlichen und politischen Lebens. Demgegenüber hat die katholische Tradition der Ekklesiologie immer darauf bestanden, daß auch die institutionelle Form der Christus-Nachfolge auf die Christusförmigkeit dieser Nachfolge zu verpflichten sei. Die äußere Gestalt der Kirche soll den sichtbar, zumindest erahnbar machen, dessen Geist ihr mitgegeben ist, so mitgegeben ist, daß er sie in der Spur Christi hält. Kirche ist also nicht nur aus der Hinordnung auf ihr Gegenüber – auf ihr Anderes – zu verstehen, dem sie dient, aber nicht selbst schon angehört; sie hat ja doch auch in gewisser Weise schon Anteil an dem, worauf sie verweist. Nur deshalb kann sie – als selbst schon anfanghaft von Gottes Erwählung verwandelte – bezeugen, wie Gottes Erwählung in der Welt zur Geltung kommen soll.

Darf man ekklesiologisch wirklich behaupten, das Zeugnis der Kirche könne christusförmig sein, weil sie selbst schon teilhat an der Verwandlung der Schöpfung durch den Geist Jesu Christi? Die katholische Geschichte der Kirchenerfahrung belegt die Unausweichlichkeit dieses kirchlichen Selbstverständnisses wie auch das enorme Risiko, das in ihm liegt: Die Christusbezogenheit in seinem Geist wird für die Kirche schnell zum Rechtsgrund, sich in dieser oder jener Hinsicht mit Christus, ihrem Herrn zu identifizieren, und dies womöglich noch konsequenter und folgenreicher, als von der theokratischen Perversion des Volk-Gottes-Gedankens in Anspruch genommen.

Wo die Unterscheidung von eschatologischer Christuswirklichkeit und konkreter Kirchenwirklichkeit unscharf wird, da droht die *Selbstidentifikation* der Kirche und ihrer leitenden »Organe« mit der Christuswirklichkeit, die kirchliche Inanspruchnahme dessen, was allein dem Herrn der Kirche, dem Herrn der endzeitlichen Gottesherrschaft zukommt. Die mittelalterliche und reformatorische Kirchenkritik hat diese Versuchung an der apokalyptischen Figur des *Anti-Christus* immer wieder neu durchgearbeitet. Die »endzeitliche« Verführung für die Kirche ist diese Selbstidentifikation ihrer Ober-Häupter mit dem wahren Haupt des Leibes Christi: Das Oberhaupt setzt sich an die Stelle (anti) des Hauptes; er nimmt den Tempel Gottes für sich selbst in Besitz. So erscheint er als der Antichrist, der die Kirche zu seinem Herrschaftsbereich –

zum Herrschaftsbereich des *Gegen*-Christus, des endzeitlichen Versuchers – machen will.

Es ist also das ekklesiologische Metaphernfeld des Leibes Christi, in dem sich für das Selbstverständnis der Kirche offenkundig Unverzichtbares über die Christusverbundenheit der Kirche artikulierte, aber auch höchst zwiespältige Folgerungen im Sinne einer Christus-Usurpation begründbar wurden.

3. Der andere Christus: Gemeinde als Christuswirklichkeit

3.1 Leib Christi im Corpus Paulinum

Bei Paulus selbst kann von einer Tendenz der Leib- bzw. Leib-Christi-Metapher zur Christus-Usurpation keine Rede sein. Bei ihm hat sie offenkundig noch eine ganz andere, geradezu obrigkeitskritische Intention. Sie zeigt sich unübersehbar im ekklesiologisch hochsensiblen Argumentationszusammenhang 1 Kor 12–13. Paulus entwickelt hier sein Verständnis der Geistesgaben in polemischer Anschärfung gegen den Überlegenheitsanspruch solcher Charismatiker in der Gemeinde von Korinth, die Geistesgaben mit einem besonderen enthusiastischen »Prestige« vorweisen konnten, also etwa das Zungenreden. Im Widerspruch gegen ihre Selbsteinschätzung macht Paulus den Sinn der Charismen am durchaus traditionellen Bild von dem einen Leib und den verschiedenartigen Gliedern deutlich. Das Gleichnis selbst ist detailliert ausgeführt: An dem einen Leib kann es nicht zur Konkurrenz der verschiedenen Glieder kommen, denn sie ergänzen sich ja durch ihre Verschiedenheit; und »gerade diejenigen Glieder unseres Leibes, die die Schwächsten zu sein scheinen, sind um so notwendiger«. Kein Glied kann für sich etwas sein wollen; nur im solidarischen Zusammenwirken der Glieder kann jedes von ihnen sein, was es seiner Bestimmung nach sein soll und sein kann. Jedes Glied ist auf das andere angewiesen und von seinem Leiden, von seiner Verletzung in Mitleidenschaft gezogen, aber auch von seinem Wohlsein gestärkt (vgl. 12,22): »Leidet *ein* Glied, so leiden *alle* Glieder mit; und kommt *ein* Glied zu Ehren, so freuen sich *alle* Glieder mit« (V. 26).[1]

Diese Auswertung der Leib-Metapher steht im bezeichnenden Kontrast zu einer vielfach bezeugten antiken Organismusideologie. Von Menenius Agrippa etwa wird überliefert, er habe den Aufstand und den Auszug der unterprivilegierten und ausgebeuteten Plebejer aus der Stadt Rom dadurch wieder unter Kontrolle bringen können, daß er ihnen die Äsop-Fabel vom Aufstand der »min-

---

[1] Zur genaueren Exegese von 1 Kor 12,12–30 vgl. die unterschiedlich akzentuierten neueren Auslegungen bei H. Merklein, Entstehung und Gehalt des paulinischen Leib-Christi-Gedankens, in: ders., Studien zu Jesus und Paulus, Tübingen 1987, 319–344; Th. Söding, »Ihr aber seid der Leib Christi« (1 Kor 12,27). Exegetische Beobachtungen an einem zentralen Motiv paulinischer Ekklesiologie, in: Catholica 45 (1991), 135–162 und A. Lindemann, Die Kirche als Leib. Beobachtungen zur »demokratischen« Ekklesiologie bei Paulus, in: Zeitschrift für Theologie und Kirche 92 (1995), 140–165.

deren Glieder« gegen die vornehmen erzählt habe. Wie die dienenden Glieder – Füße, Hände – kraftlos werden und absterben, wenn der Magen, dem sie zu dienen haben, sie nicht mehr ernährt, nicht mehr ernähren kann, da sie ihm ja nicht mehr dienen wollen, so würden auch die Plebejer zugrunde gehen, wenn sie sich aus der lebenspendenden Beziehung zu den vornehmen Gliedern herauslösten. Die Tendenz dieser Erzählung ist klar: Sie soll die »weniger edlen« Glieder in die »gute Ordnung« zurückholen, in die organische Unter-Ordnung, der sie – in Verkennung ihrer Abhängigkeit von den vornehmen Gliedern – zu entrinnen trachteten. Das »gewerkschaftliche Generalstreikbewußtsein«: Alle Räder stellen still, wenn dein starker Arm es will, wird gebrochen durch den Appell an die Angst, losgelöst von den Machthabern könnten die Machtlosen ihr Überleben nicht sichern. Die Organismusmetapher will auf Über- und Unterordnung festlegen, will sie ideologisch legitimieren.

Ganz anders bei Paulus. Ihm geht es ja darum, das Überlegenheitsbewußtsein der »Elite-Charismatiker« abzubauen und *ihren* Dienst zur Auferbauung der Gemeinde einzufordern. »Alle Glieder sollen gleichermaßen füreinander Sorge tragen«; dazu – das macht der Kontext der paulinischen Fabel deutlich – sind ihnen ihre Gnadengaben gegeben, nicht aber dazu, die »vornehmeren Charismen« gegen die weniger vornehmen auszuspielen und für sich eine hervorgehobene Position zu reklamieren.

Das wechselseitige Angewiesensein der Glieder aufeinander – auf den Dienst, den jedes dem anderen leistet – macht schon das schöpfungsgemäße organische Leben aus. Umso mehr gilt es für das Zusammengehören der Glieder in Christus: Wie die Glieder in dem einen Leib zusammengehören und einander gehören, »so ist es auch mit Christus: Durch ein und denselben Geist sind wir alle zu *einem* Leib getauft, Juden wie Griechen, Sklaven wie Freie« (12,13). Und diesen Leib nennt Paulus den Leib Christi, an dem jeder einzelne Getaufte Glied ist (V. 27), um das ihm jeweils zuteil gewordene Gliedsein im Dienst an den anderen Gliedern zu erfüllen. Das »Hohelied der Liebe« (1 Kor 13) entfaltet dann noch einmal jenen großen heilsgeschichtlichen Zusammenhang, in dem ekklesiale Vorrangansprüche schon deshalb unmöglich werden, weil von Christus her der einzig denkbare Vorrang der der wahrhaft dienenden Liebe ist (vgl. 1 Kor 12,31; 13,13).

Bei Paulus selbst ist vom Haupt dieses Leibes nicht ausdrücklich die Rede. Erst die Deuteropaulinen, also Kolosser- und Epheserbrief, arbeiten die Leib-Christi-Metaphorik unter dem Aspekt des Verhältnisses von Haupt und Leib weiter aus. Aber für sie kann nur einer das Haupt des Leibes und damit dessen Lebensprinzip sein: Jesus Christus. Das ändert sich in kennzeichnender Weise bei der vielfältigen Wiederaufnahme des Bildes in der Kirchengeschichte. Ganz selbstverständlich rückt der Papst in die Funktion des »Ober-Haupts« der Körperschaft Kirche ein. Gegen die den päpstlichen Primatsansprüchen widersprechende Kirche des Ostens kann *Papst Bonifaz VIII.* 1302 geltend machen, die Kirche müsse unter *einem* sichtbaren Haupt – dem Papst – geeint sein, aber der Papst sei kein zweites Haupt neben Christus – wie die Orthodoxen behaupten, um den Oberhaupt-Anspruch des Papstes ad absurdum zu führen –, sondern eben nur die Sichtbarkeit des unsichtbaren Haupts (DH 872).

Der Papst ist nun doch das vornehmste, ja das beherrschende Glied am Leib Christi; nach ihm gibt es in diesem Leib, je nach »Entfernung« zu ihm, mehr oder weniger vornehme. Mit dem Papst sind auch andere Glieder des mystischen Leibes Christi – die Mitglieder der Hierarchie – »durch ein ganz einzigartiges Band mit dem göttlichen Haupt des ganzen Leibes verbunden«; sie werden deshalb »zurecht ›partes‹ membrorum Domini primae‹ genannt«, während die anderen Glieder – die Nichtgeweihten – eben keine herausragenden, sondern einfache Glieder sind, die sich den herausragenden im Gehorsam unterzuordnen und nach ihrem Auftrag zu wirken haben – so noch die Enzyklika *Mystici corporis* aus dem Jahre 1943 (DH 3804 f.).

Es ist schon verblüffend, wie sich die Ekklesiologie hier verführen ließ, eine von Paulus bewußt ausgeschlossene Intention der Leib-Metapher aufzugreifen und im Interesse einer forcierten Amts- und Primatstheologie zu ihrem Leitgedanken zu machen. Diese Umkehrung der Intention wurde von den organologischen Assoziationen der Leib-Metaphorik gewiß begünstigt. Aber es wäre doch genauer zu analysieren, aufgrund welcher Substitutionen sie sich als geradezu selbstverständlich durchsetzen konnte.

3.2 Metaphern der innigen Verbundenheit

Zunächst ein Blick auf andere Ausprägungen der organologischen Bildwelt im Neuen Testament. Das Johannesevangelium konkretisiert in den Abschiedsreden die Erwählungsthematik – nun kennzeichnenderweise auf die mit Jesus seienden, ihm nachfolgenden Jünger bezogen – im Bild der Reben, die eben nur in Verbundenheit mit dem Weinstock Christus Frucht bringen können: »Nicht ihr habt mich erwählt, sondern ich habe euch erwählt und dazu bestimmt, daß ihr euch aufmacht und Frucht bringt und eure Frucht bleibt« (15, 16).

Aber nur wer in Christus bleibt und in wem er bleibt, »der bringt reiche Frucht«. Getrennt von ihm – dem Weinstock – können die Jünger »nichts vollbringen« (15, 4 f.). So gilt den Jüngern die Mahnung und die Zusage des Abschiednehmenden: »Bleibt in mir, dann bleibe ich in euch«. Dieses wechselseitige *In-Sein* realisiert sich in der Liebe, die die Jünger in den Gehorsam gegenüber dem guten Willen des Vaters hineinnimmt (15, 9 f.). Die Liebe, die vom Vater ausgeht, sich in Christus bezeugte, ihn am Kreuz verherrlichte und seine Jünger mit Christus und dem Vater verbinden will, soll auch die Jünger untereinander verbinden: »Das ist mein Gebot: Liebt einander, so wie ich euch geliebt habe« (15, 12).

Die grundlegende Offenbarungswirklichkeit ist die Liebe, die den Vater im Sohn und den Sohn im Vater sein läßt. So kann die Aufforderung des Philippus: »Herr, zeig uns den Vater!« (14, 8) mit dem Hinweis auf all das beantwortet werden, was der Vater, der im Sohn ist und in dem der Sohn ist, durch ihn vollbringt (14, 10). Wer sich aber im Glauben und in der Liebe mit dem Sohn in den Vater hineinnehmen läßt, wer sich bereitet, den »anderen Parakleten« in sich einzulassen, der wird erkennen:

> »Ich bin in meinem Vater, ihr seid in mir, und ich bin in euch. Wer meine Gebote hat und sie hält, der ist es, der mich liebt; wer mich aber liebt, wird auch von meinem Vater geliebt werden, und auch ich werde ihn lieben und mich ihm offenbaren ... Wenn jemand mich liebt, wird er an meinem Wort festhalten; mein Vater wird ihn lieben, und wir werden zu ihm kommen und bei ihm wohnen« (14, 21.23).

Die Christuszugehörigkeit in dem Geist, der den Sohn mit dem Vater verbindet – im Geist der Liebe – wirkt sich im Halten der Gebote aus: in einem Leben, das von diesem Geist beseelt und deshalb von der Liebe bestimmt ist. Damit ist ein Verständnis der Jüngerschaft und zugleich der Gemeinde ausformuliert, das die Volk-Gottes-Ekklesiologie radikal verinnerlicht: Gemeinde ist da, wo Gottes Geist die Glaubenden untereinander und im Sohn mit dem Vater verbindet, so daß beide – der Sohn und der Vater – im Parakleten Wohnung unter ihnen, ja in ihnen nehmen. Die Assoziation des Tempels, in dem JHWH inmitten Israels wohnte, ist hier fast unabweisbar: Die Gläubigen sind der neue Wohnort Gottes – und Christi – in der Welt.

Dieser neue Tempel ist vom Haß derer bedroht, die erkennen, daß die zu Christus Gehörenden und vom Geist Gottes Bewohnten nicht »von der Welt stammen« (15, 19). Vor ihnen hat sich dieser Haß schon gegen den Sohn gewandt, Gottes Geistgegenwart und Wohnort in dieser Welt. So wird der Tempel, der er ist, niedergerissen; aber in drei Tagen wird er wieder aufgerichtet sein (2, 19). Das Johannesevangelium ergänzt hier die synoptische Überlieferung mit der Auslegung: Jesus »aber meinte den Tempel seines Leibes. Als er von den Toten auferstanden war, erinnerten sich seine Jünger, daß er dies gesagt hatte, und sie glaubten der Schrift und dem Wort, das Jesus gesprochen hatte« (2, 21 f.). In der Gemeindewerdung der Jünger kommt der Wiederaufbau des Tempels zum Ziel. Seine Zerstörung – die Verdrängung der Geistgegenwart Gottes in Jesus Christus aus dieser Welt – gewinnt nicht Macht über Gott, auch nicht über den Sohn (vgl. 14, 30). Er geht zum Vater, um im Geist, den der Vater aussendet, zu den Seinen zurückzukehren (vgl. 14, 28).

Diese ekklesiale Metaphorik findet ihre vorweggenommene Entsprechung in jenen soteriologischen Motiven, die bei Paulus der Rede von der Gemeinde als Leib Christi offenkundig zugrundeliegen. Die Gemeinde ist die Gemeinschaft derer, die »in Christus« der Freiheit teilhaftig sind, die sie nicht mehr heillos dem Gesetz oder den Begierden unterworfen sein läßt (vgl. Gal 2, 4). Diese Freiheit in Christus verbindet sie zu einer neuen Heils-Gemeinschaft: »Es gibt nicht mehr Juden und Griechen, nicht Sklaven und Freie, nicht Mann und Frau; denn ihr alle seid ›einer‹ in Christus Jesus. Wenn ihr aber zu Christus gehört, dann seid ihr Abrahams Nachkommen, Erben kraft der Verheißung« (Gal 3, 28 f.).

Das ist die Gemeindeutopie des Paulus: Das In-Christus-Sein überwindet alle Schranken und Ungleichheiten. Es macht alle zu Erben der Verheißung, die Abraham gegeben wurde, zu Söhnen und Töchtern des Vaters, zu Miterben Christi (vgl. Röm 8,16f.). Die Erwählten sind zur *Christusteilhabe* erwählt, »dazu bestimmt an Wesen und Gestalt seines Sohnes teilzuhaben, damit dieser der Erstgeborene unter vielen Brüdern sei« (Röm 8,29). Mit ihm sind sie in Leiden und Auferweckung »zusammengepflanzt« (Röm 6,5); in ihm werden sie »lebendig gemacht« (1 Kor 15,22), damit Christus in ihnen Gestalt annehme (vgl. Gal 4,19). In Christus zu sein bedeutet: eine »neue Schöpfung« zu sein, da Gott die Welt »in Christus ... mit sich versöhnt hat« (2 Kor 5,17.19). Die Christusgläubigen sind geheiligt – »Heilige« – »in Christus Jesu« (Phil 1,1), gläubige Brüder »in Christus« (Kol 1,2).

Das In-Christus-Sein schließt die Glaubenden zur geschwisterlichen Gemeinschaft untereinander und zur Gemeinschaft der Heilsteilhabe in Christus zusammen. So wird man in dieser Formel »ἐν Χριστῷ« geradezu »eine Abbreviatur für das Theologoumenon vom Leib Christi sehen dürfen«.[2] Aber die Metaphorik des In-Seins hat – auch darin findet der johanneische Gedanke seine vorweggenommene Entsprechung – eine Gegen-Richtung: Den in Christus Seienden ist selbst eine innerliche Offenbarungs-Gegenwart Christi geschenkt, die sie von äußerlichen Vermittlungen weitgehend unabhängig sein läßt. Das gilt zunächst für Paulus selbst: Er hat das von ihm verkündigte Evangelium »nicht von einem Menschen empfangen oder gelernt, sondern durch eine Offenbarung Jesu Christi« (Gal 1,12). Gott hat es gefallen, »daß er seinen Sohn offenbarte in mir, damit ich ihn als Evangelium verkündige unter den Völkern« (1,16). Dieser Offenbarung »ἐν ἐμοὶ« ist gegenübergestellt der Eifer »für die Satzungen der Väter«, in dem Paulus sich zuvor über die Maßen hervorgetan hat (1,14). Nicht aufgrund dieser Satzungen, sondern aufgrund der ihm innerlich zuteilgewordenen Offenbarung wagt Paulus, die Rechtfertigung durch den Glauben allein zu verkündigen. Diese Erkenntnis (2,16) läßt ihn vom Gesetz nicht mehr das Leben erhoffen; vielmehr: »Durch das Gesetz starb ich dem Gesetz, damit ich für Gott lebendig würde. Mit dem Messias bin ich zusammen gekreuzigt. Ich lebe – aber nicht mehr als ich, vielmehr lebt in mir Christus« (2,19–20a).

Während die Offenbarung »ἐν ἐμοὶ« die apostolische Autorität des Paulus begründen soll, spricht sein Bekenntnis, in ihm – dem mit Christus Gekreuzigten, dem Gesetz Gestorbenen, aber zum neuen Leben aus der Gnade Auferweckten – lebe Christus und nicht mehr eigentlich er selbst in seiner Ichheit, das für alle Gläubigen Geltende aus. Im Gottesgeist lebt Christus *in ihnen;* sie leben aus ihm, um ihm immer mehr gleichgestaltet zu sein.

Diese endzeitliche Innerlichkeit der Gottes- und Christuswirklichkeit durch Vermittlung des Gottesgeistes erinnert an die bei Ezechiel verkündete Geistsendung, die den »Hartherzigen« das Herz aus Stein entfernt und ein Herz

---

[2] Vgl. E. Käsemann, An die Römer (Handbuch zum Neuen Testament, 8a), Tübingen ³1974, 214. Diesen Zusammenhang bestreitet A. Lindemann, Die Kirche als Leib, a.a.O., 159ff.

aus Fleisch gibt und so bewirkt, daß sie Gottes Gesetz »von innen heraus« erfüllen (Ez 36, 26 f.), sowie – vielleicht noch deutlicher – an die Ankündigung der endzeitlichen Bundeserneuerung durch Jeremia: Auch hier ist eine spezifisch endzeitliche Verinnerlichung zu beobachten: JHWH legt sein Gesetz nun in die zum Bund Erwählten hinein; er schreibt es ihnen auf ihr Herz. Deshalb wird keiner den anderen mehr belehren; vielmehr werden »sie alle, klein und groß ... mich erkennen – Spruch des Herrn« (Jer 31, 33 f.). Die endzeitliche Innerlichkeit relativiert alle äußerlichen Vermittlungen; Paulus nimmt für sich selbst so etwas wie eine endzeitliche Geist- und Christusunmittelbarkeit in Anspruch – gegen die äußerlich bleibende Vermittlungsgestalt des Gesetzes. Diese Geist- und Christusunmittelbarkeit kann dann in Kategorien eines organischen Lebenszusammenhangs mit und aus Christus bzw. seinem Geist ausgesagt werden.

Daß sich aus dieser endzeitlichen Verinnerlichung auch eine Relativierung *kirchlicher* Vermittlungsgestalten ergeben kann, das zeigte sich vor allem im Umfeld von Mystik und radikalem Pietismus; im Einführungskapitel war davon schon die Rede. Die mittelalterliche Mystik ist nicht explizit kirchenkritisch; aber sie wurde von der kirchlichen Obrigkeit mit kritischer Aufmerksamkeit begleitet, mitunter auch zensiert.[3] Ansatzpunkt der lehramtlichen Kritik war das Einheits- und Unmittelbarkeits-Pathos der Mystik, das die kirchlichen Vermittlungsgestalten funktions- und gegenstandslos zu machen drohte. In der mystischen Erfahrung ist die aus Gott hervorgegangene menschliche Kreatur – das principiatum – in unaussprechlicher Weise *eins* mit dem göttlichen principium, so daß das Göttliche in der Tiefe der Menschenseele gleichsam geboren und der Mensch aus Gott geboren wird. Was das Göttliche »in dieser Weise gebiert, das bildet es sich nach und in sich selbst und verleiht ihm dasselbe Wesen und Wirken.«[4] Das gilt natürlich zunächst – so *Heinrich Seuse* – vom eingeborenen Sohn, der im Unterschied zu den Menschen eine göttliche Person ist.[5] Aber im und durch den eingeborenen Sohn kehrt der »edle gelassene Mensch« in seinen göttlichen Ursprung zurück. Er wird

> »mit gewaltiger Kraft sich ohne irgendeine äußerliche Weise entäußern und unwiderruflich sich selbst verlieren und mit Christus in Einheit eins werden, so daß er aus Christus in dieser Rückorientierung immer wirkt, alles empfängt und in dieser Einfachheit alles betrachtet. Dieses gelassene Sich wird ein christusförmiges Ich, von welchem Paulus sagt: ›Ich lebe, aber nicht mehr als Ich, sondern Christus lebt in mir‹. Das nenne ich ein vollkommenes Sich.«[6]

Mit Christus eins werden, das meint eine dem Haupt Christus in allem innigst verbundene Nachfolge gerade auch im Kreuz, in den Entsagungen des Leibes:

---

[3] Vgl. etwa die Verurteilung von 26 Artikeln Meister Eckharts durch Johannes XXII. (DH 950–980).
[4] H. Seuse, Das Buch von der Wahrheit: mittelhochdeutsch-deutsch, hg. von L. Sturlese und R. Blumrich, Hamburg 1993, 33.
[5] Vgl. ebd., 17.
[6] Ebd., 21–23.

»Wohin sich das Haupt wendete, dahin kehrte sich auch der Leib; das bedeutet die Einmütigkeit in der getreuen Nachfolge seines vollkommen vorbildhaften Lebens und seiner wahren Lehre«.[7]

Im Leib Christi sein, das wird hier nicht ekklesiologisch verstanden, sondern als mystisches Einswerden mit dem eingeborenen Sohn, als Einbezogenwerden in den Rückweg zum Vater, in dem und von dem her alles eins ist, aus dem jenes Wirken hervorgeht, von dem erfaßt der Mensch sich selbst abhanden kommt und fähig wird, sich in das Eine zu entäußern.[8] Wenn überhaupt so wird gerade noch eine *christologische Vermittlung* gedacht, wobei die christliche Mystik freilich immer wieder in die Gefahr gerät, die vermittelnde Stellung des eingeborenen Sohnes dann doch in die Unmittelbarkeit der mystischen Einung – des Erfaßtwerdens vom göttlichen Wirken – aufzuheben. Für eine eigenständige ekklesial-pneumatologische Vermittlung fehlt hier der »separate« Ort – es sei denn dieser Ort wäre gar nicht »separat«, sondern die mystische Erfahrung selbst, die dann – etwa in pietistischen Gruppierungen – als Geisterfahrung verstanden, allerdings ebenfalls aus ihren ekklesialen Vermittlungen herausgenommen wird.

Die Ortlosigkeit einer in welchem Sinne auch immer institutionellen Ekklesiologie zeigt sich schon bei *Meister Eckhart* darin, daß zentrale ekklesiologische Metaphern im Sinne der mystischen Einung und eben nicht ekklesiologisch in Anspruch genommen werden. So ist das Haus Gottes als »die Einheit seines Seins« verstanden, in die eingehend der Seele »die Wahrheit ausbricht und entspringt«, so daß sie in Gott »auf ewig wohnen« kann.[9] Die Metaphorik des Wohnens Gottes und des Gotteshauses bzw. des Tempels bezieht sich freilich ebenso auf das Wohnungnehmen Gottes in der Seele.[10] Gott kann aber in der Seele nur Wohnung nehmen, wenn sie nicht vom Krämergeist besetzt ist: »Hierum will Gott diesen Tempel leer haben, auf daß denn auch nichts weiter darin sei als er allein. Das ist deshalb so, weil ihm dieser Tempel so wohl gefällt, da er ihm so recht gleicht und es ihm selber so wohl behagt in diesem Tempel, wenn immer er allein darin ist.«[11]

Jesus wirft alles falsche Trachten aus diesem Tempel hinaus, »als ob er hätte sagen wollen: Ich habe das Recht auf diesen Tempel und will allein darin sein und die Herrschaft darin haben.«[12] Kein Recht, in diesem Tempel zu wohnen, haben selbstsüchtige Gedanken, die auch Gott noch *benützen* wollen. Das Handeln des Frommen kann allein aus Gott hervorgehen und wird deshalb selbstlos-selbstvergessen sein, wie Gottes Wirken selbstlos ist:

---

[7] Ebd., 31.

[8] Vgl. ebd., 39–41.

[9] Vgl. Meister Eckhart, Predigt 19, in: ders., Deutsche Predigten und Traktate, hg. von J. Quint, München ⁵1978, 237–240; vgl. auch die Edition und den Kommentar von G. Stachel, Meister Eckhart, Alles Lassen – Einswerden, München 1992, 35–58.

[10] So schon am Ende der Predigt 19 und vor allem in der Predigt 11 (Intravit Jesus in templum), bei Quint, a. a. O., 153–159.

[11] Ebd., 153.

[12] Ebd.

»Seht, in solcher Weist ist dieser Tempel ledig aller Kaufleute. Seht, der Mensch, der weder sich noch irgendetwas außer Gott allein und Gottes Ehre im Auge hat, der ist wahrhaft frei und ledig aller Kaufmannschaft in allen seinen Werken und sucht das Seine nicht, so wie Gott ledig und frei ist in allen seinen Werken und das seine nicht sucht.«[13]

Meister Eckhart schließt die Predigt ab mit der Bitte, Jesus möge »auch in uns kommen und hinauswerfen und wegräumen … alle Hindernisse und uns Eins mache(n), wie er als Eins mit dem Vater und dem heiligen Geiste ein Gott ist, auf daß wir so mit ihm eins werden und ewig bleiben.«[14]

Ob in dieser Predigt und in ihrer Polemik gegen die »Kaufmannschaft« ausdrücklich Kritik an der zeitgenössischen Kirche geübt werden soll oder nicht: die Abstandnahme des Predigers vom kirchlichen Selbstverständnis seiner Zeit – speziell vom Verständnis des Handelns Gottes in seiner und durch seine Kirche – liegt offen zutage. Gottes Handeln – sein »Wirken« – ereignet sich mit seinem Wohnungnehmen im einzelnen Glaubenden, im Tempel seiner Seele; es ereignet sich in der mystischen Einung, die den Mystiker christusförmig macht, ihn zuinnerst verbunden sein läßt mit dem ewigen Logos, der aus dem Vater hervorgeht, aber zugleich ewig in ihm bleibt und zu ihm zurückkehrt. Einem irgendwie eigenständigen, pneumatologisch zu qualifizierenden, heilsrelevanten Handeln der Kirche läßt sich hier kein theologischer Ort mehr zuweisen, es sei denn, man bestimme es als bloße Mitwirkung bei der Vorbereitung der Einzelnen auf die mystische Erfahrung der Einung oder – wie vielfach geschehen – als auf den Glaubensweg des »normalen« Gläubigen bezogen.

Nun wäre es gewiß irreführend, schon im Blick auf die paulinische Formel »ἐν Χριστῷ« oder gar auf seinen Gebrauch der Leib- und Tempel-Metaphern von Mystik im skizzierten Sinne zu sprechen. Aber es wäre auch einseitig, würde man in der Ekklesiologie die Wirkungsgeschichte dieser Gedanken in der Mystik ausblenden und nicht zumindest danach fragen, wie es zu ihr kommen konnte. Die Inanspruchnahme der paulinischen Metaphern durch die Mystik hat ihren Rechtsgrund offenkundig in der verbindenden Vorstellung einer organologisch artikulierbaren Eingliederung – bei der Leib-Metaphorik und den ἐν Χριστῷ-Formeln – bzw. der »innerlichen« Einwohnung, die den Glaubenden zu einem dem erhöhten Christus zutiefst verbundenen Geistgeschöpf macht – bei der Tempel-Metaphorik. Diese Metaphern werden in der Mystik aber gerade nicht ekklesiologisch, sondern im Sinne der Christus- oder Gottesinnigkeit des Mystikers ausgelegt. Dabei bleibt außer Betracht, daß zumindest die paulinische Leib-Metaphorik auf das Eingegliedertsein der einzelnen Glaubenden als Glieder in eine ekklesiale Gemeinschaft zielt, das es den Gliedern verbietet, sich über die Gemeinschaft des wechselseitigen Dienens zu erheben und etwa für sich selbst – zur Steigerung der eigenen »Größe« – Geistträger sein zu wollen. Diese

---

[13] Ebd., 155.
[14] Ebd., 158; vgl. wiederum Stachels Kommentar a.a.O., 115–138.

sozial-ekklesiale Dimension der Leib-Christi-Metapher ist in der Ekklesiologie-geschichte vielfach aufgegriffen worden – meist jedoch mit einer sehr kenn-zeichnenden Umakzentuierung. Davon soll nun die Rede sein.

3.3 Kirche als ausgeweitete Inkarnation?

Diese Umakzentuierung beseitigt vor allem die anti-elitäre Stoßrichtung des Leib-Christi-Gedankens bei Paulus selbst.[15] Paulus hatte sich bei seiner Rezen-sion des Metaphernmotivs Leib in einer Tradition bewegt, die einerseits der egozentrischen Herauslösung einzelner vornehmer Glieder aus dem auf solida-risches Zusammenwirken angewiesenen und von ihm lebenden Leib begeg-nen[16], andererseits die Solidarität der verschiedenen Glieder miteinander her-vorheben wollte[17]. Die Auszeichnung dominierender Glieder ist hier nicht konnotiert bzw. – wie wohl bei Paulus – bewußt ausgeschlossen. Daß die Leib-Metapher aber genau mit dieser Intention in Anspruch genommen werden kann, das zeigte sich schon an der Menenius-Fabel, die dem scheinbar privile-gierten Magen die Zuarbeit der peripheren, weniger vornehmen Glieder sichern sollte. Neben und vor dem Magen scheint aber das Haupt zum vornehmsten Glied geradezu prädestiniert. So ist es ein vielfach gebrauchter und ausgestalte-ter Topos der römischen Herrscherideologie, das Reich als ganz und gar auf den Kaiser als dieses Haupt hingeordnet darzustellen. *Seneca* etwa bezeichnet in einer Nero gewidmeten Schrift das Reich als »riesenhaften Leib« (»immane imperii corpus«), in dem die Glieder dem Kaiser immer ähnlicher würden (»in similitudinem tuam formabuntur«), da von diesem als dem Haupt die gute Ge-sundheit (»bona valetudo«) in alle Teile des Körpers ausstrahle.[18]

Der Leib-Christi-Gedanke des Kolosser- und dann vor allem des Epheser-briefs bewegt sich deutlich nachvollziehbar in diesem assoziativen Feld, so daß man vermuten darf, hier werde direkt gegen die ideologische Stilisierung des römischen Kaisers zum Haupt und Heilsprinzip des Reiches polemisiert und Christus zugesprochen, was dem Kaiser gar nicht zukommen kann.[19] Jedenfalls rückt Christus hier – und erst hier – in die Funktion des Hauptes ein, von dem das neue Leben auf den Leib übergeht: »Er ist das Haupt des Leibes, der Leib aber

---

[15] A. Lindemann spricht hier reichlich mißverständlich von einer »demokratischen« Tendenz (a. a. O., 164 f.).

[16] Repräsentativ für diese Position ist etwa Cicero, De officio III, 5, 22 f.

[17] Für diese Intention wäre schon Platon anzuführen, bei dem bereits das Motiv begegnet, wenn ein Glied schmerze, leide der ganze Leib bzw. wenn eines sich freue, dürfe sich der ganze Leib freuen. Die Parallele zu 1 Kor 12, 26 mag zufällig sein, ist aber gleichwohl bemerkenswert.

[18] Seneca, De clementia I 2, 1. Andere römische Belege nennt E. Faust, Pax Christi et Pax Caesaris, Religionsgeschichtliche, traditionsgeschichtliche und sozialgeschichtliche Studien zum Epheserbrief, Freiburg/Schweiz 1993, 283–287; vgl. auch A. Lindemann, a. a. O., 145 f. mit entsprechenden Belegen aus dem Bereich des Judentums.

[19] Vgl. E. Faust, op.cit., 313 f.

ist die Kirche. Er ist der Ursprung, der Erstgeborene der Toten; so hat er in allem den Vorrang« (Kol 1, 18; vgl. V. 24).

Er ist der Heilsmittler, in dem und durch den der Vater alles mit sich versöhnen will; in ihm wohnt er mit seiner ganzen Fülle, so daß durch ihn alles andere Anteil an dieser Fülle erlangen – versöhnt werden – kann (vgl. den Zusammenhang Kol 1, 12–20). Der Leib Christi ist als ein Organismus vorgestellt, worin die Fülle Gottes, die in Christus wohnt, auf die ihm – dem Haupt – zu- und untergeordneten Glieder übergreift. Kirche erscheint als Ausweitung der heilsvermittelnden Präsenz Gottes in Jesus Christus, dem Haupt der Kirche, die von ihm her die »Fülle dessen« genannt werden darf, »der alles in allem erfüllt« (Eph 1, 23). Er hat die Kirche »gerettet, denn sie ist sein Leib« (Eph 5, 23). Als der Leib des Erlösers ist sie selbst Heilswirklichkeit. Christi Erlösungshandeln zielt hier – so *Helmut Merklein* – »auf die Erschaffung und Versöhnung der Kirche, also auf die Eröffnung eines Heilsraums, in den der Glaubende hineinversetzt und damit gerettet wird«.[20]

Wo die Kirche dem Erlöser als dem Haupt, dessen Leib sie ist, so »organisch« verbunden ist und selbst als Heilsphäre, ja als Heilsorgan vorgestellt wird, da liegt es – jedenfalls für die systematisierende und parallelisierende Sichtweite neuzeitlicher Theologie – nahe, den von Christus durch den Geist angenommenen Leib der Kirche in Entsprechung zu setzen zu jenem Leib, den das fleischgewordene Wort aus Maria angenommen hat. Mußte nicht die Kirche als der andere Leib Christi im engstmöglichen Zusammenhang gesehen werden mit dem menschlichen Leib Christi, in dem das ewige Gotteswort mit den in Sünde gefangenen Menschen in eine leibhaft-kommunikative Beziehung trat? *Johann Adam Möhler* hat diesen Gedanken in seiner »Symbolik« mit aller Konsequenz ausformuliert und daraus den authentisch katholischen Kirchenbegriff gewinnen wollen. Wie in Jesus Christus das ewige Wort den Menschen in sichtbarer Vermittlung gegenübertrat, so bedurfte es auch für die Weitergabe seiner Botschaft einer »sichtbaren, menschlichen Vermittlung«, der »sichtbaren, nach gewöhnlicher Art lehrenden und erziehenden Boten«, bei denen die Menschen in die Schule Gottes gehen konnten; so bedurfte es einer sichtbaren Gemeinschaft, in der – wie beim fleischgewordenen Logos – »Göttliches und Menschliches wohl zu unterscheiden, aber doch auch beides zur Einheit verbunden ist.« Die sichtbare Kirche ist – für den Möhler der »Symbolik« – »der unter den Menschen in menschlicher Form fortwährend erscheinende, stets sich erneuernde, ewig sich verjüngende Sohn Gottes, die andauernde Fleischwerdung desselben, so wie denn auch die Gläubigen in der Heiligen Schrift der Leib Christi genannt werden.« Und das bedeutet für Möhler konkret ekklesiologisch: So wie in Jesus Christus der Logos sich in der Sichtbarkeit des Menschenlebens Jesu Christi authentisch und »unfehlbar« darstellte, so sind auch in der Kirche der

---

[20] H. Merklein, Paulinische Theologie in der Rezeption des Kolosser- und Epheserbriefes, in: K. Kertelge (Hg.), Zur Paulusrezeption im Neuen Testament, Freiburg i. Br. 1981, 25–69, hier 62.

»lebendige Christus und sein Geist« unfehlbar gegenwärtig; und so ist in ihr »auch das Menschliche unfehlbar und untrüglich, weil das Göttliche ohne das Menschliche gar nicht für uns existiert; das Menschliche ist es nicht an sich, wohl aber als das Organ und als die Erscheinung des Göttlichen.«[21]

Diese christologische Analogie ist nicht ohne Probleme, vor allem wenn sie so konkret ausformuliert und ausgewertet wird. Einerseits gilt ja – auch für Möhler –, daß parallel zum christologischen Fundamentaldogma das »ungetrennt« vom »unvermischt« begleitet sein muß: Das Menschliche an der Kirche ist eben nicht vergöttlicht. Aber inwiefern ist es Ausdruck oder Organ des Göttlichen? Und inwiefern darf man sagen, daß das menschliche Organ als das vom Göttlichen in Dienst genommene selbst am Göttlichen und seinen Eigenschaften partizipiert, da es dafür in Dienst genommen ist, das Göttliche sichtbar darzustellen und geschichtlich heilswirksam werden zu lassen? An dieser Stelle kehren ekklesiologisch die subtilen, aber in ihren konkreten Auswirkungen höchst folgenreichen Probleme wieder, die man in der Christologie mit dem Stichwort »Idiomenkommunikation« verbindet. Man versucht hier, die Frage zu klären, inwieweit die das Göttliche auszeichnenden »idiomata« auch der menschlichen Wirklichkeit Jesu Christi zugesprochen werden dürfen, da sich der ewige Logos im »Fleisch« seines menschlichen Lebens konkret geschichtlich ausspricht. Ekklesiologisch kann nun aber nicht in diesem Sinne von Idiomenkommunikation die Rede sein, weil dem Subjekt Kirche göttliche idiomata ja nicht *zu eigen* sein können – im Unterschied zur göttlichen Hypostase des Sohnes, der die menschliche Natur als Offenbarungswirklichkeit zugehört.

Es liegt auf der Hand, daß hier nur vorsichtig von christologischen Denkmodellen Gebrauch gemacht und Göttliches von der Kirche ausgesagt werden darf. So überrascht es, wie verhältnismäßig undifferenziert Möhlers »Symbolik« der Kirche als dem Leib Christi die göttlichen idiomata der Unfehlbarkeit und Untrüglichkeit zuspricht und dies damit begründet, *für uns* existiere das Göttliche nicht ohne das Menschliche. Es wären zumindest die Zusatzbedingungen zu nennen und genau zu bestimmen, unter denen diese ekklesiologische Anwendung des Theorems der Idiomenkommunikation steht.

In der ekklesiologischen Theoriebildung ist hier seit der Mitte unseres Jahrhunderts eine gewisse Zurückhaltung, aber auch eine fortdauernde deutliche Undeutlichkeit festzustellen. *Karl Rahner* hat den christologischen Fundamentalsatz im Kontext seiner Theorie vom Ur- oder Grund-Sakrament Kirche aufgegriffen und Kirche theologisch beschrieben als »die eine und bleibende, zeichenhafte, inkarnatorisch strukturierte Präsenz des eschatologischen Heils Christi, eine Präsenz, in der Zeichen und Bezeichnetes ›unvermischt und ungetrennt‹ vereint sind«.[22] Die Klärung, die hier in Abhebung von der Christologie erreicht wird, liegt im Terminus der *zeichenhaften* Präsenz, die zwar inkarnato-

---

[21] J. A. Möhler, Symbolik oder Darstellung der dogmatischen Gegensätze der Katholiken und Protestanten nach ihren öffentlichen Bekenntnisschriften, Mainz ⁶1843, 332 f., § 43.
[22] K. Rahner, Kirche und Sakramente, Freiburg i. Br. 1960, 22.

rische Struktur hat, aber eben doch nicht als fortdauernde Inkarnation zu bezeichnen ist. Inkarnation meint *Offenbarungswirklichkeit*. Von ihr allein ist zu sagen: Gott legt sich selbst in einer menschlichen Wirklichkeit authentisch aus, so daß diese Wirklichkeit mit genannt und mit ausgelegt werden muß, wenn von Gott inhaltlich bestimmt gesprochen werden soll. Dies gilt nicht in gleicher Weise von der zeichenhaft-sakramentalen Präsenz des eschatologischen Heils in den Einzelsakramenten und im Grundsakrament Kirche.

Ekklesiologisch ergibt sich aus dieser Überlegung, daß die Präsenz des endzeitlichen Heils in der Kirche von pneumatologisch-sakramentaler und eben nicht von christologischer Dignität ist. Das Heils-Zeichen bezeugt das Bezeichnete; und von diesem Zeugnis darf – wie noch zu zeigen sein wird – in bestimmter Hinsicht und unter bestimmten Bedingungen gesagt werden, das Bezeugte und Bezeichnete vermittle sich selbst unverlierbar in ihm und durch es, so daß das bezeugende Zeichen mit Rahner als *Realsymbol* zu bezeichnen wäre. Als Realsymbol, das im Sinne der zeugnishaft-zeichenhaften Vermittlungsgestalt in sich enthält, was es bezeichnet, ist das Sakrament und ist das Grundsakrament Heilszeichen als Heilsfrucht. Das ekklesiale Handeln ist zeugnishaftes Zeichenhandeln, dem die Wirk-lichkeit, die es als authentisches hervorruft und zu zeichenhafter Prägnanz gelangen läßt – das Wirken des Gottesgeistes – innerlich ist.

Gleichwohl darf hier nicht von Inkarnationswirklichkeit gesprochen werden, denn die Kirche ist zwar im letzten, aber eben nicht in all ihren Zeugnis sein sollenden Gestalten davor geschützt, sich dem Geist, der in ihnen wirken und sie beseelen soll, zu verschließen und zu verfälschen, was sie bezeugen sollte. Behält man diesen wesentlichen Unterschied zwischen christologisch-inkarnatorischer Präsenz und vom Geist erwirkter, zeichenhaft-ekklesiologischer Präsenz nicht genau im Blick, so ist der Immunisierung kirchlicher Strukturen und Handlungsgestalten gegen kritische Rückfragen an ihre Zeugnis-Authentizität Tür und Tor geöffnet: Alles in der Kirche müßte dann *so* sein, weil es so, wie es jetzt ist, das von Gott durch Jesus Christus bereitete und angeordnete Instrument oder Organ seiner geschichtlich-welthaften Heilspräsenz ist. Jede Kritik träfe dann mehr oder weniger direkt den, der sich dieses Organ selbst bereitet hat.

Behält man im Blick – und die Kirchenkritik seit dem Mittelalter hat es konsequent ins Blickfeld gerückt –, welche Identifikationsdynamik in der unklaren Unterscheidung zwischen christologischer Offenbarungswirklichkeit und ekklesialer Zeichenwirklichkeit zur Auswirkung kommen kann, so wird man auch die einschlägigen Äußerungen des Zweiten Vatikanischen Konzils für präzisierungsbedürftig halten müssen. Zwar spricht *Lumen gentium* 8 verhältnismäßig vorsichtig von der Kirche als von einer komplexen Wirklichkeit, »die aus menschlichem und göttlichem Element zusammenwächst« und deshalb »in einer nicht unbedeutenden Analogie dem Mysterium des fleischgewordenen Wortes ähnlich« ist. Andererseits trägt gerade die Metapher des »Zusammenwachsens« wenig zur Klärung der Frage bei, worin die Bedeutung dieser Analogie denn nun liegt. Vom »Zusammenwachsen« von Göttlichem und Menschlichem zu sprechen, wäre schon christologisch unzureichend. In Jesus Christus sind Göttliches und Menschliches eben nicht zusammengewachsen; die Wirklichkeit seines menschlichen Lebens ist Gottes Selbstaussage und nicht etwa das mit dem göttlichen Logos – in welcher Weise auch immer – geschichtlich Zusammengewachsene. Die Metapher des Zusammenwachsens assoziiert unvermeidlich eine gemeinsame Natur-Basis, auf der zwei unterschiedene Wirklichkeiten als miteinander sich verbindend gedacht werden können. Christologisch ist aber eine menschliche Wirklichkeit zu denken, die deshalb die irdische Wirklichkeit des Logos ist, weil das heilige Pneuma nicht etwa mit ihr »zusammengewachsen« ist, sondern sie zur Offenbarungswirklichkeit des Göttlichen gemacht hat.

Die Metaphorik des Zusammenwachsens begegnet bei Paulus auch nicht im christologischen, sondern im ekklesiologischen und – im weitesten Sinn des Wortes – »sakramentalen« Zusammenhang: Den Getauften wird im Römerbrief (6,5) gesagt, sie seien – in der Taufe – »zusammengepflanzt« mit dem Gekreuzigten und in diesem Sinne dem Tod Christi verbunden; deshalb seien sie auch in seine Auferstehung einbezogen. Die Taufe ist das heilsame Hineingenommenwerden in den Weg, die Sendung, das Zeugnis Jesu Christi; mit ihm sind die Getauften zusammengepflanzt, mit seiner Sendung, seinem Zeugnis dürfen sie »zusammenwachsen«; und Paulus ist sich dessen gewiß: Wer sich nicht selbst wieder aus diesem Zusammengepflanztsein herausreißt, der wird wie am Tod Christi so auch an seiner Auferweckung teilhaben. Er ist ja dem *Mysterium* eingepflanzt, worin und wodurch Gott seinen Heilswillen in der Welt geschehen läßt. Das Eingepflanztsein in dieses Mysterium, das zuerst und prinzipiell das Mysterium der Sendung Christi ist, macht – so könnte man den Gedanken des Römerbrief fortführen – das Geheimnis der Kirche aus, die in diesem Sinne und aus diesem Grunde »dem Mysterium des fleischgewordenen Wortes nicht unähnlich« ist (Lumen gentium 8).

Aber dieses Eingepflanztsein der Kirche in die Sendung Christi, das zugleich – wie Paulus schreibt (vgl. Röm 11,17) – »Eingepropftsein« in Israels Erwählung bedeutet, garantiert eben nicht, daß die nun der Sendung Christi und der Erwählung Israels Eingefügten die »Früchte bringen«, die ihrer Wurzel oder dem Wachstum entsprechen, das ihnen am Weinstock Jesus Christus zugedacht ist. Die organologische oder biomorphe Metaphorik droht auch hier zu verstellen, daß die Aus-Wirkung des Geistes in denen, die die Kirche mittragen, und damit in der Kirche selbst, nicht mit naturgegebener Konsequenz, sondern durch Indienstnahme menschlicher Freiheit zur Christusnachfolge geschieht. Die biomorphe sakramentale und ekklesiale Metaphorik bringt gewiß unübertroffen prägnant zur Geltung, daß Gott in seinem Geist kirchliche Christusnachfolge ermöglicht und nährt, daß sie deshalb nur in der Gnade des Gottesgeistes authentisch gelingen kann, diese ihre »nährende Wurzel« ihr aber immer schon bereitet ist, der Ölbaum Israel bzw. der Weinstock Jesus Christus schon herangewachsen ist und die sakramentale Teilhabe an diesen »Gewächsen« für die, denen sie gewährt ist, immer wieder neu fruchtbar werden kann. Über diese biomorph aussagbaren Verwurzelungszusammenhänge hinaus wäre aber ekklesiologisch deutlich zu machen, daß die Kirche der Raum frei gewählter Christusnachfolge für die Erwählten ist. Sie ist eine Institution der Freiheit, in der das unverlierbar Gegebene in den im Geist Jesu Christi zu gestaltenden Sozialbeziehungen zwischen den Jüngerinnen und Jüngern Jesu Christi eine diesem Geist entsprechende und ihn bezeugende Form finden muß.

Daß der Leib Christi ekklesiologisch nicht letztlich biomorph vorgestellt werden darf, sondern als Institution geistgewirkter Freiheit zu denken ist, kam ansatzweise auch in der herkömmlichen Leib-Christi-Ekklesiologie zum Ausdruck, wenn auch wiederum in verkürzenden organologischen Metaphern. *Lumen gentium* spricht immerhin von der immer wieder neu notwendigen Erneuerung und Reinigung des Leibes durch den Geist, der ihn »lebendig macht, eint und bewegt« (7 und 9). Damit ist zumindest der Gedanke offengehalten, daß dieser Geist auch der Geist institutioneller Freiheit zur Nachfolge ist und die Kirche je neu dazu inspirieren muß, der diesem Geist entsprechenden Freiheit einen Raum der Entfaltung zu geben. *Mystici corporis* hatte sich hier – wie eine lange Tradition zuvor – darauf beschränkt, vor den negativen Folgen des Freiheitsdrangs für einzelne Glieder des Leibes Christi zu warnen. Wer sich etwa nachhaltig weigert, »die Kirche zu hören«, der befleckt dadurch sein Gliedsein am mystischen Leib der Kirche; er ist schließlich »nach dem Gebot des Herrn als Heide und öffentlicher Sünder zu betrachten«. So muß sich jedes Glied hüten, sich selbst vom mystischen Leib abzutrennen oder Gefahr zu laufen, die lebendige Gliedschaft an diesem Leib aufs Spiel zu setzen. Umkehren – ihre Gliedschaft neu verifizieren bzw. um sie nachsuchen – müssen nach *Mystici corporis* alle, die die Kirche nicht hören und sich ihrer Hierarchie nicht unterwerfen. Dazu zählen hier auch die Christen anderer Konfessionen. Von ihnen gilt, daß die, »welche sich im Glauben oder in der Leitung (sc. von diesem Leib) getrennt haben (bzw. von ihm getrennt sind), nicht in diesem einen Leib und aus seinem einen göttlichen Geiste leben«.[23]

Freiheit des Geistes, der Kinder Gottes: das ist hier nicht das Problem des Leibes Christi, dem der Geist geschenkt ist, sondern das Problem derer, die Freiheit mißbrauchen, indem sie sich vom Leib Christi abtrennen und sich damit vom Geist Christi, der diesen Leib beseelt, entfernen. Der Leib Christi erscheint wie eine heilige, heilsvermittelnde »Körperschaft«, die für die Menschen überhaupt nur ein einziges Freiheits- und Gestaltungsproblem aufwirft: das Problem, ob sie ihr – und damit dem Bereich der Heilsvermittlung – angehören und ihr Leben dem Wort der Kirche entsprechend als gehorsame Mitglieder gestalten wollen oder nicht. Bei genauerer, historisch differenzierter Betrachtung zeigt sich freilich, daß auch der Körperschaftsgedanke Möglichkeiten eröffnete, vom Leib Christi als einer Institution zu sprechen, die ihren Gliedern eine gute Ordnung der Freiheit zu gewährleisten hat.

---

[23] Rohrbasser, 769.

3.4 Kirche als Körperschaft

Die katholische Ekklesiologie tendierte früh zu einem Leib-Christi-Verständnis, das eine sakramentale mit einer organisatorisch-körperschaftlichen Sicht verband, vielleicht sogar identifizierte. Die sakramentale Sicht schien schon bei Paulus vorgezeichnet. Im Ersten Korintherbrief warnt Paulus vor der Teilnahme an Götzenopfermälern mit einer zugleich eucharistietheologischen und ekklesiologischen Begründung: »Ist der Kelch des Segens, über den wir den Segen sprechen, nicht Teilhabe am Blut Christi? Ist das Brot, das wir brechen, nicht Teilhabe am Leib Christi? *Ein* Brot ist es. Darum sind wir viele *ein* Leib; denn wir haben alle teil an dem einen Brot« (10, 16 f.).

Der ekklesiale Leib ist eine gleichsam organische Einheit durch die sakramental vollzogene und verifizierte Eingliederung in Christus: So ist dieser Gedanke immer wieder aufgegriffen und ausformuliert worden; in der Alten Kirche vielleicht am nachdrücklichsten von *Augustinus*. Er mahnt die Eucharistie Feiernden:

> »Wenn du ›Leib Christi‹ verstehen willst, dann höre, was der Apostel den Gläubigen sagt: ›Ihr seid der Leib Christi‹ … Wenn also ihr der Leib Christi seid … dann ist euer Mysterium (im Sinne von: das Mysterium, das ihr seid; J. W.) auf dem Tisch des Herrn niedergelegt. Ihr empfangt euer Mysterium … Auf das, was ihr seid, antwortet ihr: ›Amen‹ … Du hörst: ›Leib Christi‹, und du antwortest: ›Amen‹. Sei ein Glied am Leib Christi, damit dein ›Amen‹ wahr sei!«[24]

Der Empfang des sakramentalen Leibes Christi bezieht die Gläubigen in die Heilswirklichkeit der von Christus erwirkten Erlösung ein. Dieses Einbezogensein aber stellt sich dar – wird verifiziert – im Gliedsein am ekklesialen Leib Christi. Die Doppel-Deutigkeit des terminus »Leib Christi« erschließt einen Sinnzusammenhang, den *Leo der Große* so formulierte: »Unsere Teilhabe am Leib und Blut Christi strebt nach nichts anderem, als uns in das zu verwandeln, was wir empfangen«.[25] Hier liegt es dann nahe, die Kirche als Entsprechungswirklichkeit zur Eucharistie zu sehen: als die sozial sichtbare Realität des im Mysterium der Eucharistie Geschehenden.

Kirche ist das *corpus vere*[26], zu dem die Gläubigen sich immer wieder neu und inniger zusammenschließen, gerade auch indem sie den eucharistischen Leib – hier noch corpus mysticum genannt – empfangen. Das Mittelalter bringt hier eine kennzeichnende Begriffsverschiebung: In Abwehr der Eucharistielehre Berengars von Tours nennt man den eucharistischen Leib nicht mehr den *mystischen* Leib, um das Mißverständnis abzuwehren, die eucharistischen Gestalten seien nur Zeichen des »wahren« Christus. Als die Terminologie »mystischer Leib« dann um die Mitte des 12. Jahrhunderts wieder auftaucht, bezieht sie sich

---

[24] Sermo 272.
[25] Sermo 63, 7. In ähnlichem Sinne formuliert noch Wilhelm von St.-Thierry: »Den Leib Christi essen ist nichts anderes als zum Leib Christi werden« (De natura et dignitate amoris 1, 38).
[26] Vgl. Augustinus, De civitate Dei XXI, 25.

auf die Kirche[27], während der eucharistische Leib nun als vere corpus Christi bezeichnet wird.

Neben der eucharistietheologischen Veranlassung dieser Umbesetzung der Begriffe wird man auch eine ekklesiologische erkennen dürfen: Die Kirche verliert ihre sakramentale Selbstverständlichkeit, aufgrund derer sie theologisch der wahre Leib genannt, die eucharistische Speise aber als zeichenhaft hingeordnet auf *diesen* Leib verstanden werden konnte. Sie wird immer mehr zur kanonistisch beschriebenen sichtbaren Körperschaft, deren Identität mit der unsichtbaren Heilswirklichkeit des In-der-Kirche-mit-Christus-verbunden-Seins als Mysterium zu glauben ist. Sichtbar ist »die organische Körperschaft der Christen, dessen Haupt der Papst ist.«[28] Problematisch an dieser Entwicklung war zumindest dies, daß die körperschaftliche Ausgestaltung des Leibes Christi nun mehr und mehr als selbst heilsrelevant angesehen wurde. Nicht mehr die Kirche als Mysterium der Christusverbundenheit steht jetzt im Vordergrund, sondern die rechtlich ausgestaltete und deshalb auch durchsetzbare Verbundenheitspflicht der Glieder dieses Leibes mit denen, die in ihm ein Amt bekleiden und mit dem Papst als dem sichtbaren Haupt der Kirche, von dem her in ihr alle Leitung ausgeübt wird. Das Eingefügtsein in den körperschaftlich verfaßten Herrschaftsbereich des Papstes wird ausdrücklich zur Heilsbedingung; so etwa bei *Bonifaz VIII.*: »Wir erklären, sagen und definieren ... daß es für jedes menschliche Geschöpf unbedingt notwendig zum Heil ist, dem Römischen Bischof unterworfen zu sein« (DH 875).

Die neue ekklesiologische Terminologie »Corpus Christi mysticum« reagierte auf eine komplexe, fast schon in sich widersprüchliche Entwicklung: auf die Verrechtlichung eines zuvor stärker sakramental gefaßten Kirchenbegriffs und – gegenläufig dazu – auf die von Hierarchie, Theologie und Kanonistik empfundene Notwendigkeit, die Rechtsgestalt und rechtliche Verbindlichkeit der kirchlichen Institution als in sich selbst heilsrelevant darzustellen, sie nicht etwa nur als eine um der kirchlichen Disziplin willen nötige Einrichtung erscheinen zu lassen. *Ernst H. Kantorowicz* spricht hier vom »Anfang der sogenannten Säkularisierung der mittelalterlichen Kirche, dem eine immer bestimmtere ›mystische‹ Interpretation auch des Verwaltungs- und technischen Apparats der Hierarchie gegenüberstand«. Die neue Terminologie heiligte »gleichzeitig sozusagen das *corpus Christi juridicum*«, also jenes »gigantische juristische und ökonomische Management, auf dem die *ecclesia militans* ruhte«; sie »verknüpfte den Bau des sichtbaren kirchlichen Organismus mit der alten liturgischen Sphäre.« Gleichzeitig stellte sie »die Kirche als einen politischen Körper, als politischen und rechtlichen Organismus, auf eine Stufe mit den welt-

---

[27] Vgl. etwa die Bulle Unam sanctum von Bonifaz VIII.; hier vor allem DH 870 und 872.
[28] Vgl. S. Wiedenhofer, Das katholische Kirchenverständnis, 133; zu dieser Entwicklung vgl. F. Holböck, Der eucharistische und der mystische Leib Christi in ihren Beziehungen zueinander nach der Lehre der Frühscholastik, Rom 1949; H. de Lubac, Corpus mysticum. L'Eucharistie et l'Église au Moyen-Age, Paris 1949.

lichen politischen Körpern, die um diese Zeit ihre Eigenständigkeit durchzusetzen begannen.«[29]

Die Fernwirkungen dieser Neubestimmung des Corpus-Christi-Gedankens waren erheblich und einschneidend. So spielte in den Auseinandersetzungen mit der Reformation die »katholische« Verknüpfung des sichtbaren, hierarchisch geordneten Leibes Christi mit der Glaubens- und Gnadenwirklichkeit der Kirche eine entscheidende Rolle. Die Apologie des Augsburger Bekenntnisses will gegen die katholische Position klarstellen, »was uns hauptsächlich zu Gliedern und lebendigen Gliedmaßen der Kirche macht.« Sie wehrt sich gegen die Betrachtung der Kirche »als äußerliches Staatswesen«, als »die höchste äußere Monarchie des gesamten Erdkreises ... in der der römische Bischof die unumschränkte Macht haben muß«. Damit wendet sie sich nicht gegen die Sichtbarkeit der Kirche als solche, sondern gegen die Lehre, die genannten sichtbaren Gegebenheiten und menschliche Satzungen, die man für göttliche ausgibt, machten die Kirche aus, und die Observanz ihnen gegenüber mache die Menschen zu Gliedern der wahren Kirche, in der allein man selig werden könne.[30]

Noch bis ins 19. und 20. Jahrhundert hinein konzentrierte sich die katholische Ekklesiologie darauf, den Gedanken der heilsvermittelnden sichtbaren Körperschaft gegen die Relativierung des Körperschaftlichen in der Reformation zu verteidigen. So verurteilt die Enzyklika *Satis cognitum* vom 29. Juni 1896 den »gefährlichen Irrtum« all jener, »die sich nach Willkür eine verborgene und ganz unsichtbare Kirche ausdenken« und andererseits in der sichtbaren Kirche »irgendeine menschliche Anstalt sehen wollen mit einer Art äußerer Disziplin und einem äußeren Kultus, aber ohne immerwährende Vermittlung göttlicher Gnaden«. Dagegen beruft sich die Enzyklika auf die unlösbare Zusammengehörigkeit der sichtbaren menschlichen mit der unsichtbaren göttlichen Natur Christi und folgert daraus ekklesiologisch: »So ist auch sein mystischer Leib nur deshalb die wahre Kirche, weil ihre sichtbaren Bestandteile Kraft und Leben empfangen aus den übernatürlichen Gnaden und jenen übrigen Gaben, aus denen ihr eigentümliches Wesen und ihre Natur hervorgeht.«[31]

Der körperschaftlich gefaßte Gedanke des Corpus Christi sollte zumindest seit der Reformationszeit die Herabstufung der institutionellen Verfassung der Kirche zu einer bloß menschlichen Einrichtung entgegenwirken. Er wurde – je länger desto ausdrücklicher – eingeschärft, um möglichst alle Kirchenstrukturen als von Gott in Jesus Christus eingesetzt zu sakralisieren und gegen kritische Rückfragen zu immunisieren. Dieser ideologischen Tendenz gegenüber könnte die in den paulinischen Schriften zumindest indirekt greifbare »körperschaftliche« Intention des Leib-Christi-Gedankens neu geltend gemacht werden. Für

---

[29] E. H. Kantorowicz, Die zwei Körper des Königs. Eine Studie zur politischen Theologie des Mittelalters, dt. München 1990, 208 f.

[30] Vgl. Apologie der Augsburger Konfession, 13, 23, 36; zitiert nach: Unser Glaube. Die Bekenntnisschriften der evangelisch-lutherischen Kirche, 249, 252 f., 257.

[31] Rohrbasser, Nr. 606.

Paulus ist die gemeinschaftliche Verfassung der Gemeinden nicht bloß äußerliche Institution. Sie ist wie die apostolische Verkündigung Christuszeugnis, das gerade im Zusammenwirken der Glieder dieses Leibes zu einem sichtbaren Ausdruck kommen soll.

In der Taufe und durch den Glauben sind die Christusgläubigen Glieder Christi, ihm allein zugehörig, *ein* Geist mit ihm, weshalb es für sie unmöglich ist, sich einem anderen Geist auszuliefern: »Wer sich ... an den Herrn bindet, ist ein Geist mit ihm«; sein Leib ist »ein Tempel des Heiligen Geistes ... der in euch wohnt und den ihr von Gott habt« (1 Kor 6,17.19). Das meint zweifellos, »daß im Handeln der Christen ... Gottes Geist selber wirkt«, »daß im leiblichen Handeln der Christen ... Christus selbst handelt.«[32] Ausdrücklich ist hier nur vom einzelnen Glaubenden die Rede. Aber die Metaphern »Leib« und »Tempel« sind doch gerade bei Paulus stark ekklesial konnotiert. So wird man auch für die Verse 12–20 annehmen dürfen[33], daß hier das leibhafte Eingefügtsein der Glieder in den Christus, der in der Gemeinde lebt, ihr Christuszeugnis zum Ausdruck bringen soll. Die Gemeinde ist gerade in dem, was ihre äußerlich wahrnehmbare Gestalt angeht, Heilszeichen: leibhafter Hinweis auf den, der in ihr lebt, auf den Geist, der durch sie leibhaft sichtbar werden will. *Hermann-Josef Venetz* erkennt in der paulinischen Rede vom ekklesialen Leib Christi letztlich diese Intention:

> »Das ist es, was Paulus erfahren hat: daß die Sache Jesu in der Gemeinde leibhaft und greifbar ist. Hier machte er die Erfahrung, daß der Arme in die Mitte genommen wird. Hier erlebte er Solidarität. Hier entdeckte er das Ausprobieren neuer und alternativer Lebensmöglichkeiten. Hier erfuhr er Einbruch Gottes in die Welt.
>
> Paulus erlebte die Gemeinde als den Ort, an dem der Glaube an Jesus, den Christus, leibhaftig wird. In der Gemeinde begegnete der Apostel dem leibhaften Christus ... In der Gemeinde wird der Christus sichtbar, greifbar, erfahrbar. Wie? Dadurch, daß die Gemeinde in ihrem Reden und Tun ihren Glauben in die Tat umsetzt, wird sichtbar, was das Motiv ihres Handelns ist, woraus sie lebt: Jesus Christus.«[34]

Paulus mag es so erfahren haben; und er wird das Bedrohtsein des Leibes Christi durch Selbstsucht und Machtansprüche erfahren haben. Diese Erfahrung steht wohl hinter seinen Mahnungen an die Gemeinde in Korinth. Die spannungsvolle Leib-Christi-Erfahrung des Paulus bestimmt ja auch noch unsere gegenwärtige Kirchenerfahrung: Gemeinde, Kirche kann der sichtbare, greifbare Christus sein; Kirche kann eine Gemeinschaft wahrer Christusnachfolge sein. Gerade deshalb ist es um so schmerzlicher, wenn sie es nicht oder kaum noch ist. Gemeinde kann »der Ort sein, wo ich immer wieder neu anfangen kann, weil mich die Gemeinde annimmt, wie ich bin: ein Sünder, ein Gescheiterter, ein

---

[32] Vgl. A. Lindemann, Die Kirche als Leib, a. a. O., 157 f.
[33] Gegen Lindemann, a. a. O.
[34] H. J. Venetz, So fing es mit der Kirche an. Ein Blick in das Neue Testament, Zürich 1981, 131 f.

Versager«.[35] Aber wer wird Gemeinden und die gesamte Kirche heute wirklich so – als den greifbaren Christus – erfahren? Kann man den Gemeinden heute wirklich den Geist Christi ansehen oder sieht man ihnen doch eher den Un-Geist der Rechthaberei, der Besitzstandswahrung, der Lebensangst an?

Es geht hier nicht um schwärmerische Gemeinderomantik, sondern darum, ob Gemeinden, ob die Kirchen es als ihre eigentliche Berufung ansehen, vom Geist Jesu Christi nicht nur zu sprechen, sondern ihn auch leibhaft zu bezeugen; zu bezeugen dadurch, daß sie sich in ihren Mitgliedern von Jesus Christus als Glied seines Leibes in Dienst nehmen lassen. Es geht darum, ob glaubende Menschen es noch als ihre Aufgabe ansehen, am Dienst Jesu Christi beteiligt zu sein, »so daß sie gleichsam seine ›Organe‹ werden und er gar nicht mehr ohne sie gedacht werden könnte.«[36]

Die Frage ist wiederum nur die, ob die Kirche in diesem Sinne Heilszeichen sein will, ob sie es als ihre ratio essendi anerkennt, Christi Geist zu verleiblichen – und ihre Gestalt dementsprechend immer wieder neu kritisch überprüft; oder ob sie die Zusage und die Herausforderung, Leib Christi zu sein, einfach als ekklesiale »Wesens«-Aussage nimmt und auf ihre konkrete körperschaftliche Existenzweise bezieht, um sie gegen jede Kritik an Institutionen zu immunisieren und die Exklusivvorrechte der Christus-Glieder – besonders der vornehmen und vorrangigen – abzusichern.

Der juristisch formulierte Körperschaftsgedanke tendierte gewiß in die zweite Richtung. Es ging ihm ja um die Sicherung eines Institutionengefüges im Zusammenspiel seiner ekklesialen Handlungsmöglichkeiten, um die Sicherung jener guten kirchlichen Ordnung, in der sich die οἰκονομία – die Hausordnung, die geschichtliche Vermittlung – des Heils realisiert. Dabei stand durchaus nicht immer die Rechtfertigung hierarchischer Einflußinteressen im Vordergrund, sondern auch die Bewahrung der als *organisch* empfundenen institutionellen Kräfte- und Machtverhältnisse.

Diese Intention könnte dem Körperschaftsdenken aus der aristotelischen Tradition vermittelt sein. In der »Politeia« des Aristoteles wird die gute Staatsverfassung im richtigen Verhältnis der einzelnen Glieder innerhalb des Leibes der Politeia verankert gesehen.[37] Das organisch-symmetrische Verhältnis der Glieder zueinander darf nicht gestört werden, da der ganze Leib sonst krank wird, ja womöglich eine Revolution – die widernatürliche Verkehrung organischer Rechts-Verhältnisse – erleiden muß. So kann etwa auch *Bernhard von Clairvaux* die Wahrung der organischen Verhältnisse innerhalb des kirchlichen Leibes bei *Papst Eugen III.* einklagen, der als sichtbares Haupt dieses Leibes den Gliedern des Leibes – der Körperschaft Kirche – Unrecht zu tun im Begriffe ist, da er die gut geordneten Verhältnisse zwischen zentraler kirchlicher Gewalt und

---

[35] Ebd.
[36] J. Ratzinger, Das neue Volk Gottes, Düsseldorf 1969, 358.
[37] Politeia V 1302b, 33–40: »Wie nämlich ein Körper aus verschiedenen Teilen besteht und diese im richtigen Verhältnis wachsen müssen, damit die Symmetrie bestehen bleibt (denn andernfalls geht das Wesen zugrunde ...), so ist auch ein Staat aus Teilen zusammengesetzt«.

den Ortskirchen in Unordnung bringt. »Glaubst du« – so redet Bernhard dem Papst ins Gewissen –

> »daß es dir erlaubt ist, den Ortskirchen Glieder auszureißen, die Ordnung durcheinanderzubringen und die Grenzen zu verschieben, die deine Väter festgelegt haben? Wenn es zur Gerechtigkeit gehört, daß sie jedem sein Recht wahrt, wie kann es sich dann ein Gerechter erlauben, jemandem das Seine zu rauben? Du irrst dich, wenn du meinst, daß deine apostolische Vollmacht nicht nur die höchste, sondern auch die einzige von Gott verliehene Gewalt ist … Du schaffst ein Ungetüm, wenn du der Hand einen Finger abnimmst und ihn oberhalb von ihr neben dem Arm vom Kopf herabhängen läßt. Das gleiche geschieht, wenn du im Leib Christi die Glieder anders anordnest, als er selbst (sc. Gott) bestimmt hat … Denke nicht verächtlich von diesem Organismus, weil er auf Erden ist: Sein Urbild nämlich stammt vom Himmel.«[38]

Es geht hier um die gerecht geordneten, letztlich von Gott selbst im Leib Christi angeordneten Strukturen der Vollmachtsausübung, um die »organische« Ordnung jenes Handlungszusammenhangs, in dem Jesus Christus selbst in und an der Kirche handelt. Aber ist dieser Handlungszusammenhang nicht doch entscheidend auf das sichtbare Haupt – den Stellvertreter Christi auf Erden – zentriert und von ihm her zu begreifen?

Die rechtliche Ausgestaltung der Körperschaft Kirche tendiert im Laufe des späteren Mittelalters und dann noch einmal in der Gegenreformation zur Vereinigung möglichst vieler Kompetenzen beim »Ober-Haupt«: Ohne das Haupt kann keine ausgeübt werden; ja, das Haupt übt sie »principialiter« durch all jene aus, denen es einzelne seiner Vollmachten wie ein Lehen übertragen hat. Schließlich konnte man in der Kanonistik der Auffassung sein, »daß das Subjekt von Rechten letztlich nur das transzendente Haupt der Kirche bzw. der Papst als sein irdischer Statthalter sein kann.«[39] Gegenreformatorisch zugespitzt ergibt sich aus dem Körperschaftsgedanken die Vorstellung eines Leibes, in dem alle Handlungen vom Haupt – der römischen Kirche und an ihrer Spitze dem Papst – ausgehen, so daß Kirche in all ihren Gliedern und Gliedkirchen durch die Hinordnung auf dieses Haupt ihr Bestehen hat:

> »Die universale Kirche ist *ein* Leib Christi … dessen Haupt die Römische Kirche ist: … die untergeordneten Ortskirchen (inferiores ecclesiae) sind Glieder dieses Hauptes, Glieder, die (unmittelbar; J. W.) vom Haupt her sind, oder Glieder, die (unmittelbar) von anderen Gliedern her sind, so wie im menschlichen Körper die Hand vom Arm her, die Finger von der Hand her …«.[40]

In diesem kanonistischen Körperschaftsmodell fand eine ekklesiologische Akzentverlagerung ihren deutlichsten Ausdruck, die zwar schon in den Deutero-

---

[38] Über die Besinnung an Papst Eugen III., zitiert nach: P. Neuner, Ekklesiologie I, 111 f.
[39] Vgl. W. Krawietz, Stichwort »Körperschaft«, in. J. Ritter – K. Gründer (Hg.), Historisches Wörterbuch der Philosophie, Bd. 4, Darmstadt 1976, 1101–1134, hier 1108.
[40] Johannes Andreae, In Primum Decretalium librum Novella Commentaria, Venedig 1581, tit. VI, cap. IX, nr. 13, p. 74.

paulinen greifbar ist, aber erst im späten Mittelalter mit allen Konsequenzen das Bild der Kirche als Leib Christi bestimmt: »Im Vordergrund der Betrachtung steht nicht mehr der Leib, sondern das Haupt.« Das Haupt ist aber nicht mehr nur Handlungsprinzip; es gilt vielmehr – wie in der alten Medizin – »als Ausgangspunkt aller Lebensströme im Leib. Natürlich ist Christus selber das Haupt, aber er ist unsichtbar und ungreifbar. So hat er für die irdische Kirche einen sichtbaren Stellvertreter eingesetzt, den römischen Papst. Dieser kann sich nun exklusiv den Titel *vicarius Christi* beilegen, der ursprünglich allen Bischöfen zugekommen war. Vor allem aber kann er nun all jene Funktionen beanspruchen, die Christus bezüglich der Kirche zukommen.«[41]

3.5 Das unsichtbare und das sichtbare Haupt

Traditionell ist die Vorstellung, das Haupt eines Reiches – der König – sei für das Reich Lebensquell, Bewahrer der guten Ordnung, Garant der Wohlfahrt des Reiches. In diesem Sinne konnte ja auch vor allem im vorexilischen Israel das Königtum als Heilsgabe verstanden werden.[42] Diese Heilsvermittlungsfunktion des Hauptes ging in christlicher Theologie zunächst ganz auf Christus über. So auch in der Ekklesiologie bei *Thomas von Aquin*. Jesus Christus ist das Haupt der Kirche, des mystischen Leibes, »wegen der Ähnlichkeit mit dem menschlichen Haupt«. Und das gilt im Blick auf »die Stellung des Hauptes, seine Vollkommenheit und seine Kraft.« Christus ist in Analogie zum leiblichen Haupt als dem vornehmsten und vollkommensten Teil des Leibes kraft seiner Gottverbundenheit der höchste und vollkommen Begnadete. Und so ist er auch »die Kraftquelle, aus der sich alle Gnade in die Glieder der Kirche ergießt: ›von seiner Fülle haben wir alle empfangen‹ (Joh 1, 16).«[43]

Es ist deshalb Christus selbst, der »alle kirchlichen Sakramente erwirkt. Er ist es, welcher tauft, er ist es, welcher die Sünden nachläßt. Er ist der wahre Priester, der sich dargebracht hat auf dem Altar des Kreuzes und durch dessen Kraft sein Leib täglich auf dem Altar konsekriert wird. Und doch, weil er nicht allen Gläubigen leibhaft gegenwärtig blieb, erwählte er Diener, um durch sie den Gläubigen denselben Leib darzureichen«; er mußte »jemanden damit beauftragen, an seiner statt die Sorge um die gesamte Kirche zu übernehmen.« Da die Kirche aber »bis zum Ende der Welt dauern sollte«, sollten offensichtlich auch jene, die der Auferstandene »damals zum Dienst berief, ihre Macht zum Wohl der Kirche bis ans Ende der Welt an die Nachfolger übertragen.« Und damit ist »der anmaßende Irrtum jener ausgeschlossen, welche es wagen, Petrus Gehor-

---

[41] W. Beinert, Kirchenbilder in der Kirchengeschichte, in: ders. (Hg.), Kirchenbilder – Kirchenvisionen. Variationen über eine Wirklichkeit, Regensburg 1995, 58–127, hier 88 f.
[42] Vgl. dazu R. Albertz, Religionsgeschichte Israels in alttestamentlicher Zeit, 405–407.
[43] Summa Theologica III q. 8, a.1.

sam und Unterwerfung zu verweigern, indem sie seinen Nachfolger, den Römischen Pontifex, den Hirten der universalen Kirche, nicht anerkennen.«[44]

Die Kirche hat *ein* Haupt, Jesus Christus; dieser aber hat dem Petrus und seinen Nachfolgern seine ganze Herde anvertraut, damit sie sie leiten (DH 872). Es war gewiß noch ein weiterer entscheidender Schritt, den Papst selbst als das Haupt des mystischen Leibes der Kirche zu bezeichnen; und dieser Schritt wird ab dem 14. Jahrhundert getan. So zögert etwa *Hermann von Schildesche* nicht, die Leibmetapher auf das Verhältnis von Papst und Kirche anzuwenden: »Wie nun alle Glieder im natürlichen Körper dem Haupt gehorchen, so gehorchen alle Gläubigen im mystischen Körper der Kirche dem Haupt der Kirche, dem römischen Pontifex: alle Glieder sind abhängig von der directio und dem influxus capitis«.[45] Am päpstlichen Hof in Avignon und in der Diskussion um die Frage, ob der Papst nur von Rom aus die Kirche regieren könne, stellte *Alvarus Pelagius* lapidar fest: »Corpus Christi mysticum ibi est, ubi est caput, scilicet papa.«[46]

Es ist doch einigermaßen überraschend, wie bedenkenlos hier die Übertragung der Haupt-Funktion des mystischen Leibes von Christus auf den Papst vollzogen wurde. Und vielleicht muß man Ernst H. Kantorowicz' These zustimmen, diese Übertragung sei begünstigt worden von der Ablösung eines stärker sakramentalen durch ein korporativ-herrschaftliches Verständnis des »mystischen« Leibes Christi, in welchem dann auch die geläufigen Metaphern des »obersten Fürsten« ohne Schwierigkeit auf den Papst übertragen werden und sein Hauptsein für den mystischen Leib Christi beschreiben konnten.[47] Man darf sich dabei nicht verhehlen, daß die sakramental-soteriologischen Auszeichnungen des Hauptes Christus schließlich fast ohne Einschränkungen auf das sichtbare Haupt des Corpus mysticum übertragen wurden. Zunächst war es nur ein extremer Papalist – *Augustinus Triumphus* –, der dem Papst neben christologischen auch noch göttliche Attribute und Metaphern zuschrieb; seine These: »Der Papst beeinflußt bei allen Kirchengliedern die Bewegung der Leitung und den Sinn der Erkenntnis: In ihm leben wir, bewegen wir uns und sind wir«.[48]

Ihren Höhepunkt und die weiteste Verbreitung findet diese Fast-Identifikation des Papstes als des sichtbaren Hauptes des Corpus mysticum mit dem unsichtbaren, ja mit Gott selbst, im Vorfeld des 1. Vatikanums, wo beispielsweise der Genfer Weihbischof Gaspar Mermillod eine »dreifache Inkarnation des Gottessohnes« vertreten zu müssen meinte: im Schoß der Jungfrau Maria, in

---

[44] Thomas von Aquin, Summa contra Gentiles, IV, 76.
[45] Contra hereticos negantes emunitatem et iurisdictionem s. Ecclesiae, zitiert nach: R. Scholz (Hg.), Unbekannte kirchenpolitische Schriften aus der Zeit Ludwigs des Bayern, Bd. 2, Rom 1914, 131–153, hier 143 f.
[46] »Der mystische Leib Christi ist da, wo das Haupt ist, nämlich der Papst«; zitiert bei: E. H. Kantorowicz, op.cit., 215.
[47] Vgl. ebd., 214 ff. Kantorowicz zitiert hier den anonymen Traktat De potestate ecclesiae aus dem 14. Jahrhundert mit der Sentenz, der Papst sei »primus princeps movens et regulans totam politiam Christianam« (»erstes bewegendes und regulierendes Prinzip der gesamten Christenheit«).
[48] Summa 36, 6; zitiert nach: W. Klausnitzer, Das Papstamt im Disput zwischen Lutheranern und Katholiken, Innsbruck – Wien 1987, 61; Bezug genommen wird auf Apg 17, 28.

der Eucharistie und in dem Greis im Vatikan.[49] Noch bei *Pius XII.* kann man – nach dem Urteil Yves Congars – die Neigung feststellen, »aus dem Papst selbst ein Haupt, ein ›sekundäres‹ Haupt des mystischen Leibes zu machen, selbst im Bereich des religiösen und des sakramentalen Lebens«[50]; so etwa, wenn er davon spricht, vom Grab und Stuhl Petri gingen »über die ganze Erde Ströme der Gnade aus«, und die Päpste heiligten »die ganze katholische Kirche durch die Ausübung ihrer Weihe- und Jurisdiktionsgewalt.[51]

3.6 Die Kirche: ein vollkommener übernatürlicher Organismus?

Der Körperschaftsgedanke hat die Vorstellung der Kirche als Leib Christi entscheidend verändert: Die körperschaftliche Verfassung der Kirche wird nun Anschauungs- und Reflexionsgegenstand einer Ekklesiologie, die das Leib-Christi-Sein in den wohlgeordneten, »organischen« Verhältnissen der Glieder untereinander, vor allem aber in der Hinordnung aller Glieder auf das sichtbare Haupt – den Papst – realisiert sieht. Die sichtbare Körperschaft wird immer deutlicher als ein in realen, kirchlich-gesellschaftlichen Über- und Unterordnungsverhältnissen existierender übernatürlicher Organismus verstanden, in dem – wie in einem natürlichen Organismus – das geistliche Lebensprinzip – hier die Gnade – die Glieder in einem organischen Lebenszusammenhang nährt, belebt und sich so in ihnen sichtbar ausdrückt. Die *Organismus-Ekklesiologie*, wie sie sich voll entwickelt seit Ende des 19. Jahrhunderts durchsetzt, ist zweifellos der am weitesten vorangetriebene Versuch einer Sakralisierung der Kirche in ihrer konkreten institutionellen Gestalt: Die Kirche gilt in der sichtbaren Ordnung ihrer Stände, Ämter und Vollmachten als sakramentales Mysterium der fortdauernden leibhaften Anwesenheit Christi in der Geschichte bis zu deren Ende. Körperschaftliche und sakramentale Sicht sind nun in kennzeichnender Weise miteinander identifiziert, so daß die Kirche insgesamt, aber auch ihre Amtsträger und speziell der Papst an der Spitze als sakramentale Heilsmittel bzw. gar als Heilsmittler gelten.

Matthias Josef Scheeben hat diese organologische Konzeption der Kirche im Umfeld des 1. Vatikanums repräsentativ ausformuliert; päpstliche Rundschreiben sind ihr bis hin zu *Mystici corporis* verpflichtet geblieben. Ekklesiologie wird hier zum Gegenentwurf gegen gesellschaftliche und politische Ordnungsmodelle, die wegen ihrer funktionalen Organisationsprinzipien und ihrer Meinungs- bzw. Konsensbildungsprozesse als mechanistisch abgetan, damit aber auch als völlig unpassend für das organische kirchliche Miteinander der

---

[49] Gemeint ist Pius IX. Vgl. R. Aubert, Vatikanum I, dt. Mainz 1965, 38.
[50] Y. Congar, Die Lehre von der Kirche. Vom Abendländischen Schisma bis zur Gegenwart (Handbuch der Dogmengeschichte III 3d), Freiburg – Basel – Wien 1971, 123.
[51] Ansprache an das Mouvement Jeunes Séminaristes vom 5. September 1957; Acta Apostolicae Sedis 49 (1957), 846.

Glieder mit ihrem Haupt zurückgewiesen werden. Die Überlegenheit des organischen gegenüber dem »mechanistischen« Denken ist hier noch dadurch gesteigert, daß die Muster organischer Gemeinschaft – hier wird vor allem auf die Familie Bezug genommen – erst in der übernatürlichen Ordnung, der die Kirche ja angehört, ihre Vollendung erfahren. Die Konzeption Scheebens ist so konsequent durchgearbeitet und so folgenreich geworden, daß sie hier ausführlicher dargestellt und zum Anlaß der Auseinandersetzung mit diesem organologisch-biomorphen Ekklesiologiemodell genommen werden soll.

Kennzeichnend für Scheebens organologische Ekklesiologie ist die oben schon kritisch besprochene enge Parallelisierung zwischen der Menschwerdung des Logos durch die geistgewirkte Empfängnis im Schoß der Jungfrau Maria und dem je neuen Geborenwerden des ekklesialen Leibes Christi in der Geschichte. Die zeugende Gegenwart des Heiligen Geistes in diesem Leib bringt immer wieder neue Glieder des Leibes hervor und erfüllt sie mit dem göttlichen Leben in der Hinordnung auf das Haupt, von dem es ausgeht. So ist die Gegenwart des Geistes Gottes »als der Ausfluß und die Fortsetzung derjenigen Gegenwart und Wirksamkeit zu betrachten, mit der er in der Menschheit des Sohnes Gottes wohnte«; Gottes Geist wohnt im ekklesialen Leib – seinem »Tempel« –, »wie die Seele in ihrem eigenen Leib, um seine göttliche und vergöttlichende Kraft in ihr zu offenbaren.« So muß er »in den Gliedern des Leibes Christi ... auf ähnliche Weise wirken, wie im wahren Leibe Christi, um sie mit der Fülle der Gottheit zu erfüllen.«[52]

Das Motiv »Einwohnung des Geistes im ekklesialen Leib Christi« ermöglicht Scheeben den fast unmerklichen Übergang zum Metaphernfeld »Kirche als Braut Christi«. Gottes Geist überschattet sie, »wie er einst den Schoß Marias überschattete, auf daß in ihr der Sohn Gottes in seiner göttlichen Heiligkeit und Herrlichkeit wiedergeboren werde.«[53] Die Kirche ist in diesem Sinn der mütterliche Leib, aus dem der Geist Gottes die Kinder zeugt, aus denen – als den Gliedern des Leibes Christi – dieser Leib sich selbst immer wieder neu aufbaut.

Diese organologische Mehrfachdetermination der Metapher »Leib« begründet nun jene Plausibilitäten, die Scheeben für seine Beschreibung der organischen Beziehungen in der Kirche in Anspruch nimmt. Christus wolle die Glieder der kirchlichen Gemeinschaft »nicht bloß schlechtweg zu seinen Gliedern machen, um als Haupt an ihnen zu wirken, er wollte überdies einen Teil derselben zu Stellvertretern und Organen seiner eigenen Wirksamkeit auswählen, damit sein mystischer Leib auch einen inneren, obgleich in äußeren Zeichen sich ausprägenden Organismus erhielte.« Näherhin sollte die Kirche, in der sich »die himmlische Wiedergeburt des Menschengeschlechts« zur »Familie des Gottmenschen« vollzieht, die natürliche Zeugung und den Organismus der irdischen Familie abbilden. Das »große Mysterium der Mutterschaft der Kirche« mani-

---

[52] M. J. Scheeben, Die Mysterien des Christentums, 3., von A. Rademacher bearbeitete Auflage, Freiburg i. Br. 1912, erstmals erschienen 1865, 464 f.
[53] Ebd., 465.

festiert sich nun aber »in ihrem Priestertum. Das Priestertum erscheint überhaupt als Vermittlung zwischen Christus und seinen Kindern in der Kirche, wie auch die Mutter die Stelle des Vaters bei den Kindern vertritt.«[54] So steht das Priestertum des Neuen Bundes »zu dem Gottmenschen in einer ähnlichen Beziehung wie Maria zu dem in sie herabsteigenden und aus ihr gebornen Sohne Gottes.« Der Priester empfängt nämlich durch die Kraft des Heiligen Geistes »den menschgewordenen Sohn Gottes, um ihn im Schoße der Kirche unter den eucharistischen Gestalten niederzulegen«, so daß man – nach Scheeben – durchaus sagen darf:

> »Durch das Priestertum wird … Christus von neuem geboren, gleichsam durch eine Fortsetzung seiner wunderbaren Geburt aus Maria, und das Priestertum selbst ist eine Nachbildung und Ausdehnung der geheimnisvollen Mutterschaft Mariä in Bezug auf den Gottmenschen. Es ist dasselbe für den eucharistischen Christus, was Maria für den menschwerdenden Gottessohn«.

Dabei ist die eucharistische Mutterrolle des Priestertums freilich hingeordnet auf die übernatürliche Wiedergeburt der Menschen zu Gliedern des Leibes Christi und Gotteskindern: »Deshalb ruht im Priestertume durch die Überschattung des Heiligen Geistes auch die Macht, Christus in den Herzen der Gläubigen und die Gläubigen in Christus wiederzugebären, um dann Christus in seinem wahren Leibe substanziell mit ihnen zu vereinigen und sie mit dessen eigenem Fleische und Blute in ihrem neuen, übernatürlichen Leben zu nähren.«[55] Daraus folgt aber auch, »daß das Priestertum auf übernatürliche Weise ebenso wahrhaft und wirklich, wenn nicht noch mehr, in demselben Verhältnisse zu den Kindern der Kirche steht, wie die leibliche Mutter zu ihren leiblichen Kindern«, daß es »dieselben *belehren und erziehen*« soll, daß seine ganze Tätigkeit »darauf hinaus(läuft), Christus in ihren Gliedern (den Gliedern der Kirche; J. W.) zu bilden, sie mit Christus zu vereinigen, sie ihm gleichförmig zu machen und zum Maße des Vollalters Christi heranzuziehen«. So ist die »übernatürliche Mutterschaft« für Scheeben »Zentralmysterium der Kirche als einer organisch gebildeten Gesellschaft«:

> »Denn gerade durch sie wird die kirchliche Gemeinschaft erst zu einer wohlgegliederten, in der die Kinder durch die Mutter mit dem Vater verbunden werden; durch sie wird auch der Körper der Kirche, der mystische Leib Christi, aus sich selbst heraus weitergebildet und fortgeführt; durch sie wird die reale Gegenwart und die reale Vereinigung des Hauptes mit seinen Gliedern erhalten und vollzogen. Diese Mutterschaft ist endlich die Trägerin aller übrigen sozialen Verhältnisse und Tätig-

---

[54] Ebd., 466. Fast schon überflüssig, darauf hinzuweisen, wie heillos Scheeben hier die Bildebenen und Referenzen (Vater, Mutter, Christus, sein Leib, Kinder) durcheinandergeraten und wie er das Frauenbild seiner Zeit (die Mutter als Vermittlerin zwischen Vater und den Kindern) ontologisiert, um es ekklesiologisch übertragen zu können; vgl. dazu H. Häring, Die Mutter als die Schmerzensreiche. Zur Geschichte des Weiblichen in der Trinität, in: M.-Th. Wacker (Hg.), Der Gott der Männer und die Frauen, Düsseldorf 1987, 38–69; zu Scheebens Trinitätsspekulation, die bei seiner Ekklesiologie im Hintergrund steht, vgl. ebd., 53 ff.
[55] M. J. Scheeben, Die Mysterien des Christentums, 466 f.

keiten, durch welche die Kirche in ihrer Existenz und Entwicklung geordnet und gestaltet wird ...«.[56]

Deutlicher kann man kaum aussprechen, was es bedeutet, die »normalen Glieder« des Leibes Christi in die Rolle der Kinder zu verweisen, die den Repräsentanten der *Mutter* Kirche – ihrer mütterlichen Autorität, in der sie das geistliche Leben in den Kindern erwecken und hervorbringen – »den Gehorsam des Glaubens und der Tat zu erweisen haben«.[57] Aber die organologische Einbindung der Glieder in den mystischen Leib, der Kinder in die Familie Christi, reicht noch weiter und wird noch konkreter, da neben der Rolle des Mütterlichen auch die Rolle des Vaters nicht unbesetzt bleibt.

Die mütterlich-nährende Vollmacht des Priesterlichen – die Weihegewalt – ist ja verbunden mit jener anderen Gewalt, die den Gebrauch bzw. den Erwerb der kirchlich vermittelten Gnaden hoheitlich anleitet – der Jurisdiktions- oder Hirtengewalt. Bei »einem tieferen Einblick in die mystische Organisation der Kirche« zeigt sich nicht nur, daß diese beiden Gewalten organisch miteinander verbunden sind, sondern auch, daß die hoheitliche Hirtengewalt einer »einheitlichen Leitung« unterstehen muß:

> »Der durch Scheidung der priesterlichen Organe Christi von den übrigen Gliedern begründete Organismus der Kirche muß ... notwendig durch Organisierung ihrer leitenden Gewalt fortgeführt und vollendet werden ... In ihrer Einheit muß es sich offenbaren, daß die Glieder und Organe der Kirche, wie sie *einen* Leib Christi bilden und um die Eucharistie herum als um ihre gemeinsame Lebensquelle sich sammeln, und wie sie berufen sind, die höchste Einheit, die der Dreifaltigkeit, darzustellen, so auch in der Entfaltung ihres Lebens und ihrer Tätigkeit ein festgeschlossenes Ganzes bilden, in welchem die Einheit und Harmonie des äußeren sozialen Lebens der treue Reflex seiner inneren, geheimnisvollen Wesenseinheit ist.«[58]

Dieses festgeschlossene, harmonische soziale Ganze ist dadurch verbürgt, »daß die ganze Fülle der kirchlichen Hirtengewalt nach der Glaubenslehre in *einem* Hohenpriester niedergelegt ist.« Der »Hohepriester« ist nicht nur organisatorischer Mittelpunkt. Er hat – als der Stellvertreter Christi – vielmehr eine organisch-christologische Zentralfunktion für die Kirche inne:

> »Die Kirche als Gesellschaft ist in ihm, wie sie in Christus ist; sie ist durch ihn in Christus, weil auch Christus als ihr regierendes Haupt mit seiner Hirtengewalt nur durch ihn in der Kirche ist ... Durch ihn will ja Christus alle Glieder der Kirche in sich zur Einheit des Glaubens und der Liebe zusammenführen; durch ihn und in ihm sollen sich die Gläubigen an ihr übernatürliches Haupt anschließen und vom Heiligen Geist sich regieren lassen.«[59]

Es ist schon erstaunlich, wie die paulinischen »In«-Formeln, die bei Paulus wie dann etwa auch in der deutschen Mystik das rettende Einbezogensein in den

---

[56] Ebd., 468 f.
[57] Vgl. ebd., 470.
[58] Ebd., 470–472.
[59] Ebd., 472 f.

erhöhten Christus und seinen Geist zur Sprache brachten, hier ohne weiteres auf den Papst übertragen werden, so daß der Sache nach kaum noch eine Differenz bleibt zwischen dem sichtbaren und dem unsichtbaren göttlichen Haupt des Leibes Christi. Und diese Beinahe-Identifiktion hat konkrete Folgen: Wie das unsichtbare Haupt nur eines sein kann, so kann es auch im »äußeren Organismus« nur die Unterordnung aller Amtsträger und Laien unter den *einen* »Inhaber der vollen Hirtengewalt« geben.[60]

Der Gedanke der auf den Papst hin zentrierten organischen Einheit ergibt sich hier also aus der Notwendigkeit einer einheitlichen Ausübung der Hirtengewalt. Diese eignet aber den »Vätern der Kirche«, speziell dem heiligen Vater, insofern ja das Vatersein jenen »natürlichen Geschlechtscharakter« ausmacht, »der zur Ausübung der höheren Funktionen in der Kirche naturgemäß von Christus gefordert wird.«[61] So bringt sich Scheeben in die argumentativ schwierige Situation, daß die Mütterlichkeit und das Brautsein der Kirche von den »Vätern der Kirche« repräsentiert und nur von ihnen gelebt werden kann, weil Frauen des »natürlichen Geschlechtscharakters« entbehren, den Christus für die Ausübung der höheren Funktionen in der Kirche fordert. Scheeben entkommt diesem Engpaß auf nicht sehr überzeugende Weise, da er die Repräsentation des Mütterlichen eher der priesterlichen Weihegewalt, die Ausübung der hoheitlichen Gewalt eher dem Väterlichen in der Kirche zuordnet und eine enge organische Verbundenheit zwischen beiden Gewalten unterstellt, so daß väterliche und mütterliche Gewalt allein und im organischen Zusammenhang denen zugesprochen wird, denen sie aufgrund ihres natürlichen Geschlechtscharakters ja auch allein zukommen kann.

Diese gewundene Argumentation zeigt, worauf es hier letztlich ankommt: Das organische, nach Familienrollen gegliederte Rollenschema im ekklesialen Leib Christi begründet eine im wahrsten Sinn des Wortes umfassende – umschließende – Loyalitätssituation der einfachen Glieder an diesem Leib, der Kinder in dieser Familie. Die Amtsträger und speziell der »Heilige Vater« üben in Stellvertretung Christi die Autorität des Vaters und der Mutter gegenüber den unmündigen Kindern aus; und die Kinder wahren die organischen Verhältnisse in diesem Leib – dieser Familie – nur, wenn sie sich der lebenspendenden und umsorgenden mütterlichen Autorität der priesterlichen Amtsträger ebenso verbunden wissen, wie sie sich ihrem väterlichen Gehorsamsanspruch widerspruchslos fügen. Die organologische Rekonstruktion des ekklesialen Leibes Christi führt zur Konstruktion einer totalen und der Tendenz nach totalitären Institution, in der für die Amtsträger eine auch die familiäre Differenzierung der Elternrollen noch übergreifende, totale Autoritätsposition reklamiert wird.[62]

---

[60] Vgl. ebd., 475.
[61] Vgl. ebd.
[62] Vgl. dazu meine Überlegungen in: Kirche, 238–258.

3.7 Der Heilsorganismus Kirche und das Subjektsein der Gläubigen

Versucht man, die Überlieferungs- und Auslegungsgeschichte der Leib-Christi-Metapher auf die entscheidenden Verzweigungen hin zu überblicken, so fällt zunächst ins Auge, wie unterschiedlich, ja gegensätzlich sich in ihr der Unmittelbarkeitsindex des Metaphernfeldes auswirkt: Das wechselseitige »In-Sein« des Leibes im Kraftfeld des Hauptes bzw. dieses Kraftfeldes – des Gottesgeistes – in den Gliedern hat etwa in der Deutschen Mystik des Hoch- und Spätmittelalters zu einer deutlichen und für die kirchliche Hierarchie mitunter unerträglichen Relativierung kirchlich-institutioneller Vermittlungsstrukturen geführt. Die mystisch unmittelbare Einung mit Gott im Einswerden mit dem ungeschaffenen Sohn machte die Ekklesiologie und ein in der Kirche sich vermittelndes Wirken des Gottesgeistes theologisch ortlos. Wo die Leib-Christi-Metapher über den Körperschaftsgedanken konkretisiert wurde, da wird der geistlich-körperschaftliche Leib zu jenem Heils-Organismus, in dem das unmittelbare *In-Sein* der Glieder diese in das Geschehen des Heils integriert. Der Ausfall der Vermittlung betrifft hier nicht die ortlos gewordene Institution, sondern das glaubende Individuum, dem die eigenverantwortliche Vermittlung seiner Welt mit der Herausforderung zur Christusnachfolge abgenommen wird: Diese Vermittlung geschieht objektiv, institutionell-ekklesiologisch; das glaubende Individuum hat sich ihr möglichst ohne eigenständigen Vermittlungsanspruch, also möglichst unmittelbar, einzugliedern. Alles andere wäre »gefährlicher Subjektivismus«.

Welche Konsequenzen diese Tendenz zur Entsubjektivierung des Einzelnen zugunsten eines die Einzelnen organisch in sich »aufhebenden« Kollektivsubjekts nach sich ziehen kann, das haben die politischen Totalitarismen unseres Jahrhunderts gezeigt. Die katholische Kirche blieb von solchen extremen Auswirkungen in der Regel verschont, weil die Gegentendenz zur Herausbildung eines eigenverantwortlichen Gewissens und der ihr entsprechenden Verantwortlichkeit im Glauben den Kollektivismustrend mehr oder weniger zuverlässig austarierte. Immerhin wird man anmerken müssen, daß sich die katholische Kirche bis in die Gegenwart hinein mit der innerkirchlichen Anerkennung der für gesellschaftlich-politische Zusammenhänge lauthals geforderten, aus der Gewissensverantwortung resultierenden Personrechte schwer tut. Und man wird wachsam sein müssen gegenüber vielfach beobachtbaren Versuchen, die Gewissens-Leistung des selbstverantwortlichen Subjekts herunterzudefinieren zur Anpassung an das lehramtlich-normativ Vorgegebene.

Das soziale Defizit der ekklesialen Organismusideologie liegt in der systematischen Verkennung des Institutionellen als der um gesellschaftlicher Freiheit willen notwendigen Vermittlungsleistung zwischen Individuum und sozialem Verband. Wo diese Vermittlungsleistung nicht gefordert und gefördert, ja gar nicht als notwendig erachtet wird, weil die Freiheit des Einzelnen nur durch entsubjektivierende Einfügung in den kollektiv-subjektiven Organismus des Leibes Christi gewahrt sei, da muß es unter den Bedingungen eines neuzeitlich selbstverständlich gewordenen und außerkirchlich auch institutionalisierten

Emanzipationsideals mit hoher Wahrscheinlichkeit zum Auszug aus einer so wenig freiheitssensiblen kirchlichen Körperschaft kommen. Es vollzieht sich, was Hegel im Blick auf die Genese der bürgerlichen Gesellschaft als wechselseitige Entfremdung von gesellschaftlicher Objektivität und subjektiver Freiheit des Einzelnen beschrieben hat. Wie kann es – so fragt Hegel im Blick auf den Staat, seine Frage wäre im Blick auf kirchlich-institutionelles Handeln aufzugreifen – zu jener *konkreten Freiheit* kommen, die darin besteht,

>»daß die persönliche Einzelheit und deren besondere Interessen sowohl ihre vollständige *Entwicklung* und die *Anerkennung ihres Rechts* für sich (…) haben, als sie durch sich selbst in das Interesse des Allgemeinen teils *übergehen*, teils dasselbe und zwar als ihren eigenen *substantiellen Geist* anerkennen und für dasselbe als ihren *Endzweck tätig* sind, so daß weder das Allgemeine ohne das besondere Interesse, Wissen und Wollen gelte und vollbracht werde, noch daß die Individuen bloß für das letztere als Privatpersonen leben und nicht zugleich in und für das Allgemeine wollen und eine dieses Zwecks bewußte Wirksamkeit haben«?[63]

Im Blick auf die Kirche stellt sich das Problem der konkreten Freiheit und ihrer Institutionalisierung so: Wie kann institutionell gewährleistet werden, daß die subjektiv-individuelle Glaubensüberzeugung sich in der Institution Kirche, die für die Objektivität und Allgemeinheit der Glaubensüberlieferung einzustehen hat, anerkannt weiß und sich zugleich in dieses Allgemeine als seinen substantiellen Gehalt – Hegel spricht von »Geist« – hineinvermittelt erfährt? Die traditionelle Leib-Christi-Ekklesiologie verkürzt das Problem um die Anerkennung der *Glaubens-Subjektivität* und geht davon aus, es sei am besten durch Unterwerfung der Individuen unter das von der kirchlichen Institution repräsentierte, allgemein Substantielle der Glaubensüberlieferung gelöst. Daß der »Endzweck« der Institution Kirche das »Tätigsein« der Subjekte *als Subjekte* anfordert, sich in ihm realisiert und es deshalb ebenso voraussetzt wie er diesem Tätigsein erst seinen substantiellen Gehalt vermittelt, der Subjekte zum Subjektsein herausfordert, das alles kann in einer organologischen Konzeption mit der darin vorausgesetzten Unmittelbarkeit des Verhältnisses von Haupt, Leib und Gliedern nicht hinreichend in den Blick kommen.

Die Institutionen, die die Kirche als jenen »Sozial-Organismus« tragen, der sich in der Geschichte je neu aufbaut und in der konkreten Gestalt seines Leib-Seins das Anfangenkönnen der Gottesherrschaft und ihrer neuen Gerechtigkeit in dieser Welt bezeugt, müssen als *kommunikative* Wirklichkeiten gedacht werden und das heißt: aus jener schöpferischen Wechselwirkung heraus, in der sich das Vorgegebene und Überlieferte für die öffnet, die in ihm und von ihm leben, dieses Leben aber auch selbst verantworten und deshalb den Prozeß der Überlieferung durch ihr Lebenszeugnis mitgestalten wollen. Die Institution hat hier die Aufgabe, das kommunikative Handlungsgefüge zu tragen, in dem die Vorgegebenheit des nicht je neu kommunikativ Hervorzubringenden – die Vorgabe

---

[63] Vgl. G. W. F. Hegel, Grundlinien der Philosophie des Rechts, § 260, Werke in zwanzig Bänden, hg. von E. Moldenhauer u. K. M. Michel, Frankfurt a. M. 1969–71, Bd. 7, 406 f.

Kirche

757

der kirchenbegründenden Selbst-Gabe Gottes in Jesus Christus – und das Sich-Einbringen *in*, das Anteilnehmen der hier und jetzt Lebenden *an* dieser nicht von ihnen selbst konstituierten Vorgabe zur Geltung kommen können. Kirchliche Zeugniskommunikation geschieht in der Spannung zwischen dem Geschehen, das bezeugt werden darf, und der Verantwortung der Zeugen, in der sie das damals Geschehene mit ihrer Welt zusammenzuhalten und es so in seiner Gegenwartsbedeutung zu ermessen versuchen. Die kirchliche Institution – das Lehramt – hat die Normativität des damals Geschehenen und die davon abgeleitete Verbindlichkeit authentischer geschichtlicher Zeugnisgestalten zur Geltung zu bringen, aber auch die Zeitgenossen dazu herauszufordern, ihre Gegenwartsverantwortung für diese Überlieferung wahrzunehmen. Die einzelnen Glieder der Kirche haben je ihren Versuch, sich in die Überlieferung des damals Geschehenen und in ihrem Zeugnis sich Vergegenwärtigenden einzugliedern, vor dem damals Geschehenen, aber auch vor der Not und den Verheißungen der Gegenwart zu verantworten. Im lebendigen Wechselspiel zwischen Institution und individueller Verantwortung vergegenwärtigt sich, was bezeugt werden darf, gewinnt es gegenwartsbestimmende Macht. Im lebendigen Wechselspiel zwischen der Sorge für die »unverkürzte Weitergabe« des Übergebenen und dem Mut, es hier und jetzt ins Spiel zu bringen – es im subjektiven Glaubens-Einsatz Gegenwartsgestalt gewinnen zu lassen –, wirkt Gottes Geist in der Gemeinde und an ihr, um der »Welt« die in Jesus Christus eröffnete Zukunft der Gottesherrschaft zu bezeugen.

In diesem Wechselspiel kommen vornehmlich und in letzter Verantwortung der Institution des kirchlichen Amtes die Aufgaben zu,
– die subjektiv verantworteten Zeugnisgestalten je neu auf das in ihnen zu Bezeugende zu verpflichten;
– das Evangelium Jesu Christi in ihnen zu identifizieren oder da, wo es sich in ihnen nicht mehr identifizieren läßt, den vertieften Rückbezug auf dieses Evangelium und auf seine als authentisch erachteten geschichtlichen Bezeugungen einzufordern;
– die gegenwärtig gelebten Zeugnisgestalten zu dem einen Zeugnis des Leibes Christi – des hier und jetzt sichtbaren und greifbaren Christus – zu integrieren;
– die Selbst-Gabe Gottes in Jesus Christus als Ursprung der Freiheit zum selbst verantworteten Zeugnis in sakramentaler Feier zu vergegenwärtigen bzw. genauer: dieser Feier in persona Christi et in persona ecclesiae vorzustehen;
– aufs Gesamte gesehen: dafür Sorge zu tragen, daß die Kirche der Raum sein kann, in dem die vielen Glieder des Leibes Christi Zugang finden können zu der Überlieferung, in der sich ihnen durch den Gottesgeist Christus selbst überliefert, sie zur Nachfolge befähigt und herausfordert.[64]

---

[64] Vgl. M. Kehl, Kirche als Institution, in: W. Kern u.a. (Hg.), Handbuch der Fundamentaltheologie, Bd. 3: Traktat Kirche, Freiburg – Basel – Wien 1986, 176–197, hierzu 191–197.

Vollzieht sich der Vorgang der geistgewirkten Vergegenwärtigung im lebendigen Wechselspiel zwischen glaubenden Individuen und kirchlicher Institution, so ist es nicht sachgerecht, allein die kirchliche Institution als Trägerin und als Instrument des Handelns Gottes in seinem Geist anzusprechen. Wo der Eindruck erweckt wird, vor allem oder ausschließlich das kirchliche Amt sei Mitsubjekt des göttlichen Geist-Wirkens in der Kirche, da ist die Geist-Unmittelbarkeit des einzelnen Glaubenden zugunsten seiner unmittelbaren Bezogenheit auf das Wirken des kirchlichen Amtes verkürzt. Hier besteht offenkundig ein ekklesiologischer Klärungsbedarf, der es u. a. erforderlich macht, die Auszeichnung bestimmter amtlicher Handlungsgestalten als in persona Christi capitis vollzogen weniger pauschal und mißverständlich als in der Tradition weithin üblich vorzunehmen.

3.8 Handeln in persona Christi capitis

Daß das Handeln Gottes bzw. des erhöhten Christus durch Gottes Geist in und an der Kirche vor allem im Handeln des Amtsträgers und speziell des Bischofs greifbar wird, das ist eine in der Kirche schon früh – von bischöflichen Amtsträgern – favorisierte Auffassung. Dabei mag das jüdische wie auch hellenistische Verständnis der korporativen Persönlichkeit eine bedeutsame Rolle gespielt haben, wonach »eine ganze Gruppe, einschließlich ihrer toten, lebenden und noch kommenden Mitglieder, wie ein einziges Einzelwesen handeln kann, und zwar durch irgendeines ihrer Mitglieder, das sie zu vertreten berufen ist.«[65] Dieser vertretungsberechtigte Eine steht in gewisser Hinsicht für das Ganze; in ihm, »zumeist dem Vater oder Führer des Gemeinwesens, ist das Ganze vollkommen enthalten. Das also, was die Wirklichkeit einer sozialen Größe ausmacht, verdichtet sich zeichenhaft – anschaulich und wirkmächtig – in diesem Einen, der (es; J. W.) infolgedessen zugleich repräsentiert und führt.«[66] So kann schon *Cyprian* sagen: »Der Bischof ist in der Kirche, und die Kirche ist im Bischof.«[67]

Diese Repräsentationsfunktion des Bischofs gilt vor allem der Einheit der Gemeinde von ihrem Ursprung her. Und so wird dann vom Bischof auch ausgesagt, daß er den erhöhten Christus repräsentiert, ihn gleichsam abbildet. *Ignatius von Antiochien* geht es in diesem Sinne um einheitswahrende Christusrepräsentanz, wenn er die Gemeinde von Ephesus mahnt: »Den Bischof müssen wir also wirklich wie den Herrn selbst ansehen« (Eph 5, 1). Und Cyprian

---

[65] H. Wheeler Robinson, The Hebrew conception of corporate Personality, in: Zeitschrift für die Alttestamentliche Wissenschaft 66 (1936), 49; hier zitiert nach: G. Greshake, Priestersein. Zur Theologie und Spiritualität des priesterlichen Amtes, Freiburg – Basel – Wien ⁵1991, 82.
[66] G. Greshake, Priestersein, 82 mit Verweis auf I. Pedersen, Israel. Its life and culture, Kopenhagen 1946, 55; Y. Congar, Die Lehre von der Kirche, 141.
[67] Epistolae 66, 8.

kann schon sagen: »Sacerdos vice Christi vere fungitur«.[68] Im Mittelalter wird diese Christusrepräsentanz des Bischofs und Priesters vor allem auf die Darbringung und Wandlung der eucharistischen Gaben bzw. auf die »Verwaltung« der Sakramente insgesamt bezogen. So kann man bei Thomas von Aquin lesen: »Sacerdos gerit imaginem Christi in cuius persona et virtute verba pronuntiat ad consecrandum«.[69] Bellarmin folgert: »Sacrificium in persona Christi principialiter offertur.«[70] Bonaventura hatte schon zuvor in sakramententheologischer Begrifflichkeit formuliert: »Persona quae ordinatur significat Christum mediatorem«.[71]

Der Priester erscheint hier selbst als das sakramentale Zeichen, durch das sich die Gnade des Mittlers vermittelt. Durch seine Weihe wird er in spezifischer Weise zur imago Christi; er stellt dem, den er abbildet, gleichsam seine Worte und Gesten zur Verfügung, so daß dieser *durch ihn wirkt*. Der Priester rückt damit in eine tatsächliche Mittlerfunktion zwischen Christus und den Gliedern des Leibes Christi ein; und das macht sein Priestersein entscheidend aus. In diesem Sinne ist dann vor allem im 20. Jahrhundert die Amtstheologie auf die Figur des in persona Christi capitis Handelnden konzentriert und von der theologischen Würdigung der nichtgeweihten Mitglieder der Gemeinde abgehoben worden. Im Rundschreiben *Mediator Dei* aus dem Jahre 1947 wendet sich *Pius XII.* gegen die Auffassung, das Volk »genieße ... die wahre priesterliche Vollmacht, der Priester aber handle lediglich kraft eines von der Gemeinschaft übertragenen Amtes.« Es gelte im Blick auf die »Stellung ... die der Priester im mystischen Leib Christi einnimmt«, vielmehr umgekehrt, daß

> »der Priester nur deshalb an Stelle des Volkes handelt, weil er die Person unseres Herrn Jesus Christus vertritt (quia personam gerit Domini nostri Iesu Christi), insofern dieser das Haupt aller Glieder ist und sich selbst für sie darbringt, und daß er deshalb als Diener Christi an den Altar tritt, niedriger als Christus, aber höher als das Volk. Dagegen kann das Volk, da es ja in keiner Weise die Person des göttlichen Erlösers verkörpert und nicht Versöhner (conciliator) zwischen sich selbst und Gott ist, keinesfalls priesterliches Recht genießen« (DH 3850; vgl. NR 721).

Das 2. Vatikanum nimmt diese Amtstheologie auf, »vernetzt« sie aber stärker in die Theologie des Volkes Gottes, in dessen Namen der Priester handelt: »Der Amtspriester« vollzieht – so *Lumen gentium* 10 – »in der Person Christi das eucharistische Opfer und bringt es im Namen des ganzen Volkes Gott dar; die Gläubigen hingegen wirken kraft ihres königlichen Priestertums an der eucharistischen Darbringung mit und üben ihr Priestertum aus im Empfang der Sakramente, im Gebet, in der Danksagung, im Zeugnis eines heiligen Lebens, durch Selbstverleugnung und tätige Liebe.« Die Geweihten üben das »Amt

---

[68] Epistolae 63, 14: »Der Priester handelt wahrhaft anstelle Christi.«
[69] Summa theologica IIIa q. 83 a.1 qa. I ad 4: »Der Priester handelt als Abbild Christi, an dessen Stelle und mit dessen Kraft er die Konsekrationsworte kündet.«
[70] Controversiae de sacramento Eucharistiae V, 27: »Das Opfer Christi wird – auf sein Prinzip und seine Wirkkraft hin gesehen – in persona Christi dargebracht.«
[71] In IV Sent., Dist. 25 art 2 q.1: »Die ordinierte Person bezeichnet Christus, den Mittler«.

Christi des Hirten und Hauptes ... entsprechend dem Anteil ihrer Vollmacht aus« (Art. 28). Von denen, die an der priesterlichen Vollmacht umfassend Anteil haben, den Bischöfen, sagt *Lumen gentium* 21, in ihnen sei »inmitten der Gläubigen der Herr Jesus Christus, der Hohepriester, anwesend.« Die Bischofssynode von 1971 sagt über das Priestertum, in der Weihe zum Priester werde den Geweihten

> »die unverlierbare Gabe des Heiligen Geistes mitgeteilt (2 Tim 1,6). Kraft dieser Gnadenwirklichkeit wird der Ordinierte Christus angestaltet und ihm geweiht (Presbyterorum Ordinis 2[72]). Sie macht ihn der Sendung Christi unter zweifachem Aspekt teilhaftig: dem der Autorität und dem des Dienstes. Die Autorität gehört dem amtlichen Diener nicht zu eigen: in ihm wird die Vollmacht (ἐξουσία) des Herrn sichtbar, in dessen Auftrag der Priester im endzeitlichen Versöhnungswerk als Abgesandter amtet (2 Kor 1,20; 5,18–20). Er leistet seinen Dienst auch in der Bemühung, die freien Menschen zu Gott hinzuführen, um aus ihnen die Christengemeinschaft aufzubauen.«[73]

Mit seiner endgültigen, durch den Character indelebilis besiegelten Indienstnahme wird der geweihte Priester den Christen »trotz seiner Schwachheiten« zum »Unterpfand der Heilsgegenwart Christi.«[74]

Bei diesem kurzen Durchgang durch die Motivgeschichte fällt auf, wie die amtstheologische Legitimationsfigur des Handelns bzw. Handelnkönnens in persona Christi capitis einerseits eine sakramententheologische Ausprägung erfährt – der Priester handelt in der Feier der Eucharistie in persona Christi, ist aber als Geweihter auch selbst sakramentales »Unterpfand« der Heilsgegenwart Christi –, andererseits aber den Bischöfen wie schon in urkirchlichen Zeugnissen eine umfassende Christusrepräsentanz zugesprochen wird: in ihnen ist der Hohepriester Christus in der Gemeinde anwesend. Christusrepräsentanz und In-persona-Christi-capitis-Handelnkönnen zeichnet die in der Gemeinde aus, die in der Weihe Christus gleichgestellt werden und deshalb seine ἐξουσία der Gemeinde *gegenüber* in Anspruch nehmen dürfen.

Aber ist diese Christus-Autorität wirklich nur *Amtsautorität?* Die ἐξουσία Christi erinnert vollmächtig an den Lebensursprung des Leibes Christi und folgert daraus mit Verbindlichkeitsanspruch, was hier und jetzt zu tun ist, damit dieser Ursprung in der Kirche gegenwärtig werde. Und sie vergegenwärtigt den Ursprung in sakramentaler Praxis. Letzteres ist tatsächlich in der Kirche immer durch die dem Amt speziell übertragene ἐξουσία geschehen; ersteres durchaus nicht in jedem Fall. *Anne Jensen* hat darauf aufmerksam gemacht, daß in der frühen Kirche nicht nur Bischöfe und Presbyter die Christusautorität in der

---

[72] Diese »Angestaltung« wird konkret im priesterlichen »Character«, worin die Geweihten durch die Salbung des Heiligen Geistes »Christo Sacerdoti configurantur, ita ut in persona Christi Capitis agere valeant« (Presbyterorum ordinis 2: »Sie werden Christus, dem Priester gleichgestaltet, damit sie in persona Christi Capitis handeln können«).

[73] Bischofssynode 1971, Das Priesteramt, eingeleitet von Joseph Kardinal Höffner, übersetzt und kommentiert von H. U. von Balthasar, Einsiedeln 1972, 46.

[74] Ebd., 47.

Gemeinde in Anspruch nehmen konnten, sondern etwa auch jene Blutzeugen, die ihr Blutzeugnis überlebten.[75]

Und es wäre darauf hinzuweisen, daß durch die ganze Kirchengeschichte die faktische Christusähnlichkeit oder »Christustransparenz« *(Medard Kehl)* eines Zeugen eine in den Augen der Gläubigen dem Amt oft genug überlegene Christusautorität begründete. Die spezifische Amtsautorität ist also im Kontext jener Repräsentationen Christi zu sehen, in denen Gottes Geist der Kirche in Gestalt überzeugender Zeugen die »gefährliche Erinnerung« an ihren Ursprung zumutete und diesen Ursprung in der ἐξουσία der hier das Wort Ergreifenden gegenwärtig setzte. Tatsächlich ist die ganze Gemeinde dazu berufen und herausgefordert, Christus zu repräsentieren: in seiner ἐξουσία die erlösende Wahrheit von Jesus Christus, dem Gekreuzigten und Auferstandenen zu bezeugen, in seinen Dienst an der Befreiung der Menschen (vgl. Mk 10, 45) einzutreten, darzustellen, was es heißt, in der Nachfolge Christi aus der größeren Gerechtigkeit der Gottesherrschaft zu leben und denen hilfreich zu begegnen, die in ihrer Not – und eben nicht in ihrer Vollmacht – Christusrepräsentanten sind (vgl. Mt 25, 31 ff.).

Wenn dieses darstellende Handeln der Gemeinde[76] gleichwohl die besondere Rolle der in persona Christi capitis Handelnden kennt, so deshalb, weil es in ihr jenen Dienst geben muß, dem die Gemeindeleitung durch die sakramentale und bezeugend-verkündigende Vergegenwärtigung der Selbstgabe Gottes in Jesus Christus für die Gemeinde obliegt. Der amtlich beauftragte Inhaber dieser Rolle repräsentiert in spezifischer Weise Christus, da er die Gemeinde um ihre Sendung und um das versammelt, was der Erhöhte an ihr tut, um sie für ihre Sendung auszurüsten – und *so* die Gemeinde leitet. Der Gemeindeleiter in persona Christi ist freilich ebenso der Repräsentant der Gemeinde, da er in der Vergegenwärtigung der göttlichen Heilsgabe zugleich für die Gemeinde spricht – sie darstellt in ihrer Bereitschaft, sich von dieser Gabe zum Leib Christi wandeln zu lassen. Deshalb läßt sich – mit *Gisbert Greshake* – ein christologischer und ein pneumatologisch-ekklesialer Repräsentationsaspekt im Vollzug des priesterlichen Dienstes unterscheiden: In christologischer Perspektive ist der priesterliche Amtsträger »auf Grund von Sendung und Weihe dazu bestimmt, das Werk Christi in Wort, Heiligung und Weisung sakramental weiterzugeben.« So handelt er in persona Christi und

> »repräsentiert den anderen Getauften gegenüber den Herrn der Kirche. Pneumatologisch dagegen steht das Amt mitten im Lebensgefüge der Kirche als *deren* amtliches Organ. Als solches bezeugt es den Glauben der Kirche, stellt es den priesterlichen Charakter des ganzen Gottesvolkes dar, hat es den Vorsitz in der liturgischen Feier ... und vergegenwärtigt es die geistgewirkte Einheit der Kirche – die Einheit

---

[75] Vgl. Christusrepräsentation, kirchliche Ämter und Vorsitz bei der Eucharistie. Zur heutigen *relecture* einer frühchristlichen Tradition, in: Freiburger Zeitschrift für Philosophie und Theologie 40 (1993), 282–297; hierzu vor allem 292 ff.

[76] Im Unterschied zum herstellenden Handeln; für diese theologisch grundlegende Unterscheidung vgl. Th. Pröpper, Erlösungsglaube und Freiheitsgeschichte, München ²1988, 220 ff.

der Glieder untereinander und die Einheit aller mit Christus. So gesehen, handelt der Priester ›in persona ecclesiae‹ und repräsentiert er die Kirche vor Gott und vor der Welt.«[77]

3.9 Repräsentation?

Man wird die ekklesiale Notwendigkeit amtlicher Vergegenwärtigung des Heilshandelns Jesu Christi, aber auch der dem Amtsträger vorbehaltenen Darstellung der Gemeinde als der von Christi Wort und Werk zu ihrem Heil betroffenen Gemeinschaft der Glaubenden nicht in Zweifel ziehen müssen, wenn man auf die unabweisbare Zwiespältigkeit des Repräsentationsdenkens im christologischen wie im pneumatologisch-ekklesiologischen Kontext hinweist. Repräsentation bedeutet zunächst Vergegenwärtigung und Vertretung eines Abwesenden. Sie begründet den Anspruch, in seinem Namen zu handeln, und stellt ihn konkret dar. Im weiteren, aber deutlich so konnotierten Sinne meint Repräsentation die Verkörperung eines hier und jetzt nach Geltung verlangenden herrschaftlichen Anspruchs – einer Machtaura – in dem, der »in persona« des Repräsentierten auftritt und handelt. Der Vergegenwärtigungsvorgang, der mit Repräsentation angesprochen ist, erscheint deshalb vorrangig unter dem Anspruchs- und Herrschaftsaspekt: Der Repräsentierende – Vergegenwärtigende – sieht sich selbst eng verbunden mit der Gegenwartswirklichkeit des Vergegenwärtigten; er macht sie geltend und partizipiert selbst an dieser Geltung, die ja durch sein Handeln die Gegenwart bestimmt.

Für die Christus- und Gemeinderepräsentanz des priesterlichen bzw. bischöflichen Amtsträgers hieße das: Er partizipiert in besonderer Weise an dem, was er vergegenwärtigt, da er es der Gemeinde *gegenüber* repräsentiert; und er repräsentiert die Gemeinde als vom Repräsentierten ergriffene und in Anspruch genommene. Er steht in bestimmtem Sinne für das, was sich in seinem Handeln vergegenwärtigt; und er steht dafür, daß es die Gegenwart der Gemeinde bestimmt. Aber von welcher Art kann die spezifisch amtliche Partizipation an dem im Akt der Repräsentation Vergegenwärtigten sein, wenn das Vergegenwärtigte die Wirklichkeit Christi und seiner Heilssendung ist? Kann sich Repräsentation hier als Herrschafts-Wirklichkeit realisieren: im Geltendmachen von Vorrechten und Exklusivansprüchen? Kann man Jesus Christus, den zur befreienden Diakonie Gesandten, den Gekreuzigten und Auferweckten, tatsächlich nach der Logik amtlicher Selbstbehauptung »repräsentieren«? Die Schwierigkeit dieses Problems erhellt schon daraus, daß man – etwa im Dokument der Bischofssynode von 1971 – zwar vom Doppelaspekt dieser Repräsentation als Autoritätsausübung und als Dienst zu sprechen genötigt ist, dann aber

---

[77] G. Greshake, Priestersein, 92.

vor allem von der ἐξουσία Christi die Rede ist, in der dieser Dienst ausgeübt wird, weshalb er von denen, denen er gilt, gehorsam angenommen werden muß.

Die Schwierigkeit liegt konkret darin, daß institutionelle Repräsentation immer auf die Privilegierung der Repräsentierenden – auf die Begründung exklusiver Handlungsmöglichkeiten – abzielt. Soll der Existenzsinn einer Institution repräsentativ zum Ausdruck kommen und effektiv zur Geltung gebracht werden, so ist diese Form der privilegierenden Repräsentation ja auch durchaus sinnvoll. Aber sie steht eben doch in Spannung zu dem, was in der Kirche nach Repräsentation verlangt: die befreiende διακονία Jesu Christi, in der er zum Lösegeld der in sich selbst und in ihrer Zukunftslosigkeit Verstrickten geworden ist. Wie kann diese διακονία repräsentiert werden; wie kann Gemeinde repräsentiert werden, in der sie konkret geschieht? Doch wieder nach der Herrschaftslogik der Repräsentation?[78]

Man verschleiert das Problem, wenn man diese Herrschaftslogik einfach an die Vollmacht Christi anschließt und im Anspruch der Gottes- bzw. Christus-Herrschaft über alle Glaubenden und darüber hinaus alle Menschen verankert. Christi ἐξουσία war eben kein institutioneller Repräsentationsanspruch; sie »repräsentierte« – vergegenwärtigte – Gottes Herrschaft, indem sie Handlungszusammenhänge und Situationen initiierte, in denen sie tatsächlich anfing. Diese Form der Repräsentation, in der Christi ἐξουσία die neue Gerechtigkeit der Gottesherrschaft gegenwartsverändernd vergegenwärtigte, ist in der Kirche zur Prärogative des Amtes geworden, in der Gemeinde an Christi Statt zu handeln. Das ist die wohl unvermeidliche Übersetzung der Vollmacht Christi in die Logik einer Institution; und dieser Logik entspricht es dann auch, daß die Erfahrung der Vergegenwärtigung hinter dem amtlichen Anspruch auf die Alleinkompetenz der Vergegenwärtigung zurücktritt. Aber diese institutionelle Unvermeidlichkeit ist auf Dauer nur erträglich, wenn die Christusrepräsentation der Kirche und ihrer Amtsträger – des Leibes Christi, des »anderen Christus« – etwas von der gegenwartsverändernden Kraft der ἐξουσία Christi erfahrbar werden läßt, die der Geist Gottes in all denen vergegenwärtigt die dem διάκονος Christus nachfolgen, ohne daraus sofort Repräsentationsansprüche abzuleiten.

Die institutionelle Unvermeidlichkeit amtlicher Christusrepräsentation wäre erträglicher, wenn der Dienstcharakter die Ausübung des Amtes tatsächlich prägte; sie ist erträglich, ja sogar offenkundig hilfreich, wo das Amt als Dienst ausgeübt wird. Daß dieser Dienst mit befreiender Autorität ausgeübt wird, gehört dann zu der διακονία, auf die angewiesen ist, wer sich in vielfältiger Unfreiheit vorfindet. Wo aber das Befreiende der Autoritätsausübung weitgehend Behauptung bleibt und man aus dieser Behauptung allzu deutlich die

---

[78] Zur Diskussion des theologischen Repräsentationsgedankens vgl. J. B. Metz, Bemerkungen zum »Katholischen Prinzip« der Repräsentation, sowie meinen Beitrag: Repräsentation – eine theologische Schlüsselkategorie, in: M. J. Rainer – H.-G. Janßen (Hg.), Bilderverbot (Jahrbuch Politische Theologie 2), Münster 1997, 303–307 und 295–302.

Streitfall

Selbstbehauptung der institutionell Privilegierten heraushört, da gerät die prekäre Balance zwischen *amtlicher* Repräsentation und *Christus*-Repräsentation aus dem Gleichgewicht; da wird das Handeln der Amtsträger in persona Christi capitis bei aller Gültigkeit der in ihm gesetzten sakramentalen Vollzüge die Gegenwart der Gemeinden immer weniger bestimmen, sie immer weniger in der Gegenwart der hier und jetzt anfangen wollenden Gottesherrschaft versammeln können.

Man darf vermuten, daß die um der Christusförmigkeit der Kirche willen erforderliche Balance der Repräsentation gestört ist, wenn die Struktur amtlicher Christusrepräsentation dafür in Anspruch genommen wird, die Unfähigkeit der Frauen zur amtlichen Christusrepräsentation festzustellen. Daß die Repräsentation der nahegekommenen und in ihm schon angekommenen Gottesherrschaft durch den Messias Jesus, das fleischgewordene Gotteswort, entscheidend mit seinem Mannsein zu tun hat, so daß auch die Christusrepräsentation der kirchlichen Amtsträger an deren Mannsein gebunden sein muß, dieses christologisch und ekklesiologisch wenig nachvollziehbare Argument scheint eher der institutionellen Privilegienlogik als einem theologisch verantwortbaren Repräsentationsverständnis geschuldet.[79] Man wird darüber hinaus fragen müssen, ob die Balance der Christusrepräsentation zwischen amtlich-rechtlicher Sukzession und kirchlicher Nachfolge nicht auch da gestört war, wo die amtliche Christusrepräsentation in apostolischer Sukzession zum entscheidenden Kriterium des Kircheseins in der Nachfolge Christi und damit der Zugehörigkeit zum Leib Christi avancierte.

3.10 Ist die katholische Kirche identisch mit dem Leib Christi?

Wo das Christus repräsentierende Amt zum Unterpfand der Christusverbundenheit der Kirche – des Leibes Christi – wird, da können die nicht zum Leib Christi gehören, zu dem »zweiten Christus«, in dem Christus »gewissermaßen seine ›Erfüllung findet« (Mystici corporis, DH 3813), die sich nicht auf das hierarchische Amt bezogen wissen. Zu den »Gliedern der Kirche« sind – so *Mystici corporis* mit einer auf das Mittelalter zurückreichenden Tradition – »nur die zu zählen, die das Bad der Wiedergeburt empfangen haben und den wahren Glauben bekennen, die sich nicht selbst beklagenswerterweise vom Gefüge des Leibes getrennt haben oder wegen schwerster Vergehen von der rechtmäßigen Autorität abgesondert wurden« (DH 3802).

Als solche, die sich selbst vom Leib getrennt haben, gelten auch all jene, die sich nicht der katholischen Kirche zurechnen und in anderen Kirchentümern

---

[79] Zur heftigen Diskussion über die römische Ablehnung der Frauenordination vgl. W. Groß (Hg.), Frauenordination. Stand der Diskussion in der Katholischen Kirche, München 1996 und meine eigene Stellungnahme in: Kirche, 201–214.

Christusnachfolge in Gemeinschaft leben wollen. Sie sind als Häretiker oder Schismatiker aus dem Lebenszusammenhang des Leibes Christi herausgerissen, und dies gerade deshalb, weil ihren Kirchentümern das entscheidende institutionelle Unterpfand der Gegenwart Christi, des Hauptes der Kirche, fehlt: das hierarchische Amt. Ihnen kann nur die Einladung gelten, »sie mögen ... bestrebt sein, sich aus jener Lage zu befreien, in der sie ihres jeweils eigenen ewigen Heiles nicht sicher sein können« und sich der katholischen Kirche anschließen, in der sie sich »so vieler und so großer himmlischer Gaben und Hilfen ... erfreuen« dürften (DH 3821).

Für *Mystici corporis* gilt klar und eindeutig: Die vom Papst mit den Bischöfen als Repräsentanten Christi regierte katholische Kirche ist im strengen Sinne identisch mit dem Leib Christi. Nur wer ihr als Glied angehört, kann aus dem göttlichen Geist leben, der sie allein beseelt. Freilich sind ihr auch jene im weiteren Sinne gnadenbringend verbunden, die »durch ein unbewußtes Sehnen und Verlangen auf den mystischen Leib des Erlösers ausgerichtet sind« (DH 3821). Aber auch dieses Verlangen verlangt endlich nach voller Zugehörigkeit zum Leib der katholischen Kirche.

Es bedeutete einen ekklesiologischen Durchbruch, als die Dogmatische Konstitution *Lumen gentium* des 2. Vatikanums die strikte Identifikation zwischen der Gnadenwirklichkeit des Leibes Christi und der katholischen Kirche aufgab und nur noch davon sprach, die »eine, heilige, katholische und apostolische« Kirche der Glaubensbekenntnisse sei »verwirklicht in (subsistit in) der katholischen Kirche, die vom Nachfolger Petri und von den Bischöfen in Gemeinschaft mit ihm geleitet wird« (Art. 8). Erstmals wird eingeräumt,

> »daß einige, ja sogar viele und bedeutende Elemente oder Güter, aus denen insgesamt die Kirche erbaut wird und ihr Leben gewinnt, auch außerhalb der sichtbaren Grenzen der katholischen Kirche existieren können: das geschriebene Wort Gottes, das Leben der Gnade, Glaube, Hoffnung und Liebe und andere innere Gaben des Heiligen Geistes und sichtbare Elemente« (Unitatis Redintegratio 3).

Von den liturgischen Handlungen, die »bei den von uns getrennten Brüdern vollzogen« werden, gilt danach, daß sie »auf verschiedene Weise je nach der verschiedenen Verfaßtheit einer jeden Kirche und Gemeinschaft ohne Zweifel tatsächlich das Leben der Gnade zeugen können und als geeignete Mittel für den Zutritt zur Gemeinschaft des Heiles angesehen werden müssen« (ebd.).

Damit ist eingeräumt, daß auch in anderen christlichen Kirchen gnadenwirksame Vergegenwärtigung des Heilswerkes Christi geschieht und sie deshalb als kirchliche Gemeinschaften neben der katholischen Kirche anzuerkennen sind. Man kann dieser Situation ekklesiologisch dadurch Rechnung tragen, daß man den einen Leib Christi durch die Schuld der Menschen zerteilt und alle Teile des Leibes vor der Aufgabe sieht, die verlorene Einheit und Integrität des Leibes Christi energischer anzustreben. Man kann theologisch auch – wie etwa *Charles Duquoc* – dem Monozentrismus der Leib-Christi-Vorstellung das Konzept einer polyzentrischen Kirche gegenüberstellen, einer Kirche, die wie »ein zerbrochener Spiegel« nur in Fragmenten widerspiegelt und so repräsentiert, »wofür sie Zeugnis abzulegen hat: Jesus Christus.«[80]

Aber die Fragmente des Spiegels könnten zusammenfinden; sie könnten sich – das sprengt natürlich das Bild des Spiegels – zu einer Kommunikationsgemeinschaft zusammenfinden, in der die an ihr Teilnehmenden einander helfen, den Herrn und das Haupt der Kirche authentischer zu bezeugen und gültiger zu repräsentieren. Das 2. Vatikanum hat den Weg dafür bereitet, Kirche selbst in neuer Weise als Communio – und das heißt eben auch als Kommunikationsgemeinschaft – zu verstehen und dann auch jene größere ekklesiale Kommunikationsgemeinschaft theologisch zu würdigen, die die korporativ-sichtbaren, voneinander unterschiedenen Kirchentümer übergreift und zusammenführen will.[81]

3.11 Der andere Christus, die Fülle Christi?

Beim Rückblick auf dieses Kapitel zeichnen sich die ekklesiologische Prägnanz wie die Zwiespältigkeit der Leib-Christi-Metapher deutlich ab. Sie bringt die Sendung der Kirche zum Ausdruck, in der Nachfolge Christi seinen Geist leibhaft zu bezeugen, seiner je gegenwärtigen Wirklichkeit eine geschichtlich greifbare und konkret wahrnehmbare Realität zu geben bzw. der Raum zu sein, worin Gottes und Christi Geist sich im Zeugnis der Kirche und ihrer Glieder bezeugt. Kirche ist Nachfolgegemeinschaft; dazu berufen, Jesu Botschaft von der nahegekommenen und in ihm unter den Menschen angekommenen Gottesherrschaft weiterzusagen und mitzuverantworten; so ist sie als ganze repraesentatio Christi. Die priesterlichen Amtsträger handeln in persona Christi, da sie – in der Rolle Jesu Christi – die Gemeinde je neu zur Feier des in Jesus Christus Gekommenen versammeln und zum Zeugnis für es senden.

Leib Christi ist die Kirche, da sich im leibhaften Zusammenwirken der verschiedenen Glieder, in ihrer wechselseitigen solidarischen Verbundenheit und in ihrer »Schicksalsgemeinschaft« das Mitsein Gottes in Jesus Christus sakramental abbildet und realisiert, wobei auch hier das heilshaft Realisierte – Kirche als Heilsfrucht – im Dienst des Zeugnisses steht. Von dem her, was der Kirche geschenkt ist, soll an der Gemeinde sichtbar und greifbar werden, wie Gottes heilvoller Wille geschieht und geschehen will: in der Zusammenführung, in der geradezu leibhaften Solidarität derer, die sich ihm anvertrauen; in der repraesentatio Christi, der Gestaltwerdung des Geistes, der in ihm wohnte und nun im neuen Tempel aus »lebendigen Steinen« (1 Petr 2, 5) Wohnung nimmt.

---

[80] Vgl. Chr. Duquoc, Jesus Christus, Mittelpunkt des Europa von morgen, in: P. Hünermann (Hg.), Das neue Europa. Herausforderungen für Kirche und Theologie, Freiburg – Basel – Wien 1993, 100–110, hier 105 f.
[81] Von dieser auf allseitige Kirchenreform abzielenden, größeren Kommunikationsgemeinschaft in der Nachfolge Christi spricht eindrucksvoll Unitatis Redintegratio 4.

Prekär wird die Metapher überall da, wo der ekklesiale Leib Christi als fortgesetzte Inkarnation des göttlichen Logos oder als ihre institutionelle Ausweitung betrachtet und damit zur totalen Institution stilisiert wird. Diese würde Christus nicht nur repräsentieren, sondern wäre in ihrer institutionellen Konkretheit mehr oder weniger unmittelbar selbst Christus, »gleichsam die zweite Person Christi«. In diesem Sinne konnte von ihr im Anschluß an Eph 1, 23 gesagt werden, daß sie »zur Fülle und Ergänzung des Erlösers wird, Christus aber in jeder Hinsicht in der Kirche seine Erfüllung findet.«[82]

Dieser ekklesiologische Triumphalismus verdeckt den eschatologischen Vorbehalt, unter dem auch die Kirche in ihrer leibhaften Existenz Christuswirklichkeit ist. Er setzt alle die von vornherein ins Unrecht, die Anlaß für eine Reform der Kirche an Haupt und Gliedern sehen oder sich aus wohlbegründeter Glaubensentscheidung nicht mit dieser Verleiblichung kirchlicher Sendung identifizieren können. Die organische Ordnung und die Abgeschlossenheit dieses Leibes definieren hier Ort und Handlungsmodi der heilshaften Vergegenwärtigung Christi in einer Ausschließlichkeit und mit einem Anspruch, der es dann auch legitim erscheinen läßt, von der Kirche als der »Erfüllung« Christi – und das auch noch »in jeder Hinsicht« – zu sprechen.

Solche ekklesiale Vergegenwärtigungshypertrophie ist mit der Fülle Christi theologisch schon fertig; die Zukunft – die Wiederkunft – Christi und die Zukunft der Gottesherrschaft können angesichts dieser Christusgegenwart in der Kirche nichts Bedeutsames mehr bringen, jedenfalls nichts mehr, was gegenüber der »Fülle und Ergänzung des Erlösers« in der Kirche noch theologisch ins Gewicht fiele. Es liegt auf der Hand, daß eine sich als die Fülle Christi selbst zum eschatologischen Heilsgut stilisierende und gegenüber anderen Kirchentümern sich absolutsetzende Kirche dringend an ihre Relativität erinnert werden mußte, an den Kommunikationszusammenhang, in dem sie als Gemeinschaft von Zeugen und in einer Gemeinschaft von Kirchen die Sendung Christi repräsentieren darf, der Gestalt seiner Sendung möglichst gleichgestaltet: in Vollmacht aber dienend; in der Feier des in Christus Gekommenen und durch seinen Geist Gegenwärtigen, aber doch auch in der sehnsuchtsvollen Bereitschaft für den, der kommen wird, sich alles zu unterwerfen und sich dann selbst dem zu unterwerfen, »der ihm alles unterworfen hat, damit Gott herrscht über alles und in allem« (1 Kor 15, 28).

Die Leib-Christi-Ekklesiologie hat Kirche in der theologischen Überlieferung gegenüber ihrer eschatologischen Hinordnung auf die Vollendung der Gottesherrschaft weitgehend verselbständigt. Sie hat Kirche aber auch aus der Erwählungs-Solidarität zu Israel herausgelöst und gegen die Erfahrungen Israels mit seiner oft so krisenhaften JHWH-Verbundenheit abgeschottet. Was Israel von JHWH her als Gericht und mit ihm – seiner Schechina – im Exil zu erleiden hatte, das erschien der Kirche mit dem Leiden des Messias Jesus abgegolten. Leid- und Verlassenheitserfahrungen schienen nun allein noch der

---

[82] Mystici corporis (DH 3806 und 3813 mit Verweis auf Thomas von Aquin, In Eph, c. 2 lectio 5).

Kreuzesnachfolge der Einzelnen vorbehalten; die Kirche schien, auch wo sie als ecclesia militans mit der Welt kämpfen mußte, realgeschichtlich auf der Siegesstraße – jedenfalls nicht mehr wie Israel vom Scheitern oder vom Gericht bedroht. So steht man heute geradezu fassungslos vor der Erfahrung des gesellschaftlichen Macht- und Prestigeverlustes der kirchlichen Institutionen.

Der ekklesiale Triumphalismus eines kirchlichen Selbstverständnisses, das die hierarchisch geordnete Körperschaft Kirche unmittelbar als die Gegenwart des erhöhten Christus in der Welt identifizierte und sich in seinem Namen zur hoheitlichen Ausübung seiner Königsherrschaft bevollmächtigt wußte, hatte keinen Platz für die Erfahrung der rettenden Gottesnähe im Untergang einer institutionell verbürgten, durch institutionelle Macht vermittelten Gottesnähe: Christus mußte sich ja mit einer Kirche identifizieren, die sein Leib war und in seinem Auftrag Vollmacht ausübte, da er sie rechtswirksam gestiftet hatte. Das Volk Israels und Judas hat schon früh die Erfahrung des Zerbrechens solcher institutionell-religiösen Selbstgewißheit gemacht und in ihr zu der Einsicht gefunden, daß Gott seinem Volk etwa auch im Exil in neuer Weise nahekommt – und daß er mit den ins Exil Verbannten den »Völkern« nahekommt. Wo die selbstgewisse Identifikation des erwählten Volkes mit seinem Wohngenossen JHWH zusammengebrochen ist, da hält JHWH seine Identifikation mit dem Volk seiner Wahl durch; es wird ihm – als der leidende Gottesknecht – in neuer Weise dienstbar, zum Instrument seiner Erwählung und seiner Gerechtigkeit. Auch nach der Zerstörung des zweiten Tempels hat man zu der Glaubensgewißheit gefunden, daß JHWH den Weg ins Exil mitgeht, daß er in seiner *Schechina* die Unerlöstheit der Exilierten miterleidet. Und in der mittelalterlichen jüdischen Mystik – der Kabbala – wird die Synagoge selbst als »Leib der Schechina vorgestellt, in welchem sie weilt und durch welchen sie wirkt und mit Israel leidet – etwa parallel zu der Vorstellung der Christenheit von der Ekklesia als *corpus* Christi«[83]; aber auch in bezeichnendem Kontrast zu dieser Ekklesiologie: Hier ist das Weilen Christi in seinem Leib Quelle und Legitimation vollmächtigen Handelns; für die Juden des Mittelalters ist die Schechina Leidensgenossin.

Es ist durchaus wahrscheinlich, daß den christlichen Kirchen der Zusammenbruch ihrer institutionell-religiösen Selbstgewißheit bevorsteht. Sie werden dann genötigt sein, ihrerseits nach Zeichen der durchgehaltenen Solidarität Gottes und Christi mit ihrer Ekklesia zu suchen. Dabei wird sich zeigen müssen, ob sie sich ernsthaft dem Messias-Gottesknecht verbunden wissen und als Leib des Gekreuzigten verstehen können. Ob sie sich dabei auch in neuer Weise auf Israel und seine Gotteserfahrung bezogen und in ihr mit Israel verbunden erfahren dürfen – nicht mehr nur als Mitschuldige an seinem Exil, sondern selbst in der Diaspora –, das läßt sich noch nicht absehen.

---

[83] Vgl. G. Scholem, Von der mystischen Gestalt der Gottheit. Studien zu Grundbegriffen der Kabbala, Frankfurt a. M. 1973, 142–165, hier 156.

4. Kirche: Communio und Kommunikation

4.1 Gleichheit und Andersheit

Kirche ist konstituiert im *Gegenüber* zu dem, der sich ein Eigentumsvolk erwählt, damit es bezeuge und so mit hervorbringe, was der Schöpfung von ihrem Schöpfer zugedacht ist – damit es das Volk seiner endzeitlichen, die Schöpfung vollendenden Herrschaft sei. Kirche ist konstituiert als die Gemeinschaft der mit Christus in seinem Geist geradezu »organisch« Verbundenen, die ihr Leib-Christi-Sein als Weiterführung und je neu aufgegebene Verleiblichung der Sendung Jesu Christi zu bewähren versuchen. Dieses Konstitutionsschema akzentuiert das Handeln Gottes durch das »Haupt« des Leibes, in dem er die Glieder des Christus-Leibes heiligt und zur neuen Schöpfung macht, so daß sie nicht mehr als sie selbst leben, sondern Christus *in ihnen* lebt (vgl. Gal 2, 20). Das Konstitutionsverhältnis des In-Seins wurde ekklesiologisch prekär, als es kanonistisch-körperschaftlich ausformuliert und auf das Opfer des Gehorsams hin konkretisiert wurde, in dem die vielen Glieder ihre ekklesiale Eigenständigkeit und Eigen-Willigkeit zugunsten ihres Einsseins mit dem sichtbaren Haupt aufzugeben hätten. Das Bezogensein der Kirche auf das göttlich Unbedingte wurde hier in einem – der Tendenz nach – unbedingten Anspruch des Amtes auf Christus-Repräsentation internalisiert; die solidarische Gemeinschaft der vielen Glieder mit ihrem Haupt Jesus Christus nahm unter der Herrschaft des sichtbaren Hauptes Züge einer totalen Institution an. War demgegenüber nicht die urkirchliche Erfahrung von neuem geltend zu machen, nach der das göttliche Unbedingte – der erhöhte Herr – die Kirche so zusammenführt und an sich Anteil gibt, daß er sie als Gemeinschaft der miteinander Teilenden – »Kommunizierenden« – konstituiert? Der ekklesiologisch folgenreiche Einspruch der Reformation war in diesem Sinne Einspruch gegen die Heilskörperschaft Kirche und Option für ein eher kommunitäres Verständnis von Kirche. Sie ist hier gedacht als Versammlung der Gläubigen (congregatio fidelium), die durch authentische Verkündigung des Evangeliums je neu zusammengerufen und durch die christusgemäß vollzogenen Sakramente in ihrem Glauben gestärkt werden. Das leitende Konstitutionsverhältnis ist hier durchaus noch das Gegenüber von kirchengründendem, die Gemeinde versammelndem Wort Gottes und der durch das Wort zusammengerufenen Kirche. Innerhalb der sozialen Wirklichkeit Kirche aber – der Congregatio der vom Wort Zusammengerufenen – ist das lebendige, wechselseitige Miteinander akzentuiert: Das gemeinsame Priestertum aller Gläubigen ist zwar vereinbar mit einer nach Unterordnung verlangenden sichtbar-äußerlichen Ordnung der Kirche; es schließt aber eine um des Heils der Glieder willen notwendige Einordnung in einen vom sichtbaren Haupt bestimmten und in gewisser Hinsicht sogar »belebten« Heilsorganismus aus; Kirche wird nicht durch solche Eingliederung und Unterordnung konstituiert, sondern durch Verkündigung und die Wechselseitigkeit des Zeugnisses, in der sich die das Wort Hörenden und aus ihm Lebenden zur Gemeinde auferbauen.

Die reformatorische Ekklesiologie greift von neuem auf das Pathos der Gott- und Christus-*Unmittelbarkeit* zurück, um nun explizit kirchenkritisch die Würde der im Glauben Christus Verbundenen gegen die vielfach entwürdigenden Vermittlungsansprüche kirchlicher Instanzen durchzusetzen. Damit wird die Reformation zu einer der Wurzeln des neuzeitlichen Gleichheits- bzw. Gleichberechtigungspathos: Wenn im Gottesverhältnis und in den Verhältnissen der von Christus zur Gottesgemeinschaft Berufenen zueinander keine Standesunterschiede mehr gelten, um wieviel weniger dürfen sie dann in den gesellschaftlich-staatlichen Sozialverhältnissen gelten, in denen sich die von Gott mit gleicher Würde Ausgestatteten zur Sicherung ihrer weltlichen Existenz zusammenfinden! Diese Folgerung wird zwar nicht schon von Luther selbst[1], wohl aber von der »reformatorischen Linken« gezogen; und in diesem Traditionsstrom wurde sie schließlich mitbestimmend für die Formulierung der allgemeinen Menschenrechte in den modernen Verfassungen vor allem Nordamerikas. *John Milton* hatte bereits das in der Exodusgeschichte (Num 11, 29) verankerte prophetische Motiv (vgl. Jer 31, 33 f.; Joel 3, 1 f.) des Volkes, dem Gott *in all seinen Gliedern* den Geist mitteilt bzw. mitteilen möge, als Vorentwurf einer parlamentarisch-demokratischen Staats- und Kirchenauffassung in Anspruch genommen. Mit dem Sieg des englischen Parlaments gegen das Königtum sei – so Milton – nun endlich »die Zeit gekommen, da Moses, der große Prophet, im Himmel sitzend sich freut, daß sein denkwürdiger und glorreicher Wunsch in Erfüllung geht, indem nicht nur unsere siebzig Ältesten, sondern das ganze Volk zu Propheten wird«.[2] Wo man die mystische Gottunmittelbarkeit und geistliche Gottinnigkeit – wie seit der Reformation mit zunehmender Nachdrücklichkeit – prophetisch-politisch in Anspruch nimmt, da wird sie zur Legitimationsinstanz für den politischen Kampf gegen die nur scheinbar gottgewollten kirchlichen und staatlichen Vermittlungsinstanzen. Wenn »jeder einzelne unmittelbar zu Gott ist, wie es die Propheten waren durch die Gegenwart des Geistes Gottes in ihnen«, so darf sich auch jeder zur gleichberechtigten Mitwirkung an politischen und kirchlichen Meinungsbildungs- und Entscheidungsprozessen berufen fühlen.[3]

---

[1] Das dokumentieren etwa Luthers Stellungnahmen in den Bauernkriegen; vgl. Ermahnung zum Frieden auf die zwölf Artikel der Bauernschaft in Schwaben bzw. Wider die räuberischen und mörderischen Rotten der Bauern, Bonner Ausgabe, Bd. 3, 47–74.

[2] John Milton, Selected Prose, ed. C. A. Patrides, Penguin Books, 1974, 238; zitiert nach: W. Pannenberg, Die Bestimmung des Menschen, Göttingen 1978, 80.

[3] Vgl. W. Pannenberg, ebd., 80 f.

Puritaner und andere religiöse Dissenters haben diese Überzeugung nach Nordamerika mitgenommen und als »Gründungsmythos« in die Verfassungsgeschichte der Vereinigten Staaten eingebracht. So kann *Alexis de Tocqueville* im Blick auf die Vereinigten Staaten seiner Zeit das Verhältnis von Protestantismus und Demokratie so bestimmen: »Der Protestantismus ist eine demokratische Lehre; er geht der Errichtung der gesellschaftlichen und politischen Gleichheit vorher und erleichtert sie. Die Menschen haben gewissermaßen die Demokratie durch den Himmel geführt, bevor sie sie auf Erden einrichteten.«[4]

Theologischer Kern dieser Demokratisierung der gesellschaftlichen und kirchlichen Lebensverhältnisse aus dem Geist biblischer Prophetie war der *Bundesgedanke*, nun allerdings verstanden im Sinne eines freien Zusammenschlusses zum neuen Exodusvolk, das mit der Inbesitznahme des neuen verheißenen Landes in einer wirklich freiheitlichen Gesinnung seine Auserwählung zum endzeitlichen Volk Gottes darzustellen hatte. Die Ständeordnung einer heiligen Körperschaft mit der hierarchisch-organischen Zentrierung auf ein Haupt und dessen Stellvertreter hin wird abgelöst durch den *Gesellschaftsvertrag*, der die zum neuen Exodus Entschlossenen untereinander vor Gott und mit ihm verbindet.

Dieser Übergang »von Standesbeziehungen zu Vertragsverhältnissen«[5] bestimmt dann auch das Verständnis kirchlicher Gemeinschaft im Sinne einer kongregationalistischen Konzeption: als freier Zusammenschluß derer, die durch ein unmittelbares Gottesverhältnis und ein selbstverantwortetes Schriftverständnis zunächst einmal individuell als religiöse Subjekte konstituiert waren. Die demokratische Assoziation – der Zusammenschluß freier glaubender Individuen – begründet jenes geistliche Gemeinwesen, in dem die Mitglieder dann in einen für alle förderlichen religiösen Austausch treten.[6] Der Philosoph *John Dewey* formuliert als Prinzip dieses kongregationalistischen nordamerikanischen Protestantismus,

> »daß das Verhältnis des Menschen zu Gott in erster Linie eine individuelle Angelegenheit darstellt, also eine Sache der persönlichen Entscheidung und Verantwortung ... Was dadurch für die Religion gewonnen wurde, ist, daß sie auf ihre einzig wirkliche und solide Grundlage gestellt worden ist: die direkte Beziehung von Bewußtsein und Willen zu Gott.«[7]

---

[4] A. de Tocqueville, De la Démocratie en Amérique, historisch-kritische Ausgabe, hg. von E. Nolla, Paris 1990, Bd. 2, 169 Fn.c.

[5] Vgl. O. Kallscheuer, Gottes Wort und Volkes Stimme, Frankfurt a.M. 1994, 120f.

[6] Gegen verwandte – »Amerikanismus« genannte – Tendenzen im katholischen Bereich nimmt Papst Leo XIII. 1899 Stellung. Gegenstand der Abgrenzung sind u.a. die folgenden Auffassungen: »Jedes äußere Lehramt wird von denen, die sich darum bemühen wollen, die christliche Vollkommenheit zu erlangen, als überflüssig, ja sogar wenig nützlich verworfen: der Heilige Geist, sagen sie, läßt heute größere und reichere Gnadengaben in die Herzen der Gläubigen strömen als in vergangenen Zeiten, und er lehrt und führt sie ohne die Vermittlung irgend jemandes mit einem geheimnisvollen Antrieb« (DH 3342).

[7] J. Dewey, A Common Faith, New Haven, Connecticut 1934, 67f.; zitiert nach: O. Kallscheuer, op.cit., 124.

Religion ist hier eine Sache der »soul competency«, eine »persönliche Angelegenheit (personal matter) zwischen der Seele und Gott«[8]; sie ist ihrem Wesen nach *individuell*, da sie in einer »außersoziale(n) Gotteserfahrung« gründet.[9] Das recht verstandene Christentum erschien also gerade nach den Erfahrungen im »Mutterland« der Demokratie und der Modernität keineswegs als im Gegensatz zu den zentralen Intuitionen fortschrittlicher Gesellschaften stehend, sondern gerade als deren Wegbereiter. Das gilt auch für die Dynamik der *Individualisierung*, die christlich durch die Ausbildung einer individuellen Gewissens-Verantwortlichkeit mitermöglicht scheint. Dabei ist natürlich nicht zu übersehen, daß es entscheidend die Lebens-, Kommunikations- und Produktionsbedingungen der Neuzeit selbst waren, die sie begünstigten, ja geradezu erzwangen. Dieser Zwang zur Individualität ging zunächst von einer enormen Steigerung realisierbarer Lebensoptionen aus, die sich nach Auflösung der Ständegesellschaften aus einem immer rascheren technologischen Wandel und dem immer weiteren Bevölkerungsgruppen offenstehenden Zugang zu höheren Bildungssystemen ergab. Wer von diesem Wandel ergriffen wurde, der sah keine in einem Milieu voraussehbar vorgezeichnete Normal-Biographie mehr vor sich; er stand vielmehr vor der Notwendigkeit, sich aus den ihm realisierbar scheinenden Optionen, aus Zugehörigkeiten zu frei gewählten, um der eigenen Lebensplanung willen erstrebenswerten oder den eigenen Neigungen förderlichen Bezugsgruppen, aus sozialen Lebensformen und Lebensverlaufsmustern, aus entsprechenden normativen Vorgaben und Sinnangeboten eine je eigene Biographie »zusammenzuwählen« oder salopper gesagt: an der durch Unverwechselbarkeit ausgezeichneten, individuellen Ich-Identität zu basteln.[10] Wenn sich auch gegenwärtig eher wieder die Erfahrungen des Options- und Perspektivenmangels in den Wahrnehmungsvordergrund drängen: das Wählenkönnen ist – vielleicht gerade als idealisiertes Gegenbild dazu – höchste gesellschaftliche Priorität geworden.

So entscheidet nun auch über die Modernitätsverträglichkeit des Christlichen, inwieweit sich seine Institutionalisierungen dem Anspruch zugänglich zeigen, »sein Leben individuell zu gestalten, in seinem Selbstwert anerkannt zu sein und als autonomes Handlungszentrum Entfaltung zu finden«:

> »Unter den Bedingungen entfalteter Modernität wird – im Generationenwechsel sich verschärfend – die christliche Tradition mit dem Anspruch konfrontiert, Raum zu geben für eine prinzipielle Entscheidungsoffenheit und für vom Individuum selbst zu leistenden Verarbeitungsformen der christlichen Tradition. Wo die kirchlich institutionalisierte, christliche Religion als im Widerspruch zu diesem Normenkomplex religiöser Autonomie stehend wahrgenommen wird, fällt die Distanznahme am deutlichsten und entschiedensten aus.«[11]

---

[8] E. Young Mullins, The Axioms of Religion, 1908; zitiert nach: O. Kallscheuer, op.cit., 126.

[9] Vgl. O. Kallscheuer, op.cit., 125.

[10] Vgl. U. Beck, Die Risikogesellschaft. Auf dem Weg in eine andere Moderne, Frankfurt a. M. 1986; P. Gross, Die Multioptionsgesellschaft, Frankfurt a. M. 1994.

[11] K. Gabriel, Christentum zwischen Tradition und Postmoderne, Freiburg i. Br. 1992, 144 f.; zum

Auswahlreligiosität[12] wird weithin nicht mehr als defizitäre Form religiöser Überzeugung, sondern als kennzeichnendes Merkmal einer selbstbestimmten Partizipation an religiösem Orientierungswissen verstanden und gelebt. Die religiösen Traditionen werden als Ressourcen einer lebenskrisen- oder erlebnisorientierten Spiritualität in Anspruch genommen; kirchlich-theologische Auslegungsmonopole und die Unterstellung, nur im kirchlichen Kontext könne man von diesen Traditionsbeständen in der rechten Weise Gebrauch machen, werden als Immunisierungsstrategien beargwöhnt.

Ist diese Individualisierung des Religiösen, wie sie im kongregationalistischen Verständnis von Kirche vorgezeichnet scheint, nicht die Auflösung des Christlichen? Geschieht hier – nun unter dem Vorzeichen Individualisierung – nicht genau das, was Kierkegaard der Verkirchlichung des Christentums zum Vorwurf gemacht hatte: der Einbau des Christlichen in die Bedürfnisprioritäten einer bürgerlichen Gesellschaft? Die Religion nach Wahl hat Krisenbewältigungs-, Sinnstiftungs- und Lebenssteigerungsfunktionen zu erfüllen; sie dient dem besseren, erfüllten Leben in *dieser* Welt, und sie wird nach diesen Kriterien zusammengestellt. Die Kirchen erscheinen als Institutionen, die sich der Nachfrage nach diesem religiösen »Service« immer noch nicht hinreichend geöffnet haben und im weltanschaulichen Markt deshalb an den Rand gedrängt werden. Aber dürfen sie zulassen, daß ihre Traditionsbestände in diesem Sinne als mehr oder weniger beliebig ausbeutbare Ressourcen nach individuellen Bedürfnisprioritäten angeeignet werden? Dürfen sie zulassen oder begünstigen, daß sich religiös interessierte Kundensubjekte ihrer nach freier Wahl bedienen? Dürfen sie sich in die Rolle eines Anbieters auf dem weltanschaulichen Markt der Möglichkeiten mit einem besonders reichhaltigen und exotischen Sortiment zurückziehen? Oder müssen sie den Anspruch erheben, eine Botschaft auszurichten, zu der man sich letztlich nicht wählend oder auswählend verhalten kann, von der man sich vielmehr treffen, mehr noch in Anspruch nehmen lassen muß und dies einfach deshalb, weil darin *Gottes* Wahrheit über den Menschen und seine Welt nach Gehör verlangt?

An diesem kirchlichen Dilemma wird unübersehbar deutlich, wie sich Neuzeit und Moderne mit ihrem zunehmend artikulierten und dann auch gesellschaftlich wie kirchlich geltend gemachten individualisierten Freiheitsbewußt-

---

Hintergrund dieser Analyse vgl. F.-X. Kaufmann, Religion und Modernität. Sozialwissenschaftliche Perspektiven, Tübingen 1989.

[12] P. M. Zulehner hat die Bezeichnung »Auswahlchristen« in die theologische Diskussion eingeführt (vgl. sein Buch: Religion nach Wahl. Grundlegung einer Auswahlchristenpastoral, Wien 1974). In jüngsten Veröffentlichungen hat man immer wieder empirische Einwände gegen die Triftigkeit eines »spekulativen Individualisierungsverständnisses« gerade für den Sektor der religiösen Bindung vorgebracht. Die Aussage »Jede Religion hat Stärken und Schwächen, man sollte sich das Beste daraus holen« sei jedenfalls – so Chr. Geyer im Resümee einer Untersuchung von D. Pollack – bei der Mehrzahl der befragten Fälle »gerade kein Indiz für einen spirituellen Individualisierungsschub, sondern für religiöse Indifferenz«; sie stehe hier nicht für eine bewußt vollzogene *Wahl*, sondern für den Verzicht auf eine solche«; Chr. Geyer, Soziologische Manifeste oder wie die Soziologie sich zur Orientierungswissenschaft wandeln will, in: Neue Rundschau 109 (1998), Heft 3, 44–51, hier 47.

sein zumindest *auch* als – durchaus zwiespältige – Fortsetzung und radikale In-Anspruchnahme eines religiös vermittelten Selbstbewußtseins in der geist-gewirkten Unmittelbarkeit zur Wahrheit herausbildeten. Mit der Reformation war – so *Hegel* – »das letzte Panier aufgetan, um welches die Völker sich sammeln, die Fahne des *freien Geistes*, der bei sich selbst, und zwar in der Wahrheit ist und nur in ihr bei sich selbst ... Die Zeit von da bis zu uns hat kein anderes Werk zu tun gehabt und zu tun, als dieses Prinzip in die Welt hineinzubilden ...«.[13]

Daß der freie Geist als freier »bei sich selbst und zwar in der Wahrheit ist«, läßt ihn als *wahrheitskompetent* erscheinen. Es ist seine Sache, wahr und falsch – eben auch in religiosis – zu beurteilen und sich zu den erhobenen Geltungs-ansprüchen entsprechend in Beziehung zu setzen. Hegel kennt freilich nicht jene Unmittelbarkeit zur Wahrheit, die nach Dewey das religiös-erfahrene In-dividuum zum Subjekt seiner Religion macht und erst nachträglich zu anderen in Beziehung setzt. Für Hegel gilt eben nicht, daß das Individuum unmittelbar in der Wahrheit ist, sondern daß der freie Geist – das Subjekt – als wahrhaft freier bei sich und in der Wahrheit ist, und das heißt entscheidend auch, daß er nur wirklich unentfremdet bei sich ist, wenn er in der Wahrheit ist. »Bei-sich-Sein« und »In-der-Wahrheit-Sein« fallen nicht selbstverständlich zusammen; erst recht nicht darf unterstellt werden, daß das Selbstbewußtsein, ein Individu-um – und zwar dieses besondere, »erwählte« – zu sein, das In-der-Wahrheit-Sein des Individuums schon verifiziert. Hegels Formulierung trifft genau die Spannung zwischen dem unmittelbaren Sich-Vorfinden als Individuum und dem Sich-Einfinden in der Wahrheit, deren Auflösung oder Verdrängung den Prozeß der Moderne durch und durch aporetisch macht. Die Auflösung zugun-sten der Individualität unterstellt den Wahrheitsbezug der souveränen Selbst-bestimmung eines »Subjekts«, das sich frei auswählt, was zu ihm paßt und des-halb für es gelten soll. Die Auflösung zugunsten einer absolut gesetzten Wahrheit verdrängt den elementaren Zusammenhang von Wahrheit und Frei-heit, der – nach Hegel, der hier nur das Erbe der Reformation auf den Begriff bringen will – das Subjekt *in der Wahrheit* bei sich selbst sein läßt.

Ekklesiologisch stellt sich diese Spannung bzw. deren Verdrängung dar in der wechselseitigen Ausschließung hierarchisch-körperschaftlicher und kongre-gationalistischer Konstitutionselemente von Kirche: Die römisch-katholische Tradition verdrängte die Glaubens-Subjektivität der Glieder am Leib Christi, da sie die verpflichtende Geltung der Glaubenswahrheit mit der Einfügung der glaubenden Individuen in die ständisch-hierarchische Heils-Ordnung der Kir-che konkret werden sah. Die kongregationalistische Tradition verdrängte die geschichtlich-konkrete Vorgegebenheit der Wahrheit, die hier und jetzt eben

[13] G. W. F. Hegel, Vorlesungen über die Philosophie der Geschichte, Werke in zwanzig Bänden, Bd. 12, 496. Im Blick auf diese Zusammenhänge ist H. Blumenbergs These, wonach die Neuzeit sich im Widerspruch zu christlich-nominalistischen Traditionen ihres Freiheitsbewußtseins vergewissern mußte, entschieden zu relativieren; vgl. hierzu H. Blumenberg, Die Legitimität der Neuzeit, Frank-furt a. M. 1966.

nur institutionell vermittelt *gegeben* ist und deshalb nicht ohne weiteres der freien Selbstbestimmung des religiösen Individuums unterworfen sein kann. Wo die auch ekklesiologisch grundlegende Spannung zwischen freier Selbstbestimmung und Selbstbindung an die durch religiöse Selbstbestimmung nicht zu konstituierende, das Subjekt vielmehr verpflichtend in Anspruch nehmende Wahrheit zerbrochen ist, da wird sich religiöse Selbstbestimmung schließlich zur Wahlfreiheit der Kunden auf einem religiösen Markt mit sehr unterschiedlichen »Sinn-Angeboten« verabsolutieren. Am anderen Pol der zerbrochenen Spannung wird sich die kirchliche Institution in einem fundamentalistischen Selbstmißverständnis als Besitzerin eines *depositum fidei* ausgeben, an dem nur heilswirksam Anteil gewinnen kann, wer sich den festgelegten kirchlichen Vermittlungsprozeduren vorbehaltlos eingliedert.

Läßt sich ekklesial bzw. ekklesiologisch von den Versuchen lernen, die Spannung zwischen Subjektivität und verbindlicher Wahrheit philosophisch und gesellschaftstheoretisch auszubalancieren bzw. genauer: als ausbalancierbar zu denken? Fast alle diese Versuche stehen – und auch das ist bei Hegel vorgezeichnet – unter der Prämisse des *kommunikativen Wahrheitszugangs*. Wahrheit ist nicht in dem Sinne vor-gegeben, daß sie von einer wahrheitsprivilegierten Instanz in Alleinregie ausformuliert und geltend gemacht werden könnte. Sie ist vielmehr nur in kommunikativen Prozessen ermittelbar, die dem normativen Anspruch der Gleichberechtigung aller kompetent Teilnehmenden, also der Repressionsfreiheit, genügen müssen. Die kommunikationstheoretisch fundierten Konzepte gehen davon aus, daß kompetente Diskursteilnehmer im Prozeß der wechselseitigen Anerkennung des mit guten Argumenten Vorgebrachten einander die Wahrheitsteilhabe bzw. zumindest die Möglichkeit kompetenter Beurteilung des jeweils Geltensollenden vermitteln, wobei so gut wie möglich zu gewährleisten sei, daß der Prozeß der Wahrheitsermittlung nicht von machtförmigen Einflußnahmen verzerrt und damit von seiner Ausrichtung auf die im repressionsfreien Diskurs zugängliche Wahrheit abgebracht wird.[14] Die regulative Idee der repressionsfreien Kommunikation wird hier zur unerläßlich-notwendigen Bedingung für die Zugänglichkeit von Wahrheit. Aber ist sie auch schon deren hinreichende Bedingung?

Diese Frage stellt sich gerade, wenn man Kirche als von Gottes Wahrheit in Anspruch genommene und ihr kommunikativ Geltung einräumende Gemeinschaft der Glaubenden kommunikationstheoretisch darzustellen versucht. Die Zugänglichkeit der Gotteswahrheit ist für sie in der Offenbarung begründet. Kann man ekklesiologisch davon ausgehen, daß die Teilhabe an dieser *gegebenen* Wahrheit jedem Mitglied der Kirche – etwa aufgrund seiner endzeitlichen

---

[14] Diese Andeutungen wären auszuarbeiten vor allem in Orientierung an der etwa von Jürgen Habermas ausgearbeiteten Theorie des kommunikativen Handelns; vgl. von ihm Theorie des kommunikativen Handelns, 2 Bde., Frankfurt a. M. 1981. Ekklesiologische Konsequenzen formulieren H. Zirker in seinem Beitrag: Die Kirche als Kommunikationsgemeinschaft, in: E. Arens (Hg.), Gottesrede – Glaubenspraxis, Darmstadt 1994, 69–88; E. Arens, Christopraxis. Grundzüge theologischer Handlungstheorie, Freiburg – Basel – Wien 1992, 131–174.

prophetischen Geistbegabung und der ihm dadurch vermittelten »soul competency« *(E. Young Mullins)* – in gleicher Weise zugänglich ist, so daß daraus
abgeleitete religiöse Geltungsansprüche im demokratisch herbeigeführten Konsens der Kommunikationsgemeinschaft Kirche ihre Legitimation finden
müßten? Wenn man dies bejaht, wie will man dann der Gefahr wehren, daß in
einer Gemeinschaft der gleichberechtigt Mitkommunizierenden auch in Glau-
bensdingen nur das angenommen wird, was den meisten »angenehm« und deshalb annehmbar ist? Bringt die ekklesiologische Bindung der Wahrheitsgeltung
an Konsensbildungsprozesse die Glaubensüberlieferung nicht auf die schiefe
Bahn des Kompromisses auf der Basis des kleinsten, von allen akzeptierbaren,
gemeinsamen Nenners?

Man hätte sich ekklesiologisch zumindest mit der Frage auseinanderzusetzen, ob demokratisch strukturierte, gesellschaftliche Konsensbildungsprozesse
nicht doch auf die Ermittlung des für alle Beteiligten einigermaßen oder gerade
noch Akzeptablen beschränkt sind. Reicht die »naturgegebene« und deshalb allen gleichermaßen zuzugestehende Kompetenz über die Beurteilung des für
mich rebus sic stantibus Akzeptablen, des mir Entsprechenden oder nicht Entsprechenden, tatsächlich hinaus bis zu einer Wahrheitskompetenz, die mich
auch die mir widersprechende, unbequeme, mich »richtende« Wahrheit ohne
weiteres – weil mit guten Gründen geltend gemacht – akzeptieren ließe?
Braucht es nicht Instanzen, die der Reduktion des Wahren auf das ohne weiteres
Annehmbare Widerstand leisten, die die Be-*Fremd*-lichkeit der Wahrheit gegenüber einer individuellen Urteilskompetenz zur Geltung bringen, mit der
vom Eigenen her über das zu mir Passende entschieden wird? Wenn die Kirche
einer Botschaft verpflichtet ist, die sie sich selbst nicht sagen kann, aber je neu
zeitgerecht auslegen muß, damit sich die Zeitgenossen von ihr angesprochen
und getroffen wissen können, so ist sie gewiß in sich selbst eine kommunikative
Wirklichkeit, in der alle Mitglieder aufgrund ihrer kommunikativen Kompetenz
als Glaubende Mitverantwortung dafür tragen, daß die ihr übergebene Botschaft von den Menschen als Gottes heilvolles Versprechen gehört werden kann.
Diese Mitverantwortung ist allerdings nicht gleichbedeutend mit dem Recht des
Bürgers in einem demokratischen Staatswesen, seinen Interessen im Rahmen
der Gesetze und ohne Schädigung des bonum commune möglichst effektiv Geltung zu verschaffen. Bei der Kirche geht es vielmehr um das In-Anspruch-Genommensein von der gemeinsamen Aufgabe, die in ihr überlieferte Botschaft
kommunikabel zu erhalten. Diese Aufgabe gründet in einer Gabe, einer Mitteilung, die den, dem sie gilt, beschenkt und verpflichtet – dazu verpflichtet, das
ihm Mitgeteilte zu teilen, damit es möglichst vielen zuteil werde. Kirchliche
Kommunikation ist also der geradezu selbstverständliche und dennoch ständig
vom Scheitern bedrohte gemeinschaftliche Versuch, auf das Wort zu antworten,
in dem Gott selbst sich den Menschen mitteilt. Und dieser Versuch zu antworten, wäre bei der herausfordernden Befremdlichkeit des den Menschen zugemuteten Gotteswortes vor dem Scheitern nicht zu retten, würde Gott ihm – in
seinem Heiligen Geist – nicht selbst zu Hilfe kommen, damit der gemeinschaft-

lichen Antwort die Rückbindung an das Wort, auf das es Antwort sein will, nicht gänzlich verlorengehe.

Dieser kommunikative Rahmen ist mitzubedenken, wenn nun von der Kirche als Communio die Rede sein soll. Das heißt gerade nicht, daß die Ekklesiologie sich von den zeitgenössischen philosophischen und sozialwissenschaftlichen Kommunikationstheorien verabschieden müßte und ihre Implikationen mißachten dürfte. Es heißt vielmehr, daß sie menschliche Kommunikation als zur Antwort herausgeforderte und das heißt von dem Versprechen her verstehen muß, das in menschlicher Kommunikation bezeugt, aber von ihr nicht selbst hervorgebracht oder eingelöst werden kann.

4.2 Koinonia: Gemeinschaft durch Teilhabe

Die neutestamentlichen Wurzeln der Communio-Ekklesiologie sind im Wortfeld κοινωνία/κοινωνέω aufzusuchen. Das Verb meint in seiner profan-griechischen Grundbedeutung: teilen, teilnehmen, Anteil haben, mit jemand etwas gemeinsam haben oder zusammen handeln. Die Vielschichtigkeit dieser semantischen Bezüge bestimmt und ermöglicht dann auch die differenzierte Darstellung soteriologisch-ekklesiologischer Zusammenhänge in den Schriften des Neuen Testaments. Wenn etwa die Apostelgeschichte davon spricht, daß die Gläubigen der Jerusalemer Urgemeinde »in der Lehre der Apostel und der Koinonia, dem Brechen des Brotes und den Gebeten« verharrten (2, 42), so ist damit ein mehrdimensionales Gemeinsamhaben (κοινωνεῖν) angesprochen: Sie hatten – so die ideale Zeichnung der Apg – ihr Hab und Gut gemeinsam und teilten es mit den Armen (vgl. 4, 34 f.). Aber diese Gütergemeinschaft gründet in jener Gemeinsamkeit, die den Gemeindemitgliedern *geschenkt* ist und sie zur Koinonia macht: in der Gemeinschaft der Lehre, des Brotbrechens und des Gebets.

Bei Paulus hat Koinonia ein ausgeprägt christologisch-soteriologisches Profil. Die Glaubenden sind »zur Koinonia des Sohnes Jesus Christus« berufen (1 Kor 1, 9), und das heißt konkret: zur gemeinsamen Teilhabe an Christus, an der »Gnade Gottes, die euch in Christus Jesus geschenkt wurde«, so daß »ihr in allem reich geworden seid in ihm« (1 Kor 1, 4.5a). Diese heilsvermittelnde Koinonia des Sohnes darf nicht »zerteilt« werden (vgl. V. 13). Die in ihr schon gnadenhaft realisierte Gemeinsamkeit wechselseitiger Auferbauung ist ja selbst schon – erfahrbar in den Charismen – Frucht des im Heiligen Geist zugeeigneten Heils.

Wirksames Zeichen der Berufung zur Koinonia Jesu Christi und der verwandelnden Kraft dieser Koinonia ist die Feier der Eucharistie. Die Koinonia der Gemeinde gründet in der Koinonia des Bundesblutes und des Leibes Christi (vgl. 1 Kor 10, 16–21); in der gemeinsamen, eucharistisch vermittelten Teilhabe an Jesus Christus, seinem Heilswerk und seiner Heilssendung, ist die kirchliche Koinonia der durch Christus Versöhnten konstituiert. Sie muß sich deshalb in der gemeinschaftstiftenden Teilhabe am Geist Jesu Christi bewähren. Die Koinonia des Gottesgeistes (vgl. Phil 2,1; vgl. 2 Kor 13,13) läßt die Gemeindemitglieder gesinnt sein, »wie es dem Leben in Christus Jesus entspricht« (Phil 2,5), und läßt sie damit zugleich »eines Sinnes« sein, »einander in Liebe verbunden, einmütig und einträchtig, daß ihr nichts aus Ehrgeiz und nichts aus Prahlerei tut« (V. 2.3a). Der Gottesgeist vergegenwärtigt das Gesinntsein wie Jesus Christus in den Gemeinden; er inspiriert sie zur Demut seines Dienstes, zur Übernahme seines Gehorsams bis in den Tod am Kreuz (vgl. V. 7f.). So nimmt er sie hinein in die »Koinonia seiner Leiden«, damit sie – seinem Tod gleichförmig geworden – Anteil gewinnen an seiner Auferstehung (Phil 3,10f.; vgl. Röm 6,5–8).

Koinonia realisiert sich in der Gemeinde durch ein φρονεῖν, das der Heilssendung Jesu Christi entspricht und die Mitglieder der Gemeinde füreinander eintreten läßt. Aber sie soll nicht nur die Binnenatmosphäre der einzelnen Gemeinden, sondern auch das Verhältnis der Gemeinden zueinander bestimmen. Hier geht es für Paulus vor allem um eine Kirchengemeinschaft, in der die unterschiedlichen Wege zum Christusglauben bei Judenchristen und Heidenchristen zueinanderfinden. Der Galaterbrief nennt die Übereinkunft auf dem »Apostelkonzil« »Handschlag der Koinonia« (2,9). Und diese Koinonia des gemeinsamen Glaubens an die geschenkte Rechtfertigung realisiert sich konkret in der Kollekte für die notleidende Jerusalemer Gemeinde, zu der Paulus seine Gemeinden aufruft (vgl. Gal 2,10; 2 Kor 8–9). Indem die heidenchristlichen Gemeinden das ihnen Geschenkte mit der Urgemeinde in Jerusalem teilen und so dem Geist des Gesinntseins wie Jesus Christus authentisch Ausdruck verleihen, werden sie die Judenchristen zur Erkenntnis des auch den Heidenchristen Geschenkten führen, so daß sie – »vom Zeugnis eines solchen Dienstes bewegt« – »Gott preisen (werden), wegen eures gehorsamen Bekenntnisses zum Evangelium Christi und der gutherzigen Koinonia ihnen und allen gegenüber. In ihrem Gebet für euch werden sie sich« – so Paulus weiter – »angesichts der Überschwenglichkeit der an euch gewirkten Gnade Gottes, eng mit euch verbunden wissen« (2 Kor 9,13f.). So ist diese Koinonia bei den Heidenchristen Ausdruck der Bereitschaft, sich als συνκοινωνός (Teilhaber) an der Erwählung Israels zu verstehen, in die die Heiden als wilder Zweig aufgepropft wurden (vgl. Röm 11,17f.), Ausdruck auch der Bereitschaft, den Judenchristen Anteil zu geben an dem, was die Heidenchristen ihnen schenken können. Für die Judenchristen ist sie Ausdruck der Bereitschaft, das an den Heidenchristen durch die Gnade Gottes Geschehene anzuerkennen.

Nach dem Ersten Johannesbrief hat die kirchliche Koinonia in der gehorsamen Annahme des Zeugnisses derer ihren Grund, die »gesehen und gehört haben« und deshalb zuverlässig Zeugnis geben »vom unendlichen Leben, das beim Vater war und uns erschienen ist«. So ist die Koinonia derer, die hier Zeugnis geben, und die auch die Briefadressaten einschließen soll, zuerst die Koinonia »mit dem Vater und mit seinem Sohn Jesus, dem Christus« (1,3). Koinonia mit Gott haben aber die nicht, die sie zwar für sich behaupten, »aber in der Finsternis leben«. Wenn die zur Gemeinde sich Zählenden jedoch in dem Licht des göttlichen Vaters leben, das Jesus Christus in die Welt gebracht hat, »haben wir Koinonia miteinander, und das Blut seines Sohnes Jesus reinigt uns von allen Sünden« (1, 6 f.). Die rettende Koinonia setzt das im Ersten Johannesbrief und im Johannesvangelium vielfach angesprochene »Bleiben« oder Sein in Gott bzw. in der Liebe (1 Joh 3, 24; 4, 15 f.; vgl. Joh 15, 4; 17, 21) voraus. Dieses Bleiben setzt aber noch einmal voraus, daß die göttliche Liebe, in der zu bleiben Glauben und Rettung bedeutet, zuvor zu den Menschen gekommen ist, so daß diese sich ihr öffnen, in ihr bleiben und zur Wohnstatt des göttlichen Vaters und seines Sohnes werden können (vgl. Joh 14, 23). Das wechselseitige Ineinandersein von Vater, Sohn und glaubender Jüngergemeinde begründet jene Einheit und Einmütigkeit der Jünger untereinander, an der »die Welt« erkennen soll, daß die Jünger zu Jesus Christus gehören, Jesus Christus aber als der Sohn zum Vater gehört, der ihn gesandt hat (vgl. Joh 17, 18).[15]

4.3 Communio Sanctorum

Die neutestamentlichen Belege machen hinreichend deutlich, daß die Gemeinsamkeit, die die Koinonia der Glaubenden ausmacht, nicht aus einem freien Zusammenschluß im Sinne des neuzeitlichen Modells eines »contract social« resultiert. Die ekklesiale Koinonia – lateinisch: Communio – verdankt sich nicht dem Sich-Zusammenfinden zuvor Selbständiger und ihrer Initiative, das Gemeinsame zu suchen. Die zur Communio Gehörenden finden sich vielmehr »je schon darin vor, sind immer bereits, vorweg, vorgegebenermaßen, a priori aufeinander verwiesen«[16] und darauf angewiesen, miteinander zu teilen, was sie als Grund ihrer Gemeinsamkeit empfangen haben. So wird die Bekenntnisformel χοινωνία τῶν ἁγιῶν/communio sanctorum bis ins Mittelalter hinein als *Gemeinschaft am Heiligen* verstanden – als gemeinsame Teilhabe an den sakramentalen Gaben, die die Mitglieder der Gemeinden heiligt und zum Leib Christi zusammenfügt.[17] Gerade in Zeiten kirchlicher Auseinandersetzungen kam es ja darauf an, von der eucharistischen Communio her die Einheit der Gemeinde und der ganzen Kirche zu wahren und zu stärken. So schreibt *Cyrill von Alexandrien* in seinem Johanneskommentar:

---

[15] Zur neutestamentlichen Sicht der koinonia der Glaubenden vgl. detaillierter: K. Kertelge, Koinonia und Einheit der Kirche nach dem Neuen Testament in: J. Schreiner – K. Wittstadt (Hg.), Communio Sanctorum. Einheit der Christen – Einheit der Kirche (Festschrift für Bischof Paul-Werner Scheele), Würzburg 1988, 53–67; U. Kuhnke, Koinonia. Zur theologischen Rekonstruktion der Identität christlicher Gemeinde, Düsseldorf 1990, 111–193.

[16] Vgl. H. U. von Balthasar, Communio – ein Programm, in: Internationale katholische Zeitschrift Communio 1 (1972), 4–12.

[17] Vgl. J. N. D. Kelly, Altchristliche Glaubensbekenntnisse, Geschichte und Theologie, Göttingen 1972, 383.

»Ein wunderbares Mittel hat der eingeborene Sohn erfunden, um uns zur Einheit mit Gott und untereinander zu verschmelzen, obgleich die Person eines jeden sich von der anderen unterscheidet: Durch einen einzigen Leib, seinen eigenen, heiligt er seine Gläubigen in mystischer Kommunion und bewirkt, daß sie mit ihm und untereinander einen einzigen Leib bilden ... Wir alle, geeint dem einen Christus durch seinen eigenen Leib, dem einen und unteilbaren, den wir in unserem Leib empfangen, sind die Glieder des eines Leibes, und so ist er für uns das Band der Einheit.«[18]

Dieser Sinnzusammenhang konnte schon früh dazu führen, den Empfang der Eucharistie als κοινωνεῖν bzw. als die »Koinonia Nehmen« zu bezeichnen[19], ein Sprachgebrauch, der dann auch im Lateinischen – etwa bei Augustinus[20] – begegnet und schließlich unter dem Einfluß der Benediktusregel im Abendland das Sprechen von »Kommunion« und »Kommunizieren« bis in die Gegenwart hinein bestimmen sollte.

Im Westen wird ausdrücklicher die sozial-ekklesiale Dimension der Communio im Sinne einer in der Eucharistie begründeten, aber eben auch sozial-institutionell ausgestalteten Gemeinschaft *der* Heiligen (Gläubigen) reflektiert. Hier findet – etwa bei *Tertullian* – eine Vorstellung von Kirche ihre Durcharbeitung, die bis auf *Ignatius von Antiochien* zurückgeht und dem Bischof als Gemeindeleiter eine zentrale Bedeutung für die Communio zuweist.[21] Communio wird als »konzentrisches Gebilde« verstanden. Der Bischof als Mitte soll – so die zusammenfassende Darstellung durch Wolfgang Beinert – »zum einen die Verbindung mit dem eucharistischen Herrn und der apostolischen Verkündigung des Evangeliums garantieren, auf der anderen Seite soll er Repräsentant seiner Kirche vor allen anderen Kirchen der umspannenden Communio ecclesiastica sein, damit eben jene Verbindung in Wort und Sakrament in aller Welt gewahrt bleibe.«[22]

Die Ortskirchen sind als Communio »miteinander kommunizierender eucharistischer Tischgemeinschaften«[23] zu einer *Communio ecclesiarum* verbunden; die Bischöfe repräsentieren als die Vorsteher dieser eucharistischen Gemeinschaften zugleich die Apostolizität der Glaubensüberlieferung, die die Gläubigen zur gemeinsamen Eucharistiefeier zusammenführt und sie – wie im Glaubensbekenntnis der Eucharistiefeier ausgesprochen – eines Glaubens-Sinnes sein läßt. Faktisch wird die ekklesiale Communio je später desto ausdrücklicher als *Communio episcoporum* verstanden: Die Bischöfe übernehmen die Hauptverantwortung für die Einheit der Gemeinden im gemeinsamen apostolischen Glauben; sie gewährleisten die Kommuniongemeinschaft der Orts-

---

[18] Kommentar zum Johannesevangelium 11, 11.
[19] Vgl. etwa Basilius, Epistolae 93; zum Zusammenhang vgl. P. J. Cordes, Communio. Utopie oder Programm? Freiburg – Basel – Wien 1993, 87.
[20] Vgl. Epistolae 54, 2, 2, wo von denen die Rede ist, die täglich »communicant corpori et sanguini Domini«.
[21] Vgl. De praescriptione haereticorum 20.
[22] Vgl. W. Beinert, Kirchenbilder in der Kirchengeschichte, a. a. O., 73. Diese zentrale Bedeutung des Bischofs für die Kirche wird von Ignatius etwa in Epistolae 66, 8 unterstrichen.
[23] Vgl. J. Ratzinger, Das neue Volk Gottes, 234.

gemeinden, indem sie für Reisende – durch Kommunionbriefe – die Zulassung zur Eucharistiefeier an anderen Orten erbitten und sie selbst gewähren; sie sorgen für die Gemeinschaftlichkeit des Amtes, da sie die vom Volk gewählten Amtsbrüder in die Gemeinschaft der Bischöfe aufnehmen. Auf Regional- und Provinzialsynoden, schließlich auf allgemeinen Konzilien beraten und entscheiden sie – wenn auch noch keineswegs allein und unter Ausschluß der »Laien« – über Fragen der Identität und Authentizität des apostolischen Glaubens wie über strittige organisatorische Fragen im Bereich der »Disziplin«.

Bei Streitfragen von überregionaler Bedeutung treten seit dem 3. Jahrhundert die drei Sedes apostolicae Rom, Alexandrien und Antiochien – mit Jerusalem und Konstantinopel sind es später fünf – als Garanten der authentischen, apostolischen Glaubensüberlieferung hervor. Ihnen wird vom Kanon 6 des Konzils von Nizäa ein Primat zugesprochen.[24] So hat die Communio der Kirchen, in denen der apostolische Glaube lebendig, aber auch umstritten ist, bestimmte Zentren, bei denen, da sie als Gründungen und Wirkungsstätten der Apostel gelten, die Ursprungsbindung des Glaubens als in hohem Maße intakt vorausgesetzt wird. Diese Apostolizität garantiert dann auch denen, die sich in Communio mit ihnen befinden, die Authentizität ihres apostolischen Glaubens. Unter den apostolischen Sitzen gewinnt Rom als einzige Sedes apostolica der westlichen Kirche seit der zweiten Hälfte des 4. Jahrhunderts und angesichts der arianischen Wirren, die vor allem die östliche Kirche in eine schwere Orientierungskrise brachten, mehr oder weniger faktisch »die Rolle eines Zentrums der universalen Communio«.[25] Die römische Kirche und ihr Bischof erwiesen sich als jene Instanz, die in der Auseinandersetzung mit den Häresien des 4. und 5. Jahrhunderts eine klare apostolische Orientierung erkennen ließ und schließlich durchsetzte. So ist es auch »verständlich, daß es in dieser Situation für die verschiedenen Parteien wichtig war, Communio und Anerkennung durch Rom zu finden.« Die universalkirchliche Communio erscheint hier in dem Sinne *zentralisiert*, daß die mit dem Zentrum Rom gesuchte oder gehaltene Communio die kirchliche Einheit vermittelt.[26]

Aber erst Mitte des 5. Jahrhunderts entwirft Papst *Leo der Große* eine Primatskonzeption, die den Vorrang Roms mit seiner spezifisch petrinischen Apostolizität begründet[27] und im übrigen bereits eine klare, auf die Spitze Rom hin orientierte, hierarchische Rangordnung der Bischofssitze kennt. In seinem Brief

[24] Deutsche Übersetzung bei: I. Ortiz de Urbina, Nizäa und Konstantinopel (Geschichte der Ökumenischen Konzilien, Bd. 1), Mainz 1964, 290; vgl. auch den Kanon 7, der von einem Ehrenvorrang des Bischofs von Jerusalem spricht.
[25] Vgl. M. Kehl, Die Kirche. Eine katholische Ekklesiologie, Würzburg ²1993, 329.
[26] Vgl. K. Schatz, Der päpstliche Primat. Seine Geschichte von den Ursprüngen bis zur Gegenwart, Würzburg 1990, 41.
[27] Vgl. Sermo 95, wo Leo die Übertragung der Binde- und Lösegewalt (der später so genannten »potestas clavium«) an Petrus nach Mt 16,19 wie folgt kommentiert: »Freilich ging auch auf die anderen Apostel das Recht über, von dieser Befugnis Gebrauch zu machen ... aber nicht ohne Grund wird das, woran alle Anteil haben sollen, *einem* anvertraut. Wird ja gerade deshalb diese Vollmacht dem Petrus *gesondert* übertragen, weil *über* allen Leitern der Kirche die Person des Petrus steht.«

an Bischof Anastasius von Thessalien argumentiert Leo von der »Eintracht der Priester« her, die um der Einheit und Einmütigkeit im Leib der Kirche willen gewährleistet sein müsse:

> »Obwohl diesen die Würde gemeinsam ist, so ist dennoch der Rang nicht allgemein (generalis): denn auch unter den seligsten Aposteln gab es bei gleicher Ehre einen gewissen Unterschied in der Vollmacht (potestas); und obwohl die Erwählung aller gleich war, wurde dennoch *einem* verliehen, daß er die übrigen überrage. Aufgrund dieses Vorbildes ergab sich auch eine Unterscheidung der Bischöfe, und in weiser Anordnung wurde dafür gesorgt, daß nicht alle alles für sich beanspruchen, sondern daß es in den einzelnen Provinzen einzelne gibt, deren Urteil unter den Brüdern für vorrangig gehalten werden soll, und daß manche wiederum, die in größeren Städten eingesetzt sind, eine umfangreichere Sorge auf sich nehmen; durch sie soll die gesamte Sorge um die Kirche zu dem einen Stuhl Petri hinfließen und nichts irgendwo von seinem Quell getrennt sein (nihil usquam a suo capite dissideret)« (DH 282).

Diese Argumentationsbasis erlaubt es in der Folge, aus dem Netzwerk Communio eine zentralistisch organisierte und regierte Welt-Kirche zu machen. Der petrinische Vorrang, der die römische Kirche – so das Decretum Gelasianum – ja nicht aufgrund irgendwelcher Konzilsbeschlüsse, »sondern aufgrund des Wortes des Herrn und Erlösers im Evangelium« den anderen Ortskirchen vorordnet (DH 350; dabei wird auf Mt 16, 18 f. Bezug genommen), erstreckt sich nach diesem Dekret auch auf die Entscheidung über die Glaubensautorität ökumenischer Konzilien und heiliger Bücher (DH 352–354). Sie wird immer ausdrücklicher als die mit der Schlüsselgewalt dem Petrus übergebene plena potestas in Anspruch genommen, als letzte, auch ohne Synoden oder Konzilien handlungsfähige, Recht setzende und erzwingende Instanz in der Kirche.

Diesem juristisch-administrativen Kompetenzanspruch begegnet die Ostkirche und insbesondere ihr Hauptsitz Konstantinopel mit wachsendem Widerstand. Man wehrt sich – so etwa *Niketas von Nikomedia* im 12. Jahrhundert, also nach der 1054 vollzogenen Trennung – nicht gegen den römischen Primat, sondern gegen den Versuch, unter Ausschaltung der traditionellen Mitspracherechte der Ortskirchen eine imperiale römische Kirchenmonarchie durchzusetzen:

> »Wenn nämlich der römische Bischof, auf dem erhabenen Thron seiner Herrlichkeit sitzend, zu uns herunterdonnern und uns aus seiner Höhe seine Befehle sozusagen herabschleudern will und nicht mit unserem Ratschlag, sondern nur nach eigenem Urteil nach seinem Belieben über uns und unsere Kirchen richten, ja herrschen möchte, was sollte das für eine Brüderlichkeit oder auch nur eine Väterlichkeit sein können? ... Dann müßte man uns nämlich wahre Sklaven und nicht Kinder der Kirche heißen, und wir wären es dann auch.«[28]

Dieses *Vorrecht* des heiligen Petrus gilt auch für seine Nachfolger, so oft sie, von seinem Gerechtigkeitssinn erfüllt, ein Urteil sprechen«; zitiert nach: P. Neuner, Ekklesiologie I, 86.

[28] Patrologia Latina 188, 1218 f.; zitiert nach: J. Ratzinger, Das neue Volk Gottes, 133 f.

Die weitere Entwicklung im Westen ist tatsächlich von einer nicht ohne Rückschläge durchgesetzten, aber auch von konziliaristischen Tendenzen im 15. Jahrhundert nicht auf Dauer aufgehaltenen Tendenz zur administrativ-zentralistischen Ausgestaltung des römischen Primats bestimmt, die die Ortskirchen schließlich nur noch als römische Filialkirchen erscheinen läßt – rechtlich der römischen Stadtkirche einverleibt[29] und von deren Haupt bzw. dem ihm zur Seite stehenden römischen Stadtklerus – den Kardinälen – regiert. Dieser Zentralisierungsprozeß geht – wie *Joseph Ratzinger* und ihm folgend *Kurt Koch* herausgestellt haben[30] – mit dem Verlust der altkirchlich-*triadischen* Struktur der kirchlichen Communio einher: Die regionalkirchlichen Communio-Zentren, die bei der relativen Nähe zu den jeweils anstehenden ortskirchlichen Belangen und dem noch moderaten Machtgefälle zwischen Regionalkirche und Ortskirche tatsächlich eine eher kollegial-klärende Rolle spielten, werden von der Zentralinstanz weitgehend bedeutungslos gemacht. Die daraus entstehende *duale* Kirchenstruktur, »in der die intermediäre Ebene geschwächt oder gar abgeschafft wurde und bei der deshalb nur noch das Verhältnis zwischen den einzelnen Ortskirchen und dem römischen Zentrum von Bedeutung war und bis heute ist«[31], hat es faktisch weitgehend verhindert, daß die einzelnen Ortskirchen auf die Entscheidungen der Zentrale nachhaltig Einfluß nehmen konnten – vom »Ausnahmefall« einzelner und bei weitem nicht aller konziliarer Vorgänge einmal abgesehen. Je schwächer die regionalkirchlichen Instanzen wurden, desto direkter und effektiver war der Regelungsanspruch der römischen Zentrale durchsetzbar, desto partikularisierter – und einflußloser – war das einzelne Bistum angesichts einer von »weit oben« her ihre einsamen Beschlüsse mitteilenden und durchsetzenden römischen Zentralinstanz.

Das 2. Vatikanum hat die Communio der Bischöfe in ihrer gesamtkirchlichen Zuständigkeit gestärkt, dabei aber das duale Kirchensystem nicht nachhaltig korrigieren können. Gegenwärtig wird diskutiert, inwieweit die nationalen Bischofskonferenzen in ihrer z. T. bereits wahrgenommenen Aufgabe als Zwischeninstanz zwischen Ortskirchen und römischer Zentrale gestärkt werden könnten.[32] Generell bleibt jedenfalls zu bedenken, daß wohl tatsächlich nur eine triadische Kirchenstruktur

[29] Vgl. J. Ratzinger, Das neue Volk Gottes, 136.
[30] Zu Ratzinger vgl. ebd.; zu K. Koch vgl.: Verbindliches Christsein – verbindender Glaube. Spannungen und Herausforderungen eines zeitgemäßen Christseins, Freiburg(Schweiz) 1995, 190 ff.
[31] K. Koch, op.cit., 191 f.
[32] Vgl. dazu etwa G. Greshake, »Zwischeninstanzen zwischen Papst und Ortsbischöfen«. Notwendige Voraussetzungen für die Verwirklichung der Kirche als »communio ecclesiarum«, in: H. Müller – H. J. Pottmeyer (Hg.), Die Bischofskonferenz. Theologischer und juridischer Status, Düsseldorf 1989, 88–115. Das Motuproprio *De theologica et iuridica natura conferentiarum episcoporum* vom 21. Mai 1998 stellt zwar die Aufgaben der Bischofskonferenzen im Bereich des Hirtenamtes und der »authentischen Lehre« heraus. Aber sie macht die Verbindlichkeit ihrer Lehräußerungen von der Einmütigkeit der entsprechenden Erklärungen abhängig und behält für den Fall, daß nur eine »qualifizierte« (2/3-)Mehrheit erreicht wurde, dem Heiligen Stuhl das Recht vor, solche Erklärungen durch »recognitio« in Kraft zu setzen – oder auch nicht (Ziffer 22 in Verbindung mit »Ergänzende

»das Gelingen der kirchlichen Communio (ermöglicht; J. W.). Sie kann sowohl verhindern, daß die gesamtkirchliche Communio in die bloße Vielfalt von einzelnen Ortskirchen zerfällt, als auch vermag sie zu garantieren, daß die oft kleinen Ortskirchen – angesichts des ohnehin übermächtig gewordenen päpstlich-römischen Primats – das volle Gewicht ihrer eigenen Physiognomie in die gesamtkirchliche Communio einbringen können.«[33]

4.4 Communio und Hierarchie

Die kirchenpolitisch und kirchengeschichtlich gerade auch in ihrer Zwiespältigkeit nachzuzeichnende Verschiebung von einer gleichsam als weltumspannendes Netz verstandenen Communio ecclesiarum zu einem zentralistisch-hierarchischen Kirchenregiment vollzieht sich nicht nur im Kontext macht- und sozialgeschichtlicher Entwicklungen und unter Berufung auf die Legitimationskraft neutestamentlicher »Vorbilder«, sondern auch auf der Basis entsprechender metaphysisch-ontologischer Plausibilitäten. Die Gemeinschaft *am Heiligen* – an den in den sakramentalen Handlungen und insbesondere in der Eucharistiefeier zugänglichen Gnadengaben – konstituierte in der Alten Kirche die Gemeinschaft *der Heiligen,* der durch die Teilhabe an diesen Gnadengaben *Geheiligten.* Die sakramentale Teilhabe am Heiligen wird aber schon früh durch besonders dazu Erwählte vermittelt gesehen: Die zum Klerus – κλῆρος: zum besonderen Los oder Anteil – Erwählten haben in herausgehobener Weise Anteil an Christus und diese spezifische Christusteilhabe durch ein entsprechendes, dem Christusdienst geweihtes Leben zu bezeugen. Der Kleriker hat – so Hieronymus – zu zeigen, »daß er den Herrn besitzt oder daß er vom Herrn in Besitz genommen ist«.[34]

Seit *Ps. Dionysius Areopagita,* dem bedeutendsten Vermittler neuplatonischer Vorstellungen in die christliche Theologie, wird die herausgehobene Christusteilhabe der Kleriker und deren je nach Amtsvollmacht abgestufte Fülle im Modell der Hierarchie gedacht. Diesem Modell liegt die ontologische Vorstellung zugrunde, alle Wirklichkeit sei durch Emanation aus dem Ur-Einen und in sich immateriell Vollkommenen hervorgegangen und habe sich im Prozeß seiner materiellen Vervielfältigung und Individuierung immer weiter von seinem Ursprung entfernt. Alles Seiende *ist* zwar durch *Teilhabe* (μετοχή) am vollkommen guten Ur-Einen; aber diese Teilhabe ist je nach ontologischer Entfernung vom ur-einen Guten gestuft. Und es gilt, den Prozeß des Abstiegs und der Zerstreuung in die Materie umzukehren in eine Wiederannäherung an den

---

Normen«, Art. 1). Man wird diese Maßgaben als Versuch zu werten haben, die Eigenverantwortung der Bischofskonferenzen so weit wie möglich einzuschränken.

[33] K. Koch, op.cit., 191.

[34] Epistolae 52, 5.

seinsspendenden Ursprung. Diese Wiederannäherung wird vermittelt durch die relativen, der Einung dienenden Einheitswirklichkeiten innerhalb eines Feldes auseinanderstrebender Vielfalt; in ihnen ist die seins- und einheitsspendende Mächtigkeit des Einheitsgrundes offenkundig gesammelter gegenwärtig als im bloß zerstreuten Vielen. Ekklesiologisch ließ sich aus diesem Modell der onto-logisch-christologische Primat des kirchlichen Amtes auf seinen verschiedenen Hierarchiestufen ableiten: Je reiner sich das Prinzip Einheit – Mon-archie – in ihm verwirklicht, je deutlicher sich im Amtsträger die Mon-archie Gottes abbil-det, desto gesammelter und gefüllter ist seine Teilhabe am Göttlichen – an Chri-stus –, die ja das Amt qualifiziert. Und die im Verhältnis zu ihm Vielen haben in ihm jenen Einheitsort, an dem sich ihnen eine erfülltere Teilhabe am göttlich ur-einen Guten vermittelt.

Wie dieses Modell der kirchlichen Hierarchie oder Hierarchien – verstan-den als hierarchische Filiationen – das einheits- und gnadenvermittelnde Amt der Hierarchen, die zuerst »geschaut« und deshalb vollkommeneren Anteil am Geschauten haben, geradezu ontologisch auszeichnet, das ist schon bei Ps. Dio-nysius deutlich erkennbar:

> Der »Stand der Hierarchen« ist »der erste der Gott schauenden Stände, der oberste und wiederum der letzte. Denn in ihm endet und erfüllt sich die ganze Gliederung der (im Himmel vorgebildeten; J. W.) Hierarchie bei uns. Wie wir nämlich alle Hier-archien auf Jesus hin ausgerichtet sehen, so jede einzelne auf den eigenen von Gott erfüllten Hierarchen. Die Kraft des Hierarchenranges durchwaltet alle geheiligten Systeme als Ganze und ist zugleich vermittels aller geheiligten Rangstufen in den einzelnen zu seiner jeweiligen Hierarchie gehörenden Handlungen wirksam ... Wenn nämlich auch von den Priestern einige der verehrungswürdigen symboli-schen Riten vollzogen werden, wird aber doch niemals der Priester die geheiligte Geburt aus Gott wirksam vollziehen können ohne das göttliche Öl (der Weihe; J. W.) ... Um dieser Ordnung willen hat die göttliche Gesetzgebung die Heiligung der Priesterstände und die Vervollkommnung des Öls und die geheiligte Weihewir-kung am Altar an die die Weihewirkung schaffenden Kräfte der gotterfüllten Hier-archen gebunden, wobei diese Kräfte eine Einheit bilden.«[35]

Die ontologische Symbolik der Hierarchie läßt den obersten Hierarchen gleich-sam als Quelle göttlicher Kraft zweiter Ordnung erscheinen. Die aus ihm ent-springenden Kräfte – die Weihevollmachten – befähigen die ihm untergeord-neten Amtsträger, ihrerseits Quelle göttlicher Kraft zu sein und durch ihre Aktualisierung die Gläubigen aus der Zerstreuung in die Welt zur Einheit in Christus zusammenzuführen.[36]

---

[35] Dionysius Areopagita, De ecclesiastica hierarchia V, 2.1; zitiert nach: P. Neuner, Ekklesiologie I, 63 f.
[36] Daß die Gott- oder Christusnähe göttliche Kräfte vermittelt, war für Antike und Mittelalter an sich ein geläufiger Gedanke. Der *vir Dei* verfügt – durch Askese Christus ähnlich geworden und nahegerückt – über eine göttliche Virtus in mehr oder weniger hoher Potenz und kann mit ihr für die Menschen wunderbare Hilfe erwirken (vgl. A. Angenendt, Heilige und Reliquien. Die Geschichte ihres Kultes vom frühen Christentum bis zur Gegenwart, München 1994, 69 ff.). Die durch Weihe vermittelte göttliche Kraft, mit der der Hierarch »erfüllt« ist, befähigt ihn nicht zum Wunderwirken

Das Mittelalter nimmt diese Gedanken auf, legt aber den ekklesiologischen Akzent stärker auf die rechtlich-institutionelle Konkretion. Es geht nun vor allem um die Herleitung und Legitimation und deshalb auch um die rechtlich geordnete Ausübung kirchlicher Gewalt. Als der »hierarcha praecipuus« ist der Papst – nach *Bonaventura*[37] – »fons, origo et regula cunctorum principatuum ecclesiasticorum« (Quelle, Ursprung und Maßstab aller anderen kirchlichen Herrschaftsausübung). Von ihm her fließt die potestas des hierarchischen Amtes in alle rangniedrigere Ausübung kirchlicher Gewalt ein. So trägt die Einheitsdynamik der Hierarchieidee hier das Ihre dazu bei, daß die schon im Körperschaftsgedanken angelegte juridische Zentrierung aller Vollmachten beim sichtbaren Oberhaupt der Kirche und vicarius Christi – so nennt sich der Papst seit Gregor VII. und Innozenz II. – auch theologisch plausibel werden konnte. Bis zum 1. Vatikanum wird diese Zentrierung soweit ausgebaut, daß man sagen muß, sowohl »der altkirchlich symbolische« bzw. metaphysische wie »auch der mittelalterlich juridische Sinn von Hierarchie« seien hier überholt und »zerstört, weil aufgesogen in den Papst als das ›Haupt der Kirche‹«[38]: Die hierarchischen Zwischenstufen sind dabei, ihre vermittelnde ekklesiologische Bedeutung einzubüßen; die ortskirchlichen Hierarchen drohen auf den Status bloßer päpstlicher Vikare herunterdefiniert zu werden.

Das 1. Vatikanum hat diese Tendenz dann doch nicht bis zur letzten Konsequenz vorangetrieben. Zwar formuliert es die Prärogative des päpstlichen Primats in einem bisher nicht gekannten Umfang aus. Aber es schreckt davor zurück, die Vollmacht der Bischöfe als eine abgeleitete erscheinen zu lassen. Die Dogmatische Konstitution *Pastor aeternus* stellt in diesem Sinne zunächst mit dem Konzil von Florenz (DH 1307) fest, der Bischof von Rom habe den »Primat über den gesamten Erdkreis« inne und sei »der Nachfolger des seligen Apostelfürsten Petrus und der wahre Stellvertreter (vicarius) Christi, das Haupt der ganzen Kirche und der Vater und Lehrer aller Christen«. Deshalb sei ihm »von unserem Herrn Jesus Christus im seligen Petrus die volle Gewalt übertragen worden, die gesamte Kirche zu weiden, zu leiten und zu lenken« (DH 3059). Daran schließt sich nun die eigentliche Primatsdefinition des 1. Vatikanums an:

> »Wir lehren demnach und erklären, daß die Römische Kirche auf Anordnung des Herrn den Vorrang (principatum) der ordentlichen Vollmacht (ordinariae potestatis)

---

im Bereich des Natürlichen, sondern zur Gnadenvermittlung und -zuwendung und dies in Abbildung des Ursprungs aller Gnaden in Jesus Christus. Zwar hat man im Mittelalter – vielleicht sogar fortwirkend bis in die Papstidolisierung des 20. Jahrhunderts – die »Verstärkung« der Weihegewalt durch die in Heiligkeit gründende und in der Askese miterwirkte Virtus des Gottesmannes immer herbeigesehnt und sich davon auch eine größere Wirksamkeit sakramentaler Handlungen versprochen. Im theologisch Prinzipiellen und im Begrifflichen blieb aber die Unterscheidung der hierarchischen Amts-Potestas und der Heiligkeits-Virtus unangetastet, weshalb dann wohl auch die moralische Verkommenheit mancher Amtsträger ihrem hierarchischen Ansehen lange Zeit erstaunlich wenig schadete.

[37] S. Bonaventurae opera omnia, 10 Bde., Quaracchi 1882–1902, Bd, V, 278; Bd, VIII, 375.

[38] P. Eicher, Artikel »Hierarchie«, in: ders. (Hg.), Neues Handbuch theologischer Grundbegriffe. Erweiterte Neuausgabe, München 1991, Bd. 2, 330–349, hier 345.

über alle anderen innehat, und daß diese Jurisdiktionsvollmacht des Römischen Bischofs, die wahrhaft bischöflich ist, unmittelbar ist: ihr gegenüber sind die Hirten
und Gläubigen jeglichen Ritus und Ranges – sowohl einzeln für sich als auch alle
zugleich – zu hierarchischer Unterordnung und wahrem Gehorsam verpflichtet,
nicht nur in Angelegenheiten, die den Glauben und die Sitten, sondern auch in
solchen, die die Disziplin und Leitung der auf dem ganzen Erdkreis verbreiteten
Kirche betreffen ...« (DH 3060).

Zu den Vollmachten dieses höchsten Primats gehört, daß der Papst »der höchste
Richter der Gläubigen ist« und daß sein Urteil, »über dessen Autorität hinaus es
keine größere gibt ... von niemanden neu erörtert werden« darf. Es ist niemand-
dem »erlaubt, über sein Urteil zu urteilen« oder »von den Urteilen der Römischen Bischöfe an ein ökumenisches Konzil als eine gegenüber dem Römischen
Bischof höhere Autorität Berufung ein(zu)legen« (DH 3063).

Von besonderer Mißverständlichkeit sind die Äußerungen der Dogmatischen Konstitution, wo sie die umfassende päpstliche Jurisdiktionsgewalt als
»ordinaria«, »immediata« und »vere episcopalis« qualifizieren. Zwar wird ausdrücklich erläutert, die Vollmacht des Papstes beeinträchtige nicht die »ordentliche und unmittelbare Vollmacht der bischöflichen Jurisdiktion«, sondern stärke und schütze sie (DH 3061). Aber es ist nirgends ausgeführt, wie die
umfassende päpstliche Jurisdiktionsgewalt so auszuüben ist, daß sie die aus ihr
offenkundig nicht abgeleitete, weil unmittelbar auf den heiligen Geist zurück-
geführte, bischöfliche Gewalt nicht im konkreten Fall doch beeinträchtigt, statt
sie zu stärken. Wegen dieser Unklarheit waren die deutschen Bischöfe genötigt,
gegenüber einer anderslautenden Interpretation in der Circular-Depesche des
deutschen Reichskanzlers Otto von Bismarck vom 29. Dezember 1874 ausdrücklich klarzustellen, daß die bischöfliche Jurisdiktion nicht in der päpstlichen
aufgegangen sei und die Bischöfe nur als Werkzeuge und Beamte des Papstes
ohne eigene Verantwortlichkeit – gleichsam als Statthalter eines reichsfremden
Souveräns – angesehen werden müßten. Vielmehr bestehe der Episkopat – so
die deutschen Bischöfe – kraft »derselben Einsetzung, worauf das Papsttum beruht«, und er habe »seine Rechte und Pflichten vermöge der von Gott selbst
getroffenen Anordnung, welche zu ändern der Papst weder das Recht noch die
Macht hat« (DH 3115). Status und Aufgabe der höchsten päpstlichen Gewalt
beschreiben die deutschen Bischöfe wie folgt:

> Die Jurisdiktionsgewalt des Papstes als »Oberhaupt aller Bischöfe und aller Gläubi-
> gen« »lebt nicht etwa in bestimmten Ausnahmefällen erst auf, sondern sie hat im-
> mer und allezeit und überall Geltung und Kraft. In dieser seiner Stellung hat der
> Papst darüber zu wachen, dass jeder Bischof im ganzen Umfang seines Amtes seine
> Pflicht erfülle, und wo ein Bischof behindert ist oder eine anderweitige Notwendig-
> keit es erfordert, das Recht und die Pflicht, nicht als Bischof der betreffenden Diö-
> zese, sondern als Papst, alles in derselben anzuordnen, was zur Verwaltung dersel-
> ben gehört ...« (DH 3113).

Das absichtsvolle Mißverständnis Bismarcks, dem mit der von Rom bestätigten

Erklärung der Deutschen Bischöfe entgegengetreten werden sollte, verrät immerhin den »empfindlichen Punkt«: Das 1. Vatikanum klärt nicht, unter welchen Bedingungen die wahrhaft bischöfliche Vollmacht des Papstes diesen dazu berechtigt, direkt – und das heißt eben doch: an der bischöflichen Vollmacht des Ortsbischofs vorbei oder ihr zumindest vorgeordnet – in die betroffene Ortskirche einzugreifen. Das 2. Vatikanum findet hier allenfalls insofern eine Verdeutlichung, als es

- erstens auch das Bischofskollegium im Zusammenwirken mit dessen Haupt, dem Papst, »als Träger der höchsten und vollen Gewalt über die ganze Kirche« bezeichnet (Lumen gentium 25), und
- zweitens die Bischöfe ausdrücklich nicht »als Stellvertreter der Bischöfe von Rom« bezeichnet werden, da sie »eine ihnen eigene Gewalt« innehaben und deshalb »in voller Wahrheit Vorsteher des Volkes (heißen; J. W.), das sie leiten« (Lumen gentium 27), und schließlich insofern,
- als in den erläuternden Bekanntmachungen zu Lumen gentium von seiten des Generalsekretärs und der Theologischen Kommission festgestellt wird, daß der »Papst als höchster Hirte der Kirche ... seine Vollmacht jederzeit nach Gutdünken ausüben (kann; J. W.), wie es von seinem Amt her gefordert wird« (Erläuternde Vorbemerkung 3).

Das heißt aber für die aufgeworfene Frage wiederum nur, daß dem Papst die *Kompetenzkompetenz* zukommt: die Kompetenz, frei – aber im Blick auf das, was sein Amt als höchster Hirte der Kirche erfordert – zu entscheiden, wann er seine höchste Gewalt zur Regelung teil- und ortskirchlicher Angelegenheiten einsetzt, wann er also von Amts wegen zuständig wird. Diese Regelung ist sicher sinnvoll, insoweit es darum geht, dem Papst ein Eingriffsrecht in Notfällen zu sichern. Wo eine Orts- oder Teilkirche nicht in der Lage ist, eine Krise aus eigener Kraft zu bewältigen, da soll ihm – so ja schon die Erklärung der Deutschen Bischöfe gegen Bismarcks Zirkular-Depesche – eine Notfallkompetenz zustehen, damit die Kirche hier nicht handlungsunfähig bzw. wehrlos regionalen Interessen und etwa auch politischen Einflüssen ausgeliefert bleibt. Aber müßte dieses Eingriffsrecht nicht doch einer genaueren Regelung unterworfen werden, damit der Papst nicht fast beliebig eine die Orts- oder Teilkirche überfordernde Problematik unterstellen und damit selbst zuständig werden kann? Gerade die kirchliche Gegenwart bietet eine Vielfalt von Konfliktsituationen, in denen die römische Zentrale regelmäßig in Teilkirchen hineinregiert, ohne daß man sich auch nur ansatzweise die Mühe machte, das Zuständigwerden des Apostolischen Stuhles eigens zu begründen oder anders zu begründen als mit dem pauschalen, ja selbst noch begründungsbedürftigen Hinweis, hier müßten weltkirchlich einheitliche Lösungen durchgesetzt werden. Als Beispiele seien genannt: die Auseinandersetzung um wiederverheiratete Geschiedene, die Auseinandersetzung um die Schwangerschaftskonfliktberatung in Deutschland, das römische Hineinregieren in konkordatär geordnete Nachfolgeregelungen durch die Ernennung von Weihbischöfen cum iure successionis usf. Noch dramatischer stellt sich das Problem in Konflikten dar, in denen eine Ortskirche einen

Bischof verliert, weil er nach Auffassung der römischen Zentrale, nicht aber nach der Erfahrung der betroffenen Ortskirche, außerstande ist, seine Diözese ordnungsgemäß zu leiten.

Hier konnten bisher keine befriedigenden Regelungen gefunden werden, weil es die Stellung des Papstes als oberste Instanz der Kirche, gegen deren Entscheidungen es keine rechtlich relevanten Widerspruchsmöglichkeiten mehr gibt, auszuschließen schien, daß sein Zuständigwerden und die Wahrnehmung seiner Zuständigkeit an klare – und das hieße auch einklagbare – Rechtsnormen gebunden wird. Man sollte fragen dürfen, ob die unbestrittene Bindung des höchsten Hierarchen an die kirchliche Communio nicht auch in dem Sinne konkret werden muß, daß Konfliktregelungsmechanismen entwickelt werden, die es erlauben, ernsthaft nach einem Ausgleich gesamtkirchlicher und teilkirchlicher Interessen zu suchen. Geschieht dies nicht, so wird es doch immer wieder nur von der jeweiligen Amtsführung eines Papstes abhängen, ob päpstliche Vollmachtsausübung zur Stärkung und Förderung der kirchlichen Communio vom Regierungsstil eines absolutistischen Monarchen unterscheidbar bleibt.

Wenn schon nicht klare rechtliche Verfahrens- und Zuständigkeitsregelungen für eine Notfallkompetenz gefunden werden können, so sollte zumindest jenes Prinzip, dessen Geltung die Kirche für die Unterscheidung zentraler und dezentraler Zuständigkeiten im gesellschaftlich-politischen Raum einfordert – das *Subsidiaritätsprinzip* – auch für die Regelung binnenkirchlicher Zuständigkeit beachtet und in seiner ekklesialen Geltung institutionalisiert werden. Schon *Papst Pius XII.* hat die Anwendbarkeit dieses Prinzips »auch für das Leben der Kirche« festgestellt, freilich: »unbeschadet ihrer hierarchischen Struktur«.[39] Subsidiarität meint, daß die jeweils höhere Instanz sich nur einschaltet, wenn offenkundig ist, daß die jeweils niedrigere Instanz ohne Hilfe von oben ihre Aufgaben nicht erfüllen kann. Nach dem Subsidiaritätsprinzip sollen also kleinere und untergeordnete Instanzen leisten und zu Ende bringen dürfen, was sie mit eigenen Kräften leisten und bewältigen können; diese Zuständigkeit kraft eigener Kompetenz soll ihnen von der übergeordneten Instanz nicht abgenommen werden. Die kritische Frage – gerade auch die ekklesiologisch kritische Frage – ist hier, wem die Entscheidung darüber zusteht, daß eine Angelegenheit von der niedrigeren Instanz nicht mehr bewältigt werden kann und deshalb nicht mehr in ihrer Kompetenz steht. Hier will Pius XII. mit seinem Verweis auf die hierarchische Struktur der Kirche offenbar klarstellen, daß die jeweils hierarchisch übergeordneten Amtsträger bei der Wahrnehmung subsidiärer Aufgaben nicht auf die formelle Zulassung ihres Tätigwerdens durch die jeweils betroffene Ortskirche angewiesen sein können, da ihr Eingreifen ja auf eine Handlungsunfähigkeit bzw. auf ein Scheitern der untergeordneten Instanz bei der Wahrnehmung ihrer Aufgaben reagieren will. Das Subsidiaritätsprinzip würde es hier gleichwohl zwingend erforderlich machen, die Betroffenen, denen

---

[39] Ansprache vom 20. Februar 1946; dt. in: A. F. Utz – J. F. Groner, Aufbau und Entfaltung des gesellschaftlichen Lebens. Soziale Summe Pius' XII., Bd. 2, Freiburg 1954, 4080–4111, hier 4094.

ein Subsidium geleistet wird, an den sie betreffenden notwendigen Maßnahmen so gut es geht zu beteiligen. Sinn des Subsidiums, das vom subsidiär Handelnden geleistet wird, ist es, die Aufgaben zu übernehmen, die erst auf seiner Handlungs- und Vollmachtsebene sinnvoll in Angriff genommen werden können, und die Betroffenen zu befähigen, ihre Aufgaben im gesellschaftlichen bzw. kirchlichen Kontext wieder angemessen wahrzunehmen; deshalb hat es aber auch die Instanzen, die im konkreten Fall in ihrer Kompetenz überfordert scheinen, nach Maßgabe ihrer Möglichkeiten einzubeziehen. Sinn subsidiären Handelns ist – zumal in der Kirche – gewiß immer auch die Wahrnehmung von Aufgaben, die die Kompetenz partikularer Instanzen mitunter deshalb überschreiten, weil es dabei um die Wahrung der nötigen Einheit gegenüber zentrifugal-partikularistischen Tendenzen geht. Auch an diesen Aufgaben sind die untergeordneten Instanzen in höchstmöglichem Umfang zu beteiligen; das 2. Vatikanum spricht davon ausdrücklich im Blick auf das Kollegium der Bischöfe. Eine subsidiär ausgeübte höchste Jurisdiktionsgewalt in der Kirche wäre dann

> »nicht ein rein äußerliches, aushilfs- und ersatzweises Eingreifen der höheren Instanz; es meint vielmehr eine Gesamtverantwortung für die Einheit ... welche aber so ausgeübt wird, daß dabei die Freiheit und die Rechte des einzelnen gewahrt werden und so erst eine wahrhaft menschenwürdige Einheit in Freiheit zustande kommt. Ein so verstandenes Subsidiaritätsprinzip redet also keiner einseitigen Dezentralisierung das Wort, sondern einem rechten Aequilibrium zwischen Einheit und Vielfalt«.[40]

Dieses »Aequilibrium« müßte die Hinordnung der Ortskirchen auf die gemeinsame Sendung der communio ecclesiarum austarieren mit den legitimen Partizipationsbedürfnissen der Ortskirchen, gerade auch denen der ortskirchlichen Basis. Communio, die diesen Namen verdient, verlangt die Sorge um die Einheit in Zeugnis und Bekenntnis, verlangt den Respekt vor dem Dienst an dieser Einheit; sie verlangt aber auch vom Amt, dem dieser Dienst anvertraut ist, die aufrichtige Bereitschaft, Partizipation zu gewähren: Mitverantwortung zu stimulieren und im höchstmöglichen Umfang Mitentscheidung zuzulassen, damit diese Mitverantwortung ihrem ekklesialen Gewicht entsprechend zum Ausdruck kommen kann.

---

[40] W. Kasper, Der Geheimnischarakter hebt den Sozialcharakter nicht auf. Zur Geltung des Subsidiaritätsprinzips in der Kirche, in: Herder Korrespondenz 41 (1987), 232–236, hier 235. Zur Thematik vgl. außerdem W. Kerber, Die Geltung des Subsidiaritätsprinzips in der Kirche, in: Stimmen der Zeit 109 (1984), 662–672; O. Köhler, Der Kirche eigene »Sichtbarkeit«. Zur Frage nach dem Subsidiaritätsprinzip in der Kirche, ebd., 858–861. Entscheidend wichtig wäre in diesem Sinne, das Prinzip Subsidiarität nicht nur auf das Verhältnis von römischer Zentrale und Bistümern, sondern auch auf die Beziehung Bistum – Pfarrei anzuwenden. Vgl. dazu die Überlegungen in: Kommission 8 des Zentralkomitees der deutschen Katholiken, Dialog statt Dialogverweigerung. Wie in der Kirche miteinander umgehen, publiziert in: A. Schavan (Hg.), Dialog statt Dialogverweigerung, Kevelaer 1994, 27–76, hier 68 f.

4.5 Communio und Partizipation

Der Hierarchiegedanke ist in Kirchengeschichte und kirchlicher Verfassungs-
wirklichkeit zweifellos nicht an Subsidiarität und Partizipation im Sinne der
Mitbestimmung orientiert gewesen, sondern an der wesenhaft höherrangigen
Teilhabe der Hierarchen an dem, was Kirche ausmacht und bestimmen soll.
Damit ist das kirchliche Hierarchiemodell mit seiner Partizipationsidee im Bewußtsein vieler Menschen innerhalb wie außerhalb der Kirche das genaue
Gegenteil zum neuzeitlichen Partizipationsideal mit seinem Anspruch, Allein-
bestimmungsrechte privilegierter Instanzen über die Gestaltung der gemeinsamen Lebenswelt zurückzudrängen und allen »Mitbewohnern« dieser Lebenswelt den Status möglichst gleichberechtigter Wohngenossen einzuräumen:
Partizipation nicht auf Gleichheit und Gleichberechtigung hin orientiert, sondern in einer geradezu ontologisch unterschiedlichen, gestuften Qualität der
Teilhabe im Sinne der μετοχή realisiert. Ist die Kirche notwendigerweise auf
die antik-neuplatonische Idee der Partizipation festgelegt und womöglich gerade
deshalb so wenig neuzeitverträglich? Oder verdrängt sie nur sehr weitgehend
das neuzeitliche Partizipationsideal mit seinen Mitbestimmungsforderungen,
damit die ekklesiale Privilegierung der Hierarchen nicht angetastet werde?

Es spricht manches dafür, daß nicht nur das antik-kirchliche, sondern auch
das modern-emanzipatorische Partizipationsideal mit massiven Verdrängungs-
leistungen hochgehalten wird: Sein Akzent auf Mitbestimmung in der gemein-
samen Lebenswelt – im gemeinsamen Haus – setzt eigentlich die gemeinsame
Sorge um das als gemeinsame Lebenswelt Geteilte und möglichst gemeinsam zu
Gestaltende voraus; er setzt voraus, daß das nun in gemeinsamer und geteilter
Verantwortung zu Bewohnende uns *gegeben* ist – und gerade deshalb von uns in
Obhut genommen und von uns geteilt werden soll. Partizipationsrechte setzen
Obhutspflichten voraus. Die Verdrängung dieser Voraussetzung hat etwa zu der
gegenwärtigen ökologischen Krise geführt. Sie droht die gemeinsame Lebenswelt zu zerstören. Partizipation wird weitgehend mit Ausbeutung gleichgesetzt
und Gleichberechtigung als gleichberechtigter Zugriff auf die bisher nur wenigen zur Verfügung stehenden Ressourcen mißverstanden. Das antike Partizipationsideal bringt demgegenüber zur Geltung, daß Partizipation nicht selbst hervorbringt, woran die Anteilhabenden partizipieren dürfen: daß es gegeben ist
und Teilhabe darauf abzielt, daß diese Vor-Gabe in denen und durch die, die
daran Anteil haben, ihrem »Geschenksinn« entsprechend sich auswirke.

Sieht man diese Voraussetzung von Partizipation, so wird die Aufgabe
dringlich, die auf Ausweitung der eigenen Teilhabemöglichkeiten abzielenden
Partizipationsbedürfnisse auszutarieren mit den »ökologischen« Bedingungen
der gemeinsamen Lebenswelt – des gemeinsamen Hauses –, damit diese Lebenswelt für alle bewohnbar bleibe. Und es wäre zumindest in Erwägung zu ziehen,
daß diese gemeinsame Sorge um *sachgerechte* – ressourcengerechte – Partizipation von einer Instanz in den Gesellschaftsprozeß eingebracht werden muß, die
eben nicht plebeszitär abhängig ist von mehrheitfähigen Interessenkoalitionen,

die also nicht den Willen derer vollstrecken muß, die hier und jetzt genügend Zustimmung mobilisieren können.

Im kirchlichen Bereich ist das Postulat ressourcengerechter Partizipation auf die gemeinsame Lebenswelt der Glaubensüberlieferung und das gemeinsam zu bewohnende Haus der Kirche bezogen. Es bedarf hier gewiß der wirksam wahrgenommenen Sorge darum, daß die Vorgabe, von der die Kirche und ihre Mitglieder in ihr leben, nach der Intention dessen, der sich in ihr gibt, im gemeinsamen Lebensraum des Glaubens zur Geltung kommt. Die zu Vorstehern der Kirche Bestellten sind – nicht exklusiv aber als die von Amts wegen Zuständigen – damit beauftragt, für die intentionsgemäße Partizipation an der die Kirche konstituierenden Vor-Gabe zu sorgen. Sie haben aber alle, die bereit und entsprechend qualifiziert sind, Mitsorge zu übernehmen, in diese Sorge mit einzubeziehen, damit sie zur Sorge der ganzen Kirche werde.

Das, woran der Kirche Anteil gegeben ist, damit sie der Intention der Gabe entsprechend daran Anteil nehme, ist die Selbstgabe Gottes in Jesus Christus durch den Heiligen Geist. Der Heilige Geist ermöglicht diese Anteilnahme. Er ist allen mitgeteilt, damit er in allen zur Auswirkung komme und möglichst alle in je ihrer Weise bezeugen, wie dieser Geist Menschen zu einer neuen Schöpfung macht. So ist das spezifische Anteilhaben im bzw. und am Heiligen Geist die Berufung zur Partizipation am Zeugnisauftrag der Kirche – damit auch an der Mitgestaltung der gemeinsamen Lebenswelt des Glaubens. Gottes Geist will geteilt werden; und wenn er geteilt wird, fügt er mit seinen Gaben alle zum »Leib Christi« zusammen, zu einer Communio, in der die individuelle Geist-Begabung nicht individuell bleibt, sondern allen zugute kommt.

So hat auch das moderne Partizipationsideal seine ureigene Bedeutung für die Kirche. Wer sich Gottes Geist aussetzt, der hat etwas beizutragen zur Gestaltung der gemeinsamen Lebenswelt des Glaubens; dem darf die Teilnahme an kirchlichen Mitgestaltungs- und Entscheidungsprozessen nicht unnötig beschnitten werden. Die Kirche findet sich unvermeidlicherweise in der Spannung zwischen antikem und modernem Partizipationsideal vor; sie gestaltet diese Spannung, wenn sie das so leicht von den jeweiligen Idealen Verdrängte wieder in die Spannung hereinholt. Dazu formuliere ich zunächst einige Leitlinien:

• Gottes Geist will geteilt werden; aber er kann in der Kirche eben auch abgewiesen, verfälscht und mißbräuchlich in Anspruch genommen werden. So bedarf es immer wieder neu der Zusammenführung der Gemeinden, damit sie in ihm einmütig werden mit Jesus Christus (vgl. Phil 2, 1–5); es bedarf der Sammlung um den Tisch des Wortes und des Brotes, damit die Gemeinde Anteil nehme an dem, was ihr von ihrem gekreuzigten und bei Gott vollendeten Herrn mit auf ihren Weg gegeben wurde. Die gemeindeleitenden Amtsträger haben eine unverzichtbare amtliche Zuständigkeit dafür, daß die Gemeinden immer wieder neu um den Tisch des Wortes und des Brotes versammelt werden und die Zwietracht bei der Bezeugung des einheitstiftenden Gottesgeistes nicht überhand nimmt. Durch die Weihe werden ihnen entsprechende Vollmachten mitgeteilt; in der Weihehandlung wird Gottes Geist über sie herabgerufen, damit sie ihre Vollmachten in der rechten Weise ausüben. Mit diesem Gebet um den Beistand des Geistes ist die Zuversicht der Kirche verbunden, Gottes Geist werde die Kirche auch durch den Dienst der Amtsträger davor bewahren, im Entscheidenden von der Einmütigkeit in und mit Christus abzuweichen. Diese Zuversicht bzw. der Dienst, dem sie gilt, setzt aber keine exklusive Geistteilhabe voraus, sondern lediglich eine spezifisch amtliche Zuständigkeit, mit der die Zuversicht verbunden wird, der Geist schenke *auch* durch sie die Einmütigkeit des kirchlichen Zeugnisses und Bekenntnisses.

- Entsprechendes gilt für die Amtsvollmacht zur Vergegenwärtigung des Heilswerks Christi in den Sakramenten. Die Verleihung dieser Vollmacht ist mit dem Gebet um den Geist verbunden, in dem die Ausübung dieser Vollmacht nicht nur gültig gesetzt, sondern auch geistlich fruchtbar wird. Die Mitteilung dieser Vollmacht, in persona Christi zu handeln, begründet aber nicht eine privilegierte Geistteilhabe.

- Die Formulierung »privilegierte Geistteilhabe« ist schon in sich paradox. Geistteilhabe ist nie ein Privileg, sondern immer Inspiration zum Zeugnis, zur zeugnishaften Vergegenwärtigung des in Jesus Christus Geschehenen und Angebahnten. Von Teil-*Habe* kann hier immer nur im Sinne der Teil-*Nahme* gesprochen werden. Der Geist befähigt zum Zeugnis; und er erfüllt die, die sich von ihm dazu verwandeln lassen, am Heilswirken – an der Diakonie – Christi teilzunehmen; er erfüllt sie, insoweit sie mit sich geschehen lassen, was der Geist an ihnen und durch sie wirken will. Deshalb wäre es aber auch abstrakt und irreführend, von gleichberechtigter Teilhabe am Geist Gottes und Jesu Christi zu sprechen. Gleichberechtigung gilt im Blick auf die Teilhabe und Teilnahme an Kommunikations- und Entscheidungsprozessen. Unabhängig von solcher Gleichberechtigung ist immer wieder neu die Frage aufzuwerfen, wo die Gegenwart des Gottesgeistes in Zeugnisgestalten als inspirierend wahrgenommen und für die Kirche fruchtbar werden kann. Geistliche Menschen sind dies nicht aufgrund ihrer gemeindlichen Gleichberechtigung oder gar aufgrund einer Weihe; sie sind es, weil sich der Geist in ihnen bezeugt und sie es zulassen.

- Gleichwohl ist kirchlich in vielfältigen Kommunikationsprozessen immer wieder neu darüber zu entscheiden, wie das gemeinsame Leben aus den biblischen Traditionen durch Verkündigung des Evangeliums, Feier der Heilszeichen und Ausrichtung bzw. Organisation der Diakonie konkret geregelt werden soll, wie also etwa auch die Geister zu unterscheiden, Zeugnisgestalten ekklesial-sozial zu bewerten und in kirchliche Kommunikation einzubeziehen sind. Im Blick auf diese Prozesse stellt sich die Frage gleichberechtigter Partizipation und eventueller amtlicher Vorbehaltsrechte.

- In Prozessen der Entscheidungs-*Vorbereitung* sollen – idealtypisch beschrieben – die verschiedenen Beiträge ihrem sachlichen – »geistlichen« – Gewicht entsprechend Würdigung finden; und ihre Moderatoren haben genau dafür zu sorgen. Wer sich und seine Sicht hier kompetenter einbringt, hat mehr

Gewicht. Entscheidungen selbst kennen aber nur das Gewicht der legitimen Zuständigkeiten. Hier haben die mehr, weniger, gar kein Gewicht, die jeweils haupt- mit- oder gar nicht zuständig sind zu entscheiden. Und es kann – so im Fall der Kirchen – die soziale Entscheidungszuversicht geben, das legitim Entschiedene führe in wesentlichen Fragen nicht in die Irre, weil der Geist einer Gemeinschaft ihm nicht völlig fehlen könne.

Was heißt das im Blick auf die konkrete Regelung kirchlicher Partizipationsmöglichkeiten?

- Partizipation an kirchlichen Gestaltungs- und Entscheidungsprozessen setzt die Bereitschaft zur Teilhabe und Teilnahme an jenem Traditionsprozeß voraus, in dem das kirchliche Zeugnis gegenwärtig und immer wieder neu christusförmig werden kann. Diese Bereitschaft ist anzunehmen, wo ein Mensch der Kirche zugehört.
- Ansprüche auf *gleichberechtigte* Partizipation treffen auf die gegenläufige Erfahrung, daß das geistliche »Gewicht« der Teilhabe und Teilnahme am Traditionsprozeß Kirche sehr unterschiedlich sein kann – und dies ganz unabhängig von der Unterscheidung zwischen Amtsträgern und Laien. Deshalb muß es in kirchlichen Kommunikationsprozessen neben den Elementen, die von formaler Gleichberechtigung bestimmt sind, auch ausreichend solche geben, in denen das jeweilige »spezifische geistliche Gewicht« von Beiträgen ausschlaggebend sein kann.
- Schließlich besteht in Fragen, die die Identität des Christlichen in der katholischen Kirche tangieren, eine amtliche, d. h. andere Zuständigkeiten ausschließende Zuständigkeit der Hierarchie, in die allerdings der gemeinsame Glaube der Kirche als Kriterium eingeht und bei deren Ausübung deshalb auch in vielfältiger Weise Nicht-Amtsträger beteiligt werden können.
- Das Verfassungsproblem des hierarchischen und speziell des höchsten kirchlichen Amtes besteht in seiner *Kompetenzkompetenz*. Es liegt in der Alleinzuständigkeit des höchsten kirchlichen Amtes, über das Eingetretensein einer seine amtliche Entscheidungskompetenz anfordernden und ihr zur Regelung vorbehaltenen Situation zu entscheiden. Als Grundprinzip bei solchen und allen in dieser Weise nicht prinzipiell abgrenzbaren Zuständigkeiten und Eingriffsrechten, die Partizipationsmöglichkeiten des ganzen Volkes Gottes einschränken oder suspendieren, muß gelten: Wer das Nicht-Selbstverständliche – die Einschränkung von Partizipation im konkreten Fall – meint tun zu müssen, hat es dem Selbstverständlichen – der größtmöglichen Partizipation der Betroffenen – gegenüber zu legitimieren.
- Welche kirchlichen Vollzüge sind dann auch für Laien bzw. Amtsträger niedriger hierarchischer Ränge theologisch prinzipiell partizipations-, will heißen mitbestimmungs- und mitentscheidungsoffen? Alle kirchlichen Gestaltungs- und Entscheidungsprozesse, in denen die christliche Legitimität und Authentizität des Zeugnisses nicht in identitätsbedrohender Weise auf dem Spiel steht bzw. – was speziell die Partizipation der Laien angeht – alle kirchlichen Grundvollzüge, die nicht im engsten Sinn auf die den Amtsträgern zuständig-

keitshalber vorbehaltene sakramentale Vergegenwärtigung des Gottesgeistes hingeordnet sind. So ist theologisch etwa gegen eine entscheidungsrelevante Mitwirkung bei Nominierungs- und Wahlprozeduren für Amtsträger aller kirchlicher Ebenen nichts einzuwenden. Das heißt natürlich nicht, daß die Amtsträger dann ihre Legitimation aus dieser Wahl beziehen würden, sondern nur, daß die Gemeinde mitwirkt bei der Auswahl von Amtsträgern, die sich von der Sendung der Kirche und vom Evangelium her zu legitimieren haben.

- Bei sonstigen kirchlichen Entscheidungen muß genau unterschieden werden, wo tatsächlich in den Bereich des die Kirche wesentlich Ausmachenden eingegriffen wird. Wer das im konkreten Fall behauptet, ist streng begründungspflichtig, da er Partizipation zu verweigern im Begriff ist und dies zugunsten eigener Vorbehaltsrechte, so daß die Neigung, mit dieser Behauptung Partizipation als unmöglich zu erklären, bei Amtsträgern unvermeidlich groß sein wird. Insgesamt muß allen kirchlich Verantwortlichen klar sein, daß *verliert*, an Möglichkeiten und Chancen zu authentischem Zeugnis, an Überzeugungskraft, an konkret geleisteter Mitarbeit verliert, wer ohne unabweisbaren Grund Partizipation verweigert.

Partizipation kennzeichnet und konstituiert die ekklesiale Communio, nicht nur die Communio der Bischöfe, die kennzeichnenderweise so schnell bei kirchenamtlichen Texten im Vordergrund steht.[41] Partizipation an der Leitung der Kirche und an der von Amts wegen wahrgenommenen Verantwortung für die unverkürzte Bewahrung der Glaubensüberlieferung kommt den Bischöfen als den Leitern der Ortskirchen zu, die miteinander in Communio stehen und gehalten sind, ihre Communio im alltäglichen Zeugnisdiskurs aber auch in einzelnen, das gemeinsame Bekenntnis anfordernden Entscheidungssituationen als Bischofskollegium und im Zusammenwirken mit seinem primatialen Haupt zu erneuern. In diesem Sinne repräsentiert das Kollegium der Bischöfe die Communio ecclesiarum ebenso, wie sie ihr konkret zu dienen hat. Der bischöfliche Dienst an der Communio muß aber zum Ziel haben, die Gläubigen in den lebendigen Vergegenwärtigungs- und Überlieferungsprozeß des Wortes Gottes einzubeziehen, der in der Kraft des Gottesgeistes, an dem *alle* teilhaben, alle als Zeugen der aufdeckenden und heilenden Gotteswahrheit in Anspruch nehmen soll.

Ekklesiale Vergegenwärtigung und Überlieferung geschieht als Kommunikation. Sie hat auf die Bedingungen gelingender Kommunikation zu achten, wenn sie nicht Gefahr laufen will, diesen Grundvorgang der aktivierenden participatio, aus dem die Kirche lebt, um seine geistliche Fruchtbarkeit zu bringen. Die partizipative kirchliche Communio verwirklicht sich als Kommunikationsgemeinschaft. Gottes Geist verbindet die im Glauben Kommunizierenden miteinander zur Communio des Glaubens; er handelt in ihrem kommunikativen Handeln, da ja in ihm der überlieferte Glaube die verwandelnde Kraft seiner

---

[41] Vgl. etwa die Erklärung der Glaubenskongregation über einige Aspekte der Kirche als Communio vom 15. Juni 1992; dt. Text in: Herder Korrespondenz 46 (1992), 319–323.

Wahrheit entfaltet. Was bedeutet das konkret für eine fundamentaltheologische Theorie der Kirche?

4.6 Kommunikation als »Grundvorgang« von Kirche

Daß die kirchliche Communio sich kommunikativ realisiert, ist an sich selbstverständlich und in der Praxis der Kirche auch nie direkt bestritten worden. Es war vielmehr naheliegend, das kommunikative Handeln Jesu Christi selbst zum Modell zu nehmen für kirchengründende, kirchenerhaltende und kirchenerneuernde Kommunikation. Dabei war freilich vor allem – und über lange Zeit fast ausschließlich – der autoritative Anspruch im Blick, mit dem Jesus Menschen in seine Nachfolge rief und – so sah man es – mit seiner Verkündigung konfrontierte. Die Vollmacht Christi erschien hier konkret als ein Kommunikationsverhalten, das die Adressaten nur auf die bereitwillige Zustimmung zu dem autoritativ Mitgeteilten und auf die gehorsame Übernahme des ihnen ebenso autoritativ Abgeforderten ansprechen wollte.

Die kirchlichen Amtsträger wußten sich schon früh in die Teilhabe an dieser ἐξουσία gerufen und zu einem entsprechenden Kommunikationsverhalten herausgefordert. Das Jesus-Wort: »Wer euch hört, der hört mich, und wer euch ablehnt, der lehnt mich ab; wer aber mich ablehnt, der lehnt den ab, der mich gesandt hat« (Lk 10,16) schien die »in persona Christi« Sprechenden als solche auszuzeichnen, die hier und jetzt mit Christi Vollmacht auszurichten haben, was Gott in seinem fleischgewordenen Logos und in der Verkündigung Christi verlautbarte bzw. verlautbaren wollte. Kommunikatives Handeln ist hier reduziert gedacht auf das Ausrichten einer göttlichen Nachricht und die Forderung, diese Nachricht gehorsam anzunehmen, da sie von Gott stammt. Die Kommunikationsrollen waren klar verteilt: Den Sprechenden, die freilich selbst gehört hatten, zum Glauben gekommen und zum Leitungsdienst bestellt worden waren, standen die Hörenden gegenüber, die sich von den vollmächtig Sprechenden darüber belehren lassen mußten, was Gott zu ihrem Heil angeordnet hatte.[42] Die Bischöfe werden Garanten einer zuverlässigen Lehre, die vor der Beliebigkeit einer das Überlieferte nur in eigener Kompetenz auslegenden – zurechthörenden – Gnosis bewahrt.[43] Auf sie zu hören gewährt die Sicherheit, Gottes Botschaft zu hören. Die Nachfolger der Apostel lehren das Volk Gottes, was Gott ihm mitteilen wollte; ja, Gott wird überhaupt nur – so *Thomas Stapleton* in antireformatorischer Zuspitzung – in der Kirche und durch die Kirche, will heißen durch die *lehrende* Kirche, gehört.[44] Die Kommunikationsverhältnisse in

---

[42] Vgl. dazu meinen Artikel: Hörende Kirche, in: W. Kasper u.a. (Hg.), Lexikon für Theologie und Kirche, Bd. 5, Freiburg – Basel – Rom – Wien ³1996, Sp. 274f.

[43] Vgl. etwa Irenäus, Adversus haereses IV, 26, 2.

[44] Vgl. Auctoritatis ecclesiasticae Defensio, Antwerpen 1592, 718 und Principiorum fidei doctrinalium demonstratio methodica, Paris 1578, Controv. IV, lib VII, c. 12.

der Kirche scheinen hier nur noch von jenem Gehorsam bestimmt, in dem die Glaubenden das ihnen von der lehrenden Kirche – der Hierarchie – Kundgegebene als im Namen Gottes verlautbart annehmen. In diesem Sinne kann *François Fénélon* den katholischen Glauben in die beiden »Artikel« zusammenfassen: »einen unsichtbaren Gott zu lieben und der Kirche, seinem lebendigen Orakel, zu gehorchen«.[45] Weil allein die zuverlässige apostolische Lehre der Hierarchen die Kirche in der untrüglichen Wahrheit des Glaubens verankere, deshalb haben – so *Giovanni Perrone* im Umfeld des 1. Vatikanums – die übrigen Glieder des Leibes Christi an ihr nur teil, wenn sie wie ein Echo bezeugen, was diese bezeugen.[46]

Kirchliche Kommunikation tendiert – nicht nur im katholischen Bereich – zur *Einbahnkommunikation:* Das göttliche Wort muß weitergesagt werden, damit es den Glauben stifte. Leicht ergibt sich aus dieser kommunikativen Grundstruktur die allzu klare und festgelegte kommunikative Richtungsangabe: von denen, die in Christi Namen das Wort weiterzusagen haben und an seiner Autorität partizipieren, zu denen, bei denen es eben bloß ankommen und bereitwillig aufgenommen werden soll, so daß sie im Idealfall zum Echo dessen werden, was sie als Wort Gottes aus dem Mund der es Verkündenden erreicht.

Diese Einbahnrichtung definiert die Empfänger der Botschaft als bloße Empfänger – bzw. als sich Verweigernde. Die Sender der Botschaft erscheinen als solche, denen die zu »sendende« Botschaft übergeben ist, damit sie sie in der Vollmacht des ursprünglich Sendenden in der konkreten geschichtlichen Situation so weitergeben, wie sie ihnen selbst übergeben wurde. Es ist das Modell der Weitergabe des selbst Empfangenen, das die Richtung von den bevollmächtigten Erstempfängern und Weitergebenden zu denen hin vorgibt, die vor allem als Empfänger gelten und das Empfangene nicht vollmächtig-öffentlich, sondern allenfalls privat – etwa in der eigenen Familie – weitergeben.

Auffällig ist an diesem Weitergabe-Modell, daß es die hermeneutische Problematik, die Frage also, wie es zu situativ je neuem, aufschlußreichem und herausforderndem, Glauben weckendem *Verstehen* der Gottesbotschaft kommt, entweder ausblendet oder auf die bloße Zuverlässigkeit und Vollständigkeit der Weitergabe reduziert. Entweder gilt – in reformatorischer Perspektive –, daß die Botschaft in denen, denen sie ausgerichtet wird, das Verstehen aus sich selbst heraus wirkt, also ihre eigene Auslegerin ist (scriptura sui ipsius interpres), oder – in katholischer Perspektive –, daß das Lehramt dazu bevollmächtigt und geistlich zugerüstet ist, auftretende Mißverständnisse durch amtliche Klarstellung zu beseitigen. Der entscheidende Schritt zu einer eher hermeneutischen Würdigung kirchlicher Kommunikationsprozesse, in der die ekklesial-gemeinsame, von Gottes Geist »inspirierte«, kreative Leistung situations- und offenbarungsgemäßen Verstehens in den Vordergrund treten dürfte, wird erst von der Offenbarungskonstitution des 2. Vatikanums in den Blick genommen. *Dei verbum*

---

[45] Oeuvres complètes, Bd. 1, Paris 1851, 202 f., Fn. 61.
[46] Vgl. dazu Y. Congar, Die Lehre von der Kirche (Handbuch der Dogmengeschichte III 3d), 97 f.

(10; vgl. 1 und 8) und *Lumen gentium* (vgl. 12) unterstreichen, daß das hierarchische Lehramt in und mit der Kirche als ganzer Gottes Wort »in Ehrfurcht hört«.

Hier ist der Glaubenssinn der Gläubigen – der Sensus fidelium – mit angesprochen, der nicht nur als Echo, sondern als Resonanz- und Artikulations-Medium gewürdigt werden muß: als *aktives* Hören des Wortes, in dem aus dem Gehörten das hier und jetzt zur Antwort des Glaubens herausfordernde Wort herausgehört wird; in dem sich Wege des gemeinsamen Verstehens wie der gemeinsam artikulierten Antwort anbahnen.[47] Kirche wird – jedenfalls der Tendenz nach – als Hör- und Auslegungs-, ja als Überlieferungsgemeinschaft des ganzen Volkes Gottes ernstgenommen. Damit ergibt sich von neuem die Möglichkeit, aber auch die Notwendigkeit, die Kommunikationsprozesse zu reflektieren, in denen sich die Kirche als Auslegungs- und Überlieferungsgemeinschaft, als Zeugnis-, aber auch als Handlungsgemeinschaft im Geist Jesu Christi konkret realisiert.

4.7 Communio durch Kommunikation: das Wort aufnehmen

Die vielfach als kirchentypisch geltende Einbahnkommunikation, die nur den Weg der Botschaft vom Sender zum Empfänger kennt, scheint christologisch und offenbarungstheologisch als normativ vorgegeben: Die Kommunikationsrichtung von Gott zu den Menschen – von Christus, dem Offenbarer zu den Menschen, die die Offenbarung gehorsam aufzunehmen haben – trägt offenkundig einem ontologischen Gefälle Rechnung, das in keiner Weise durch kommunikative Wechselseitigkeit relativierbar scheint. Gottes kommunikatives Handeln ist hier so definiert, daß Jesus Christus als der vollmächtige, selbst göttliche Handlungsträger – als *Mitsubjekt* göttlichen Handelns – sich auf alle anderen Menschen als *Objekte* des Handelns Gottes bezieht, ausgenommen jene, die in persona Christi handeln und deshalb – in der Weihe – zu seinen Mitsubjekten werden. Diesem christologischen Handlungsschema scheint als ekklesiologische Konkretion die Einbahnkommunikation zwischen hierarchischen Amtsträgern und Laien organisch zu entsprechen.

Dabei ist jedoch eine monophysitismusverdächtige Christologie unterstellt: Der Gottessohn gibt weiter, was er als zweite Person der Gottheit bei bzw. in Gott selbst gesehen hat und deshalb zuverlässig bezeugen kann.[48] Damit be-

---

[47] Zum Thema Sensus fidei bzw. fidelium vgl. H. Vorgrimler, Vom »sensus fidei« zum »consensus fidelium«, in: Concilium 21 (1985), 237–242; H. Fries, Gibt es ein Lehramt der Gläubigen, ebd., 288–293; P. Brauchart, Die Lehre vom »Glaubenssinn« (Sensus fidei) in ihrer Bedeutung für die gegenwärtige Ekklesiologie, Graz 1982.

[48] Nahe liegt hier die Bezugnahme auf Joh 8,38: »Ich sage, was ich beim Vater gesehen habe«. Origenes macht diesen johanneischen Gedanken zur Grundlage seines Offenbarungsverständnisses; vgl. De principiis I, 2, 2–3.

gründet er eine Weitergabekette; und er begründet sie so, daß er die von ihm erwählten Apostel bzw. deren Nachfolger durch seinen Geist zu zuverlässigen Zeugen macht, die ihrerseits irrtumsfrei weitergeben können, was man ihnen übergeben hat. Offenbarung und Tradition vollziehen sich hier »exterritorial« zu menschlichen Kommunikations- und Verständigungsprozessen. Gegenwärtige Entwürfe einer »Geist-Christologie«[49] versuchen, diesen latenten Monophysitismus dadurch zurückzunehmen, daß sie die *menschliche* Antwort des Sohnes als geistgewirkte Bezeugung des Wortes Gottes würdigen. Das Wort, das der Sohn ist, spricht und in seiner Lebenspraxis kommuniziert, ist die vom Geist hervorgerufene, in einem wahrhaft menschlichen Selbstverständigungsprozeß zu Wort kommende Antwort auf die göttliche Sendung. An und in dieser Antwort hat die Kirche das Wort; »Gott sendet seinen Sohn, damit er den Vater auslege in menschlichen Gebärden«[50], damit er der maßgebende Exeget und Hermeneut des göttlichen Heilswillens sei und die Menschen dafür gewinne, sich ihm anzuvertrauen. Die »Gottes-Exegese« Jesu von Nazaret (vgl. Joh 1, 18) macht Gottes Heilswillen – Gottes endzeitliche Herrschaft – kommunikativ gegenwärtig und bezieht die jeweils Angesprochenen in den hermeneutischen Prozeß ein. Sie sollen mitfragen, was es für sie bedeuten kann, sich dem Geschehen des göttlichen Heilswillens anzuvertrauen, wozu es sie herausfordert – und wer der ist, der sie mit dieser endzeitlichen Nachdrücklichkeit herausfordert.

Die Gleichniserzählungen Jesu lassen noch deutlich erkennen, wie der Erzählende die von ihm Angesprochenen in diesen hermeneutischen Prozeß hereinziehen will, wie er sie selbst zu Hermeneuten der Gottesherrschaft machen[51] und sie einladen will, »die Bedeutung auszumachen, von der sie betroffen sein könnten.«[52] Es versteht sich von selbst, daß es *diese* Herausforderung und Einladung ist, die den Sendungsauftrag der von Jesus zur Verkündigung Berufenen ausmacht: Sie sollen für das Wort um Einlaß bitten, darum bitten, daß man sie mit ihrer Einladung, Gottes Willen neu zu verstehen und sich ihm anzuvertrauen, einläßt. Und wo sie eingelassen werden, da wird mit ihnen der eingelassen, der zuerst das Wort ist, indem er es auslegt.

Diese durchaus komplexe kommunikative Struktur wird an den Parallelstellen zu dem eingangs als Referenztext für kirchliche Einbahnkommunikation zitierten Vers (Lk 10, 16) mit der Metapher des Aufnehmens zumindest angedeutet: »Wer euch aufnimmt, der nimmt mich auf, und wer mich aufnimmt, nimmt den auf, der mich gesandt hat« (Mt 10, 40; Joh 13, 20). Hier ist nicht eine Weitergabekette konstruiert, sondern von einer gleichsam rekursiven Kette des Aufnehmens die Rede, aufgrund derer all denen, die die Apostel und Jünger aufnehmen, zugesagt wird, sie nähmen zu ihrem Heil Gott selbst bei sich auf.

---

[49] Vgl. etwa P. Schoonenberg, Der Geist, das Wort und der Sohn. Eine Geist-Christologie, dt. Regensburg 1992.

[50] So H. U. von Balthasar, Gott redet als Mensch, in: ders., Verbum caro, Einsiedeln 1960, 73–99, hier 98.

[51] Vgl. E. Arens, Kommunikative Handlungen, Düsseldorf 1982, 338–347.

[52] H. Zirker, Kirche als Kommunikationsgemeinschaft, a.a.O., 70.

Wo die Ausgesandten jene Gemeinschaft finden, bei der sie mit ihrem Wort wirklich eingelassen werden in die kommunikativen Prozesse, in denen die gemeinsame Welt je neu aufgebaut, Identität und Selbstverständigung ausgelotet und beansprucht, das Dringliche und das Bewährte je neu gesichtet, Handlungsspielräume eröffnet und Gemeinsamkeit bei aller Gegensätzlichkeit der Erfahrungen und Interessen je neu begründet werden muß[53], da wird Gott selbst in die Welt dieser Menschen eingelassen. Da entsteht Kirche als Kommunikationsgemeinschaft in dem Geist, der Gottes heilvollen Willen geschehen läßt und in denen ekklesial handelt, die sich ihm öffnen.

Wo das Wort, das in der Gottes-Hermeneutik Jesu Christi laut wird, eingelassen wird in die für menschliches Miteinander konstitutiven kommunikativen Verständigungsprozesse, wo diese selbst für die Gottes-Hermeneutik in Anspruch genommen werden, da geschieht Kirchen-Gründung als Aussaat und Einwurzelung der Einladung Gottes; weniger metaphorisch gesprochen als Zusammenfinden in dem »Projekt«, das Wort zu verstehen in den situativ unterschiedlichen Versuchen, hier und jetzt eine möglichst angemessene Antwort auf es zu finden. Sich darüber zu verständigen, wer der Gottesbote Jesus ist, wie die Gottesherrschaft ist, zu der er einlädt und die er vergegenwärtigt, wie in ihm und von ihm her Gottes guter Wille geschieht, obwohl sein Wort ihn ans Kreuz brachte, was es bedeutet, daß er als der Auferstandene begegnete – das stand am Anfang der Ekklesiogenese.[54] Und solche Verständigung gründet Kirche je neu in ihrem Ursprung. Sie ist nicht etwa dadurch überflüssig geworden, daß die Späteren es definitiv wußten und dieses Glaubenswissen dann nur noch möglichst unverfälscht weitergegeben werden mußte.

Mit *Edmund Arens* kann man an dieser fortwährend kirchenbegründenden Glaubenskommunikation zeugnisförmige und bekenntnisförmige Strukturen unterscheiden. Unterscheidbar sind sie darin, »daß Bezeugen auf Überzeugen zielt, während sich im Bekennen eine gemeinsame Überzeugung, ein erzielter Konsens artikuliert.«[55] Das Zeugnis will Antwort auf die Herausforderung und die Zusage des Gotteswortes sein, insofern es konkret zum Ausdruck bringt, was es für das Leben des Zeugen in all seinen Dimensionen bedeutet, sich der wahrheitsenthüllenden Kraft dieser Herausforderung auszusetzen und der in ihr liegenden Zusage zu glauben. Es geht dem Zeugen zuerst gewiß darum, die für ihn jetzt mögliche und vom Wort herausgeforderte Antwort zu finden, seine Identität zu finden als ein Mensch, der *wahrhaft* eben nur noch als Antwort auf dieses Wort leben kann. Aber er sucht nach dieser Antwort und er versucht sie in der gemeinsamen Glaubenswelt der Gemeinde, einer Lebenswelt, die er mit Glaubenden, Zweifelnden, Desinteressierten und Ungläubigen teilt. Sie alle spricht er im kommunikativen Vollzug des Bezeugens mit an: Er wirbt um die Anerkennung seiner Glaubens-Identität; er versucht ihnen begreiflich zu ma-

---

[53] Zu diesen fundamentalen Funktionen der Kommunikation vgl. ebd., 75 ff.
[54] Vgl. ebd., 70 f.
[55] E. Arens, Christopraxis, 107.

chen, was ihn selbst ergriffen hat; er erbittet ihre Stellungnahme zu seinem Versuch, die Lebensrichtung zu finden, die das Wort ihm vorzeichnet. Die Antwort des Zeugnisses will in der Gemeinschaft der Glaubenden und vor der Skepsis oder gar Ablehnung der Nichtglaubenden verantwortet werden. Sie will die Skepsis und den Widerspruch überwinden; sie will Einverständnis und Zustimmung erreichen – nicht eigentlich für sich selbst, sondern für das Wort, auf das sie antworten will, das sie als wahr und zur Wahrheit befreiend bezeugen will. So zielt das Zeugnis – zumindest auch – darauf, »Menschen von der Person Jesu, seiner kommunikativ-befreienden Praxis der Basileia zu überzeugen und sie zum Mittun in diese durch Gottes Handeln ermöglichte Praxis … einzuladen.«[56]

Neben diesem kerygmatisch-missionarischen Akzent kann das Bezeugen auch eine mehr oder weniger ausgeprägte diakonische Ausrichtung haben. Hier kommt das bezeugte Wort in der Antwort des Zeugnisses so zum Ausdruck, »daß ich dem Nächsten als Zeichen der auch ihm verheißenen Gotteshilfe Beistand leiste«[57] und ihn einlade, sich für diesen umfassenden Glaubens-Horizont des ihm konkret erwiesenen Beistands zu öffnen. Zeugnis geschieht aber auch, »wo Menschen im Namen Jesu und des Gottes Jesu Christi Einspruch gegen die herrschenden Verhältnisse erheben, wo sie in Gottes ›Rechtsstreit‹ mit der Welt bzw. den ›Götzen‹ eingreifen und für ihn Partei ergreifen«[58], dadurch aber auch andere Menschen für die Durchsetzung des den Notleidenden und Unterdrückten zugute kommenden Gottesrechts gewinnen wollen. Solches prophetisches Bezeugen ist oft – allzu oft – mit dem »pathischen« verbunden, mit dem Zeugnis der wegen ihrer Parteinahme für Gottes Gerechtigkeit Verfolgten, die in ihrer Verfolgung selbst aus der Hoffnung darauf zu leben und sie bei anderen zu stiften versuchen, daß den um der Gerechtigkeit willen Verfolgten das »Reich der Himmel« gehört (Mt 5,10). Sie bezeugen, »daß Jesu Passion andauert«[59] und die Opfer der Ungerechtigkeit sich an den halten dürfen, der ihn nicht im Tod ließ.

Die Artikulationsformen christlichen Wort- und Lebenszeugnisses werden vielfältig sein, so vielfältig wie die Situationen, in denen nach einer einigermaßen situationsgemäßen und der geglaubten Botschaft entsprechenden Antwort gesucht wird. Kirchliche Gemeinschaft wächst unter denen, die einander mit ihrem Zeugnis etwas zu sagen haben, weil sie voneinander wissen, daß Gottes Wort ihnen das Entscheidende zu sagen hat. Dieses grundlegende Einverständnis bedarf der gemeinsamen Artikulation; es bedarf der kirchlichen Artikulation dessen, was die Glaubenden und zu glauben Versuchenden als das ihnen in Gottes Wort zugesprochene Entscheidende – und damit auch Unterscheidende – annehmen, will heißen als für sich selbst entscheidend gelten lassen wollen. Solche gemeinsame sprachliche Artikulation hat die kommunikative Gestalt

---

[56] Ebd., 133.
[57] K. Barth, Kirchliche Dogmatik, Studienausgabe Zürich 1986, Bd. I/2, 492.
[58] E. Arens, Christopraxis, 134.
[59] Vgl. ebd., 137.

des *Sich-Bekennens-Zu* ... und so auch des *Sich-Geschieden-Wissens-Von* ...
Sie verantwortet das für den Glauben Geltende als Bekenntnis zu *diesem* Gott
in Distanzierung von den Götzen, deren Botschaft nicht als gültig anerkannt
werden darf; als Bekenntnis aber auch zu dem, was Menschen in der Gemeinschaft mit diesem Gott sein und werden dürfen, in Distanzierung von Program-
men und Projekten, in denen der Mensch sich selbst oder selbstgemachte
Götzen zum Maß aller Dinge macht.

Das gemeinsame Bekenntnis ist die Artikulation der Gruppen-Identität der
im Namen und zur Nachfolge Christi Zusammenfindenden – verantwortet vor
denen, die nach dem Sinn dieses Sich-Zusammenfindens fragen, verantwortet
aber auch vor dem, dessen Name dabei in Anspruch genommen wird und nicht
mißbraucht werden darf. So steht das Bekenntnis im Mittelpunkt jener Gemein-
defeier, in der die gemeinsame Teilhabe und Teilnahme an der Sendung Jesu
Christi begangen wird; es ist die der Koinonia am Heiligen besonders naheste-
hende sprachliche Selbstverpflichtung, mit der die Eucharistie Feiernden ihren
gemeinsamen Glauben und diese Feier als das ihre Gemeinschaft Begründende
verbindlich aussprechen und deuten. Es steht aber auch im Mittelpunkt jener
Klärungsprozesse, in denen sich die Gemeinschaft der in *diesem* Geist an *diesen*
Gott und *diesen* Messias Glaubenden angesichts drohender Identitätsdiffusion
des für sie weiterhin Letztgültigen vergewissert. Hier gewinnt es die Form von
mehr oder weniger lehrhaft ausgeführten, weil zur Abgrenzung gegen nicht
mehr als christlich zu bezeichnende Lehren in Geltung gesetzten Glaubensregeln. Bekenntnissituationen fordern Entscheidungen. In ihnen können im
Blick auf die jeweilige Streitfrage nicht beide Alternativen zugleich wahr sein.
Bekenntnissituationen werden mitunter auch das Ganze christlicher Glaubens-
Identität in Frage stellen und deshalb umfassende Bekenntnisformulierungen
erforderlich machen oder dazu herausfordern, das gemeinsam Christliche als
mit bestimmten gesellschaftlichen, religiösen oder pseudoreligiösen Optionen
im Entscheidenden unvereinbar zu identifizieren. Solches situative Bekennen

> »geschieht, wo die Kirche in einem bestimmten geschichtlich-politischen Kontext
> gezwungen ist zu bekennen, wo sie ja und nein zu sagen hat, wo von ihr um ihrer
> eigenen Identität, Integrität und Mission willen ein entscheidender Konsens gefor-
> dert ist«; es hat darum nicht notwendigerweise »das Ganze des Glaubens zum In-
> halt, sondern thematisiert (vorrangig; J. W.) jeweils bestimmte umstrittene Aspek-
> te, in bezug auf die die Kirche um ihres Kircheseins willen zu verbindlicher Einigung
> gezwungen ist.«[60]

Zeugnis und Bekenntnis sind komplementäre kommunikative Handlungen, insofern das Bezeugen die Lebens-Relevanz des Bezeugten, das Bekenntnis aber
die christliche Identität des Glaubens zum Ausdruck bringt. Von diesen beiden
Genera, die Herausforderung durch Gottes Wort und damit den christlichen

---

[60] Ebd., 144. E. Arens nennt als Beispiele das Barmer Bekenntnis von 1934, den Bekenntnistext
»Unsere Hoffnung« der Synode der Bistümer der Bundesrepublik Deutschlands von 1975 sowie das
erstmals 1985 vorgelegte KAIROS-Dokument südafrikanischer Christen (vgl. 144 ff.).

Glauben zum Ausdruck zu bringen, darf gesagt werden, sie konstituierten die kirchliche Communio als Kommunikationsgemeinschaft, in der der Glaube zur Inspiration wird, aus dem Geist Jesu Christi zu handeln. Aber ist damit das Entscheidende zum kommunikativen Sinn des Kircheseins schon gesagt? Ist wirklich schon umfassend und gründlich genug zur Sprache gebracht, wie Gott in seinem Geist an der Kirche und in ihr handelt, damit sie Communio Sanctorum sei?

4.8 Die Kirche und der Paraklet

Zumindest dies wäre noch deutlicher darzustellen: wie der Glaube, der in der Kirche bezeugt und bekannt wird, wie die Botschaft, auf die kirchliches Zeugnis und Bekenntnis antworten wollen, der Kirche gegeben sind. Aus naheliegenden Gründen ist in der Ekklesiologie vor allem davon die Rede, daß der Glaube und die Botschaft, auf die er antwortet, in der Kirche *weiter*-gegeben werden; und daß sie vor allem durch amtlich-vollmächtige Verkündigung weitergegeben werden – der Glaube kommt schließlich vom Hören (vgl. Röm 10,14–18). Wo aber – durch Verkündigung – weitergegeben wird, da scheint vorausgesetzt, daß die, die weitergeben, selbst *haben*, was sie weitergeben. Und in diesem Sinne ist ja auch vom *depositum fidei* die Rede. Der Glaube ist die παραϑήϰη (das anvertraute Gut), das von der Kirche gehütet und bis zur Wiederkunft Christi unversehrt bewahrt werden muß (vgl. 1 Tim 6,20; 2 Tim 1,12 ff.). Die Kirche weiß sich – so in der Bulle »Ineffabilis Deus«, mit der *Pius XI.* 1854 die unbefleckte Empfängnis Mariens definierte – als »eifrige Hüterin und Beschützerin der bei ihr hinterlegten Glaubenslehren (depositorum apud se dogmatum)«. So

> »verändert (sie; J. W.) niemals etwas an diesen, nimmt nichts weg, fügt nichts hinzu, sondern bemüht sich mit allem Fleiß, das Alte, das etwa von alters her Gestalt annahm und (das) der Glaube der Väter pflanzte, durch getreuen und weisen Umgang so auszufeilen und zu verfeinern, daß jene alten Dogmen der himmlischen Lehre (caelestis doctrinae dogmata) Einsichtigkeit, Licht und Bestimmtheit empfangen, aber ihre Fülle, Unversehrtheit und Eigentümlichkeit behalten und nur in ihrer Weise wachsen, nämlich in derselben Lehre, demselben Sinn und derselben Auffassung (sententia)« (DH 2802; Verweis auf Vinzenz von Lérins, Commonitorium primum 23).

Das »divinum depositum« ist – so das 1. Vatikanum – »der Braut Christi anvertraut«, damit es »treu gehütet und unfehlbar (infallibiliter) erklärt werde« (DH 3020). Insbesondere den Nachfolgern Petri kommt die mit dem Beistand des Heiligen Geistes wahrzunehmende Aufgabe zu, »die durch die Apostel überlieferte Offenbarung bzw. die Hinterlassenschaft des Glaubens (fidei depositum)« zu bewahren und treu auszulegen (DH 3070). Was der Kirche in diesem Sinne gegeben ist und durch den vor allem dem Lehramt assistierenden Beistand des

Heiligen Geistes getreu bewahrt wird, das kommt den Gläubigen zugute, wenn sie es sich durch die vollmächtige Verkündigung authentisch bzw. gar unfehlbar auslegen lassen. Ist nicht auch hier das Modell einer strikten Einbahnkommunikation maßgebend, nach dem die in spezifischer Weise an diesem Depositum Partizipierenden – es ist ihnen ja von Amts wegen übergeben – denen weitergeben, was diese nur von den Erstempfängern erhalten können?

Das Modell der Einbahnkommunikation von oben nach unten, in dem dann auch Verkündigung entscheidend als Weitergabe durch die in spezifischer Weise »Habenden« an alle anderen verstanden wird, kann die glaubens- und kirchengründende Kommunikation der Communio Sanctorum nicht adäquat darstellen. Die Vorstellung von einem depositum fidei bringt zwar gültig zum Ausdruck, daß die Communio Sanctorum aus der Selbstgabe Gottes in Jesus Christus lebt und in ihr leben kann, weil der Heilige Geist ihr – auch durch den Dienst der hierarchischen Amtsträger – diese Selbstgabe Gottes je neu als Anhalt und Medium ihres Glaubens erschließt. Sie führt aber in die Irre, wo sie den Eindruck erweckt, das Glaubenkönnen sei eine Sache institutioneller Selbstvergewisserung; der Selbstvergewisserung in dem, was die Kirche hat, weil es ihr – und insbesondere ihren Amtsträgern – zu eigen gegeben wäre. An dem, was der Kirche übergeben und auf ihrem Weg mitgegeben ist, kann sich der Glaube entzünden; auf das depositum fidei kann er sich beziehen; in ihm kann er sich selbst auslegen und der Zuverlässigkeit seiner Rückbindung an das in der Kirche Überlieferte vergewissern. Aber als Glaube entsteht er nicht einfach durch Weitergabe eines zuverlässig *Gewußten* und insofern dem Weitergebenden Zueigenen. Weitergabe des selbst Gewußten, als sicheres Wissen Angeeigneten, wäre tatsächlich Anteilgabe an dem mir Zueigenen. Weitergabe des Glaubens und Glauben-*Könnens* ist aber nicht in diesem Sinne Weitergabe dessen, was sich der Weitergebende – etwa durch zuverlässige Erkenntnis – erworben hätte. Und Verkündigung ist im Entscheidenden auch nicht Weitergabe einer Botschaft, für deren Zuverlässigkeit einfachhin der Weitergebende – der Verkündiger – selbst stünde und stehen dürfte, da der Heilige Geist ihn mit der entsprechenden Autorität ausstattet.[61]

---

[61] Die traditionelle Analysis fidei sieht das Glaubenkönnen ermöglicht durch das sichere Zeugnis der Kirche und insbesondere des Lehramts für die Gottgegebenheit des in kirchlichem Glauben Anzunehmenden. Die Kirche verbürgt hier, daß sich der Mensch auf das ihm als Gotteswort Vorgelegte und Ausgelegte mit unbedingtem Glaubensgehorsam einlassen darf. Sie macht ihm damit den Glaubensgehorsam aber auch zur unbedingten Verpflichtung. Der Mensch darf glauben, was ihm die Kirche zu glauben vorlegt, weil sie ihm zugleich die Gewißheit gibt, daß das ihm Vorgelegte das ist, wozu Gott selbst seinen Glaubensgehorsam anfordert. Der Mensch kann glauben, weil ihm das glaubwürdige Zeugnis der Kirche die Sicherheit gibt, nicht getäuscht zu werden; und er ist dazu verpflichtet, wenn ihm dieses Zeugnis zuteil wird. Dieses Modell läßt deutlich eine Orientierung am Vorgang des Bezeugens vor Gericht durchscheinen: Der Richter ist dazu verpflichtet, das glaubwürdige Zeugnis eines Zeugen entscheidungsrelevant sein zu lassen. Die Glaubwürdigkeit des Zeugnisses verbürgt hier das Geschehensein oder Nichtgeschehensein des im Urteil zu würdigenden Sachverhalts; sie verbürgt das Urteilen*können* und Urteilen*müssen* des Richters. Aber sind Glaubensurteil und Glaubenszustimmung in diesem Sinne ermöglicht und getragen von einem glaubwürdigen Zeugnis über einen im Prinzip feststellbaren und durch glaubwürdige Zeugen verbürgten Sach-

Unvermeidlich kennzeichnend für glaubens- und kirchengründende Kommunikation ist vielmehr die institutionelle Unverfügbarkeit des Glaubenkönnens. Daß ein Amtsträger mit rechtlicher Gültigkeit und Verbindlichkeit in Sachen des Glaubens und der Kirche tätig wird, ja dazu bestellt und durch die Hilfe des Heiligen Geistes dazu in der Lage ist, den Glauben hier und jetzt vor Irrtum und Entleerung zu schützen, heißt noch nicht, daß er selbst mit Sicherheit ein Glaubender ist, etwa gar aufgrund einer amtsspezifischen Teilhabe am depositum fidei ein vorbildhaft Glaubender wäre. Für sein eigenes Glaubenkönnen sind die Amtsträger wie alle Glaubenden auf den Beistand des Heiligen Geistes als des *Ermutigers* – des Parakleten – angewiesen und nicht eines spezifischen Beistands zur Erlangung glaubensstiftender Glaubensgewißheit versichert. Eben deshalb ist das glaubens- und kirchengründende Kommunikationsgeschehen nicht das Weitergeben dessen, was man selbst hat, sondern die wechselseitige Ermutigung zum Glauben in dem Geist, der geteilt werden will – und geteilt wird, wo Menschen einander ermutigen, dem ihnen in Jesus Christus Zugesagten zu trauen.

Jesus Christus ist den Glaubenden der maßgebende Hermeneut des guten Gotteswillens, seines zum Heil der Menschen entschlossenen göttlichen Vaters. Ihn nimmt er als Gegeninstanz zur Gefangenschaft der Menschen in Sünde und Unheil – zur scheinbaren Übermacht der Mächte – in Anspruch. Da Gottes Herrschaft anfängt und nunmehr nicht mehr aufhört anzufangen, ist die Unheilsperspektive des seiner Erfüllung entgegentreibenden Verhängnisses gebrochen; wie ein Blitz ist der Satan – der Ankläger, der das Böse noch in seinen letzten Konsequenzen zur Auswirkung bringen will – vom Himmel gefallen (vgl. Lk 10,18). Der Herrscher dieser Welt ist von seinem Thron gestürzt. So kann nun in dieser Welt Gottes Herrschaft ihren Anfang nehmen; und sie fängt an, wo immer Menschen darauf setzen, daß Gottes guter Wille geschieht, daß er in denen anfängt, Gottes Herrschaft in der Welt aufzurichten, die sich von der Übermacht des Gott- und Menschenwidrigen nicht entmutigen lassen.

Der Prediger Jesus zeigt in Wort und Tat, was das bedeuten kann: daß Gottes guter Wille, um dessen Geschehen er die Jünger zu bitten heißt, dann auch durch sie und an ihnen geschieht. Er zeigt, wie Heilung geschieht: Widerste-

---

verhalt? Hat das Glaubenkönnen genügend Anhalt in den von der Kirche – bzw. genauer von ihrer vollmächtig-bezeugenden Verkündigung – zuverlässig vorgelegten credendum? Oder verdankt sich das Glaubenkönnen letztlich der institutionell unverfügbaren Selbstbezeugung des Heiligen Geistes, der die Glaubenden zu Hoffenden, zu von der Hoffnung des Glaubens »Ergriffenen« macht? Es ist deutlich, daß die Grundstruktur der traditionellen Analysis fidei mit einem streng hierarchischen Verständnis glaubensermöglichender Kommunikation in der Kirche korreliert: Die zuverlässige autoritative Vorlage durch das hierarchische Lehramt ist im Prinzip hinreichende Bedingung für das Glaubendürfen und so auch das Glaubenkönnen auf seiten derer, die sich auf die Zuverlässigkeit der Vorlage verlassen dürfen. Gegen diese Korrelation muß darauf hingewiesen werden, daß Kirche weit grundlegender als das für das Glaubenkönnen der Menschen in Dienst genommene Sakrament des Glaubens und daß ihre Sendung dementsprechend umfassend als Diakonie am Glauben-*Können* der Menschen verstanden werden darf.

henkönnen, Gemeinschaft eines neuen Lebens mit denen, die als Verachtete und Ausgestoßene im Leben schon den Tod erleben. Er zeigt, was Gottes heiliger Geist mit denen anfängt, die sich von ihm inspirieren und über ihre Kleinmütigkeit hinausführen lassen. Er macht die Anfänge greifbar und glaubbar, aus denen Gottes Herrschaft wachsen wird. Daß Gottes – seines Heiligen Geistes – Anfangen von keinem Zuendegehen und Zuendebringen widerrufen werden kann, daß es der Übermacht der »Schlußmacher« gewachsen ist und auch am Kreuz nicht zu Ende gebracht werden konnte, daß dieses Anfangen auch angesichts des Todes Jesu und des Todes aller Menschen den Geschmack und die Eigenschaften der Liebe hat, das ist das Euangelion, das Gottes-Versprechen, dem Christen zu glauben wagen – wenn sie den Mut zu diesem Wagnis finden; und den Mut, sich gegenseitig zu ihm zu ermutigen.

Nun ist das Reden von Liebe in christlicher Verkündigung und Theologie vielleicht allzu geläufig. Das hängt auch damit zusammen, daß Lust und Last, Versprechen und Erschöpfung, Freude und Mühseligkeit der Liebe in Verkündigung und Theologie nur abstrakt und verdünnt vorkommen, so daß an der Oberfläche und allzu harmlos bleibt, was der Erste Johannesbrief als Grundsatz der Einführung ins Mysterium des Christseins so formuliert: » … die Liebe ist aus Gott, und jeder, der liebt, stammt von Gott und erkennt Gott. Wer nicht liebt, hat Gott nicht erkannt; denn Gott ist die Liebe« (4, 7 f.). Grundmerkmal der Verkündigung Jesu und der in seinem Namen geschehenden Verkündigung ist, daß sie Gott und Liebe zusammenbringt und deutlich macht, daß von dem einen nicht ohne das andere geredet werden kann.

Aber was gibt es hier denn zu sagen, zu verkünden? Daß alles, was in der Liebe den Zauber des verheißungsvollen Anfangs in sich hat, was in ihr Versprechen ist und Herausforderung, was in ihr zu erspüren ist an Verbindlichkeit und Konsequenz – daß all dies Gott erspüren, ja erkennen läßt. Die Liebe ist Hermeneutik – Verstehenslehre – Gottes. Aber sie ist natürlich viel mehr als Lehre; sie ist Angerührtwerden von Gott selbst. Und noch etwas wäre zu sagen: Das Versprechen der Liebe geht nicht ins Leere, weil Gott sich darin verspricht – gewiß nicht in jeder Verlockung, in den Illusionen und Projektionen, in die man verstrickt bleibt, wenn es mit der Liebe nicht wirklich ernst wird. Wo in der Liebe aber mehr Spannung und Verheißung ist als im gemeinsamen Genuß zur Auf- und Einlösung kommen könnte, da spricht in ihr Gott mit; da verspricht er, daß das hier Begonnene auf geraden oder verschlungenen Wegen zu ihm führt und bei ihm zur Vollendung kommt.

Ist die Verkündigung dann »mehr« als die Verbalisierung dieses Versprechens, ein Versprechen à conto des Versprechens, das Gott selbst macht und in Jesus Christus beglaubigt hat (2 Kor 1, 20)? Und wenn dem so ist: Wie finden die Verkündiger und Verkündigerinnen den Mut, dieses Versprechen mitzuverantworten? Sind sie neuzeitlich nicht schutzlos dem ideologiekritischen Verdacht, hier sei der Wunsch der Vater des Versprechens und damit der resignativen Einsicht ausgeliefert: Zu schön, um wahr zu werden? Wenn immerhin dies gesagt werden dürfte: Es ist so schön, daß man sich kaum traut, daran zu glauben, weil man den eigenen Projektionen nicht auf den Leim gehen und dann grausam enttäuscht werden möchte! Vielleicht ist es letztlich unerklärlich, daß es doch Menschen gibt, die sich in dieses Versprechen mit ihrer ganzen Existenz hineintrauen, weil sie gar nicht anders können, als es darauf ankommen zu lassen, ob und wie das Versprechen wahr wird; Menschen, die sich in Dienst nehmen lassen von diesem Wahrwerden und anderen Menschen Mut machen können, über ihre Skepsis und ihre Enttäuschung hinauszukommen. Auch sie können nicht beweisen, daß das Versprechen wahr ist, das sie mitverantworten. Aber sie wissen, daß es nur durch die und an denen wahr werden kann, die sich in es hineintrauen. Und sie haben ein klein wenig erfahren, daß dieses Versprechen tatsächlich für sich selbst spricht – weil Gott in ihm spricht, so daß ihm nicht glauben hieße, dem Leben selbst nicht mehr zu trauen.

Aber auch sie brauchen Menschen, die sie ermutigen; die ihnen zeigen, was es heißt, sich zu trauen – in Zeiten, in denen die Angst, schließlich doch enttäuscht zu werden, und der Zweifel ins Unerträgliche anwachsen. Gemeinde ist die Gemeinschaft derer, die auf solche Ermutigung angewiesen und unerklärlicherweise dazu in der Lage sind[62]; die Gemeinschaft derer, die einander nichts mehr beweisen müssen, aber einander zeigen können, daß es unwidersprechlich gut ist, der Herausforderung zu folgen, die Gott ist und uns in der Liebe zuspricht – daß es gut ist und Freude macht über all das Angenehme hinaus, das eben nicht unwidersprechlich gut ist.

Dieser Mut ist kein Besitz, kein Ergebnis einer Überzeugungs- und Belehrungsprozedur, die man irgendwann einmal hinter sich haben könnte, so daß man dann als amtlicher Ermutiger die anderen nur noch freigebig teilhaben lassen könnte an dem, was man selbst zur Verfügung hat. Die Art von Mut und Ermutigung, um die es hier geht, verdankt sich einer Kraft, die unverfügbar aufrichtet und Mut fassen läßt, die uns aufeinander angewiesen sein läßt, weil es gerade die oder der mir jetzt Begegnende sein könnte, von der oder von dem her diese Kraft in mich eingehen und in mir »Wohnung nehmen« will. Die Bibel führt sie auf den *Paraklet* zurück; dem Wortsinn nach heißt das tatsächlich: der Ermutiger, dessen »Trost« die Mutlosigkeit der Zurückgelassenen überwindet (vgl. Joh 14 und 16).[63] Er bezeugt uns, daß verläßlich ist, was uns oft so zweifelhaft wird, daß das Versprechen glaubbar ist, das uns mitunter nur noch wie das Irrlicht eines sehnsuchtskranken Menschseins vorkommt.

Er ist der Zeuge, dessen Zeugnis, wenn es gut geht, menschliches Zeugnis hervorruft, dessen παρακαλεῖν uns, wenn es gut geht, Ermutiger sein oder für Ermutigung offen sein läßt. Wenn das Zeugnis glaubender Menschen seinem Zeugnis antwortet, es ins Wort oder in die ermutigende Tat bringt, dann geschieht, worauf der Paraklet abzielt: das Zusammengefügtwerden von Men-

---

[62] Glaube und Hoffnung sind – so treffend F. Steffensky – »zu schwer für den einzelnen. Man muß sich vergesellschaften. Man muß die Bilder, die Geschichten und Lieder der Hoffnung teilen, um sie hören und singen zu können. Die Kirche als der Ort des geteilten Mutes und des geteilten Zweifels«; Das Haus, das die Träume verwaltet, Würzburg 1998, 17 f.

[63] Vgl. dazu: B. Häring, Frei in Christus, Sonderausgabe Freiburg i. Br. 1989, Bd. 1, 47 ff.

schen, die Gottes Geist miteinander teilen und in diesem Sinne Kirche sind. Vollmächtige Verkündigung ist demgegenüber eben nicht noch etwas Höheres und Größeres, sondern elementar darauf angewiesen, daß das hilfreiche Wort und die hilfreiche Tat der Zeugen vom Parakleten hervorgerufen werden, daß sie mit offenen Augen und Ohren als Ermutigung zum Glauben angenommen werden. In diese kirchengründende Zeugniskommunikation sind alle einbezogen, die sich einbeziehen lassen und Gottes Geist eine »Angriffsfläche« bieten. Der Unterschied von Priester und Laie spielt hier keine Rolle; die klare Rollenverteilung in Lehrende und Hörende, die Unterscheidung von lehrender und hörender Kirche hat hier keine Triftigkeit. Wer hier spricht und wer hört, das ergibt sich daraus, wer gerade sprechen und mit seinem Zeugnis hilfreich sein kann und wer jeweils auf das aufschlußreiche Wort und die ermutigende Tat anderer angewiesen ist.

Das Glaubenkönnen ist letztlich unverfügbar, es ist Gnadengabe und kann deshalb auch nicht institutionell erzeugt oder sichergestellt werden. Es ist angewiesen auf die sozial unverfügbare Gabe des Beistands im Zweifel, der Ermutigung in der Resignation, der Inspiration zum Vertrauenkönnen. Deshalb lebt der Glaube in der Kirche und damit die Kirche selbst von der Zeugnis-Kommunikation, in der all das geschehen *kann*; in der der Geist Gottes geteilt wird und jene Koinonia des Geistes hervorbringt, bei der die Starken dazu berufen sind, Brüder und Schwestern im Glauben zu stärken, die Schwachen aber darauf hoffen dürfen, gerade mit ihrer Glaubensnot für die Gemeinschaft der Glaubenden und zu glauben Versuchenden wichtig zu sein und in ihr mitgetragen zu werden. Dieses Wirken des Gottesgeistes in denen, die ihn – als »Starke« oder »Schwache« – miteinander teilen wollen, damit möglichst jeder und jede den Mut finde, sich in das im Glauben geglaubte Gottes-Versprechen hineinzuwagen, darf wohl mit gutem Grund als das elementare, kirchengründende und kirchenerhaltende Handeln Gottes bezeichnet werden. Es konkretisiert sich in den verschiedenen Formen des kirchlichen Zeugnisses und Bekennens; es wird auf menschliche, vom Gottesgeist selbst ermöglichte Weise gefördert durch den Dienst des kirchlichen Amtes, das die Schrift und Tradition gewordenen Quellen der Ermutigung mit seiner amtlichen Sorge davor bewahren will, vom Geist der Zeit verunreinigt oder gar verstopft zu werden. Aber diese konkreten und mehr oder weniger hilfreichen Dienste dürfen nicht aus dem Blick geraten lassen, warum Kirche von ihrer ratio essendi her Kommunikationsgemeinschaft sein muß: Weil niemand für sich allein den Mut zum Glauben aufbringen kann; weil es zur Glaubensvergewisserung nur in der Gemeinschaft der einander im Glauben Stärkenden und so den ihnen gegebenen Gottesgeist miteinander Teilenden kommen kann.

4.9 Martyria, Leiturgia, Diakonia: Grunddimensionen kirchlicher Kommunikation

Es lassen sich nun eine ganze Reihe von Diensten namhaft machen, die der Ermutigung zum Glauben in der Kirche zugute kommen. Zuerst gewiß der Dienst der *Erinnerung* an die Geschichte, in der die Schriften des Alten und des Neuen Testaments – das Volk Israel und die Kirche – Gottes Handeln als zum Heil der Menschen geschehend identifizierten. Wo man einander an das in dieser Geschichte Geschehene erinnert, da wird zumindest die Frage aufgeworfen, ob es nicht doch einen Versuch wert ist, das in ihr Geschehene auf das eigene Leben zu beziehen und dem Geist wie der von ihm erweckten Zuversicht, die in dieser Geschichte spürbar werden, auch das eigene Leben anzuvertrauen.

Solche Erinnerung vollzieht sich konkret im Vergegenwärtigen und Auslegen der Überlieferungen, in denen glaubende Menschen Gottes ermutigende, aufrichtende, aber auch richtende Präsenz in der Geschichte bezeugen, vor allem jener Überlieferungen, in denen die Kirche – mit dem Volk Israel, aber auch, was die Schriften des Neuen Testaments angeht, von ihm geschieden – ihre Gründungsurkunde identifizierte. Diese Traditionen bedürfen – sollen sie zur Quelle der Glaubens-Ermutigung werden – *exegetischer, geistlicher* und *prophetischer* Vergegenwärtigung:

- fachlich kompetente Exegese läßt deutlich werden, wie diese Überlieferungen als Zeugnisantwort auf glaubensermutigende Gründungserfahrungen entstanden und ausformuliert worden sind;
- geistliche Auslegung läßt deutlich werden, wie Menschen in den verschiedenen Zeiten der Glaubensgeschichte bis in die Gegenwart hinein diese Überlieferungen auf eigene Erfahrungen, Hoffnungen, Enttäuschungen und Krisenerfahrungen, aber auch auf die Situation von Welt und Kirche in ihrer Zeit bezogen und darin einen Grund gefunden haben, sich der in ihnen bezeugten, von Gottes Geist bewirkten Vergegenwärtigung der Gottesherrschaft anzuvertrauen;
- prophetische Vergegenwärtigung nimmt den guten Gotteswillen, der in den normativen Überlieferungen als geschehend bezeugt wird, als Gegeninstanz zu den hier und jetzt durchgesetzten Machtverhältnissen und den von ihnen betriebenen Vorhaben in Anspruch; sie setzt darauf, daß Gottes guter Wille auch ihnen gegenüber sich durchsetzen wird, deshalb aber auch als Herausforderung angenommen werden muß, sich von gott- und menschenwidrigen Verhältnissen nicht vereinnahmen zu lassen.

Vergegenwärtigende Erinnerung geschieht entscheidend in der *liturgischen Feier* der Gründungsereignisse Israels und der Kirche; jener Ereignisse und Ereigniszusammenhänge, in denen Gottes erwählendes Sich-Versprechen ursprünglich als die letztlich alles bestimmende Wirklichkeit erfahren wurde und auch noch angesichts einer abgründigen, Gottes guten Willen zutiefst in Frage stellenden Weltwirklichkeit bezeugt werden konnte. Die liturgische Feier vergegenwärtigt Gottes Versprechen als das zum Heil der Menschen sich erfüllende; und sie antizipiert seine endzeitliche Erfüllung, die keinen Zweifel mehr daran erlauben wird, daß Gottes Erwählung die alles bestimmende Wirklichkeit ist.

Die *Diakonie* antizipiert Gottes Herrschaft – seine rettende Zuwendung – in der hier und jetzt geschehenden hilfreichen Zuwendung zu den Notleidenden. Sie vergegenwärtigt jene geistliche Kraft, die den Mächten und Komplizen der Ausbeutung und der Zerstörung widerstehen läßt in der Hoffnung auf den, der zu einem guten Ende bringen wird, was er in der Schöpfung und dem Heilswerk der Erwählung begonnen hat. Diakonie lebt von dem Mut – und ruft ihn wach –, sich im Handeln wirklich auf den Notleidenden zu beziehen, die eigenen Interessen zurückzustellen und es darauf ankommen zu lassen, daß in diesem Handeln um des anderen willen Gottes Herrschaft als die alles bestimmende Wirklichkeit ein klein wenig greifbar wird. So ist die Diakonie Prüfstein für den Mut der Kirche, von sich selbst abzusehen, sich als eine Kommunikationsgemeinschaft zu verstehen, der es in ihren kommunikativen Grundvollzügen nicht um sich selbst, sondern um jene größere Wirklichkeit geht, die sie darstellen und auf die hin sie die Menschen ermutigen darf: Gottes heilende Herrschaft. Der Mut zu solcher ekklesiologischen Selbstlosigkeit müßte Kirche als *Communio* kenntlich machen[64], als Glaubens-Gemeinschaft, die nicht aus sich selbst und auch nicht für sich selbst da ist: ein Geist-Geschöpf, in dem Gottes Heiliger Geist die Menschheit ermutigen will, sich Gottes gutem Willen anzuvertrauen.

Die Selbstbezogenheit kirchlicher Kommunikation wird gerade in der Gegenwart als verräterisches Kennzeichen kirchlicher Mutlosigkeit identifiziert: Eine Kirche, die nicht mehr so genau weiß, wofür sie gut ist, kreist um sich selbst, damit es ihr noch einigermaßen gut gehe – damit sie ihre Interessen noch einigermaßen effektiv durchsetze. Kirchliche Amtsträger erscheinen in dieser Perspektive als Funktionäre und Interessenvertreter, denen vor allem die Wahrung der kirchlichen Einflußsphäre am Herzen liegt. Für die Glaubwürdigkeit der Kirche, dafür also, daß sie mit ihren kommunikativen Initiativen intentionsgemäß verstanden werden kann, hängt Entscheidendes davon ab, ob die Kirche und die Gemeinden insgesamt den Mut zu ekklesialer Selbstlosigkeit aufbringen; ob insbesondere die kirchlichen Amtsträger und Amtsträgerinnen ihre kircheninteressenfixierte Binnenperspektive soweit öffnen können, daß sie als Anwalt derer wahrgenommen werden, für die Gottes gute Herrschaft – auch wenn sie sie dem Namen nach nicht kennen – noch eine Verheißung ist, als Anwalt derer, die in den Seligpreisungen als bevorzugte Empfänger göttlichen Heils genannt werden.

---

[64] Vgl. dazu O. Fuchs, Diakonia: Option für die Armen, in: Konferenz der Bayerischen Pastoraltheologen (Hg.), Das Handeln der Kirche in der Welt von heute, München 1994, 114–144, hierzu vor allem 141 f.

4.10 Berufen, die Brüder und Schwestern im Glauben zu stärken

Die Amtsträger mögen vielfach die zentralen »Kommunikatoren« in den Gemeinden und Kirchen sein. Aber sie sabotieren den kommunikativen Sinn ihrer Aufgabe, wenn sie Kommunikationschancen und -rollen für sich selbst zu monopolisieren versuchen. Sie führen dann fälschlich auf eigene Kommunikationsinitiativen zurück, was sich nur in lebendiger gemeindlicher und kirchlicher Wechselseitigkeit entfalten kann: die geistliche Glaubensatmosphäre, in der Menschen den Mut finden, mehr an Heil für möglich zu halten, als im Umkreis menschlicher Handlungsmöglichkeiten liegt – und sich von diesem Mehr herausfordern zu lassen, den Horizont der eigenen Projekte und Interessen zu transzendieren.

Glaubensbegründende Kommunikation lebt vom Geist, der geteilt werden will, wird lebendig aus jener Wechselseitigkeit des Zeugnisses, in der die Gemeinschaft der Glaubenden und zu glauben Versuchenden den Mut findet, dem ihr gegebenen Versprechen Gottes zu trauen. Daß die kirchlichen Amtsträger hier vielfach angefordert sind, ihre spezifischen kommunikativen Möglichkeiten einzubringen, steht außer Frage: als Verkündiger und für die Wahrung der normativen Glaubensüberlieferung Letztverantwortliche, als Vorsteher der Liturgie, als Koordinatoren der Diakonie. Daß die Wahrnehmung dieses amtlichen Dienstes hier nirgends die kommunikative Mitverantwortung der ganzen Communio sanctorum ausschließt, steht ebenfalls außer Frage. Aber unterhalb dieser prinzipiellen Klarstellung besteht doch ein ausgesprochen konfliktträchtiger Klärungsbedarf – und dies vor allem zu der Frage, wie die unabdingbaren amtlichen Vorbehaltsrechte zu bestimmen sind, an denen die Mitsprache der Laien ihre Grenze findet. In besonderer Weise klärungsbedürftig sind ekklesiale Bedeutung und Reichweite jener höchsten Amtsvollmacht, die nach herkömmlicher katholischer Lehre dem Petrus und seinen Nachfolgern mit der Zusage und der Aufforderung Jesu übertragen ist: »Ich habe für dich gebetet, daß dein Glaube nicht erlischt. Und wenn du dich wieder bekehrt hast, dann stärke deine Brüder« (Lk 22, 32). Petrus, der im Gebiet von Cäsarea Philippi das Messiasbekenntnis für die Jünger ablegt, soll der Fels sein, auf den die Gemeinde bauen kann; sein bedrohter und von Gottes Geist neu begründeter Glaube soll den Brüdern und Schwestern im Glauben eine verläßliche Grundlage ihres Glaubens werden (vgl. Mt 16, 16–18).

Die historische Frage, ob hier nicht nur die Leitungsfunktion des Petrus in der Urgemeinde zum Ausdruck kommt, sondern ein höchstes kirchenleitendes Amt für alle Zeiten begründet sein soll, ist kaum zu beantworten. Sie überfrachtet die Texte mit einer Begründungslast, die das in ihnen offenkundig zunächst Gemeinte aus dem Blick geraten läßt.[65] Petrus wuchs die Aufgabe und die Glau-

---

[65] Zum exegetischen Befund vgl. R. Pesch, Simon-Petrus. Geschichte und geschichtliche Bedeutung des ersten Jüngers Jesu Christi, Stuttgart 1980; J. Gnilka, »Tu es Petrus«. Die Petrus-Verheißung in Mt 16, 17–19, in: Münchener Theologische Zeitschrift 38 (1987), 3–17.

bensgabe zu, mit seiner Umkehr der Urgemeinde zum Halt und zur Ermutigung in den Anfechtungen der Verfolgung und des Glaubenszweifels zu werden. In ihm war geradezu urbildhaft der in der eigenen Unsicherheit und Mutlosigkeit vom Gottesgeist zu verläßlichem Christus-Glauben bekehrte Erst-Zeuge in ihrer Mitte, an den man sich halten durfte, gerade weil er durch die Abgründe des Verrats hindurchgeschritten und aus ihnen gerettet worden war. Er konnte seine Brüder und Schwestern im Glauben stärken und ermutigen, weil er selbst diese Stärkung und Ermutigung als seine Glaubensexistenz begründend erfahren hatte. An ihn konnte sich das »institutionelle Vertrauen« der Urgemeinde heften, die Mächte der Unterwelt würden sie nicht überwältigen (vgl. Mt 16,18).

Dieses institutionelle Vertrauen richtete sich schon in den folgenden Generationen der Christengemeinden auf die Unverlierbarkeit der authentischen Christusüberlieferung und auf die Vorsteher der Gemeinden, die in der Spur der Apostel diese Unverlierbarkeit repräsentierten. Je länger der durch Überlieferung zu durchmessende Zeitraum sich dehnte, je bedrohter die Zuverlässigkeit des Überlieferungsprozesses erschien – und dies vor allem auch angesichts tiefreichender Differenzen in der Auslegung des authentisch Christlichen –, desto ausgeprägter mußte sich wohl das Petrus-Vertrauen auf die Unverlierbarkeit des der Kirche von ihrem Herrn Mitgegebenen institutionell konkretisieren. In der katholischen Tradition fand es seine Festschreibung in der sogenannten »Unfehlbarkeitsdefinition« des 1. Vatikanischen Konzils. Diese Definition rückt das von der letztinstanzlichen Lehrvollmacht des Papstes Ausgesagte zunächst in den weiteren Horizont des dem Petrus bei Lukas (22,32) Zugesagten: Jesus betet dafür, daß sein Glaube nicht versage. Weil sein Gebet erhört wird, kann er seine Brüder im Glauben zuverlässig stärken. Diese »Gnadengabe der Wahrheit und des nie versagenden Glaubens« wird vom Konzil nun aber – durchaus einengend – auf die Bewahrung vor jedem Irrtum in der Glaubenslehre bezogen: Sie wurde dem Petrus

> »und seinen Nachfolgern auf diesem Stuhle von Gott verliehen, damit sie ihr erhabenes Amt zum Heile aller ausübten, damit die gesamte Herde Christi durch sie von der giftigen Speise des Irrtums ferngehalten und mit der Nahrung der himmlischen Lehre ernährt werde, damit durch Aufhebung (jeder) Gelegenheit zur Spaltung die ganze Kirche einig erhalten werde und, auf ihr Fundament gestützt, sicher gegen die Pforten der Unterwelt bestehe« (DH 3071).

Das Institutionsvertrauen auf die Unverlierbarkeit der authentisch apostolischen Glaubensüberlieferung in der Kirche richtet sich – so das 1. Vatikanum – konkret auf die Irrtumslosigkeit jener apostolischen Instanz, der es zukommt, Spaltungen in der Kirche durch Abweisung von Irrtümern im Bereich der »caelestis doctrina« zu verhindern. Zwar gilt das Institutionsvertrauen zunächst der Kirche als ganzer: Ihr ist der Beistand des Gottesgeistes zugesagt, der sie in die Lage versetzt, die apostolische Lehre im wesentlichen zuverlässig zu überliefern. Wenn es aber um die Wahrung ihrer Einheit im Glauben geht, so hat der

Papst als der für ihre Einheit in besonderer Weise Verantwortliche auch eine spezifische geistliche Kompetenz für die Wahrung der Einheit in der apostolischen Lehre des Glaubens und der Sitten:

> »Wenn der Römische Bischof ›ex cathedra‹ spricht, das heißt, wenn er in Ausübung seines Amtes als Hirte und Lehrer aller Christen kraft seiner höchsten Apostolischen Autorität entscheidet, daß eine Glaubens- oder Sittenlehre von der gesamten Kirche festzuhalten ist, dann besitzt er mittels des ihm im seligen Petrus verheißenen göttlichen Beistands jene Unfehlbarkeit (infallibilitas), mit der der göttliche Erlöser seine Kirche bei der Definition der Glaubens- oder Sittenlehre ausgestattet sehen wollte; und daher sind solche Definitionen des Römischen Bischofs aus sich, nicht aber aufgrund der Zustimmung der Kirche unabänderlich (ex sese, non autem ex consensu Ecclesiae, irreformabiles esse)« (DH 3074).

Der Wortlaut ist in vieler Hinsicht mißverständlich und interpretationsbedürftig. Zunächst wäre zu klären, worauf sich diese Definitionsgewalt bezieht, sodann, wann sie – als in höchster apostolischer Autorität in Anspruch genommene – ausgeübt werden kann, schließlich wie sie als Amtsvollmacht des Papstes dennoch in der Communio der Kirche und um ihretwillen auszuüben ist und was für sie als »infallibilitas« eigentlich in Anspruch genommen wird.

- Die Definitionsgewalt des Papstes bezieht sich auf die Glaubens- und Sittenlehre der Kirche und dabei wiederum auf solche Lehren, zu denen endgültig und verbindlich Stellung genommen werden muß, damit die Zuverlässigkeit der apostolischen Überlieferung gewährleistet bleibt. Bei Definitionen in diesem Bereich geht es um die mit Hilfe solcher Definitionen festgestellte oder als nicht gegeben beurteilte Übereinstimmung »mit den heiligen Schriften und apostolischen Überlieferungen« (vgl. DH 3069). So ist den Nachfolgern des Petrus »der Heilige Geist … nicht verheißen, damit sie durch seine Offenbarung (eo revelante; gemeint ist: durch eine den Päpsten zuteil werdende neue Offenbarung) eine neue Lehre ans Licht brächten, sondern damit sie mit seinem Beistand die durch die Apostel überlieferte Offenbarung bzw. die Hinterlassenschaft des Glaubens (fidei depositum) heilig bewahrten und getreu auslegten« (DH 3070). Die Antwort der deutschen Bischöfe auf Bismarcks Zirkulardepesche stellt zusätzlich klar, das päpstliche Lehramt sei »an den Inhalt der Hl. Schrift und der Überlieferung sowie an die bereits von dem kirchlichen Lehramt gegebenen Lehrentscheidungen gebunden« (DH 3116). Nicht ausdrücklich festgelegt ist hier jeweils der Status der »apostolischen Überlieferungen«. Im weiteren Sinn kann ja die gesamte Überlieferung des biblischen Glaubens in der Kirche apostolisch genannt werden, so daß jene Überlieferungsgehalte, die sich nicht unmittelbar aus der Bibel selbst ergeben, als interpretative Konkretionen selbst noch einmal auf die biblische Offenbarung bezogen wären. Die apostolischen Traditionen wären dann nicht als inhaltliche Erweiterung des »fidei depositum« zu verstehen, sondern gleichsam als ekklesialer »Resonanzraum« des in der Bibel Überlieferten. Nimmt man in diesem Sinne eine »materiale Suffizienz der Bibel« an, so wäre eben auch das Lehramt des Papstes bei infalliblen Entscheidungen auf den Umkreis der als Schriftauslegung zu kennzeichnenden Fragen und Inhalte festgelegt. Aber auch wenn man den »Überlieferungen« eine das Glaubenswissen erweiternde Bedeutung zubilligt, so daß sie päpstlich-letztinstanzlichen Entscheidungen auch als in gewisser Hinsicht eigenständige Legitimationsquellen dienen dürften, können sich päpstliche – wie ja auch konziliare – Definitionen nur auf den Bereich des fidei depositum, also der Glaubenswahrheiten im engsten Sinn des Wortes beziehen. Das 2. Vatikanum hat sich schließlich – deutlicher als das 1. Vatikanum – für die strikte Bindung des Lehramts an die Schrift und damit auch im Sinne einer materialen Suffizienz der Bibel ausgesprochen, wenn es feststellt, daß »magisterium non supra verbum Dei est, sed eidem ministrat« (daß »das Lehramt nicht über dem Wort Gottes steht, sondern ihm dient«; Dei Verbum 10).[66]

• Die Definitionsgewalt des magisterium extraordinarium kann vom Papst nur in Anspruch genommen werden, wenn er zu Fragen, die das fidei depositum tangieren, als »Hirte und Lehrer aller Christen« ex cathedra spricht und so den Glauben der ganzen Kirche zum Ausdruck bringen will. Wo er diese höchste Lehrvollmacht nicht ausdrücklich und erkennbar in Anspruch nimmt, da sind seine Entscheidungen, so sehr sie auf Respekt und Loyalität (»religiosum voluntatis et intellectus obsequium«; Lumen gentium 25) der Katholiken Anspruch haben, für Korrekturen und Revisionen aufgrund besserer Einsicht prinzipiell offen. Wird von der Tradition, den zur Wahrnehmung des universalen Lehramts berufenen Bischöfe und dem Papst als Haupt ihres Kollegiums eine Lehre, die sich auf das fidei depositum erstreckt, mit synchronem und diachronem Konsens als zur fides divina et catholica gehörig und »als endgültig verpflichtend« vorgetragen, so formuliert das Lehramt im »ordentlichen« Vollzug – also ohne feierliche konziliare oder Ex-cathedra-Definition – auch hier »auf unfehlbare Weise die Lehre Christi« (Lumen gentium 25). Strittig ist gegenwärtig vor allem im Blick auf die Kontroverse über die Frauenordination, ob und wie das ordentliche Lehramt die Zugehörigkeit einer in der Tradition zwar unbestrittenen, gegenwärtig aber kontroversen Lehre zum depositum fidei nachvollziehbar begründen muß. Diese Begründung erscheint ekklesiologisch unverzichtbar, da der Konsens in einer Frage nur dann wirklich normativ sein kann, wenn er sich auch darauf erstreckt, daß die in Frage stehende Lehre sich offenkundig auf eine Glaubenswahrheit im engsten Sinn des Wortes bezieht.

• Daß die Definitionen des Römischen Bischofs »ex sese, non autem ex consensu Ecclesiae irreformabiles« sind, heißt nicht, daß der Papst davon dispensiert wäre, sich im Glaubens-Konsens mit der Kirche zu halten. Als der obersten Rechtsinstanz in der Kirche ist es allerdings in sein Ermessen gestellt zu ent-

---

[66] Von der Unfehlbarkeit der Kirche als ganzer sagt Lumen gentium 25, sie reiche so weit, »wie die Hinterlage (depositum) der göttlichen Offenbarung, welche rein bewahrt und getreu ausgelegt werden muß, es erfordert«.

scheiden, welche Formen der Konsensvergewisserung im konkreten Fall möglich, nützlich und hinreichend sind. Die zitierte Formel will lediglich die Bindung der Gültigkeit päpstlicher Entscheidungen an die Bedingung einer vorhergehenden synodalen Verabschiedung oder einer nachträglichen formellen Ratifikation durch synodale Gremien ausschließen. Der offizielle Berichterstatter der Glaubensdeputation auf dem 1. Vatikanum, *Bischof Vinzenz Gasser,* stellt in diesem Sinne klar, losgelöst von der »Beziehung zur Gesamtkirche genieße Petrus in seinen Nachfolgern dieses auf die sichere Verheißung Christi gegründete Charisma der Wahrheit nicht«. Und er stellt die Verpflichtung des Papstes heraus,

> »in Ausübung seines Amtes und entsprechend dem Ernst der Situation alle geeigneten Mittel an(zu)wenden, um die Wahrheit in rechter Weise zu prüfen und mit aller Genauigkeit zu formulieren; diese Mittel sind die Konzilien, aber auch die Ratschläge der Bischöfe, der Kardinäle, der Theologen und so weiter. Zweifellos sind diese zur Verfügung stehenden Mittel verschieden entsprechend der Verschiedenheit der jeweiligen Lage, und wir müssen vernünftigerweise annehmen, daß die Verheißung des göttlichen Beistandes ... auch die notwendigen und geeigneten Mittel mit einschließt, um die Unfehlbarkeit des Urteils zu garantieren.«[67]

Man kann diesen Erläuterungen entnehmen, daß sich die Vorbereitung päpstlicher Lehrentscheidungen an den Kriterien theologischer Wahrheitsfindung zu orientieren hat, die – unter dem Namen »loci theologici« – generell in der Kirche zu beachten sind.[68] Problematisch erscheint jedoch der Versuch, das konkrete procedere bei der Konsenserhebung auch noch als vom »Charisma der Wahrheit« vor Unzulänglichkeiten bewahrt von vornherein jeder kritischen Rückfrage zu entziehen. Hier zeigt sich die auch sonst in den Texten des 1. Vatikanums beobachtbare Tendenz, einmal getroffene päpstliche Entscheidungen als in jeder Hinsicht unbefragbar gültig darzustellen. Jede Rückfrage müßte – so wird unterstellt – voraussetzen, was nicht vorausgesetzt werden kann: daß der Papst sich hätte nach Regeln richten müssen, die ihm zwingend vorgegeben und nicht seiner eigenen Gestaltung überlassen wären. Weil es solche einklagbaren Regeln nicht gäbe, gegen die der Papst habe verstoßen können, deshalb seien päpstliche Ex-cathedra-Entscheidungen praktisch kraft ihres vom Papst selbst zu bestimmenden Zustandekommens unhinterfragbar gültig. Aber zumindest für die nicht völlig auszuschließenden Extremfälle eines häretischen, vom Glaubensverlust oder vom Verlust seiner psychischen Gesundheit betroffenen Papstes scheint es Minimalkriterien dafür geben zu müssen, wann der Papst, obwohl er es intendiert, nicht mehr »in Ausübung seines Amtes als Hirte und Lehrer aller Christen« (DH 3074) sprechen kann. Und man wird zumindest die Frage

---

[67] Abgedruckt bei R. Aubert, Vaticanum I, 333 f.
[68] Vgl. dazu: M. Seckler, Die ekklesiologische Bedeutung des Systems der ›loci theologici‹, in: W. Baier u. a. (Hg.), Weisheit Gottes – Weisheit der Welt (Festschrift für J. Ratzinger), St. Ottilien 1987, Bd. 1, 37–65.

aufwerfen müssen, ob nicht auch vor Erreichen solcher extremen Ausnahmefälle Situationen gegeben sein können, in denen der Papst in illegitimer Weise von seiner höchsten Lehrvollmacht Gebrauch zu machen versucht, so daß eben doch ein Minimum an Kriterien ihrer legitimen Ausübung im prozeduralen Bereich zu formulieren wäre.

- Für die letztinstanzlichen päpstlichen Lehrentscheidungen wird vom 1. Vatikanum »infallibilitas« in Anspruch genommen. Das meint Irrtumsfreiheit in dem Sinne, daß nicht das Gegenteil des Definierten als wahr behauptet werden darf. Genau genommen wird nicht unterstellt, daß die Definition den definierten Sachverhalt mehr oder weniger genau treffe, sondern eben nur, daß der Papst mit seiner Definition die Kirche nicht in die Irre, will heißen von der ihr anvertrauten Heilswahrheit wegführe. Eine infallible Lehrentscheidung kann also auch über das unvermeidliche Maß hinaus, das mit der Inadäquatheit menschlichen Sprechens überhaupt gegeben ist, unangemessen sein. Sie ist ja wie die Dogmen überhaupt »nicht schlechthin der sündigen Verfallenheit und Zweideutigkeit menschlichen Sprechens enthoben«. Sie trägt ihre »Wahrheit in irdenen Gefäßen (vgl. 2 Kor 4, 7).«[69] Deshalb können solche Entscheidungen die Verläßlichkeit der in der Kirche überlieferten Heilswahrheit zwar nicht untergraben und in Frage stellen; wohl aber ist es theologisch denkbar, daß eine infallible Entscheidung die Heilswahrheit des Evangeliums in durchaus unzulänglicher oder mißverständlicher Weise zum Ausdruck bringt. Das institutionelle Vertrauen auf die Unverlierbarkeit der apostolischen Überlieferung impliziert gleichsam eine negativ bestimmte Infallibilitas – die Kirche wird vom Gottesgeist daran gehindert, sich von der ihr anvertrauten Heilswahrheit abzuwenden –, nicht aber eine positiv bestimmte; Gottes Geist stellt ihr diese Heilswahrheit nicht als wissend eingeholte und verfügbare zur Verfügung.

4.11 Communio und Infallibilitas

Die »Unfehlbarkeitsdefinition« des 1. Vatikanums intendiert – wie ja schon seine Primatsdefinition – die Sicherung einer päpstlichen Notfallkompetenz: Können die normalen kirchlichen Glaubensvergewisserungs- und Kommunikationsprozesse nicht zum Tragen kommen, so hat der Papst die Vollmacht, in Ausübung seines Amtes als für die Einheit der Kirche in letzter kirchlicher Instanz die Verantwortung Tragender um der Aufrechterhaltung dieser Einheit willen allein rechtsgültig und mit dem Anspruch auf Infallibilitas zu entscheiden. »Das Normale und Ordentliche in der Kirche muß« – so Walter Kasper –

---

[69] Vgl. W. Kasper, Artikel »Dogma/Dogmenentwicklung«, in: P. Eicher (Hg.), Neues Handbuch theologischer Grundbegriffe. Erweiterte Neuausgabe. Bd. 1, 303.

»die kollektive und dialogische Wahrheitsfindung sein.«[70] Das Außerordentliche mag im konkreten Fall erfordern, daß eine dazu berufene letzte, einheitswahrende Instanz die Einheit in der gemeinsamen Glaubensüberlieferung zur Geltung bringt und dabei nicht einfach nur einem bereits erzielten Konsens Ausdruck verleiht.

Für den Normalfall müßten endlich auch in der Kirche die Mindestbedingungen verständigungsorientierten kommunikativen Handelns gelten, die es erlauben würden, die jeweils relevanten Argumente im Prozeß kirchlicher Wahrheitsfindung ihrem Gewicht entsprechend zu würdigen. »Repressionsfreie Kommunikation« ist zwar in keinem Feld kollektiver Wahrheitsermittlung einfachhin faktisch realisiert; aber sie muß als regulative Idee anerkannt sein, wenn das gemeinsame Ringen um Wahrheit fair vonstatten gehen und die stärkeren Argumente statt der durchgreifenderen Machtmittel entscheidend sein sollen. Die katholische Kirche tut sich notorisch schwer mit diesem Normalfall kollektiver Wahrheitsermittlung, mit der Institutionalisierung jener produktiven, diskursiven Wechselseitigkeit, in der verständigungsorientierte Kommunikationsprozesse die daran Beteiligten zu gemeinsam wahrgenommener Verantwortung und gemeinsamem Handeln qualifizieren. Zu groß ist hier das Mißtrauen gegen Mitsprache und Mitgestaltung, zu stark die Fixierung auf eine Alleinzuständigkeit des Amtes – und speziell des Petrusamtes – für die Wahrung der wahrhaft apostolischen Überlieferung. Solange sich die kirchlichen Amtsträger nicht bereitwilliger auf den Normalfall kollektiver Wahrheitsermittlung in der Kirche einlassen, so lange werden es die Menschen innerhalb wie außerhalb der Kirche schwer haben, Sinn und Unerläßlichkeit eines »außerordentlichen« – nicht von einem formellen Konsens gedeckten – Vorgehens nachzuvollziehen.

Dieses außerordentliche Vorgehen kann angesichts offenkundiger Behinderung oder Selbstblockade konsensbildender Prozesse erforderlich werden. Es kann aber auch in dem wohl erwogenen und streng legitimationsbedürftigen Urteil der verantwortlichen letzten Instanz seinen Grund haben, die normalen konsensbildenden Verständigungsprozesse in der Kirche seien dabei, entscheidende Aspekte der apostolischen Überlieferung auszublenden oder zu verfälschen. Daß der faktische Konsens nicht ohne weiteres schon ein Konsens in der Wahrheit ist, das kann für gesellschaftliche, mehr aber für religiöse Wahrheitsermittlungsprozesse zum entscheidenden Problem werden. Die gegenwärtig zustimmungsfähigen Plausibilitäten könnten unverzichtbare Bestände der Tradition als nicht mehr nachvollziehbar zur Disposition stellen und sich dabei doch nur gegen die unbequeme Relativierung ihrer eigenen Voraussetzungen immunisieren.

Die immer auch Metanoia zumutende und deshalb herrschende Prioritäten in Frage stellende Wahrheit des Glaubens ist gewiß in besonderer Weise solcher Ausgrenzung durch verdrängende Konsense ausgesetzt. Und es ist keineswegs

---

[70] Kirchliche Lehre – Skepsis der Gläubigen (Kirche im Gespräch). Analyse F. Haarsma, Stellungnahme W. Kasper, F.-X. Kaufmann, Freiburg – Basel – Wien 1970, 65.

ausgeschlossen, daß sich auch in den Kirchen für verdrängende Konsense Mehrheiten finden. So ist es denkbar und immer wieder auch in der Kirchengeschichte vorgekommen, daß Metanoia gegen wahrheitsverdrängende und dennoch weit verbreitete kirchliche Selbstverständlichkeiten durchgesetzt werden mußte: von einzelnen und von kleinen Gruppen, die sich der herausfordernden Botschaft des Evangeliums rückhaltlos – und metanoiabereit – stellten.

Auch das Petrusamt kann diese konsens- oder mehrheitskritische Funktion um der herausfordernden und unbequemen Glaubenswahrheit willen haben und dies vor allem da, wo es um verdrängende Konsense im Bereich der Glaubenslehre geht. Die Geschichte der Alten Kirche mag dafür hinreichend Beispiele aufweisen. Das Ziel seines lehramtlichen Einschreitens muß es hier sein, das Vergessene und Verdrängte gegen die auch in der Kirche vorzufindenden »Verlernprozesse« geltend zu machen, damit es dem lebendigen Überlieferungsprozeß nicht verlorengehe; es muß das angesichts herrschender Blickverengungen aus dem Blick Geratene neu ins Blickfeld rücken und in die kirchlich-gesellschaftlichen Kommunikationsprozesse hereinholen.

Diese auch dem Lehramt zukommende *prophetische Aufgabe* kann allerdings nur sinnvoll wahrgenommen werden, wenn nicht nur vergangene und verlorene Plausibilitäten gegen die je aktuellen ausgespielt werden, sondern wirklich verdrängte Wahrheiten neu und zur Metanoia herausfordernd ins kommunikative Spiel gebracht werden, so daß »steckengebliebene« Traditionsprozesse sich neu verflüssigen können. Daß das Lehramt diese äußerste kommunikative Herausforderung des Prophetischen kaum sieht, mag damit zusammenhängen, daß es seinem Dienst immer noch ein Traditionsverständnis zugrundelegt, das sich weitgehend am Modell der vollständigen Weitergabe des einmal Empfangenen orientiert und deshalb ungeeignet ist, die Traditionskrise der Postmoderne und die ihr zugrundeliegenden massiven Verdrängungsprozesse hinreichend genau wahrzunehmen. In diese Prozesse könnte sich nur prophetisch einschalten, wer der verdrängenden Kraft der scheinbar unschlagbaren Argumente nicht mit der fundamentalistisch aufgebotenen Gegenmacht der »alten Gewißheiten« entgegentritt, sondern die aufdeckende Kraft des Evangeliums argumentativ und damit auch verständigungsbereit – auf gemeinschaftliche Neuorientierung abzielend – zur Geltung zu bringen versucht.

4.12 Tradition als Überlieferungsprozeß

Das Geltendmachen der Überlieferung als kritische Instanz gegenüber verdrängenden Gegenwartskonsensen bedarf einer wachen Sensibilität für jene Ausgrenzungsprozesse, in denen an den Rand der Wahrnehmung gerät, was gesellschaftliche Selbstverständigung angesichts der hier und jetzt aktuellen Problemstände irritieren und erschweren könnte; einer wachen Sensibilität aber auch für das eigene Verwickeltsein in diese Ausgrenzungsprozesse. Wer solche

Sensibilität nicht aufbringt, der wird dazu neigen, die Differenziertheit dieser Prozesse und das eigene Beteiligtsein abstrakt zu negieren und sich auf das vermeintlich sichere Terrain der authentischen und vom Lehramt in ihrer Integrität garantierten Überlieferung zurückzuziehen nach der Maxime: Wer sich in die Modernisierungsprozesse gar nicht erst verwickeln läßt, der muß nicht befürchten, in ihnen »umzukommen«. Das Sich-Heraushalten soll hier verhindern, daß das Altüberlieferte durch die Modernisierungs- und Individualisierungsdynamik aktueller gesellschaftlicher Entwicklungen zersetzt wird.

In dieser Neigung sich herauszuhalten, mag sich das durchaus realistische Bewußtsein von der Verbrauchbarkeit traditioneller Sinnressourcen beim Streben nach möglichst kurzfristiger gesellschaftlicher Effektivitätssteigerung ausdrücken. Gleichwohl stärkt und bestätigt sie die Marginalisierung religiöser Traditionen in den Prozessen kollektiver Selbstverständigung. Zielt man darauf ab, den gegebenen Traditionsbestand möglichst außerhalb gesellschaftlicher Selbstverständigungs- und Wahrheitsermittlungsprozesse – gleichsam exterritorial zu ihnen – zu überliefern, so macht man die Kirche zur Sekte: zu einer Gruppierung, in der ein gegenüber der gesellschaftlichen Umgebung grundsätzlich anderes Wirklichkeitsverständnis gelten soll. Kirche als Kontrastgesellschaft, das hieße hier: Kirche weiß sich geschieden, aber auch unberührt von den Versuchungen, die die Modernität gesellschaftlicher Plausibilitäten und Prioritätensetzungen ausmacht.

Dieses Konzept ist schon deshalb naiv – und keineswegs »katholisch« –, weil es das Ineinander von Inkulturation und Überlieferung, das man für frühere Phasen der Überlieferungsgeschichte gar nicht leugnen kann und mitunter sogar emphatisch voraussetzt, für die Gegenwart als verhängnisvoll ansieht oder zu ignorieren versucht. Nur unter Voraussetzung eines *instruktionstheoretischen Traditionsverständnisses* könnte man überhaupt einen zu gesellschaftlichen Entwicklungen exterritorialen Traditionsprozeß als Ideal ansehen. Die den Aposteln und ihren Nachfolgern vom göttlichen Lehrer Jesus Christus als caelestis doctrina anvertraute Wahrheit des Glaubens müßte danach zwar in die jeweiligen Sprachsysteme hinein übersetzt und dem jeweiligen Fassungsvermögen der Adressaten angepaßt werden; aber in sich wäre dieses der Kirche anvertraute Wahrheitsgut – das depositum fidei – soweit inhaltlich eindeutig bestimmt, daß die zu überliefernde Lehre von der Form, in der sie situationsadäquat vermittelt wird, hinreichend zu unterscheiden ist. Als Zusatzannahme kann geltend gemacht werden, bestimmte Artikulationsgestalten der caelestis doctrina – etwa die Theologie der Väter oder die des Thomas von Aquin[71] – seien dieser so sehr angemessen, daß sie für alle Zukunft als normative Vermittlungs-

---

[71] Vgl. die Enzyklika *Studiorum ducem* Papst Pius' XI. vom 29. Juni 1923, die die Lehre des Thomas von Aquin als normatives Vorbild für die Theologie herausstellt. In ihr seien »die Grundsätze und Gesetze aller theologischen Wissenschaften formuliert«, die »für alle Zeiten und Zonen gelten.« Thomas von Aquin habe – so die Enzyklika – »die Theologie zu ihrer höchst gemäßen Vollendung emporgeführt ... besaß er doch die denkbar vollkommenste Kenntnis der übernatürlichen Welt ...«; bei Rohrbasser, 1924 bzw. 1932.

gestalten gelten dürfen. Es sieht dann einfach so aus, als assimiliere sich die caelestis doctrina in der sie auslegenden kirchlichen Lehre jene Elemente menschlichen Denkens, die ihr entsprechen, und stoße jene Plausibilitäten ab, die sie verfälschen würden. Dringlich bliebe allein das Abgrenzungsproblem, also die Notwendigkeit festzustellen, was mit der gegebenen und in ihren Intentionen jeweils eindeutig rekonstruierbaren Glaubenswahrheit vereinbar oder unverträglich ist. Dieses Problem falle aber in die Zuständigkeit des Lehramts, das kraft des ihm verliehenen »Charismas der Wahrheit« in die Wahrheit hinreichend eingeführt sei, so daß es auch über die Kriterien verfüge, Verkündigung und theologische Auslegung der Glaubenswahrheiten von verfälschenden Vermittlungsgestalten freizuhalten.

Wo liegen Stärken und Schwächen dieses instruktionstheoretischen Traditionsbegriffs? Seine Stärken lagen sicher darin, daß er ein klares, »katholisches« Konsens- und Gültigkeitskriterium zu formulieren erlaubte: Zum verbindlichen und deshalb festzuhaltenden Glaubensgut der Kirche, dem depositum fidei, gehört all das und nur das, »was *überall, was immer* und was von allen *geglaubt wurde;* denn das ist im wahren und eigentlichen Sinne katholisch«; so schon *Vinzenz von Lérins* in seinem Commonitorium (Ziffer 3). Der katholische Glaube wird – so Vinzenz – gewahrt, wenn die Kriterien der Allgemeinheit, des Altertums – gemeint ist die Ursprünglichkeit – und der Einstimmigkeit beachtet werden. Was in diesem Sinn der Kirche an ihrem Anfang übergeben und von alters her allgemein im Glauben festgehalten worden ist, das mag zwar im Lauf der Jahrhunderte tiefer erkannt und wissenschaftlich durchdrungen werden; aber es ist bei alldem doch immer »in derselben Lehre, demselben Sinn und derselben Auffassung« zu verstehen (Commonitorium 23,3). Verläßliche apostolische und katholische Tradition erscheint hier als ein Kompendium himmlischer Wahrheiten, die als solche dadurch identifizierbar sind, daß sie in der Kirche von Anfang an als solche in Geltung standen und – jedenfalls der Tendenz nach – unbestritten waren.

Die Schwächen dieses Traditionsbegriffs kamen spätestens mit der Kritik der Aufklärung am herkömmlichen Traditionsargument zum Vorschein. Die in den Kirchen geltend gemachte Auszeichnung des Altüberlieferten traf hier auf eine grundlegende Infragestellung des *nur* durch Überlieferung Gewußten, aber nicht als vernunftgemäß Demonstrierbaren. Traditionen müßten tatsächlich mit hoher Sicherheit auf ihren wunderbaren Ursprung zurückzuführen sein, wenn sie *jetzt* noch – angesichts dessen, was die Vernunft als verläßlich ausweist, angesichts dessen aber auch, was ihr unbegründet erscheint – Geltung beanspruchen dürften. Gegen den Versuch der Kirchen, sich selbst und die in ihnen weitergegebene Glaubenslehre möglichst bruchlos auf die gottmenschliche Person Jesus Christus zurückzuführen, führte die Aufklärungsphilosophie die Ungesichertheit und Interessenbestimmtheit von Traditionsprozessen ins Feld.[72] Die treue Weitergabe des zuverlässig Empfangenen sei von denen, die sich auf

---

[72] Vgl. zum folgenden in meinem Buch: Kirche, 365 f.

bruchlose Kontinuität berufen, nur *behauptet;* sie verdrängten mit ihrer Kontinuitätsbehauptung die vielen Umdeutungen und Verfälschungen, die den Traditionsprozeß des Christlichen mitbestimmt hätten. Die kirchliche Reaktion erschöpfte sich weithin darin, die Zuverlässigkeit des Traditionsprozesses noch nachdrücklicher zu behaupten, die Kontinuität zu den Anfängen noch anspruchsvoller nachzuzeichnen und die Diskontinuitäten noch aggressiver zu bestreiten.

Wo Überlieferungsprozesse unter den Legitimationsdruck verunsicherter Institutionen geraten, da werden sie einem geradezu zwanghaften Kontinuitätsbedürfnis unterworfen, das sich um fast jeden Preis mit seiner Behauptung bestätigt sehen will, das hier und jetzt in Frage Gestellte sei immer schon so gewesen und könne deshalb gar nicht anders werden. Diese Schutzbehauptung wird unter erheblichem Disziplinierungsaufwand gegen die Infragesteller des erzwungenen Legitimationskonsenses so lange durchzusetzen versucht, bis die Unbegründetheit der Behauptung nicht länger verdrängt werden kann. Die Kontinuitätsbehauptung muß die Lebendigkeit und die Vielgestaltigkeit der Tradition verdrängen, weil nur das unverfälscht Weitergegebene, nur das immer schon in demselben Sinne Geltende, für sie Legitimationskraft hat. Daß in Traditionsprozessen aus dem Geist und den normativen Überlieferungen dieser Tradition auf neue geschichtliche Herausforderungen neue Antworten, angesichts neuer Erfahrungen und eines veränderten Weltzugangs neue Verstehenszugänge zum Überlieferten, neue Akzente und neue Glaubens-Gestalten gefunden und formuliert werden müssen, das kann hier nur als periphere Anpassung des fertig Gegebenen an die Verstehensmöglichkeiten einer neuen Zeit in Rechnung gestellt werden; es muß marginalisiert werden.

Das ist offenkundig die große Schwäche eines instruktionstheoretischen Traditionsbegriffs: Legitime Kontinuität kann hier nur im Sinne einer unverfälschten Eins-zu-eins-Abbildung des Weiterzugebenden im Traditionsempfänger vorgestellt werden. Idealfall des Traditionsprozesses wäre, wenn buchstäblich immer das Gleiche – die himmlische Lehre in ihrer ein für allemal gegebenen Idealgestalt – verkündigt werden könnte, wenn jeder Traditionsempfänger in seinem Glauben den kirchlich-überlieferten Glauben originalgetreu abbildete. Diskontinuität und Individualität sind hier von vornherein das Nichtsein-Sollende, möglichst Auszuschaltende. Das macht die Neuzeit-Unverträglichkeit dieses Traditionsbegriffs aus. Daß Tradition gerade darin ihren Reichtum und ihre Lebenskraft erweist, daß sie Individuen dazu befähigt, sie in unendlicher Vielfalt zu gestalten und *weiterzubilden,* das entgeht einer instruktionstheoretischen Kontinuitätsbehauptung.

Wo Tradition lebendig werden darf, da dürfen auch die mitüberlieferten Spannungen, Krisen und Diskontinuitäten wahrgenommen und aufgenommen werden; da kann sich die Macht des Gottesgeistes im Traditionsprozeß kritisch in Erinnerung bringen und in »gefährlicher Erinnerung« *(Johann Baptist Metz)* des vielfach Verdrängten zu der hier und jetzt geforderten Identitätsbestimmung der Communio Kirche provozieren. Gerade an den Spannungen und den nicht ausgetragenen Konflikten mag wahrnehmbar werden, was dieser Traditionsprozeß an noch nicht ausgeschöpften, ja verdrängten Möglichkeiten des Kircheseins und des kirchlichen Zeugnisses in sich enthält – und wieder freisetzen könnte, wenn man Erinnerung wagte. Gerade aus der Irritation, die von authentischer Erinnerung ausginge, könnte jene Kreativität erwachsen, die im kirchlich-institutionellen und gemeindlichen Leerlauf so schmerzlich vermißt wird. Wer sich aber auf das Identitätsideal einer möglichst bruchlosen Kontinuität festlegt, der kann nur noch weitermachen, bis es in einer von Grund auf veränderten Situation absolut nicht mehr weitergeht. Das scheint nicht nur für individuelle Identitätsvergewisserung zu gelten, sondern auch für die gesellschaftliche und nicht zuletzt für die kirchliche.

4.13 Der Dienst des Erinnerns

Aber greifen Identitätsvergewisserungsprozesse heute überhaupt noch auf Tradition zurück? Oder ist die traditionsvermittelte Identitätsvergewisserung, auf die Kirche in den Spuren Jesu Christi offenkundig festgelegt ist, nicht gesellschaftlich und global ein »Auslaufmodell«? Hat die Enttraditionalisierung durch Individualisierung nicht längst die Verankerung sozialer und individueller Identität in Geschichte obsolet gemacht und statt dessen die Zukunft – die individuell oder gesellschaftlich zu realisierenden Projekte – als Referenzrahmen der Identitätsfindung in den Vordergrund gerückt? Das, woraus Menschen leben, ihr geschichtlich vermittelter »Sinnvorrat«, scheint an Bedeutung zu verlieren angesichts der Möglichkeiten, die sie sich erschließen können. Die Sinnressourcen scheinen weitgehend erschöpft zu sein, so daß nur die Orientierung an dem, was man in der Erringung von Zukunft an Sinn neu entdecken kann, noch so etwas wie Identität verheißt. Oder ist es eher umgekehrt: daß die geschichtlich vermittelten Sinnressourcen nur als quantité négligeable erscheinen, weil und solange der hier und jetzt erzielte Erfolg als identitätsverbürgend angesehen und der Zukunft ein Blankoscheck auf Sinn ausgestellt wird?

Nun wird man darauf hinweisen, daß auch die Zukunft längst nicht mehr ist, was sie einmal war und der identitätsstiftende Rückbezug auf Traditionen durchaus wieder an Kurswert gewinnt. Aber geschieht in solchem Rückbezug wirklich noch mehr als die mehr oder weniger verbindliche In-Anspruch-Nahme sogenannter kultureller Werte? Es ist schon so: Wo Traditionen zu Ressourcen werden, da ist der Ressourcenverbrauch vorprogrammiert, da wird man sie sich zunutze machen mit der Konsequenz, daß man sie als erschöpft ansieht, wenn ihr »Gebrauchswert« nicht mehr recht greifbar ist. Daß Tradition in Erinnerung bringt, was in einer nur noch erfolgs- und zukunftsorientierten Identität verdrängt oder leichtfertig als überholt angesehen, was mit der Ästhetisierung von Tradition gerade noch als Design-Problem zugelassen wird, das wird in den gesellschaftlichen Selbstverständigungsdiskursen um die Jahrtausendwende –

auch aus gegebenem Anlaß – eher geahnt als reflektiert. Kann Kirche hier einen Umgang mit Tradition bezeugen, der auf heilsame und als hilfreich erfahrbare Weise in Erinnerung bringt, was nicht vergessen werden darf,

- weil sonst die Opfer vergessen würden, die erfolgs- und zukunftsfixierte Identitätsstabilisierungen forderten und fordern;
- weil sonst unaufgebbare Unterscheidungen wie die von Wohl und Heil, von erfolgreich und gut, von Wahrheit und Mehrheitsfähigkeit der Vergessenheit anheimfielen;
- weil damit auch die Einsicht in Vergessenheit geriete, daß diese Unterscheidungen in der Letzt-Unterscheidung von Gott und Mensch gründen,
- und weil die Erfahrung nicht mehr zum Tragen käme, daß diese Letzt-Unterscheidung das Menschliche nicht abwertet, sondern es heilsam auf Gott bezieht, auf ihn hin re-lativiert?

Kirchliche Traditionsprozesse müssen im ganzen als Dienst am lebensnotwendigen In-Erinnerung-Bringen dessen erkennbar sein, was nicht vergessen werden darf; als Eröffnung und Offenhalten von Verständigungsräumen, in denen gewürdigt werden kann, was bei bloßer Erfolgsorientierung mißachtet wird und nur im Licht einer Gottesgeschichte als zukunftsoffen interpretiert werden kann. Sie müßten erkennbar sein als das Offenhalten eines Asylorts für die »großen, letzten Fragen«, die sich so oft verstecken müssen vor dem szientistischen Sinnlosigkeitsverdacht oder überrollt werden vom Pragmatismus einer möglichst effektiven Bearbeitung von Problemen. Das setzt freilich voraus, daß Tradition nicht primär als Antwortvorrat, sondern als Erinnerungsraum eröffnet ist. Erinnert aber werden nicht einfach Antworten, sondern Zeugnisse eines mehr oder weniger verheißungsvollen Umgehenkönnens mit Fragen und Herausforderungen, mit Irritationen und dennoch tragfähig bleibenden Verläßlichkeiten; erinnert wird freilich auch Scheitern, das die Hoffnung auf eine mögliche »letzte« Antwort bis ins Mark erschütterte – und das Zeugnis derer, die gleichwohl an der Hoffnung auf Gottes Zukunft festhielten.

Solches In-Erinnerung-Bringen geschieht ganz alltäglich, in den unterschiedlichsten Lebens- und Kommunikationszusammenhängen, in unterschiedlichen Kommunikationsformen und anhand unterschiedlicher Erinnerungs-Medien. Wo Erinnerung sich auf den hin öffnet, der die guten, wahrhaft verheißungsvollen Erinnerungen auslöste und dafür steht, daß das Vergessen nicht Recht bekommt, da bringt sich nach biblischer Glaubensüberlieferung Gott selbst in Erinnerung – durch seinen Geist, der in die Wahrheit dieser Erinnerungen einführt und Mut macht, ihr zu trauen. Die katholische Kirche kennt einen spezifischen Dienst an diesem Sich-in-Erinnerung-Bringen Gottes. Er ist in letzter Instanz dem hierarchischen Lehramt aufgetragen und verlangt die Sorgfalt des guten Hausvaters, der das Erbe zusammenhalten muß und nicht verloren geben darf, was für die »Familienmitglieder« noch wichtig sein wird. So hat das Lehramt eine wesentlich bewahrende und rettende – wenn man will konservative – Funktion in der kirchlichen Communio. Aber es erfüllt diese Funktion nur unzureichend, wenn zwanghaftes Beisammenhalten verhindert, daß die Familienmitglieder mit dem Erbe arbeiten, es in ihrer Lebenssituation neu aneignen und damit womöglich vermehren (vgl. Mt 25,14–30). Weniger metaphernhaltig gesprochen: Der Dienst des hierarchischen Lehramts am Traditionsprozeß darf sich nicht auf das Konservieren beschränken. Es muß ihm darum gehen, die heute Lebenden mit den Zeugen der Vergangenheit wirklich ins Gespräch zu bringen – wobei nicht nur die Zeugen der Vergangenheit, sondern auch ihre Gesprächspartner heute eine Stimme haben sollen. Dieser kommuniale Dienst des Lehramts öffnet die synchrone Communio der heute lebenden und zum Zeugnis herausgeforderten Gläubigen auf die diachrone Communio der Zeugen aller Jahrhunderte. Er sucht sicherzustellen, daß die Stimmen der Väter und Mütter im Glauben im Gewirr der hier und heute sich vordrängenden Wortmeldungen deutlich vernehmbar bleiben. Er bringt die Normativität der Tradition – sei es die zur Bibel relative Normativität der außerbiblischen Traditionszeugnisse, sei es die nicht mehr relativierbare Normativität der biblischen Zeugnisse selbst – zur Geltung, wenn er nachvollziehbar feststellt, wo gegenwärtige Zeugnisgestalten hinter dieser Norm zurückbleiben.

Das Gespräch in synchroner und diachroner Communio ist nicht wirklich in Gang gekommen, solange die Späteren sich darauf beschränken sollen, die Zeugnis-Texte der Früheren einfach nur nachzusprechen. Die schöpferische Aufnahme von Glaubenstraditionen wird gerade auch entdecken und zur Sprache bringen, was in früheren Zeugnisgestalten noch ungesagt blieb, vielleicht ungesagt bleiben durfte oder noch gar nicht gesagt werden konnte. Mitunter wird sie auch in Rede und Gegenrede neue Glaubens-Erfahrungen einbringen und gefährliche Verkürzungen in einzelnen Traditionen zu identifizieren und zu überwinden haben. Man wird sich etwa im Blick auf die dem Alten Testament zugrunde liegenden Traditionsprozesse von der Vorstellung freimachen dürfen, Tradition geschehe am besten durch bloße Weitergabe des in Empfang Genommenen. Der lebendige Traditionsprozeß, wie er uns in den Schriften des Alten und doch wohl auch in denen des Neuen Testaments begegnet, kennt vielfache Formen der Anknüpfung an frühere Traditionsgestalten, des Arbeitens mit ihnen in neuen Situationen der Glaubensgeschichte, auch der Umakzentuierung und der Gegenrede. Die Schriften der Bibel sind ein schriftgewordener und insofern erst einmal als Norm – als *Kanon* – »festgeschriebener« Dialog über die Bedeutung dessen, was der Gott Israel und Jesu Christi zum Heil der von ihm Angesprochenen getan hat und immer wieder neu tut; eine Auseinandersetzung auch darüber, wie die Glaubenden und zu glauben Versuchenden auf Gottes Handeln einzugehen und es zu bezeugen haben, ein Ringen darum, wie sie die ihnen überlieferte bzw. widerfahrene Gottbegegnung mit der geschichtlichen Wirklichkeit einer Gott entfremdeten Welt zusammenhalten können.[73]

Lebendige kirchliche Traditionsprozesse vollziehen sich als ein »Sich-Ein-fädeln« in diesen Dialog und sind deshalb selbst Kommunikationsversuche auf

---

[73] Für das Alte Testament zeigt dies beeindruckend: R. Albertz, Religionsgeschichte Israels in alttestamentlicher Zeit.

einem von vielfältigen Dialoganknüpfungsversuchen strukturierten Feld ekklesialer Selbstverständigung im Geist dieser schriftgewordenen Überlieferung. Die Schriften der Bibel sind hier nicht als Ensemble verbindlich ausformulierter himmlischer Lehren, sondern als kommunikativer Raum vorausgesetzt, in dem jeder, der ihn betritt, im Gespräch mit den normativen Zeugnissen und in Treue zu ihnen seinen Ort finden, sich seine Gestalt biblischen Glaubens kommunikativ erarbeiten muß – und darf. Traditionsprozesse sind als *Kommunikationsprozesse* ernstzunehmen; und das heißt konkret: In ihnen sind die Gesprächspartner als Individuen ernstzunehmen, denen der ihnen mitgeteilte Geist die gemeinsame Tradition in je eigener Weise erschließt, so daß die Gemeinschaft der Glaubenden um ihrer eigenen Lebendigkeit als creatura Spiritus Sancti willen auf den Austausch unter denen angewiesen ist, die als Glaubende ihren Gesprächsbeitrag in den Kommunikationsprozeß »Glaubensüberlieferung« einbringen.[74]

Versteht man Offenbarung und Tradition in diesem Sinne als Kommunikationszusammenhang[75] und nicht einfach als Einbahnkommunikation, in der

---

[74] Eine genauere Ausarbeitung und Differenzierung des kirchlichen Traditionsbegriffs könnte entscheidend profitieren von einer kritischen Rezeption der Konzepte des »kollektiven« bzw. »kulturellen« Gedächtnisses, wie sie von M. Halbwachs bzw. A. und J. Assmann erarbeitet wurden. Halbwachs, der seine Theorie immer wieder am Beispiel der katholischen Kirche darstellt, weist auf die Tendenz des kollektiven Gedächtnisses einer Gruppe hin, die vielfältigen und spannungsreichen Kommunikationsprozesse in Traditionsbildungen um der Vorgegebenheit des Gruppenidentität Stiftenden willen abzublenden. So entsteht der Eindruck, »die Gruppe bleibe dieselbe, sei dieselbe geblieben ... und das, was sich geändert hat, seien die Beziehungen und Kontakte der Gruppe zu den anderen« (M. Halbwachs, Das kollektive Gedächtnis, dt. Frankfurt a. M. 1985, 74). Wandlungen und Neuerungen werden als alte Traditionen ausgegeben, damit der soziale Bezugsrahmen, wie er sich zu identitätsverbürgenden Traditionen ausgeformt hat, als unbeliebig aufrechterhalten bleibt. Die verdrängten Spannungen und historischen Veränderungen werden vom historischen Zugriff auf das kollektive Gedächtnis ans Licht geholt, weshalb Agenten der kollektiven Erinnerung und Historiker immer in einem prekären Verhältnis zueinander stehen (vgl. die Darstellung und die kritische Befragung dieses Konzepts bei B. Fresacher, Gedächtnis im Wandel. Zur Verarbeitung von Traditionsbrüchen in der Kirche, Innsbruck – Wien 1996, 209). Das Konzept des »kulturellen Gedächtnisses« versteht dieses zwar auch im Sinne der identitätsstiftenden Vergegenwärtigung und Geschichte als deren Infragestellung (»Das Gedächtnis konstruiert Zeit als Interferenz zwischen Vergangenheit und Zukunft, Geschichte dagegen ... als Differenz zwischen Vergangenheit und Zukunft«: A. Assmann, Erinnerungsräume. Zur Konstruktion kultureller Zeit und Identität, Manuskript: Heidelberg 1992, 7; zitiert nach B. Fresacher, Gedächtnis im Wandel, 209). Aber gerade deshalb ist kulturelles Gedächtnis nicht gleichzusetzen mit bloßer Weitergabe-Tradition. In ihm findet Weitergabe und Aneignung, aber auch Kritik und Unterbrechung von Traditionen statt. Es ist der Erinnerungsraum, in dem Kontinuitäten konstruiert, aber auch Brüche, Konflikte, Innovationen, Restaurationen, Revolutionen, Rückgriffe auf Vergessenes, Erneuerung von Tradition und die Wiederkehr des Verdrängten möglich werden (vgl. J. Assmann, Das kulturelle Gedächtnis, München ²1997, 23). J. und A. Assmann zeigen, wie sich das kulturelle Gedächtnis je nach den zur Verfügung stehenden externalisierten Speichermedien (Sprache/Ritus, Schrift, elektronische Medien) unterschiedlich organisiert und wie Traditionen entsprechend unterschiedlich organisiert werden. Von hohem theologischen Interesse wäre der Versuch, die etwa in der neuscholastischen theologischen Erkenntnistheorie greifbare Reduktion des kirchlich-»kulturellen« Gedächtnisses auf lehramtliche Traditionsverwaltung zurückzunehmen und kirchliche Tradierungsprozesse im weiteren Kontext kirchlichen Gedächtnisses zu lokalisieren. Vgl. dazu die wertvollen Hinweise in dem zitierten Buch von B. Fresacher.
[75] B. Fresacher weist mit Bezugnahme auf *Dei Verbum* 8 darauf hin, daß das 2. Vatikanum immerhin ansatzweise einen kommunikativen Traditionsbegriff entwickelt hat. Es wäre freilich eine Überforderung der Texte, wollte man in ihnen auch schon das Problembewußtsein für den ganzen

vom Sender bzw. von denen, die seine Botschaft »verwalten«, ein Grundbestand von Informationen den Empfängern vorgelegt wird und von diesen anzunehmen ist, so stellt sich unvermeidlich die Identitätsfrage. Nicht jeder Gesprächsbeitrag, nicht jede Anknüpfung an das Gehörte, nicht jede situative Antwort auf die Herausforderung durch das Überlieferte, nicht jede Zeugnisgestalt bezieht sich in sinnvoller und für die Glaubensgemeinschaft tolerierbarer Weise auf die Gründungs- und Überlieferungsgeschichte, der sie ihre Identität verdanken will. Die identitätsbestimmende Abgrenzung der Gesprächs- und Zeugniszusammenhänge, die als Referenztexte für die Selbstverständigung der Glaubensgemeinschaft als von Gottes Heilswerk betroffen und herausgefordert gelten sollen, hat sich konkret als Kanonbildung vollzogen. Diese und keine anderen Gesprächs- und Zeugniszusammenhänge, die in den biblischen Schriften ihre literarische Form gefunden haben, sollen hinfort bei der Bestimmung der Identität des Jüdischen bzw. des Christlichen als normative Bezugstexte herangezogen werden.[76]

Die Abgrenzung erfolgte nicht deduktiv-kriteriengeleitet, indem man etwa aufgrund eines Lehrbegriffs des Jüdischen bzw. des Christlichen Authentisches von weniger Authentischem unterschied. Vielmehr hat mit der Kanonbildung ein ekklesialer Rezeptionsprozeß seinen Abschluß gefunden – und angesichts einer offenkundigen Bedrohung durch Identitätsdiffusion auch finden müssen –, der via facti Schriften kanonische Geltung beilegte, in denen man die Begründung jüdischer bzw. christlicher Glaubensexistenz durch Gottes Erwählungshandeln als gültig dargestellt wiedererkannte.

Faktisch hat sich auch der Unterscheidungsprozeß im Bereich der jüdischen und der christlich-apostolischen Überlieferungen zunächst weiterhin als Rezeptionsgeschichte vollzogen, in der die »Konsonanz« mit den biblischen Überlieferungen ausschlaggebende Bedeutung gewann. Schon bald zeigte sich aber in der Überlieferungsgeschichte des Christlichen, daß die Klarstellung der heilsgeschichtlichen und der theologischen Bedeutung Jesu Christi und des Heiligen Geistes nach einer kriteriengeleiteten, auf der Basis einer normativ theologischen Begrifflichkeit vollzogenen Abgrenzung zu heterodoxen Traditionen verlangte. Begrifflich abgrenzende Bekenntnisformeln bildeten sich nun als »Inbegriff« – als Symbolum – des Christlichen heraus; sie gewannen eine den biblischen Überlieferungen nur wenig nachgeordnete Identitätsbedeutung für das Christentum und erfuhren vielfache Präzisierungen, weitere Klarstellungen und Erweiterungen durch die jeweils normsetzenden kirchlichen Instanzen, durch Synoden, Konzilien, das päpstliche Lehramt und das Lehramt der Bischöfe.

Spannungsreichtum von Traditionsprozessen und damit auch die Legitimation traditionskritischer Prozesse und Instanzen ausgesprochen finden.

[76] Einzuräumen wäre freilich, daß diese Exklusivität im Traditionszusammenhang des Judentums weit weniger strikt geltend gemacht wurde als im Bereich des Christlichen; vgl. dazu J. Neusner, Schrift und Tradition im Judentum unter besonderer Berücksichtigung der Mischna, in: Kairos 23 (1981), 51–66.

Die Normierung durch einen Lehrbegriff bzw. durch lehrhafte Bekenntnisformeln unterwarf den christlichen Traditionsprozeß weit höheren Kohärenzan-
forderungen als den im Traditionsprozeß des Jüdischen beobachtbaren. Dort
blieb das Traditionsmodell des oft durchaus kontroversen Gesprächs über die in
den normativen Texten angelegten Auslegungen in Kraft; Kohärenz bedeutete
weithin das gemeinsame, die andere Auslegung geltenlassende und mitüberlie-
fernde Sich-Beziehen auf die Texte, deren Reichtum sich eben in der Vielfalt der
Auslegungen manifestierte.[77] Im Bereich des Christlichen wurde dieses Ge-
sprächsmodell verlassen und Schritt für Schritt durch ein Modell der Lehre ersetzt, nach dem der Überlieferungsprozeß in der Kirche zu einer zunehmenden
Klarheit über die in den biblischen Überlieferungen enthaltene caelestis doctrina
führte. Lehre ist hier gleichbedeutend mit begrifflich nachvollziehbarer Binnen-
kohärenz und mit der ebenso nachvollziehbaren kriteriengeleiteten Abgrenzung zu falscher oder einseitig akzentuierter Lehre.

In entscheidenden Phasen der Herausbildung dieses Lehr- und Traditionsbegriffs – etwa bei der Formulierung der christologischen Abgrenzungen im 4.
und 5. Jahrhundert – läßt sich freilich beobachten, daß die leitenden theo-
logisch-christologischen Begriffe *negativ* bestimmt sind. Sie erläutern nicht im
Sinne einer positiv entfalteten Lehre, wie das Definierte jeweils zu verstehen ist,
sondern geben vor, wie das Definierte nicht verstanden werden darf, weil es
ansonsten einseitig oder verkürzt gedeutet wäre. Mit diesen negativen Abgrenzungen wurde selbst noch einmal ein Auslegungsprozeß eröffnet, in dem dann
etwa die christologischen Lehrbestimmungen inhaltlich ausgefüllt werden
mußten – und sich schließlich doch je neu die Erkenntnis einstellte, daß diese
kommunikative Bestimmung des Gemeinten weit hinter dem zurückbleibt, was
die Begriffe vorzeichnen. Wird man erst einmal auf diese für die Alte Kirche
offenkundige negative Bestimmtheit der zentralen Lehr- und Bekenntnisbegrif-
fe aufmerksam – auch da noch aufmerksam, wo die Begriffe positiv bestimmt
scheinen, weil die Abgrenzung, zu der sie entwickelt und eingesetzt wurden,
nicht mehr geläufig ist –, so wird man auch entdecken, daß die Überlieferungsgeschichte des Christlichen insgesamt eher von solchen Abgrenzungen bestimmt ist und damit immer wieder neu den Diskurs um die inhaltliche Bestimmtheit des durch negative Abgrenzung jeweils Geschützten eröffnet. Und
man kann darauf aufmerksam werden, wie gerade die zentralen Themen christ-

---

[77] Zu den Voraussetzungen dieses Verständnisses von Tradition und Traditionen vgl. Chr. Dohmen –
G. Stemberger, Hermeneutik der Jüdischen Bibel und des Alten Testaments, Stuttgart 1996, 75–83.
Zu den Voraussetzungen dieses Modells einer diskordanten Konkordanz gehört sicher auch, daß die
Glaubens-Identität, die sich in den grundlegenden Überlieferungen des Judentums und ihren
Auslegungen bezeugte und bezeugt, ihren institutionellen Rückhalt in der Identität des von JHWH
zu seinem besonderen Eigentum angenommenen Bundesvolks nie verlor. Die Existenz des Bundesvolkes als des von JHWH erwählten ist hier die primäre identitätsstiftende Wirklichkeit. Das »Volk
aus den Völkern« – die Kirche – mußte demgegenüber ihre Glaubensidentität im Blick auf die
unterschiedlichsten sozial-kulturellen Herausforderungen praktisch von Anfang an gezielt sicherstellen: im Bekenntnis und durch Glaubensregeln, die mit ihrem Normativitätsanspruch dem
sozialkulturellen Transformations- und Diversifikationsdruck entgegenwirken sollten.

licher Glaubensidentität – genannt seien nur: Gott, Erlösung/Heil, Gottesherrschaft – nie oder nur ganz am Rande Gegenstand einer lehramtlichen Definition waren, die inhaltliche Auslegung des mit diesen Worten Gemeinten aber die jeweilige christliche Glaubensgestalt entscheidend bestimmte.

Wenn diese Beobachtungen das den Überlieferungsprozeß des Christlichen Kennzeichnende im Blick haben, so kann Überlieferung des Christlichen in dem, was sie letztlich ausmacht, nicht instruktionstheoretisch verstanden werden. Was die Identität des Christlichen ausmacht und als solche im Prozeß der Überlieferung immer wieder neu ausformuliert – identifiziert – wird, das läßt sich nur sekundär an den Abgrenzungen festmachen, mit denen Fehlbestimmungen christlicher Glaubens-Identität abgewiesen wurden. Das Entscheidende hat die Kirche nicht in der Form kohärent in sich bestimmter, normativer himmlischer Lehre, sondern eines vom Geist zentrierten Gesprächszusammenhangs, in dem das Handeln Gottes zum Heil der Menschen in seinen Voraussetzungen und Konsequenzen innerhalb der jeweiligen geschichtlichen Situation ausgelegt, meditiert und bedacht wird. Das Zerrbild eines Instruktions- und Weitergabetraditionalismus entsteht, wenn der Traditionsprozeß theoretisch-theologisch reduziert wird auf die Einschärfung und Erläuterung der getroffenen Abgrenzungen, in denen das entscheidend Christliche hinreichend inhaltlich bestimmt zur Sprache gekommen sein soll. Hier wird aus der negativ-freihaltenden Bestimmung unter der Hand eine positive, in der vom Lehramt die ihm anvertraute caelestis doctrina normativ ausformuliert worden sei und deshalb der theologischen Wissenschaft wie allen Traditionsprozessen in der Kirche eigentlich nur die Aufgabe bliebe, sich mit ihrer Auslegungs- und Aneignungsarbeit auf die lehramtliche Ausformulierung der caelestis doctrina zu beziehen.

Wo man ekklesiologisch die Reduktion des Traditionsprozesses auf Einbahnkommunikation nicht nachvollzieht und darauf beharrt, daß sich das für die Überlieferung des Christlichen Zentrale und Entscheidende in dialogischen Kommunikationsprozessen vollzieht, da stellt sich die Kriterienfrage neu. Wie kann es um der Identität des Christlichen willen zu jenen Abgrenzungen kommen, durch die christliche Überlieferung als inhaltlich bestimmte gegen beliebige Anknüpfungen und Verzerrungen geschützt werden muß? Wie kann es dazu kommen, wenn die dazu befugte letzte Instanz nicht über einen inhaltlich genau definierten Lehrbegriff des Christentums verfügt, der sie in die Lage versetzt, legitime Überlieferungsgestalten von illegitimen zu unterscheiden?

Hier ist noch einmal auf die Kanonentscheidung zurückzukommen. Auch ihr lag kein inhaltlich bestimmter Begriff des Christlichen bzw. Jüdischen zugrunde. Sie wurde abgeschlossen in jenem inspirierten Akt der Unterscheidung der Geister, in dem ein bestimmter Gesprächs- und Zeugniszusammenhang als Grundlage der Identität des Christlichen bzw. Jüdischen anerkannt wurde. Sollte es für die Wahrung der ekklesial-normativen Überlieferung nicht hinreichend sein, dem Lehramt eine Entscheidungskompetenz zuzubilligen, kraft derer es im Identitätsvergewisserungsdiskurs des Christlichen gegen als befremdlich empfundene Auslegungen und Anknüpfungen die Grenzen des noch als christlich

Wiedererkennbaren definiert und damit den innerhalb dieser Grenzen sich vollziehenden Kommunikationsprozeß von falschen Verdächtigungen freihält? Die
Infallibilitätszusage würde dann bedeuten, dem Lehramt zuzubilligen, mit seinen letztinstanzlichen Entscheidungen die Kirche bei der Bestimmung der Identität des Christlichen nicht auf Abwege zu führen, sie mit solchen Definitionen
nicht zum Irrglauben zu verführen.

Die Infallibilitätszusage setzt hier nicht einen Traditions-Besitz voraus, der
die in statu possessione Befindlichen als Herren des depositum fidei mit der
Souveränität ausstattet, die vollmächtig Weitergebenden zu sein. Infallibilitätszusage meint hier »nur« das institutionelle Vertrauen auf Gottes Geist, der die
nie positiv umfaßbare und ausschöpfbare Glaubensüberlieferung auch durch die
Definitionen des Lehramts davor bewahrt, ihre Identität als christliche zu verlieren. Aber der lebendige Traditionsprozeß lebt ja nicht von den Abgrenzungen,
die ihn schützen können und zugegebenermaßen immer wieder auch schützen
müssen; die ihn aber auch strangulieren können, wenn in ihm die Identitäts-
angst und der Konformitätsdruck übermächtig geworden sind – wenn Identitätsvergewisserung auf die Durchsetzung einer Glaubens-Einheitssprache reduziert wurde, die dann regelmäßig auch als nur der Binnenverständigung
dienende Sektensprache empfunden wird.

Wo Identitätsvergewisserung nicht auch *Gesprächsangebot* an die »anderen« ist, wo sie nur noch Selbst-Stabilisierung will und sich nicht ernsthaft
einbringt in die gemeinsame Suche nach dem verbindend Verbindlichen, da unterbietet sie das kommunikative Niveau, das ihr von den biblischen Offen-
barungszeugnissen vorgegeben ist. Glauben heißt: Rechenschaft geben, »jedermann Rede und Antwort zu stehen, der wegen der Hoffnung, die euch beseelt,
Rechenschaft von euch fordert« (1 Petr 3, 15). Dieser größere Kommunikationszusammenhang bestimmt die Kirche im Kern ihrer Sendung. Nur weil das so
ist, kann sie von sich zuversichtlich sagen, sie sei – Jesus Christus nachfolgend –
»lumen gentium«, in der Welt entzündet, damit die Menschen sehen können, zu
welcher Hoffnung sie berufen sind (vgl. Eph 1, 18).

5. Kirche als Sakrament

5.1 Die Relativität der Kirche

»Lumen gentium« wird vom 2. Vatikanischen Konzil Jesus Christus selbst genannt. Damit knüpft es an den neutestamentlichen Sprachgebrauch an (vgl. etwa Lk 2, 32 mit Bezug auf Jes 42, 6; 49, 6), der den Messias Jesus – das Lamm – als das Aufleuchten der Herrlichkeit Gottes in der Finsternis dieser Welt auszeichnet (vgl. auch Joh 1, 4–9; 12, 36; Offb 21, 23). Er ist »das Licht der Welt« (Joh 8, 12), »das jedermann erleuchtet« (Joh 1, 9) und zum »Kind des Lichts« macht (Joh 12, 36; vgl. 1 Thess 5, 5; Eph 5, 8), der an das Licht glaubt, sich erleuchten läßt und sich bekehrt. Das Glaubensbekenntnis von Nizäa verdeutlicht die johanneische Metaphorik, indem es den präexistenten Sohn als »Licht vom Licht« anspricht: Gott selbst ist ja das Licht (vgl. 1 Joh 1, 5); im Sohn Jesus Christus ist dieses Licht, das alle Finsternis vertreiben will, unter den Menschen gegenwärtig. Es entreißt sie der Finsternis, so daß sie selbst – als vom Licht Erleuchtete, als Bekehrte – »das Licht der Welt« sein können (Mt 5, 14 ff.). In der Johannes-Apokalypse sind dann die sieben angesprochenen Gemeinden symbolisiert in den sieben goldenen Lichtern, die freilich aus der Nähe des Menschensohnes entfernt – »umgestoßen« – werden, wenn sie nicht umkehren (vgl. 1, 12–2, 5).

Die Gemeinden sind also nicht nur – wie der Täufer in der Darstellung des Johannesprologs – dazu gesandt, »vom Licht Zeugnis abzulegen« (1, 7), auf es als die *andere* Wirklichkeit hinzuweisen. Sie haben vielmehr selbst Anteil am Licht – wenn sie »sich im Licht aufhalten« (1 Joh 2, 10), ihren Weg im Licht gehen und gerade so zur Gemeinschaft im Glauben werden: »Wenn wir unseren Weg im Licht gehen, wie Er im Licht ist, so haben wir Gemeinschaft untereinander, und das Blut Jesu, seines Sohnes, reinigt uns von aller Sünde« (1 Joh 1, 7). So hat die Kirche insgesamt die Sendung, »alle Menschen durch seine (des Heiligen Geistes) Herrlichkeit, die auf dem Antlitz der Kirche widerscheint, zu erleuchten, indem sie das Evangelium allen Geschöpfen verkündet« (Lumen gentium 1). Diese Sendung kann sie erfüllen, weil sie teilhat an dem Licht und an der Herrlichkeit, von der her den Menschen die Erleuchtung kommen soll. Kirche ist in diesem Sinne Werkzeug der Erleuchtung, der Vereinigung der Menschen in dem Licht, das auch zwischen ihnen alle Zwietracht – alle Finsternis – beseitigen will; sie ist »in Christus gleichsam das Sakrament, das heißt Zeichen und Werkzeug für die innigste Vereinigung mit Gott wie für die Einheit der ganzen Menschheit.«

Das 2. Vatikanum hat mit dieser sakramententheologischen Wendung eine ekklesiologische Terminologie aufgegriffen, die zwar durchaus als Explikation der neutestamentlichen und patristischen Koinonia-Ekklesiologie verstanden werden kann, faktisch aber in der Theologiegeschichte kaum eine Rolle spielte und erst im 20. Jahrhundert etwa von *Otto Semmelroth* und *Karl Rahner* differenzierter entwickelt worden ist.[1] Von der Kirche sakramententheologisch zu sprechen heißt, sie als Heilszeichen und Zeugniswirklichkeit zu beschreiben, als »Werkzeug« für die Durchsetzung des göttlichen Heilswillens und – um dieses Werkzeugseins willen – als eine Wirklichkeit, in und an der Gottes Heilswille geschieht, so daß er durch sie auch in der Welt geschehen kann. Noch einmal geht es hier um die rechte Bestimmung des Verhältnisses von Heilszeichen und Heilswirklichkeit in der ratio essendi der Kirche. Noch einmal geht es darum, diese Verhältnisbestimmung so zu fassen, daß es nicht zu einer Selbstverabsolutierung der Kirche kommen kann.

Selbstverabsolutierung geschieht regelmäßig, wo das Bewußtsein eines Volkes, einer »Bewegung«, einer Partei u. ä., das auserwählte Werkzeug einer weltgeschichtlich herbeizuführenden Wende oder der Herbeiführung eines endgeschichtlichen Heilszustandes zu sein, umschlägt in das Bewußtsein, zum Welt- oder Heilsgeschichtssubjekt erwählt zu sein – Erwählung hier freilich ohne erwählendes Subjekt und im Sinne der Selbstlegitimierung verstanden.[2] Wer sich als Subjekt einer Entwicklung weiß, mit der sich in der Weltgeschichte das in ihr eigentlich Intendierte durchsetzt, der weiß sich dann auch als Vollstrecker einer umfassenden »Historiodizee«, jenes Sinnes der Geschichte, der schließlich alle Mittel als Opfer für einen immer schon weltgeschichtlich bezweckten Heilszustand am Ende rechtfertigt; der weiß sich selbst im Besitz jenes Wissens, das die Geheimnisse der Geschichte als aufgelöst in sich enthält und deshalb die hier und jetzt für den guten Endzweck zu bringenden Opfer zu nominieren imstande ist.

Kirche muß sich so weit als möglich von *diesem* Werkzeugbewußtsein geschieden wissen. Sie ist bleibend relativiert auf ein Subjekt der Erwählung hin, dessen Wissen und Wollen sie nicht für sich beanspruchen kann, dessen Vollkommenheit ihr nicht zur Verfügung steht. Wenn sie als Instrument gleichwohl in bestimmter Hinsicht das gegenwärtige Geschehen des guten Gotteswillens ist, so eben nicht in dem Sinne, daß ihre eigene Vollkommenheit die göttliche Gutheit der Gottesherrschaft abbildet und antizipiert; nicht in dem Sinne, daß sie eine endzeitliche Insel der Seligen im tosenden Meer der Sünde sein könnte, sondern eben nur so, daß sie durch Gottes unbegreifliche Treue von ihm immer wieder neu – oft genug gegen ihr eigenes kleinmütig-selbstzentriertes Wollen – zum Instrument und zur Darstellung *seines* guten Willens in der Welt in Dienst genommen wird. Daß dies an ihr und mit ihr geschieht, das ergibt sich gerade

---

[1] Zur Terminologie-Geschichte vgl. in meinem Buch: Kirche 409 f.
[2] Vgl. dazu H. Lübbe, Geschichtsphilosophie und politische Praxis, in: ders., Theorie und Entscheidung. Studien zum Primat der praktischen Vernunft, Freiburg i. Br. 1971, 111–133.

nicht gleichsam auf direktem Weg aus der Authentizität und Vortrefflichkeit ihrer Zeugnisgestalt; vielmehr gilt umgekehrt: Das Geeignetsein der Kirche zu ihrem Dienst als Werkzeug und Zeichen des Heils beruht auf dem Wunder der Gnade, die sich in der Kirche wunderbarerweise immer wieder neu gegenwärtig setzt und selbst die gnadenlose Selbstbehauptung einer absolutistischen Institution nicht aus ihrer Aufgabe entläßt, den Menschen von Gottes gutem Willen Zeugnis zu geben. Daß es mitten in der Gnadenlosigkeit einer vor allem mit sich selbst beschäftigten menschlichen Institution zur heilschaffenden Gegenwart des guten Gotteswillens kommen kann, daß die sichtbare Gnadenlosigkeit einer kirchlichen Institution Gottes Gnade nicht daran hindern kann, in ihr – in Zeugnis, Bekenntnis und Liturgie der Communio sanctorum – sichtbar zu werden, das ist das Wunder, das der Kirche als Grundsakrament zugrundeliegt und je neu geschehen muß. *Opus operatum:* das gemeinschaftliche, sichtbare Leben der Kirche ist die *Materie,* das in ihr verkündigte Evangelium ist die *Form,* die auf dem *Altar* dieser Welt Gottes Herrschaft vergegenwärtigen allein kraft der Gnadenzusage Gottes in Jesus Christus, nicht aufgrund der Vortrefflichkeit derer, deren werkzeugliches Wirken hier in Anspruch genommen wird. Gottes Wort und Gottes Gnade bleiben nicht ohne Frucht. Sie bewirken, was er will, und erreichen, wozu er sie ausgesandt hat; sie tränken die Erde, bringen sie zum Keimen und Sprossen (vgl. Jes 55,10 f.). Sie bringen in den Zeugen das *opus operantis* hervor, an dem »die Welt« sehen kann, wie inmitten der Gnadenlosigkeit von Welt und Kirche das Wort und die Gnade Menschen zu einer neuen Schöpfung macht – innerhalb und außerhalb der Kirche, wo immer der Same auf fruchtbaren Boden fällt; eben auch innerhalb der Kirche, die durch ihren sakramentalen Dienst sich selbst und die Welt daran erinnert, wer hier ausgesät hat und was als Ernte erwartet werden darf.

Die Metaphorik des Lichts stand in der Ekklesiologiegeschichte für diese durchgreifende Relativierung kirchlicher Existenz. Was in der Kirche an Licht aufscheint, das ist Widerschein, der Widerschein der Sonne Christus. Deren Licht fällt auf sie wie auf den Mond, der von sich aus ja nicht einmal imstande ist, dieses Licht hinreichend und konstant aufzufangen und zu reflektieren. Seine Phasen symbolisierten für die Kirchenväter das Sterben und Wiedererstehen kirchlicher Existenz: Wie der Mond in der Neumondphase unfähig wird, das Licht der Sonne zu reflektieren, so muß die Kirche immer wieder erleben, daß sie nicht mehr in der Lage ist, Gottes Herrlichkeit Licht spendend zu reflektieren. Sie stirbt den Tod des Mondes und muß – darf – darauf hoffen, daß Gottes Licht neu auf sie fällt.[3] Aber was bedeutet dieser Tod jeweils für sie? Was muß da sterben an Talmiglanz und bloßen Glitzereffekten, damit wieder Licht auf sie fallen, damit Gottes Herrlichkeit durch ihren Dienst sichtbar werden kann?

Die Relativierung der Kirche vollzieht sich konkret in ihrem Sterben, im Absterben all dessen, was sich ihrem Streben verdankt, etwas für sich zu sein.

---

[3] Zu dieser nur auf den ersten Blick befremdlichen »lunaren« Ekklesiologie der Kirchenväter vgl. H. Rahner, Symbole der Kirche. Die Ekklesiologie der Väter, Salzburg 1964, 91–175.

Zeichen und senfkornkleine Wirklichkeit des Heils kann sie nur sein, wo in ihr Gottes Gemeinschaftswille geschieht und sie als sacramentum unitatis in Dienst nimmt. Gottes Gemeinschaftswille, der sich in ihr ausdrückt, der an ihr und durch sie geschieht, konstituiert die Kirche als das »von der Einheit des Vaters und des Sohnes und des Heiligen Geistes her geeinte Volk« (Lumen gentium 4[4]), das durch sein Einbezogensein in die trinitarische Communio zum Sakrament des göttlichen Gemeinschaftswillens wird. Was sie als in Gottes Communio Einbezogene ist, das kennzeichnet sie als von ihrem Existenzgrund her *Relative*, als die den Menschen Gottes Gemeinschaftswillen Darstellende. In dieses Darstellen muß sie sich je neu einfinden – und wenn es sein muß hineinsterben.

5.2 Darstellung oder Stellvertretung?

Darstellung des Göttlich-Unbedingten in der Welt und für sie zu sein, dieses Selbst-Bild hat kirchliche Praxis und kirchliches Selbstverständnis in durchaus ambivalenter Weise geprägt. Über lange Jahrhunderte des nachkonstantinischen Christentums hinweg wollte Kirche vor allem als Darstellung des Herrschaftsanspruchs Gottes auf die Welt gewürdigt werden. So kam es hier zur Ausbildung einer Ekklesiologie der Stellvertretung Gottes bzw. Christi im Herrscheramt, wobei dann auch das Priesteramt Christi in Herrschaftskategorien verstanden und entsprechend kirchlich dargestellt wurde: als heiligende Besitzergreifung von einer Welt, deren Daseinssinn nur darin bestehen konnte, Gott und schließlich auch seinen irdischen Sachwaltern die ihnen zustehende Ehre zu erweisen.

Der Stellvertretungsgedanke war dabei eine Selbst-Ermächtigungskategorie: Wenn die Kirche gegründet war, Christi Sache in der Welt fortzuführen und durchzusetzen, so wie es Christi Sendung war, Gottes Sache – seine Herrschaft – in der Welt zur Geltung zu bringen, so mußte kirchliche Stellvertretung – hier wiederum vor allem die Stellvertretung des Vicarius Christi – auch für die Sache, die hier im Namen Gottes zu vertreten war, Gottes Autorität in Anspruch nehmen dürfen. Sachwalter Gottes in der Welt zu sein und als Sachwalter des einzigen Gottes auch dessen einziges Stellvertretungsorgan zu sein, dieser Anspruch brachte es faktisch mit sich, daß man Gottes Herrschaftsanspruch interimistisch – in der Geschichte zwischen der Christusoffenbarung und den Eschata – als von der Kirche konkret ausgeübt verstand und konsequenterweise unterstellte, nur die diesem Herrschaftsanspruch sich Unterwerfenden könnten Gottes endzeitlich-heiligender Herrschaft teilhaftig werden. Gott hatte die Kirche als »Generalbevollmächtigte« in dieser Weltzeit gewollt und eingesetzt; deshalb wäre es ein Vergehen gegen Gottes Willen und Herrscherehre, ihr nicht

---

[4] Zitiert ist hier u. a. Cyprian, De Oratione Dominica 23.

gehorsam zu sein. Die von Gott selbst eröffnete Heilsperspektive schien vollständig identifizierbar mit der von der Kirche konkret-geschichtlich zu verwaltenden Teilhabe an ekklesialen Wirklichkeiten; der umfassende Horizont göttlichen Wollens schien umfaßt von dem in Gottes Namen ausgeübten kirchlichen Regelungsanspruch: extra ecclesiam nulla salus.[5]

Daß diese Tendenz zu kirchlicher Selbstverabsolutierung und Selbstvergötzung in der Ekklesiologie doch nicht so umfassend, wie nach manchen Formeln zu vermuten, zum Tragen kam, das verrät etwa die heute zynisch klingende Redeweise bei kirchlich mitzuverantwortenden Autodafés, man übergebe die hier als Ketzer Verbrannten »der Gnade oder Barmherzigkeit Gottes«. Vielleicht hatte die Gnade Gottes ja doch noch mehr Möglichkeiten als die kirchliche Rechtsordnung. Ekklesiologisch grundsätzlich hat das Lehramt – wenn auch erst im Jahre 1713 – unter Bezugnahme auf die Parabel vom barmherzigen Samariter (Lk 10, 30 ff.) die Behauptung verworfen, außerhalb der Kirche werde keine Gnade gewährt (DH 2429). Das 2. Vatikanum bringt hier insofern einen Durchbruch, als es – wie in Kapitel 3 breit ausgeführt – Heilswege außerhalb der Kirche ausdrücklich als solche anerkennt.

Diese neue Perspektive ist wesentlich vom sakramentalen Verständnis der Kirche ermöglicht worden. Wenn die Kirche »Mysterium« genannt wird, so ist das umfassende Verständnis von Mysterium mitgemeint, wie es etwa im Epheserbrief (1, 9 bzw. 3, 9; Kol 1, 26) angesprochen ist: Gott hat uns in Jesus Christus das »mysterium voluntatis suae« (Vulgata[6]) mitgeteilt, so mitgeteilt, daß in ihm sein Heilswille geschah. So ist Jesus Christus selbst in ursprünglicher Weise »mysterium voluntatis suae« – Ursakrament; aber er ist es so, daß in ihm und von ihm her die οἰκονομία des Heils auf die endzeitliche Erfüllung hin ihr entscheidendes Stadium erreicht. Von ihm her will Gott »den Lauf der Zeiten so auf ihre Erfüllung hin ... ordnen, daß alles im Himmel wie auf Erden in Christus zur Einheit zusammengefaßt werde« (Eph 1, 10; vgl. Kol 1, 16.20).

Die Kirche darf »Zeichen und Werkzeug« dieser οἰκονομία, der endzeitlichen Vereinigung in Christus sein (Lumen gentium 1). Sie kann es aber nur sein, indem sie Gottes guten Willen an sich geschehen läßt und ihn dadurch *bezeugt*; indem sie gleichsam zum Kristallisationskern wird und so der οἰκονομία des Heils auf ihre endzeitliche Erfüllung hin dient. Vom Mysterium ist neutestamentlich als dem »Mysterium des Gottesreichs« die Rede, das in Gleichnissen zum Verständnis gebracht werden soll, weil es in »dieser Welt« nicht einfachhin sichtbar, sondern eben nur *glaubbar* ist (vgl. Mk 4, 11 parr.). In Anlehnung daran spricht *Lumen gentium* 3 von der Kirche als dem »im Mysterium schon gegenwärtige(n) Reich Gottes«, welches »durch die Kraft Gottes sichtbar in der Welt« wächst. Das »sichtbare Wachsen« steht in Spannung zur

---

[5] Dieses kirchliche Selbstbewußtsein artikulierte sich mit geradezu »absolutistischer« Eindeutigkeit in der Bulle Unam sanctam des Papstes Bonifaz VIII. (DH 870–875).
[6] Die Offenbarungskonstitution übernimmt diese Formel zur Wesensbestimmung von Offenbarung (vgl. Dei verbum 1). Vgl. im Offenbarungstraktat, Kap. 1.12.

Unsichtbarkeit oder Kaum-Sichtbarkeit der Gottesherrschaft, die den menschlichen Glaubenseinsatz herausfordert, in ihrem Wachstum aber nicht einfachhin mit menschlichen Erfolgsgeschichten identifiziert werden darf. Auch das sichtbare Wachstum der Kirche in der Welt ist nur Wachstum der Gottesherrschaft, wenn und insoweit es »aus der Kraft Gottes« wächst.

Weil das so ist – weil also immer wieder neu die Frage aufgeworfen werden muß, welches Wachstum und welche sichtbare Gestaltwerdung der Kirche auf Gottes endzeitliche Herrschaft wirklich hingeordnet ist –, deshalb bleibt die Kirche Glaubens-Mysterium: der glaubend zu *identifizierende* Anfang, aus dem Gottes Herrschaft wachsen und die Welt in Christus hinein verwandeln will, aber auch immer wieder neu glaubend von Gottes Herrschaft zu *differenzierende*, aus dem Macht- und Mutwillen von Menschen wachsende oder gar wuchernde und sterbende, sichtbar-menschliche Institution. Die unaufhebbare Spannung zwischen Identifikation und Differenzierung kennzeichnet ihr Sakramentsein, kennzeichnet sie als Glaubenswirklichkeit und schützt sie vor der Verabsolutierung ihrer Sichtbarkeit. Sie ist Zeichen der Einheit weder aus eigener Kraft noch in eigener Regie. So ist der umfassende Heilshorizont der Einheit auch nicht identisch mit dem oft so engen Horizont, von dem her man in ihr Einheit schaffen will und doch nur – wenn Gottes Geist dies nicht verhinderte – die Uniformität einer totalen Institution zustandebringen würde.

Die identifizierend-differenzierende Hinordnung der Kirche auf die Gottesherrschaft definiert sie als Dienerin am Geschehen des guten Gotteswillens. Sie dient ihm, indem sie ihn darstellt, indem sie der Welt bezeugt, wie er sie in Gottes Herrschaft verwandeln will, wie ihr Gottes Absolutheit – seine unbedingte, befreiend-herausfordernde Zuwendung – als Heil widerfahren soll. Sie kann freilich nur Dienerin am Geschehen des guten Gotteswillens sein, weil sie von ihm schon ergriffen, wenn auch vielleicht bedauerlich wenig durchdrungen ist. Aber sie ist wenigstens insoweit von ihm ergriffen, daß sie bezeugen kann und mit ihrem Zeugnis zuverlässig – wenn auch wiederum oft nicht authentisch genug – zum Ausdruck bringen kann, wie Gottes guter Wille in der Welt geschehen will. Die Kirche darf ihren Dienst in der Kraft des Gottesgeistes begründet glauben, der *sich* in ihr authentisch bezeugt, in ihr und durch sie Gottes Güte und Menschenfreundlichkeit bezeugt, die allen Menschen das wahre, ewige Leben zugedacht hat (vgl. Tit 3, 4.7).

Sakrament ist die Kirche, weil Gott in ihr durch seinen Geist das »mysterium voluntatis suae« geschehen läßt, damit sich die οἰκονομία seines Heilswillens erfülle. So macht das sakramentale Kirchenverständnis jeden Ekklesiozentrismus eigentlich unmöglich. Kirche ist als Dienerin am geschehenden guten Gotteswillen für die da, denen er gilt, und ausgerichtet darauf, daß sie selbst von der Heilsökonomie eschatologisch überholt wird. Sie kann nicht in dem Sinne binnenorientiert sein, als bilde sie die Versammlung derer ab, die an der eschatologischen Vollendung teilhaben werden; vielmehr bringt sie Gottes guten Willen sakramental zum Ausdruck, weil und insofern sie allen sichtbar und greifbar macht, wie er zu geschehen anfängt.

Das sakramentale Verständnis der Kirche ist gleichwohl mißverständlich und ökumenisch umstritten geblieben. *Gerhard Ebeling* unterstellt ihm die Tendenz, eine »Horizontverschmelzung von Christus und Kirche herbeizuführen«, also in gewisser Weise die Kirche als »Christus prolongatus« mit dem in Wahrheit einzigen Sakrament Christus ineinszusetzen. Demgegenüber habe reformatorisches Sakramentsverständnis »den Unterschied zwischen Christus und Kirche zur Geltung zu bringen« und dann auch klarzustellen, daß wegen der Verwischung dieses Unterschieds in der katholischen Ekklesiologie der Gegenwart »rebus sic stantibus eine Kirchengemeinschaft mit der römischen Kirche nicht möglich ist.«[7] *Wolfhart Pannenberg* warnt vor der »Versuchung« der Kirche, »die eigene Gemeinschaft mit der Gemeinschaft der endzeitlich Erwählten in einem exklusiven Sinne gleichzusetzen und sich damit als Anfangsgestalt des Gottesreiches zu verstehen«. Wo dies geschieht, da gehe »der Sinn für die Vorläufigkeit der eigenen Lebensform« wie auch »der Bezug über die eigene Partikularität hinaus auf die Universalität der Menschheit« verloren.[8] Gleichwohl stellt er fest, daß von einer »Gegenwart des Reiches Gottes und seiner eschatologischen Heilsgemeinschaft in der Kirche« gesprochen werden darf und diese Gegenwart als sakramental zu bezeichnen ist. Die Christen empfangen – so Pannenberg – »durch Taufe und Abendmahl in Verbindung mit dem Glauben an das Evangelium wirklich Anteil an Jesus Christus und durch ihn an der künftigen Heilsgemeinschaft des Gottesreiches.« Aber

> »die endgültige Gestalt solcher Teilhabe und Gemeinschaft bleibt in dieser Welt noch unsichtbar und wirkt nur durch Glaube, Hoffnung und Liebe in sie hinein. Es gehört daher zum Wesen der Kirche, daß sie über das Provisorische und Unvollkommene ihrer eigenen Gestalt hinausweist auf die Zukunft der Gemeinschaft des Gottesreichs. Die Kirche ist nur deren vorläufige und im Leben ihrer Glieder oft bis zur Unkenntlichkeit verborgene und entstellte Darstellung.«[9]

Offenkundig hängt Entscheidendes für eine zureichende Ausarbeitung des Konzepts »Kirche als Ur- bzw. Grundsakrament« an der genaueren Bestimmung des Darstellungsmodus, aufgrund dessen – auch nach Pannenberg – von der sakramentalen Gegenwart der endzeitlichen Heilsgemeinde in der konkret geschichtlichen Kirche gesprochen werden darf.

---

[7] Vgl. G. Ebeling, Dogmatik des christlichen Glaubens, Bd. 3, Tübingen 1979, 314 f.
[8] W. Pannenberg, Systematische Theologie, Bd. 3, Göttingen 1993, 503.
[9] Ebd.

5.3 Kirche: Institutionalisierung der Beziehung zum Unbedingten

Gesellschaftliche und staatliche Institutionen stellen ihre ratio essendi angesichts und im Kontext je gegenwärtiger Herausforderungen dar. Die Interaktionen zwischen Mitgliedern und Repräsentanten der jeweiligen Institution wie auch ihre Initiativen zur Identitätsdarstellung nach außen dienen im Idealfall der Vergegenwärtigung der Ziele, mit denen man sich in dieser Institution identifiziert. Im Engagement der Mitglieder und Repräsentanten, im »Ergriffensein« von dem, was sie hier bedingt – weil nicht ihre ganze Existenz beanspruchend – »angeht«, drückt sich mehr oder weniger authentisch der Daseinssinn der jeweiligen Institution aus. Das erbrachte Engagement bezeugt den Anspruch dieses Daseinssinns darauf, in der gesellschaftlichen Realität zur Geltung zu kommen; es bezeugt die Zuversicht der von ihm Ergriffenen und ihm deshalb Dienenden, ihr Engagement könne dazu beitragen, das, wofür man sich engagiert – wovon man ergriffen ist – in Geltung zu setzen.

Die bürgerlichen Gesellschaften der Moderne verstehen sich als pluralistisch konstituiert und sektoriell differenziert, da sie die Bedingtheit einzelner institutioneller Daseins-Sinne *institutionalisieren*, also den in den jeweiligen Institutionen Engagierten das Zugeständnis abnötigen, daß nicht eine einzelne ratio essendi mit dem Anspruch der Unbedingtheit auftreten und vertreten werden darf. Die Mißachtung dieses Bedingtheitsvorbehalts wird als Ausdruck eines totalitären Regelungsanspruchs und als Verführung zu totalitär-fanatischem Engagement unter Verdacht gestellt. Als totalitär wird ein Regelungsanspruch empfunden, der alle anderen »regionalen« rationes essendi nur insoweit anerkennt, als er sie sich selbst dienstbar machen, will heißen als Mittel zu dem von ihm allein vorgegebenen Zweck dienstbar machen kann. Das Engagement für sie hätte seine Legitimation dann nur darin, daß es *diesen* Zweck befördert und konkret in Geltung setzt. Dem Anspruch eines totalitären Regelungsanspruchs muß die Autonomie regionaler Sinnsysteme zum Opfer gebracht werden. Das in ihnen gelebte Engagement kann nicht mehr als freie Antwort auf den dort institutionalisierten Sinnanspruch gelebt, es muß in seiner Legitimität vom übergeordneten Totalanspruch des unbedingt Angehenden her begründet werden.

Auf den ersten Blick scheint hier das herkömmliche kirchliche Selbstverständnis beschrieben. Ist die Kirche nicht Ausdruck und Darstellung eines unbedingten Angegangenseins bzw. des sie unbedingt Angehenden? Muß sie nicht den Zugriff des Herrschaftswillens Gottes auf die Welt in einem umfassenden Regelungsanspruch konkret zur Geltung bringen? Bei genauerem Zusehen erschließt sich, daß die geschichtliche Dynamik zumindest der okzidentalen Entwicklung seit dem hohen Mittelalter gerade auch aus theologisch positiv zu bewertenden Gründen elementare gesellschaftliche Differenzierungsprozesse und nicht etwa Totalisierungsprozesse angestoßen und angetrieben hat, so daß totalitäre Zugriffsversuche gerade auch theologisch als Regression zu bewerten wären. Die Pastoralkonstitution *Gaudium et spes* des

2. Vatikanums zieht nur die fällige Konsequenz aus der schon in der Hochscholastik geltend gemachten Eigenständigkeit und Eigenwertigkeit der Schöpfungsordnungen, wenn sie von einer »Autonomie der irdischen Wirklichkeiten« spricht. »Autonomie« bedeutet hier, daß »die geschaffenen Dinge und auch die Gesellschaften ihre eigenen Gesetze und Werte haben, die der Mensch schrittweise erkennen, gebrauchen und gestalten muß«. Aufgrund ihres Geschaffenseins haben die irdischen Einzelwirklichkeiten – so das Konzil weiter – »ihren festen Eigenstand, ihre eigene Wahrheit, ihre eigene Gutheit sowie ihre Eigengesetzlichkeit und ihre eigenen Ordnungen, die der Mensch unter Anerkennung der den einzelnen Wissenschaften und Techniken eigenen Methoden achten muß« (Gaudium et spes 36).

Die »eigene Gutheit« und »Eigengesetzlichkeit« der Schöpfungsgüter ist – so schon *Thomas von Aquin* – dem Vernunfturteil des Menschen prinzipiell zugänglich, weshalb »die natürliche Vernunft einem jeden« befehlen kann, »nach der Vernunft zu handeln«[10]; weshalb Kirche und Theologie dann auch prinzipiell einräumen müssen, daß das Vernunfturteil über »regionale« Sinnansprüche nicht einfachhin unter kirchlich-theologische Vormundschaft gestellt werden kann. Daß die Anerkennung dieses Autonomieanspruchs durch Theologie und Kirche prekär blieb, läßt sich nicht bestreiten. Groß war bis ins 20. Jahrhundert hinein die Versuchung, der Vernunft wegen der infralapsarischen Beeinträchtigung menschlichen Vernunftvermögens eben doch die »vom Glauben erleuchtete« Vernunft als Vormund und Lehrerin zur Seite zu stellen und ihr überall da mit selbstgewissem Autoritätsanspruch zu widersprechen, wo sie sich kirchlichen Lehrinhalten nicht zu fügen schien. Und dieser Widerspruch erwies sich ja als angezeigt, wo immer autonome Vernunftansprüche verwechselbar und verwechselt wurden mit vermeintlichen Sachzwängen. Oft genug blieb gleichwohl unbeachtet, daß theologische Vernunftkritik vernünftig begründet und vermittelt sein muß, wenn sie mehr sein will als ein leerer Totalitätsanspruch zur Abwehr unerwünschter Forschungsergebnisse und Argumente.

Daß all das im Prinzip theologisch eingesehen wurde, änderte wenig daran, daß es im 19. und 20. Jahrhundert zu massiven Konkurrenzkonflikten zwischen kirchlichen und »sakulär-rationalen« Regelungsansprüchen kam und weiterhin kommt, in denen man sich kirchlicherseits oft nur so meinte behaupten zu können, daß man angesichts der unabsehbaren modern-postmodernen Zersplitterung des säkularen Vernunftdiskurses die allumfassende gläubige Vernunft als überlegene Normquelle geltend machte. Der ekklesiologische Preis für dieses Vorgehen war eine Definition des Verhältnisses von Kirche und säkularen Eigenwirklichkeiten, die dieses Verhältnis von konkurrierenden Regelungsansprüchen bestimmt sah, wobei im Konfliktfall regelmäßig die Suprematie des kirchlichen Regelungsanspruchs durchgesetzt werden mußte. Kirche erscheint dann in ihrem Weltverhältnis doch wieder primär als höchste Norminstanz, die

---

[10] Summa theologica II–II, q. 47, a 7.

aufgrund eines »höheren«, übernatürlichen Wissens und des darin zu begründenden Kriteriums »wahrer« Vernünftigkeit zur höchsten Richterin und letzten Instanz in den Fragen der Gestaltung der Weltordnungen zu respektieren ist. Setzt sich Kirche in dieser Weise gegen die unvermeidliche Konkurrenz der Regelungsansprüche zur Wehr, so reduziert sie sich schließlich selbst auf die institutionelle Darstellung eines als universelle Normkompetenz verstandenen göttlichen Herrschaftsanspruchs; so stilisiert sie sich zum institutionellen Pendant eines instruktionstheoretischen Offenbarungs- und Traditionsverständnisses, das die Kirche als Sachwalterin, ja als Stellvertreterin des göttlichen Gesetzgebers erforderlich macht. *Gaudium et spes* 40 formuliert hier eine entscheidend andere Perspektive, die sich nicht mehr aus der Konkurrenz der Normierungsansprüche bestimmt. Die Kirche geht »den Weg mit der ganzen Menschheit gemeinsam und erfährt das gleiche irdische Geschick mit der Welt und ist gewissermaßen der Sauerteig und die Seele der in Christus zu erneuernden und in die Familie Gottes umzugestaltenden menschlichen Gesellschaft«. Zumindest die Metapher »Sauerteig« rückt die diakonisch-sakramentale Bestimmung der Kirche in ihrem Verhältnis zur Welt in den Vordergrund. Kirche soll und darf der Verwandlung der Welt in Gottes Herrschaft dienen; sie darf jene Institution sein, in der und von der her lebendig und wirksam wird, was diese Verwandlung möglich macht, geradezu antreibt. So stellt sie die religiöse Beziehung zum Unbedingten – das Ergriffensein von ihm – nicht zuerst als die in seinem Namen Fordernde dar, sondern als von Gottes Heilszukunft Ergriffene und verheißungsvoll Herausgeforderte, als »Realsymbol« des guten Gotteswillens, der die Welt in Gottes Herrschaft verwandeln wird.

5.4 Kirche als Realsymbol der Gottesherrschaft

Karl Rahners Begriff des Realsymbols kann helfen, das Gemeinte einigermaßen unmißverständlich zu formulieren.[11] Sakramente – und so auch das Grundsakrament Kirche – sind Symbolwirklichkeiten im Sinne eines »signum efficax«, mit und durch deren »Setzung das Symbolisierte sich selber setzt und selber im Symbol anwest.«[12] Sie sind – nach Augustinus' Bestimmung[13] – »verba visibilia«: Sie nehmen das »Element« – die sichtbare Wirklichkeit, der sie zugesprochen werden – gleichsam in Dienst, machen es zu einer das Gesagte sichtbar darstellenden Wirklichkeit, zu einer Wirklichkeit, in der sich das Dargestellte selbst wirksam vergegenwärtigt. Karl Rahner spricht deshalb vom »ex-

---

[11] Vgl. von ihm vor allem: Zur Theologie des Symbols, Schriften zur Theologie, Bd. 4, Einsiedeln ⁵1967, 275–311; Was ist ein Sakrament?, in: E. Jüngel – K. Rahner, Was ist ein Sakrament? Vorstöße zur Verständigung, Freiburg – Basel – Wien 1971, 67–85.

[12] Vgl. K. Rahner, Das christliche Verständnis von Erlösung, in: A. Bsteh (Hg.), Erlösung in Christentum und Buddhismus, Mödling 1982, 112–127, hier 123.

[13] Tractatus in Ioannis evangelium 80, 3.

hibitiven Charakter« des sakramentalen verbum visibile, da »das, was es sagt, durch *es* sich ereignet, so daß in ihm und durch es, die bezeichnete Sache allererst gegenwärtig ist, und zwar in einem gegenseitigen Bedingungsverhältnis der Art, daß das Wort gebildet wird durch die Sache, die so kommt, und die Sache kommt, indem und weil sie sich so verlautbart«.[14] Man darf sich das Gemeinte anhand von Gesten – etwa der Liebe und Zärtlichkeit – verdeutlichen, die dem Gemeinten nicht einfach nur einen sekundären Ausdruck verleihen, durch die es vielmehr selbst geschieht und in der Beziehungswirklichkeit der Beteiligten wirksam gegenwärtig wird; vielleicht am deutlichsten im verbum visibile des ehelichen Einander-sich-Versprechens: Hier ereignet sich das Gesagte mit einer Verbindlichkeit und – wenn ernst gemeint – mit einer Wirklichkeit erschließenden Kraft, die das Leben der einander sich Versprechenden von Grund auf verändert.

Aber wie ist Kirche in diesem Sinne als wirksames, sichtbares Wort beschreibbar, durch das bezeichnet wird, was sich in ihm und durch es zur Wirkung bringt? Kirche ist – so Rahner – das »geschichtliche Zeichen … das den Heil und Einheit schaffenden Willen Gottes gegenüber der Welt geschichtlich zur Erscheinung bringt und dadurch auch ›bewirkt‹.« Sie ist »Trägerin« des »eschatologisch siegreich heilschaffenden Wortes der Selbstzusage Gottes an die Welt«, wirksames Zeichen dieses Gnadenwillens, der nicht erst durch es hervorgerufen wird, sondern »durch es … sich selbst zur geschichtlichen Erscheinung bringt und so sich selber geschichtlich irreversibel macht.«[15] Kirche könnte – in der Konsequenz dieses Gedankens – als die institutionelle Sichtbarkeit und Greifbarkeit jenes Wortes Gottes verstanden werden, in dem er sich der Welt verspricht, Widerhall und Gegegenwartswirklichkeit jenes Ja-Wortes seiner Treue, das in Jesus Christus gesprochen und beglaubigt wurde, in der Kirche aber mit dem Amen der Gläubigen beantwortet wird (vgl. 2 Kor 1, 20): Sie lassen es sich gesagt sein, glauben ihm und lassen sich selbst dafür in Dienst nehmen, daß sich Gottes Versprechen auch durch sie, aber weit über ihr Vermögen und Scheitern hinaus erfüllt. *So* ist die Gemeinschaft der Glaubenden selbst das Sichtbarwerden dieses Versprechenswortes: Es darf unter ihnen als wirksames gefeiert, geglaubt und bezeugt werden; darin wird ihnen zur verheißungsvollen Herausforderung, für das Versprechen und sein Glaubbarwerden mit einzustehen, es im eigenen Lebensvollzug darauf ankommen zu lassen, daß alle Wirklichkeit auf seine Erfüllung hin unterwegs sein darf. So ist auch der ethische Anspruch Gottes, der das verbum visibile nicht primär bestimmen darf, als Implikation eines Versprechens zu würdigen, das nur freudig ernstgenommen wird, wenn es die ihm Glaubenden mit Leib und Seele daran glauben und alles dafür tun läßt, daß es sich erfüllt, so wenig sie diese Erfüllung selbst leisten oder verbürgen können. Gottes Versprechen will in Freiheit geglaubt und bezeugt werden; es fordert die

---

[14] K. Rahner, Was ist ein Sakrament?, a.a.O., 73; vgl. ders., Wort und Eucharistie, Schriften zur Theologie, Bd. 4, 313–356.
[15] Ebd., Zitate 76 und 78.

Glaubenden heraus, sich ihm frei anzuvertrauen und auf es hin ihr Leben zu wagen, damit die Welt sich diesem Versprechen öffnen und von ihm verwandelt werden kann. So wäre der oben schon eingeführte ekklesiologisch-sakramententheologische Grundsatz wie folgt fortzuschreiben: Kirche stellt die religiöse Beziehung zum Unbedingten und das Ergriffensein von ihm nicht primär als unbedingte Forderung, sondern als unbedingte Zusage Gottes dar, von der sie selbst so ergriffen und in Dienst genommen ist, daß sie diese Zusage als Versprechen bezeugt, dem die Glaubenden in Freiheit entsprechen und so zum Sauerteig der Erde werden können. Dieses Darstellen-Dürfen ist kein »Herstellen«, kein Mit-Erwirken dessen, was hier dargestellt werden darf: der voraussetzungslos gnädigen Zuwendung Gottes zu den Sündern und einer sündigen Kirche, die unverdientermaßen *opus operatum* sein darf für die welthafte Präsenz dieser Zuwendung, für Gottes eigenes Geist-Wirken, durch das Menschen zum Heil geführt werden sollen. Das eigene Wirken der Kirche vermag hier nichts aus sich selbst, zumal es in oft grausamer Weise entstellt, was sich in ihm darstellen will. Daß es opus *operatum* ist, meint ekklesiologisch, daß Gott sich auch hier die Voraussetzung seines Gegenwärtigwerdens in der Welt selbst schaffen muß und eben nicht an ein »verdienstvolles« Wirken von Menschen – ein opus operantis – anknüpfen kann.[16]

5.5. Heilsvermittlung durch die Kirche?

Sind mit diesen Erläuterungen die Vorbehalte evangelischer Theologen gegen die Bezeichnung der Kirche als Grundsakrament schon als gegenstandslos erwiesen? Die ekklesiologische Gegenprobe ist durch die Beantwortung der Frage vorzunehmen, ob diese Redeweise ein ökumenisch tragfähiges Verständnis der Heilsvermittlung durch die Kirche ermöglicht. Evangelische Vorbehalte richten sich – in der Sache zweifellos zu Recht – gegen ein Verständnis von ekklesialer Heilsvermittlung, das die Christozentrik des Heilshandelns Gottes relativiert und die Kirche in irgendeinem Sinne als Mitsubjekt der Heilszuwendung privilegiert. Erkennbar sind solche ekklesiologischen Mißgriffe etwa daran, daß man mit Bezugnahme auf die inkarnatorische Struktur des göttlichen Heilshandelns ohne weitere Präzisierungen von heilsvermittelnden kirchlichen Ämtern spricht. So entsteht der Eindruck, diesen Ämtern bzw. ihren Inhabern sei eine – womöglich gar exklusive – Vermittlungsvollmacht eingeräumt, in der sie selbst heilsbegründende oder heilsverweigernde Akte setzen könnten, also in mensch-

---

[16] Die sakramententheologische Terminologie kann hier die den christlichen Kirchen gemeinsamen Intentionen der Rechtfertigungslehre ekklesiologisch zur Geltung bringen – muß sie jedenfalls nicht verdunkeln. Deshalb stimme ich – bei grundsätzlicher Übereinstimmung mit seiner Position im Dialog über die Rechtfertigungslehre – O. H. Pesch nicht zu, wenn er den Terminus »Kirche als Ur- oder Grund-Sakrament« auf eine »schwarze Liste verhängnisvoller theologischer Begriffe« gesetzt sehen will; vgl. O. H. Pesch, Dogmatik im Fragment, Mainz 1987, 359.

lich-geschichtlicher Handlung Gottes Heilszuwendung nicht nur bezeugten, sondern irgendwie mitbewirkten. Neutestamentliche Bezugsstelle für dieses »sakramentale« Verständnis von Amtsvollmacht ist die mit der nachösterlichen Geistmitteilung verbundene Zusage des johanneischen Christus an die Jünger: »Wem ihr die Sünden vergebt, dem sind sie vergeben; wem ihr die Vergebung verweigert, dem ist sie verweigert« (Joh 20, 23; vgl. Mt 16, 19; 18, 18).

Man wird gut daran tun, dieses Wort des Erhöhten nicht als pauschale Heilsvermittlungsvollmacht in Anspruch zu nehmen. Es bezieht sich auf die den Amtsträgern hier zugesprochene Vollmacht, die geisterfüllte Zugehörigkeit zur endzeitlichen Gemeinde der in die Gottesherrschaft Aufgebrochenen feststellen zu können bzw. mit ekklesiologischer Gültigkeit feststellen zu können, daß Gemeindemitglieder sich aus dieser Zugehörigkeit gelöst haben. Es hat eher deklarativen als heilszuwendenden bzw. heilsverweigernden Charakter. So wird man mit *Herbert Vorgrimler* wohl zutreffend deuten, »Binden« bzw. Verweigerung der Vergebung bedeute »eine Distanzierung der Kirche« von dem im Gebundensein durch die Sünde verharrenden Menschen, und »Lösen« bedeute als Zusage der Vergebung »die volle Wiedereingliederung dessen, der dem Bösen entrissen ist«. Und man wird einräumen, daß solches Binden und Lösen sich auch auf das »Wirksam- bzw. Unwirksamwerden« der Sünde »vor Gott« erstreckt.[17] Aber die neutestamentlichen Zusammenhänge zwingen nicht dazu, ja sie legen nicht einmal nahe, die Kirche an der Eröffnung bzw. Verschließung der Heilsperspektive für die Menschen, an denen sie vollmächtig handelt, mit beteiligt zu sehen.

Heil geht nur von Gottes Handeln aus, entscheidend von Gottes Handeln in Jesus Christus, in dem es »irreversibel« *(Karl Rahner)* die Welt ergriffen hat und von dem her es seitdem dabei ist, sie in Gottes Herrschaft zu verwandeln. Wenn hier von sakramentaler Heilsvermittlung die Rede sein soll, so wäre mit *Eberhard Jüngel* auch katholischerseits klarzustellen, daß Gott sich und sein Heil der Menschheit allein durch das Menschsein Jesu bzw. in der Geschichte des Heilshandelns Gottes, der er sich selber zugehörig weiß, vermittelt und diese Selbstvermittlung Gottes an die Menschen sich in den geisterfüllten kirchlichen Vollzügen der Verkündigung und des auf sie antwortenden Glaubens vergegenwärtigt.[18] Die Kirche und ihre sakramentale Praxis bezeugt, wie das verkündete

---

[17] H. Vorgrimler, Der Kampf des Christen mit der Sünde, in: J. Feiner – M. Löhrer (Hg.), Mysterium Salutis. Grundriß heilsgeschichtlicher Dogmatik, Bd. 5, Zürich – Einsiedeln – Köln 1976, 349–461, hier 392.

[18] Vgl. von ihm: Das Sakrament – was ist das?, in: E. Jüngel – K. Rahner, Was ist ein Sakrament?, 9–61, hier 55. Weiter zu fragen bliebe, ob und wie diese Klarstellung zusammengeht mit der folgenden Formulierung Joseph Ratzingers: »In jeder Rettung eines Menschen ist nach christlichem Glauben Christus am Werk. Wo aber Christus ist, da ist auch die Kirche beteiligt, weil er nun einmal nicht allein bleiben wollte, sondern gleichsam die doppelte Verschwendung geschieht, daß er uns mitbeteiligt an seinem Dienst … Daß Jesus von Nazareth ›der Christus‹ ist, das bedeutet gerade auch dies, daß er nicht allein bleiben wollte, daß er sich einen ›Leib‹ schuf. ›Leib Christi‹ bedeutet ebendies: Beteiligung der Menschen am Dienst Christi, so daß sie gleichsam seine ›Organe‹ werden und er gar nicht mehr ohne sie gedacht werden könnte. Solus Christus numquam solus – möchte man von hier

und geglaubte Mysterium des guten Gotteswillens *ihr* und all denen, die dies zulassen, *geschieht;* und sie darf es tun in der Zuversicht, daß Gott durch seinen Geist dieses Zeugnis im wesentlichen authentisch erhält und es deshalb dazu gebraucht, Menschen für die Zukunft der Gottesherrschaft – für ihre eigene und der Welt Heilszukunft – zu öffnen und in Anspruch zu nehmen. Kirche ist Sakrament, weil ihr Zeugnis von Gott gebraucht wird, »Instrument und Zeichen« seines in der Welt geschehenden und in verborgener Weise zur Geltung kommenden Heilswillens zu sein, ihn den Menschen als den hier und jetzt geschehenden darstellen zu dürfen.

Will man hier von Vermittlung sprechen, so allenfalls im Sinne einer Vermittlung der Vermittlung und unter der Bedingung, daß die ekklesiale Vermittlung gegenüber der Selbstvermittlung Gottes in Jesus Christus und in seinem Heiligen Geist nur im analogen Verständnis Vermittlung genannt werden darf: Die ekklesiale Praxis ist von Gott dazu ausersehen, Sauerteig für die Welt zu sein: die konkrete Auswirkung der Heilsinitiative Gottes, mit der er die Welt in seine Herrschaft verwandeln will. Ihr Sauerteig-Sein hat die Kirche nicht aus sich selbst und für sich selbst. Sie ist immer schon dabei, ihre heilsgeschichtliche Pro-Existenz zu erfüllen, hineinzusterben in ihren Dienst, die Verhältnisse dieser Welt in eschatologische »Gärung« zu bringen, damit sie Gott mit seiner Herrschaft aufnehmen können.

Wo die Kirche sich ihrer sakramentalen Pro-Existenz verweigert und aus sich selbst oder für sich selbst existieren, wo sie sich ihrer selbst und ihrer eigenen Hoheit rühmen will (vgl. 1 Kor 1, 27–31), da bleibt sie zwar Gottes sakramentales Instrument: In ihrem ekklesialen Zeugnis bezeugt sich weiterhin der treue Gott, der seine Heilszusage nicht zurücknimmt und sein Instrument nicht als durch und durch untauglich »aus der Hand legt«; aber sie setzt die Fruchtbarkeit ihrer Sendung aufs Spiel. Und sie riskiert, daß sie – nicht von ihrem Herrn, wohl aber von denen, zu denen sie gesandt ist und für die sie dasein soll – als überflüssig beurteilt wird. Es ist nicht das Gleiche, den gesellschaftlichen Tod des Überflüssigwerdens zu sterben oder in die gottgegebene Sendung hineinsterben und gerade so Frucht bringen zu dürfen. Wo das eine mit dem anderen verwechselt wird, da ist höchste Gefahr im Verzuge; da ist schon die ekklesiale Sensibilität erstorben, in der man wahrnehmen könnte, was um der Sendung der Kirche, ihrer »Werkzeuglichkeit« willen sterben muß – und der Glaube daran, daß *dieses* Sterben Frucht bringen wird.

---

aus sagen«; Das neue Volk Gottes. Entwürfe zur Ekklesiologie, Düsseldorf 1969, 358. Vielleicht ergäbe sich eine Annäherung der Positionen, wenn Ratzingers Bestimmung des »nicht ohne« das ekklesiologisch etwas vollmundige »allein durch« – die Vermittlung kirchlichen Handelns – gültig präzisieren könnte.

Schlußreflexion:
Endgültigkeit und Vorläufigkeit

1. Theologische Erkenntnis und kirchliches Zeugnis

Kirchliches Zeugnis bezeugt die Endgültigkeit – die eschatologische Geltung – der göttlichen Heilszusage. Es bezeugt, daß in den Spuren Christi des Gekreuzigten (vgl. 1 Petr 2, 21) Gottes Herrschaft zugänglich wird. So weiß sich die Zeugnisgemeinschaft Kirche *end-gültig* damit beauftragt, den Weg der Nachfolge in den Spuren Christi immer wieder neu zu identifizieren, also dafür Sorge zu tragen, daß die Gemeinschaft der Glaubenden und nach dem Glauben Suchenden die Spur, in der gläubige Nachfolgepraxis sich halten muß, nicht aus dem Blick verliert. Diese Aufgabe ist in je unterschiedlicher Weise den beiden kirchlichen Lehrämtern, dem hierarchischen Lehramt der Bischöfe und des Papstes sowie dem Lehramt der Theologie, übertragen.[1] Die verschiedenen Weisen ihres Lehrens, die Bedingungen ihrer Gültigkeit und Authentizität, die dabei zu beachtenden Begründungslogiken sowie die kirchlich anerkannten Regeln des Zusammenwirkens zwischen hierarchischem und theologischem Lehramt wurden von der Theologie herkömmlich in einem Traktat »Theologische Erkenntnislehre« oder »Theologische Prinzipienlehre« abgehandelt, der seinen Ort teils in der Dogmatik teils in der Fundamentaltheologie fand.[2]

Die Theologische Erkenntnislehre bildet offenkundig das »Scharnier« zwischen Fundamentaltheologie und Dogmatik: Sie konkretisiert das in der fundamentaltheologischen Ekklesiologie zum Verständnis von Tradition Auszuführende; und sie thematisiert die wissenschaftstheoretischen Voraussetzungen dogmatischen Arbeitens.[3] Die Arbeitsteilung zwischen Fundamentaltheologie und Dogmatik, wie sie in diesem Band vorausgesetzt wird, legt es nahe, über das in Teil 4 des Ekklesiologietraktats Ausgeführte hinaus noch einige elemen-

---

[1] Thomas von Aquin unterscheidet in diesem Sinne das *magisterium cathedrae pastoralis* vom *magisterium cathedrae magistralis*; vgl. M. Seckler, Kirchliches Lehramt und theologische Wissenschaft, in: W. Kern (Hg.), Die Theologie und das Lehramt, Freiburg – Basel – Wien 1982, 17–62, hier 26–33.

[2] Prominentes Beispiel für eine Verortung in der Dogmatik ist Matthias Joseph Scheeben, der das Erste Buch seines Handbuches der katholischen Dogmatik »Theologische Erkenntnislehre« nennt (1. Band der Neuausgabe Freiburg i. Br. 1933, 8–462). Das von W. Kern, H. J. Pottmeyer und M. Seckler herausgegebene Handbuch der Fundamentaltheologie bearbeitet die theologische Erkenntnislehre als vierten fundamentaltheologischen Traktat.

[3] Insofern ist sie nicht selten Gegenstand der Prolegomena der Dogmatik; vgl. etwa meinen eigenen Entwurf in: Th. Schneider (Hg.), Handbuch der Dogmatik, Bd. 1, Düsseldorf ²1995, 1–48.

tare Positionsbestimmungen im Spannungsfeld zwischen hierarchischem Lehramt und Theologie zu markieren, was freilich mitten in die gegenwärtig mit
zunehmender Heftigkeit ausgetragenen Konflikte hineinführen wird. Mehr als
eine Schlußreflexion soll hier nicht mehr geboten werden, ein Ausblick gewiß
auch auf Arbeitsfelder, die in naher Zukunft »beackert« werden müssen, soll das
Verhältnis von Theologie und Lehramt nicht tiefreichend Schaden nehmen.

Die Spannung, die sich aus den unterschiedlichen Aufgaben des magistralen und des hierarchischen Lehramts ergibt, hat entscheidend mit der Logik des
Zeugnisses zu tun, der beide – freilich in unterschiedlicher Ausrichtung – verbunden sind. Das Zeugnis bezeugt *Geschehenes*, ein *perfectum*: das von Gott in
der Geschichte der Erwählung zum Heil der Menschen Gewirkte; bezeugt freilich auch die Hoffnung und die Glaubenszuversicht, das zum Heil der Menschen
Geschehene sei die nicht mehr überholbare Eröffnung einer Zukunft, in der sich
herausstellen wird, was mit diesem heilvollen Geschehen seinen Anfang genommen hat. Das hierarchische Lehramt sieht seine primäre Aufgabe heute
offenkundig darin, das kirchliche Zeugnis vor Verfälschungen zu bewahren, die
das zum Heil der Menschen Geschehene nicht mehr in zutreffender Weise identifizieren oder es nur noch »partiell« aufnehmen und deshalb hinter dem Anspruch zurückbleiben, Gottes Heilshandeln in seiner Intention unverkürzt zur
Sprache zu bringen. Die Interventionen des hierarchischen Lehramts sollen hier
sicherstellen, daß kirchliche Zeugnisgestalten nicht entscheidend zurückbleiben
hinter dem, was die Gemeinschaft der Glaubenden als definitiv geschehen anerkennt und deshalb von den Gläubigen als definitiv anzuerkennen einfordert.
Es geht hier entscheidend darum, daß gegenwartsbestimmend bleibt, was den
von Gott in der Geschichte der Offenbarung eröffneten und durch den Heiligen
Geist je neu zugänglich gemachten Weg des Heils von seinen Anfängen her
ausmacht. So unterstreicht das hierarchische Lehramt die *definitive* Geltung
des Geschehenen und des zu seiner Identifikation im Glauben Gesagten. Es fordert die Zustimmung der Gläubigen zu dem um unseres Heiles willen Geoffenbarten[4] und zu den verbindlichen Auslegungen, die es im Bekenntnis und im
Dogma der Kirche gefunden hat. Das »sacramentum« (mysterium) des göttlichen Heilswillens will als geschichtlich geschehenes Anerkennung finden. Für
diese Anerkennung will das hierarchische Lehramt mit der Ausformulierung
von definitiv gültigen *Glaubens-Wahrheiten*, hinter die der Glaube nicht zurückfallen darf, Sorge tragen.

Die Theologie sieht ihre Aufgabe gegenwärtig ebenso sehr darin, der Glaubenszuversicht Halt und Grund zu geben, daß die geglaubte Heilswahrheit immer wieder neu Möglichkeiten eröffnet, angesichts der konkreten Herausforderungen und Anfechtungen des »Jetzt« Wege in Gottes Heils-Zukunft hinein zu
finden und dabei je neu zu entdecken, wohin Gottes heilvolle Herausforderung
die ihr Trauenden führt. So sind Theologinnen und Theologen geneigt, dem
»Heute Gottes« gegenüber dem in der Kirche von ihm immer schon Gewußten

---

[4] Vgl. Dei verbum 4–6.

mehr Gewicht zuzuerkennen und Ernst damit zu machen, »daß Gott heute immer noch sprechen kann, und zwar in der Weise der Neuheit Gottes, die sich nicht einfach aus dem, was wir schon von ihm wissen, deduzieren oder extrapolieren läßt.«[5]

Theologie und Kirche kennen das Heute Gottes nicht mit einer Sicherheit, die definitive Sätze formulieren könnte. Sie müssen ihm in der Spur des gekreuzigten Christus auf die Spur kommen. Dabei wird die Theologie in der Begleitung und Reflexion vielfältiger kirchlicher Glaubens- und Zweifelnserfahrungen wie aufgrund ihres wissenschaftlichen Vorgehens das Riskante, Vorläufige und die Irrtumsanfälligkeit solcher Spurensuche im Blick haben. Theologie hat selbst zu *lernen*, welche Wege Gottes Geist führt; und sie hat Lernprozesse zu begleiten, in denen es um gemeinschaftliche Identifizierung der *jetzt* dringlichen nächsten Schritte auf den Wegen der Nachfolge geht. So wird sie auch in Mitleidenschaft gezogen von »Irrtümern«, die bei solchen Identifikationsversuchen nie definitiv ausgeschlossen werden können; sie sind der Preis, der für wirklich aufschlußreiche Versuche gezahlt werden muß. Die Bereitschaft zu »trial und error« ist unerläßliche Bedingung des Lernens. Wo die Theologie nur auf Nummer sicher gehen will, da ist sie steril und lernunfähig. Ihr Suchprozeß ist unvermeidlich riskant und fehleranfällig; aber dieses Risiko ist die Kehrseite ihrer kreativen Fähigkeit, das *damals* Gesagte und Vernommene *heute* – in einem womöglich völlig neuen Verstehenshorizont und angesichts ganz neuer Herausforderungen – ebenso authentisch zur Sprache zu bringen.

Das hierarchische Lehramt scheint demgegenüber die Instanz zu sein, die darüber zu wachen hat, daß in der Theologie nicht zuviel riskiert wird. Und es will dieser Aufgabe gegenwärtig vor allem dadurch gerecht werden, daß es die Partei der Tradition ergreift, die in der Theologie häufig mit zu wenig Sensibilität für das zu Bewahrende ins Heute übersetzt werde; dadurch also, daß es theologische Innovationen am Maßstab dessen mißt, was es in ihnen an Traditionsgütern noch wiedererkennen bzw. eben nicht mehr wiedererkennen kann. Sein Wächteramt wäre dann mit der Sorgfalt des treuen Hausvaters auszuüben, der streng darüber wacht, daß von den ihm anvertrauten Gütern nichts verlorengeht.

Nicht erst eine biblische Besinnung auf das Gleichnis von den »Talenten« (vgl. Mt 25,14–30; Lk 19,11–27) sollte diese einfache Rollenzuweisung an Theologie und Lehramt irritieren. Es ist ja – auch nach diesem Gleichnis – gerade nicht so, daß die beste Art, mit dem Empfangenen umzugehen, die wäre, es aus Furcht vor Verlust zu vergraben. Auch das Geschenk des Glaubens und seiner normativen Überlieferungen ist vielmehr von der Art, daß man mit ihm »wuchern« und arbeiten muß, daß man es besonnen und risikofreudig zugleich aufs Spiel setzen muß. Und die Theologie ist, wenn sie ihre Vermittlungsaufgabe im Blick behält, gerade von dieser Herausforderung in Anspruch genom-

---

[5] J. Sobrino, Gemeinschaft, Konflikt und Solidarität in der Kirche, in: I. Ellacuria – J. Sobrino (Hg.), Mysterium Liberationis, Bd. 2, dt. Luzern 1996, 851–878, hier 854.

men. Das setzt sie der Gefahr des Scheiterns – des Verlustes von wertvollen Gütern – aus. Aber sie kann nicht anders, als diese Herausforderung anzunehmen, denn die von ihr zu bedenkende Glaubensüberlieferung will sich in neuen Situationen des Glaubens gerade dadurch bewähren, daß sie *neue* Vergewisserung im Glauben wirkt.

Andererseits: auch das hierarchische Lehramt wird sich nicht mit der Rolle dessen begnügen wollen, der – als amtlicher Wächter – von der Theologie die Bringschuld an Innovation und schöpferischer Vermittlung entgegenzunehmen bereit ist und sich schon im Besitz eines sicheren Beurteilungskriteriums weiß, nach dem er die theologischen Innovationsversuche dann zurechtstutzen kann. Auch lehramtliche Verkündigung ist ja an die »Zeichen der Zeit« (Gaudium et spes 4 bzw. 11) gewiesen und von den Herausforderungen der Gegenwart in Anspruch genommen. Auch das hierarchische Lehramt kann an ihnen scheitern – indem es zuviel, eher und häufiger wohl indem es zu wenig an theologischer Phantasie wagt. Und so ist die geläufige Aufgaben- und Risikoverteilung durchaus nicht so selbstverständlich, wie es der erste Blick beurteilen mag. Aber der erste Blick auf das Verhältnis von hierarchischem Lehramt und wissenschaftlicher Theologie bleibt in der kirchlich-öffentlichen Wahrnehmung unglücklicherweise oft der letzte und einzige.

Das hierarchische Lehramt steht offenkundig in der strukturellen Versuchung, ein Zuviel an Definitivität und endgültiger Verbindlichkeit einzufordern – in der Sorge dafür, daß nicht verlorengehe oder undeutlich werde, was die Identität des Christlichen ausmacht. Die wissenschaftlich arbeitende Theologie hat sich mit der strukturellen Versuchung auseinanderzusetzen, zu schnell die Partei des Heute mit seinen unableitbar neuen Herausforderungen zu ergreifen und dabei die Übersetzung des mit eschatologischer Gültigkeit Geoffenbarten in neue Situationen hinein mit zu wenig Sorgfalt für das ihr normativ Vorgegebene zu betreiben oder schon gefundene Klärungen in ihrer Unabdingbarkeit zu unterschätzen. Viel spricht dafür, hierarchisches und magistrales Lehramt angesichts dieser entgegengesetzten strukturellen Versuchungen im Sinne einer wechselseitigen Korrektivfunktion aufeinander bezogen zu sehen.[6] Aber die kirchliche Verfassungswirklichkeit kennt gegenwärtig offenbar nur die Korrektivfunktion des hierarchischen gegenüber dem magistralen Lehramt. Und diese Funktion wird mehr denn je durch eine Ausweitung des als *definitiv* verbindlich Geltenden gegenüber dem theologisch noch Diskutierbaren wahrgenommen. So stellt sich die fundamentaltheologische Frage, wie sich hierarchisch-lehramtliche Definitivitätsansprüche ausweisen können – und ausweisen müssen – gegenüber dem so selbstverständlichen Anspruch der Wissenschaften – auch der

---

[6] Ich führe hier und im folgenden Überlegungen weiter, die ich schon publiziert habe; vgl. die Aufsätze: Der kirchliche Auftrag der Theologie, in: A. Franz (Hg.), Bindung an die Kirche oder Autonomie?, Freiburg – Basel – Wien 1999, 142–163; Was an der Zeit ist, in: T. R. Peters – C. Urban (Hg.), Ende der Zeit? Die Provokation der Rede von Gott, Mainz 1999, 94–97.

Theologie –, das bisher *so* Gesehene und Gesagte in neuen Situationen angesichts neuer Herausforderungen und Einsichten neu und anders zu sagen.

2. Ordentliches und außerordentliches Lehramt

Die gegenwärtige Konfliktsituation ist nicht in jeder Hinsicht neuartig. Es hat etwa im 20. Jahrhundert vielfach Versuche gegeben, Reichweite und Relevanz theologischer Arbeit und theologischer Reformulierungen herkömmlicher Antworten in umstrittenen Problemzonen möglichst zu begrenzen. So waren lehramtliche Eingriffe in laufende theologische Diskussionen seit der Enzyklika *Humani generis* häufiger ausdrücklich (vgl. DH 3885) mit dem Anspruch verbunden, das hier entschiedene Thema »der freien Erörterung unter den Theologen« zu entziehen. Das Apostolische Schreiben *Ordinatio sacerdotalis* weist mit diesem Anspruch die Meinung zurück, die Frage der Frauenordination sei in der katholischen Kirche »diskutierbar«, und stellt fest, »alle Gläubigen der Kirche« – und so auch Theologinnen und Theologen – hätten sich »endgültig« an die Entscheidung zu halten, mit der festgestellt wird, die Kirche habe »keinerlei Vollmacht ... Frauen die Priesterweihe zu spenden« (Ziffer 4). Die Antwort der Kongregation für die Glaubenslehre »auf Zweifel bezüglich der im Apostolischen Brief ›Ordinatio sacerdotalis‹ enthaltenen Lehre« vom 28. Oktober 1995 stellt schließlich klar, diese Lehre sei »als zum Glaubensgut gehörend zu betrachten«; sie erfordere »eine endgültige Zustimmung, weil sie, auf dem geschriebenen Wort Gottes gegründet und in der Überlieferung der Kirche von Anfang an beständig gewahrt und angewandt, vom ordentlichen und universalen Lehramt unfehlbar vorgetragen worden ist«.[7]

Solche Erklärungen machen zum Problem, wann und mit welcher Legitimation der »freien« theologischen Diskussion zu einer umstrittenen Frage in der Kirche vom hierarchischen Lehramt ein Ende gesetzt werden kann oder muß und was speziell das Geltendmachen der Endgültigkeit bzw. Infallibilität einer Entscheidung mit Rekurs auf das magisterium ordinarium et universale in diesem Zusammenhang besagt.

In der katholischen Kirche kann es keinem Zweifel unterliegen, daß die Theologie das vom hierarchischen Lehramt verbindlich ausgelegte Glaubenszeugnis der Kirche als *norma proxima* ihrer Arbeit anzuerkennen und deshalb überall da lehramtliche Entscheidungen als Vorgabe für ihre Arbeit anzunehmen hat, wo das Lehramt der Hirten in der entscheidungsbedürftigen Situation eines Konflikts über Inhalte, die dem *depositum fidei* zugerechnet werden

---

[7] Kongregation für die Glaubenslehre, Antwort auf den Zweifel bezüglich der im Apostolischen Brief »Ordinatio sacerdotalis« enthaltenen Lehre (1995), abgedruckt in: W. Groß (Hg.), Frauenordination. Stand der Diskussion in der katholischen Kirche, München 1996, 128.

müssen, letztverbindlich entscheidet. Das bedeutet freilich auch hier nicht, daß die Theologie immer nur auszulegen hätte, was im lehramtlichen Spruch selbst angezielt war. Aufgabe der Theologie ist es immer noch, die norma proxima auf die *norma suprema* zu beziehen und sie gemäß *Dei Verbum* 10, wonach »magisterium non supra Verbum Dei est, sed eidem ministrat« (das hierarchische Lehramt nicht über dem Wort Gottes steht, sondern ihm dient), als Dienst am Wort Gottes zu interpretieren. Diese Interpretation ist gegebenenfalls auch da theologisch geltend zu machen und einzuklagen, wo – von wem auch immer – die Bindung an die norma suprema als den verbindlichen Sinnhorizont kirchlichen Zeugnisses nicht hinreichend berücksichtigt wird. Dabei können Differenzierungen und aus einem veränderten Kontext sich ergebende neue Akzentuierungen auch eine Auslegung des lehramtlichen Spruchs erforderlich machen, die sich nicht mehr ausschließlich im intentionalen Horizont dieses Spruches bzw. der ihn Vorlegenden bewegt.

In allen Fällen, in denen das hierarchische Lehramt die Theologie auf eine von ihm gegebene Norm als norma proxima des Theologietreibens festlegt, ohne für diese Festlegung die letzte Verbindlichkeit eines Ex-cathedra-Spruches in Anspruch zu nehmen, stellt sich die Frage, wie weitgreifend Theologinnen und Theologen damit der Verpflichtung unterworfen werden können, ihre Bedenken gegen den jeweiligen Spruch nicht nur zurückzustellen, sondern jede öffentliche wissenschaftliche Diskussion darüber zu unterlassen. Wenn prinzipiell mit der Modifizierbarkeit oder gar Revidierbarkeit von Entscheidungen gerechnet werden müßte, so darf die Theologie nicht daran gehindert werden, Argumente zu prüfen, die einer theologisch erforderlichen Weiterentwicklung der lehramtlichen Verkündigung Hilfestellung leisten können. Ansonsten wäre von vornherein unterstellt, Argumente, die dann doch zu Modifikationen oder Revisionen führen, seien innerhalb der Kirche nicht diskutierbar, sondern allenfalls als ihr von außen aufgezwungene hinnehmbar. Diskussionsverbote verursachen, wenn sie sich durchsetzen lassen, in der Regel nur einen Problemstau, der der Fähigkeit der Kirche, sich vorausschauend und sensibel auf die Zeichen der Zeit einzulassen, ein miserables Zeugnis ausstellt. Der Verlauf der Modernismusdiskussion zu Beginn des 20. Jahrhunderts und die daran anschließenden lehramtlichen Äußerungen bzw. Repressalien mit Blick auf die historisch-kritische Auslegung der Bibel bieten hierzu ein immer noch nicht hinreichend wahrgenommenes, wenig erfreuliches Anschauungsmaterial.

Neuerdings hat das hierarchische Lehramt versucht, solche Diskussionen mit dem Bescheid zu unterbinden, eine in sich nicht unfehlbare, weil nicht ex cathedra definierende Entscheidung wie etwa *Ordinatio sacerdotalis* bringe nur gültig zum Ausdruck, was nach beständiger Überlieferung dem depositum fidei angehört und deshalb vom ordentlichen Lehramt infalibel vorgelegt werden könne. Der Text der »Antwort« vom 28. Oktober 1995 nimmt dabei Bezug auf das Commonitorium des *Vinzenz von Lérins*, formuliert aber bemerkenswerterweise nicht wie dieses, die in Frage stehende Lehre sei überall, immer und von allen geglaubt worden, sondern »immer, überall und von allen Gläubigen festzuhalten, insofern (utpote)« sie »zum Glaubensgut gehört.«[8] Nach *Lumen gentium* 25 bringt das ordentliche Lehramt des Papstes und der Bischöfe die übereinstimmende Auffassung der Träger des hierarchischen Lehramts zum Ausdruck, daß eine bestimmte Lehre das als depositum fidei Überlieferte gültig identifiziert und verbindlich macht. Die einzelnen Bischöfe besitzen – so heißt es hier –

> »zwar nicht den Vorzug der Unfehlbarkeit; wenn sie aber, in der Welt räumlich getrennt, jedoch in Wahrnehmung des Gemeinschaftsbandes untereinander und mit dem Nachfolger Petri, authentisch in Glaubens- und Sittensachen lehren und eine bestimmte Lehre übereinstimmend als endgültig verpflichtend vortragen, so verkündigen sie auf unfehlbare Weise die Lehre Christi ... Diese Unfehlbarkeit, mit welcher der göttliche Erlöser seine Kirche bei der Definierung einer Glaubens- und Sittenlehre ausstatten wollte, reicht so weit, wie die Hinterlage (das depositum) der göttlichen Offenbarung, welche rein bewahrt und getreulich ausgelegt werden muß, es erfordert.«

Bemerkenswert ist bei neueren Bezugnahmen auf diese Lehre des 2. Vatikanums zunächst zweierlei. Das in seiner Intention deutlich veränderte Zitat aus dem Commonitorium macht schon deutlich, daß das hierarchische Lehramt gegenüber dem depositum fidei stärker in die Subjekt-Position rückt. Während das Commonitorium als Kriterium des Katholischen geltend macht, daß eine in Frage stehende Glaubenswahrheit überall immer und von allen *geglaubt* worden sei und *deshalb* als katholisch-allumfassend anzunehmen sei, verschiebt etwa die »Antwort« vom 28. Oktober 1995 das Gültigkeitskriterium des als wahrhaft katholisch Anzunehmenden auf den lehramtlichen Spruch, der nach seinem Ergangensein immer und überall und von allen Gläubigen »festzuhalten« (tenendum) sei, da er – so müßte ergänzt werden – das depositum fidei gültig und verpflichtend auslege. Während also das Commonitorium das Kriterium des Katholischen noch an der Gesamtheit der Kirche festmacht, wird es bei der Bezugnahme auf es in der »Antwort« auf die Träger des ordentlichen Lehramts bezogen, das mit seinem Spruch dann die ganze Kirche verpflichtet.

Diese Verschiebung ist gewiß – der Tendenz nach – auch schon früher und so auch in *Lumen gentium* 25 zu beobachten. Und sie ist auch insofern legitim, als für das kirchliche Altertum faktisch der Konsens der Bischofskirchen für das Kriterium des »überall, immer und von allen« Geglaubten ausschlaggebend war. So spricht das 2. Vatikanum dem mit dem Papst zusammenwirkenden Bischofskollegium die Aufgabe zu, die im depositum fidei enthaltene Lehre Christi gültig – authentisch – auszulegen. Die Qualifikation »authentisch« kann dann den Charakter des Infalliblen annehmen, wenn das gemeinsam ausgeübte hierarchische Lehramt den synchronen und den diachronen Konsens darüber zum

---

[8] Das Commonitorium formuliert in Cap. 2,5, in der katholischen Kirche sei »entschieden dafür Sorge zu tragen, daß wir das festhalten, was überall, was immer und was von allen geglaubt wurde; denn das ist im wahren und eigentlichen Sinne katholisch. Darauf weist schon der Sinn des Wortes (katholisch) hin, das alles in der Gesamtheit umfaßt.«

Ausdruck bringt, daß eine bestimmte Lehre als endgültig verpflichtend anzusehen ist. Die »Antwort« vom 28. Oktober 1995 bezieht sich nun aber auf *Lumen gentium* 25 mit der Intention, nicht für die Gesamtheit des Bischofskollegiums im Zusammenwirken mit dem Papst einen Vollzug des ordentlichen Lehramts auszusagen, sondern für das päpstliche Lehren selbst die Prärogative in Anspruch zu nehmen, im Vollzug des ordentlichen Lehramts zu normieren, eine Lehre sei »im geschriebenen Wort Gottes grundgelegt und in der kirchlichen Tradition von Anfang an konstant bewahrt und angewandt worden.« Danach betrachtet sich der Papst hier allein als normsetzender Träger des ordentlichen Lehramts; aber zugleich bleibt er mit seinem Spruch deutlich hinter dem Kriterium eines *unfehlbaren* Vollzugs des ordentlichen Lehramts zurück, für den ja nach Lumen gentium 25 gelten müßte, daß die entsprechende Lehre nicht nur immer und überall bewahrt und angewendet, sondern *als endgültig verpflichtend* vorgetragen wurde.[9]

So stellen sich aber im Hinblick auf die hier in Anspruch genommene Ausübung des ordentlichen Lehramts wiederum zwei Fragen:

* Will sich die römische Zentrale bei der konkreten Ausübung des ordentlichen Lehramts durch den Papst wirklich vom restriktiven Kriterium in *Lumen gentium* 25 verabschieden, wonach nur übereinstimmend als endgültig verpflichtend angesehene Lehren und Wahrheiten Gegenstand einer infalliblen Lehre sein können? Dieses Kriterium ist vom 2. Vatikanum zwar zunächst nur als »synchrones« formuliert: Die Träger des Lehramts müssen im gegenwärtigen Verbund gemeinsamen authentischen Bezeugens darin übereinstimmen, eine Lehre als endgültig verpflichtend lehren zu wollen. Aber dieser synchrone Zeugnis-Verbund will ja das katholische »immer, überall und von allen« bezeugen. So kann er nur authentisch vollzogen werden, wenn er auch die diachron vorliegende Überzeugung zum Ausdruck bringen will, hier handle es sich um eine das depositum fidei ausmachende Wahrheit.[10] Nähme man von dieser »qualitativen« Fassung des Traditionskriteriums Abschied, so könnten schließlich alle weit zurückreichenden Traditionsbildungen – auch die heute mit guten Gründen in ihrer Fortgeltung bestrittenen – allein wegen ihrer mehr oder weniger weit zurückreichenden »antiquitas« definitive Gültigkeit beanspruchen.
* Will die römische Zentrale eine Form des Lehrens, die vom 2. Vatikanum im Blick auf das Lehramt des Bischofskollegiums aufgewertet wurde, nun wieder in seine eigene »Regie« nehmen und zur Ausweitung der päpstlichen Unfehl-

---

[9] Darauf hat G. Greshake in seinem Votum zu dieser »Antwort« zu Recht hingewiesen; vgl. Pastoralblatt 2/1996, 56.

[10] Eine heute vielfach nachvollzogene Verkürzung des hier vorliegenden Problems läßt sich bereits in der Diskussion um die theologisch-erkenntnistheoretischen Probleme feststellen, die das Mariendogma von 1852 aufwarf. G. Perrone vertrat hier die Auffassung, der gegenwärtige Konsens der Träger des Lehramts im Blick auf eine bestimmte Lehre dürfe ohne weiteres als »Zeichen und ... Garantie für die beständige Gültigkeit der Lehre von Anfang an« gewertet werden; vgl. H.-J. Schulz, Bekenntnis statt Dogma. Kriterien der Verbindlichkeit kirchlicher Lehre, Freiburg – Basel – Wien 1996, 174f.

barkeits-Kompetenz benutzen? In diesem Falle wäre die Verankerung der Lehre vom ordentlichen Lehramt in der vor allem die Kirche des Altertums und auch bis heute die der Orthodoxie kennzeichnenden Communio der Bischofskirchen in Frage gestellt und ohne eine wirklich einleuchtend gemachte Notwendigkeit das Bischofskollegium in seiner Funktion, den synchronen wie den diachronen Glaubenskonsens zu bezeugen, übergangen. Der lehramtliche Spruch des Papstes oder der ihm zugeordneten Organe soll das Vorliegen des Konsenses allein feststellen; er macht sich zum »außerordentlichen Interpreten sei es der Tradition, sei es des Episkopats und dessen heutiger Beurteilung dieser Tradition … der sich zu einem umgehenden und alleinigen Handeln veranlaßt sieht, so als ob die übrigen Träger des ordentlichen und universalen Lehramts momentan nicht handlungsfähig seien. Dieses Vorgehen könnte die Erinnerung an jenen unglücklichen Ausspruch wachrufen, der Pius IX. nachgesagt wird: ›La tradizione sono io!‹ – Die Tradition bin ich!«[11]

Man wird vielleicht einräumen müssen, daß diese Inanspruchnahme des ordentlichen Lehramts die Vorgaben des 1. und 2. Vatikanums nicht formell verletzt, sondern eben nur bis in ihre letzten Möglichkeiten ausschreitet.[12] Aber man wird auch feststellen dürfen, daß das hierarchische Lehramt hier einen Weg einschlägt, der die Verankerung seines Lehrens im Glaubenskonsens der Kirche und damit auch seine kirchliche Rezeption in Frage stellt, der zudem die vom 2. Vatikanum angezielte Wirklichkeit des vom Episkopat mit dem Papst zusammen getragenen ordentlich-infalliblen Lehrens ohne Not verkürzt. Und man wird darauf hinweisen dürfen, daß das offenkundige Legitimationsproblem solchen ordentlich-unfehlbaren Lehrens ebenfalls ohne Not verschärft wird. Dieses oben schon skizzierte Legitimationsproblem kleidet *Hermann Josef Pottmeyer* in die Frage »Wie läßt sich feststellen, ob Päpste und Bischöfe durch die Geschichte hindurch und/oder der heutige Episkopat eine Lehre als endgültig verpflichtend vortragen wollten oder wollen«[13], wenn diese Absicht nicht in einem definitiv sein wollenden Konzilsbeschluß oder einem in seinem Definitivitätsanspruch unverkennbaren »actus collegialis«[14] zum Ausdruck kommt? Die infallible Geltung einer Lehre muß nach can. 749 § 3 des Codex Iuris Canonici von 1983 offensichtlich feststehen. Kann diese Offensichtlichkeit tatsächlich schon

---

[11] H. J. Pottmeyer, Auf fehlbare Weise unfehlbar? Zu einer neuen Form päpstlichen Lehrens, in: Stimmen der Zeit 217 (1999), 233–242, hier 241.

[12] Diese Position begründet Norbert Lüdecke in seiner Monographie: Die Grundnormen des katholischen Lehrrechts in den päpstlichen Gesetzbüchern und neueren Äußerungen in päpstlicher Autorität, Würzburg 1997, 518 ff.

[13] Auf fehlbare Weise unfehlbar?, 235.

[14] Karl Rahner hat in seinem Kommentar zu Lumen gentium 25 (Lexikon für Theologie und Kirche, 2. Auflage, I. Ergänzungsband. Das Zweite Vatikanische Konzil. Dokumente und Kommentare, Teil I, Freiburg – Basel – Wien 1966, 237 f.) unterstrichen, nicht jede faktisch einhellige Lehre des Gesamtepiskopats sei »ohne weiteres unfehlbar«, auch nicht im Bereich der fides und der mores. Vielmehr müsse einer wirklich unfehlbaren Äußerung des ordentlichen Lehramts ein »actus collegialis, wenn auch (möglicherweise; J. W.) sehr informeller Art« zugrundeliegen.

damit erreicht werden, daß eine Erklärung sie mit päpstlicher Autorität herzustellen beansprucht?

Diese Nachfragen machen die Gefahr einer Überdehnung der ordentlich-unfehlbaren Lehrkompetenz deutlich. Will man sich auf theologisch gesichertem Boden bewegen, so hätte sich die Unfehlbarkeitskompetenz des ordentlichen Lehramts auf jene Wahrheiten zu beschränken, »an denen in friedlicher Übereinstimmung von Päpsten, Bischöfen und glaubender Kirche festgehalten wird.« Das neuerliche Vorgehen des Papstes und der ihm zugeordneten Behörden, diese Lehrkompetenz in Anspruch zu nehmen »im Fall von Lehren, die seit einiger Zeit in der Kirche umstritten sind, sei es aufgrund neuer Erkenntnisse und Entwicklungen, sei es aus anderen Gründen«[15], macht das »alltäglich«-ordentliche Lehramt faktisch zum außerordentlichen, die Kirche in einem aktuellen Konfliktfall verpflichtenden, und müßte deshalb den Normen für die Ausübung des außerordentlichen Lehramts unterstellt werden.

Die theologischen Auseinandersetzungen um die Unfehlbarkeitskompetenz des ordentlichen Lehramts konzentrieren sich auf die Frage, unter welchen Bedingungen und Voraussetzungen das ordentliche Lehramt der Bischöfe und des Papstes das Enthaltensein einer Lehre im depositum fidei unfehlbar bezeugen können. Die neue Formel der »Professio fidei« aus dem Jahre 1989, die mit dem Motu Proprio *Ad tuendam fidem* für bestimmte kirchliche Amtsträger und im Auftrag der Kirche Tätige kirchenrechtlich verbindlich vorgeschrieben wird, scheint diese Beschränkung unfehlbar-definitiver Lehrvorlage auf das im depositum fidei offensichtlich Enthaltene aber nicht mehr für unumgänglich zu halten. Ist damit nicht eine neue, das Verhältnis von hierarchischem Lehramt und Theologie zusätzlich belastende Situation entstanden?

3. Was heißt »definitive Lehre«?

Die theologische Erkenntnislehre kennt eine Abstufung der Verbindlichkeit, in der das hierarchische Lehramt die Gläubigen binden will. In diesem Sinne unterscheidet sie – mit *Lumen gentium* – vom unfehlbaren Lehren das *authentische*; ihm gebührt der »religiöse Gehorsam des Willens und Verstandes«, der dem Bischof von Rom auch da entgegenzubringen ist, wo er »nicht kraft höchster Lehrautorität spricht«. Sein Spruch fordert hier eine Form des Gehorsams, die sich auf die Verbindlichkeit der gelehrten Sache selbst einläßt und – die »Art der Dokumente«, die »Häufigkeit der Vorlage ein und derselben Lehre« und die »Sprechweise« würdigend – dem höchsten Lehramt gegenüber Loyalität beweist (Lumen gentium 25). Diese Loyalität darf als eine »Rechtsvermutung« beschrieben werden, die dem hierarchischen Lehramt von vornherein wegen seiner Lehrautorität zuzustimmen bereit ist und diese Bereitschaft nur bei Vor-

---

[15] H. J. Pottmeyer, Auf fehlbare Weise unfehlbar?, 239.

liegen schwerwiegender Gegenargumente suspendieren will, mithin als widerlegbare Rechtsvermutung.

Das authentische Lehren durch das hierarchische Lehramt ist nicht schlechthin gegen Irrtum gefeit; seine Äußerungen haben nicht ohne weiteres definitive Geltung in der Kirche. Sie sind möglicherweise überholbar; und das Wissen um diese prinzipielle Überholbarkeit darf das geforderte »obsequium religiosum« durchaus mitbestimmen. Jede andere Sicht der Dinge würde die historische Wirklichkeit des authentischen Lehrens durch den Papst und mit seiner Autorität verfälschen. Äußerungen mit authentischem Lehranspruch – wie etwa in Enzykliken oder in Bullen, die hochrangige Lehrverurteilungen aussprechen – sind vielfach irrig gewesen und von der kirchlichen Entwicklung überholt worden. Ausdrücklich anführen muß man dafür vielleicht nur die »notorischen« Beispiele, wie etwa die Zurückweisung der Behauptung Luthers, Häretiker zu verbrennen sei »gegen den Willen des (heiligen) Geistes« in der Bannandrohungsbulle *Exsurge Domine* (DH 1483), die Verurteilung der Gewissensfreiheit als »widersinnige und irrige Auffassung, seu potius deliramentum (oder eher noch als Wahn)« in der Enzyklika *Mirari vos* von 1832 (DH 2730), die verschiedenen Entscheidungen der päpstlichen Bibelkommission aus unserem Jahrhundert zu Abfassungszeit, Autoren und »historischer« Interpretation bestimmter biblischer Bücher, die noch eigens in ihrer Verbindlichkeit eingeschärft wurden (vgl. DH 3503–3528, 3561–3593) sowie die Einforderung des »ordo amoris« in der Familie, der »sowohl den Vorrang des Mannes gegenüber der Gattin und den Kindern« umfasse als auch »die freiwillige und nicht widerwillige Unterwerfung und Folgsamkeit der Gattin« (Casti connubii; DH 3708).

Angesichts dieser offenkundigen Irrtumsanfälligkeit authentischen päpstlichen Lehrens schien es der römischen Zentrale angezeigt, dem Argument der Überholbarkeit von Lehren, wie sie in Enzykliken und ähnlichen Lehräußerungen vorgetragen werden, im Blick auf bestimmte Fälle – so etwa mit ausdrücklicher Bezugnahme auf die Erklärung *Inter Insigniores* vom 15. Oktober 1976 und ihre Lehre von der Unmöglichkeit der Frauenordination bzw. im Blick auf das diese Lehre bestätigende Apostolische Schreiben *Ordinatio sacerdotalis* – die Definitivität der hier vorgetragenen Lehre zu behaupten. In Anspruch genommen ist eine Definitivität, die nicht durch einen Spruch des außerordentlichen Lehramts, möglicherweise auch nicht durch das übereinstimmende Zeugnis des ordentlichen Lehramts über das Enthaltensein dieser Lehre im depositum fidei festgestellt werden müßte. Dieser von der römischen Zentrale gesehenen Notwendigkeit sollte mit Formulierungen Geltung verschafft werden, die in der 1989 publizierten Professio fidei dem Glaubensbekenntnis von Nizäa und Konstantinopel angefügt wurden und sich auf Sachverhalte beziehen, die nicht mit »theologalem« – unmittelbar auf Gott selbst gerichteten – Glauben *zu glauben*, wohl aber »fest angenommen und bewahrt werden« müssen.

Der erste an das Glaubensbekenntnis angeschlossene Passus bezieht sich noch auf das nach dem Urteil des außerordentlichen oder des ordentlichen Lehramts als dem depositum fidei Zugehörige und »als von Gott geoffenbart« Vorgelegte. Er wirft keine weiteren als die oben zum konkreten Vollzug des ordentlichen Lehramts schon notierten Probleme auf. Weitere Rückfragen macht der nun anschließende Passus notwendig. Er lautet in der deutschen Übersetzung:

»Fest angenommen und bewahrt werden muß auch alles und jedes einzelne, was vom Lehramt der Kirche in der Glaubens- und Sittenlehre definitiv vorgelegt wird, also das, was zur heiligmäßigen Bewahrung und zur getreuen Darlegung des Glaubensgutes erforderlich ist«.[16]

Der abschließende Passus der Professio fidei bezieht sich dann auf Äußerungen des authentischen Lehramts, die nicht beabsichtigen, das hier Gelehrte »in einem endgültigen Akt zu verkündigen«. Auf sie ist hier nicht im einzelnen zurückzukommen. Besondere theologische Schwierigkeiten macht der zweite Passus, der eine definitive Vorlage von Lehren durch das hierarchische Lehramt immer schon dann als möglich ansieht, wenn das Gelehrte »zur heiligmäßigen Bewahrung und zur getreuen Auslegung« des im depositum fidei Enthaltenen erforderlich sei. Die im Motu Proprio selbst vorgenommenen Erläuterungen beheben diese Schwierigkeit nicht. Sie sprechen von »Wahrheiten, die bei der Erforschung der katholischen Glaubenslehre eine besondere Inspiration des Heiligen Geistes für ein tieferes Verständnis einer bestimmten Wahrheit der Glaubens- oder Sittenlehre durch die Kirche zum Ausdruck bringen« und mit ihnen »sowohl aus historischen Gründen als auch als logische Folge verknüpft« sind.[17]

Von den hier angesprochenen Wahrheiten war auch schon vor 1989 in der theologischen Erkenntnislehre die Rede. So spricht *Lumen gentium* 25 – jedenfalls in der offiziellen deutschen Übersetzung – davon, daß die lehramtliche Unfehlbarkeit so weit reiche, »wie die Hinterlage der göttlichen Offenbarung, welche rein bewahrt und getreulich ausgelegt werden muß, es erfordert«. *Karl Rahner* sieht in seinem Kommentar damit »auch solche Wahrheiten in den Gegenstand dieser Lehrautorität einbezogen, die zum Schutz des eigentlichen Offenbarungsdepositums gehören, auch wenn sie nicht formell (explizit oder implizit) selbst geoffenbart sind«; er fügt freilich sofort einschränkend hinzu: »falls es solche Wahrheiten gibt«.[18]

Die lateinische Formulierung des ausgelegten Textes bezieht sich deutlicher als die deutsche Übersetzung auf »divinae Revelationis … depositum« als Referenzgröße der infallibilitas; »sancte custodiendum et fideliter exponendum« (heilig zu bewahren und gläubig auszulegen) ist auf sie bezogen, was nicht zu einer Übersetzung zwingt, die die Reichweite der Infallibilität auf solche Sätze oder »Wahrheiten« ausweitet, die zu *diesem* Zweck formuliert sind.[19]

---

[16] Zitiert nach der Übersetzung des Motu Proprio *Ad tuendam fidem* in: Herder Korrespondenz 52 (1998), 426–428, hier 427.
[17] Ebd.
[18] Lexikon für Theologie und Kirche, 2. Auflage, Das Zweite Vatikanische Konzil, Teil 1, 238.
[19] Auf dieses Übersetzungsproblem hat Th. Schneider zu Recht hingewiesen: Ungeschicklichkeit oder Absicht? Erwägungen zu den neuen römischen Formeln aus der Sicht gegenwärtiger Dogmatik,

Die deutsche Übersetzung macht sich bereits eine Lehrauffassung zu eigen, die in der »römischen« theologischen Erkenntnislehre seit langem vertreten wird und so auch auf dem 1. Vatikanum zur Debatte stand, ohne dort definiert worden zu sein. Das nicht mehr verabschiedete Schema »De ecclesia« bezieht die Infallibilität sowohl auf »das Gesamt des geoffenbarten göttlichen Wortes, als auch (auf; J. W.) alles das, was, obwohl nicht selbst geoffenbart, dennoch so geartet ist, daß man ohne es das Depositum nicht mit letzter Sicherheit bewahren kann, daß man es nicht mit Gewißheit und auf definitive Weise vorlegen oder erläutern kann, daß man es nicht verkündigen oder entschieden verteidigen kann gegen menschliche Irrtümer und gegen pseudowissenschaftliche Einwände.«[20] In gleichem Sinne formuliert dann die Kongregation für die Glaubenslehre in der Erklärung »Mysterium ecclesiae« vom 15. Februar 1975, die Unfehlbarkeit des kirchlichen Lehramtes erstrecke sich nicht nur auf das depositum fidei, sondern auch auf die Gegenstände, »sine quibus hoc depositum rite nequit custodiri et exponi«.[21] Die Instruktion der gleichen Kongregation »Über die kirchliche Berufung des Theologen« vom 24. Mai 1990 spricht – wenn auch ohne direkte Bezugnahme auf die Infallibilität – von der definitiven Vorlage von »Wahrheiten über Glauben oder Sitten … die, wenn auch nicht von Gott geoffenbart, jedoch eng und zuinnerst mit der Offenbarung verbunden sind« und deshalb »fest angenommen und beibehalten werden« müssen (Ziffer 23).

Der Sache nach ist hier offenkundig von jenen »Wahrheiten« die Rede, die die theologische Erkenntnislehre in ihren Präzisierungsversuchen zu dem auf dem 1. Vatikanum Definierten unter die »sekundären« oder »indirekten Objekte der Unfehlbarkeit« rechnet und – im Unterschied zu den eigentlichen, direkt von Gott geoffenbarten Glaubenswahrheiten – »katholische Wahrheiten« nennt; *Kardinal Ratzinger* bezieht sich zur Interpretation der hier diskutierten Passage der Professio fidei denn auch ausdrücklich auf diese Terminologie.[22] Die Lehre über die sekundären Objekte der Unfehlbarkeit und die katholischen

---

in: G. Thils – Th. Schneider, Glaubensbekenntnis und Treueid, Mainz 1990, 75–123, hier 98. Ein Blick in dieses Buch hätte Kardinal Ratzinger vor dem unzutreffenden und ungerechten Urteil bewahren können, die deutschsprachige Theologie habe sich mit der Bekenntnisformel von 1989 »leider nicht auseinandergesetzt«; vgl. J. Cardinal Ratzinger, Hinweise zum Motu Proprio »Ad tuendam fidem« und zum »Lehrmäßigen Kommentar« der Glaubenskongregation, in: W. Beinert (Hg.), Gott – ratlos vor dem Bösen?, Freiburg – Basel – Wien 1999, 224–227, hier 225.

[20] Lateinischer Text in: J. B. Mansi, Sacrorum conciliorum nova et amplissima collectio, Bd. 51, 543 A.

[21] »… ohne welche dieses Depositum nicht richtig geschützt und ausgelegt werden kann«. Vgl. die offizielle deutsche Übersetzung in: Nachkonziliare Dokumentation 43, Trier 1975, 149–151. Für die gesamte hier nur skizzierte Entwicklung vgl. die präzise Darstellung bei G. Thils, Die neuen Formeln der Professio fidei und des kirchlichen Treueids, in: ders. – Th. Schneider, Glaubensbekenntnis und Treueid, 11–74, hier 37–41.

[22] In seiner Auseinandersetzung mit Ladislaus Örsy; vgl. J. Ratzinger: Stellungnahme bzw. Schlußwort zur Debatte mit Pater Örsy, in: Stimmen der Zeit 217 (1998), 169–304 bzw. 420–422; zum angesprochenen Thema vgl. 171 bzw. 420. Die Anfragen Örsys sind veröffentlicht unter den Titeln: Von der Autorität kirchlicher Dokumente. Eine Fallstudie zum Apostolischen Schreiben »Ad tuendam fidem«, sowie: Antwort an Kardinal Ratzinger, in: Stimmen der Zeit 216 (1998), 735–740 bzw. 217 (1999), 305–316.

Wahrheiten ist im 20. Jahrhundert unterschiedlich ausformuliert worden. Immer aber brachte sie zum Ausdruck, daß die unfehlbare kirchliche Lehrgewalt sich nicht nur auf die Offenbarungswahrheit – und entsprechend das depositum fidei – bezieht, sondern auch auf »alles, was zu dieser in innerer Beziehung steht.«[23]

Im einzelnen rechnete man zu den sekundären Objekten der Unfehlbarkeit die »mittelbar geoffenbarten Wahrheiten«, »dogmatische Tatsachen« sowie glaubensrelevante »Vernunftwahrheiten«. Unter mittelbar geoffenbarten Wahrheiten versteht *Franz Diekamp* »die durch natürliche Denktätigkeit aus der Offenbarung abgeleiteten Schlußfolgerungen«, Konklusionen also, die aus mehreren Prämissen deduziert sind, von denen zumindest eine unmittelbar geoffenbart ist, während die anderen aus Vernunftwahrheiten oder Erfahrungstatsachen gewonnen sind. Über sie sei – so Diekamp – die Kirche unfehlbar zu urteilen berechtigt, »weil sie mit dem Glaubensgut in so innigem Zusammenhang stehen, daß dieses ohne sie nicht unversehrt bewahrt, richtig erklärt und zum Heile der Seelen allseitig fruchtbar gemacht werden kann.«[24] Facta dogmatica sind »im allgemeinen Tatsachen, die nicht geoffenbart, aber so mit dem Dogma verbunden sind, daß dieses nicht zweifellos festgehalten und wirksam verteidigt werden kann, wenn die Tatsachen nicht feststehen«.[25] Glaubensrelevante Vernunftwahrheiten sind – nach Diekamp – dann dem Zuständigkeitsbereich des unfehlbaren Lehramtes zuzurechnen, wenn sie »mit Glaubenswahrheiten innerlich zusammenhängen«, so daß Irrtümer »sofort eine Verdunkelung und Entstellung des Glaubensgutes« nach sich ziehen müßten.[26]

Bei jeder dieser Kategorien indirekter Objekte der Unfehlbarkeit stellt sich natürlich die Frage, wie der als unabdingbar behauptete Zusammenhang mit der Offenbarungswahrheit festzustellen oder nachzuweisen ist. Bei den Beispielen, die der »Lehrmäßige Kommentar« zur Professio fidei – freilich ohne lehramtliche Verbindlichkeit – anführt, zeigt sich sogar eine gewisse Beliebigkeit der Auswahl. Sie reicht von der Lehre über die Unfehlbarkeit des Papstes und der Unmöglichkeit der Frauenordination, die vom 1. Vatikanum bzw. von der »Antwort« zu Unklarheiten über die Lehre von Ordinatio sacerdotalis ja als dem

---

[23] F. Diekamp, Katholische Dogmatik nach den Grundsätzen des heiligen Thomas, Bd. 1, Münster ⁵1921, 59.
[24] Vgl. ebd.
[25] Ebd. Als Beispiele nennt Diekamp die Rechtmäßigkeit eines bestimmten Papstes oder eines allgemeinen Konzils sowie die Inspiriertheit der biblischen Bücher. Auf das erstgenannte Beispiel nimmt auch noch der »Lehrmäßige Kommentar« von Kardinal Ratzinger und Erzbischof Bertone zur Professio fidei Bezug (in Ziffer 11); vgl. den deutschen Text in: Deutsche Tagespost Nr. 80 vom 2. Juli 1998, S. 6.
[26] Vgl. F. Diekamp, op. cit., 60. Der Autor führt als Beispiele an: Festlegungen zum genauen Sinn von Ausdrücken, in denen ein Dogma verkündigt ist sowie philosophische Sätze über Natur und Tragweite menschlichen Erkennens. Als weiteren Zuständigkeitsbereich des unfehlbaren Lehramts nennt Diekamp noch die Entscheidung über theologische Gewißheitsgrade und Zensuren (61 f.). Darauf wird in der gegenwärtigen Diskussion nicht Bezug genommen.

Schlußreflexion

depositum fidei zugehörig qualifiziert werden[27], über sittliche Wahrheiten – Unerlaubtheit der Euthanasie, Unrechtmäßigkeit der Prostitution und der Unzucht – bis zu Heiligsprechungen oder zur Erklärung über die Ungültigkeit der anglikanischen Weihen.

Gerade im Blick auf diesen Kommentar fragt man sich, wie die Ausweitung des Bereichs infallibler Gültigkeitsansprüche überhaupt noch theologisch begrenzbar ist bzw. unter welchen theologisch nachvollziehbaren Voraussetzungen sie es wäre. Soll hier die Begründung der Möglichkeit, bestimmte Lehren als infallibel vorzulegen, nicht allein Sache der vorlegenden Instanz bzw. ihres Aktes selbst sein, in welchem Falle dieser Akt mit seinem Gesetztsein seine Möglichkeit als gegeben mitdefinieren würde und die quaestio facti lehramts-positivistisch die quaestio iuris gleich miterledigte[28], so müßte die Notwendigkeit, mit der die vorgelegten Sätze der Offenbarung zuinnerst verbunden sind, zu ihrem Schutz festgehalten oder zu ihrem tieferen Verständnis herangezogen werden *müssen*, theologisch nachvollziehbar aufgewiesen werden können. Sollte in den römischen Texten an einen im Blick auf das Gegebensein der ihn ermöglichenden Bedingungen einfach nur sich selbst legitimierenden Akt gedacht sein, so fiele man damit hinter die theologische Sorgfalt zurück, mit der noch das 1. Vatikanum Kautelen formuliert, der jede feierliche Ex-cathedra-Definition genügen muß.

Von welcher Art können denn – theologisch erkenntnistheoretisch – Sätze überhaupt sein, die im oben ausgeführten Sinne mit den geoffenbarten Wahrheiten in einem unauflöslichen Sachzusammenhang stehen? Die neuesten römischen Texte werden hier nicht präziser als die referierten anderen Positionen aus dem 19. und 20. Jahrhundert. Einerseits kann es um historische Gegebenheiten gehen, andererseits um unumgängliche logische Folgerungen aus geoffenbarten Wahrheiten; einerseits geht es um Wahrheiten, die die Integrität der Offenbarung schützen, andererseits um solche, die zu ihrem »tieferen« Verständnis notwendig sein sollen. Kann das nicht fast alles sein, was in der Theologie – oft genug kontrovers – diskutiert wird? Wiederum stellt sich die Frage, wie nachvollziehbar dargetan werden kann, daß die infallible Verkündigung der Lehre Christi selbst (Lumen gentium 25) im konkreten Fall dazu zwingt, hier auch eine nicht als solche – indirekt? – geoffenbarte Lehre als infallibel anzunehmen. Ist das römische Lehramt hier tatsächlich der Überzeugung, daß es solche Lehren nur als dieser Kategorie der Wahrheit zugehörig qualifizieren muß und damit zugleich die unwiderlegbare Feststellung treffen kann, ihre Verknüpfung mit bestimmten Inhalten des depositum fidei sei so unauflöslich, wie von der Vorlage in Anspruch genommen? Wäre es dieser Auffassung, so hätte es der Theologie in einem weiteren und prinzipiell unbegrenzt ausweitbaren

---

[27] Ratzinger und Bertone rechnen offenkundig damit, daß solche Wahrheiten im kirchlichen Bewußtsein zu höheren Unfehlbarkeits-Kategorien aufsteigen können.
[28] Zur Unterscheidung von quaestio facti und quaestio iuris und der »rechtspositivistischen« Einebnung dieses Unterschieds vgl. Streitfall Offenbarung, Kap. 2.2 und 2.3.

Bereich von Glaubens- und Sittenlehren das wissenschaftliche Prüfrecht bestritten, dabei allerdings auch die unabsehbare zusätzliche Verantwortung auf sich geladen, Festlegungen etwa im Bereich »dogmatischer Fakten« oder unabdingbar festzuhaltender Vernunftwahrheiten nicht mehr von besserer theologischer Einsicht abhängig machen zu können.

In der Vergangenheit sah sich das hierarchische Lehramt noch nicht genötigt, ein so hohes und unüberschaubares Risiko für seine Glaubwürdigkeit einzugehen. So legte es sich etwa in *Humani generis* auf das dogmatische Faktum des Monogenismus nur unter der – freilich impliziten – Maßgabe fest, daß nicht ersichtlich sei, wie die kirchliche Lehre von der Ursünde mit anderen Theorien zu vereinbaren sei (DH 3897). Damit war der Theologie immerhin ein – von ihr ja auch genutzter – Freiraum der Forschung offengehalten, in dem sich zeigen konnte, daß der Monogenismus nicht zu den Wahrheiten gehört, die notwendig sind, die Offenbarung zu schützen und ihre Auslegung zu vertiefen; und der Schaden für die Glaubwürdigkeit der Verkündigung der »Lehre Christi« durch die Kirche blieb einigermaßen begrenzt.[29]

Man kann theologisch mit guten Gründen der Auffassung sein, daß das hierarchische Lehramt bei Lehren, die sich auf die sekundären Objekte der Unfehlbarkeit oder auf die »indirekt geoffenbarten« katholischen Wahrheiten beziehen, nicht generell die gleichen Endgültigkeitsansprüche erheben sollte wie bei solchen, die nachgewiesenermaßen das depositum fidei betreffen. Ja, man mag sich sogar angesichts der offenkundigen geschichtlichen Bedingtheiten des Urteils in diesem Bereich mit *Peter Hünermann* zu der Einschätzung gedrängt sehen, hier könne in keinem Fall die Überholbarkeit des lehramtlichen Urteils von vornherein und sicher ausgeschlossen werden:

> »Sowohl die Feststellung eines logischen Nexus irgendeines Sachverhaltes mit einer Glaubenswahrheit als auch die Konstatierung eines geschichtlichen Bezuges irgendeiner Sache auf eine Glaubenswahrheit ist von so starken Konditionierungen geprägt, daß man solche Zusammenhänge – im allgemeinen – nicht mehr ohne weiteres als definitive tenendae vorlegen kann.«[30]

Kommt das hierarchische Lehramt hier zu verpflichtenden Urteilen, so sind sie wohl unvermeidlich mit dem Index »rebus sic stantibus« zu versehen. Daß dies nicht für ethische Urteile gelten muß, die der »Lehrmäßige Kommentar« hier einordnet, mag schon darin seinen Grund haben, daß die betreffenden Urteile

---

[29] Die Monogenismusproblematik kann wohl als exemplarisch angesehen werden im Blick sowohl auf die »facta dogmatica« als auch auf solche wissenschaftlichen Wahrheiten, die für das hierarchische Lehramt zur Verteidigung der geoffenbarten Lehre unverzichtbar scheinen bzw. schienen. Meine oben angestellten und aus dem Beitrag: Der kirchliche Auftrag der Theologie (a.a.O., 150f.) aufgenommenen Überlegungen treffen sich hier mit entsprechenden Hinweisen bei P. Hünermann (»Den Glauben gegen Irrtümer verteidigen«. Kritische Reflexionen eines Dogmatikers zu den jüngsten römischen Verlautbarungen, in: A. Franz, Bindung an die Kirche oder Autonomie? 291–303, hier 297) und bei H. J. Pottmeyer (Auf fehlbare Weise unfehlbar?, a.a.O., 240).
[30] »Den Glauben gegen Irrtümer verteidigen«, a.a.O., 298.

durchaus mit theologischer Stringenz als im depositum fidei enthalten dargetan werden können.

Problematisch erscheint nun aber die Tendenz der neueren römischen Erklärungen in ihrer generellen Ausrichtung, das die Identität des Christlichen in katholischer Ausprägung Bestimmende auch da noch dem Allein-Urteil des römischen Lehramts zu unterwerfen, wo die Tradition differenzierte Konsensbildungsprozesse zur Identifikation des wahrhaft »Katholischen« kennt. Dieser umfassendere ekklesiologische Kontext ist implizit – aber eben durchaus »verfremdet« – mit dem indirekten Zitat des Commonitorium angesprochen. Es besteht Anlaß, auf die »strukturelle Weisheit« von Modellen hinzuweisen, die in katholischer Theologie und lehramtlicher Praxis lange Zeit als normativ galten.[31]

4. Identifikationsorte des Katholischen

Für die Erkenntnis dessen, was als katholisch zu gelten hat, besitzt das hierarchische Lehramt kein Monopol. Sie geschieht im Zusammenwirken verschiedener Rollen im Zeugnisdiskurs, der die »ekklesiale Substanz« (Jon Sobrino[32]) der Kirche ausmacht. Und sie hat sich – wie *Melchior Cano* in seiner Lehre von den loci theologici darlegte – auf verschiedene Bezeugungs- und Erkenntnisinstanzen zu beziehen. Im Anschluß an diese klassische Ausprägung einer wahrhaft »katholischen« Erkenntnislehre weist *Max Seckler* auf die durchaus unterschiedliche und nicht aufeinander rückführbare Autorität der *verschiedenen* loci hin, zu denen auch die »auctoritas theologorum« gehört. Loci sind nach Secklers Interpretation dieser Topik Orte oder »Wohnsitze«, »aus denen heraus argumentiert werden kann« – an denen Argumente für die Wahrheitsgeltung von theologischen oder Glaubenslehren gefunden und ausformuliert werden, »Dokumentationsbereiche« und »Dokumentationsinstanzen«, bei denen das Geoffenbarte in seiner göttlichen Autorität die kirchliche Autorität authentischen Zeugnisses hervorgerufen hat bzw. hervorruft.[33] So sind die loci hier »als subsidiäre Teilsubjekte des Traditionsgeschehens mit je authentischer Erfahrungs- und Urteilskompetenz zu verstehen« und in einem ekklesialen Zusammenhang zu sehen, der »operativ umzusetzen (wäre, J. W.) in ein *Zusammenwirken* der Zeugnisträgerschaften (loci).«[34] So sehr man davon ausgehen darf, »daß die loci

---

[31] Ich beziehe mich hier auf die Forschungen Secklers vor allem zu den Loci theologici des Melchior Cano.

[32] Vgl. von ihm: Gemeinschaft, Konflikt und Solidarität in der Kirche, a. a. O., 851–878, hierzu 859 ff.

[33] Vgl. M. Seckler, Die ekklesiologische Bedeutung des Systems der ›loci theologici‹, in: W. Baier u. a. (Hg.), Weisheit Gottes – Weisheit der Welt (Festschrift für J. Ratzinger), St. Ottilien 1987, Bd. 1, 37–65, hier 46 bzw. 50. Melchior Canos Lehre ist in seinem Werk »De locis theologicis libri XII« (Salamanca 1563) entwickelt.

[34] Vgl. ebd., 57 f. Melchior Cano rechnet im einzelnen zu diesen »Zeugnisträgerschaften« die loci theologici im eigentlichen Sinne – die Bücher der heiligen Schrift, die ungeschriebene Überlieferung

schlußendlich darin konvergieren, daß sie eben die eine göttliche Offenbarung übereinstimmend bezeugen, kommt es doch darauf an, daß sie *ihre* Botschaft mit je *ihrer* Stimme in die Prozesse der theologischen Erkenntnis einbringen können.«[35]

Seckler unterstreicht, daß Canos Konzeption nicht nur ein Wächteramt des hierarchischen Lehramts im Blick auf die Integrität der Glaubensüberlieferung kennt, sondern auch eine Wächterfunktion der übrigen loci aufgrund *je ihrer* Gesamtsicht der Glaubenswirklichkeit gegeben sieht – und damit auch ein Wächteramt der Theologie aufgrund ihrer spezifischen »kritischen Funktionen im Überlieferungsgeschehen der Kirche«. In der Ausübung der Wächteraufgaben sind die verschiedenen Bezeugungsinstanzen zur Solidarität im gemeinsamen Glauben verpflichtet. Und gerade deshalb gilt für *alle* ekklesialen loci:

> »Wollte einer der loci seine Bezeugung monopolisieren, dann läge nicht mehr spezifische Totalität vor, sondern die Verabsolutierung eines Teiles, also der totalitäre Absolutismus eines einzelnen locus theologicus. Die Idee der erkenntnistheoretischen Katholizität hat hier ihren Ort. Sie besagt, daß die Glaubenserkenntnis und das Glaubenszeugnis eben nicht nur ihre personellen, sondern auch ihre institutionellen Subjekte und Instanzen hat, mit ihren spezifischen und perspektivischen Ganzheiten, daß aber das Ganze der *veritas catholica* als *veritas catholica* sich erst im Zusammenspiel dieser Ganzheiten realisiert.«[36]

Es ist – so Seckler im Anschluß an Melchior Cano – als »Geschenk struktureller Weisheit« zu achten, daß theologische Erkenntnis in der katholischen Kirche zu diesem Zusammenwirken geradezu zwingt.[37] Und so wäre zu wünschen, das hierarchische Lehramt möge dieses Geschenk nicht dadurch mißachten, daß es den Gesprächsbeitrag des locus theologicus Theologie in Fragen, die für das kirchliche Zusammenleben problematisch werden, für bloß störend hält und ihn sich verbittet, wenn er *seinen* Perspektiven und Interessen zuwiderläuft.

Das katholische Zusammenwirken der Bezeugungsinstanzen verlangt freilich von der Theologie, daß sie die Spezifität des Wächteramtes, das dem hierarchischen Lehramt zukommt, von sich aus beachtet. Das hierarchische Lehramt hat in Konfliktfällen, die nach Entscheidung verlangen, damit das Zeugnis für die in der Bibel ergangene Offenbarung nicht Schaden leidet, zu entscheiden; und dieser Entscheidung wird eine um so höhere Glaubensdignität zuzuerkennen sein, je unmittelbarer der entschiedene Streitfall die Identität des Christlichen in katholischer Überlieferungsgeschichte tangiert. Die Entscheidung kann nicht einfach aus der je aktuellen Situation des theologischen Diskurses abge-

---

Christi und der Apostel, die ecclesia catholica, die Konzilien, die römische Kirche, die Kirchenväter, die Theologen – und solche loci, die im Zeugnisdiskurs der Kirche »Bürgerrecht genießen« – die natürliche Vernunft, die Philosophen, die menschliche Geschichte. Vgl. M. Seckler, Artikel »loci theologici« in: W. Kasper u. a. (Hg.), Lexikon für Theologie und Kirche, Bd. 6, Freiburg – Basel – Rom – Wien ³1997, Sp. 1014–1016.
[35] M. Seckler, Die ekklesiologische Bedeutung des Systems der ›loci theologici‹, a.a.O., 59.
[36] Ebd., 63.
[37] Vgl. ebd., 64 f.

leitet sein. Sie hat – als Entscheidung – ihre eigene situativ-ekklesiale Notwendigkeit und Stringenz und ist von der Theologie je nach Verbindlichkeitsgrad als norma proxima hinzunehmen, freilich auch – wie oben dargestellt – als Dienst an der norma suprema zu interpretieren.

Dieser Sachverhalt ist hinter dem von der »Instruktion für die kirchliche Berufung des Theologen« vom 24. Mai 1990 allerdings reichlich mißverständlich formulierten »Grundsatz« zu erkennen, »daß die Unterweisung des Lehramtes – dank des göttlichen Beistands – auch abgesehen von der Argumentation gilt, die zuweilen von einer besonderen Theologie übernommen ist, deren sie sich bedient« (Ziffer 34). Die Mißverständlichkeit dieser Formulierung liegt nicht nur oder vorrangig darin, daß die Theologie hier auf die bloße Instrumentfunktion für das hierarchische Lehramt reduziert erscheint: es »bedient sich« ihrer. Problematischer noch ist das »abgesehen von« – der theologischen Argumentation –, wird hier doch der Eindruck erweckt, lehramtliche Entscheidungen könnten sich prinzipiell unabhängig halten von theologischen Argumenten und sich gleichsam allein mit dem »göttlichen Beistand« legitimieren, der ihnen vor allem bei infalliblen Entscheidungen nie ganz fehlen kann. Der »Grundsatz« sagt im Blick auf die strukturelle Weisheit des Katholischen zunächst nur dies: Lehramtliche Entscheidungen haben gegenüber den theologischen Argumenten, die sie stützen sollen, ihre eigene Dignität und werden deshalb nicht eo ipso ungültig, wenn diese Argumente sich als einseitig oder als lückenhaft herausstellen. Wie aber steht es bei Fällen, in denen sich die theologischen Argumente, auf die man sich stützte, in einem breiten theologischen Konsens schlicht als *falsch* herausstellen? Kann in diesen Fällen, zumal wenn keine neuen stützenden Argumente absehbar sind, die lehramtliche Entscheidung unverdrossen aufrechterhalten werden? Diese Rückfragen betreffen wiederum vor allem den Bereich der »sekundären Objekte« der Unfehlbarkeit, in dem die *theologische* Würdigung eines unabdingbaren logischen oder historischen Zusammenhangs für sich allein nicht unfehlbarer Lehren mit den Offenbarungswahrheiten des depositum fidei erkenntnisleitend ist.

Die Identifikation des Katholischen im kirchlichen Zeugnisdiskurs ist – so ließe sich aus der Lehre von den loci theologici ableiten – im Normalfall ein kommunikativer und »nach vorn« offener Prozeß, in dem präsent bleiben muß, was diesen Prozeß ausgelöst hat und als Zeugnisdiskurs bleibend normiert. Die Zukunftsoffenheit darf nicht durch Vergessen, sie muß vielmehr durch lebendige, immer wieder neu gewonnene und vertiefte Erinnerung eröffnet werden. Definitivitätsansprüche des hierarchischen Lehramts wollen dieser ekklesialen Erinnerung dienen. Sie machen Gestalten der Glaubenserinnerung verbindlich, die nicht wieder verlorengehen dürfen; Stationen der Glaubensgeschichte, hinter die katholische Christen nicht zurückfallen dürfen. Definitivitätsansprüche können aber nicht immer schon im vorhinein normieren wollen, was aus Glaubensüberlieferungen wird, wenn sie neuen geschichtlichen Herausforderungen begegnen, sich auf neue kulturelle Räume hin auslegen und sich neu inkulturieren.

Das hierarchische Lehramt hat gewiß auch hier darüber zu wachen, daß die »Transformation« des Glaubensgutes nicht zur Verfälschung wird. Aber es muß auch ernsthaft damit rechnen, daß christlicher Glaube sich in neuen Zeugnisräumen *neu* auslegen kann – ohne deshalb schon hinter unaufhebbar geltende Zeugnisgestalten zurückzufallen. Und es müßte ernsthaft damit rechnen, daß ein Zuviel an Definitivitätsansprüchen dieses Neu-werden-Können des Glaubens tiefreichend behindern kann. Das Modell der loci theologici beschreibt ein Spiel der Kräfte – der Bezeugungsinstanzen –, das zur Anerkennung neuer Entwicklungen und Zeugnisgestalten führen kann und wirklich nur da auf definitive Entscheidungen angewiesen ist, wo offenkundig die Identität des Christlichen – das depositum fidei – auf dem Spiel steht und »verspielt« zu werden droht.

5. Wahrheit und »Wahrheiten«

Die Theologie – gerade die Fundamentaltheologie – wird in diesem »Spiel der Kräfte« gefordert sein, ihre Gesprächserfahrungen auch mit den loci theologici einzubringen, die im Zeugnisdiskurs »Gastrecht« (Seckler) genießen: mit der »natürlichen Vernunft«, der Philosophie und dem, was Melchior Cano noch die »menschliche Geschichte« nannte und heute vielleicht eher mit »geschichtlich-kulturellen Erfahrungen« zu umschreiben wäre. Die hier prägenden Gesprächserfahrungen werden gewiß die lehramtlich-definitiven Identifikationen des Christlichen als für das Gespräch unabdingbar erscheinen lassen. Sie werden aber auch die Notwendigkeit unterstreichen, die immer stärkere Ausdifferenzierung in heilsnotwendige oder definitiv festzuhaltende *Wahrheiten* auszubalancieren mit der immer wieder neu zu wagenden Konzentration auf das »Eine Notwendige« (vgl. Lk 10, 42) und Heilsame: auf die Wahrheit des »mysterium voluntatis suae« (Dei verbum 2, nach Eph 1, 9).

Systematische Theologie wird – dazu vom 1. Vatikanum ja ausdrücklich aufgefordert – den »Sinnzusammenhang der Geheimnisse (nexus mysteriorum) untereinander und mit dem letzten Ziel der Menschen« (DH 3016) herauszustellen haben: nicht unter dem Systemzwang eines aus Prinzipien deduzierten Lehrzusammenhangs, sondern der *Kon-sequenz* gehorchend, die den Weg der Nachfolge – der »sequela Christi« – in den Spuren des Gekreuzigten und Auferweckten kennzeichnet. Die Wahrheit, die sich im »nexus mysteriorum« wahrnehmen läßt und die Konsequenz der Nachfolge normiert, sie als den Weg normiert, auf dem Gottes Geist die Menschen in Gottes Herrschaft hineinführt, ist »konsequenterweise« als Weg-Wahrheit zu bestimmen, als die Wahrheit des Weges zum Leben, der Jesus Christus selbst ist und den er eröffnet: des Weges zum Vater (vgl. Joh 14, 6). Die Überzeugungskraft dieses Hoffnungs-Weges, von der die Fundamentaltheologie wissenschaftlich Rechenschaft abzulegen hat (vgl. 1 Petr 3, 15), gewährt nicht die Selbstgewißheit der Wahrheitsbesitzer, die Antwort zu »haben« und deshalb sagen zu können, wie »alles geht«. Gottes Logos, seine Selbstmitteilung in dem, der der Weg ist, kann nicht verfügbar sein, sondern eben nur »begehbar«, will nicht besessen und definitiv festgestellt sein, sondern beim Gehen des Nachfolge-Weges je neu verstanden, entdeckt und befolgt werden.

Die Weg-Metapher vermittelt – gewiß vorbegrifflich – die Absolutheit des Gott-Logos und die darauf bauende Glaubensgewißheit mit der Relativität geschichtlicher Wahrheitssuche, der Überholbarkeit auch theologischer Hypothesen auf dem Weg der Wahrheitssuche. Der Logos *gibt sich* zu verstehen und zu ergründen, ja »auszuprobieren«; er gibt sich, damit die Menschen an ihm sich selbst und ihren Weg zu entdecken versuchen. Er läßt sich – und das Geheimnis, das er offenbart – finden[38], aber nur von denen, die nicht aufhören, ihn zu suchen und ihm auf der Spur zu bleiben.

Der Spruch des Jeremia: »Sucht ihr mich, so findet ihr mich. Wenn ihr von ganzem Herzen nach mir fragt, lasse ich mich von euch finden« (29,13 f.), ist christlich-christologisch nicht überholt, sondern geradezu neu in Kraft gesetzt. Wer die Wahrheit des Gott-Logos sucht, wird keine Gesprächspartner und Gesprächsangebote, keine – in sich überholbaren – Wissensbestände geringschätzen, die ihm dabei helfen könnten, diese Wahrheit aus der Geschichte Gottes mit seinem Volk und aus der Lebensbotschaft Jesu Christi authentisch, aber auch je neu herauszuhören und so einen Weg in der Unübersichtlichkeit moderner Lebensverhältnisse zu finden. Die wissenschaftlich-fehlbaren Erkenntnisse – auch der Theologie – sollen nicht die Wahrheit des Logos Gottes abstützen, sondern der ihm eigenen Überzeugungskraft dienen. Und sie können dazu beitragen, zu ermitteln, was sie bedeutet, was sie zu denken, zu tun, zu hoffen gibt, aber auch was um ihretwillen zu überwinden und zurückzulassen ist.

So hilft die Theologie – insbesondere die Fundamentaltheologie – dem christlichen Glauben, ein fragender, sich *weiter*fragender Glaube zu bleiben. Nur wer weiterfragt und sich nicht mit definitiv Gewußtem begnügt, kann weiterfinden, kann weitergehen auf dem Weg, den Er in seinem Geist mit uns sucht und mit uns geht; auf dem Weg, auf dem Glaubende und den Glauben Suchende sich selbst zu finden hoffen, da sie hier mit ganzem Herzen Gottes Zukunft suchen, in der ihnen »alles andere dazu gegeben« (Mt 6,33) wird.

---

[38] Vgl. den genial treffenden Titel des Bibelbuches von J. Zink, Die Wahrheit läßt sich finden, Stuttgart 1971, seitdem in vielen Auflagen.

Literaturverzeichnis

Das Literaturverzeichnis enthält nur die Werke und Texte, die zitiert werden oder auf die ausdrücklich Bezug genommen wurde. Quellentexte sind erst ab dem 18. Jahrhundert aufgenommen.

Adorno, Theodor W.: Negative Dialektik, Frankfurt a. M. 1966.
Ders.: Stichworte. Kritische Modelle 2, Frankfurt a. M. 1969.
Ders.: Ästhetische Theorie, Gesammelte Schriften 7, Frankfurt a. M. 1970.
Ders.: Philosophische Terminologie 1, Frankfurt a. M. 1973.
Adorno, Theodor W. – Horkheimer, Max: Dialektik der Aufklärung, Frankfurt a. M. 1969.
Albert, Hans: Traktat über kritische Vernunft, Tübingen ²1969.
Albertz, Rainer: Religionsgeschichte Israels in alttestamentlicher Zeit, 2 Bde., Göttingen 1992.
Althoff, Gerd: Genugtuung (satisfactio). Zur Eigenart gütlicher Konfliktbeilegung im Mittelalter, in: Joachim Heinzle (Hg.): Modernes Mittelalter: Neue Bilder einer populären Epoche, Frankfurt a. M. – Leipzig 1994, 247–265.
Anders, Günther: Die Antiquiertheit des Menschen, Bd. 2: Über die Zerstörung des Lebens im Zeitalter der dritten industriellen Revolution, München ⁴1988.
Angenendt, Arnold: Heilige und Reliquien. Die Geschichte ihres Kultes vom frühen Christentum bis zur Gegenwart, München 1994.
Antes, Peter: Religion in den Theorien der Religionswissenschaft, in: Walter Kern u. a. (Hg.): Handbuch der Fundamentaltheologie, Bd. 1: Traktat Religion, Freiburg – Basel – Wien 1985, 34–56.
Anz, Wilhelm: Philosophie und Glaube bei S. Kierkegaard, in: Heinz-Horst Schrey (Hg.): Søren Kierkegaard, Darmstadt 1971, 173–239.
Arens, Edmund: Kommunikative Handlungen, Düsseldorf 1982.
Ders.: Christopraxis. Grundzüge theologischer Handlungstheorie, Freiburg – Basel – Wien 1992.
Ders.: Läßt sich der Glaube letztbegründen?, in: Gerhard Larcher – Klaus Müller – Thomas Pröpper (Hg.): Hoffnung, die Gründe nennt. Zu H. Verweyens Projekt einer erstphilosophischen Glaubensverantwortung, Regensburg 1996, 112–126.
Ders.: Im Fegefeuer der Fundamentaltheologie, in: Orientierung 61 (1997), 152–156.
Assmann, Jan: Das kulturelle Gedächtnis. Schrift, Erinnerung und politische Identität in frühen Hochkulturen, München ²1997.
Aubert, Roger: Vaticanum I (Geschichte der ökumenischen Konzilien, Bd. XII), dt. Mainz 1965.
Austin, John Langshaw: Zur Theorie der Sprechakte, dt. Stuttgart 1979.
Balke, Friedrich: Der Staat nach seinem Ende. Die Versuchung Carl Schmitt, München 1996.
Balthasar, Hans Urs von: Verbum caro, Einsiedeln 1960.
Ders.: Sponsa verbi, Einsiedeln ³1971.
Ders.: Communio – ein Programm, in: Internationale katholische Zeitschrift Communio 1 (1972), 4–12.
Ders.: Theodramatik III: Die Handlung, Einsiedeln 1980.
Ders.: Theologik 2: Wahrheit Gottes, Einsiedeln 1985.
Ders.: Das Ganze im Fragment. Aspekte der Geschichtstheologie, Einsiedeln ²1990.
Barth, Karl: Die kirchliche Dogmatik, Studienausgabe Zürich 1986.
Ders.: Dogmatik im Grundriß, Zürich ⁷1987.
Bartsch, Hans-Werner (Hg.): Kerygma und Mythos I, Hamburg ⁵1967.
Barz, Heiner: Jugend und Religion. Postmoderne Religion – Die junge Generation in den Alten Bundesländern, Opladen 1992.
Bataille, Georges: Theorie der Religion, dt. München 1997.

Bauman, Zygmunt: Moderne und Ambivalenz, Hamburg 1992.
Beck, Ulrich: Die Risikogesellschaft. Auf dem Weg in eine andere Moderne, Frankfurt a. M. 1986.
Bedoyère, Michael de la: The Life of Baron von Hügel, London 1951.
Beinert, Wolfgang (Hg.): Kirchenbilder – Kirchenvisionen. Variationen über eine Wirklichkeit, Regensburg 1995.
Ben-Chorin, Schalom: Die Antwort des Jona. Zum Gestaltwandel Israels, Hamburg 1956.
Benrath, Gustav Adolf (Hg.): Wegbereiter der Reformation (Klassiker des Protestantismus, Bd. 1), Bremen 1967.
Berger, Peter L.: Auf den Spuren der Engel. Die moderne Gesellschaft und die Wiederentdeckung der Transzendenz, dt. Frankfurt a. M. 1970.
Ders.: Zur Dialektik von Religion und Gesellschaft, dt. Frankfurt a. M. 1973.
Ders.: Der Zwang zur Häresie, dt. Freiburg – Basel – Wien 1992.
Bernhardt, Reinhold: Der Absolutheitsanspruch des Christentums. Von der Aufklärung bis zur Pluralistischen Religionstheologie, Gütersloh 1990.
Ders. (Hg.): Horizontüberschreitung. Die Pluralistische Theologie der Religionen, Gütersloh 1991.
Ders.: Deabsolutierung der Christologie?, in: Michael von Brück – Jürgen Werbick (Hg.): Der einzige Weg zum Heil? Die Herausforderung des christlichen Absolutheitsanspruchs durch pluralistische Religionstheologien, Freiburg – Basel – Wien 1993, 144–200.
Ders.: Zwischen Größenwahn, Fanatismus und Bekennermut. Für ein Christentum ohne Absolutheitsanspruch, Stuttgart 1994.
Bernstein, Richard J.: Beyond Objectivism and Relativism: Science, Hermeneutics and Praxis, Philadelphia ²1985.
Blank, Josef: Weißt du, was Versöhnung heißt. Der Kreuztod Jesu als Sühne und Versöhnung, in: ders. – Jürgen Werbick (Hg.): Sühne und Versöhnung, Düsseldorf 1986, 21–91.
Bloch, Ernst: Das Prinzip Hoffnung, Frankfurt a. M. 1959.
Blondel, Maurice: Lettre, in: Les Premiers Ecrits de Maurice Blondel, Paris 1956.
Ders.: Die Aktion, dt. Freiburg i. Br. – München 1965.
Blumenberg, Hans: Die Legitimität der Neuzeit, Frankfurt a. M. 1966.
Ders.: Ausblick auf eine Theorie der Unbegrifflichkeit, in: Anselm Haverkamp (Hg.): Theorie der Metapher, Darmstadt 1983, 438–454.
Ders.: Lebenszeit und Weltzeit, Frankfurt a. M. 1986.
Böhnke, Michael: Einheit in Mehrursprünglichkeit. Eine kritische Analyse des trinitarischen Ansatzes im Werk von Klaus Hemmerle, Habilitationsschrift Münster 1999.
Bongardt, Michael: Der Widerstand der Freiheit. Eine transzendentaldialogische Aneignung der Angstanalysen Kierkegaards, Frankfurt a. M. 1995.
Ders.: Die Fraglichkeit der Offenbarung. Ernst Cassirers Philosophie als Orientierung im Dialog der Religionen, Habilitationsschrift Münster 1998.
Bonhoeffer, Dietrich: Ethik, hg. von Eberhard Bethge, München ⁶1963.
Ders.: Widerstand und Ergebung, München ⁴1967.
Bouillard, Henri: Philosophie und Christentum im Denken Maurice Blondels, in: ders.: Logik des Glaubens, dt. Freiburg i. Br. 1966, 114–135.
Brauchart, Peter: Die Lehre vom »Glaubenssinn« (Sensus fidei) in ihrer Bedeutung für die gegenwärtige Ekklesiologie, Graz 1982.
Broer, Ingo: Auferstehung und ewiges Leben im Johannesevangelium, in: Ingo Broer – Jürgen Werbick: »Auf Hoffnung hin sind wir erlöst« (Röm 8, 24), Biblische und systematische Beiträge zum Erlösungsverständnis heute, Stuttgart 1987, 67–94.
Brück, Michael von: Einheit der Wirklichkeit. Gott, Gotteserfahrung und Meditation im hinduistisch-christlichen Dialog, München ²1987.
Brück, Michael von – Werbick, Jürgen (Hg.): Der einzige Weg zum Heil? Die Herausforderung des christlichen Absolutheitsanspruchs durch pluralistische Religionstheologien, Freiburg – Basel – Wien 1993.
Dies. (Hg.): Traditionsabbruch – Ende des Christentums?, Würzburg 1994.
Buber, Martin: Werke. Erster Band: Schriften zur Philosophie, München – Heidelberg 1962.
Ders.: Der Jude und sein Judentum, Köln 1963.
Bubner, Rüdiger: Über Argumente in der Philosophie, in: Neue Hefte für Philosophie 26 (1986), 34–54.
Büchsel, Friedrich: Artikel »ἀλλάσσω« und Derivate, in: Theologisches Wörterbuch zum Neuen Testament, Bd. 1, Stuttgart 1933, 252–260.
Bultmann, Rudolf: Das Verhältnis der urchristlichen Christusbotschaft zum historischen Jesus, Heidelberg ²1961.

Ders.: Geschichte und Eschatologie, Tübingen ²1964.

Ders.: Glauben und Verstehen, Bd. 1, Tübingen ⁶1966, Bd. 3, Tübingen ³1965.

Burggraeve, Roger: Emmanuel Lévinas et la socialité de l'argent, Leuven 1997.

Camus, Albert: Der Mensch in der Revolte, dt. Reinbek ⁴1964.

Ders.: Die Pest, dt. Taschenbuchausgabe Hamburg 1994.

Capra, Fritjof: Lebensnetz. Ein neues Verständnis der lebendigen Welt, Bern 1996.

Congar, Yves: Das Mysterium des Tempels, dt. Salzburg 1960.

Ders.: L'écclésiologie au XIXe siècle, Paris 1960.

Ders.: Der Laie, dt. Stuttgart ³1964.

Ders.: Die Lehre von der Kirche. Vom Abendländischen Schisma bis zur Gegenwart (Handbuch der Dogmengeschichte III 3d), Freiburg – Basel – Wien 1971.

Cordes, Paul Josef: Communio. Utopie oder Programm?, Freiburg – Basel – Wien 1993.

Cramer, Wolfgang: Gottesbeweise und ihre Kritik, Frankfurt a.M. 1967.

Dahm, Karl-Wilhelm: Gesellschaftliche Bestimmung von Unbestimmbaren: Niklas Luhmann, in: Karl-Wilhelm Dahm – Volker Drehsen – Günter Kehrer: Das Jenseits der Gesellschaft. Religion im Prozeß sozialwissenschaftlicher Kritik, München 1975, 269–279.

Dahrendorf, Ralf: Kulturpessimismus vs. Fortschrittshoffnung. Eine notwendige Abgrenzung, in: Jürgen Habermas (Hg.): Stichworte zur ›Geistigen Situation der Zeit‹, Bd. 1, Frankfurt a.M. 1979, 213–228.

Dalferth, Ingolf U.: Kombinatorische Theologie. Probleme theologischer Rationalität, Freiburg – Basel – Wien 1991.

Ders.: Die soteriologische Relevanz der Kategorie des Opfers, in: Jahrbuch für Biblische Theologie 6 (1991), 173–194.

Ders.: In Bildern denken. Die Sprache der Glaubenserfahrung, in: Evangelische Kommentare 3 (1997), 165–167.

Danto, Arthur C.: Vergangene Zukunft. Zur Semantik geschichtlicher Zeiten, Frankfurt a.M. 1989.

Dautzenberg, Gerhard: Jesus und der Tempel. Beobachtungen zur Exegese der Perikope von der Tempelsteuer (Mt 17,24–27), in: Lorenz Oberlinner – Peter Fiedler (Hg.): Salz der Erde – Licht der Welt (Festschrift für A. Vögtle), Stuttgart 1991, 223–238.

Davidson, Donald: Handlung und Ereignis, dt. Frankfurt a.M. 1990.

Decher, Friedhelm: Wille zum Leben – Wille zur Macht. Eine Untersuchung zu Schopenhauer und Nietzsche, Würzburg – Amsterdam 1984.

Deeken, Andreas: Glaube ohne Begründung? Zum Rationalitätskonzept in George Lindbecks Entwurf einer postliberalen Theologie, Münster 1998.

Deschner, Karlheinz (Hg.): Warum ich aus der Kirche ausgetreten bin, München 1970.

Diekamp, Franz: Katholische Dogmatik nach den Grundsätzen des heiligen Thomas, 3 Bde., Münster ⁵1921–22.

Dohmen, Christoph – Stemberger, Günter: Hermeneutik der Jüdischen Bibel und des Alten Testaments, Stuttgart 1996.

Döring, Heinrich – Kaufmann, Franz-Xaver: Kontingenzerfahrung und Sinnfrage, in: Franz Böckle u.a.: Christlicher Glaube in moderner Gesellschaft, Bd. 9, Freiburg – Basel – Wien 1981, 5–67.

Drehsen, Volker: Religion – der verborgene Zusammenhalt der Gesellschaft, in: Karl-Wilhelm Dahm – Volker Drehsen – Günter Kehrer: Das Jenseits der Gesellschaft. Religion im Prozeß sozialwissenschaftlicher Kritik, München 1975, 57–88.

Ders.: Religion und die Rationalisierung der modernen Welt. Max Weber (1864–1920), in: Karl-Wilhelm Dahm – Volker Drehsen – Günter Kehrer: Das Jenseits der Gesellschaft. Religion im Prozeß sozialwissenschaftlicher Kritik, München 1975, 89–154.

Drewermann, Eugen: Strukturen des Bösen. Die jahwistische Urgeschichte in exegetischer, psychoanalytischer und philosophischer Sicht, Bd. 3, Paderborn ³1982.

Ders.: Tiefenpsychologie und Exegese, Bd. 2, Olten – Freiburg i. Br. ³1990.

Ders.: Das Markusevangelium. Bilder von Erlösung, 1. Teil, Olten – Freiburg i. Br. ⁶1990, 2. Teil, Olten – Freiburg i. Br. ³1990.

Ders.: An ihren Früchten sollt ihr sie erkennen. Antwort auf Rudolf Peschs und Gerhard Lohfinks »Tiefenpsychologie und keine Exegese«, Olten – Freiburg i. Br. 1990.

Ders.: Artikel »Angst«, in: Peter Eicher (Hg.): Neues Handbuch theologischer Grundbegriffe. Erweiterte Neuausgabe München 1991, Bd. 1, 7–31.

Duquoc, Charles: Jesus Christus, Mittelpunkt des Europa von morgen, in: Peter Hünermann (Hg.): Das neue Europa. Herausforderungen für Kirche und Theologie, Freiburg – Basel – Wien 1993, 100–110.

Durkheim, Emile: Die elementaren Formen des religiösen Lebens, dt. Frankfurt a.M. 1981.

Ebach, Jürgen: Apokalypse. Zum Ursprung einer Stimmung, in: Einwürfe 2/1985, 5–61.
Ders.: Gottesbilder im Wandel, in: »... und behutsam mitgehen mit seinem Gott«. Theologische Reden 3, Bochum 1995, 157–170.
Ebeling, Gerhard: Luther. Einführung in sein Denken, Tübingen 1964.
Ders.: Erwägungen zu einer evangelischen Fundamentaltheologie, in: Zeitschrift für Theologie und Kirche 67 (1970), 479–524.
Ders.: Das Verständnis von Heil in säkularisierter Zeit, in: ders.: Wort und Glaube, Bd. 3, Tübingen 1975, 349–361.
Ders.: Dogmatik des christlichen Glaubens, 3 Bde., Tübingen 1979.
Eicher, Peter: Bürgerliche Religion. Eine theologische Kritik, München 1983.
Ders. (Hg.): Neues Handbuch theologischer Grundbegriffe. Erweiterte Neuausgabe, München 1991.
Eliade, Mircea: Das Heilige und das Profane, Paris 1957.
Ders.: Die Sehnsucht nach dem Ursprung, dt. Frankfurt a. M. 1972.
Ders.: Arbeit am Mythos, dt. Frankfurt a. M. [4]1986.
Elsas, Christoph: Stichwort »Religion«, in: Joachim Ritter – Karlfried Gründer (Hg.): Historisches Wörterbuch der Philosophie, Bd. 8, Darmstadt 1992, Sp. 632–713.
Engert, Thomas Joseph: Artikel »Deismus«, in: Josef Höfer – Karl Rahner (Hg.): Lexikon für Theologie und Kirche, 2. Aufl., Bd. 3, Freiburg 1958, 195–199.
Faust, Eberhard: Pax Christi et Pax Caesaris, Religionsgeschichtliche, traditionsgeschichtliche und sozialgeschichtliche Studien zum Epheserbrief, Freiburg/Schweiz 1993.
Feil, Ernst: Religio: Die Geschichte eines neuzeitlichen Grundbegriffs, Bd. 1: Vom Frühchristentum bis zur Reformation, Göttingen 1986; Bd. 2: Zwischen Reformation und Rationalismus, Göttingen 1997.
Ferry, Luc: Von der Göttlichkeit des Menschen oder Der Sinn des Lebens, dt. 1997.
Feuerbach, Ludwig: Sämtliche Werke, 13 Bde., hg. von Wilhelm Bolin, Stuttgart – Bad Cannstatt [2]1959–1964.
Ders.: Gesammelte Werke, 20 Bde., hg. von Werner Schuffenhauer, Berlin 1967 ff.
Ders.: Werke in sechs Bänden, hg. von Erich Thies, Frankfurt a. M. 1975–76.
Fichte, Johann Gottlieb: Gesamtausgabe, hg. von Reinhard Lauth u. Hans Gliwitzky, Stuttgart – Bad Cannstatt 1964 ff.
Ders.: Fichtes Werke, 11 Bde., hg. von Immanuel Hermann Fichte, 20 Bde., Berlin 1971.
Fiedler, Peter: Jesu Leiden – uns zugute, in: Religionsunterricht an höheren Schulen 29 (1986), 8–12.
Fleischer, Margot: Der «Sinn der Erde» und die Entzauberung des Übermenschen, Darmstadt 1993.
Flew, Anthony: Theology and Falsification, in: ders. – Alasdair MacIntyre (Hg.): New Essays in Philosophical Theology, London 1955, 96–99, 106–108.
Frank, Manfred: Die Aufhebung der Anschauung im Spiel der Metapher, in: Neue Hefte Philosophie 18/19 (1980), 58–78.
Franz, Albert: Schellings Philosophie der Offenbarung und die Theologie, in: Philosophisches Jahrbuch 104 (1997), 373–389.
Fresacher, Bernhard: Gedächtnis im Wandel. Zur Verarbeitung von Traditionsbrüchen in der Kirche, Innsbruck – Wien 1996.
Freud, Sigmund: Briefe 1873–1939, ausgewählt und hg. von Ernst u. Lucie Freud, Frankfurt a. M. [2]1968.
Ders.: S. Freud Studienausgabe, hg. von Alexander Mitscherlich u. a., 10 Bde. u. Ergänzungsband, Frankfurt a. M. 1969–1975.
Friedrich, Gerhard: Die Verkündigung des Todes Jesu im Neuen Testament, Neukirchen 1982.
Fries, Heinrich: Gibt es ein Lehramt der Gläubigen, in: Concilium 21 (1985), 288–293.
Frisch, Ralf – Hailer, Martin: »Ich ist ein Anderer«. Zur Rede von Stellvertretung und Opfer in der Christologie, in: Neue Zeitschrift für Systematische Theologie 41 (1999), 62–77.
Fromm, Erich: Psychoanalyse und Religion, Zürich 1966.
Fuchs, Gotthard: Roter Faden Theologie – eine Skizze zur Orientierung, in: Katechetische Blätter 107 (1982), 165–181.
Ders.: Sinnfalle und Gottesfrage, in: Diakonia 15 (1984), 303–311.
Fuchs, Ottmar: Diakonia: Option für die Armen, in: Konferenz der Bayerischen Pastoraltheologen (Hg.): Das Handeln der Kirche in der Welt von heute, München 1994, 114–144.
Gabriel, Karl: Christentum zwischen Tradition und Postmoderne, Freiburg i. Br. 1992.
Gäde, Gerhard: »Eine andere Barmherzigkeit«. Zum Verständnis der Erlösungslehre Anselms von Canterbury, Würzburg 1989.
Ders.: Gott und das Ding an sich. Zur theologischen Erkenntnislehre John Hicks, in: Theologie und Philosophie 73 (1998), 46–69.

Gaukesbrink, Martin: Die Sühnetradition bei Paulus. Rezeption und theologischer Stellenwert, Würzburg 1999.

Gawlick, Günter: Reimarus und der englische Deismus, in: Karlfried Gründer – Karl Heinrich Rengstorf (Hg.): Religionskritik und Religiosität in der deutschen Aufklärung, Heidelberg 1989, 43–54.

Gese, Hartmut: Zur biblischen Theologie. Alttestamentliche Vorträge, München 1977.

Geyer, Christian: Soziologische Manifeste oder wie die Soziologie sich zur Orientierungswissenschaft wandeln will, in: Neue Rundschau 109 (1998), Heft 3, 44–51.

Glöckner, Dorothea: Kierkegaards Begriff der Wiederholung, Berlin 1998.

Gnilka, Joachim: »Tu es Petrus«. Die Petrus-Verheißung in Mt 16, 17–19, in: Münchener Theologische Zeitschrift 38 (1987), 3–17.

Greshake, Gisbert: Erlösung und Freiheit. Zur Neuinterpretation der Erlösungslehre Anselms von Canterbury, in: Theologische Quartalschrift 153 (1973), 323–345.

Ders.: »Zwischeninstanzen zwischen Papst und Ortsbischöfen«. Notwendige Voraussetzungen für die Verwirklichung der Kirche als »communio ecclesiarum«, in: Hubert Müller – Hermann Josef Pottmeyer (Hg.): Die Bischofskonferenz. Theologischer und juridischer Status, Düsseldorf 1989, 88–115.

Ders.: Priestersein. Zur Theologie und Spiritualität des priesterlichen Amtes, Freiburg – Basel – Wien [5]1991.

Gronemeyer, Marianne: Das Leben als letzte Gelegenheit. Sicherheitsbedürfnisse und Zeitknappheit, Darmstadt 1993.

Gross, Peter: Die Multioptionsgesellschaft, Frankfurt a. M. 1994.

Groß, Walter (Hg.): Frauenordination. Stand der Diskussion in der Katholischen Kirche, München 1996.

Grümme, Bernhard: Von der Destruktivität der Begriffe. Zu Norbert Hoffmanns Sühnetheologie im Lichte des jüdisch-christlichen Gesprächs, in: Theologie der Gegenwart 40 (1997), 134–143.

Gutiérrez, Gustavo: Theologie der Befreiung, dt. München – Mainz [8]1985.

Gutmann, Hans-Martin: Die tödlichen Spiele der Erwachsenen. Moderne Opfermythen in Religion, Politik und Kultur, Freiburg i. Br. 1995.

Habermas, Jürgen: Über das Subjekt der Geschichte, in: Reinhart Koselleck – Wolf-Dieter Stempel (Hg.): Geschichte – Ereignis und Erzählung, München 1973, 470–476.

Ders.: Theorie des kommunikativen Handelns, 2 Bde., Frankfurt a. M. 1981.

Häring, Bernhard: Frei in Christus. Moraltheologie für die Praxis des christlichen Lebens, Sonderausgabe Freiburg i. Br. 1989.

Häring, Hermann: Die Mutter als die Schmerzensreiche. Zur Geschichte des Weiblichen in der Trinität, in: Marie-Theres Wacker (Hg.): Der Gott der Männer und die Frauen, Düsseldorf 1987, 38–69.

Hahn, Alois: Religion und der Verlust der Sinngebung, Frankfurt a. M. 1974.

Halbwachs, Maurice: Das kollektive Gedächtnis, dt. Frankfurt a. M. 1985.

Hardy, Alister: Der Mensch – das betende Tier. Religiosität als Faktor der Evolution, Stuttgart 1979.

Harnack, Adolf von: Lehrbuch der Dogmengeschichte, Bd. 3, Tübingen [5]1932.

Hattenhauer, Hans: Die geistesgeschichtlichen Grundlagen des deutschen Rechts, Karlsruhe [2]1980.

Hauschild, Jan-Christoph – Werner, Michael: »Der Zweck des Lebens ist das Leben selbst«. Heinrich Heine – eine Biographie, Köln 1997.

Hedinger, Ulrich: Wider die Versöhnung Gottes mit dem Elend. Eine Kritik des christlichen Theismus und A-Theismus, Zürich 1972.

Hegel, Georg Wilhelm Friedrich: Vorlesungen über die Philosophie der Religion, 2 Bde., hg. von Georg Lasson, Hamburg 1927.

Ders.: Werke in zwanzig Bänden, hg. von Eva Moldenhauer u. Karl Markus Michel, Frankfurt a. M. 1969–71.

Heidegger, Martin: Der Satz vom Grund, Pfullingen 1957.

Ders.: Sein und Zeit, Tübingen [10]1963.

Heinrich, Klaus: Versuch über die Schwierigkeit nein zu sagen, Frankfurt a. M. 1964.

Heinz, Gerhard: Divinam christianae religionis originem probare. Untersuchung zur Entstehung des fundamentaltheologischen Offenbarungstraktates der katholischen Schultheologie, Mainz 1984.

Henrich, Dieter: Vergegenwärtigung des Idealismus, in: Merkur 50 (1996), 104–114.

Ders.: Eine philosophische Begründung für die Rede von Gott in der Moderne? Sechzehn Thesen, in: Dieter Henrich u. a.: Die Gottesrede von Juden und Christen unter den Herausforderungen der säkularen Welt, Münster 1997, 10–20.

Herrmann, Wilhelm: Ethik, Tübingen [5]1913.

Ders.: Schriften zur Grundlegung der Theologie, 2 Bde., hg. von Peter Fischer-Appelt, München 1966–67.

872

Heß, Moses: Philosophie der That, in: Philosophische und Sozialistische Schriften 1837–1850, hg. von Auguste Cornu u. Wolfgang Mönke, Berlin 1961, 210–226.

Hettinger, Franz: Apologie des Christentums, Bd. 2, Freiburg i. Br. 1906.

Heyward, Carter: Und sie rührte sein Kleid an. Eine feministische Theologie der Beziehung, dt. Stuttgart 1986.

Hick, John: Religiöser Pluralismus und Erlösung, dt. in: Jahrbuch für Interreligiöse Begegnung 1, Hamburg 1991, 25–40.

Ders.: Eine Philosophie des religiösen Pluralismus, dt. in: Münchener Theologische Zeitschrift 45 (1994), 301–318.

Ders.: Religion. Die menschlichen Antworten auf die Frage nach Leben und Tod, dt. München 1996.

Hochstaffl, Josef: Negative Theologie. Ein Versuch zur Vermittlung des patristischen Begriffs, München 1976.

Hoffmann, Norbert: Sühne. Zur Theologie der Stellvertretung, Einsiedeln 1981.

Hoffmann, Paul: Er ist unsere Freiheit. Aspekte einer konkreten Christologie, in: Bibel und Kirche 42 (1987), 109–115.

Ders.: Zukunftserwartung und Schöpfungsglauben in der Basileia-Verkündigung Jesu, in: Religionsunterricht an höheren Schulen 31 (1988), 374–384.

Ders.: Das Erbe Jesu und die Macht der Kirche. Rückbesinnung auf das Neue Testament, Mainz 1991.

Hoffmeister, Johannes: Dokumente zu Hegels Entwicklung, Stuttgart – Bad Cannstatt ²1974.

Holböck, Ferdinand: Der eucharistische und der mystische Leib Christi in ihren Beziehungen zueinander nach der Lehre der Frühscholastik, Rom 1949.

Homann, Heinz-Theo: Das funktionale Argument. Konzepte und Kritik funktionslogischer Religionsbegründung, Paderborn – München – Wien – Zürich 1997.

Honneth, Axel: Kampf um Anerkennung. Zur moralischen Grammatik sozialer Konflikte, Frankfurt a. M. 1992.

Horkheimer, Max: Die Sehnsucht nach dem ganz Anderen. Ein Interview mit Kommentar von Helmut Gumnior, Hamburg 1970.

Hubert, Henri – Mauss, Marcel: Essay over the Nature and Function of Sacrifice, London 1898.

Hünermann, Peter: »Den Glauben gegen Irrtümer verteidigen«. Kritische Reflexionen eines Dogmatikers zu den jüngsten römischen Verlautbarungen, in: Albert Franz (Hg.): Bindung an die Kirche oder Autonomie?, Freiburg – Basel – Wien 1999, 291–303.

Hume, David: Untersuchung über den menschlichen Verstand, dt. Hamburg 1964.

Iser, Wolfgang: Die Appellstruktur der Texte, Konstanz 1970.

Janowski, Bernd: Sühne als Heilsgeschehen. Studien zur Sühnetheologie der Priesterschrift und zur Wurzel KPR im Alten Orient und im Alten Testament, Neukirchen-Vluyn 1982.

Ders.: Auslösung des verwirkten Lebens. Zur Geschichte und Struktur der biblischen Lösegeldvorstellung, in: Zeitschrift für Theologie und Kirche 79 (1982), 25–59.

Janßen, Hans-Gerd: Dem Leiden widerstehen. Aufsätze zur Grundlegung einer praktischen Theodizee, Münster 1996.

Jaspers, Karl: Der philosophische Glaube, München 1963.

Jauß, Hans Robert: Probleme des Verstehens, Stuttgart 1999.

Jensen, Anne: Christusrepräsentation, kirchliche Ämter und Vorsitz bei der Eucharistie. Zur heutigen *relecture* einer frühchristlichen Tradition, in: Freiburger Zeitschrift für Philosophie und Theologie 40 (1993), 282–297.

Jorissen, Hans: Erwägungen zur Struktur des geistlichen Amtes und zur apostolischen Sukzession in ökumenischer Perspektive, in: Concilium 32 (1996), 442–448.

Jüngel, Eberhard: Das Sakrament – was ist das?, in: ders. – Karl Rahner: Was ist ein Sakrament? Vorstöße zur Verständigung, Freiburg – Basel – Wien 1971, 9–61.

Ders.: Tod, Stuttgart – Berlin 1971.

Ders.: Unterwegs zur Sache. Theologische Bemerkungen, München 1972.

Ders.: Gott als Geheimnis der Welt, Tübingen 1977.

Ders.: Entsprechungen, München 1980.

Ders.: Wertlose Wahrheit. Zur Identität und Relevanz des christlichen Glaubens. Theologische Erörterungen III, München 1990.

Ders.: Das Evangelium von der Rechtfertigung des Gottlosen als Zentrum des christlichen Glaubens, Tübingen 1998.

Käsemann, Ernst: An die Römer (Handbuch zum Neuen Testament, 8a), Tübingen ³1974.

Kallscheuer, Otto: Gottes Wort und Volkes Stimme, Frankfurt a. M. 1994.

Kant, Immanuel: Akademie Textausgabe, Berlin 1968.

Kantorowicz, Ernst H.: Die zwei Körper des Königs. Eine Studie zur politischen Theologie des Mittelalters, dt. München 1990.

Kasper, Walter: Der Geheimnischarakter hebt den Sozialcharakter nicht auf. Zur Geltung des Subsidiaritätsprinzips in der Kirche, in: Herder Korrespondenz 41 (1987), 232–236.

Ders.: Artikel »Dogma/Dogmenentwicklung«, in: Peter Eicher (Hg.): Neues Handbuch theologischer Grundbegriffe. Erweiterte Neuausgabe München 1991, Bd. 1, 303–309.

Kaufmann, Franz Xaver: Religion und Modernität. Sozialwissenschaftliche Perspektiven, Tübingen 1989.

Kehl, Medard: Kirche als Institution, in: Walter Kern u. a. (Hg.): Handbuch der Fundamentaltheologie, Bd. 3: Traktat Kirche, Freiburg – Basel – Wien 1986, 176–197.

Ders.: Die Kirche. Eine katholische Ekklesiologie, Würzburg ²1993.

Kelly, John Norman Davidson: Altchristliche Glaubensbekenntnisse. Geschichte und Theologie, Göttingen 1972.

Kerber, Walter: Die Geltung des Subsidiaritätsprinzips in der Kirche, in: Stimmen der Zeit 109 (1984), 662–672.

Kertelge, Karl: Koinonia und Einheit der Kirche nach dem Neuen Testament in: Josef Schreiner – Klaus Wittstadt (Hg.): Communio Sanctorum. Einheit der Christen – Einheit der Kirche (Festschrift für P.-W. Scheele), Würzburg 1988, 53–67.

Kessler, Hans: Die theologische Bedeutung des Todes Jesu, Düsseldorf ²1971.

Ders.: Der Begriff des Handelns Gottes, in: Hans-Ulrich von Brachel – Norbert Mette (Hg.): Kommunikation und Solidarität, Freiburg (Schweiz) – Münster 1985, 117–130.

Ders.: Sucht den Lebenden nicht bei den Toten. Die Auferstehung Jesu Christi in biblischer, fundamentaltheologischer und systematischer Sicht, Würzburg ³1995.

Kierkegaard, Søren: Die Tagebücher, ausgewählt, neu geordnet und übersetzt von Hayo Gerdes, Bd. 3, Düsseldorf – Köln 1968.

Ders.: Gesammelte Werke, hg. von Emmanuel Hirsch u. Hayo Gerdes, Taschenbuchausgabe Gütersloh 1981.

Klausnitzer, Wolfgang: Das Papstamt im Disput zwischen Lutheranern und Katholiken, Innsbruck – Wien 1987.

Klinzing, Georg: Die Umdeutung des Kultus in der Qumrangemeinde und im Neuen Testament, Dissertation Göttingen 1971.

Kluxen, Wolfgang: Opfer als Handlung, in: Richard Schenk (Hg.): Zur Theorie des Opfers, Stuttgart – Bad Cannstatt 1995, 289–302.

Knapp, Markus: »Wahr ist nur, was nicht in diese Welt paßt«. Die Erbsündenlehre als Ansatzpunkt eines Dialoges mit Th. W. Adorno, Würzburg 1983.

Kneib, Philipp: Handbuch der Apologetik, Paderborn 1912.

Knitter, Paul F.: Ein Gott – viele Religionen. Gegen den Absolutheitsanspruch des Christentums, dt. München 1988.

Ders.: Religion und Befreiung. Soteriozentrismus als Antwort an die Kritiker, in: Reinhold Bernhardt (Hg.): Horizontüberschreitung. Die Pluralistische Theologie der Religionen, Gütersloh 1991, 203–219.

Ders.: Horizonte der Befreiung. Auf dem Weg zu einer pluralistischen Theologie der Religionen, hg. von Bernd Jaspert, Frankfurt a. M. – Paderborn 1997.

Koch, Klaus: Sühne und Sündenvergebung um die Wende von der exilischen zur nachexilischen Zeit, in: Evangelische Theologie 26 (1966), 217–239.

Koch, Kurt: Verbindliches Christsein – verbindender Glaube. Spannungen und Herausforderungen eines zeitgemäßen Christseins, Freiburg (Schweiz) 1995.

Koch, Traugott: Gesellschaft und Reich Gottes, in: Franz Böckle u. a. (Hg.): Christlicher Glaube in moderner Gesellschaft, Bd. 28, Freiburg – Basel – Wien 1982.

Köhler, Jochen: Mit der Waffe der Kritik. Voltaires Philosophische Briefe im Kontext, in: Voltaire: Philosophische Briefe, Frankfurt a. M. 1992, 149–181.

Köhler, Oskar: Der Kirche eigene »Sichtbarkeit«. Zur Frage nach dem Subsidiaritätsprinzip in der Kirche, in: Stimmen der Zeit 109 (1984), 858–861.

Kohut, Heinz: Narzißmus. Eine Theorie der psychoanalytischen Behandlung narzißtischer Persönlichkeitsstörungen, Frankfurt a. M. 1973.

Kolakowski, Leszek: Die Gegenwärtigkeit des Mythos, dt. München 1973.

Ders.: Leben trotz Geschichte. Lesebuch, München 1977.

Ders.: Falls es keinen Gott gibt, dt. München 1982.

Korsch, Dietrich: Das doppelte Absolute. Reflexion und Religion im Medium des Geistes, in: Neue Zeitschrift für systematische Theologie 35 (1993), 28–56.

Koselleck, Reinhart: Vergangene Zukunft. Zur Semantik geschichtlicher Zeiten, Frankfurt a. M. 1989.

Kraus, Hans Joachim: Theologische Religionskritik, Neukirchen-Vluyn 1982.

Krawietz, Werner: Stichwort »Körperschaft«, in: Joachim Ritter – Karlfried Gründer (Hg.): Historisches Wörterbuch der Philosophie, Bd. 4, Darmstadt 1976, 1101–1134.

Kreiner, Armin: Ende der Wahrheit? Zum Wahrheitsverständnis in Philosophie und Theologie, Freiburg – Basel – Wien 1992.

Ders.: Demonstratio religiosa, in: Heinrich Döring – Armin Kreiner – Perry Schmidt-Leukel: Den Glauben denken. Neue Wege der Fundamentaltheologie, Freiburg – Basel – Wien 1993, 9–48.

Krings, Hermann: »Freiheit« in: ders. – Hans Michael Baumgartner – Christoph Wild (Hg.): Handbuch philosophischer Grundbegriffe, München 1973, 493–510.

Kuhnke, Ulrich: Koinonia. Zur theologischen Rekonstruktion der Identität christlicher Gemeinde, Düsseldorf 1990

Lauble, Michael: Einheitsideal und Welterfahrung. Zur Aporetik im Denken von Albert Camus, in: Heinz Robert Schlette (Hg.): Der moderne Agnostizismus, Düsseldorf 1979, 110–136.

Lenzen, Verena: Jüdisches Leben und Sterben im Namen Gottes. Studien über die Heiligung des göttlichen Namens, München – Zürich 1995.

Léon-Dufour, Xavier: Abendmahl und Abschiedsrede im Neuen Testament, dt. Stuttgart 1983.

Lessing, Theodor: Geschichte als Sinngebung des Sinnlosen oder die Geburt der Geschichte aus dem Mythos, Neuausgabe München 1983.

Lévinas, Emmanuel: Dialog, in: Franz Böckle u. a. (Hg.): Christlicher Glaube in moderner Gesellschaft, Bd. 1, Freiburg – Basel – Wien 1981, 61–85.

Ders.: Gott und die Philosophie, dt. in: Bernhard Casper (Hg.): Gott nennen. Phänomenologische Zugänge, Freiburg – München 1981, 81–123.

Ders.: Ethique et Infini. Dialogues avec Philippe Nemo, Paris 1982.

Ders.: Die Zeit und der Andere, dt. Hamburg 1984.

Ders.: Totalität und Unendlichkeit. Versuch über die Exteriorität, dt. Freiburg – München 1987.

Ders.: Wenn Gott ins Denken einfällt. Diskurse über die Betroffenheit von Transzendenz, dt. Freiburg – München ²1988.

Ders.: Die Spur des Anderen, dt. Freiburg – München ³1992.

Ders.: Jenseits des Seins oder anders als Sein geschieht, dt. Freiburg – München 1992.

Ders.: Vom Sein zum Seienden, dt. Freiburg – München 1997.

Lévy-Strauss, Claude: Traurige Tropen, dt. Köln 1970.

Limbeck, Meinrad: Was Christsein ausmacht, Stuttgart 1976.

Ders.: Die Sühne der Sünden. Eine verhängnisvoll vernachlässigte Möglichkeit, in: Bibel und Kirche 33 (1978), 15–19.

Lindbeck, George A.: Christliche Lehre als Grammatik des Glaubens. Religion und Theologie im postliberalen Zeitalter, dt. Gütersloh 1994.

Lindemann, Andreas: Die Kirche als Leib. Beobachtungen zur »demokratischen« Ekklesiologie bei Paulus, in: Zeitschrift für Theologie und Kirche 92 (1995), 140–165.

Link, Christian: Hegels Wort »Gott selbst ist tot«, Zürich 1974.

Ders.: Motive theologischer Religionskritik, in: Wilhelm Gräb (Hg.): Religion als Thema der Theologie. Geschichte, Standpunkte und Perspektiven theologischer Religionskritik und Religionsbegründung, Gütersloh 1999, 91–117.

Löning, Karl: Der gekreuzigte Jesus – Gottes letztes «Opfer«. Zur Bedeutung der Kultmetaphern im Zusammenhang der urchristlichen Soteriologie, in: Bibel und Kirche 49 (1994), 138–143.

Ders.: Das Geschichtswerk des Lukas, Bd. 1: Israels Hoffnung und Gottes Geheimnisse, Stuttgart u. a. 1997.

Löning, Karl – Zenger, Erich: Als Anfang schuf Gott. Biblische Schöpfungstheologien, Düsseldorf 1997.

Lohfink, Gerhard: Wie hat Jesus Gemeinde gewollt?, Freiburg i. Br. ⁸1989.

Lohse, Eduard: Märtyrer und Gottesknecht. Untersuchungen zur urchristlichen Verkündigung vom Sühnetod Jesu, Göttingen ³1963.

Loisy, Alfred: Evangelium und Kirche, dt. München 1904.

Lubac, Henri de: Corpus mysticum. L'Eucharistie et l'Église au Moyen-Age, Paris 1949.

Lübbe, Hermann: Theorie und Entscheidung. Studien zum Primat der praktischen Vernunft, Freiburg i. Br. 1971.

Ders.: Vollendung der Säkularisierung – Ende der Religion?, in: Oskar Schatz (Hg.): Was wird aus dem Menschen?, Graz 1974, 145–158.

Ders.: Religion nach der Aufklärung, Graz 1986.

Lüdecke, Norbert: Die Grundnormen des katholischen Lehrrechts in den päpstlichen Gesetzbüchern und neueren Äußerungen in päpstlicher Autorität, Würzburg 1997.

Lüke, Ulrich: Evolutionäre Erkenntnistheorie und Theologie. Eine kritische Auseinandersetzung aus fundamentaltheologischer Perspektive, Stuttgart 1990.

Lütkehaus, Ludger: Schöner meditieren. Wie der Buddhismus im esoterisch spiritualisierten Westen verhunzt wird, in: Die Zeit, 29. Juli 1994, 28.

Luhmann, Niklas: Die Organisierbarkeit von Religionen und Kirchen, in: Jakobus Wössner (Hg.): Religion im Umbruch, Stuttgart 1972, 245–285.

Ders.: Funktion der Religion, Frankfurt a. M. 1977.

Ders.: Läßt unsere Gesellschaft Kommunikation mit Gott zu?, in: Hugo Bogensberger u. a. (Hg.): Grammatik des Glaubens, Wien 1985, 41–48.

Ders.: Die Gesellschaft der Gesellschaft, Frankfurt a. M. 1997.

Lyotard, Jean-François: Das postmoderne Wissen. Ein Bericht, dt. Bremen 1982.

Ders.: Immaterialität und Postmoderne, Berlin 1985.

Lyotard, Jean-François – Gruber, Eberhard: Ein Bindestrich. Zwischen »Jüdischem« und »Christlichem«, Düsseldorf – Bonn 1995.

Machovec, Milan: Vom Sinn des menschlichen Lebens, dt. Freiburg i. Br. 1971.

Manemann, Jürgen: Weil es nicht nur Geschichte ist, Münster 1995.

Marcel, Gabriel: Geheimnis des Seins, dt. Wien 1952.

Marcuse, Herbert: Der eindimensionale Mensch, dt. Darmstadt 1967.

Marquard, Odo: Schwierigkeiten mit der Geschichtsphilosophie, Frankfurt a. M. 1973.

Ders.: Skepsis und Zustimmung. Philosophische Studien, Stuttgart 1994.

Ders.: Glück im Unglück. Philosophische Überlegungen, München 1995.

Ders.: Grund und Existenz in Gott, in: Otfried Höffe – Annemarie Pieper (Hg.): F. W. J. Schelling, Über das Wesen der menschlichen Freiheit (Klassiker Auslegen, Bd. 3), Berlin 1995, 55–59.

Marshall, Bruce D. (Hg.): Theology and Dialogue. Essays in Conversation with George Lindbeck, Notre Dame 1990.

Marten, Rainer: Lebenskunst, München 1993.

Martino, Richard de: Die Situation des Menschen und der Zen-Buddhismus, in: Erich Fromm – Daisetz Teitaro Suzuki – Richard de Martino: Zen-Buddhismus und Psychoanalyse, Frankfurt a. M. 1972, 181–218.

Marx, Karl – Engels, Friedrich: Werke (MEW), Berlin 1956 ff.

Mead, George Herbert: Geist, Identität und Gesellschaft, dt. Frankfurt a. M. 1968.

Menke, Karl-Heinz: Die Einzigkeit Jesu Christi im Horizont der Sinnfrage, Einsiedeln 1995.

Menke-Peitzmeyer, Michael: Subjektivität und Selbstinterpretation des dreifaltigen Gottes. Eine Untersuchung zur Genese und Explikation des Paradigmas »Selbstoffenbarung Gottes« in der Theologie Karl Barths, Inaugural-Dissertation Münster 1999.

Merklein, Helmut: Paulinische Theologie in der Rezeption des Kolosser- und Epheserbriefes, in: Karl Kertelge (Hg.): Zur Paulusrezeption im Neuen Testament, Freiburg i. Br. 1981, 25–69.

Ders.: Jesu Botschaft von der Gottesherrschaft, Stuttgart 1983.

Ders.: Studien zu Jesus und Paulus, Tübingen 1987.

Metz, Johann Baptist: Glaube in Geschichte und Gesellschaft, Mainz 1977.

Ders.: Theologie als Theodizee?, in: Willi Oelmüller (Hg.): Theodizee – Gott vor Gericht?, München 1990, 103–118.

Ders.: Theologie versus Polymythie oder Kleine Apologetik des biblischen Monotheismus, in: Odo Marquard (Hg.): Einheit und Vielheit, Hamburg 1990, 170–186.

Ders.: Gotteskrise, in: Süddeutsche Zeitung Nr. 168 vom 24./25. Juli 1993, Feuilletonbeilage S. I f.

Ders.: Im Eingedenken fremden Leids. Zu einer Basiskategorie christlicher Gottesrede, in: Johann Baptist Metz – Johann Reikerstorfer – Jürgen Werbick: Gottesrede, Münster 1996, 3–20.

Ders.: Bemerkungen zum »Katholischen Prinzip« der Repräsentation, in: Michael J. Rainer – Hans-Gerd Janßen (Hg.): Bilderverbot (Jahrbuch Politische Theologie 2), Münster 1997, 303–307.

Ders.: Mit der Autorität der Leidenden, in: Süddeutsche Zeitung Nr. 296 vom 24./25./26. Dezember 1997, S. 57.

Meurer, Hermann-Josef: Die Gleichnisse Jesu als Metaphern, Bodenheim 1997.

Meyer, Thomas: Fundamentalismus. Aufstand gegen die Moderne, Reinbek 1989.

Möhler, Johann Adam: Symbolik oder Darstellung der dogmatischen Gegensätze der Katholiken und Protestanten nach ihren öffentlichen Bekenntnisschriften, Mainz ⁶1843.

Moltmann, Jürgen: Verschränkte Zeiten der Geschichte. Notwendige Differenzierungen und Begrenzungen des Geschichtsbegriffs, in: Evangelische Theologie 44 (1984), 213–228.

Ders.: Gott in der Schöpfung, München 1985.

Ders.: Der Weg Jesu Christi. Christologie in messianischen Dimensionen, München 1989.

Monod, Jacques: Zufall und Notwendigkeit, dt. München ²1971.

Mühlenberg, Ekkehard: Die Unendlichkeit Gottes bei Gregor von Nyssa. Gregors Kritik am Gottesbegriff der klassischen Metaphysik, Göttingen 1965.

Müller, Klaus: Über-Setzen. Biographische Theologie als Grundform der Verkündigung, in: Der Prediger und Katechet 136 (1997), 638–649.

Ders. (Hg.): Fundamentaltheologie – Fluchtlinien und gegenwärtige Herausforderungen, Regensburg 1998.

Nagel, Thomas: Das letzte Wort, dt. Stuttgart 1999.

Neuner, Peter: Religion zwischen Kirche und Mystik, Frankfurt a. M. 1977.

Ders.: Der Laie und das Gottesvolk, Frankfurt a. M. 1988.

Ders.: Ekklesiologie I/II, Texte zur Theologie, Graz – Wien – Köln 1994–1995.

Neusner, Jacob: Schrift und Tradition im Judentum unter besonderer Berücksichtigung der Mischna, in: Kairos 23 (1981), 51–66.

Niemann, Franz-Josef: Jesus als Glaubensgrund in der Fundamentaltheologie der Neuzeit. Zur Genealogie eines Traktats, Innsbruck – Wien 1983.

Niemeyer, Christian: »Nichts ist wahr, alles ist erlaubt«. Die Wahrheitstheorie Nietzsches in ihrer Bedeutung für seine späte Bildungsphilosophie, in: Nietzsche-Studien 27 (1998), 196–213.

Nietzsche, Friedrich: Kritische Studienausgabe der Sämtlichen Werke (KSA), hg. von Giorgio Colli u. Mazzino Montinari, München – Berlin 1980.

Noble, David F.: Eiskalte Träume. Die Erlösungsphantasien der Technologen, dt. Freiburg – Basel – Wien 1998.

Noffke, Arthur: Genugtuung und Ehre. Einzeluntersuchungen zu der Schrift ›Cur Deus Homo?‹ von Anselm von Canterbury, Greifswald 1940.

Nordhofen, Eckhard: Engel der Bestreitung. Über das Verhältnis von Kunst und negativer Theologie, Würzburg 1993.

Oelmüller, Willi (Hg.): Theodizee – Gott vor Gericht? München 1990.

Ders.: Worüber man nicht schweigen kann. Neue Diskussionen zur Theodizeefrage, München ²1994.

Örsy, Ladislaus: Von der Autorität kirchlicher Dokumente. Eine Fallstudie zum Apostolischen Schreiben »Ad tuendam fidem«, in: Stimmen der Zeit 216 (1998), 735–740.

Ders.: Antwort an Kardinal Ratzinger, in: Stimmen der Zeit 217 (1999), 305–316.

Ormea, Ferdinando: Marxisten angesichts des Todes, in: Internationale Dialog Zeitschrift 3 (1970), 98–114.

Orth, Stefan: Das verwundete Cogito und die Offenbarung. Von Paul Ricœur und Jean Nabert zu einem Modell fundamentaler Theologie, Freiburg – Basel – Wien 1999.

Otte, Klaus: Das Absolute und die Absolutisten, in: Hans-Gerd Schwandt (Hg.): Pluralistische Theologie der Religionen. Eine kritische Sichtung, Frankfurt a. M. 1998, 175–190.

Otto, Rudolf: Das Heilige, München 1917.

Overbeck, Franz: Über die Christlichkeit unserer heutigen Theologie, Nachdruck Darmstadt 1989.

Ders.: Werke und Nachlaß, Bd. 3–4, hg. von Barbara von Reibnitz, Stuttgart – Weimar 1995.

Panikkar, Raimon: Der neue religiöse Weg. Im Dialog der Religionen leben, dt. München 1990.

Pannenberg, Wolfhart: Die Aufnahme des philosophischen Gottesbegriffs als dogmatisches Problem der frühchristlichen Theologie, in: ders.: Grundfragen systematischer Theologie (1), Göttingen 1967, 296–346.

Ders.: Weltgeschichte und Heilsgeschichte, in: Reinhart Koselleck – Wolf-Dieter Stempel (Hg.): Geschichte – Ereignis und Erzählung, München 1973, 307–323.

Ders.: Die Bestimmung des Menschen, Göttingen 1978.

Ders.: Anthropologie in theologischer Perspektive, Göttingen 1983.

Ders.: Systematische Theologie, 3 Bde., Göttingen 1988–1993.

Parsons, Talcott: The Social System, Glencoe Ill. 1951.

Pesch, Otto Hermann: Dogmatik im Fragment, Mainz 1987.

Pesch, Rudolf: Simon-Petrus. Geschichte und geschichtliche Bedeutung des ersten Jüngers Jesu Christi, Stuttgart 1980.

Peukert, Helmut: Wissenschaftstheorie – Handlungstheorie – Fundamentale Theologie. Analysen zu Ansatz und Status theologischer Theoriebildung, Düsseldorf 1976.

Pfürtner, Stephan H.: Fundamentalismus. Die Flucht ins Radikale, Freiburg – Basel – Wien 1991.

Pixley, Jorge: Fordert der wahre Gott blutige Opfer?, in: Hugo Assmann (Hg.): Götzenbilder und Opfer. René Girard im Gespräch mit der Befreiungstheologie, dt. Thaur – Münster 1996, 131–159.

Plessner, Helmuth: Die Stufen des Organischen und der Mensch, Berlin – New York ³1975.

Popper, Karl Raimund: Logik der Forschung, Tübingen ⁴1971.

Ders.: Objective Knowledge. An Evolutionary Approach, Oxford 1972.

Pottmeyer, Hermann Josef: Auf fehlbare Weise unfehlbar? Zu einer neuen Form päpstlichen Lehrens, in: Stimmen der Zeit 217 (1999), 233–242.

Pröpper, Thomas: Erlösungsglaube und Freiheitsgeschichte, München ²1988.

Ders.: »Daß nichts uns scheiden kann von Gottes Liebe ...«. Ein Beitrag zum Verständnis der »Endgültigkeit« der Erlösung, in: Arnold Angenendt – Herbert Vorgrimler (Hg.): Sie wandern von Kraft zu Kraft. Aufbrüche, Wege, Begegnungen (Festschrift für R. Lettmann), Kevelaer 1993, 301–319.

Putnam, Hilary: Vernunft, Wahrheit und Geschichte, dt. hg. von Joachim Schulte, Frankfurt a. M. 1982.

Quine, Orman W. van: Von einem logischen Standpunkt. Neun logisch-philosophische Essays, dt. Frankfurt a. M. 1979.

Ragaz, Leonhard: Die Botschaft vom Reiche Gottes. Ein Katechismus für Erwachsene, Bern 1942.

Rahner, Hugo: Symbole der Kirche. Die Ekklesiologie der Väter, Salzburg 1964.

Rahner, Karl: Kirche und Sakramente, Freiburg i. Br. 1960.

Ders.: Schriften zur Theologie, 16 Bde., Einsiedeln u. a. 1954–1984.

Ders.: Was ist ein Sakrament?, in: Eberhard Jüngel – Karl Rahner: Was ist ein Sakrament? Vorstöße zur Verständigung, Freiburg – Basel – Wien 1971, 67–85.

Ders.: Grundkurs des Glaubens, Freiburg i. Br. 1976.

Ders.: Das christliche Verständnis von Erlösung, in: Andreas Bsteh (Hg.): Erlösung in Christentum und Buddhismus, Mödling 1982, 112–127.

Ratzinger, Joseph: Das neue Volk Gottes, Düsseldorf 1969.

Ders.: Stellungnahme bzw. Schlußwort zur Debatte mit Pater Örsy, in: Stimmen der Zeit 217 (1998), 169–304 bzw. 420–422.

Ders.: Hinweise zum Motu Proprio »Ad tuendam fidem« und zum »Lehrmäßigen Kommentar« der Glaubenskongregation, in: Wolfgang Beinert (Hg.): Gott – ratlos vor dem Bösen?, Freiburg – Basel – Wien 1999, 224–227.

Rawls, John: Eine Theorie der Gerechtigkeit, dt. Frankfurt a. M. 1979.

Reimarus, Hermann Samuel: Apologie oder Schutzschrift für die vernünftigen Verehrer Gottes, hg. von Gerhard Alexander, Frankfurt a. M. 1972.

Ders.: Die vornehmsten Wahrheiten der natürlichen Religion, hg. von Günter Gawlick, Göttingen 1985.

Ricœur, Paul: Die Interpretation, dt. Frankfurt a. M. 1969.

Ders.: Hermeneutik und Strukturalismus, dt. München 1973.

Ders.: Hermeneutik und Psychoanalyse, dt. München 1974.

Ders.: Philosophische und theologische Hermeneutik, in: ders. – Eberhard Jüngel (Hg.): Metapher. Zur Hermeneutik religiöser Sprache (Sonderheft der »Evangelischen Theologie«), München 1974, 24–45.

Ders.: Stellung und Funktion der Metapher in der biblischen Sprache, in: ders. – Eberhard Jüngel: Metapher, 45–70.

Ders.: Biblische Hermeneutik, in: Wolfgang Harnisch (Hg.): Die neutestamentliche Gleichnisforschung im Horizont von Hermeneutik und Literaturwissenschaft, Darmstadt 1982, 248–339.

Ders.: Die lebendige Metapher, dt. München 1986.

Ders.: Zufall und Vernunft in der Geschichte, dt. Tübingen 1986.

Ders.: Die Fehlbarkeit des Menschen, dt. Freiburg ²1989.

Ders.: Das Selbst als ein Anderer, dt. München 1996.

Ritschl, Albrecht: Die christliche Lehre von der Rechtfertigung und Versöhnung, 3 Bde., Bonn ²1882–83.

Rosenzweig, Franz: Der Stern der Erlösung, Frankfurt a. M. ⁴1993.

Ruppert, Hans-Jürgen: New Age – Endzeit oder Wendezeit, Wiesbaden 1985.

Ruppert, Lothar: Jesus als der leidende Gerechte, Stuttgart 1972.

Ruster, Thomas: Christliche Religion zwischen Gottesdienst und Götzendienst, in: Religionsunterricht an höheren Schulen 39 (1996), 54–62.

Ders.: Gott von den Göttern unterscheiden. Religion in einer Welt des Geldes, in: Renovatio 54 (1998), 130–140.

Sartre, Jean-Paul: Das Sein und das Nichts, dt. Hamburg 1962.

Saßmann, Christiane Karin: Die Opferbereitschaft Israels. Anthropologische und theologische Voraussetzungen des Opferkultes, Frankfurt a. M. 1995.

Schaeffler, Richard.: Glaubensreflexion und Wissenschaftslehre. Thesen zur Wissenschaftstheorie und Wissenschaftsgeschichte, Freiburg – Basel – Wien 1980.

Schatz, Klaus: Der päpstliche Primat. Seine Geschichte von den Ursprüngen bis zur Gegenwart, Würzburg 1990.

Schavan, Annette (Hg.): Dialog statt Dialogverweigerung, Kevelaer 1994.

Scheeben, Matthias Josef: Die Mysterien des Christentums, 3., von Arnold Rademacher bearbeitete Auflage, Freiburg i. Br. 1912.

Ders.: Handbuch der katholischen Dogmatik, Bd. 1, Neudruck Freiburg i. Br. 1933.

Scheler, Max: Die Stellung des Menschen im Kosmos, Darmstadt 1928.

Schelling, Friedrich Wilhelm Joseph: Ausgewählte Werke. Schriften von 1801–1804, Darmstadt 1968.

Ders.: Ausgewählte Werke. Philosophie der Offenbarung, 2 Bde., Darmstadt 1974.

Ders.: Ausgewählte Werke. Schriften von 1806–1813, Darmstadt 1976.

Ders.: Urfassung der Philosophie der Offenbarung, hg. von Walter E. Ehrhardt, Hamburg 1992.

Schenker, Adrian: Versöhnung und Sühne. Wege gewaltfreier Konfliktlösung im Alten Testament, Freiburg i. Ue, 1981.

Schillebeeckx, Edward: Jesus. Die Geschichte von einem Lebenden, dt. Freiburg – Basel – Wien 1975.

Schleiermacher, Friedrich: Über die Religion. Reden an die Gebildeten unter ihren Verächtern, Stuttgart 1969.

Schlette, Heinz Robert: Artikel »Religion«, in: Hermann Krings – Hans Michael Baumgartner – Christoph Wild (Hg.): Handbuch philosophischer Grundbegriffe, München 1974, 1233–1250.

Schlier, Heinrich: Mächte und Gewalten im Neuen Testament, Freiburg i. Br. [3]1958.

Schlüter, Johannes: Die Theologie des Hugo Grotius, Göttingen 1919.

Schmidbauer, Wolfgang: Die hilflosen Helfer. Über die seelische Problematik der helfenden Berufe, Reinbek 1977.

Schmidt, Alfred: Der Begriff der Natur in der Lehre von Karl Marx. Überarbeitete, ergänzte und mit einem Postscriptum versehene Neuausgabe Frankfurt a. M. 1971.

Schmidt-Leukel, Perry: Besprechung von: M. von Brück – J. Werbick (Hg.): Der einzige Weg zum Heil?, in: Theologische Revue 89 (1993), 365–367.

Ders.: Religiöse Vielfalt als theologisches Problem. Optionen und Chancen der pluralistischen Religionstheologie John Hicks, in: Raymund Schwager (Hg.): Christus allein? Der Streit um die pluralistische Religionstheologie, Freiburg – Basel – Wien 1996, 11–49.

Ders.: Christlicher Wahrheitsanspruch angesichts der Kritik und des heutigen Pluralismus: religionstheologische Konsequenzen, in: Anton Peter (Hg.): Christlicher Glaube in multikultureller Gesellschaft (Neue Zeitschrift für Missionswissenschaft, Supplementa Vol. 44), Immensee 1996, 351–380.

Ders.: Theologie der Religionen: Probleme, Optionen, Argumente, Neuried 1997.

Schmitt, Carl: Theodor Däublers ›Nordlicht‹. Drei Studien über die Elemente, den Geist und die Aktualität des Werkes, München 1916.

Ders.: Der Begriff des Politischen, Berlin 1963.

Ders.: Die Tyrannei der Werte, in: ders. – Eberhard Jüngel – Sepp Schelz: Die Tyrannei der Werte, hg. von Sepp Schelz, Hamburg 1979, 9–43.

Ders.: Politische Theologie. Vier Kapitel zur Lehre von der Souveränität, Neuausgabe Berlin 1985.

Schnackenburg, Rudolf: Das Johannesevangelium, 3 Teile, (Herders Theologischer Kommentar zum Neuen Testament), Freiburg 1965–75.

Schneider, Theodor: Ungeschicklichkeit oder Absicht? Erwägungen zu den neuen römischen Formeln aus der Sicht gegenwärtiger Dogmatik, in: Gustave Thils – Theodor Schneider: Glaubensbekenntnis und Treueid, Mainz 1990, 75–123.

Ders. (Hg.): Handbuch der Dogmatik, 2 Bde., Düsseldorf [3]2000.

Scholem, Gershom: Schöpfung aus Nichts und Selbstverschränkung Gottes, in: Eranos Jahrbuch 1956, 87–119.

Ders.: Über einige Grundbegriffe des Judentums, Frankfurt a. M. 1970.

Ders.: Von der mystischen Gestalt der Gottheit. Studien zu Grundbegriffen der Kabbala, Frankfurt a. M. 1973.

Scholz, Richard: Unbekannte kirchenpolitische Schriften aus der Zeit Ludwigs des Bayern, Bd. 2, Rom 1914.

Schoonenberg, Piet: Sprechen von der »Sünde der Welt«: der Mensch in der Sünde, in: Johannes Feiner – Markus Löhrer (Hg.): Mysterium Salutis, Bd. 2, Einsiedeln – Zürich – Köln 1967, 845–941.

Ders.: Der Geist, das Wort und der Sohn. Eine Geist-Christologie, dt. Regensburg 1992.

Schopenhauer, Arthur: Der handschriftliche Nachlaß, 5 Bde., hg. von Arthur Hübscher, Frankfurt a. M. 1966 ff.

Ders.: Sämtliche Werke, 5 Bde., hg. von Wolfgang Frhr. von Löhneysen, Frankfurt a. M. 1986.

Schreurs, Nico: Wahrheit und Versöhnung. Am Beispiel der Situation in Südafrika, in: ET-Bulletin 10 (1999), 69–78.

Schürmann, Heinz: Jesu ureigener Tod, Freiburg i. Br. 1975.

Ders.: Gottes Reich – Jesu Geschick. Jesu ureigener Tod im Lichte seiner Basileia-Verkündigung, Freiburg i. Br. 1983.

Schüssler-Fiorenza, Francis: Fundamentale Theologie. Zur Kritik theologischer Begründungsverfahren, dt. Mainz 1992.

Schulte, Rafael: Wie ist Gottes Wirken in Welt und Geschichte theologisch zu verstehen?, in: Theodor Schneider – Lothar Ulrich (Hg.): Vorsehung und Handeln Gottes, Freiburg – Basel – Wien 1988, 117–167.

Schulz, Hans Joachim: Bekenntnis statt Dogma. Kriterien der Verbindlichkeit kirchlicher Lehre, Freiburg – Basel – Wien 1996.

Schulze, Gerd: Die Erlebnisgesellschaft. Kultursoziologie der Gegenwart, Frankfurt a. M. 1992.

Schwager, Raymund: Brauchen wir einen Sündenbock? Gewalt und Erlösung in den biblischen Schriften, München 1978.

Ders. (Hg.): Christus allein? Der Streit um die pluralistische Religionstheologie, Freiburg – Basel – Wien 1996.

Searle, John R.: Sprechakte. Ein sprachphilosophischer Essay, dt. Frankfurt a. M. 1971.

Seckler, Max: Aufklärung und Offenbarung, in: Franz Böckle u. a. (Hg.): Christlicher Glaube in moderner Gesellschaft, Bd. 21, Freiburg – Basel – Wien 1980, 5–78.

Ders.: Kirchliches Lehramt und theologische Wissenschaft, in: Walter Kern (Hg.): Die Theologie und das Lehramt, Freiburg – Basel – Wien 1982, 17–62.

Ders.: Theosoterik und Autosoterik, in: Theologische Quartalschrift 162 (1982), 289–298.

Ders.: Der theologische Begriff der Religion, in: Walter Kern u. a. (Hg.): Handbuch der Fundamentaltheologie, Bd. 1: Traktat Religion, Freiburg – Basel – Wien 1985, 173–194.

Ders.: Der Begriff der Offenbarung, in: Walter Kern u. a. (Hg.): Handbuch der Fundamentaltheologie, Bd. 2: Traktat Offenbarung, Freiburg – Basel – Wien 1985, 60–83.

Ders.: Die ekklesiologische Bedeutung des Systems der ›loci theologici‹, in: Walter Baier u. a. (Hg.): Weisheit Gottes – Weisheit der Welt (Festschrift für J. Ratzinger), St. Ottilien 1987, Bd. 1, 37–65.

Ders.: Was heißt Offenbarungsreligion? Eine semantische Orientierung, in: Jan Rohls – Gunther Wenz (Hg.): Vernunft des Glaubens (Festschrift für W. Pannenberg), Göttingen 1988, 157–175.

Ders.: Artikel »loci theologici« in: Walter Kasper u. a. (Hg.): Lexikon für Theologie und Kirche, Bd. 6, Freiburg – Basel – Rom – Wien ³1997, Sp. 1014–1016.

Seeliger, Hans Reinhard (Hg.): Kriminalisierung des Christentums. Karlheinz Deschners Kirchengeschichte auf dem Prüfstand, Freiburg – Basel – Wien 1993.

Segundo, Juan Louis: Offenbarung, Glaube und Zeichen der Zeit, in: Ignacio Ellacuria – Jon Sobrino (Hg.): Mysterium Liberationis. Grundbegriffe der Theologie der Befreiung, Bd. 1, dt. Luzern 1995, 433–460.

Seidler, Elisabeth: Versöhnung. Prolegomena einer künftigen Soteriologie, in: Freiburger Zeitschrift für Philosophie und Theologie 42 (1995), 5–48.

Semler, Johann Salomo: Über historische, gesellschaftliche und moralische Religion der Christen, Leipzig 1786.

Sloterdijk, Peter: Kritik der zynischen Vernunft, 2 Bde., Frankfurt a. M. 1983.

Ders.: Eurotaoismus. Zur Kritik der politischen Kinetik, Frankfurt a. M. 1989.

Ders.: Weltfremdheit, Frankfurt a. M. 1993.

Sobrino, Jon: Gemeinschaft, Konflikt und Solidarität in der Kirche, in: Ignacio Ellacuria – Jon Sobrino (Hg.): Mysterium Liberationis, Bd. 2, dt. Luzern 1996, 851–878.

Söding, Thomas: »Ihr aber seid der Leib Christi« (1 Kor 12, 27). Exegetische Beobachtungen an einem zentralen Motiv paulinischer Ekklesiologie, in: Catholica 45 (1991), 135–162.

Sölle, Dorothee: Mystik und Widerstand, Hamburg 1997.

Solowjew, Wladimir: Deutsche Gesamtausgabe, hg. von Ludolf Müller, Bd. 8, München 1979.

Spaemann, Robert: Die Frage nach der Bedeutung des Wortes »Gott«, in: Internationale Katholische Zeitschrift Communio 1 (1972), 54–72.

Ders.: Einsprüche. Christliche Reden, Einsiedeln 1977.

Splett, Jörg: Über die Möglichkeit, Gott heute zu denken, in: Walter Kern u.a. (Hg.): Handbuch der Fundamentaltheologie, Bd. 1: Traktat Religion, Freiburg – Basel – Wien 1985, 136–155.

Stachel, Günter: »Es müssen alle deine Kräfte den seinen dienen«, in: Geist und Leben 67 (1994), 219–224.

Staehelin, Ernst: Die Verkündigung des Reiches Gottes in der Kirche Jesu Christi, Bd. 2, Basel 1955.

Staudenmaier, Franz-Anton: Geist der göttlichen Offenbarung, oder Wissenschaft der Geschichtsprinzipien des Christentums (1837), Nachdruck Frankfurt a.M. 1967.

Strack, Hermann L. – Billerbeck, Paul: Kommentar zum Neuen Testament aus Talmud und Midrasch, Bd. 2, München ⁸1983.

Strasser, Peter: Journal der letzten Dinge, Frankfurt a.M. 1998.

Strauß, David Friedrich: Das Leben Jesu kritisch bearbeitet, 2 Bde., Tübingen 1835–36.

Ders.: Der Christus des Glaubens und der Jesus der Geschichte, Neuausgabe Gütersloh 1971.

Striet, Magnus: Das Ich im Sturz der Realität. Philosophisch-theologische Studien zu einer Theorie des Subjekts in Auseinandersetzung mit der Spätphilosophie Nietzsches, Regensburg 1998.

Suess, Paolo: Christentum – auf dem Weg mit Jesus von Nazareth. Über die Unfähigkeit der Einen, sich der Anderen zu erinnern (II), in: Orientierung 58 (1994), 245–249.

Suzuki, Daisetz Teitaro: Über Zen-Buddhismus, in: Erich Fromm – Daisetz Teitaro Suzuki – Richard de Martino: Zen-Buddhismus und Psychoanalyse, Frankfurt a.M. 1972, 9–100.

Szczesny, Gerhard: Die Zukunft des Unglaubens, München 1959.

Tauler, Johannes: Predigten, 2 Bde., hg. von Georg Hofmann, Einsiedeln 1979.

Teichner, Wilhelm: Gott und Mensch in der Entfremdung oder die Krise der Subjektivität, Freiburg – München 1984.

Theunissen, Michael: Hegels Lehre vom absoluten Geist als theologisch-politischer Traktat, Berlin 1970.

Ders.: Negative Theologie der Zeit, Frankfurt a.M. 1991.

Thiel, John E.: Nonfoundationalism, Minneapolis 1994.

Thils, Gustave: Die neuen Formeln der Professio fidei und des kirchlichen Treueids, in: ders. – Theodor Schneider: Glaubensbekenntnis und Treueid, Mainz 1990, 11–74.

Tholuck, August: Die Lehre von der Sünde und vom Versöhner oder die wahre Weihe des Zweiflers, Gotha ⁸1862.

Tiedemann, Paul: Über den Sinn des Lebens. Die perspektivische Lebensform, Darmstadt 1993.

Tillich, Paul: Systematische Theologie, Bd. 1, Stuttgart ³1956, Bd. 2, Stuttgart ⁴1973.

Ders.: Gesammelte Werke, 14 Bde., Stuttgart 1959–1975.

Ders.: Wesen und Wandel des Glaubens, dt. Berlin 1966.

Toulmin, Stephen Edelston: Kosmopolis. Die unerkannten Aufgaben der Moderne, dt. Frankfurt a.M. 1991.

Traub, Rainer – Wieser, Harald (Hg.): Gespräche mit Ernst Bloch, Frankfurt a.M. 1975.

Trigo, Pedro: Schöpfung und Geschichte, dt. Düsseldorf 1989.

Troeltsch, Ernst: Die Absolutheit des Christentums und die Religionsgeschichte, Neuausgabe München – Hamburg 1969.

Ders.: Über historische und dogmatische Methode in der Theologie, abgedruckt in: Gerhard Sauter (Hg.): Theologie als Wissenschaft, München 1971, 105–127.

Türcke, Christoph: Der tolle Mensch. Nietzsche und der Wahnsinn der Vernunft, Frankfurt a.M. 1989.

Ders.: Kassensturz. Zur Lage der Theologie, Frankfurt a.M. 1992.

Ders.: Religionswende. Eine Dogmatik in Bruchstücken, Lüneburg 1995.

Utz, Arthur Fridolin – Groner, Josef-Fulko: Aufbau und Entfaltung des gesellschaftlichen Lebens. Soziale Summe Pius' XII., 3 Bde., Freiburg 1954–1961.

Venetz, Hermann-Josef: So fing es mit der Kirche an. Ein Blick in das Neue Testament, Zürich 1981.

Vorgrimler, Herbert: Der Kampf des Christen mit der Sünde, in: Johannes Feiner – Magnus Löhrer (Hg.): Mysterium Salutis. Grundriß heilsgeschichtlicher Dogmatik, Bd. 5, Zürich – Einsiedeln – Köln 1976, 349–461.

Ders.: Vom »sensus fidei« zum »consensus fidelium«, in: Concilium 21 (1985), 237–242.

Ders.: Überlegungen zur Geschichtsmächtigkeit Gottes, in: Hans-Ulrich von Brachel – Norbert Mette (Hg.): Kommunikation und Solidarität, Freiburg (Schweiz) – Münster 1985, 131–139.

Wagner, Falk: Was ist Religion?, Gütersloh ²1991.

Ders.: Die christliche Revolutionierung des Gottesgedankens als Ende und Aufhebung menschlicher Opfer, in: Richard Schenk (Hg.): Zur Theorie des Opfers, Stuttgart – Bad Cannstatt 1995, 251–278.

Ders.: Religion der Moderne – Moderne der Religion, in: Wilhelm Gräb (Hg.): Religion als Thema der Theologie, Gütersloh 1999, 12–44.

Wagner, Harald: An den Ursprüngen des frühkatholischen Problems. Die Ortsbestimmung des Katholizismus im älteren Luthertum, Frankfurt a. M. 1973.

Ders.: Einführung in die Fundamentaltheologie, Darmstadt ²1996.

Waldenfels, Hans: Offenbarung. Das Zweite Vatikanische Konzil auf dem Hintergrund der neueren Theologie, München 1969.

Ders.: Einführung in die Theologie der Offenbarung, Darmstadt 1996.

Walf, Knut: Die katholische Kirche – eine »societas perfecta«?, in: Theologische Quartalsschrift 157 (1977), 107–118.

Weber, Max: Gesammelte Aufsätze zur Religionssoziologie, 3 Bde., Tübingen 1920–21.

Ders.: Gesammelte Aufsätze zur Wissenschaftslehre, Tübingen ³1968.

Ders.: Wirtschaft und Gesellschaft, Tübingen ⁵1971.

Ders.: Die protestantische Ethik. Eine Aufsatzsammlung, Taschenbuchausgabe Bd. 1, Hamburg ³1973, Bd. 2, Hamburg ²1972.

Weger, Karl-Heinz: »Der Mensch ist ein Versprechen, das er nicht halten kann.« Das Ungenügen religionskritischer Argumente als Erklärung (mit-)menschlicher Erfahrungen, in: ders. (Hg.): Religionskritik. Beiträge zur atheistischen Religionskritik der Gegenwart, München 1976, 25–57.

Weinrich, Harald: Semantik der kühnen Metapher, in: Anselm Haverkamp (Hg.): Theorie der Metapher, Darmstadt 1983, 316–339.

Weinrich, Michael (Hg.): Religionskritik in der Neuzeit, Gütersloh 1985.

Weischedel, Wilhelm: Der Gott der Philosophen, 2 Bde., Darmstadt 1972.

Weiss, Johannes: Die Predigt Jesu vom Reiche Gottes, Göttingen 1892.

Welsch, Wolfgang: Das postmoderne Wissen. Ein Bericht, dt. Bremen 1982.

Ders.: Postmoderne – Pluralität als ethischer und politischer Wert (Walter-Raymond-Stiftung, Kleine Reihe 45), Köln 1988.

Ders.: Unsere postmoderne Moderne, Berlin ⁴1993.

Ders.: Haus mit vielen Wohnungen. Der Pluralismus läßt Absolutismus zu, wenn er privat bleibt, in: Evangelische Kommentare 8/1994, 476–479.

Ders.: Relativität aushalten. Unbedingtheit gibt es nur im Innenbezug, in: Evangelische Kommentare 12/1994, 734 f.

Ders.: Vernunft. Die zeitgenössische Vernunftkritik und das Konzept der transversalen Vernunft, Frankfurt a. M. 1996.

Wendel, Saskia: Absenz des Absoluten. Die Relevanz des Bilderverbots bei Jean-François Lyotard, in: Michael J. Rainer – Hans-Gerd Janßen (Hg.): Bilderverbot (Jahrbuch Politische Theologie, Bd. 2), Münster 1997, 142–155.

Wenz, Gunther: Geschichte der Versöhnungslehre in der evangelischen Theologie der Neuzeit, 2 Bde., München 1984–1986.

Werbick, Jürgen: System und Subjekt, in: Franz Böckle u. a. (Hg.): Christlicher Glaube in moderner Gesellschaft, Bd. 24, Freiburg i. Br. 1981, 101–139.

Ders.: Glaube im Kontext. Prolegomena und Skizzen zu einer elementaren Theologie, St. Ottilien ²1987.

Ders.: Die Auferweckung Jesu: Gottes »eschatologische Tat«? Die theologische Rede vom Handeln Gottes und die historische Kritik, in: Ingo Broer – Jürgen Werbick (Hg.): »Der Herr ist wahrhaft auferstanden« (Lk 24, 34), Stuttgart 1988, 81–131.

Ders.: Sünde und Sühne – Wie und warum Christen von Erlösung sprechen, in: Hubert Frankemölle u. a.: Schuld und Versöhnung zwischen Juden und Christen, Minden 1989, 92–117.

Ders.: Glaubenlernen aus Erfahrung, München 1989.

Ders.: Soteriologie, Düsseldorf 1990.

Ders.: Artikel »Geschichte/Handeln Gottes«, in: Peter Eicher (Hg.): Neues Handbuch theologischer Grundbegriffe. Erweiterte Neuausgabe, München 1991, Bd. 2, 185–205.

Ders. (Hg.): Offenbarungsanspruch und fundamentalistische Versuchung, Freiburg – Basel – Wien 1991.

Ders.: Bilder sind Wege. Eine Gotteslehre, München 1992.

Ders.: Gottesoffenbarung und die »Sprache der Seele«, in: Münchener Theologische Zeitschrift 43 (1992), 17–38.

Ders.: Kirche. Ein ekklesiologischer Entwurf für Studium und Praxis, Freiburg – Basel – Wien 1994.

Ders.: »In der Welt habt ihr Angst …« (Joh 16, 33). Christlicher Glaube in einem Zeitalter der Angst, in: Imprimatur 28 (1995), 173–177, 241–246.

Ders.: Vom Wagnis des Christseins. Wie glaubwürdig ist der Glaube?, München 1995.

Ders.: Artikel »Hörende Kirche«, in: Walter Kasper u. a. (Hg.): Lexikon für Theologie und Kirche, Bd. 5, Freiburg – Basel – Rom – Wien ³1996, Sp. 274 f.

Ders.: Die biblische Rede von Sünde und Erlösung im Horizont der Grunderfahrungen des modernen Menschen, in: Hubert Frankemölle (Hg.): Sünde und Erlösung im Neuen Testament, Freiburg i. Br. 1996, 164–184.

Ders.: Der Pluralismus der pluralistischen Religionstheologie. Eine Anfrage, in: Raymund Schwager (Hg.): Christus allein? Der Streit um die pluralistische Religionstheologie, Freiburg – Basel – Wien 1996, 140–157.

Ders.: Toleranz und Pluralismus. Reflexionen zu einem problematischen Wechselverhältnis, in: Ingo Broer – Richard Schlüter (Hg.): Christentum und Toleranz, Darmstadt 1996, 107–121.

Ders.: Was das Beten der Theologie zu denken gibt oder: Ein Versuch über die Schwierigkeit, ja zu sagen, in: Johann Baptist Metz – Johann Reikerstorfer – Jürgen Werbick: Gottesrede, Münster 1996, 59–94.

Ders.: Bibel Jesu und Evangelium Jesu Christi: Systematisch-theologische Perspektiven, in: Bibel und Liturgie 70 (1997), 213–218.

Ders.: Repräsentation – eine theologische Schlüsselkategorie, in: Michael J. Rainer – Hans-Gerd Janßen (Hg.): Bilderverbot (Jahrbuch Politische Theologie, Bd. 2), Münster 1997, 295–302.

Ders.: Fundamentaltheologische Ekklesiologie: der Streit um die »unmögliche Institution« Kirche, in: Klaus Müller (Hg.): Fundamentaltheologie – Fluchtlinien und gegenwärtige Herausforderungen, Regensburg 1998, 389–409.

Ders.: Artikel »Metapher. Systematisch-theologisch«, in: Walter Kasper u. a. (Hg.): Lexikon für Theologie und Kirche, Bd. 7, Freiburg i. Br. – Basel – Rom – Wien ³1998, Sp. 189 f.

Ders.: Auf der Spur der Bilder, in: Bibel und Kirche 54 (1999), 2–9.

Ders.: Der kirchliche Auftrag der Theologie, in: Albert Franz (Hg.): Bindung an die Kirche oder Autonomie?, Freiburg – Basel – Wien 1999, 142–163.

Ders.: Gelingen und Scheitern – Kennzeichen menschlicher Freiheitserfahrung, in: Hans-Günter Gruber – Benedikta Hintersberger (Hg.): Das Wagnis der Freiheit (Festschrift für J. Gründel), Würzburg 1999, 88–103.

Ders.: Trugbilder oder Suchbilder? Ein Versuch über die Schwierigkeit, das biblische Bilderverbot theologisch zu befolgen, in: Jahrbuch für Biblische Theologie 13: Die Macht der Bilder, Neukirchen-Vluyn 1999, 3–27.

Ders.: Was an der Zeit ist, in: Timo Rainer Peters – Claus Urban (Hg.): Ende der Zeit? Die Provokation der Rede von Gott, Mainz 1999, 94–97.

Westermann, Claus: Schöpfung, Stuttgart 1983.

Wiedenhofer, Siegfried: Das katholische Kirchenverständnis, Graz 1992.

Wilber, Ken: Halbzeit der Evolution, dt. München 1988.

Wilckens, Ulrich: Der Brief an die Römer (EKK VI/1), Zürich – Neukirchen 1978.

Ders.: Auferstehung, Stuttgart 1979.

Willers, Ulrich: Friedrich Nietzsches antichristliche Christologie, Innsbruck – Wien 1988.

Ders.: Friedrich Nietzsches hintergründige theologische Aktualität, Regensburg 1994.

Wilson, Edward Osborne: Biologie als Schicksal. Die soziobiologischen Grundlagen menschlichen Verhaltens, Frankfurt – Berlin – Wien 1980.

Windisch, Hans: Der Hebräerbrief, Tübingen 1913.

Wisdom, John: Götter, dt. in: Ingolf U. Dalferth (Hg.): Sprachlogik des Glaubens, München 1974, 63–83.

Wittgenstein, Ludwig: Tractatus logico-philosophicus, Werkausgabe Bd. 1, Frankfurt a. M. 1984.

Wolterstorff, Nicholas: Can Belief in God Be Rational If It Has No Foundations?, in: Alvin Plantinga – Nicholas Wolterstorff (Hg.): Faith and Rationality: Reason and Belief in God, Notre Dame – London 1983, 135–186.

Verweyen, Hansjürgen: Gottes letztes Wort. Grundriß der Fundamentaltheologie, Düsseldorf 1991.

Ders.: Botschaft eines Toten?, Regensburg 1997.

Zamora, José A.: Erlösung unter Bilderverbot (Th. W. Adorno), in: Michael J. Rainer – Hans-Gerd Janßen (Hg.): Bilderverbot (Jahrbuch Politische Theologie, Bd. 2), Münster 1997, 121–141.

Zenger, Erich (Hg.): Lebendige Welt der Bibel, Freiburg – Basel – Wien 1997.

Zink, Jörg: Die Wahrheit läßt sich finden, Stuttgart 1971.

Zirker, Hans: Artikel »Religion«, in: Gottfried Bitter – Gabriele Miller (Hg.): Handbuch religionspädagogischer Grundbegriffe, Bd. 2, München 1986, 635–643.

Ders.: Die Kirche als Kommunikationsgemeinschaft, in: Edmund Arens (Hg.): Gottesrede – Glaubenspraxis, Darmstadt 1994, 69–88.

Zulehner, Paul Michael: Religion nach Wahl. Grundlegung einer Auswahlchristenpastoral, Wien 1974.

Personenverzeichnis

Adorno, Th. W. 60 161 f. **171–173** 206 293 365 **409–411** 414 591 **607–612** 615
Albert, H. 190
Albert, K. 232
Albertz, R. 258 479 **692–694** 749 825
Alexander, G. 13 241
Alexis de Tocqueville 772
Alff, W. 107
Alkmaion 614
Althoff, G. 440
Alvarus Pelagius 750
Anders, G. 583
Andreae, Johannes 748
Anett, P. 10
Angelus Silesius 400
Angenendt, A. 359 786
Anselm von Canterbury 106 191 237 287 368 **437–441** 443 f.
Antes, P. 81
Antiochus IV. 479
Anz, W. 329
Arens, E. **203 f.** 776 **800–803**
Aristoteles **230** 249 305 640 747
Arnold, G. 666 f.
Assmann, A. 826
Assmann, H. 476
Assmann, J. 79 92 f. **826**
Athanasius 573
Aubert, R. 714 751 816
Augustinus **8 85 f.** 128 432 508 f. 562 605 662 671 f. 716 **743** 781 840
Augustinus Triumphus 750
Austin, J. L. 309
Ayers, A. J. 64

Bach, J. S. 545
Bacon, F. 108 303
Baier, W. 816 863
Balke, F. 679
Balthasar, H. U. von 281 **290–292** 346 355 **509 f.** 597 661 761 780 800
Barth, K. 5 147 281 **288–291**

352 354 f. 402 591 597 636 802
Bartsch, H. W. 470
Bartuschat, W. 236
Barz, H. 3
Basilius 781
Bataille, G. 82
Bauman, Z. 186 593
Baumgartner, H. M. 89 173
Bautain, L.-E.-M. 266
Beck, U. 773
Bedoyère, M. de la 275
Beinert, W. 749 781 859
Bellarmin 760
Ben-Chorin, Sch. 434
Benjamin, W. 162
Benrath, G. A. 661
Bentzinger, R. 672
Berengar von Tours 743
Berger, P. L. 185 336 474
Bernhard von Clairvaux 747 f.
Bernhart, J. 6
Bernhardt, R. 377 f. 384 387 f. 390
Bernstein, R. J. 202
Bertalanffy, L. von 46
Bertone 860 f.
Bethge, E. 430
Billerbeck, P. 491
Bismarck, O. von 788 814
Bitter, G. 83
Blank, J. 580 704
Bloch, E. 39 409 518 583
Blondel, M. 139 **275–277** 279
Blumenberg, H. 81 302 413 f. 514 583 775
Blumenstock, K. 340 401 619
Blumrich, R. 734
Bodin, J. 239
Böckle, F. 49 76 96 568 636 671
Böhnke, M. 159 171
Bogensberger, H. 163
Bolin, W. 110 263 515
Bonald, L. G. A. de 271
Bonaparte, M. 52
Bonaventura **234 f.** 760 787
Bongardt, M. 219 327

Bonhoeffer, D. 430 433 535 650
Bonifaz VIII. 730 744 835
Borst, E. 86
Bouillard, H. 276
Boulding, K. 46
Brachel, H. U. von 344 351 374
Brauchart, P. 799
Brecht, B. 416 591
Broer, I. 351 388 496
Brück, M. von 101 104 186 377 390 608
Bsteh, A. 360 840
Buber, M. 294 304 **435**
Bubner, R. 203
Bucer, M. 671
Buddensieg, R. 662
Buddha 458
Büchner, G. 568 616
Büchsel, F. 572
Bultmann, R. 147 321 **329** 346 470
Burggraeve, R. 396

Calvin 563 719
Camus, A. 524 f. 566
Cano, M. **863–866**
Capra, F. 204
Casper, B. 96 306
Cassirer, E. 219
Cherbury, H. von **240** 383
Chrysostomus 437
Cicero 737
Colli, G. 190 261 410 427 680
Comte, A. 145
Condorcet, A. de 107
Congar, Y. 271 704 712 751 759 798
Cordes, P. J. 781
Cornu, A. 454
Cramer, W. 138
Cyprian 759 834
Cyprian von Karthago 573
Cyrill von Alexandrien 780

Dahm, K. W. 43 46 50
Dahrendorf, R. 187

Dalferth, I. U. **197 f.** 202 416 419 545
Danto, A. C. 348
Dautzenberg, G. 580
Davidson, D. 59
Decher, F. 461
Deeken, A. 59 197 202 207
Descartes, R. **9** 174 179
Deschner, K. 657
Dewey, J. **772** 775
Diderot, D. 11
Diekamp, F. 860
Diels, H. 60 641
Diogenes Laertius 23
Ps. Dionysius Areopagita 6 **26** 178 **236 f.** 378 407 **785**
Dippel, J. C. 563
Döring, H. 197 636
Dohmen, Chr. 828
Dostojewski, F. 686
Drehsen, V. 43 46
Drewermann, E. 4 **312–322** 327 498 546
Düntzer, H. 311
Dufour, Th. 11
Duquoc, Chr. 766 f.
Durkheim, E. **42–46** 49 53 **708**

Ebach, J. 338 419
Ebeling, G. 321 429 f. 618 837
Ebner, F. 304
Ehrhardt, W. E. 354
Eicher, P. 320 343 351 787 817
Eliade, M. 81 708
Ellacuria, I. 78 616 849
Elsas, Chr. 11
Elster, E. 568
Engelhardt, P. 232
Engert, Th. 239
Erasmus von Rotterdam 549
Erdmann, C. 440
Eugen III. 747 f.

Fabian, B. 10
Farrer, A. 419
Faust, E. 737
Feil, E. 7 83
Feiner, J. 530 843
Fénélon, F. 798
Ferry, L. **634 f.** 639 f. 644 648
Feuerbach, L. **23 f.** 27 f. **36 f.** 57 59 f. 85 **108–111** 113 **136 f.** 255 f. 260 263 301 305 **311** 330–332 370 373 **453 f. 514– 518** 544 566 605 622 636 f.
Fichte, I. H. 252 451 595
Fichte, J. G. 17 **251 f.** 268 284 450 **451 595 f.**

Fiedler, P. 503 580
Fischer, J. 380
Fischer-Appelt, P. 18
Fleischer, M. 465
Flew, A. 64
Frank, E. 329
Frank, M. 416
Frankemölle, H. 169 498 527
Frankl, V. 4
Franz, A. 354 850 862
Fresacher, B. 826
Freud, E. L. 53
Freud, S. **32 f.** 40 **52 f.** 57 85 176 181 413 566 600 651 f.
Friedrich d. Gr. 379
Friedrich, G. 491
Fries, H. 799
Frisch, M. 412
Frisch, R. 577
Frohschammer, J. 265
Fromm, E. 87 90 **98 f.** 102
Fuchs, G. 126 645 650
Fuchs, O. 811

Gabriel, K. 773
Gabriel, L. 406
Gäde, G. 391 f. 439
Gasser, V. 816
Gaukesbrink, M. 492
Gawlick, G. 13 238 240 f.
Gerbert, M. 273
Gerdes, H. 86 318 584 674
Gerhoh von Reichersberg 660
Gese, H. 482 533 545
Geyer, Chr. 774
Girard, R. 476 508
Gliwitzky, H. 450
Glöckner, D. 585
Gnilka, J. 812
Goebbels, J. 519 544
Göpfert, H. G. 11 242
Goethe, J. W. von 645
Gräb, W. 20 69 127
Gregor I. (der Große) 671
Gregor VII. 713 787
Gregor von Nazianz 437
Gregor von Nyssa 346 374
Greshake, G. 439 759 762 f. 784 854
Gronemeyer, M. 583 f.
Groner, J. F. 790
Gross, P. 185 f. 593 773
Groß, W. 765 851
Grotius, H. 10 **443**
Gruber, E. 612
Gruber, H.-G. 620
Grümme, B. 509
Gründel, J. 620

Gründer, K. 11 241 748
Gumnior, H. 161
Gutiérrez, G. 560
Gutmann, H.-M. 519

Habermas, J. 121 187 349 776
Häring, B. 808
Häring, H. 753
Hahn, A. 55
Hailer, M. 577
Halbwachs, M. 826
Hamann, J. G. 18
Hammarskjöld, D. 318
Handke, P. 548
Hardy, A. 41
Harnack, A. von 439 707
Harnisch, W. 413
Hartlib, S. 108
Hattenhauer, H. 671
Hauschild, J.-Chr. 371
Haverkamp, A. 413
Hedinger, U. 568 570
Hegel, G. W. F. 17 70 107 120 144 150 f. 154 **156–160 165 f.** 172 179 219 **282–285** 287 289 318 329 f. 364 379 387 391 **516 f.** 573 582 585 590 593 606 f. 616 621 **624** 634 641 **757 775 f.**
Heidegger, M. 400 582 587 f. 608
Heine, H. 371 568
Heinrich, K. 166
Heinz, G. 239–241
Heinzle, J. 440
Heloisa 86 127
Helvétius, C.-A. 12
Hemmerle, K. 159 171
Henrich, D. **143 f.** 151 **208–213**
Heraklit 60 641 f.
Herder, F. G. 311
Herder, J. G. 311
Hermann von Schildesche 750
Herring, H. 244
Herrmann, W. 18 f. 263 321 398
Heß, Moses 454
Hettinger, F. 271 658
Heyward, C. 134 f.
Hick, J. **198–200** 212 **378 f. 381 f.** 384 391 f.
Hieronymus 785
Hildegard von Bingen 660
Hintersberger, B. 620
Hirsch, E. 86 318 584 674
Hitler, A. 544
Hobbes, Th. 303
Hochstaffl, J. 374
Höfer, J. 239
Höffner, J. 761

Höffe, O. 569
Hoffmann, N. 509 f.
Hoffmann, P. 535 552 f. 555 690
 705
Hoffmeister, J. 634
Hofmann, G. 104
Holböck, F. 744
Holz, H. H. 28 250
Homann, H.-Th. 58
Homer 609
Honneth, A. 120
Horkheimer, M. **161–163** 365
 409 609 611
Hornig, G. 669
Hoyer, S. 672
Hubert, H. 519
Hübscher, A. 458
Hügel, F. von 275
Hünermann, P. 767 862
Humbert von Silva Candida 712
Hume, D. 251 **253**
Hus, J. 661 663
Husserl, E. 413
Hutcheson, F. 10

Ignatius von Antiochien 759
 781
Innozenz II. 787
Irenäus von Lyon 150 231 346
 540 562 797
Isaak von Luria 624
Iser, W. 581
Ivanka, E. von 237 378

Janowski, B. 480 f.
Janßen, H.-G. 410 539 611 618
 764
Jantsch, E. 460
Jaspers, K. 379 596
Jaspert, B. 384
Jauß, H. R. 86 127
Jensen, A. 761 f.
Joachim von Fiore 667 f.
Johannes XXII. 734
Johannes von Damaskus **231** 378
Johannes Duns Scotus 235
Johannes Paul II. 171 646 719
Jorissen, H. 709
Jüngel, E. 61 66 **139** 200 217 285
 354 413 415 479 533 536
 544 f. 572 576 597 f. 614 618
 633 636 643 840 843
Jünger, E. 520 522

Kähler, M. 18
Käsemann, E. 733
Kallscheuer, O. 772 f.
Kant, I. **15–19** 33 58 **65–67** 85

124 137–140 **154–156** 193
 206 245 251 f. **254 f.** 284 369
 372 378 387 391–394 **396**
 398 f. 401 447 **448–451** 514
 543 549 582 591 **602 f.** 621
 640 **670 f.**
Kantorowicz, E. H. 744 f. 750
Kasper, W. 415 797 791 817 f.
 864
Kaufmann, F.-X. 636 774 818
Kehl, M. 758 762 782
Kehrer, G. 43 46
Kelly, J. N. D. 780
Kerber, W. 791
Kern, W. 81 194 280 397 758
 847
Kertelge, K. 738 780
Kessler, H. 351 439 507
Kierkegaard, S. 86 f. 90 **318 f.**
 321 f. **324–329** 341 346 349
 352 f. 355 359 **584 f.** 586 f. 590
 673–678 685 774
Klausnitzer, W. 750
Klinzing, G. 485
Kluxen, W. 519
Knapp, M. 609
Kneib, Ph. 271 273 f.
Knitter, P. F. 384 388 390
Koch, Klaus 481 f.
Koch, Kurt 784 f.
Koch, T. 671
Kögler, R. 163
Köhler, J. 67
Köhler, O. 791
Kohut, H. 532
Kolakowski, L. 28 **116–118** 142
 193
Korsch, D. 607
Koselleck, R. 348 f. 351
Kranz, W. 60 641
Kraus, H. J. 147
Krawietz, W. 748
Kreiner, A. 64 197 200 f. 222
Krewani, W. K. 609
Krings, H. 89 125 173 633 637
Kuhnke, U. 780

Laktanz 346
Lanzmann, C. 519
Larcher, G. 204
Lasson, G. 282 318
Lauble, M. 566
Lauth, R. 450
Leibniz, G. W. 28 200 **244–247**
 249–251 254 305 642
Lenzen, V. 519 523
Leo I. (der Große) 743 **782 f.**
Leo XIII. 772

Léon-Dufour, X. 496
Lessing, G. E. 11 13 223 241 f.
 246–251 268 271 286 324 328
 673
Lessing, Th. 638
Lettmann, R. 359
Lévinas, E. **95 f.** 99 **125** 127 138
 146 206 **304–310** 363 **369 f.**
 372 **396** 607–609
Lévy-Strauss, C. 40
Limbeck, M. 510 539
Lindbeck, G. A. 197 201 f.
Lindemann, A. 729 733 737 746
Link, Chr. 69 285
Löhneysen, W. Frhr. von 455
Löhrer, M. 530 843
Löning, K. 91 338 345 496
Lohfink, G. 312 724
Lohse, E. 503
Loisy, A. 688 f.
Lorenz, B. 230
Lubac, H. de 744
Lübbe, H. **51–57** 350 639 832
Lüdecke, N. 855
Lüke, U. 42
Lütkehaus, L. 102
Luhmann, N. **46–51 62 f.** 162 f.
 357 393
Luther, M. 5 **7 f.** 17 19–21 105
 190 235 **341** 441 443 549 559
 618 **663–665** 669 672 675
 771 857
Lyotard, J.-F. 145 153 347 **611 f.**
 642

Machovec, M. 39 634 638
MacIntyre, A. 64
Manemann, J. 206
Mansi, J. B. 859
Marcel, G. 129
Marcuse, H. 93
Marquard, O. 153 f. 347 569 617
Marshall, B. D. 201 f.
Martel, H. 518
Marten, R. 636
Marti, K. 356 f.
Martino, R. de 102
Marx, K. **37–39** 45 f. **111–113**
 118 121 160 f. 166 305 544
 616 638 641
Mauss, M. 519
Mayer, H. 412
McIntyre, J. 419
Mead, G. H. 336 **531**
Meinhold, P. 659 661 666–668
Meister Eckhart **5 f.** 57 **102–104**
 330 371 458 f. **734–736**
Melanchthon 563 664 671 673

Menke, K.-H. 392
Menke-Peitzmeyer, M. 636
Menken, G. 563
Mensching, G. 12 251 443
Merklein, H. 689 729 738
Mermillod, G. 750
Meslier, J. 11 f. **443–445**
Mette, N. 344 351
Metz, J. B. 154 206 351 400
    432 f. 539 591 617 632 708
    764 822
Meurer, H.-J. 413 415 f.
Meyer, Th. 297
Mézières, M. de 11
Michel, K. M. 17 219 517 641
    757
Miller, G. 83
Milton, J. 771
Mitchell, B. 202
Mitscherlich, A. 53 413 566
Möhler, J. A. 709 **738 f.**
Mönke, W. 454
Moldenhauer, E. 17 219 517 641
    757
Moltmann, J. **434 f.** 586 624
Monod, J. 41
Montinari, M. 190 261 410 427
    680
Mühlenberg, E. 374
Müller, E. 658
Müller, H. 784
Müller, K. 202–206 222 224 420
    724
Müller, L. 677
Müntzer, Th. 672

Nagel, Th. 209 212
Narbert, J. 620
Necker, J. 10
Nemo, P. 396
Neuner, P. 275 660 668 709 712
    748 783 786
Neusner, J. 827
Niemann, F.-J. 427
Niemeyer, Chr. 35
Nietzsche, F. 9 18 **20–39** 52 f.
    56 f. **58–64** 68 79 87 **114 f.** 118
    124 130 145 153 159 f. 172 f.
    176 179–181 189–191 **209 f.**
    211 213 215 f. 222 **261–263**
    347 364 392 **400** 410 427–
    429 **460–470** 475 497 **504–
    506 520–522** 528 534 544 550
    557 566 f. 579 589 603 f. 606
    609 620–622 631 637 **640–
    642** 646 649 **680–684** 700
Niewöhner, F. 238
Niketas von Nikomedia 783

Nikolaus Cusanus 106
Nikolaus von Kues **406 f.** 570
    624
Noble, D. F. 108
Noffke, A. 439
Nolla, E. 772
Nordhofen, E. 411

Oberlinner, L. 580
Oelmüller, W. 131 617
Örsy, L. 859
Origenes 562 **659**
Ormea, F. 518
Orth, S. 620
Ortiz de Urbina, I. 782
Otte, K. 388
Otto, R. 81
Overbeck, F. 680 **684** 688 f.

Panikkar, R. 375
Pannenberg, W. 67 351 355 374
    399 **582** 614 624 626 771 837
Parsons, T. 46 49
Pascal, B. 24 78 **174–177** 179 f.
    427 f.
Pasolini, P. 206
Pedersen, I. 759
Péghaire, J. 6
Perrone, G. 798 854
Pesch, R. 312 812
Pesch, O. H. 842
Peter, A. 381
Peters, T. R. 850
Petrus Abaelard 86 127 **231 562**
Petrus Lombardus 562
Peukert, H. **131–133** 137 f. 140
    162 433 540 591
Pfürtner, St. 297
Pieper, A. 569
Pius VI. 716
Pius IX. 265 713 f. 751 855
Pius X. 265
Pius XI. 804 820
Pius XII. 751 760 790
Pixley, J. 476 479
Plantinga, A. 200
Platon 26 590 737
Plessner, H. 67
Plotin 399
Pölitz, K. H. L. 252
Pollack, D. 774
Pollefeyt, D. 396
Popper, K. R. 197
Pottmeyer, H. J. 194 280 784
    847 855 f.
Pröpper, Th. 89 204 224 359 f.
    637 762
Putnam, H. 376

Quine, W. van O. 196
Quint, J. 5 103 330 371 735

Rademacher, A. 752
Ragaz, L. 570
Rahner, H. 833
Rahner, K. 69 239 281 307 **332–
    336** 356 360 **739** 832 **840–
    843** 855 858
Rainer, M. J. 410 539 611 764
Rapaport, A. 46
Ratzinger, J. 293 **747** 781 783 f.
    816 843 f. 859–861 863
Rawls, J. 640
Reibnitz, B. von 684
Reikerstorfer, J. 206 400 632
Reimarus, H. S. **13–15** 27 85
    241–244 251 265 **445–447**
    534
Rengstorf, K. H. 241
Ricœur, P. 61 138 f. 200 202 206
    214 308 f. 348 354 367 408
    413 416 f. 420 422 442 473
    548 619 f. 625 f. **651 f.**
Ritschl, A. 439 707
Ritter, J. 11 748
Robespierre 11
Rohls, J. 355
Rohrbasser, A. 742 745 820
Rosenzweig, F. 127
Rousseau, J.-J. 11 274
Rüttenauer, W. 174 427
Rufin 562
Ruppert, H. J. 460
Ruppert, L. 503
Ruster, Th. 147 f.

Salvian von Marseille 659
Saßmann, Chr. K. 479
Sartre, J. P. 531 582 **586–588**
    590 608 f. 614
Sauter, G. 258
Savonarola 661
Schaeffler, R. 251
Schatz, K. 782
Schatz, O. 51
Schavan, A. 791
Scheeben, M. J. 299 **751–753**
    847
Scheele, P.-W. 780
Scheler, M. 67
Schelling, F. W. J. **286–289** 294
    340 **354** 359 **368** 371 f. **400 f.**
    569 572 606 614 616 619 f.
    625 f.
Schelz, S. 636
Schenk, R. 519 624
Schenker, A. 480

Schillebeeckx, E. 541
Schleiermacher, F. **228 f.** 636
Schlette, H. R. 173 566 632
Schlier, H. 552
Schlüter, J. 443
Schlüter, R. 388
Schmidbauer, W. 498
Schmidt, A. 161
Schmidt-Leukel, P. 197 **381 f.**
Schmitt, C. **303** 636 **678 f.**
Schnackenburg, R. 486
Schneider, Th. 298 351 422 847
858
Scholem, G. **434** 624 769
Scholz, R. 750
Schoonenberg, P. 800
Schopenhauer, A. **455–459**
460 f. 466 637
Schreiner, J. 780
Schreurs, N. 577
Schrey, H. H. 329
Schroeder, L. von 460
Schürmann, H. 541
Schüssler-Fiorenza, F. 722 f.
Schuffenhauer, W. 637
Schulte, J. 376
Schulte, R. 351
Schulz, H.-J. 854
Schulz, H. R. 669
Schulze, G. 584
Schwager, R. 376 f. 381 508
Schwandt, H.-G. 388
Searle, J. R. 309
Seckler, M. 76 194 280 355 360
397 512 816 847 **863–866**
Seeliger, H. R. 657
Segundo, J. L. 78
Seidler, E. 576–578
Semler, J. S. 17 **668–670**
Semmelroth, O. 832
Seneca 737
Seuse, H. 104 734
Sloterdijk, P. 140 206 336 348
631
Sobrino, J. 78 616 849 863
Söding, Th. 729
Sölle, D. 59
Sokrates 284
Solowjew, W. 677 f.
Sozzini, F. 443
Spaemann, R. 55
Spinoza, B. de 63 150 155 **236–
238** 245 268 287 311 **340 f.
362 f.** 385 401 568 595 619
Splett, J. 194
Stachel, G. 104 735 f.

Staehelin, E. 671
Stapleton, Th. 797
Staudenmaier, F. A. 398
Steffensky, F. 808
Stemberger, G. 828
Stempel, W. D. 349 351
Stendhal 568
Stier, F. 488
Strack, H. L. 491
Strasser, P. 24 28 63 65 88 169
310
Strauß, D. F. **256 452**
Streller, J. 586
Striet, M. 160 210
Strowski, F. 174
Sturlese, L. 734
Suchla, B. R. 6
Suess, P. 388
Suzuki, D. T. 102
Szczesny, G. 401

Tauler, Johannes 104
Teichner, W. 110
Terstegen, G. 667
Tertullian 508 f. **711** 781
Theunissen, M. 80 256 584
586–591
Thiel, J. E. 197
Thies, E. 24 255 453 637
Thils, G. 859
Tholuck, A. 18
Thomas von Aquin 7 76 105
191 f. **230–233** 235 f. 246 250
270 304 364 378 **407 562** 713
749 f. 760 768 818 839 847
Tiedemann, P. 639
Tillich, P. 68–70 72–74 76 90
281 294 **315** 353 397 399 429
633 726
Tindal, M. 241
Toland, J. 240 f.
Toulmin, S. 10
Traub, R. 409
Trigo, P. 351
Troeltsch, E. **257–260** 277 279
Türcke, Chr. 27 f. 31 149 180
567 569 574
Tyrrell, G. 275

Ulpian 621
Ulrich, L. 351
Urban, C. 850
Utz, A. F. 790

Venetz, H.-J. 746
Verweyen, H. 204 221 392

Vinzenz von Lérins **821** 852
Vögtle, A. 580
Voltaire 10 f. 42 67
Vorgrimler, H. 344 359 799 843
Vuillemin, J. 518

Wacker, M.-Th. 753
Wagner, F. 20 **126 f.** 158 f. 624
Wagner, H. 707
Waldenfels, H. 292 340
Walf, K. 713 f.
Weber, M. 15 45 **187 f.** 262 **705**
Weger, K.-H. 140
Weinrich, H. 413
Weinrich, M. 402
Weischedel, W. 596
Weiss, J. 684
Welsch, W. 145 347 **376 f. 379 f.**
385
Wendel, S. 611 f.
Wenz, G. 355 443 563
Werbick, J. 49 122 169 186 189
206 224 263 281 298 312 336
343 351 353 360 376 f. 388
390 398–400 409 415 419 422
496 498 527 533 539 580 f.
608 620 623 632 704 f. 711
722 724 f. 755 764 f. 797 821
832 847 850 862
Werner, M. 371
Westermann, C. 527
Wheeler Robinson, H. 759
Wiedenhofer, S. 702 744
Wieser, H. 409
Wilber, K. 100
Wilckens, U. 492 503
Wild, Chr. 89
Wild, S. 173
Wilhelm von St.-Thierry 743
Willers, U. 465 681
Wilson, E. O. 41 f.
Windisch, H. 490
Wisdom, J. 202
Wissowatius, A. 246
Wittgenstein, L. 53 **411** 602
Wittstadt, K. 780
Wössner, J. 49
Wolterstorff, N. 200
Wycliff, J. 661–663

Young Mullins, E. 773 777

Zamora, J. A. 610
Zenger, E. 91 356 f.
Zink, J. 867
Zirker, H. 83 776 800
Zulehner, P. M. 774